= 책

판)

6년 12월 1일   개정 3판 1쇄
1년 7월 15일   개정 3판 11쇄

.루소
식
자
사
희 • 박봉진

고양시 일산동구 산두로 128. 909동 202호
02-9948
31-903-4315
313-2011-2호 (1974. 5. 29)

39-8203-200-4 (03160)

ÉMILE

장 자크 루소 지음 | **민희식** 옮김

Rousseau · ÉMILE

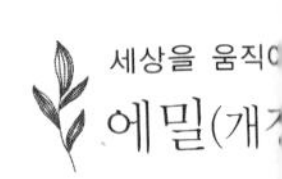

세상을 움직이

에밀(개정

발행일 | 20
        20

지은이 | J.
옮긴이 | 민
펴낸이 | 이
펴낸곳 | 육
편 집 | 김

주소 | 경기
전화 | 031-
팩시밀리 |
출판등록 |

ISBN 978

■ 이 책의 ㄴ
■ 잘못 만들
■ 책값은 뒤

육문사
Yukmoonsa

| 일러두기 |

■ 본서는 1987년 12월 5일 초판 발행된 도서출판 육문사 발행 도서를 재개정 3판으로 다시 제작하였다.

■ 본문 주석 중 「1)」의 형식은 역자가 붙인 것이고, 「●」형식은 저자 주석이다.

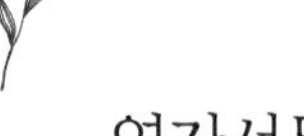

루소의 생애와 작품, 그리고 그 사상

장 자크 루소가 성숙한 사상가로서 《에밀》·《사회 계약론》·《신(新)엘로이즈》 등의 대표적인 작품을 발표한 것은 1761~62년, 즉 50세 전후이며, 그 독자성(獨自性)을 보인 처녀 논문인 《학문 예술론》을 발표한 것은 1750년이다. 따라서 다른 대 사상가들에 비해 루소의 준비 기간이 짧았다고는 말할 수 없다. 루소가 자신에 대하여 '나는 감성적(感性的)인 사람이며 감정과 상상에 의해 쉽게 움직여지고 생각하기 전에 느끼는 인간'이라고 말한 것처럼, 그는 매우 시인적(詩人的)이다. 그러한 그가 체계적인 사상을 정착시키기 위해서는 경험과 반성뿐만 아니라 상당한 기간이 필요했을 것이다. 그러나 그와 나란히 18세기 후반 사상계(思想界)의 큰 별이었던 디드로(Denis Diderot, 1713~84) — 루소와는 한 살 차이이다 — 가 같은 무렵에 사상가로서 대성한 것을 생각해 보면, 역시 그들의 사상적인 발전에 결정적인 역할을 한 것은 '시대(時代)'였다고 할 수 있을 것 같다.

루소의 생애를 생각할 때에는 3기(三期)로 구분해서 생각하는 것이 보통이다. 태어나서부터 40세까지를 제1기(정신 형성의 시기), 이후 50세경까지를 제2기(그의 천재성이 꽃핀 시기, 혹은 대작 발표의 시기), 이후 고독한 산책자로서 죽음에 이르기까지를 제3기(방랑과 변호의 자전적인 작품 발표의 시기)로 구분하는 것이다. 제1기가 끝나갈 무렵까지 루소는 자신의 참된 재능과 사상(思想)을 찾아내지 못했다. 그는 음악가로서 입신하려고 생각했다. 그러던 것이 제2기

(1750~60)의 고작 10여 년 동안(엄밀히 말하면 5·6년 동안)에 폭발적이라 말해도 좋을 만큼 집중적인 작가적 활동을 하여 사상가로서의 입장을 완전히 구축한 것이다. 이후 죽음에 이르기까지의 제3기에 그는 정치적·사회적 압박에 대하여 자신의 주장을 보호하기 위해 많은 변박서(辯駁書)를 썼으며, 금서(禁書)·체포령에 의한 망명 생활에도 불구하고 그의 작가적 활동은 조금도 쇠퇴하지 않았다. 음악에 대한 열의(熱意) 또한 식지 않아, 죽기 4년 전에 작곡(作曲)을 시도하기도 했다.

《고독한 산책자의 몽상》이 암시하는 노(老) 루소의 이미지는, 대작(大作) 시대에 분투하던 루소의 이미지와는 확실히 다르지만, 사상가 루소의 일관된 면모는 그의 작품과 생활에서 사라지지 않았다. 제1기와 제2기 사이에 일종의 단층(斷層)이 있음을 인정하지 않을 수 없지만, 그것은 본질적인 것은 아니다. 《에밀》을 쓰던 때의 루소의 사상은 가장 만년(晚年)의 작품인 《대화》나 《고독한 산책자의 몽상》 속에까지 이어지고 있다. 이 일관된 루소의 사상적 발전을 그 생애와 작품을 통해 더듬어 보기로 하자.

루소는 1712년 6월 28일, 스위스의 제네바 공화국 시민(市民)의 가정에서 태어났다. 아버지 이자크(Isaac)에 대해서는 그의 자서전인 《고백록》에 상당히 미화되어 씌어 있지만, 변덕스럽고 남다른 인물이었음을 부정할 수 없을 것 같다. 루소가(家)는 16세기의 종교 전쟁을 피해 스위스로 이주해 온 프랑스계(系) 프로테스탄트로서 당시 제네바 공화국의 국민을 형성하고 있던 네 계급(citoyens, bourgeois, habitants, natifs) 중에서 최상층의 지배 계급이었던

'시민(citoyens=市民)'에 속해 있었다. 루소는 태어나자 곧 어머니를 잃었는데, 어린 그에게 걸핏하면 눈물을 흘리며 어머니에 대한 추억을 이야기해 준 아버지의 무분별한 행동 때문에 어머니를 사모하는 그의 정(情)에는 자신이 어머니를 죽였다는 콤플렉스가 상당히 작용했다. 여성에 대한 루소의 태도, 특히 바랑 부인(Madame de Warens)에 대한 감정에는 이와 같은 어머니에 대한 사모의 정이 깔려 있다.

《고백록》에서 자세히 기록하고 있는 것처럼, 루소는 열 살 때에 아버지 곁을 떠나 친척이나 아는 사람의 집을 전전하다가 열세 살 때부터 3년 동안 도제(徒弟)로 고용되어 일하고, 열여섯 살 때부터 방랑 생활에 들어갔다. 곧 바랑 부인의 보살핌을 받았지만, 한곳에 몇 년이고 머물러 본 일이 없었다. 따라서 정규 교육은 조금도 받지 못했고, 독학으로 모든 지식이나 교양을 쌓았다.

루소에게서 볼 수 있는 제네바적 요소는, 스위스의 루소 연구가들 사이에서 매우 중요시되고 있다. 그의 칼뱅주의적 경향을 예로 들면, 구체적인 교의(教義)나 신앙 개조(箇條)에서는, 진짜 칼뱅주의와는 거의 공통적인 것을 가지지 않는다. 칼뱅주의의 엄격한 윤리적 태도와 루소의 《사회 계약론》에서의 국가 종교 사상을 대비해 볼 수 있는데, 칼뱅의 영혼 구제설(靈魂救濟說) 등과 그의 자연 종교는 너무나 거리가 멀다. 그러나 제네바 종교는 그에게 신(神)을 가르쳐 준 그의 아버지 이자크의 종교이며, 그 종교가 나중에 루소가 말하는 자연 종교, 즉 '더없이 단순하고 신성한 종교, 가장 순수한 도덕을 가지고 이성을 만족시키는 종교'의 안내 역할을 한 것은 틀림없는 사실이다. 그리고 또

그것이 가톨릭의 전통에서 벗어나지 못한 프랑스의 다른 사상가들과 그를 구별시키는 요소가 되고 있다. 어쨌든 제네바의 청교도적인 분위기와 습속은, 산악 풍경이나 레만호(湖)로 상징되는 알프스의 아름다운 자연과 함께, 루소의 정신 형성에 상당히 깊은 영향을 미쳤다는 것은 부정할 수 없다.

루소가 시인적인 감수성, 불붙기 쉬운 격렬한 정념, 풍부한 상상력의 소유자였다는 사실은 그의 이론적인 작품에서도 명백히 나타난다. 또한 그가 예리한 윤리 감각을 지닌 모랄리스트였다는 사실도 그의 주요 작품이 증명하는 바이다. 루소의 이 두 가지 측면을 샹츠(A. Schinz)는 로만적인 루소와 로마적(영웅적)인 루소로 구별했다. 이 두 가지 경향은 루소 자신이 《고백록》에서 지적하고 있듯이, 이미 유년 시대부터 보이기 시작했다. 그것은 루소의 조숙했던 유소년 시대(幼少年時代)의 독서에 두 가지 방향이 있었던 것으로써 이해할 수 있다. 그의 독서는 주로 어머니가 남긴 전세기(前世紀)의 공상적이고 전기적이며 감상적인 연애 소설과, 스퀴레리·라 카르푸루네 등을 아버지와 함께 밤새워 읽는 일에서부터 시작되었다. 어린 그에게 노래를 들려주어 음악의 세계를 알게 해준 숙모도 그의 감수성을 길러 주었지만, 그보다 이 조숙한 감정 교육에 의해, 루소는 현실 세계 밖에 언제나 아름다운 환상의 세계를 꿈꾸는 습관을 일찍부터 가지게 되었다.

같은 무렵에 루소는, 라 브뤼엘이나 퐁트넬, 특히 플루타르크를 탐독했다. 특히 소년 시대에 플루타르크의 《영웅전》이나 《윤리론집(倫理論集)》과 친밀했던 것은 어떤 의미에서 결정적이었다. 상상력이 풍부한 소년 루소가 국가론이나 정치론에 흥미를 가지게 된 것은 피와 살을 가진 고대 스파르타나 로마의 영웅들을 통해서였다. 《사회 계약론》을 비롯하여 《에밀》과 그밖의 작품에 자주 인용되는 파블리키우스·레굴루스·아게시라우스·리쿠르고스 등의 이미지는 소년 무렵부터 그의 마음속에 살아 있었다. 또 열 살 때 아버지와 헤어진 이후 그가 읽은 책으로는 랑베르시에 목사 밑에서 성경와 친숙했던 것, 도제(徒弟) 시대에 자신의 비참한 상태를 잊기 위해 남독(濫讀)했던 것 등을 들 수 있다. 이 도제 시대의 '사회적인' 경험—도제라는 노예적인 신분 때문에 체험한 사회적인 압제—이 루소에게 미친 영향도 무시할 수 없다.

루소는 열여섯 살 때에 제네바를 떠나 방랑 생활을 시작했다. 그 방랑 생활 속에서 그의 인간 형성에 크게 영향을 미친 것은 바랑 부인의 감화와, 특히 스물네 살부터 서른 살까지 탐욕스러울 정도의 호기심을 가지고 철학·문학에서부터 자연과학에 이르기까지 고금(古今)의 막대한 양(量)의 저작을 탐독한 것이다. 바랑 부인이 현실적으로 어떤 인물이었는지는 전기적(傳記的)인 연구 정도로 알려져 있다. 그 연구에 의하면, 그녀는 루소가 묘사한 것 같은 이상적(理想的)인 여성이 아니었을 뿐만 아니라, 루소에 대한 애정에도 의심스러운 점이 없지 않다. 그러나 사르데냐 왕의 정보(情報) 담당을 맡고 있던 개방적이며 사업욕이 강한 이 여성은 그녀와 생활하던 무렵의 루소에게는 아름다움과 행복, 지혜와 시(詩)와 신앙의 화신이었다. 바랑 부인은 루소의 상상에 의해서 여성의 아름다움과 덕(德)의 화신이 되었을 뿐만 아니라, 실제로 루소의 종교 감정이나 종교 사상에 적지 않은 영향을 미친 것으로 보인다. 루소는 본

래 그녀의 충고로 신교(新敎)에서 구교(舊敎)로 개종했는데, 그녀의 신앙은 상당히 독자적이고 자유로웠던 것 같다. 그것은 그녀가 17세기 말부터 18세기 초에 걸쳐 가톨릭 교리의 파괴자로서의 사상사적(思想史的) 역할을 수행한 피에르 벨의 애독자였다는 사실로도 알 수 있다. 루소 역시 한때 벨의 애독자였다는 것은 그의 작품이 증명하고 있다. 이 무렵에 〈사보아 신부의 신앙 고백〉의 원형이 생겨났다고 할 수 있다.

샤르메트에서는 루소는, 폴 르와이알의 《논리학》, 로크의 《인간 오성론》·《교육론》, 플라톤·데카르트·마르블랑시에·라이프니츠 등의 철학적 저서를 읽었으며, 키케로·카토·몽테뉴·파스칼·페늘롱·볼테르 등의 문학가·모랄리스트의 책 외에 기하학·대수학·천문학 등의 자연 과학, 그리고 라틴어 공부에까지 몰두했다. 그는 처음에는 각각의 철학 체계를 조화하여 인간의 지식을 그 나름대로 종합해 보려고 생각했다. 그러나 곧 생각을 바꾸어, 그것들을 하나하나 음미하여 진실한 사상이든 거짓된 사상이든 명확한 형태로 그것들을 머리 속에 저정해 두기로 했다. 이 25, 6세 때의 '관념의 저장'은 매우 방대한 것이었는데, 이것은 '저장'이라는 말이 암시하는 것처럼, 기억의 단순한 기계적 작업이 아니었다. 그가 후년(後年)에 사상적 대작(大作)을 쓰기 시작했을 때, 그 관념들은 그의 정신 속에, 언제든 끄집어내어질 수 있도록 완전히 루소와 호흡을 함께 하며 존재하고 있었다.

1739년의 작품으로 보여지는 그의 습작(習作) 시편(詩篇)《바랑 남작 부인의 과수원》은, 아직 루소의 시재(詩才)를 평가할 수 있는 일면을 보이고 있기는 하지만, 바랑 부인의 과수원이 루소의 상상 속에서 일종의 학문적인 분위기로 정화되고 있음을 엿볼 수 있다.

> 한낮 더위에 견디다 못해
> 무성한 나무 그늘의 서늘함을 찾아,
> 몽테뉴나 라 브뤼엘을 읽으며
> 혹은 소크라테스나 성스러운 플라톤을 읽으며……
> 조용히 인간의 비참함을 웃는다.

이 플라토닉한 예지(叡智)의 세계에 대한 동경이나 금욕적인 정신은, 두 친구 보르도와 파리조에게 준 서한시(書翰詩)에서 볼 수 있는 자연적인 생활에 대한 찬미나, 조국 제네바의 공화주의적인 정신에 대한 자부심과 함께 그의 윤리적인 태도가 이미 충분히 성숙했다는 것을 알려준다. 30세 무렵까지의 루소에게는 또 한가지 간과할 수 없는 중요한 점이 있다. 당연한 일이지만 그것은 문학적인 야심, 세속적인 행복에 대한 열의(熱意)이다. 그가 문학과 아름다운 문장에 이끌리게 된 것은 얄궂게도 후에 그의 숙명적인 경쟁자가 된 볼테르에 의해서였다. 삼십 대(代)의 루소는 시(詩)에도 연극에도 음악에도 열의를 가졌으며, 특히 음악적인 재능에는 자신을 가졌다.

루소가 현실의 바랑 부인과의 생활에 절망하여 그녀 곁을 떠날 무렵에는 당시 문인의 등용문이던 파리 사교계에서 명성을 얻으려는 야심에 불타 있었다. 그러나 그것은 참된 사상가로서의 루소가 탄생되기 위한 시련의 첫발짝에

지나지 않았다. 1742년 8월, 아직 사상가로서의 사명을 자각하지 못한 루소가 파리에 도착하여 우선 겨냥한 것은 음악가로서의 지위였다. 루소는 우선 《악보의 새로운 기호에 관한 제안(Projet concernant de nouveaux signes pour la musique)》으로 아카데미의 칭찬을 받을 작정이었지만, 이것은 거의 묵살되었다. 그러나 《근대 음악론(Dissertation sur la musique moderne)》을 써서 음악 이론가로서 데뷔하고, 다음에 오페라 〈사랑을 하는 詩神(Les Muses galantes 1745년 완성)〉 등을 통해 작곡가로서도 알려져, 그는 먼저 음악가 루소로서 알려지게 되었다. 그리하여 뒤팡 부인을 비롯한 귀족들의 살롱에 출입하게 되었다. 이 무렵부터 《학문 예술론》을 쓴 1749년까지만을, 명성을 얻고자 안간힘을 쓰고, 사교계에 적응하려고 열심히 노력하던 세련되지 못한 재인, 또 한 사람의 루소의 시대라고 간단히 결론지을 수는 없다.

엄밀히 따진다면, 그의 대작(大作) 시대는 말할 나위 없고 그의 최후까지도 또 한 사람의 루소는, 차츰 그림자가 엷어져 가긴 했으나 살아 남아 있었다고 말할 수 있다. 그러나 적어도 이 시기까지는 사교계―그가 말하는 타인의 의견이 지배하며 사람들이 자신의 존재를 잃고, 가면을 쓰고 있다는 것을 알지 못하는 나쁜 '사회 상태'―에 그는 진심으로 동화(同化)해 보려고 노력했다. 그러한 가운데 그는 베네치아 공국(公國) 주재 대사인 몬테규의 비서로 근무하게 되었다(1743~44). 그때 사교계에 동화해 보려고 한 자신의 노력이 헛된 것이었음을 뼈저리게 깨닫게 되었다. 이 무렵부터 그는 자신의 성향 속의 모순을 자각(自覺)하기 시작하여, 그것은 점차 확대되어 갔다.

　이렇게 하여 그의 사상가로서의 대성기(大成期)인 생애의 제2기에 들어가
그가 극적으로 표현한 '반센느의 영감(靈感)' 이 도래하게 된다. 1749년 10월,
루소는《맹인 서한(盲人書翰)》사건으로 해서 반센느에 감금되어 있던 친구 디
드로를 만나러 가는 중이었다. 마침 메르퀴르지(紙)에 실려 있던 디종 아카데
미에서 내놓은 현상(懸賞) 논문의 논제(論題)를 보았다. 루소에 의하면, 그때
그의 정신은 큰 충격을 받으면서 일종의 영감(靈感)을 경험했다고 한다. 〈학문
과 예술의 진보는 습속(習俗)을 순화시키는 데에 기여했는가?〉 이 첫번째 논
문인《학문 예술론》을 발표하기 직전까지 그는 문학가(시인·극작가)이고 예
술가(음악가)이며, 사교계 사람이었다. 그 자신이 바로 이 논문 속에서 강력히
규탄되는 대상과 다름이 없었던 것이다. 따라서 그가 자연적인 미덕에 대한
계시(啓示)를 얻은 것은 새롭게 '다시 태어난' 것이 아니라 옛 제네바적인 모
랄리스트가 10년 동안의 긴 잠에서 깨어난 것이라 해도 좋을 것이다.

　사교 생활·연극·음악·그림, 디드로와 같은 철학자들과의 교우, 그들의
새롭고 첨예(尖銳)한 철학 등을 배경으로 하여, 첫번째 논문, 즉 루소의 '자연'
에 대한 직관이 나타난 것이다. 그의《학문 예술론》은 일등으로 당선되었다.
이제까지 파리 사교계 한 귀퉁이에서 음악가로서 알려져 있었을 뿐인 루소가
프랑스의 사교계에뿐만 아니라 외국에까지 알려지게 된 것이다. 어쨌든 이
'자연' 은, 그후 루소의 정신 속에서 심화되어 굳은 신념이 되고 철학이 되었
는데, 이 발상은 오래된 전통적인 사상과 라틴·그리스의 모랄리스트들의 상
투적인 '현대 사회' 비판 형식을 되풀이한 데에 지나지 않는다는 주장이 있

다. 예를 들면 쥬브네르는 다음과 같이 말했다.

> 전진하고 있는 사회는 필연적으로 죽음을 향해 전진하고 있다는 것, 그러한 사회는 그것을 유지하는 습속(習俗)을 희생시키지 않으면 진화할 수 없다는 것, 그러한 사회의 풍요는 마침내 그 사회를 멸망시킬 독(毒)을 품은 열매가 된다는 것, 움직이지 않는 사회 외에는 견고하고 영속성 있는 사회는 존재하지 않는다는 것과 같은 명제는 교양 있는 사람들에게는 모두 익숙한 것이었다.(쥬브네르의 《루소의 정치론에 관하여》에서)

결국 사회의 진화를 나타내는 갖가지 현상(現象) ― 생활 양식의 변화라든가, 오랜 신앙의 폐절(廢絶)이라든가, 부(富)에 대한 욕망의 증대라든가, 권력 투쟁의 확대 등 ― 에서 사회(국가)의 해체(解體) 과정을 확인하는 것은 그리스나 로마의 위대한 작가들의 생각이기도 했다고 보는 것이다. 쥬브네르는 또 "고대 사회의 퇴폐기(頹廢期)에 사회에 대하여 이 고전 작가들이 던진 경고는 후세의 문명 비판에 도움이 되어 왔는데, 루소가 이것을 강조한 것은 진보의 관념이 역사에 등장하여 사람들이 이 경고를 잊기 시작했을 때이다. 진보에 대한 신앙이 이미 침식되어 버린 19세기·20세기였다면, 루소의 '자연'은 그만큼 큰 충격을 주지 못했을 것이다."라고 말했다. 확실히 루소의 '자연'은, 앞에서 이야기한 플루타르크나 플라톤·키케로에서부터 그들을 계승한 몽테뉴 등의 고전 작가에게로 이어져 내려온 것이었다. 그것이 루소 특유의 대비법(對比法) 내지 역설(逆說)의 수사법에 의해서 강렬한 색조가 더해진 것이다.

앙리 발론이 말하듯이, '안티테제(Antithèse)의 천재 내지 안티테제 광(狂)'은 이 처녀 논문으로 압도적인 성공을 거두었다. '문화의 꽃장식 속에 숨겨져 있는 압제의 쇠사슬'의 이미지는 단지 화려한 귀족 문화의 허무와 퇴폐를 논리적으로 서술하는 것보다 백 배나 더 웅변적이리라. 그러나 이 자연 개념에는 아직 다분히 이 옛 모랄리스트풍의 색채가 강한 것도 부정할 수 없다. 다음의 《인간 불평등 기원론(Discours sur l'origine et les fondements de l'inégalité parmi les hommes, 1755)》에 이르러, 이 자연 개념에 내포되어 있던 독자적인 윤리관과 역사 철학이 확실한 형태를 나타내게 된다. 이 논문도 디종 아카데미의 현상 논문으로, 그 논제는 〈인간들 사이에서 불평등의 기원은 무엇인가, 그리고 그 불평등은 자연법에 의해서 인정할 수 있는가?〉였는데, 이번에는 루소 자신의 예상과는 달리 당선되지 않았다.

《인간 불평등 기원론》과 첫번째 논문인 《학문 예술론》 사이에는 루소의 사상 진보에서 상당히 큰 단계가 있다. 이른바 고전적인 모랄리스트로서의 비평에서 계몽주의의 최정점의 하나로 간주되는 첨예(尖銳)한 사회 비판 및 탁월한 역사 해석으로 발전한 것이다. 이것은 그의 작품 중에서 가장 대담하고 날카로운 사회 비판으로, 여기에서 처음으로 루소의 독자적인 자연 상태와 사회 상태의 테마가 설정된다. 먼저 목가적(牧歌的)인 자연 상태에서 자유롭고 평등한 자연인이 구상되어 있다. 이 자연 상태는 전통적인 자연법의 그것과는 달리 사회 상태보다 중요한 개념으로, 말하자면 사회 상태보다 본질적인 존재 이유를 가지고 있다. 그것은 인간과 사회의 근원으로 거슬러 올라가 그 본질

을 깊이 연구하기 위해 필연적으로 선택한 가설(假說)이라 할 수 있는 것으로, 루소는 그것을 '현재 인간이 가진 성질 중에서 근원적인 것과 인위적인 것을 식별하고, 이제는 존재하지 않는, 어쩌면 존재해 본 일이 없으며 앞으로도 존재할 것 같지 않은 상태'로 규정한다. 이 자연 상태는 만인 대 만인의 투쟁으로 상징되는 홉스의 그것과도, 또 사회 상태로 원활히 이행될 수 있는 사회성을 내포한 로크의 그것과도 다른 하나의 이상(理想) 상태이다. 여기서 말한 절대적으로 자유롭고 평등한 자연인은 그의 그후 작품의 핵심을 이루는 관념으로, 다음 작품 《에밀》과 《사회 계약론》에 이르러 완전히 표현되고 있다. 《인간 불평등 기원론》은 이 무구(無垢)한 자연인이 사회 상태에 들어가면서 타락해 가는 과정─인위적 인간의 마지막 단계인 전제주의하에 있는 인간, 주인과 노예 관계에까지 이르는 필연적인 과정─을 명백히 하여, 절대주의 사회 속의 인간 내면의 퇴폐에 대한 두려움을 우리로 하여금 생생하게 느끼도록 한다. 이것은 그가 이미 단순한 모랄리스트가 아니라 사회 사상가로 성장하고 있음을 증명한다. 이후 루소는 그의 주요 작품들을 계속해서 발표한다.

《인간 불평등 기원론》에서, 현대 사회의 인간의 비참과 자연을 잃은 인간의 불행을 정립한 루소에게는 그 타락한 인간과 황폐한 사회를 재건하는 일이 절실한 사상적 과제가 될 수밖에 없었다. 그 이론적 해결서가 생전에 발표된 다음 세 가지 대표 작품이다. 즉 《신(新)엘로이즈(Julie ou la Nouvelle Héloïse)》(1761년)·《사회 계약론(Du Contrat social; ou, Principes du droit politique)》(1762)·《에밀(Émile ou de l'Education)》(1762)이 그것이다. 《인간 불평등 기원론》에서

제기한 '사회 상태' 의 타락 문제에 대한 첫번째 해답이 《사회 계약론》이다. 이것은 정치 제도상으로도, 정신적·도덕적인 면으로도 자유를 잃은 사회적 인간의 '자연' 을 회복하기 위한 근본 원리를 논한 것이다.

《에밀》의 자연인의 양성은, 본래 《사회 계약론》에서의 국민을 목표로 해야 할 것이다. 그러나 현실적으로는 '나라' 가 없으면 '국민' 도 없다. 당시의 독자에게도 《에밀》의 인간 교육의 '원리' 만은 살릴 수 있으리라고 생각되었다. 그러나 양자(兩者)가 연결되지 않으면 그 원리도 살릴 수 없다는 것을 역사가 증명했다. 루소는 당연히 그에 대한 위구심(危懼心)을 가지고 있었을 것임에 틀림없다. 나중에 루소가 《에밀》의 속편(續編)으로서 쓴 《에밀과 소피—고독한 사람들》은 이 위구심을 허구(虛構)의 형태로 표현한 것이라 할 수 있다. 루소가 제5부에서 에밀과 소피의 결혼을 묘사하는 동안, 《에밀》은 이론서(理論書)로부터 차츰 문학성을 띤 소설 작품에 가까워진다.

루소의 이론적인 저작은 대강 이상으로 끝나지만, 그가 문학 작품이라 이름붙인 장편 소설 《신엘로이즈》도 어떤 의미에서는 이론이나 사상으로 넘쳐 있다. 이것은 그가 자연적인 생활을 가정을 중심으로 묘사하면서 연애·부부 생활의 윤리적인 의미를 추구한 것이라고 할 수 있다. 이 작품에는 《에밀》도 《사회 계약론》도 포함되어 있다. 그러나 동시에 이 작품이, 아름답고 청순한 연애 감정과 맑고 서정적인 자연 묘사로 문학과 소설에 새로운 장(章)을 열고 낭만주의를 예고한 역사적 작품이라는 사실을 잊어서는 안된다.

이 3대 작품을 발표한 뒤에 루소의 이름은 유럽 전체에 알려지게 되었다.

그러나 《에밀》·《사회 계약론》으로 해서 그는 프랑스의 여러 곳, 스위스·영국 등을 방랑하는 동안 관헌(官憲)과 교회로부터 박해받고 볼테르를 비롯한 여러 철학자들의 비방을 받아 점차 피해 망상(被害妄想)에 시달리게 되었다. 그의 귀국(歸國)이 묵인되어 그가 파리에 안주한 것이 1770년으로, 그의 '광기(狂氣)'도 겨우 진정되어, 방랑 중에 쓰기 시작한 53세까지의 자서전인 《고백록(Les Confessions)》(1770)을 완성한다. 광기(狂氣)가 발작하는 중에도 명철한 내성(內省)을 포함한 《대화, 루소가 장 자크를 심판한다(Dialogues de Rousseau juge de Jean Jacques)》(1775), 미완성의 수필집 《고독한 산책자의 몽상(Rêveries du promeneur solitaire)》(1778)을 남기고 1778년, 66세로 에르므노빌에서 영면(永眠)했다.

죽기 몇 년 전에 쓴 이 세 작품은, 모두 사후(死後)에 출판되었지만, 문학적으로는 루소의 가장 중요한 작품이다. 말하자면 본질적으로는 시인이었던 루소가, 시대의 요청에 의해 사상가로서의 활동을 완수한 후, 본래의 시인으로 돌아갔다고도 할 수 있는데, 시인으로서의 루소와 사상가로서의 루소는 구별하기가 어려울 정도로 매우 밀접한 관계를 가지고 있다.

《고백록》에서 시와 진실의 융합은 오늘날의 독자에게 《고백록》을 픽션으로서 대개는 소설적인 흥미를 가지고 읽게 하지만, 시인 루소가 사상가 루소의 내면을 더듬은 18세기 최대의 인간 기록으로서의 일면이 무시되어서는 안 된다. 그의 만년(晚年)의 작품에서 보이는 문체(文體)는 사상적인 작품에 아직 얼마간 남아 있던 웅변조로부터 완전히 벗어나, 자유롭고 음악적이며 서정적인 분위기가 두드러진다. 특히 《고독한 산책자의 몽상》은 박해의 망념(妄念)이 거의 치유되고, 조용한 체념 속에서 자연의 관상(觀想)에 깊이 침잠하는 노(老) 루소의 심경을 나타내고 있는데, 음악가 루소의 무운(無韻)의 시구(詩句) 속에 흐르는 음악과 실존(實存)의 감각이라 할 수 있는 내적 관상(內的觀想)이 매우 매력적이다. 그것은 '누구보다도 남들과 친하기 쉬운 붙임성 있는 인간'이었음을 자인(自認)하는 루소가 결국 타인에게서 자연의 선성(善性)을 기대하는 일을 체념했다는 것을 의미하기도 하지만, 그 자신 인간 존재의 향락을 최고의 기쁨으로 삼았었다는 것을 의미하기도 한다.

작품 《에밀》에 대하여

《에밀》은 루소의 인간관과 문명 비판을 가장 집약적으로 전개함과 동시에 그의 내부의 첨예(尖銳)한 사상가적인 통찰과 상상력과 감정이 풍부한 시인적인 소양의 양면을 잘 나타내고 있는 대표적인 작품이다. 주제는 '교육' 과 '인간론' 이지만, 그 풍부한 문학적 묘사에 의해 넓은 의미에서의 문학 작품으로도 널리 읽히고 있다. 앞에서도 이야기한 것처럼, 본래 시인적 모랄리스트인 루소의 이론(理論) 표현은, 언제나 격렬한 감정과 상상의 연소(燃燒)를 동반한 문학적 허구(虛構)를 필요로 한다. 《에밀》은 그런 의미에서 《인간 불평등 기원론》과 더불어 루소의 정신 구조를 바탕으로 한 표현 형식의 걸작이기도

하다. 하긴 이 이론과 허구의 이중 성격이 다른 작품의 경우와 마찬가지로 이 교육론에 생기(生氣)를 더하고 있긴 하나, 어떤 의미에서는 이 책을 난해한 것으로 만들고 있다. 특히《에밀》에서도 '유토피아' 의 성격이 문제가 된다. '사람들은 교육론이라기보다는 교육에 대한 환상가의 몽상을 읽는 느낌이 들 것이다(序文)' 라고, 루소 자신도 인정은 하지만, 그 몽상이 어떤 현실을 대상으로 하여 생겨났는지를 모르는 독자에게는, 단지 실행할 수 없는 공론(空論)으로밖에 보이지 않을 염려도 있다.

이 특이한 교육론의 착상을 루소는 어떻게 해서 얻은 것일까? 그는 《고백록》 제8권에서, '《에밀》이 완성되기까지는 20년 동안의 사색과 3년 동안의 힘든 작업' 이 있었다고 말했다.

그의 교육 사상은, 그의 사상 체계 속에 중요한 위치를 차지하고 있는 것으로 독립된 우연적인 착상이 아니라 오히려 그의 사상 체계의 발전과 함께 성장해 온 것이다. 따라서 그의 주요 작품과 깊은 관계를 가지는 것은 말할 것도 없고, 최초의《학문 예술론》에서부터 직전의《인간 불평등 기원론》까지의 모든 작품이《에밀》을 쓰기 위해 준비한 것이라고 할 수 있다. 다만《에밀》을 쓰게 된 직접적인 동기는 달리 생각할 수 있다. 그에게는 그로 하여금 교육에 대해 직접적인 관심을 가지게 한 경험이 있으며, 교육을 논한 작품도 있다. 그러나 그 경험은 얄궂게도 루소의 반대자들에게는, 루소 자신은 교육론을 쓸 자격이 없다고 주장할 수 있는 이유가 되고 있다.

그러나《에밀》을 뛰어난 교육론으로 보는 우리 입장에서는 그 반대의 적

극적인 이유가 된다. 루소는 '교육'을 받은 경험이 없다. 청년 시대의 독서에 대해서는 바랑 부인을 비롯하여 몇몇 뛰어난 조언자와 지도자를 가졌지만, 오로지 자기식의 '독서'에 의존했던 것은 확실하다. 이른바 정규 학교 교육을 받지 않았을 뿐만 아니라, 어린 루소에게 공상적인 연애 소설을 읽어 들려준 아버지의 색다르고 조숙한 감정 교육은 가정 교육이라 할 만한 가치도 없는 변칙적인 것으로, 그의 점진주의(漸進主義) 이론으로 보면 전혀 부당한 것이었다. 루소 자신이 후년에 그러한 교육에 대해 얼마간 감사하고 있긴 하지만, 열 살 안팎의 소년에게 플루타르크의 독서는 어찌 되었든 너무 이른 도덕 교육이라 하지 않을 수 없다. 이 '교육'의 부재(不在)야말로, 그리고 곧 이야기하겠지만 교육 실천상의 실패야말로, 이상적인 교육을 몽상할 수 있는 자격을 그에게 부여할 수 있는 이유가 된다는 역설(逆說)이, 그의 경우 성립될 수 있을 것이다.

루소는 23세경, 아버지에게 보내는 편지 속에서 자신에게 교사의 소질이 있는 것 같다고 말하고 있는데, 교육에 대해서 진심으로 관심을 가지기 시작한 것은 28세 때였다. 그는 그때 리용의 사법장관(司法長官)인 마브리 가(家)에서 두 아이의 가정 교사를 했는데, 완전히 실패했다. 그 쓴 경험으로부터 교육에 대한 진짜 관심이 싹튼 것이다. 이것은 부탁받은 아이가 '교육'하기 어렵다는 것과 경험이 없는 데에다 준비도 부족하긴 했지만, 루소 자신이 성급하고 격정적이기 때문에 교육의 실천가로서는 본질적으로 실격자였음을 암시한다.

이때 쓴 《생 마리의 교육안(Projet pour l'Education de M. de Sainte

Marie)》은, 앞에서 인용한 '20년 동안의 사색……' 이라는 말과 관련이 있는 듯하다. 이 교육안은 《에밀》의 원형(原型)으로 보기에는 너무나도 미숙한 것이지만, '아이에게 체벌(體罰)을 가해서는 안된다' 든가, '판단력보다 마음을, 지력(知力)보다 판단력을 먼저 도야해야 한다' 는 등의 근본 취지는 《에밀》과 공통되는 바가 있다.

후에 쉬농소 부인 — 이 사람을 위해 루소가 《에밀》을 쓴 것으로 되어 있다 (《고백록》 제9권) — 의 조모(祖母)이며 그가 당시 비서 일을 하던 뒤팡 부인의 요청으로, 루소는 이 교육안에, '최유년기(最幼年期)의 감각 교육의 필요성' 이라든가, '박물학(博物學)의 효용' 이라든가, '손으로 하는 일에 대한 지식' 등 중요한 몇 개 항목을 더 추가했다. 단 어느 경우에나 사교계 사람, 귀공자를 만드는 것이 목적이었다는 점에서 《에밀》과는 근본적으로 다르다.

그후 루소가 교육에 대해 언급한 것으로는 1752년의 《나르시스 서문(序文)》, 1755년경의 《정치 경제론》이 있지만, 그의 교육 사상이 《에밀》과 같은 정도로 종합·정리된 것으로서는 《에밀》과 같은 무렵에 씌어진 《신엘로이즈》 (1761년)의 '제5부, 세 번째 편지' 가 있다. 여주인공 쥬리는 《에밀》과 똑같은 사상을 이야기하고 있다.

이리하여 형식상이지만 그의 교육론이 오랜 과정을 거쳐 이루어졌음을 나타내 보였다. 그러나 그와 함께, 교육 사상가 루소의 실천적 도덕 문제로서, 또 《에밀》에 저자의 속죄 의도가 포함되어 있는지 어떤지의 의문을 품게 하는 것으로서 간과할 수 없는 사실이 있다. 루소가 자신의 자식들을 모두 버린 사

건이나, 1746년부터 5, 6년 동안에 당시 잠시 동안의 반려(伴侶)로서밖에 생각하지 않았던 테레즈 르 바스르(Thélèse Le Vasseur, 1721~1801)와의 사이에 낳은 5명의 아이를 모두 태어나자마자, 그의 말에 의하면 '밝은 마음으로' 양육원에 보낸 것이다. 이 사건은 루소 자신이 친한 친구들에게 대수롭지 않게 이야기 했을 정도로, 당시의 그에게는 중요하게 생각되지 않았던 것 같다. 이 사건에는 루소 자신의 개인적인 사정과 시대적인 이유도 생각하지 않을 수 없으리라. 당시의 파리 인구 5, 6십만 중 약 4분의 1이 극빈자(極貧者)였으며, 1년간의 파리 신생아(新生兒) 중 4분의 1(1758년의 통계) 이상이 버려진다는 상황으로부터 미루어보면, 당시의 '아이를 버린다' 는 것에 대한 감각을 현재로서는 명확히 상상할 수가 없다.

루소의 친구 뒤크로에 의하면, 아이를 키울 수 있는 자력(資力)을 가진 계급이 교육을 시킨다는 명목으로 아들을 중학에, 딸을 수도원에 맡기는 것도, 아이를 양육원에 보내는 것보다는 조금 나을 뿐, 실상은 거의 똑같은 정도로 편의적(便宜的)인 것이었다고 한다. 그러나 후에 이것을 문제삼은 볼테르의 독설(毒舌) 《시민의 의견(Sentiment des citoyens)》(1764)이 심각한 스캔들이 될 수 있었던 것처럼, '아이' 의 발견자요 아이의 인격의 존엄을 이야기한 루소에게, 이 문제는 단순히 명예에 관계되는 문제가 아니라 양심의 문제가 되지 않을 수 없었다. 세 번째 아이를 양육원에 보낸 1751년의 전해에도, 그는 출세작 《학문 예술론》을 발표했었다. 필시 당시(34세부터 40세 전후)의 루소는 일에 대한 정열—장 마샹이 천재의 포학한 에고이즘이라 부르는—에 빠지고

있었던 것이리라.

《에밀》 속의 아버지의 의무를 소홀히 한 자를 비난하는 말에서는 괴로운
회한(悔恨)의 눈물이 스며 나온다. 이런 각도에서 보면,《에밀》 속의 아이의 행
복을 기원하는 말에서는 루소의 속죄하는 마음이 느껴지는 것 같다. 하긴 이
와 같은 주관적인 해석의 남용은 삼가야 할 것이다. 지맥(Peter D. Jimack)의
《La Genèse et la rédaction de L'Emile de J.J. Rousseau》(1960)에 의하면
《에밀》의 자필(自筆) 원고 중 1758년경에 씌어진 최초의 초고(草稿)로 간주되
는 것에는 이 회한(悔恨)의 기색이 없다고 한다.

그러나 《에밀》을 집필하기 훨씬 전인 1751년에 프랑퀴 부인에게 보낸 편
지에서는, 아이를 버린 데 대한 고통스러운 변명을 하기 위해 일곱 가지 이유
를 들고 있다. 《에밀》을 완성한 다음에 뤽상브르 원수(元帥) 부인 앞으로 보낸
편지(1761년 6월 12일)에는 앞에서 이야기한 '속죄' 라는 말을 사용하고 있다.
이것으로 미루어 보면, "루소는 《에밀》을 집필하는 중에 점차로 아이를 버린
일에 대하여 깊이 반성하게 되어, 이론적인 탐구에 어느 틈엔가 '고백' 의 요
소가 첨가되고 '회한' 이 깔리게 된 것 같다."는 지맥의 설(說)도 간단히 부정
할 수는 없을 것 같다. 어쨌든 《에밀》을 읽는 독자의 가슴에, 지상의 모든 아이
에 대한 찬가가 이상할 만큼 감동적으로 울려오는 이유를 이러한 의미에서 찾
고 싶어지는 것도 사실이다.

요컨대 시인적인 모랄리스트인 루소가 자신이 아이에게 주지 못했던, 또
자신도 받지 못했던 이상적인 교육과, 자신은 될 수 없었던 이상적인 교사를

《에밀》에서 그리게 되었다 해도 이상할 것이 없다.

　끝으로, 이 작품의 구성과 개요를 설명하겠다. 《에밀》은 작품 전체가 5부로 구성되어 있는데, 아이의 탄생부터 청년기까지의 기간을 다섯 단계로 나누어 교육하고 있다.

　제1부에서는 교육에 관한 일반적 총론을 말하고, 교육의 목표를 설정한다. 그리고 출생부터 5세까지의 어린아이의 교육을 논하고 있다. 루소는 모든 유아의 교육은 아이를 '혼자 있게' 해 줌으로써 자연의 섭리에 따라 양육되어야 한다고 주장한다. 그가 제1부에서 여러 차례 반복해서 강조하는 말은, '어린아이의 감각을 통한 경험들이 그의 사고(思考)의 원료가 된다. 그러므로 그런 경험들은 순서에 맞추어 아이들에게 제공되어야 한다' 이다.

　제2부에서는 5세부터 12세까지의, 즉 아동기의 교육을 논하고 있다. 그는 이 기간 동안에 아이의 오관(五官)의 기능을 충분히 계발해 주어야 한다고 말한다. 그리고 이 다섯 가지 감각의 계발을 상세히 논함으로써 그의 '소극적 교육' 의 중요성이 아주 명백해진다.

　제3부에서는 12세부터 15세까지의 즉, 소년기의 교육을 다루고 있는데, 특히 손재주를 익히게 할 것을 강조하여, 자기의 제자인 에밀에게는 목공(木工)을 가르친다. 이 기간은 아동기와 청년기 사이의 과도기로서 에밀은 모든 일을 제 힘으로 해내야 하는 것이다. 그는 많은 것을 배우지는 않지만 정확하고 명백한 관념들만을 감지하도록 교육받는다. 그가 자기가 배우는 것을 이해하고 그것

을 활용하는 방법을 안다면, 무엇을 배우느냐는 그다지 큰 문제가 안된다.

제4부에서는 15세부터 20세까지의 즉 청년기의 교육을 논하고 있다. 아이의 정서적·도덕적·미적(美的) 기능들이 기지개를 켜는 것도 이 사춘기이며, 그의 이성(理性)이 완전해지는 것도 이 시기이다. 루소의 교육 이론이 활짝 전개되는 것은 바로 이 4부이다. 루소는 동정(同情)을 모든 도덕의 근본으로 생각하여 에밀에게도 동정을 강조하여 교육한다. 그러나 여전히 각 방면의 교육은 완전히 자유로운 상태에서 진행된다. 이제 에밀은 사회에 나갈 준비를 해야 하지만, 현재의 사회는 너무도 타락하여, 그에 적응하기 위한 준비 교육은 단지 역사와 시(詩)와 그리스어·라틴어·이태리어 등이다.

제5부에서는 성년이 된 에밀에게 가장 이상적인 배우자를 골라 짝지어 주는 것이 주제로 되어 있다. 이 제5부는 교육론이라기보다는 하나의 문학 작품으로서 소설에 가깝다. 그리고 루소는 에밀의 이상적인 아내로서 소피를 선택하여 주로 여성의 교육을 논하고 있다. 즉, 여성의 교육은 오로지 남성의 여러 가지 필요에 따라 행해져야 한다는 것이다.

루소는 자신의 교육을 다 끝낸 후, 그것이 성공인지 실패인지는 만인의 판단에 맡긴다.

●표는 저자가 붙인 원주(原註)이며, 1), 2) ······ 등은 역주(譯註)이다.

역자 씀

저자 서문

순서도 없이, 또 거의 맥락도 없이 흐트러진 사상과 고찰을 모은 이 책은, 사려 깊은 한 훌륭한 어머니의 마음을 기쁘게 해 주기 위하여 쓰기 시작한 것이다. 처음에는 단지 몇 페이지의 기록을 비망록 형식으로 쓰려고 했을 뿐이었다. 그런데 테마에 이끌려 써 나가다 보니 어느 사이엔가 그 기록이 한 권의 책의 형태를 갖추게 된 것이다.

소재의 빈약함에 비하면 내용이 지나치게 방대하지만, 다루어진 테마의 성격으로 보면 오히려 빈약할 정도이다. 이것을 출판할 것인가 말 것인가 하고 나는 오랫동안 망설였다. 그리고 써나가는 도중에도, 몇 권의 작은 책자만을 썼던 나로서는 이것을 한 권의 책으로 완성하기는 매우 어려운 일임을 몇 번씩이나 절실하게 느꼈다. 그래서 좀더 잘 쓰려고 온갖 노력을 기울여 보았으나 뜻대로 되지 않았다. 결국 나는, 이것을 있는 그대로의 모습으로 발표해야겠다고 생각하게 되었다. 많은 사람들의 관심을 이 방면으로 돌리게 하는 것이 중요한 것으로, 내 생각이 잘못되었다 하더라도 그것이 밑거름이 되어 다른 사람들이 훌륭한 생각을 가지게 된다면, 내가 헛되이 시간만 낭비해 버린 것은 아니라고 판단했기 때문이다. 칭찬해 주는 사람도 없고 편들어 주는 사람도 없이, 사람들이 어떻게 생각할지 또는 어떤 말을 할지도 모르면서 혼자 숨어서 자기의 저작을 세상에 던지는 사람은 설사 자기가 잘못되어 있다 하더라도 그 잘못이 검토도 받지 않고서 사람들에게 받아들여지는 것이나 아닐까 하고 걱정할 필요는 없다.

나는 훌륭한 교육의 중요성에 대해서는 말하지 않을 생각이다. 또 현재

시행되고 있는 교육이 잘못되어 있다는 것을 증명하는 작업에 그치지도 않을 것이다. 그런 일이라면 다른 많은 사람들이 나보다 앞서 했던 일로, 나는 누구나가 알고 있는 것을 가지고 한 권의 책을 메우는 일은 하고 싶지 않기 때문이다. 단지 나는 오랜 옛날부터 행해져 온 기성의 교육 방법에 반대하는 외침이 있을 뿐, 어느 누구도 보다 훌륭한 교육 방법에 대한 제안은 생각조차 하고 있지 않다는 것을 지적하고 싶다.

현대의 문학과 학문은 건설적인 방향보다는 훨씬 파괴적인 방향으로 흐르고 있다. 사람들은 교육의 대가(大家)인 양 비난하는데, 새로운 방법을 제안하기 위해서는 그와는 다른 태도를 취하지 않으면 안된다. 물론 이 말은 오만한 철학자들의 마음에는 들지 않을 것이다. 공공의 이익을 위해 씌어진 책이라고 일컬어지는 저작은 수없이 많지만 모든 유익한 것 중에서도 제일로 유익한 '인간 형성의 기술'은 아직 등한시되고 있다. 나의 테마는 존 로크(John Locke, 1632~1704)의 책[1]이 나온 이래 전혀 새로운 것이지만, 나의 책이 나온 뒤에도 그것이 여전히 새로운 것이어서는 곤란하다는 점을 크게 걱정하고 있다.

사람들은 '유소년기(幼少年期)'라는 것을 조금도 알지 못하고 있다. 그릇된 생각을 바탕삼아 나아갈 때, 나아가면 나아갈수록 점점 더 미혹에 빠지게 되는 것은 당연한 일이 아닐까? 아주 현명한 사람들조차도 어른이 알아야 할

---

1) 로크의 저서 《어린이의 교육에 관한 고찰》

것에만 마음을 빼앗겨, 어린이가 무엇을 배우는 것이 바람직한가 하는 문제는 고려하지도 않는다. 그들은 항상 어린이들에게서 어른을 찾으려 하며, 어린이가 어른이 되기 전에는 어떠했었는가는 생각조차 하지 않는다. 내가 가장 마음을 쓴 것이 바로 이 점에 대해서이다. 설사 나의 방법이 모두 공상적이고 잘못되었다 하더라도 사람들이 반드시 나의 고찰을 이용할 수 있게 하려는 것이 나의 의도이다.

어떻게 해야 하는가에 대해서는 내가 그릇된 견해를 가졌는지도 모른다. 그러나 다루어야 할 주제는 바르게 택했다고 확신한다.

우선 학생들을 좀더 잘 연구하는 것으로부터 시작하는 것이 좋겠다. 그것은 당신들은 학생들에 대해 잘 알지 못하기 때문이다. 당신들이 이 점에 대해 공감하고 받아들이는 자세로 이 책을 읽는다면, 이 책이 당신들에게 전혀 쓸데없는 책이라고는 생각되지 않을 것이다.

이 책의 이른바 체계적인 부분—자연적인 진행 과정에 지나지 않지만—에 대하여 말하면, 아마도 독자들은 좀 헷갈릴 것이다. 그리고 나를 공격하리라 생각된다. 그렇다고 나를 공격하는 사람들의 주장이 틀리다고는 생각하지 않는다. 독자들은 교육론(教育論)이라기보다는 교육에 대한 환상가의 몽상을 읽는 기분이 들 것이다. 그러나 그것은 어쩔 수 없는 일이다. 나는 다른 사람의 생각이 아닌 바로 나 자신의 생각을 쓰고 있는 것이니까.

나는 다른 사람들과 똑같은 견해를 가지고 있지 않다. 나의 이 남다른 견해는 오래 전부터 비판받아 왔지만. 그렇다고 내가 다른 사람의 눈을 통해 보

거나 다른 사람의 생각에 따라 움직이거나 하는 것이 마음대로 될까? 그렇지는 않다. 내가 할 수 있는 것은 자신의 생각만을 고집하지 않고, 나 혼자만이 누구보다도 현명한 사람이라고 생각하지 않는 것이다. 그리고 내가 마음대로 할 수 있는 것은 자신의 의견을 바꾸는 것이 아니라, 그 의견을 의심하는 것이다.

이상이 내가 할 수 있는 일의 전부이며, 또 현재 내가 하고 있는 일인 것이다. 때로 내가 단정적인 표현을 한다면 그것은 결코 독자에게 그것을 강요하기 위해서가 아니라 내가 생각하고 있는 것을 독자들에게 그대로 전달하기 위해서이다. 나 자신이 조금도 의심하지 않는 것을 어떻게 의문의 형태로 제시할 수 있겠는가? 나는 나의 마음에 떠오르는 것을 정확하게 서술할 뿐이다.

나는 나의 의견을 소신껏 서술하려 할 뿐, 거기에 권위를 부여하려는 의도는 전혀 없다. 따라서 언제나 나의 의견에 대한 이유를 덧붙여 독자들로 하여금 그것을 검토하고 비판할 수 있게 한다. 그러나 나의 생각을 고집스럽게 변호하려는 마음이 조금도 없다고는 하지만, 역시 자신의 생각을 제안할 의무가 있다는 것은 잊지 않는다. 왜냐하면 내가 다른 사람들과 반대되는 견해를 가지고 있는 여러 가지 원칙들은, 결코 아무래도 좋은 것은 아니기 때문이다. 그것은 진실인지 오류(誤謬)인지를 알기 위해 중요한 것이며, 인류의 행복과 불행을 만드는 원칙이니까.

사람들은 나에게 실행할 수 있는 것을 제안하라고 되풀이해서 말한다. 그래서야 마치 현재 행해지고 있는 것을 그대로 행하게 하라고 제안하거나, 아

니면 적어도 현재 행해지고 있는 악습에 대한 어떤 개선책을 제안하라고 하는 것과 같지 않은가! 그러한 주장은 경우에 따라서는 나의 제안보다 훨씬 공상적이다. 그와 같이 혼합된 상태에서는 선(善)은 악에 물들고, 악(惡)은 개선되지 않기 때문이다. 대강 절충된 개선책을 행할 바에야 차라리 현재 행해지고 있는 실행법을 그대로 따르는 편이 낫지 않겠는가. 그러는 편이 오히려 모순이 덜한 것이다.

인간은 상반되는 두 가지 목적을 동시에 좇을 수는 없다. 모든 아버지 어머니들이여, 실행할 수 있는 것이란 당신들이 하고 싶다고 생각하는 것이 아닌가! 내가 당신들의 의지(意志)에까지 책임을 질 수는 없지 않은가.

대저 어떤 계획에서나 고려해야 할 점이 두 가지 있다. 첫째는 그 계획이 절대적으로 좋은 것이어야 하며, 둘째는 그 계획의 실행이 쉬워야 한다는 것이다.

첫번째 점에 관해서 좀더 구체적으로 말한다면, 계획이 그 자체로서 승인되고 실행되기 위해서는 계획 자체가 사물의 본성에 바탕을 두어야 한다는 것이다. 즉, 여기에서는 제안된 교육이 인간에게 적합하고 인간의 마음에 꼭 들어맞는 것이어야 한다.

두 번째 것은 어떤 상황에서 주어지는 몇 가지 관계에 좌우된다. 그 관계란 사물에 부수(附隨)되는 것으로서 조금도 필연적인 것이 아니라 무한히 변화할 수 있는 것이다. 그러므로 어떤 교육 방법은 스위스에서는 실행할 수 있지만 프랑스에서는 실행할 수가 없다. 또 어떤 교육은 시민 사이에서만 실행

될 수 있으며 또 다른 교육은 귀족 사이에서만 실행될 수 있다. 쉽게 실행될 수 있는지 어떤지는 여러 가지 사정에 의하여 좌우되며, 어떤 나라 어떤 신분에 맞는지는 그 방법을 일일이 적용해 보지 않고서는 알 수가 없다. 그런데 어떤 방법을 어떤 대상에 일일이 적용해 보는 문제는 나의 테마에서 본질적인 것이 아니기 때문에, 나의 계획에는 전혀 포함되어 있지 않다. 만약 원한다면 각자가 자기가 대상으로 삼는 나라나 신분에 대해 그러한 점을 염두에 두고 생각하면 될 것이다.

나로서는 사람이 태어나는 모든 곳에서 내가 제안하는 방법에 따라 교육이 실시되면 그것으로 좋고, 내가 제안한 방법을 시도하여 그들 자신에게나 다른 사람들에게 최선의 결과가 얻어진다면 그것으로 좋다. 이 약속을 완수하지 못하면 그것은 분명히 나의 잘못이다. 그러나 내가 이 약속을 이행했는데도 그 이상의 것을 나에게 요구한다면 그것도 잘못이다. 나는 그 이상의 것을 약속하지 않았으니까.

1

유아기의 교육

1

| 유아기의 교육 |

신이 만물을 창조할 때에는 모든 것이 선하지만 인간의 손에 건네지면 모두가 타락한다. 인간은 어떤 땅에서 나는 산물을 다른 땅으로 하여 억지로 기르게 하고, 어떤 나무에 다른 나무의 열매를 맺게 하려고 억지를 쓴다. 그리고 때와 장소와 자연 조건을 혼란케 한다. 자기의 개나 말이나 노예를 불구로 만든다. 인간은 모든 것을 깨뜨리고 일그러뜨리며, 기형(畸形)과 괴이한 것을 좋아한다. 자연이 만든 상태 그대로는 무엇 하나 마음에 들어하지 않는다. 인간 자신에 대해서조차도 그렇다. 그리하여 인간은 승마하기 위해 말을 훈련시키듯 인간을 훈련시킨다. 정원의 나무처럼 자기 주인의 취향에 맞도록 뒤틀려야 하는 것이다.

그러나 그렇게라도 교육하지 않는다면 사태는 더욱 악화될 것이다. 게다가 인간은 어중간하게 만들어지는 것을 바라지 않으니까. 현재의 상황하에서는 태어난 순간부터 오직 홀로 다른 사람들 사이에 내팽개쳐진 사람은 누구보다도 괴물 같은 인간이 될 것이다. 여러 가지 편견이나 권위·필요·선례(先例), 그밖에 우리들을 둘러싼 일체의 사회적 여건은 인간의 내면에 있는 본성을 압도하고 그 자리에 아무것도 가져다주지 않는다. 인간의 내면에 있는 그 본성은 길 한가운데에 우연히 난 작은 나무처럼 통행인에게 이리

밟히고 저리 밟혀서 이윽고 시들어 죽을 것이다.

　인자하고 조바심 많은 어머니여,* 당신에게 간곡히 부탁하노니, 넓은 길에서 이제 막 태어났을 뿐인 작은 나무를 옮겨 주어, 사회의 인습이라는 폭력에 짓밟히지 않게 해 주시오. 어린 나무가 짓밟혀 죽기 전에 보살피고 물을 주시오. 그 나무의 열매는 언젠가 당신의 보살핌에 보답할 것입니다. 한시 바삐 당신 아이의 영혼의 둘레에 울타리를 만들어 주십시오. 울타리의 설계는 다른 사람도 할 수 있지만, 울타리를 거기에 두르는 것은 당신이 하지 않으면 안됩니다.**

　● 최초의 교육이 가장 중요한 것이다. 그리고 그 최초의 교육은 의심할 여지없이 여성의 일이다. 만약 자연의 창조자가 그것을 남성의 일로서 원했다면, 아이를 기르기 위한 젖을 남성들에게 주었을 것이기 때문이다. 그러니 교육에 대한 당신들의 이론을 여성에게 언제나 이야기하도록 하라. 여성이 남성보다 가까이에서 아이를 보살필 수 있고, 또 언제나 남성보다 더 많은 영향을 아이에게 줄 뿐만 아니라, 교육의 결과에도 여성 쪽이 훨씬 더 관계가 깊기 때문이다. 많은 미망인은 대체로 그 아이의 신세를 지게 되는데 그 경우, 그녀들이 취한 아이 교육 방법의 결과를 확실히 느끼게 된다. 법률은 평화를 목적으로 하는 것이지 덕을 목적으로 하는 것이 아니다. 따라서 언제나 재산에 큰 주의를 기울이고 사람에게는 거의 주의를 기울이지 않으므로 어머니의 권위를 충분히 인정하지 않는다. 그럼에도 불구하고 어머니의 지위가 아버지의 지위보다 확실하며, 그녀의 의무가 한층 힘든다. 어머니의 배려는 가정의 질서를 잘 유지하기 위해 한층 중요하다. 일반적으로 어머니가 아이에게 한층 많은 애착을 가지고 있다. 자식이 아버지를 덜 존경하는 경우, 그것은 얼마간 허용되는 일도 있지만, 어떤 경우이든 아이가 어머니를, 그를 태내(胎內)에 잉태하고, 그 젖으로 기르고, 오랜 세월 동안 자신의 몸을 잊고 그의 일만을 생각한 사람으로 존경하지 않을 정도로 본성을 잃었다면, 그런 가련한 인간은 살 가치가 없는 괴물로서, 곧 숨통을 끊어야 한다. "어머니는 아이를 응석받이로 기른다."고 사람들은 말한다. 이 점, 확실히 어머니는 잘못되어 있지만, 아이를 타락시키는 당신들만큼 잘못되어 있지는 않을 것이다. 어머니는 아이가 행복하기를, 지금 곧 행복하게 되기를 원한다. 이 점에서 어머니는 바르다. 따라서 그 방법에 잘못이 있다면 가르쳐 주어야 한다. 아버지의 야심 · 탐욕 · 압제 · 잘못된 선입관 · 무관심 · 냉담……, 그런 것은 어머니의 맹목적인 애정에 비해 아이에게 백 배나 더 해롭다. 또 '어머니'라는 명칭에 내가 부여하는 의미를 설명할 필요가 있는데, 그것은 뒤에서 곧 설명될 것이다.

　●● 포르메이(Jean Henri Samuel Formey, 1707~97. 베를린 출생의, 망명 프로테스탄트 계통의 목사. 《에밀》을 다시 쓴 《기독교도 에밀》, 《안티 에밀》의 저작이 있다)는, 내가 여기에서 나의 어머니에 대하여 말하려 하는 것이라고 믿고, 그것을 어느 저서 속에서 말했다고 내게 확언(確言)한 사람이다. 이것은 포르메이씨 자신이나 나를 매우 모욕한 말이다.

식물은 재배에 의해 가꾸어지고 인간은 교육에 의해 만들어진다. 태어날 때부터 키가 크고 힘이 세다 해도, 그 키와 힘을 사용하는 방법을 배우지 않는다면, 그 키와 힘이 대체 무슨 소용이 있단 말인가! 그 키와 힘 때문에 아무도 그를 도우려 하지 않을 테니, 그에게는 오히려 큰 키와 힘이 장애물이 될 뿐이다.* 오직 홀로 내팽개쳐져서, 그는 자신의 욕구를 알기도 전에 죽어 버리고 말 것이다. 사람들은 유아기(幼兒期)의 이러한 무력을 한탄하는데, 그것은 인간이 처음에 어린아이로 시작하지 않았더라면, 인류는 진작 멸망해 버렸으리란 사실을 인식하지 못하기 때문이다.

우리는 약한 존재로서 태어난다. 그래서 우리에게는 힘이 필요하다. 우리는 무력하기 때문에 타인의 도움을 필요로 하는 것이며, 우매하기 때문에 이성(理性)을 필요로 하는 것이다. 우리가 태어날 때 지니지 못했던 것, 어른이 되었을 때 필요한 것은 모두 교육에 의해 주어진다.

이 교육의 근원은 자연과 인간과 사물이다. 우리의 능력과 기관(器官)의 내적 성장은 자연의 교육이고, 이 성장을 어떻게 이용할 것인지를 가르쳐 주는 것은 인간의 교육이다. 그리고 우리가 환경의 경험에 의해 얻는 것은 사물의 교육이다.

따라서 우리는 세 종류의 스승에 의해서 교육된다. 그 스승들의 가르침이 서로 모순되는 경우, 제자는 나쁜 교육을 받게 되고 정서의 안정을 가지지 못한다. 스승들의 가르침이 일치할 때에만, 제자는 자기의 목적을 향해 나아가고 일관된 인생을 보낼 수 있다. 그러한 사람만이 좋은 교육을 받은 것이다.

그런데 이 세 가지 교육 중에서 자연의 교육은 우리의 힘으로는 어떻게

● 겉보기에는 어른들과 비슷하지만 말을 모르며, 또 말이 나타내는 관념도 지니지 못했으므로, 그런 아이는 자신이 도움을 필요로 하고 있는 것을 타인에게 알릴 수가 없을 것이고, 그 필요를 타인에게 나타내 보일 방법을 전혀 가질 수 없게 될 것이다.

도 할 수가 없다. 또 사물의 교육은 어느 정도까지는 우리가 좌우할 수 있지만 아무튼 우리가 진정으로 마음대로 할 수 있는 유일한 것은 인간의 교육이다. 그러나 이것마저도 아직 그럴 수 있으리라는 가능성을 말할 수 있을 뿐이다. 왜냐하면 한 어린이를 둘러싼 모든 사람들의 말이나 행동이 완전히 선도할 수 있으리라고는 아무도 기대할 수 없기 때문이다.

그러므로 교육도 하나의 기술이라는 관점에서 보면, 그 성공은 거의 불가능하다. 성공의 필수 조건인 세 가지 교육의 일치는 누구의 힘으로도 이룰 수 없기 때문이다. 온갖 노력을 기울인 끝에 고작 해낼 수 있는 일이라고는 조금이라도 목표에 가까이 가는 일 뿐, 그 목표에 도달하기 위해서는 행운이 따라야 한다.

그러면 이 목표란 무엇일까? 앞에서 여러 차례 말했듯이 그것은 바로 자연의 목표이다. 완전한 교육을 위해서는 세 가지 교육이 일치되어야 하니까, 우리의 힘으로는 어떻게도 할 수 없는 '자연' 의 교육 쪽으로 다른 두 가지 교육을 일치시켜 나갈 수밖에 없지 않은가. '자연' 이라는 말이 많이 나오는데, 이 자연이라는 말의 의미가 너무 막연하다. 여기서 그 의미를 확실히 할 필요가 있을 것 같다.

'자연이란 습관에 지나지 않는다' 고 말하는 사람이 있다.[*] 그것은 무슨 의미일까? 강제에 의하여 형성되는 습관은 없는가? 자연을 압도하여 죽이지 않는 습관은 없는가? 예를 들면 수평으로 성장하도록 훈련된 식물의 습성이 그것이다. 그 식물은 자유롭게 된 다음에도 강제로 굽혀진 그대로 있다. 그

---

[*] 포르메이씨는 아무도 정확히 그런 말을 하지 않았다고 우리에게 단언하고 있다. 그러나 다음의 시(詩) 속에서, 실로 명확히 말하고 있다고 생각되므로 그것을 두고 나는 이렇게 쓴 것이다.

자연이란 습성에 지나지 않는다. 정말로 그렇게 생각해도 좋다.

포르메이씨는 자신의 동료를 오만한 인간으로 만들고 싶지 않아서, 조심스럽게 자신의 지능의 한도를 인간 오성(悟性)의 한도로서 우리에게 부여하고 있는 것이다.

러나 수액(樹液)은 최초의 성장 방향을 잠시라도 바꾼 적이 없기 때문에, 그 식물이 새로운 성장을 한다면, 그것은 수직적인 성장을 취할 것이다. 인간의 성향(性向)도 이와 마찬가지이다. 같은 여건에 머물러 있는 한 사람들은 습성으로부터 생긴 성향, 심지어는 자기 자신에게 가장 부자연스런 성향까지도 계속 보전한다. 그러나 여건이 변하자마자 그 습성은 사라지고 다시 자연이 고개를 든다. 자신이 받은 교육을 잊어버리거나 잃어버리는 사람들이 있는가 하면, 그것을 계속 지니고 있는 사람들이 있는 걸 보면, 교육이란 확실히 하나의 습관에 지나지 않는다. 그러면 그 차이는 어디에서 오는 것일까? 만일 자연에 일치된 여러 가지 습관만을 '자연'이라고 한다면, 더 이상 말할 필요도 없다.

우리는 감각적인 존재로 태어난다. 그리고 태어나면서부터 우리들은 주위 환경으로부터 여러모로 영향을 받는다. 우리가 자신의 감각을 의식하게 되자마자 그 감각을 만들어 내는 사물을 추구하거나 피하게 된다. 처음에는 그것이 유쾌한 감각이거나 불쾌한 감각이기 때문에, 다음에는 그것이 우리에게 맞거나 맞지 않기 때문에, 마지막에는 이성이 우리에게 주는 행복과 선(善)에 대한 관념에 기초하여 내리는 판단 때문에 그것을 추구하거나 피하거나 한다. 이 성향(性向)은, 우리의 이성이 발달하고 지식이 늘어감에 따라 점점 확대되고 확고해져 간다. 그러나 그것은 우리의 습관에 의해 방해되고, 우리의 편견에 의해 다소 변질된다. 그 변화되기 전의 성향을, 나는 우리 안에 있는 자연(본성)이라고 부르는 것이다.

따라서 모든 것을 이 자연적인 성향과 조화시키지 않으면 안된다. 그리고 그것은, 우리의 세 가지 교육 양식이 단지 서로 다르기만 하면 가능한 일이다. 그러나 이 세 가지 교육이 서로 대립하고 있어서, 사람을 그 사람 자신을 위해 교육하지 않고 다른 사람들을 위해 교육하려 하는 경우에는 어떻게 될까? 그런 경우에는 자연적인 성향과의 조화는 불가능하다. 자연과 싸우든가 사회와 싸우도록 강요받기 때문에 당신은 한 인간을 만들 것인가 시민(市

民)을 만들 것인가를 선택해야 한다. 양자(兩者)를 동시에 만들 수는 없으니까 말이다.

좀더 작은 규모의 사회는 남들을 멀리하고 굳게 단결해 있는 경우, 큰 사회로부터 떨어져 나간다. 애국자는 모두 외국인에 대해 가혹하다. 애국자의 입장에서 보면 외국인은 단지 인간일 뿐으로 자기와는 아무런 상관도 없다.* 이것은 불가피한 부당함이지만 대단한 일은 아니다. 중요한 것은 함께 생활하고 있는 사람들에게 친절해야 한다는 것이다.

스파르타인은 이방인에 대해서는 이기적이고 인색하고 불공평한 인간이었다. 그러나 그들의 도시 안에서는 공평 무사(公平無私), 일치 협력(一致協力)의 정신이 지배하고 있었다. 세계주의자들을 신용하지 말라. 그들은 자기 가까이의 사람들에 대해서는 의무를 소홀히 하면서 멀리 책 속에서 자신의 의무를 찾으려 한다. 이런 철학자들은 이웃 사람을 사랑하는 의무로부터 벗어나기 위하여 달단인(韃靼, Tatar : 몽고의 한 부족)들을 사랑할 것이다.

자연인에게는 자신이 전부이다. 그는 자기 자신이 그 사회의 구성원인 동시에 전체이므로, 그는 자기 자신에 대해서 또는 자신과 동등한 것에만 의존한다. 시민은 부모에 의해 가치가 결정되는 분자에 지나지 않는다. 그의 가치는 사회라는 전체와의 관계에 의해서 정해진다. 훌륭한 사회 제도란 인간으로부터 아주 교묘하게 자연성을 빼앗아 그 절대적 존재를 제거하고 대신 상대적 존재를 주어 '자아'를 공동체 속으로 옮길 수 있게 하는 제도이다. 그리하여 각 개인은 자신을 하나의 개체적 존재로 생각하지 않고 공동체의 일부분으로 생각하여 공공의 생활만을 의식하게 된다.

로마의 시민은 카이우스(컬리쿨라 황제)도 루키우스(네로 황제)도 아니었

다. 그들은 단지 한 사람의 로마인이었다. 게다가 그들은 자신을 돌아보지 않고 오로지 조국을 사랑했다. 카르타고에 사로잡혀 간 레굴루스[1]는, 자기는 주인의 재산이 되어 버렸기 때문에 카르타고인이라고 주장했다. 그는 자기는 외국인이므로, 주인의 명령이 없이는 로마의 원로원(元老院) 자리를 수락할 수 없다고 거절했다. 그는 사람들이 자기의 목숨을 구하려 하는 것을 비웃었다. 그는 자신의 의지를 굽히지 않고 사형을 받기 위하여 의연히 돌아갔다. 레굴루스와 오늘날의 사람들과는 너무나 동떨어진 거리가 있다.

스파르타 사람인 페다레토스[2]는, 3백인 회의의 일원이 되기 위하여 출마했는데 낙선되었다. 그렇지만 그는 '스파르타에는 나보다 뛰어난 사람이 3백 명이나 있구나' 하고 말하면서 기쁨에 넘쳐 되돌아갔다고 한다. 나는 그가 진심으로 그렇게 말했으리라고 믿는다. 그렇게 믿어도 좋을 만한 근거가 있으니까. 그것이 곧 시민이란 것이다.

스파르타의 어떤 부인이, 다섯 명의 아들을 군대에 보내고 전투의 상황 소식을 기다리고 있었다. 하인이 소식을 가지고 도착했다. 부인은 떨면서 전황을 물었다.

"마님, 마님의 아드님들은 모두 전사하셨습니다."

"못난 녀석이로다! 내가 네게 그런 것을 물었느냐?"

"우리 군대가 승리했습니다."

그제서야 부인은 신전(神殿)으로 달려가 신들에게 감사했다. 이것이 곧 시민인 것이다.

사회 생활 속에서 자연의 감정의 우월성을 보존하려 하는 사람은 자기

---

1) 기원전 3세기 로마의 장군. 카르타고와의 싸움에 패하여 포로가 되었다가, 도망하지 않는다는 약속하에 휴전의 사절로서 로마에 보내어지는데, 원로원에서 휴전을 거부하라는 이야기를 하고, 카르타고로 돌아와 처형되었다고 한다.
2) 플루타르크의 《라케다이몬인에 대한 유명한 이야기》 60. 라케다이몬인이란 스파르타인을 말한다.

가 무엇을 바라고 있는지 알지 못한다. 그런 사람은 언제나 자기 자신과 모순되어, 자신의 소망과 의무 사이를 방황하면서 결코 하나의 인간도 하나의 시민도 되지 못한다. 그런 사람은 자신에게나 다른 사람에게나 아무런 도움이 되지 못하는 사람이 된다. 그것이 현대의 인간이요, 프랑스인, 영국인, 중류 계급의 한 사람이다. 그런 사람들은 아무것도 되지 못한다.

무언가 되기 위해서는, 자기 자신이 되기 위해서는, 그리고 언제나 개체의 한 인간이기 위해서는 말과 행동을 일치시켜야 한다. 언제나 자기가 취해야 할 태도를 분명히 결정하고 그것을 과감히 관철해 나아가야 한다. 내가 이 기적을 보는 때가 되면, 그 사람이 한 인간인지 시민인지를 그리고 동시에 그 양쪽이기 위해서는 그는 어떻게 행동하면 좋은지를 결정할 수 있을 것이다.

이 필연적으로 상반되는 두 가지 목적으로부터, 상반되는 두 가지 형태의 교육이 나온다. 하나는 대다수인들에게 공통되는 일반적인 공공 교육(公共敎育)이고, 다른 하나는 개별적인 가정 교육이다.

공공 교육이 무엇인지를 알고자 한다면, 플라톤의 《국가(國家)》를 읽어 보라. 그 책은, 표제(表題)만 보고 판단하는 사람들이 생각하는 것처럼 정치에 관한 것을 다룬 책이 아니다. 그것은 지금까지 씌어진 교육론 중에서 가장 훌륭한 것이다.

사람들은 플라톤의 국가 제도론(國家制度論)을 평할 때 공상적이고 비현실적인 것으로 단정해 버린다. 그러나 만약 리쿠르고스[3]가 그의 제도를 책으로 써서 남겨 놓았더라면, 나는 그쪽이 훨씬 더 공상적이었으리라 생각한다. 플라톤은 인간의 마음을 정화(淨化)하려 한 데 지나지 않았지만, 리쿠르고스는 인간의 마음을 아주 변질시켰으니까.

---

3) 고대 스파르타의 입법가(立法家)로서 스파르타의 헌법을 제정했다. 루소는 그를 뛰어난 입법자로서 《사회 계약론》 속에서도 자주 언급했다.

공공의 제도는 이미 존재하지도 않고 존재할 수도 없다. 오늘날에는 조국도 없으며 애국자도 없기 때문이다. '조국' 과 '애국자' 라는 두 가지 말은 현대어(現代語)로부터 축출되어야 한다. 그 이유를 나는 잘 알고 있지만, 그것을 말하고 싶지는 않다. 그것은 이 책의 주제와는 아무런 관계도 없기 때문이다.

나는 사람들이 '콜레주(collège, 대학)' 라고 부르는 저 가소로운 시설을 공공 교육 기관이라고는 생각지 않는다.* 또 상류 사회의 교육도 공공 교육의 영역에 넣지 않는다. 상류 사회의 교육은 상반되는 두 가지 목적을 추구하다가 어느 쪽 목적에도 도달할 수 없게 되기 때문이다. 그것은 언제나 남들을 위해 살도록 교육하는 것처럼 보이면서, 실은 자신의 일 외에는 절대로 생각지 않는 이중(二重) 인격의 인간을 만드는 것 외에 아무것도 아니다. 그런데 그러한 가장(假裝)은 모든 사람에게 공통적인 것이어서 아무도 그것에 속지 않는다. 따라서 가장하느라고 마음을 쓰는 것이 모두 공연한 헛수고일 뿐이다.

이 모순으로부터 끊임없이 우리가 마음속으로 느끼고 있는 모순이 생겨난다. 자연과 인간에 의해 서로 상반되는 길로 이끌려 들어가, 그 서로 다른 힘에 강요되어, 우리는 어느 쪽 목표에도 도달하지 못하는 어중간한 길을 걷게 된다. 그리하여 일생 동안 괴로워하고 휘청거리다가 일관된 의견을 가지지 못한 채, 자기에게나 다른 사람에게나 아무런 도움이 되지 못하는 인간으로 살아가게 되는 것이다.

이제 남은 것은 가정 교육 또는 자연의 교육인데, 오로지 자기 자신만을

---

* 몇 개 학교, 특히 파리 대학에는 내가 사랑하고 존경하는 교수가 있어서, 만약 그들이 기성(既成)의 관습에 따르기를 강요받지 않는다면, 그들은 청년을 훌륭하게 교육할 수 있으리라고 나는 생각한다. 나는 그 사람들 중의 한 사람에게 그가 생각한 개혁안을 발전시키도록 권하고 있다. 폐해를 고칠 수단이 없지는 않다는 것을 알면, 사람들은 이윽고 필시 그 폐해를 올바르게 하려는 마음을 갖게 될 것이다.

위한 교육을 받은 사람이 다른 사람들과 어떻게 조화 있게 살 수 있을까? 만약 인간의 여러 가지 모순을 제거함으로써 인간이 지향하는 이중의 목적이 하나로 통일될 수 있다면, 인간의 행복을 방해하는 큰 장애물 하나가 제거될 것이다. 그것을 판단하기 위해서는 완성된 인간을 보아야만 한다. 또 그의 취향을 관찰하고, 그의 발전을 바라보며, 그의 성장 과정을 지켜보아 두었어야 한다. 한마디로 말해 자연인을 알아야 한다. 당신이 이 책을 다 읽었을 때에는 그러한 탐구 속으로 얼마간 발을 들여놓았을 것으로 나는 믿는다.

이와 같은 예외적인 인간을 훈련하기 위하여 우리는 무엇을 해야 할 것인가? 여러 가지가 있으리라. 그러나 가장 중요한 것은 그에게 어떤 일도 행해지지 않도록 방지하는 일이다. 바람을 거슬러서 항해하기 위해서는 사행(蛇行)만 하면 된다. 그러나 바다가 거친데 해안에 머물러 있으려 할 때에는 닻을 내리지 않으면 안된다. 젊은 키잡이〔操舵手〕여, 조심하라! 당신이 모르는 사이에 밧줄이 풀어지거나 닻이 떠내려가거나 하지 않도록.

각자가 자신의 지위를 가지고 있는 사회 질서 아래에서는 사람은 모두 그 지위를 위해 교육되지 않으면 안된다. 만약 그 지위에 맞게 만들어진 사람이 그 지위를 버린다면 그 사람은 아무데에도 쓸모 없는 사람이 된다. 그의 교육은 그 사람의 운명이 부모의 선택과 일치할 때에만 유효하다. 그렇지 못한 경우, 교육은 그 학생에게 언제나 해로운 것이 된다. 교육이 만들어 내는 여러 가지 편견만을 생각해도 그렇다. 아들이 아버지의 직업을 반드시 계승해야 했던 이집트에서는 적어도 교육에 뚜렷한 목적이 있었다. 그렇기는 하나 신분은 그대로이고 그 신분을 차지하는 사람들이 끊임없이 바뀌고 있는 우리 사회에서는, 신분에 맞도록 자기 자식을 교육하는 일이 과연 자식에게 좋은 것인지 어떤지는 아무도 모른다.

자연의 질서 아래에서는 인간은 모두 평등하며, 그들의 공통의 천직(天職)은 인간 바로 그것이다. 그러므로 잘 교육된 인간은 그 천직 및 그와 연관된 직업이라면 무슨 일이든 해낼 수가 있다. 나의 학생을 장차 군인으로 만들려 하든 성직자로 만들려 하든 법률가로 만들려 하든 그것은 아무래도 좋다. 자연은 그의 부모가 그의 천직을 선택하기 전에 먼저 인간으로서의 생활을 하도록 명령한다. 그러므로 인생이 내가 학생에게 가르치려는 직업이다. 내게서 떠나갈 때 그는 틀림없이 관리도 군인도 성직자도 아니리라. 그는 무엇보다도 먼저 인간일 것이다. 인간에게 어울리는 모든 것을 그는 다른 것들과 똑같이 빨리 배울 수가 있을 것이다. 아무리 운명의 여신이 그의 지위를 바꾸려 해도, 그는 의연히 자신의 지위에 머물러 있을 것이다. "운명의 여신이여, 나는 그대의 창끝을 막고 그대를 포로로 잡았노라. 그리고 그대가 내게 가까이 올 수 있는 길은 모조리 막아 버렸노라." [4] 하고 말이다.

우리가 정말로 연구해야 할 것은 인간과 그의 환경에 대해서이다. 우리들 가운데 인생의 좋은 일 나쁜 일에 가장 잘 견디는 사람이야말로 가장 잘 교육된 사람이라고 나는 생각한다. 그러므로 진정한 교육이란 훈시하는 것이 아니라 훈련시키는 것이다. 우리는 태어남과 동시에 배우기 시작한다. 결국 우리의 교육은 우리와 함께 시작되며, 우리의 최초의 선생님은 유모이다. 그래서 '교육(Education)'이라는 말은, 고대에는, 우리가 사용하고 있는 의미와는 다른 의미, 즉 '양육(養育)'을 의미했었다. "산파가 받고, 유모가 기르고, 가정 교사가 예의 범절을 가르치고, 선생님이 교육한다."고, 바로는 말했다.[5] 이와 같이 기르는 것, 예의 범절을 가르치는 것, 교육하는 것을 각각 다른 사람이 하는 것과 같이, 그 각각의 목적 또한 서로 달랐다. 그러나 이와 같은 구분은 결코 바람직하지 못하며, 아이는 한 사람의 스승에게서 배워야 한다.

따라서 우리는 특수인보다는 일반인들 중에서 스승을 찾아야 하며, 그

---

4) 키케로의 《투스쿨룸 논총》 제5권 제9장. 루소는 이 말을 라틴어 그대로 인용했다.

5) 바로(Varro)는, 기원전 1세기의 로마 학자. 이 글은 4세기의 문법학자 노니우스 마르케르스의 인용에 의한다.

스승을 특별한 사람으로 생각해서는 안되며, 인생의 과정을 통해 산전수전을 다 겪은 사람으로 간주하지 않으면 안된다. 만약 인간이 일정한 어떤 땅에 묶여 있다면, 일년 내내 같은 계절이 계속된다면, 모든 사람이 어떤 신분에 고정되어 결코 신분이 바뀌지 않는다면, 이제까지의 교육법도 어떤 점에서는 괜찮을지 모르겠다. 그 신분에 맞추어 교육된 어린이는 그 신분에서 벗어나는 일이 결코 없을 터이니, 신분이 달라짐으로 해서 발생하는 불편함에 시달리거나 하는 일은 없을 테니까. 그러나 변하기 쉬운 인간의 일을 생각하고, 모든 것이 세대마다 달라지는 불안하고 동요하는 현대를 생각할 때, 결코 방 밖으로 나갈 필요가 없는 인간, 언제나 하인에 둘러싸여 있는 인간으로서 어린이를 기르는 것이 과연 어떨지? 아마도 그것보다 무분별한 짓은 없을 것이다. 그런 불쌍한 인간은, 지상에 한 발짝이라도 내딛거나 한 계단이라도 내려선다면 그대로 파멸하고 말리라. 이것은 그에게 고통을 참는 것을 가르치는 것이 아니라, 그것은 그에게 고통을 느끼도록 훈련하는 것이다.

사람들은 어린아이로서의 삶을 영위하는 일만 생각하는데, 그것으로는 충분하지 않다. 어른이 되었을 때 자신의 삶을 영위하고, 운명의 시련을 견뎌 내고, 유복함과 빈곤함을 문제삼지 않고, 아이슬랜드의 얼음 속이나 말타 섬의 불덩이 같은 바위 위에서라도 살아갈 수 있도록 훈련하지 않으면 안된다. 당신들은 아이가 죽을까 하여 걱정하며 조심해서 보살피는데 그것은 헛수고이다. 아이는 언젠가 죽을 것이다. 그 아이에게 죽음을 피하는 것을 가르치기보다는 사는 것을 가르쳐라. 산다는 것은 호흡을 하는 것이 아니다. 활동하는 것이다. 우리의 기관과 감각과 능력을, 그리고 우리에게 존재감을 주는 몸의 모든 부분을 활용하는 것이다. 가장 잘 산 사람이란 가장 오랜 세월을 산 사람이 아니라 인생을 가장 잘 체험한 사람이다. 백 년을 살고 죽은 사람이, 태어나자마자 금방 죽은 사람과 똑같을 수도 있다. 그런 사람은 젊어서 무덤에 가는 편이 낫다. 적어도 그때까지 참되게 살았다면 말이다.

우리의 지혜라고 하는 것은 모두 비굴한 편견에 지나지 않는다. 우리의 습관이라고 하는 것은 억제와 속박과 강압에 지나지 않는다. 사회인은 노예 상태 속에서 태어나 살다가 죽어 간다. 태어나면 배내옷에 싸이고, 죽으면 관에 갇히게 된다. 인간으로서 살아가고 있는 한 우리는 사회 제도에 얽매이게 된다.

많은 산파들이 막 태어난 어린아이의 머리를 주무르면서 머리 모양을 좀더 예쁘게 만든다는 따위의 말을 하고, 사람들은 또 그것을 묵인한다. 인간의 머리는 신이 만들어 준 상태 그대로 두어서는 별로 모양이 나지 않는다는 것이다. 그리하여 바깥쪽(외모)은 산파가, 안쪽은 철학자가 고친다. 그런 면에서는 저 미개한 카리브인 쪽이 우리보다 훨씬 행복하다. 아이가 어머니의 태내(胎內)에서 나와, 몸을 움직이거나 손발을 뻗거나 하는 자유를 얻자마자 사람들은 아기에게 새로운 속박을 가한다. 배내옷으로 싸고, 머리를 고정시키고, 발을 뻗게 하고, 양팔을 몸에 가지런히 붙여서 잠을 자게 한다. 몸에 헝겊이나 끈을 휘감아서, 몸을 마음대로 움직일 수 없게 한다. 옆으로 눕게 하여, 입에서 나오는 침이 저절로 흘러 나올 수 있을 정도면 그래도 행복한 것이다. 아기에게는 침이 흘러 나오도록 머리를 돌리는 자유조차도 주어지지 않으니까 말이다.

막 태어난 아기는 손발을 뻗거나 움직일 필요가 있다. 오랫동안 실뭉치처럼 옴츠려 있던 마비 상태에서 손발을 풀어야 할 테니까. 물론 아기의 손발을 뻗게는 한다. 그러나 손발을 마음대로 움직이게 하지 않는 것은 사실이다. 머리에도 모자를 씌워 자유롭지 못하게 한다. 마치 아기가 살아 있는 것으로 보이는 것을 두려워하고 있는 것 같다.

그래서 성장하려고 하는 내적 충동은, 요구되는 운동에 대해 큰 장애를 발견하게 된다. 아기는 계속해서 헛된 노력을 하여 힘이 쇠진하고, 그 때문에 발육이 늦어지게 된다. 배내옷에 싸여 있는 것보다 어머니의 태내에 있을 때가, 그래도 좁지 않고 구속당하지 않고 죄이지 않았다. 이래서야 무엇 때문에 태어난 것인지 나로서는 알 수가 없다.

아기의 손발을 움직일 수 없게 묶어 놓는 것은 혈액과 체액(體液)의 순환을 나쁘게 하여 아기가 강해지고 성장하는 것을 방해하고 체질을 손상하게 할 뿐이다. 그런 터무니없는 보살핌을 하지 않는 곳에서는 인간은 모두 크고 강하고 균형이 잘 잡힌 몸을 하고 있다. 반면에 아기를 배내옷에 싸는 나라에는 꼽추·절름발이·안짱다리·발육 부전·구루병 환자 등 여러 종류의 기형아가 우글거린다. 자유로운 운동으로 인해 아기의 몸이 상하는 것을 염려하여 태어나자마자 아기를 묶어 놓음으로써 아기의 몸을 더욱 손상시킨다. 불구가 되지 않도록 신경을 쓴다는 것이 오히려 그들을 불구로 만들고 있는 것이다.

이러한 잔혹한 구속이 아기의 체질이나 기질에 영향을 주지 않을 수 있을까? 생각해 보라, 아기들이 최초에 느끼는 감정이 어떤 것이겠는가를. 아기들은 태어나자마자 아픔과 고통을 느낄 것이다. 아기들이 필요로 하는 모든 운동에 대한 방해를 만날 뿐일 것이다. 쇠사슬에 묶인 죄인보다도 불쌍한 그들은 헛된 노력을 하다가 화를 내고 울 것이다. '그들이 내는 최초의 소리는 울음소리다' 라고 당신들은 말하고 싶은가? 그건 맞는 말이라고 나도 생각한다. 그러나 당신들은 아기가 태어난 그 순간부터 그들의 본성을 거스르려 한다. 아기들이 당신들로부터 받는 최초의 선물은 몸을 묶는 쇠사슬이고, 최초로 받는 대접은 고문이다. 그들이 마음대로 할 수 있는 일이란 소리를 지르는 것뿐이니, 어찌 소리로써 괴로움을 호소하지 않을 수 있겠는가. 그들은 당신들이 주는 고통에 대해 소리쳐 울어 호소하는 것이다. 당신들 자신이 그들처럼 묶여 있다면, 아마 그들보다 더 큰소리로 외쳐댈 것이다.

이렇게 불합리한 관습은 어디서 생겨난 것일까? 자연에 역행하는 관습으로부터 생긴 것이다. 어머니들이 그 최초의 의무를 무시하고 자기의 아기를 몸소 기르려 하지 않게 되면서부터 아기는 돈으로 고용된 여자들에게 맡겨지게 된 것이다. 그래서 전혀 애정을 느끼지 못하는 다른 사람의 아기 엄마가 된 여자는 오직 힘드는 일을 피하고 싶은 생각뿐이었다. 아기를 자유롭게 내버려두면, 아기에게서 한시도 눈을 뗄 수 없었을 것이다. 그러나 꽉 잡아매 두면, 울거나 말거나 한 귀퉁이에 내버려 둘 수 있다. 유모는 그 아기에게 소홀했다는 증거만 없으면, 또 그 아기의 팔이나 다리가 부러지거나 하지만 않으면 그후에는 그 아기가 죽든 일생을 병약하게 살든 상관할 바가 없다. 그래서 아기의 몸을 희생시키면서 그 팔다리를 보호하고, 그렇게 함으로써 발생하는 다른 일에는 아무런 책임을 느끼지 않는 것이다.

자식으로부터 해방되어 환락이 넘치는 도시의 즐거움에 빠져 있는 멋쟁이 엄마들은 그동안 배내옷에 싸인 아기가 유모에게서 어떤 취급을 받고 있는지 알고 있을까? 조금만 귀찮게 굴어도 아기는 헌옷 보따리처럼 싸여 못에 걸리게 된다. 유모가 천천히 자기 용무를 다 마칠 때까지 불쌍한 아기는 그렇게 벽에 매달려 있는 것이다. 이런 상태에 있는 어린이들의 얼굴은 모두 보랏빛이었다. 가슴이 세게 압박받으니 혈액 순환이 원활히 될 수가 있겠는가. 그러니 피는 머리로 올라가 있을 수밖에, 사람들은 아기가 아주 조용해졌다고 생각하겠지만, 아기는 소리지를 힘조차 없어진 것이다. 그런 상태에서 아기가 얼마나 견딜 수 있을지 의문이다. 이와 같이 아기를 속박하는 것이 배내옷의 가장 큰 효용(效用)의 한 가지이다.

'몸을 자유롭게 움직이도록 해 두면 아기는 자세가 나빠지고 손발의 순조로운 발육을 그르치는 운동을 한다'고 주장하는 사람이 있다. 이야말로 우리의 얕은 지혜에서 나온 엉터리 이론의 하나로, 어떤 실험에 의해서도 아직까지 확인된 바가 없는 것이다. 우리보다 양식(良識)이 풍부한 민족 사이에서는 많은 어린이들이 손발이 완전히 자유로운 상태에서 길러지고 있지만 그 가운데에서 한 사람도 상처를 입거나 불구가 된 아기는 없었다. 아기들은 위험할 정도로 격렬한 운동을 할 수 없기 때문이다. 설령 그들이 격렬한 운동을 하는 자세를 취했다 해도 고통을 느끼게 되면 그 자세를 바꿔 버린다.

우리는 개나 고양이의 새끼를 배내옷에 싸려고 생각한 일은 없다. 배내옷으로 싸지 않았다고 해서 그들에게 어떤 불합리한 일이 발생된 예가 있는가? 인간의 아기가 좀 무겁다는 것은 사실이다. 그러나 그에 반하여 인간의 아기들 쪽이 개나 고양이의 새끼보다 더 약하다. 겨우 움직일 수 있는 정도인 것이다. 그런데 어떻게 자신의 몸을 상처입힐 수가 있겠는가? 만약 그들을 엎어놓는다면 뒤집혀진 거북이처럼 몸을 일으키지 못하고 그대로 죽어버릴 것이다.

이제 여성은 어린아이에게 젖을 물리지 않을 뿐만 아니라, 아기를 낳으려고조차 하지 않게 되었다. 당연한 결과이다. 어머니라는 직책이 귀찮아지면 곧 그 상태에서 완전히 벗어날 수 있는 방법을 물색하게 마련이니까. 그녀들은 뱃속의 아기를 유산시키고도 태연하다. 그리고 또 그런 짓을 반복한다. 인류를 번창하게 하기 위해 주어진 매력을 인류에게 해가 되도록 악용한다. 이러한 관습은 인구 감소의 원인과 함께 가까운 장래에 유럽의 운명을 예고하고 있다. 유럽이 낳은 학문과 예술과 철학과 풍속으로 말미암아 유럽은 사람이 살지 않는 땅이 될 것이다. 유럽은 들짐승들만 사는 곳이 될 것이다.

나는 때로 젊은 엄마들이 자기의 아기를 스스로 기르고 싶다는 따위의 속이 뻔히 들여다보이는 말을 하는 것을 보았다. 그런 생각일랑은 말라고, 다른 사람들이 만류하도록 만드는 여자들이다. 그녀들은 교묘하게 남편이나 의사,* 특히 친정 어머니로 하여금 만류하도록 한다. 아내가 스스로 아기를 기르는 것에 찬성하는 남편은 남편으로서는 낙제다. 그는 아내를 망치려고 하는 고약한 남편으로 취급받게 될 것이다. 사려 깊은 남편은 가정의 평화를 위하여 부성애(父性愛)를 희생한다. 다행히 시골에는 당신들의 부인보다 순결한 여성들이 있다. 당신들의 아내가 그렇게 해서 얻어낸 여가를 당신들 이외의 다른 남성을 위하여 쓰지나 않는다면 그것으로 다행한 일이다.

● 부인과 의사의 동맹은 나에게는 언제나 파리 특유의, 가장 이상한 단체의 하나라고 생각된다. 의사가 명성을 얻는 것은 여성 덕분이고, 여성이 하고 싶은 일을 할 수 있는 것은 의사 덕분이다. 파리의 의사가 유명해지려면 어떤 종류의 재능이 필요한지 이에 의해서 잘 엿볼 수 있다.

여성의 의무는 누구나가 다 알고 있는 바이다. 그런데도 사람들은 여성들이 그 의무를 무시하는 데 동조하여, 어린아이를 자기들의 젖으로 기르든 다른 사람의 젖으로 기르든 무슨 상관이 있느냐고 논란하고 있다. 이 문제는 의사가 결정할 일이지만 나는 여성들이 바라는 바대로 되어 가고 있음을 안다. 나로서도 만일 그 아기의 생모(生母)의 핏속에 나쁜 병균이 섞여 있어 그 아기에게 전염될 위험이 있는 경우라면 그러한 어머니의 젖을 빨리기보다는 건강한 유모의 젖을 빨리는 것이 좋다고 생각한다.

그러나 이 문제가 단지 육체적인 면에서만 생각해서 좋을 문제일까? 아기에게 젖이 필요한 것과 마찬가지로 아기는 어머니의 보살핌을 필요로 하는 것이 아닐까? 엄마가 아닌 유모, 또는 짐승이라도 엄마가 주기를 거절한 젖을 아기에게 줄 수 있을 것이다. 그러나 어머니의 자상한 보살핌을 대신할 수 있는 것은 없다. 자기 자식 대신 다른 사람의 자식을 기르는 여인은 좋지 않은 어머니이다. 그런 여인이 어떻게 좋은 유모가 될 수 있단 말인가. 설령 좋은 유모가 될 수 있다 하더라도 그렇게 되기 위해서는 긴 세월이 필요하다. 습관이 변해 자연이 되지 않으면 안되니까. 유모가 아기에 대해 어머니와 같은 애정을 가지게 되기까지는 아기는 난폭하게 취급되어 백 번도 더 죽을 고비를 넘기게 될 것이다.

유모가 어머니의 애정을 가지게 된 경우에는 그로부터 또 다른 문제가 발생한다. 그 문제를 생각하면, 현명한 여성이라면 자기의 아이를 다른 사람에게 기르게 하고 싶다는 생각은 절대로 하지 않을 것이다. 그것은 바로 어머니의 권리를 나누어 가진다는 것, 아니 유모에게 양도한다고 하는 문제이다. 즉, 자기의 아기가 다른 여자를 자기와 똑같이 또는 자기 이상으로 따르는 것을 보는 일이며, 낳아 준 엄마에 대하여 아이가 지니는 애정은 인정(人情)이고 유모에 대한 애정은 의무가 된다는 것을 인정(認定)해야 하는 문제이다. 아이는 어머니에게서 자상한 보살핌을 받음으로써 그 어머니에게 애정을 느낄 테니까 말이다.

이러한 문제점을 없애기 위해 어머니들은 유모를 단지 하녀로 취급해 버린다. 그리하여 아이로 하여금 유모를 경멸하게 하는 것이다. 그리고 유모의 임무가 끝나면 아기를 데려오거나 해고시킨다. 불쾌한 대접을 받는 동안, 유모는 자기 젖으로 기른 아이를 만나러 오는 것이 싫어지게 된다. 몇 해가 지나면 아이는 유모를 만나는 일도 없어지고 얼굴도 잊어버리게 된다. 이와 같이 유모에게 자기의 일을 대신하게 한 가혹한 행위로 자신의 태만을 보상했다고 생각하는 어머니는 크게 잘못 생각하고 있는 것이다. 젖을 먹여 길러 준 은혜를 모르는 아이가 착한 자식이 될 수 있을까? 이렇게 자란 아이는 젖을 먹여 길러준 유모뿐만 아니라 자기에게 생명을 준 어머니도 언젠가는 경멸할 것이다.

같은 말을 몇 번씩 들어도 싫증내지 않는다면 나는 이 점을 거듭 강조했을 것이다. 이것은 사람들이 생각하고 있는 것보다 훨씬 더 많은 일에 관계된다. 모든 사람에게 그 첫째 의무를 완수하게 하려면 먼저 어머니의 의무로부터 시작하도록 하라. 그로부터 발생하는 변화에 당신들은 깜짝 놀랄 것이다. 모든 것이 그 최초의 타락에서 비롯되어 잇달아 일어난다. 도덕적인 질서가 무너진다. 자연성이 모든 사람의 마음속에서 사라진다. 집안에는 예전과 같은 활기가 없어진다. 어떤 감동적인 광경도 남편의 마음을 사로잡지 못하며, 타인의 존경심을 불러일으킬 수 없게 된다. 아이와 함께 있지 않는 어머니는 존경받지 못하게 된다. 가정은 안식처가 되지 못한다. 혈연도 습관에 의해 강해지지 않는다. 부모도 자식도 형제도 없어진다. 서로 잘 모르는 인간이 된다. 그런 인간들이 어떻게 서로 사랑할 수 있겠는가. 모두 자신의 일밖에 생각하지 않는다. 가정이 쓸쓸하고 고독한 곳에 지나지 않는다면, 다른 곳으로 즐거움을 찾으러 가는 것이 당연하다.

그러나 어머니가 손수 자기의 아이를 키운다면 풍속은 저절로 개선되고, 자연성이 모든 사람의 마음속에 소생할 것이다. 나라의 인구도 늘게 되고. 이 어머니의 최초의 의무, 그것만이 모든 것을 다시 맺어 줄 수 있다. 가정 생활의 매력은 악습(惡習)에 대한 가장 좋은 해독제이다. 귀찮게만 생각되는 아이들의 소란도 즐겁게 느껴진다. 아버지와 어머니는 사이가 더 가까워지고 사랑도 한층 깊어진다. 가정에 생기가 넘치고 활기가 있으면 살림살이는 아내에게 더없이 소중한 일이 되고 남편에게도 유쾌한 즐거움이 된다. 이렇게 단 한 가지 악습이 바로잡힘으로써 모든 것이 바뀌고, 자연은 그 권리를 회복할 것이다. 여성이 일단 어머니의 자리로 돌아오면 남성도 곧 아버지의 자리, 남편의 자리로 돌아오게 될 것이다.

아니 이것은 쓸데없는 설교다! 비록 세속적인 쾌락에 싫증났다 해도 사람들이 결코 가정의 즐거움으로 되돌아올 리가 없다. 여성들은 어머니가 되는 것을 그만두었다. 여성은 이제 어머니가 되지는 않을 것이다. 또 되려고 하지도 않는다. 설령 되려 한다 해도 좀처럼 될 수 없을 것이다. 이미 습관이 굳어진 오늘날에는 어머니가 되려는 여성은 자기 주위의 모든 여성을 상대로 싸워야만 하기 때문이다. 그 여성들은 일치 단결해서 스스로 해 본 적도 없고 따를 마음도 없는 이 모범적인 일에 반대할 것이다.

그러나 아직도 훌륭한 천성(天性)을 지닌 여성들이 있어 시대적 풍조와 주위 여성들의 극성스러운 비난에도 불구하고, 고결한 용기로써 자연이 명하는 이 더없이 즐거운 의무를 실행하고 있다. 아무쪼록 이 일에 전념하는 여성들에게 주어지는 행복의 매력에 이끌려 그런 여성들이 많아지기 바란다. 더없이 단순한 고찰의 결과와 지금까지 예외가 없었던 관찰에 의거해서 나는 이 훌륭한 어머니들에게 약속할 수 있다. 이러한 여성들은 남편에게서 변함없는 깊은 사랑을 받을 것이며, 자녀들에게서는 참으로 자식다운 애정을, 주변 사람들로부터는 존경을 받으리라는 것을. 또한 순산(順産)할 것이며, 산후(産後)도 좋아서 건강과 행복을 누릴 것이고, 마침내는 자기 딸들과 남의 딸들의 모범이 되어 칭송받으리라는 것을. 어머니가 어머니답지 못하면 자식도 자식답지 못하다. 어머니와 자식 사이의 의무는 상호적이다. 만일 어느 한쪽이 그 의무를 소홀히 하면 다른 쪽도 그것을 소홀히 할 것이다. 자식은 어머니의 은혜를 인식하기 전에 어머니를 사랑해야 한다. 본능의 목소리도 습관과 배려에 의해 강해지지 않으면 금방 없어져 버리고, 애정은 싹트기 전에 죽어 버린다. 이렇게 하여 우리는 인생의 첫걸음부터 자연에서 벗어나는 것이다.

이와는 정반대의 상황에 의해 자연의 궤도를 벗어나는 수가 있다. 그것은 어머니가 아이를 지나치게 보호하는 경우이다. 그런 여성은 아이를 지나치게 소중히 여기는 나머지 아이로 하여금 약함을 느끼지 않게 하려다가 더욱 아이를 약하게 만든다. 그리고 자연히 법칙에서 벗어나게 하기 위해 고통으로부터 아이를 멀리한다. 그러나 그녀는 한때의 고통으로부터 아이를 지켜주는 것에 의해 장래에 얼마만큼의 사고와 위험을 아이에게 가져오게 하는지, 또 유년 시대의 약함을 오래 연장시켜 어른이 되었을 때 큰 고생을 하게 하는 것이 얼마나 잔혹한 일인지를 생각지 않는 것이다. 신화에 의하면, 테티스[6]는 아들을 불사신으로 만들기 위해 지옥의 강물에 집어넣었다고 한다. 이 신화는 아름답고 그 의미가 명료하다. 내가 말하는 잔혹한 어머니들은 그런 일은 하지 않는다. 그녀들은 아이를 유약(柔弱)하게 만들어 장차 괴로움을 당하게 하기 위한 준비를 하고 있다. 모든 병(病)을 향해 숨구멍을 열어 놓는 것이다. 아이는 자라서 틀림없이 병으로 고통당할 것이다.[7]

자연을 관찰하라. 그리고 자연이 보여 주는 길을 가라. 자연은 끊임없이 아이에게 시련을 준다. 온갖 시련으로 아이의 체질을 단련시킨다. 자연은 일찍부터 아이들에게 고통이 무엇인가를 가르친다. 이〔齒〕가 날 때에는 열이

---

6) 그리스 신화의 해신(海神) 네레우스의 딸. 테사리아의 왕 펠레우스의 아내이며, 아킬레우스의 어머니.

7) 육체적인 면에서의 유아 기르는 법은 당시 사회의 상당한 관심거리였다. 루소와 똑같은 정신으로 씌어진 책도 나와 있다. 《에밀》과 거의 같은 무렵에 제네바 사람 바레크셀의 《아이의 체육에 관한 논고(論考)》가 나왔는데, 루소는 바레크셀을 표절자(剽竊者)라 비난했다(《고백록》 제11권).

나고, 심한 배앓이는 경련을 일으키며, 오랜 기침은 숨을 막히게 한다. 게다가 기생충에 시달린다. 패혈증(敗血症)은 혈액을 부패시키고 온갖 병원균이 발효하여 악성 부스럼을 나게 한다. 유년 시대의 초기는 병과 위험의 시기라해도 과언이 아니다. 태어난 아기의 절반이 여덟 살이 되기 전에 죽는다. 이 시련이 끝나면 아이에게는 힘이 생긴다. 그리고 자기의 생명을 유지할 수 있게 되면 생명의 뿌리는 한층 확고해진다.

이것이 자연의 법칙이다. 왜 그것에 거역하려 하는가. 당신들은 자연을 교정(矯正)하려다가 오히려 자연의 법칙을 파괴하고 자연의 배려를 방해하고 있다는 것을 모르는가. 지나친 보살핌을 받으며 자라는 아이가 그렇지 않은 아이보다 훨씬 사망률이 높다는 것을 경험에 의해 알 수 있다. 힘의 한계를 넘지 않는다면 힘을 쓰게 하는 것이 쓰게 하지 않는 것보다 덜 위험하다. 언젠가 부닥뜨리게 될 공격에 대비해 단련시켜라. 불순한 계절·풍토·환경·굶주림·가뭄·피로에 견딜 수 있도록 단련시켜라. 지옥의 강물에 집어넣어라. 신체에 습성이 생기기 전이라면 아무런 위험도 없이 어떤 습성이라도 익힐 수 있다. 그러나 일단 몸이 굳어버리면 모든 변화는 위험한 것이 된다. 아이는 어른이 견뎌 내지 못하는 변화에도 견딜 수 있다. 아이의 신체 조직은 유연하기 때문에 고통 없이 변화시킬 수 있다. 어른의 신체 조직은 굳어 버렸기 때문에 강한 힘을 가하지 않고서는 이미 형성된 구조를 바꿀 수가 없다. 따라서 아이는 생명과 건강에 위험을 받지 않고 튼튼한 몸으로 자랄 수가 있다. 설령 다소의 위험이 따른다 해도 망설일 필요는 없다. 그것은 인생에서 으레 따르는 위험이니까, 가장 위험이 적은 시기에 그것을 경험시키는 게 좋지 않을까?

아이가 청년기에 이르기 전에, 청년기에 겪어야 할 병에 저항할 수 있도록 미리 단련시켜 주어야 한다. 어렸을 때 작은 고통을 면하게 해줌으로 해서 이성이 작용하는 나이가 되었을 때 고통을 크게 겪게 한다면 그것은 참으로 어리석은 일일 것이다. 그것이 교사의 가르침일 수 있을까?

사람은 언제나 고통 속에 사는 운명을 지녔다. 자신을 지키려는 노력 그 자체가 고통과 연결되어 있다. 유년 시절에 육체적인 고통밖에 몰랐던 사람은 행복하다. 육체의 고통은 다른 고통에 비해 훨씬 덜 잔인하고 덜 고통스러우므로, 그 때문에 삶을 단념하는 사람은 거의 없다. 사람을 절망시키는 것은 정신적인 고통뿐이다. 우리의 가장 큰 고통은 우리의 마음에서 비롯된다.

아기는 태어나자마자 큰소리로 운다. 아기의 초기 시절은 울면서 보내게 된다. 사람들은 아기를 달래기 위해 아기를 흔들기도 하고 어르기도 한다. 그런가 하면 아기의 울음을 그치게 하기 위해 놀라게 하기도 하고 때리기도 한다. 우리는 아이의 기분에 따라 주는가 하면 우리의 기분에 따라 아이를 다루기도 한다. 도대체 중간이 없다. 아이는 명령을 하든지 명령받든지 해야 한다. 따라서 아이가 최초로 품는 관념은 지배와 복종의 관념이다. 아이는 말을 배우기도 전에 명령하고, 행동할 수 있게 되기도 전에 복종한다. 그리고 때로는 자신의 잘못을 깨달을 수 있는 능력을 갖기도 전에, 아니 잘못을 저지를 줄도 모르는 시기에 벌을 받는다. 이런 식으로 사람들은 어린 마음에 감정을 부어 넣고는 그것을 자연의 탓으로 돌린다. 그리고 아이를 애써 나쁘게 만들어 놓고는 아이가 나쁘다고 한탄한다.

이런 식으로 아이는 여자들 사이에서 그녀들의 변덕과 자신의 변덕의 희생자가 되어 6, 7년을 보낸다. 그리고 여러 가지를 배운 뒤에, 즉 아이들이 이해할 수 없는 말이나 아무 쓸모없는 것을 익힌 뒤에, 인위적으로 생긴 감정에 의해 천성을 말살당한 뒤에, 이 인위적인 아이는 교사의 손에 맡겨진다. 그 교사는 이미 완성되어 있는 인공적인 싹을 완전하게 발전시키기 위해 여러 가지를 가르치는데, 그러면서도 자신을 아는 일, 자기 자신을 활용하는 일, 살아서 행복하게 되는 일은 가르치지 않는다. 결국 노예인 동시에 폭군이며, 지식은 있으되 분별이 없는, 육체도 정신도 허약한 이 아이가 사회에 내던져져 그 무능함과 오만함과 모든 결점을 드러내면 사람들은 인간의 가련함과 사악함의 씨가 된 그를 한탄하게 된다. 그러나 그것은 잘못이다. 그 인간이야말로 우리의 변덕이 만들어 낸 소산인 것이다. 자연의 인간은 결코 그렇게 만들어지지 않는다.

따라서 당신들은 아이가 그 본래의 모습을 유지하기를 원한다면 아이가 태어난 순간부터 그 본래의 모습을 유지시켜야만 한다. 아이가 태어나면 즉시 꽉 잡아, 어른이 될 때까지 손에서 놓지 말아야 한다. 그렇게 하지 않으면 성공하지 못한다. 참으로 아기에게 젖을 주어야 할 사람이 어머니인 것처럼, 정녕 스승이 되어야 할 사람은 아버지이다. 아버지와 어머니는 교육 방법이나 일의 순서에서 완전히 일치하지 않으면 안된다. 아이는 어머니에 의해 길러지고 아버지에 의해 교육되어야 한다. 세계에서 가장 유능한 선생에 의해서보다 분별 있는 평범한 아버지에 의해서 아이는 훌륭하게 교육된다. 그것은 재능은 있으나 열의가 부족한 선생의 교육보다는, 재능은 부족하나 열의가 있는 아버지의 교육이 더 효과적이기 때문이다.

그러나 일이, 의무가…… 아아, 의무! 확실히, 가장 가벼운 의무는 아버지로서의 의무인 것이다!● 두 사람의 결합에 의해서 태어난 아이, 그 아이의 양육을 게을리하는 아내를 가진 남편이 아이의 교육을 게을리한다고 해서 놀랄 일은 아니다. 가정의 정경만큼 사람의 마음을 끄는 장면은 없다. 그러나 거기에서 한 점, 한 획이라도 빠져 있다면, 전체가 보기 흉해진다. 어머니

● 그토록 훌륭하게 로마를 다스린 풍기 감찰관(風紀監察官) 카토(큰 카토, 기원전 234~149)가 그 아들을 요람에 있을 때부터 스스로 기르고, 더욱이 유모, 즉 어머니가 아이를 움직이게 하거나 씻기거나 할 때에는 모든 일을 젖혀놓고 거기에 입회할 정도로 배려했다는 것을 플루타르크 속에서 읽을 때, 전세계를 정복하고 다스려, 그 지배자가 되었던 아우구스투스가 몸소 손자들에게 글씨쓰는 것, 헤엄치는 것, 학문의 기초를 가르쳤으며, 언제나 그들을 자신의 곁에 두었다는 것을 수에토니우스 속에서 읽을 때, 그런 하찮은 일을 즐기던 그 시대의 소인배들에 대해서 사람들은 웃음을 금치 못할 것이다. 확실히 그들은 우리 시대의 위대한 인물이 하고 있는 위대한 일에 종사하기에는 너무나도 도량이 좁은 사람들이었던 것이다.(플루타르크의 《영웅전》에서의 마르쿠스 카토 傳 제41절, 수에토니우스의 《아우구스투스 傳》 제66장 참고)

가 건강하지 않으므로 유모가 될 수 없다고 하면, 아버지는 일이 많아서 교사가 될 수 없게 된다. 집을 떠나서 기숙사나 수도원이나 학원으로 흩어진 아이들은 집에 대한 애정을 다른 곳으로 옮기게 된다. 아니 그보다, 무엇에도 애착을 가지지 않는 습관을 집으로 가져간다. 형제 자매의 얼굴도 제대로 모른다. 어쩌다 축제 같은 때에 모두가 모이게 되면, 마치 타인들처럼 서로 예의를 갖추어 인사한다. 양친 사이가 친밀하지 않게 되면, 즉 가정의 단란이 생활에 즐거움을 가져오지 않게 되면, 아무래도 그 대신에 나쁜 습관이 초래된다. 이런 모든 연관 관계를 모를 만큼 머리가 나쁜 사람이 어디에 있겠는가.

아이를 낳아 기르는 아버지는, 아이를 부양하는 것만으로는 자기 임무의 3분의 1밖에 수행하지 못하는 것이다. 아버지는 아이를, 인류에 대해서는 인간으로, 사회에 대해서는 사회인으로, 국가에 대해서는 국민으로 만들어야 하는 책임을 가진다. 이 3중의 책임을 수행할 능력이 있으면서 수행하지 않는 사람은 모두 죄인이며, 그것을 어중간하게 수행하는 사람은 더 큰 죄인이다. 아버지로서의 의무를 수행하지 못하는 사람은 아버지가 될 권리가 없다. 빈곤도, 일도, 세상에 대한 체면도, 자기 아이를 직접 양육해야 하는 의무에서 벗어날 수 있는 이유가 되지 못한다.

독자여, 내 말을 믿어 주기 바란다. 누구든 아이가 있으면서도 이 신성한 의무를 게을리하는 자에게 경고하겠다. 그런 사람은 언제까지나 자신의 과오에 대해 후회의 눈물을 흘릴 것이며, 또한 결코 위로받지 못할 것이다.[8]

그런데 너무 바빠서 도저히 아이를 돌볼 수 없다는 부유한 가정의 아버지는 어떻게 하고 있는가. 그는 다른 사람을 돈으로 고용하여, 자기의 귀찮

---

8) 이 구절은 다섯 명의 아이를 양육원에 보낸 루소 자신의 자책감을 쓴 것으로, 루소는 《고백록》에서, "《에밀》의 첫머리에서 좀더 자신의 잘못을 밝히려 했었다"고 쓰고 있는 부분에 해당한다.

은 의무를 회피하고자 한다. 금전 만능의 인간이여! 그대는 돈의 힘으로 자식에게 또 한 명의 아버지를 줄 수 있다고 생각하는가. 착각하지 말라. 그대가 자식에게 준 것은 선생이 아니라 고용인인 것이다. 그 고용인은 머지않아 그대의 아들을 제2의 고용인으로 길러낼 것이다.

좋은 교사의 자격에 대해서는 여러 가지로 논의되고 있다. 내가 요구하는 첫째 자격 ― 이 한 가지 자격은 다른 많은 자격을 필요로 하지만 ― 은 교사는 절대로 돈으로 살 수 없는 인간이어야 한다는 것이다. 세상에는 돈을 위해서 할 수 없는 직업, 돈을 위해서 하는 사람은 절대로 그 직업에 어울리지 않는 그런 고귀한 직업이 있다. 군인이 그렇다. 교사가 그렇다. 그렇다면 도대체 누가 내 아이를 교육해 줄 것인가? 그것은 아이의 아버지인 당신 자신이라고, 내가 이미 말하지 않았는가. 당신은 할 수 없다고? 당신이 할 수 없다면……. 한 가지 방법밖에 없다. 고용인이 아니라 친구를 찾을 일이다.

교사! 아아, 얼마나 숭고한 영혼인가! 실로 한 인간을 교육하기 위해서는 우리는 그 아이의 아버지가 되든가 그렇지 않으면 인간 이상의 존재가 되어야 한다. 그와 같은 일을, 당신들은 태연히 돈으로 고용한 인간에게 맡기려 하는 것이다.

그것을 생각하면 생각할수록 자꾸 새로운 어려움에 생각이 미친다. 교사는 학생에게 어울리도록 교육되어 있어야 하고, 고용인은 주인에게 어울리도록 교육되어 있어야 하며, 아이 곁에 있는 모든 사람은 아이에게 좋은 인상을 줄 수 있도록 해야 한다. 자기 자신이 좋은 교육을 받지 못한 사람이 어떻게 아이를 훌륭하게 교육시킬 수 있겠는가.

그런 훌륭한 인간을 찾기란 불가능한 일일까? 나로서는 알 수가 없다. 이 타락한 시대에 인간의 영혼이 얼마나 많은 덕을 쌓을 수 있는지는 아무도 모른다. 그러나 그런 훌륭한 사람을 찾아냈다고 하자. 그 사람이 무슨 일을 해야 하는지를 생각하면, 그 사람이 어떤 사람이어야 한다는 것을 알 수 있을 것이다. 우리가 예상할 수 있는 것은, 좋은 교사의 자격이 어떤 것인지를 완전히 알고 있는 아버지라면 교사를 고용하겠다는 생각은 하지 않으리라는 것이다. 그런 교사를 찾는 것이, 자신이 교사가 되는 것보다 훨씬 힘들 테니까 말이다. 아이에게 친구를 찾아 주느니 스스로 아이의 친구가 되어 아이를 교육하라.

어떤 사람이 — 나는 그 사람의 신분만 알 뿐이다 — 내게 자기 자식의 교육을 맡아 달라고 청해 왔다. 그것은 내게 큰 명예였으나 나는 그의 청을 거절했다. 그는 내가 거절한 것에 대해 불평했지만, 정말은 나의 사려 깊음에 감사해야 할 것이다. 만약 내가 그 청을 받아들여 나의 방법에 따라 그의 아들을 교육하는데, 거기에 잘못이 있다면 그 교육은 실패할 것임에 틀림없다. 성공한다면 더욱 나빠지리라. 그 자식은 자기의 신분을 버리고 귀공자 따위가 되고 싶어하지는 않을 테니까.

나는 교사의 의무가 매우 중요함을 뼈저리게 느끼고 있으며, 또한 자신의 무능력을 너무나 잘 알고 있기 때문에 어느 누구의 부탁이든 그런 일은 결코 받아들일 생각이 없다. 이 책을 읽은 다음에는 내게 그런 부탁을 하는 사람은 없으리라 생각한다. 그래도 혹시 내게 그런 부탁을 하고 싶은 사람이 있다면, 쓸데없는 수고는 그만두기 바란다. 나는 일찍이 그 직업을 충분히 경험해 보았기 때문에, 나 자신이 그에 적합하지 않다는 것을 잘 알고 있다. 설령 나의 재능이 그 일을 해낼 수 있다 하더라도, 나의 여건이 그 일을 할 수 없도록 할 것이다. 나는 나의 결심이 진지한 것임을 믿어 주지 않으려는 사람들에게 이것을 공표하는 것이 나의 임무라고 생각했다.

더없이 유익한 그 일을 할 수 없는 형편이므로, 나는 좀더 쉽게 할 수 있는 방법을 시도해 보련다. 즉, 다른 많은 사람들처럼 실제의 일에는 종사하지 않고, 펜을 잡는 것이다. 그리하여 곧바로 그 일을 실행하는 대신 그 방법을 글로 써 보려는 것이다.

이런 기획에 즈음하여, 저자(著者)는 스스로 실행할 수 없는 많은 불필요한 교훈을 태연히 늘어놓거나, 저자가 말하는 대로 실행할 수 있는 것도 구체적인 실행 방법이나 실례(實例)를 들어 놓지 않음으로 해서 활용되지 못하는 일이 있음을 나는 잘 알고 있다.

그래서 나는 한 명의 가공(架空)의 학생을 설정하기로 했다. 그리하여 그 학생을 교육하는 데에 알맞는 연령, 건강 상태, 지식, 그리고 모든 재능을 내가 갖추고 있는 것으로 가정하고, 그 학생이 태어난 때부터 한 사람의 성인이 되어 자기 자신 이외의 지도자(指導者)를 필요로 하지 않게 될 때까지 교육하기로 했다. 이 방법은 자신의 능력을 의심하는 저자가 환상에 빠져 갈팡질팡하는 것을 막는 데 유효하리라고 생각된다. 보편적인 교육 방법에서 멀어지게 되면 저자는 학생에게 자신의 방법을 실험해 보아, 그렇게 교육되는 아이가 인간 본성의 자연스런 흐름에 따라 자라는지 어떤지를 알 수 있을 것이며, 그렇지 않더라도 독자들이 그것을 알 수 있을 것이다.

이것이 내가 해내려고 애쓴 바로 그것이다. 이 책을 쓸데없이 크게 하지 않기 위해서 나는 누구든 진리라고 느낄 수 있는 원리만을 서술하는 데 그쳤다. 그러나 증명을 필요로 하는 원리들은 모두 나의 에밀이나 다른 예에 적용했다. 그리고 내가 서술하는 것이 어떻게 실행될 수 있는지를 광범위하고도 상세한 실례(實例)를 들어 설명했다. 이 방법의 성공 여부는 독자의 판단에 맡긴다.

그래서 처음 얼마 동안은 에밀에 대해서는 거의 이야기하지 않는다. 내 교육 방법의 기본적인 준칙은 지금까지 행해진 것과는 정반대의 것이지만 아주 명백하므로, 이치를 아는 사람이라면 인정하지 않을 수 없을 것이다. 그러나 교육이 진행됨에 따라, 나의 학생은 여러분의 학생과는 다른 지도를 받기 때문에 보통 아이와는 다르게 될 것이며, 그를 위해서는 특별한 방법이 필요하게 될 것이다. 그렇게 되면 그가 이제까지보다 자주 등장하게 되며, 마지막 단계에 가까워지면 나는 잠시도 그에게서 눈을 떼지 않고, 그가 뭐라 하든 그가 나를 조금도 필요로 하지 않을 때까지 그를 지켜볼 것이다.

여기서 나는 좋은 교사의 자격에 대해서는 아무것도 말하지 않는다. 내가 교사라 하고, 나 자신이 그 자격을 모두 갖추고 있다고 가정한다. 단, 주의해 두고 싶은 것은, 일반적인 의견과는 반대로 아이의 교사는 젊어야 한다는 것, 현명한 사람이라면 되도록 젊은 쪽이 좋다는 것이다. 가능하면 교사 자신이 아이여서, 학생의 친구가 되어 함께 놀면서 신뢰를 받을 수 있으면 좋으리라 생각한다. 아이와 어른 사이에는 너무 차이가 있어 두 사람을 단단히 결속시켜 줄 만한 공통점이 없다. 아이는 때로 노인에게 친절하지만, 결코 노인을 사랑하지는 않는다.

사람들은 아이를 교육해 본 경험이 있는 교사를 희망하는데, 그것은 무리한 요구다. 한 인간은 일생에 한 번밖에 교육에 종사할 수 없다. 두 번째 교육에서나 성공할 수 있는 사람이라면, 무슨 권리로 첫번째 교육을 맡겠는가.

경험이 풍부해지면 좀더 잘 할 수 있을지도 모르지만, 그때에는 이미 할 수 없게 된다. 한번 이 일을 꽤 잘 수행하여 그 고생을 맛본 사람이라면, 다시 한번 교육에 종사하고 싶은 생각은 절대로 일어나지 않을 테니까.

4년간 아이를 보살핀 것과 25년간 지도한 것과는 큰 차이가 있다. 당신들은 이미 다 자란 자식에게 교사를 붙여 주는데, 나라면 태어나기 전에 교사를 붙여 주고 싶다. 당신들의 교사는 5년마다 학생을 바꿀 수가 있다. 나의 교사는 평생 한 명의 학생밖에 가지지 못하게 된다. 당신들은 교사(양육자)와 가정 교사를 구별하는데 아주 바보스러운 짓이다. 당신들은 학생과 제자를 구별하겠는가? 아이에게 가르쳐야 할 학문은 단 한 가지밖에 없다. 그것은 인간으로서의 의무에 대한 학문이다. 페르시아인의 교육에 대해 크세노폰[9]이 무슨 말을 하든, 이 학문은 분할할 수 없다. 그리고 이 학문의 선생

---

9) 크세노폰은 그 정치 소설 《큐로스의 교육》 속에서 페르시아인의 군국적(軍國的)인 교육을 기술하고, 실질 강건한 스파르타적 생활의 이상(理想)을 이야기하고 있다. 여기서 루소가 말하는 것은, 몽테뉴의 《수상록》 제1권 제25장에 있는 크세노폰에 관한 기술을 가리킨다. 그것에 의하면, 페르시아 왕은 여러 가지 덕목(德目)을, 각각 전문 교사를 두어 왕자에게 가르치도록 했다고 한다.

은 교사라고 하기보다는 양육자(養育者)라 하고 싶다. 가르치는 것보다는 이끌어 주는 것이 문제이기 때문이다. 그는 교육을 주어서는 안되고, 학생 스스로가 그것을 찾아내도록 이끌어 주어야 한다.

이렇게 신경을 써서 교사(양육자)를 선택해야 한다면, 교사에게도 학생을 선택할 수 있도록 해야 한다. 모범을 보이려고 할 때에는 특히 그렇다. 이 선택은, 아이의 타고난 재능이나 성격까지 고려하여 행해질 수는 없다. 나는 그 아이가 태어나기 전에 그를 선택하는데, 그 아이의 재능이나 성격은 나의 임무가 끝난 후에야 비로소 알 수 있을 테니까. 선택이 허용된다면 나는 평범한 정신을 가진 아이만 맡을 것이다. 나는 그런 아이를 나의 학생으로 가정(假定)한다. 보통 인간 외에는 교육할 필요가 없다. 그들의 교육만이 그들과 비슷한 인간의 교육의 모범이 될 수 있을 것이다.

출생지는 인간의 교육에 관계가 있다. 인간은 온화한 풍토에서만 모든 가능성을 발휘할 수 있다. 열대나 한대 같은 극단적인 풍토에서는 불리하다. 그것은 명백한 사실이다. 인간은 나무처럼 어떤 토지에 심어져서 언제까지나 그곳에 머물러 있을 수는 없다. 그리고 한쪽 끝에서 출발하여 다른 쪽 끝에 이르는 사람은 그 중간에서 출발해서 같은 목적지에 도달하는 사람에 비해 두 배의 길을 가야 한다.

기후가 온화한 나라의 주민이 번갈아 열대와 한대의 나라에 간다면 확실히 유리한 점이 많다. 하나의 극단으로부터 다른 극단으로 가는 사람과 똑같이 변화할지는 모르나, 그의 본래의 상태로부터 멀어지는 정도는 반밖에 되지 않기 때문이다. 또한 뇌의 조직도 열대나 한대의 나라에서는 그만큼 완전하지 못한 것 같다. 그래서 나의 학생을 다른 어떤 곳에서보다도 온대 지방인 프랑스에서 선택하기로 하겠다.

북국의 토지는 메마른 데다가 사람들이 많은 식량을 소모하고, 남국의 토지는 기름진데도 사람들이 거의 식량을 소모하지 않는다. 여기에서 또 다른 차이가 발생한다. 한쪽은 근면한 인간이 되고, 다른 한쪽은 사색적인 인간이 되는 것이다. 이러한 차이와 같은 것을, 사회는 같은 장소에서 가난한 사람과 부유한 사람 사이에 보이고 있다.

가난한 사람은 교육할 필요가 없다. 그 환경 자체가 강제로 그를 교육하므로 그는 다른 교육을 받을 수가 없기 때문이다. 반대로, 부자가 그의 환경으로부터 받는 교육은, 그 사람에게서나 사회에서나 더없이 부적당한 것이다. 자연의 교육은 한 사람의 인간을 모든 인간 조건에 적응하게 하는 것이다. 그런데 가난한 사람을 부자가 되도록 교육하는 것은, 부자를 가난한 사람이 되도록 교육하는 것보다도 이치에 맞지 않는 행위이다. 이 두 경우의 사람 수를 보았을 때, 부자가 되기보다는 가난하게 되는 사람이 더 많기 때문이다. 그래서 부자 중에서 나의 학생을 선택하기로 하겠다. 그러면 적어도 우리는 한 사람의 인간을 만든 셈이 되리라. 가난한 사람은 자신의 힘으로 인간이 될 수 있으니까 말이다. 이와 같은 이유에서 나는 에밀이 명문 태생이라 해도 곤란할 것이 없다. 어쨌든 편견으로부터 한 사람의 희생자를 구해내는 것이 되는 것이다.

에밀은 고아이다. 부모가 있다 해도 마찬가지이다. 부모의 의무를 떠맡은 나는, 부모의 권리까지 모두 인수받은 것이니까. 에밀은 부모를 존경해야 하지만, 나에게만 복종해야 한다. 이것이 나의 첫째 조건, 아니 유일한 조건이다.

이 조건에 의한 당연한 결과로서, 나의 동의가 없이는 우리는 서로 떨어질 수 없다는 조건을 덧붙인다. 이것은 중요한 조건이다. 그리고 나는 학생과 교사가 그 운명을 항상 함께 할 정도로 서로 떨어질 수 없다고 생각하게 되기를 바란다. 장래에 헤어진다는 것을 알게 되고, 서로 타인이 될 시기를 예측하게 되면, 그들은 각각 다른 작은 생활 방식을 세워, 두 사람 다 헤어질 때만을 생각하면서 억지로 함께 있는 것에 지나지 않는다. 제자는 선생을 어린 시절의 상징이나 귀찮은 존재로밖에 생각지 않고, 선생은 제자를 어깨에서 빨리 내려놓고 싶은 무거운 짐으로밖에 생각하지 않을 것이다. 그들은 서로 해방될 때를 애타게 기다릴 것이다. 그렇게 되면 두 사람 사이에 진정한 애정이 없기 때문에, 한쪽은 감독을 게을리하고 다른 쪽은 말을 잘 듣지 않게 된다.

그러나 그들이 서로 함께 생활하지 않으면 안된다고 생각하면, 서로 사랑해야 할 필요가 생기고 그만큼 친한 사이가 된다. 학생은, 어른이 되었을 때 좋은 친구가 될 수 있는 사람이라면, 어렸을 때 그를 따랐다고 해서 부끄러워하지는 않는다. 또 교사는, 언젠가 결실을 거두게 될 일에 관심을 쏟고, 그가 학생에게 주는 모든 것은 자신의 노후를 위한 투자가 된다.

미리 맺어진 이 계약은, 정상적인 출산과 좋은 체격의 건강한 아이를 전제하고 있다. 아버지에게는, 신으로부터 주어지는 가족을 선택할 권리가 없다. 자식은 모두 똑같이 그의 자식이다. 어느 자식에게도 똑같은 애정과 보살핌을 베풀어야 한다. 불구든 아니든, 허약하든 건강하든 자식은 모두, 그 자식들을 내려 준 신에 대해 책임을 져야 하는 위탁물이다. 그리고 결혼은 부부 사이의 계약인 동시에 자연과의 계약이기도 하다.

그러나 자연으로부터 명령받지 않은 의무를 떠맡아 책임지는 사람은 그 의무를 완수하는 수단을 미리 확보해 놓지 않으면 안된다. 병약한 학생을 맡은 사람은 교사의 직분이 간호원의 직분으로 바뀐다. 그런 사람은 생명의 가치를 더하기 위해 사용해야 할 시간을 쓸데없이 한 생명을 지키는 데에 헛되이 소비한다. 그러고도 언젠가는 내 아들을 죽게 했다고 눈물로 지새우는 그 어머니로부터 원망과 비난만 받을 것이다.

그 아이가 80세까지 산다 해도, 나는 병약한 아이는 맡지 않을 작정이다. 언제까지나 자신에게 그리고 타인에게 아무런 도움이 되지 못한 채 오로지 자기 몸을 지키는 일에만 골똘하여, 몸이 영혼의 교육을 방해한다. 그런 학생은 질색이다. 그런 학생에게 아무리 정성을 쏟아 보았자 사회의 손실만 두 배로 할 뿐이다.

육체는 정신에게 복종하기 위해 건강해야 한다. 무절제가 정욕을 자극하는 것을 나는 알고 있다. 그것은 또 이윽고 육체를 약하게 한다. 고행이나 단식도 반대의 원인에 의해 때때로 같은 결과를 초래한다. 육체는 약하면 약할수록 명령하며, 강하면 강할수록 복종한다. 모든 관능의 정욕은 약한 육체 안에 머문다. 약한 육체는 정욕을 충분히 만족시킬 수가 없으므로 점점 더 초조해진다.

허약한 육체는 영혼을 약하게 한다. 그래서 의사가 권위를 가지게 된다. 의학은 그것이 치료하는 모든 병보다도 인간에게 한층 더 해롭다.

나는 의사가 어떤 병을 고쳐주는지는 모르지만, 그들이 대단히 위험한 병을 가져온다는 것은 믿고 있다. 두려움·비겁·미신·죽음에 대한 공포가 그것이다. 의사는 육체를 고치긴 해도 정신을 죽인다. 그들이 시체를 걷게 한다 한들 우리에게 무슨 소용이 있단 말인가! 우리가 필요로 하는 것은 살아 있는 인간이다. 의사가 우리에게 인간을 주지는 못한다.

오늘날 의술이 대단히 유행하고 있다. 당연한 일이다. 그것은 한가하고 일이 없는 인간의 위안거리이니까. 그러한 인간은 어떻게 시간을 써야 좋을지 몰라, 자기 몸을 돌보는 데에 시간을 낭비하고 있다. 불행하게도 그들이 불멸의 존재로 태어났다면, 그들은 인간들 중에서 가장 가련한 자일 것이다. 결코 잃을 염려가 없는 생명은, 그들에게 아무런 가치도 없다. 그런 인간들에게는 자기들을 적당히 위협하고 비위 맞춰 주며, 자기들에게 단 한 가지의 기쁨, 즉 아직 죽지 않았다는 기쁨을 날마다 줄 의사가 필요하다.

나는 여기서 의술의 무용함에 대해 길게 이야기할 생각은 없다. 나의 목적은 단지 의술을 정신적인 면에서 고찰하는 것이니까. 사람들은 언제나 병자는 치료하면 낫고, 진리는 탐구하면 발견된다고 생각하고 있다. 의사가 베푸는 치료의 이익과, 의사가 죽이는 많은 병자의 죽음, 그리고 발견된 어떤 진리의 효용과, 그에 따르는 많은 오류가 불러일으키는 해악과를 비교 평가해 보아야 하는데, 사람들은 그것을 알지 못한다. 지식을 주는 학문과 병을 고치는 의술은 확실히 좋은 것이다. 그러나 사람을 그르치는 학문과 사람을 죽이는 의술은 좋지 않다. 그러므로 그것들을 구별하는 방법을 배우고 싶다. 이것이 문제의 핵심적인 부분이다. 진리를 모르면서 살아갈 수 있다면 우리는 결코 허위에 속는 일은 없으리라. 자연에 거역하여 병을 고치려 하지 않는다면, 우리는 결코 의사의 손에 죽는 일이 없으리라. 이 두 가지에는 관계하지 않는 것이 현명하다. 그렇게 하면 분명히 큰 이익이 있다. 따라서 우리는 의술이 어떤 사람들에게는 쓸모 있는 것이라는 데 대해 이의(異議)를 제기하지 않지만, 인류 전체에게는 해로운 것임을 말해 둔다.

사람들은 내게 말할 것이다. "잘못은 의사에게 있지 의술 그 자체에 있지는 않다."고. 맞는 말이다. 그렇다면 의사 없이 의술을 베풀어 달라. 의술과 의사가 함께하는 한, 의술에 희망을 걸기보다는 의사의 실수를 백 배나 더 무서워해야 하리라.[10]

육체의 병보다 마음의 병을 고치기 위해 생겨난 이 기만적인 기술은 그 양자에 대해 똑같이 무익하다. 의술은 죽음을 우리로부터 멀어지게 하기보다는, 아직 그때가 오지 않았음에도 죽음을 예감시킨다. 또 의술은 생명을 연장시키기는커녕 소모시킨다. 생명을 연장시킨다 해도 인류에게 해를 가져온다. 양생(養生)을 명함으로써 우리를 사회로부터 멀리 떨어지게 하고, 공포를 줌으로써 의무를 소홀히 하게 하기 때문이다. 우리는 위험을 알기 때문에 위험을 두려워한다. 자신이 불사신(不死身)임을 믿는 사람은 아무것도 두려워하지 않는다.

진정으로 용기 있는 사람을 찾고 싶다면, 의사가 없는 곳에서 찾으라. 그곳에서는 사람들에게 병의 결과가 알려져 있지 않으며, 사람들은 죽음을 전

---

10) 루소의 이와 같은 의사에 대한 불신은, 만년의 작품인 《고독한 산책자의 몽상》에서도 이야기되고 있는데, 말년의 루소와 친밀했던 베르나르당 드 생 피에르가 전하는 바에 의하면, 어느 날 루소가, "만약 내가 저작집의 신판을 낸다면, 의사에 대해 쓴 부분을 좀 부드럽게 할 작정이다. 의사의 학문만큼 연구할 만한 가치가 있는 것은 없다. 어느 나라에 가든, 의사가 첫째가는 학자이다"라고, 그에게 말했다 한다.

혀 생각지 않는다. 자연 그대로의 사람은 의연하게 고통을 참으며 조용히 죽어간다. 처방을 해 주는 의사나 교훈을 주는 철학자, 설교를 하는 신부, 그런 사람들이 인간의 마음을 비굴하게 만들고, 죽음을 체념하지 못하는 인간으로 만든다.

그러므로 나에게는, 그런 사람을 전혀 필요로 하지 않는 학생을 주기 바란다. 그렇지 않으면 거절하겠다. 나는 자신의 일을 타인에게 방해받고 싶지 않다. 나는 혼자서 학생을 교육하고 싶다. 생애의 한 부분을 의학 연구로 보낸 현인 로크는, 예방이나 가벼운 병 때문에 아이에게 약을 먹이는 일은 삼가라고 간곡히 권했다. 나는 그 이상의 말을 하고 싶다. 나 자신을 위해서는 결코 의사를 부르지 않기로 한 나는, 에밀을 위해서도 결코 의사를 부르지 않을 작정이다. 물론 그의 생명이 분명히 위험 상태에 빠져 있을 때에는 예외이다. 그때에는 의사도 그를 죽이는 것 이상으로 나쁜 짓은 하지 못할 테니까 말이다.

이와 같이 의사를 늦게 부르는 것은 의사를 더욱 유리하게 할 뿐이라는 것을 나는 알고 있다. 아이가 죽으면, 의사를 너무 늦게 불렀기 때문이라고 비난받으리라. 또는 아이가 위험 상태에서 벗어난다면, 의사가 아이를 살렸다고 하리라. 그래도 좋다. 의사로 하여금 의기 양양하게 해도 좋다. 어쨌든 극한 상황이 아니고는 의사는 부르지 않는 것으로 한다.

병을 고치는 법은 몰라도, 아이에게 병을 견디어 내는 법을 가르쳐 주고 싶다. 이 기술은 의술에 대신하는 것이 되며, 때로는 의술보다 훨씬 더 좋은 결과를 가져온다. 이것은 자연의 기술이다. 동물은 병이 났을 때, 아무 소리 없이 가만히 참는다. 그런데 인간만큼 엄살을 부리는 동물은 없다. 죽을 병도 아니고 시간이 지나면 저절로 나을 병인데, 그것을 참지 못하고 초조해하고 불안해하면서 끊임없이 약을 먹는다. 그 약 때문에 얼마나 많은 사람이 죽었을까. 동물은 자연에 적응하며 살기 때문에 인간만큼 병에 걸리지 않으리라고 말하는 사람이 있을 것이다. 옳은 말이다. 바로 그러한 삶의 방법을

나는 학생에게 가르치려는 것이다. 그렇게 하면 그는 동물과 똑같은 이익을
얻을 것이다.

의학의 영역에서 단 하나 유익한 분야가 있다면 위생학이다. 그러나 위
생학은 학문이라기보다는 오히려 미덕(美德)이라 할 수 있다. 절제(節制)와
노동, 이 두 가지야말로 인간에게는 참된 의사이다. 노동은 식욕을 나게 하
고, 절제는 식욕의 지나침을 막는다.

생명과 건강에서 어떤 양생법이 가장 좋은지를 알려면, 가장 건강하게
살고 있는 민족, 가장 강건하게 오래 사는 민족이 어떤 양생법을 취하고 있
는지를 알면 된다. 약을 사용하는 것이 인간을 한층 더 건강하게 하거나 오
래 살게 하거나 하지 않는다면, 그래서 의학이 아무런 쓸모도 없는 것이라
면, 그것은 시간과 인간과 사물을 완전히 낭비하는 것이 되므로 해로운 것이
다. 생명을 지키는 일에 시간을 허비하면 그만큼 생명을 즐길 수 있는 시간
이 없어지니까, 그러한 시간은 줄여야 한다. 그런데 더군다나 그 시간을 자
신의 몸을 괴롭히는 일에 사용하게 되면, 그것은 뭐라 할 수 없을 만큼 나쁘
지 않겠는가. 그것은 마이너스다. 그리고 정확히 계산한다면, 나에게 남겨져
있는 시간에서 그만큼을 빼야 한다. 의사의 치료를 받지 않고 10년을 산 사
람은, 의사로부터 괴로움을 당하면서 30년을 산 사람에 비해, 자신에게서나
타인에게서나 오래 산 셈이 된다. 양쪽 다 경험해 본 나에게는, 이러한 결론
을 끄집어낼 권리가 있다고 생각한다.

내가 혈기 왕성하고 건강한 학생을 원하는 이유와, 또한 학생을 그와 같
이 길러내야 한다는 원칙은 이상에서 말한 대로이다. 체질과 건강을 강화하
기 위해서는 근육 노동과 육체의 훈련이 필요하다는 것을, 나는 장황하게 설
명하지 않겠다. 그것은 누구나 알고 있는 것이니까. 가장 오래 산 사람의 예
는 가장 많이 몸을 단련하고, 가장 많은 피로와 노동을 견뎌 낸 사람들 가운
데에서 찾을 수 있다.* 이 유일한 목적을 위해 내가 어떻게 할 것인지에 대해
서도 세세히 설명하지 않겠다. 나중에 알게 되겠지만, 그것은 내가 실행하는

일 속에 필연적으로 포함되어 있기 때문에, 그 방침만 이해하면 특별히 설명할 필요가 없다.

태어남과 동시에 여러 가지 욕구가 발생한다. 갓 태어난 아기에게는 유모가 필요하다. 어머니가 그 의무를 수행한다면 그보다 더 좋은 일은 없다. 그런 경우에는 어머니에게 여러 가지 주의할 점을 써서 주는 것이 좋다. 이 경우에는 재미없는 일면이 있다. 그것은 교사가 잠시 학생으로부터 떨어져 있어야 한다는 것이다. 그러나 아이에 대한 관심과 소중한 아이를 맡길 사람에 대한 존경심으로 어머니가 선생의 의견에 귀기울인다면, 어머니를 믿어도 좋다. 그리고 어머니는 자기가 하고자 하는 모든 일을 누구보다도 잘 해 나갈 테니까 안심해도 된다. 만일 어머니가 아닌 유모가 필요하다면 먼저 좋은 유모를 선택해야 한다.

부유한 사람들의 불행의 하나는, 무슨 일에서나 다른 사람들에게 잘 속는 것이다. 그들이 인간을 나쁘게 생각해도 놀랄 일이 아니다. 부(富)가 인간을 부패시킨다. 그리고 당연한 결과로서, 부자는 자신들이 알고 있는 단 하나의 수단의 결점을 누구보다도 먼저 깨닫게 된다. 그들의 경우, 그들 자신이 하는 일 외에는 무엇 하나 제대로 되지 않는다. 게다가 그들은 무엇 하나 스스로 하려 하지 않는다. 유모를 찾는 데, 스스로 찾는 것이 아니라 산부인

● 다음에 영국의 신문에서 인용한 실례(實例)를 들어 본다. 이것은 우리의 주제에 관하여 많은 고찰의 자료를 제공해 주고 있기 때문에 보고(報告)하지 않을 수 없는 것이다.

"1647년에 태어난 패트릭 오닐이라는 사람은, 1760년에 일곱 번째의 결혼을 했을 뿐이었다. 그는 찰스 2세 시대의 제17년째에 용기병대(龍騎兵隊)에 입대하여, 1740년에 사직할 때까지 여러 부대에 근무했다. 그는 국왕 윌리엄과 말보로 공(公)이 지휘하는 모든 전투에 참가했다. 이 사람은 보통 맥주 외에는 결코 술을 마시지 않았다. 그는 언제나 식물성의 식사를 하며, 가족이나 친척에게 식사를 낼 때 외에는 고기를 먹지 않았다. 근무 때문에 어쩔 수 없는 경우 외에는 태양과 함께 일어나고 태양과 함께 자는 것이 보통이었다. 현재 그는 113세인데, 귀도 잘 들리고, 건강도 좋으며, 지팡이 없이 걷고 있다. 그는 고령(高齡)임에도 불구하고, 잠시도 빈둥거리며 놀지 않는다. 그리고 일요일마다 반드시 아들과 손자와 증손자들을 데리고 교회에 간다."

과 의사에게 부탁해서 찾는다. 그래서야 일이 제대로 될 게 뭐란 말인가. 그들이 찾아 주는 좋은 유모란, 자기네들에게 돈을 많이 주는 유모인 것이다. 그러므로 나는, 에밀의 유모를 구하는 데 산부인과 의사에게 상담하거나 하지 않는다. 나는 스스로 유모를 선택할 작정이다. 그런 점에 관해서, 나는 아마도 돌팔이 의사처럼 거침없는 이론을 내세우지는 못할 것이다. 그러나 내가 그들보다 훨씬 더 성실하고, 나의 열의가 그들의 탐욕보다 유모의 선택을 그르치게 하지는 않으리라는 것은 틀림없다.

유모를 선택하는 일에 그다지 깊은 비결이 있는 것은 아니다. 선택의 기준은 이미 잘 알려져 있다. 그러나 나는 잘 모르지만, 젖의 질과 마찬가지로 젖의 시기에 대해서도 좀더 주의를 기울여야 하지 않을까 하고 생각한다. 새 젖은 아주 묽다. 그것은 갓난아기의 장에 남아 있는 태변(胎便)을 배설시켜 주는, 말하자면 식사 전에 식욕을 돋구기 위해 마시는 반주와도 같은 것이다. 모유는 점점 영양이 많아져, 소화를 잘 시킬 수 있게 된 아기에게 한층 더 농도 짙은 젖을 공급하게 된다. 모든 동물의 암컷의 젖이, 그 젖을 먹는 새끼가 커감에 따라 성분이 변해 간다는 것은 근거 없는 얘기가 아니다.

그래서 갓난아기에게는 아기를 갓 낳은 유모가 필요한 것이다. 이것은 참으로 어려운 일이라는 것을 나도 안다. 그러나 한번 자연의 질서로부터 벗어나면 그때부터는 모든 일에 곤란이 따른다.

유모는 심신이 모두 건강해야 한다. 정념(情念)의 부조화는 체질의 부조화와 마찬가지로 젖을 나쁘게 하는 수가 있다. 젖이 좋아도 나쁜 유모일 수가 있다. 좋은 성격은 좋은 체질과 마찬가지로 중요하다. 성격이 나쁜 여자를 유모로 하면 아기의 성격도 나빠진다고 말할 수는 없지만, 그 때문에 아기는 고통을 받을 것이다. 아기는 유모로부터 젖과 함께 열의, 인내, 상냥한 마음씨, 청결을 필요로 하는 보살핌을 받아야 하니까 말이다. 유모가 폭식을 하거나 무절제하거나 하면, 이윽고 젖은 나빠질 것이다. 또 조심성이 없는 여자거나 성미가 급한 여자라면, 자신의 몸을 지키지도 못하고 불만을 말할 수도 없는 불쌍한 아기는, 그런 여자에게 제멋대로 취급되어 어떻게 될 것인가. 나쁜 인간은 무슨 일에도 결코 쓸모가 없는 법이다.

유모 선택을 신중히 해야 할 또 한 가지 이유는, 아이에게 교사는 한 사람이어야 하듯이, 유모 외에 양육하는 여자가 달리 필요 없기 때문이다. 그것이 고대인의 습관이었다. 고대인들은 말은 적게 하고 많이 실천한 점에서 우리보다 훨씬 더 현명했다. 유모는 젖을 주는 일이 끝난 다음에도 아이의 곁을 떠나지 않았다. 고대의 연극을 본 사람이면 금방 알 수 있을 것이다. 여자아이의 비밀 이야기를 들어 주는 상대는 대부분이 유모라는 것을. 이 사람의 손에서 저 사람의 손으로 계속해서 건네지는 아이가 훌륭하게 클 수 있으리라 생각하는가. 절대로 그렇지 않다. 사람이 바뀔 때마다 아이는 마음속으로 비교해 보리라. 그것은 틀림없이 아이로 하여금 양육에 종사하는 자에 대한 존경심을 버리게 하고, 따라서 그들의 권위는 땅에 떨어지리라.

일단 어린이가 자기보다도 도리(道理)를 모르는 어른이 있다는 것을 알게 되면, 연령의 차이에서 오는 권위는 사라지고 교육은 실패한다. 아이는 부모 외에는 윗사람을 모르는 편이 낫다. 부모가 없으면, 유모와 교사 외에는 모르는 편이 낫다. 좀더 욕심을 부린다면, 두 사람 중 한 사람마저도 필요없다. 그러나 두 사람이 일을 나누어 맡아야 하는 것은 불가피하다. 그래서 이 불합리한 점을 보완하기 위한 방법은, 양육하는 남녀가 철저히 협력함으로써 아이로 하여금 두 사람을 마치 한 사람인 것처럼 느끼게 하는 것뿐이다.

유모는, 지금까지보다 훨씬 더 편안한 생활을 해야 하며, 지금까지보다 훨씬 더 영양 있는 음식을 섭취해야 한다. 그렇다고 지금까지의 생활을 완전히 바꿔 버려서는 안된다. 생활 방식을 급격히 바꾸는 것은, 비록 나쁜 상태에서 좋은 상태로 바꾸는 것이라 할지라도 건강에 나쁘기 때문이다. 그리고 지금까지의 생활 방식으로 유모는 건강했는데 무엇 때문에 급격히 바꾼단 말인가.

농촌의 여자들은 도시의 여자들에 비해 고기보다는 야채를 많이 먹는다. 이 채식이 본인에게나 아이에게나 아주 유익한 것으로 생각된다. 그런데 농촌 여자가 부르주아의 아이의 유모가 되면 포토포(고기와 야채로 만든 수프)를 먹게 된다. 야채와 고기의 국물이 젖을 진하게 하고, 또 잘 나오게 한다고 믿고 있기 때문이다. 나는 그 의견에 전적으로 반대한다. 나는 그런 젖으로 키워진 아이가 다른 아이보다 배앓이를 많이 하고 회충에 시달린다는 것을 경험에 의해 알고 있다.

이것은 그리 놀랄 만한 일이 아니다. 동물성 물질은 부패하면 벌레가 들끓으니까. 식물성 물질인 경우에는 그런 일은 일어나지 않는다. 젖은 동물의 몸에서 생기는 것이지만 식물성 물질이다.* 젖을 분해해 보면 증명된다. 젖은 쉽게 산(酸)으로 변화한다. 그리고 동물성 물질처럼 휘발성 알칼리의 흔적을 나타내지 않고, 식물처럼 몸에 없어서는 안될 중성염(中性鹽)을 준다.

초식 동물의 젖은 육식 동물의 젖보다 맛이 있고 건강에 좋다. 자신의 성분과 같은 질(質)의 것으로 만들어지므로, 초식 동물의 젖은 그 본래의 성질을 보다 잘 보존하고 부패하는 일이 적다. 양(量)을 생각해 보아도 누구나 알고 있는 바와 같이, 전분(澱粉)이 고기보다 많은 혈액을 만든다. 따라서 많은 양의 젖을 공급할 수 있게 된다. 너무 일찍부터 젖을 떼지 않은 아이, 그리고 젖을 뗀 다음 식물성 음식만을 먹은 아이, 식물성 음식만을 취하는 유모의 젖을 먹은 아이에게 기생충이 생긴다고, 나는 생각할 수 없다.

식물성 음식은 금방 시큼해지는 젖을 만드는 일이 있을지도 모른다. 그러나 나는, 시큼해진 젖이 건강에 좋지 못한 음식이라고는 조금도 생각지 않는다. 식물성 음식만을 취하는 민족은 모두 아주 건강하다. 그리고 또 나는, 저 흡수제(吸收劑) 따위는 도대체가 속임수라고밖에는 생각하지 않는다. 젖

● 여성은 빵과 야채와 유제품을 먹는다. 개나 고양이의 암컷도 그것들을 먹고, 암이리조차 풀을 먹는다. 그 식물성의 즙(汁)이 젖이 되는 것이다. 아무래도 고기만으로 영양을 취하지 않으면 안되는 동물이 있다면, 그것들을 비교해 볼 필요가 있겠지만, 그런 동물이 과연 있는지 나는 의심스럽다.

이 맞지 않는 체질의 아기도 있다. 그런 경우에는 아무리 흡수제를 사용해도 젖을 먹일 수가 없다. 다른 아기는 흡수제 따위가 없어도 젖을 먹는다. 젖이 분리되거나 응고되는 것을 걱정하는 사람이 있다. 참으로 바보 같은 걱정이다. 젖은 위 속에서 응고한다. 그렇게 되어야만 젖은 아기를 기를 수 있는 실질적인 음식물이 되는 것이다. 응고되지 않으면 몸 속을 그대로 통과할 뿐 영양이 되지 않는다.* 젖에 여러 가지 다른 음식물을 섞거나, 여러 가지 흡수제를 사용해도 아무 소용이 없다. 젖을 먹는 아기는 치즈를 소화시킬 수 있다. 예외 없이 그렇다. 위는 젖을 잘 응고시킬 수 있도록 되어 있다. 그러므로 송아지의 위에서 응유 효소(凝乳酵素)가 만들어지는 것이다.

그래서 나는, 유모에게 지금까지의 식사를 바꾸게 하지 않고, 지금까지의 것과 같은 것을 좀더 많이, 그리고 좀더 질이 좋은 것을 주는 것으로 충분하다고 생각한다. 고기가 들어가지 않은 요리가 변비를 일으키는 것은 음식물 본래의 성질에 의한 것이 아니다. 좋은 음식물을 섭취했는데도 건강하지 못하다면, 그것은 오직 조리 방법이 잘못된 탓이다. 당신들의 조리 방법을 개선하라. 소스나 튀김용 기름을 사용하지 말라. 버터나 소금이나 유제품(乳製品)에 열을 가해서는 안된다. 물에 데친 야채는 뜨거울 때 식탁으로 옮겨서 간을 하는 것이 좋다. 육류가 들어 있지 않은 요리는, 유모에게 변비를 일으키게 하기는커녕, 질이 좋은 다량의 젖을 제공한다.** 식물성 음식이 아이에게 좋다는 것을 인정하면서 유모에게는 동물성 음식이 좋다고 하는 것이 도대체 있을 수 있는 일이란 말인가. 그것은 모순이다.

● 우리의 영양이 되는 즙은 액체이긴 하지만, 그것은 고체 식물에서 추출되어야 한다. 수프만으로 사는 중노동을 하는 사람은 급속히 쇠약해져 버릴 것이다. 젖을 먹는다면 건강이 훨씬 더 잘 유지될 것이다. 젖은 응고되기 때문이다.

●● 이 피타고라스식 양생법(養生法)의 장점과 단점에 대해서 좀더 상세히 조사해 보고 싶은 사람은, 코키 박사와 그의 논적(論敵) 비앙키 박사가 이 중요한 문제에 대하여 쓴 논문을 참고하면 좋을 것이다. (코키 박사와 비앙키 박사 모두 당시의 유명한 이탈리아의 의사)

특히 인생의 초기에는 공기가 아이의 체질에 영향을 미친다. 온몸의 기공(氣孔)을 통해 섬세하고 부드러운 피부로 스며들어, 갓 태어난 아기의 몸에 강한 영향을 미치는 것이다. 그리하여 결코 지워지지 않는 흔적을 남기게 된다. 그래서 나는 농촌의 여자를 도시로 데려와 집에 가두고, 그곳에서 아이를 양육시키는 것에는 반대한다. 유모가 도시의 나쁜 공기를 마시는 것보다 아이가 시골로 가서 좋은 공기를 마시는 것이 좋다. 아이는 그새 어머니의 생활 상태를 받아들여 시골 집에서 살고, 교사도 아이를 따라가는 것이 좋다. 이 교사는 돈으로 고용된 사람이 아니라 아버지의 친구라는 것을, 독자들은 기억해 주기 바란다. '그러나 그런 친구가 없다면, 또는 있어도 시골에까지 갈 수 있는 형편이 못된다면, 그럴 경우에는 어떻게 하는가?' 하고 사람들은 내게 물을지도 모른다. 그에 대한 대답은 이미 해 두었다. 당신들이 지금 하고 있는 그대로 하면 된다. 그에 대해서 나는 더 이상 충고하지 않겠다.

인간은 개미처럼 밀집하여 살도록 만들어지지 않았다. 그들이 경작하지 않으면 안되는 대지 위에 흩어져 살도록 만들어져 있다. 인간은 한곳에 모이면 모일수록 점점 더 타락한다. 약한 육체, 나쁜 마음은 너무나도 많은 사람이 한곳에 모임으로써 발생하는 불가피한 결과이다. 인간은 모든 동물 가운데에서 무리를 지어 생활하기에 가장 어울리지 않는 동물이다. 양떼처럼 한곳에 잔뜩 처넣어져 복닥거리게 되면 인간은 머지않아 모두 파멸해 버릴 것이다. 인간이 내쉬는 숨은 다른 인간에게 치명적이다. 이것은 비유적인 의미에서뿐만이 아니라 본래의 의미에서도 사실이다.

도시는 인류를 삼키는 타락의 심연이다. 몇 세대 후에는, 도시에 사는 인간들은 멸망하거나 쇠퇴해 버릴 것이다. 그들을 새로이 소생시켜 줄 필요가 있는데, 그 역할을 해 주는 것이 시골이다. 그러니까 당신들의 아이를 시골로 보내, 스스로 소생하게 하는 것이 좋다. 그리고 많은 사람이 모여 있는 곳의 해로운 공기 속에서 잃어버린 생기를, 넓은 전원에서 되찾게 하는 것이 좋다. 시골에 있는 임신부는 출산하기 위해 황급히 도시로 간다. 그녀들은, 사실은 그 반대의 일을 해야 한다. 특히 자기 스스로 아이를 키우려 하는 사람은 그렇게 해야 한다. 시골로 가보라. 생각했던 것만큼 후회할 일은 없을 것이다. 그리고 인간에게 훨씬 더 자연스러운 곳에서 살면서 자연의 의무를 수행하는 즐거움은, 이윽고 자연과는 관계없는 쾌락에 대한 취미를 잊게 해 줄 것이다.

아기가 태어나면 바로 따뜻한 물로 씻기는데, 그때 흔히 물에 포도주를 섞는다. 이 포도주를 섞는 것은 거의 필요 없는 일이라고 나는 생각한다. 인공적인 액체를 사용하는 것이 자연의 창조물인 생명에 필요하다고는 생각되지 않으니까 말이다.

같은 이유에서, 물을 따뜻하게 데우는 배려도 꼭 필요한 것은 아니다. 사실 많은 민족이 갓 태어난 아기를 아무 거리낌없이 강이나 바다에서 씻긴다. 그러나 우리의 아이들은, 약한 부모 때문에 태어나기도 전에 약해져 있으므로, 이미 손상된 체질을 가지고 태어난다. 따라서 그것을 고친다고 처음부터 갖가지 시련을 겪게 해서는 안된다. 조금씩 단계적으로 원래의 강함을 회복시켜 주어야 한다. 그러므로 처음에는 옛날부터의 습관을 따르다가 조금씩 그로부터 벗어나도록 해야 한다. 아이는 자주 씻겨 주는 것이 좋다. 그리고 아이가 튼튼해짐에 따라 물의 온도를 차차 낮추어서, 나중에는 여름에도 겨울에도 차가운 물로 씻기는 것이 좋다. 얼음물도 상관없다. 단, 위험하지 않도록 오랜 시간에 걸쳐 아주 조금씩 물의 온도를 낮추어야 한다. 정확을 기하기 위해서 온도계를 사용하는 것도 좋다.

이러한 목욕 습관은 한번 시작하면 중단해서는 안된다. 평생을 계속하는 것이 중요하다. 나는 청결이나 현재의 건강 면에서만 생각하는 것이 아니고 근육에 유연성을 주고, 갖가지 정도의 추위나 더위에 아무런 고생이나 위험 없이 적응할 수 있게 하는 데에 유효한 방법으로서 그것을 생각하는 것이다. 그러기 위해서는 아이가 커짐에 따라 조금씩, 때로는 견딜 수 있는 한의 뜨거운 물을, 때로는 견딜 수 있는 한의 차가운 물을 뒤집어쓰게 하여, 그의 몸이 익숙해지도록 하는 것이 좋다고 생각한다. 이렇게 갖가지 온도의 물에 익숙해지면, 물은 공기에 비해 밀도가 높고 한층 더 강하게 우리를 자극하는 유체(流體)이므로, 공기의 온도에 대해서는 거의 아무것도 느끼지 않게 될 것이다.

아이가 어머니의 태내에서 나와 호흡을 시작했을 때, 더 답답하게 느껴지는 것으로 아이를 감싸서는 안된다. 모자도 벨트도 배내옷도 필요없다. 옷은 아이가 손발을 자유롭게 움직일 수 있도록 넉넉해야 하고, 아이의 운동을 방해할 정도로 무겁거나, 공기의 감촉을 느끼는 데에 방해가 될 정도로 두꺼워서도 안된다.• 아이는 커다란 요람 속에 넣어,•• 그 속에서 아무 위험 없이 마음대로 움직일 수 있도록 해 주는 것이 좋다. 아이에게 힘이 생기면, 방 안을 마음대로 기어다니게 하는 것이 좋다. 조그만 손발을 마음대로 폈다 오무렸다 하도록 내버려두는 것이 좋다. 그렇게 하면 당신은, 아이가 나날이 튼튼해져 가는 것을 볼 수 있을 것이다. 그 아이와 배내옷에 싸여 있는 같은 또래의 아이와 비교해 보라. 당신은 그 성장의 차이에 깜짝 놀랄 것이다.•••

• 도시 아이들은 집에 갇혀 옷을 입은 채 있기 때문에 질식할 것같이 되어 있다. 아이를 감시하는 사람들은 찬 공기가 그에게 해를 주기는커녕 오히려 아이를 강하게 한다는 것, 또 따뜻한 공기가 아이를 약하게 하고 아이에게 열이 나도록 하여, 아이를 죽이고 만다는 것을 알아야 한다.

•• 다른 말을 찾을 수 없어서, 나는 많이 쓰이는 말을 사용하여 '요람'이라 했다. 아이를 요람에 넣어 흔들 필요가 전연 없고, 또 그런 관습은 때로 유해하다고 나는 믿는다.

••• 고대의 페루인들은 아이에게 넉넉한 배내옷을 입혀 팔을 자유롭게 움직이도록 했다. 배내옷을 벗긴 후에는 땅을 파고 헝겊을 깐 다음, 그 구멍에 아이의 하반신을 넣어 몸을 자유롭게 움직이도록 했다. 그렇게 하면 아이는 양팔을 자유롭게 사용할 수 있으며, 넘어지거나 다치거나 하지 않고, 마음대로 머리를 움직이거나 몸을 구부릴 수 있다. 아이가 조금이라도 걸을 수 있게 되면, 그 아이로 하여금 걷게 하는 미끼로서, 아이로부터 조금 떨어진 곳에서 젖을 내어 보인다. 흑인의 아이는, 젖을 빨기 위해 때로는 매우 힘든 상태에 놓여진다. 즉 양 무릎과 양팔로 어머니의 한쪽 허리에 달라붙는데, 어머니의 팔의 도움을 빌지 않고서도 몸을 단단히

유모가 반대하는 것을 각오하지 않으면 안된다. 잠시도 한눈을 팔 수 없는 아이보다 꽉 묶어 놓은 아이 쪽이 유모에게는 편할 테니까 말이다. 게다가 넉넉한 옷을 입혀 놓으면 더러움이 쉽게 눈에 띈다. 그러면 좀더 자주 아이를 씻기고 옷을 갈아입혀야 할 것이다. 관습이란, 어떤 나라에서든 모든 계급의 국민들 사이에서 절대로 반박할 수 없는 논거로 되어 있다.

유모와 논쟁하지 말라. 명령만 하고, 그 하는 일을 감시하는 것이 좋다. 그리고 당신이 시킨 일을 유모가 쉽게 할 수 있도록 도와 줄 일이다. 보통 육아법에서는 아이의 몸에 대해서밖에 생각하지 않기 때문에 아이가 살아 있고 쇠약해지지 않으면, 그밖의 일은 거의 문제로 생각지 않는다. 그러나 나의 경우는 아이가 태어남과 동시에 교육을 시작하므로, 태어났다면 그 아이는 이미 제자이다. 교사의 제자가 아니고 자연의 제자인 것이다. 교사는 단지 자연이라는 가장 훌륭한 스승 밑에서, 이 스승의 하는 일이 방해받지 않도록 할 뿐이다. 교사는 아이를 살펴보고, 관찰하고, 그 뒤를 따라다니며, 아이의 오성(悟性)이 희미하게 나타나기 시작하는 때를 주의깊게 지켜보아야 한다. 마치 달이 동쪽에서 솟아오를 때가 가까워지면 달이 나타나기를 지켜보는 회교도처럼.

지탱할 수 있을 정도로 꽉 매달려야 하는 것이다. 그들은 양손으로 젖을 꼭 붙잡는다. 그리고 그동안 언제나처럼 일하고 있는 어머니가 여러 모습으로 몸을 움직여도 그대로의 자세로 굴러 떨어지지 않고 계속해서 젖을 빠는 것이다. 이 아이들은 태어나서 2개월째에는 걷기 시작한다. 걷는다기보다는 무릎과 손으로 기기 시작한다. 이와 같은 연습의 결과, 아이들은 그 자세로, 다리로 뛰는 것과 거의 같은 속도로 편히 달릴 수 있게 된다.(뷔퐁의《박물지(博物誌)》제4권)

뷔퐁씨는 이런 예(例) 외에, 저 상규(常規)를 벗어난 야만적인 배내옷의 사용이 날이 갈수록 폐지되어 가는 영국의 예를 들 수 있었을 것이다. 또 라 르벨의《샴 여행기》, 르 보의《캐나다 여행기》등도 참고하기 바란다. 만약 내가 사실에 의해서 이것을 확인할 필요가 있다면, 20페이지나 인용으로 채울 것이다.(라 르벨과 르 보는 당시에 유행한 미개인에 관한 다소 공상적인 여행기 · 견문록의 작자. 르 보에 대해서 그의 연구가인 시날은 그 실재(實在)를 의심한다.)

우리는 배울 수 있는 능력을 가진 자로서 태어난다. 그러나 갓 태어났을 때에는 아무것도 모른다. 무엇 하나 인식(認識)하지 못한다. 불완전한, 반쯤 형성된 기관(器官) 안에 갇힌 영혼은 자기가 존재한다는 의식조차도 가지고 있지 않다. 갓 태어난 아이의 운동이나 울음소리는 순전히 기계적인 것으로, 거기에는 인식도 의지도 없다.

아이가 어른의 키와 체력을 가지고 태어났다고 하자. 마치 팔라스가 제우스의 머리로부터 태어난 것처럼,[11] 어머니의 태내에서 완전히 성장해서 태어났다고 하자. 이 어른도 아이도 아닌 것은 완전히 저능한 인간임에 틀림없으리라. 그는 자동 인형이나, 움직이지도 못하고 아무것도 느끼지 못하는 조각 같은 것임에 틀림없을 것이다. 그는 아무것도 볼 수 없고 아무것도 들을 수 없으며, 사람을 알아볼 수도 없고, 볼 필요가 있는 것에 눈을 돌릴 수도 없을 것이다. 자기 자신 이외의 대상을 무엇 하나 지각할 수 없을 뿐만 아니라, 그것을 그로 하여금 지각하게 하는 감각 기관에 무엇 하나 전할 수도 없을 것이다. 눈으로 빛깔을 볼 수 없고, 귀로 소리를 들을 수 없으며, 몸에 닿는 물체를 감각할 수도 없고, 자신이 육체를 가지고 있다는 사실조차 알지 못할 것이다. 손의 촉감도 뇌 안에만 있게 된다. 그의 모든 감각은 오직 하나의 점에 모이게 된다. 그는 오직 '감각 중추(感覺中樞)' 안에서만 존재하게 될 것이다. 그는 오직 하나의 관념, 즉 '자아'라는 관념밖에 가지지 않을 뿐이어서, 모든 감각을 거기에 연결시킨다. 그리고 그 관념, 아니 관념이라기보다는 차라리 그 감정이, 보통 아이보다 그가 쓸데없이 많이 가지고 있는 유일한 것이다.

갑자기 만들어진 이 인간은, 다리로 설 수도 없을 것이다. 몸의 균형을 유지하고 설 수 있게 되기까지는 상당히 오랜 시간이 걸릴 것임에 틀림없다. 아니, 어쩌면 서 보려고 애쓰지도 않을 것이다. 그리하여 강하고 튼튼한 그

---

11) 여신 팔라스(아테나)는 성장한 모습으로 제우스의 머리로부터 태어났다.

몸은 돌처럼 가만히 한자리에 있든가 강아지처럼 기어다니는 것처럼 보일 것이다.

그는 자신의 욕구가 무엇인지도 알지 못하고, 그것을 충족시키는 방법도 알지 못하면서 육체적 욕구의 불만을 느끼는 것이다. 위(胃)의 근육과 손발의 근육 사이에 직접적인 교류가 없어 주위에 음식이 있더라도 그것을 잡기 위해 그쪽으로 간다거나 손을 뻗을 줄도 모를 것이다. 그리고 그는 그 몸이 이미 성장해 있고, 손발이 완전히 발달한 상태이기 때문에 다른 아이들처럼 끊임없이 움직이는 일도 없을 것이므로, 먹을 것을 찾아 움직이기 전에 굶어 죽을지도 모른다. 우리의 지식이 발달하는 순서와 과정을 조금이라도 고찰해 본다면 경험으로부터, 또는 동료로부터 무언가 배우기 전의 자연적인 인간의 상태, 즉 무지와 무능의 원시적인 상태란 대개 이런 것임을 부정할 수 없으리라.

따라서 우리는, 한 사람 한 사람이 보통 정도의 오성(悟性)에 도달하기 위한 최초의 출발점을 알고 있거나 또는 알 수가 있다. 그러나 다른 한쪽의 극점(極點)을 알고 있는 자가 과연 있을까? 사람들은 각각의 타고난 재질·취미·욕구·재능·열의, 그리고 그것들을 발휘할 수 있는 기회에 따라 많든 적든 진보한다. 어떤 철학자도, '이것이 인간이 도달할 수 있는 한계이다. 이 이상은 진보할 수 없다' 고 말할 수 있을 만큼 대담할 수는 없을 것이다. 자연이 우리에게 어디까지 도달을 허용할 것인지 우리는 알지 못한다. 어떤 인간과 다른 인간 사이에 존재할 수 있는 거리를 측정한 자는 우리들 중 한 사람도 없다. 이런 것을 생각해도 흥분하지 않을 만큼 저속한 인간이 있을까? 그리고 때로 의기양양하여 중얼거려 보지 않은 자가 있을까? '내가 벌써 이만큼 진보했단 말인가. 이제부터 또 어느 만큼 높은 곳까지 갈 수 있을까? 내가 어째서 남들보다 뒤져야 하는가?' 하고.

되풀이해서 말하지만, 인간의 교육은 탄생과 더불어 시작된다. 말을 하기 전에, 말을 알아듣기 전에, 인간은 이미 배우고 있다. 경험은 학습에 우선

한다. 유모의 얼굴을 알아볼 수 있을 때쯤이면, 아이는 이미 많은 것을 배우고 있다. 아무리 하찮은 사람이라도 태어나서부터 도달한 때까지의 지식의 진보 과정을 더듬어 보면 놀라지 않을 수 없다. 만약 인간의 모든 지식을 둘로 나누어, 한쪽은 모든 인간에게 공통적인 지식, 다른 한쪽은 그 사람 특유의 지식이라 한다면, 후자는 전자에 비해 지극히 사소한 것에 지나지 않는다. 그러나 우리는 일반적인 지식은 거의 계산에 넣지 않는다. 그러한 지식은 알지 못하는 사이에, 더욱이 분별할 수 있는 힘이 생기기도 전에 획득되기 때문이다. 게다가 지식이라는 것은 그 차이에 의해 인정될 뿐으로, 대수방정식에서처럼 공통 인수는 상쇄되어 없어지기 때문이다.

동물들조차 많은 것을 배운다. 동물에게는 여러 가지 감각이 있으므로 그 사용법을 배워야 한다. 또 동물에게는 여러 가지 욕구가 있으므로 그것을 충족시키는 법을 배워야 한다. 동물은 먹고 걷고 나는 법을 배워야 한다. 태어날 때부터 설 수 있는 네발짐승도 처음부터 걸을 수 있는 것은 아니다. 그들이 걷기 시작하는 것을 보면, 아직 자신이 없는 시도임을 알 수 있다. 새장에서 도망쳐 나온 카나리아는 전연 날지를 못한다. 지금까지 날아 본 일이 없기 때문이다. 살아서 감각할 수 있는 모든 생물들은 잠시도 배우는 일을 멈추지 않는다. 식물이 걸을 수가 있다면, 감각 기관과 인식 능력을 필요로 할 것이다. 그렇지 않으면 그것들은 멸종해 버릴 것이다.

아이의 최초의 정신적 경험은 순수하게 감정적인 것이다. 그러므로 아이는 단지 기쁨과 고통을 느낄 뿐이다. 걸을 수도 물건을 잡을 수도 없는 그들은 오랜 시간에 걸쳐 조금씩 그들 밖에 있는 사물을 가리키는 표상적(表象的) 감각을 형성한다. 그러나 그런 것들이 아이의 눈으로부터 멀어져서 크기나 모양이 보일 때까지는, 감정적인 경험의 반복이 아이를 습관의 힘에 따르게 한다. 가만히 보면 아이의 눈은 끊임없이 빛이 있는 방향으로 향해진다. 빛이 옆에서 오면, 무의식적으로 눈이 그쪽을 향하는 것을 알 수 있다. 따라서 아이가 사시(斜視)가 되지 않도록, 다시 말해 사물을 비스듬히 바라보는 습관을 가지지 않도록 주의하여 얼굴을 빛 쪽으로 해 주지 않으면 안된다. 또한 일찍부터 어둠에 익숙해지도록 해야 한다. 그렇지 않으면 그들은 자신이 어둠 속에 있다는 것을 알자마자 울거나 소리치거나 한다. 식사와 수면 시간을 너무 정확히 정해 놓으면 그 시간이 넘으면 참지 못하게 된다. 그리하여 이윽고 욕망이, 필요에 의해 생기지 않고 습관에 의해 생기게 된다. 자연의 욕구에 습관에 의한 새로운 욕구가 추가되는 것이다. 그렇게 되지 않도록 해야 한다.

아이에게 길러 주어야 할 단 하나의 습관은 어떤 습관에도 길들여지지 않도록 하는 것이다. 어느쪽 팔이든 한쪽 팔로만 아이를 안아 주어서는 안된다. 한쪽 손만을 내밀거나 그 손만을 사용하게 해서는 안된다. 또 정해진 시각에 먹고 자고 행동하게 해서도 안되고,[12] 낮이든 밤이든 혼자 있지 못하는 습관을 붙이게 해서도 안된다. 아이에게 자연의 습성을 지니게 함으로써, 또 언제나 스스로 자신을 지배할 수 있도록 해 줌으로써, 의지를 가지게 되었다면 무슨 일이든 자기 의지대로 할 수 있도록 해 줌으로써, 일찍부터 그가 마음대로 행동하고 가지고 있는 힘을 충분히 활용하도록 준비시키는 것이 좋다.

아이가 사물을 분간할 수 있게 되면, 아이에게 보여 주는 사물을 선택할 필요가 있다. 물론 새로운 것은 무엇이든 인간의 흥미를 끈다. 아이는 자신이 약한 자임을 느끼고 있기 때문에 처음 보는 것은 모두 무서워한다. 아무 거리낌없이 새로운 것을 보는 습관을 길러 주면 공포심을 가지지 않게 된다. 거미줄 하나 볼 수 없는 깨끗한 집에서 자란 아이는 거미를 무서워하고, 어른이 되어서도 무서워하는 경우가 흔히 있다. 나는 농촌 사람들이 남자든 여자든 아이이든 거미를 무서워하는 것을 본 적이 없다.

---

12) 이 점, 로크는 루소와 같은 의견이지만 라블레, 페늘롱은 식사 시간을 규칙적으로 바르게 해야 한다고 했다.

단지 그에게 무엇을 보여 주는가에 따라서 아이는 겁쟁이가 되거나 용감해지거나 하는데, 도대체 어째서 사람들은 아이가 말하거나 말을 알아듣기 전에 교육을 시작하지 않는 것일까? 나는 아이가 새로운 것, 보기 싫은 동물, 혐오스러운 동물, 기괴한 동물을 보는 것에 익숙해지도록 하고 싶다. 하지만 이것은 일찍부터 조금씩 실행해야 한다. 그렇게 하면 이윽고 아이는 그런 것들에 익숙해져서 다른 사람이 그것을 만지는 것을 보고 자기도 만져 보게 된다. 아이 적에 두꺼비나 뱀·가재를 보아도 놀라지 않으면, 어른이 되어서는 어떤 동물을 보아도 두려워하지 않게 된다. 아무리 무서운 것일지라도, 그것을 날마다 보는 사람에게는 무섭지 않은 법이다.

아이들은 모두 가면을 무서워한다. 나는 우선 에밀에게 즐거운 표정의 가면을 보여 준다. 그런 다음 누군가가 에밀 앞에서 그 가면을 써 보인다. 나는 웃는다. 모두 따라 웃는다. 그러면 그 아이도 다른 사람들처럼 웃을 것이다. 나는 조금씩 덜 즐거운 표정의 가면을 보여 익숙하게 만든다. 그리고 마지막으로 무서운 얼굴의 가면을 익히게 한다. 순서를 따라 잘 해 나가면, 아이는 마지막의 무서운 가면을 보아도 무서워하지 않고 처음과 똑같이 웃을 것이다. 그렇게 되면 가면을 보고 두려워할 걱정은 없어진다.

안드로마케와 헥토르가 헤어지는 장면[13]에서, 어린 아스튀아낙스가 아버지의 투구 위에서 흔들리고 있는 깃털 장식을 무서워하여, 아버지임을 알지 못하고 울면서 유모에게 달라붙자, 그 어머니는 눈물을 흘리면서도 미소를 머금는다. 그러한 아이의 공포심을 진정시켜 주려면 어떻게 해야 할까? 헥토르가 한 것처럼, 투구를 벗어 놓고 아이를 쓰다듬어 주는 것이다. 그러나 좀더 평화스러운 시기였다면 그것만으로는 안된다. 아이가 보는 앞에서 아버지 자신이 투구를 벗어 손에 들고 깃털 장식을 만져 보인 다음, 아이에게도 만져 보게 할 일이다. 그리고 유모는 그 투구를 집어들어, 웃으면서 자

---

13) 호메로스의 《일리아드》 제6권 참고.

기 머리에 써 보는 것이 좋다. 물론 여자가 헥토르의 투구에 손을 대어도 상관이 없다면 말이다.

에밀이 총소리에 익숙해지도록 하려면, 먼저 약간의 탄약을 발사해 보리라. '팍' 하고 불타 올랐다가 금방 사라지는 불꽃, 그 번개와 같은 빛은 그를 기쁘게 하리라. 그런 다음 뇌관에 탄약의 양을 늘려 같은 일을 되풀이한다. 아이가 그에 익숙해지면, 탄알을 사용하지 않고 작은 탄약을 장전하여 쏘아 보고, 차츰 더 큰 탄약을 장전하여 쏘아 본다. 이렇게 하면 에밀은, 소총소리·대포소리 등에 익숙해져 나중에는 아무리 큰 폭발음에도 놀라지 않게 되리라.

번개 치는 소리가 굉장하여 실제로 청각을 상하게 하지 않는 한, 아이는 별로 번개를 무서워하지 않는다는 것을 나는 알고 있다. 만약 아이가 번개를 두려워한다면, 번개가 사람을 상하게 하고 죽일 수 있다는 것을 이미 배운 다음일 것이다. 이성에 의해 아이들이 두려워할 때에는 습관에 의해 그들을 안심시켜 주는 것이 좋다. 천천히, 그리고 신중하게 점진적으로 해 나가면 어른이든 아이든 어떤 일에도 대담해질 수가 있다.

기억력이나 상상력이 아직 활발하게 작용하지 않는 인생의 초기에는, 아이는 자신이 감각으로 느낄 수 있는 것에만 주의를 기울인다. 감각 경험은 사고의 원자재이므로 적당한 순서로 그것을 아이에게 주어 기억시키는 것은, 훗날 같은 순서로 그것을 오성(悟性)에 공급하도록 준비시키는 것이 된다. 그러나 아이는 감각에밖에 주의를 기울이지 않기 때문에, 처음에는 그 감각과 그 감각을 불러일으키는 물체와의 관계를 뚜렷이 나타내 주기만 하면 된다. 아이는 무엇이든 만져 보고 잡아 보려고 한다. 그러한 욕구를 억제해서는 안된다. 그것은 아이에게 절대적으로 귀중한 학습을 제공하기 때문이다. 그런 식으로 하여 아이는 물체의 뜨겁고 차가움, 부드럽고 단단함, 가볍고 무거움 따위의 감각을 배우며, 그것들의 크기·모양, 그리고 모든 감각적인 성질을 판단하는 것을 배우는 것이다. 즉, 여러 가지 물체를 보거나 만지거나 들거나 하여, 특히 시각과 촉각을 비교하고, 손가락으로 느끼는 감각을 눈으로 판단하는 것에 의해서 배우는 것이다. *

우리는 운동에 의해서만 우리의 자아와 자아가 아닌 것 사이의 차이를 배운다. 그리고 공간의 관념도 우리 자신의 운동에 의해서만 얻어진다. 아이가 바로 옆에 있는 사물과 백 발짝 앞에 있는 사물과를 구별하지 않고 손을 내밀어 그것을 잡으려고 하는 것은, 아이에게 공간이라는 관념이 없기 때문이다. 그러한 아이의 노력은 당신에게는 지배욕의 징후로 보이리라. 그가 물체를 향해 이리로 오라고 명령하고 있거나, 또는 당신에게 그것을 가져 오라고 명령하고 있는 것처럼 생각되리라. 그러나 그렇지 않다. 그것은 단지, 그 사물이 처음에는 머리 속에서만 보이고, 다음에는 눈을 통하여 보게 되고, 지금은 팔을 뻗으면 닿을 것처럼 보여, 자기 손이 닿을 수 없는 공간은 생각할 수가 없기 때문일 뿐이다. 그러므로 아이를 이리저리 이동시켜 주는 것이 좋다. 한 장소로부터 다른 장소로 이동시켜 환경의 변화를 느끼게 함으로써, 거리에 관한 것을 생각할 수 있도록 해 주는 것이 좋다.

거리라는 것을 인식하기 시작하면 방법을 바꿔야 한다. 즉, 당신이 원하는 때에만 아기를 이동시키는 것이다. 절대로 아기가 원하는 대로 이동시켜서는 안된다. 아이가 더 이상 자신의 감각에 의해 기만당하지 않게 되면, 그의 노력의 또 다른 동인이 생기기 때문이다. 이 변화는 주목할 만한 것으로 설명이 필요해진다.

욕구를 충족시키기 위해 다른 사람의 도움이 필요할 경우, 그 욕구로부터 생기는 불쾌한 감정은 여러 가지 표정이나 몸짓 따위로 표현된다. 아기가 우는 것도 그 때문이다. 아기의 감각은 모두 감정적인 것이므로, 그것이 기

● 아이의 모든 감각 중에서 가장 늦게 발달하는 것은 후각(嗅覺)이다. 두 살, 혹은 세 살까지는, 아이는 좋은 냄새도 나쁜 냄새도 느끼는 것 같지 않다. 이 점에서 아이는 많은 동물에게서 확인할 수 있는 것 같은 무관심, 아니 오히려 무감각을 보인다.

분 좋은 것일 때에는 조용히 즐기고, 괴로운 것일 때에는 자기가 표현할 수 있는 방법으로 표현하여 도움을 청한다. 그런데 아이는 눈을 뜨고 있는 한 무관심한 상태로 있는 일은 거의 없다. 자고 있거나 그렇지 않으면 무엇인가에 끊임없이 자극받고 있다.

우리의 언어는 모두 인간에 의해 만들어졌다. 사람들은 오랫동안 만인에게 공통된 자연의 언어가 있는지를 탐구해 왔다. 확실히 그것은 있다. 그것은 아기가 말을 할 수 있게 되기 전에 사용하는 언어이다. 이 언어는 음절에 의해 표현되지는 않지만, 억양이 있고 음조가 있어서 잘 알아들을 수가 있다. 어른의 언어를 사용하게 됨에 따라 우리는 그 언어를 버리게 되어, 이윽고 완전히 잊어버리는 것이다. 아기를 연구하자. 그렇게 하면 우리는 아기로부터 다시 한번 그 언어를 배우게 될 것이다. 그리고 유모는 우리의 선생이 된다. 유모는 아기가 말하고자 하는 것을 모두 이해한다. 유모는 아기에게 대답을 하거나, 대단히 오랫동안 아기와 대화하거나 한다.

소리에 의한 언어 외에 그에 못지않은 표정에 의한 언어가 있다. 아기의 표정이 얼마나 풍부한지 정말 놀랄 정도다. 아기의 표정은 순간 순간, 생각할 수도 없는 빠르기로 변한다. 미소가, 욕망이, 공포가 번개처럼 나타났다가는 사라진다. 그때마다 마치 다른 얼굴을 보는 것 같은 기분이 든다. 확실히 아이의 얼굴 근육은 어른보다 잘 움직인다. 그에 반해, 아이의 눈은 흐리멍텅하여 거의 아무것도 말하지 않는다. 육체적인 요구밖에 가지지 않은 시기에 있는 그들의 표현 방법은 당연히 그럴 수밖에 없다. 감각은 얼굴 표정에, 감정은 눈의 표정에 나타난다.

인간의 최초의 상태는 결핍과 무력함의 상태이기 때문에 그 최초의 소리는 울음과 눈물이다. 아기는 욕구를 느껴도 그것을 스스로 충족시킬 수가 없다. 그래서 큰소리로 울어 다른 사람에게 도움을 청한다. 배가 고프거나 목이 마르면 운다. 너무 덥거나 너무 추워도 울고, 움직이고 싶은데 움직일 수 없어도 울고, 조용히 자고 싶은데 그럴 수 없을 때에도 운다. 자기가 놓여져 있는 상태가 만족스럽지 못할수록, 그것을 만족스럽게 바꾸어 달라고 끊임없이 요구한다. 아기는 오직 한 가지 언어밖에 가지고 있지 않다. 오직 한 종류의 불쾌함밖에 느끼지 않기 때문이다. 아기는 여러 가지 신체적인 기관이 불완전한 상태에 있기 때문에 여러 가지 인상을 구별할 수가 없다. 나쁜 것은 모두, 그에게 고통이라는 한 가지 감각을 줄 뿐이다.

사람들은 아기의 울음소리에 그다지 신경 쓸 것 없다고 생각하는데, 여기에서부터 인간과 그를 둘러싸고 있는 모든 것과의 최초의 관계가 생겨난다. 그리하여 사회 질서를 형성하는 긴 사슬의 최초의 고리가 만들어지는 것이다.

아기가 우는 것은 뭔가 욕구를 느끼고 있는데 그것을 충족시킬 수가 없기 때문이다. 어른들은 아이의 욕구가 무엇인지를 알아내어 충족시켜 준다. 그런데 그 욕구가 무엇인지 몰라 그것을 충족시켜 주지 못하게 되면, 아기는 계속해서 울 것이며 어른은 참을 수 없게 된다. 그래서 아기의 울음을 그치게 하려고 달래기도 하고, 재우려고 흔들어 주거나 노래를 불러 주기도 한다. 그래도 아기가 울음을 그치지 않으면 견디다 못해 아기를 위협한다. 난폭한 유모는 가끔 아기를 때리기도 한다. 인생의 첫발을 내디디려는 아기에게 이 무슨 기묘한 훈련이란 말인가!

그렇게 귀찮게 울어대는 아이를 유모가 난폭하게 때려 주는 광경을 보았는데, 나는 그것을 결코 잊을 수가 없다. 아이는 매를 맞고 울음을 뚝 그쳤다. 나는 그 아이가 두려움에 떨고 있음에 틀림없다고 생각했다. 그리고 '저 아이는 비굴한 인간이 될 것이며, 그래서 아주 거칠게 다루지 않으면 아무것도 해낼 수 없게 될 것'이라고 생각했다. 나의 그 생각은 잘못이었다. 가엾게도 그 아이는 분노로 숨이 막혀 있었던 것이다. 숨을 쉴 수조차 없을 정도로 노여웠던 것이다. 아이의 얼굴은 그때 보랏빛이었다. 조금 있으려니 격렬한 울음소리가 터져 나왔다. 그 아이가 느낄 수 있는 최대의 한(恨)·노여움·절망이 그 소리에 포함되어 있었다. 그렇게 소리쳐 우는 동안 죽어 버리는 것이나 아닐까 하고 염려스러울 정도였다. 설령 옳고 그름의 감정이 인간의 마음에 처음부터 존재한다는 것에 대해 내가 의문을 품고 있었다손 치더라도, 이 아이의 예만을 가지고도 그 의문은 깨끗이 씻어질 것임에 틀림없다. 끓고 있는 기름방울이 이 아이의 손 위에 우연히 떨어졌다 해도, 그렇게 강하게 때린 것이 아닌, 그러나 그에게 해를 가하려는 명백한 의도로 때린 그 손바닥만큼 견디기 어렵지는 않았으리라고 나는 확신한다.

쉽게 흥분하고 쉽게 노여워하는 아이의 성질은, 극도의 관대함을 필요로 한다. 아이의 병은 대부분 발작적인데, 그것은 성인보다 몸에 비해 머리가 비교적 크고 신경 계통이 퍼져 있어 신경이 자극받기 쉽기 때문이라고, 보오하베[14]는 생각하고 있다. 아기를 놀리거나 흥분시키거나 초조하게 하는 사람이 있다면, 그 사람은 아이 곁에서 되도록 멀리 떨어뜨려 놓는 것이 좋다. 그런 사람은 공기나 계절이 아기에게 끼치는 해악보다 백 배 이상 위험하고 해롭다. 아기가 오직 사물에 대해서만 저항을 느끼고 사람의 의지에 저항을 느끼지 않는 한, 그 아기는 쉽게 노여워하거나 반항하거나 하지 않고, 한층 건강하게 자랄 것이다. 이것은 한층 자유롭고 속박받는 일이 적은 민중의 아이가 좀더 잘 양육되는 것처럼 보이나, 끊임없이 속박당하는 아이에 비해, 일반적으로 건강한 이유 중의 하나가 된다. 그러나 아이들이 하자는 대로 해주는 것과 그들의 의지에 거스르지 않는 것과는 차이가 크다.

아기의 최초의 울음소리는 부탁이다. 그러나 조심하지 않으면, 그 울음소리는 이윽고 명령이 된다. 처음에는 도움받기를 원하다가 나중에는 자신에게 봉사해 주기를 원하게 된다. 그들 자신이 약하기 때문에, 처음에는 남에게 의존하려는 감정이지만, 곧 이어 권력과 지배의 관념이 생기게 된다. 그런데 이 관념은, 우리의 보살핌으로부터 생긴다기보다 그 아이의 여러 가

---

14) 보오하베(Hermanne Boerhave, 1668~1738)는 네덜란드의 의사. 라이덴 대학의 교수로 임상 교육(臨床敎育)의 창시자.

지 욕구로부터 생겨나는 것이므로, 아기의 몸짓과 울음 소리가 나타내는 숨은 의도를 알아차릴 필요가 있다.

아기가 아무 말 없이 힘들여 손을 뻗을 때에는 무언가를 만지려고 하는 것이다. 거리감이 없기 때문에 그는 착각을 하고 있는 것이다. 그러나 울부짖으면서 손을 뻗을 때에는, 거리를 착각하고 있는 것이 아니라 그 물건에게 자기 쪽으로 오라고, 또는 그것을 가져 오라고 명령하고 있는 것이다. 첫번째 경우라면, 그를 그 물건 쪽으로 천천히 데려가는 것이 좋다. 두 번째 경우라면 그의 말을 듣지 못한 체해야 한다. 더한층 울면 더욱더 귀를 기울이지 않을 일이다. 아기는 어른들의 주인이 아니므로 어른들에게 명령하지 않도록, 또 물체는 그가 하는 말을 알아듣지 못하므로 물체에게도 명령하지 않도록 일찍부터 습관을 들여 줄 필요가 있다. 따라서 아기가 무언가를 보고 가지려고 할 때 주어도 좋을 것이라면, 그것을 아기에게 가져다 주는 대신, 아기를 그것이 있는 곳으로 데려가는 것이 좋다.

생 피에르[15]는 어른을 큰 아이라고 했다. 그 반대로, 아이를 작은 어른이라 부를 수 있을 것이다. 이런 문구에는 경구(警句)로서의 진리가 포함되어 있지만 원리로서는 설명을 필요로 한다. 그러나 홉스(영국의 철학자, 1588~1679)가 악인을 강한 아이라고 한 것은 대단한 모순이라고 생각한다. 모든 악은 약함으로부터 생겨난다. 아이가 나빠지는 것은 그 아이가 약하기 때문이다. 강해지면 선량해진다. 무엇이든 할 수 있는 사람은 결코 나쁜 짓을 하지 않는다. 전능한 신이 지니고 있는 모든 속성 가운데 선(善)이란 속성은, 그것 없이는 신이라는 것을 도저히 생각할 수 없는 속성이다. 좋은 힘과 나쁜 힘을 인정한 모든 민족은 반드시 악을 선보다 열등한 것으로 간주해 왔

---

15) Abbé de Saint-Pierre(1658~1743)는 18세기 초기의 선험적 사상가의 한 사람. 루이 14세의 전제주의(專制主義)를 비판한 《고문 회의론(顧問會議論)》을 써서, 아카데미에서 추방되었다. 그밖에 《영구 평화론(永久平和論)》 등의 저작이 있다.

다. 그렇지 않으면 그들은 불합리한 가정을 한 것이 된다. 이것을 나중에 나오는 〈사보아 신부의 신앙 고백〉[16]과 비교해 보기 바란다.

이성만이 우리들에게 선악을 인식하는 법을 가르쳐 준다. 선을 사랑하게 하고 악을 미워하게 하는 양심은, 이성으로부터 독립된 것이지만, 이성이 없이는 발달할 수 없다. 이성을 갖추는 나이(철이 드는 나이)가 될 때까지 우리는 선악을 구별하지 못하고, 좋은 일도 하고 나쁜 일도 한다. 따라서 아이들의 행동에는 도덕성이 없다. 오직 그들에게 관계하는 타인의 행동에 대해서 그것을 느낄 수 있을 뿐이다. 아기는 눈에 보이는 것은 무엇이든 부수려고 한다. 손에 닿는 것은 모두 꺾거나 깨뜨리거나 한다. 돌을 쥐듯이 새를 꽉 쥐고서 자신이 무엇을 하는지도 모르고 그것을 눌러 죽인다.

왜 그런 행위를 하는 것일까? 철학은 그것을 천성적인 악(惡)으로 설명하려 한다. 즉, 인간의 오만·지배욕·자존심·사악함 등으로 그것을 설명하려 한다. 그리고 철학은 거기에 덧붙여 말할지도 모른다. '자신이 무력하다는 것을 느끼는 아이는 걸핏하면 폭력을 휘둘러, 그에 의해 자신의 힘을 시험해 보려 한다' 고.

그러나 인생의 길을 순환하여 다시 유년 시대의 무력함으로 돌아간 허약하고 노쇠한 노인을 보라. 노인 자신이 조용히 평화롭게 있을 뿐만 아니라, 자기 주위의 모든 것이 조용하기를 바란다. 조그만 변화도 그의 마음을 어지럽히고 불안하게 한다. 만약 그 본래의 원인이 바뀌지 않는다면, 같은 정념(情念)과 결부된 이 똑같은 무능력(無能力) 상태가 어떻게 두 시기에 이렇게 다른 결과를 만들어 낼 수 있겠는가. 그 원인의 차이는 양자의 육체적인 상태가 아니면 어디에서 찾을 수 있단 말인가. 활동의 근원은 양자에게 공통된 것이지만, 한쪽은 발전하고 있고, 다른 한쪽은 쇠퇴하고 있다. 한쪽은 삶으로 향하고, 다른 쪽은 죽음으로 향하고 있다. 노인의 쇠퇴해 가는 활

---

16) 이 책의 제4부에 수록되어 있는 루소의 종교론을 전면적으로 전개한 것.

동력은 마음속으로 집중되지만, 아이의 넘쳐 흐르는 활동력은 밖으로 넓게 퍼져 간다. 아이는, 자기의 주위에 있는 모든 것에 생명을 줄 수 있을 정도로 자신이 힘으로 충만해 있음을 느낀다. 무엇인가를 만들든 부수든 그것은 아무래도 좋다. 그가 추구하는 것은 변화인 것이다. 그리고 모든 변화는 행동을 포함한다. 그가 파괴 행위를 즐기는 것처럼 보이더라도, 그것은 성질이 나쁘기 때문이 아니다. 무엇인가를 만드는 작업은 언제나 시간이 걸리지만, 부수는 작업은 쉬워서 아이의 활발한 성질에 한층 적합하기 때문이다.

자연의 창조자는, 아이에게 그러한 활동원(活動源)을 줌과 동시에, 그것이 너무 해로운 것이 되지 않도록 아이에게 지나친 힘은 주지 않았다. 그러나 아이가 자기 주위에 있는 사람을 마음대로 움직일 수 있는 도구처럼 생각하게 되면, 그 도구를 제멋대로 사용하여 자신의 약함을 보충하려 한다. 그렇게 되면 그 아이는 귀찮은 존재가 되고, 폭군이 되며, 명령적이고 심술궂게 되어 다룰 수 없는 상태가 된다. 이러한 발달은 선천적인 지배욕에 의한 것이 아니고, 우리가 그 아이를 그렇게 교육시킴으로 해서 생겨나는 것이다. 다른 사람으로 하여 행동하게 하는 것이, 더욱이 혀만 가지고도 세계를 움직일 수 있다는 것이 얼마나 유쾌한 일인지를 아는 데에는 그리 오랜 경험을 필요로 하지 않으니까.

성장함에 따라서 아이는 힘을 획득하며, 좀더 침착해져서 소란스럽지도 않게 되며, 독립심이 훨씬 더 강화된다. 정신과 육체가 더 잘 균형 상태를 이루게 되어, 자연은 자기 보존에 필요한 운동만을 아이에게 요구하게 된다. 그러나 힘을 사랑하는 마음은, 그것을 생겨나게 했던 필요가 없어진다고 해서 함께 없어지지는 않는다. 즉, 힘은 자기애를 일깨우고 부추긴다. 그리고 습관이 자기애를 강하게 한다. 이리하여 일시적인 기분이 욕구의 자리를 대신하고, 편견과 아집의 첫 씨앗이 뿌려지는 것이다.

일단 원칙을 알게 되면, 어디서부터 자연의 길을 벗어나게 되었는지를 확실히 알 수 있다. 그렇다면 자연의 길에서 벗어나지 않으려면 어떻게 해야 하는지를 알아 보기로 한다.

제1원칙 : 아이는 불필요한 힘을 가지고 있기는커녕, 자연이 요구하는 것을 충족시키기에도 부족한 힘을 가지고 있다. 그러므로 자연이 그에게 부여한 힘을 충분히 사용할 수 있게 해야 한다.

제2원칙 : 아이의 욕구가 육체와 관련된 것인 경우, 언제든지 그 아이를 돕고, 경험에서나 힘에서나 그 아이에게 부족한 것을 보충해 주어야 한다.

제3원칙 : 아이를 도와주는 경우, 실제로 필요한 것에 한해 도와주고, 일시적인 기분이나 이유 없는 욕망에 대해서는 아무것도 해주지 않도록 해야 한다. 일시적인 기분은 자연에서 생겨나는 것이 아니므로, 당신이 그것을 생겨나게 하지 않는 한 아이가 그것에 의해 고통받는 일은 없기 때문이다.

제4원칙 : 아이의 말과 표정·몸짓을 주의 깊게 연구하여, 자연에서 오는 욕망과 일시적인 기분 따위에서 오는 욕망을 구별해야 한다.

이상과 같은 원칙의 정신은 아이에게 참된 자유를 주되 지배욕을 주지 않으며, 되도록 모든 일을 자기 스스로 하도록 하여 타인에게 의존하지 않게 하려는 데에 있다. 그렇게 하여 일찍부터 자신의 힘이 미치는 한도 내로 욕망을 제한하는 데에 익숙해지면, 자신의 힘이 마치지 않는 일에 대해서는 욕구 불만을 가지지 않게 된다.

따라서 이것은 높은 곳에서 떨어질 위험이 없도록 하고, 아이를 다치게 하는 물건을 가까이 두지 않도록 주의만 한다면, 아이의 몸이나 손발을 완전히 자유롭게 해 주어야 한다는 것에 대한 새롭고도 지극히 중요한 이유가 된다.

손발이 자유로운 아기가 배내옷으로 휩싸여져 있는 아기만큼 울지 않는다는 건 확실하다. 육체적인 욕구밖에 모르는 사람은 괴로울 때에만 운다. 이것은 대단히 편리한 일이다. 왜냐하면 아기가 도움을 필요로 할 때 그것을 금방 알 수 있고, 또 빨리 도와 줄 수 있기 때문이다.

운동을 방해받는 일이 적어지면 아기가 우는 일도 적어진다. 아기의 울음소리에 고통받는 일이 적어지면, 울음을 그치게 하려고 조바심하는 일도 적어진다. 아기를 놀라게 하거나 기분을 맞추어 주는 일이 적어지면, 아기는 겁쟁이도 고집쟁이도 되지 않고, 한층 더 자연의 상태에 잘 머무르게 될 것이다. 아기가 탈장(脫腸)이 되는 것은, 울게 내버려 두어서가 아니고, 울음을 그치게 하려고 안달복달하기 때문이다. 나의 경험에 의하면, 그대로 내버려 둔 아기가 그렇지 않은 아기보다 탈장되는 일이 적었다. 그렇다고 해서 우는 아기를 내버려두라는 것은 아니다. 반대로 아기를 늘 잘 살펴서, 그가 원하는 것을 울음에 의해 알리지 않게 할 필요가 있다. 그러나 현명치 못하게 보살펴 주어서는 안된다. 울기만 하면 좋은 일이 생긴다는 것을 알았을 때, 어찌 울지 않을 수 있겠는가. 조용히 있는 것이 모두에게 얼마나 고마운 일이 되는지를 알게 되면, 아이는 그렇게 쉽게 조용하지 않게 된다. 그리하여 나중에는, 그 침묵을 대단히 비싸게 팔려고 하기 때문에 손쓸 수가 없게 된다. 그런 경우에는 울도록 내버려두는 것이 좋다. 그러면 아무리 울어도 소용없음을 알고, 지쳐서 울기를 그만둘 것이다.

묶여 있지도 않고 아픈 것도 아닌데, 또 아무것도 부족한 것이 없는데 아기가 오랫동안 우는 것은 습관과 고집에 지나지 않는다. 이것은 자연의 탓이 아니고 유모의 탓이다. 시끄러운 것을 참지 못하는 유모는 아기를 더욱더 울보로 만든다. 오늘 아기의 울음을 억지로 그치게 하면 내일은 더 심하게 울게 하는 결과가 된다.

그러한 습관을 고치거나 예방하는 한 가지 방법은 아이의 울음소리에 전혀 신경을 쓰지 않는 것이다. 아무도 헛된 수고를 하고 싶어하지 않는다. 아기도 마찬가지이다. 아기가 고집을 피우는 이상으로 여러분이 인내심을 발휘하면, 아기는 싫증이 나서 두 번 다시 그런 일은 하지 않게 되며, 괴로워서 참을 수 없을 때 외에는 울지 않게 된다.

그리고 또 한 가지 방법은, 우는 것을 잊을 정도로 재미있는 일을 아기에게 주는 것이다. 이 방법도 아기의 기분을 바꾸어 준다. 이 방법은 잘만 하면 매우 효과적이다. 그러나 자기의 마음을 돌리기 위해 하는 일이라는 것을 아이가 눈치채지 않게 하는 것이 중요하다. 그런데 그 점에서 모든 유모들은 서투르다.

모든 사람들이 너무 일찍 아기에게서 젖을 뗀다. 젖을 떼어야 할 시기는 이가 나오는 시기로서 알 수 있는데, 이가 날 때에는 일반적으로 통증을 느낀다. 그렇게 되면 아기는 기계적인 본능으로 뭐든지 입으로 가져가 깨물려고 한다. 사람들은 그때, 상아나 늑대의 이같이 단단한 것을 빠는 장난감으로 주어, 이가 빨리 나도록 도우려 한다. 그것은 잘못된 생각이다. 단단한 것을 잇몸에 대면 잇몸이 부드러워지기는커녕 오히려 단단해져서, 이가 날 때 한층 심한 통증을 느끼게 한다. 무슨 일에서나 본능을 안내자로 삼으라. 우리는 강아지가 이가 날 무렵에 돌이나 쇠나 뼈를 물어대는 것을 본 적이 없다. 나무조각이나 가죽이나 헝겊처럼 이빨 자국이 날 수 있는 부드러운 것을 물어댄다.

오늘날에는 모든 사물이, 심지어 아기의 주위에 있는 물건조차 검소한 것이 없다. 금방울, 은방울, 산호, 수정 세공품, 갖가지 종류의 비싼 장난감 등, 모두 유해 무익한 장식품들뿐이다. 그런 것들은 도대체 필요가 없다. 방울도, 빨 수 있는 장난감도 필요없다. 열매와 잎이 붙은 작은 나뭇가지, 속에 씨가 들어 있어서 사락사락 소리가 나는 양귀비 열매, 빨 수도 씹을 수도 있는 감초 뿌리, 이런 것들은 그 호화스런 잡동사니 못지않게 아기를 즐겁게 할 수 있으며, 태어나자마자 사치에 길드는 불합리한 일은 얼어나지 않을 것이다.

브이(참밀 가루를 우유에 풀어 끓인 죽)가 그다지 건강에 좋은 식품이 아니라는 것은 이미 일반에게 알려져 있다. 끓인 우유와 참밀 가루는 멍울이 생겨 우리 위(胃)에 좋지 않다. 브이의 참밀 가루는 빵만큼 푹 익지도 않고, 게다가 발효 과정도 없다. 빵죽이나 미음이 훨씬 좋다. 꼭 브이라야 한다면, 미리 참밀 가루를 볶아 놓는 것이 좋겠다.

아기는 우선 씹는 일에 익숙해져야 한다. 그것이야말로 이를 쉽게 나게 하는 좋은 방법이다. 그리고 음식을 삼키게 되면, 음식에 섞인 침이 소화를 쉽게 한다.

그래서 나는, 아기에게 말린 과일이나 굳은 빵 껍질을 주어 씹게 하고 싶다. 작고 딱딱한 막대 모양의 빵, 혹은 피에몬테 지방에서 그리스라 불리는 막대 모양의 비스킷을 장난감 대신 주기로 한다. 입 속에서 그러한 빵을 우물거리는 동안, 아기는 얼마간 그것을 삼키게 된다. 그러는 사이에 이가 나게 되고, 저절로 젖에서 떨어지게 될 것이다.

아기들은 태어나자마자 사람이 말하는 것을 듣는다. 사람들은 아기가 말하는 것을 듣는다. 사람들은 아기가 말을 이해하기도 전에, 또 들은 말을 흉내낼 수 있기도 전에 아기에게 말을 건다. 아직 감각 기관이 둔한 아기는 들리는 소리를 조금씩 흉내낼 수 있을 뿐, 그 소리가 우리 귀에 들리는 것처럼 그의 귀에 전달되는지 어떤지도 확실하지 않다. 노래나 대단히 유쾌하고 변화 있는 가락으로 아기를 어르는 것에, 나는 반대하지 않는다. 그러나 말의 어조(語調)밖에는 알지 못하는 아기에게 유모가 여러 가지 쓸데없는 말을 해서 아이를 귀찮게 하는 것은 안된다.

처음에 아기에게는 부드럽고 또렷한 음성을 들려주되, 같은 말을 여러 번 되풀이해서 들려주어야 하며, 또 그 단어들은 아기가 주변에서 볼 수 있는 감각적인 대상과 관련 있는 것이 바람직하다고 생각한다. 우리가 뜻도 모르는 말을 듣고도 적당히 넘어가는 나쁜 버릇은, 생각보다 훨씬 이른 시기부터 시작된다. 학생은 교실에서 뜻도 모르는 선생님의 잡담에 귀를 기울인다. 그것은 배내옷에 싸여 있던 시절에 유모의 지껄임을 듣고 있었던 것과 같은 것이다. 무엇 하나 이해할 수 없는 말을 들으며 자라게 한다는 것은 참으로 유익한 교육법이라고 할 수 없다.

언어의 형성과 아이의 최초의 대화를 연구하려 하면, 여러 가지 생각이

뭉게구름처럼 떠오른다. 그러나 어떤 방법을 취하든 아이는 결국 같은 방법으로 말하는 법을 배우기 때문에, 여기서는 모든 철학적인 고찰이 필요없다.

먼저 아이는 그 나름대로 연령에 맞는 문법을 가지고 있으며, 그 문장법에는 어른들의 것보다 한층 더 보편적인 규칙이 있다. 아이가 하는 말을 주의해서 들어 보라. 아이가 얼마나 정확하게 나름대로의 문법에 따르고 있는지 놀랄 것이다. 물론 거기에 결점이 있다고 말할 수는 있으리라. 그러나 그것은 매우 규칙적인 것으로, 그것이 귀에 거슬리는 것은 듣기 어렵기 때문이거나 혹은 일반적인 습관이 그것을 허용하지 않기 때문이다.

일반적인 습관에 어긋난다고 해서 대수롭지 않은 잘못을 일일이 끈질기게 고쳐 주려는 것은 별로 좋지 않은 현학적인 취미이며, 전혀 불필요한 참견이다. 그런 것은 시간이 지나면 아이 스스로 고치게 된다. 아이 앞에서는 언제나 정확하게 말하는 것이 좋다. 누구보다도 당신과 함께 있는 것이 아이에게 즐거운 일이 되도록 하는 것이 좋다. 그렇게 하면 당신이 타이르지 않아도 아이는 당신을 본받아, 저절로 올바른 말을 배우게 될 것이다.

그러나 그것보다 더 중대한 잘못은 아이가 스스로 말할 수 있게 되는 때가 오지 않을까 걱정하여 아이에게 기를 쓰고 말을 많이 시키려 하는 것이다. 지각 없이 서두르는 이러한 방법은 정반대의 결과를 가져오게 된다. 그 때문에 오히려 아이는 말하는 것이 늦어지고, 혼란된 말밖에 하지 못하게 된다. 아이가 하는 말에 언제나 너무 신경을 쓰고 있으면 아이는 무언가 또렷이 말할 필요가 없어진다. 그리고 그들은 거의 입을 열지 않게 되므로, 그 때문에 많은 사람이 평생 발음상의 결함과 이야기를 애매하게 하는 습관을 가지게 된다.

나는 오랫동안 농민들 사이에서 생활한 적이 있는데 남자든 여자든, 남자아이든 여자아이든 입 안에서 우물거리듯이 말하는 것을 들어 본 적이 없다. 어째서일까? 농민들의 발음 기관은 우리와는 다른 구조로 되어 있는 것일까? 그렇지는 않다. 다만 그들은 다른 방법으로 훈련받았기 때문이다. 내

방 창 저쪽에는 넓은 땅이 있어서 언제나 근처에 사는 아이들이 모여 놀았다. 내가 있는 곳으로부터 꽤 떨어졌지만, 그들이 말하는 것은 무엇이든지 똑똑히 들렸다. 그것을 들으면서 나는 종종 이 책을 쓰기 위한 유익한 메모를 했다. 날마다 나의 귀는 그들의 나이에 대해 나로 하여금 착각하게 한다. 내게는 열 살짜리 아이의 말소리가 들린다. 얼굴을 들어 보면 열 살짜리의 아이가 아니라 서너 살 정도의 아이이다. 이런 경험은 나만이 하는 것이 아니다. 나를 찾아왔던 도시인들은 모두 나와 똑같은 착각을 한다.

이러한 착각을 일으키게 하는 원인은 무엇일까? 도시의 아이들은 다섯 살이나 여섯 살이 될 때까지 방 속에서 시중드는 여자에게 보살핌을 받으며 자라기 때문에, 자기 의사를 표현할 때 입 안에서 우물거리기만 해도 된다. 그가 입을 조금만 움직거려도 상대방은 열심히 들어 준다. 그렇게 열심히 듣고 있는 동안 사람들은 아이가 한 말이 아닌, 하려고 하는 말의 의미를 미리 알아 신경을 써 주게 되는 것이다.

시골에서는 사정이 전혀 다르다. 농가의 엄마는 항상 아이 곁에 있어주질 못한다. 아이는 어머니에게 알릴 필요가 있는 말을 분명하고도 큰소리로 말하는 법을 배워야 한다. 들에서는 아버지·어머니, 또는 다른 아이들과도 멀리 떨어져 있기 때문에, 자신의 목소리가 멀리 있는 사람에게도 들릴 수 있도록, 또 그 거리에 따라 목소리의 크기를 조절할 수 있도록 훈련하지 않으면 안된다. 이것이야말로 발음을 배울 수 있는 참된 방법이다. 도시의 아이처럼 주의 깊게 들어 주며 시중드는 여자의 귓전에서 몇 개인가의 모음을 더듬으며 말해 봐야 그 발음을 배울 수 없다. 농가의 아이에게 뭔가 물어 보면, 부끄러워서 대답을 못하는 수도 있긴 하지만, 대답을 할 때에는 또렷이 말한다. 그러나 도시 아이의 경우에는 아이를 봐 주는 여자가 통역을 해 주어야 한다. 그렇지 않으면 아이가 입 속에서 우물거리는 말을 하나도 알아들을 수가 없다. *

성장함에 따라 남자아이는 학교에서, 여자아이는 수도원에서 그런 결점을 고치게 될지도 모른다. 사실 그런 아이들은 오로지 부모의 집에서만 자란 아이와 비교해 보면, 일반적으로 말을 명확하게 한다. 그러나 그들이 농촌 어린이만큼 명확한 발음을 배우지 못하는 것은 많은 것을 암기하거나 배운 것을 큰소리로 암송해야 하기 때문이다. 공부하면서, 그들은 말을 빨리 하거나 적당히 부정확하게 발음하거나 하는 습관을 가지게 된다. 암송하는 것은 더욱 나쁘다. 어구를 힘들여 생각해 내거나 하게 되므로, 음절을 필요 이상으로 길게 늘이거나 한다. 기억이 확실치 못하면 말을 더듬지 않을 수 없다. 이렇게 해서 발음상의 결함을 가지게 된다. 나중에 알게 되겠지만, 나의 에밀은 결코 그런 결함을 가지지 않을 것이다.

교육받지 못한 사람들이나 시골 사람들에게는 또 그들대로의 결점이 있다는 것을 나도 인정한다. 필요 이상의 큰소리로 말한다든지, 너무 정확하게 발음하기 때문에 강하고 거친 발음이 된다든지, 억양이 너무 강하다든지, 용어 선택을 잘못 한다든지 하는 따위이다.

그러나 이런 결점은 반대의 결점에 비해 그다지 나쁘게 여겨지지는 않는다. 말의 제1원칙은 자신이 하는 말을 남에게 분명히 이해시키는 것이며, 가장 큰 결함은 자신을 남들에게 잘 이해시키지 못하는 것이다. 말에 억양이 없는 것을 자랑하는 것은 문장에서 아름다움과 힘을 제거하는 것을 자랑하는 것과 마찬가지이다. 억양은 말의 생명이다. 그것은 말에 감정과 진실미를 부여한다. 억양은 말에 솔직함을 준다. 교육을 제대로 받고 자란 사람들이

● 예외가 없는 것은 아니다. 그리고 때로, 처음에는 무슨 말을 하는지 전연 알아들을 수 없던 아이가, 나중에 큰소리로 지껄이기 시작하면, 지독히 시끄러울 정도로 잘 떠들어대는 일이 있다. 그러나 그런 세심한 것에까지 파고들면 한이 없을 것이다. 양식 있는 독자라면, 지나침이나 부족함이 같은 잘못에서 생겨나는 것으로, 어느쪽이나 똑같이 나의 방법에 의해서 교정될 수 있다는 것을 알 것이다. '언제나 충분히' 그리고 '결코 도를 지나치지 말라'는 두 격언은 분리될 수 없는 것이라고 생각한다. 전자(前者)가 확립되면, 후자(後者)는 필연적으로 생겨나는 것이다.

억양을 그토록 두려워하는 것은 아마 그 때문일 것이다. 무엇이든 똑같은 어조로 말하는 습관으로부터 상대방이 눈치채지 않도록 하면서 사람을 야유하는 습관이 생겨난 것이다. 억양을 추방하면, 그 대신 유행따라 여러 가지로 바뀌는 우스꽝스러운, 그리고 젠체하는 발음이 생겨날 뿐이다. 이것은 궁정의 젊은 사람들 사이에서 심하다. 말과 태도의 이러한 허식 때문에 일반적으로 프랑스인의 태도는 다른 나라 사람들에게 반발을 느끼게 하는 불쾌한 것으로 되어 있다. 프랑스인은 말에 억양을 붙이는 대신 가락을 넣는다. 이것은 프랑스인에게 호감을 느끼게 하는 일이 못된다.

아이가 가지게 되지나 않을까 하고 걱정하는 언어상의 작은 결함에 대해서는 별로 염려하지 않아도 된다. 그것은 아주 쉽게 예방할 수 있고, 또 고칠 수도 있다. 그러나 아이로 하여금 작은 소리로 머뭇머뭇하면서 또렷하지 않게 말하게 하거나, 끊임없이 아이의 말씨를 비평하거나, 일일이 말의 결점을 들추어 내거나 해서 만들어진 결점은 결코 고칠 수가 없다. 여성의 방에서밖에 말하는 것을 배우지 않은 사람은 군대의 선두에서 큰소리로 명령을 해도 부하들에게 들리지 않을 것이며, 폭동이 일어났을 때 민중을 향해 호소하지도 못할 것이다. 아이에게는 먼저 남자에게 이야기하는 것을 가르치는 것이 좋다. 그렇게 하면 필요한 때에는 언제나 여자에게도 똑똑히 이야기할 수 있을 것이다.

시골의 전원(田園)에서 자란 당신들의 아이는 잘 울리는 목소리를 가지게 될 것이다. 도시 아이의 더듬거나 애매한 말씨를 익히지 않을 것이다. 또 시골 사람들의 말투를 익히지도 않을 것이다. 익혔다고 해도, 태어나면서부터 함께 생활하고 있는 선생이 바른말을 사용하여 농민의 말투가 아이에게 영향을 미치지 않도록 해 주면, 아이는 쉽게 그것을 잊어버릴 것이다. 에밀은 내가 말할 수 있는 한의 순수한 프랑스어를 할 것이다. 그러나 에밀은 나보다 한층 더 또렷이 말하고 훨씬 더 잘 발음할 것이다.

말을 배우는 아이는 이해할 수 있는 말만 듣고, 분명히 발음할 수 있는 말만 해야 한다. 아이가 뭔지 모를 말을 하기 시작할 때, 그 말을 알아들으려고 애쓸 필요는 없다. 언제나 자기 이야기를 들어 주기 바라는 것은 일종의 지배욕이다. 아이는 지배욕에 길들여져서는 안된다. 그러므로 필요한 것만을 주의 깊게 들어주면 그것으로 좋다. 필요하지 않은 것은 아이 쪽에서, 그것은 필요하지 않다고 당신에게 알리도록 해야 한다. 이야기할 필요성을 느끼게 되면, 아이는 저절로 말할 수 있게 될 것이다.

늦게 말을 배우는 아이가 다른 아이들처럼 똑똑하게 말을 못하는 것은 사실이다. 그러나 말을 늦게 시작했기 때문에 기관이 발달하지 않은 것은 아니다. 그와는 반대로 불완전한 기관을 가지고 태어났기 때문에 말을 늦게 시작하는 것이다. 그렇지 않다면 다른 아이보다 늦게 말을 배울 까닭이 없다. 그 아이는 이야기할 기회가 적었던 것이 아닐까? 사람들이 말을 시키지 않은 것이 아닐까? 오히려 그 반대다. 사람들은 아이가 말하는 것이 늦다는 것을 알게 되면 불안해져 말을 빨리 하기 시작한 아이의 경우보다 더 기를 쓰고 말을 시키려 한다. 그런데 이 그릇되고 성급한 방법은, 아이로 하여금 애매한 말을 하게 하는 큰 원인이 된다. 그렇게 서두르지 않는다면, 아이는 충분한 시간을 가지고 좀더 완전한 말을 배울 수 있을 것이다.

너무 일찍부터 말을 하도록 강요받은 아이는, 또렷하고 바른 발음을 배우거나, 사람들이 시키는 말의 의미를 이해할 틈이 없다. 그러나 아이를 혼자 내버려두면, 아이는 먼저 가장 발음하기 쉬운 음절을 연습한다. 그리고 조금씩, 몸짓에 의해 사람에게 이해시킬 수 있는 무언가의 의미를 거기에 포함시켜 당신들의 말을 배우기 전에 자신들의 말을 당신들에게 가르친다. 당신들의 말을 너무 일찍부터 사용하도록 서두르지만 않으면, 아이는 먼저 그 말에 어떤 의미가 주어져 있는지를 잘 관찰한다. 그리고 그 의미를 확실히 안 다음, 당신들의 말을 받아들여 사용한다.

적당한 때가 되기도 전에 아이에게 서둘러 말을 시키려는 데에서 생겨나는 가장 큰 폐해는, 아이에게 해 주는 최초의 말이나, 아이가 하는 최초의 말이 아이에게 아무런 의미도 없다는 것이 아니라, 그 말이 우리들의 의미와는 다른 의미를 가지게 되며, 그보다 그런 사실을 우리가 전혀 모른다는 것이다. 그래서 아주 정확한 대답을 하는 것 같지만, 아이는 우리를 이해하지 못하고, 우리는 아이를 이해하지 못한 채 이야기를 하고 있는 것이 된다. 우리가 때때로 아이들의 말을 듣고 놀라는 것은 대개 그러한 애매함에 기인하는 것이다. 그 말에 우리가 주고 있는 관념과 아이가 주고 있는 관념이 다르니까 말이다. 아이들에게서 말이 가지고 있는 참된 의미에 우리가 주의를 기울이지 않는 것, 그것이 아이의 첫 잘못의 원인이라고 생각된다. 그리고 그러한 잘못은, 아이가 그것을 고친 다음에도 일생 동안 그의 사고 방식에 영향을 미친다. 나는 이후로도 여러 번 예를 들면서 이 사실을 설명할 것이다.

따라서 아이가 사용하는 어휘는 되도록 적은 것이 좋다. 관념보다 많은 말을 알고 있거나, 생각할 수 있는 것보다 많은 말을 할 수 있다는 것은 대단히 불합리하다. 도시 사람에 비해 일반적으로 시골 사람들이 한층 더 바른 정신을 가지고 있는 것은, 그들의 어휘가 한정되어 있기 때문이라고 생각한다. 그들은 그만큼 많은 관념을 가지고 있지는 않지만, 그것들의 관념을 아주 잘 비교할 수 있다.

아이의 초기 발달은, 거의 모든 면에서 동시에 이루어진다. 아이는 말하는 것, 먹는 것, 걷는 것을 거의 같은 시기에 배운다. 이것이 정확하게 말해서 인생의 초기이다. 그때까지는 어머니의 태내에 있었던 때와 조금도 다름이 없다. 감정도 없고 관념도 없다. 감각만 있을 뿐이다. 그는 자신이 존재하고 있다는 사실조차도 느끼지 못한다.

그는 살아 있다. 그러나 자신이 살아 있다는 것을 자각하지 못한다.[17]

---

17) 오비디우스의 《비가(悲歌)》 제1권.

2

아동기의 교육

2

| 아동기의 교육 |

여기서부터 인생의 제2기에 들어간다. 정확히 말한다면, 이 시점에서 유년시대(enfance)가 끝난 것이다. 유년(infans)과 소년(puer)이라는 말(모두 라틴어)은 동의어가 아니기 때문이다. 전자는 후자 속에 포함되며, '말할 줄 모르는 사람' 이라는 의미이다. 그러나 나는 프랑스어의 관용에 따라 다른 명칭으로 불리는 시기가 올 때까지 '아이' 라는 용어를 계속 사용하기로 한다.

말을 하기 시작하면 아이는 전보다 울지 않게 된다. 이것은 당연한 일이다. 하나의 언어가 다른 언어를 대신했기 때문이다. 말로 고통을 알릴 수 있게 되었는데, 말로써 표현할 수 없을 정도로 고통스럽지 않는 한 무엇 때문에 울겠는가. 만일 이 시기가 되어서도 아이가 계속 운다면 그것은 주위 사람들의 잘못이다. 일단 에밀이 '아프다' 라는 말을 할 수 있게 되면, 어지간히 심한 고통을 느끼지 않는 한 우는 일은 없을 것이다.

아이가 섬세하고 예민하여 천성적으로 아무것도 아닌 일에 잘 우는 경향이 있더라도, 아무리 울어도 아무런 소용이 없다는 것을 가르쳐 줌으로써, 나는 이윽고 그 눈물의 근원을 없앨 것이다. 아이가 울고 있는 동안에는 나는 그의 곁에 가까이 가지 않는다. 울음을 그치면 당장 달려간다. 결국 그가 나를 부르는 방법은 울음을 그치든지 기껏해야 큰소리를 한번 지르는 것이 될 것이다. 아이는 표정이나 몸짓이 나타내는 의미를 각각 그 효과들을 통해 배운다. 그것들은 아이에게 그 이외의 아무런 의미도 없다. 아무리 고통스러워도 혼자 있거나 아무도 자기를 돌봐 줄 기대가 없으면, 아이는 좀처럼 울지 않는다.

아이가 넘어지거나, 머리를 부딪쳐 혹이 나거나, 코피를 쏟거나, 손을 베이거나 해도 나는 당황해서 금방 그의 곁으로 뛰어가지는 않는다. 상처는 이미 난 것이다. 아이는 그 고통을 참지 않으면 안된다. 내가 당황하면 아이를 더욱 두려움에 떨게 하고, 아픔을 더 심하게 느끼게 할 뿐이다. 다쳤을 경우 실제로 고통을 주는 것은 상처의 아픔보다는 공포이다. 나는 적어도 이 후자의 고통에서만은 벗어나게 해주려고 한다. 아이는 틀림없이 내가 그 상처를 어떻게 생각하느냐에 따라 판단을 내릴 것이다. 내가 걱정하며 뛰어가서 달래거나 하면, 아이는 '정말 큰일 났구나.' 하고 생각할 것이다. 그러나 내가 냉정하게 있으면 그도 냉정을 되찾아, 아픔이 가라앉으면 '이제 다 나았구나.' 하고 생각할 것이다. 이 시기에 사람은 최초의 용기를 배우게 되고, 작은 고통을 두려워하지 않고 견뎌냄으로써 이윽고 큰 고통을 견디는 방법을 배우게 된다.

나는 에밀이 다치지 않도록 주의하는 일은 하지 않겠다. 오히려 그가 한 번도 다치지 않아 고통을 모르고 자라는 것을 더 곤란한 일로 생각할 것이다. 괴로워하는 것, 이것은 그가 무엇보다도 먼저 배워야 할 것이며, 이것을 아는 일이야말로 장래에 가장 필요한 일이다. 아이의 몸이 작고 약한 것은, 그러한 중요한 교훈을 위험을 동반하지 않고 가르치려 했기 때문이 아닐까? 아이는 높은 곳에서 떨어져도 다리가 부러지거나 하는 일이 거의 없다. 막대기에 얻어맞아도 팔을 삐는 일이 거의 없다. 칼 따위를 쥐어도 그것을 꽉 쥐지 못하기 때문에 깊은 상처를 낼 정도는 아니다. 아이를 자유스럽게 두었다고 해서, 그 아이가 목숨을 잃거나 불구가 되거나 심한 상처를 입은 예를 나는 아직 본 적이 없다. 다만 무분별하게 아이를 높은 곳에 내버려 두거나, 불가까이에 아이를 혼자 두거나, 아이의 손이 닿는 곳에 위험한 도구를 방치해 두는 것은 별문제다. 아이를 고통으로부터 보호하기 위해 철저하게 무장시키려고 그의 주위에 엄청나게 쌓아 올리는 도구에 대해서 뭐라고 말하면 좋을까? 그렇게 자라는 아이는 결국 용기도 경험도 없어서, 고통에는 전혀 저항력이 없게 될 것이다. 그리하여 바늘에 조금만 찔려도 죽는 것이나 아닐까 생각하고, 한 방울의 피만 보아도 기절하게 될 것이다.

어리석고 현학적(衒學的)인 방법에 사로잡혀 있는 우리들은, 아이가 혼자의 힘으로 훨씬 더 잘 배울 수 있는 것은 가르치려 하면서도 우리들만이 가르칠 수 있는 것은 잊고 있다. 아이에게 걷는 것을 가르치려고 애쓰는 것만큼 바보스러운 일이 또 있을까? 유모의 태만 때문에 자라서도 걷지 못하는 아이가 어디에 있단 말인가. 반대로, 걷는 법을 이상하게 배운 까닭에 일생 동안 바르게 걷지 못하는 사람을 얼마나 많이 볼 수 있는가.

에밀에게는 두꺼운 모자도 씌우지 않을 것이며, 걷는 것을 도와 주는 도구 따위도 주지 않을 것이다. 그가 한쪽 발을 앞으로 내디딜 수 있게 되면 포장된 길에서만 잡아주기로 한다. 그리고 그러한 곳은 되도록 빨리 지나간다.* 방의 탁해진 공기 속에서 가만히 앉아 있게 하지 않고 날마다 초원으로 데리고 가 뛰어놀게 할 것이다. 하루에 백 번을 넘어져도 좋다. 그것은 필요한 일이다. 그만큼 빨리 일어나는 법을 배우게 될 테니까. 자유의 기쁨은 그것을 충분히 보상하리라. 나의 학생은 늘 상처를 입을 것이다. 그래도 언제나 쾌활할 것이다. 당신들의 학생은 그만큼 상처입지 않을지는 모르지만, 언제나 자신의 의지대로 하지 못하고 언제나 속박되어 슬픈 얼굴을 하고 있으리라. 그런 학생 쪽이 더 나을지 어떨지 내게는 의문이다.

● 어렸을 때에 걸음마를 이끌어주는 끈에 의해 너무나 오랫동안 걸었던 사람의 걸음걸이만큼 이상하고 불안한 것은 없다. 이것은 너무나 당연하고 흔한 일이면서도 여러 가지 의미에서 바른 고찰의 하나이다.

또 하나의 진보 덕분에 아이는 전보다 덜 울게 된다. 그것은 체력의 진보이다. 자기 혼자서 많은 일을 할 수 있게 되면, 남에게 도움을 청할 필요가 적어진다. 체력과 더불어 그것을 바르게 사용할 수 있는 감각도 발달한다. 진정한 의미에서 개인의 생활이 시작되고 자기 자신을 의식하게 되는 것이 바로 이 제2기이다. 그는 진정으로 하나의 인간이 되어 기쁨과 슬픔의 감정을 가지게 된다. 따라서 이때부터 그를 하나의 도덕적 존재로 생각하지 않으면 안된다.

사람은 보통 인생을 되도록 길게 생각하며, 모든 시기에서 그 한계까지 살 수 있다고 생각하지만, 각 개인의 인생의 길이만큼 불확실한 것은 없다. 사람이 살 수 있는 나이의 한계까지 사는 사람은 극히 적다. 인생의 최대 위험은 그 초기에 있다. 이제까지 살아 온 시간이 적으면 적을수록 이제부터 살아남을 희망도 적다. 태어난 아이들 중 기껏해야 절반 정도가 청년기에 도달한다. 따라서 당신의 학생도 성인이 될 때까지 살지 못할 가능성이 크다.

그러니 불확실한 미래를 위해 현재를 희생시키는 그 야만적인 교육을 도대체 어떻게 생각해야 할까? 아이에게 갖가지 속박을 가하고, 아이가 결코 맛보지 못할지도 모르는 막연한 행복이라는 것을 미리 준비시키기 위해 먼저 그 아이를 불행하게 하는 교육을 어떻게 생각해야 좋을까? 설령 그런 교육이 목표에 도달하는 데 현명한 것이라 해도 견디기 힘든 속박을 받고, 노젓기를 강요받는 노예처럼 끊임없이 교육을 강요당하며, 더욱이 그렇게 애써도 그들에게 꼭 도움이 되리라는 보장도 없는 불쌍한 아이를 보고 어찌 분개하지 않을수 있겠는가! 즐겁게 보내야 할 시기가, 눈물과 벌과 위협과 노예 상태 속에서 지나가 버린다. 불쌍하게도 아이는, 자신을 위해서 그렇게 해야 한다는 말을 들으며 그 고통을 받는 것이다. 당신들은 죽음의 신을 불러 그 아이를 이 딱한 처지로부터 낚아채 가도록 자초(自招)하면서도 그 사실을 알아차리지 못한다. 부모들의 지나친 보살핌에 희생되어 죽어간 아이들이 얼마나 많은가. 그들은 이 잔학으로부터 도망칠 수 있어 행복하다. 그들이 참기를 강요받았던 온갖 고통으로부터 얻어낸 것은 결국 죽음이라는 행복이다. 그들은 인생의 슬픔밖에 알지 못하므로 아무 미련 없이 죽는다.

인간들이여, 동료 인간들을 깊은 사랑으로 대하라. 그것이 당신들의 첫째 의무이다. 어떤 신분의 사람에게도, 어떤 연령의 사람에게도 인간에게 관계 있는 모든 것에게 인간적으로 대하라. 인간애(人間愛)보다 더 위대한 지혜가 어디에 있겠는가. 아이를 사랑해야 한다. 아이의 놀이를, 즐거움을, 사랑스러운 본능을 호의를 가지고 지켜 줄 일이다. 입가에는 언제나 미소가 담겨 있고, 마음은 언제나 평화로웠던 그 시절을 때로 그리워해 보지 않은 사람이 우리 가운데 있단 말인가. 어째서 당신들은 천진 난만한 아이들에게서 그 짧은 순간의 즐거움과, 그들이 남용할 줄 모르는 귀중한 행복을 빼앗으려 하는가. 당신들에게 다시는 돌아올 수 없는 것과 마찬가지로, 아이들에게도 다시는 돌아오지 않을 시절, 금방 지나가 버릴 그 최초의 몇 년을 왜 당신들은 괴로움과 고통으로 채워 주려 하는가. 아버지들이여, 죽음이 당신들의 아이를 언제 데리고 갈는지를 알고 있는가? 자연이 아이들에게 준 이 지극히 짧은 시간을 그들로부터 빼앗음으로 해서 후회하는 일이 없도록 하라. 아이가 산다는 기쁨을 느낄 수 있게 되었다면, 되도록 인생을 즐기게 하는 것이 좋다. 언제 신에게 불려가도 후회가 없도록, 인생의 즐거움을 맛보지도 못하고 죽어 가는 일이 없도록 하라.

나의 주장에 이의를 제기하는 많은 사람의 소리가 들려 온다. 저 허위로 가득 찬 지혜의 외침소리가 멀리서 들려 온다. 우리를 끊임없이 우리 자신의 밖으로 쫓아내고, 언제나 현재를 무의미한 것으로 평가하며, 우리가 추적할수록 자꾸 도망쳐 버리는 미래를 쉴새없이 추적하고, 우리를 결코 도달할 수 없는 곳으로 끌고 가려는 저 허위에 가득 찬 지혜의 외침소리가!

당신들은 나에게 말할 것이다. "그것은 인간의 나쁜 성향(性向)을 교정하는 시기이다. 고통을 적게 느끼는 어린 시절에 고통을 많이 주어, 이성의 시기에 고통을 덜 느끼게 할 필요가 있다."라고. 그러나 그런 일이 모두 당신

뜻대로 된다고 누가 보장하겠는가? 또 아이의 약한 정신을 괴롭히는 당신들의 그 훌륭한 교육이 아이에게 유익하기는커녕 해로운 것이 되지 않는다고 누가 보장하겠는가? 당신들이 멋대로 아이에게 주는 고통에 의해, 아이가 무엇인가를 얻을 수 있다고 누가 보장하겠는가? 아이의 힘으로 견뎌낼 수 있는 이상의 괴로움을 왜 주는 것인가? 현재의 괴로움이 장래에 도움이 된다는 보장도 없는데, 왜 그런 짓을 하는가? 당신들이 고쳐 준다는 나쁜 성향(性向)이 자연에서 생겼다기보다 오히려 당신들의 잘못된 배려에서 생긴 것이 아니라는 것을 어떻게 증명하겠는가? 화(禍)가 되는 선견지명, 그것은 한 인간을 언젠가 행복하게 해 준다는 불확실한 희망에 의거해서, 현재의 그를 비참하게 만들고 있다. 만일 이런 범속한 이론을 내세우는 무리가 있어 방종과 자유를 혼동하고, 아이를 행복하게 해 주는 것과 응석을 받아 주는 일을 혼동한다면, 그들에게 그것을 구별하는 법을 가르쳐 주어야 하겠다.

공상을 추구하지 않기 위해, 무엇이 우리의 현상태에 적합한지를 잊지 않도록 하자. 인간은 만물의 질서 속에 그 지위를 차지한다. 아동기는 인간 생애의 전체 속에 그 지위를 차지한다. 따라서 어른은 어른으로서 다루고, 아이는 아이로서 다루어져야 한다. 각각에게 그 지위를 주어 그곳에 정착시키고, 인간의 구조에 따라 생각에 질서를 부여하는 것이 인간의 행복을 위해 우리가 할 수 있는 일의 전부이다. 그 이상의 것은 우리의 힘이 미치지 않는 외부의 원인에 의존한다.

우리는 절대적 행복이라든지 불행이라는 것이 어떤 것인지 모른다. 이 세상은 모든 것이 뒤섞인 상태에 있다. 순수한 감정이라는 것은 맛볼 수가 없다. 인간은 같은 상태에 한순간밖에 머무르지 못한다. 우리의 마음은 육체가 변화하는 것과 마찬가지로 끊임없는 흐름 가운데에 있다. 행복도 불행도 만인에 공통적으로 있는데, 단지 그 정도가 다를 뿐이다. 가장 행복한 사람은 고통을 가장 적게 받는 사람이며, 가장 불행한 사람은 기쁨을 가장 적게 느끼는 사람이다. 언제나 기쁨보다 고통이 더 많다. 이 세상에서 인간의 행복은 하나의 소극적인 상태에 지나지 않는다. 행복은 그 사람이 받는 고통의 최소량에 의해 측정되어야 한다.

고통의 감정에는 언제나 그것에서 벗어나려는 욕망이 뒤따르며, 기쁨의 관념에는 반드시 그것을 즐기려는 욕망이 뒤따른다. 모든 욕망은 결핍을 전제로 하며, 그 결핍에는 반드시 고통이 뒤따른다. 따라서 우리의 불행은 우리의 욕망과 능력의 불균형 사이에 존재한다.

그렇다면 인간의 지혜, 즉 진정한 행복의 길은 어디에 있는 것일까? 그것은 우리의 욕망을 줄이는 데에 있지는 않다. 욕망이 능력보다 적으면 우리 능력의 일부는 할 일을 잃게 되어, 우리는 우리의 존재를 완전한 상태에서 즐길 수가 없기 때문이다. 그것은 또 우리의 능력을 증대하는 데에 있지도 않다. 동시에 욕망이 더 큰 비율로 커질수록 그만큼 더 우리는 불행해질 뿐이기 때문이다. 진정한 행복은 오직 능력을 넘는 욕망을 없애, 힘과 의지를 완전한 평형 상태에 두는 데 있다. 그렇게 함으로써 비로소 모든 힘이 활동 상태에 있게 되고, 마음은 평정을 유지하여 조화를 이룬 상태의 자신을 발견할 수 있다.

모든 것을 최선의 것으로 만드는 자연은, 처음에 인간을 이런 식으로 만들었다. 자연은 인간에게, 직접적으로는 자기 보존에 필요한 욕망과 그것을 충족시키기에 충분한 능력만을 주었다. 그 이외의 능력은 모두 필요에 의해 발달하도록, 예비로 인간의 마음속 깊숙이에 숨겨 두었던 것이다. 이 본원적(本源的)인 상태에서만 힘과 욕망의 평형을 찾아낼 수 있고, 인간은 불행해지지 않는다. 잠재적인 능력이 활동을 시작하면, 모든 능력 중 가장 활동적인 상상력이 눈을 떠 다른 능력을 앞지른다. 상상력이야말로 좋은 일이건 나쁜 일이건 우리 능력의 한계를 넓혀, 욕망을 만족시킬 수 있다는 기대에 의해 욕망을 자극하고 크게 해 주는 것이다. 그러나 처음엔 손이 닿는 곳에 있다고 생각되었던 것도 따라갈 수 없을 정도의 빠른 속도로 도망쳐 버린다. 잡았다고 생각하면 이미 모습을 바꾸어 먼 저편에 나타난다. 이미 지나온 나라는 벌써 눈에 들어오지 않고, 우리는 그것에 아무런 가치도 부여하지 않는다. 이제부터 갈 나라는 계속해서 커지고 넓어져 간다. 이리하여 사람들은 지쳐 버리고, 결국 목적지에 도달할 수 없게 된다. 그리고 쾌락을 맛보면 맛볼수록 행복은 우리로부터 멀어져 간다.

반대로, 자연의 상태에 머물러 있으면 있을수록 인간의 능력과 욕망의 차이가 좁아져, 행복에서 멀어지는 일이 적어진다. 불행은 결핍 그 자체에 있는 것이 아니라, 결핍을 느끼게 하는 욕망 속에 있는 것이다.

현실 세계에는 한계가 있으나 상상의 세계는 무한하다. 전자를 크게 할 수는 없으니까 후자를 작게 하기로 하자. 우리를 불행하게 하는 모든 괴로움은 이 두 세계의 차이에서 생겨나는 것이기 때문이다. 체력·건강·자신은 선한 사람이라는 신념, 이것들을 제외하고는 이 세상의 행복은 모두 사람들의 생각 안에 있다. 신체의 고통과 마음의 고통을 제하면, 우리의 불행은 모두 상상에서 생겨난 것이다. 그런 사실은 상식적인 것이라고 사람들은 말할지 모른다. 나도 그것은 인정한다. 그러나 실천 문제에 들어가서는 그것은 결코 상식적인 것이 아니다. 그리고 지금 문제가 되고 있는 것은 오직 그 실천에 관한 것뿐이다.

인간이 약하다는 것은 어떤 의미일까? 이 약하다는 말은 하나의 관계, 즉 그 말이 적용되는 자의 어떤 관계를 나타낸다. 체력이 욕망을 채우고도 남는 자는 곤충이나 벌레라 할지라도 강한 존재이다. 힘에 부치는 욕망을 가진 자는 코끼리나 사자, 또는 정복자나 영웅, 나아가 신이라 할지라도 약한 존재이다. 자신의 본성과 투쟁했던 반역의 천사는, 자신의 본성에 따라 평화롭게 사는 행복한 인간보다 약한 존재였다. 있는 그대로의 자신에게 만족하고 있을 때 인간은 대단히 강하다. 그러나 인간 이상의 존재가 되려고 안간힘을 쓸 때 약한 존재가 된다. 그러니까 능력을 크게 한다고 해서 당신이 강한 인간이 된다고 생각하면 안된다. 만약 당신의 오만함이 능력 이상으로 커지면, 당신의 능력은 반대로 줄게 된다. 거미가 자기 집의 한가운데에 있는 것처럼, 우리의 힘이 미치는 범위를 알고 그 한가운데 머무르도록 하자. 그렇게 하면 우리는 언제나 자기 자신에 만족하고, 자기가 약하다는 것을 느끼지도 한탄하지도 않을 것이다.

모든 동물은 자기 보존에 필요한 만큼만 능력을 가지고 있다. 인간만이 여분의 능력을 가지고 있다. 이 여분의 능력이 인간을 불행하게 만드는 도구가 되다니 실로 기묘한 일이 아닌가. 모든 나라에서 인간의 손은 그 생활에 필요한 것보다 많은 것을 만들어 낸다. 만약 인간에게 이 불필요한 능력을 계산에 넣지 않을 만큼의 현명함이 있다면, 언제나 필요한 만큼의 것만을 가질 것이다. 파보리누스는 말했다. "큰 욕망은 많은 재산으로부터 생긴다. 그래서 흔히 자기가 원하는 것을 손에 넣는 가장 좋은 방법은 자기가 가지고 있는 것을 버리는 것이 된다."고.[1] 우리는 좀더 행복해지려고 끊임없이 자신의 마음을 괴롭힘으로써 행복을 불행으로 바꾸어 버린다. 스스로 만족하며 사는 사람은 누구든 행복하게 살 수 있으리라. 그리고 그 사람은 선량한 사람으로서 살 것이다. 악인이 되는 것이 그에게 어떤 이익이 되겠는가.

만약 우리가 죽지 않는 존재로서 태어난다면, 우리는 대단히 비참한 존재가 될 것이다. 죽는 것은 괴롭다. 확실히 그렇다. 그러나 이 세상을 언제까지나 살 수는 없으리라는 것, 좀더 좋은 삶이 이 세상의 괴로움을 끝나게 해 주리라고 기대하는 것은 즐겁다. 설령 이 지상에서 영원한 생명을 부여받는다 할지라도, 누가 그런 달갑지 않은 선물을 받으려 하겠는가.* 운명의 잔혹함과 인간의 부정에 대해 어떤 구원의 길이, 어떤 희망이, 어떤 위안이 우리에게 남게 될 것인가. 앞길을 아무것도 생각지 않는 무지한 인간의 대부분은 인생의 가치를 알지 못하고, 인생을 버리는 것을 별로 두려워하지 않는다.

---

1) 아우루스 게리우스(2세기의 로마의 문법 학자)의 《아티카의 밤》 제9권 제8장.
● 내가 여기에서 말하고 있는 것은, 분별 있게 사고하는 사람이지 모든 사람을 가리키는 것이 아님은 잘 알 것이다.

총명한 인간은 가장 가치 있는 것에 눈길을 돌리고, 이 세상의 것을 버려 그것을 손에 넣으려고 한다. 오직 어설픈 지식과 허위로 가득찬 지혜만이 우리의 시야를 죽음에까지 넓히지만, 그 너머에 있는 것을 보지 못하고 죽음을 최악의 불행으로 간주한다. 현명한 사람은 자기가 죽어야 할 존재임을 알기 때문에 인생의 고통을 그만큼 잘 견뎌내는 것이다. 죽음이 조만간 그 고통을 끝내 주리라는 것을 우리가 모른다면, 우리는 삶의 대가를 너무도 비싸게 지불하는 것이 될 것이다.

우리의 정신적 고통은 모두 세상 사람들의 편견의 결과이다. 단 하나, 죄악이라는 것만은 예외로 그것은 우리의 의지에 의존한다. 육체의 고통은 극복되든가, 아니면 그것이 우리를 정복한다. 시간이나 죽음이 우리의 병을 고치는 약이 된다. 그러나 괴로움을 견뎌내지 못하면 더욱 괴로워해야 한다. 그리고 우리는, 병을 고치기 위해 병을 견디는 고통보다 더 많은 고통을 자신에게 준다. 자연에 따라 살 일이다. 인내하며 살 일이다. 그리고 의사를 멀리할 일이다. 그러면 죽음을 피할 수는 없어도, 죽음을 한 번만 경험할 것이다. 아니면 의사들은 당신의 병든 상상력을 통해 날마다 죽게 할 것이며, 그들의 거짓 기술은 당신의 생명을 연장시키기는커녕 당신들로부터 사는 즐거움을 빼앗는다. "이 기술이 도대체 어떤 참된 행복을 인간에게 가져다 주었는가?" 하고 나는 묻고 싶다. 확실히 이 기술로 몇몇 사람은 목숨을 건졌으리라. 그러나 살아날 수 있었던 수백만의 생명이 그들 손에서 죽어 갔다. 현명한 사람들이여, 그렇게 확률이 낮은 제비를 뽑아서는 안된다. 괴로워하다가 죽든지 살든지 하는 것이 낫다. 그러나 어쨌든 최후의 순간까지 살아야 한다.

인간이 만들어내는 것은 모두 우열과 모순투성이이다. 우리는 생명이 그 가치를 잃어감에 따라 더욱더 자신의 생명에 가치를 두게 된다. 노인은 젊은이 이상으로 생명을 아낀다. 그들은 인생을 즐기기 위해 준비해 놓은 것을 잃고 싶지 않은 것이다. 60세가 되었어도 아직 삶을 시작하지 않은 사람에게는 죽는다는 것은 확실히 잔혹하다. 인간은 자기 보존에 강한 애착을 가지고 있다고 생각된다. 그것은 사실이다. 그러나 우리는 우리가 느끼고 있는 이 애착이 대부분 우리 자신이 만들어 낸 것임을 모른다. 본디 인간은, 자신의 몸을 보호할 수 있는 수단이 있는 동안에는 몸을 보호하려고 안달한다. 그러나 그러한 수단이 없어지면, 자신을 운명에 맡기고 쓸데없이 괴로워하지 않고 죽어 간다. 체념의 제1법칙은 자연으로부터 주어진다. 미개인은 동물과 마찬가지로 죽음에 대하여 그만큼 저항하지 않으며, 고통을 거의 불평하지 않고 죽음을 받아들인다. 이 자연의 법칙을 잃으면, 이성에 의해 다른 법칙이 만들어진다. 그러나 이성으로부터 이 법칙을 끌어내는 사람은 적다. 그리고 이 인위적인 체념은 자연으로부터 주어지는 것에 비해 결코 완전한 것이 될 수 없다.

선견지명(先見之明). 끊임없이 우리를 앞으로 나아가게 명령하여, 우리가 결코 도달하지 못할 미래로 내닫게 하는 선견지명이야말로 모든 불행의 근원이다. 인간처럼 덧없는 존재가, 좀처럼 가지 못할 먼 미래만을 바라보며 눈앞에 존재하는 현실을 무시하다니, 이 무슨 미친 짓인가. 더구나 이것은 나이와 더불어 커지기 때문에 더욱더 치명적인 것이다. 그래서 노인은 항상 겁이 많고 소심하고 인색하며, 장래를 위해 오늘 필요한 것을 쓰지 않으려고 한다. 이런 식으로 우리는 모든 것에 집착하며 매달린다. 시간, 공간, 인간, 사물, 현재 있는 모든 것, 장차 있을 모든 것에 대해 우리는 노심초사하게 된다. 우리들 자신은 우리 자신의 아주 작은 일부분에 지나지 않게 된다. 우리는 자신을, 말하자면 지구 전체로 확산시켜, 그 넓은 표면의 전체에 관심을 가지게 된다. 우리가 어느 면으로든 상처를 입을지도 모르는 경우, 우리의 걱정이 증가하는 것은 놀라운 일이 아니다. 자신이 한번도 본 적이 없는 영토를 잃었다 하여 한탄하는 군주가 얼마나 많은가. 인도 제국에서 일어나는 아주 작은 불상사 때문에 파리에서 아우성치는 상인들이 얼마나 많은가.[2]

그런 식으로 인간을 본래의 자아로부터 멀리 떨어진 곳으로 끌고 가는 것이 자연일까? 모든 사람이 다른 사람의 운명으로부터 자신의 운명을 배우고, 아니면 그렇게 해서도 그것을 배우지 못하여 자신의 운명을 결코 알지 못한 채 행복하게 혹은 불행하게 죽어 가는 것이 자연의 뜻일까? 혈색이 좋고, 쾌활하고, 튼튼하고, 늠름한 한 남자가 있다고 하자. 그를 바라보는 것만도 얼마나 즐거운가. 그의 눈에는 만족과 행복이 가득 차 있다. 그는 바로 행복의 표상이다. 그에게 편지 한 통이 배달된다. 그 행복한 사람은 편지를 받는다. 그의 앞으로 온 편지다. 겉봉을 뜯고 편지를 읽는다. 금방 얼굴색이 변한다. 창백해진다. 그는 기절하여 쓰러진다. 의식을 되찾자 눈물을 흘리며 울부짖는다. 깊이 탄식하며 머리카락을 쥐어뜯는다. 그의 절망에 찬 외침소리에 주위의 공기가 진동한다. 심한 발작을 일으킨다. 어리석은 인간이여, 그 종이 조각이 그대에게 어떤 고통을 주었다는 것이냐! 그것이 그대의 손발을 자르기라도 했는가? 그것이 그대에게 어떤 죄를 범하게 했는가? 도대체 그 편지가 그대의 마음에 어떤 변화를 가져다 주었기에 그대를 그와 같은 비참한 상태로 몰아넣는단 말이냐.

　편지가 도중에 분실되어 버렸다든가, 누군가 인정 깊은 사람이 그것을 불 속에 넣어 버렸다면, 행복하다고도 불행하다고도 할 수 있는 이 사람의 운명은 우리에게 기묘한 문제를 던져 주었으리라 생각된다. 그의 불행은 현실적인 것이라고 당신들은 말할 것이다. 과연 그렇다. 그러나 그는 그것을 느끼지 못한 것이다. 그럼 대체 어찌된 영문인가? 그의 행복은 가공의 것이었던 것이다. 그렇다. 건강·재산·만족감, 그것들은 단지 환상에 지나지 않는다. 우리는 더이상 본연의 위치에 존재하지 않고, 그것을 벗어나 살고 있다. 삶을 가치 있는 것으로 만드는 모든 것이 우리 자신의 것이라면 죽음을

---

　2) 몽테뉴의 《수상록》 제3권 제10장 참고. "우리가 욕구와 소유를 넓히면 넓힐수록, 우리는 점점 더 운명과 재난의 타격을 받는다. 우리의 욕망의 한계는, 우리에게 가장 근접한, 안락하고 좁은 범위에 국한되지 않으면 안된다.…… (그러한 반성 없이) 행해진 행동은,……잘못된, 병적인 행동이다."

두려워하며 살 필요가 있겠는가?[3]

　오, 인간이여, 당신 자신의 삶을 살라. 그렇게 하면 당신은 더이상 불행해지지 않을 것이다. 자연이 만물의 질서 속에서 당신에게 부여한 지위에 머무르라. 그렇게 하면 아무것도 당신을 그곳에서 끌어내지 못할 것이다. 필연의 엄한 법칙에 반항해선 안된다. 더구나 그것에 거역하기 위해 하늘이 준 힘을 다 써 버려선 안된다. 하늘은 그 힘을, 당신의 존재를 확대하거나 연장하는 데에 쓰라고 준 것이 아니라, 다만 하늘의 뜻대로, 또 하늘이 원하는 범위 내에서 그대의 존재를 유지하는 데에 쓰라고 준 것이다. 당신의 자유, 당신의 능력은 자연이 당신에게 준 힘의 범위 내에서 발휘되어야 하며, 그것을 넘을 수는 없다. 그 외의 것은 모두 노예 상태, 환상, 속임수에 지나지 않는다. 사람을 지배하는 권력조차도, 그것이 대중의 여론에 의존하게 될 때에는 비굴한 것이다. 당신이 편견을 가지고 지배하는 경우 사람들의 편견에 당신 자신이 좌우될 것이기 때문이다. 그들을 당신 마음대로 끌고 가기 위해서는, 당신도 그들의 마음에 들도록 행동하지 않으면 안된다. 그들은 사고 방식을 바꾸기만 하면 되지만, 당신은 무리를 해서라도 행동 방식을 바꾸지 않으면 안된다. 당신에게 접근하는 사람들은, 당신이 지배하고 있다고 생각되는 사람들의 의견, 혹은 당신을 지배하는 측근 사람들의 의견, 혹은 당신 가족들의 의견, 혹은 당신 자신의 의견을 지배할 수 있으면 그것으로 좋은 것이다. 그러한 대신(大臣), 신하, 성직자, 병사, 하인, 경박한 여자로부터 아이들까지도, 설령 당신이 데미스토클레스처럼 천재라 할지라도,* 그 군단의 한가운데에 있는 당신을 어린아이처럼 조종할 수 있을 것이다. 어떻게 하든 당신의 현실

---

3) 세네카의 《인생의 짧음에 대하여》 제1, 제7절 참고. "대다수의 사람은, 자연이 심술궂다고 비난한다. 그들은 말한다. 우리는 지극히 단명하게 태어났다고. 그러나 사실, 우리에게 부여되어 있는 시간은 짧지 않다. 우리는 많은 시간을 낭비하고 있는 것이다.…… 사람은 모두, 생명을 심연(深淵)에 던져 버리고, 미래에 대한 욕구와 현재에 대한 혐오로 괴로움을 받고 있는 것이다."

의 권력은 당신의 현실의 능력 이상으로는 결코 미칠 수 없다. 타인의 눈으로 사물을 보지 않을 수 없게 되면, 타인의 의지에 따라 일을 해야 한다. "국민은 모두 나의 신하다."라고 당신은 자랑스럽게 말하리라. 그렇다 하자. 그러나 당신은 뭐냐? 당신의 대신들의 신하다. 그러면 당신의 대신들은 뭐냐? 그들의 하인이나 애인들의 신하이며, 그들의 하인의 하인이다. 모든 것을 쥐고 모든 것을 빼앗은 다음에, 돈을 흩뿌리는 것이 좋으리라. 포열(砲列)을 정렬하고, 교수대를 세우고, 처형대를 세우는 것이 좋으리라. 법률을 공포하고, 명령을 내리고, 스파이나 군대나 사형 집행인의 수를 늘리고, 감옥을 더욱 많이 만들고, 쇠사슬을 만드는 것이 좋으리라. 쓸모없는 가련한 자들이여, 그러한 것이 도대체 무슨 소용이 있단 말인가. 그 때문에 그대들은 신하들의 봉사를 좀더 잘 받게 되고, 돈을 덜 도둑맞으며, 덜 속고, 좀더 절대적인 군주가 될 수 있다는 말이냐. 그대들은 끊임없이 말할 것이다. "그것이 우리의 뜻이다."라고. 그러나 그대들은 결국 다른 사람이 원하는 것을 행하게 될 것이다.

자신의 의지대로 행하는 사람이란, 무엇을 행할 때 자신의 힘에 타인의 힘을 보탤 필요가 없는 사람이다. 그래서 모든 행복 중 첫째가는 행복은 권력이 아니라 자유라는 결론이 나온다. 진정으로 자유스러운 인간은 자신이 할 수 있는 일만을 원하며 자신의 마음에 드는 일만을 한다. 이것이 나의 근본적인 준칙이다. 문제는 이것을 아이적에 적용시키는 일이다. 그리고 교육의 원칙은 모두 그로부터 생긴다.

사회는 인간을 한층 더 무력하게 만든다. 사회는 인간으로부터 인간 자신의 힘에 대한 권리를 빼앗아 갈 뿐만 아니라, 그 힘을 불충분한 것으로 만

● 데미스토클레스는 친구들에게 이런 말을 했다. "저기에 있는 작은 사내아이는 그리스의 지배자이다. 그는 그의 어머니를 지배하고, 그의 어머니는 나를 지배하고, 나는 아테네 사람들을 지배하고, 아테네 사람들은 그리스인들을 지배하기 때문이다. 만약 군주로부터 차례로 내려가서, 은밀히 최초의 충격을 주는 손에까지 이른다면, 가장 강대한 제국에서 때로, 아아, 얼마나 보잘것없는 지도자를 발견할 것인가." (플루타르크의 《국왕과 장군의 언행록》 40)

들기 때문이다. 그렇기 때문에 인간의 욕망은 능력이 약해지면 약해질수록 더욱더 커진다. 어른에 비해 아이가 약한 것도 그 때문이다. 어른이 강한 존재이고 아이가 약한 존재인 것은, 어른이 아이보다 절대적인 힘을 많이 가지고 있기 때문이 아니라, 어른은 스스로 일 처리를 할 수 있는데 아이는 그것을 할 수 없기 때문이다. 따라서 어른은 많은 의지를 가지고 있고, 아이는 많은 환상을 가지고 있다. 이 환상이라는 단어는 꼭 필요하지 않은 모든 욕망, 타인의 도움 없이는 충족시킬 수 없는 욕망이라는 의미로 해석하기로 한다.

이 약한 상태의 이유에 관해서는 이미 기술했다. 자연은 아버지와 어머니의 애정으로 그 약함을 보충하도록 했다. 그러나 그 애정에는 지나침이나 부족함·오용이 있을 수 있다. 평범한 사회 상태 속에서 생활하고 있는 부모는, 아직 그 시기도 되지 않았는데 아이를 그 상태로 이끌려 한다. 아이가 필요로 하는 이상의 욕망을 아이에게 줌으로써, 부모는 아이의 약함을 줄여 주기는커녕 오히려 그것을 조장한다. 그들은 자연이 요구하지 않는 것을 아이에게 요구하거나, 아이가 자신의 의지를 행하기 위해 사용해야 할 얼마 안되는 힘마저도 그들의 의지에 따르는 데에 사용하게 하거나, 아이의 약함과 그들의 애정의 상호 의존 관계를 어느 한쪽의 예속 관계로 바꾸어 버리거나 하여, 아이의 약함을 더욱 조장하는 것이다.

현명한 어른은 자신의 위치에 머물러 있을 수가 있다. 그러나 아이는 자신의 위치를 모르기 때문에, 그곳에 머물러 있을 수가 없다. 아이는 그 위치에서 빠져 나가기 위해 우리들 속에서 수많은 출구를 찾아 낸다. 따라서 아이를 제 위치에 머물러 있게 하는 것이 돌보아 주는 사람의 임무인데, 그것은 쉬운 일이 아니다. 아이는 짐승이어서도 어른이어서도 안된다. 아이는 아이여야 한다. 아이는 자신의 약함을 느껴야 하지만, 그 때문에 괴로워해서는 안된다. 타인에게 의존해야 하지만 복종해서는 안된다. 요구해야 하지만 명령해서는 안된다. 아이가 다른 사람들에게 복종하는 것은, 그가 여러 가지 필요를 가지기 때문일 뿐이다. 그리고 아이에게서 유용한 것, 그의 몸을 지키는 데에 도움이 되는 것, 혹은 해로운 것을 아이 자신보다 다른 사람들이 잘 알고 있기 때문이다. 누구에게도, 아버지에게조차도 아이에게 아무런 도움이 되지 않는 것을 명령할 권리는 없다.

인간의 교육이 자연의 성향을 변질시키지 않는 한, 아이의 행복이나 어른의 행복은 자신의 자유를 행사하는 데에 있다. 그러나 아이는 약하기 때문에 그 자유에 제한을 받는다. 누구든 자신이 원하는 일을 하는 사람은 행복하다. 그것이 자연 상태에서 살고 있는 어른의 경우이다. 그 욕망이 능력의 한계를 넘는다면, 원하는 일을 하는 사람이라 해서 다 행복하다고 할 수는 없다. 그것이 역시 자연 상태에 있는 아이의 경우이다. 아이는 자연 상태에서조차도 불완전한 자유밖에 행사할 수가 없다. 그것은 사회 생활 속에서 어른이 행사하는 자유와 같은 것이다. 오늘날 우리는 모두 타인 없이는 살 수 없다. 그 점에서 우리는 다시 무력하고 비참한 인간이 되어 버린 것이다. 우리는 어른이 되도록 되어 있었다. 그런데 법률과 사회는 우리를 다시 아이 상태로 내던져 버린다. 부자도 위인도 제왕도 모두 아이에 지나지 않는다. 그들은 그 비참한 상태를 위로해 주려는 사람들이 열심인 것을 보고 아이 같은 허영심을 품게 되고, 어른이라면 받지 않아도 될 시중을 받으면서도 의기 양양해 있는 것이다.

이상의 고찰은 중요한 것으로서, 이것은 사회 제도의 모든 모순을 해결하는 데에 도움이 된다. 의존하는 것에는 두 종류가 있다. 하나는 사물에의 의존으로, 이것은 자연에 기초를 두고 있다. 다른 하나는 인간에의 의존으로, 이것은 사회에 기초를 두고 있다. 사물에의 의존에는 도덕성이 전혀 없기 때문에, 자유를 침해하지도 않고, 악(惡)을 낳는 일도 없다. 이것에 반해, 인간에의 의존은 무질서하기 때문에● 모든 악을 낳는다. 그리고 주인과 노

예가 서로 상대를 타락시키는 것은 바로 이 의존 관계 때문이다. 이런 사회악을 치유할 어떤 방법이 있다면, 그것은 개인을 법률로 대치하는 데서 찾을 수 있다. 즉 일반 의지(一般意志)를 어떤 개인의 의지의 힘도 미치지 못하는 참된 힘으로 무장시키는 데서 찾을 수 있는 것이다. 모든 국가의 법률이 자연의 법칙처럼 어떤 인간의 힘에 의해서도 파괴되지 않을 수 있다면, 그런 경우에는 인간에의 의존은 다시 사물에의 의존으로 바뀌게 된다. 그 국가에서는, 자연 상태의 모든 이점과 사회 생활의 모든 이점이 하나로 결합하게 된다. 그리고 인간을 악(惡)으로부터 지켜주는 자유는 인간을 미덕으로 끌어올리는 도덕성과 결합하게 된다.

아이를 오직 사물에의 의존 상태에 머무르도록 해야 한다. 그렇게 하면 교육을 진행하는 데 자연의 질서에 따르게 된다. 아이의 무분별한 욕구에 대해서는 물리적인 장애만을 주는 것이 좋다. 또는 행동 그 자체에서 생기는 벌만을 주는 것이 좋다. 그렇게 하면 아이는 같은 경우에 부닥칠 때마다 그것을 생각해 낼 것이다. 나쁜 짓을 하려는 것을 못하게 하지 않고서도, 그것을 예방하는 것만으로 좋다. 경험이나 힘의 부족이 법칙을 대신하게 해야 한다. 가지고 싶어한다고 해서 무엇이든 주어서는 안된다. 그것이 필요할 때에만 주어야 한다. 아이가 행동할 때, 복종하고 있다는 생각을 갖게 해서는 안되며, 아이에게 무언가 해 줄 때, 아이가 지배받고 있다는 생각을 하게 해서는 안된다. 아이는, 자신의 행동에서도 당신의 행동에서도 똑같이 자유를 느껴야 한다. 힘을 얻기 위해서가 아니고 자유롭기 위해 필요한 힘, 그 힘이 부족할 경우에만 보충해 주어야 한다. 당신들의 도움을 일종의 수치로 받아들이고, 그러한 도움 없이 스스로 자기 일을 처리할 수 있기를 기대하게 하는 것이 좋다.

자연은 신체를 튼튼하게 성장시키기 위한 여러 가지 수단을 가지고 있는데, 그것에 역행해서는 안된다. 아이가 밖에 나가고 싶어하는데 억지로 집에 있게 한다거나, 집에 가만히 있고 싶어하는데 억지로 나가게 한다거나 해서는 안된다. 아이의 의지가 당신들의 과실에 의해 방해받지 않으면, 아이의 욕망은 일시적 충동에 의해 좌우되지 않는다. 아이는 마음대로 뛰고 달리고 큰소리를 질러야 한다. 그들의 모든 운동은 강해지고자 하는 몸의 필요로부터 생겨난다. 그러나 아이가 스스로 할 수 없는 일, 다른 사람의 도움을 받아야 할 일을 원할 때에는 주의해야 한다. 그런 경우에는 정말로 필요로 하는 것인지, 자연의 필요인지, 일시적인 변덕에 의한 욕망인지, 앞에서 이야기한 넘치는 활력에서 생겨난 욕망인지를 주의하여 구별할 필요가 있다.

아이가 이것 저것 가지고 싶어하여 울 때에는 어떻게 해야 하는지에 대해서는 이미 말했다. 거기에 한 가지 덧붙여 말하면, 아이가 필요한 것을 말로써 요구할 수 있게 되었는데도 불구하고, 그것을 빨리 손에 넣기 위해서나, 거절당하는 경우 요구를 관철시키기 위해 울 때에는 아이의 요구를 단호히 거절해야 한다. 아이가 필요에 의해 말로 요구한다면, 당신은 그 요구의 내용을 빨리 알아차려 즉시 들어 주어야 한다. 만약 눈물에 못이겨 아이의 요구를 들어 주게 되면, 아이는 요구할 게 있을 때마다 울기부터 할 것이고, 당신의 선의를 의심하여, 호의를 통해서보다는 귀찮게 함으로써 당신의 마음을 움직일 수 있다고 생각하게 될 것이다. 아이가 당신들을 친절하다고 생각하지 않게 되면, 이윽고 아이는 성질이 나빠진다. 당신이 약하다고 생각되면 아이는 이윽고 끈질겨진다. 거절하지 않을 것이라면 언제나 처음부터 줄 필요가 있다. 무턱대고 거절해서는 안된다. 그러나 일단 거절을 했으면 그것을 결코 번복해서는 안된다.

특히 아이에게는 예절 바른 상투적인 말을 가르치지 않도록 조심할 일이다. 그것은 필요에 따라 주위의 모든 사람을 자신의 의지에 따르게 하고, 마음에 드는 것을 즉석에서 손에 넣기 위한 마법의 말로서 사용된다. 부잣집의 젠체하는 교육에서는, 아이는 반드시 정중한 말로 명령하도록 하고, 아무도 거절할 수 없는 말을 사용하도록 가르친다. 부잣집 아이들은 부탁하는 어조나 말씨를 모른다. 그들은 무언가 명령할 때와 똑같은 어조로, 혹은 좀더 오만한 어조로 무언가를 부탁한다. 그렇게 하는 것이 확실히 사람들로 하여금 자기 말에 귀를 기울이게 할 수 있다고 생각하는 것이다. 그들의 입에서 나오는 '부디' 라는 말은 '꼭' 이라는 의미이며, '부탁합니다' 라는 말은 '명령한다' 라는 의미이다. 훌륭한 예절, 그것은 그들에게 말의 의미를 바꾸는 것에 지나지 않으며, 명령적인 어조로밖에 말하지 못하는 것에 지나지 않는다. 나는 에밀이 오만해지는 쪽보다는 차라리 거칠어지는 것이 낫다고 생각하므로, '부탁합니다' 라고 말하면서 명령하기보다는 '이렇게 하라' 고 말하며 부탁하는 것이 낫다고 생각한다. 내가 중시하는 것은 그가 사용하는 말이 아니라, 그 말에 담겨 있는 마음가짐인 것이다.

지나치게 엄격하거나 관대하게 대하는 것은 피해야 한다. 아이가 괴로워하는 것을 내버려 두면, 아이의 건강과 생명을 위험 속에 방치해 두는 것이 되고, 또 아이를 현실적으로 불행하게 만드는 것이 된다. 너무나 아이에게 주의를 쏟아 불편한 것은 무엇이든 멀리해 주려고 하면, 장래 큰 불행을 초래하게 된다. 아이는 약해지고 민감해진다. 언젠가는 돌아가지 않으면 안 될 인간의 상태로부터 벗어나게 된다. 자연으로부터 오는 얼마간의 불행에서 벗어나게 해 주려다 자연이 가져 오지 않는 불행을 만들어 주게 된다. 당신들은 이렇게 말할지도 모른다. "결코 오지 않을지도 모르는 먼 장래를 위해 당신은 아이의 현재의 행복을 희생시키고 있다. 당신이 비난한 나쁜 아버지들과 같은 상태에 당신이 빠져 있지 않은가." 하고.

그건 그렇지 않다. 내가 학생에게 주는 자유는, 그로 인해 학생이 느끼는 고통을 충분히 보상하기 때문이다. 나는 개구쟁이들이 눈 위에서 놀고 있는 것을 바라본다. 추위로 피부는 얼어서 보랏빛이 되어 있고, 손가락은 거의 움직일 수조차 없게 되어 있다. 불을 쬐러 가려면 금방 갈 수도 있는데, 그렇게 하려 하지 않는다. 그러나 불을 쬐러 가기를 누군가 강요한다면, 아이는 추위의 고통보다 백 배나 더 심하게 속박의 고통을 느낄 것이다. 이 점에 대해서 당신들은 도대체 뭐가 못마땅하단 말인가. 아이가 자진해서 참으려는 고통을 참게 하는 것에 지나지 않는 내가, 아이를 불행하게 만들고 있단 말인가? 아이를 자유롭게 내버려 둠으로써, 나는 아이의 현재를 행복하게 해주고 있는 것이다. 아이가 견뎌내지 않으면 안될 고통에 대하여 그를 강해지게 함으로써, 나는 장래의 행복을 준비시키고 있는 것이다. 만약 아이에게 나의 학생이 되든가 당신의 학생이 되든가 선택하라고 한다면, 그가 조금이라도 망설이리라고 당신들은 생각하는가?

인간의 본질로부터 벗어난 곳에 진정한 행복이 있다고 생각하는가? 인간에게 항상 따라다니는 모든 고통으로부터 벗어나려는 것은 인간의 본질로부터 벗어나려는 것이 아닐까? 그렇다. 나는 이렇게 생각한다. 큰 행복을 알려면 작은 고통을 경험해야 한다. 이것이 인간의 본성이다. 몸이 너무 편하면 정신이 부패한다. 고통을 모르는 인간은, 인간애에서 오는 감동도 동정의 기쁨도 모른다. 그러한 인간은 아무것에도 감동받지 못하며, 인간 관계도 좋지 못해 동료들 사이에서 괴물 같은 존재가 될 것이다.

아이를 불행하게 하는 가장 확실한 방법이 무엇인지 당신들은 아는가? 그것은 아이가 가지고 싶어하는 것은 무엇이든 언제나 주는 것이다. 쉽게 욕망이 충족되므로 아이의 욕망은 끊임없이 커져, 결국에는 당신의 힘이 미치지 못하게 되어 거절하지 않을 수 없게 된다. 그런데 거절에 익숙하지 못한 아이는, 원하는 것을 가지지 못하게 된 것보다 거절당한 것을 한층 더 괴로워하게 된다. 그는 처음에 당신이 가지고 있는 지팡이를 원한다. 다음에는 시계를 원한다. 다음에는 날고 있는 새를 원한다. 하늘에서 반짝거리는 별을 원한다. 보이는 것은 무엇이든지 원한다. 신이 아닌 당신이, 이와 같은 아이의 요구를 모두 충족시켜 줄 수 있단 말인가.

자기의 힘이 미치는 것은 무엇이든 자기 것이라고 생각하는 것은, 인간에게 자연스런 성향이다. 그런 의미에서 홉스의 원리는 어느 정도까지는 진리이다. 결국 우리의 욕망이 증가해 감에 따라 그 욕망을 만족시키는 수단을 증대해 가면, 모든 사람이 만물의 지배자가 될 것이다. 따라서 원하기만 하면 뭐든지 손에 넣을 수 있는 아이는, 자신을 우주의 소유자라고 생각하게 된다. 그는 모든 인간을 자신의 노예로 간주한다. 그래서 마침내 그 아이에게 무언가 거절하지 않을 수 없게 되면, 그 아이는 그 거절을 반역 행위로 생각하게 된다. 이치를 알지 못하는 연령의 아이에게 들려주는 모든 이유는, 아이의 생각으로는 구실에 지나지 않는다. 그는 모든 사람들에게 악의를 품는다. 상대가 바르지 않은 것을 주장한다는 기분 때문에 아이의 천성은 비뚤어진다. 그는 모든 사람을 미워하게 되고, 아무리 비위를 맞추려 해도 받아들이지 않게 되며, 거절당하면 무슨 일에건 화를 내게 된다.

이렇게 분노에 사로잡히고 격정에 시달리는 어린이가 행복해질 수 있다고 누가 생각할 수 있겠는가? 그런 아이가 행복하다니, 당치도 않다. 그는 전제 군주다. 누구보다도 비천한 노예인 동시에 누구보다도 가련한 인간이다. 나는 그렇게 키워진 아이들을 본 적이 있는데, 그 아이들은 어깨로 한번 밀어서 집을 쓰러뜨리라고 하기도 하고, 교회의 탑 꼭대기에 있는 수탉 풍향계를 달라고 하기도 하고, 행진하는 군대를 멈추게 하여 좀더 큰 북소리를 듣게 해 달라고 하기도 했다. 그리고 곧 말대로 되지 않으면, 그 아이들은 높고 날카로운 소리로 울어대며, 누구의 말도 들으려 하지 않았다. 모두가 아무리 열심으로 비위를 맞추려 해도 소용없었다. 무엇이든 쉽게 손에 들어왔기 때문에 욕망이 점점 강해져, 불가능한 것을 가지겠다고 우겨대게 되고, 그리하여 어느쪽을 향해도 반대와 장애와 고뇌를 발견하는 데에 지나지 않게 되었던 것이다. 그 아이들은 끊임없이 호통치고, 격분하고, 설치고, 울거나 불평하면서 온종일을 지내고 있었다. 그런 아이들을 행복한 인간이라고 할 수 있을까? 약함과 지배욕이 결합되면 우매와 고통을 낳을 뿐이다. 응석받이로 자란 두 아이 중, 한 아이는 책상을 두드리고, 다른 한 아이는 바닷물을 채찍으로 쳤다. 아무리 두드리고 친들 그들이 만족할 수 있을까?

어릴 때부터 그러한 지배와 압제의 관념으로 불행하다면, 그들이 커서 타인과의 교제가 넓어지고 많아지는 경우에는 도대체 어떻게 될까? 모든 사람이 자기 앞에서 머리 숙이는 것을 보면서 자란 아이들이, 사회인이 되어 사방에서 반대에 부딪치게 되고, 자기 마음대로 움직이려던 우주의 중량에 자신이 눌리는 것을 볼 때, 그들의 놀라움을 어떻게 표현할 수 있으랴.

그들의 건방진 태도와 유치스런 허영심은, 고뇌와 경멸과 조소를 야기할 뿐이다. 그들은 물을 마시듯 굴욕을 삼키리라. 그 쓰라린 시련을 겪으면서 이제까지 몰랐던 자신의 위치나 힘을 배우게 되리라. 그들은 무엇 하나 제대로 할 수 없다는 것을 알게 되리라. 그리하여 이제까지 몰랐던 여러 가지 장애가 그들을 실망시키고, 많은 사람들의 경멸이 그들을 비천하게 만들 것이다. 그들은 비겁자, 겁쟁이, 열등한 인간이 되어 전에 부당하게 떠받들어졌던 만큼 이번에는 필요 이하로 전락해 버린다.

본래의 규칙으로 돌아가자. 자연은 아이를 무력한 존재로 만들어 다른 사람의 도움을 받게 했다. 자연이 그들을 복종하고 두려워하는 존재로서 만들었을까? 자연이 그들에게 위엄 있는 풍채, 엄숙한 표정, 거칠고 사람을 두렵게 만드는 목소리를 주어 사람을 위협하는 존재로서 만들었을까? 사자의 으르렁거리는 소리가 동물들을 위협하고, 동물들은 사자의 무서운 갈기를 보고 부들부들 떤다는 것은 나도 안다. 그러나 세상에서 가장 어울리지 않는 우스꽝스러운 꼴이 있다면, 그것은 고관 대작을 선두로 하여 예복차림을 한 무리가 배내옷을 입은 아이 앞에 꿇어 엎드려 허풍스러운 말을 늘어놓는 광경이다. 상대는 대답도 하지 못하고 울면서 침을 흘릴 뿐인데 말이다.

아이 그 자체를 생각해 보면, 이 세상에서 아이처럼 약하고, 비참하고, 주위에 있는 모든 것들의 마음대로 되는 존재는 없다. 아이만큼 동정과 보살핌과 보호를 필요로 하는 존재는 없다. 아이가 부드러운 얼굴 생김새와 사람의 마음을 움직이는 모습을 하고 있는 것은, 그에게 접근하는 모든 사람에게 그의 약함에 관심을 가지게 하여 곧 그를 도와 주려는 마음을 일으키게 하기 위함이 아닐까? 따라서 거만하고, 걸핏하면 격분하고, 주위에 있는 모든 사람에게 명령하고, 그를 파멸시키려면 단지 그대로 놓아 두기만 해도 될 사람들에 대해서 건방지게도 주인 행세를 하는 아이를 보는 것처럼 화나고 자연의 질서에 위배되는 일은 없을 것이다.

한편, 어릴 때의 무력한 상태는 아이를 여러 가지 방법으로 속박하는데, 그러한 예속 상태에 있는 아이에게 우리들의 변덕에서 생긴 속박을 가하여, 아이가 남용할 수 없는 자유, 빼앗아서 아이에게도 우리에게도 아무런 도움이 없는 자유를 빼앗는 것이 잔혹한 짓임을 모르는 사람이 있을까? 거만한 아이처럼 가소로운 것도 없지만, 겁 많은 아이처럼 가엾게 보이는 것도 없다. 철이 들게 되면 사회로부터 속박을 받게 되는데, 그 전에 개인적인 속박을 가할 필요가 어디 있겠는가. 자연이 우리에게 주지 않은 속박을, 적어도 생애의 한 시기만이라도 면하게 해 주어야 하지 않을까? 그리고 자연이 주는 자유를 누릴 수 있게 해 주어야 하지 않을까? 그것은 노예 상태에 있는 사람이 몸에 익힌 악덕으로부터 적어도 잠시 동안은 아이를 멀리하게 해 주는 것이다. 엄한 교사들, 아이가 하자는 대로 하는 아버지들이여, 어리석은 반론을 펴 보라. 그리고 당신들의 교육 방법을 자랑하기 전에 자연의 방법을 배우라.

실제적인 문제로 돌아가자. 아이가 요구한다고 해서 뭐든지 주어서는 안되며, 꼭 필요로 하는 경우에만 주어야 한다는 것,* 복종에 의해서가 아니고 오직 필요에 의해서 행동하게 해야 한다는 것, 그것은 이미 말한 바와 같다. 그렇게 하면 '복종'이라든가 '명령'과 같은 말은, 아이의 어휘로부터 없어지게 된다. '의무'라든가 '책임'과 같은 말은 더더욱 그렇다. 반대로, 힘·

---

* 고통이 때로 하나의 필연인 것처럼 쾌락이 때로는 하나의 필요인 것을, 사람들은 깨달아야 한다. 그래서 결코 만족시켜 주어서는 안되는 아이의 욕망이 꼭 한 가지 있다. 그것은 사람을 복종시키고 싶어하는 욕망이다. 그러므로 아이가 무엇을 요구하면 어째서 요구하게 되었는지의 동기(動機)에 특히 주의를 기울여야 한다. 아이에게 현실의 즐거움을 줄 수 있는 것이라면 되도록 주는 것이 좋다. 그것이 일시적 변덕에서 나온 것이거나 권력을 휘두르기 위해 요구하는 데에 지나지 않는 것이라면, 반드시 거절하는 것이 좋다.

필요·무력·속박 등과 같은 말은 아이의 어휘 속에서 중요한 위치를 차지해야 한다. 이성(理性)을 갖추는 시기에 도달할 때까지는, 도덕적 존재라든가 사회적 관계의 관념을 가지는 것은 불가능하다. 그러니까 그런 관념을 나타내는 말은 되도록 사용하지 말아야 한다. 아이가 처음에 그런 말에 대하여 틀린 관념을 가지게 되면, 성인이 되어서도 바로잡기 힘들기 때문이다. 아이의 머리 속에 박혀 버린 최초의 잘못된 관념은, 그의 안에서 오류와 악덕의 씨가 된다. 따라서 이 첫발을 특히 주의하여 내딛지 않으면 안된다. 아이가 감각적인 사물에 의해서만 자극을 받는 동안에는 아이의 모든 관념이 감각에 머무르도록 하는 것이 좋다. 아이가 그의 주위 어디를 보아도 물리적인 세계만을 볼 수 있게 해 주는 것이 좋다. 그렇게 하지 않으면, 아이는 당신 말에 전혀 귀를 기울이지 않게 되든지, 또는 당신이 말하는 도덕적인 세계에 대해 평생 지울 수 없는 환상적인 관념을 만들어 낼 것이다.

'아이와 함께 토론하라' ― 이는 로크의 중요한 준칙이었다. 그것은 오늘날 대단히 유행하고 있다. 그러나 그 결과는 그것을 신용하게 하지 않는다. 나는 어른과 여러 가지 토론을 해 온 아이처럼 어리석은 자는 없다고 생각한다. 인간의 모든 능력 중에서, 이른바 다른 모든 능력들을 복합한 능력인 이성은 가장 까다로운 길을 통해, 그리고 가장 늦게 발달한다. 그럼에도 불구하고 사람들은 그것을 사용하여 다른 능력을 발달시키려 하고 있다. 훌륭한 교육이란 이성적인 인간을 만드는 것이다. 그런데도 사람은 이성에 의해 아이를 교육하려 한다. 그것은 교육을 맨끝에서부터 시작하는 것이다. 목표를 수단으로 삼으려고 하는 것이다. 아이가 이치를 분별한다면 그들을 교육시킬 필요는 없다. 그런데 사람은, 아주 어릴 때부터 아이가 조금도 알아듣지 못하는 말을 아이에게 함으로써 말만으로 만족하는 습관을 길들여 주고, 또 사람이 말하는 것을 모두 검토시켜, 자신을 선생과 똑같은 슬기로운 인간으로 생각하게 하여 논쟁을 좋아하는 반항아가 되도록 가르치고 있다. 그리고 합리적인 동기에 의해 아이에게 요구한다는 것에는 모두 반드시 탐욕이나 공포심·허영심 따위의 동기가 결부되어 있다.

사람들이 아이에 대하여 행하는, 혹은 행할 수 있는 도덕적 교훈은 대부분 다음과 같은 공식으로 요약할 수 있다.

> 선생 그런 짓을 해서는 안된다.
>
> 아이 왜 안됩니까?
>
> 선생 그것은 나쁜 짓이기 때문이다.
>
> 아이 나쁜 짓? 어떤 것이 나쁜 짓입니까?
>
> 선생 금지되어 있는 일을 말한다.
>
> 아이 금지되어 있는 일을 하면 어째서 나쁜가요?
>
> 선생 너는 말을 듣지 않았기 때문에 벌을 받게 된다.
>
> 아이 그럼, 남들이 모르게 하면 되지요.
>
> 선생 누군가가 네가 하는 일을 지켜보고 있을 것이다.
>
> 아이 숨어서 하겠어요.
>
> 선생 네게 무엇을 했느냐고 물을 것이다.
>
> 아이 거짓말을 하면 되죠.
>
> 선생 거짓말을 해서는 안된다.
>
> 아이 왜 거짓말을 하면 안됩니까?
>
> 선생 그것은 나쁜 짓이기 때문이다.……

이것은 피하기 어려운 순환이다. 여기서 더 벗어나면, 아이는 당신들이 하는 말을 알아듣지 못한다. 이것은 참으로 유익한 교훈이다. 이 대화를 사람들은 어떤 것으로 대치할 수 있는지 알고 싶다. 로크 자신조차도 심히 당혹할 것임에 틀림없다. 선과 악을 아는 것, 인간은 어째서 여러 가지 의무를 지켜야 하는지 따위는 아이들이 이해할 영역이 아니다.

자연은 아이가 어른이 될 때까지 아이로 있기를 원한다. 이 순서를 어지럽혀 놓으면 익지도 않고 맛도 없는, 그리고 곧 썩어 버리는 속성의 과일을 만드는 꼴이 될 것이다. 우리는 젊은 박사와 늙은 아이를 가지게 되는 셈이 될 것이다. 아이에게는 아이 특유의 사물을 보는 법, 생각하는 법, 느끼는 법이 있다. 그런데 그들의 방법 대신 어른들의 보는 법, 생각하는 법, 느끼는 법을 주려고 하는 것처럼 분별없는 짓은 없다. 따라서 열 살 된 아이에게 판단력을 요구하는 것은, 아이에게 5피트의 신장(身長)을 요구하는 것과 같다. 사실 그 정도의 나이에 이성이 무슨 도움이 되겠는가. 이성은 힘을 제어하는 것인데, 아이에게는 그러한 제어가 필요없다.

당신들은 아이에게 복종의 의무를 납득시키기 위해 갖은 설득과 위협을 하며, 아첨과 뇌물까지 덧붙인다. 그래서 이익 때문에건 힘에 강요당해서건, 아이는 이치를 납득한 체한다. 아이는, 복종은 자기에게 이익이 되고 반항은 손해가 된다는 것을 잘 안다. 그런데 당신들은 아이가 싫어하는 일만 요구한다. 타인의 의지에 따라 무언가 하는 것은 언제나 괴로우니까, 아이는 숨어서 자기가 하고 싶은 일을 하게 되고, 자기가 말을 안듣는다는 사실을 사람들이 모르기만 하면 된다고 생각한다. 그러나 그것이 발각되면, 사태가 더 나빠지지 않도록 나쁜 짓을 한 것을 즉석에서 인정한다. 그들 연령으로는 의무의 도리를 깨닫지 못하기 때문에, 그것을 진정으로 이해시킬 수 있는 사람은 이 세상에 하나도 없다. 그러나 벌에 대한 두려움, 용서받을 수 있으리라는 기대감, 집요하게 추궁받을 일, 무엇이라고 대답해야 좋을지 모르는 당혹감이 아이로 하여금 모든 것을 고백하게 한다. 그렇게 되면 사람들은 아이를 설득했다고 생각하지만, 실은 아이가 견딜 수 없게 되었거나 겁을 먹어서 그런 것에 지나지 않는다.

그 결과는 어떻게 될까? 첫째, 당신은 아이가 이해하지도 못하는 의무를 아이에게 강요함으로써, 아이로 하여금 당신의 압제에 대해 불쾌한 생각을 품게 하고, 당신을 사랑하지 않게 한다. 둘째, 상을 받기 위해, 혹은 벌을 면하기 위해 말을 얼버무리거나 거짓말하는 것을 가르치게 된다. 마지막으로, 비밀

동기를 꾸민 동기로 감추게 만들어 끊임없이 당신들을 속이게 하고, 자신들의 진짜 성격이 당신들에게 알려지지 않게 하며, 기회가 있으면 당신들이나 다른 사람들을 헛된 말로 구슬리는 방법을, 당신들 자신이 그들에게 가르쳐 주게 된다. 법률이란 양심에서는 의무적인 것이지만 어른에 대하여는 역시 구속력을 가지는 것이라고 당신들은 말할지도 모른다. 그렇다. 그러나 그러한 어른은 교육 때문에 타락한 아이에 불과하지 않을까. 이것이야말로 막지 않으면 안되는 일이다. 아이에게는 힘을, 어른에게는 이성을 사용하는 것이 좋다. 그 것이 자연의 질서이다. 어진 사람은 법률을 필요로 하지 않는다.

학생은 그 연령에 따라 다루어야 한다. 우선 그를 있어야 할 위치에 있게 하고, 그곳에서 빠져나가지 못하도록 해야 한다. 그렇게 하면 지혜가 무엇인 가를 알기 전에 그는 가장 중요한 지혜의 가르침을 실행하게 된다. 결코 그에게 명령하지 말라. 어떤 것이든 절대로 명령하지 말라. 당신들이 그에 대해서 얼마간의 권위를 가지고 있다고 그들로 하여금 생각하게 해서는 안된다. 아이에게는 단지 자신은 약자라는 것, 그리고 당신들은 강자라는 것만을 알게 하면 된다. 그의 상태와 당신들의 상태로부터, 그는 필연적으로 당신들에게 의존하고 있음을 알게 하는 것이 좋다. 어린이가 이것을 느끼고 깨닫게 하라. 그의 머리 위에는 자연이 인간에게 가하는 가혹한 속박과 필연(必然)이라는 무거운 멍에가 씌워져 있으며, 모든 유한한 존재는 이 필연 앞에 무릎을 꿇어야 한다는 것을 일찍부터 깨닫게 하는 것이 좋다. 그 필연성을 사물 속에서 찾도록 해야 한다. 결코 어른의 변덕 속에서 찾게 해서는 안된다.* 그를 억제하는 것은 힘이지 권위여서는 안된다. 해서는 안되는 것을 금지시켜서는 안된다. 아무런 설명도 하지 말고 의논도 하지 말고, 아이의 일을 방

---

* 아이는 자기의 의지에 거스르는 의지를 모두 변덕으로 생각하며, 거스르는 이유를 모른다는 것을 인정해야 한다. 아이는 무엇이든 자기의 생각에 거역하는 것에는 일체 이유를 인정하지 않는다.

해하는 것이 좋다. 그에게 주어야 할 것은, 그가 달라고 조르거나 부탁하기 전에, 특히 무조건으로 주는 것이 좋다. 줄 때에는 기쁘게 주고, 거절할 때에는 유감이라는 듯한 표정으로 거절하라. 그러나 일단 거절했으면 절대로 그것을 번복하지 말아야 한다. 아무리 아이가 조르더라도 절대로 마음이 약해져서는 안된다. '안돼!' 하고 말했다면, 그 말은 철벽처럼 단단해야 한다. 그에 대하여 아이는, 다섯 번 여섯 번 그 철벽을 무너뜨리려고 애쓰다가 결국에는 지쳐, 그것을 깨뜨리려는 생각을 버릴 것이다.

그런 식으로 하면, 원하는 것을 가지지 못해도 참을 줄 알고, 변덕이 없고 체념이 빠른 침착한 아이로 만들 수가 있다. 인간의 본성은 사물로부터 오는 필연에는 견딜 수 있지만, 타인의 악의에 대해서는 견딜 수 없기 때문이다. '인제 없으니까' 라는 말은, 그에 대해 아이가 결코 반항하는 일이 없는 대답이다. 물론 그 말이 거짓이라고 아이가 생각하는 경우에는 별문제지만. 이러한 때에는 중간 길이 없다. 즉, 아이에게 아무것도 강요하지 않든가, 아니면 처음부터 완전히 복종시키든가 해야 한다. 가장 나쁜 교육은, 아이로 하여금 자신의 의지와 당신의 의지 사이에서 갈팡질팡하게 하고, 당신과 아이가 서로 이기려고 끊임없이 언쟁을 하는 것이다. 그렇게 할 바에야 아이가 항상 이기는 쪽이 낫다.

정말 기묘하게도, 사람들이 아이의 교육에 손을 댄 이래 아이들을 지도하는 수단으로서 경쟁심·질투심·선망·허영심·탐욕·공포심과 같은 것만을 사용해 왔는데, 그러한 정념(情念)은 어느 것이나 모두 상당히 위험한 것으로, 금방 발효하여 육체가 완성되기 전에 정신을 부패시켜 버린다. 아이의 머리 속에 조숙한 교훈을 집어넣으려 할 때마다 사람들은 그들의 정신 깊숙이 악의 씨앗을 뿌려 놓게 되는 것이다. 무분별한 교육자들은 무엇인가 훌륭한 일을 할 작정으로, 선(善)이란 어떤 것인가를 아이에게 가르치려고 하여, 아이를 악인으로 만들어 놓는다. 그리고 그들은, 우리에게 엄숙한 어조로 말한다. '인간이란 이런 것이다' 라고. 그렇다. 그것이 당신들이 만들어 낸 인간이다.

　사람들은 모든 수단을 다 쓰면서 단 한 가지 수단만은 쓰지 않는다. 그런데 그것만이 교육을 성공으로 이끌 수 있다. 그것은 잘 규제된 자유이다. 가능한 것과 불가능한 것에 대한 법칙만으로 아이를 생각대로 이끌어 갈 수 없다면, 아이를 교육한다는 따위의 생각을 해서는 안된다. 아이는 가능한 것과 불가능한 것의 범위를 모르기 때문에, 아이를 중심으로 하여 생각대로 그 범위를 넓혔다 좁혔다 할 수 있다. 우리는 아이를 속박하고, 퇴박하고, 못하게 한다. 단, 필연이라는 고삐를 사용하여 그렇게 하므로, 아이가 그에 대해 불평하지 않는다. 또 사물의 힘만으로 아이를 온순히 순종하도록 하므로 아이 속에 어떤 악도 싹틀 기회가 없다. 정념이란, 아무런 실효(實效)도 거둘 수 없을 때에는 결코 자극되는 일이 없기 때문이다.

　어떤 종류의 교훈이든 당신의 학생을 말로 교훈해서는 안된다. 경험에 의해서만 교훈을 받도록 해야 한다. 어떠한 벌도 주어서는 안된다. 아이는 잘못을 저지른다는 것이 무엇인지 모르니까. 또한 아이로 하여금 사과하도록 강요해서는 안된다. 아이는 무엇이 당신의 기분을 상하게 했는지를 모르니까. 아이의 행동에는 도덕성이 없기 때문에 아이는 벌을 받는다든가 야단맞는 따위의, 다시 말해 도덕적으로 나쁜 짓은 할 수 없다.

　나는 이미 알고 있다. 독자가 겁을 먹고, 그러한 아이와 우리 주위에 있는 아이들을 비교하여 생각하리라는 것을. 그러나 그것은 잘못된 생각이다. 당신들이 학생을 끊임없이 속박하기 때문에 오히려 그들의 활발함을 자극한다. 아이들은 당신에 의해 구속받으면 받을수록 당신 눈으로부터 벗어나기가 무섭게 한층 더 소란을 피운다. 그들은 당신한테서 받은 심한 속박에 대한 보상을 받으려 한다. 도시의 두 학생은 시골 마을 전체의 학생보다 더 심하게 소란을 피우고 돌아다닐 것이다. 좋은 집안의 아이와 시골 농가의 평범한 집 아이를 같은 방에 있게 해 보라. 농가의 아이가 아직 조용히 있는 동안 좋은 집안의 아이는 이것저것 모든 것을 뒤집어엎고 부숴 버릴 것이다. 왜 그럴까? 한쪽은 잠시 얻은 방임 상태를 서둘러 남용하려 하는 데 반해, 다른 쪽은 자신이 항상 자유롭다는 것을 알고 있으므로 서둘러 자유를 행사하려고 하지 않기 때문이다. 그밖에 다른 이유는 생각할 수 없다. 그러나 요즈음은 농촌의 아이들도 대부분 속박당하고 있어, 내가 아이를 놓아 두고 싶은 상태에서 점점 멀어지고 있다.

자연으로부터 오는 최초의 충동은 언제나 바르다는 것을, 의심할 여지 없는 준칙으로서 세워 놓자.

인간의 마음에는 선천적으로 사악함이 존재하지 않는다. 어떤 과정을 통해 인간의 마음에 들어왔는지 설명할 수 없는 악은 하나도 없다. 인간에게 유일한 자연적인 정념은 자기애, 좀더 넓은 의미에서의 이기심이다. 이 이기심은 그 자체에서, 또는 우리에게 관계하는 한 좋은 것이고 유익한 것이다. 그런데 아이는 타인에 대해 필연적인 관계를 가지지 않으므로, 본성적으로 타인에 대해 무관심하다. 아이의 자기애는 그것을 적용한다거나, 어떤 것과 관계가 생길 때에 비로소 좋은 것이 되기도 하고 나쁜 것이 되기도 한다. 이 기심을 이끄는 것, 즉 이성이 발달하기 전까지는 아이가 타인과의 관계를 의식하여 행동하지 않도록 하는 것이 중요하다. 오직 자연이 그에게 원하는 것만을 하도록 한다. 그렇게 하면 그는 결코 나쁜 일은 하지 않게 될 것이다.

그렇다고 해서 아이가 결코 해를 끼치지도 않고 다치지도 않으며 손이 닿는 곳에 비싼 물건이 있어도 그것을 부수지 않을 것이라는 말은 아니다. 많은 나쁜 짓을 할지도 모르지만, 결과적으로는 나쁜 짓을 한 것이 되지 않을 것이다. 나쁜 행위란 해를 끼치려는 의도하에 행해지는 것인데, 그는 결코 그런 의도를 가지고 있지 않기 때문이다. 만약 한번이라도 그런 의도를 가졌다면 모든 일은 그것으로 끝장이다. 그는 거의 구제할 수 없는 악인이 될 것이다.

탐욕의 눈으로 보면 나쁜 일도, 이성의 눈으로 보면 그렇지 않은 것이 있다. 아이에게 완전한 자유를 주었을 때에는, 부서지기 쉬운 것이나 귀중한 것은 모두 아이의 손이 닿지 않는 곳에 두어야 한다. 아이의 방에는 튼튼한 가구를 놓아야 한다. 거울이나 값비싼 도자기, 사치스러운 물건은 놓지 말아야 한다. 나의 에밀은 어떤가 하면, 나는 그를 시골에서 키우는데, 그의 방은 농부의 방과 조금도 다름없게 할 것이다. 에밀은 불과 얼마 동안밖에 그곳에 머물러 있지 않을 것이므로, 마음을 써서 방을 꾸밀 필요가 없다고 생각되기 때문이다. 아니다, 내 생각이 잘못이다. 그는 자기 손으로 방을 꾸밀 것이다. 어떻게 꾸밀까? 그것은 곧 알게 될 것이다.

당신들이 여러 가지로 주의했는데도 아이가 무언가를 저지르고 귀중한 물건을 부수었다. 그렇다 하더라도 아이를 벌하거나 꾸짖어서는 안된다. 아이에게 비난의 말을 한마디라도 해서는 안된다. 아이가 당신의 마음을 언짢게 했다는 것조차도 눈치채게 해서는 안된다. 귀중한 물건을 부쉈다면, 그 물건이 저절로 부서진 것처럼 행동하라. 어쨌든 당신들이 아무 말도 하지 않고 견뎌냈다면, 그것으로 대단히 많은 것을 이루었다고 믿어도 좋다.

여기서 나는 감히 가장 중대하고 유익한 교육 전체의 규칙을 말하겠다. 그것은 시간을 아끼라는 것이 아니고 낭비하라는 것이다. 일반 독자들이여, 나의 역설을 용서해 주기 바란다. 깊이 생각해 보면, 당신들도 역설을 피할 수 없다. 그리고 당신들이 뭐라 하든, 나는 편견에 사로잡힌 인간이기보다는 역설에 빠진 인간 쪽을 택하겠다. 인생에서 가장 위험한 기간은 태어나서부터 12세까지의 시기이다. 그 시기는 오류와 부덕(不德)이 싹트는 시기이며, 더구나 그것을 없앨 수단을 가지지 못한 시기이다. 그리고 그 수단을 강구하였을 때에는, 이미 악은 그 뿌리를 깊이 내린 뒤여서 뽑아 없앨 수가 없다. 만약 아이가 젖먹이에서 단번에 이성을 갖춘 시기에 도달할 수 있다면, 현재 행해지고 있는 교육 방법이 적합할지도 모른다. 그러나 자연의 흐름에 따른다면, 그와는 정반대의 교육이 그에게는 필요하다. 정신이 그 모든 능력을 갖추기 전까지는, 아이가 정신을 사용해서 뭔가 하지 않도록 할 필요가 있다. 정신이 눈을 뜨기 전에는, 당신들이 주는 빛을 아이가 인식하기란 불가능하며, 또 관념의 넓은 들판에서 가장 뛰어난 눈에도 어렴풋이밖에 보이지 않는 이성의 길을 따르기란 불가능하기 때문이다.

그러므로 초기의 교육은 철저하게 소극적이어야 한다. 그것은 미덕이나 진리를 가르치는 것이 아니고, 악덕으로부터 마음을, 오류로부터 정신을 보호해 주는 일이다. 당신들이 아무것도 시키지 않고 남들로 하여금 당신들을 따르게 할 수 있다면, 설사 당신들의 학생이 오른손과 왼손을 구별하지 못하더라도 12세까지 튼튼하게 길러 낼 수 있다면, 당신의 최초의 교육으로 그의 오성(悟性)의 눈은 이성을 향해 열릴 것이다. 아무런 편견도 습성도 가지지 않은 그는, 당신들의 교육을 어떤 것에도 방해받지 않고 받아들일 것이다. 이윽고 그는 당신들에게 인도되어, 인간 중에서 가장 현명한 인간이 될 것이다. 이렇게 처음에는 아무것도 하지 않음으로써 당신들은 훌륭한 교육을 베푸는 것이 된다.

일반적으로 행해지고 있는 것과 정반대의 일을 하는 것이, 대개의 경우 좋은 결과를 가져온다. 아버지나 교사들은 아이를 아이로 만들려 하지 않고 박사로 만들려고 하기 때문에 꾸짖거나, 잘못을 고쳐 주거나, 잔소리하거나, 비위를 맞추거나, 위협하거나, 상으로 매수하거나, 가르치거나, 이치를 역설하거나 하는 일을 아무리 일찍 시작해도 지나친 일이 아니라고 생각한다. 그들보다 좀더 잘해야 한다. 합리적으로 해야 한다는 말이다. 특히 아이가 싫어하는 일을 납득시키려고 이치를 설명해서는 안된다. 그런 식으로 싫어하는 일에 이치를 들고 나오는 것은 그것을 질색인 것으로 만들 뿐만 아니라, 아직 이치가 무엇인지 알지 못하는 정신에, 일찍부터 그것을 믿을 수 없는 것으로 생각하게 하는 데에 지나지 않는다. 육체를, 기관(器官)을, 감관(感官)을, 힘을 길러 주는 것이 좋다. 그러나 정신은, 되도록 오랫동안 아무것도 하게 하지 않고 그대로 두는 것이 좋다. 여러 가지 생각을 평가할 수 있는 판단력이 생기기 전의 모든 생각을 인정해 주어서는 안된다. 또 외부로부터 오는 낯선 인상(印象)을 차단해 주는 것이 좋다. 그리고 악이 생겨나는 것을 막기 위해서 일찍부터 선을 길러 주려고 서두르면 안된다. 아이가 이성의 빛을 볼 수 없는 한, 선은 결코 선이 되지 못하기 때문이다. 일체의 지연이 오히려 시간을 크게 얻는 것이라고 생각하라. 아무것도 잃지 않고 목표를 향해 나아간다는 것은 큰 이익을 보는 것이다. 아이의 내부에 유년기를 성숙시키는 것이 좋다. 아이에게 무언가 교훈이 필요해지더라도, 내일까지 연기해도 위험이 없다면 내일까지 보류하라.

이 교육 방법이 유효하다는 것을 확증하는 또 하나의 고찰은, 아이의 특수한 성향에 대한 고찰로서, 아이에게 어떤 도덕 교육이 적합한지를 알기 위해서는 그 성향을 잘 알아 두어야 한다. 정신은 각기 고유한 형태를 이루고 있으므로, 그 형태에 맞추어 지도해야 한다. 신중한 사람이여, 당신이 아이에게 한마디 말을 하기 전에, 아이를 오랫동안 관찰하라. 그의 천성을 알아 두는 것이 좋으리라. 무엇보다도 그의 성격의 싹이 스스로 드러나도록 자유롭게 놔 두라. 그 참모습을 잘 보기 위해 어떤 것이든 강제하면 안된다. 당신들은 이 자유의 시기가 학생에게 헛되이 보내진 시기라 생각하는가? 전혀 그렇지 않다. 그 시간은 가장 유효하게 쓰여진 시간이 될 것이다. 그렇게 하는 일이야말로 당신들이 귀중한 시간을 한순간도 헛되이 보내지 않았다는 것을 알게 될 것이다. 그에 반해, 만약 당신들이 무엇을 해야 할지도 모르면서 행동(교육)을 시작한다면, 당신들은 되는 대로 행동하게 된다. 그렇게 되면 당신들은 잘못하기 쉽고, 또 잘못 온 길을 되돌아가지 않으면 안된다. 목표에 도달하려고 서두르지 않았던 경우보다 오히려 목표로부터 멀어져 버리는 결과가 된다. 그러므로 아무것도 잃지 않으려다가 더욱 많이 잃어버린 수전노와 같은 짓을 해서는 안된다. 초기에는 시간을 낭비하라. 그러면 나중에 이자가 붙어서 되돌아올 것이다. 현명한 의사는 한차례의 진찰만으로 경솔히 처방해 주거나 하지 않는다. 처음에 병자의 체질을 확인하지 않고는 무엇 하나 권하지 않는다. 그는 늦게 치료를 시작하나 병자를 회복시킨다. 그러나 무턱대고 서두르는 의사는 병자를 죽이고 만다.

그렇다면 그런 식으로 아이를 마치 무감각한 존재처럼, 또는 자동 인형처럼 기르기 위해서는 그를 도대체 어디에 두어야 한단 말인가? 달나라에? 사람이 살지 않는 무인도에? 모든 인간으로부터 멀리 떨어뜨려 놓아야 할까? 이 세상에서는 아무래도 다른 사람의 여러 가지 정념이나 그 실례(實例)를 보게 될 텐데. 아이와 같은 또래의 아이들도 결코 보아서는 안될까? 자신의 부모나 친지, 유모나 하녀, 또는 교사조차도 만나서는 안될까? 교사라 해도 결국 천사는 아니니까 말이다. 여기에서 우리는 현실적이고도 심각한 반대에 부딪친다. 그러나 나는 자연의 교육이 쉬운 일이라고 말하지는 않았다. 여러분, 당신들이 모든 좋은 것을 어렵게 만들어 놓고, 그것이 내 책임이란 말인가? 나는 그런 어려움들을 잘 알고 있다. 아마 그것은 극복하기 힘든 어려움들일 것이다. 그 어려움들은 예방하려고 노력하면, 확실히 어느 정도까지는 예방할 수 있으리라. 나는 우리가 겨냥해야 할 목표를 제시하고 있는 것이다. 그러나 그 목표에 도달할 수 있으리라고 말할 수는 없지만, 거기에 가장 가까이 다가간 자가 가장 성공한 자라고 말해 둔다.

당신은 한 인간의 교육을 감히 계획하기 전에, 당신 자신이 인간으로서 완성되어 있어야 한다는 사실을 잊어서는 안된다. 당신의 아이가 흉내낼 본보기가 당신 안에 있어야 한다. 아이가 아직 아무런 지식도 가지고 있지 않은 동안에는, 그래도 아이가 보아도 좋은 것만을 아이의 시선에 닿는 곳에 두도록 마음써 가면서 아이의 주위 환경을 정돈할 수 있는 시간적 여유가 있다. 당신 자신이 모든 사람들로부터 존경받을 수 있도록 하라. 먼저 다른 사람으로부터 사랑받아, 모든 사람이 당신의 마음에 들려고 애쓰는 마음을 일으키도록 할 일이다. 아이의 주위에 있는 모든 사람의 스승이 되지 않고서는 아이의 스승이 될 수 없다. 그리고 그 권위는, 당신의 미덕에 대한 존경심에 의거하지 않으면 결코 충분하다 할 수 없다. 지갑을 털어 돈을 뿌리는 것이 문제가 아니다. 나는 지금까지 돈이 사람을 사랑하도록 만들어 준 예를 본 적이 없다. 탐욕스럽거나 몰인정해서는 안된다. 또 도와 주어야 할 불행을 보고 그저 동정만 해서도 안된다. 그러나 당신이 금고 문을 열었다 해도, 마음의 문을 열지 않으면 아무런 소용도 없다. 상대도 마음의 문을 열지 않을 테니까. 당신의 시간을, 마음을, 애정을, 당신 자신을 주어야 한다. 당신이 어떤 일을 한다 해도, 당신의 돈은 당신 자신이 아니라는 것을 사람들은 잘 알고 있다. 어떤 선물을 주는 것보다 훨씬 효과가 있는, 그리고 현실적으로 한층 유익한 관심과 호의를 나타내는 방법이 있다. 얼마나 많은 불행한 사람이나 병자가, 물질적인 적선보다도 마음의 위안을 필요로 하고 있는가. 돈보다도 보호를 필요로 하는 억압받는 사람이 얼마나 많이 있는가. 싸우는 사람들을 화해시키는 것이 좋다. 소송(訴訟)을 미연에 방지하는 것이 좋다. 아이에게는 그 의무를 행하게 하고, 아버지에게는 관대한 마음을 가지게 하는 것이 좋다. 행복한 결혼을 권하는 것이 좋다. 사람의 마음을 상처입히는 일일랑 하지 않는 것이 좋다. 공정한 재판을 받지 못하는 약자, 권력자에게 괴로움을 당하는 약한 자를 위하여 당신 학생의 부모의 세력까지도 거침없이 활용하라. 그리고 당신은 불행한 사람들의 편이라는 것을 소리 높이 선언하라. 올바르고, 인간적이고, 친절해야 한다. 물질을 베풀 뿐만 아니라 사랑을 베풀어야 한다. 자비로운 행위는 돈보다도 더 많은 고통을 덜어 준다. 타인을 사랑하라. 그러면 그들도 당신을 사랑할 것이다. 그들에게 도움이 되는 일을 하라. 그러면 그들도 당신에게 도움이 되어 줄 것이다. 그들의 형제가 되라. 그러면 그들은 당신의 자식이 되어 줄 것이다.

이것도 또한 시골에서, 혐오스러운 하인들이 없는 곳에서 에밀을 기르고 싶은 이유의 하나이다. 하인들은 그들 주인의 다음 자리를 차지하는 인간 쓰레기이다. 아이를 유혹하고, 전염병처럼 옮을 염려가 있는, 거짓으로 가득차 있는 도시의 더러운 풍습으로부터 에밀을 멀리 떨어져 있게 하리라. 한편 농민의 악습은 꾸밈이 없고 거칠며 천하기 때문에, 그들을 흉내내게 할 동기만 없다면, 아이의 마음을 끌기는커녕 싫증나게 할 것이다.

시골에서는 교사가 학생에게 보이고 싶은 것을 훨씬 더 자유롭게 선택할 수가 있다. 교사의 평판이나 말이나 모범이, 도시에서는 가질 수 없는 권위를 가지게 된다. 그는 어떤 사람에게도 도움이 되는 인간이므로, 모든 사람들이 그에게 열심히 호의를 표하고 그로부터 존경받고 싶어하기 때문에, 실제로 교사가 학생에게 보여 주기를 원하는 모습을 보여 줄 수 있게 된다. 그리고 악덕은 고칠 수 없다 하더라도 창피스러운 일은 피하게 된다. 우리의 당면 목적이 필요로 하는 것은 그것뿐이다.

당신 자신의 과오를 남의 탓으로 돌려서는 안된다. 아이들이 눈을 통해 보는 악은 당신이 아이에게 가르치는 악만큼 아이를 나쁘게 만들지는 않는다. 끊임없이 설교하고 도덕가인 체하고 학자연하고 있으면, 스스로 좋은 것이라고 생각하여 아이에게 주는 관념이 하나라면, 동시에 스무 개의 다른 좋지 않은 관념을 주게 된다. 자신의 머릿속에 떠오르는 것에만 마음을 빼앗겨, 당신들은 아이의 머릿속에 일어나는 결과를 알지 못하게 된다. 끊임없이 아이를 괴롭히는 당신들의 장황한 말 중에 아이가 잘못 파악하는 말이 하나도 없다고 당신은 단언할 수 있는가? 당신은, 아이가 당신의 장황한 설명을 자기식으로 해석하지나 않을까, 또 그로부터 자신의 능력에 맞는 체계를 세울 자료를 발견하여, 기회를 보아 그것으로 당신에게 반항하지나 않을까 하는 생각을 해 본 일이 있는가?

지금 막 여러 가지를 충분히 배워 익힌 착한 아이가 하는 말을 들어 보는 것이 좋다. 그 아이에게 말하게 하고, 질문하게 하고, 멋대로 엉뚱한 말을 지껄여 보게 하는 것이 좋다. 그러면 당신들은 자신이 가르친 것이 아이의 정신 속에서 기괴한 모양을 이루고 있는 데에 깜짝 놀랄 것이다. 그 아이는 이것저것을 모두 혼동하고 뒤집어엎어 당신들을 초조하게 하고, 때로는 뜻밖의 반항을 하여 당신들을 실망시킬 것이다. 그래서 당신들이 침묵하든가 아이를 침묵시키든가 해야만 하리라. 말하기를 대단히 좋아하는 사람이 그렇게 침묵해 버린 경우, 아이는 어떻게 생각할 것인가. 그런 식으로 아이가 승리하게 되면, 게다가 그것을 눈치채게 되면 교육은 끝장이다. 그렇게 되면 모든 것이 끝장으로, 아이는 더 이상 배우려 하지 않고 당신들을 반박하려 할 것이다.

열성적인 교사들이여, 솔직하고 신중하고 입을 굳게 지키라. 상대의 행동을 막기 위한 경우를 제외하고는 결코 성급히 행동해서는 안된다. 나는 정말 몇 번이고 되풀이해서 말하고 싶은데, 나쁜 교육을 하지 않기 위해서는 좋은 교육이라도 되도록 늦게 시작하라. 자연이 인간에게 최초의 낙원으로 준 이 세상에서, 천진난만한 아이에게 선과 악을 분별하는 지식을 주려다가 오히려 유혹자의 역할을 하게 되는 것을 두려워하라. 아이가 밖에서 보고 배우는 것을 막을 수가 없다면, 그런 것들이 아이에게 적합한 형태로 아이의 정신에 머무르도록 하라. 그것에만 마음을 쓰는 것이 좋다.

격렬한 정념(情念)은, 그것을 목격한 아이에게 큰 영향을 미친다. 그것은 너무나도 뚜렷이 외부로 나타나, 아이에게 충격을 주고 주의를 기울이게 한다. 특히 분노는, 흥분 상태에 있는 경우 대단한 소동을 불러일으키므로, 가까이에 있는 자는 눈치채지 않을 수 없다. 교육자는 그런 경우야말로 훌륭한 설교를 시도해 볼 수 있는 기회가 아니겠느냐는 따위의 생각을 해서는 안된다. 훌륭한 설교라니 당치도 않은 말이다. 그런 것은 일체 필요 없다. 한마디도 해서는 안된다. 아이를 곁에 가까이 오도록 하는 것이 좋다. 그 광경에 놀라 아이는 반드시 까닭을 물을 것이다. 그 대답은 간략하게 아이의 감각에 작용하는 여러 가지 것으로부터 끄집어낸다. 새빨간 얼굴, 번쩍거리는 눈, 상대를 놀라게 하는 몸짓, 고함 소리……. 모두 여느 때의 침착한 상태에서는 나타나지 않는 징후이다. 당신들은 아이에게, 조용히 숨기려 하지 말고 말해 주는 것이 좋다. 저 사람은 불쌍하게도 병에 걸린 것이라고. 너무 열이 많이 나서 몸을 떨고 있는 것이라고. 그렇게 하여 당신들은 극히 적은 말로, 병과 그 결과에 대한 관념을 아이에게 줄 수 있는 기회를 가지게 된다. 병 또한 자연으로부터 온 것으로 필연적인 것이며, 아이는 자신도 병에 걸릴 수 있다는 것을 느껴야만 하니까.

그런 관념은 잘못이 아닌 것으로서, 그에 의해 아이는 일찍부터 격렬한 정념에 사로잡히는 것을 병으로 간주하여, 그에 일종의 혐오감을 느끼게 되지 않겠는가. 그리고 그러한 관념이 적절히 주어지기만 하면, 지루한 도덕적인 설교와 맞먹는 유익한 결과를 가져오지 않으리라고 누가 말할 수 있겠는가. 이제부터 그러한 관념의 장래를 살펴보기로 하자. 그런 식으로 하면 당신들은 부득이한 경우, 반항적인 아이를 병에 걸린 것으로 취급할 수 있다. 그를 방에 가둬 놓고, 필요하면 침대에 눕혀 안정 상태를 유지하게 하여, 아이가 자기에게 싹튼 악의 성향을 스스로 두려워하고, 그것을 혐오스러운 것, 무서운 것으로 생각하게 하는 동시에, 혹독한 벌이 아니라 자기를 교정하기 위해 부득이 취하게 된 엄격한 태도로 생각하게 할 수 있다. 설령 당신 자신이 무언가에 흥분하여 당신들의 일에 필요한 냉정함과 부드러운 태도를 잃게 된 경우에도, 그러한 것을 아이에게 숨겨서는 안된다. 솔직히 상냥한 비난을 담아 이렇게 말하는 것이 좋다. "애야, 네가 나를 괴롭히는구나."라고.

그리고 이것은 상당히 중요한 일인데, 아이에게 주어진 단순한 관념이 만들어 내는 모든 유치한 생각들을 결코 아이가 있는 앞에서 지적하거나, 그가 알 수 있는 어조로 말하지 말아야 한다. 한번 조심스럽지 않게 큰소리로 웃음으로 해서 6개월 동안의 노고를 허사가 되게 하고, 아이에게 일생 돌이킬 수 없는 타격을 주게 될 수도 있다. 자꾸 되풀이해도 충분치 않은 말인데, 아이의 스승이 되기 위해서는 자기 자신의 스승이 되지 않으면 안된다. 나의 작은 에밀이 근처의 두 부인이 한참 다투고 있는 판에, 소리 높여 화를 내고 있는 부인 쪽으로 걸어가서 동정어린 어조로, "아주머니, 당신은 병에 걸려 있군요. 정말 안됐습니다." 하고 말하는 것을 상상해 본다. 아이의 그러한 뜻밖의 말은 그 자리의 광경을 보고 있는 사람들에게, 그리고 어쩌면 싸우는 당사자들에게도 어떤 결과를 가져올 것임에 틀림없다. 그때 나는 웃지도 않고 꾸짖지도 않고 칭찬하지도 않고, 그가 그 효과를 눈치채기 전에, 또는 적어도 그가 그것을 생각하기 전에 억지로라도 그를 그 장소로부터 다른 장소로 데려가, 급히 다른 것으로 그의 마음을 돌리도록 하여 되도록 빨리 그 일을 잊어버리도록 한다.

나는 모든 세세한 부분까지 언급하지는 않고, 그저 일반적인 원칙을 보이되 곤란한 경우에만 실례를 들 생각이다. 나는 사회 속에서 아이가 12세가 될 때까지 인간과 인간의 관계에 대하여, 또 인간 행동의 도덕성에 관하여 아무런 관념도 주지 않고 아이를 키우기는 불가능하다고 생각한다. 그러므로 그 필요한 관념을 되도록 늦게 아이에게 주도록 신경을 쓰라는 말이다. 그리고 그것이 아무래도 피할 수 없게 된 경우에는, 당장 필요한 것에 한해서 주도록 한다. 그것은 에밀이 자신을 모든 것의 주인이라고 생각하거나, 또 나쁜 것임을 알지 못하고 태연하게 다른 사람에게 해를 끼치는 일이 없도록 하기 위해서이다. 개중에는 온순하고 침착한 아이가 있어, 그런 아이는 언제까지고 아무것도 모르는 상태로 두어도 위험이 없지만, 격한 성질을 가져 일찍부터 난폭한 성격을 나타내는 아이도 있어, 그런 아이는 서둘러 어른으로 만들어 줄 필요가 있다. 그렇지 않으면 붙들어 매 두어야 할 테니까.

우리의 첫째 의무는 우리 자신에 대한 의무이다. 우리의 최초의 감정은 우리 자신에게 집중된다. 우리의 자연적인 충동은 모두가 자기 보존과 자신의 쾌적한 생활에 연결된다. 그래서 최초의 정의감(正義感)은 우리가 행해야 할 정의로부터 생겨나는 것이 아니고, 우리에 대해 행해져야 할 정의로부터 생겨난다. 그러므로 아이에게 그들의 의무에 대해서만 말하고 그들의 권리에 대해서는 말하지 않는다면, 필요한 것과는 정반대의 교육을 하는 것으로, 아이가 이해할 수 없는 것, 그들이 관심 가질 수 없는 것을 먼저 이야기하는 것은 일반적으로 행해지고 있는 교육 방법의 오류 가운데 하나이다.

그래서 만약 내가 지금 상상했던 것 같은 아이를 한 명 지도해야 한다면, 이렇게 생각할 것이다. '아이는 사람이 아닌 사물을 공격한다.* 그리고 이윽고 그는 경험에 의해, 연령에서나 힘에서 자기보다 우위에 있는 사람은 누구든지 존경하는 것을 배운다. 그러나 사물은 스스로 몸을 지킬 수가 없다. 그래서 아이에게 주어야 할 최초의 관념은 자유의 관념보다 오히려 소유의 관념이다. 그런데 이 소유의 관념을 얻기 위해서는, 아이 자신이 무엇인가를 소유해야 한다.' 의류나 가구나 장난감을 예로 드는 것은 무의미하다. 그런 것들을 아이는 마음대로 할 수는 있지만 왜, 어떻게 해서 그것들을 가지게 되었는지는 모르기 때문이다. 누군가 주었기 때문에 네가 가지고 있는 것이라고 말해 준들 이해하지 못할 것이다. 주기 위해서는 소유해야 한다. 즉, 아이가 소유하기 전에 또 하나의 소유가 있었다는 이야기인데, 이것이 바로 아이에게 설명하려 하는 소유의 원리이다. 그리고 준다는 것은 하나의 약속인데, 아이는 아직 약속이라는 것을 알지 못한다.** 독자들이여, 부디 주의하기 바란다. 다른 무수한 예에서 볼 수 있는 것처럼, 이 예에서도 사람들은 아이의 능력으로는 아무런 의미도 가질 수 없는 말을 그들의 머릿속에 집어넣고는, 그들을 충분히 잘 교육했다고 믿고 있는 것이다.

그래서 소유라는 것의 기원으로 거슬러 올라가야 하는 문제가 생긴다. 소유의 최초의 관념이 바로 거기에서 생길 것이기 때문이다. 시골에서 살면, 아이는 밭일에 대하여 얼마간의 관념을 가지게 된다. 밭일에 대한 관념을 가지기 위해서는 눈과 시간만 있으면 되는데, 아이에게는 양쪽 다 있으니까 말이다. 어떤 연령의 사람이나 모두 그렇지만 특히 그의 연령에서는, 창조하고

● 아랫사람을 상대로 하거나 동등한 사람을 상대로 하거나 할 때처럼, 아이로 하여금 어른에게 손을 대게 해서는 안된다. 만약 아이가 진심으로 누군가를 때리는 일이 있다면, 설령 상대가 그의 하인이든 사형 집행인이든, 반드시 그 이상으로 되때리게 하여, 두 번 다시 아이가 그런 일을 하지 못하도록 해야 한다. 나는 사려 없는 여자 가정 교사가 아이의 반항심을 부추겨 아이로 하여금 자기를 때리게 하고, 그 때리는 힘의 약함에 대하여 웃고 있는 것을 본 일이 있다. 그녀는 때리는 일이 성난 아이의 의도에 따라서는 살인과 같다는 것, 그리고 아이 적에 때리려 하는 자는 어른이 되면 사람을 죽이려 하는 자가 된다는 것에는 생각이 미치지 않는 것이다.

●● 그러므로 대부분의 아이들은, 한번 다른 사람에게 준 것을 다시 돌려받으려 하며, 사람들이 돌려주지 않으면 우는 것이다. 그들이 준다는 것이 어떤 것인지를 알게 되면, 그런 일은 일어나지 않게 된다. 단, 그렇게 되면 그들은 사람에게 주는 일에 더욱 신중해진다.

모방하고 생산하는 힘과 활동의 증거를 보고 싶어한다. 밭을 갈고, 씨를 뿌리고, 거기서 싹이 나와 커 가는 것을 한번만 보아도, 아이는 자기도 밭을 갈아 보고 싶어할 것이다.

이미 정한 원칙에 따라, 나는 아이가 원하는 일에 반대하지 않는다. 반대하기는커녕 그것을 권장하고, 그와 같은 취미를 가지고 함께 일한다. 물론 그것은 그를 즐겁게 하기 위해서가 아니라, 나 자신의 즐거움을 위해서이다. 적어도 그는 그렇게 생각한다. 결국 나는 그의 밭을 갈아 주는 사람이 된다. 그에게 힘이 생길 때까지, 나는 그를 대신하여 밭을 간다. 그는 그 밭에 누에콩을 심어 그 토지를 소유한다. 그리고 그 점유는 확실히, 누네스 발보아[4]가 남아메리카의 남부 해안에 국기를 꽂아, 스페인 국왕의 이름으로 남아메리카를 점유한 행위보다 더 신성하고 존경할 만한 것이다.

우리는 날마다 누에콩에 물을 주러 간다. 누에콩이 자라는 것을 보고 기뻐한다. 나는 에밀에게 "이것은 네 것이다."라고 말해 주어, 그를 더욱 기쁘게 해 준다. 그리고 그때 소유라는 말을 설명해 주어, 그가 거기에 자기의 시간과 노동과 노력을, 결국 자기 자신을 쏟아 왔다는 것을 알게 한다. 즉, 그 토지에는 그 자신에게 속하는 것이 있어서, 상대가 누구이든 그는 단호히 그것을 요구할 수 있는, 마치 그것은 그가 싫어하는데도 강제로 그의 팔을 잡으려 하는 다른 사람의 손으로부터 자기 팔을 단호히 뺄 수 있는 것과 같은 것임을 알게 해 준다.

어느 날 그는 물뿌리개를 손에 들고 급히 뛰어온다. 이 무슨 일이란 말인가! 이 얼마나 비참한 일이난 말이다. 누에콩이 모두 뽑혀 있고, 밭은 온통 파헤쳐져 누에콩을 심었던 장소조차 분간할 수 없을 정도로 되어 있다. 아아, 내

---

4) Vasco Núñes Balboa(1475~1517), 스페인의 탐험가. 1510년경 파나마 지협(地峽)에서 태평양으로 나와, 스페인 왕 페르디난도의 이름으로 이 해양을 '그곳에 포함되는 모든 것'과 함께 점유할 것을 선언했다.

가 만든 것, 나의 노동, 나의 즐거움이던 것이 어떻게 되어 버렸나! 누가 나의 재산을 빼앗아 갔단 말인가! 누가 나의 누에콩을 훔쳐 갔느냐 말이다! 어린 마음은 분노한다. 부정을 의식한 최초의 감정에 슬픔과 고통이 더해져 아이는 눈물을 그칠 줄 모른다. 비탄에 빠진 아이의 소리쳐 우는 소리가 주위를 진동시킨다. 나는 그의 괴로움과 분노에 동정한다. 그래서 여러 가지로 알아본 결과, 마침내 채소 재배인이 그랬음을 알아내어 그를 아이에게 데려간다.

그러나 우리의 예상은 어긋나고 만다. 우리의 불평을 들은 채소 재배인은 우리보다 더 큰소리로 불평을 늘어놓기 시작한다. "뭐라구요? 당신들이야말로 내 일을 엉망으로 만들어 놓았어요. 나는 그곳에 구하기 힘든 말타의 멜론을 심었단 말입니다. 열매가 열리면 당신들에게 대접할 생각이었어요. 그런데 당신들은 하찮은 누에콩을 심기 위해, 이미 싹이 나기 시작한 나의 귀중한 멜론을 망쳐 버리고 말았어요. 당신들은 나에게 막대한 손해를 입혔을 뿐만 아니라 당신들 스스로 맛있는 멜론을 먹을 기회를 놓쳐 버렸단 말입니다."

장 자크 미안하네, 로베르, 용서해 주게. 자네는 그곳에 자네의 노동과 수고를 쏟았겠지. 우리가 자네의 일을 망쳐 놓았다는 것을 인정하네. 말타 멜론의 씨앗을 구해 주도록 하지. 그리고 이제부터는 누군가 다른 사람이 우리보다 먼저 씨를 뿌렸는지 어떤지를 확인한 다음에 밭을 갈도록 하겠어.

로베르 아, 괜찮습니다, 선생님. 그렇다면 당신들은 가만히 있는 것이 좋을 것입니다. 갈지 않고 놓아 둔 땅은 거의 없으니까요. 저는 아버지가 경작하시던 땅을 경작하고 있습니다. 다른 사람들도 역시 그렇게 하고 있어서 비어 있는 토지는 없어요.

에밀 로베르씨! 그럼 멜론의 씨가 엉망이 되어 버리는 일이 가끔 있나요?

로베르 천만에요, 도련님처럼 바보짓을 하는 사람은 그리 흔치 않거든요. 아무도 남의 땅에 손을 대지 않는답니다. 누구나 남의 노동을 소중히 여기니까요. 그래야 자신의 노동에 대해서도 보장받게 되니까요.

에밀 하지만 나에겐 땅이 없어요.

로베르 그게 저와 무슨 상관이 있습니까? 만약 도련님이 또 제 밭을 엉망으로 만들어 놓으신다면, 저도 가만히 있을 수는 없어요. 아시겠지요? 저는 헛수고를 하고 싶지 않으니까요.

장 자크 로베르, 나의 어린 친구와 나에게 자네의 밭을 한 귀퉁이 경작하게 해 주지 않겠나? 거기서 수확하는 작물의 반을 자네에게 주기로 하고 말일세.

로베르 그렇다면 조건 없이 드리지요. 그러나 기억해 두세요. 만약 제 멜론밭에 손을 대면 당신들의 누에콩을 파헤쳐 놓을 것입니다.

아이에게 초보적인 관념을 납득시키는 방법을 이런 식으로 시도하면, 아이는 소유의 관념이 노동에 의해 최초로 점유한 자의 권리에까지 거슬러 올라가는 것을 저절로 알게 된다. 이것은 명쾌하고 명확하고 단순하여, 아이들의 능력으로 이해할 수 있는 일이다.

내가 방금 설명한 것을 실행할 경우, 아마 일 년은 걸리리라. 도덕적인 관념의 발달 과정은 되도록 천천히, 한 발짝 두 발짝 되도록 단단히 밟아 가야 하기 때문이다. 젊은 교사들이여, 부디 부탁하노니, 이 범례를 잘 생각하여 모든 일에 당신들의 교훈이 말에 의해서보다 행동으로 주어져야 한다는 것을 명심해 주기 바란다. 아이는 자신이 한 말이나 남에게서 들은 말은 쉽게 잊어버리지만, 자신이 한 일이나 자기를 위해 남이 해 준 일은 좀처럼 잊지 않는다.

이러한 교훈은 이미 말한 바와 같이, 학생의 성질이 온순한가 소란스러운가에 따라 빨리 주어져야 하는지 늦게 주어져도 괜찮은지가 결정되므로, 그에 따라 혹은 미리부터, 혹은 늦게 시작할 일이다. 그 교훈의 실시 방법은 일목요연하나 어려운 사항에서 중요한 것을 빠뜨리는 일이 없도록 하기 위해 또 하나의 예를 들기로 한다.

당신의 학생은 꽤 까다로운 아이로, 손에 잡히는 것은 무엇이든지 부숴 버린다. 그럴 때 당신은 화를 내면 안된다. 그가 부숴 버릴 우려가 있는 것은 그의 손이 닿지 않는 곳에 두는 것이 좋다. 그가 자신이 사용하던 가구를 부숴 버렸다. 절대로 그 가구 대신 다른 가구를 주지 말라. 그 가구가 없어짐으로 해서 생기는 불편을 그에게 느끼도록 해 주어야 한다. 아이가 방의 창을 깨뜨렸다. 아이가 감기에 걸리지 않을까 염려하지 말고, 낮이고 밤이고 아이의 방에 바람이 불어 오도록 내버려 두는 것이 좋다. 아이를 바보로 만드는 것보다는 감기에 걸리게 하는 것이 더 나으니까. 아이가 당신을 불편하게 한 데 대해서는 결코 불평하지 말고, 먼저 그에게 그 불편함을 맛보게 하는 것이 좋다. 그런 다음 당신은 여전히 아무 말도 하지 말고 유리창을 새로 끼워라. 그가 또 그것을 깬다면? 그때에는 방법을 바꾸는 것이 좋다. 냉정하게, 그러나 화는 내지 말고 이렇게 말하라. "이 유리창은 내 것이다. 내가 애써 갈아 끼웠다. 그래서 나는 유리창이 깨지는 것을 원하지 않는다."고. 그리고는 아이를 창이 없는 어두컴컴한 곳에 가두어 둔다. 이러한 전혀 새로운 조치에 대해 아이는 고함을 지르며 날뛸 것이다. 그러나 아무도 귀를 기울여 주지 않는다. 이윽고 아이는 지쳐 태도를 바꾼다. 호소하기도 하고, 신음 소리를 내기도 한다. 하인이 모습을 나타내면, 그 난폭한 도련님은 여기서 꺼내 주지 않겠느냐고 하인에게 애원한다. 하인은, 아이를 꺼내 주지 않기 위한 구실 따위는 전혀 말하지 않고, 단지 "내게도 소중히 하지 않으면 안될 유리창이 있어서요." 하고 말하고는 그냥 지나쳐 버린다. 결국 아이는 그곳이 지긋지긋해지고, 그 일이 기억에 남을 만큼 오래 그곳에 있게 된다. 그때 누군가가, 그곳에서 나가게 해 주면 다시는 유리창을 깨뜨리지 않겠다고 선생님께 용서를 빌도록 아이에게 권한다. 아이는 당신에게 와주기를 청할 것이다. 당신은 아이가 있는 곳으로 간다. 아이가 용서를 빌면, 당신은 즉석에서 받아들이면서 이렇게 말하는 것이 좋다. "그것 참 좋은 일이구나. 우리 모두에게 좋은 일이 될 거야. 왜 좀더 일찍 그런 생각을 가지지 않았니?" 하고. 그리고는 아이에게 서약을 시키거나 약속을 확인하거나 하지 말고, 기쁘게 아이를 포옹하고, 곧 방으로 데려간다. 그리고 그 약속을, 선서라도 한 것처럼 신성하고 범할 수 없는 것으로 간주한다. 이렇게 하면, 아이가 약속과 그 효용에 대하여 어떤 관념을 가지게 될지 당신들은 생각할 수 있는가? 이미 천성을 그르친 아이가 아닌데, 이런 방법으로써도 당해 낼 수 없는 아이, 그리고 나중에 또 고의로 유리창을 깨려는 아이가 이 세상에 한 사람이라도 있다면, 확실히 내가 착각을 하고 있는 것이다. 이러한 이치를 잘 생각해 보는 것이 좋다. 개구쟁이 아이는 누에콩을 심기 위해 땅을 파면서, 자신의 지식 때문에 자신이 이윽고 갇히게 될 감옥을 스스로 파고 있다고는 거의 생각하지 않았던 것이다.*

이렇게 해서 우리는 도덕적인 세계로 들어간다. 그리하여 악덕(惡德)에의 문이 열린다. 약속이라든가 의무 따위와 함께 기만이나 허위가 생겨난다. 해서는 안될 일을 하게 되면, 해서는 안되었던 일을 숨기려 한다. 이해 관계에 의해 무언가 약속을 하게 되면, 더 큰 이해 관계가 그 약속을 깨뜨리게 한다. 그렇게 되면 약속을 어겨도 벌을 받지 않고 그냥 지나칠 수 있는 방법만 강구하게 된다. 당연히 빠져나갈 길이 생긴다. 숨어서 무엇인가를 하거나 거짓말을 하거나 한다. 악덕을 막을 수 없었던 우리는, 이번에는 그것을 벌하지 않을 수 없는 입장에 놓이게 된다. 이렇게 하여 인생의 불행은 그 과오와

●그 위에, 약속을 지키지 않으면 안된다는 의무가, 그 효용의 중요성만으로는 아이의 정신 속에 확고한 것이 되지 않는다 해도, 이윽고 내면적인 감정이 싹트기 시작하여, 그것이 양심의 법칙으로서, 또 천성적인 원리로서, 그 의무를 아이에게 부과할 것이다. 그 천성적인 원리는 그것이 적용되는 지식이 나타나기를 기다려, 곧 발달하는 것이다. 이 최초의 계기는 인간의 손에 의해서 기록되는 것이 아니라, 모든 정의(正義)의 창조자에 의해서 우리 마음속에 새겨지는 것이다. 모든 약속을 지배하는 원초적인 법과, 그 법이 과하는 의무를 제외하면, 인간사회에서는 모든 것이 환상적이고 공허한 것이 된다. 자신의 이익을 위해서만 약속을 지키는 사람은, 아무것도 약속하지 않은 경우보다 더 그에 속박되어 있다고는 말할 수 없다. 혹은, 고작해야 약속을 깨뜨릴 수 있는 것도, 내기하는 사람들의 핸디캡과 같은 것이리라. 결국 그런 사람들이 핸디캡을 이용하기를 늦추는 것은, 좀더 유리하게 그것을 이용할 수 있는 때를 기다리기 위한 것에 지나지 않을 것이다. 이 원칙은 지극히 중요하며, 깊이 연구할 만한 가치가 있다. 바로 이 점에서 인간은 자기 자신과 모순되기 시작하기 때문이다.

함께 시작된다.

아이에게는 결코 벌을 벌로서 주지 말 것과, 그것은 언제나 그들의 나쁜 행동의 자연적인 결과로서 주어져야 한다고, 앞에서부터 나는 누차 이야기해 왔다. 따라서 거짓말에 대해서도 잔소리를 늘어놓아서는 안된다. 거짓말을 했다고 해서 아이에게 벌을 주어서는 안된다. 벌을 주는 대신, 거짓말을 함으로써 발생하는 모든 좋지 않은 결과 — 예를 들면 거짓말을 많이 한 사람은 그 사람이 아무리 진실을 이야기해도 남이 믿어 주지 않는다든가, 실제로 나쁜 짓을 안했는데도 아무도 그의 변명에 귀를 기울이지 않는다든가 하는 — 를 아이의 머리 속에 넣어 주는 것이 좋다. 그건 그렇다 하고, 아이들에게서 거짓말을 한다는 것이 무엇을 의미하는지부터 설명하기로 한다.

거짓말에는 두 종류가 있다. 지나간 사실에 대한 거짓말과, 이제부터 있을 수 있는 미래에 대한 거짓말이다. 자기가 한 일을 부인하거나, 하지 않은 일을 했다고 주장하는 경우, 즉 일반적으로 말해 의식적으로 진실에 반하는 것을 말하는 경우에는, 과거 사실에 대한 거짓말을 하는 것이 된다. 지킬 의사가 없는 약속을 하는 경우, 또 일반적으로 말해 생각하고 있는 것과는 반대의 말을 하는 경우에는, 미래에 대한 거짓말을 하는 것이 된다. 이 두 종류의 거짓말은, 때로는 동일한 하나의 거짓말 속에 섞여 있는 경우도 있다.[*] 그러나 여기에서는 이 양자 사이의 차이점들만을 생각하기로 한다.

다른 사람들의 도움을 필요로 하고 끊임없이 그 친절을 받고 있는 사람은, 다른 사람을 속이는 일에서 아무런 이득도 얻어내지 못한다. 반대로, 다른 사람들이 사물을 있는 그대로 봐 주는지 어떤지에 대해서 두드러지게 관심을 갖는다. 그들이 잘못 생각하는 것에 의해 자기에게 미칠 손해를 두려워

---

[*] 나쁜 행위가 고발되었을 때, 죄인이 자신은 착한 사람이라고 말하면서 변명하는 경우가 그것이다. 이 경우, 그의 말은 그 자체에서뿐만 아니라 당면 문제의 적용에서도 거짓말이 되는 것이다.

하기 때문이다. 따라서 사실에 대한 거짓말이 아이에게 자연스러운 것이 아 닐은 틀림없다. 복종의 법칙이 거짓말할 필요를 낳는다. 복종한다는 것은 괴 로운 일이므로, 되도록 다른 사람이 모르도록 그것을 피하려 하기 때문이며, 또 벌이나 힐책을 면한다는 눈앞의 이익이 진실을 이야기함으로써 장래에 생길 이익보다 강하게 작용하기 때문이다. 자연스럽고 자유로운 교육을 받 고 있는 아이라면 무엇 때문에 거짓말을 하겠는가. 아이가 당신에게 무엇을 숨길 필요가 있겠는가. 당신은 아이를 꾸짖지도 않고, 벌하지도 않으며, 아 이에게 아무런 요구도 하지 않는데……. 그러므로 그는 자신이 한 일을 자기 의 어린 친구에게 말하는 것처럼 솔직히 이야기할 것이다.

자기 임무에 대한 거짓말은 더욱더 부자연스럽다. 어떤 행위를 한다 안 한다 하는 약속은 계약 행위로, 자연의 상태에서 벗어난 일이고, 자유를 모 독하는 일이기 때문이다. 다시 말해 아이의 약속은 그 자체가 모두 무의미한 것이다. 그의 한정된 시야는 현재를 넘어 멀리까지 미치는 일이 없으며, 약 속한다 해도 그것이 무엇인지 모르기 때문이다. 약속할 때 거짓말을 한다는 것은, 아이에게는 거의 불가능하다. 눈앞의 일에만 급급해 있는 아이에게는, 당장 결과가 나타나지 않는 수단은 어떤 것이든 똑같게 생각된다. 장래에 대 한 약속을 할 때, 아이는 아무것도 약속하는 것이 아니다. 그리고 아직 잠자 고 있는 그의 상상력은, 두 개의 다른 시기 위에 그의 존재를 확대할 수가 없 다. 내일 창문에서 뛰어내리겠다는 약속을 하면 채찍으로 맞지 않아도 된다 든지 알사탕 한 봉지를 얻을 수 있다면, 아이는 당장 그런 약속을 할 것이다. 그렇기 때문에 법률은 아이의 약속을 일체 인정하지 않고 있다. 엄격한 아버 지나 선생이 아이에게 약속을 지키기를 요구하는 경우에는, 그것은 아이가 약속하지 않았어도 당연히 해야 할 일에 한정되어야 한다.

아이는 약속을 할 때 자신이 어떤 일을 하고 있는지 모르기 때문에, 약속 을 했다고 해서 거짓말을 한 것이라고는 할 수 없다. 그러나 약속을 지키지 않았을 때에도 그와 같이 되지는 않는다. 그것은 소급적(遡及的)인 거짓말이라고도 할 수 있는 것이다. 그는 자신이 한 약속을 잘 기억하고 있지만 그 약속을 지키는 것의 중요성은 모르기 때문이다. 미래를 이해할 수 없기 때문에 아이는 사물의 결과를 예견할 수 없다. 따라서 약속을 어겼다고 해도, 아이는 그 연령에 맞는 이성에 반(反)하는 짓을 했다고는 할 수 없는 것이다.

결국 아이의 거짓말은 모두 교사의 탓이라는 이야기가 된다. 아이에게 진실을 말하라고 가르치는 것은 거짓말하는 기술을 가르치는 것에 지나지 않는다. 열심히 아이를 감시하고, 지도하고, 가르치려 하면서, 사람들은 그에 성공하는 충분한 수단을 찾아내지 못한다. 사람들은 근거 없는 준칙이나 이유 없는 교훈에 의해, 아이들의 정신을 잡을 새로운 실마리를 얻으려 한다. 그리고 아이들이 아무것도 모르면서 솔직하기보다는, 교훈을 납득하면서 거짓말을 하는 쪽이 더 낫다고 생각한다.

우리는 어떤가 하면 학생에게는 실용적인 교훈만을 주고, 학생이 영리하게 되기보다는 선량해지는 쪽이 낫다고 생각한다. 그리고 그들이 진실을 숨기게 될 것을 두려워하기 때문에 그들에게 진실을 요구하지 않으며, 어길 우려가 있기 때문에 약속을 요구하지 않는다. 내가 없는 동안에 저질러진 잘못이 누구의 짓인지 모를 경우, 나는 에밀을 나무라거나 "네가 그랬니?"라는 말을 하지 않을 것이다.● 그런 말을 하는 것은, 사실을 부정하는 것을 그에게 가르쳐 주는 것밖에 되지 않기 때문이다. 만일 아이의 성격이 까다롭고 다루기 힘들어 부득이 약속을 해야 할 경우라면, 나는 교묘한 방법으로 아이가 먼저 약속을 제의해 오도록 할 것이다. 그리하여 우리가 약속하면, 그가 약

● 이런 질문만큼 사려 없는 질문은 없다. 아이에게 죄가 있는 경우에는 더욱 그렇다. 그 경우, 만약 아이가 자기가 한 일을 당신들이 알고 있다고 생각하면, 아이는 당신들이 계략을 쓰고 있다고 생각할 것이다. 그렇게 생각하면, 반드시 아이는 당신들에게 적의(敵意)를 가지게 된다. 만약 당신들이 모르고 있다고 생각하면, 아이는 '무엇 때문에 자신의 잘못을 폭로할 필요가 있겠는가?' 하고 생각할 것이다. 이렇게 하여 거짓말을 하고 싶은 최초의 유혹이, 당신들의 사려 없는 질문의 결과로서 생겨나게 된다.

속을 지켰을 때는 언제나 그에게 금방 확실히 알 수 있는 이익이 있도록 해 주고, 약속을 어겼을 때에는 곤란한 일이 생기게 되는데, 그것은 당연한 결과로서 생긴 것이지 결코 교사의 화풀이 때문이 아니라는 것을 알게 해 준다. 그러나 나는 그러한 잔혹한 방법을 사용할 필요가 없으리라고 생각한다. 에밀은 훨씬 뒤에야 거짓말이라는 것이 어떤 것인지를 알게 될 것이며, 그것이 대체 무슨 도움이 되는지 모를 것이므로, 그것을 알고 깜짝 놀랄 테니까 말이다. 내가 그의 쾌적한 생활을 다른 사람의 의지나 판단으로부터 독립시켜 주면 줄수록, 그가 거짓말에 대한 흥미를 끊으리라는 것은 명백하다.

뭔가 성급하게 가르치려 하지 않으면, 적당한 시기가 되기 전에 성급하게 무언가를 요구하지도 않을 것이다. 그 적당한 시기가 되면, 아이는 조금도 손상받지 않은 상태에서 저절로 성장해 가리라. 그런데 경솔한 교사가 신중하게 생각지도 않고 무분별하게 이것저것 끊임없이 약속을 강요하면, 아이는 싫증이 나서 그것을 등한시하여 잊어버리며, 결국엔 형식적인 것으로 생각하여 장난삼아 약속하기도 하고 어기기도 하게 된다. 따라서 아이에게 약속을 충실히 지키게 하고 싶으면 많은 것을 요구해서는 안된다.

거짓말에 대해서 지금까지 한 이야기는, 여러 가지 점에서 다른 모든 의무에도 적용될 수 있다. 사람들은 그런 의무를 아이에게 강요하는데, 그것은 아이로 하여금 의무를 싫어하게 할 뿐만 아니라 실행 불가능한 것으로 만들 뿐이다. 사람들은 아이에게 미덕을 가르치는 것처럼 하면서 모든 악덕을 즐기도록 하고 있다. 나쁜 짓을 못하게 하면서 나쁜 짓을 가르치고 있는 것이다. 신앙심 깊은 아이로 만들기 위해 아이를 교회에 데려가서 지루하게 만든다. 끊임없이 아이들에게 기도를 강요하고, 신에게 빌지 않아도 될 행복을 간절히 기원하도록 한다. 아이에게 자비심을 가지도록 하기 위해 사람들은 아이로 하여금 적선을 베풀게 하는데, 그때 그들은 마치 자신이 할 것까지도 없는 일이라는 듯한 태도이다. 사실 적선을 베풀어야 할 사람은 아이가 아니고 선생이다. 아무리 자기의 학생을 사랑한다 해도 선생은 그러한 명예를 얻기 위해 자기의 제자와 경쟁하지 않으면 안된다. 아이의 나이 때에는 아직 그러한 행위를 할 자격이 없다는 것을 알려 주어야 한다. 베푸는 일은, 자기가 주는 것의 가치와, 자기의 동료가 느끼고 있는 필요를 잘 분별하는 사람이 할 일이다. 아이는 그런 것에 대해서는 아무것도 모르기 때문에, 남에게 적선을 베풀어도 결코 좋은 일을 했다고는 할 수 없다. 그는 자비심도 가지지 않고, 선행을 한다는 의식도 없이 그저 주는 것이다. 그래서 자신이 하는 일과 당신들의 하는 일을 근거로 하여, 어른이 되면 남에게 무엇인가를 절대로 베풀지 않는 것이구나 하고 생각함으로써, 아이는 남에게 무엇을 주는 일을 부끄럽게 여기게 될 것이다.

어른들이 아이로 하여금 베풀게 하는 것은 아이로서는 그 가치를 알 수 없는 것뿐으로, 주머니에 든 금속 조각 하나, 단지 그 정도의 가치밖에 되지 않는다는 것에 주목해야 한다. 아이는 하나의 과자보다 백 루이의 금화를 다른 사람에게 줄 것이다. 아주 인심 후한 이 분배자에게 그에게 소중한 것, 알사탕이라든가 장난감, 간식 등을 다른 사람에게 주라고 권해 보라. 그러면 곧 당신이 그 아이를 정말로 인심 후한 분배자로 만들었는지 어떤지를 알게 될 것이다.

사람들은 그에 대하여 또 하나의 방법을 사용한다. 그것은 받았던 물건을 금방 아이에게 되돌려 줌으로써, 다시 되돌려 받을 수 있는 것은 무엇이든 주도록 습관을 들이게 하는 것이다. 나는 아이에게서 다음과 같은 두 종류의 후한 인심밖에 발견하지 못했다. 자신에게 아무런 필요도 없는 것을 주거나, 확실히 돌려받을 수 있는 것을 주거나 하는 것이다. 로크는 말했다. "남에게 가장 아낌없이 주는 사람이 가장 많은 몫을 받게 된다는 것을, 경험에 의해 아이에게 납득시키라."고. 그러나 그런 방법이야말로 아이를 표면적으로는 인심이 후하지만 실제로는 인색하게 만든다. 로크는 또, "아이는 그렇게 해서 남에게 아낌없이 주는 습관을 가지게 될 것이다." 라고 덧붙여 말했다. 확실히 그렇다. 그러나 그것은 고리 대금업자와 같은 속셈으로, 달갈 한 개를 주고 소 한 마리를 손에 넣으려는 것과 같다. 또 정말로 다른 사람에게 주는 것으로 끝나 버린다면 그 습관도 끝장이다. 돌려받지 못하게 되면 아이는 주는 행위를 즉시 그만두게 된다. 손의 습관보다 마음의 습관에 주목해야 한다. 사람들이 아이에게 가르치는 그밖의 미덕도 모두 이와 비슷하다. 그리고 아이에게 이러한 견실한 미덕을 이야기하면서, 사람들은 아이의 행복해야 할 날들을 우울하게 보내게 한다. 이것이 훌륭한 교육이란 말인가. 이것처럼 바보스러운 교육이 또 있을까?

교사들이여, 겉치레를 버리도록 하라. 덕 있고 선량한 인간이 되라. 당신들의 모범적인 행동이 학생들의 기억 속에 새겨져, 마침내는 그들의 마음속까지 스며들도록 하라. 나는 서둘러 학생에게 자선 행위를 시키지 않고, 그가 보고 있는 앞에서 스스로 그것을 행하리라. 그리고 그의 나이에는 아직 어울리지 않는 명예로운 행위로서 나의 흉내조차 내지 못하게 한다. 인간의 의무를 단순히 아이의 의무로 생각하지 않도록 할 필요가 있다. 내가 가난한 사람을 도와 주는 것을 보고 그가 그 이유를 묻는다면, 그리고 그에게 대답해도 좋을 시기에 이르렀다면,* 나는 그에게 이렇게 말해 줄 것이다. "부자들은 가난한 사람들의 선의(善意) 덕분에 존재하는 것이란다. 재산도, 노동력도 살아갈 수 있을 만큼의 능력이 없는 모든 사람들을 부자가 부양하겠다고 약속했기 때문이다." "그럼, 선생님도 그런 약속을 하셨나요?"하고 그는 또 물으리라. "그렇지. 나의 손에 들어오는 재산의 소유자가 되려면, 나는 그 소유권에 따르는 조건을 갖추어야 하니까."

이 이야기를 이해한 다음에도 — 어떻게 하여 아이에게 그것을 이해시키는지는 이미 본 바와 같다 — 에밀은 예외이겠지만, 다른 아이들은 나를 흉내

● 나는 그가 원하는 시기에 그의 질문을 해결해 주지 않고, 내가 원하는 시기에 그의 질문을 해결해 준다는 것을 이해해 주기 바란다. 그렇지 않으면 내가 그의 의지에 따르는 것이 되고, 교사가 학생에 대하여 가장 위험한 종속 관계에 놓이게 될 것이다.

내어 부자처럼 행동하려 할지도 모른다. 그런 경우, 나는 적어도 그 행위가 허세로부터 나오는 행위가 되지 않도록 할 것이다. 오히려 나는, 그가 내 권리를 빼앗아 몰래 숨어서 남에게 베풀기를 바란다. 그것은 그의 나이에 어울리는 속임수의 하나인데, 나도 그것만은 눈감아 줄 생각이다.

이런 모방에 의한 미덕은 모두 원숭이의 미덕이라는 것, 아무리 좋은 행위도 도덕적으로 좋은 일로서 행해질 때에만 비로소 좋은 행위가 되는 것이지, 다른 사람이 그렇게 한다고 해서 따라 해서는 도덕적인 선행이 되지 못한다는 것을 나는 알고 있다. 그러나 마음이 아직 아무것도 느끼지 못하는 나이에서는, 아이로 하여금 좋은 행위를 흉내내게 하여 그것을 습관화하도록 함으로써, 이윽고 분별과 선(善)에 대한 사랑을 가지고 그것을 행할 수 있게 해야 한다. 인간은 모방하는 존재이다. 동물도 그렇다. 모방에 대한 기호는, 충분히 근거 있는 자연에 그 기초를 두고 있다. 그러나 그것은 사회에서는 악덕으로 변한다. 원숭이는, 자신이 두려워하는 인간을 모방하지 자신이 경멸하는 동물을 모방하지는 않는다. 원숭이는 자기보다 뛰어난 존재가 하는 일을 선(善)이라고 판단한다. 그런데 우리 사이에서는, 모든 어릿광대들이 아름다움을 흉내내어 그 품위를 떨어뜨리고, 그것을 우스꽝스러운 것으로 만든다. 그들은 자신의 저속함을 알고 있기 때문에, 자신들보다 가치 있는 것과 대등해지려고 한다. 또는 그들이 그 존경하는 것을 모방하려고 노력하는 경우에도, 그 대상의 선택에 모방하는 자의 잘못된 취미가 나타난다. 결국 그들은, 더욱 좋은 인간이 되거나 더욱 현명한 인간이 되기보다는 다른 사람에게 위압감을 주거나 자신의 재능을 칭찬받기를 한층 더 원하는 것이다. 우리 사이에 행해지고 있는 모방은, 자기 밖으로 나가고자 하는 욕망에 의거한다. 만일 나의 계획이 성공한다면, 에밀은 결코 그런 욕망을 가지지 않을 것이다. 그래서 우리는, 그런 욕망이 만들어내는 것, 즉 겉보기에 좋은 것을 필요로 하는 자가 되지는 않을 것이다.

당신들이 하는 모든 교육의 규칙을 깊이 생각해 보라. 그러면 그것이 모두 거꾸로 되어 있다는 것, 특히 미덕과 도덕에 관한 것이 더욱더 그렇다는 것을 알게 될 것이다. 아이에게 어울리는 유일한 도덕상의 교훈, 그리고 모든 나이의 사람에게 가장 중요한 교훈, 그것은 '누구에게도 결코 해를 끼쳐서는 안된다' 는 것이다. 좋은 일을 하라는 교훈조차도, 금방 말한 교훈에 종속되지 않으면 위험하고 잘못되고 모순적인 것이 된다. 어떤 사람이든 좋은 일을 하지 않는 사람이 있을까? 모든 사람은 좋은 일을 하고 있다. 악인도 마찬가지이다. 다만 그는 백 사람의 불쌍한 사람을 희생시켜 한 사람을 행복하게 할 뿐이다. 그 때문에 우리의 모든 재해(災害)가 일어난다. 가장 숭고한 미덕은 소극적인 것이다. 그것은 가장 어려운 것이다. 그것은 돋보이는 것이 아니라 인간의 마음을 진실로 유쾌하게 하는 즐거움, 누군가가 우리들에게 만족하고 있다는 저 유쾌한 즐거움조차 초월한 것이기 때문이다. 절대로 다른 사람들에게 해를 끼치지 않는 사람, 아아, 그런 사람이 한 사람이라도 있다면, 그 사람은 다른 사람들에 대해 필연적으로 어떤 큰 선행을 하는 것이 될 것이다. 그런 사람이 되기 위해서는 얼마나 큰 불굴의 정신과 얼마나 강한 성격이 필요한가. 그에 성공하는 것이 얼마나 위대하고 얼마나 힘든 일인지를 알려면, 이 격언에 관하여 토론하기보다 그것을 실천하려고 노력해야 한다.*

●결코 타인에게 해를 끼쳐서는 안된다는 교훈은, 인간 사회와 되도록 관계를 가지지 말라는 교훈을 필연적으로 포함하고 있다. 사회 상태에서는, 한 사람의 행복은 필연적으로 다른 한 사람의 불행을 만들기 때문이다. 이 관계는 사물의 본질 속에 존재하는 것으로, 어떤 것도 그것을 바꿀 수 없을 것이다. 이 원칙에 의거하여, 사회적 인간과 고독한 인간 중 어느쪽이 좋은가를 탐구하지 않으면 안된다. 어떤 유명한 작가(디드로)는, '악인만이 혼자 살 수 있다.' ─ 희곡 《사생아(私生兒)》의 서문에 있는 말 ─ 고 말했는데, 나는 '선인만이 혼자 살 수 있다' 고 말하고 싶다. 이 명제(命題)는 반드시 격언이 되지는 않지만, 전자(前者)보다는 한층 진실하고 이치에 맞는다. 어떤 사람이 고독하다고 해 보자. 악인은 어떤 악을 저질렀다는 말인가. 악인이 다른 사람들에게 해를 끼치려고 계략을 꾸민다면, 그것은 사회 속에서이다. 이 논법(論法)을 선량한 사람에 대하여 그대로 적용하려 하는 사람이 있다면, 나는 이 주(註)가 붙어 있는 일절(一節)을 그 대답으로 한다.

　이상, 때로 아이에게 주지 않을 수 없는 교훈 — 만약 그렇게 하지 않으면 아이 자신에게도 다른 사람에게도 해를 미치게 될지도 모르고, 특히 나쁜 습관을 몸에 붙여 나중에 도저히 교정할 수 없게 될지도 모르는 — 을 줄 때에 어떤 점을 주의해야 하는지에 대하여 조잡한 대로 나의 생각을 기술해 보았다. 그러나 올바른 교육을 받은 아이의 경우에는 그럴 필요가 없으니까 안심해도 좋다. 아이가 말을 안 듣고, 심술궂고, 거짓말 잘 하고, 욕심쟁이가 되는 것은, 그를 그렇게 만드는 악의 씨를 그의 마음속에 뿌리지 않는 한 불가능하기 때문이다. 따라서 이 점에 대해 내가 언급한 것은, 일반적인 규칙이라기보다는 예외가 되는 규칙이다. 그렇다 해도 이러한 예외는, 아이가 본연의 상태를 벗어나는 기회가 많아지고, 어른의 나쁜 일을 배우는 기회가 많아질수록 더욱 빈번해진다. 그래서 세상 사람들 사이에서 자라는 아이들은, 세상으로부터 떨어져 자라는 아이들에 비해 좀더 일찍부터 교육시킬 필요가 있다.

　천성적으로 자기 또래의 아이보다 높은 수준에 달해 있는 아이에 대해서는, 그와는 다른 반대 종류의 예외가 있다. 어른 중에도 아이의 상태에서 벗어나지 못한 인간이 있는 것처럼, 태어나면서부터 유년기를 지나지 않고 어른이 되어 있는 인간도 있다. 단지 곤란한 것은, 이 후자의 예외는 극히 드물고 분간하기가 어려운 데다가, 어머니들이란 저마다 자기 아이가 천재일지도 모른다는 생각을 가지게 되면, 이윽고 자기 아이가 천재라고 믿어 의심하지 않게 된다는 점이다. 뿐만 아니라 보통 수준임을 나타내는 것, 즉 활발함이라든가 기지, 경솔함, 깜짝 놀랄 만큼 단순하다든가 하는, 모두 아이 시대의 특징이 되는 것, 요컨대 아이는 아이에 지나지 않는다는 것을 가장 잘 나타내고 있는 것조차도 무언가 이상한 징후처럼 생각한다.

　무슨 말을 해도 용서받고, 무슨 일에도 구애받지 않으며, 예의 범절에도 조금도 구속받지 않는 아이가 어쩌다 굉장한 말을 했다고 해서, 그것이 뭐 그리 놀랄 일인가. 그런 말을 전혀 하지 않는 쪽이 더욱 놀랍다. 그것은 마치 점성술사가 천 번 엉터리 예언을 하는 중에 한 번 정도 진실을 예언했다 해서 놀랍다고 말하는 것과 똑같다. "그들은 너무나 거짓말을 하니까, 나중에는 진실도 말할 것이다."라고 앙리 4세는[5] 말했다. 누구든 무언가 괜찮은 말을 해보기를 원한다면, 바보스러운 말을 멋대로 늘어놓기만 하면 된다. 다른 사람에게서 칭찬받기 위해 그런 능력밖에 가지지 못한 이 신통치 못한 사람들이 불행해지지 않았으면 좋으련만……

　아이의 두뇌에도 훌륭한 생각이 번뜩일 때가 있다, 아니 오히려 아이의 입에서도 더할 수 없이 재치 있는 말이 튀어나오는 수가 있다. 그것은 값비싼 다이아몬드가 아이의 손에 들어간 것과 같은 일이다. 그런 생각이나 다이아몬드가 아이의 것이라고 할 수는 없다. 그 나이에서는 어떤 종류의 것이든 진정으로 소유한다는 것은 있을 수 없는 일이다. 아이가 하는 말은, 아이에게서, 우리들에게서와 같은 의미를 가지지 않는다. 아이는 그것에 우리와 같은 관념을 결부시키지 않는다. 설령 그러한 관념을 아이가 가질 수 있다 하더라도, 아이의 머리 속에서 그것은 아무런 맥락도 관련도 없다. 아이가 생각하는 것에는 어떤 것이든 고정된 것, 확실한 것이 없다. 이른바 당신들의 천재아를 잘 관찰해 보라. 간혹 민첩한 두뇌의 움직임, 날카로운 재기의 번뜩임을 볼 수 있을 것이다. 그러나 대부분의 경우, 그 아이의 정신이 이완되어 있고, 명석하지 못하고, 마치 짙은 안개에 싸여 있는 것처럼 느껴질 것이다. 어떤 때에는 아이가 당신들의 앞을 걷고 있지만, 어떤 때에는 가만히 멈춰 서 있다. '이 아이는 천재다' 라고 말하고 싶을 때가 있는가 하면, 이윽고 '이 아이는 바보다' 라고 말하고 싶어진다. 어느쪽이든 당신은 잘못 생각하고 있는 것이다. 요컨대 그는 아이인 것이다. 홀연 하늘 높이 날아 올랐는가 하면, 어느새 바위 끝의 둥지로 돌아오는 어린 독수리인 것이다.

　그러므로 겉으로 나타나는 아이의 모습은 무시하고, 그의 나이에 알맞

---

5) 프랑스의 국왕(1589~1610). 낭트 칙령에 의해 종교 전쟁에 종지부를 찍었다.

게 취급하는 것이 좋다. 그리고 지나친 훈련으로 그의 힘을 소모시키지 않도록 유의해야 한다. 어린 두뇌가 뜨거워져 마침내 비등(沸騰)하기 시작했다면, 우선 자유롭게 발효하도록 놓아 두라. 절대로 가열해서는 안된다. 완전히 증발해 버릴 우려가 있으니까. 최초의 정기(精氣)가 증발하면 나머지 정기는, 해가 지남에 따라 모두 활력 있는 열이 되고 참된 힘이 될 때까지 보존하고 압축해 둘 일이다. 그렇게 하지 않으면 당신들은 시간과 수고를 헛되이 낭비하게 된다. 자신의 일을 망쳐 버리게 된다. 그리고 아무런 생각도 없이 있다가 판단력을 무디게 하는 향연(香煙)에 취한 끝에, 당신들에게는 정기가 빠져 버린 찌꺼기만이 남게 될 것이다.

어리석은 아이가 자라서 속악(俗惡)한 어른이 된다. 이보다 더 일반적이고 확실한 것이 달리 있는지 없는지 나는 모른다. 진짜 어리석음과 강한 영혼을 예고하는 거짓 어리석음을 구별하는 일만큼 어려운 일은 없다. 두 극단(極端)이 대단히 비슷한 징후를 나타낸다는 것이 처음에는 기묘하게 생각되겠지만, 그러나 그것은 당연한 것이다. 인간이 참다운 관념을 전혀 가지지 못하는 나이에서는, 천재를 타고난 자와 그렇지 못한 자들의 차이는, 후자는 잘못된 관념만 받아들이는 데 반하여, 전자는 잘못된 관념밖에 보지 못하기 때문에 어떤 관념도 받아들이지 않는다는 것뿐이니까. 그래서 한쪽은 아무 것도 하지 못한다는 점에서, 다른 쪽은 아무것도 받아들이지 않는다는 점에서 둘 다 바보로 보이는 것이다. 이 양자를 구별할 수 있는 징후는 오직 우연에 의존할 수 있을 뿐이다. 우연이 전자(천분을 타고난 자)에게 그 능력에 맞는 관념을 제공하는 일이 있는 데 반해, 후자는 언제 어디에서나 같은 상태에 머물러 있을 뿐이다. 작은 카토[6]는 어렸을 때 집에서 바보 취급을 당했다. '말이 없고 고집이 센 아이', 이것이 그에 대한 평가의 전부였다. 그런데 술

---

6) 큰 카토의 증손자(曾孫子)인 Cato Uticensis(기원전 95~46). 고대 로마의 정치가 · 스토아 철학자. 시저의 독재에 반대하다가 패하여 자살했다.

라의 집 대기실에서, 처음으로 숙부가 그의 인물됨을 알아보았다. 만약 작은 카토가 그 대기실에 들어가지 않았다면, 아마도 그는 이성의 시기에 이를 때까지 바보로 통했을 것이다. 만약 시저가 살아 있지 않았다면, 자신의 불길한 천재를 꿰뚫어보고 그 장래의 계획을 모두 일찍부터 예견한 이 카토도 사람들로부터 언제까지나 망상가 취급을 받았을 것이다. 너무 성급하게 아이를 판단하는 사람은 얼마나 쉽게 잘못에 빠져 버리는 것인가. 그런 사람들은 때로 아이보다 훨씬 더 유치하다. 영광스럽게도 나에게 우정을 가져다 준 어떤 사람이, 상당히 나이를 먹은 다음에까지도 가족이나 친구 사이에서 무능한 인간으로 취급되는 것을 나는 보았다. 그 뛰어난 두뇌는 사람들에게 알려지지 않고 조용히 성숙하고 있었던 것이다. 돌연 그 사람은 철학자로서의 재능을 나타내게 되었는데, 나는 후세 사람들이 이 사람에게, 그 시대의 가장 뛰어난 이론가, 가장 심원한 형이상학자의 한 사람으로서 명예 있는 높은 지위를 주리라고 확신한다.〔Etienne Bonnot de Condillac(1715~80)을 가리킴.〕

어린 시절을 존중해야 한다. 그리고 좋은 일이든 나쁜 일이든 성급히 판단을 내려서는 안된다. 예외적인 것에 대해서는, 그것이 스스로 분명해지고 증명되고 확인될 때까지 기다렸다가 특수한 교육 방법을 적용해야 한다. 오랫동안 자연이 하는 대로 맡겨 두는 것이 좋다. 일찍부터 자연을 대신하여 무엇이든 해 보려 해서는 안된다. 그런 일을 하면 자연의 일을 방해하는 결과가 된다. "우리는 시간의 소중함을 알고 있기 때문에, 시간을 헛되이 보내고 싶지 않다."고 당신들은 말한다. 그러나 시간을 잘못 이용하는 것은 아무것도 하지 않고 있는 것보다 훨씬 더 시간을 헛되이 보내는 것이라는 사실, 그리고 서투른 교육은 전혀 교육하지 않는 것보다 아이를 지혜로부터 훨씬 더 멀어지게 한다는 사실을 당신들은 모르고 있다. 아이가 아무것도 하지 않고 어린 시절을 보내는 것을 보고 당신들은 걱정한다. 당치도 않다. 행복하게 지내는 것이 아무런 의미도 없다는 말인가? 하루 종일 뛰고 놀고 달음박질하는 것이 아무 의미도 없다는 말인가? 일생 동안 이렇게 분주한 시기는 또 없을 것이다. 플라톤은, 모두가 대단히 엄격한 작품이라고 생각하는《국가론》에서, 아이를 유희와 노래와 오락만으로 키우고 있다. 마치 아이에게 노는 방법만 잘 가르치면 모두 끝나는 것처럼. 또 세네카는, 고대 로마 젊은 이들을 일러 이렇게 말했다. "그들은 항상 서 있었다. 그들은 앉아서 공부해야 할 것은 아무것도 배우지 않았다."[7]고. 그 때문에 그들은 쓸모없는 인간이 되었을까? 그러므로 이른바 무위(無爲)의 생활을 그렇게 두려워할 필요는 없다. 인생을 철저하게 활용하기 위해 절대로 잠을 자지 않는 사람이 있다면, 당신들은 뭐라고 말할까? 아마 이렇게 말할 것이다. "그 사람은 정신병자다. 시간을 즐길 줄 모르는 사람이다. 자기 스스로 시간을 버리고 있다. 잠을 자지 않고 죽음을 향해 뛰어가고 있다."고. 그렇다. 이 경우도 마찬가지이다. 아이 때는 이성이 잠자는 시기라는 것을 명심하기 바란다.

무엇이든지 쉽게 배울 수 있다는 것은 아이에게 파멸의 원인이 된다. 그런 식으로 쉽게 배울 수 있다는 것이야말로 아이가 무엇 하나 배우지 않는다는 증거임을, 사람들은 모른다. 매끄럽게 닦여진 그들의 두뇌는, 마치 거울처럼 앞에 있는 물체를 비춘다. 그러나 뒤에는 무엇 하나 남지 않고, 내부로 들어가지도 않는다. 아이는 말을 익히지만 관념은 반사될 뿐이다. 아이가 하는 말을 듣고 있는 사람은 그 의미를 알지만, 말을 하는 아이는 그 의미를 모른다.

기억과 추리는 본질적으로 다른 두 개의 능력이지만, 서로 따르지 않으면 제대로 발달하지 못한다. 이성을 갖추는 나이에 이르기 전까지, 아이는 관념이 아닌 심상(心象)만을 받아들인다. 그리고 양자 사이에는, 심상이 감각적인 대상의 절대적인 화상(畵像)인 데 반해, 관념은 여러 가지 관련에 의해 규정되는 대상의 개념이라는 차이가 있다. 심상은 그것을 상기하는 정신

---

7) 세네카의《루킬리우스에게 보내는 편지》88.

속에 단독으로 존재할 수 있지만, 관념은 모두 다른 관념의 존재를 함축한다. 상상할 때에는 보고 있음에 지나지 않는다. 그러나 이해할 때에는 비교하고 있는 것이다. 우리의 감각은 순수하게 수동적이지만, 우리들의 모든 지각(知覺)이나 관념은 판단을 하는 어떤 능동적인 근원에서 생겨난다. 이것은 나중에 증명하기로 한다.

그래서 나는, 아이에게는 판단력이 없으니까 진정한 기억은 없다고 말해 둔다. 아이는 소리나 형태나 감각을 포착하지만 관념을 포착하는 일은 극히 드물며, 그 관련성을 포착하는 일은 더욱 드물다. '아이는 초보적인 기하학을 배운다' 고 반론함으로써, 사람들은 나의 생각이 잘못 되어 있다는 것을 충분히 증명했다고 믿는다. 그러나 그것은 완전히 반대로 나의 생각이 바르다는 것을 증명한다. 즉, 그것은 아이가 스스로 추리할 수 있기는커녕 다른 사람의 추리를 기억조차 할 수 없다는 것을 증명하는 것이다. 그 어린 기하학자들의 방법을 살펴보라. 아이가 기억하고 있는 것은 도형의 정확한 인상과 증명의 용어뿐이라는 것을 곧 알게 될 것이다. 조금이라도 새로운 변화가 발생하면, 아이는 아무것도 모르는 상태가 되어 버린다. 도형을 거꾸로 놓아 보라. 아이는 아무것도 모르게 된다. 그들의 지식은 모두 감각적인 것에 한정되어 있어, 무엇 하나 오성(悟性)에까지 도달하는 것이 없다. 그들의 기억 그 자체도 다른 능력과 마찬가지로 불완전하다. 따라서 어떤 것이든 아이 때 말로만 배운 것은 커서 다시 배우지 않으면 안된다.

그렇다고 해서 나는, 아이에게 어떤 종류의 추리력도 없다고는 생각지 않는다.* 오히려 아이가 알고 있는 일, 현재 그의 눈에 보이는 이익과 관계 있는 일에 대해서는, 언제든지 아주 잘 추리하고 있다는 것을 알고 있다. 그런데 사람들이 잘못 생각하는 것은 아이의 지식에 관해서이다. 사람들은 아이가 가지고 있지도 않은 지식을 가지고 있는 것으로 생각하여, 아이가 이해할 수도 없는 것에 대하여 추리하게 한다. 게다가 사람들은 아이가 조금도 관심을 가지지 않는 것 ─ 장래의 이익이라든가, 어른이 되었을 때의 행복,

컸을 때 사람들로부터 받을 존경 따위 — 에 아이의 주의를 돌리려 한다. 이 역시 잘못된 생각이다. 앞날에 대해 생각할 능력이 없는 아이에게 그런 말을 해 본들, 그들에게는 전혀 아무런 의미도 없다. 이와 같이 불쌍한 아이에게 강요되는 공부는 모두, 그들의 정신으로부터 멀고 아무런 인연도 없는 것들이다. 그들이 그런 것들에 얼마만큼의 관심을 가질 수 있는지를 잘 생각해 보기 바란다.

제자에게 주는 교훈을 과장해서 늘어놓는 선생들은, 나와는 정반대의 다른 말을 하기 위해 돈을 받고 있다. 그러나 그들 자신의 방법을 보면, 그들도 나와 완전히 같은 생각을 하고 있다는 것을 알 수 있다. 그렇다면 결국, 그들은 제자에게 무엇을 가르치고 있는 것일까? 말, 다음에도 말, 언제나 말뿐이다. 그들은 여러 가지 학문을 제자들에게 가르치고 있다고 자랑하지만, 제자에게 정말로 쓸모 있는 학문을 선택하지 않으려고 되도록 주의하고 있다. 쓸모 있는 것은 사물에 대한 학문일 텐데, 그들은 그런 학문을 잘 가르칠 수 있을 것 같지 않기 때문이다. 그들이 선택하는 것은 그 용어만 알면 모두 아는 것처럼 보이는 학문으로, 예를 들면 문장학(紋章學)·지리학·연대기(年代記)·어학과 같은 것인데, 이런 것은 모두 인간에게, 특히 아이에게는 전혀

●이 책을 쓰면서 몇 번이나 생각한 것인데, 긴 작품에서는, 같은 말에 언제나 같은 의미를 부여한다는 것은 불가능한 일이다. 어떤 풍부한 언어도, 우리의 관념이 가질 수 있는 변화와 같은 정도의 용어(用語)·표현·문장을 공급할 수는 없다. 모든 용어를 정의(定義)하고, 정의된 것을 끊임없이 다른 정의로 바꾸어 놓는 방법은, 훌륭하긴 하나 실행할 수가 없다. 어떻게 하면 순환을 피할 수 있을까. 정의(定義)를 함에 말을 사용하지 않는다면, 그 정의는 훌륭한 것이 될지도 모른다. 그럼에도 불구하고 우리의 빈약한 말을 사용해서도 의미를 분명히 할 수 있다고 나는 확신한다. 그것은 같은 말에 언제나 같은 의미를 부여하는 것에 의해서가 아니라, 하나하나의 말을 사용할 때마다 그 말에 부여하는 의미가 그것에 관련한 여러 가지 관념에 의해서 충분히 한정되도록 하고, 또 그 말이 찾아내는 문장이, 각각 이른바 정의(定義)의 역할을 하도록 하는 것에 의해서이다. 나는 어떤 때에는, 아이는 추리를 할 수 없다고 말하고, 또 어떤 때에는, 아이에게 상당히 세밀한 추리를 시키기도 한다. 나는 그런 점에서 나의 생각이 모순된다고 생각하지는 않지만, 표현에서는 때로 모순된다는 것을 인정하지 않을 수 없다.

소용이 없는 공부이다. 그러므로 이 중의 어떤 것이 일생 동안에 한번이라도 소용되는 일이 있다면 그것은 신기할 정도의 학문인 것이다.

어학 공부도 쓸모 없는 교육 중의 하나라고 하면, 독자 여러분들은 깜짝 놀랄 것이다. 그러나 여기서 내가 말하고 있는 것은 어린아이의 공부에 대한 것만이라는 것을 상기해 주기 바란다. 그리고 사람들이 뭐라 하든, 12살이나 15살까지는 어떤 아이이든, 천재는 별도로 하고, 2개 국어를 완전히 배운 아이가 있다고는 믿을 수 없다.

어학 공부가 말을 배우는 것, 즉 그것을 표현하는 문자나 소리를 배우는 것에 지나지 않는다면, 그런 공부는 아이에게 적당할지도 모른다. 그러나 언어는, 기호를 바꾸면 그 기호가 표현하는 관념들까지도 변화시킨다. 정신은 언어에 의해 형성되고, 사상은 그 언어가 나타내는 관념에 의해 각기 특색을 띤다. 이성(理性)만은 공통의 것이지만, 정신은 각각의 국어에 의해 특수한 형태를 가진다. 그 상이점은 확실히 갖가지 국민성의 부분적인 원인 또는 결과가 될 수 있다. 그리고 이 가능성을 확인하고 있는 것처럼 생각되는 것은, 세계의 모든 국민에게 국어는 풍속과 함께 변천하고 풍속과 함께 유지되거나 소멸하기 때문이다.

아이는 그 여러 가지 형태의 언어 중에서 하나만을 습관적 사용에 의해 터득한다. 그리고 그 유일한 언어를 이성의 시기에 도달할 때까지 가지게 된다. 두 언어를 숙달하기 위해서는 그 언어들의 관념을 비교할 수 있어야 하는데, 그 언어를 겨우 이해하는 아이가 어떻게 관념을 비교할 수 있겠는가. 아이의 입장에서 보면, 하나하나의 사물은 무수히 다른 의미를 가질 수 있다. 그러나 하나하나의 관념은 각기 하나의 형태밖에 가질 수 없다. 따라서 아이는 단 하나의 국어를 배울 수 있을 뿐이다. "그렇지만 아이는 몇 개 국어를 배우고 있지 않은가." 하고 사람들은 내게 말한다. 나는 그러한 사실을 부정한다. 나는 5·6개 국어를 할 수 있다는, 이른바 천재아들을 만난 일이 있다. 나는 그들이 차례차례 도이칠란트어·라틴어·프랑스어·이탈리아어로 이야기하는 것을 들었다. 과연 그들은 다섯 종류인가 여섯 종류의 사전을 사용하고 있었는데, 언제나 도이칠란트어로만 이야기하고 있지는 않았다. 아이들에게 당신들이 가르쳐 주고 싶은 만큼 많은 동의어(同義語)를 가르쳐주어도 좋다. 그러나 아이가 사용하는 단어는 바뀔 테지만 국어는 변하지 않을 것이다. 아이는 단 하나의 국어밖에 모를 것이다.

이러한 점에서의 자신의 무능력을 감추기 위해, 선생들은 즐겨 아이에게 죽은 말〔死語〕을 가르친다. 이러한 언어는 오래 전부터 일상 생활에는 사용하지 않으므로, 사람들은 책에 씌어 있는 것을 흉내내는 것으로 만족한다. 그리고 그런 것을 가지고 그 국어를 할 줄 안다고 한다. 선생의 희랍어·라틴어조차 그런 것이라고 한다면, 아이의 희랍어·라틴어가 어떠하리라는 것은 쉽게 짐작할 수 있으리라. 도대체 뭐가 뭔지 알 수 없는 이 국어들의 기초를 암기하면, 아이들은 곧 프랑스어 문장을 라틴어로 바꾸는 것을 배운다. 거기에서 좀더 진전하면, 키케로에서 인용한 어구로 산문을, 베르길리우스에서 발췌한 시구(詩句)로 운문을 짜 맞추는 것을 배운다. 그렇게 되면 아이들은 라틴어를 할 줄 아는 것으로 생각하는 것이다. 누가 그에 대해 이의를 말하겠는가.

어떤 공부에서든 표현되는 사물에 관한 관념이 없으면, 표현하는 기호는 아무런 의미도 없다. 그럼에도 불구하고 사람들은 언제나 아이에게 그러한 기호만을 가르칠 뿐, 그것이 표현하는 사물을 절대로 이해시킬 수 없는 것이다. 아이에게 세계의 경관에 대하여 가르치려고 생각하면서, 사람들은 지도 보는 방법을 가르치고 있을 뿐이다. 사람들은 도시나 나라 또는 강의 이름을 가르치는데, 아이는 자신의 눈에 보이는 종이 위가 아닌 다른 어딘가에 그것들이 존재한다는 것을 이해할 수 없는 것이다. "세계란 무엇인가? 그것은 마분지로 만든 하나의 공이다."라고 첫머리에 씌어 있는 지리책을 본 적이 있는데, 아이의 지리학이 바로 그러한 것이다. 2년 동안 지구의(地球儀)나 우주 형상지(形狀誌)를 통해 배운 다음, 그 배운 규칙에 따라 파리에서 생드니[8]까지 갈 수 있는 열 살짜리 아이는 한 명도 없으리라고 나는 생각한다. 또 어떤 저택의 정원 도면을 가지고, 그 정원의 구불구불한 길을 헤매지 않고 걸어갈 수 있는 아이는 한 명도 없으리라고 나는 생각한다. 이것이 바로 북경이나 이스파한이나 멕시코나 지구상의 모든 나라가 어디에 있는지 손바닥을 들여다보듯 알고 있는 꼬마박사들의 실정이다.

"아이들에게는 눈 외에는 아무것도 필요하지 않은 공부를 시키는 것이 적당하다."고 하는 소리를 듣는다. 눈 외에는 아무것도 필요하지 않은 공부가 있다면, 그런 말도 할 수 있으리라. 그러나 나는 그런 공부는 모른다.

역사 공부를 시키는 데는 더욱더 우스꽝스러운 잘못이 야기된다. 역사란 사실을 모은 것에 지나지 않으니까, 아이도 충분히 이해할 수 있다고 사람들은 생각한다. 그러나 '사실'이라는 말을 그들은 어떻게 이해하고 있는가? 역사적 사실을 결정하는 여러 가지 관계는 쉽게 파악할 수 있기 때문에, 그 관념이 아이의 정신 속에 어렵지 않게 형성되리라고 사람들은 생각하고 있는 것일까? 사건에 대한 참 지식을 그 원인이나 결과에 대한 지식과 분리할 수 있고, 역사적인 것과 도덕적인 것은 그다지 관련이 없으니까 그것들을 따로따로 인식할 수 있을 것이라고 생각하고 있는 것일까? 인간의 행동 중에 외부적인, 그리고 단순히 물리적인 운동만을 본다면, 역사에서 무엇을 배울 수 있겠는가? 아무것도 배울 수 없을 것이다. 그리고 이 학문은 흥미 없는 것이 되며, 아무런 교훈도 주지 못하고, 아무런 즐거움도 주지 못하게 될 것이다. 만약 인간의 행위를 도덕적인 관계에서 평가하려 한다면, 그 관계를 당신들의 학생에게 이해시켜 주어야 할 것이다. 그러면 역사학이 아이의 나이에 맞는 학문인지 어떤지 알게 될 것이다.

독자들이여, 항상 기억해 주기 바란다. 당신들에게 이야기하고 있는 이 사람은, 학자도 철학자도 아닌 평범한 인간이며, 진리를 사랑하는 사람이라

---

8) 파리 북쪽 교외의 시로, 파리에서 9킬로미터 떨어졌다.

는 것을. 사람들과의 교제가 거의 없어서 그 편견에 물들 기회가 적으며, 사람들과의 교제에서 깨달은 것이 있다면 그것을 잘 생각해 볼 수 있는 충분한 시간을 가진 고독한 인간이라는 것을. 나의 말들은 여러 가지 이론보다 많은 사실에 근거를 두고 있다. 그래서 나는 그런 이론을 시사해 주는 관찰들로부터 꾸준히 실례를 들어 이야기하는 것이 당신들에게 그 사실들을 확신시킬 수 있는 가장 좋은 방법이라고 생각한다.

나는 시골의 어떤 집에서 며칠인가 묵은 일이 있는데, 그 집의 어머니는 아이들의 교육에 상당히 주의를 기울이는 분이었다. 어느 날 아침, 나는 제일 위의 아이가 공부하는 곳에 함께 있었는데, 전부터 그 아이에게 고대사를 충실히 가르쳐온 가정 교사는, 그날 알렉산더 대왕의 이야기 중에서 의사 필립포스에 관해 잘 알려진 이야기[9]를 아이에게 해 주었다. 그 이야기는 그림으로도 그려진 이야기로, 확실히 그만큼의 가치가 있는 이야기이다. 뛰어난 사람인 그 교사는, 알렉산더 대왕의 용감한 행위에 대하여 자기의 생각을 약간 덧붙여서 이야기했다. 그 생각은 내 마음에 들지 않았지만, 학생의 마음에 선생에 대한 불신감이 생길 것을 우려하여 나는 반박하기를 단념했다. 식사 때, 프랑스인의 습관에 따라 사람들은 아이에게 여러 가지 말을 시켰다. 그 나이에 맞는 활달함과, 모두에게 칭찬받으리라는 기대가 아이로 하여금 바보스러운 말을 멋대로 지껄이게 했는데, 그래도 때로 그럴 듯한 이야기가 나와서, 그밖에 무슨 이야기를 했는지는 잊어버리게 되었다. 아이는 그 이야기를 지극히 명쾌하게, 그리고 제법 솜씨 있게 했다. 사람들은, 어머니가 바라고 아이가 기대하던 칭찬의 말을 한 다음에, 아이가 이야기한 것에 대해

---

9) 플루타르크나 퀸티우스 그로티우스(로마의 역사가)에 의해서 전해진 유명한 일화로, 몽테뉴에 의해서 다음과 같이 요약되어 있다. "알렉산더는……파르메니온의 편지에 의해서 그 가장 총애하는 의사인 필립포스가 다리우스에게 매수되어 그를 독살하려는 것을 알았을 때, 그 편지를 필립포스에게 읽어보라고 건네줌과 동시에, 필립포스가 권한 탕약을 꿀꺽 마셔버렸다."(《수상록》 제1권 제24장)

토론하기 시작했다. 대부분의 사람들이 알렉산더 대왕의 무모한 행위를 비난했다. 어떤 사람은 교사의 의견에 동조하여, 알렉산더의 의연한 정신과 용기를 극구 칭찬했다. 그래서 나는, 그 자리에 있는 사람들 중 그 이야기의 아름다운 점을 진정으로 이해하고 있는 사람이 아무도 없다는 것을 알았다. 나는 그 자리에 있는 사람들에게 말했다. "알렉산더의 행위에서 아주 조금이라도 용기가 확인되었다면, 또 아주 조금이라도 의연한 태도가 확인되었다면, 그것은 단지 무모한 허세였다고 생각합니다." 하고. 그랬더니 사람들 모두가, 그것은 터무니없는 허세였다는 데에 의견이 일치하게 되었다. 나는 은근히 화가 치밀어 그에 반발하려 했다. 그때, 나의 옆에서 그때까지 아무 말도 하지 않던 한 부인이 내 귀에 소곤거렸다. "장 자크, 아무 말도 하지 마세요. 이 사람들은 당신의 말을 이해하지 못할 거예요." 그 부인이 현명한 충고에 따라 나는 얼른 입을 다물었다.

　이 어린 박사가 자신이 이야기한 것을 전연 이해하지 못하고 있지나 않나 의심을 가지고 있던 나는, 식사가 끝난 다음에 아이의 손을 잡고 함께 정원을 산책했다. 그리고 주위에 꺼릴 사람도 없으므로, 아이에게 여러 가지를 물어 보았다. 아이는, 많은 사람들에게 칭송받는 알렉산더의 용기에 누구보다 감동하고 있었다. 그런데 그가 어떤 점에서 그 용기를 보고 있었는지 아는가? 주저하지도 않고, 조금도 싫은 얼굴을 보이지 않고 쓴 것을 단숨에 들이켰다고 해서 용기가 있다는 것이다. 2주일 전쯤 쓴 약을 억지로 마신 불쌍한 아이는, 아직도 그 쓴맛을 입에서 느끼고 있었던 것이다. 죽음이라든가 독살 따위는 아이의 머리 속에서는 단지 불쾌한 정도로밖에 생각되지 않았고, 그 아이로서는 센나(senna) 외의 독약이 있다고는 생각할 수 없었던 것이다. 그렇기는 하나 영웅의 의연한 행동이 어린 아이의 마음에 커다란 인상을 주어, 이 다음에 약을 먹게 될 때에는, 자기도 알렉산더처럼 하리라고 굳게 결심했다는 것을 말해 두어야 할 것 같다. 분명히 그의 이해력을 넘은 설명에까지 들어서는 일은 그만두기로 하고, 나는 그 기특한 마음가짐을 격려

해 주었다. 그리고 나는 아이에게 역사를 가르치고 있다고 생각하는 아버지들과 교사들의 뛰어난 지혜에 저절로 웃음이 나오려는 것을 참고 집 쪽으로 걸어갔다.

국왕·황제·전쟁·정복·혁명·법률과 같은 말들을 아이의 입으로 말하게 하는 것은 쉬운 일이다. 그러나 이러한 말들에 또렷한 관념을 결부시키는 문제가 되면, 그 모든 설명들은 채소 재배인 로베르와의 대화와는 아주 큰 거리가 있을 것이다.

"장 자크, 아무 말도 하지 마세요." 하고 나의 말을 막은 한 부인의 말에 불만을 품은 몇몇 독자들은 결국 내게 물을 것이다. "알렉산더의 행위 가운데 대체 당신이 보았다는 훌륭함은 무엇이냐?"고. 불쌍한 독자들이여! 그것을 말해 주어야 할 정도라면, 그것을 말한들 당신들이 이해할 수 있을까? 그것은 알렉산더가 덕(德)을 신뢰했다는 것이다. 자신의 목숨을 걸고 그것을 신뢰한 것이다. 그의 위대한 영혼은, 덕을 믿도록 만들어져 있었던 것이다. 그 약을 마셔 버린 것은 얼마나 아름다운 신앙 고백이었던가! 그렇다. 일찍이 이만큼 숭고한 신앙 고백을 한 인간은 없다. 어딘가에 현대의 알렉산더가 있다면, 같은 행위에 의해 그가 현대의 알렉산더임을 증명해 보여라.

말로 할 수 있는 학문이 없다면, 아이들에게 적합한 공부도 없는 것이다. 아이에게 진정한 관념이 없다면, 진정한 기억도 없는 것이다. 감각을 상기시킬 뿐인 것을 나는 기억이라고 부르지 않기 때문이다. 아무런 의미도 주지 못하는 기호의 목록을 아이의 머리 속에 집어넣어 준들 무슨 소용이 있겠는가. 사물을 배우면 기호도 배우는 것이 아닐까? 어째서 그것을 두 번씩 배우는 수고를 하게 하는가. 당신들은 아무리 의미도 없는 말을 학문으로 생각하게 함으로써, 위험한 편견을 아이의 머리 속에 심어 주고 있다. 아이가 의미도 모르고 최초로 배우는 말, 자신은 그 사용법을 알지도 못하면서 타인의 말을 신용하여 받아들이는 최초의 사물, 이것이 아이의 판단력을 망치는 시초이다. 그 아이는 오랫동안 바보들의 눈을 현혹시킬지도 모르지만, 이윽고 그런 어리둥절함에서 회복될 것이다.*

그렇다. 자연은 아이의 두뇌에 모든 종류의 인상을 받아들일 수 있는 유연성을 부여했지만, 그것은 국왕의 이름이나 연대·문장학(紋章學)·천문학·지리학 용어 및 현재로선 아이에게 아무런 의미도 없는 말, 장차 그 아이가 사용하지도 않을 말을 기억시키게 하기 위해서는 아니다. 그가 이해할 수 있고 그에게 도움이 되는 모든 관념, 그의 행복과 연결되며 훗날 그의 의무를 명백히 해 주는 모든 관념이 지워지지 않는 문자로 일찍부터 두뇌에 새겨져, 일생 동안 그가 자신의 존재와 능력에 맞는 행동을 하는 데 도움이 되도록 하기 위해 자연은 아이의 두뇌에 유연성을 준 것이다.

책으로 공부하지 않는다고 해서, 아이가 지니고 있는 기억이 아무것도 하지 않는 것은 아니다. 보는 것, 듣는 것이 모두 아이를 자극하고, 아이는 그것을 기억한다. 그는 어른들의 행위나 말을 마음속에 간직해 둔다. 그리고 그를 둘러싸고 있는 모든 환경이 책이 되어, 아이는 그에 의해 저절로 기억의 내용을 풍부하게 하고, 이윽고는 판단이 그것을 유효하게 사용할 수 있도록 한다.

아이의 초기의 기억력을 길러 주는 참된 방법은, 아이에게 보여 주고 들려줄 것을 잘 선택하는 것, 즉 아이가 알아도 되는 것은 언제나 보여 주고, 알

● 대부분의 철학자들의 학문은 아이들의 그것과 같다. 박학(博學)은 많은 관념보다는 오히려 많은 이미지를 초래한다. 날짜, 여러 가지 명칭, 지명(地名) 및 고립한 또는 관념을 잃은 모든 사물은 오로지 기호를 익히는 것에 의해서 기억되므로, 사람들이 그것들 중의 어느것 하나를 생각해 내는 경우, 동시에 그것을 읽은 책의 페이지가 우측인지 좌측인지, 혹은 그것을 처음으로 본 때의 형태 같은 것이 눈에 떠오르지 않는 일이 드물다. 이 몇 세기 동안 세상에 유행하던 학문은 거의 그러한 것이었다. 오늘날의 학문은 그것과는 다르다. 사람들은 이미 연구도 관찰도 하지 않는다. 우리는 꿈을 꾸는데, 그중에서도 나쁜 밤의 꿈이 엄숙하게 철학으로서 우리에게 주어지는 것이다. 당신들은 나 역시 꿈을 꾸고 있다고 말하리라. 그건 그렇다. 그러나 다른 사람들이 해내지 못한 일을 나는 한다. 나는 나의 꿈을 꿈으로 나타내 보이는 것이다. 그리고 나의 꿈 속에, 깨어 있는 사람들에게 도움이 될 것이 있는지 어떤지는 독자로 하여금 탐구하게 할 것이다.

아서 좋지 않은 것은 감추어 아이의 눈에 띄지 않도록 하는 것이다. 또 이에 의해, 젊을 때에는 교육에 도움이 되고, 일생 동안의 처세에 도움이 되는 지식의 보고(寶庫)를 만들어 주도록 해야 한다. 솔직하게 말해서 이 방법은, 신동(神童)을 만들지도 못할 것이며, 양육하는 사람이나 교사에게 화려한 명성을 가져다 주지도 않으리라. 그러나 그것은 분별 있고 육체와 정신이 함께 건강한 인간, 어릴 때에는 칭찬받지 못하지만 어른이 되면 사람들에게 존경받는 인간을 만들 것이다.

에밀은, 아무것도, 우화(寓話)조차도 암기하지 않을 것이다. 라 퐁텐[10]의 우화가 아무리 소박하고 매력적이라 해도, 그것조차 암송하게 하는 일이 없을 것이다. 역사의 언어들이 역사 자체가 아닌 것처럼, 우화에 나오는 언어들 또한 우화 자체가 아니기 때문이다. 어째서 사람들은 우화를 아이의 윤리학이라고 말할 정도로 분별이 없는 것일까. 우화가 아이를 즐겁게 하지만 동시에 아이에게 잘못된 것을 가르친다는 것, 아이가 거짓에 이끌려 진실을 보지 못한다는 것, 그리고 아이를 위해 교훈을 즐거운 이야기로 꾸밈으로써 오히려 아이가 교훈을 끌어내는 것을 방해받고 있다는 것을 사람들은 전혀 생각지 않는다. 우화는, 어른에게는 교훈이 될 수 있다. 그러나 아이에게는 자연 그대로의 진실을 이야기해야 한다. 진실에 베일을 씌우면 아이는 애써 그것을 벗기려 하지 않는다.

아이들은 모두 라 퐁텐의 우화를 배우지만, 그것을 이해할 수 있는 아이는 한 명도 없다. 그들이 그것을 이해하지 못하는 것이 다행이다. 우화 속의 도덕에는 여러 가지가 섞여 있어, 아이들의 나이에는 맞지 않기 때문에, 아이를 미덕으로 이끌기보다는 악덕으로 이끌 것이기 때문이다. 이것 또한 역설이라고 당신들은 말할 것이다. 좋다. 그렇다면 그 속에 어떤 진리가 있는지 없는지 검토해 보기로 하자.

---

10) La Fontaine(1621~95), 프랑스의 고전주의의 대표적인 시인·우화 작가.

나는 아이에게 우화를 가르쳐도 아이는 그것을 이해하지 못한다고 말했다. 아무리 우화를 단순하게 만들려고 애써도 소용없는 짓으로, 사람들은 우화에서 끄집어내려는 교훈에 아이가 파악할 수 없는 관념을 내포시키고, 시적(詩的)인 표현법을 사용하여 우화를 외기 쉽게 만드는 동시에, 오히려 그것을 아이가 이해할 수 없는 것으로 만들어 버린다. 이렇게 사람들은 단순 명쾌한 것을 대가로 하여 작은 가치인 재미를 얻는다.

라 퐁텐의 우화집 전체 중에서 어린이다운 소박함이 빛나고 있는 것은, 내가 알기로는 대여섯 개밖에 없다. 이것들 중에서 첫번째 우화●를 예로 들어 보자. 이 우화가 시사하는 교훈이 다른 어떤 것보다 모든 나이의 사람들에게 적합하며, 아이들에게 가장 쉽게 이해되며, 아이가 가장 즐겨 배우며, 그래서 작가 자신도 기꺼이 맨 앞에 실은 우화이기 때문이다. 이 우화가 정말로 아이에게 이해되고, 그들을 즐겁게 하면서 교훈을 줄 수 있다면, 이 우화는 확실히 그의 걸작이다. 그러므로 이 우화의 시구(詩句)를 따라 검토해 보는 것을 용서해 주기 바란다.

여우와 까마귀

Maître corbeau, sur un arbre perché,
까마귀 선생, 앉아 있다, 나뭇가지에

'선생' 이란 말은 실제로 무엇을 의미하는가? 고유 명사 앞에 있을 때에는 어떤 의미가 되는가? 여기서는 그 의미가 무엇인가?

'까마귀' 란 무엇인가?

'앉아 있다, 나뭇가지에' 란 무엇인가? 우리는 '앉아 있다, 나뭇가지에' 라고는 말하지 않는다. '나뭇가지에 앉아 있다' 라고 말한다. 따라서 시(詩)에서의 도치법에 대하여 이야기해 주지 않으면 안된다. 또 산문이란 어떤 것이고 시란 어떤

● 포르메이씨에 의해 지적된 것처럼, 이것은 두 번째의 우화이지 첫번째의 것은 아니다.

것인지를 설명해 주어야 한다.

Tenait en son bec un fromage.
치즈 한 조각을 입에 물고

어떤 치즈일까? 스위스의 치즈인가, 브리의 치즈인가? 그렇지 않으면 네덜란드
의 치즈인가? 아이가 아직 까마귀를 보지 못했다면, 그 이야기를 한들 무슨 소
용이 있겠는가. 또 본 적이 있다면, 까마귀가 입에 치즈를 물고 있다는 것을 어
떻게 생각할까? 언제나 자연 그대로의 모습을 묘사해야 한다.

Maître Renard, par l'odeur alléché,
여우 선생, 냄새에 이끌려

또 선생! 그러나 이것은 여우에게는 어울리는 칭호다. 여우는 그 방면에서는 뛰
어난 솜씨를 가진 훌륭한 선생이니까. 여우란 어떤 동물인가를 설명하고, 여우의
진짜 성격과 우화 속에서 주어지는 관례적인 성격을 구별해 주어야 할 것이다.
'이끌려(alléché)' 라는 말은 일상 생활에서는 사용되지 않는다. 따라서 그 의
미를 설명해 주어야 한다. 오늘날에는 이 말이 시에서만 사용되고 있다는 것을
말해 주어야 한다. 아이는, 왜 시에서는 산문에서 사용하는 말과 다른 말을 쓰
느냐고 물을 것이다. 당신들은 뭐라고 대답하겠는가.
'냄새에 이끌려' — 나무에 앉아 있는 까마귀가 물고 있는 치즈,
그 냄새를 숲속이나 굴 속에 있던 여우가 맡았다면, 그 치즈는 상당히 냄새가
강했을 것임에 틀림없다. 이것으로 올바른 비판 정신, 올바르다고 생각되는 것
만을 납득하며, 다른 사람들의 이야기의 진실과 허위를 구별할 수 있는 비판 정
신을 당신들의 학생에게 훈련시킬 수 있다는 말인가.

Lui tint à peu près ce langage:
까마귀에게 이렇게 말하였다.

'말하였다' 라니, 여우가 말을 하는가? 또 여우가 까마귀와 같은 언어를 사용하
는가? 현명한 교사여, 조심하라. 아이에게 대답하기 전에 잘 생각하라. 당신의
대답은, 당신이 생각하고 있는 이상으로 중요한 의미를 가지게 되니까.

Eh! Bonjour, monsieur du corbeau!
여! 안녕하십니까, 까마귀님!

'님(monsieur)', 이러한 칭호를 아이는, 그것이 경칭(敬稱)인 것을 알기 전에 놀리는 말로 사용하는 것을 안다. 'monsieur du corbeau' 라고 말하는 사람은, 이 'du(de+le로, 흔히 귀족명 앞에 붙는다)' 라는 말을 설명하기 전에 좀더 여러 가지를 설명해야 할 것이다.

Que vous êtes joli! Que vous me semblez beau!
당신은 어쩌면 그렇게도 멋지십니까! 어쩌면 그렇게도 아름다우십니까!

필요없는 말을 쓸데없이 되풀이하고 있다. 같은 것이 다른 말로 되풀이되는 것을 보고, 아이는 깔끔하지 못한 어법을 배우게 된다. "이 반복은 작자의 기교다. 여러 가지 말로 까마귀를 추어 주려고 여우가 일부러 그렇게 말한 것이다."라고 당신들이 설명한다면, 그것은 나한테는 통하겠지만 나의 학생에게는 훌륭한 설명이라고 할 수 없다.

Sans mentir, si votre ramage
정말이지, 만약 당신의 목소리가

'정말이지' 라니, 그러면 때로 거짓말을 한다는 건가? "여우는 자기가 거짓말을 하고 있기 때문에 '정말이지' 라고 말한 것이다." 라고 가르친다면, 아이는 대체 어떻게 되겠는가.

Sé rapporte à votre plumage,
당신의 깃털과 어울린다면

'어울린다', 이 말은 어떤 의미인가? 목소리와 깃털처럼, 전혀 성질이 다른 것을 아이에게 비교해 보게 하라. 아이가 얼마나 이해할 수 있는지 알게 될 것이다.

Vous êtes le phénix des hôtes de ces bois.
당신은 이 숲속에 사는 주민들 중의 불사조일 것입니다.

'불사조(phénix, 不死鳥)' 란 무엇인가? 여기서 우리는 돌연 터무니없는 고대의 거짓 속으로 내동댕이쳐진다. 신화 속으로 말이다.

'이 숲속에 사는 주민', 얼마나 황당한 비유인가! 이 아부하는 자는 고상한 말을 사용하여 자신의 말이 한층 위엄 있게 들리도록 한다. 이러한 교활함을 아이가 이해할 수 있을까? 고상한 문체, 저속한 문체가 무엇인지 아이가 알기나 할 것이며, 또 알 수가 있겠는가?

A ces mots, le corbeau ne se sent pas de joie;
그 말을 듣고 까마귀는 기뻐서 어쩔 줄 몰랐다.

이 속담식 표현의 힘을 충분히 깨닫기 위해서는 상당히 강한 감정을 경험해 본 일이 있어야 할 것이다.

Et pour montrer sa belle voix,
그래서 자기의 아름다운 목소리를 들려주기 위해

이 시구와 이 우화 전체를 이해하기 위해서는, 아이가 까마귀의 아름다운 목소리가 어떤 것인가를 알아야 한다는 것을 잊어서는 안된다.

Il ouvre un large bec, laisse tomber sa proie·
입을 크게 벌리는 바람에, 먹이가 툭 떨어졌다.

이 구절은 훌륭하다. 말의 가락이 그대로 영상을 만들어 낸다. 내게는 까마귀가 크고 흉한 입을 벌리는 것이 보인다. 나뭇가지 사이로 치즈가 떨어지는 소리가 들려온다. 그러나 이러한 종류의 아름다움을 아이는 전연 모른다.

Le renard s'en saisit, et dit: Mon bon monsieur.
여우는 그것을 물고는 이렇게 말하였다. '친절한 까마귀님이군.'

여기서 '친절' 하다는 것은 '바보' 라는 의미가 된다. 확실히 이것은 아이에게 가르치기 위해 시간을 소비할 만한 것이 못된다.

Apprenez que tout flatteur
잘 기억해 두어요. 아첨을 잘하는 자는 모두

일반적인 금언. 아이는 진퇴양난에 빠지고 만다.

Vit aux dépens de celui qui l'écoute,
그 아첨을 듣는 자에 의존하여 산답니다.

열 살 난 아이가 이 구절을 이해한 예를 나는 본 적이 없다.

Cette leçon vaut bien un fromage, sans doute.
이 교훈은 확실히 치즈 한 조각 정도의 가치는 있습니다.

이것은 금방 알 수 있고, 꽤 훌륭한 생각이다. 그러나 교훈과 치즈의 가치를 비교할 수 있는 아이, 또 치즈보다 교훈이 좋다고 생각하는 아이는 좀처럼 없을 것이다. 따라서 이러한 말은 빈정거리는 말에 지나지 않는다는 것을 아이에게 이해시킬 필요가 있다. 이것은 아이에게는 너무나 미묘한 것이 될 것이다.

Le corbeau, honteux et coufus,
까마귀는 부끄럽고 창피해서

또 동의어의 반복이다. 이번 경우에는 변명의 여지도 없다.

Jura, mais un peu tard, qu'on ne l'y prendrait plus.
다시는 아첨에 넘어가지 않으리라 맹세했지만, 때는 이미 늦었다.

'맹세했다' ─ 맹세한다는 것이 어떤 것인지를 아이에게 설명해 주는 어리석은 교사가 있을까.

얼마나 상세한 분석인가! 그러나 이 우화에 포함되어 있는 모든 관념을 분석하고, 게다가 그것들을 그 위에 그 관념 하나하나를 이루고 있는 단순하고 기본적인 관념으로 환원하려면, 아직도 충분하다고 할 수는 없다. 그러나 자기 자신을 아이에게 이해시키기 위해 그러한 분석이 필요하다고 생각하는 사람이 있을까? 우리 중에 아이의 입장이 되어 생각할 수 있을 정도로 우수한 철학자는 아무도 없다. 그러면 여기서 이 우화의 도덕성을 고찰해 보자.

이 세상에는 자신의 이익을 위해 아첨하거나 거짓말하는 사람이 있다는 것을 여섯 살 난 아이에게 가르칠 필요가 있는지 나는 묻고 싶다. 어린 사내아이들을 놀리고, 내심 그들의 어리석은 허영심을 비웃고 놀리기 좋아하는 사람도 있다는 것을 아이에게 가르치는 정도가 고작일 것이다. 그러나 치즈가 모든 것을 망쳐 버렸다. 이 우화는 자기 입에서 치즈를 떨어뜨리지 않게 하는 것을 가르치고 있다. 이것이 나의 두 번째 역설(逆說)인데, 이것 역시 앞의 역설에 못지않게 중요하다.

우화를 배우는 아이들을 주의해서 관찰해 보라. 그것을 실생활에 응용할 수 있게 되는 경우, 아이는 거의 언제나 작가의 의도와는 반대되는 생각을 하고 있다는 것을, 즉 작가가 고쳐 주어 다시는 가지지 않게 하려는 결점에 대하여 반성하기는커녕 다른 사람의 결점을 이용하려는 좋지 않은 면에 관심을 가지고 있다는 것을 알 수 있을 것이다. 앞에서 인용한 우화에서, 아이는 까마귀를 비웃고 여우를 좋아한다. 다음의 우화에서 당신들은 아이에게 베짱이의 예를 보여 줌으로써 그처럼 되면 안된다는 것을 가르치려 하지만, 아이는 그것에는 별로 관심이 없다. 아이는 오히려 개미의 냉정을 본받으려 한다. 아이들은 남에게 머리 숙이기를 싫어한다. 아이들은 언제나 중요한 역할을 맡으려 한다. 그것은 자기애에서 오는 선택으로, 아주 자연스러운 선택이다. 그런데 이것은 아이에게 얼마나 무서운 교훈을 주는가. 모든 괴물 중에서 가장 끔찍한 괴물은, 욕심 많고 인정 없는 아이, 남이 자기에게서 무엇을 원하고 있는지를 알면서도 그것을 거절하는 아이이다. 개미는 한층 더 지독한 짓을 한다. 개미는 거절하는 것뿐만 아니라 욕하는 것까지 아이에게 가르친다.

사자가 등장하는 모든 우화에서는 대부분 사자가 가장 중요한 역할을 하고 있으므로, 아이는 반드시 스스로 사자역을 하려고 한다. 그리하여 무언가를 분배하는 일을 맡게 되면, 사자의 예를 본받아 어떻게든 모든 것을 독점하려 한다. 그러나 사자가 모기에 의해 쓰러지는 경우에는 사정이 달라진다. 아이는 사자가 아닌 모기가 된다. 그는 정정당당하게 대적할 수 없는 상대를 작은 바늘로 찔러 죽이는 법을 배운다.

굶주린 이리와 살찐 개의 우화에서, 아이는 작가가 주려고 하는 절제의 교훈이 아닌 제멋대로의 생활 태도를 배운다. 나는 여자아이가 이 우화를 읽고 몹시 슬프게 우는 것을 본 적이 있는데, 일찍이 누군가 이 이야기를 그 아이에게 복종의 교훈으로 들려주었던 것이다. 왜 울고 있는지 여간해서 알 수가 없다가, 마침내 우는 이유를 알았다. 가엾게도 그 아이는 끊임없이 속박당하고 있는 것을 더 이상 참을 수가 없었던 것이다. 그 아이는 목걸이 때문에 목의 살갗이 벗겨질 것 같은 느낌이었던 것이다. 자신이 이리가 될 수 없는 것을 슬퍼하고 있었던 것이다.

이와 같은 이유로, 맨 처음의 우화는 아이에게 천한 아부를 가르치고, 다음 우화는 몰인정함을 가르치고, 세 번째 우화는 부정을 가르치고, 네 번째 우화는 빈정거리는 것을 가르치고, 다섯 번째 우화는 속박당하지 않는 독립을 가르친다. 이 마지막 교훈은 나의 에밀에게는 필요없다. 그렇다고 해서 당신들의 학생에게는 적합한 교훈이라고 말할 수도 없다. 당신들의 가르침이 스스로 모순되면, 그 교훈으로부터 아무런 좋은 성과를 기대할 수 없으니까. 그러나 내게는 그 우화에 반대되는 것들을 제공하는 바로 그 도덕 체제가 당신들에게는 그것들을 굳게 지키게 하는 여러 가지 이유를 제공해 줄지 모른다. 사회는 언어의 도덕 규범과, 행동의 도덕 규범을 모두 요구한다. 그런데 이 양자는 전혀 다르다. 전자는 교리 문답에 들어 있고 후자는 라 퐁텐의 우화집에 들어 있는데, 어린이들을 위한 것은 그의 우화 속에, 그리고 엄마들을 위한 것은 그 콩트집[11]에서 찾을 수 있다. 한 작가의 작품이 양편을 모두 교육하는 것이다.

라 퐁텐씨여, 타협합시다. 나 자신은 기꺼이 당신의 작품을 읽고, 당신의 작품을 사랑하고, 당신이 쓴 우화에서 교훈을 배울 것을 약속한다. 나는 우화의 목적에 대해 오해는 하지 않을 것이기 때문이다. 그러나 나의 학생에 대해서는, 그 우화들의 4분의 3이 이해할 수 없는 것인데도 그런 것을 가르치는 것이 좋다는 것을, 이해할 수 있는 것일 때에도 아이가 결코 잘못 생각하는 일이 없다는 것을, 그리고 속은 쪽을 보고 자신의 결점을 고치기보다는

---

11) 라 퐁텐의 해학적인 이야기집 《콩트와 소설(Contes et Nouvelles)》이 있다.

오히려 속인 쪽을 본받아 아이도 그런 인간이 될 우려가 없다는 것을 당신이 증명해 줄 때까지는 나는 당신의 우화를 하나도 읽지 못하게 할 작정이니, 부디 용서해 주기 바란다.

이렇게 아이의 모든 과제를 없앰으로써, 나는 아이에게 최대의 불행을 안겨 주는 도구, 즉 책을 제거한다. 독서가 아이에게 재앙이 됨에도 불구하고, 그것은 어른들이 아이에게 줄 수 있는 유일한 것이 된다. 열두 살이 되기 전까지는 에밀은 책이 무엇인지를 모를 것이다. "하지만, 적어도 글은 읽을 수 있어야 할 것이 아니냐."고 당신들은 말할지 모른다. 나도 그렇게 생각한다. 독서가 도움이 될 때가 되면, 글을 읽을 줄 알아야 한다. 그러나 그때까지는 독서는 그를 귀찮게 할 뿐이다.

만약 아이를 복종하게 하여 아이에게 무언가를 요구해서는 안된다고 하면, 아이는 즐거운 것이든 쓸모 있는 것이든 실제로 이익이 된다고 느껴지지 않으면 무엇 하나 배우지 않게 된다. 달리 어떤 동기가 그들로 하여금 무언가 배우도록 할 수 있겠는가. 그 자리에 없는 사람에게 이야기를 하거나 그의 이야기를 듣거나 하는 기술, 멀리 있는 사람에게 중개자 없이 우리의 감정이나 의지·욕구를 전달하는 기술은, 어떤 나이의 사람도 그 효용을 느낄 수 있는 기술이다. 이러한 유익하고 즐거운 기술이 어찌하여 아이에게 두려움의 대상이 되어 버렸는가. 아이에게 강제로 그것을 배우게 하기 때문이다. 아이가 이해할 수 없는 것에 그것을 사용하기 때문이다. 아이는 자신을 괴롭히는 도구를 사용해서까지 자신을 완성하는 일에 호기심을 가지지는 않는다. 그러나 그 도구가 아이를 즐겁게 하는 데 도움이 되도록 해 보라. 그렇게 하면 아이는, 당신들이 원하지 않더라도 그에 열중할 것이다.

사람들은 아이들에게 읽기를 가르치는 최선의 방법을 고안하는 일에 법석을 떨고 있다. 그래서 그들은 글자 상자와 카드를 만들어내고 있다. 아이의 방은 인쇄소처럼 되어 있다. 로크는, 아이에게 주사위로 문자를 배우게 하면 어떨까 하고 말했다. 묘안이다. 하지만 이 얼마나 한심스러운 일인가.

그런 방법보다 더욱 확실한 방법, 그리고 언제까지나 사람들이 알아채지 못하는 방법은, 아이로 하여금 배우고 싶어하는 마음을 가지게 하는 것이다. 그리고 당신들의 글자 상자나 주사위는 그대로 놓아 두는 것이 좋다. 어떤 것이든 아이에게 유효한 방법이 될 테니까.

눈앞에 보이는 이익, 이것이야말로 큰 원동력, 확실하게 숙달시킬 수 있는 유일한 원동력이다. 에밀은 가끔, 아버지·어머니·친척·친구들로부터 점심 식사나 소풍·뱃놀이·축제 구경을 가자는 초대장을 받는다. 그러한 초대장은 간단 명료하고 쉽게 씌어 있다. 누군가 에밀을 위해 그것을 읽어 주어야 한다. 그런데 마침 아무도 없었다든지, 있었다 해도 전날 마음에 들지 않은 에밀의 행동에 대한 앙갚음으로 모른 체했다고 하자. 시간은 지나가 버리고, 그래서 기회를 잃는다. 겨우 그 초대장의 내용을 알았을 때에는 이미 늦었다. 아아, 그것을 읽을 수 있었더라면! 또 다른 초대장을 받게 된다. 아주 짤막하고, 내용이 아주 재미있을 것 같다. 에밀은 어떻게 해서든지 읽어 보려고 애쓴다. 때로는 다른 사람에게 도움을 받을 때도 있고, 거절당할 때도 있다. 애쓴 끝에 초대장의 내용을 절반쯤 알게 된다. 내일 아이스크림을 먹으러 간다는데, 어디로 누구와 가는 것인지를 알 수 없다. 남은 부분을 읽으려고 얼마나 애를 쓸 것인가. 나는 에밀에게 글자 상자가 필요하다고는 생각지 않는다. 다음에는 쓰기에 대해서 이야기해야 할까? 아니, 교육론 속에 그런 하잘것없는 것을 가지고 조잘대는 것은 부끄러운 일이다.

나는 단지 다음의 한마디를 덧붙여 말해 두고 싶다. 이것은 중요한 준칙의 하나다. 그것은 일반적으로 서둘러서 획득하려 하지 않는 것은 매우 확실히, 그리고 신속하게 획득된다는 것이다. 에밀은 열 살이 될 때까지 완전히 읽기 쓰기를 할 수 있게 되리라고 나는 거의 확신한다. 그것은 그가 열 다섯 살이 될 때까지 읽기 쓰기를 하지 못한다 해도 큰 문제가 되지 않는다고 생각하기 때문이다. 그가 읽기의 능력을 쓸모 있게 하는 것 모두를 희생시키면서까지 읽기만을 배울 정도라면, 오히려 전연 글자를 모르는 편이 낫다고 나는 생각한다. 그가 읽기를 철저히 싫어하게 된다면 읽을 수 있다고 해서 무슨 소용이 있겠는가? "아직 좋아할 수 없는 학문이 그에게 혐오스러운 것이 되지 않도록, 그리고 일단 싫어졌기 때문에 그가 아무것도 모르던 시기가 지난 후에까지도 그런 혐오가 그의 마음을 학문으로부터 멀어지게 하는 일이 없도록 특히 마음을 써야 한다." [12]

내가 나의 소극적인 방법을 강조하면 할수록, 반대의 소리가 더욱더 높아지는 것처럼 느껴진다. 당신의 학생이 당신에게서 아무것도 배우지 않는다 해도, 다른 사람에게서 배울 것이다. 그에게 진리가 스며들게 하지 않으면, 학생은 거짓을 배우게 될 것이다. 당신은 그에게 편견을 가르칠까 두려워하겠지만, 학생은 주위의 모든 것으로부터 그것을 배운다. 편견은 그의 모든 감관을 통해 파고들어 올 것이다. 그리하여 편견은 그의 이성이 형성되기 전에 이성을 망쳐 버리게 된다. 그렇지 않으면 그의 정신은, 오랫동안 아무것도 하지 않고 있었기 때문에 둔해져, 물질에 흡수되어 버리게 된다. 아이 때에 사고하는 습관을 붙여 놓지 않으면, 그후 일생 동안 사고하는 능력을 잃게 된다.

이것들의 반대론에는 문제없이 대답할 수 있을 것 같다. 그러나 무엇 때문에 대답만 해야 하는가. 만약 나의 교육 방법이 그대로 반대론에 답하는 것이 된다면, 그것은 좋은 방법이다. 만약 답이 되지 않는다면 아무런 가치도 없는 것이다. 그러므로 나는 설명을 계속할 생각이다.

내가 세운 계획대로, 만약 당신들이 기성의 규칙과는 정반대되는 규칙에 따른다면, 또 당신의 학생을 먼 들판으로 데리고 가지 않고, 즉 끊임없이 먼 나라, 먼 장소, 먼 시대로, 또 대지의 끝, 나아가서는 천국으로까지 방황하게 하지 않고 언제나 그 자신으로부터 떨어지지 않도록 하여, 직접 자신에 관계 있는 것에 주의를 돌리도록 노력하면 이윽고, 아이가 지각(知覺)하고 기억하고 추리하는 능력까지 가지게 되는 것을 당신은 발견하게 될 것이다.

---

12) 퀸틸리아누스(1세기의 로마의 변론학자)의《 변론술 교정(辯論術敎程)》제1권 제1장.

그것이 자연의 질서이다. 감각하는 존재가 행동하는 존재로 됨에 따라, 그는 자신의 체력에 맞는 판별력을 획득한다. 그리고 자기 보존에 필요한 정도를 넘는 힘이 생겼을 때, 비로소 그 여분의 힘을 다른 목적에 쓰게 하기 위해 도움이 되는 사고 기능이 그의 내부에 발달한다. 따라서 당신의 학생의 지력을 기르려면, 그 지력이 지배할 체력을 길러야 한다. 끊임없이 그의 몸을 단련시켜라. 그를 건강하게 하여 현명하고 선량한 인간으로 만들어야 한다. 일하게 하고, 행동하게 하고, 뛰게 하고, 소리지르게 하여, 언제나 운동 상태에 있도록 하는 것이 좋다. 체력에서 어른이 되게 하라. 그러면 이윽고 이성에서도 어른이 될 것이다.

사실 이 방법을 사용하는 데서도 끊임없이 지시하고, 끊임없이 '가라, 와라, 가만히 있어라, 이것을 해라, 저것을 하면 안된다' 하고 잔소리해서는 안된다. 그렇게 하면 아이를 멍청이로 만들 것이다. 언제나 당신의 머리가 그의 팔다리를 움직이게 한다면, 그의 머리는 필요없어진다. 우리의 약속을 기억해 주기 바란다. 당신이 현학자에 지나지 않는다면 나의 책을 읽을 필요가 없다.

육체의 활동이 정신의 활동에 해롭다는 따위의 생각은 정말 한심스러운 오해다. 마치 이 두 활동이 나란히 진보해서는 안된다는 듯이, 그리고 육체의 활동이 정신의 활동을 이끌어가면 안된다는 듯이.

몸은 끊임없이 단련하고 있으면서 정신을 살찌게 하는 일은 거의 생각하지 않는 두 종류의 사람이 있다. 그들은 농민과 미개인이다. 전자는 우둔하고 거칠고 서투르다. 후자는 뛰어난 감각을 가진 자로서 알려져 있지만, 정신이 예민한 자로서 더 잘 알려져 있다. 일반적으로 말해 농민만큼 둔한 자는 없고, 미개인만큼 예민한 자는 없다. 이 차이점은 어디서 생겨났을까? 그것은 농민은 늘 명령받아 왔거나 자기의 아버지가 하는 일을 보아 온 데다가, 어릴 때부터 해 오던 일을 하고 있으므로 오직 습성에 의해서만 행동하고, 거의 자동 기계처럼 언제나 같은 일에 종사함으로써 습성과 복종이 이성을 대신하게 되었기 때문이다.

미개인의 경우는 사정이 다르다. 어느 곳에도 정주하지 않고, 명령받은 일이 있는 것도 아니며, 누구에게도 복종하지 않고, 자신의 의지 외에는 어떤 규칙도 가지지 않았으므로, 그는 생활의 행동 하나하나에 이성을 작용시켜야 한다. 그는 몸을 한번 움직이는 데에도, 한 발짝 앞으로 나아가는 데에도 그 결과를 미리 고려하지 않으면 안된다. 따라서 육체를 단련하면 단련할수록 그의 정신도 계발되어 간다. 그의 체력과 이성은 함께 성장하며, 서로 도우면서 뻗어 간다.

박식한 교사여, 우리의 학생들 중 누가 미개인을 닮고 누가 농민을 닮았는지 검토해 보지 않겠는가. 끊임없이 가르치려 하는 권위에 모든 점에서 복종하는 당신의 학생은, 시키지 않으면 아무것도 하지 않는다. 배가 고파도 먹을 수가 없고, 유쾌해도 웃을 수가 없으며, 슬퍼도 울 수가 없고, 한 손 대신 다른 손을 내밀 수도 없으며, 다리도 명령받은 대로밖에 움직이지 않는다. 나중에는 당신의 명령대로밖에 호흡할 수 없게 될 것이다. 그를 대신하여 만사에 신경을 쓰고 있는 당신은, 그에게 무엇을 생각하라고 하겠는가. 앞일은 당신이 생각해 줄 것이라고 안심하고 있는 그가, 앞일에 대하여 무슨 생각을 할 필요가 있겠는가. 당신이 그의 신변의 안전과 행복을 위한 일을 맡고 있는 것을 알고, 그는 자신이 그런 일에서 해방되어 있다고 느낀다. 그의 판단력은 당신의 판단력에 의존해 있다. 당신이 금지시키지 않은 일은 무엇이든지 아무 생각 없이 한다. 해도 아무런 위험이 없다는 것을 알고 있기 때문이다. 비가 오지 않을까 하고 준비하는 것을 배울 필요가 어디에 있겠는가. 자기 대신 당신이 하늘을 봐 주는 것을 그는 알고 있다. 스스로 산책 시간을 조절할 필요가 어디에 있겠는가. 점심 식사를 거르면서까지 당신이 그를 산책시킬 걱정이 없는데 말이다. 먹는 것을 당신이 말리지 않는 한 그는 계속 먹는다. 당신이 그만 먹으라고 하면 더 이상 먹지 않는다. 그는 자신의 위(胃)의 의견을 듣지 않고, 당신의 의견을 듣게 된다. 당신이 그를 무위(無爲)의 상태에 두어 몸을 약하게 해도 헛일이다. 그의 오성까지 미약해지지는 않기 때문이다. 결코 그렇게 되지는 않는다. 당신은, 그가 가지고 있는 이성의 힘을 아주 쓸모없게 보이는 일에 사용하게 함으로써, 그의 눈에서 이성이라는 것에 대한 신뢰를 모두 잃어버리게 하고 만다. 이성이 어떤 쓸모가 있는지 전연 모르는 그는, 이윽고 그것을 아무짝에도 쓸모 없는 것으로 생각하게 된다. 이성을 그릇 사용하기 때문에 생기는 최악의 사태는, 고작해야 야단맞는 일에 불과한데, 그는 빈번히 야단맞아 왔으므로, 그런 일쯤은 대수롭게 여기지도 않는다. 이미 그는 그런 흔한 위험은 두려워하지 않는다.

당신은 그에게서 재기(才氣)를 발견하기도 한다. 그는 내가 이미 이야기한 것 같은 어조로 여성과 수다를 떠는 재치를 가지고 있는 것이다. 그러나 그가, 스스로 무엇인가 하지 않으면 안될 상황에 부닥치면, 가령 무언가 곤란한 일이 생겨 스스로 태도를 결정하지 않으면 안되는 상황에 부닥치면, 더할 나위 없이 거친 천민의 아들보다 백 배나 어리석고 우둔한 인간임을 알게 될 것이다.

그러나 나의 학생, 아니 자연의 학생은 어떤가 하면, 되도록 자기 일은 자기가 처리하도록 훈련되어 있기 때문에, 끊임없이 다른 사람에게 도움을 청하는 따위의 습관은 전혀 없고, 자신의 박식함을 남에게 자랑하는 버릇은 더더욱 없다. 그 대신 자신에게 직접 관계 있는 일이라면 무엇이든지 판단하고, 예상하고, 추리한다. 쓸데없는 말을 하지 않고 행동한다. 세상에서 일어나고 있는 일에 대해서 조금도 알지 못하지만, 자신에게 영향을 주는 일은 아주 철저하게 알고 있다. 끊임없이 움직이고 있으므로 당연히 많은 일을 관찰하게 되고, 많은 결과를 알게 된다. 그는 일찍부터 풍부한 경험을 획득한다. 그의 스승은 자연이지 인간이 아니다. 자기에게는 어떤 학과도 부과되어 있지 않다고 생각하기 때문에, 그는 모든 것을 한층 더 빨리 배우게 된다. 이렇게 하여 그의 신체와 정신은 동시에 단련된다. 언제나 자신의 생각에 의해 행동하지 타인의 생각에 의해 행동하지 않으므로, 그는 사고와 행위의 두 가지 작용을 끊임없이 연결시킨다. 즉, 그는 힘 있고 건강해질수록 분별 있고 바른 판단력을 가진 인간이 된다. 이것이야말로 일반적으로 양립될 수 없다고 생각되어지는 것, 그렇지만 모든 위대한 사람들이 겸해서 가지고 있는 것, 즉 육체의 힘과 정신의 힘, 현자(賢者)의 이성과 운동 선수의 정력을 장래에 가지기 위한 방법인 것이다.

젊은 교육자여, 나는 당신에게 하나의 어려운 기술을 가르쳐주겠다. 그것은 아이를 훈계하지 않고 가르치는 기술, 그리고 아무것도 하지 않고 모든 것을 해내는 기술이다. 하긴 이 기술은 당신들의 나이에는 맞지 않는다. 그것은 당신의 빛나는 재능을 곧 나타나게 하지도 않고, 아버지들에게 당신을 높이 평가하게 하지도 않으니까. 하지만 이것만이 성공으로 이끄는 유일한 기술이다. 먼저 아이를 개구쟁이로 기르지 않고서는 현명한 인간으로 길러내지 못할 것이다. 그것이 스파르타인의 교육 방법이었다. 즉, 책에 달라붙어 있게 하지 않고, 우선 먹을 것을 훔치는 것을 가르쳤다. 그렇다고 스파르타인들이 어른이 되어서 거친 인간이 되었던가? 그들의 강함, 의연한 대화를 모르는 사람이 있을까? 언제나 필승의 태세에 있던 그들은 어떤 종류의 전쟁에서도 적을 분쇄했다. 그리고 수다떨기를 좋아하는 아테네인은, 스파르타의 공격과 마찬가지로 그 변설도 두려워했다. 교육이 신중하게 행해지는 경우, 교사는 자신이 명령하고 지휘하고 있는 줄 알지만, 실제로 지휘하고 있는 것은 아이 쪽이다. 아이는 자신이 원하는 것을 손에 넣기 위하여 당신의 요구를 이용한다. 그리고 그는 언제고 한 시간의 근면에 대해 일주일의 자유를 얻어낼 수 있다. 끊임없이 그와 협상을 해야 한다. 그러한 협상을, 당신은 당신 식으로 제의하지만, 아이는 아이 식으로 실행하기 때문에, 그런 협상은 언제나 그의 변덕에 놀아나는 결과가 되기 쉽다. 특히, 협상 조건으로서 부과된 것을 실행하든 실행하지 않든 확실히 손에 들어온다는 것을 아이가 알고 있는 경우에는 더욱 그렇다. 일반적으로 아이는 선생이 아이의 마음을 꿰뚫어보는 것보다 훨씬 더 잘 선생의 마음을 꿰뚫어본다. 그도 그럴 것이 아이는, 자기의 몸을 지키기 위한 수단을 자신이 강구해야 할 처지에 놓였을 때 발휘하는 모든 지혜를 자연이 부여해 준 자유를 압제자의 속박으로부터 회복하기 위해 사용하는 데 반해, 교사는 상대방의 마음을 알아보는 데 그다지 관심이 없으며, 때로는 아이의 태만이나 허영심을 그대로 눈감아 주는 것이 편하다고 생각하기 때문이다.

당신의 학생에 대해 반대의 방법을 취하는 것이 좋다. 즉, 학생에게는 자신이 주인인 것처럼 여기게 하면서, 실은 당신이 주인이 되는 것이다. 겉보기에 자유스러워 보이는 예속의 상태만큼 완전한 예속 상태는 없다. 그렇게 하면 의지까지도 사로잡을 수 있기 때문이다. 아무것도 모르고, 아무것도 못하고, 아무것도 분별할 줄 모르는 불쌍한 아이는 당신의 뜻대로 되지 않겠는가. 그에 대해서는, 당신은 그의 주위에 있는 모든 것을 자유로 할 수 있지 않은가. 당신은 당신의 뜻대로 아이의 마음을 움직일 수 있지 않은가. 일도 놀이도 즐거움도 괴로움도 모두 당신 손에 쥐어져 있는데, 그 아이는 그것을 모르지 않는가. 물론 그는 자신이 원하는 것만을 할 것이다. 그러나 당신이 시키고 싶어하는 일만을 원할 것이다. 당신이 미리 생각하고 있던 것 외에는, 그는 한 발짝도 내딛지 않을 것이며, 그가 입을 열어 무엇인가를 말할 때에 그가 무엇을 말하려 하는지 당신이 모르는 일은 없을 것이다.

그렇게 함으로써 그는, 그 나이가 필요로 하는 육체의 훈련에 열중해도 정신을 잔인하게 만들지는 않을 것이다. 또 그렇게 함으로써 그는 불쾌한 지배로부터 벗어나기 위해 나쁜 지혜를 갈고 닦지 않고, 자신의 몸 주위에 있는 모든 것으로부터 현재의 안락을 위해 가장 유리한 방책을 끄집어내려고 애쓸 것이다. 그때 당신은, 손이 미치는 모든 것을 자기 것으로 하기 위해, 그리고 다른 사람에게 도움받지 않고 정말로 사물을 즐기기 위해 그가 창안해 내는 미묘한 수단에 놀라게 될 것이다.

이렇게 하면, 아이가 자기 뜻대로 행동하도록 내버려두어도, 아이의 변덕을 조장하게 되는 일은 없을 것이다. 자신이 하고 싶은 일만을 하다 보면 그는 곧 자기가 해야 할 일만을 하게 될 것이다. 그리고 그의 몸이 끊임없이 움직이고 있는 중에도, 확실히 아는 현재의 이해(利害)에 관한 한 단순히 이론적인 공부에 의해서보다 훨씬 더 잘, 또 훨씬 더 그에게 알맞도록 자신의 이성을 계발해 가고 있음을 발견할 것이다.

이리하여 그 아이가 당신이 그의 의지를 방해하려고 하는 일이 없다고 생각하면, 그리고 그가 당신을 불신하지 않고, 당신에게 무엇 하나 숨기지 않게 되면, 그는 당신을 속이거나 거짓말을 하지 않을 것이다. 아무런 염려 없이 그는 있는 그대로의 자기 자신을 보일 것이다. 당신은 생각대로 그를 연구할 수 있으며, 그가 교훈을 받고 있음을 의식하지 않게 하면서도 당신이 그에게 행하고 싶은 교육을 그의 주위에 완전히 준비해 둘 수가 있을 것이다.

그는 또 의심이나 질투에 찬 눈으로 당신이 하는 행동을 감시하거나 하지도 않을 것이고, 당신의 실수를 발견하고 속으로 기뻐한다거나 하지도 않을 것이다. 아이들이 무엇보다도 주의를 기울이고 있는 일의 하나가, 자기를 지도하는 사람의 약점을 찾아내는 일이다. 그런 경향은 사악한 마음으로 통하기는 하나, 그것이 사악한 마음으로부터 생기는 것은 아니다. 그것은 귀찮게 느껴지는 권위로부터 벗어나고자 하는 욕망에서 생긴다. 자신에게 씌워진 굴레의 무게를 느끼는 아이는 그것을 벗어 버리려 애쓴다. 그리고 그들이 교사에게서 발견하는 결점은 절호의 기회를 제공한다. 그래서 사람들의 결점에 주의하고, 그것을 발견하여 기뻐하는 습관을 가지게 된다. 여기서 에밀의 마음에 악덕을 심는 또 하나의 근원이 명백히 폐쇄된다. 나의 결점을 발견하는 일에 아무런 관심도 가지지 않는 에밀은, 그것을 찾으려 하지 않을 것이고, 다른 사람의 결점을 찾는 데에 마음을 기울이는 일도 없을 것이다.

이 방법들은 모두 실행하기 어려운 것으로 생각되리라. 사람들에게는 이것들이 생소할 것이기 때문이다. 그러나 깊이 생각해 보면, 이것이 어려운 일이어서는 안된다. 당신은 자신이 선택한 일을 하기 위해 필요한 지식을 당연히 가지고 있어야 한다고 생각한다. 당신은 인간의 사고의 자연적인 발달 과정을 잘 알고 있어야 하며, 인간 일반과 개인을 연구할 수 있어야 하며, 당신이 학생에게 그 또래 아이들이 흥미를 가지고 있는 모든 사물을 보여 주었을 때, 그의 의지가 어떻게 움직일지 미리 알고 있어야 한다. 그런데 도구도 가지고 있고 그 사용법도 충분히 알고 있다면, 당신은 자신의 일을 완전히 할 수 있는 것이 아닐까?

당신은 학생이 제멋대로이고 버릇이 없다는 점을 들어 이론(異論)을 내세우리라. 그러나 그것은 잘못된 생각이다. 아이가 그렇게 된 것은 절대로 자연이 한 일이 아니라 그릇된 교육 탓이다. 그것은 아이가 복종하거나 명령하기 때문으로, 그 양쪽이 다 나쁘다는 것을 나는 여러 번 되풀이해서 말했다. 따라서 당신의 학생은, 당신이 그에게 가르친 변덕들만을 가지게 될 것이다. 그러므로 당신이 자신의 과실에 대한 벌을 감수해야 하는 것은 당연하다. 그렇다면 어떻게 하면 그것을 고칠 수 있겠느냐고 당신은 물을 것이다. 그것은 좀더 좋은 교육과 강한 인내심에 의해 아직도 가능하다.

나는 무엇이든 제멋대로 할 뿐만 아니라, 누구든 자신의 뜻대로 움직이게 하지 않고는 직성이 풀리지 않는 아이를 몇 주일 동안 맡은 일이 있다. 첫날부터 그는, 내가 그를 자기 마음대로 할 수 있게 해 줄 것인지 어떤지를 시험하려고 한밤중에 일어났다. 내가 곤하게 잠들어 있을 때 그는 침대에서 뛰어내려, 가운을 입고 나를 깨웠다. 나는 일어나서 불을 켰다. 그는 단지 내가 그렇게 하는 것을 보고 싶었던 것이다. 15분쯤 지나자 그는 잠자고 싶어졌고, 시험해 본 결과에 만족하여 침대로 돌아갔다. 이틀 후, 그는 또 똑같은 행동을 하고 똑같은 결과를 보았다. 나는 절대로 초조한 기색을 보이지 않았다. 다시 침대로 돌아가려고 그가 나를 포옹했을 때, 나는 지극히 조용한 어조로 이렇게 말했다. "얘야, 지금까지의 모든 일은 괜찮지만, 앞으로 다시는 그런 짓을 하지 마라." 이 말이 그의 호기심을 북돋워, 바로 그 다음날 밤, 내가 어떤 식으로 그의 의지에 거역할 것인지를 시험해 보고 싶은 생각으로, 그는 다시 같은 시각에 일어나서 나를 깨우지 않고는 견딜 수 없었다. 나는 어떻게 하고 싶은가를 물었다. 그는 자고 싶지 않다고 대답했다. 나는 "안됐구나!" 하고 말하고는, 몸을 움직이려 하지 않았다. 그는 불을 켜고 싶다고 말했다. "무엇 때문에?" 나는 퉁명스레 말했다. 이러한 무뚝뚝한 어조에 그는 당황했다. 그래서 그는 더듬거리며 부싯돌을 찾아 불을 켜려 했는데, 부싯돌로 손가락을 치는 소리를 듣고 나는 웃지 않을 수 없었다. 마침내 아무래도 불을 켤 수 없다는 것을 알자, 그는 나의 침대 곁으로 불켜는 도구를 가지고 왔다. 나는 그런 것은 필요없다고 말하고, 반대쪽으로 돌아누웠다. 그랬더니 그는 바보처럼 방 안을 뛰어 돌아다니며, 소리를 지르기도 하고, 노래를 부르기도 하고, 야단 법석을 떨며 책상이나 의자에 되도록 아프지 않게 부딪치고는 아프다고 소리소리 질러 나를 불안하게 하려 했다. 아무리 그래도 나는 꿈쩍도 하지 않았다. 그리고 나는 화를 내지도 않았고, 엄격히 충고하지도 않았다. 그는 내가 그렇게 냉담한 태도를 취하리라곤 전연 예기하지 못했던 것 같았다.

그래도 그는 끈질기게 나의 인내심을 정복하려고 언제까지나 소동을 멈추지 않았다. 마침내 나도 흥분되기 시작했다. 그러나 이때 흥분해서는 모든 것을 다 망쳐 버리고 말리라는 것을 느꼈으므로, 나는 방법을 달리 하려고 생각했다. 나는 아무 말도 하지 않고 일어나, 부싯돌이 있는 곳으로 갔다. 그러나 부싯돌이 없었다. 아이에게 부싯돌을 주지 않겠느냐고 묻자 그는 그것을 나에게 건넸는데, 그 얼굴은 마침내 나에게 이겼다는 기쁨으로 빛나고 있었다. 나는 부싯돌을 쳐서 처음에 불을 붙인 다음, 고집불통인 나의 아이의 손을 잡고 조용히 옆의 작은 방으로 데리고 갔다. 쇠살문이 굳게 닫혀 있는 그 방에는 부서지기 쉬운 것은 아무것도 없었다. 나는 불도 켜 주지 않은 채 한마디 말도 없이 아이를 그곳에 놓아 두고 나왔다. 그리고는 문에 자물쇠를 걸고 나의 방으로 돌아와 누웠다. 더욱 소란스러워진 것은 말할 필요가 없으리라. 그것은 각오한 것이니까. 나는 꼼짝도 하지 않았다. 이윽고 조용해졌다. 아이가 무엇을 하고 있는지 알아보려고 귀를 기울였다. 아이는 침착해진 것 같았다. 나는 안심했다. 다음날 아침, 그 작은 방에 들어가 보니, 어린 반항자는 긴 의자 위에 누워 깊이 잠들어 있었다. 완전히 피로해졌을 테니, 푹 잠잘 필요가 있으리라.

　사건은 그것으로 끝나지 않았다. 그 일을 아이의 어머니가 안 것이다. 순식간에 모든 것이 허사가 되어 버렸다. 마치 아이가 죽기라도 한 것 같은 상황이었다. 아이는 복수를 할 좋은 실마리를 잡았다고 생각하여, 병이 난 체했다. 그런 짓을 해도 아무런 이익이 없으리라는 것을 알지 못했던 것이다. 의사가 왔다. 어머니에게는 안된 일이었지만 그 의사는 꽤나 익살스러운 사람이었다. 어머니가 걱정하고 있는 것을 재미있게 여겨, 그 걱정을 더하게 하는 짓을 했다. 그러나 그는 나의 귀에 대고 이렇게 소곤거렸다. "나에게 맡겨 주십시오. 약속할 수 있어요. 조금만 지나면 이 아이는 병난 체하는 짓을 그만둘 것입니다." 실제로 식이 요법과 안정이 필요하다고 하면서, 의사는 아이에게 약을 먹이도록 했다. 불쌍하게도 아이의 어머니가 그런 식으로 주위의 모든 사람들에게 속는 것을 보고 나는 탄식했다. 나만이 속이지 않고 있었는데, 그런 나를 그녀는 미워하게 되었다. 내가 그녀를 속이지 않았다는 이유로.

　굉장한 비난 끝에 그녀는 나에게, 아이는 몸이 약하다는 것, 이 집안의 단 하나의 후계자라는 것, 어떤 희생을 치루어도 소중히 하지 않으면 안된다는 것, 그리고 아이에게 거스르는 행동은 하지 말아 달라는 따위의 말을 늘어놓았다. 거스르면 안된다는 말에 대해서는 나도 동감이었다. 그러나 그녀는 거스른다는 말의 의미를 '무슨 일이든 아이가 하자는 대로 하지 않는 것'으로 오해하고 있었다. 나는 아이의 어머니에 대해서도 아이를 대하는 것과 똑같은 태도를 취해야 한다는 것을 알았다. "부인!" 하고 나는 상당히 냉정한 태도로 부른 다음 이렇게 말했다. "나는 후계자를 어떤 식으로 길러야 좋은지 모릅니다. 그뿐만이 아닙니다. 그런 것을 알려고도 하지 않습니다. 그런 것은 부인 자신이 좋을대로 하시면 되지 않겠습니까?" 그래도 아직 나는, 얼마 동안은 이 집에 필요한 존재였다. 그러는 동안에 아이의 아버지가 모든 것을 원만하게 해결했다. 아이의 어머니는 가정 교사에게 빨리 돌아오라는 편지를 썼다. 아이 쪽에서는 나의 수면을 방해하거나 병이 난 체해도 자기에게 아무런 득이 되지 않는다는 것을 알았으므로, 이윽고 스스로 자고, 병난 체하지 않을 결심을 하게 되었다.

이 작은 폭군이 그런 변덕으로 불쌍한 가정 교사를 얼마만큼 속박했었는지는 상상을 초월할 정도다. 후계자인 자기 아이가 하는 말에는 어떤 말이든 따르지 않으면 안된다고 생각하는 아이 어머니의 감시하에 아이의 교육이 행해졌으니 말이다. 언제 어떠한 시각에 아이가 외출하고자 해도, 바로 밖으로 나갈 수 있어야 했다. 그보다도 아이를 따라 나가지 않으면 안되었다. 더욱이 아이는, 언제나 교사가 해야 할 다른 많은 일이 있을 때를 골라서 그렇게 한다. 그는 나에게도 같은 일을 강요하려고 했다. 그리고 밤에 나를 쉬게 하지 않을 수 없던 것에 대한 복수를 낮에 하려고 했다. 나는 그의 태도를 기꺼이 받아들이고, 내가 그를 기쁘게 해 주는 일에서 즐거움을 느낀다는 것을 분명히 보여 주는 일부터 시작했다. 그후에 그의 제멋대로의 태도를 고쳐 주지 않으면 안되게 되었을 때, 나는 다른 방법을 사용하기로 했다.

먼저 그에게 실수를 범하게 할 필요가 있는데, 그것은 그리 어렵지 않은 일이었다. 아이는 눈앞의 일만을 생각한다는 사실을 알고 있는 나는, 쉽게 앞일을 내다볼 수 있다는 나의 유리한 입장을 그에 대해 적용했다. 나는 그의 기호에 아주 잘 맞는 일이 무엇인지를 알고 있었으므로, 집안에서 즐거운 일을 시키기로 했다. 그리하여 그가 그 일에 완전히 열중해 있음을 알았을 때, 산책하러 가자고 말하러 갔다. 그는 전연 받아들이지 않았다. 나는 고집스럽게 말했다. 그는 내 말에 귀를 기울이려 하지도 않았다. 나는 물러나지 않을 수 없었다. 그리고 그는 내가 항복해 버린 것을 보고, 그것을 귀중한 승리로 생각했다.

다음날, 이번에는 내 차례였다. 그는 심심했다. 내가 심심하도록 만든 것이다. 그리고 반대로, 나는 지독히 바쁜 듯한 모습을 보였다. 그에게 결심시키기 위해서 그 정도까지 할 필요도 없었다. 생각했던 대로, 그는 나의 일을 그만두고 곧 산책하러 가자고 말하러 왔다. 나는 거절했다. 그는 고집스럽게 말했다. "안 돼!" 하고 나는 말해 주었다. "너는 네 생각대로 함으로써, 나에게도 내 생각대로 하는 것을 가르쳐 주었어. 나는 외출하고 싶지 않아." "그러면." 하고 그는 기세 좋게 말했다. "나는 혼자서 외출하겠습니다." "좋을 대로." 그렇게 말하고, 나는 다시 일에 열중했다.

그는 옷을 갈아입었다. 내가 그를 멋대로 내버려두고 그의 옷 갈아입기를 도우려 하지 않는 것을 보고, 그는 얼마쯤 불안을 느끼고 있었다. 외출 준비가 끝나자 내게 와서 인사를 했다. 나도 인사를 했다. 그는 이제부터 자기가 나가려고 하는 길을 이야기해서 나를 걱정시키려고 했다. 그 이야기를 듣건대, 그는 세계의 끝까지 가려고 생각한 것 같았다. 나는 아무런 감정도 나타내지 않고, 좋은 여행이 되기를 바란다고 말했다. 그는 점점 더 난처해졌다. 그러나 아무렇지도 않은 표정을 꾸미면서, 나갈 때 하인에게 자기를 따라오라고 말했다. 미리 선수(先手)를 쳐 두었기 때문에, 하인은 자기에게는 그럴 시간이 없으며, 나의 명령에 따라 일을 하고 있으므로, 내가 이른 말에 따르지 않으면 안된다고 대답했다. 이번에야말로 그는 영문을 알 수 없게 된 것이다. 다른 모든 사람들은 자기를 중요한 존재라고 믿고 있는 데다가, 하늘도 땅도 자기를 보호하는 일에 관심을 가진다고 생각하고 있는데, 그런 자기를 혼자서 외출시키다니. 그런 일을 도대체 어떻게 생각할 수 있단 말인가. 그는 자신이 약하다는 사실을 느끼기 시작했다. 알지도 못하는 사람들 사이로 혼자서 가지 않으면 안되게 된 것을 깨달았다. 이제부터 만나게 될 여러 가지 위험이 보이는 것 같았다. 고집만이 아직 그를 지탱하고 있었다. 그는 완전히 당황하여 천천히 계단을 내려갔다. 마침내 거리로 나왔다. 무언가 나쁜 일이 일어나면, 그것은 나의 책임이 될 것이라는 기대에 얼마간 위로받으면서.

그것은 내가 기대하고 있던 일이었다. 모든 일이 미리 준비되어 있었다. 그리고 그것은 공개 연극 같은 것이었으므로, 나는 미리 그의 아버지의 동의를 얻고 있었다. 다섯 발짝도 떼기 전에 그는 이곳저곳에서 자기에 대해 여러 가지로 말하는 것을 들었다.

"어머, 예쁜 도련님이네. 저렇게 혼자서 어디를 가는 것일까? 길을 잃으시겠네. 우리 집으로 가자고 청해 볼까?" "부인, 그런 말은 하지 않는 게 좋아요. 보면 몰라요, 저 아이는 아주 버릇 없는 아이라구요. 너무 버릇이 없으니까 집에서 쫓겨난 거예요. 저런 아이는 집 안에 끌어들일 필요가 없어요. 어디든 가고 싶은 대로 가게 내버러 두서요." "어머, 그렇다면 할 수 없군요. 하느님이 인도해 주시기를 빌어 주는 수밖에. 무언가 나쁜 일이나 일어나지 않았으면 좋으련만……."

그로부터 조금 더 가니, 그는 자기와 같은 또래의 개구쟁이들을 만났다. 그들은 그를 놀리고 바보 취급했다. 앞으로 가면 갈수록 성가신 일이 생겼다. 외톨이로, 보호해 주는 사람도 없이 그는 자신이 모든 사람의 놀림감이 되어 있음을 깨달았다. 그리고 견장(肩章)이나 금박으로 수놓은 레이스를 보고도 사람들이 자기를 존경하지 않는다는 사실을 알고는 크게 놀랐다.

그동안에도, 아이가 모르는 나의 친구 한 사람이 ― 나는 그 친구에게 아이를 감시해 달라고 부탁했다 ― 아이가 눈치채지 않도록 미행하면서, 적당한 시기를 보아 그에게 넌지시 말을 걸곤 했다. 이 역할은 《푸르 소냐크》[13]의 스브리가니 역과 비슷한 것으로, 재치 있는 사람을 필요로 하는데, 그것은 정말 완벽하게 연출되었다. 아이에게 지나친 겁을 줌으로써 아이를 겁쟁이로 만들거나 불안하게 하지 않으면서, 그는 아이의 경솔한 행동이 얼마나 무분별한 짓인지를 잘 알게 하였으므로, 삼십 분 후에는 온순해져, 부끄러움에 얼굴도 들지 못하는 모습의 아이를 나에게 데려왔다.

그 원정의 참담한 실패를 마무리해 주기 위해, 아이가 돌아온 바로 그때, 아이의 아버지는 외출 준비를 끝내고 집에서 나와 계단 있는 곳에서 아

---

13) 몰리에르의 희극. 스브리가니는 희극 속에서 활약하는 인물.

이와 만났다. 어디에 갔었는지, 왜 나와 함께 있지 않는지에 대해 아이는 이 야기하지 않으면 안되었다.● 불쌍한 아이는 구멍이 있으면 들어가고 싶은 기분이었다. 아이 아버지는 오랫동안 잔소리를 하면서 부탁하거나 하지 않고, 내가 기대했던 이상의 쌀쌀맞은 어조로 이렇게 말했다. "혼자서 외출하고 싶으면 네 마음대로 해도 좋다. 그러나 나는 이 집에 불량한 아이를 놓아두고 싶지는 않으니까, 앞으로 그런 짓을 할 때에는, 다시는 집에 돌아올 생각은 말아라."

나는 어떤가 하면 꾸짖거나 놀리거나 하지는 않았지만, 다소 엄격한 태도로 그를 맞았다. 그리고 그런 것이 모두 연극에 지나지 않았는가 하고 그가 의심하지 않도록, 그날은 산책에 데리고 나가지 않기로 했다. 다음날, 어제는 혼자뿐인 그를 바보 취급하던 사람들 앞을 나와 함께 의기 양양하게 걷고 있는 그를 보고, 나는 아주 만족했다. 그후로는 그가 혼자서 외출하겠다고 말함으로써 나를 위협하려고 하지 않게 되었음은 말할 필요도 없으리라.

이런 방법으로, 그밖에도 비슷한 방법으로, 그 아이와 함께 지낸 얼마 안되는 동안에, 무엇 하나 명령하지 않고, 무엇 하나 금지하지 않고, 설교하지 않고, 권고하지 않고, 쓸데없는 교훈을 늘어놓아 아이를 지루하게 하지 않고, 나는 생각한 것을 모두 그 아이에게 시키는 일에 성공했다. 따라서 내가 무엇인가를 이야기하고 있는 동안에는, 아이는 만족했다. 그러나 내가 잠자코 있으면 아이는 걱정이었다. 무언가 좋지 않은 일이 있음을 알고 있기 때문이다. 교훈은 언제나 사물 그 자체에 의해 주어졌다. 여기서 이야기를 다시 본론으로 돌리자.

앞에서도 이야기한 것처럼, 자연의 지도에 따른 끊임없는 훈련은, 몸은 튼튼하게 단련하면서 정신은 둔하게 하는 일은 결코 없다. 그렇기는커녕 오

● 이런 경우, 아이에게 진실을 요구해도 염려할 것은 없다. 아이는, 진실은 감출 수 없다는 것, 설령 거짓말을 한다 해도 곧 그것이 들통나고 만다는 것을 잘 알고 있기 때문이다.

히려 아이 때에 가질 수 있는 유일한 이성, 그리고 모든 나이의 사람에게서도 가장 필요한 이성을 우리 안에 형성해 간다. 그러한 훈련에 의해, 우리는 자신이 가진 힘의 사용법과, 우리의 몸과 주위의 사물과의 관계 및 우리의 힘이 미치는 한에서 우리의 기관(器官)에 알맞는 자연의 도구의 사용법을 잘 배워 알 수가 있다. 언제나 방 안에서 어머니의 보호를 받으며 자라나, 무게라든가 저항 같은 것에 대해서 전혀 모르는 아이가, 큰 나무를 잡아 뽑으려 하거나 바위를 들어올리려고 하는 어리석음보다 더한 어리석음이 있을까? 처음으로 제네바의 시외에 나갔을 때, 나는 질주하는 말의 뒤를 쫓으려고 하거나, 6마일이나 떨어져 있는 살레브 산을 향해 돌을 던지거나 했다. 그리하여 마을의 모든 아이들의 놀림감이 되었고, 그들에게 나는 정말로 백치였다. 18세가 되면 사람들은 자연 과학에서 지레란 어떤 것인가에 대해 배우는데, 12세 난 농민의 아이로, 아카데미에서 가장 뛰어난 기계 학자보다 지레를 못 다루는 아이는 없다. 학생들이 학교 운동장에서 서로 주고받으며 배우는 것이, 교실에서 배우는 모든 것보다 백 배나 더 그들에게 도움이 된다.

처음으로 방에 들어온 고양이를 보라. 고양이는 이리저리 움직이고, 살피고, 냄새맡으며, 잠시도 가만히 있지 않는다. 모든 점을 살펴보고, 모든 것을 안 다음이 아니면, 어떤 것에든 마음을 놓지 않는다. 걷기 시작하여 이른바 세상이라는 공간 속으로 처음 들어온 아이도 그와 똑같은 일을 한다. 아이와 고양이가 공통적으로 가지고 있는 시각(視覺) 외에 다른 점이 있다면, 관찰하는 일에 아이는 자연이 준 손을 사용하고, 고양이는 자연으로부터 부여받은 미묘한 후각을 사용한다는 것이다. 바로 이 지각력을 충분히 발달시키느냐 발달시키지 못하느냐에 따라, 아이는 유능한 사람이 되기도 하고 무능한 사람이 되기도 하며, 둔하게 되기도 하고 날렵하게 되기도 하며, 어리석은 사람이 되기도 하고 현명한 사람이 되기도 한다.

인간이 최초로 느끼는 자연적인 충동은, 주위에 있는 모든 것과 자신을 비교 측정해 보는 일이며, 또 스스로 지각하는 하나하나의 대상에 자신과 관게 있을 것 같은 모든 감각적인 성질을 시험해 보는 일이다. 그러므로 인간이 처음으로 연구하는 것은 자기 보존을 위한 일종의 실험 물리학이다. 그런데 인간은 이 세상에서 자신의 위치를 아직 인식하기 전에, 사변적(思辨的)인 연구에 붙잡혀, 그 실험 물리학으로부터 멀어지게 된다. 그의 섬세하고 유연한 팔다리는 그것이 작용할 물체에 적응할 수 있을 때, 또 그의 감각이 예리하고 착각에서 벗어나 있을 때, 그때야말로 육신과 감각은 그 본래의 기능을 발휘할 수 있도록 훈련되어야 한다. 그리고 그때야말로 우리 자신과 사물 사이의 물리적인 관계를 감지하는 것을 배울 때이다. 인간의 오성에 들어오는 것은 모두 감각을 통해 들어오므로, 인간의 최초의 이성은 감각 경험의 이성이다. 그것이 지적(知的)인 이성의 기초가 된다. 따라서 우리의 최초의 철학 선생은 우리의 발, 우리의 손, 우리의 눈인 것이다. 그러므로 그런 것 대신 책을 사용해서는 추론하는 방법을 배울 수가 없다. 그것은 우리 자신의 이성이 아닌 타인의 이성을 이용하는 방법을 가르친다. 그것은 많은 것을 믿게 하지만, 언제까지나 무엇 하나 알게 하지 않는다.

어떤 기술을 활용하기 위해서는 우선 도구를 구해야 하고, 그 도구가 유효하게 사용될 수 있기 위해서는 아무리 사용해도 견뎌낼 수 있도록 튼튼하게 만들어진 것이어야 한다. 따라서 생각하는 일을 배우기 위해서는 지성의 도구인 손발과 감각 기관을 단련해야 한다. 그리고 그런 도구들을 최대한 이용하기 위해서는, 그 도구들을 제공하는 육체가 튼튼하고 건강해야 한다. 이와 같이 인간의 참된 이성은 육체와 관계없이 따로 형성될 수 있는 것이 아니며, 훌륭한 신체 구조야말로 정신 활동을 쉽고 확실하게 하는 것이다.

아이 시대의 길고도 한가한 시간을 어떻게 사용하게 해야 하는지를 보이기 위해서는 나는 어쩌면 바보스러울 정도로 자세히 이야기해야 한다. 사람들은 나에게 이렇게 말할 것이다. "이상한 교육이다. 당신은 아무도 배울 필요가 없는 것을 가르치려고 한다. 언제나 혼자서도 배울 수 있는 것, 배우기 위해 애쓸 필요도 없는 것을 가르치기 위해 어째서 시간을 낭비하는가.

당신이 아이에게 가르치려는 것은, 12세의 아이라면 누구든 알고 있다. 게다가 그것은 선생들이 이미 가르친 것이다."라고.

아니, 절대로 그렇지 않다. 당신들은 오해를 하고 있는 것이다. 나는 나의 학생에게, 시간이 많이 걸리고 매우 힘든 기술을 가르치려고 한다. 그것은 틀림없이 당신들의 학생은 익히지 못하는 기술이다. 그것은 무지(無知)한 자가 되는 기술인 것이다. 자기가 알고 있는 것 외에는 알고 있다고 생각지 않는 사람의 지식은 결국 지극히 작은 것에 불과하다. 당신들은 학문을 가르친다. 잘하는 일이다. 그러나 나는, 학문을 획득하는 데 도움이 되는 도구들을 형성시켜 주는 일에 전념한다. 베니스의 사람들이 스페인 대사 앞에 생 마르크 교회의 보물들을 자랑스럽게 늘어놓은 적이 있었다. 그런데 이 대사는, 그것에 대한 인사말로 책상 밑을 들여다보며 단 한마디, "뿌리가 없군요"라고 했다 한다. 나는 교사가 자기 제자의 학식에 대해 자랑스럽게 말하는 것을 볼 때마다 그와 똑같은 말을 하고 싶어진다.

고대인의 생활 방식에 대해 생각해 본 적이 있는 사람은 모두, 고대인이 현대인보다 강한 육체와 정신을 지녔던 것은 체육 덕택이라고 믿는다. 몽테뉴가 이 의견을 어떤 방법으로 지지했는가를 보면, 그가 그 의견을 굳게 믿고 있었음을 알 수 있다. 그는 끊임없이 온갖 방법으로 그것을 역설했다. 아이의 교육에 관해 이야기하면서 그는 이렇게 말했다. "아이의 정신을 강하게 하기 위해서는, 아이의 근육을 강하게 해야 한다. 아이를 노동에 익숙해지도록 함으로써 고통에도 익숙해지도록 할 수 있다. 탈구(脫臼)와 복통, 그밖에 모든 병의 고통에 견딜 수 있게 하기 위해서는 심한 단련에 익숙해져야 한다."고. 철학자 로크, 유덕한 롤랭, 박식한 플뢰리, 현학자 크루자[14] 등, 다

---

14) 롤랭(1661~1741)은 《연구론》·《고대사》 등의 저자. 학교 교육 개혁의 선구자의 한 사람으로 간주된다. 플뢰리(1663~1748)는 프랑스의 정치가·성직자. 크루자는 스위스의 철학자·수학자. 《아이의 교육에 대하여》(1722)의 저자.

른 일에서는 서로 의견을 달리하는 사람들도, 아이의 몸을 단련시켜야 한다는 한 가지 점에는 모두 의견을 같이하고 있다. 그것은 그들의 가르침 중에서 가장 바른 것이면서도 아주 소홀히 취급되고 있다. 나는 그 중요성에 대하여 이미 충분히 말했거니와, 그에 관해서는 로크의 책에서 찾아볼 수 있는 이상으로 뛰어난 이유도 도리에 맞는 규칙도 찾아볼 수 없으므로, 그의 고찰에 내 나름의 두세 가지 고찰을 덧붙이는 데에 그치고, 그밖의 것은 로크의 저서에 맡기려 한다.

성장 중인 육체는 의복 속에서 편안한 상태에 있어야 한다. 그 운동이나 성장을 방해하는 것이 있어선 안된다. 너무 몸에 딱 맞거나 몸에 찰싹 달라붙는 것은 좋지 않다. 프랑스식 옷은 몸을 너무 속박하여, 어른에게도 좋지 못하지만 아이에게는 특히 해롭다. 순환을 방해받아 괸 체액은 한곳에 머물러 있게 되고, 활발히 활동하지 않고 집 안에만 있는 생활이 더욱 그것을 조장한다. 그리하여 체액이 부패되고, 부패된 체액은 괴혈병을 일으킨다. 오늘날 이 병은 점점 더 많아져 일반적인 병으로 되어 가고 있지만, 고대인에게서는 거의 볼 수 없던 것으로, 그들의 옷입는 방법, 생활 방법이 그 병을 예방해 주었던 것이다. 경기병(輕騎兵) 차림의 복장은, 그와 같은 불합리한 점을 없애기는커녕 오히려 그것을 크게 하고, 아이의 몸 어딘가를 끈으로 묶지 않는 대신 몸 전체를 졸라맨다. 가장 좋은 방법은, 아이에게 품이 넉넉한 옷을 입혀 그들이 마음대로 활동할 수 있게 하는 것이다. 몸매를 그대로 드러내는 옷을 입혀 놓고 자랑 삼아서는 절대로 안된다. 그런 짓을 하면 아이의 몸매를 흉하게 할 뿐이다. 아이의 육체와 정신의 결함은 모두 한 가지 원인, 즉 어른들이 아이를 너무 일찍부터 어른으로 만들려 하는 욕망으로부터 발생한다고 할 수 있다.

색에는 밝은 색과 어두운 색이 있다. 전자가 후자보다 아이의 취향에 맞는다. 또 아이에게 잘 어울린다. 그러므로 나는 이 점에 관해서, 그러한 자연의 일치를 고려하지 않는다면, 왜 고려하지 않는지 그 이유를 알 수 없다. 그러나 아이가 이쪽이 화려하다는 이유로 어떤 옷감을 골랐다면, 그의 마음은 이미 사치에 이끌려 있고, 세속적이며 변덕스러운 의견의 포로가 되어 있는 것이다. 그리고 그런 취향은 저절로 아이의 마음속에 일어나는 것이 아니다. 옷의 선택과 그 선택의 동기가 교육에 얼마나 큰 영향을 끼치는지 말할 수 없을 정도다. 맹목적인 어머니가 아이에게 상으로 옷의 장식품을 주겠다고 약속할 뿐만 아니라, 분별없는 교사가 벌로 허술하고 장식이 없는 옷을 입히겠다고 학생을 위협하는 일조차 볼 수 있다. '공부를 좀더 잘 하지 않으면, 옷을 소중히 하지 않으면, 저 농부의 아이가 입고 있는 것 같은 옷을 입히겠다.' 그것은 이렇게 말하는 것과 무엇이 다르단 말인가. '인간은 입고 있는 옷으로 그 가치가 정해진다는 것과, 너의 가치는 모두 너의 옷에 달려 있다는 것을 알아야 한다.' 이러한 현명한 가르침 덕택에 젊은이들이 영리해지고, 장신구만을 존중하며, 외관만으로 사람의 가치를 판단한다 한들 놀랄 까닭이 없다.

만일 내가 이런 식으로 잘못 교육된 아이를 바로잡아야 한다면, 나는 일부러 그의 가장 훌륭한 옷을 가장 불편한 옷으로 만들어 주어, 아이가 끊임없이 속박당하고 압박당하여 몸을 움직일 수조차 없게 만들어 줄 것이다. 호화로운 복장을 한 대가로서 자유와 기쁨을 잃게 해 줄 것이다. 좀더 자유로운 옷을 입은 다른 아이들의 놀이에 껴들고 싶어도, 그가 가면 모두 놀이를 그만두고 다른 곳으로 가 버리게 할 것이다. 그리고 나는, 그가 견딜 재간이 없도록 그 훌륭한 옷에 질리게 만들 것이다. 그로 하여금 그 훌륭한 옷을 입기보다는 차라리 어두운 감옥 안에 있는 것이 낫다고 생각하게 만들 것이다. 아이를 우리의 편견에 따르게 하지 않는 한, 아이는 무엇보다도 편하고 자유로운 것을 원한다. 가장 간소하고 입어서 기분이 좋은 옷, 몸을 죄지 않는 옷, 그런 옷이 언제나 아이에게 좋은 옷이다.

인간의 몸에도 습성이 있어서, 운동에 적합한 몸과 운동하지 않고 가만히 있는 것에 적합한 몸이 있다. 후자의 경우는 체액이 조용히 균일하게 순환되기 때문에, 몸을 대기의 변화로부터 보호해 줄 필요가 있다. 전자의 경우는 몸을 끊임없이 운동 상태에서 휴식 상태로, 더위에서 추위로 옮기기 때문에 대기의 변화에 몸이 익숙해지도록 해야 한다. 그래서 집에만 가만히 있는 사람은 언제나 옷을 두껍게 입어, 사계절 내내 또 하루의 모든 시간 동안 거의 같은 온도 속에 몸을 두어야 한다. 반대로, 바람과 햇볕과 비를 아랑곳하지 않고 여기저기 돌아다니면서 왕성하게 활동하는 사람은, 언제나 경쾌한 복장으로 대기의 모든 변화와 모든 온도에 익숙해지도록 하여, 그 때문에 병에 걸리지 않도록 해야 한다. 나는 어느쪽 사람에 대해서도 계절 따라 옷을 갈아입지 말도록 권하고 싶다. 그리고 이것은 나의 에밀이 언제나 실행하고 있는 것이기도 하다. 이 경우 집에만 틀어박혀 있는 사람처럼, 에밀에게 겨울옷을 여름에 입히려고는 생각하지 않는다. 끊임없이 움직이는 사람처럼, 겨울에도 여름옷을 입히려고 한다. 이러한 습관은 뉴턴[15]이 일생 동안 계속했는데, 그는 80세까지 살았다.

어느 계절에도 모자는 전혀 쓰지 않거나, 거의 쓰지 않는 것이 좋다. 고대의 이집트인은 절대로 모자를 쓰지 않았다. 페르시아인은 큰 관(冠)을 쓰고, 거기에 또 큰 터번을 감고 있었는데, 샤르댕[16]에 의하면, 그 나라의 공기 때문에 그런 습관이 필요해진 것이라 한다. 나는 다른 책[17]에서, 헤로도토스가 전장(戰場)에서 페르시아인의 두개골과 이집트인의 두개골의 다른 점을 확인한 것에 주목한 일이 있다. 두개골은 되도록 단단하고 치밀하며 쉽게 손상되지 않고 기공(氣孔)이 적어야 뇌를 상처입지 않도록 할 뿐만 아니라, 감기라든가 염증, 그밖의 모든 공기의 영향으로부터 충분히 보호할 수가 있다. 따라서 여름이든 겨울이든, 낮이든 밤이든 언제나 모자를 쓰지 않도록 하는 것이 좋다. 청결하게 하기 위해, 또 머리를 단정히 하기 위해 밤에는 모자를 씌웠으면 좋겠다고 생각한다면, 구멍이 뚫린 아주 엷은 천으로 만든 테가 없는 모자, 마치

---

15) 만유 인력의 법칙을 발견한 뉴턴을 말한다.

16) Jean Chardin(1643~1713)은 여행가. 특히 페르시아와 인도에 체재했다. 《페르시아와 동인도에서 기사(騎士) 샤르댕의 일기》를 출판.

17) 《달랑베르에게 보내는 편지(1758)》를 가리킨다.

바스크인이 머리를 싸고 있는 망 같은 모자가 좋다. 대부분의 어머니는, 나의 설명보다 샤르댕의 관찰에 감탄하여, 가는 곳마다에 페르시아의 공기가 흐르고 있다고 생각할 것이다. 그것은 잘 알고 있다. 그러나 내가 유럽인의 학생을 선택한 것은, 그를 아시아인으로 만들기 위해서는 아니다.

일반적으로 사람들은 아이에게 옷을 너무 많이 입힌다. 특히 어릴 때 그렇다. 그러나 더위보다 추위에 익숙해지도록 해야 한다. 일찍부터 추위에 단련시키면, 아이는 병에 걸리는 일이 없다. 그런데 아이의 피부 조직은 매우 연약하고 굳어져 있지 않아 너무나 자유롭게 공기를 흡수하므로, 심한 더위는 아이에게 극심한 피로감을 가져다 준다. 그래서 다른 어떤 달보다 8월에 아이들이 많이 죽는다. 북방의 민족과 남방의 민족을 비교해 보아도, 지독한 더위에 견디는 것보다 지독한 추위에 견디는 것에 의해 사람은 한층 더 튼튼해진다는 것을 확실히 알 수 있다. 그러나 아이가 커서 근육이 강해짐에 따라, 조금씩 햇빛에도 견딜 수 있도록 훈련시키는 것이 좋다. 조금씩 훈련해 나가면, 이윽고 아무런 위험 없이 열대 지방의 더위에도 견딜 수 있게 된다.

로크는, 우리에게 주고 있는 도리에 맞는 강력한 교훈 속에서 그만큼 정확한 이론가로서는 뜻밖일 정도의 모순에 빠지고 있다. 아이에게 여름에는 냉수욕을 시키라고 말하는 이 사람이, 더울 때 아이에게 냉수를 먹이지 않기를 바라고, 축축한 땅에서 뒹굴거나 잠자지 않기를 바라고 있다.● 그런데 그는, 아이의 구두가 언제든지 물에 젖어 있어도 좋다고 말했으니까, 더욱이 아이가 더위를 탈 때에 구두를 적시지 않도록 말하는 일은 없을 것이다. 그리고 그가 발을 손에 비교해서 생각하고, 몸 전체를 얼굴에 비교해서 생각하는 것과 마찬가지로, 몸 전체를 발에 비교해서 생각할 수 있지 않을까? 나는

● 마치 농민의 아이들이 잘 마른 땅을 선택하여 앉거나 눕거나 하는 것같이 말하는 것 같다. 그리고 지면의 습기 때문에, 그들 중의 한 사람이라도 병에 걸린 것을 들은 일이 있기라도 한 것같이 말하는 것 같다. 이 점에 대해서 의사들이 하는 말을 들으면, 사람들은 미개인들이 류머티즘으로 몸이 말을 잘 듣지 않는 것으로 믿고 싶어질 것이다.

그에게 이렇게 말하고 싶다. '당신은 인간의 몸 전체가 얼굴처럼 되기를 바라는데, 내가 인간의 몸 전체가 발처럼 되기를 바란다 해서 그것을 비난하겠는가? 라고.

아이가 더울 때 물을 마시는 것을 막기 위해, 로크는 아이에게 물마시기 전에 빵 한 조각을 먹는 습관을 기르도록 했다. 목이 마르다는데 먹을 것을 주어야 한다니, 정말 기묘한 일이다. 나라면 오히려 아이가 배고파할 때에 마실 것을 주겠다. 우리의 최초의 본능들이 잘못 형성되었기 때문에 죽음의 위험을 무릅쓰지 않고서는 그것을 만족시킬 수 없다는 그의 말을, 나는 절대로 납득할 수가 없다. 만약 그렇다면, 인류는 자기를 보존하기 위한 수단을 배우기 전에 백 번도 더 멸망했을 것이다.

에밀이 목이 말라 할 때에는 언제나 마실 것을 줄 것이다. 나는 아무런 처리도 하지 않은 순수한 물을 줄 것이다. 땀투성이이건 한겨울이건, 물을 따뜻하게 데우지 않고 그냥 주기로 한다. 내가 주의시키고 싶은 것은 단 한 가지, 물의 질을 알아야 한다는 것이다. 강물이라면, 강에서 길어 온 것을 금방 주어도 좋다. 샘물이라면, 잠깐 공기를 쐰 다음 마시게 해야 한다. 더운 계절에는 강물은 데워져 있다. 샘물은 그렇지 않다. 공기에 닿지 않았기 때문이다. 그것이 대기의 온도와 같아질 때까지 기다려야 한다. 겨울에는 반대로, 이 점에서는 샘물이 강물보다 덜 위험하다. 그러나 겨울에, 특히 문 밖에서 땀을 흘리는 일은 그리 당연한 일도 아니고, 흔히 있는 일도 아니다. 차가운 공기가 끊임없이 피부에 닿아 땀을 안으로 들어가게 하며, 땀이 나오게 땀구멍이 충분히 열리는 것을 방해하기 때문이다. 그런데 나는 에밀에게, 겨울에 난로 곁에서 운동을 시키려고는 생각하지 않는다. 문 밖에서, 들판의 한가운데에서, 얼음 위에서 운동시키고 싶다. 눈사람을 만들거나 눈싸움을 해서 몸이 더워졌다면, 그래서 목이 마르다고 할 때에는 물을 마시게 한다. 물을 마신 다음에도 운동을 계속시킨다. 그로 해서 혹시 무슨 사고가 일어나지 않을까 하는 염려 같은 것은 결코 하지 않겠다. 무언가 다른 운동을 해서 땀을 흘리고 목이 마르면, 그때에도 찬물을 마시게 하겠다. 다만, 그를 먼 곳으로 천천히 데리고 가서 물을 마시게 해야 한다. 날씨가 추우니까, 도착할 즈음에는 찬물을 마셔도 위험하지 않을 정도로 그의 몸이 차가워져 있을 것이다. 특히 당신이 그런 주의를 하고 있다는 것을 그가 알아차리지 못하도록 해야 한다. 그가 항상 자신의 건강을 염려하고 있는 것보다는, 오히려 아주 가끔 병에 걸리는 편이 낫다고 생각한다.

아이들에게는 오랜 수면이 필요하다. 심한 운동을 하기 때문이다. 수면과 운동은 서로 완화제 역할을 한다. 그렇기 때문에 아이에게는 이 두 가지가 다 필요한 것이다. 휴식은 밤에 한다. 그것은 자연이 정해 주고 있다. 태양이 지평선 저편에 가라앉아 있는 동안에는 잠이 편안하고 쾌적한데, 햇볕으로 뜨거워진 공기는 우리의 감관(感官)을 그다지 깊은 안정 상태에 있게 해 주지 않는다는 것은 확실하다. 그래서 건강을 위해 가장 좋은 습관은, 태양과 함께 일어나고 태양과 함께 자는 것이다. 따라서 우리가 놓여져 있는 풍토에서는, 인간과 동물들 모두 일반적으로 여름보다는 겨울에 오래 잘 필요가 있다. 그러나 사회 생활이란 그리 단순하지도 않고 자연적이지도 못하며, 여러 가지 변화를 피할 수도 없기 때문에, 그런 단조로운 생활에 인간을 길들게 하여, 그것 없이는 살아갈 수 없게 하는 것은 현명치 못하다. 확실히 규칙은 지켜야 한다. 그러나 무엇보다도 중요한 규칙은, 필요한 경우에는 위험이 따르는 일 없이 깨뜨려 버릴 수 있는 규칙인 것이다. 그러므로 안락한 잠을 계속 자게 한다든지, 절대로 그 잠을 중단하지 않도록 배려함으로써 당신들의 학생을 약하게 만드는 분별없는 일을 해서는 안된다. 우선 그를 속박하지 말고 자연의 법칙에 맡기는 것이 좋다. 그러나 우리들 사이에서는, 그는 그 법칙을 초월해 있어야 한다는 사실을 잊으면 안된다. 즉, 늦게 자고 일찍 일어나도, 갑자기 깨워져도, 며칠 밤을 자지 않고 지내도 병에 걸리는 일이 없어야 하는 것이다. 아주 일찍부터 그런 식으로 서서히 단계를 밟아 해 나가면, 이미 체질이 완성되어 있는 사람을 그런 상황에 놓을 경우, 그 건강이 파괴될 정도의 일에 대해서도 견뎌낼 수 있는 체질이 만들어진다.

처음에는 잠자리가 불편한 곳에서 자는 훈련이 필요하다. 그것은 잠자리가 불편한 침대라는 것을 없애기 위한 방법이다. 일반적으로 괴로운 생활은, 일단 그것이 습관화되면 쾌적한 감각이 생긴다. 반면에 유약한 생활은 불쾌한 감각을 무한히 만들어 낸다. 너무나 세심한 배려 속에서 자란 사람은 새털 이부자리가 아니면 자지 못하지만, 마룻바닥 같은 데서 자는 데에 익숙한 사람은 어떤 곳에서든 잘 수 있다. 눕기만 하면 잠이 오는 사람에게 불편한 침대 따위가 있을 게 뭔가.

새털이나 면모(綿毛)로 만든 푹신한 침대는 육체를 녹이고 해체시킨다. 너무나 따뜻하게 감싸진 허리는 뜨거워진다. 그 결과 결석(結石)이나 그밖의 병이 생긴다. 그리고 필연적으로, 그러한 모든 병의 근원이 되는 허약한 체질이 만들어진다.

가장 좋은 침상이란, 결국 기분 좋게 잠잘 수 있는 침상이다. 그런 침상을, 에밀과 나는 낮 동안에 준비할 것이다. 우리의 침상을 준비하기 위해 페르시아인 노예를 데려올 필요는 없다. 땅을 파는 노동 자체가 우리의 딱딱한 이부자리를 부드럽게 만드는 것이 될 테니까.

아이란 건강하기만 하면 거의 생각대로 잠을 자게도 하고 깨울 수도 있다는 것을, 나는 경험에 의해 알고 있다. 아이가 잠자리에 누워 자지 않고 자꾸 말을 시켜 하녀를 성가시게 할 때, 하녀는 "인제 그만 자도록 해요." 하고 말한다. 그것은 아이가 병에 걸려 있는데 '건강하도록 해요.' 하고 말하는 것과 같다. 아이를 잠재울 수 있는 틀림없는 방법은, 아이를 잠자코 있게 만드는 것이다. 아이가 잠자코 있을 수밖에 없을 정도로 아이에게 이야기해 주어라. 그렇게 하면 이윽고 아이는 잠들 것이다. 어쨌든 설교도 무엇인가에 도움이 되는 때가 있다. 아이에게 설교를 하는 것도 요람을 흔들어 주는 것만큼의 효과가 있다. 그러나 그러한 최면제를 밤에 사용하는 것은 좋지만, 낮에는 삼가는 것이 좋다.

나는 가끔 에밀을 깨워 일으킬 것이다. 너무 오래 잠자는 습관이 붙을까 봐 걱정해서라기보다는 아무때라도 기꺼이 일어날 수 있게 하기 위해서이다. 그리고 내가 한마디도 하지 않아도 그가 혼자서 잠을 깰 수 있도록 하기 위해서이다. 내가 나의 의지대로 그를 잠에서 깰 수 있게 하지 못한다면, 나는 나의 직분에 적합한 재능을 제대로 갖추지 못한 것이 될 것이다. 만약 그가 충분히 자지 않으면, 나는 그에게 상당히 불쾌한 아침을 맞도록 할 것이다. 그러면 그는, 수면을 위해 할애할 수 있는 시간을 그만큼 득으로 생각하리라. 너무 오랫동안 잠잔다면, 그가 눈을 떴을 때 그가 좋아하는 재미있는 것을 보여 준다. 일정한 시각에 그를 깨우고 싶으면, 나는 이렇게 말해 주겠다. "내일 아침 6시에 낚시하러 가기로 했는데, 또는 이러이러한 곳에 산책하러 가기로 했는데 너도 함께 가지 않겠니?" 그는 승낙한다. 나에게 그 시각에 깨워 달라고 부탁한다. 나는 필요에 따라, 그 부탁을 들어주기도 하고 들어주지 않기도 한다. 그가 그 시각에 일어나지 못하면, 나는 혼자 외출해 버린다. 그는 스스로 일찍 일어나지 않으면 곤란해질 것이다.

또 이것은 좀처럼 없는 일이지만, 언제까지나 늦잠을 자려고 하는 버릇이 있는 아이가 있다면, 그런 버릇을 계속해서 가지게 해서는 안된다. 그대로 버려 두면, 완전히 게으름피우는 버릇이 붙을 것이다. 그런 아이에게는, 그의 잠을 깨울 수 있을 정도의 자극을 주어야 한다. 말할 필요도 없겠지만 그를 강제로 일어나게 하라는 말이 아니다. 무언가 그의 욕망을 불러일으키고 그의 마음을 움직이게 하여 스스로 일어나게 해야 한다. 그 욕망도 자연의 질서에 맞는 것에서 선택한다면, 우리는 동시에 두 가지 목적을 이루게 될 것이다.

지혜를 조금만 써도, 아이에게 허영심이나 경쟁심·질투심을 일으키게 하지 않으면서 취미와 정열을 가지게 할 수 있으리라고 생각한다. 아이의 활발함과 모방 정신만으로도 충분하다. 특히 아이의 자연스러운 쾌활함, 이것이 확실한 실마리가 되는데, 교사들은 그에 생각이 미치지 못하고 있다. 아이는, 다른 경우라면 눈물을 뚝뚝 흘리지 않고서는 견디기 어려운 일을, 스스로 놀이라고 인정하는 모든 놀이에서는 불평하지 않고, 아니 웃으면서 견딘다. 오랫동안의 배고픔·타박상·화상, 모든 종류의 피로까지 어린 야만인들의 즐거움이 된다. 그 고통을 잊게 하는 양념이 있다는 것을 알 수 있다. 그러나 그렇게 맛있는 음식을 모든 교사가 만들 수 있는 것도 아니고, 얼굴을 찡그리지 않고 그것을 맛보는 것도 아마 모든 제자가 할 수 있는 일은 아닐 것이다. 여기서 내가 멍청히 있으면, 또다시 예외적인 것에 말려들어 헤어나지 못할 것이다.

그런데 참을 수 없는 것은 괴로움이나, 인간에게서 당연한 불행, 뜻하지 않은 재난, 생명의 위험, 게다가 죽음, 그런 일에 인간이 굴복하는 것이다. 그런 모든 관념에 익숙해질수록, 고통 위에, 고통 자체를 이겨내고자 하는 초조한 마음을 덧붙이는 성가신 감수성으로부터 치유될 것이다. 인간에게 덮쳐 올 수 있는 여러 가지 고통에 익숙해지면, 확실히 몽테뉴가 말한 것처럼, 그만큼 고통으로부터 미지(未知)라는 바늘을 제거하는 것이 되고, 그와 함께 인간의 정신을 무엇에도 상처받지 않는 견고한 것으로 만들 수 있을 것이다. 그의 육체는 갑옷이 되어, 그가 알몸에 받게 될지도 모르는 공격의 화살을 모두 막아내게 된다. 죽을 때가 가까워도, 그것은 아직 죽음이 아니기 때문에, 거의 죽음으로서 느끼지 않게 된다. 그는 말하자면 죽는 일이 없을 것이다. 살아 있든가, 죽어 있든가이다. 단지 그뿐이다. 그런 사람에 대해서야말로, 몽테뉴가 모로코의 어떤 왕에 대해서 했던 "어떤 인간도 그만큼 죽음 가운데에서 깊이 살았던 자는 없었다."는 말을 할 수 있으리라. 언제나 변함없는 확고한 마음, 그것은 다른 미덕과 마찬가지로, 아이 적에 배워 가져야 한다. 그러나 아이에게 미덕의 이름을 가르쳤다고 해서 미덕을 가르친 것은 아니다. 그것이 무엇인지 몰라도, 실제로 그것을 아이에게 맛보게 해야 한다.

그런데 죽음이라는 것에 관련되는 천연두의 위험에 관해서인데, 우리의 학생에게 어릴 때 우두를 맞히는 것이 좋을까, 그렇지 않으면 자연의 우두를 기다리게 하는 것이 좋을까. 첫번째 방법은, 우리의 습관에 일치하는데, 인간의 생명이 그만큼 귀중하지 않을 때에 위험을 겪게 하여, 생명이 더욱 귀중해지는 시기에 올 위험을 막는다. 물론 가장 잘 관리된 우두가 위험 그 자체라고 생각할 때의 이야기이다.

그러나 두 번째 방법이 우리의 일반적인 원칙에 알맞는다. 즉, 자연이 스스로 하기를 좋아하여, 인간이 손대려 하면 즉시 중지해 버리는 보살핌을, 완전히 자연에게 맡기는 것이다. 자연의 인간은 언제라도 준비가 되어 있다. 그러므로 이 자연의 선생 손으로 우두를 맞히기로 하자. 그는 우리보다 훨씬 더 잘 그 시기를 선택할 것이다.

그렇다고 해서 내가 우두를 비난한다고 결론 내리지는 말아 주기 바란다. 내가 나의 학생에게 우두를 맞히지 않으려는 이유는, 당신들의 학생에게는 전혀 통용되지 않는다. 당신들은, 학생이 천연두에 걸리게 되는 시기에 그것을 피할 수 없도록 그를 기른다. 만약 우연에 맡겨 학생이 천연두에 걸리기라도 하면, 그는 아마도 죽을 것이다. 우두가 필요해질수록 여러 나라에서 점점 더 그에 반대하는 것을 나는 알고 있는데, 그 이유는 쉽게 알 수 있다. 따라서 나의 에밀 때문에 이 문제를 자세히 논하고 싶은 생각은 없다. 그는 때와 장소와 사정에 따라, 우두를 맞든가 맞지 않든가 할 것이다. 그에게는 어느쪽이든 좋으니까. 우두를 맞으면, 미리 병을 안다는 이익이 있을 것이다. 그것은 어쨌든 좋은 일이다. 그러나 에밀이 저절로 천연두에 걸리게 되면, 우리는 그를 의사의 손으로부터 보호해 준 것이 되리라. 그것은 더욱 좋은 일이다.

특권적인 교육은, 그것을 받은 사람들을 서민으로부터 구별하는 일에만 몰두하여, 언제나 가장 보편적인 교육, 그렇기 때문에 가장 유익한 교육을 베풀기보다는 비용이 많이 드는 교육을 베풀려고 한다. 그래서 사려깊은 교육을 받은 젊은이들은 모두 승마를 배운다. 승마를 배우려면 많은 비용이 들기 때문이다. 그런데 그런 젊은이들 중 수영을 배우는 사람은 한 사람도 없다고 할 수 있을 정도다. 헤엄치는 법을 배우는 데에는 전연 비용이 들지 않고, 누구든지 배울 수 있기 때문이다. 그런데 말타는 법은 꼭 승마장에서 배우지 않더라도, 여행을 해야 하는 경우처럼 부득이해지면 그냥저냥 탈 수가 있다. 반면에 물 속에서는 헤엄치지 못하면 익사하고, 헤엄치는 법은 배우지 않고는 습득할 수 없다. 요컨대 말을 타지 않는다고 생명이 위험해지는 일은 없지만, 사람은 때로 물 속에 빠지게 될 위험이 있으며, 그럴 경우 헤엄치는 법을 모른다면 누구든 살아날 수 없다. 에밀은, 땅 위에 있을 때와 똑같이 물 속에 머물 수 있게 될 것이다. 되도록 어떤 원소 속에서도 살아갈 수 있도록 해 주고 싶다. 가령 하늘을 나는 방법을 가르친다면, 나는 에밀을 독수리처럼 만들고 싶다. 또 만약 불 속에서 몸을 단련할 수 있다면, 도롱뇽[18]처럼 만들고 싶다.

아이가 헤엄치는 법을 배우는 동안 익사하는 게 아니냐고 사람들은 걱정한다. 헤엄치는 법을 배우는 동안 익사하든 배우지 않았기 때문에 익사하든, 그것은 결국 당신들의 잘못이다. 우리를 무모하게 하는 것은 허영심뿐이다. 아무도 보고 있지 않을 때 무모한 짓을 하는 사람은 없다. 에밀은, 설령 세계의 모든 사람들이 보고 있어도, 그런 짓은 하지 않을 것이다. 연습에는 꼭 위험이 따라야 할 이유가 없으므로, 그는 정원의 연못에서 헬레스폰 해협을 횡단하는 것을 배울 것이다. 그러나 위험에도 익숙해질 필요가 있다. 위험한 경우에도 당황하는 일이 없도록 해야 하기 때문이다. 이것은 지금 내가 말한 학습의 본질적인 부분이다. 이 경우 그의 체력에 따라 위험의 정도를 고려하며, 언제나 그와 위험을 함께 하고 있는 나는, 내 몸의 안전을 위해 주의하는 만큼 그의 몸의 안전을 생각하므로, 무언가 부주의한 일을 저지를 염려는 거의 없다.

아이는 어른보다 작다. 아이는 어른만큼의 체력이나 이성을 가지고 있

---

18) 도롱뇽은 민간에서는 옛부터 불에 견딜 수 있다고 믿었으므로, 루소는 여기에서 속신(俗信)을 이용한 것이리라.

지는 않다. 그러나 어른과 똑같이 또는 거의 똑같이 보거나 들을 수 있다. 아이는 어른만큼 섬세하지는 않으나 어른과 똑같이 분명한 미각을 가졌으며, 후각에서 어른과 똑같은 관능성을 작용하지는 않지만 똑같이 냄새를 구분한다. 우리의 안에 최초로 형성되고 완성되는 능력은 감각이다. 따라서 그것을 먼저 길러야 한다. 그럼에도 불구하고 사람들은 그것을 잊고 있다. 또는 가장 소홀히 생각하고 있다.

감관을 훈련한다는 것은 단지 그것을 사용하는 것이 아니라, 감관을 통해서 바르게 판단하는 것을 배우는 것으로, 말하자면 느끼는 것을 배우는 것이다. 우리는 배운 대로밖에 만질 수 없고, 배운 대로밖에 볼 수 없고, 배운 대로밖에 들을 수 없기 때문이다.

판단력에 아무런 영향도 주지 않고 몸을 튼튼히 하는 데에 도움이 되는, 순수하게 자연적인, 그리고 기계적인 운동이 있다. 헤엄치기·뛰기·뛰어오르기·팽이치기·돌던지기와 같은 것이 그것이다. 모두 아주 훌륭한 운동이다. 그러나 우리는 팔과 다리만 가지고 있는 것이 아니다. 눈이나 귀도 있지 않은가. 더욱이 이 기관들은 팔이나 다리를 사용할 때에 필요하다. 따라서 체력만을 단련해서는 안된다. 체력을 인도하는 모든 감각 기관을 훈련하라. 각각의 감관을 되도록 잘 이용하라. 그리고는 한 감관의 인상을, 다른 감관의 인상에 의해 확인하는 것이 좋다. 크기를 재거나, 수를 세거나, 무게를 달거나, 비교해 보는 것이 좋다. 저항의 정도를 측정한 다음이 아니고는 힘을 사용해서는 안된다. 언제든지 실행하기에 앞서 결과를 예측하라. 충분하지 못한, 또는 쓸데없는 힘을 결코 사용하지 않도록 아이에게 관심을 가지도록 하라. 이와 같이 아이로 하여금 자신이 행하는 모든 행위의 결과를 예견하게 하고, 경험에 의해 잘못을 바로잡는 습관을 가지도록 하면, 그 아이는 행동하면 할수록 더욱 정확한 판단의 소유자가 될 것이다.

무언가 무거운 것을 움직여야 한다고 하자. 너무 긴 지레를 사용하면, 쓸데없는 운동량을 소비하는 것이 된다. 너무 짧은 지레를 사용하면 힘이 모자라게 된다. 경험은, 필요로 하는 정확한 길이의 지레를 아이로 하여금 선택하게 할 것이다. 이러한 지혜는 아이의 나이를 넘은 것이 아니다. 무언가 무거운 물건들을 날라야 한다고 하자. 자기가 들 수 있을 만한 무게의 것을 들려고 할 때, 들어올릴 수 있는지 어떤지 실제로 들어보지 않으면, 아이는 눈으로 보아 그 무게를 추정할 수밖에 없을 것이다. 아이가 이미 똑같은 물질의 크기가 다른 것을 구별할 수 있다면, 이번에는 같은 크기의 다른 물질의 것에서 선택하게 해 보라. 그는 그 물질의 비중을 생각하지 않으면 안되리라. 더할 나위 없는 교육을 받은 젊은이가, 똑같은 두 개의 통에, 한쪽은 크게 자른 떡갈나무 토막을 가득 채우고, 다른 한쪽은 물을 가득 채웠을 때, 떡갈나무 토막이 든 통이 물이 든 통보다 가볍다는 것을, 시험해 보지 않고서는 믿으려 하지 않은 예를 나는 알고 있다.

우리는 모든 감관을 똑같이 사용할 수는 없다. 예를 들면 촉각처럼, 깨어 있는 한 결코 그 작용을 멈추지 않는 감관이 있다. 그것은 우리 몸의 표면 전체에 퍼져서, 몸을 다치게 할 우려가 있는 모든 것을 경고하기 위해 끊임없이 감시하는 작용을 한다. 그것은 또, 그것을 계속 사용하는 것에 의해 좋든 싫든 우리가 가장 빨리 경험을 획득하는 것으로, 그것을 특별히 훈련할 필요는 없다. 그렇기는 하나, 눈이 보이지 않는 사람은 우리보다 한층 더 확실하고 예민한 촉각을 가지고 있음을 우리는 안다. 그들은 시각에 의해 인도되는 일이 없으므로, 우리가 시각에 의해 판단하는 것을 촉각에 의해서만 판단해야 하기 때문이다. 그렇다면 우리도 그들처럼 어둠 속을 걷는다든지, 눈에 보이지 않는 물체를 구별한다든지, 우리를 둘러싸고 있는 여러 가지 것을 판단한다든지, 한마디로 말하면 밤, 불빛이 없는 곳에서 눈을 가지지 못한 그들이 낮에 하는 모든 것을 어째서 훈련하지 않는가. 햇빛이 있을 때에는 장님에 비해 우리 쪽이 유리하다. 암흑 속에서는, 장님이 우리의 안내자가 된다. 우리는 일생의 반은 눈이 보이지 않는 것과 마찬가지다. 장님은 언제든 걸을 수가 있는데, 우리는 한밤중에는 한 발짝도 내디딜 수가 없다. 불이 있지 않느냐고 사람들은 말할 것이다. 언제나 도구를 들먹거리는 것은 정말 곤란하다. 필요에 따라, 언제 어디서나 도구가 준비된다고 누가 보장하는가. 어쨌든 나는, 에밀의 손가락 끝에 눈이 있는 것이 가게에서 초를 사오는 것보다 낫다고 생각한다.

당신이 한밤중에 어떤 건물 안에 갇혀 있다고 한다면, 손뼉을 쳐 보라. 그 공간의 반향(反響)에 의해, 그곳이 넓은 곳인지 좁은 곳인지, 자신이 지금 한가운데에 있는지 구석 쪽에 있는지를 알 수 있을 것이다. 벽에서 반 발짝 정도 떨어진 곳에서는, 공기가 그다지 짙지 않고 저항이 작기 때문에, 다른 곳과 다른 감각을 얼굴에 느끼도록 해 줄 것이다. 한 곳에 서서, 차례차례 모든 방향으로 몸을 돌려 보라. 어딘가에 문이 열려 있다면, 가벼운 공기의 흐름이 그것을 알게 해 줄 것이다. 배에 타고 있을 때에는, 바람이 어떤 상태로 얼굴에 닿는가에 의해, 배가 어느 방향으로 나아가고 있는지를 알 수 있을 뿐만 아니라, 물의 흐름이 느린지 빠른지도 알 수 있다. 이밖에도 이와 비슷한 많은 것을 포함하여 이러한 것은, 밤이 아니면 잘 되지 않는다. 낮에는 아무리 주의해도, 시각(視覺)의 도움을 받든가 주의가 다른 곳으로 돌려져, 그런 것들을 지나쳐 버리게 된다. 인간은 촉각에 의해, 아무것에도 닿지 않고서도 얼마나 많은 시각적 지식을 획득할 수 있는가.

밤 놀이를 많이 시킬 것, 이 충고는 생각보다 훨씬 중요하다. 당연한 일이긴 하지만, 밤은 사람에게 두려움을 준다. 때로는 동물에게도 두려움을 준다.● 이성이나 지식·정신·용기 등도 사람의 이러한 약점을 완전히 제거할 수는 없다. 나는 이론가나 자유 사상가, 철학자, 낮에 용감한 군인 등이 밤에는 여자처럼 나뭇잎 소리를 듣고 무서워하며 떠는 것을 본 적이 있다. 그런 공포심은 유모에게서 들은 옛날 이야기 때문이라고 알려져 있는데, 그것은 틀린 생각이다. 그것에는 자연적인 원인이 있다. 그 원인이란 무엇일까? 그

● 이 두려움은, 개기 일식의 경우에 매우 확실히 나타난다.

것은 귀머거리를 의심 많게 만들고, 민중에게 미신을 가르치는 것과 같은 원인, 즉 우리 주위에 있는 것, 우리 주위에서 일어나고 있는 일에 대한 무지(無知)이다.● 멀리에서 사물을 확인하여, 그 인상을 미리 간파하는 데에 익숙해져 있는 사람은, 자신의 주위에 있는 것이 전혀 보이지 않을 때, 그곳에 여러 가지 존재를 상정하고, 그 존재에 여러 가지 운동을 상정하여, 그것들이 자신에게 해를 끼칠지도 모른다거나 또는 그것들로부터 자신을 보호하기란 불가능하다는 식으로 생각하지 않을 수가 없는 것이다. 내가 지금 있는 곳은 안전하다는 것을 알고 있어도 소용없다. 낮에는 마음에 떠오르지 않는 공포의 씨앗이 언제나 우리 안에 잠재해 있다. 외부에 있는 어떤 물체가 우리의 몸에 작용해 오기 시작할 때에는 무언가 소리를 낸다는 것을, 나도 알고 있다. 그

● 여기에 어떤 철학자-뷔퐁-에 의해서 훌륭하게 설명된 또 하나의 원인이 있다. 그 사람의 글은 나도 때로 인용한다. 그의 넓은 견식은, 더욱 자주 나를 가르쳐주고 있다.

"특수한 상황 때문에, 우리가 거리의 정확한 관념을 가질 수 없고, 대상을 각도의 크기에 의해서만 아니, 그보다는 오히려 그것이 눈에 비치는 영상(映像)의 크기에 의해서만 판단할 수 있을 때에는, 우리는 반드시 그 대상의 크기를 착각하게 된다. 누구나가 경험한 일인 것처럼, 밤에 여행을 하다 보면, 가까이에 있는 수풀을 멀리 있는 큰 나무로 착각하거나, 떨어져 있는 큰 나무를 바로 옆에 있는 수풀이라고 생각하거나 하는 일이 있다. 마찬가지로, 대상의 형태가 확인되지 않고, 그에 의해 거리의 관념을 일체 가질 수 없다면, 사람은 역시 아무래도 착각을 하게 된다. 우리의 눈에서 조금 떨어진 곳을 재빨리 지나가는 파리는, 눈에서 멀리 떨어진 곳에 있는 새처럼 보일 것이다. 넓은 들판 한가운데에서 움직이지 않고, 예를 들면 양(羊)과 같은 자세를 하고 있는 말은, 말이라는 것을 모르는 동안에는, 큰 양으로밖에 보이지 않을 것이다. 그러나 일단 말임을 안 다음에는 곧 말의 크기로 보이고, 우리는 곧 최초의 판단을 정정하게 된다.

밤에 낯선 곳에 있어서 거리를 판정할 수 없고, 어둡기 때문에 사물의 형태를 분별할 수 없을 때에는, 언제나 거기에 나타나는 대상에 대하여 내리는 판단에서, 사람은 끊임없이 오류에 빠질 위험이 있을 것이다. 밤의 어둠이 거의 모든 사람으로 하여금 느끼게 하는 두려움과 저 마음속의 두려움은 거기에서 생겨난다. 또 그런 것이 원인이 되어, 많은 사람들이 보았다고 하는 거대하고 무서운 유령이나 괴물이 나타나게 되는 것이다. 그런 괴물은 그것을 본 사람이 상상해낸 것이라고 한다. 그렇기는 하나, 그것은 정말로 눈에 비쳤던 것인지도 모른다. 그리고 보았다고 하는 이상, 실제로 본 것은 매우 있을 수 있는 일이다. 어떤 대상을 그것이 눈에 비치는 각도에 의해서밖에 판단할 수 없는 경우에는, 그 미지의 대상은, 그에 가까워질수록 필연적

러니 얼마나 열심히 모든 소리를 들으려고 귀를 기울이겠는가. 원인을 알 수 없는 소리가 조금만 나도, 금방 자신을 보호하려는 마음이 발동한다. 그리하여 온 신경을 그 소리에 집중시켜, 그 소리를 내는 대상에 대해 온갖 상상을 한다. 그 상상은 점점 커져, 두려움 속으로 우리를 몰아넣어 떨게 한다.

전혀 아무 소리도 들리지 않았다고 해도 안심할 수가 없다. 소리를 내지 않고 덮쳐 오는 것도 있으니까. 나는 사물을 이전에 있었던 그대로, 또 지금 있는 그대로 생각하지 않고는 배기지 못한다. 보이지 않는 것을 보지 않고는 배기지 못한다. 그래서 부득이 상상력을 발동시키게 되고, 이윽고는 그 상상을 누를 길이 없게 되어, 자신을 안심시키려 하면 오히려 불안해질 뿐이다. 무슨 소리가 들리면 도둑이 들었나 생각하고, 아무 소리도 들리지 않으면 유

으로 크게 확대되어 가게 될 것이기 때문이다. 그리고 자신의 눈에 비치는 것이 무엇인지 알 수 없고, 어느 정도의 거리에 있는지도 판단할 수 없는 사람의 앞에 그 미지의 대상이 갑자기 나타난다고 한다면, 그리고 그가 20발짝 또는 30발짝 떨어진 곳에 있을 때에, 몇 척(尺)의 높이로 보였다면, 몇 척(尺)밖에 떨어지지 않은 곳에 오면, 반드시 그것은 몇 길(丈)의 높이로 보일 것이다. 이것은 실제로 그를 깜짝 놀라게 하여, 가까스로 대상에 손을 대어보거나 그것을 분별하거나 할 때까지는 그를 두려움에 떨게 할 것임에 틀림없다. 결국, 그것이 무엇인지를 안 순간에, 거대하게 보였던 그 대상은 갑자기 작아져, 실제의 크기로 보이게 되는 것이다. 그러나 도망가거나 가까이 갈 수 없었거나 하면 확실히 사람은, 그 대상에 대하여 눈에 비친 영상에서 오는 관념 이외의 것을 가질 수 없다. 따라서 사람은, 현실적으로 거대한, 즉 그 크기와 형태에 의하여 두려움을 느끼는 모습을 보았다고 하게 되는 것이다. 유령에 대한 편견은 자연 속에 근거가 있으므로, 그러한 현상은 철학자들이 믿고 있는 것처럼, 단순히 상상에만 의한 것은 아닌 것이다."(《박물지(博物誌)》제4권)

나는 이 인용문에서, 어째서 그것은 언제나 일부분이 상상에 의한 것이 되는지를 증명하려고 했다. 그리고 이 인용문에 설명되어 있는 원인에 대해서 말하면, 우리가 밤에 걷는 습관은, 형태의 유사(類似)나 거리의 차이 때문에 어둠 속에서 우리의 눈에 여러 가지로 비치는 물체의 겉모습을 구별하는 것을 배우게 한다는 것을 알 수 있다. 물체의 윤곽을 확인할 수 있을 정도로 문 밖에 밝음이 남아 있을 때에는, 물체가 멀리 떨어진 곳에 있을수록 그 사이에 공기가 그만큼 많이 있으니까, 물체가 한층 멀리 떨어진 곳에 있으면, 그 윤곽은 언제나 그만큼 확실히 보이지 않게 되는 것이다. 따라서 우리는 습관에 의해서, 여기에서 뷔퐁씨가 설명하는 오류에 빠지지 않을 수가 있다. 그러므로 어떻게 설명한다 하더라도, 나의 방법은 언제나 유효하며, 그것은 경험에 의해서 완전히 확인되었다.

령이 보인다. 몸을 지키려고 하는 마음이 불러일으키는 경계심은, 나에게 공포의 씨앗을 줄 뿐이다. 나를 안심시켜 주는 것은 이성 안에만 있을 뿐인데, 이성보다 강한 본능이, 이성이 들려주는 것과는 전혀 다른 것을 나에게 들려준다. 이런 경우 어떻게도 손쓸 도리가 없기 때문에, 아무것도 무서워할 게 없다고 생각해 보았자 아무 소용도 없다.

병의 원인을 알면, 그 병을 치료하는 방법도 확실하다. 모든 일에서 습관은 상상을 말살한다. 새로운 것이 아니면 상상을 불러일으킬 수 없다. 날마다 보는 것에 대해서는, 상상력이 작용하지 않고 기억력이 작용하게 된다. 이것은 "정열은 습관으로부터는 생겨나지 않는다."라는 공리의 근거가 된다. 정열은 상상력의 불꽃에 의해 비로소 불타 오르기 시작한다. 만약 당신이 어떤 사람의 어둠에 대한 두려움을 고쳐주려 한다면, 절대로 그 사람과 이론 다툼을 하지 말라. 그 사람을 때때로 어둠 속으로 데려가는 것이 좋다. 그렇게 하면, 철학의 어떤 논증도 이러한 습관에 이길 수 없다는 것을 확실히 알게 될 것이다. 지붕 고치는 사람은 지붕 위에서 현기증을 일으키지 않으며, 어둠에 익숙해진 사람은 어둠을 두려워하지 않는다.

그래서 우리의 밤 놀이에는 첫번째 이점 외에 또 하나의 이점이 있게 된다. 그런데 이런 놀이를 성공시키려면, 되도록 밝고 쾌활하게 진행시켜야 한다. 어둠만큼 침울한 것은 없다. 때문에 아이를 감옥 같은 곳에 가두어서는 안된다. 어두운 곳에 들어갈 때에는 웃으면서 들어갈 수 있게 해 주어야 한다. 그곳에서 나오기 전에도 다시 한번 웃을 수 있게 해 주어야 한다. 그곳에 있는 동안에는 즐거웠던 일들을 생각하고, 곧 또다시 그런 즐거움을 가지게 될 일을 생각하도록 하여, 어둠 속에 있는 그의 마음에 덮쳐 올지도 모르는 두려운 상상으로부터 그를 지켜 주어야 한다.

어떤 시기가 지나면, 사람은 앞으로 나아가면서도 뒤를 돌아보게 된다. 그러한 시기가 인생에는 있다. 나는 그 시기를 지낸 것처럼 느껴진다. 나는 말하자면, 다른 길을 걷기 시작했다. 근래 내가 느끼기 시작한 장년기의 허무는, 나에게 유년기의 즐거운 나날을 생각나게 한다. 나이를 먹어 가면서 나는 아이로 되돌아간다. 그리고 나는, 30세 때에 한 일보다 10세 때에 한 일을 즐겨 생각한다. 독자들이여, 때로 나 자신의 경험을 예로 드는 것을 허용해 주기 바란다. 이 책을 훌륭하게 쓰기 위해서는, 나도 즐기면서 쓸 필요가 있으니까.

나는 시골에 있는 랑베르시에라는 선교사의 집에 맡겨져 있었다. 친구로서는 나보다 부자인 사촌이 있었는데, 그는 이미 한 집안의 상속인으로서 대우받고 있었다. 반면에 나는, 아버지의 곁을 떠난 가엾은 고아에 지나지 않았다. 나보다 위인 사촌형 베르나는 아주 겁쟁이였다. 특히 밤에는 더했다. 내가 그 공포심을 몹시 놀려댔기 때문에, 랑베르시에씨는 나의 용기를 시험해 보려 했다. 어느 가을날 밤, 그날 밤은 몹시 깜깜했다. 랑베르시에씨가 내게 교회의 열쇠를 주면서, 깜빡 잊고 설교단 위에 놓고 온 성경을 가져오라고 했다. 그는 나의 명예심을 불러일으킬 만한 말을 여러 번 해서, 내가 도저히 거절할 수 없게 만들었다.

나는 등불 없이 나섰다. 등불이 있었다면, 사정은 한층 더 나빠졌을 것이다. 도중에 묘지가 있었는데 나는 유쾌한 기분으로 그곳을 지나갔다. 자신이 밖에 있다는 것을 아는 한, 나는 결코 밤에 대한 공포를 느끼지 않았기 때문이다.

교회의 문을 연 순간, 천장에서 사람 소리 같은 것이 들려 왔다. 그 소리에 나의 로마인풍의 용감한 마음은 흔들리기 시작했다. 나는 안으로 들어갔다. 그러나 다섯 발짝쯤 걸었을까, 나는 그 자리에 딱 멈춰 서고 말았다. 그 넓은 곳에 꽉 차 있는 깊은 어둠을 보고는 머리카락이 주뼛 서는 듯한 두려움에 사로잡혔다. 나는 뒷걸음질쳐서 밖으로 나왔다. 온몸이 덜덜 떨렸다. 안뜰에 개가 있었다. 그 개의 이름은 슈르단으로서, 나도 아는 개였다. 그 개를 만져 주는 동안 나는 차츰 침착해졌다. 나 자신의 두려움이 부끄러워졌다. 나는 되돌아가기로 했다. 슈르단을 함께 데려가려 했는데 따라오지 않았다. 나는 서둘러 교회 안으로 들어 갔다. 다시 이곳에 들어왔구나 하고 생각하니 다시 두려움이 나를 사로잡았다. 대단한 두려움이었다. 두려움 때문에, 아마도 나의 머리는 어떻게 되었었나 보다. 설교단이 오른쪽에 있다는 것을 잘 알고 있었는데도, 나도 모르게 방향을 잘못 잡아, 오랫동안 왼쪽을 더듬거리고 있었다. 결상 사이에서 우물쭈물하는 동안, 나 자신이 어디에 있는지조차 모르게 되었다. 설교단도 입구도 어디에 있는지 알 수 없는, 무어라 말할 수 없을 정도의 혼란 상태에 빠지고 만 것이다. 겨우 입구를 찾아내어 교회에서 빠져나왔다. 그리고 첫번째와 마찬가지로 그 장소에서 물러나면서, 밤에는 두 번 다시 혼자서는 오지 않겠노라고 굳게 결심했다.

집으로 돌아왔다. 안으로 들어가려 하는데, 랑베르시에씨의 큰 웃음 소리가 들렸다. 나를 비웃고 있구나 하고 지레 짐작한 나는, 부끄러움에 문 열기를 망설이고 있었다. 그때, 사촌 누나가 내 일을 염려하면서 하녀에게 램프를 가져 오라고 하는 소리가 들려왔다. 게다가 랑베르시에씨와 사촌형이 나를 찾아 나설 준비를 하고 있었던 것 같았다. 그렇게 되면 이 원정의 명예는 모두 사촌형에게 주어지게 된다. 나의 공포심은 당장 사라졌다. 대신 내가 도망쳐 온 것이 발각되지 않을까 하는 두려움만이 남았다. 나는 뛰어갔다. 교회 문을 박차고 들어갔다. 똑바로 설교단 쪽으로 가서, 더듬거리지도 않고 설교단 위에 있는 성경을 집어들었다. 설교단 아래로 뛰어내려 세 발짝쯤 뛰었다고 생각했는데, 나는 이미 교회 밖에 있었다. 교회 문을 닫는 것도 잊고 집으로 달렸다. 집에 와서는 숨을 죽이고 방으로 들어갔다. 성경을 책상 위에 던졌다. 얼굴은 새파랗게 질려 있었지만, 도움을 받지 않고 그 일을 해냈다는 기쁨에 가슴이 두근거렸다.

이러한 이야기를 본받아야 할 표본으로서, 또는 이러한 종류의 훈련을 우리가 요구하는 밝은 기분의 실제 보기로서 드는 것인가 하고 사람들은 물을지도 모른다. 그렇지는 않다. 나는 단지, 밤의 어둠을 무서워하는 사람을 안심시키려면, 옆방에 모여 있는 사람의 웃음 소리와 이야기 소리를 듣게 하는 것이 무엇보다도 효과가 있다는 것의 증거로서 이 이야기를 꺼낸 것이다. 그런 식으로 혼자서 학생을 상대로 즐기는 대신, 밤에는 유쾌한 아이들을 많이 모이게 하는 것이 좋으리라고 나는 생각한다. 처음에는 한 사람씩 보내지 말고 몇 명씩 함께 보내, 별로 겁낼 필요가 없다는 것을 미리 알게 해 주어야 한다.

이런 놀이를 준비할 때 조금만 잘 하려고 하면, 이것만큼 재미있고 유익한 것은 없을 것이다. 큰 방에 책상이나 긴 의자나 칸막이 등으로 미로를 만들자. 어디로 들어가야 좋을지 모를 구불구불한 미로 속에 8개나 10개의 상자를 늘어놓는데, 그중 한 상자 안에 과자를 넣어 둔다. 그리고는 아이들에게 또렷하고 쉬운 말로, 과자가 들어 있는 상자의 정확한 위치를 알려 준다.*
그 다음에 어린 경쟁자들에게 제비뽑기를 하게 하여, 한 사람씩 과자 상자를 발견할 때까지 그곳에 가게 한다. 아이들의 능력에 비례하여 그 일의 난도(難度)를 증대시켜야 한다.

어린 헤라클레스가 손에 상자를 가지고, 의기 양양하게 원정으로부터 돌아왔다고 상상해 보자. 상자는 책상 위에 놓여진다. 긴장된 분위기 가운데에서 그 상자의 뚜껑이 열린다. 이게 무엇일까? 기대했던 과자가 아니라 이끼나 솜 위에 가득 놓여 있는 풍뎅이·달팽이·숯덩이·도토리·무, 또는 다른 것들……. 그런 것들을 보았을 때 터져 나오는 유쾌한 웃음소리나 외침소리가 금방이라도 들려 올 것 같다. 또 어떤 때에는, 새로 하얗게 칠한 벽 가까이에 장난감이나 작은 도구들을 매달아 놓고, 벽에 조금이라도 몸을 대지 말고 그것을 따 오기로 한다. 그것을 따러 갔던 아이가 돌아오면, 그 아이의 몸이 조금이라도 벽에 닿았는지 닿지 않았는지 금방 알 수 있다. 모자 끝에, 구두 끝에, 소매에, 또는 옷 끝 어딘가에 하얀 칠이 묻어 있으면, 그 부분이 벽

●아이들의 주의력을 훈련시키려면, 아이들이 확실하고 절박한 흥미를 가지고 충분히 이해하고 싶어하는 것 외에는 결코 그들에게 이야기해서는 안된다. 특히 농담을 하거나 쓸데없는 말을 해서는 안된다. 그리고 당신들이 하는 말에 확실하지 않은 점, 애매한 점을 남겨서는 안된다.

에 닿았었다는 것을 나타내니까. 이런 종류의 놀이를 시키는 참뜻은, 이 정도로도 충분히 알 것이다.

이런 식으로 자란 사람은, 다른 사람에 비해 밤에 얼마나 유리한가. 어둠 속에서도 힘차게 내디딜 수 있는 발과 주위의 어떤 물체도 쉽게 만질 수 있도록 훈련된 손은, 아무리 깜깜한 어둠 속에서라도 문제 없이 그를 인도할 것이다. 아이 적의 밤 놀이를 생각해 내는 일이 많은 그의 상상력은, 공포심을 자아내는 대상을 상상하는 일은 없을 것이다. 유쾌한 듯이 웃는 소리가 들려 왔다고 생각되어도, 그것은 요정의 웃음소리가 아니라 옛날 친구들의 웃음소리로 생각될 것이다. 어떤 모임이 마음에 떠올랐다 해도, 그에게는 그것은 마녀들의 모임이 아니라 가정 교사의 방이라고 생각될 것이다. 밤의 유쾌한 기억들은 결코 그로 하여금 두려움을 느끼게 하지 않을 것이다. 밤을 두려워하기는커녕 밤이 좋아질 것이다. 밤에 군사적인 원정을 하게 된 경우에도, 그는 혼자서든 부대와 함께든 언제나 나갈 수 있을 것이다. 그는 사울의 진영에 숨어 들어가 헤매지 않고 그 안을 돌아다닐 수 있을 것이며, 아무도 깨우지 않고 왕의 막사에까지 갔다가 누구에게도 들키지 않고 되돌아올 것이다.[19] 레소스의 말을 훔쳐오지 않으면 안된다고 해도 염려할 것 없다.[20] 그에게 부탁하면 되니까. 그와 같이 자라지 못한 사람들 가운데에서는, 당신들은 쉽게 오디세우스를 발견하지 못할 것이다.

나는 불의의 습격을 함으로써 아이가 밤에 무엇에도 놀라는 일이 없도록 하려는 사람들을 본 일이 있다. 이 방법은 대단히 좋지 않다. 그것은 사람

---

19) 구약성경 〈사무엘 상〉의 제26장. 사울 왕에게 쫓기던 다윗이 왕의 진영에 숨어들어가, 창과 물병을 가지고 나온 이야기.

20) 호메로스의 《일리아드》 제10권. 트라키아의 왕 레소스는 트로이 측의 장군으로서 싸우고 있었는데, 그의 말[馬]이 트로이의 풀을 먹고 스카만드로스 강의 물을 마시는 한 트로이는 멸망하지 않는다는 신탁(神託)이 내려져 있었다. 그래서 오디세우스의 군대가 밤중에 레소스의 숙사(宿舍)를 습격하여 그를 죽이고, 그 말을 훔쳤다.

들이 원하는 것과는 전혀 반대의 결과를 가져오게 하여, 아이를 한층 더 겁쟁이로 만들 뿐이다. 어느 정도의 것인지, 어떤 종류의 것인지도 알 수 없이 다가오는 위험이라는 생각에 대해서는, 또 이미 여러 차례 경험한 일이 있었다 하더라도 불의의 습격에 대한 공포에 대해서는, 이성도 습관도 사람을 안심시키지 못한다. 그러면 어떻게 해서 당신의 학생을 그런 사고로부터 벗어나게 해 줄 수 있을까? 그런 것에 대해서 그를 보호할 수 있는 가장 좋은 방법은 다음과 같은 것이라고 생각한다. 나는 에밀에게 이렇게 말하겠다. "너는 그런 경우, 정당하게 자신을 보호할 수 있다. 공격해 오는 자가 너를 해하려는 것인지 그저 놀라게 해 주려는 것인지 판단할 여유를 주지 않았을 뿐만 아니라, 그는 유리한 입장에 있으니까, 도망쳐 본들 너에게 안전한 방법이 될 수는 없다. 그러므로 밤에 공격해 오는 자가 있으면, 그 자가 인간이든 짐승이든 상관 말고 대담하게 붙들어라. 힘껏 그 자를 붙잡아서, 꼼짝도 못하게 하는 것이다. 버둥거리면 힘껏 때려도 좋다. 그리고 그 자가 어떻게 하든, 무엇이라 말하든, 그 자가 누구인지 확실히 알 때까지는 절대로 놓아 주어서는 안된다. 모든 사정이 분명해지면 아마도 그것은 크게 염려할 일이 아니라는 것을 알게 되겠지만, 그런 장난을 하는 사람은 이렇게 해 주어야 다시는 그런 짓을 하지 않는다." 라고.

촉각은 모든 감관(感官) 중에서 가장 빈번히 사용되고 있는 것이지만, 그것에 의한 판단은 다른 어떤 감관에 의한 판단보다 불완전하며 거칠다. 그것은 촉각을 사용할 때 시각을 함께 사용하는데, 눈은 손보다 빨리 대상을 포착하고, 대부분의 경우 정신은 손이 대상을 포착할 때까지 기다리지 않고 판단을 내리기 때문이다. 그 대신 촉각에 의한 판단은 가장 제한된 것이기 때문에 가장 확실하다. 우리의 손이 미치는 데까지밖에 미치지 않는 그 판단은 다른 감관의 성급함을 정정한다. 다른 감각은 거우 확인할 수 있을까말까 할 정도로 멀리 있는 대상에까지 뻗는데, 촉각이 확인하는 것은 모두 충분히 확인할 수 있는 것들뿐이기 때문이다. 그리고 또 우리는 마음만 먹으면 근육의 힘과 신경의 작용을 함께 사용, 동시적(同時的)인 감각에 의해, 온도·크기·형태 등에 대한 판단에 무게와 견고함에 대한 판단을 결부시킬 수 있다. 그래서 촉각은, 모든 감각 중에서 외부의 물체가 우리 몸에 주는 인상(印象)을 가장 잘 알려 주는 것으로, 가장 빈번하게 사용되고, 자기 보존에 필요한 지식을 가장 직접적으로 주는 것으로 되어 있다.

촉각을 사용하는 것이 시각을 돕는 일이 되는 것처럼, 그것은 어느 정도까지 청각을 돕는 일도 된다. 소리는 촉각으로 느낄 수 있는 진동을 일으키므로, 소리를 내는 물체에 손을 대 보면 그 진동을 느낄 수 있기 때문이다. 첼로의 동체에 손을 얹으면, 눈이나 귀의 도움을 빌지 않아도, 동체의 진동 상태만으로 그 소리가 낮은지 높은지, 또 제1현에서 나오는 소리인지 저음의 현에서 나오는 소리인지를 구별할 수 있다. 그 차이를 구별할 수 있을 만큼 감관을 훈련하면 점점 그런 일에 민감해져, 마침내는 어떤 곡 전체를 손가락으로 들을 수 있게 될 것이다. 그렇게 되면 음악을 통해 귀머거리와 쉽게 이야기할 수 있게 될 것은 너무나 분명한 사실이다. 가락과 박자는, 규칙적으로 조합시킬 수 있으므로, 음절과 소리와 마찬가지로 말의 기본 요소가 될 수 있다.

촉각을 점점 더 둔화시키는 방법이 있다. 또 그와는 반대로 촉각을 점점 더 예민하고 섬세하게 하는 방법이 있다. 전자는, 딱딱한 물체의 끊임없는 자극에 많은 운동과 힘을 더하여 피부를 거칠게 하고 굳게 함으로써 자연의 감각을 느끼지 못하게 한다. 후자는 가볍게 자주 접촉함으로써 그 느낌에 변화를 주어 그 결과, 끊임없이 되풀이되는 자극에 정신이 주의를 기울이는 동안 그 모든 변화를 쉽게 판단하는 힘을 획득하게 된다. 이러한 차이는 악기 사용에 확실히 나타난다. 첼로·콘트라베이스·바이올린의 딱딱하고 상처받을 듯한 감촉은, 손가락은 탄력있게 하지만 손가락 끝은 딱딱하게 한다. 그러나 클라브생(옛 피아노)의 매끄러운 감촉은, 역시 손가락을 부드럽게 하지만 동시에 한층 민감하게 한다. 따라서 이 점에서는 클라브생 쪽이 더 낫다고 할 수 있다.

피부는 공기의 영향에 대해 강해지고 그 변화를 견뎌낼 수 있어야 한다. 다른 모든 부분을 보호해 주는 것이 피부이기 때문이다. 그렇지만 않다면 나는, 손이 같은 일에만 노예처럼 사용되어 굳어져 버리는 것은 바람직스럽지 못하다고 생각한다. 또 손의 피부가 뼈처럼 딱딱해짐으로 해서, 손에 닿는 물체가 무엇인지를 알림으로써 그 물체의 종류에 따라서는 때로 어둠 속에서 우리를 두려워 떨게 하는 그 미묘한 촉각을 잃는 것도 좋은 일이 아니라고 생각한다.

어째서 우리의 학생은 언제나 발에 쇠가죽을 신고 다니도록 강요받아야 하는 것일까. 필요에 따라 맨발로 직접 땅을 밟는 것이 어째서 해롭단 말인가. 발바닥의 피부가 부드러운 것은 절대로 아무런 도움이 되지도 못할 뿐만 아니라 때로 매우 해롭다는 것은 분명한 사실이다. 한겨울의 한밤중, 적의 습격을 받은 제네바 사람들은 구두를 찾아 신기에 앞서 총을 찾아 들었다. 만약 그들 모두가 맨발로 걸을 수 없었다면, 제네바는 점령당했을는지도 모른다.[21]

뜻하지 않은 사건에 대비하여, 언제나 인간을 무장시켜 놓기로 하자. 어떤 계절에든 에밀이 매일 아침 맨발로 방안을, 계단을, 정원을 뛰어다녀도 그를 꾸짖기는커녕 나도 그와 함께 뛰어다닐 생각이다. 단, 유리 조각 따위가 흩어져 있지 않도록 주의해야 한다. 손을 사용해서 하는 일이나 놀이에 대한 것은 나중에 이야기하기로 하자. 그외에 그는, 몸의 발육을 돕는 모든 행동에서, 어떤 자세로든 편안하게, 그리고 확고하게 몸을 유지하는 것을 배워야 한다. 멀리 높이 뛰거나, 나무에 기어 오르거나, 담을 뛰어넘을 수 있어야 한다. 어떤 경우에도 몸의 균형을 유지해야 한다. 그의 운동이나 동작은 모두, 역학이 평형의 법칙을 그에게 설명하기 훨씬 전부터 그 법칙에 따라

---

21) 1602년, 사보아공(公) 샤르르 에마누엘 1세는, 제네바에 침입하여 점령을 기도했으나 실패했다.

정연하게 행해져야 한다. 발이 어떤 상태로 땅에 놓여지면, 또 몸이 어떤 상태로 발 위에 있으면 자신이 쾌적한지를 알아야 한다. 침착한 동작은 언제나 우아하며, 더없이 확고한 자세는 더없이 품위 있는 것이다. 내가 댄스 선생이라면, 마르셀* 풍의 원숭이 흉내내기 같은 춤은 가르치지 않을 것이다. 그대신 나는 그를 바위산 기슭으로 데려간다. 거기서 나는 에밀에게 가르쳐 줄 것이다. 깎아지른 듯한 벼랑, 이리 구불 저리 구불한 울퉁불퉁한 산길을 가볍게 갈 수 있는 자세를, 또 바위 꼭대기에서 바위 꼭대기로 뛰거나 산을 쉽게 오르내릴 수 있는 자세를, 몸과 머리를 어떤 상태로 두어야 하는지, 어떻게 움직여야 하는지, 어떤 경우에는 발을 어떻게, 어떤 경우에는 손을 어떻게 두어야 하는지를 그에게 가르쳐 줄 것이다. 나는 그를 오페라단의 무용수로 만들기보다는 다람쥐의 좋은 적수로 만들 작정이다.

촉각이 그 작용을 인간의 주위에 집중시키는 것만큼이나, 시각은 그 작용을 인간의 밖으로 펼친다. 그래서 시각은 사람을 속이기 쉽다. 인간은 한눈에 지평선에 있는 것의 절반을 바라볼 수 있다. 동시에 느낄 수 있는 그 무수한 감각과, 그것이 불러일으키는 무수한 판단에서, 어떻게 잘못되는 일이 없을 수 있겠는가. 그래서 시각은, 우리의 모든 감관 중에서 가장 잘못을 잘 저지르는 것으로 되어 있다. 그것은 가장 넓게 퍼져 있으며, 다른 모든 감관보다 훨씬 앞서 있고, 그 작용이 너무 민첩하고 광범위해서 다른 감관에 의해 수정될 수가 없기 때문이다. 그러나 공간을 인식하고 그 여러 가지 부분

● 파리의 유명한 댄스 교사. 그는 파리 사람들이 어떤가를 잘 알고 있어서, 계략적으로 괴상한 일을 하여, 자신의 예능의 인기를 유지했다. 사람들은 그것을 우스꽝스러운 것으로 생각하는 체하고 있었지만, 사실은 그것에 대해 더없이 큰 존경심을 품고 있었다. 그것에 뒤떨어지지 않는 하찮은 다른 기술에서, 오늘날에도 어떤 배우가 똑같이 점잔을 떠는 체하거나 바보 흉내를 내어 상당한 성공을 거두고 있는 것을 볼 수 있다. 이런 것은, 프랑스에서는 언제나 확실한 방법이다. 꾸밈이 없고, 그런 사기적인 경향이 없는 진짜 재능으로는, 프랑스에서는 행운을 잡을 수가 없다. 겸손은 프랑스에서는 바보들의 미덕이 되어버렸다.

을 비교할 수 있기 위해서는, 원근(遠近)에 의한 착각 그 자체가 필요하다. 이 착각이 없다면, 우리는 먼 곳에 있는 것은 아무것도 볼 수 없다. 여러 단계의 크기와 빛이 없다면, 우리는 거리라는 것을 추정할 수 없다. 아니, 그보다 우리에게서 거리라는 개념이 없어질 것이다. 같은 크기의 두 나무가 있는데, 한 나무는 우리로부터 백 발짝 떨어진 곳에 있고, 한 나무는 열 발짝 떨어진 곳에 있다고 하자. 그 두 나무가 같은 크기로 보이고, 똑같이 확실하게 보인다면, 우리는 그것들을 같은 위치에 나란히 늘어놓고 보는 것이 될 것이다. 만약 우리가 물체의 치수를 모두 그 진짜 크기로 지각(知覺)한다면, 우리에게는 어떠한 공간도 보이지 않고, 모두 우리의 눈위에 나타나게 될 것이다.

시각은 물체의 크기와 그 거리를 판단하는 데서 동일한 척도, 즉 그 물체들이 우리 눈에 비치는 각도만을 가진다. 그리고 이 각도는 복합적인 원인의 하나의 단순한 결과이므로, 그것이 우리 내부에 야기하는 판단은, 개개의 원인을 미확정적인 것으로 해 두지 않으면, 필연적으로 잘못된 것이 된다. 왜냐하면 각도의 차이에 따라 한 물체가 다른 물체보다 작게 보일 수 있는데, 그것이 정말 작은 것인지, 멀리 있어서 작게 보이는 것인지를 어찌 단순한 시각만으로 판별하겠는가.

따라서 여기서는 촉각의 경우와는 반대의 방법이 필요하다. 감각을 단순화하지 않고 이중으로 하여, 끊임없이 다른 감각에 의해 그것을 음미하고, 시각 기관을 촉각 기관에 종속시켜, 말하자면 성급한 시각을 둔한 촉각의 제어된 보조에 맞춰 억제할 필요가 있다. 이런 방법을 사용하지 않으면, 우리의 목측(目測)은 부정확한 것이 되어 버린다. 한번 보아서는 높이·길이·깊이·거리를 정확하게 판단할 수 없다. 그리고 그것은 감관의 잘못이라기보다는 그 사용법이 잘못되었기 때문이라고 할 수 있다. 그 증거로 기사(技士)·측량사·건축가·석공(石工)·화가 같은 사람은 한번 슬쩍 보아 우리보다 정확한 판단을 하고, 공간에 있는 물체의 크기도 정확하게 판단한다. 왜냐하면 그들은, 우리가 획득하기를 게을리하는 경험을 직업상 계속하기 때문에, 각도에 따른 외관을 볼 뿐이므로 각도의 애매성을 제거할 수 있기 때문이다. 결국 외관은 그들의 눈으로 보면, 각도를 만들고 있는 두 원인의 관계를 가장 정확하게 결정하고 있는 것이다.

아이에게 강요하지 않고 아이로 하여금 거리를 측정하고, 알고 판단하는 일에 흥미를 가지도록 하는 방법은 얼마든지 있다. 가령 '아주 높은 벚나무가 있다. 버찌를 따려면 어떻게 해야 할까? 광에 있는 사닥다리로 될까? 폭이 꽤 넓은 냇물이 있다. 어떻게 하면 건널 수 있을까? 안 뜰에 있는 판자로 양쪽 뚝을 연결할 수 있을까? 창문으로부터 낚싯줄을 늘어뜨려 우리의 방 창문에서 낚시질을 하고 싶다. 낚싯줄의 길이를 어느 정도나 하면 될까? 두 그루의 나무 사이에 그네를 매고 싶다. 3.6미터 정도의 밧줄로 충분할까? 이사하면 우리 방은 25평방피트라는데, 그 정도면 우리에게 적당할까? 그것은 지금 우리가 살고 있는 방보다 큰 것일까? 배가 몹시 고프다. 저쪽에 두 마을이 있는데, 그중 가까운 마을로 가야 좀더 빨리 식사할 수 있다. 어느 마을로 가야 할까? 하는 식의 방법이다.

언젠가 아주 게으른 아이에게 뛰는 것을 연습시키게 되었다. 그 아이는 어떤 연습이건 스스로 하려고 들지를 않았다. 그런데다가 그 아이는 장차 군인이 되게 되어 있었다. 그는 왜 그런지는 알 수 없지만, 자기와 같은 신분의 사람은 아무것도 하지 않아도, 아무것도 몰라도 괜찮다고 생각하고 있었으며, 귀족이라는 자기의 신분이 팔의 힘이나 다리의 힘, 그밖의 모든 종류의 능력을 대신할 수 있다고 믿고 있었다. 그런 도련님을 발이 빠른 아킬레우스처럼 길러 내려면, 케이론[22]의 재능을 가지고서도 충분하지 못할 것이다. 게다가 나는 절대로 그에게 아무것도 명령하지 않기로 하고 있었으므로, 곤란은 더욱 컸다. 격려한다든지, 무언가 약속한다든지, 위협한다든지, 경쟁심을 불러일으킨다든지, 훌륭한 일을 해 보고 싶다는 욕망을 자극한다든지 하는

---

22) 켄타우로족(族)의 가장 현명한 의사로, 아킬레우스를 맡아 기른 사람.

일은 일체 하지 않기로 했다. 그에게 아무런 말도 하지 않고, 뛰고 싶다는 욕망을 불러일으키려면 어떻게 해야 좋을까? 나 자신이 뛰어 보았자 별로 확실한 방법이 될 것 같지도 않다. 아니 오히려 바람직하지 못한 일이 될 것이다. 그리고 또 이 경우, 그 연습으로부터 그에게 무언가 교훈이 되는 것을 끄집어내어, 몸의 작용과 판단력의 작용이 언제나 서로 협력하여 나아가도록 시키는 일도 필요하다. 그러면 나는 어떻게 했는가. 바로 다음과 같이 했다.

오후, 그와 함께 산책하러 갈 때,* 나는 때때로 그가 몹시 좋아하는 과자를 두 개 주머니에 넣어 가지고 갔다. 우리는 산책하면서 그것을 한 개씩 먹고, 아주 만족하여 집으로 돌아오곤 했다. 어느 날 그는 내가 과자를 세 개 가지고 있는 것을 알았다. 그는 그 과자라면 여섯 개 정도는 거뜬히 먹을 수 있을 것이다. 그는 자기 몫의 과자를 재빨리 먹고는, 내게 세 개째의 과자를 달라고 했다. 나는 싫다고 했다. 나도 그 과자를 충분히 먹을 수 있으며, 그리고 반씩 나누어 먹어도 좋지 않느냐고 말했다. 그러나 나는 저쪽에서 놀고 있는 작은 사내아이 두 명에게 뜀박질을 시켜, 이긴 아이에게 주리라고 생각했다. 나는 그 아이들을 불렀다. 과자를 보이고, 나의 조건을 이야기했다. 그들에게는 생각지도 않은 일이었다. 과자는 큰 돌멩이 위에 놓이고, 그곳이 도착 지점이 되었다. 경주할 길을 정했다. 우리는 거기에 가서 쭈그리고 앉았다. 신호와 함께 사내아이들은 뛰기 시작했다. 이긴 아이는 과자를 집어들어, 우리와 진 아이가 보고 있는 데에서 맛있게 먹었다.

이 놀이는 과자보다 가치가 있었다. 그러나 그 일은 금방은 성공하지 못했고 아무런 결과도 얻지 못했다. 나는 실망하지도 않고 서두르지도 않았다.

● 이것은 곧 알게 될 시골길의 산책이다. 도시의 공중산책장(公衆散策場)은, 남자아이에게도 여자아이에게도 해롭다. 아이들이 허영심을 가지게 되고, 남들이 자기를 보아주기를 바라게 되는 것이, 바로 이곳에서부터 시작되는 것이다. 파리의 젊은 여성들이 그토록 우스꽝스럽게 되고, 유럽 전체의 사람들로부터 비난당하는 저 건방지고 같잖은 태도를 익히는 것은, 다름아닌 뤽상부르 · 튀를리, 특히 팔레 르와이얄에서인 것이다.

아이를 교육하는 데 시간을 벌기 위해서는 시간을 낭비할 것을 각오하지 않으면 안된다. 우리는 여전히 산책을 계속했다. 때때로 과자를 세 개 가져가기도 하고 네 개 가져가기도 했으므로, 뜀박질하는 아이에게 한 개 혹은 두 개의 과자가 주어졌다. 상품도 대단한 것이 아니었지만, 그것을 다투는 어린 경쟁자들의 야심도 그만큼 크지는 않았다. 그러나 상품을 받은 아이는 굉장한 칭찬을 받았다. 모든 것이 화려하게 진행되었다. 이 뜀박질 대회를 더욱 화려하게 진행시키고 아이들의 흥미를 더욱 높이기 위해서, 나는 경주하는 거리를 좀더 멀리 정하고 되도록 많은 경주자들을 끌어들였다. 그들이 그 경주로에 들면, 모든 통행인들은 발걸음을 멈추고 아이들의 경주를 구경했다. 박수 갈채와 격려의 외침소리가 그들을 자극했다. 한 아이가 이제 곧 결승점에 들어가려 할 때, 혹은 다른 아이를 따라잡으려 할 때, 나의 어린 도련님이 뛰어오르고 소리치고 하는 것을 나는 보았다. 그것은 그에게는 올림픽 경기와 같은 것이었다.

그동안 경주자들은 때로 옳지 못한 행동을 하기도 했다. 서로 상대방을 밀거나, 넘어뜨리거나, 다른 아이가 뛰어가는 앞길에 돌을 차 넣거나 했다. 그 때문에 나는 그들을 한 사람씩 나누어, 도착 지점에서 같은 거리의 각각 다른 지점에서 뛰게 하는 일도 있었다. 내가 왜 이렇게 배려했는지는 곧 알게 될 것이다. 나는 이 중대한 사항에 대해서 자세히 취급할 필요가 있다고 생각한다.

자기가 그렇게나 좋아하는 과자를 언제나 자기 눈앞에서 남이 먹는 것을 보기가 괴로웠던 도련님은, 이윽고 빨리 뛴다는 것도 무언가에 쓸모가 있구나 하고 생각하기 시작했고, 자기에게도 다리가 둘 있는 것을 보고, 사람이 없는 곳에서 연습을 하게 되었다. 나는 아무것도 모르는 체하고 있었지만 나의 방법이 성공했다는 것을 알았다. 나는 그보다도 먼저 그의 마음을 읽고 있었다. 그는 충분히 자신이 생겼을 때, 나에게 남은 과자를 달라고 조르는 체했다. 물론 나는 거절했다. 그는 끈질기게 졸랐다. 그리고 유감스러운 얼굴을 하면서 드디어 이런 말을 했다. "그럼, 그 과자를 돌 위에 놓고, 출발 장소를 정해 주서요. 나도 하겠어요." "좋아!" 하고 웃으며 말하고는, 나는 또 이렇게 덧붙였다. "기사(騎士)가 잘 뛸 수 있을까? 뛰느라고 배만 고프고 만족스러운 결과는 나오지 않을 것 같은데." 그는 나의 말에 흥분하여 열심히 뛴다. 그리고 그는, 내가 거리를 매우 짧게 하고 가장 빠른 아이를 뺐기 때문에, 아주 쉽게 상품을 손에 넣을 수 있게 된다. 그가 이 첫 발짝을 내디딘 후에는, 그를 이끄는 것이 나에게 얼마나 쉬운 일이 되었는지는 잘 알 것이다. 이윽고 그는 이 연습에 큰 흥미를 느끼게 되어 후원을 해 주지 않아도, 또 경주의 거리가 상당히 멀어도, 거의 언제나 확실히 경주에서 개구쟁이들을 이기게 되었다.

그렇게 하나의 이익이 얻어지자, 그것은 내가 생각지도 않았던 또 하나의 이익을 낳았다. 드물게밖에 상품을 손에 넣지 못했던 때에는, 그의 경쟁 상대들이 언제나 그랬던 것처럼, 그는 그 과자를 혼자서 먹었다. 그러나 자꾸 이기게 되자 그는 인심이 후해졌고, 그래서 때때로 경주에 진 아이들에게 과자를 나누어 주게 되었다. 그것은 하나의 도덕적인 관찰을 나에게 제공하는 기회가 되었고, 그것에 의해 나는 관대한 마음의 근원이 참으로 어디에 있는지를 배우게 되었다.

각 경주자가 동시에 출발하는 지점을 그와 함께 각각 다른 장소로 지정하면서, 그가 눈치채지 않도록 나는 거리를 똑같이 정하지 않고 달리했다. 따라서 어떤 아이는 같은 도착 지점에 닿기 위해 다른 아이들보다 더 많이 뛰어야 하는 불리한 입장에 놓이게 되는 것이다. 나는 선택을 나의 제자에게 맡겼다. 그러나 그는 자신에게 유리한 거리를 선택할 줄 몰랐다. 거리 따위에는 상관 않고, 그는 언제나 가장 아름다운 길을 선택했다. 그래서 그가 어떤 길을 선택할지 쉽게 알 수 있었으므로, 과자를 그의 손에 들어가게 하는 것도 들어가지 않게 하는 것도 거의 나의 생각대로 할 수가 있었다. 이런 연구는 단 하나의 목적에만 이용되지는 않았다. 어쨌든 나의 의도는 거리의 차이를 그에게 알게 하는 것이었으므로, 나는 그 차이를 그가 알도록 노력했다. 그러나 조용히 있을 때에는 게으른 그도, 놀이에서는 대단히 활발하여 나를 의심하는 일이 거의 없었기 때문에, 내가 속임수를 쓰고 있다는 것을 그에게 눈치채도록 하기 위해서 나는 상당히 고생했다. 마침내 나는 그에게 알리는 데에 성공했다. 그는 나를 비난했다. 나는 이렇게 말했다. "너는 무엇을 불평하는 거냐! 상품을 내가 주니까, 조건도 내 마음대로 할 수 있지 않니? 누가 네게 뛰라고 했니? 나는 뛰는 거리를 똑같이 하겠다는 약속을 한 기억은 없어. 너는 네 마음대로 선택했잖아. 가장 짧은 거리를 선택하렴. 아무도 네가 선택하는 것을 방해하는 사람은 없으니까. 나는 언제나 너를 후원해 왔다. 그리고 지금 너는 거리가 다르다고 투덜거리는데, 네가 그것을 잘만 이용하면 그것은 반대로 너의 이익이 된다는 것을 너는 어째서 모르지?" 그것은 확실한 사실이었다. 그는 그것을 이해했다. 그리고 경주로를 선택할 때, 그는 좀더 잘 살펴보아야 했다. 처음에는 몇 발짝으로 갈 수 있는지 세어 보려고 했다. 그러나 아이의 걸음으로 잰다는 것은 더디고 틀리기 쉽다. 게다가 나는 하루에 여러 차례씩 경주를 시키기로 했다. 그래서 놀이는 일종의 정열이 되어, 뛰는 데에 할당하는 시간을 거리를 재는 데에 낭비해 버리게 되는 것을 그는 유감스럽게 생각하게 되었다. 활발한 아이에게는 그렇게 시간 걸리는 일은 적합하지 않다. 그래서 좀더 잘 보고 시각에 의해 거리를 잘 추정하는 것을 연습하게 되었다. 그렇게 되자 나는 그다지 힘들이지 않고 그 능력을 촉진하고 길러 줄 수 있었다. 그렇게 몇 달인가를 오차를 바로잡아 가면서 연습시킨 결과, 그에게는 훌륭한 시각(視覺)의 자〔尺〕가 만들어지게 되었다. 무언가 멀리 떨어져 있는 것을 지정하고 그 위에 과자를 놓겠다고 말하면, 그는 측량 기사가 측정한 것과 거의 비슷할 정도로 정확하게 목측(目測)할 수 있게 되었다.

시각은 모든 감각 중에서 정신의 판단과 가장 떨어질 수 없는 관계에 있기 때문에, 보는 방법을 배우려면 긴 시간이 필요하다. 시각이 사물의 형태와 거리를 우리에게 충실히 전해 주는 습관을 들이기 위해서는, 그 전에 시각과 촉각을 오랜 시간 비교해 보아야 한다. 촉각이 없다면, 또 점진적인 운동이 없다면, 아무리 날카로운 눈이라도 우리에게 공간의 관념을 줄 수가 없다. 굴조개〔石花〕 같은 것에게는 우주 전체는 하나의 점에 지나지 않는다. 인간의 혼이 그 굴조개 안에 머문다 해도, 우주는 그 이상의 무엇으로도 보이지 않을 것이다. 걷거나, 만지거나, 세거나, 재거나 하는 것에 의해서만 크기를 판단하는 것을 배울 수 있다. 그러나 또 언제나 재기만 해서는 감관은 모든 것을 도구에 맡겨 버리게 되어, 결코 정확성을 얻지 못하게 된다. 아이가 단번에 측정으로부터 추정으로 옮기는 것도 안된다. 처음에는, 그가 한번에 비교할 수 없는 것을 부분적으로 비교하는 것을 계속한다. 그런 다음 그 정확한 부분을 추정에 의한 부분으로 바꾸어, 언제나 손으로 자를 사용하여 재는 대신, 눈만으로 똑같이 잴 수 있도록 연습한다. 나는 아이가 처음으로 추정해 본 것을 진짜 자로 확인시켜 그 오차를 스스로 정정하게 하고, 또 감각 중에서 무언가 잘못된 인상이 남아 있다면, 좀더 바른 판단에 의해 그것을 스스로 정정하게 하고 싶다. 우리는 모든 장소에서 거의 동일한 자연의 척도를 가지고 있다. 사람의 보폭, 팔 길이, 키 등이 그것이다. 아이가 집의 높이를 추정하는 경우, 교사는 그 척도가 될 수 있다. 종루(鐘樓)의 높이를 추정하려면 집을 척도로 하면 된다. 거리를 알려면 걷는 시간을 재면 된다. 그리고 무엇보다 중요한 것은, 그런 일은 절대로 아이 대신 해 주어서는 안된다는 사실이다. 아이 스스로 하게 해야 한다.

공간과 물체의 크기를 정확하게 판단하는 법을 배우려면, 그 물체의 형태를 알아야 하고, 그것을 모사(模寫)하는 법을 알아야 한다. 결국 이 모사는 원근법에 의거하는 것이며, 원근법을 얼마간이라도 알지 못하면 공간을 그 외관에 의해 추정할 수 없다. 아이들은 위대한 모방자이므로, 무엇이든 그려 보려고 한다. 나는 나의 학생에게도 이 모사 기술을, 기술 그 자체를 위해서가 아니라 정확한 눈과 탄력 있는 손을 가지게 하기 위해서 가르치려고 생각한다. 그리고 일반적으로 말하면, 그가 여러 가지 연습에 능숙해진다는 것은 그리 중요한 일이 아니다. 단지 그 연습에 의해 예민한 감각과 좋은 습관을 가질 수 있으면 된다. 그래서 나는, 그에게 데생 선생을 딸려 주지 않을 작정이다. 데생 선생은 모사한 것을 모사시킬 뿐이고, 데생을 데생시킬 뿐일 테니까. 나는 그에게 자연 외의 선생을, 물체 외의 모델을 주고 싶지 않다. 그의 눈 앞에는 물체 자체가 놓여지지, 그것을 그린 종이 따위가 놓여지지는 않을 것이다. 집을 보고 집을 그리고, 나무를 보고 나무를 그리고, 인간을 보고 인간을 그려, 물체와 그 외관을 바르게 관찰하는 것에 익숙해지도록 할 것이다. 그리하여 흔히 있는 잘못된 모사를 참된 모사라고 생각하지 않도록 할 것이다. 또한 나는, 거듭되는 관찰에 의해 물체의 정확한 형태가 그의 상상 가운데에 확실히 새겨지기 전까지는 어떤 물체도 기억에 의해 그리게 하지 않을 생각이다. 그것은 실상(實相) 대신에 이상한 형태를 그리게 하여, 균형에 대한 지식과 자연의 미에 대한 취미를 잃게 할 우려가 있기 때문이다.

이런 방법 — 내가 시도하는 방법 — 을 쓰면, 아이는 오랫동안 뭐가 뭔지 도저히 알 수 없는 것만 그리게 될 것이다. 화가처럼 우아하고 아름다운 윤곽이나 경쾌한 선은 여간해서 그리지 못할 것이다. 회화적인 효과를 구별하는 능력이나 데생에 대한 뛰어난 취미도 어쩌면 결코 가지지 못할지도 모른다. 그런 것은 나도 잘 알고 있다. 그러나 그 대신, 한층 정확한 눈, 확실한 손, 동물·식물·자연의 물체 사이에서 볼 수 있는 크기나 모양의 올바른 비율에 대한 지식, 그리고 원근 효과에 대한 한층 민감한 경험을 습득할 것이다. 이것이야말로 내가 의도했던 일로서, 아이가 사물을 잘 모사하기보다는 그것을 잘 분별할 수 있게 하고 싶은 것이다. 나는 그가 '아, 이건 아칸서스 잎이로구나!' 하고 알아 볼 수 있는 정도의 그림을 그리기를 바란다. 코린트식 건축물의 원주두(圓柱頭)에 그려져 있는 것처럼 잘 그리지 않아도 좋으니까 말이다.

그리고 이런 연습에서도 다른 모든 연습에서와 마찬가지로, 그가 혼자서 그것을 하도록 내버려 두지는 않을 생각이다. 그와 항상 즐거움을 함께 함으로써, 그것을 한층 더 즐거운 것으로 해 주고 싶다. 나는 그에게 나 이외의 경쟁자를 가지게 하고 싶지는 않다. 그러나 나는 열성적이고도 위험이 없는 경쟁자가 될 것이다. 그것은 우리 사이에 질투심을 일으키지 않고, 그의 일에 흥미를 더하게 될 것이다. 나는 그와 똑같이 연필을 잡기로 한다. 처음에는 그와 똑같이 연필을 서투르게 사용하기로 한다. 설령 내가 아펠레스[23]와 같은 훌륭한 화가라 할지라도, 아주 서투른 그림을 그릴 것이다. 처음에는, 하인들이 벽에 낙서하듯이 한 남자를 그릴 것이다. 양쪽 팔을 각각 한 개의 선으로, 양쪽 다리를 각각 하나의 막대기처럼, 그리고 팔보다 굵은 손가락을 그릴 것이다. 훨씬 뒤에 우리 중 누군가가 이 불균형에 대해 깨닫게 될 것이다. 다리에는 굵기가 있으며, 어느 부분이나 똑같이 굵지는 않다는 것, 팔은 몸과 균형을 이루는 일정한 길이로 해야 한다는 것 등을 깨닫게 될 것이다. 이런 진보 과정에서 나는 그와 나란히 가든지, 혹은 그보다 조금 앞서 가든지 하기 때문에, 그는 나를 따라올 수도 앞지를 수도 있을 것이다. 우리는 이윽고 그림 물감과 붓을 사용하게 될 것이다. 물체의 색조와 그 외관을 똑같이 그리려고 애쓸 것이다. 또 그림을 그려 놓고 색을 칠하기도 하고, 처음부터 그림 물감으로 그리고 그 위에 색을 범벅으로 칠하기도 할 것이다. 그러나 색을 범벅으로 칠하는 동안에도 우리는 끊임없이 자연을 관찰할 것이다. 이 자연이라는 선생이 보고 있는 곳에서가 아니면, 우리는 결코 아무것도 그리지 않을 것이다.

우리는 방을 장식할 게 없어서 곤란하던 참이었는데, 드디어 장식할 것을 발견했다. 나는 우리의 그림을 액자에 넣는다. 깨끗한 유리를 끼워 사람들이 그림에 손을 대지 않도록 하여, 그 그림들이 우리에 의해 놓여진 그 상태대

---

23) 기원전 4세기의 그리스 화가. 마케도니아의 궁정 화가로서, 필립포스 2세와 알렉산드로스 3세의 초상을 그렸다.

로 언제나 놓여 있는 것을 보면서, 자기의 그림을 소홀히 하지 않도록 유의시킨다. 20번, 30번 되풀이하여 그린 그림의 하나하나를 보면, 그린 사람의 발전 과정을 알 수 있도록 순서대로 방 안에 걸어 놓는다. 집이 거의 모양을 이루지 않은 사각형에 지나지 않던 시기의 것에서부터, 집의 정면이나 옆면·균형·그림자가 더없이 정확한 진실성으로써 그려진 시기의 것까지 순서대로 늘어놓는 것이다. 이렇게 순서대로 늘어놓는 것은, 우리에게는 흥미 있는 그림을, 다른 사람에게는 진귀한 그림을 보여 주게 되어, 우리의 경쟁심을 한층 더 자극하게 된다. 나는 우리가 그린 그림들 중에서 초기의 것, 즉 가장 조잡한 것은 아주 훌륭한 금빛 액자에 넣어 그림을 돋보이게 하지만, 그림이 좀더 정확해지고 훌륭해지면, 그때에는 매우 검소한 검은 액자에 넣기로 한다. 그림이 훌륭하면 그림 그 자체 외에 달리 장식을 필요로 하지 않으며, 그림에 향해져야 할 관심이 반쯤 액자에 향해진다면 유감스러운 일이기 때문이다. 그래서 우리는 검소한 검은 액자에 자기 그림이 넣어지는 것을 영광으로 생각하면서, 언젠가 그렇게 되기를 바라게 된다. 그리고 한 사람이 상대의 그림을 경멸하려고 할 때에는, 그 그림을 금빛 나는 액자에 넣게 한다. 필시 언젠가는 그러한 금빛 액자의 일이 우리 사이에서 이야깃거리가 될 것이다. 그리고 우리는, 얼마나 많은 사람들이 그런 식으로 자신을 금빛 액자에 끼움으로써 자신을 훌륭하다고 생각하는지를 알고는 어이없어 할 것이다.

기하학은 아이의 능력으로 감당하기 힘들다는 것을 이야기한 적이 있다. 그러나 그것은 우리가 잘못한 것이다. 아이의 방법은 우리의 방법과는 다르며, 우리에게는 추론의 기술로 되어 있는 것이 아이에게는 단순히 사물을 보는 기술에 지나지 않는다는 것을 우리는 모르고 있다. 우리의 방법을 그들에게 가르치려 하지 말고, 그들의 방법을 우리가 채택하는 것이 좋다. 우리의 기하학 방법은, 추론하는 것과 똑같은 정도로 상상력을 요구하기 때문이다. 명제가 주어지면 그 증명 방법을 생각해내야 한다. 즉, 주어진 명제가 이미 알려져 있는 어떤 명제의 결과인가를 찾아내어, 그 같은 명제로부터 끌어낼 수 있는 모든 귀결 가운데에서 문제가 되어 있는 귀결을 정확하게 선택해야 한다.

이런 방법으로는 아무리 정확한 이론가라도 발명의 재능이 없으면 막혀 버리고 말 것이다. 그래서 그 결과는 어떻게 될까. 선생은 우리에게 증명 방법을 찾게 하는 대신, 그것을 말로써 설명하게 된다. 추론하는 방법을 가르치지 않고, 우리 대신 추론하여 우리의 기억력만을 훈련시키게 된다.

정확한 도형을 그려 그것들을 짜 맞추고, 하나의 도형을 다른 도형 위에 놓고 그 비율을 조사해 보는 것이 좋다. 관찰을 거듭함으로써 초등 기하학의 모든 것을 알아낼 수 있을 것이다. 그때 정의(定義)나 예제, 그리고 단순히 겹쳐 쌓는 것 이외의 어떠한 증명 형식도 문제 삼을 필요가 없다. 나는 에밀에게 기하학을 가르칠 생각은 없다. 그가 나에게 가르쳐주게 될 테니까. 내가 비율을 구하려고 하면, 그가 그것을 구해 줄 것이다. 에밀이 그것을 구할 수 있도록 내가 그를 유도하기 때문이다.

예를 들면 하나의 원을 그리는 데에 컴퍼스를 사용하지 않고, 하나의 축을 중심으로 도는 실 끝에 바늘을 달아 그것으로 그린다. 그런 다음, 내가 반지름을 비교해 보려 하면, 에밀은 웃으면서 팽팽히 당겨진 똑같은 실은 언제나 같은 거리를 그린다고 내게 알려 줄 것이다.

60도의 각을 재려면, 나는 그 각의 정점에서 하나의 호(弧)를 그리지 않고 완전한 원을 그린다. 아이에게는 내가 무엇 하나라도 알고 있는 것처럼 해서는 안되기 때문이다. 나는 이 각의 두 변에 끼워진 원의 일부가 원둘레의 6분의 1이라는 사실을 알아낸다. 그 다음, 나는 같은 정점에서 또 하나의 더 큰 원을 그린다. 그리고 이 두 번째 호(弧)도 그 원둘레의 6분의 1이라는 사실을 알아낸다. 나는 세 번째 동심원을 그려 똑같은 사실을 알아낸다. 나는 새로운 원을 그려서 그것을 계속해 나간다. 에밀은 마침내 나의 어리석은 행동에 지쳐서, 같은 각 사이에 있는 호(弧)는, 크든 작든 모두 그 원둘레의 6분의 1이라는 사실을 나에게 가르쳐 주게 된다. 그렇게 하여 우리는 분도기를 사용할 수 있게 되는 것이다.

　연속한 몇 개의 각이 2직각과 같다는 것을 증명하기 위해 사람들은 하나의 원을 그린다. 나는 그와는 완전히 반대로, 먼저 원에 의해 그것을 에밀에게 확인시킨다. 그런 다음에 그에게 말한다. "만약 이 원과 직선을 없앤다면, 이들 각의 크기가 바뀔 수 있을까?" 하고.

　사람들은 도형을 정확히 그리는 일을 소홀히 하고는, 그것을 정확한 것으로 간주하고, 오로지 증명에 열중한다. 그러나 우리에게는 증명은 결코 문제가 되지 않는다. 우리에게 가장 중요한 일은, 선을 똑바로 정확히 균등하게 그리는 것이며, 완전한 정사각형과 아주 동그란 원을 그리는 것이다. 도형이 정확한지 아닌지를 조사하기 위해, 우리는 그 모든 감각적인 성질을 검토할 것이다. 그리고 그것은 날마다 새로운 성질을 발견하는 기회를 우리에게 줄 것이다. 지름으로 접어 두 개의 반원을 만들어 보고, 정사각형을 대각선으로 접어 절반으로 나누어 본다. 우리는 두 개의 도형을 비교하여, 어느 쪽 도형의 가장자리가 더 정확하게 맞는지, 따라서 더 정확하게 이등분했는지를 비교한다. 우리는 평행사변형이나 사다리꼴 등도 언제나 이와 같이 등분(等分)할 수 있는지를 토의한다. 때로는 실제로 해 보기 전에 그 결과를 예측해 보기도 한다. 또 그 이유를 발견하도록 노력한다.

　나의 학생에게는 기하학은 자와 컴퍼스를 능숙하게 사용하기 위한 기술에 지나지 않는다. 아이가 기하학을 데생과 혼동하는 일이 있어선 안된다. 데생에서는 그러한 도구는 사용하지 않는다. 자와 컴퍼스는 어쩌다가, 그것도 잠시 동안만 사용하게 한다. 무턱대고 그것을 사용하여 그림을 그리지 않도록 하기 위해서이다. 그러나 우리는 때로 산책하러 나갈 때 도형을 가지고 나가서, 우리가 그린 것이나 그리려고 생각한 것에 대하여 이야기를 나눌 수도 있다.

　나는 토리노에서 만난 어떤 청년을 결코 잊지 못할 것이다. 그의 양친은 그가 아이 적에 날마다 여러 가지 기하학적인 모양을 한 과자 중에서 둘레가 같은 과자 몇 개를 고르게 하였는데, 그는 그것으로 둘레와 표면적의 비율을 배웠다고 한다. 그 어린 먹보는, 어떤 것을 집어야 가장 많이 먹을 수 있는지를 알아내기 위해, 아르키메데스의 기술을 철저히 연구했던 것이다.[24]

아이 적에 배드민턴을 하면, 눈과 팔을 정확히 움직이는 연습이 된다. 그러나 팽이치기는 힘을 사용함으로써 힘을 강하게 해 주기는 하나, 거기에서는 아무것도 배울 수가 없다. 나는 때로 사람들에게 "아이에게 어째서 어른들처럼 숙련을 요하는 놀이, 이를테면 테니스·산책·당구·활쏘기·축구·악기연주 같은 것을 시키지 않느냐?"고 묻곤 한다. 그러면 사람들은, 그런 놀이 가운데 어떤 것은 아이의 힘에 부치며, 또 어떤 것에 대해서는 아이의 손발이나 기관이 아직 충분히 발육하지 않았기 때문이라고 대답한다. 나는 그런 것은 이유가 되지 않는다고 생각한다. 아이는 어른처럼 키가 크지는 않지만, 어른과 똑같은 옷을 입는다. 그렇다고 해서 나는 아이에게 3피트 높이의 당구대에서 성인용 큐를 잡게 한다거나, 그 작은 손에 어른용 라켓을 쥐게 하려는 것은 아니다. 유리를 깨뜨릴 염려가 없는 방에서 부드러운 공을 사용하게 할 것이며, 처음에는 나무로 만든 라켓을 사용하게 하다가, 숙달됨에 따라 양피지(羊皮紙)로 만든 것을, 마지막으로 장선(腸線)을 친 라켓을 사용하게 하고 싶다. 당신들은 덜 피로하고 위험이 없다는 이유로 배드민턴이 좋다고 말하지만, 그것은 잘못된 생각이다. 배드민턴은 여성의 놀이이다. 여성의 흰 피부가 공에 맞아서 단단해져서는 안되며, 얼굴도 타박상을 입어서는 안된다. 그러나 남자는 강해지도록 태어났다. 고통 없이 강해질 수 있다고 생각하는가? 또 한번도 공격받은 일이 없다면, 어떻게 자신을 방어할 수 있겠는가. 실수를 해도 아무런 위험이 없는 경기에서는 언제나 산만한 태도

---

24) 프티판(petit版:19세기판)의 주(註)에 의하면, 윤곽(輪廓) 혹은 둘레의 길이가 같은 도형을 등주 도형(等周圖形)이라 한다. 그런데 모든 도형 중에서 가장 넓은 면적을 포함하는 도형은 원이다. 따라서 아이는 원형의 과자를 선택했음에 틀림없다.

로 하게 된다. 배드민턴 공은 떨어진다 해도 아무도 다치지 않는다. 그러나 머리를 보호하지 않으면 안될 때만큼 팔을 재빨리 움직이게 하지는 않으며, 눈을 보호하지 않으면 안될 때만큼 정확하게 보도록 하지는 않는다. 방의 한 쪽 끝에서 다른 쪽 끝까지 돌진하고, 아직 공중에 있는 공의 방향을 판단하여 강하고 확실하게 그것을 되받아 치는 그런 경기는, 어른에게 맞는다기보다는 오히려 아이를 어른으로 만들어 내는 데에 도움이 된다.

아이의 근육은 너무나 약하다고 사람들은 말한다. 물론 근육의 탄력성은 어른보다 못하지만, 그 대신 아이의 근육은 부드럽다. 아이의 팔은 약하다. 그러나 어쨌든 그것은 팔이다. 그에 맞는 것만을 하게 하면, 비슷한 다른 도구로 할 수 있는 일은 무엇이든 그 팔로 할 수 있지 않겠는가. 아이는 손재주가 없다. 그래서 나는 아이에게 손재주를 길러 주고 싶다. 어른도 아이와 마찬가지로, 훈련하지 않으면 아이보다 잘할 수 있을 리가 없다. 기관을 자꾸 사용함으로써만, 우리는 그 사용법을 알 수가 있다. 우리 자신을 가장 잘 이용하는 법을 가르쳐 주는 것은 오랜 경험뿐이다. 그리고 그 경험이야말로 진정한 공부이며, 아무리 일찍 시작한다 해도 이르다고 할 수 없는 것이다.

행해진 적이 있는 일은 모두, 누구나 할 수 있는 일이다. 키가 크고 재주 있는 아이가 어른만큼 민첩한 것은 흔히 있는 일이다. 어떤 도시에 가든, 아이가 그물을 건너거나, 물구나무서기를 하거나, 그물 위에서 뛰고 춤추는 것을 볼 수 있다. 얼마나 오랜 세월 동안, 이탈리아 희극이 아이들의 발레로 관객을 끌었던가! 도이칠란트나 이탈리아에서 유명한 니콜리니의 팬터마임 극단 이야기를 들어 보지 않은 사람이 있을까? 그 아이들이 완벽한 어른 무용수들에 비하여 움직임이 미숙하고, 자세가 우아하지 않으며, 몸놀림이 경쾌하지 않다고 누가 말할 수 있는가. 굵고 짧으며 움직임이 둔한 손가락과 물건을 제대로 쥐지 못하는 포동포동한 손을 가졌어도, 다른 아이들이 아직 연필이나 펜을 잡지도 못하는 나이에 글씨를 쓰거나 데생을 할 수 있는 아이들도 많지 않은가. 파리 사람들은, 클라브생을 멋지게 연주한 열 살 난 영국 소녀를 기억하고 있다.● 나는 어느 관리의 집에서, 여덟 살 난 그 집 아들이 자기 키와 똑같은 크기의 바이올린을 연주하여 음악가들을 놀라게 하는 것을 본 적이 있다.

이런 모든 예와 그밖의 다른 많은 예들은, 아이들에게 우리가 하고 있는 일을 할 능력이 있다는 추측은 상상에 지나지 않으며, 설령 아이들이 어떤 종류의 일에서는 성공하지 못했다 해도 그것은 지금까지 그 일에 대한 훈련을 받지 않았기 때문이라는 것을 증명한다.

사람들은, 내가 앞에서 정신에 대하여 아이들에게 베풀어서는 안된다고 비난한 조기 교육의 잘못을, 육체에 대하여 여기서 범하고 있다고 말할 것이다. 그러나 그것은 완전히 다른 것이다. 정신의 진보는 외관에 지나지 않지만, 육체의 진보는 현실적인 것이다. 내가 증명한 것처럼, 아이들은 재능을 가지고 있는 것처럼 보여도 사실은 가지고 있지 않지만, 그에 반하여 그들이 하고 있는 것처럼 보이는 것은 모두 실제로 그것을 하고 있는 것이다. 그리고 또 이런 것은 모두 놀이에 지나지 않는다는 것, 또는 놀이에 지나지 않아야 한다는 것을, 사람들은 언제나 염두에 두어야 한다. 결국 그 놀이란, 자연이 아이들에게 요구하는 쉽고 자발적인 운동이며, 아이들의 즐거움을 한층 유쾌한 것으로 해 주기 위해 변화를 주는 기술로서, 조금이라도 그것을 강요하여 괴로운 것으로 바꾸어서는 안된다. 결국 아이가 무엇을 하며 놀든, 나는 그것을 그 아이에게 베푸는 교육의 재료로 할 수 있다는 것이다. 그리고 내가 그렇게 할 수 없는 경우에도 아이가 즐거움을 방해받지 않고 시간을 보내는 것이 좋기 때문에, 지금으로서는 그들의 진보 같은 것은 별로 문제가 되지 않는다. 그런데 무슨 일이 있어도 그들에게 이것저것 가르쳐야 한다면,

---

● 그후, 7세의 남자아이가 더욱 놀랄 만한 일을 했다. ─ 7세의 모짜르트가 1763년, 프랑스 궁정에서 자작의 소나타를 연주한 기사를, 루소가 이 주(註)를 쓸 때(1764·5년) 잡지에서 읽은 것 같다고, 연구가 뒤푸르는 추정하고 있다.

어떤 식으로 하든 강제에 의하지 않고는 불가능하다. 그들이 불만을 품건 견딜 수 없을 정도로 싫어하건 간에 말이다.

끊임없이 사용되며 또 가장 중요한 두 개의 감관에 대하여 내가 한 이야기는, 다른 감관을 훈련하는 방법의 본보기로 삼을 수가 있다. 시각과 촉각은 정지해 있는 물체에나 운동하고 있는 물체에 똑같이 사용된다. 그러나 청각을 자극할 수 있는 것은 소리 즉, 공기의 진동뿐이므로, 청각은 운동하는 물체에만 사용된다. 운동하는 물체만이 공기를 진동시킬 수 있으니까. 만약 모든 것이 정지하고 있다면, 우리는 아무것도 듣지 못할 것이다. 그래서 밤에는 귀를 민감하게 작용시켜, 우리를 자극하는 공기의 진동이 심한지 약한지에 의해, 그것을 불러일으키는 물체가 큰지 작은지, 멀리 있는지 가까이 있는지를 판단할 수 있도록 할 필요가 있다. 진동하는 공기는 반향(反響)을 불러일으켜 메아리를 전함으로써 우리의 감각을 되풀이하게 하여, 공기의 진동을 일으키는 물체, 또는 소리를 내는 물체가, 지금 있는 곳이 아닌 다른 곳에 있는 것처럼 들리게 한다. 들판이나 골짜기에서 땅에 귀를 대면, 서 있을 때보다 훨씬 더 먼 곳에 있는 사람의 소리나 말발굽 소리를 들을 수 있다.

우리는 시각을 촉각과 비교해 보았는데, 마찬가지로 시각을 청각과 비교하여, 같은 물체에서 동시에 생기는 두 가지 인상 중 어느쪽이 빨리 그 감관에 도달하는지를 알아보는 것도 좋을 것 같다. 대포의 불꽃을 보았을 때에는 아직 탄환을 피할 수가 있다. 그러나 대포 소리를 들었을 때에는 늦는다. 탄환은 이미 거기에 와 있을 테니까. 얼마나 먼 거리에서 천둥이 쳤는지는, 번개를 본 시간과 천둥 소리를 들은 시간의 차이에 의해 알 수 있다. 이러한 모든 것을 아이로 하여금 직접 경험하게 하는 것이 좋다. 경험할 수 있는 것은 경험하게 하고, 그밖의 것은 귀납(歸納)에 의해 발견하도록 하는 것이 좋다. 그러나 당신들이 그런 것을 말해 주어야 한다면, 오히려 아이는 그런 것을 모르는 편이 훨씬 더 낫다고 생각한다.

우리는 청각에 대응하는 하나의 기관을 가지고 있다. 발성 기관이 그것이다. 그러나 시각에 대응하는 기관은 가지고 있지 않다. 즉, 소리는 낼 수 있지만, 빛은 내지 못한다. 그래서 능동적인 기관과 수동적인 기관을 서로 훈련시킴으로써, 청각을 예민하게 하는 또 하나의 방법이 있게 된다.

사람은 세 종류의 소리를 낸다. 그것은 이야기하는 소리, 즉 음절이 있는 소리와, 노래하는 소리, 즉 선율이 있는 소리와, 감동적인 소리, 즉 강조의 소리이다. 이 마지막 소리는 정념의 언어로, 이것은 노래나 이야기를 활기에 넘치게 한다. 아이 역시 이 세 종류의 소리를 내지만, 어른처럼 그것들을 조합하지는 못한다. 아이도 우리처럼 웃고, 울고, 한탄하고, 외치고, 탄성을 지르지만, 그 억양을 다른 두 소리인 이야기하는 소리와 노래하는 소리에 섞지는 못한다. 완벽한 음악은, 이들 세 소리를 가장 잘 결합한 것이다. 아이에게는 그런 음악적인 능력이 없으며, 그들의 노래에는 혼이 전혀 들어 있지 않다. 마찬가지로 이야기하는 소리에서도 그들의 말에는 억양이 없다. 그들은 외치는 소리에도 억양을 넣지 않는다. 그리고 그들의 말에 거의 억양이 없는 것처럼, 목소리에서도 힘찬 것을 거의 찾아볼 수 없다. 우리의 학생은 한층 더 단조롭게, 그리고 단순하게 이야기할 것이다. 그의 정념은 아직 눈뜨지 않았으므로, 그 언어를 그의 언어에 혼합할 수 없기 때문이다. 따라서 비극적인 인물의 대사를 암송시키거나, 모든 낭송을 가르치려 해서는 안된다. 그는 자신이 이해할 수 없는 것에 가락을 붙이거나, 한번도 경험한 일이 없는 감정을 표현할 수가 없다.

그에게는 변화를 주지 말고 명료하게 말할 것, 음절을 확실히 할 것, 멋을 내지 말고 정확하게 발음할 것, 문법적인 억양과 음의 바른 가락을 알고 그것에 따를 것, 상대방이 잘 들을 수 있도록 소리내되 필요 이상의 소리를 내지 말 것 등을 가르쳐야 한다. 필요 이상의 소리를 내는 것은, 학교에서 교육받은 학생에게서 흔히 볼 수 있는 결점이다. 어떤 일에서든 지나친 것은 좋지 않다.

노래할 때에도 마찬가지로 소리는 바르게, 고르게, 부드럽게 잘 울려퍼지게 하는 것이 좋다. 그의 귀는 박자와 즐거운 가락에는 민감하지만, 소리는 그 이상 낼 수 없다. 모방적인 음악, 연극적인 음악은 그의 나이에는 적합하지 않다. 가사가 있는 노래를 부르는 것조차 바람직하지 못하다고 생각한다. 그가 노래하고 싶어하면, 그 나이의 아이에게 흥미 있고 단순한 노래, 그의 감정처럼 단순한 노래를 특별히 만들어 주어야 한다.

글자 읽는 법을 서둘러 가르치려 하지 않은 내가, 악보 읽는 법을 서둘러 가르치려 하지 않음은 당연한 일이다. 아이의 두뇌에 너무 부담을 주는 것을 피하고 그의 정신을 약속된 기호에 집중시키고 싶지 않기 때문이다. 여기에 곤란한 점이 있는 것 같다. 처음 얼마 동안은 이야기하기 위해서 문자에 관한 지식이 반드시 필요하지는 않은 것처럼, 노래하기 위해서 음표에 관한 지식이 반드시 필요한 건 아니라고 생각되지만, 양자 사이에는 다음과 같은 차이점이 있다. 즉, 이야기할 때에는 우리 자신의 관념을 나타내는 데 대해, 노래할 때에는 다른 사람의 관념만을 나타내게 된다는 것이다. 타인의 관념을 표현하려면 그것을 읽어 이해하지 않으면 안된다.

그러나 그것을 읽지 못해도 귀로 들을 수 있다. 그리고 노래는 눈보다 귀에 더 충실히 전달된다. 게다가 음악을 잘 알려면, 그것을 표현하는 것만으로는 부족하다. 만들어 보아야 한다. 그리고 표현하는 것은 만드는 것과 함께 배워야 한다. 그러지 않으면 결코 음악을 충분히 알 수 없다. 당신의 어린 음악가에게 먼저, 매우 규칙적이고 좋은 가락의 악구(樂句)를 만들게 하는 것이 좋다. 다음에 아주 쉬운 조바꿈에 의해 그 악구들을 연결하는 것, 그리고 그들의 여러 가지 관련을 정확한 구두법(句讀法)으로 나타내는 것을 연습시켜라. 그것은 종지(終止)와 휴지(休止)를 잘 선택하는 것에 의해서 행해진다. 특히 기묘한 노래는 좋지 않다. 감상적인 노래, 표정이 풍부한 노래도 좋지 않다. 단순한 멜로디, 기본적인 화음에서 나오는 멜로디, 그리고 저음을 확실히 표현하여 아이가 쉽게 알아들을 수 있고 반주할 수 있는 멜로디가 좋다. 소리내기와 듣기를 완전하게 하려면, 언제나 클라브생의 반주로 노래해야 하기 때문이다.

음(音)을 확실히 표현하려면, 발음할 때 그 음절을 확실히 해야 한다. 그로부터 어떤 종류의 철자(綴字)로 음계를 나타내는 습관이 생겼다. 음정을 구별하려면, 그들 음정과 그 정해진 여러 가지 관계에 이름을 붙이지 않으면 안 된다. 거기에서 음정의 이름 — 알파벳 문자에 의한 이름 — 이 생겨, 그것에 의해 건반의 건(鍵)과 음계의 음을 표시한다. C와 A는 변하지 않는 일정한 음 즉, 언제나 같은 건에서 나오는 음을 나타낸다. Ut와 La는 그와는 다르다. Ut는 장음계(長音階)의 주음이거나 단음계(短音階)의 제3음이다. La는 단음계의 주음이거나 장음계의 제6음이다. 이렇게 문자는 우리들의 음악 조직 속의 변하지 않는 균형 관계를 나타내고, 철자는 다른 조(調)에서 대응하는 균형 관계를 나타낸다. 문자는 건반의 건을, 철자는 음계(音階)의 음정을 나타낸다. 프랑스의 음악가들은 이 구별을 묘하게 혼란시켜 버렸다. 그들은 철자의 의미와 문자의 의미를 혼동했다. 그리하여 건의 기호를 쓸데없이 이중화하고, 조(調)의 화음을 나타내는 기호를 없애 버렸다. 그래서 그들에게서는 Ut와 C는 언제나 같은 것이 된다. 그런 일은 없고, 있을 수도 없다. 그렇게 되면 C가 무슨 필요가 있단 말인가. 따라서 그들의 음계 창법은 매우 어렵고, 아무런 쓸모도 없으며, 정신에 명확한 관념도 주지 못한다. 이 방법에 의해서는, 예를 들어 Ut와 mi 두 개 철자는, 장(長)·단(短)·증(增)·감(減) 3도를 똑같이 의미할 수 있다. 음악에 관해 가장 훌륭한 책을 펴낸 나라가 그렇게 음악을 배우기가 어려운 나라라니, 이 얼마나 기묘한 운명이란 말인가.

우리의 학생에게는 좀더 쉽고 명료한 방법으로 음악을 가르쳤으면 한다. 그에 대해서는 두 가지 음계(音階)만 있는 것으로 하고, 그 관계는 언제나 같으며, 언제나 같은 철자에 의해 표현되도록 하고 싶다. 노래를 하든 악기를 연주하든, 그에게 기초가 되는 12조의 각각에 의해 음계를 정할 수 있도록 하고, D, C, G 등으로 조바꿈을 해도 끝나는 음은 결국 음계에 의해 La나 Ut가 되도록 한다. 이런 식으로 하면 학생은 언제나 당신들을 이해할 것이다. 바르게 노래하고 연주하기 위한 음계의 기본적인 관련은 언제나 확실히 그의 머리에 있게 된다. 그의 연주는 한층 명확해지고, 진보하는 속도도 한층 빨라질 것이다. 프랑스인이 자연의 음계 창법이라고 부르는 것만큼 기묘한 것은 없다. 그것은 사물에 의거한 관념을 거부하고, 사물과는 아무런 관계도 없는 관념을 그 자리에 놓아, 사람을 헷갈리게 할 뿐이다. 음계가 조옮김되었을 때, 조옮김에 의해 음계를 노래하는 것만큼 자연스러운 일은 없다. 음악에 관한 이야기를 너무 많이 한 것 같다. 어쨌든 당신들 좋을 대로 아이에게 음악을 가르쳐도 좋다. 단, 그것이 아이에게 즐거운 것이 되어야 한다는 것은 잊지 말기 바란다.

우리는 이렇게 하여 자신의 신체와 관련된 외부 물체의 상태, 그 무게·모양·색·굳기·크기·거리·온도·정지·운동에 대해 충분히 알게 되었다. 그리고 가까이해도 좋은 것, 멀리해야 할 것, 그 물체들의 저항을 이겨내거나 상처입지 않게 대항하려면 어떻게 해야 하는가를 배웠다. 그러나 그것만으로는 충분하지 않다. 우리의 신체는 끊임없이 소모되어 간다. 그것은 끊임없이 갱신될 필요가 있다. 우리는 다른 물질을 우리 자신의 육체로 변화시킬 능력을 가지고 있지만, 그렇다고 그 선택을 아무렇게나 해도 좋은 것은 아니다. 무엇이든 사람의 양식이 되는 것은 아니니까. 그리고 양식이 될 수 있는 것들 중에도 인류의 신체 조직, 살고 있는 풍토, 개인적인 체질 및 그 사람의 신분에 의해 정해진 생활 양식에 따라 적당한 것과 적당하지 않은 것이 있다.

우리가 적당한 음식을 선택하기 위해, 경험이 그에 대한 지식과 선택 방법을 가르쳐 줄 때까지 기다려야 했다면, 우리는 이미 굶어 죽었거나 독에 의해 죽었을 것이다. 그러나 신의 자애는, 감각적인 존재자의 쾌락을 자기 보존의 수단으로 주어, 우리의 미각에 좋은 것을 통해 위(胃)에 좋은 것을 알 수 있도록 했다. 본디 인간에게 자신의 식욕만큼 확실한 의사(醫師)는 없다. 그리고 인간을 원시 상태에 놓고 생각해 보면, 그때 그가 맛있게 생각했던 음식이 건강에 가장 좋은 음식이었다는 것은 의심할 여지가 없다.

뿐만 아니다. 만물의 창조자는, 그가 우리로 하여금 느끼게 한 필요에 대해서뿐만 아니라, 우리 자신이 만들어 내는 필요까지도 충족시켜 준다. 그리고 필요의 옆에는 언제나 욕망을 놓아 둠으로써, 우리의 기호가 생활 방식과 함께 변화하고 변질하도록 한다. 자연 상태로부터 멀어짐에 따라 우리는 점점 더 자연적 기호를 잃어 간다. 아니 오히려 습성이 제2의 본성이 되어, 우리는 그것으로 완전히 제1의 본성을 대신했기 때문에 우리 중 누구 한 사람도 제1의 본성을 모르게 된 것이다.

그래서 가장 자연적인 기호는 당연히 가장 단순한 기호가 된다. 그것은 가장 쉽게 변화하는 기호이기 때문이다. 그런데 그것은 우리의 변덕에 의해 예민해지고 자극이 심해지면 변하지 않는 형태를 취하게 된다. 아직 어떤 나라에도 속해 있지 않은 사람은, 어떤 나라의 습관에도 쉽게 적응할 수 있다. 그러나 이미 한 나라에 속해 있는 사람은 다른 나라 사람이 되지 못한다.

이것은 모든 감각에 대해서 진실인 것처럼 생각된다. 본래적인 의미로서 미각에 대해 말하면, 더더욱 진실인 것처럼 생각된다. 우리의 최초의 음식은 젖이다. 우리는 강한 미각에 서서히 익숙해져 갈 수밖에 없다. 처음 얼마 동안은 그런 것에 혐오감을 일으킨다. 과일·야채·풀 종류, 그리고 마지막으로는 양념도 하지 않고 소금기도 없는 고기를 불에 구운 것이 원시인들의 진수 성찬이었다.* 미개인에게 처음 술을 마시게 하면 얼굴을 찡그리면서 뱉어 버린다. 우리들 중에서도 늦게까지 술을 맛본 적이 없는 사람은, 나이가 많아져도 술에 익숙해질 수가 없다. 따라서 젊었을 때 술을 먹지 않았다면, 우리는 모두 술을 싫어하는 사람이 될 것이다. 결국 우리의 미각은 단순하면 단순할수록 한층 더 보편적이라고 할 수 있다. 대체로 사람들이 가장 좋아하지 않는 것은 여러 가지로 가공한 요리이다. 물이나 빵을 싫어하는 사

● 파우사니아스(Pausanias. 2세기 후반 사람.《그리스지(誌)》 10권을 저술했다)의 《아르카디아》를 보라. 또 바로 뒤에 옮겨 실은 플루타르크의 구절을 보라.

람이 있을까? 그것이 자연의 인상이다. 그리고 우리의 규칙이다. 아이에게
는 되도록 최초의 미각을 간직할 수 있도록 해 주자. 그의 음식은 흔하고 단
순한 것으로 하여, 그의 혀가 산뜻한 맛에 익숙해지도록 하고, 가려먹지 않
도록 하는 것이 좋다.

나는 여기서 그런 생활 방식이 한층 건강한 것인지 어떤지를 검토하고
자 하는 것이 아니다. 그런 생활 방식을 선택하기 위해서, 그것이 가장 자연
에 일치한 것으로서, 다른 어떤 생활 방식에도 가장 쉽게 순응할 수 있는 것
이라는 사실을 알면, 그것으로 충분하다. 자라면서 먹게 되는 음식에 아이를
길들여야 한다고 말하는 사람은 잘못 생각하고 있는 것이다. 어른과 아이의
생활이 전혀 다른데 어째서 음식이 같아야 하는가. 노동과 걱정과 고생으로
지쳐 있는 어른에게는, 새로운 정기(精氣)를 두뇌에 줄 영양 많고 맛있는 음
식이 필요하다. 잠시도 쉬지 않고 노는 아이, 성장 중인 아이는 유미(乳糜)를
많이 만드는 음식을 필요로 한다. 게다가 어른은 신분·일·거주지 등이 정
해져 있다. 그러나 운명이 아이에게 무엇을 준비하고 있는지는 아무도 확실
히 알 수가 없다. 어떤 일에서나 아이에게 완전히 고정된 성향을 주어서는
안된다. 그 성향을 바꿀 필요가 생겼을 때 아이가 고생하지 않도록 하기 위
해서이다. 어디든 프랑스인 요리사를 데리고 다니지 않으면 굶어죽는 사람
으로 키우지 말라는 이야기이다.

우리의 여러 가지 감각 중 일반적으로 우리에게 영향을 가장 많이 미치
는 감각이 미각이다. 그래서 우리는, 단지 우리를 둘러싸고 있을 뿐인 물질
보다 우리 신체의 일부가 되는 물질을 잘 판단하는 일에 한층 관심을 가진
다. 촉각·청각·시각에서는 아무래도 좋은 것들이 많지만, 미각에서는 아무
래도 좋은 것은 하나도 없다.

게다가 이 감관의 작용은 완전히 육체적이고 물질적이다. '이 감각만은
전혀 상상력에 호소하지 않는다' 고까지는 할 수 없지만, 이 감각에는 상상력
이 관계하는 일이 가장 적은 것만은 사실이다. 그에 반해 그밖의 모든 감관

의 인상에는, 모방과 상상이 자주 정신적인 것을 섞어 넣는다. 그러므로 대체로 다정하고, 그러면서도 쾌락을 좋아하는 사람들, 정열적이며 민감한 성격의 사람들은 다른 감각에 의해서는 쉽게 움직이지만, 미각에 대해서는 상당히 냉담하다. 이는 미각을 다른 감각보다 열등한 것으로 취급하여, 그에 끌리는 경향을 마땅히 경멸해야 하는 것으로 여기기 때문인 듯한데, 우리는 거기에서 반대로 이런 결론을 내릴 것이다. '아이를 지도하는 가장 알맞는 방법은 미각을 통하는 것' 이라는. 음식을 탐하는 것이 허영심에 사로잡히는 것보다 훨씬 낫다. 음식을 탐하는 것은 자연적인 욕망으로서 직접 감관에 관계되어 있지만, 허영심은, 세상 사람들의 터무니없는 의견으로 조정된 것으로서 인간의 변덕과 모든 종류의 오류에 좌우되기 쉽기 때문이다. 음식을 탐하는 것은 아이 적의 정열이다. 이 정열은, 다른 어떤 정열에 대해서도 저항할 수 없을 정도로 약하다. 아이가 다른 어떤 것에 대해 정열을 가지기 시작하면, 그것은 곧 없어져 버린다. 내 말을 믿어주기 바란다. 아이는 먹는 일에 대한 생각을 너무나 빨리 그만둘 것이다. 그리고 마음이 다른 것들로 꽉 차 있으면, 미각에 대한 그의 관심은 거의 사라져 버릴 것이다. 아이가 성장하면서 수많은 격한 감정들이 먹는 일에 대한 관심을 잊게 하고 허영심을 불러 일으키게 될 것이다. 또 이 허영심이라는 정념은 스스로 다른 정념을 이용하여, 이윽고는 그것들을 모두 삼켜버린다. 맛있는 것을 중요시하여, 눈만 뜨면 오늘은 무엇을 먹을까 하고 생각하는 사람, 그리고 폴리비오스[25]가 어떤 전투에 대한 것을 기록하는 이상으로 식사에 대한 것을 정확히 기록하는 그런 사람을 나는 살펴본 적이 있다. 나는 그런 모든 어른들이 기력도 없고 줏대도 없는 40세의 아이에 지나지 않는다는 것, '먹기 위해 태어났다'[26]는 인

___

25) 폴리비오스(Polybios, 기원전 203~120년경)는, 로마 시대의 그리스계(系) 역사가. 《역사(歷史)》를 저술했다.

26) 호라티우스(Horatius, 기원전 65~8년, 로마의 시인)의 《서한시(書翰詩)》 제1권 2의 27. "우리는 가련한 인간으로, 단지 먹기 위해 태어났다."

간에 지나지 않는다는 것을 알았다. 음식을 탐하는 것은 뛰어난 자질을 가지지 못한 사람들의 결점이다. 음식을 탐하는 사람의 영혼은 그의 입 속에 있다. 그는 먹기 위해 만들어졌을 뿐이다. 어리석고 무능한 그는, 식탁에서 비로소 그가 있을 장소를 얻는다. 그는 요리에 대한 것만을 생각하고 말한다. 그러므로 그런 일은 아무런 미련도 가지지 말고 그에게 맡기자. 다른 어떤 일보다도 그 일이 그에게 맞을 테니까. 그렇게 하는 것이 그를 위해서도 우리를 위해서도 좋다.

장래성이 있는 아이가 음식을 탐하는 것을 보고, 음식을 탐하는 버릇이 굳어지기나 하는 것이 아닌가 하고 걱정하는 사람이 있는데, 그것은 쓸데없는 걱정이다. 아이 때에는 먹는 것만 생각해도, 청년이 되면 그런 것은 생각하지 않는다. 먹는 것 따위는 아무래도 상관없다고 하게 되며, 달리 생각해야 할 일이 많아진다. 그렇지만 나는 그런 저열한 동기를 불성실하게 이용하거나, 맛있는 음식을 훌륭하고 명예로운 행위에 대한 미끼로 삼거나 하고 싶지는 않다. 단, 아이 때에는 모든 것이 유희와 단순한 즐거움에 지나지 않으므로, 또는 그래야 하므로, 순수하게 육체적인 훈련에 물질적·감각적인 포상을 주어도 괜찮지 않을까? 마조르카 섬의 아이가, 나무 위에 있는 바구니를 보고 돌팔매질을 하여 맞춰 떨어뜨리면, 그 안에 들어 있는 맛있는 음식을 먹어, 그것을 떨어뜨리기 위해 소모한 체력을 보충하는 것은 아주 정당한 일이 아닌가.[•] 스파르타의 아이는 채찍으로 백 번이나 맞을 위험을 무릅쓰고 교묘하게 부엌으로 숨어든다. 그리고 살아 있는 새끼 여우를 훔쳐 옷 밑에 숨겨 가지고 나오려다가 물리고 할퀴어 피투성이가 된다. 그래도 들켜서 창피당하지 않을까 하여 배가 찢겨도 인상 한번 쓰지 않고 비명 한번 지르지 않는다면, 그가 그 획득물을 자기 것으로 하여, 새끼 여우에게 물린 다음 그

●마조르카인들에게서 이 습관이 사라진 지는 벌써 몇 세기나 된다. 이 이야기는 돌팔매를 사용하는 병사들이 이름높았던 시대의 것이다.

것을 먹는 것이 정당한 일이 아니란 말인가. 맛있는 음식이 결코 포상으로서 주어져서는 안된다. 그러나 때로는 그것이, 그것을 손에 넣기 위해 치른 노력의 대가가 되어서 안될 이유가 없다. 에밀은 내가 돌 위에 놓은 과자를, 달리기를 잘한 데 대한 상이라고 생각하지 않는다. 단지 그 과자를 손에 넣는 방법은, 다른 아이보다 빨리 그곳에 도착하는 것임을 알고 있을 뿐이다.

이것은 조금 전에 내가 간소한 요리에 대해 주장했던 준칙과 조금도 모순되지 않는다. 아이의 식욕을 돋우기 위해서는, 그 관능을 자극하는 것이 아니고 그저 그것을 채워 주기만 하면 되니까. 그리고 그것은 아이의 미각을 세련시키는 따위의 짓만 하지 않으면, 지극히 평범한 음식에 의해서 충분히 채워질 수 있다. 성장의 필요성에 의해서 끊임없이 일어나는 식욕은, 그들에게서 다른 많은 것을 대신하는 확실한 조미료가 된다. 과일·유제품, 보통 빵보다 조금 맛있게 구운 과자 같은 것을 조심스럽게 주는 요령, 이것이야말로 아이에게 강한 미각에 대한 기호를 가지지 않게 하면서 동시에 아이의 혀를 무감각하게 만들 염려도 없는 것이다.

육류(肉類)에 대한 기호가 인간에게 자연스럽지 못하다는 증거의 하나는, 아이가 고기 요리에 무관심하고, 유제품·과자·과일·식물성 음식 등을 좋아한다는 사실이다. 이 본래의 기호를 손상시키지 않는 것, 아이를 육식 동물로 만들지 않는 것이 무엇보다도 중요하다. 그런 일은 아이의 건강을 위해서라기보다도 아이의 성격을 위해서이다. 경험을 어떤 식으로 설명하든, 일반적으로 고기를 많이 먹는 사람이 그렇지 않은 사람보다 잔혹하고 포악하다는 것은 사실이니까. 이것은 모든 장소와 모든 시대에 걸쳐서 관찰된 사실이다. 영국인의 야만성은 잘 알려져 있다.● 그 반대로 조로아스터교도는

● 영국인은 그 인정 많은 마음과, 그들이 '품성 좋은 민족(good natured people)'이라 부르듯이 국민의 선량한 천성을 매우 자만하고 있다는 것을, 나는 알고 있다. 그러나 그들이 아무리 그런 것을 주장해도 소용없는 일로, 아무도 그들이 말하는 것을 되풀이해서 말하지는 않는다.

가장 온순한 사람들이다.* 모든 미개인은 잔인한데, 그것은 풍습 때문이 아니라 음식 때문이다. 그들은 사냥하러 나가듯 전쟁터에 나간다. 그리고 인간을 곰처럼 다룬다. 영국에서조차 도살자는 외과 의사와 마찬가지로 재판의 증인이 될 수 없다.** 지독한 악당은 피를 마심으로써 사람 죽이는 것을 아무렇지도 않게 생각하게 된다. 호메로스는, 고기를 먹는 키클로프스족[27]을 무서운 인간으로서 표현하지만, 로트파고이족[28]에 대해서는, 그들과 한번 교역을 시도하면 사람들은 금방 자기의 고국조차 잊고 그들과 함께 살고 싶어할 정도로 사랑스러운 종족으로 표현하고 있다.

플루타르크는 말한다. "그대는, 피타고라스가 어째서 동물의 고기를 먹지 않았느냐고 묻는다. 그러나 나는 거꾸로 그대에게 묻고 싶다. 죽인 짐승의 고기를 입에 대고, 금방 숨이 끊어졌을 뿐인 동물의 뼈를 이로 물어뜯고, 죽은 육체를 식탁에 내놓아, 바로 조금 전까지 울기도 하고 포효하기도 하고 걷기도 하고 보기도 하던 동물을 위 주머니 속으로 삼킨 최초의 인간은, 인간으로서 대체 어떤 용기를 가지고 있었던 것일까? 그의 손은, 감각을 가진 생물의 심장에 어떻게 칼을 꽂을 수 있었을까? 그의 눈은 어떻게 살해(殺害)를 참고 볼 수 있었을까? 저항하지도 못하는 불쌍한 동물의 피를 짜고, 그 가죽을 벗기고, 그 사지를 자르는 것을 그는 어떻게 참고 볼 수 있었을까? 꿈틀

---

* 조로아스터교도보다 더욱 엄격히 모든 육식을 피하는 바니아족(族)—인도인, 바라몬교도—도 거의 같은 정도로 온순하다. 그러나 그들의 도덕은 조로아스터교도만큼 깨끗하지 않고, 그 종교도 그만큼 합리적이지는 않으므로, 그들은 그만큼 훌륭한 인간이라고는 할 수 없다.

** 이 책을 영문(英文)으로 번역한 한 사람이, 여기에서 나의 잘못된 생각을 지적해 주었다. 그래서 우리 두 사람이 함께 그것을 정정했다. 도살자와 외과 의사는 증인이 될 수 있다. 그러나 도살자는, 배심원 또는 상원 의원으로서 형사 재판에 임하는 것은 허용되지 않는다. 외과 의사 쪽은 허용된다.

27) 키클로프스(Kyklops)족은 그리스 신화에 나오는 눈이 하나인 거인족. 야만스럽고 잔인했다고 전해진다. 호메로스의 《오디세이아》에 나온다.

28) 로트파고이족은 연꽃 열매를 먹고 산다는 종족. 북아프리카의 민족으로 《오디세이아》에 나온다.

꿈틀 살아 움직이는 것을 어떻게 참고 볼 수 있었을까? 어떻게 그 피비린내에 구토를 일으키지 않을 수 있었을까? 상처의 더러움을 만지고, 상처에 시커멓게 덩어리져 늘어붙어 있는 피를 씻어낼 때, 어떻게 그는 혐오감도 느끼지 않고, 얼굴을 돌리지도 않고, 공포에 사로잡히지도 않았을까?"

> 가죽은 벗겨져서 땅 위에 달라붙어 있고,
>
> 고기는 꼬챙이에 꿰어져 불 위에서 비명을 지르고 있었다.
>
> 사람은 전율하지 않고는 그것을 먹을 수 없었다.
>
> 그리고 자신의 뱃속에서 그 비명 소리를 들었다.

이것이야말로, 그가 처음으로 자연을 극복하고 무서운 식사를 했을 때, 또 처음으로 살아 있는 동물에 식욕을 느꼈을 때, 또 처음으로 풀을 뜯는 동물을 자기의 음식으로 하려고 생각했을 때, 그리고 자기 손을 핥고 있는 양을 죽여 그 고기를 토막내어 어떻게 요리할 것인가를 생각할 때, 마땅히 그가 상상하고 느껴야 하는 것이다. 이러한 지독한 향연을 시작한 사람들의 행위가 놀라운 것이지, 그것을 그만둔 사람들의 행위는 절대로 놀라운 것이 아니다. 그래도 그런 짓을 처음으로 한 사람들은 이러저런 이유를 들어 그들의 야만적인 행위에는 변명의 여지가 없으므로, 그만큼 우리는 그들보다 백 배나 더 야만인이 되는 것이다.

그들 태고의 사람들은 우리들에게 말할 것이다. "신의 깊은 은총을 받고 있는 사람들이여, 시대를 비교해 보기 바란다. 당신들은 얼마나 행복한가. 그에 비해 우리는 얼마나 비참했는가. 이제 막 만들어진 대지와 증기로 넘쳐 있는 하늘은 아직 계절의 명령에 순종하지 않았다. 강의 흐름은 일정하지 않아, 이르는 곳마다 기슭을 황폐하게 만들었고, 연못, 호수, 깊은 늪은 지구 표면의 4분의 3을 물에 잠기게 했다. 나머지 4분의 1조차도 불모의 숲과 삼림으로 덮여 있었다. 대지는 우리에게 이로운 좋은 과실을 열매 맺어 주지 않았다. 우리는 땅을 경작할 아무런 도구도 가지고 있지 않았으며, 그것을 사용할 수 있는 기술도 알지 못했다. 씨를 뿌리지 않은 자에게 수확의 계절은 결코 오지 않았다. 그래서 우리는 늘 굶주려야 했다. 겨울이 되면 이끼나 나무 껍질이 우리의 평소 식사였고, 얼마간의 개밀이나 히스의 녹색 뿌리가 우리의 성찬이었다. 사람들은 너도밤나무의 열매나 호도·도토리 따위를 발견하면, 대지를 어머니라 부르고 유모라 부르면서, 상당히 거칠고 조잡한 노래에 맞추어 참나무나 너도밤나무의 둘레를 춤추며 돌았다. 그것이 우리의 유일한 축제였다. 그것이 우리의 유일한 놀이였다. 그밖의 모든 생활은 고통과 슬픔과 가난이었다.

이윽고 대지가 모든 것을 벗어 버리고 알몸이 되어 우리에게 무엇 하나 주지 않게 되었을 때, 우리는 자신을 보호하기 위해 자연을 욕보이지 않으면 안되었다. 우리의 비참한 생활의 동료와 함께 멸망해 버리기보다는 차라리 그들을 먹기로 한 것이다. 그러나 잔혹한 인간들이여, 당신들은 무엇에 강요되어 피를 흘리는가. 보라! 얼마만큼 풍부한 재산이 당신들을 둘러싸고 있는지를. 밭이나 포도원이 얼마나 많은 부(富)를 당신들에게 주고 있는가. 얼마나 많은 동물들이 당신들을 기를 우유를 공급하며 당신들의 의복이 될 털을 공급하는가. 당신들은 그 이상 더 동물들에게 무엇을 요구하는가. 그리고 남아돌아갈 정도의 재산을 가지고, 넘칠 만큼의 먹을 것을 가졌으면서, 어째서 당신들은 그런 살해 행위를 하는가. 어째서 당신들은, 어머니인 대지에게 거짓말을 하고, '인제 당신은 우리를 기를 능력이 없지 않느냐'고 비난하는가. 신성한 규칙을 만들어 낸 케레스[29]에 대항하고, 인간을 위로해 주는 친절한 바커스[30]에 대항하여 죄를 범하는가. 당신들은 마치 그들의 아낌없는 선물

---

29) 케레스(Cérès)는 로마 신화에 나오는 풍양(豊穰)과 곡물의 여신. 그리스 신화의 데메테르(Déméter)와 같다.

30) 바커스(Bakchos)는 고대 그리스 신화에 나오는 술의 신. 디오니소스(Dionysos)라고도 한다.

이 인류를 유지해 가는 데에 충분하지 않다고 생각하는 것 같다. 어떻게 그들의 맛있는 선물과 뼈를 같은 식탁 위에 놓고, 젖과 더불어 그 젖을 당신들에게 주는 동물의 피를 빨 수가 있단 말인가. 당신들이 맹수라 부르는 표범이나 사자는 부득이 그들의 본능에 좇아서 살기 위해 다른 동물을 죽인다. 그러나 맹수보다 백 배나 더 흉포한 당신들은, 필요하지도 않은데 본능과 싸우며 잔인한 쾌락에 열중한다. 당신들이 먹고 있는 동물은 다른 동물을 먹지 않는다. 당신들은 저 육식 동물을 먹지 않고, 그 흉내를 내고 있는 것이다. 당신들은 누구에게도 해를 끼치지 않으며, 당신들을 따르고 당신들에게 도움을 주는 아무런 죄도 없는 짐승들에 대해서만 식욕을 느낀다. 그리하여 그런 짐승들의 봉사에 대한 보답으로 그들을 잡아먹고 있는 것이다.

　오오, 자연에 역행하는 살륙자여! 만약 그대가 그대와 똑같이 살과 뼈를 가지고 있고 그대와 마찬가지로 감성이 있고 생명이 있는 존재를 먹도록 자연이 그대를 만들었다고 끝까지 주장한다면, 그러한 무서운 식사에 대하여 자연이 그대의 마음에 불러일으키는 공포를 눌러 없애 보라. 그대 자신이 동물들을 죽여 보라. 무기나 칼을 사용하지 말고 그대 자신의 손으로 죽여 보라. 사자나 곰처럼, 그대의 손톱으로 동물들을 찢어 보라. 소를 그대의 이로 물어뜯어 그 살을 잘게 저며 놓아 보라. 어린 양을 산 채로 먹어 보라. 아직 식지 않은 그 살을 게걸스럽게 뜯어 먹고, 그 피와 함께 그 동물의 혼도 삼켜 버려라. 그대는 떨고 있다. 그대에게는, 그대의 이빨 사이에서 아직 죽지 않은 살이 경련을 일으키며 떨고 있는 것을 느낄 용기가 없다. 가련한 인간이여! 그대는 먼저 동물을 죽이고, 다음에는 그것을 먹는다. 말하자면, 그 동물을 두 번 죽이고 있는 것이다. 그뿐만 아니다. 죽은 그대로의 고기는 아직 그대에게 혐오감을 준다. 그대의 마음은 그것에 견딜 수가 없다. 불로써 그 모양을 바꾸든가, 삶거나 굽든가, 향료로 맛을 내어 그것을 위장할 필요가 있다. 그대에게는 정육점·요리사 같은, 그대의 눈으로부터 살해의 두려움을 감추고, 그대를 위해 죽은 살을 요리해 주는 사람이 필요한 것이다. 그것은 미각이 그러한 위장(僞裝)에 속아 기묘한 것을 토하지 않고 보기만 해도 도저히 참을 수 없는 죽은 살을 기쁘게 먹게 하기 위한 것이다."

위의 인용문은 나의 주제와는 별로 맞지 않는 것 같지만, 나는 이 문장을 여기에 옮기고 싶은 유혹을 견딜 수가 없었다. 그러나 그 때문에 불평하는 독자는 거의 없으리라고 나는 믿는다.

그리고 아이에게 어떤 음식을 주든, 보통의 소박한 요리에 익숙해지도록 하면, 그 다음에는 좋을 대로 먹게 하고, 뛰게 하고, 놀게 하는 것이 좋다. 그렇게 하면, 아이는 결코 과식을 하거나 소화 불량을 일으키는 일이 없다고 확신해도 된다. 그러나 아이를 오랫동안 배고픈 상태로 둔다면, 그리고 아이가 당신의 감시에서 벗어날 수 있는 방법을 찾아낸다면, 그는 자기가 할 수 있는 모든 일을 하여 이를 보충하려고 하고, 배가 터지도록 먹을 것이다. 우리의 식욕에 제한이 없어지는 것은, 자연의 규칙과는 다른 규칙을 주려고 하기 때문이다. 끊임없이 제한하고 명령하고 첨가하고 줄이고⋯⋯. 우리는 무엇을 하든 손에 저울을 가지고 있다. 그러나 그 저울은 우리의 변덕을 기준으로 하고 있지 위(胃)를 기준으로 하고 있지는 않다. 이에 관해서 나는, 실제로 본 것을 증거로 내놓기로 한다. 농가에서는, 빵 상자도 과일 창고도 언제나 열려 있다. 그런데도 아이고 어른이고 소화 불량이라는 것이 어떤 것인지조차 모른다.

그건 그렇다 치고, 내 방법으로 하면 그런 일은 없겠지만 아이가 과식하는 일이 있다면, 무언가 그의 기호에 맞는 놀이를 시켜 정신을 딴 데로 돌리게 하면 될 것이다. 이토록 확실하고 쉬운 방법을 교사들은 어째서 모르는 것일까? 헤로도토스의 말에 의하면,[31] 극도의 식량 부족에 몰린 리디아인들은 배고픔을 달랠 수 있고, 며칠씩 먹을 것을 생각하지 않고 지낼 수 있는 여

---

31) 《헤로도토스》 제1권 제94장.

러 가지 놀이나 그밖의 기분 전환 거리를 발명하려 했다고 한다.● 당신들의
박식한 교사는 그 문장을 백 번이나 읽었을 테지만, 그것이 아이에게 적용될
수 있다는 것은 알지 못했다.

　미각에 대한 후각의 관계는 촉각에 대한 시각의 관계와 똑같다. 후각은
여러 가지 물질이 어떻게 그것을 자극하는지를 미각보다 먼저 알아, 미각에
게 예고한다. 그리고 받는 인상에 따라 미리 그 물질을 원하게 하거나 피하
도록 한다. 미개인은 우리의 후각과는 전연 다른 식으로 자극되는 후각을 가
져, 좋은 냄새와 나쁜 냄새를 완전히 다른 식으로 판단한다는 말을 들은 적
이 있다. 그것은 충분히 믿을 수 있는 일이라고 생각한다. 냄새 그 자체는 약
한 감각이다. 그것은 감관보다 상상력을 자극하여, 그것이 주는 것보다 오히
려 기대시키는 것에 의해 영향을 미친다. 그렇다면 생활 방식에 의해 다른
사람과는 전혀 다른 미각을 가진 사람은, 그 맛을 예고하는 냄새에 대해서도
당연히 전혀 다른 판단을 내리게 되어 있을 것이다. 타타르인은, 죽은 말의
악취나는 발 냄새를 맡을 때, 우리 나라 사냥꾼이 막 썩기 시작한 자고새의
고기 냄새를 맡을 때와 같은 정도로 쾌감을 느낄 것이다.

　예를 들어 꽃밭의 꽃 향기를 느끼는 따위의 아무래도 좋은 감각은, 너무
나 많이 걸어서 더 이상 산책하기 싫은 사람이나, 너무나 많이 놀아서 더 이
상 쉬기가 싫은 사람에게는 거의 느껴지지 않을 것이다. 언제나 굶주려 있는
사람에게는, 먹을 수 있는 것임을 알려 주지 않는 향수의 냄새 따위는 별로
좋게 느껴지지 않을 것이다.

　● 고대 역사가들의 저작에서는, 이용할 수 있는 견해가 많이 발견된다. 설령 그 견해를
나타내 보이는 사실이 잘못되어 있더라도 그렇다. 그런데 우리는, 역사를 참으로 이용할 줄을
모른다. 문헌학적인 비판이 무엇이든지 흡수해 버리기 때문이다. 그것은 하나의 사실에서 유
익한 교훈을 끌어낼 수 있다면, 그것이 진실인지 아닌지를 아는 일이 매우 중대하다고 생각하
는 듯하다. 양식 있는 사람이라면 역사를 '인간의 마음에 지극히 적절한 교훈을 주는 우화(寓
話)를 짜놓은 것'으로 간주해야 한다.

후각은 상상력의 감각이다. 그것은 신경에 한층 강한 충격을 주므로, 두뇌를 강하게 자극하게 된다. 그 때문에, 일시적으로 기분이 상쾌해지지만, 결국은 사람을 피로하게 만든다. 후각은, 연애에 잘 알려져 있는 효과를 가진다. 나는 애인이 가슴에 안고 있는 꽃들의 냄새에 가슴을 두근거리지 않는 감각이 둔한 현명한 사람을 축복해야 할지 아니면 가련해해야 할지 모르겠다.

따라서 후각은, 어릴 때에는 활발하게 작용하지 않는다. 왜냐하면 그 무렵에는 상상력이 감정에 의해 자극받는 일이 없으므로 감동을 받아들일 능력이 없으며, 경험이 불충분하기 때문에 어떤 감각이 우리에게 약속하는 것을 다른 감관에서 예측할 수 없기 때문이다. 이런 결과는 관찰에 의해 확인할 수 있다. 대다수의 아이가 이 감각이 아직 무디고 뚜렷하지 않은 것은 확실하다. 그것은 아이의 감관이 어른처럼 예민하지 않기 때문이 아니고 — 어쩌면 어른보다 더 예민할지도 모른다 — 아이는, 그에 다른 어떤 관념도 결부시키지 않으므로, 그에 따르는 기쁨이나 괴로움의 감정에 쉽게 동요되지 않기 때문이며, 그에 의해 우리처럼 위로받거나 상처받거나 하지 않기 때문이다. 이와 같은 사고 방식에서 벗어나지 않고, 또 남녀 양성(兩性) 비교 해부학의 도움을 빌지 않고서도 어째서 여성 쪽이 남성보다 냄새에 강하게 자극받는지, 그 이유를 쉽게 찾아낼 수 있으리라 생각한다.

캐나다의 미개인은 젊을 때부터 매우 예민한 후각을 가져, 개가 있어도 개를 사냥에 사용하지 않고 스스로 개의 역할을 해낸다고 한다. 실제로, 개가 냄새로 사냥감을 찾아내듯이 후각을 통해 음식을 알아맞히도록 아이를 교육한다면, 어쩌면 그들의 후각을 개의 후각과 같은 정도로 발달시킬 수 있으리라고 니는 생각한다. 그러나 나는 그 정도로 유효한 사용법을 아이를 위해 그 감각에서 끌어내려고 생각하지는 않는다. 단, 이 감각과 미각의 관계를 가르치는 것은 별도이다. 자연은 우리가 좋든 싫든 그 관계를 알지 않으면 안되도록 배려하고 있다. 자연은 미각의 작용과 후각의 작용을 밀접한 것으로 했다. 그 기관들을 가까이 두고, 두 기관을 잇는 통로를 입 안에 두었으므로, 우리가 무엇인가를 맛보려고 할 때에는 반드시 냄새를 맡게 된다. 나는 다만, 아이를 속이기 위해 이러한 자연의 관계를 변화시켜, 쓴 약을 좋은 향료로 싸거나 하지 않기를 바란다. 아무리 그래도 그럴 경우, 두 감각이 너무나 일치되지 않기 때문에 아이는 속지 않는다. 활발히 작용하는 쪽의 감관이 다른 쪽의 작용을 흡수하므로, 아이로 하여금 싫어하지 않고 약을 먹게 할 수는 없다. 그 혐오감은, 동시에 그를 자극하는 양쪽 감각으로 퍼진다. 약한 쪽의 감각을 느끼는 때에도, 강한 쪽 감각이 상상력에 의해서 환기된다. 그렇게 되면, 그에게는 지극히 감미로운 향기도 혐오스런 냄새에 지나지 않게 된다. 이런 식으로 우리의 무분별한 조심성은 유쾌한 감각을 희생시켜 불유쾌한 감각의 양을 늘려 가고 있는 것이다.

다음의 제3부에서, 제6감이라고도 할 수 있는 것의 습득에 관하여 이야기할 일이 내게 남아 있다. 그것은 공통 감각이라고 불리는데, 모든 사람에게 공통적이기 때문이라기보다는, 그것은 다른 갖가지 감각을 잘 규제하여 사용함으로써 생겨나며, 또 사물의 모든 외관을 결합함으로써 사물의 본성을 우리에게 가르쳐 주기 때문이다. 그래서 이 제6감은 특별한 기관을 가지고 있지 않다. 그것은 두뇌 속에 존재하고 있을 뿐으로, 순수하게 내면적인 그 감각은 지각 또는 관념이라고 불린다. 우리의 지식의 넓이는 그 관념의 수에 의해 측정된다. 정확한 정신을 만들어 내는 것은 그 관념들의 명확성과 명료성이다. 인간의 이성이라 불리는 것은 그 관념들을 비교하는 기술이다. 그래서 내가 감각적 이성, 또는 아이의 이성이라고 부르는 것은, 몇 개 감각의 결합에 의해 단순한 관념을 형성하는 데에 있고, 지적인 이성, 또는 인간의 이성이라고 부르는 것은 몇 개의 단순한 관념의 결합에 의해 복잡한 관념을 형성하는 데에 있다.

내 방법이 자연적인 방법이며 잘못 적용되지 않았다면, 우리는 우리의 학생을 감각의 세계를 지나 아이의 이성의 경계에까지 데리고 온 것이 된다. 그 경계를 넘어서 우리가 내디디려 하는 첫 발짝은, 어른으로서의 첫 발짝이어야 한다. 그러나 이 새로운 길로 들어서기 전에, 우리가 지나온 길을 잠시 돌아보자. 인생의 각각의 시기, 각각의 상태에는 그에 맞는 완성이 있고, 그 나름대로의 성숙이 있다. 우리는 완성된 인간에 대해 이야기하는 것을 자주 듣는다. 그러면 완성된 아이에 대해 생각해 보자.

유한한 존재는 지극히 가련하고 한정되어 있는 것이기 때문에, 있는 그대로의 상태밖에 보지 못할 때에는 결코 감동하는 일이 없다. 현실의 사물을 장식하는 것은 공상이다. 따라서 만약 상상력이 우리의 감각에 와 닿는 사물들에 매력을 더해 주지 않는다면, 사람들이 그에 대해 느끼는 공허한 쾌감은 그 감각 기관에만 한정되어, 마음은 여전히 차갑게 움직이지 않을 것이다. 가을의 보물에 의해 장식된 대지는, 풍요로운 부(富)를 차례로 펼쳐 사람의 눈을 감탄시킨다. 그러나 그 감탄은 마음에 와 닿지 못한다. 감동은 감정으로부터보다는 오히려 반성으로부터 생겨난다. 봄의 들판은 거의 벌거벗은 채 드러나 있다. 녹색 풀은 이제 막 싹을 내밀었을 뿐이고, 숲은 나무 그늘을 만들지 못한다. 그런데 사람의 마음은 그것을 보고 감동한다. 자연이 그와 같이 소생하는 것을 보고, 사람들은 자신도 생기를 되찾는 것처럼 느낀다. 기쁨의 영상이 우리를 감싼다. 저 쾌락의 반려, 언제나 모든 감미로운 감정과 결부되기를 기다리는 저 기분 좋은 눈물이 벌써 우리의 눈시울을 적시고 있다. 그러나 포도를 수확하는 광경이 아무리 활기 있고 생기가 넘치며 즐거워 보여도, 사람들은 언제나 그것을 마른 눈으로 바라본다.

어째서 이런 차이가 있는 것일까. 그것은 상상력이 봄에 이어서 올 계절의 풍경을 봄 풍경에 연결시키기 때문이다. 부드럽게 싹트는 것을 눈이 확인하면, 상상은 거기에 꽃이나 과일이나 나무 그늘을 그리고, 때로는 그 나무 그늘이 감추게 될 비밀스러운 정경까지도 그린다. 상상력은 뒤를 이어 계속해서 올 계절을 한 점에 모아 놓고, 그 대상들을 미래의 모습으로 보기보다는 자신이 원하는 모습으로 본다. 그것을 선택하는 것은 상상의 자유이니까. 그런데 가을에는 거기에 있는 것밖에 볼 수가 없다. '봄이 되면……' 하고 생각해도 겨울이 앞길을 가로막아, 상상은 눈과 서리 위에 얼어붙어 숨이 끊어져 버린다.

성숙기의 완성보다 아름다운 유년 시대를 바라봄으로써 훨씬 더 큰 즐거움을 찾아낼 수 있는 매력의 근원은 이런 것이다. 우리가 한 사람의 인간을 보면서 진정한 기쁨을 맛보는 것은 언제일까? 그것은 그 사람의 행동의 기억이 우리에게 그 사람의 생애를 돌아보게 하여 우리의 눈에 그 사람의 젊은 모습이 비쳤을 때이다. 만일 우리가 현재 그대로의 그의 모습을 바라본다든지 또는 노년의 그의 모습을 상상해야 한다면, 쇠퇴해가는 자연이라는 관념이 우리의 기쁨을 모두 없앨 것이다. 한 인간이 무덤을 향해 성큼성큼 나아가는 것을 보는 일에서는 아무런 기쁨도 솟지 않으며, 죽음의 그림자는 모든 것을 추하게 만든다.

그러나 열 살에서 열두 살 정도의 건강하고 늠름하며 그 나이로 보아서는 충분히 완성된 아이를 마음에 그릴 때, 현재를 생각하든 미래를 생각하든 유쾌한 관념만 떠오를 것이다. 나의 눈에는 그 아이가, 터질 듯한 건강과, 활기 있고 생기에 넘치며 마음을 병들게 할 염려도 없고 앞날의 괴로움도 없이 밖으로 넘쳐 흐르는 충일한 생명을 즐기고 있는 모습이 떠오른다. 또 감각과 정신과 힘이 그의 안에서 나날이 발달하여 순간순간 새로운 징후를 보이는 다른 시기의 그의 모습을 예견한다. 아이로서의 그를 바라볼 때 그는 나를 기쁘게 한다. 어른이 된 그를 상상할 때 그는 한층 더 나를 기쁘게 한다. 그의 뜨거운 피가 나의 피를 데워 주는 듯한 기분이 든다. 그의 생명에 의해 내가 살아 있는 것 같은 생각이 든다. 그의 활발한 모습이 나를 젊어지게 한다.

시간을 알리는 종이 운다. 이 무슨 변화인가. 순식간에 그의 눈은 흐려지고, 쾌활함은 사라진다. 즐거움이여, 안녕! 천진스러운 놀이여, 안녕! 화난 듯한 얼굴을 한 한 남자가 그의 손을 잡고, 엄숙한 어조로 "자아, 시간이 되었어요." 하고 말하고는 아이를 데리고 간다. 그들이 들어가는 방 안에는 책이 있다. 책! 그의 나이에는 그 얼마나 슬픈 장식품인가. 불쌍한 아이는 이끌려 간다. 자기 주위에 있는 모든 것에 원망스러운 눈길을 주면서 말없이 사라져 간다. 눈에 눈물이 가득해도 흘리지 못하고, 가슴이 비탄으로 미어져도 한숨도 쉬지 못하고.

오오, 너는 그런 것을 조금도 두려워하지 않아도 좋다. 네게서는 생애의 어떤 시절도 속박과 권태의 때가 아니다. 너는 아무런 불안도 없이 아침 해의 방문을 맞고, 아무런 초조감도 없이 밤의 방문을 맞아, 오직 너 자신의 즐거움에 의해 시간을 계산하면 된다. 나의 사랑스럽고 행복한 제자여, 저 불행한 아이가 없어져서 슬픔에 잠겨 있는 우리를 너의 존재에 의해 위로해 주렴. 자아, 와 주렴……. 그는 와 준다. 그가 가까이 오는 것을 보고, 나는 기쁨이 솟아오르는 것을 느낀다. 그도 그 기쁨을 함께 하고 있다는 것을 안다. 그의 친구, 그의 동료가 있는 곳으로, 그의 놀이 친구가 있는 곳으로 그는 와 주었다. 나의 얼굴을 보고 금방 즐거운 놀이를 하게 되리라는 것을 그는 잘 알고 있다. 우리는 서로 절대로 상대를 속박하지 않으면서 언제나 사이좋게 논다. 그리고 우리는 다른 누구와 함께 있을 때보다 즐겁다.

그의 모습·태도·몸가짐은 자신(自信)과 만족감을 나타내고 있다. 그의 얼굴은 건강으로 빛나고 있으며, 확고한 발걸음에는 힘이 넘친다. 창백하지는 않으나 아직 섬세한 얼굴빛에서는 유약함을 전혀 찾아볼 수 없다. 대기와 태양은 이미 그에게 존경해야 할 남성의 특징을 부여했다. 아직 둥그스름한 근육은, 갖추어져 가고 있는 용모의 몇 가지 특징을 나타내기 시작했다. 아직 감정의 불꽃에 의해 타 본 일이 없는 두 눈은, 태어날 때 지닌 맑음●을 그대로 간직하고 있으며, 오랫동안 슬픔으로 어두워지는 일도 없고, 눈물이 한없이 뺨을 적시는 일도 없다. 민첩하면서도 확고한 그의 움직임 속에서, 그

●Natia라는 의미이다. 나는 이 말을 이탈리아어의 의미로 사용한다. 프랑스어에서는 같은 뜻의 말을 찾을 수 없기 때문이다. 내가 잘못 사용하고 있다 하더라도, 의미를 알아주기만 하면 상관없다.

나이의 활발함을, 확고한 독립심을, 훈련에 의해 얻어진 경험을 보라. 그는 개방적이며 자유로운, 그러나 오만하지도 건방지지도 않은 태도를 보인다. 언제나 책에 달라붙어 있지 않아도 되는 그의 얼굴은, 아래만을 향해 있지 않다. 그에게는 '얼굴을 들어라' 는 따위의 말이 필요없다. 부끄러움이나 두려움을 느껴 얼굴을 숙이는 일이 전연 없을 테니까.

많은 사람들이 모여 있는 곳의 한가운데에 그를 앉혀 보라. 그리고 그를 시험해 보라. 안심하고 무언가 물어 보라. 이 아이는 사람을 귀찮게 하거나, 제멋대로 지껄이거나, 무례한 질문을 하거나 할 염려가 조금도 없다. 당신들을 붙잡고, 자기만을 상대해 달라고 하지 않을까 걱정할 필요도 없다. 당신들이 이 아이의 손에서 놓여나지 못하는 것이나 아닌가 하고 염려할 필요도 없다.

그러나 이 아이에게서 듣기 좋은 말을 기대해서는 안된다. 내가 이 아이에게 가르쳐 준 것을 당신들에게 이야기할 것을 기대해서도 안된다. 이 아이에게서는 다만 꾸밈 없고 허영심이 없는 소박하고 단순한 진실만을 기대하라. 이 아이는 자신이 한 나쁜 일, 또는 생각한 나쁜 일을, 좋은 일과 마찬가지로 아주 자유스럽게 당신들에게 이야기할 것이다. 자기가 한 말이 당신들에게 줄 인상 따위에는 조금도 마음을 쓰지 않을 것이다. 이 아이는 그 초기의 교육에서 받은 아주 소박한 어조의 말을 사용할 것이다.

사람들은 아이의 장래에 대해 좋은 쪽으로 생각하고 싶어한다. 그리하여 때로 아이가 우연히 지껄인 반짝이는 말에서 희망을 끄집어내다가 대부분 언제나 계속되는 어처구니없는 말들에 한탄한다. 나의 아이는 별로 그런 희망을 가지게 하지도 않지만, 결코 그렇게 한탄하게 하지도 않는다. 그는 쓸데없는 말은 한마디도 하지 않을 것이며, 아무도 귀를 기울여 주지 않는 수다를 떨어서 정신을 완전히 소모시키는 짓은 하지 않을 것이기 때문이다. 그의 관념은 한정되어 있지만 명확하다. 그는 아무것도 암기하고 있지 못하지만 경험에 의해 많은 것을 알고 있다. 다른 아이만큼 능숙하게 책을 읽지는 못하지만 자연이라는 책을 훨씬 잘 읽을 수 있다. 그의 재기(才氣)는 혀가 아닌 머리 속에 있다. 그는 암기력보다 판단력을 가지고 있다. 한 나라의 말 밖에 못하지만 자신이 쓰는 말을 이해하고 있다.

그는 인습이라든가 습관·습성 따위가 어떤 것인지 모른다. 그가 어제 한 일은 오늘 하는 일에 전혀 영향을 미치지 않는다.* 그는 결코 공식에 따르지 않는다. 또 권위에도 선례(先例)에도 굴하지 않는다. 그리고 자신에게 어울리는 행동과 말만을 한다. 따라서 가르쳐 준 말이나 꾸민 듯한 태도를 그에게서 기대해서는 안된다. 그에게서는 언제나, 그가 아는 관념의 충실한 표현과, 그의 성향에서 나오는 행동을 기대하는 것이 좋다.

당신들은 그에게서, 그의 현재 상태와 관계 있는 도덕적 관념을 조금쯤 발견할 수 있을 것이다. 그러나 어른에 관계 있는 상태에 대해서는 아무런 관념도 발견할 수 없을 것이다. 아이는 아직 사회의 능동적인 일원이 아닌데, 그런 것이 그에게 무슨 소용이 있단 말인가. 자유에 관하여, 소유권에 관하여, 계약에 관하여 그에게 이야기해 주는 것은 좋다. 거기까지는 그가 이해할 수 있을 테니까. 자기 것은 어째서 자기 것인가, 자기 것이 아닌 것은 왜 자기 것이 아닌가 하는 것쯤은 알고 있지만, 그 이상의 것이 되면 그는 아무 것도 알지 못한다. 의무라든가 복종에 대해 이야기해 보라. 그는 당신들이 무엇을 이야기하고 있는지를 모른다. 무언가 그에게 명령해 보라. 그는 당신들을 이해하지 못할 것이다. 그러나 이렇게 말해 보라. "네가 나에게 이런 것

● 습관의 매력은 인간의 천성적인 게으름에서 생겨난다. 그리고 이 게으름은 습관에 몸을 맡겨 버리는 것에 의해 더욱 심해진다. 해 보았던 일은 한층 쉽게 할 수 있다. 길이 만들어지면 그 길을 걸어가는 일이 한층 쉬워진다. 따라서 습관의 힘은, 노인이나 게으름뱅이에 대해서는 지극히 강하고, 청년이나 활동적인 사람에 대해서는 매우 약하다는 것을 확인할 수 있다. 그러므로 습관에 의한 생활 방법은, 정신이 약한 인간에게 좋기는 하나, 날이 갈수록 그들을 한층 약하게 만들어 버린다. 아이들에게 도움이 되는 단 하나의 습관은, 아무런 고통도 느끼지 않고 사물의 필연성에 따르는 일이며, 어른들에게 도움이 되는 단 하나의 습관은 아무런 고통도 느끼지 않고 이성(理性)에 따르는 것이다. 그밖의 습관은 모두 악습(惡習)이다.

을 해 준다면, 나도 다른 기회에 같은 것을 네게 해 주겠다."고. 그는 곧 당신이 원하는 것을 할 것이다. 그는 자신의 영역을 넓혀, 침범할 수 없는 권리를 당신들로부터 획득하기를 바라기 때문이다. 어쩌면 그로서는 어떤 지위를 점유하고, 자신이 사람들의 동료로서 조금이라도 쓸모 있는 자로서 생각되어지는 일이 기분 나쁜 일은 아닐 것이다. 그러나 이 최후의 동기(動機)를 그가 가지게 된 때에는, 그는 이미 자연으로부터 벗어나 있는 것이다. 그리고 당신들은 허영심을 향한 모든 문을 미리 잠가 놓지 않았다는 말이 된다.

도움이 필요하면, 그는 누구라도 상관없이 그곳에 있는 사람에게 부탁할 것이다. 그는 국왕에 대해서도 하인에게 부탁하듯이 부탁할 것이다. 모든 인간은 아직 그의 눈으로 보면 평등하니까. 그가 남에게 부탁하는 태도를 보면, 아무에게도 그의 부탁을 꼭 들어주어야 할 의무가 없다는 것을 잘 알고 있음을 알 수 있다. 자신이 구하고 있는 것은 하나의 은혜로서 주어진다는 것을 그는 알고 있는 것이다. 그는 또 인간애가 그러한 것을 주도록 한다는 것도 알고 있다. 그의 표현은 간결하고 쉽다. 그의 목소리, 눈의 표정, 태도는 상대가 그의 부탁을 들어주든 들어주지 않든 변화가 없다. 그것은 노예의 혐오스러운 복종도 아니고, 지배자의 명령적인 군림도 아니다. 동포에 대한 겸허한 신뢰이며, 또 자유스럽지만 감수성이 예민하고 약한 자가 자유스러우면서 강하고 친절한 자의 도움을 구하는, 고귀하고 사람의 마음을 움직이게 하는 부드러움이다. 당신들이 그가 원하는 것을 주었다 해도 그는 당신들에게 고맙다는 인사도 하지 않을 것이다. 그러나 그는 당신들에게 빚이 생겼다고 느낄 것이다. 당신들이 그의 부탁을 거절했다 해도 그는 조금도 서운해하지 않을 것이며, 되풀이해서 부탁하지도 않을 것이다. 그것이 쓸데없는 일이라는 것을 그는 알고 있다. 그는 거절당했다고 생각하지 않고, 그것은 가능성이 없는 일이었다고 생각할 것이다. 내가 전에 말했듯이, 당연한 필연성에 대해서는 사람은 거의 반항하지 않는다.

그를 혼자 자유롭게 내버려두는 것이 좋다. 아무 말도 하지 말고, 그가 무엇을 하는지 어떻게 행동하는지 주목해 보라. 그는 자신이 자유롭다는 사실을 자신에게 증명할 필요가 없기 때문에 무슨 일이든 경솔하게 하지 않으며, 무엇이든지 자기 마음대로 할 수 있다는 것을 과시하는 일도 결코 없을 것이다. 그는 언제나 자신이 자유로울 수 있다는 사실을 알고 있지 않은가. 그는 민첩하고 쾌활하며, 그의 동작에는 어린이다운 활발함이 유감없이 나타난다. 그러나 목적 없는 동작은 전혀 눈에 띄지 않는다. 무엇을 하든 자신의 능력을 넘는 일은 계획하지 않는다. 그는 자신의 능력이 어느 정도인가를 시험을 통해 알고 있기 때문이다. 그는 항상 자신의 계획에 적합한 방법을 선택하며, 성공의 확신이 없으면 그는 좀처럼 행동하지 않는다. 그의 눈은 주의 깊고 정확하다. 자신의 눈에 보이는 것에 대해서는 무엇이든 바보처럼 남에게 질문하지 않고 스스로 그것을 조사할 것이다. 그리고 알고 싶은 것은 남에게 묻기 전에 스스로 발견하려고 노력할 것이다. 뜻밖의 궁지에 빠졌다 해도 다른 사람들처럼 당황하지 않을 것이며, 위험에 직면해서도 별로 두려워하지 않을 것이다. 그의 상상력은 아직 활동하지 않는 상태에 머물러 있고, 나는 그것을 자극하는 일을 전혀 하지 않으므로, 그는 있는 그대로를 보고, 위험을 액면 그대로 받아들여 냉정한 태도를 잃지 않는다. 필연은 그에게 너무 자주 덮쳐 오므로, 그는 아직 그것에 반항하려 하지 않는다. 그는 태어날 때부터 필연의 멍에를 메고 있었기 때문에, 지금은 완전히 익숙해져 있다. 언제 무슨 일이 일어나도, 그로서는 그것에 대응할 준비가 되어 있다.

일을 하고 있든 놀고 있든, 그에게는 어느쪽이나 마찬가지이다. 그의 놀이가 곧 그의 일이며, 그는 그것에 아무런 차이도 느끼지 않는다. 그는 자기가 하는 모든 행동에 사람들을 미소짓게 하는 열성을 보이고, 사람들을 기쁘게 하는 자유를 발휘하고, 동시에 그의 재능과 지식의 정도를 나타내 보인다. 한 귀여운 아이가, 생기로 반짝거리는 눈, 만족하는 밝은 모습, 아무것도 꺼리지 않는 쾌활한 얼굴로 무엇인가 진지한 일에 열중해 있거나, 어른들이 보기에는 아주 하찮은 놀이에 열중해 있는 것을 보라. 그 얼마나 유쾌하고 매력 있는 광경인가.

이번에는, 다른 아이와의 비교에 의해 그가 어떤 아이인지를 알아보기로 하자. 그를 다른 아이들과 함께 있게 하고는, 그가 하는 대로 내버려두어 보라. 어느 아이가 가장 잘 교육되어 있는지, 어느 아이가 그 나이에 알맞는 완성도에 가장 가까이 갔는지 금방 알 수 있을 것이다. 도시의 아이들 중에서 그보다 재주 있는 아이는 한 사람도 없다. 더구나 그는 다른 누구보다 강하다. 농촌의 아이들 가운데에서는, 그는 체력에서는 그들과 같고 재주에서는 그들보다 훨씬 낫다. 아이들이 할 수 있는 모든 것에서, 그는 도시의 아이나 농촌의 아이보다 훨씬 잘 판단하고, 추론하고, 앞일을 내다볼 수가 있다. 그가 행동하거나, 달리거나, 물건을 움직이거나, 큰 물건을 치우거나, 거리를 추정하거나, 놀이를 생각해 내거나, 상(賞)을 획득하거나 하는 것을 보라. 마치 자연이 그의 명령에 따르는 것처럼 생각될 것이다. 그만큼 그는 모든 것을 쉽게 자기 뜻에 따르게 할 수가 있는 것이다. 그는 같은 또래의 아이들을 지도하고 지배하도록 만들어져 있다. 재능과 경험이 권리와 권위를 대신한다. 그에게 당신들이 좋아하는 의복과 칭호를 주어도 좋다. 그런 것은 아무래도 좋으니까. 그는 가는 곳마다 모든 사람들보다 뛰어나고, 가는 곳마다 다른 아이들의 우두머리가 될 것이다. 그들은 언제나 그가 자기들보다 우월하다는 것을 인정하기 때문에, 그는 명령하지 않아도 지배자가 될 것이다. 복종하고 있다는 사실을 깨닫지 못하는 중에 그들은 복종하게 될 것이다.

그는 아이로서의 성숙기에 도달해 있다. 그는 아이로서의 생활을 해왔다. 그는 그 완성을, 자신의 행복을 희생으로 하여 이룬 것은 아니다. 그 반대로, 행복과 완성은 서로 협력했다. 나이에 맞는 이성을 획득함으로써, 그는 체질이 허락하는 한 행복하고 자유스러웠다. 운명의 낫이 우리의 희망의 꽃을 베어 간다 해도, 우리는 그의 삶과 죽음을 슬퍼할 필요가 없다. 우리가 그에게 준 고통을 생각해 내고 우리의 슬픔을 더욱 깊게 할 필요도 없다. 우리는 이렇게 중얼거릴 것이다. "적어도 그는 그 유년 시절을 즐겁게 보냈다.

우리는 자연이 그에게 부여한 것을 아무것도 빼앗지 않았다."고.

　이러한 초기 교육에 가장 나쁜 점은, 사려 깊은 사람만이 그것을 이해할 수 있으며, 그토록 주의를 기울여 키워 온 아이가 범속한 사람의 눈에는 단지 개구쟁이로밖에 비치지 않는다는 점이다. 교사라는 사람이 자기 제자의 이해(利害)보다 자기 자신의 이해를 더 생각한다. 그는 시간을 헛되이 보내지 않는다는 것, 그리고 주어지는 돈을 정당하게 받을 수 있다는 것을 증명하려고 노력한다. 그는 쉽게 늘어놓을 수 있는 지식을, 언제나 남에게 자랑할 수 있는 지식을 제자에게 준다. 자기가 제자에게 가르치는 것이 쓸모 있는 것인지 아닌지는 아무래도 좋다. 다만 그것이 쉽게 남의 눈에 띄기만 하면 되는 것이다. 그는 분별없이 너절한 지식을 제자의 기억 속에 마구 주입한다. 아이를 시험해 볼 단계가 되면, 교사는 그 대단치 못한 것들을 아이로 하여금 늘어놓게 한다. 아이가 그것을 펼쳐 보이면 사람들은 만족한다. 나의 학생에게는 자기 자신 이외에 아무것도 펼쳐 보일 것이 없다. 그런데 어른의 경우도 마찬가지이지만, 아이는 한눈에 그 인간성을 알 수가 없다. 아이의 성격을 나타내는 여러 가지 특징을 한눈에 포착할 수 있는 관찰자가 어디 있겠는가. 있기는 있겠지만, 불과 몇 사람 되지 않으리라.

　너무 여러 가지 질문을 당하면 누구든 귀찮아하고 지겨워한다. 아이의 경우는 더욱더 그렇다. 몇 분만 지나면 그들의 주의력은 지쳐, 질문자가 끈질기게 묻는 말을 들으려 하지 않고, 되는 대로 대답하게 된다. 이런 식으로 아이들을 시험하는 것은 쓸데없는 일이다. 때로 뜻밖의 한마디 말이 장황한 말보다 그의 분별력과 재기를 나타내는 수가 있는데, 그 말이 배워 익힌 말이거나 우연히 튀어나온 말이 아닌지 주의해야 한다. 아이의 판단력을 평가하려면 자기 자신이 풍부한 판단력을 가져야 한다.

　고(故) 하이드경(卿)에게서 들은 이야기인데, 그의 친구가 3년 동안 집을 비운 뒤 이탈리아에서 돌아와, 9살인지 10살 난 아들의 진보한 모습을 시험해 보려 했다. 어느 날 저녁, 가정 교사와 아들과 함께 들판으로 산책하러 나갔는데, 그곳에서는 학생들이 연을 띄우며 놀고 있었다. 아버지는 걸으면서 아들에게 물었다. "저기 그림자가 비치고 있는 연은 어디 있지?" 그러자 아들은 망설임 없이, 머리도 들지 않고 "큰길 위에요."라고 대답했다. "실제로, 큰길은 태양과 우리 사이에 있었지요." 하고 하이드경은 나에게 말했다. 아버지는 아들의 대답을 듣고, 아들을 포옹했다. 그리고 시험을 중지했다. 그 다음날 아침, 아버지는 가정 교사에게 봉급 외에 종신 연금(終身年金) 증서를 보냈다.

그 아버지는 얼마나 훌륭한 사람인가! 그리고 얼마나 훌륭한 아들이 그에게 약속되어 있던 것일까! 아이의 나이에 알맞는 질문과 간결한 대답. 그러나 그것이 얼마나 명확한 아이의 판단력을 예상하게 하는지 생각해 보기 바란다. 어느 누구도 길들일 수 없었던 이름 높은 준마를, 아리스토텔레스의 제자[32]가 길들일 수 있었던 것도 이런 식이었기 때문이다.

---

32) 알렉산더 대왕을 말한다. 이 이야기는 플루타르크의 《알렉산더 대왕전(傳)》에 나온다.

제3부 **3**

소년기의 교육

3

| 소년기의 교육 |

청년기에 이르기까지 인생의 모든 과정은 무력(無力)한 기간이지만, 이 초기의 기간 안에, 아이의 힘은 그에게 요구되는 정도를 추월하고, 성장 중인 동물은 아직 절대적으로는 무력하나 상대적으로는 강해지는 시기가 있다. 그의 욕망은 아직 모두 발달하지 않았기 때문에, 현실의 그의 능력은 욕망을 충족시키고도 남을 정도이다. 성인으로서 그는 지극히 약한 존재이지만, 아이로서는 강한 존재이다.

인간의 약함은 어디에서 생기는가? 그의 능력과 욕망 사이의 불균형에서 생긴다. 우리를 약하게 만드는 것은 우리의 정념이다. 정념을 만족시키기 위해서는, 자연이 우리에게 부여한 이상의 능력이 필요하기 때문이다. 그러므로 욕망을 줄이는 것이 좋다. 그렇게 하면 능력이 늘어난 셈이 된다. 자기가 원하는 이상의 일을 할 수 있는 사람은, 여분의 능력을 가진 것이다. 그런 사람은 확실히 지극히 강한 존재다. 이것이 아이 시대의 제3의 단계이며, 나는 지금부터 그에 대해 이야기하고자 한다. 나는 이 시기도 계속해서 '아이 시대'라 부르기로 하는데, 그것은 이 시기를 표현할 적당한 말이 없기 때문이다. 이 시기는 청년기에 가까우나 아직 사춘기는 아니다.

열두세 살이 되면, 아이의 힘은 그 욕망에 비해 훨씬 빨리 뻗어 간다. 그는 아직 가장 강렬한 욕망을 느껴 본 일이 없다. 그의 육체적 발달은 아직 미완성의 상태여서, 그로부터 벗어나기 위해 의지의 강요를 기다리고 있는 것처럼 보인다. 가혹한 더위와 추위에도 거의 무감각한 그는, 아무렇지도 않은 얼굴로 그것을 견딘다. 높아 가는 열(熱)은 의복을 대신하고, 식욕은 조미료를 대신한다. 그에게는 몸에 영양이 되는 것은 모두가 맛있다. 졸리면 땅바닥에 누워 잠을 잔다. 어디를 가든 그는 자신이 필요로 하는 모든 것이 자기 능력 안에 있다는 것을 안다. 그는 상상에 의해 생기는 어떤 욕망에도 괴로워하는 일이 없다. 또 남들이 어떻게 생각하든 조금도 개의치 않는다. 그의 욕망은 그의 손이 미치는 한계를 넘지는 않는다. 자기 일은 자기가 할 수 있을 뿐만 아니라, 그는 자기가 필요로 하는 힘보다 훨씬 더 많은 힘을 가지고 있다. 그와 같은 상태에 있을 수 있는 것은 전생애에 이 시기뿐이다.

나는 반론을 예감한다. 사람들은 내가 부여하고 있는 것보다 많은 욕망을 아이가 가지고 있다고는 말하지 않을 테지만, 내가 부여하고 있는 것 같은 힘을 아이가 가졌다는 것은 부정할 것이다. 그것은 나의 학생에 대해 이야기하고 있는 것이지, 이 방에서 저 방으로 간신히 걸어다니거나, 집안일이나 하고, 종이뭉치 정도의 짐을 운반하거나 하는 꼭두각시 이야기를 하고 있는 것이 아님을, 사람들이 생각하지 않기 때문이다. '어른의 힘은 어른이 되지 않으면 나타나지 않는다. 그들의 고유의 혈관 속에서 만들어져 몸 전체에 퍼지는 생명의 정기, 그것만이 근육에 긴장성·활동성·탄력성을 줄 수 있는 것으로, 거기로부터 참된 힘이 생겨난다' 고 사람들은 말할 것이다. 그것은 이론상의 철학일 뿐이다. 그러나 나는 경험에 호소한다. 나는 당신들의 영지에서, 늠름한 사내아이들이 그들의 부친과 똑같이 땅을 갈고, 풀을 뽑고, 쟁기질을 하고, 포도주 통을 채우고, 수레를 끄는 것을 본다. 그들의 음성을 듣지 않는다면, 아마 사람들은 그들을 어른으로 착각할 것이다. 도시에서도, 대장 일이나 철공 일을 하는 젊은 사람들은 그 주인처럼 튼튼하며, 좀더 일찍 훈련을 시작했더라면 기술에서도 뒤지지 않았을 것이다. 차이가 있다 해도─차이가 있는 것은 나도 인정하지만─그 차이는 되풀이해서 말하지만, 어른의 격렬한 욕망과 아이의 한정된 욕망의 차이보다는 훨씬 작다. 그것은 또, 단지 육체적인 힘의 문제일 뿐만 아니라, 육체의 힘을 보충하고 인도하는 정신의 힘의 문제인 것이다.

개인이 원하는 이상의 일을 할 수 있는 이 시기는, 그 사람이 절대적으로 가장 큰 힘을 가지는 시기는 아니지만, 이미 말한 바와 같이 상대적으로는 가장 큰 힘을 가지는 시기이다. 그것은 그의 생애에서 가장 귀중한 시기, 단 한번밖에 찾아오지 않는 시기이다. 지극히 짧은 이 시기는, 다음에 보이는 것처럼 한층 유효하게 사용해야 하는 만큼 더욱 짧게 느껴지는 시기이다.

그러므로 그는 다시는 가져 볼 수 없는 체력과 능력을 가지고 있는 것이다. 그 능력과 체력을, 그는 도대체 어떤 일에 사용할 것인가. 그는 그것을, 필요할 때에 유효하게 사용하도록 노력해야 한다. 말하자면 현재 있는 것 중에서 남는 것을 미래로 돌리는 것이다. 튼튼한 아이가 약한 어른이 되었을 때를 대비하여 저축하는 것이다. 그러나 그는 도난당할 우려가 있는 금고 속이나 남의 헛간 속에 그 보물을 저축하지는 않을 것이다. 자기가 손에 넣은 것을 완전히 자기 것으로 하기 위해, 그는 팔 안에, 머리 안에, 자기 자신 안에 그것을 넣어 둘 것이다. 따라서 이 시기야말로 일하고, 공부하고, 연구하는 시기라 할 수 있는데, 이것은 내가 멋대로 선택한 것이 아니라, 자연이 그것을 제공해 주고 있다는 점에 주의하기 바란다.

인간의 지능에는 한계가 있다. 그리고 한 인간이 모든 것을 알 수도 없을 뿐만 아니라, 다른 인간이 알고 있는 아주 적은 양의 것조차 완전히 알 수가 없다. 하나하나의 잘못된 명제에 대립하는 명제는 모두 진리이므로, 진리의 수는 오류의 수와 마찬가지로 무한하다. 따라서 가르칠 시기를 선택해야 하는 것처럼, 가르칠 것도 선택해야 한다. 우리의 능력으로 배울 수 있는 지식 가운데에는 잘못되어 있는 것, 쓸모 없는 것, 또는 그것을 가지고 있는 자의 마음을 교만하게 할 뿐인 것도 있다. 우리가 행복해지는 데에 참으로 도움이 되는 소수의 지식만이 현명한 사람의, 또 현명한 사람으로 만들려 하는 아이의 연구 대상이 되기에 알맞다. 존재하는 모든 것이 아니라 유용한 것만을 아는 일이 필요하다.

이 소수의 것 중에서도 그것을 이해하는 데에 이미 성숙한 오성을 필요로 하는 진리는, 여기서는 제외해야 한다. 아이로서는 획득할 수 없는 인간관계에 대한 지식을 전제로 하는 것, 또 그 자체로서는 진리이지만 경험이 부족한 사람으로 하여금 다른 문제에 관해 잘못된 생각을 갖게 하는 것은 제외해야 한다.

그래서 우리는 인간의 사고 전체와 견주어 볼 때 참으로 작은 원 안에 갇힌 셈이 된다. 그러나 이 작은 원도 아이의 정신의 척도로 생각하면 얼마나 넓은 영역을 형성하고 있는 것인가. 인간의 오성이 미치지 못하는 어둠이여, 당신의 베일에 감히 손대려고 한 자는 얼마나 자기 분수를 모르는 자였던가! 우리가 말하는 학문이란 것이 이 불행한 소년의 주위에는 얼마나 많은 함정을 파 놓는가. 아아, 당신은 그렇게 위험한 길을 따라 그를 인도해 가려는가? 그리고 막을 걷어올려 그의 눈앞에 신성한 자연의 얼굴을 드러내겠는가? 멈춰라! 먼저, 아이도 당신도 현혹되지 않도록 조심하라. 어느쪽인가, 아니 두 사람 모두 현혹될 염려가 있다는 것을 명심하는 것이 좋다. 겉보기에는 아름다운 오류와, 사람을 취하게 하는 헛된 교만심을 경계하라. 무지는 아무에게도 해를 입히지 않는다는 것, 오류만이 유해하다는 것, 그리고 사람은 무언가를 알지 못하기 때문이 아니라 알고 있다고 생각하기 때문에 방황한다는 사실들을 잊지 말고 늘 마음에 새겨 두는 것이 좋다.

기하학에서의 그의 진보가 그의 지능의 발달 정도를 나타내 보이는 확실한 척도가 될지 모른다. 그러나 유용한 것과 그렇지 않은 것을 그가 구분할 수 있게 되면, 그에게 이론적인 연구를 하게 하기 위해서는 여러 가지 좋은 기술과 사려 분별을 짜낼 필요가 있다. 예를 들어 두 직선의 비례 중항을 구하게 하려면, 우선 주어진 직사각형과 똑같은 넓이의 정사각형을 찾아내게 하는 것이 좋다. 만약 두 개의 비례 중항을 구하게 하려 한다면 우선, 2중의 정육면체의 부피를 만드는 문제[1]에 흥미를 가지게 할 필요가 있다. 우리가 어떤 단계를 밟아 선과 악을 구별하는 도덕적인 관념에 가까워져 가는지를 보아 주기 바란다. 이제까지는 우리는 필연의 법칙 외에는 법칙이라는 것을 몰랐는데, 이제부터는 유용한 것에 주의를 기울이게 된다. 마침내 우리는 우리에게 알맞는 것, 도움이 되는 것에 도달하게 된다.

동일한 본능이 인간의 여러 가지 능력을 자극한다. 정력의 출구를 찾는 육체의 활동에 이어, 지식을 추구하는 정신의 활동이 나타난다. 처음에 아이는 안절부절할 뿐이지만, 이윽고 그에게는 호기심이 싹터 오른다. 이 호기심은 바르게 인도되기만 하면, 우리가 다루려는 또래의 원동력이 된다. 그렇기는 하나, 자연으로부터 타고난 성향과 후천적인 경험으로부터 습득한 성향을 확실히 구별해 놓자. 다른 사람이 자기를 박식한 사람이라고 생각해 주기를 바라는 욕망에 의거할 뿐인 지식욕도 있고, 가까운 것에서부터 멀리 있는 것에까지 모두 흥미를 가지는, 인간이 태어날 때부터 갖는 호기심으로부터 생겨나는 지식욕도 있다. 행복하게 살고 싶다는 선천적인 욕망이 있는데, 그욕망을 충분히 만족시킬 수 없는 데에서, 인간은 그에 도움이 되는 새로운수단을 끊임없이 추구하게 된다. 이것이 호기심의 최초의 근원이다. 이 근원은 태어날 때부터 인간의 마음에 주어져 있는 것이지만, 그것은 우리의 정념과 지식의 발달에 따라 발달할 뿐이다. 가령 한 사람의 과학자가 어딘가 무인도에 떠내려갔다고 하자. 그는 여러 가지 실험 기구와 책을 가지고 있고, 그곳에서 혼자 여생을 보내게 될 것이 명백하다고 생각해 보라. 그 과학자는

---

1) 이 문장이 좀 명확하지 않은데, 다음과 같은 수식에 의해 해석할 수 있지 않을까 생각한다.

$$\frac{a}{x}=\frac{x}{y}=\frac{y}{b}k \quad x=\sqrt[3]{a^2b} \quad y=\sqrt[3]{b^2a}\,(x와\ y가\ 비례\ 중항)$$

2중의 정육면체란 $a^2b,\ b^2a$

태양계나 인력의 법칙, 미분법 등으로 해서 마음을 괴롭힐 일이 없을 것이다. 아마 일생 동안 한 권의 책도 펼쳐 보지 않을 것이다. 그러나 그는 그 섬이 아무리 크다 해도, 그 구석구석을 가보는 일을 결코 그만두지 않을 것이다. 그러므로 우리의 최초의 연구에서, 우리에게 자연스런 매력을 주지 않는 지식은 버리기로 하자. 그리고 본능이 우리로 하여금 연구하게 하는 사물만으로 한정하기로 하자.

인류가 놓여져 있는 섬, 그것은 대지다. 우리의 눈에 가장 잘 보이는 것, 그것은 태양이다. 가까운 주변으로부터 눈을 떼면, 우리는 곧 대지와 태양을 바라보게 된다. 그러므로 모든 미개 민족의 철학은 한결같이 상상에 의한 대지의 구분과 태양의 신성에 관하여 논하고 있다.

'얼마나 급작스런 변화인가' 라고 사람들은 말할 것이다. 조금 전까지 우리는 우리의 몸에 닿고 직접 우리를 둘러싸고 있는 것만 문제삼았다. 그런데 갑자기 지구를 뛰어 돌고 우주의 끝까지 도약하게 되다니! 이 도약은 우리의 힘의 증대와 정신의 경향의 결과이다. 무력하고 불충분한 상태에서는, 자기를 보호하려는 배려가 우리를 내부로 집중시킨다. 힘과 가능의 상태에서는, 자기 존재를 확대하고 싶어하는 욕망이 우리를 밖으로 끌어내어, 되도록 먼 곳으로 날아가게 한다. 그렇다고는 하나, 지적(知的)인 세계에 대해서는 아직 알지 못하므로, 우리의 사고는 시계(視界)의 저편에까지 이르지 못하고, 오성은 우리의 통찰력의 한계 내에서 발전해 갈 뿐이다.

그러니 우리의 감각을 관념으로 바꾸자. 그러나 감각의 대상으로부터 사고의 대상으로 갑자기 비약하지는 말자. 감각적인 것을 통함으로써 우리는 지적인 것에 도달하게 된다. 이성이 작용하기 시작할 즈음에는, 언제나 감각만이 이성을 인도해 가도록 하고 싶다. 이 세상 외에는 어떤 책도 주어서는 안되고, 사실 외에는 어떤 것도 가르쳐서는 안된다. 책을 읽는 아이는 사고하지 않는다. 단지 읽을 뿐이다. 그래서 그는 지식은 생기지 않고 말만을 익힌다.

당신의 학생으로 하여금 자연 현상에 주의를 기울이게 하라. 이윽고 아이는 호기심을 가지게 될 것이다. 그 호기심을 길러 주려면, 결코 서둘러 그것을 만족시켜 주어서는 안된다. 그의 능력에 맞는 문제를 내어, 스스로 그것을 풀게 하는 것이 좋다. 무엇이든, 당신이 가르쳤기 때문이 아니라 아이 스스로 납득하여 아는 식이 되어야 한다. 그는 학문을 배우는 것이 아니고, 스스로 만들어 내야 한다. 그의 머리 속에 이성 대신 권위를 집어 넣는다면, 그는 이성을 작용시킬 수 없게 될 것이다. 그러면 그때에는 그는 남들의 사고의 노리개가 될 뿐이다.

당신들이 이 아이에게 지리를 가르치려고 생각했다 하자. 그래서 그를 위해 지구의와 천구의(天球儀)와 지도를 가져다 주었다. 이 얼마나 많은 도구인가. 어째서 모두가 대용품이어야 하는가. 어째서 처음에 대상 그 자체를 보여 주지 않는가. 대상 그 자체를 보여 주면, 당신들이 무슨 이야기를 하고 있다는 것쯤은 아이도 잘 알 수 있을 텐데.

어느 맑은 날 저녁, 태양이 잠겨 가는 모습을 똑똑히 볼 수 있는 지평선에 산책을 나가, 태양이 가라앉는 지점을 알 수 있도록 잘 보아 둔다. 다음 날 아침, 신선한 공기를 마시기 위해, 태양이 떠오르기 전에 바로 그 지점으로 간다. 태양은 그 빛나는 햇살을 뿜어 이미 그 나타남을 예고하고 있다. 아침놀이 펼쳐지고, 동쪽 하늘이 새빨갛게 물든다. 그 빛남을 바라보면서, 태양이 나타나려면 아직 한참 기다려야 할 때부터 우리는 기대에 가슴을 두근거린다. 마침내 태양이 그 모습을 보였다. 빛나는 한 점이 찬란한 빛을 뿜자, 그 빛은 순식간에 모든 공간을 가득 채운다. 어둠의 베일이 말아 올려지자, 인간은 자신이 사는 곳인 대지가 산뜻하게 아름다워진 것을 느낀다. 밤 사이에 생기를 되찾은 초록빛 들판, 거기에 쏟아져 내리는 금빛 햇살, 금빛으로 물든 들판 위에 떠오르는 아침 이슬들이 보석보다 더 영롱하다. 작은 새들이 모여들어, 모두 함께 생명의 아버지에게 인사한다. 그때 인사하지 않는 작은 새는 한 마리도 없다. 작은 새들의 재잘거림은 하루 중 다른 시각에 들을 때보다 훨씬 부드럽게 들려, 편안한 잠에서 이제 막 깬 나른함을 느끼게 한다. 그런 모든 것들이 감관에 상쾌한 인상을 준다. 그것은 정신에까지 스며드는 것처럼 생각된다. 그것은 어떤 사람이라도 넋을 잃게 되는 황홀한 30분간으로, 그렇게 장엄하고 아름답고 감미로운 광경에 무관심할 수 있는 사람은 아무도 없다.

자신이 맛보고 있는 감동으로 마음이 꽉 찬 교사는, 그 감동을 아이에게 전하고 싶어진다. 그는 자신의 마음을 움직이게 하는 감각에 아이의 주의를 돌리게 함으로써 아이의 마음을 움직일 수 있다고 생각한다. 정말 바보스러운 생각이다. 자연 광경의 생명은 사람의 마음속에 있다. 그 광경을 보기 위해서는, 그것을 느끼지 않으면 안된다. 아이는 여러 가지 대상을 확인하지만, 그것들을 결부시키고 있는 관계까지 확인할 수는 없다. 그들이 서로 어울려 연주하는 감미로운 하모니를 들을 수가 없다. 아이가 아직 획득하지 못한 경험 없이는, 모든 감각에서 동시에 생겨나는 그런 복합적인 인상을 감득할 수 없다. 풀 한 포기 없는 황야에서 오랫동안 방황해 본 일이 없는데, 불붙는 듯한 사막의 모래에 발을 데어 본 일이 없는데, 뜨거운 햇살이 내리꽂히는 바위산의 숨막힐 듯한 열기에 괴로워해 본 일이 없는데, 어떻게 아름다운 아침의 상쾌한 공기를 맛볼 수 있겠는가. 향기로운 꽃이 넋을 빼앗는 초록빛 들판이, 촉촉한 아침 이슬이, 여린 풀을 밟을 때의 그 포근한 기분이 어떻게 감관을 매혹할 수 있겠는가. 사랑과 쾌락의 음색을 아직 모르는데, 어떻게 작은 새들의 재잘거림이 견딜 수 없는 감정을 불러일으킬 수 있겠는가. 오늘 하루를 채워 줄 수 있는 여러 가지 환희를 상상력으로 그릴 수도 없는데, 밝아져 가는 하늘을 어떤 환희로 맞을 수 있겠는가. 아무리 아름다운 자연 경관에 접했다 해도, 누구의 손에 의해 그렇게도 아름다운 자연이 만들어졌는지를 모르고 어떻게 감동할 수 있겠는가.

아이가 이해할 수 없는 말을 아이에게 해서는 안된다. 묘사 · 웅변 · 비유 · 시(詩), 모두 안된다. 감정이나 취미는 지금 단계에서는 문제가 안된다.

이제까지 그래 왔던 것처럼, 앞으로도 명쾌하고 단순하고 냉정하게 말하는 것이 좋다. 좀 다른 어조로 이야기하지 않으면 안될 때가, 싫어도 이제 곧 오게 될 것이다.

우리의 준칙의 정신에 의해서 길러지고, 자기 안으로부터 모든 도구를 끌어내며, 자기 힘으로는 도저히 할 수 없는 일이라는 것을 안 다음이 아니면 결코 남의 도움을 빌지 않는 그는, 모르는 것에 부닥쳤을 때에는 언제나 아무 말도 하지 않고 오랫동안에 걸쳐 그것을 살펴본다. 그는 생각이 깊어, 무턱대고 사람들에게 질문하지는 않는다. 그러므로 적당한 때에 그에게 실물을 보여 주는 것으로 그치는 것이 좋다. 그의 호기심이 충분히 그쪽으로 향해진 것을 알면, 무엇인가 간단한 질문을 하여 스스로 문제를 해결하는 방향으로 그를 인도해 간다.

지금의 경우에는, 떠오르는 태양을 그와 함께 충분히 바라본다. 그리고 그 방위의 산들이나 가까이 있는 다른 것들에 주의를 돌리게 하여, 그것들에 관해 무슨 말이든 마음대로 하게 하라. 그런 다음 잠시 꿈이라도 꾸는 사람처럼 침묵하다가 그에게 이렇게 말하라. '나는, 어제 저녁에 태양이 저기에 가라앉은 것, 그리고 아침에 저기에서 떠오른 것을 생각하고 있다. 어째서 그런 일이 일어나는 것일까?' 이 이상의 말을 해서는 안된다. 그가 무엇인가를 물어도 대답해서는 안된다. 다른 말을 하는 것이 좋다. 그가 멋대로 하도록 내버려두어라. 그렇게 하면 그는 틀림없이 그 일에 관해 생각할 것이다.

아이로 하여금 주의 깊어지게 하려면, 그리고 무언가 감각적인 진리를 확실히 알게 하려면, 그가 그것을 발견하기까지의 며칠 동안, 그것이 그를 불안하게 하도록 내버려둘 필요가 있다. 그래도 아이가 충분히 알지 못하면, 그것을 좀더 확실히 해 줄 방법이 있다. 그 방법이란 문제를 거꾸로 뒤집는 것이다. 태양은 가라앉은 다음 어떻게 다시 떠오르게 되는 것일까? 그가 그것을 모른다 해도, 그는 적어도 태양이 떠오른 다음 어떻게 해서 가라앉는지는 알고 있다. 그것은 보기만 하면 알 수 있는 것이니까. 따라서 첫 질문을 나중 질문에 의해 설명해 주는 것이 좋다. 당신들의 제자가 완전한 백치라면 몰라도, 그렇지 않은 다음에야 이렇게 확실한 유사(類似)를 모를 리가 없다. 이것이 우주 형상학(形狀學)의 첫 수업이 된다.

우리는 언제나 충분히 감각적인 관념을 차례차례로 좇아 나아가고, 하나의 관념에 익숙해진 다음 다른 관념으로 옮기도록 하며, 또 학생을 강제적으로 주의 깊게 만드는 일은 결코 없기 때문에, 지금 말한 최초의 수업에서부터 태양의 궤도나 대지의 형상에 대한 지식에 이르기까지는 오랜 시간이 걸릴 것이다. 그러나 전체의 모든 외관적인 운동은 같은 원리에 의거하고 있으며, 최초의 관찰은 다른 모든 관찰을 인도하게 되므로, 지구의 공전(公轉)에서부터 일식과 월식의 계산에 이르는 데에, 낮과 밤을 충분히 이해하는 데보다 한층 오랜 시간을 필요로 한다 해도, 그 정도의 노력을 필요로 하지는 않는다.

지구는 원을 그리며 움직인다. 모든 원에는 중심이 있다. 우리는 이미 그런 것은 알고 있다. 이 중심은 지구의 한가운데 있으므로 볼 수는 없다. 그러나 이 중심에 대응하는 두 대응점을 지구의 표면에 나타낼 수는 있다. 그 세 점을 꿰어 양 끝이 천공에까지 뻗어 있는 하나의 꼬챙이는 지구의 축과 태양의 하루 운동의 궤도가 된다. 그 첨단 위에서 돌고 있는 둥근 팽이는, 그 축을 중심으로 하여 돌고 있는 천공을 나타낸다. 팽이의 두 끝은 두 극(極)이다. 아이는 그 하나를 알고 대단히 만족하게 된다. 나는 그것이 작은곰자리의 꼬리 부분에 있음을 가르쳐 준다. 이것은 밤의 즐거움이 된다. 조금씩 별에 친근감을 느끼게 되면, 그때부터 혹성을 알고 성좌를 관찰하고자 하는 최초의 흥미가 솟아난다.

우리는 성(聖) 요한의 축제일(6월 24일)에 일출(日出)을 보았다. 우리는 크리스마스나, 또는 꼭 그날이 아니라도 한겨울의 어느 날, 다시 일출(日出)을 보게 된다. 당신들도 알고 있다시피 우리는 잠꾸러기가 아니다. 게다가 추위를 무릅쓰는 일도 우리에게는 놀이이다. 우리는 이 두 번째의 관찰도 첫번째 관찰했던 바로 그 장소에서 하기로 한다. 그리고 주의를 불러일으키기 위해, 무언가 좋은 방법을 사용하여 우리 두 사람 중 누군가가 이렇게 외치도록 한다. '아니, 정말 이상한 일이네! 태양이 떠오르는 장소가 바뀌었어. 여기는 전에 우리가 표시해 놓은 장소가 틀림없는데, 지금은 저쪽에서 떠오르잖아. 그러니까 여름에 태양이 떠오르는 방향과 겨울에 태양이 떠오르는 방향이 다르다는 소리야!' 젊은 선생, 이것이 당신이 가야 할 길이다. 이러한 실례(實例)만으로, 당신은 세계를 세계로서, 태양을 태양으로서, 지극히 명쾌하게 천체 운동에 대하여 가르칠 수 있을 것이다.

실물을 보일 수가 없을 경우 외에는 절대로 실물 대신 상징물을 보여 주어서는 안된다. 상징물이 아이의 주의력을 빼앗아가 그것이 나타내고 있는 사물을 잊어버리게 하기 때문이다.

혼천의(渾天儀)²⁾라는 기계는 잘 구성되어 있지 않고, 비례도 잘 잡혀 있지 않다고 생각된다. 저 마구 얽혀 있는 고리와 거기서 볼 수 있는 기괴한 모양은 마법의 문자 같은 인상을 주어, 아이의 마음을 떨게 한다. 지구가 너무나 작은 데에 비해, 천공권(天空圈)은 너무나 크고 너무나 많다. 그중에는 계절선(季節線)처럼 전혀 쓸데없는 것도 있다. 마분지의 두께는 거기에 입체감을 주어 그것이 실제로 존재하는 환상(環狀)의 것인가 하고 생각하게 한다. 따라서 '이것들은 상상하여 만든 것이다' 라고 아이에게 말하면, 아이는 눈 앞에 있는 것이 무엇인지 모르게 되고, 무엇 하나 이해할 수 없게 된다.

우리는 완전히 아이의 입장이 되어 모든 것을 생각할 수는 없다. 그들의 생각 속으로 들어가지 못하고 우리의 생각을 그들에게 주어, 언제나 우리 자신의 논리에 의해 부조리와 오류를 아이의 머리 속에 넣어 주고 있을 뿐이다.

학문을 연구하기 위해서 분석과 종합의 어느쪽을 취해야 할 것인지에

---

2) 혼천의(渾天儀)는 금속·나무 또는 마분지로 조립된 환상(環狀)의 것으로 하늘과 천체의 운행을 나타낸다. 그 중심에 지구를 나타내는 작은 구체(球體)가 놓여져 있다.

대해 사람들은 논쟁하고 있다. 반드시 어느 한쪽만을 선택해야 할 필요가 어디에 있는가. 같은 연구 과정에서도 때로는 분해할 수도 있고, 때로는 합성할 수도 있으며, 아이에게는 분석만을 생각하게 하면서 교육법에 준해 아이를 지도해 갈 수도 있다. 그래서 동시에 두 가지 방법을 사용하기로 하면, 그것들은 서로의 증명으로서 소용되게 된다. 동시에, 상반(相反)하는 두 지점에서 출발하여 같은 길을 걷고 있음을 깨닫지 못한 아이가, 같은 곳에 도달하면 깜짝 놀랄 테지만, 그만큼 그 놀람은 상당히 유쾌할 것이다. 그런 두 출발점에서부터 지리학을 취급해 보고 싶다. 그리고 지구의 공전에 대한 연구에, 자기가 살고 있는 토지에서 시작하여 지구 각 부분의 연구를 결부하기로 한다. 아이가 천공에 대해 연구하고 있을 때, 천계(天界)로 마음을 달리고 있을 때, 그를 지구로 되돌아오도록 하는 것이 좋다. 그리고 먼저 자신이 살고 있는 장소인 지구를 알게 하는 것이 좋다.

지리학에서 최초의 두 출발점은 그가 살고 있는 도시와 아버지의 시골집이 된다. 이어서 그 사이에 있는 토지, 가까운 곳에 있는 강, 그리고 마지막으로 태양의 위상(位相)과 그것의 도움에 의해 제 길을 가는 방법이다. 이것이 합류점이 된다. 그런 것에 관한 모든 지도는 그 자신이 그리도록 하는 것이 좋다. 그것은 아주 간단한 지도로 좋다. 처음에는 단 두 지점만, 그리고 그가 다른 지점과의 거리와 그 위치를 알게 되거나 추정함에 따라, 그것들을 조금씩 덧붙여 간다. 우리가 미리 그의 눈을 자〔尺〕로 만들어 준 것에 의해 얼마나 큰 이익을 그에게 주고 있는지는 당신들도 잘 알고 있을 것이다.

그렇기는 하나, 확실히 그를 조금은 지도해 줄 필요가 있다. 그러나 그것은 아주 조금 눈에 보일까 말까 할 정도로이다. 그가 틀리게 하고 있어도 잘못을 정정해 주거나 하지 말고 그냥 놔 두어, 스스로 잘못을 알아 그것을 정정할 때까지 기다릴 일이다. 또는 적당한 기회에 어떤 수단을 사용하여 잘못을 깨닫게 해 준다. 결코 잘못을 범하는 일이 없으면, 그만큼 잘 배우지 못할 것이다. 그리고 또 문제는 땅의 모양을 정확히 아는 것이 아니라, 그것을 알 수 있는 방법을 아는 것이다. 지도가 머리 속에 들어 있느냐 아니냐는 아무래도 좋은 것으로, 지도가 나타내고 있는 것을 충분히 이해하고 있으면, 그리고 지도를 만드는 데에 필요한 기술에 관하여 명확한 관념을 가지고 있으면, 그것으로 좋은 것이다. 당신의 제자의 학식과 내 제자의 무지(無知) 사이에는 이런 차이가 있다는 점을 잘 알아 주기 바란다. 당신의 학생은 지도를 배우지만 나의 학생은 지도를 만든다. 여기서 또 그의 방이 새로운 것으로 장식되게 된다.

나의 교육의 정신은 아이에게 많은 것을 가르치는 것이 아니라 정확하고 명료한 관념 외에는 아무것도 그의 머리 속에 넣어 주지 않는 것임을 언제나 잊지 말아 주기 바란다. 설령 그가 무엇 하나 모른다 해도 나는 상관하지 않는다. 단지 그가 잘못된 것을 익히지만 않는다면 그것으로 좋다. 내가 그의 머리 속에 진리를 넣어 주는 것은 오직, 진리 대신 익히게 될지도 모르는 오류로부터 그를 보호해 주기 위해서이다. 이성이나 판단은 천천히 걸어오는데, 편견은 무리를 지어 뛰어온다. 그런 편견으로부터 그를 보호해 줄 필요가 있는 것이다. 그런데 학문 그 자체를 목적으로 하게 되면, 당신들은 바닥을 알 수 없는 끝없는 바다, 암초 투성이의 바다로 들어가는 것이 되어, 거기에서 빠져나올 수가 없게 된다. 지식에의 사랑에 사로잡히고 그 매력에 마음이 끌려, 이것저것 모두 참견하여 뒤쫓아 다니느라 쉴 줄을 모르는 사람을 보면, 나는 바닷가에서 조개 껍데기를 주워 모아 주머니를 가득 채운 다음에도, 또 다른 조개 껍데기에 마음을 빼앗겨 자꾸자꾸 줍는, 그래서 나중에는 너무나 많은 조개 껍데기에 싫증이 나기도 하고, 어느 것을 가져야 좋을지도 모르게 되어 모두 버리고 빈손으로 집으로 돌아가는 아이를 보는 듯한 기분이 든다.

어릴 때에는 시간도 길었다. 시간의 사용법을 그르치게 될 것을 두려워하여 우리는 오로지 시간을 보내는 일만 생각했다. 지금은 완전히 반대로, 언젠가 도움이 될 모든 것을 하기 위한 충분한 시간이 우리에게 주어져 있지 않다. 정념이 가까이까지 다가와 있다는 것을, 그리고 일단 정념이 문을 두드리게 되면 당신들의 제자는 이미 다른 것에는 주의를 기울이지 않게 된다는 사실을 생각하지 않으면 안된다. 평온한 지성의 시기는 매우 짧아 금방 지나가 버린다. 이 시기에는 여러 가지 하지 않으면 안되는 일이 많이 있으므로, 아이를 박식하게 할 수 있으면 그것으로 충분하다고 생각하는 것은 어리석은 일이다. 아이에게 학문을 가르치는 것이 문제가 아니라, 학문을 사랑하는 취미를 가지게 하고, 그 취미가 좀더 발달했을 때에 학문을 배우기 위한 방법을 가르치는 것이 중요하다. 이것이야말로 확실히 모든 좋은 교육의 근본 원칙이다.

한 가지에 오랫동안 주의를 기울이는 습관을 조금씩 형성해 가도록 해야 하는 시기도 되었다. 그러나 절대로 강요에 의해서가 아니라 언제나 즐거움과 욕구에 의해 그러한 습관이 생겨나도록 해야 한다. 그가 그것을 괴로워하고, 결국에는 딱 질색으로 생각하게 되지 않도록 충분히 주의해야 한다. 따라서 언제나 그를 주시해야 한다. 그리고 어떤 일이든 그가 싫증내기 전에 그만두게 할 일이다. 무엇을 배우느냐 하는 것은 대수로운 일이 아니며, 어쩔 수 없이 무언가를 하는 일은 결코 없어야 하는 것이 더 중요하기 때문이다.

그가 질문을 해 오면 그의 호기심을 충분히 만족시켜 주지 말고, 그것을 발전시키는 데에 필요한 만큼의 답변을 하도록 한다. 특히, 무언가를 알기 위해 질문하는 것이 아니라 기분내키는 대로 쓸데없는 질문을 하여 당신들을 곤란하게 하려는 것이라면, 답변하는 것을 즉시 그만둘 일이다. 그런 경우에는, 그는 이미 사물에는 관심이 없고, 단지 당신으로 하여금 자기의 질문에 답변하도록 하고자 할 뿐이니까. 그가 하는 말보다는 오히려 그에게 이야기를 하도록 하는 동기(動機)에 주의해야 한다. 이러한 주의는, 이제까지는 별로 필요하지 않았지만, 아이가 자기 주장을 하게 되면 곧 더없이 중요한 것이 된다.

모든 학문을 공통의 원리에 결부시키고 계속해서 발전시켜 가는 근거가 되는 일련의 추상적 진리의 사슬이 존재하는데, 이 사슬이 철학자들의 방법이다. 그러나 여기서 문제가 되는 것은 이 사슬이 아니다. 그것과는 전혀 다른 방법이 있어서, 그 방법에 의해 각각의 구체적인 예가 다른 예를 제시하고, 항상 그에 계속되는 것을 나타내 보여 준다. 이 순서는, 그것들이 요구하는 모든 주의력을 끊임없는 호기심에 의해 길러가는 것으로, 대부분의 사람이 이 순서에 따르나, 특히 아이의 경우에는 더욱 필요한 것이다. 지도를 그리기 위해 방향을 정할 때, 우리는 자오선을 그리지 않으면 안되었다. 아침과 저녁에 생기는 똑같은 두 그림자의 교점(交點)은, 13세의 천문학자에게도 훌륭한 자오선을 그릴 수 있게 한다. 그러나 이 자오선은, 아이가 그것을 그리기도 전에 사라져 버린다. 그래서 부득이 언제나 같은 장소에서 일을 해야만 한다. 많은 어려움과 여러 가지 제약이 이윽고 그로 하여금 싫은 생각이 나도록 할 것임에 틀림없다. 우리는 그것을 알고 있었다. 그래서 미리 대책을 강구하게 된다.

여기서 나는 또 자질구레한 것을 길게 이야기하지 않을 수 없게 된다. 독자여, 내게는 당신들이 불평하는 소리가 들려온다. 하지만 상관하지 않겠다. 당신들이 재촉한다고 해서, 나는 이 제3부의 가장 유익한 부분을 할애하고 싶지는 않다. 각오를 하고 나의 긴 이야기를 들어주기 바란다. 내 쪽에서도 당신들의 불만을 각오하고 이야기하는 것이니까.

오래 전부터 우리―나의 제자와 나―는, 호박(琥珀)·유리·밀랍 등 몇 가지 물체를 마찰하면 지푸라기는 끌어당기는데 다른 물체들은 끌어당기지 않는다는 것을 알고 있었다. 우연히 우리는 좀더 기묘한 힘을 가진 물체를 발견했다. 그것은 마찰하지 않아도 조금 떨어진 곳에 있는 철가루나 그밖의 철 조각을 끌어당긴다. 그런 성질이 얼마나 오랫동안 우리의 흥미를 끌었던 가! 우리는 그 성질에 관해서 그 이상으로 알지는 못했다. 그러나 마침내 우리는, 그런 성질이 철 그 자체에 전해져, 철이 그 성질을 받아 자석화되어 있음을 깨닫는다. 어느 날 우리는 시장에 간다. 한 요술사가 대야의 물에 떠 있는 밀랍으로 만들어진 오리를 한 조각의 빵으로 낚고 있다. 우리는 깜짝 놀랐지만, '이것은 요술이다' 라고 말하지는 않는다.* 요술이 무엇인지 우리는 모르기 때문이다. 원인을 알 수 없는 결과에 끊임없이 놀라면서도, 우리는 결코 무엇이든 성급히 판단하려 하지 않고, 무지(無知)의 상태로부터 빠져나올 기회를 찾게 될 때까지 침착하게 무지의 상태에 머무른다.

집에 돌아와서, 시장에서 본 오리에 대한 이야기를 열심히 하다가, 우리는 그와 똑같은 것을 만들어 보기로 했다. 우리는 충분히 자석화되어 있는 튼튼한 바늘 하나를 준비했다. 그 바늘에 백랍을 발라 되도록 오리와 똑같은 모양으로 만드는데, 바늘의 머리가 오리의 부리가 되도록 한다. 그 오리를 물에 띄우고, 열쇠 고리를 오리의 부리에 가까이 가져갔더니, 시장에서 오리가 빵 조각에 끌려 온 것과 똑같이, 우리의 오리도 열쇠 고리에 끌려 오는 것이었다. 그것을 보고 우리가 얼마나 기뻐했던가! 오리를 정지시키면 어느 방향으로 정지하는지에 대해서는 나중에 관찰하게 된다. 현재로서 우리는 우리의 작업에 완전히 사로잡혀 있기 때문에 좀더 자세한 것을 알려고 생각하지 않는다.

바로 같은 날 저녁, 우리는 장치를 한 빵을 주머니에 숨겨 가지고, 또 시장에 나간다. 그리고 요술사가 그 요술을 해 보인 다음 바로, 억지로 참고 있던 나의 어린 박사는 요술사에게 말한다. "그 요술은 별로 어려운 것이 아니예요. 나도 그런 것은 할 수 있는 걸요." "뭐라고? 그럼, 해 보렴." 하고 요술

● 이 대수롭지 않은 이야기에 관한 포르메이씨의 날카로운 비평을 읽고, 나는 웃지 않을 수가 없었다. 그는 이렇게 말했다. '아이의 경쟁심을 두려워하고, 엄숙한 어조로 교사들에게 설교하는 이 요술사는, 에밀이나 그와 비슷한 세계의 인간이다.' 명민한 포르메이씨도, 이 사소한 정경은 미리 조작된 것이며, 요술사에게는 그 연출해야 할 역할이 정해져 있다는 것을 생각하지 못했다. 실제로 나는 그런 것을 이야기하지 않았으니까. 그러나 나는 무엇이든지 이야기해 주지 않으면 안되는 사람들을 위해 이 책을 쓰고 있지 않다고 몇 번이나 선언했던가!

사가 말한다. 그는 곧 주머니에서, 속에 철가루가 들어 있는 빵을 꺼낸다. 대야가 놓여 있는 곳으로 다가간다. 그의 가슴은 두근거린다. 거의 떨면서, 빵을 오리에게 내민다. 오리가 끌려와 빵에 붙는다. 아이는 환호성을 지르며 춤을 춘다. 구경하던 사람들의 박수 갈채에 황홀해져 나를 잊고 있다. 당황하던 요술사는 마음을 가다듬고 그에게로 다가와 그를 포옹하면서 말한다. "참 훌륭한 솜씨군요. 내일도 꼭 와 주서요. 내일은 더 많은 사람들에게 그 교묘한 솜씨를 보여 주어서, 그 사람들을 놀라게 해 주서요." 나의 어린 자연 과학자는 의기 양양해져서 무슨 말인가를 하려고 한다. 그러나 나는 곧 그를 제지하여, 사람들의 칭찬을 한몸에 받고 있는 그를 데리고 그 자리에서 떠난다.

아이는 다음 날이 될 때까지, 확실히 침착하지 못한 모습으로 시계 바늘만 바라보고 있다. 그는 만나는 사람마다 초대한다. 할 수만 있다면 전인류를 초대하여 자신의 영광된 자리에 참석시키고 싶다고 생각한다. 초조한 마음으로 시간을 기다린다. 아직 여유가 있는데도 집을 나선다. 시장으로 달려간다. 벌써 많은 사람들이 모여 있다. 어린 마음은 이미 잔뜩 흥분해 있다. 먼저 요술사가 다른 요술을 하게 되어 있다. 요술사는 전보다 더 훌륭한 솜씨를 보여 사람들을 놀라게 한다. 그러나 아이의 눈에는 아무것도 보이지 않는다. 그는 몸을 움직이고, 땀을 닦고, 가까스로 숨을 쉬고 있다. 초조함에 떠는 손으로 주머니 속의 빵조각을 주무르면서 시간을 보낸다. 마침내 그의 차례가 된다. 요술사는 수다스럽게 그를, 구경하는 사람들에게 소개한다. 아이는 약간 수줍어하면서 앞으로 나아가 빵을 꺼낸다…… 아아, 이럴 수가! 어제는 그렇게도 잘 끌려오던 오리가, 오늘은 꽁무니를 빼고 도망친다. 몇 번을 시도해 보아도 잘 되기는커녕 오리에게 여지없이 놀림을 당하기만 한다. 아이는 "이건 어제의 그 오리가 아니야!" 하고 외치면서 요술사에게 해 보라고 한다.

요술사는 아무 말 없이 빵을 꺼내어, 그것을 오리 앞으로 가지고 간다. 오리는 금방 빵이 있는 곳으로 방향을 돌려, 빵을 당기는 손을 쫓아온다. 아이는 요술사의 빵을 쥐고 해 본다. 그러나 먼저보다 잘 되기는커녕 오리는 그를 바보취급하면서 대야의 가장자리를 빙글빙글 돌고 있지 않는가. 사람들 사이에서 야유하는 소리가 들린다. 더 이상 견딜 수가 없는 아이는 완전히 항복하고 그 자리를 떠난다.

요술사는 아이가 가져 온 빵을 집어들고, 자기 빵으로 했을 때와 똑같이 해낸다. 그는 모두가 보고 있는 앞에서 빵을 쪼개어, 그 안에서 철가루를 끄집어낸다. 이 또한 우리에게는 부끄러운 웃음거리. 요술사는, 철가루를 모두 끄집어낸 빵으로 먼저처럼 오리를 끌어당겨 보인다. 또 하나의 빵을 모두가 보고 있는 앞에서 제3자에게 자르게 하여, 그것을 사용해서 오리를 끌어당겨 보인다. 장갑으로도 손끝으로도 같은 일을 해 보인다. 마지막으로 그는, 그런 사람들 특유의 과장된 어조로 "오리는 나의 손을 따라오는 것과 마찬가지로, 나의 목소리에도 따라옵니다" 하고 선언한다. 그리고는 오리를 향해 말을 한다. 오리는 그의 말대로 한다. "오른쪽으로!" 하고 말하면 오른쪽으로 가고, "돌아오라!" 하고 말하면 돌아오며, "돌아라!" 하고 말하면 빙글빙글 돈다. 오리는 요술사가 하라는 대로 한다. 높아지는 박수 소리는 우리에게는 견딜 수 없는 모욕이다. 우리는 다른 사람들에게 들키지 않도록 살그머니 도망친다. 그리고 나중에 모두에게 결과를 이야기해 줄 작정이었지만, 모두 그만두고 방안에 틀어박힌다.

다음 날 아침, 누군가가 우리 방문을 두드린다. 내가 문을 여니, 그곳에 요술사가 서 있다. 그는 겸손한 태도로 우리가 한 일에 대해 불만을 이야기한다. "내게 무슨 감정이 있어서 당신들은 나의 요술에 대한 신용을 잃게 하여, 나의 생활 수단을 빼앗으려 하신단 말입니까. 그까짓 밀랍으로 만든 오리를 끌어당기는 따위의 요술에, 정직한 한 인간의 생계를 엉망으로 하면서까지 그 명예를 손에 넣고 싶을 정도의 어떤 훌륭한 것이 있다는 말입니까. 사실, 내게도 무언가 다른 능력이 있어서 그것으로 살아갈 수 있다면, 나도 그런 재주를 자랑하는 일은 절대로 하지 않을 것입니다. 나는 그런 보잘것없는 기술로 인생을 살아왔습니다. 아주 잠깐 동안밖에 해 보지 않은 당신들보다 그런 일에 대해서는 당연히 내가 잘 알고 있으리라는 것을 당신들도 인정하겠지요. 내가 처음부터 가장 놀랍고 어려운 요술을 보이지 않았던 것은, 알고 있는 것을 아무 생각도 없이 서둘러 남들 앞에 드러내 놓아서는 안되기 때문입니다. 나는 언제나 가장 훌륭한 요술을 필요할 경우를 위해 준비해 두고 있으므로, 어제 보여 드린 것 외에도, 내게는 아직 주제넘게 나서는 도련님의 입을 다물게 할 수 있는 요술이 있습니다. 오늘 내가 찾아온 것은 다름이 아닙니다. 어제 당신들이 곤란하게 한 내 요술의 비밀을 당신들에게 가르쳐 주기 위해서입니다. 대신 조건은 있지만 말입니다. 부탁입니다. 내 요술의 비밀을 가르쳐 드릴 테니 다음부터는 좀 신중해지셔서, 나의 생계를 위협하지 말아 주십시오."

그는 말을 끝내자, 가지고 온 도구를 우리에게 보여 주었는데, 그것은 한 개의 강력한 자석에 지나지 않았다. 그 자석을 한 아이가 가지고 대야가 놓여 있는 대 밑에 숨어서, 사람들이 눈치채지 않도록 움직이고 있었던 것이다. 우리는 요술사의 이야기를 듣고 깜짝 놀랐다.

요술사는 도구를 치운다. 그래서 우리는 고맙다는 인사를 하고 용서를 구한 다음에, 그에게 무언가 선물을 하려고 한다. 그는 거절한다. "아니, 도련님, 내게는 기쁘게 선물을 받을 이유가 없습니다. 마음에 들지 않으실지 모르겠지만, 나는 당신들에게 은혜를 베풀고 싶은 것입니다. 그것만이 제가 할 수 있는 보복이니까요. 어떤 신분의 사람에게도 관대한 마음이 있다는 것을 기억해 주십시오. 나는 요술을 보여 주는 대가로 돈을 받고 있습니다만, 나의 요술을 가르쳐 주는 값으로 돈을 받지는 않습니다."

그는 나갈 때, 특히 나에게 명확한 훈계의 말을 했다. "나는 이 도련님을 기꺼이 용서할 수 있습니다. 아무것도 모르고 잘못을 저지른 것이니까요. 그러나 선생님, 당신은 이 도련님의 잘못을 잘 알고 계셨을 텐데도 어째서 그냥 내버려두셨습니까? 당신들은 함께 생활하고 있으니까, 당신이야말로 연장자로서 도련님을 보살피고 충고했어야 옳지 않습니까? 당신의 경험에 의해서, 도련님을 지도해 가지 않으면 안됩니다. 도련님이 커서 어릴 적의 여러 가지 잘못에 자책을 느끼게 되면, 도련님은 틀림없이 그것을 주의시켜 주지 않았던 당신을 책할 것입니다."●

그는 돌아간다. 뒤에 남겨진 우리는 둘다 부끄러워하고 있다. 나는 자신의 허술한 방법을 자책한다. 나는 아이에게, 이 다음부터는 잘못을 저지르기 전에 주의시켜 줄 것을 약속한다. 우리의 관계가 변할 때가, 그리고 교사의 엄격함으로 놀이친구의 호의를 대신하지 않으면 안될 때가 가까워 온 것이다. 이런 변화는 단계적으로 이루어져야 한다. 모든 것을 꿰뚫어보지 않으면 안된다. 그것도 아주 먼 곳에서 모든 것을 꿰뚫어보아야 한다.

다음날, 우리는 또 시장으로 간다. 우리는 이미 그 비밀을 알고 있는 요술을 다시 한번 구경하려고 하는 것이다. 우리는 깊은 존경의 마음을 품고 예의 요술사 소크라테스씨에게 가까이 간다. 그의 얼굴을 쳐다볼 용기도 없을 정도다. 그는 우리에게 여러 가지로 친절히 해 주고, 특별석으로 안내해 준다. 그래서 우리는 더더욱 황송하다. 그는 언제나처럼 그 요술을 해 보인다. 그는 오랫동안 득의양양하게 오리 요술을 과시하면서, 때때로 자랑스럽게 우리 쪽을 본다. 우리는 그 요술에 대해 무엇이든지 알고 있지만, 절대로 비밀을 폭로하지 않는다. 만약 나의 제자가 조금이라도 입을 열 마음이 생긴다면, 그런 아이는 혼을 내 주어야 한다.

이 실례(實例)는, 어떤 하찮은 부분이라도 겉보기 이상으로 중요하다. 하

●이 질책 가운데, 교사가 그 목적을 달성하기 위해 한마디 한마디 전해 준 말을 느끼지 못할 만큼 머리가 나쁜 독자가 있다는 것을, 내가 예상했어야 했을까? 이런 말을 요술사에게 지껄이게 해 놓고도 아무렇지도 않을 만큼 내 자신이 머리가 나쁜 것일까? 나는 적어도 자기 신분에 알맞게 이야기할 수 있는 재능이 사람들에게 없다는 것을 증명할 작정이었다. 다음 단락의 끝을 봐 주기 바란다. 포르메이씨를 제외하고는 어떤 사람에게 모든 것을 숨김없이 이야기한 셈이 되지 않는가.

나의 예에 얼마나 많은 교훈이 포함되어 있는가. 허영심에서 오는 최초의 충동이 얼마나 많은 괴로운 결과를 초래하는가. 젊은 교사여, 이 최초의 충동을 주의해서 지켜보라! 당신이 거기에서 이런 식의 굴욕과 불명예●를 초래할 수 있다면, 오랫동안 두 번 다시 이런 일은 일어나지 않으리라고 믿어도 좋다. 이 얼마나 많은 준비냐고 당신은 말할지도 모른다. 그렇다. 이것도 모두, 우리에게서 자오선 구실을 하는 나침반을 만들기 위한 것이다.

자석이 다른 물체를 꿰뚫고 작용한다는 것을 배운 우리는, 다른 모든 일을 젖혀놓고 우리가 본 것과 같은 장치를 만든다. 테이블 한가운데를 대야가 들어갈 수 있도록 도려내고, 거기에 물을 담은 대야를 올려놓는다. 그리고 먼저보다 훨씬 정성을 들여서 오리를 만든다. 우리는 이윽고, 오리가 정지해 있을 때에는 언제나 거의 같은 방향을 향해 있다는 것을 안다. 그래서 같은 실험을 계속하여 그 방향을 조사해 보니 남쪽에서 북쪽을 가리키고 있다. 그 이상의 것은 필요없다. 우리는 나침반을 발견한 것이다. 또는 발견한 것과 같다. 이렇게 하여 우리는 물리학의 영역으로 들어간 것이다.

지구상에는 여러 가지 풍토가 있으며, 그들 풍토에도 여러 가지 온도가 있다. 계절의 변화는 극지(極地)에 가까워짐에 따라 점차로 뚜렷해진다. 모든 물체는, 차가워지면 수축하고 뜨거워지면 팽창한다. 이와 같은 현상은, 액체의 경우에 한층 더 측정하기 쉬우며, 특히 알콜성의 액체일 경우에 뚜렷하다. 온도계는 이런 성질을 이용하여 만들어진다.[3] 바람은 얼굴에 닿는다. 따라서 공기는 하나의 실체(實體)이며 유체(流體)이다. 사람은 그것을 볼 수는 없지만 느낄 수는 있다. 컵을 거꾸로 하여 물 속에 넣어도, 공기가 빠져나

● 그러니까 이 굴욕과 불명예는 내가 꾸민 것이지 요술사가 꾸민 것은 절대 아니다. 포르메이씨는 내가 살아 있는 동안에 나의 이름을 지우고 거기에 자기 이름을 써서 나의 책을 인쇄하려고 했으니까, 쓰는 수고까지는 안했을지라도 읽는 수고는 했을 것이다.

3) 알콜 온도계는 17세기에 갈릴레이에 의해서 만들어졌고, 수은 온도계는 18세기초에 만들어졌다.

갈 수 있는 틈을 남기지 않으면, 물은 컵을 채울 수가 없다. 따라서 공기에는 저항이 있다. 컵을 물 속에 더 밀어 넣으면, 물은 공기가 있는 공간으로 조금 더 들어가기는 하지만 완전히 그 공간을 채울 수는 없다. 따라서 공기는 어느 정도까지 압축할 수가 있다. 풍선에 압축한 공기를 채우면, 다른 어떤 물질을 채웠을 때보다 잘 튄다. 따라서 공기는 탄성체다. 욕조 속에 드러누워 팔을 물 밖으로 내어 수평으로 들어올리고 있으면, 팔에 많은 중량이 걸려 있음을 느낀다. 따라서 공기는 무게가 있는 물질이다. 공기와 다른 유체를 균형 상태에 둠으로써 그 무게를 잴 수 있다. 청우계(晴雨計)·사이펀·공기총·공기펌프는 이것을 이용하여 만들어졌다. 정력학(靜力學)이나 수력학(水力學)의 법칙은 모두 이와 같은 실험에 의해 발견된다. 이런 간단한 실험을 하기 위해서, 아이를 물리 실험실에 들어가게 하는 것을 나는 바라지 않는다. 나는 그런 곳에 있는 기구나 기계 설비를 싫어한다. 학구적인 분위기는 학문을 죽인다. 그런 기계는 모두 아이를 두렵게 한다. 아니면 그것들의 모양은, 기계 작용에 향해져야 할 아이의 주의를 반쯤 끌거나 완전히 빼앗아 버린다.

나는 우리의 기계는 모두 우리 자신의 손으로 만들고 싶다. 그리고 나는 실험도 하기 전에 먼저 기계부터 만들고 싶지는 않다. 그렇게 하지 않고, 거의 우연히 실험을 해 본 다음에, 그것을 검증하는 기계를 조금씩 만들어 가고 싶다. 우리의 기계는 완전하거나 정밀하지 않아도 좋다. 그 기계가 어떤 것인지에 대하여, 또 그로부터 얻어지는 작용에 대하여 우리가 한층 명확한 관념을 가지고 있으면 좋다고 생각한다. 정력학(靜力學)의 첫 수업을 위해서 나는 저울을 찾으러 가지 않는다. 대신 의자의 등에 막대 하나를 가로로 놓아, 균형 상태에 있는 막대의 두 부분의 길이를 잰다. 양끝에, 혹은 같은 무게를, 혹은 같지 않은 무게를 가한다. 그리고 필요한 만큼 막대를 끌어당기거나 밀어, 무게와 막대의 길이와의 상관적(相關的)인 비율에서 균형이 생긴다는 것을 발견한다. 여기서 나의 작은 물리학자는 저울 같은 것을 본 일도 없는데, 이미 그것을 조종할 수 있게 된다.

이런 식으로 스스로 배우는 것에 관해서는, 남에게서 배워 안 것보다 한층 명료하고 확실한 관념을 가지게 된다. 그리고 이성을 비굴하게 하여 권위에 복종하는 일이 없게 될 뿐만 아니라, 여러 가지 관계를 발견하거나, 관념을 결부시키거나, 도구를 만들거나 하는 일에 한층 익숙해진다. 그런데 그런 모든 것을 주어지는 대로 받아들이고만 있으면, 우리의 정신은 게을러진다. 언제나 하인의 손을 빌어 옷을 입고, 구두를 신고, 볼일을 보고, 늘 마차만 타고 다니는 사람의 몸이 이윽고는 힘을 잃고 수족을 사용할 수 없게 되어 버리는 것과 같은 이치다. 부알로[4]는 고생하며 시를 만드는 일을 라신[5]에게서 배웠다고 자랑하고 있었다. 학문의 연구를 간략히 하는 여러 가지 훌륭한 방법 중에서도 노력하여 배우는 방법을, 누군가가 우리에게 가르쳐 주는 일이 대단히 필요하다.

이와 같이 진행이 느리고 힘든 연구법의 무엇보다도 뚜렷한 장점은, 이론적인 연구를 하고 있는 동안에도 언제나 신체를 활동시키고 수족을 유연하게 하는 것이며, 또 인간에게서 유익한 노동이나 여러 가지 사용 방법에 견딜 수 있도록 끊임없이 손을 훈련시키는 것이다. 실험에서 우리를 인도하고 감관의 정확성을 보완하는 것으로서 만들어진 많은 도구는, 오히려 우리로 하여금 감관의 훈련을 소홀히 하게 한다. 측각기(測角器)는 각의 크기를 추정할 필요를 없앤다. 정확히 거리를 측정하던 눈은, 눈을 대신하여 거리를 재어 주는 측쇄(測鎖)에게 일을 맡기게 된다. 천칭은 무게를 손으로 판단하는 일의 필요를 없앤다. 우리의 도구가 정밀해지면 정밀해질수록 우리의 기관은 조잡해지고 쓸모가 없어진다. 우리 주위에 무턱대고 기계를 긁어 모으면 모을수록 우리는 자연으로부터 부여받은 기계를 사용하지 못하게 된다.

---

4) Boileau Despréaux(1636~1711), 프랑스의 시인이며 비평가.
5) Racine(1639~99)는 고전 비극 시인. 부알로의 친구이다.

그러나 지금까지 기계 구실을 하던 재능과, 기계 없이 견딜 수 있기 위해 필요했던 머리를 기계를 만들기 위해 사용한다면, 우리는 아무것도 잃지 않고 득을 보게 되며, 자연에 기술을 추가하여, 한층 더 쓸모있게 할 수 있다. 아이를 책에만 매달려 있게 하지 않고 공작실에서 공부하게 하면 아이의 손은 정신을 위하여 작용하게 된다. 아이는 철학자가 되어 가지만, 자신은 노동자에 지나지 않는다고 생각한다. 이런 훈련에는 또 다른 효용이 있다. 그에 대해서는 곧 설명하겠지만 우리는 거기서, 사람이 어떤 방법에 의해 철학의 유희로부터 인간의 참된 직능(職能)으로 높아 가는지를 보게 될 것이다.

아이에게는 설령 청년기에 가까워졌다 하더라도, 순수하게 이론적인 지식은 적당하지 않다는 것은 이미 말했다. 그러나 이론 물리학에 깊이 들어가도록 하지는 않아도, 아이의 모든 경험이, 얼마간의 연역(演繹)에 의해 서로 결부되고, 그 연쇄(連鎖)의 도움을 빌어 머리 속에 정연히 배열되어, 필요에 따라 그것들을 생각해 낼 수 있도록 하는 것이 좋다. 따로 떨어져 있는 사실이나 이론을 오랫동안 기억해 두는 것은, 그것들을 기억해 둘 만한 실마리가 없는 경우, 대단히 어렵기 때문이다.

자연 법칙을 탐구하는 경우에는 언제나 가장 흔한, 그리고 가장 확실한 현상에서부터 시작하는 것이 좋다. 그리고 그런 현상을 이론으로서가 아니라 사실로서 포착하도록 학생을 훈련시키는 것이 좋다. 나는 돌멩이 하나를 집어든다. 그것을 공중에 놓으려는 시늉을 한다. 돌멩이를 쥔 손바닥을 편다. 돌멩이는 떨어진다. 내가 하는 일을 자세히 보고 있던 에밀에게 묻는다. "왜 돌멩이가 떨어졌을까?"

이 질문에 대답할 수 없는 아이가 어디에 있겠는가. 어디에도 없다. 내가 애써 그 물음에 답하지 못하도록 해 놓지만 않는다면, 에밀조차도 대답할 수 있을 것이다. 누구나 "돌멩이가 무거우니까 떨어지지" 하고 대답할 것이다. "그럼, 무거운 것이란 무엇일가?" "그것은 떨어지는 것이다." "그렇다면, 돌은 떨어지니까 떨어지는가?" 여기서 나의 어린 철학자는 잠자코 생각에 잠긴다. 이것이 체계적인 물리학의 최초의 수업이다. 그리고 그가 물리학을 배우든 배우지 않든, 그것은 양식(良識)을 기르는 수업이 될 것이다.

아이의 지성이 발달함에 따라, 아이가 공부할 것을 선택해 주어야 한다. '자기' 라는 것을 충분히 알게 되고 자기에게 좋은 생활이 어떤 것인지 알게 되면, 상당히 넓은 범위의 관련을 포착할 수 있게 되며, 자기에게 적합한 것과 적합하지 않은 것을 판단할 수 있게 되면, 아이는 일과 놀이의 다른 점을 느끼게 되고, 놀이는 일하는 중간의 휴식쯤으로밖에 생각하지 않게 된다. 그리하여 현실적으로 도움이 되는 것이 아이의 공부에 도입되고, 단순한 놀이에 쏟았던 것보다 한층 지속적인 열의를 그것에 쏟게 된다. 끊임없이 새로 발생하는 필연의 법칙은, 좀더 혐오할 악을 피하기 위하여 내키지 않는 일이라도 하지 않으면 안된다는 것을 일찍부터 인간에게 가르친다. 이것이 선견지명(先見之明)이라는 것의 효용이며, 이 선견지명을 잘 사용하는가 나쁘게 사용하는가에 의해 인간의 모든 지혜와 모든 불행이 생겨난다.

누구나 행복하기를 원한다. 그러나 행복해지기 위해서는 행복이란 무엇인가를 먼저 알지 않으면 안된다. 자연인의 행복은, 그 생활과 마찬가지로 단순하다. 그것은 괴로워하지 않는 데에 있다. 결국 건강·자유·생활필수품이 그 요소이다. 윤리적인 인간의 행복은 이와는 다르다. 그러나 여기서 문제가 되는 것은 그러한 행복이 아니다. 아이, 특히 아직 허영심이 일깨워지지 않은 아이, 아직 사회적 인습이라는 독물에 의해 부패되지 않은 아이의 흥미를 돋울 수 있는 것은 순수하게 감각적인 것뿐임을 아무리 자주 반복해도 지나치지 않는다.

아이가 필요를 느끼기 전에 그것을 예견한다면, 그의 지성은 이미 상당히 발전해 있으며, 시간이라는 것의 가치를 알기 시작한 것이다. 그렇게 되면 시간을 유익하게 사용하도록 하지 않으면 안된다. 그러나 그것은 그 나이에 느낄 수 있는 유용성, 아이의 지식으로 충분히 알 수 있을 정도의 유용성이어야 한다. 모든 윤리적인 질서나 사회적인 인습에 관한 것은 너무 일찍부터 아이에게 가르칠 것이 못된다. 아이는 그런 것들을 이해할 수 없기 때문이다. 그저 막연히 이익이 된다고 하는데, 아이는 그것이 어째서 이익이 되는지 알지 못하며, 크면 득이 된다고 하는데, 아이는 그 득이 어떤 것인지 알지 못하며, 게다가 거기에 아무런 흥미도 느끼지 않는데 여러 가지 공부를 시킨다는 것은 좋은 방법이 아니다.

아이는, 어른들이 그렇게 시켰다고 해서 무슨 일을 해서는 안된다. 아이에게 좋은 것은 스스로 좋다고 생각하는 것뿐이다. 언제나 아이의 지식보다 앞선 것을 가르치려고 하는 당신들은, 스스로 선견지명을 가지고 있다고 생각하지만, 당신들에게는 바로 그 선견지명이 결여되어 있는 것이다. 결코 사용할 기회가 없는 무언가 하찮은 도구를 아이에게 줌으로써, 당신들은 인간이 가지고 있는 만능의 도구를, 즉 양식(良識)을 아이로부터 빼앗는다. 당신들은 아이를 언제나 당신들 뜻대로 움직이게 함으로써 남에 의해 움직여지는 기계와 같은 것밖에 될 수 없도록 가르치고 있다. 당신들은 아이가 순종하기를 바란다. 그것은 아이가 커서, 남의 말을 잘 믿고, 남에게 속기 쉬운 인간이 되기를 바라는 것과 같다. 당신들은 아이에게 끊임없이 말한다. '내가 네게 무엇을 하라고 하는 것은, 그것이 모두 네게 이익이 되는 것이기 때문이란다. 너는 아직 왜 이익이 되는지 모를 테지만 말이다. 내가 시키는 것을 네가 하든 하지 않든, 내게는 아무런 상관이 없어. 네가 공부하는 것은 오직 너 자신을 위해서니까.' 이런 훌륭한 말, 아이를 온순하게 하기 위해 당신들이 하는 이 말은, 장래 환상가·연금술사·돌팔이 의사·사기꾼, 그리고 모든 미친 사람들이 그를 자기의 함정으로 유혹하기 위해 또는 자기의 미친 짓을 믿게 하기 위해 그에게 하는 말을 순조롭게 받아들이게 하는 것이 된다.

어른은 아이가 그 유용성을 이해할 수 없는 많은 것을 알아야 한다. 그러나 어른이 알아야 하는 것을 모두 아이가 배울 필요는 없다. 또 모두 배울 수도 없다. 아이에게는 그 시기에 유익한 모든 것을 가르치는 것이 좋다. 그것만으로도 그의 하루 시간은 충분히 활용된다. 어째서 당장 그에게 적합한 공부를 시키지 않고, 그가 도달할 수 있는지 어떤지 전혀 알 수 없는 시기의 공부를 시키는 것인가. "그러나 필요할 때 꼭 알아야 할 것을 미리 배우는 것은 시기를 얻는 것이 아니냐?"고 당신들은 말할 것이다. 나는 모르겠다. 내가 아는 것은 단지 그보다 더 일찍부터 가르칠 수는 없다는 사실이다. 우리의 참된 교사는 경험과 감각이며, 인간은 자신이 놓여져 있는 의존 관계에서만 인간에게 어울리는 것을 확실히 느껴 알 수가 있기 때문이다. 아이는 자신이 어른이 되도록 태어났다는 것을 알고 있고, 어른의 영역에 관해서 그가 가질 수 있는 모든 관념은 그의 지식을 넓히는 좋은 기회가 된다. 그러나 그가 이해할 수 있는 범위를 넘는 관념에 대해서는, 그는 아무것도 몰라야 한다. 내가 저술하는 이 책은 전체가 교육의 이 근본 원칙을 계속해서 증명하고 있음에 지나지 않는다.

우리의 제자에게 '유용한'이라는 말의 관념을 줄 수 있게 되면, 우리는 그를 지도해 가기 위한 하나의 큰 실마리를 가지게 된다. 그에게 그 말이 그의 나이에 맞는 의미를 가지게 된다면, 또 그가 그것과 현재의 좋은 생활과의 관련을 확실히 이해한다면, 그는 그 말에 강한 인상을 받게 되기 때문이다. 당신들의 아이는 이 말에 아무런 인상도 받지 않는다. 그것은 당신들은 그 말에 그들이 이해할 수 있는 의미를 주도록 마음을 쓰지 않았고, 또 다른 사람들이 그에게 유용한 것을 항상 대신 맡아서 해줌으로써 그들은 스스로 그러한 것을 생각할 필요가 전연 없었으므로, '유용한' 것이 어떤 것인지를 모르기 때문이다.

"그것이 어디에 쓸모가 있습니까?" 이것이 이제부터 신성한 공식이 된다. 나의 제자와 나는 우리 생활의 모든 행동을 이 공식에 의해 판단할 것이다. 이것이 그의 모든 질문에 대하여 언제나 변함없이 내 쪽에서 대답하는 질문이 된다. 그리고 이것은 아이의 바보스러운 질문들을 막는 수단이 된다. 그런 바보스러운 질문들에 의해 아이는 끊임없이 주위 사람들을 피로하게 만드는데 그런 질문을 하는 것은, 무엇인가 알고자 해서라기보다는 오히려 사람들에 대하여 일종의 권력을 행사하기 위해서이다. 유용한 것 외에는 아무것도 알려고 해서는 안된다는 것을 가장 중요한 교훈으로서 배운 자는, 소크라테스와 같이 질문한다. 즉, 그는 이유가 없이는 결코 어떤 질문도 하지 않는 것이다. 상대가 질문에 대답하기 전에, 그 이유를 물어 오리라는 것을 그는 알고 있기 때문이다.

당신들의 학생에게 작용할 수 있는 얼마나 강력한 도구를 내가 당신들에게 주고 있는지 보기 바란다. 무슨 일이건 이유를 모르면, 당신들의 학생은 당신들이 원하는 때에 즉각 침묵할 수밖에 없을 것이다. 반대로 당신들의 지식과 경험은, 당신들이 학생에게 제안하는 모든 것이 얼마나 쓸모 있는지를 증명하고, 또 당신들을 얼마나 유리한 입장에 서게 하는가. 여기서 잘못 생각하지 말기 바란다. 그에게 예(例)의 질문을 하는 것은, 그쪽에서도 같은 질문을 하도록 가르치는 것이 된다. 따라서 당신들은, 그후 어떤 제안을 하든, 그도 당신들을 본받아서 반드시 '그것이 어디에 쓸모가 있습니까?' 하고 말하리라는 것을 각오하지 않으면 안된다.

여기에 교사로서 피하기 어려운 함정이 있다. 만약 아이에게 질문당했을 때, 단지 그 질문을 피하고 싶다는 생각으로 그가 아직 이해할 수 없는 이유를 든다면 그는, 당신들이 그의 관념에 의거해서 말하는 것이 아니라 당신들의 관념에 의거해서 말한다는 것을 알게 되어, 당신들이 말하는 것은, 당신들 나이의 사람에게는 훌륭하지만 그의 나이에는 그렇지 않다고 생각할 것이다. 그러면 아이가 당신들을 믿지 않게 되어, 모든 것이 엉망이 된다. 그러나 대답에 궁해서 자기의 잘못을 인정하는 선생은 없을 것이다. 모두 자기에게 잘못이 있어도, 그것을 인정하려 하지 않을 것이다. 그러나 나는, 설령 내 쪽에 잘못이 없더라도 나의 이유를 학생이 이해할 수 없다면, 그것이 나의 잘못임을 인정하려 한다. 그렇게 하면, 그가 나의 방법을 확실히 알기 때문에 결코 의심을 품지 않을 것이며, 나는 내 잘못을 일단 인정하는 것에 의해, 다른 교사들이 자신의 잘못을 숨겨 지키려는 이상의 신용을 지킬 수 있을 것이다.

첫째로, 학생이 배워야 할 것을 당신들이 가르쳐 줄 필요가 거의 없다는 것을 잘 생각해 주기 바란다. 학생 쪽에서 그것을 원하고, 찾고, 발견하지 않으면 안된다. 당신들은 그것을 그의 손이 닿는 곳에 놓아주고, 그런 욕구가 생기도록 교묘하게 유도하여, 그것을 충족시키는 수단을 제공해 주면 되는 것이다. 따라서 당신들은, 아이로 하여금 되도록 질문을 적게 하도록 하는 대신, 아이가 한 질문의 내용을 잘 음미해야 한다. 또 당신들이 그에게 질문하는 경우보다는 그가 당신들에게 질문하는 경우가 훨씬 더 많게 될 것이므로, 당신들은 한층 더 많이 그에게 이렇게 말하게 된다. "네가 지금 내게 묻는 것은, 무엇 때문에 알 필요가 있는 것인가?"

그가 이것을 배우느냐 저것을 배우느냐 하는 것은 중요한 일이 아니다. 자기가 배우고 있다는 것, 그리고 배우고 있는 것의 효용을 확실히 이해하면 되는 것이다. 따라서 당신들이 그에게 말하는 것에 대하여 그에게 유익한 설명을 해 줄 수 없다면, 차라리 설명하지 말 일이다. 염려 말고 이렇게 말하는 것이 좋다. "나는 너에게 적당한 대답을 할 수가 없다. 내가 잘못 생각하고 있었던 것 같다. 그 이야기는 그만 하기로 하자." 당신들이 가르치는 것이 실제로 아이에게 적당하지 못하다면, 그것을 버려도 아무런 해가 없다. 그렇지 않다면 조금 주의를 기울이면, 이윽고 그 유용성을 그에게 이해시킬 수 있는 기회를 찾을 수 있을 것이다.

나는 말로 하는 설명은 좋아하지 않는다. 말로 하는 설명에는 아이가 귀를 잘 기울이지도 않을 뿐더러 곧 잊어버리고 만다. 실물! 실물! 이 실물이라는 말은, 내가 아무리 되풀이해서 말해도 결코 충분하지 않다. 우리의 수다스러운 교육에 의해서, 우리는 수다쟁이들을 만들어내고 있음에 지나지 않는다.

내가 제자와 함께 태양의 운동과 그 방향을 알 수 있는 방법을 연구하고 있을 때, 갑자기 그가 나에게, "이런 것은 모두 무슨 쓸모가 있는 것입니까?" 하고 물었다고 하자. 내가 그에게 어떤 훌륭한 답변을 해 줄 것인가. 그 질문에 대한 답변에 의해, 얼마만큼 많은 것을 그에게 가르쳐 줄 기회를 포착할 수 있을까? 게다가 우리의 이야기를 듣고 있는 사람들이 있을 때에는 더욱더 그렇다.● 나는 그에게 이야기해 줄 것이다. 여행의 유익한 점에 관하여, 상업의 유리한 점에 관하여, 각각의 풍토 특유의 산물에 관하여, 여러 민족의 풍습에 관하여, 달력의 이용에 관하여, 농경에 필요한 계절 순환 산정법에 관하여, 항해술에 관하여, 해상에서 방향을 정하고, 어디에 있는지 모를 때에도 정확한 항로로 나아가는 방법에 관하여. 정치학·박물학·천문학·도덕, 그리고 국제법도 나의 설명 속에 포함될 것이다. 그리하여 그것들은 나의 학생에게 모든 학문에 대한 위대한 관념을 주어, 나의 학생으로 하여금 그것들을 배우고 싶다는 큰 희망을 품게 할 것이다. 그러나 이야기가 끝났을 때, 나는 확실히 현학자처럼 지식을 자랑삼아 내보인 것이 되고, 그에 반(反)하여 학생은 한 조각의 관념조차 이해하지 못하고 있으리라. 그는 여전히 태양의 방향을 아는 일이 어떤 쓸모가 있는지 꼭 물어 보고 싶다고 생각하지만, 내가 화를 내지나 않을까 하여 물어 보지 못한다. 그는 오히려, 이제까지 강제로 들은 것을 모두 이해한 체하는 것이 상책이라고 생각한다. 이런 식으로 소위 훌륭한 교육이라는 것이 행해지는 것이다.

그러나 우리의 에밀은 시골에서 좀더 순진하게 자랐으므로, 그가 이해할 수 없는 것에는 귀를 기울이려 하지도 않을 것이다. 한마디라도 이해할 수 없는 말을 들으면, 그는 나로부터 도망쳐서 방 안을 장난치며 돌아다니고, 나 혼자서 장광설을 늘어놓게 할 것이다. 나의 과학 교육은 그에게는 아무런 쓸모도 없으므로 더 쉬운 설명을 찾으리라.

우리는 몽모랑시 북쪽에 있는 숲의 위치를 관측하고 있었다. 그때 그가 나를 가로막으며 "그것이 무슨 쓸모가 있습니까?" 하고 질문했다. 나는, "그

● 때때로 느끼는데, 사람들은 아이에게 어떤 지식을 줄 때, 아이에게 들려주기보다는, 오히려 그 자리에 있는 어른들에게 들려주려고 하는 경향이 있다. 여기서 말하는 것에 대해서 나는 자신이 있다. 나는 나 자신에 대해서도 그런 점을 느끼고 있으니까.

래, 그것은 천천히 생각해 볼 필요가 있겠구나. 그리고 이런 공부가 우리에게 아무런 도움이 되지 못한다면, 이제 두 번 다시 이런 공부는 하지 않기로 하자. 우리에게 유익한 공부도 많으니까.” 하고 말했다. 우리는 다른 공부를 하기로 하고, 그날은 더 이상 지리 공부에 대한 것은 중단하기로 했다.

다음날 아침, 나는 아침 식사를 하기 전에 한 바퀴 산책하고 오자고 그에게 말을 꺼냈다. 그로서는 생각지도 않던 일이었다. 뛰어다니는 일이라면, 아이는 언제나 환영하게 되어 있으며, 게다가 그는 다리 힘이 좋다. 우리는 숲속으로 들어간다. 자꾸자꾸 들어간다. 초원이 나온다. 우리는 초원을 뛰어다닌다. 우리는 길을 잃는다. 우리가 어디에 있는지 알 수가 없다. 시간은 자꾸 지나간다. 날은 점점 더워지고 배가 고프다. 우리는 초조해져서 이곳 저곳 길을 찾느라고 방황한다. 이쪽으로 가도 나무·바위·초원, 저쪽으로 가도 나무·바위·초원……. 우리가 있는 지점을 알려고 해도, 아무런 단서가 없다. 날씨는 너무 덥다. 우리는 완전히 지치고 허기져서 걸을 수도 없게 되었다. 마침내 우리는 앉아 쉬면서 생각해 보기로 했다. 내가 에밀을 다른 아이들처럼 길렀다면, 에밀은 생각해 보기는커녕 엉엉 울고 말았을 것이다. 사실 우리는 몽모랑시의 입구에 있었는데, 울창한 잡목림 때문에 입구가 보이지 않을 뿐이었다. 그것을 그는 모른다. 그러나 그 잡목림은 그에게는 울창한 삼림이다. 에밀의 키는 덤불 속에서도 파묻힐 정도니까.

잠시 쉰 다음, 나는 걱정스러운 얼굴로 그에게 말한다. “에밀, 이곳에서 나가려면 어떻게 해야 좋을까?”

에밀 (땀에 흠뻑 젖고, 굵은 눈물 방울을 뚝뚝 흘리면서) 저는 알 수가 없습니다. 저는 지치고 배가 고파요. 목도 마르고. 인제 조금도 참을 수가 없어요.

장 자크 나는 아직 괜찮은 줄 아니? 나도 마찬가지야. 그리고 울면 아침밥이 어디서 나오기라도 하니? 그렇다면 나도 울겠다. 울어보았자 아무런 소용이 없어. 우리는 지금, 우리가 어디에 있는지를 알아야 해. 시계를 봐. 지금 몇 시지?

에밀 정오예요. 아아, 배고파!

장자크 정말 정오구나. 나도 배가 고프다.

에밀 선생님도 배가 많이 고프시지요?

장자크 곤란하군. 점심밥이 여기까지 우리를 찾아와 주지는 않을 테니까. 정오
라……. 참 어제 바로 이 시각에 우리는 몽모랑시에서 숲의 위치를 관측했었
지? 만약 어제처럼 숲에서 몽모랑시의 위치를 관측할 수 있다면…….

에밀 그렇군요. 하지만 어제는 우리에게 숲이 보였어요. 여기에서는 마을이 보
이지 않잖아요.

장자크 그러니까 곤란하지. ……여기서 마을이 보이지 않아도, 마을의 위치를
알 수만 있다면 좋은데…….

에밀 참, 그렇군요!

장자크 그래, 우리는 어제 이런 이야기를 했었지. 숲은……

에밀 몽모랑시의 북쪽에 있다구요.

장자크 그렇다면 몽모랑시는…….

에밀 숲의 남쪽에 있게 되지요.

장자크 정오에 북쪽을 알아낼 수 있는 방법을 우리가 알고 있나?

에밀 예, 알고 있어요. 그림자가 가리키는 방향으로 알 수 있어요.

장자크 그럼 남쪽은?

에밀 남쪽은 어떻게 알지요?

장자크 남쪽은 북쪽의 반대이지?

에밀 맞아요! 그러니까, 그림자의 반대 방향을 보면 돼요. 아아, 이쪽이 남쪽이
다. 확실히 남쪽이다! 몽모랑시는 이쪽 방향에 있다. 이쪽으로 가 보아요.

장자크 그게 좋겠구나. 이 나무숲 속의 오솔길로 가 보자.

에밀 (손뼉을 탁 치면서 기쁜 듯이) 앗, 몽모랑시가 보인다! 저기 보셔요. 바로
저 앞에 보여요. 자아, 아침밥, 점심밥을 먹으러 가요. 빨리 가요. 천문학도
무엇엔가 쓸모가 있군요.

설령, 에밀이 이 마지막 말을 하지 않았더라도, 그는 나중에 그렇게 생각했을 것이다. 그것은 아무래도 좋다. 단지 내가 그 말을 하지 않으면 된다. 그가 이날의 교훈을 평생 잊지 않으리라는 것을, 나는 단언할 수 있다. 그런데 그와는 달리, 그의 방에서 그런 상황을 설정하고 그런 것을 가르쳤다면, 그는 나의 말을 금방 잊어버릴 것이다. 가능하면 실제 행동으로써 가르쳐야 한다. 입으로 이야기하는 것은, 어떻게도 실행할 수 없는 것에 한해야 한다.

모든 종류의 공부에 대해서 일일이 예를 들어 설명하지 않으면 안된다고 생각할 만큼 내가 독자를 무시하고 있다고는, 여러분도 생각하지 않을 것이다. 그러나 어떤 것이 문제가 되든, 교사는 충분히 신경을 써서 학생의 능력에 맞게 증명해야 한다고, 나는 몇 번이고 되풀이해서 말하고 싶다. 다시 한번 말하는데 곤란한 것은, 아이가 이해하지 못하는 것이 아니라 이해했다고 생각하는 것이다.

이런 일이 있었다. 나는 어떤 아이에게 화학에 대한 흥미를 일으키게 하기 위해 몇 가지 금속의 침전을 그 아이에게 보인 다음, 어떤 식으로 해서 잉크를 만드는지 설명하고 있었다. 잉크의 검은색은, 유산염으로부터 분리하여 알칼리 액에 침전시킨 미세한 철(鐵) 입자에 의해 만드는 것이라고 나는 이야기했다. 나의 학문적인 설명이 한창일 때 나의 어린 배반자는, 내가 가르쳐 주었던 질문으로 갑자기 나의 말을 가로막았다. 나는 완전히 당혹했다.

잠시 생각한 끝에 나의 생각은 결정되었다. 나는 움에 있는 포도주를 가지고 오게 하고, 따로 술가게에서 싼 포도주를 사 가지고 오게 했다. 나는 작은 병에 일정한 알칼리 용액을 넣었다. 그리고 두 종류의 포도주를 담은 두 개의 컵을 앞에 놓고,* 이렇게 이야기했다.

식품에서는, 실제의 것보다 보기 좋게 하기 위해서 무언가를 섞는 일이

---

* 아이에게 무언가를 설명하기 전에 약간의 도구를 들고 나오면, 아이의 주의를 끄는 데에 상당히 도움이 된다.

있다. 그런 혼합물은 사람의 눈과 혀를 속인다. 그러나 그것은 유해한 것으로, 그 혼합물은 겉으로 보기에는 좋아도, 무엇인가를 섞기 전보다 한층 해로운 것이 된다. 마시는 것, 특히 포도주에 혼합물이 많다. 그런 속임수는 구별하기가 어렵고, 가짜를 만드는 사람에게 한층 많은 이익을 가져다 주기 때문이다.

떫은 포도주, 또는 시큼한 포도주에는 일산화연(一酸化鉛)을 섞어서 그 맛을 속인다. 일산화연은 납으로부터 만들어진다. 납은 산(酸)과 합쳐지면 대단히 달콤한 염분(鹽分)을 만들어 내어, 포도주의 떫은 맛을 혀가 느끼지 못하도록 하지만, 이것을 마시면 독이 된다. 따라서 의심스러운 포도주를 마실 경우에는, 미리 거기에 일산화연이 섞였는지 어떤지를 조사해 볼 필요가 있다. 그래서 나는 그것을 구별하기 위해 다음과 같은 방법을 사용한다.

포도주의 액(液)에는, 거기에서 브랜디가 만들어지는 것을 보아도 알 수 있듯이, 가연성(可燃性)의 주정(酒精)이 포함되어 있다. 뿐만 아니라 거기에서 식초와 주석(酒石)이 만들어지는 것을 보아도 알 수 있듯이, 포도주에는 산(酸)도 포함되어 있다.

산은 금속성 물질과 관계가 있으며, 금속이 산과 결합하여 용해하면 합성염(合成鹽)이 생긴다. 예를 들면 녹은, 철이 공기나 물 속에 포함된 산에 의해 용해된 것에 지나지 않고, 녹청은 식초에 의해 용해된 동(銅)에 지나지 않는다.

그러나 이 산은, 금속 물질보다도 알칼리 물질과 한층 관계가 있기 때문에, 지금 설명한 합성염에 알칼리 물질을 첨가하면, 산은 결합하고 있던 금속으로부터 분리되어 알칼리와 결합하게 된다.

그래서 금속 물질은, 그것을 용해하던 산으로부터 떨어져 침전하여, 액(液)을 불투명하게 한다.

따라서 이 두 종류의 포도주 중 어느 한쪽에 일산화염이 포함되어 있다면, 포도주의 산이 일산화염을 녹이고 있을 것이다. 거기에 알칼리액을 부으면, 산은 일산화염으로부터 분리되어 알칼리와 결합하게 된다. 납은 용해 상태에서 해방되어 원래의 모양을 나타낸다. 그것이 액(液)을 흐리게 하고, 이윽고 컵 밑바닥에 침전하게 된다.

포도주 속에 납이나 그밖의 금속이 들어 있지 않으면,* 알칼리는 아무 일 없이 산과 결합하므로,** 모든 것이 용해 상태에 있어 침전물이 생기지 않는다.

이렇게 말하고, 나는 그 알칼리 액을 두 컵에 쏟아 부었다. 집에 있던 포도주는 투명한 채였는데, 다른 한쪽의 포도주는 금방 탁해졌다. 그리고 한 시간 후에는 컵 밑바닥에 납이 침전해 있는 것이 확실하게 보였다.

"보는 바와 같이," 하고 나는 말했다. "이쪽 것은 자연 그대로의 순수한 포도주로, 이것은 마셔도 괜찮지만, 이쪽 것은 나쁜 것을 섞었기 때문에 마시면 독이 된다. 이것은 네가 무엇에 쓸모가 있느냐고 내게 물은 지식에 의해서 알 수 있다. 즉, 잉크가 어떻게 만들어지는지 잘 알고 있는 사람은, 나쁜 것을 섞은 포도주를 구별해 낼 수도 있는 것이다."

나는 이러한 실례(實例)를 아이에게 보여주고 대단히 만족스러웠지만, 아이가 조금도 감탄하지 않은 것을 알아챘다. 잠시 후 나는, 내가 바보 같은 짓을 했을 뿐이라는 것을 알았다. 열두 살의 아이가 나의 설명을 따라올 수 없다는 것은 말하지 않더라도, 아이는 그 실험이 어째서 유익한지조차 납득하지 못했던 것이다. 결국 아이는, 두 종류의 포도주를 맛보고 두 종류 모두

---

* 파리의 소매점에서 팔고 있는 포도주가 모두 혼합물이라는 것은 아니다. 그러나 납을 포함하고 있지 않은 포도주는 드물다. 왜냐하면 소매점의 술 판매대는 이 금속으로 덮여져 있고, 저울로부터 흘러나오는 포도주는 이 금속 위로 지나가므로, 반드시 얼마간 그것을 용해시키기 때문이다. 확실히 위험한 이러한 악습을 경찰이 허용한다는 것이 이상할 정도이다. 그러나 부유한 사람들은 이런 포도주를 마시는 일이 거의 없으므로, 그 때문에 독을 마시게 될 우려는 거의 없다.

** 식물성 산(酸)은 매우 약하다. 만약 그것이 광물성 산이며 많이 확산되어 있지 않다면, 결합할 때 비등(沸騰)한다.

맛있다고 생각하여, 내가 충분히 설명했다고 생각했던 혼합물이라는 말에
아무런 관념도 결부시키지 않았기 때문이었다. 게다가 '건강에 좋지 않다'
느니 '독' 이니 하는 말에 이르러서는, 그에게 아무런 의미도 없는 것이었다.
그런 것에 대해서는, 의사 필립포스의 이야기를 한 아이의 경우와 똑같았다.
그것은 어떤 아이이든 마찬가지이다.

어떻게 하여 결부되어 있는지 모르는 인과 관계, 우리에게는 명확히 알
수 없는 좋은 일과 나쁜 일, 지금까지 느껴 본 일이 없는 욕구 등은 우리에게
는 없는 것과 마찬가지이다. 그런 것으로 우리의 흥미를 돋우려 하고, 그와
관계 있는 것을 우리에게 시키려고 해도 될 리가 없다. 열다섯 살의 소년은,
현자(賢者)의 행복을, 서른 살의 청년이 천국의 영광을 보는 눈과 같은 눈으
로 본다. 그 어느쪽도 그것을 충분히 이해하고 있지 못하지만, 그것을 손에
넣으려고 고생하는 일은 절대 없다. 설령 이해하고 있다 하더라도, 그것을
원하지 않는다면, 자기에게 적합하다고 느끼지 않는다면, 역시 그것을 손에
넣으려고 고생하지는 않는다. 가르치고 있는 것이 유익한 것임을 아이에게
설명해 주기는 쉽다. 그러나 설명해서 아이가 그것을 납득하지 않으면 아무
소용이 없다. 냉정한 이성이 우리로 하여금 무언가 승인하게 하거나 비난하
게 해도, 그것은 아무 소용이 없다. 우리를 행동으로 모는 것은 정열뿐인데,
아직 관심조차 갖지 않은 것에 대하여 어떻게 정열을 가질 수 있단 말인가.

아이에게는 볼 수 없는 것은 결코 보여서는 안된다. 인간이라는 것이 그
에게는 거의 미지(未知)의 상태에 있기 때문에, 게다가 그를 어른의 상태로
높일 수 없으므로, 어른을 아이의 상태로 끌어내리는 것이 좋다. 나이가 들
었을 때 그에게 도움이 될 수 있는 것을 염두에 두면서, 지금 그에게 도움이
된다는 것을 그가 알 수 있는 것만을 이야기하라. 그리고 사물을 조금이라도
논리적으로 생각할 수 있게 되면 절대로 다른 아이와 비교하지 말 것이며,
경주를 할 때에도 상대방을 의식하게 하지 말라. 질투심이나 자만심에 의해
서밖에 배우지 않는다면, 배우지 않는 쪽이 훨씬 낫다고 생각한다. 나는 단

지 그가 이룩한 진보를 써 두었다가, 그것을 다음 해의 진보와 비교한다. 나는 그에게 이렇게 말할 것이다. "너는 정말 여러 가지 분야에서 성장했다. 저것은 네가 뛰어넘은 도랑, 네가 운반한 짐. 이것은 네가 돌멩이를 던져 날아간 거리, 단숨에 달린 길 등등. 자아, 지금 너는 어느 정도의 일을 할 수 있을까? 시험해 보자." 이렇게 하여 나는, 누구에게도 질투를 느끼지 않게 하면서 그에게 자극을 준다. 그는 자신을 추월하려 할 것이다. 그는 그래야 한다. 그가 자기 자신의 경쟁자가 되었다고 한들 무슨 불합리한 점이 있겠는가.

나는 책은 싫다. 책은 알지도 못하는 것에 대하여 이야기하는 것을 가르칠 뿐이다. 헤르메스는 학문의 기본적인 것을 돌기둥에 새겨, 자기가 발견한 것을 대홍수로부터 보호하려 했다고 한다. 그가 그것을 인간의 머리 속에 확실히 새겨 주었더라면, 그것은 전통에 의해 보존되었을 것이다. 잘 훈련된 두뇌는, 가장 확실히 인간의 지식을 새겨 넣을 수 있는 건조물(建造物)이다.

많은 책들 속에 흩어져 있는 많은 가르침을 쉽게 알 수 있도록, 흥미를 가지고 공부해 나갈 수 있도록, 그리고 아이에게도 자극이 되도록, 어디에나 있는 하나의 대상에 한데 모을 수는 없을까? 인간의 모든 자연적인 필요가 아이의 정신으로도 잘 알 수 있도록 나타나 보여지고, 그 필요를 충족시키는 수단이 마찬가지로 쉽게 이어서 펼쳐져 가는 그런 상황을 만들 수가 있다면, 그런 상황의 생생하고 소박한 묘사에 의해서 비로소 아이의 상상력을 최초로 훈련시켜야 한다.

열성적인 철학자여! 내게는 벌써 당신의 상상력이 불타오르는 것이 보인다. 미리 수고하지 말기를 바란다. 그런 상황은 이미 발견되어 있다. 그것은 당신에게는 관계가 없는 일이지만, 당신 자신이 그려 보이는 것보다 훨씬 더 잘 그려져 있다. 어쨌든 한층 더한 진실성과 단순함을 가지고 그려져 있는 것이다. 아무래도 우리에게 책이 필요하다고 하면 나의 생각으로는, 자연 교육의 개설(概說)을 제공하는 가장 잘된 한 권의 책이 존재한다. 이 책은 나의 에밀이 읽는 최초의 책이 될 것이며, 그것은 또 언제까지나 거기에서 특별한 지위를 차지하는 책이 될 것이다. 그것은 자연 과학에 관한 우리의 모든 이야기가 그 주해(註解)가 되는 데에 지나지 않는 그런 텍스트가 될 것이다. 그것은 우리가 계속해서 진보하는 동안, 우리의 판단력 정도를 시험해 보는 것이 될 것이다. 그리고 우리의 취미가 손상되지 않는 한, 그것을 읽는 것은 언제나 우리를 즐겁게 할 것이다. 대체 그런 훌륭한 책이란 어떤 책인가? 아리스토텔레스인가, 플리니우스인가, 뷔퐁인가? 아니다, 그것은 로빈슨 크루소다.[6]

로빈슨 크루소는 그 섬에서 혼자 동료의 도움을 빌리지 않고, 어떤 기술의 도구도 가지지 않고 살아 남아 자기 자신을 보호할 수 있었으며, 게다가 쾌적한 생활이라 할 수 있는 것까지 손에 넣을 수가 있었다. 이것은 모든 나이의 사람에게 흥미 있는 일이며, 여러 가지 방법으로 이것을 아이에게 즐거운 것으로 해줄 수가 있다. 이리하여 우리는 무인도라는 것을 실현시키게 되는데, 이것은 우리에게 우선 비교의 대상이 된다. 그런 상태는, 확실히 사회적인 존재의 상태는 아니다. 그것은 또 에밀의 상태라고 할 수도 없다. 그러나 그런 상태에 의해서 다른 모든 상태를 평가해야 한다. 편견을 극복하고 사물의 참된 관련에 의거하여 판단을 정리하는 가장 확실한 방법은, 고립된 인간의 지위에 자신을 놓고 생각해 보는 것이며, 또 무슨 일에서나, 그러한 인간이 자기의 이해(利害)를 생각하여 스스로 판단을 내리는 것과 똑같이 판단하는 것이다.

이 이야기는 세세한 이야기를 빼면, 그 섬 근처에서 로빈슨이 조난당하는 것부터 시작되어, 그를 구하러 배가 오는 것으로 끝나는데, 이것은 지금 문제삼고 있는 시기 동안 언제나 에밀을 즐겁게 하면서, 동시에 가르치는 것이 될 것이다. 그는 그것에 열중하여, 끊임없이 그의 성이나 산양이나 농장

---

6)《로빈슨 크루소》는 다니엘 디포의 유명한 소설. 1719년에 출판되어 세계적으로 읽혀졌다. 루소에게는 자연인의 상황을 설정한 것으로서 여기에 인용되었다.

을 생각하고, 그가 같은 경우에 처했을 때 알고 있지 않으면 안되는 모든 것을, 책에서가 아니라 사물에 입각하여 자세히 배우며, 스스로 로빈슨이 된 것처럼 모피를 몸에 두르고, 큰 모자를 뒤집어쓰고, 큰 칼을 가지고, 파라솔만은 필요하지 않으니까 제외한다 해도, 삽화의 로빈슨과 똑같은 기묘한 몸차림을 한 자신의 모습을 상상 속에 그린다. 여러 가지 물건이 없어졌을 때 어떻게 하면 좋을까 걱정하고, 주인공의 행동을 검토하여, 무언가 잊은 것은 없나, 좀더 잘할 수는 없을까를 조사한다. 그리하여 그의 과실에 신중하게 주의를 기울이고, 그것을 교훈으로 하여, 똑같은 경우에 자기는 그러한 실수를 하지 않도록 한다는 식이 되게 하고 싶다. 자기도 어딘가에 가서 로빈슨과 똑같은 건설 사업에 종사하려는 계획을, 그는 틀림없이 세울 것이기 때문이다. 그것은 실로 이 행복한 시기의 공중 누각(호中樓閣)이다. 이 시기에는 필요한 것과 자유가 있으면, 그외에 행복이라는 것은 생각하지 않는다.

아이의 이러한 광기는, 단지 그것을 잘 이용하기 위해 만들어 낼 줄 아는 유능한 사람에게 얼마나 유효한 수단이 될 것인가. 아이는 섬에서 필요한 것을 빨리 준비하려고, 교사가 가르치는 이상의 열성으로 배우게 된다. 쓸모가 있는 것이라면 무엇이든 알려고 할 것이고, 그밖의 것은 알려고 하지 않을 것이다. 당신들은 이미 그를 지도할 필요가 없을 것이다. 단지 고삐를 꽉 잡고 있기만 하면 된다. 그리고 그가 그런 것에서만 행복을 찾고 있는 동안에, 빨리 그를 그 섬에 자리잡게 해 주자. 그가 이후에도 다시 또 섬에서 생활하고 싶다고 생각한다 해도, 이미 혼자서는 살고 싶지 않다고 생각하는 날이 가까워졌기 때문이다.

자연적인 기술은 한 사람으로 충분히 실행할 수 있지만, 그것을 실행하는 동안에 많은 사람의 협력을 필요로 하는 공업적인 기술이 요구된다. 전자는 고독한 인간도 미개인도 실행할 수 있지만, 후자는 사회에서만 생겨나는 것으로 사회를 필요로 한다. 육체적인 필요만 알 때에는, 사람은 모두 자기의 일을 자기 혼자 완수할 수 있다. 그 이상의 것이 도입되면, 노동의 분할과 배분이 반드시 필요해진다. 결국 혼자서 일하는 사람은 한 사람의 생활 자료밖에 얻을 수 없지만, 백 사람이 협력하여 일하면, 이백 사람의 생활에 필요한 것을 얻을 수 있는 것이다. 그래서 일부의 사람이 일을 하지 않으면, 일하는 사람들이 협력하여, 일하지 않는 사람의 유한 생활(有閑生活)을 보충해야 한다.

당신들은 무엇보다도, 학생의 이해력을 넘는 사회 관계에 관한 모든 관념을 그의 정신으로부터 멀리하는 일에 신경써야 할 것이다. 그러나 지식의 연결에 의해서 인간 상호의 의존 상태를 나타내 보이지 않으면 안되게 된 때에는, 도덕적인 면에서 그것을 보이려 하지 말고, 우선 인간을 서로 필요로 하게 하는 공업과 기계적인 기술에 모든 주의를 집중시키는 것이 좋다. 공장에서 공장으로 데리고 다니면서, 어떤 일이든 스스로 해 보게 하지 않고 단지 견학만 하게 해서는 안된다. 그리고 공장에서 행해지는 모든 것, 또 거기에서 본 모든 것의 이유를 완전히 안 다음이 아니면, 거기에서 나가게 해서는 안된다. 그러기 위해서는 당신들 자신이 일하여, 모든 곳에서 모범을 보여주는 것이 좋다. 그를 제대로 된 장인(匠人)으로 만들기 위해서, 가는 곳마다 도제(徒弟)가 되는 것이 좋다. 그리고 한 시간의 노동은, 하루 종일 설명을 듣고 그가 익히는 것보다 많은 것을 그에게 가르쳐 준다고 생각하라.

여러 가지 기술에는 그것들의 현실적인 유용성에 반비례하여 일반적인 평가가 주어져 있다. 이 평가는 다름 아닌 그것들의 무용성(無用性)에 입각하여 정해지는데, 이것은 당연한 일이다. 가장 유용한 기술은 가장 벌이가 적은 법이다. 노동자의 수는 인간의 필요에 비례하며, 모든 사람에게 필요한 노동의 값은 반드시 가난한 사람도 지불할 수 있는 가격에 머물러 있어야 하기 때문이다. 그런데 장인(匠人)이 아니라 예술가라고 불리며, 한가한 사람이나 부자를 위해서만 일을 하는 저 중요한 인물들은, 그들이 만든 시시한 것에 제멋대로 가격을 붙이고 있으며, 그러한 하찮은 작품의 가치는 사람들의 의견만으로 결정되므로, 가격 그 자체가 그 가치의 일부를 이루게 되어, 그것이 비싸면 비쌀수록 평가도 높아지게 된다. 부자들이 그런 것을 존중하는 것은, 그 효용 때문이 아니라 가난한 사람들은 손을 내밀 수가 없기 때문이다. '민중이 부러워하는 것이 아니면, 나는 원하지 않는다' 는 식이다.

당신들이 학생에게 이런 바보스러운 편견을 가지게 하고, 스스로 그것을 조장한다면, 예를 들어 당신들이 열쇠 가게에 들어갈 때보다 귀금속 가게에 들어갈 때 한층 더 경의를 표하는 것을 그들이 보았다면, 당신들의 학생은 어떻게 될 것인가? 어디에 가든 터무니없게 붙여진 가격이 현실의 효용면에서 끌어낼 수 있는 가치와 모순되는 것을 본다면, 그리고 물건 값이 비싸면 비쌀수록 효용 가치가 없다면, 기술의 참 가치와 물건의 바른 가치에 대하여 학생은 어떤 판단을 내리게 될 것인가? 그러한 관념을 일단 그들의 머리 속에 심어 주었다면, 그들의 교육은 체념하는 것이 좋다. 당신들이 어떤 일을 하든, 그들은 세상 사람과 마찬가지로 교육될 것이다. 당신들은 14년 동안 헛수고를 한 것이다.

에밀은 자기의 섬에 필요한 설비를 생각하면서 사물을 또 다른 관점에서 바라볼 것이다. 로빈슨은 사이드(Saide)의 모든 하찮은 장신구보다도 날붙이를 훨씬 더 중요하게 생각했을 것이다. 그에게는 날붙이를 만드는 사람은 지극히 존경스러운 사람으로 생각되고, 사이드는 쓸모 없는 사기꾼으로 생각되었으리라.

'나의 아들은 세상에 나가 살도록 태어났다. 그는 현자들과 함께가 아니라 미치광이들과 함께 살도록 되어 있는 것이다. 따라서 그들의 미친 짓을 알 필요가 있다. 그들은 그런 것에 의해 인도되는 것을 바라고 있으니까. 사물에 관한 현실적인 지식은 훌륭한 것인지도 모른다. 그러나 인간과 그 판단에 관한 지식은 한층 더 훌륭한 것이다. 인간의 사회에서는 인간의 가장 중요한 도구는 인간이므로, 가장 현명한 인간이란 그 도구를 가장 잘 사용하는 사람이 아닐까? 아이가 완성된 것으로서 발견하게 될 질서, 그에 자신을 맞춰 가지 않으면 안될 질서와 완전히 반대되는 공상적인 질서에 관한 관념을 아이에게 주는 것이 무슨 소용이 있는가. 아이에게는 우선 현자가 되는 것을

가르치는 것이 좋다. 그 다음에, 다른 사람은 어떤 점에서 미치광이인지를 판단하는 것을 가르치는 것이다.'

이런 그럴 듯한 준칙에 의거하여, 아버지들의 잘못된 사려(思慮)는 아이를 편견의 노예로 만든다. 그들은 아이를 편견으로 기르고, 그들 자신도 그 정념의 도구로 삼으려 하는 하찮은 무리의 희롱감이 되어 있는 것이다. 인간을 알 수 있기 위해서는 그 이전에 얼마나 많은 것을 알아야 하는가. 현자가 최후로 연구해야 할 것이 인간임에도도 불구하고, 당신들은 인간을 아이가 최초로 연구해야 할 것으로 생각하고 있다. 아이에게 우리의 생각을 가르치기 전에, 우선 그것을 평가하는 것을 가르치는 것이 좋다. 어리석음을 현명함으로 생각하는 것이 그것을 아는 것일까? 현명하기 위해서는, 선한 것과 악한 것을 구별할 줄 알아야 한다. 사람들의 판단이 옳은지 그른지를 판단할 수도 없고, 그들의 잘못을 구별할 수도 없는데, 어떻게 당신들의 아이가 인간을 알 수 있겠는가. 사람들의 생각이 진실인지 거짓인지 모른다면, 그들의 생각을 아는 것은 해가 된다. 우선 사물 그 자체가 실제로 어떤 것인지를 아이에게 가르치는 것이 좋다. 그런 다음에, 그것이 우리의 눈에 어떻게 비치는가를 가르친다. 그렇게 하면 아이는, 대중의 의견과 진실을 구별할 수 있고, 대중들의 속된 여론을 초월할 수가 있을 것이다. 당신은 당신이 받아들이는 편견을 의식하지 못하며, 민중과 동화해서는 그들을 인도해 갈 수가 없기 때문이다. 그런데 세론(世論)을 평가하는 것을 가르치기도 전에 먼저 세론을 가르친다면, 어떻게 하든 세론은 아이의 의견이 되고 아이는 그것을 타파할 수 없을 것이다. 결국 젊은이를 분별 있는 인간으로 만들기 위해서는, 우리의 판단을 그에게 강요하지 말고, 그의 판단력을 충분히 훈련시켜야 한다.

아는 바와 같이, 이제까지 나는 인간에 관해서는 나의 학생에게 이야기하지 않았다. 그에게는 충분할 만큼 감각이 있으므로, 설령 내가 인간에 관해서 이야기한들 귀를 기울이지도 않을 것이다. 그는 동료[인간]와의 관계를 아직 확실히 느낄 수 없기 때문에, 스스로 추측하여 다른 사람을 판단할 수 없다. 그는 자신 외의 다른 인간적인 존재를 모르며, 자기 자신을 아는 일에서조차도 먼 상태에 있다. 그러나 자신에 대하여 거의 판단다운 판단을 가지고 있지 않다 하더라도, 적어도 그가 내리는 판단은 바르다. 그는 다른 사람들이 어떤 상태에 있는지는 모르지만, 자신의 상태를 알아 그곳에 안주한다. 우리는 그를 그로서는 알 수 없는 사회적인 법칙으로써가 아니라 필연의 사슬로 속박해 왔다. 그는 아직 거의 물리적인 존재에 지나지 않는다. 따라서 계속해서 그를 그런 존재로서 취급하기로 하자.

자연의 모든 물체와 인간의 모든 노동은 자신의 이익, 안전, 자기 보존, 쾌적한 생활, 그러한 것과의 확실한 관련에 의해서만 평가되어야 한다. 그래서 그의 눈에는 금보다 철이, 다이아몬드보다 유리가 훨씬 더 귀중한 것으로 보이지 않으면 안된다. 마찬가지로 그는, 람프뢰르나 르블랑 같은 사람, 또는 유럽의 모든 보석 세공사보다는 구두 만드는 사람이나 석공(石工)을 훨씬 더 존경할 것이다. 빵 굽는 사람은 특히 그의 눈에 상당히 중요한 인물처럼 보이고, 그는 과학 아카데미의 전회원보다도 롬바르 거리의 작은 사탕 가게 주인을 더 중요시할 것이다. 금은 세공사·조각사·도금사·자수공들은, 그의 생각으로는 전혀 쓸모 없는 장난에 열중해 있는 게으른 자에 지나지 않는다. 시계공조차도 별로 대수롭게 여기지 않는다. 이 행복한 아이는, 시간을 즐기고 있지 시간에 묶여 있지는 않다. 시간을 활용하고 있으면서 그 가치를 모른다. 그에게 하루하루를 똑같게 하는 정념의 무풍 상태는, 필요에 따라 시간을 재는 기계를 쓸모 없는 것으로 만든다.* 내가 에밀에게 시계를 주거나 그를 울게 한 것은, 나의 목적에 도움이 되도록, 그리고 사람들이 내 말을 이해할 수 있도록 하기 위해서, 다른 아이들과 같은 정도의 에밀을 생각해

● 우리의 정념이 멋대로 시간의 흐름을 규제하려고 하면, 우리에게서 시간은 그 기준을 상실한다. 현자(賢者)의 시계는, 기분의 한결같음과 마음의 평온함이다. 현자는 언제나 시간이 정확하며, 언제나 그 시간을 알고 있다.

본 것에 지나지 않는다. 진짜 에밀은 다른 아이들과는 전혀 다르기 때문에 세상 사람들에게 아무런 예(例)가 되지 못할 것이기 때문이다.

　좀더 자연적이고 훨씬 더 정확한 하나의 질서가 있다. 그에 의해 우리는, 모든 기술을 결부시키고 있는 필연 관계에 따라 그것들을 평가하여, 가장 독립되어 있는 것을 최상급의 자리에 놓고, 다른 것에 가장 많이 의존하고 있는 것을 최하위의 자리에 놓는다. 이 분류는, 사회 일반의 질서에 중요한 고찰을 제공하고 있지만, 사람들에게 앞에서 이야기한 바와 같은 전도(顚倒)된 평가를 받고 있다. 원자재를 사용하는 직업은 가장 비천한 직업인 데다가, 거의 돈벌이도 되지 않는다. 그것이 사람의 손을 거듭 거치게 되면서 품삯이 많아지고 일도 고상해진다. 그런 원료를 인간에게 쓸모 있는 것으로 만드는 최초의 노동보다는 그에 최종적인 모양을 주는 정밀한 기술 쪽이 한층 고도의 기능을 필요로 하고, 따라서 한층 많은 보수를 받는 데에 어울린다는 것이 바른지 어떤지는 따지지 말기로 하자. 나는 단지 모든 것에 그 효용이 가장 일반적이고 가장 불가결한 기술이야말로 의심 없이 가장 존경해야 하며, 다른 기술을 그다지 필요로 하지 않는 기술이야말로 한층 더 자유롭고 독립 상태에 가까우니까 가장 종속적인 것에 비해 한층 존경받아야 한다고 말해 두고 싶다. 이것이 기술과 산업을 평가하는 참된 기준이다. 그밖의 것은 모두 제멋대로인 것으로, 세상의 편견에 좌우된다.

　모든 기술 가운데에서 첫번째 자리에 놓여지는 것, 가장 존경받아야 할 것은 농업이다. 나는 대장 일을 두 번째 자리에, 목공 일을 세 번째 자리에……와 같은 식으로 하고 싶다. 세속의 편견에 의해 잘못된 것을 배우지 않은 아이라면, 그도 틀림없이 이런 순서로 생각할 것이다. 에밀은 이런 것에 관하여 그의 로빈슨으로부터 실로 많은 중요한 고찰을 끌어내게 될 것이다. 세분화되는 것에 의해서만, 또 각각의 도구를 무한히 늘려 가는 것에 의해서만 기술이 완전해지는 것을 보고, 그는 어떻게 생각할까? 그는 이렇게 중얼거릴 것이다. '저런 사람들은 모두 영리한 바보들이다. 마치 자신의 눈이나 손가락이 무언가에 쓸모가 있는 것을 두려워하기라도 하는 것처럼, 많은 도구를 만들어 내어, 눈이나 손가락을 사용하려 하지 않는다. 그들은 하나의 기술을 사용하기 위하여 많은 다른 기술의 노예가 된다. 이래서야, 한 사람 한 사람의 노동자에게 하나의 도시가 필요하지 않겠는가! 나의 동료와 나는 기술 습득에 노력한다. 다시 말해 우리는 어디든 가지고 갈 수 있는 연장을 만들 뿐이다. 파리에서 그 재능을 자랑하는 모든 사람들은 우리의 섬에서는 무엇 하나 할 수 없을 것이다. 그래서 그런 사람들은, 여기서는 우리의 도제(徒弟)가 될 수밖에 없을 것이다.' 라고.

독자여, 여기서 우리 제자의 몸의 훈련과 손재주만을 보아서는 안된다. 그의 아이다운 호기심에 대하여 우리가 어떻게 지도하고 있는지를 생각해 보기 바란다. 그의 감각과 창의성이 풍부한 정신과 선견지명을 생각해 보기 바란다. 그가 보는 모든 것, 그가 행하는 모든 것에 관해서 그는 모든 것을 알려 할 것이다. 모든 것의 이유를 알려 할 것이다. 모든 도구에 대해서, 그는 언제나 최초의 시발로 거슬러 올라가려 할 것이다. 가정(假定)에 지나지 않는 것은 무엇 하나 인정하려 하지 않을 것이다. 자기가 가지지 않은 예비 지식을 필요로 하는 것은 배우려 하지 않을 것이다. 용수철 만드는 것을 보면, 강철이 어떻게 해서 광산으로부터 채굴되는지를 알고 싶어할 것이다. 상자의 부품을 조립하는 것을 보면, 어떤 식으로 나무가 잘려지는지를 알고 싶어 할 것이다. 스스로 일을 할 때에는, 자신이 사용하는 하나하나의 연장을 보고 틀림없이 이렇게 생각할 것이다. '만약 이 연장이 없었다면, 내가 이 물건을 어떻게 만들 수 있으며, 또 이 물건 없이 살려면 어떻게 해야 할까?

그런데 교사가 어떤 직업을 특별히 좋아하는 경우에 피하기 어려운 과실은, 아이도 언제나 자기와 같은 취미를 가지고 있다고 생각하는 것이다. 당신들은 일이 재미있어 거기에 몰두해 있을 때, 아이 쪽은 지루하면서도 그것을 솔직히 이야기하지 못하는 일이 있어서는 안된다. 아이가 먼저 일에 몰두해야 한다. 그리고 당신들은 아이에게 몰두해야 한다. 끊임없이 아이가 하는 것을 관찰하고 그 모습을 살피면서도, 그런 내색을 하지 말아야 한다. 그가 생각하는 것은 무엇이든 미리 알고 있어서, 생각해서는 안되는 것을 멀리하게 하고, 그로 하여금 자신은 그 일에 도움이 된다고 느끼도록 할 뿐만 아니라, 자기가 하고 있는 일이 줄 목적을 충분히 이해함으로써 기쁘게 그것을 하도록 해야 한다.

기술간의 결속은 산업의 교류에 의해, 상업의 교류는 상품의 거래에 의해, 은행의 결속은 어음과 화폐의 교환에 의해 성립된다. 이러한 관념들은 서로 관련을 가지는데, 그 기본이 되는 개념은 이미 얻었다. 우리는 그런 것의 기초를, 이미 유년 시절에 정원사 로베르의 도움을 빌어 획득한 바 있다. 지금 우리에게 남겨져 있는 일은, 그런 관념을 일반화하고 좀더 많은 실지 예로 그것들을 확대하여, 전에는 그저 그것만의 단순한 형태로 이해되던 거래 형태를 각국 특유의 산물에 관한 상세한 자연지(自然誌), 항해에 관한 상세한 기술이나 지식, 나아가 장소의 차이나 육지·해양·하천 등의 위치 때문에 발생하는 운송의 어려움 등에 대하여 구체적으로 알기 쉽게 해 주고, 아이에게 이해시키는 일이다.

교환이 없으면 사회는 존재할 수 없고, 공통의 척도가 없으면 교환은 존재할 수 없고, 평등이 없으면 공통의 척도는 존재할 수 없다. 따라서 모든 사회의 제1법칙은 — 혹은 인간 사이에 혹은 사물 사이에 — 계약에 의한 얼마간의 평등인 것이다.

사람들 사이의 계약에 의한 평등은 자연적인 평등과는 전혀 다른 것으로, 그것은 실정법(實定法)을, 즉 정부와 왕들을 필요하게 한다. 아이가 가지는 정치에 관한 지식은 명확하고 한정된 것이어야 한다. 아이에게는, 그가 이미 얼마간의 관념을 가지고 있는 소유권에 관련된 것 외에는 정부 일반에 관해서 알게 해서는 안된다.

사물 사이의 계약에 의한 평등은 화폐를 발명시켰다. 즉, 화폐란 서로 다른 종류의 사물의 가치에 대한 비교의 유일한 기준이기 때문이다. 그리고 이

의미에서, 화폐는 사회의 참된 계약이다. 그러나 어떤 것이든 화폐가 될 수 있다. 옛날에는 가축이 화폐였다. 지금까지 조개 껍데기를 화폐로 사용하는 민족도 있다. 스파르타에서는 철을 화폐로 사용했고, 스웨덴에서는 가죽을 화폐로 사용했다. 우리 나라에서는 금과 은을 화폐로 사용한다.

금속은 쉽게 운반할 수 있으므로, 일반적으로 모든 교환의 매개물로서 선택되어 오고 있다. 그리고 그 금속들은, 교환 때마다 양이나 무게를 다는 수고를 덜기 위하여 화폐로 바뀌어졌다. 동전 위의 각인(刻印)은, 그렇게 각인되어 있는 화폐는 그만큼의 무게를 가진다는 것을 나타내고 있음에 지나지 않기 때문이다. 그리고 군주만이 화폐를 주조할 수 있는 권리를 가진다. 그것은 자기가 보증하는 것에 대한 권위를 모든 국민에게 미치도록 요구할 수 있는 권리는 군주에게만 있기 때문이다.

이 발명의 효용에 대해서 이런 식으로 설명하면, 아무리 어리석은 사람도 이해시킬 수가 있다. 다른 성질의 것 ― 예를 들면 직물과 밀가루 ― 을 직접 비교하기란 어렵다. 그러나 공통의 척도, 즉 화폐를 만들면, 제조업자와 경작자는 그들이 교환하고 싶은 것의 가치를 이 공통의 척도에 쉽게 비교해 볼 수가 있다. 어떤 양의 직물이 어떤 액수의 돈과 같고, 어떤 양의 밀가루가 그 액수의 돈과 같다고 한다면, 그 직물과 그 밀가루를 바꾸면 공정한 교환을 한 것이 된다. 이런 식으로, 화폐에 의해서 서로 다른 종류의 재물의 가치를 서로 비교하는 것이 가능해진다.

그 이상 나아가서는 안된다. 그리고 화폐 제도의 도덕적인 효과에까지 깊이 들어가서는 안된다. 어떤 사물에서나, 오용(誤用)에 관하여 이야기하기 전에 효용에 관하여 충분히 이야기할 필요가 있다. 어째서 표시가 실물을 잊게 하고, 어째서 화폐가 사회의 모든 그릇된 관념의 원천이 되며, 어째서 돈이 많이 나도는 나라는 돈 이외의 다른 모든 것은 부족한지를 아이에게 설명하려 한다면, 당신들은 아이를 철학자로 취급하는 것일 뿐만 아니라 현자로 취급하는 것이 된다. 철학자조차 잘 알지 못하는 것을 아이에게 이해시키려

하기 때문이다.

　이렇게 하면, 학생의 호기심을 얼마나 많은 흥미 있는 대상으로 향하게 할 수 있는지 모른다. 게다가 학생의 손이 미치는 곳에 있는 현실적·물질적인 관련 밖으로 나갈 필요도 전연 없고, 학생이 이해할 수 없는 관념을 단 하나라도 그의 정신에 불러일으키지도 않는다. 교사의 기술은, 아무런 관계가 없는 사소한 일에 관한 관찰을 거듭하게 하지 않고, 장차 시민 사회의 좋은 질서, 나쁜 질서를 충분히 판단하기 위해 학생이 알지 않으면 안될 중대한 관계에 끊임없이 그를 접근시키는 것이다. 학생의 흥미를 자아내는 이야기를, 그에게 주어진 정신적 경향에 맞출 수 있어야 한다. 다른 학생 같으면 별로 주의를 기울이지 않을 문제로, 에밀은 반 년 동안을 괴로워할 수도 있다.

　우리는 어느 부유한 집의 연회에 초대받아 간다. 연회 준비가 되어 있다. 많은 손님, 많은 하녀, 많은 접시……. 우리는 우아하고 자상한 접대를 받는다. 그런 쾌락과 축연의 온갖 준비에는, 무언지 사람의 마음을 취하게 하고 그런 분위기에 익숙해 있지 않은 사람을 멍하게 만드는 것이 있다. 나는 그런 모든 것이 나의 젊은 제자에게 주는 효과를 예감한다. 식사가 오랫동안 계속되고 있을 때, 요리가 잇달아서 운반되어 올 때, 식탁 주위에서 여러 가지 이야기가 화려하게 떠돌고 있을 때, 나는 그의 귓가에 입을 대고 이렇게 말한다. "너는, 이 식탁 위에서 볼 수 있는 모든 것들이 여기에 올 때까지 얼마나 많은 사람의 손을 거쳤으리라고 생각하니?" 이 간단한 말에 의해, 나는 그의 머리 속에 얼마나 많은 관념을 불러일으키는가. 즉시 술에 취한 듯한 몽롱한 느낌은 완전히 사라져 버린다. 그는 깊이 생각하고, 반성하고, 계산하고, 불안해진다. 철학자들이 술 탓으로, 어쩌면 옆자리의 여성들 탓으로 들떠 시시한 이야기를 즐기며 마치 아이같이 되어 있을 때, 그는 혼자 귀퉁이에서 철학을 하고 있는 것이다. 그는 나에게 질문한다. 나는 '언젠가 다음에' 하고 대답하기를 거부한다. 그는 초조해져, 먹는 일도 마시는 일도 잊고, 한시 바삐 식탁을 떠나, 나와 천천히 이야기하고 싶은 생각으로 가득찬

다. 그의 호기심에서 이 얼마나 훌륭한 대상인가. 그의 교육에서 이 얼마나 훌륭한 교재인가. 어떤 것에 의해서도 손상되지 않은 건전한 판단력을 가지고 있는 그가, 사치라는 것에 관하여 어떻게 생각할 것인가? 금방 대소변으로 화장실에 버려질 모든 것들을 그의 식탁에 화려하게 갖춰 놓게 하기 위해서, 세계 각국의 몇 천만이나 되는 사람들이 오랫동안 일했으며, 또 그 때문에 몇 천이나 되는 사람들이 목숨을 잃었는지를 알았을 때, 그는 이와 같은 사치에 대해서 어떻게 생각할까?

그러한 모든 관찰로부터 그가 마음속에서 은밀히 끌어내는 결론을 주의 깊게 살펴보라. 당신들이 내가 생각하는 만큼 잘 그를 감시하지 않는다면, 그는 다른 방향으로 고찰하여, 자신의 점심 식사 준비를 위해 그렇게나 많은 사람들이 신경쓰고 협력하는 것을 보고는, 자신이 세계에서 매우 중요한 인물이라고 생각할지도 모른다. 그런 위험한 생각이 예감된다면, 그가 그렇게 생각하기 전에, 당신들은 쉽게 그것을 막을 수 있고, 아니면 적어도 그런 인상을 곧 그에게서 지워 버릴 수가 있다. 아직 사물을 물질적으로 향수(享受)하는 것에 의해서밖에 자기의 것으로 할 수 없는 그는, 외적인 효용에 의해서만 그것이 자기에게 적당한지 적당하지 않은지를 판단할 수가 있다. 식사 전의 운동에 의해, 공복에 의해, 자유에 의해, 기쁨에 의해 맛을 더하는 간소한 시골식 점심과 그처럼 어마어마한 연회를 비교해 보면, 그런 연회가 그에게 아무런 실질적인 이익을 주지 않으며, 그의 위 주머니는 농가의 식탁을 떠날 때에도 부유한 집의 굉장히 잘 차린 식탁을 떠날 때와 마찬가지로 충족되어 있으며, 참으로 자기 것이라고 할 수 있는 것은 어느쪽에서도 취득하지 못했다는 사실을 충분히 깨닫게 할 수 있을 것이다.

이런 경우에 교사가 그에게 어떤 말을 들려줄 수 있는지 상상해 보라. "저 두 종류의 식탁을 잘 생각해 보렴. 그리고 스스로 생각해 봐. 어느쪽 식사에서 더 즐거움을 느꼈는지, 어느쪽 식사에서 더 많은 기쁨을 찾았는지, 어느쪽 식사에서 한층 더 많은 식욕을 느끼고 한층 유쾌한 기분으로 마셨는지, 그리고 진정으로 흥겨웠는지, 그리고 어느쪽 식탁에서 오랫동안 심심하지 않았는지, 그래서 끊임없이 새로운 요리를 낼 필요가 없었는지. 그건 그렇고, 그 차이를 생각해 보렴―네가 맛있다고 생각하는 저 흑빵은 농부가 거두어들인 밀가루로 만든 것이다. 색이 검고 특별한 맛은 없지만, 갈증을 시원하게 풀어 주며 몸에 좋은 그의 포도주는 그의 포도밭에서 나온 것이다. 또 냅킨은, 그의 밭에서 나온 삼(麻)에서, 겨우내 그의 아내와 딸과 하녀들이 뽑은 실로 만든 것이다. 그의 식탁을 준비하는 데에는, 그의 가족들 외의 다른 어떤 사람도 관여하지 않았다. 그에게는 바로 옆에 있는 방앗간과 근처의 시장이 세계의 한계이다. 반면에 부잣집의 식탁에서, 멀리 떨어진 나라로부터 많은 사람의 손에 의해 운반되어 온 많은 것들에서, 너는 현실적으로 무엇을 즐겼는가? 만약 그런 모든 것이 조금이라도 더 맛있는 식사가 되지 못했다면, 그런 풍부한 메뉴가 대체 네게 어떤 이익이 되었단 말인가. 그 가운데 너를 위한 것이 얼마나 있었단 말인가. 설령 네가 저 호화스러운 저택의 주인이었다 하더라도, 그런 것은 모두 네게 대해 역시 아무런 관계도 없었을 것이다. 다른 사람들에게 너의 즐거움을 자랑삼아 보이려고 애쓰는 것은 즐겁지 않기 때문이 아니겠는가.”

　이러한 훈화(訓話)는 정말로 훌륭한 것이다. 그러나 그것은 에밀에게는 아무런 가치도 없다. 그는 그것을 이해할 수가 없는 데다가 타인의 간접적인 견해를 그대로 받아들이지 않기 때문이다. 그러므로 그에게는 좀더 알기 쉽게 이야기해 주라. 그런 두 가지 경험을 하게 한 다음에, 어느 날 아침 그에게 이렇게 말하라. “오늘은 우리 어디로 점심을 먹으러 갈까? 식탁 위를 빈틈없이 덮고 있는 그 많은 은접시들, 그리고 온갖 조화(造花)들로 장식된 디저트, 한껏 부푼 스커트를 입고 있는 부인들, 너를 인형처럼 취급하고, 네가 마음에도 없는 말을 한 것처럼 가장하는 저 부인들이 있는 곳에 갈까? 그렇지 않으면, 여기에서 10킬로미터나 떨어진 저 시골, 우리를 그토록 기쁘게 맞아주고, 그렇게 맛있는 크림을 만들어 주는 저 선량한 사람들의 집으로 갈까?” 에밀이 어느쪽을 선택할는지에 대해서는 의문의 여지가 없다. 그는 수다쟁이가 아니며 허영심도 없으니까. 그는 속박에 견디지 못하며, 우리의 미묘한 입맛에 맞춘 음식들도 그를 기쁘게 하지 못하니까. 반대로 그는, 언제나 시골에서 뛰어 돌아다니고 싶어할 것이며, 맛있는 과일, 싱싱한 야채, 맛있는 크림, 그리고 선량한 사람들을 매우 좋아하고 있다.[●] 걷고 있는 동안에 그에게는 이런 생각이 떠오른다. '내가 보는 바로는, 저 어마어마한 식탁을 준비하기 위해 일하는 많은 사람들은 쓸데없는 수고를 하고 있는 것이다. 그렇지 않으면 그 사람들은 자신의 즐거움 따위는 전혀 생각지 않는 것이다.'

내가 제시하는 예는, 나의 에밀에게는 훌륭하지만, 그밖의 많은 아이들에게는 그렇지 않을 것이다. 그러나 당신도 당신의 제자가 사물을 보는 각도를 포착하면, 필요에 따라 예를 얼마든지 바꿀 수 있다. 그 선택은 그 아이 특유의 천분을 연구하는 것에 달려 있으며, 그 연구는, 우리가 그들에게 자신을 나타내 보일 기회를 줌으로써 넓어질 수 있다. 당신은, 지금 여기서 우리가 고찰하고자 하는 3년이나 4년 동안에, 아무리 뛰어난 소질을 가지고 태어난 아이라 하더라도, 그에게 모든 기술과 모든 자연과학에 대한 관념을, 그것도 언젠가 그가 그것을 스스로 배우기에 충분한 관념을 줄 수 있으리라고 생각하지는 않을 것이다. 그러나 이런 식으로, 그가 알아야만 할 모든 것을 그의 눈앞에 차례차례 펼쳐가는 것에 의해, 우리는 그의 취미나 재능을 신장시켜주고, 그가 지닌 자질을 발휘할 수 있도록 해주며, 자연의 작용을 촉진시키기

● 나의 제자가 가지고 있다고 생각되는 전원에 대한 기호는, 그가 받은 교육의 자연스러운 결과이다. 또 여성의 마음에 들 만한 자부심 강한 사치를 부리지 않는 그는, 다른 아이들처럼 여성에게 귀여움을 받는 일도 없다. 따라서 그는 여성과 함께 있는 것을 기뻐하지도 않고, 아직 그 매력을 느끼지 못하는 여성과의 교제에 의해 자신을 망쳐버리는 일도 없을 것이다. 여성의 손에 키스하거나, 여성에게 알랑거리는 것을, 아니 남성을 젖혀놓고 당연히 여성에게 할 경의를 표하는 일조차 나는 그에게 가르치려 하지 않았다. 이유를 알 수 없는 것은 무엇 하나 구하지 말라는 것을, 나는 그에게 움직일 수 없는 규칙으로 지키도록 했으니까. 아이에게서 여성을 남성과 달리 취급하는 일에 어떤 정당한 이유가 있겠는가.

위해서 그가 열어야만 하는 길을 우리에게 보일 수 있도록 해주게 된다.

이러한, 한정되어 있기는 하나 정확한 지식의 연쇄(連鎖)로부터 얻을 수 있는 또 하나의 이익이 있다. 그것은 지식을 그 상호간의 연관성에 의해서, 그리고 그것들의 상관 관계에 의해서 그에게 제시하고 그 위치를 바르게 평가시킴으로써, 대부분의 사람들이 지닌 편견을, 즉 자신이 현재 키우고 있는 재능을 과대 평가하고, 소홀히 하는 재능을 과소 평가하는 편견을 막을 수 있다는 것이다. 전체의 질서를 잘 보고 있는 사람은 각 부분이 있어야 할 위치를 알고 있다. 반면에 하나의 부분을 명확히 보아 그것을 완벽하게 알고 있는 사람은 학식이 있는 사람이 될지는 모른다. 그러나 전자(前者)는 분별이 있는 사람이 된다. 그리고 당신들도 잘 알고 있는 것처럼, 우리가 획득하려 하는 것은 지식이 아니라 지혜이다.

어떻든 나의 방법은 내가 예로 드는 것과는 별개의 것이다. 그것은 연령의 차이에 따라 인간의 능력을 재는 것과 그 능력에 적합한 일을 선택하는 것을 기본으로 한다. 달리 더 좋은 결과를 가져다 줄 방법을 쉽게 찾을 수 있으리라 생각하나, 그것이 그 학자의 입장과 나이와 성(性)에 그만큼 적절한 것이 아니라면, 그 성공은 의심스럽다.

이 두 번째 시기가 시작되려는 때에 즈음하여 우리는, 욕망을 충족시키고 남는 힘을 이용하여 자신의 밖으로 나갈 수가 있었다. 우리는 하늘을 살피고, 대지를 측정했다. 자연의 법칙을 배웠다. 결국 우리는 섬 전체를 탐험한 것이다. 이제 우리는 다시 자신으로 돌아가기로 하자. 모르는 새에 다시 우리의 거처로 접근해 가자. 집에 들어가려 할 때 우리를 두렵게 하는 적, 우리의 주거지를 빼앗으려 하는 적[7]이 아직 그곳을 점령하지 않았다면 정말로 다행한 일이다.

---

7) 라 퐁텐의 우화 참고. 작은 토끼가 아침 산책을 하고 오니, 족제비가 자기 집을 점령하고 있었다는 이야기를 암시하고 있다.

우리 주위의 모든 것을 관찰한 다음에, 우리는 다시 무엇을 해야 할까? 우리가 취득할 수 있는 모든 것을 우리 자신에게 쓸모 있도록 바꿔야 하며, 우리의 호기심을 통해 우리의 안락을 증대해야 한다. 이제까지 우리는 모든 종류의 도구를 손에 넣었지만, 어느것이 우리에게 필요한 것인지를 몰랐다. 어쩌면 우리의 도구는, 우리 자신에게는 쓸모가 없고 다른 사람에게 쓸모 있는 것인지도 모른다. 그리고 어쩌면, 우리 역시 다른 사람이 가진 도구를 필요로 하게 될지도 모른다. 그래서 우리는 모두 교환에 의해 서로가 덕을 보게 될 것이다. 그러나 교환하기 위해서는 우리는 서로 어떤 것을 필요로 하는지를 알아야 한다. 다른 사람이 가지고 있는 것 중에서 자기에게 필요한 것과, 자기가 가지고 있는 것 중에서 다른 사람에게 제공할 수 있는 것을 각자가 알아야 한다. 열 사람이 있는데, 한 사람 한 사람이 열 종류의 필요를 가진다고 하자. 각각의 사람은, 자신에게 필요한 것을 손에 넣기 위해, 열 종류의 일을 하지 않으면 안된다. 그러나 자질과 재능의 차이를 생각하면, 어떤 사람은 그 열 가지 일 중 어떤 일을 잘 할 수 없을 것이고, 또 어떤 사람은 다른 일을 잘 할 수 없을 것이다. 모두가 서로 다른 일에 적합한데 다같이 똑같은 일을 한다면, 좋은 성과를 얻을 수 없게 된다. 이 열 사람으로 하나의 사회를 만들기로 하자. 그리고 각 사람이 자신을 위해, 다른 아홉 사람을 위해, 자기에게 가장 적합한 종류의 일을 하기로 하자. 각 사람은 다른 사람의 재능으로부터 이익을 얻어, 혼자서도 모든 재능을 다 가지고 있는 것과 똑같게 된다. 각 사람은 자신의 재능을 끊임없이 연마함으로써 그것을 완전한 것으로 할 수가 있다. 그리하여 열 사람 모두 자기가 필요한 것을 완전히 손에 넣을 수가 있고, 또 나머지 것을 다른 사람에게 줄 수 있게 된다. 이것이 우리의 모든 사회 제도의 분명한 토대이다. 지금 그 결과를 검토하는 것이 나의 목적이 아니다. 그것은 내가 다른 책[8]에서 검토한 바 있다.

---

8) 《인간 불평등 기원론》

이 원칙에 입각하여 보면, 자신을 독립한 존재로 간주하고, 아무에게도 전혀 의존하지 않고 자신만으로 충분한 생활을 하려고 하는 사람은 가련한 존재밖에 되지 않는다. 그에게는 지속적인 생존조차 불가능해진다. 토지라는 토지는 모두 소유주가 정해져 있고, 그는 자신의 몸밖에 가지지 않았으니, 어디에서 필요한 것을 손에 넣을 수가 있겠는가. 우리가 스스로 자연의 상태로부터 빠져나오는 것은 다른 사람들에게도 빠져나오기를 강요하는 것이다. 타인의 의지에 거역하여, 자연 상태에 머물러 있을 수 있는 사람은 아무도 없다. 그리고 더 이상은 불가능한데도 그곳에 머물러 있으려 하는 것은, 그 자체가 사실상 자연 상태에서 벗어나는 것이다. 자연의 제1법칙은 자기 보존에 유의하는 것이기 때문이다.

이렇게 하여 아이가 실제로 사회의 활동적인 일원이 되기 전에, 이미 그의 정신 속에 사회 관계에 대한 관념이 조금씩 형성되어 간다. 에밀은, 자신이 사용할 도구를 손에 넣기 위해서는 남들도 사용할 도구를 필요로 한다는 것, 덕분에 자신에게 필요한 것을 그들과의 교환에 의해 손에 넣을 수 있다는 것을 안다. 나는 그런 교환의 필요성을 쉽게 그로 하여금 느끼게 하여, 그것을 이용할 수 있도록 해 준다.

"각하, 나도 먹고 살아야 합니다." 어느 불쌍한 풍자 작가는, 그의 천한 직업을 질책한 대신을 향해 이렇게 말했다. 그에 대신은 냉담하게 대답했다. "나는 그 필요를 인정하지 않는다." 이런 대답은, 대신의 말로서는 훌륭하지만, 어떤 사람이든 다른 사람의 입에서 나왔다면, 잔혹한 말이며, 잘못된 말이기도 하다. 모든 인간은 살아야 한다. 이 주장에, 사람들은 그 인간애의 많고 적음에 따라 많든 적든 절실한 의미를 부여하는데, 자기 자신에 대하여 그것을 주장하는 사람에게는 이것은 어쩔 도리가 없는 일이라고 나는 생각한다. 자연이 우리에게 주는 모든 혐오감 가운데 가장 강한 것이 죽음에 대한 혐오감이므로, 살기 위해서는 이렇게 할 수밖에 다른 어떤 수단도 없는 사람에게는, 자연에 의해서 어떤 일이든 용서받게 된다. 덕이 있는 사람이 생명을 가볍게 여겨 자신의 의무를 다하기 위해 생명을 희생하는 것을 배우는 근거가 되는 원칙은, 이러한 원시적인 소박함과는 상당히 동떨어진 것이다. 아무런 노력을 하지 않아도 선량할 수 있는 민족, 그리고 덕을 가지지 않아도 바른 인간이 될 수 있는 민족은 행복하다. 만약 세계의 어딘가에, 나쁜 짓을 하지 않고는 누구도 살아갈 수 없는 그런 불행한 나라, 시민들이 악행을 강요당하는 그런 나라가 있다면, 교수형에 처해져야 할 사람은, 나쁜 짓을 한 인간이 아니고, 어쩔 수 없이 나쁜 짓을 하도록 강요한 인간이다.

에밀이 생명이 어떤 것인가를 알게 되면, 자신의 생명을 보존하는 방법을 가르치는 것이 내가 가장 유의할 점이 된다. 이제까지 나는 신분·지위·재산 등의 차별을 인정하지 않았는데, 앞으로도 이제까지 이상으로 그것을 인정하지 않을 것이다. 인간은 어떤 신분의 인간이든 같기 때문이다. 부유한 사람이 가난한 사람보다 큰 밥주머니를 가지고 있는 것도 아니고, 한층 더 잘 소화시키는 것도 아니다. 주인이 노예보다 길고 강한 팔을 가지고 있는 것도 아니며, 고귀한 사람이 평민에 속하는 사람보다 키가 큰 것도 아니다. 그리고 결국 자연적 욕구는 모든 사람에게 똑같으므로, 그것을 충족시키는 수단도 모든 사람으로부터 똑같은 거리에 있어야 한다. 인간의 교육은 그의 실제적 자아에 맞게 하라. 인간의 영역이 아닌 것에 맞추어 교육을 해서는 안된다. 당신들은, 어떤 신분에만 적합한 인간을 만들려고 노력하여, 다른 신분에는 전혀 쓸모 없는 인간으로 만들고 있다는 것, 그리하여 운명의 여신이 심술이라도 부리면 그 사람을 불행하게 하기 위해 노력한 것이 될 뿐이라는 사실을 모르는가? 높은 신분이었던 사람이 거지가 되어 비참한 상태에 떨어져 있으면서도 그 혈통으로부터 오는 편견을 계속해서 가지고 있는 것처럼 우스꽝스러운 일이 있을까? 가난해진 부자가, 자기 자신이 과거에 가난한 자들에게 퍼붓던 경멸을 생각하고, 자신이 더없이 비참한 인간이 되었다고 느끼는 것처럼 경멸할 일이 있을까? 전자는 사기(詐欺)를 직업으로 하고, 후자는 '나도 살아야 하니 어쩝니까?' 라는 그럴 듯한 말을 하면서 굽실거리는 하인이 되는 외에는 살아갈 길이 없다.

당신들은 현재의 사회 질서를 너무나 믿어, 그 질서 자체가 불가해한 변화에 위협당하고 있다는 사실을 생각하지 않는다. 그리고 당신들의 아이가 직면하게 될지도 모르는 상황을 예견하는 것도 방지하는 것도 불가능하다는 것을 생각하지 않는다. 고귀한 사람은 천해지고, 부유한 사람은 가난해지고, 군주는 신하가 된다. 그런 운명의 역전(逆轉)은 드물게밖에 일어나지 않으니까, 당신들은 그런 일을 피할 수 있으리라고 생각하는가? 우리는 위기와 혁명의 시대*로 가까이 가고 있다. 그때 당신들은 어떻게 될까? 누가 당신들의 운명을 점칠 수 있는가? 인간이 만든 것은 인간이 부숴 버릴 수 있다. 자연이 새긴 것 외에는 어떤 각인도 지울 수가 있다. 그리고 자연은 왕후(王侯)도, 귀족도, 부자도 만들지 않는다. 그런데 당신이 높은 신분에 맞는 사람으로만 교육한 사람이 낮은 신분으로 떨어졌을 때 그는 어떻게 될까? 사치스러운 생활에만 젖어 온 부자가 가난뱅이가 되었을 때 어떻게 될까? 자신의 몸을 사용할 줄 모르고, 실제로 자기 것이 아닌 것에 대해 뽐내고 있는 이 오만한 바보가 모든 것을 잃게 되었을 때 어떻게 될까? 그렇게 되었을 때 자기가 더 이상 과거의 자기가 아님을 깨달아 신분을 스스로 버릴 수 있고, 운명의 타격에도 불구하고 인간으로서 살아남을 수 있는 사람은 행복하다. 전쟁에 패해, 광란 끝에 왕좌(王座)의 잔해 밑에 몸을 묻으려 하는 저 왕자(王者)를 찬양하고 싶으면 얼마든지 찬양해도 좋다. 나는 그러한 왕자를 경멸한다. 내가 보

●나는, 유럽의 대군주국이 이제부터도 오랫동안 존속할 수는 없다고 생각한다. "모든 군주국은 번영했지만, 번영한 나라는 모두 몰락해 간다." 나의 견해 속에는 이 격언의 원리보다 좀더 특수한 이유가 있지만, 그것을 지금 설명하는 것은 적당하지 않으며, 또 그것은 누구의 눈에도 지나칠 정도로 확실하므로 더 이상 설명하지 않기로 한다.〔이 혁명의 예언에 비교되는 것으로서, 볼테르의 다음의 말이 잘 알려져 있다. "내가 보고 있는 것은, 모두 혁명의 씨앗을 품고 있다. 혁명은 반드시 일어날 것이다. 그러나 나는 그 증인이 되는 기쁨을 맛보지 못할 것이다."(1764년 2월 2일)〕.

는 바로는, 그런 자는 왕관 덕분에 존재하는 데에 지나지 않고, 왕이 되지 못하면 아무것도 아니다. 그러나 왕관을 잃어도 그런 것을 필요로 하지 않을 수 있는 사람은, 이미 왕관을 초월한 사람이다. 그는 비겁자·악인·바보, 그 누구라도 훌륭히 차지할 수 있는 왕관의 자리로부터 극히 소수의 사람밖에 차지할 수 없는 인간의 지위로 올라간 것이다. 그때 그는 운명을 극복하고, 운명을 조금도 무서워하지 않게 된다. 그의 것은 모두 그의 힘으로 얻어지게 된다. 그리고 그는 자신 외에는 보일 것이 없어진 때에도, 절대로 무의미한 존재가 아니다. 그렇다! 나는, 코린트에서 학교 선생이 되었던 시라쿠사의 왕이나 로마에서 서기(書記)가 되었던 마케도니아의 왕을, 지배자가 되지 못했다면 어떻게 되었을지 알 수 없을 가련한 타르퀴니우스나, 그 가련한 상태를 비웃으려 하는 사람들의 놀림감이 되며, 궁정에서 궁정으로 떠돌며 가는 곳마다 도움을 구걸하면서 창피를 당하고, 이미 자신의 힘으로는 할 수 없게 된 직업 외에는 아무것도 할 줄 몰랐던 저 세 왕국을 소유한 자의 후계자보다 백 배나 더 좋아한다.[9]

　　인간이며 시민인 자는 누구든, 자기 자신 이외에는 어떤 재산도 사회에 줄 수 없다. 그가 어떻게 생각하든 다른 재산은 모두 사회의 것이다. 그래서 어떤 사람이 부유하다면, 그 사람이 그 부(富)를 향유하지 않든가 남들도 그 부를 향유하든가 해야 한다. 첫번재 경우, 그 사람은 자신이 사용하지 않는 것을 타인으로부터 훔친 것이 되고, 두 번째 경우에도, 그 사람은 타인에게 무엇 하나 주는 것이 아니다. 따라서 그 사람이 그 재산으로만 지불하고 있는 한은, 그의 사회적인 부채는 모두 그대로 남게 된다. '그러나, 나의 아버

---

9) 여기서 말해지고 있는 왕들은, 기원전 4세기 시라쿠사의 왕 디오니시우스 2세(만년, 코린트에서 학교 선생이 되었다고 함). 로마군에 패한 마케도니아 왕 페르세우스의 아들(먹고 살기 위해 로마 재판소의 서기가 되었다), 510년경 정치 변혁으로 로마를 쫓겨난 최후의 왕 타르퀴니우스. 세 왕국을 소유한 자의 후계자란, 영국 왕 제임스 2세의 손자 찰스 에드워드 (1720~88)를 말한다.

지는 그 재산을 얻었을 때에 사회에 공헌한 것이다.……' 그럴지도 모른다. 당신의 아버지는 그 부채를 갚았다. 그러나 당신의 부채를 갚아 준 것은 아니다. 당신은 재산이 없는 집에 태어난 사람들보다 한층 더 많은 부채를 다른 사람들에게 지고 있다. 좋은 신분으로 태어났기 때문이다. 어떤 사람이 사회를 위해 한 일이 사회에 대한 다른 사람의 부채를 면하게 해 준다는 것은 정당하지 못하다. 사람은 자신이 가지고 있는 것 모두를 사회로부터 얻은 것이므로, 자신을 위해서만 그 재산을 사용할 수도 없거니와, 어떤 아버지도 동료에 대하여 쓸모 없는 인간으로 남을 수 있는 권리를 아들에게 양도할 수도 없기 때문이다. 그런데 당신은 아버지가 자식에게 그 부(富)를, 즉 노동의 증거와 대가를 양도하는 것에 의해 정말로 그럴 수 있다고 생각한다. 자신이 벌지 않은 것을 아무 일도 하지 않으면서 먹고 있는 사람은 그것을 훔치고 있는 것이다. 따라서 아무것도 하지 않으면서 국가로부터 지불을 받고 있는 연금 생활자는, 나의 눈으로 보면 통행인을 희생시켜 생활하고 있는 산적과 거의 다를 바가 없다. 사회의 테두리 밖에 고립(孤立)해 있는 인간은, 누구에게서도 무엇 하나 빌리는 일이 없으므로, 마음대로 생활할 권리를 가지고 있다. 그러나 사회에서는, 인간은 필연적으로 타인의 희생에 의해 생활하고 있으므로, 그는 그 생활비를 노동을 통해 갚지 않으면 안된다. 여기에는 예외가 없다. 따라서 일한다는 것은, 사회적 인간의 불가피한 의무이다. 부자이든 가난뱅이이든, 강한 자든 약한 자든, 놀고 먹는 시민은 모두 나쁜 사람이다.

인간에게 생활 물자를 공급할 수 있는 모든 일 가운데에서 자연의 상태에 가장 가까운 것은 손을 사용하는 노동이다. 모든 신분 가운데에서 운명과 타인의 지배로부터 가장 벗어나 있는 것은 직인(職人)의 신분이다. 직인은 자신의 노동에만 의존한다. 직인은 자유다. 농부가 노예인 것과는 반대로 자유다. 결국 농부는 그 경작지에 묶이고, 수확한 것은 남의 손에 의해 처분된다. 적(敵)이나 왕후(王侯)나 강력한 이웃사람이나 소송이 농민의 손으로부터 그 논밭을 빼앗는 일도 있다. 그 논밭으로 해서 남들이 여러 가지 방법으로 농부를 괴롭히는 일도 있다. 그러나 직인은 어디에 있어도, 사람이 박해를 가하려고 하면 지체 없이 짐을 쌀 수가 있다. 그는 자신의 기술을 가지고 그곳을 떠난다. 그러나 농업은 가장 오래되고 가장 정직한 직업이다. 그것은 인간이 영위할 수 있는 직업 중에서 가장 훌륭하고 유용한, 따라서 가장 고귀한 직업이다. 나는 에밀에게 농업을 배우라고 이야기하지는 않는다. 그는 농업을 알고 있다. 전원의 일은 모두 그에게 친숙하다. 그는 처음에 밭일을 했고, 끊임없이 그 일로 되돌아간다.

따라서 나는 그에게 이렇게 말한다. "네 조상들의 땅을 경작하라." 그러나 만약 그 토지를 잃었다면, 혹은 토지를 가지지 않았다면 어떻게 하면 좋을까? 무언가 직업을 배워야 한다. '내 아들에게 직업을! 내 아들을 직인으로! 선생, 당신은 진정으로 그렇게 생각하십니까?' '부인, 나의 생각이 당신의 생각보다 훨씬 더 현명합니다. 당신은 아드님을 귀족이라든가 후작이라든가 대공(大公) 같은 것 이외에는 되게 하지 않으려 하십니다. 그리하여 필시 언젠가는 없어도 괜찮은 인간으로 만들려 하고 계십니다. 그러나 나는 결코 잃는 일이 없는 지위를, 어떤 시대에도 존경받는 지위를 그에게 만들어주려고 합니다. 나는 그를 인간의 상태로 끌어올리려 합니다. 그리고 당신이 뭐라고 말씀하시던, 당신으로부터 받는 모든 자격에서보다 이 인간이라는 자격에서, 그는 자기와 겨룰 수 있는 사람을 그리 많이 가지지 않게 될 것입니다.'

학문은 생명을 죽이며 정신은 생명을 준다. 무엇인가 직업을 갖기 위해 그것을 배우는 것보다 직업이라는 것을 경멸하는 편견을 극복하는 것이 더 중요하다. 당신들은 생계를 위해 일하지 않으면 안되는 상태에는 결코 이르지 않을 것이다. 정말 곤란하고 당신들에게는 너무도 불행한 일이다. 하지만 상관없다. 생계를 위해 일하지 말고 명예를 위해 일하는 것이다. 당신들의 신분보다 높은 곳으로 올라가기 위해 직인의 신분으로 내려가라. 운명과 기타 모든 여건을 극복하기 위해 우선 그런 것으로부터 독립하는 일부터 시작하라. 여론을 통해 지배하기 위해서는 우선 여론을 지배해야 한다.

내가 당신들에게 요구하는 것은 얼마간의 재능이 아니라는 사실을 잊지 말기 바란다. 그것은 하나의 기술이다. 참된 기술인 것이다. 순수하게 기계적인 기술인 것이다. 머리보다 손을 움직이는 일이 많고, 큰 재산을 모으게 하지는 않지만, 재산이 없어도 살 수 있게 하는 기술이다. 먹고 살 걱정이 전연 없는 집에서도 아버지가, 먼 앞날까지 생각하여 아들의 교육을 배려할 뿐만 아니라, 어떤 상황에서도 아이가 살아갈 수 있도록 쓸모 있는 지식을 주려고 유의하고 있다는 것을 나는 알고 있다. 그런 선견지명을 가지고 있는 아버지들은, 대단히 중요한 일을 하는 것처럼 스스로 생각하고 있지만, 그들은 아무것도 하지 않고 있는 것이다. 그들이 아이를 위해 남겨 주려고 생각하는 생활 수단은, 아이에게 면하게 해 주려는 우연 그 자체에 의존하고 있기 때문이다. 결국 아무리 훌륭한 재능을 가지고 있어도, 그것을 활용할 수 있는 혜택받은 환경에 있지 않으면, 그런 재능을 조금도 가지고 있지 않는 것과 똑같이, 굶어 죽어 버리고 말 것이다.

권세라든가 계략과 같은 것이 문제가 된다면, 유복한 신분을 유지하기 위해 그것을 사용하는 것도, 빈곤 가운데에서 이전의 상태로 다시 올라가는 데에 필요한 것을 획득하기 위해 그것을 사용하는 것이나 아무런 차이가 없다. 당신들이 예술가의 명성에 의해서 그 성공이 결정되는 예술을 배우고 있다면, 좋아해 주는 사람이 없으면 획득할 수 없는 직무(職務)에 적합한 사람이 되려 한다면, 당연히 세상에 싫증이 나고, 그래서 성공하는 데에 꼭 필요한 단계를 경멸하게 되었을 때에는, 그런 것이 대체 무슨 소용이 있겠는가? 당신들은 정치학과 나라를 다스리는 기술에 관하여 연구했다. 그것은 매우 훌륭한 일이다.

그러나 대신들이나 궁정의 총신(寵臣)들 및 관리들을 가까이할 수가 없다면, 그들의 마음에 들 비결을 알고 있지 못하다면, 아무도 당신들을 그들에게 안성맞춤의 사기꾼[10]이라고 봐 주지 않는다면, 그런 지식을 당신들은 어디에 쓸 작정인가? 당신들은 건축가나 화가가 된다. 좋다. 그러나 당신들의 재능을 인정받지 않으면 안된다. 당신들은, 무난히 화랑에 작품을 진열할 수 있을까? 당치도 않다. 그럴 수는 없을 것이다. 우선 아카데미에 입회하지 않으면 안된다. 아카데미에 입회했다 해도, 후원자가 없으면 눈에 잘 띄지 않는 벽의 한 귀퉁이를 얻는 것조차도 쉽지 않다. 자나 화필은 내동댕이쳐 버리고, 길거리의 마차를 타고, 이 집에서 저 집으로 달려라. 그래야만 명성을 획득할 수가 있다. 그런데 당신들도 알고 있기는 하겠지만, 그런 명사의 집 문에는 반드시 수위가 있다. 그들에게는 말은 통하지 않고 손짓만이 통한다. 그들은 귀를 꽉 막고 있기 때문이다. 당신들은 당신들이 배운 것을 가르치려고 하는가? 지리학, 또는 수학·어학·음악·데생 교사가 되려 하는가? 그러기 위해서도 학생을 찾지 않으면 안된다. 따라서 당신의 추천자를 찾아야 한다. 학문이 재능보다 더 신용을 얻는데, 당신 자신의 기술 외에 다른 기술을 알지 못한다면, 아무도 당신의 재능을 믿어 주지 않으리라는 것을 각오해야 한다.

따라서 그러한 훌륭한 생활 수단이 얼마나 불확실한 것인지, 또 그것을 이용하기 위해서는 얼마나 많은 다른 수단이 필요한지 알기 바란다. 더욱이 그러한 비굴한 상태에 떨어졌다고 하면, 당신들은 어떻게 될 것인가? 실패는 당신들에게 교훈이 되기보다 당신들을 비굴하게 만들 뿐이다. 이제까지의 어떤 때보다 세론에 희롱당하고 있는 당신들이 어떻게 편견을 극복하고 운명을 지배할 수 있겠는가. 살기 위해서는 어쩔 수 없는 비열이요 악덕인데

---

10) frpon을 번역한 말. 악당이라 번역해도 좋다. 사회·사교계에 깃든 야바위꾼, 악당을 가리킨다. 라 브뤼엘의 《온갖 사람》 중 〈궁정에 관하여〉의 53절에도 다음과 같은 종류의 용법이 있다. '궁정에서는, 귀족이나 대신에게 가장 선의를 가진 사람들조차 악당(사기꾼)이 필요하다. 그러나 그 이용법은 상당히 미묘하다. 그들을 잘 이용할 수 있는 수단을 알지 않으면 안된다. 명예·미덕·양심 등은 언제나 존경할 만하지만, 때로는 아무 쓸모없는 것이다.'

어떻게 그것을 경멸할 수 있겠는가. 이제까지는 당신들은 부(富)에 의존하고 있었는데, 이제는 부유한 사람에 의존하고 있다. 당신들은 노예 상태를 한층 심화시켰을 뿐이며, 그 위에 가난이라는 무거운 짐을 가중시켰을 뿐이다. 그리하여 당신들은 자유마저 잃고 가난하게 되었다. 그것은 인간이 떨어질 수 있는 최악의 상태인 것이다.

그러나 몸을 기르기 위해서가 아니라 정신을 기르기 위한 심오한 지식에 의해서 생활하려 하지 않고, 필요가 발생했을 때에는 당신의 손으로, 그리고 손을 사용하여 만든 것으로 생활하려 한다면, 모든 기만은 사라지고, 모든 책동은 필요없어진다. 이 생활 수단은 사용하려고 할 때에는 언제든 사용할 수 있는 준비가 되어 있다. 성실함이라든지 명예를 존중하는 마음은 이미 생활의 방해가 되지 않는다. 당신들은 더 이상 지체 높은 사람 앞에서 비굴한 태도를 취하거나 거짓말을 할 필요가 없다. 불량배들의 앞에서 굽신거리거나 모든 사람의 비위를 맞추어야 할 필요도 없다. 돈을 빌리거나 훔칠 일도 없다. 단 한 푼도 가지고 있지 않은 경우에는, 빌리는 것도 훔치는 것이나 거의 마찬가지이다. 다른 사람의 의견 따위는 조금도 마음에 두지 않는다. 누구에게도 아첨할 일이 없고, 알랑거릴 상전도, 뇌물을 줄 수문장(守門將)도, 창녀에게 돈을 주는 일도, 또 가장 나쁜 일이지만 그런 여자를 칭찬할 일도 없다. 무뢰한이 국정을 잡고 있다 해도 당신들에게는 아무런 상관이 없다. 그런 것은 당신들이 세상에 알려지지 않은 생활을 하면서 성실한 인간으로서 살고, 빵을 버는 것을 방해하지 않는다. 당신들은 어디든 좋다. 배워 익힌 기술을 사용할 수 있는 가게에 들어간다. "주인 어른, 나는 일을 하고 싶습니다." "직인인가? 거기에 앉아서 일해 주게." 점심 때까지는 당신은 점심값을 벌 것이다. 부지런히 일하고 낭비하지 않으면, 일주일도 안가서 다음 일주일을 살 수 있는 돈을 벌 수 있을 것이다. 당신들은 자유롭게, 건강하게, 정직하게, 부지런히, 바르게 살게 될 것이다. 이런 식으로 하여 번 시간은 낭비하게 되지 않는다.

나는 어떻게 하든 에밀에게 무언가 직업을 배우게 하고 싶다. '적어도 무언가 훌륭한 직업을' 하고 당신들은 말한다. 대체 훌륭하다는 것은 어떤 의미인가? 대중에게 쓸모 있는 직업이라면 어떤 것이든 훌륭한 직업이 아닐까? 나는 에밀이 로크의 귀공자처럼 자수를 놓는 사람이나 금박을 찍는 사람, 칠하는 사람이 되기를 원하지 않는다. 음악가나 배우나 책을 쓰는 인간●이 되는 것도 원하지 않는다. 그런 직업이나 그와 비슷한 직업을 제외하고는, 그는 어떤 직업이든 자기 마음대로 고르게 할 것이다. 나는 어떤 일에서든 그를 간섭하지 않는다. 그가 제화공이 되는 것이 시인이 되는 것보다 좋다고, 나는 생각한다. 도로 포장을 하는 것이 도자기에 꽃을 그려넣는 것보다 좋다고 생각한다. 당신들은 말할 것이다. "그러나 경찰이나 스파이, 사형 집행인도 유용한 인간들이다."라고. 그런 인간이 유용하지 않게 되는 것은 오직 정부가 할 나름이다. 그런 이야기는 그만두기로 하자. 내가 잘못 말했었다. 훌륭한 직업을 선택하는 것만으로는 부족하다. 그에 종사하는 사람이 싫어하는 성질이나 그 인간성과 양립할 수 없는 성질을 조장할 여지가 없는 일이어야 한다. 그래서 아까 한 말을 되풀이하게 되는데, 훌륭한 직업을 선택하기로 하자. 그리고 유용성이 없으면 훌륭할 수도 없다는 것을 언제나 잊지 말도록 하자.

그의 책에서 위대한 계획과 소심한 견해가 가득 보이는 금세기의 어느 유명한 저자는,●● 그가 속하는 교단의 모든 승려와 마찬가지로, 정식 처를 가지지 않겠다는 서약을 하고 있었다. 그러나 간통이라는 것에 관하여 다른 사람보다도 조심스러운 태도를 취하던 그 사람은, 아름다운 하녀를 두어, 그

● "당신이야말로 그런 사람이 아니냐?"고 사람들은 말할 것이다. 불행하게도 나는 그런 사람이다. 나는 그것을 인정한다. 그러나 나의 잘못은―나는 충분히 그것을 보상하고 있다고 생각하지만―타인에게, 나와 똑같은 잘못을 범하게 하는 이유가 되지 못한다. 나는 자신의 잘못을 변명하기 위해서가 아니라 독자에게 그런 흉내를 내지 않도록 하기 위해서 이 책을 쓰고 있는 것이다.

●● 생 피에르(Abbé de Saint-Pierre, 1658~1743)로, 프랑스의 성직자, 계몽 사상가.

지나친 서약에 의해서 인류가 받은 손해를 될 수 있는 한 보상하려는 결심을 했다고 한다. 그는 자식을 낳아 조국에 바치는 것을 시민의 의무라고 생각했다. 그래서 아이를 낳아 그 아이가 성장하면 직인이 되도록 했다. 그는 어떤 아이에게나 기호에 맞는 직업을 배우도록 했다. 단, 하찮은 직업, 무익한 직업, 성쇠가 있는 직업은 배제했다. 예를 들면 가발을 만드는 직업은 결코 꼭 필요한 직업이 아니다. 자연이 우리에게 머리카락 주는 일을 그만두지 않는 한, 언젠가는 필요없는 직업이 될 것이므로 그런 직업은 배제한 것이다.

이것이 에밀의 직업 선택에서 나를 이끄는 방침이다. 그러나 그 선택은 우리가 할 일이 아니고 에밀이 할 일이다. 그의 머리에 새겨져 있는 준칙은 쓸데없는 것에 대한 당연한 경멸을 그에게 품도록 한 것이므로, 그는 결코 자신의 시간을 아무런 가치도 없는 일에 낭비하려고 하지는 않을 것이며, 현실적으로 쓸모 있는 것 외에는 사물의 가치를 인정하지 않을 것이다. 그의 직업은, 섬에 있는 로빈슨에게 필요한 것 같은 직업이어야 한다.

아이의 눈앞에 자연과 예술의 산물을 차례차례 펼쳐 보여, 그의 호기심을 자극하고, 자극된 호기심이 그를 이끌어 가는 흔적을 더듬어 가는 것에 의해, 우리는 아이의 취미·기호·성향을 연구하고, 아이가 어느 방면에 탁월한 자질이 있다면, 그 첫 불꽃의 번뜩임을 볼 수 있다. 그러나 일반적인 잘못, 당신들이 경계하지 않으면 안되는 잘못은, 우연히 발생한 결과를 풍부한 재능으로 보는 것, 인간과 원숭이에 공통되는 모방의 정신, 즉 다른 사람이 하는 것을 보고 그것이 무슨 쓸모가 있는지도 모르면서 본능적으로 하려고 하는 마음을 기계적으로 일으키는 정신을 특정한 기술에의 뚜렷한 기호라고 생각하는 일이다. 세상에는, 자신이 하고 있는 일에 대한 천부적인 재능을 가지지 못했는데도 아주 어렸을 때부터 그것을 어쩔 수 없이 해 온 직인, 특히 예술가가 너무나 많다. 다른 사람들의 인습적인 통념 때문에 그 직업에 뛰어들게 되었거나, 혹은 만약 아이가 일찍부터 다른 기술이 행해지는 것을 보고 있었다면, 역시 그에 대해서 가지게 되었을지도 모르는 아이의 표면적인 열의에 속아서 그런 것을 시켰을 것이다. 어떤 사람은 북소리를 듣고 장군이 되겠다고 생각하고, 어떤 사람은 집 짓는 것을 보고 건축가가 되리라고 생각한다. 사람들은 모두 자기가 보고 있는 직업이 남들로부터 존경받고 있다고 생각될 때, 거기에 마음을 빼앗긴다.

주인이 그림을 그리거나 데생하는 것을 보고, 자기도 화가가 되려고 생각한 어떤 하인을 나는 알고 있다. 그렇게 결심하자 그는 곧 연필을 들었고, 그후 계속해서 그것을 버리지 않았다. 연필을 버릴 때에는 붓을 들었는데, 일생 동안 그는 그것을 버리는 일이 없을 것 같았다. 다른 사람에게 가르침을 받는 일도 없이, 규칙을 배우지도 않고, 그는 닥치는 대로 데생을 하기 시작했다. 만 3년 동안, 그 서투른 그림에 달라붙어 지냈다. 소임을 하는 외에는 어떤 일이 있어도 그것을 그만두지 않고, 그다지 소질도 없어서 별로 진보하지 못함에도 불구하고, 결코 체념하지 않았다. 찌는 듯이 무더운 여름 내내, 그곳을 지나가기만 해도 숨막힐 듯한 남향의 좁은 대기실에서 하루 종일 의자에 걸터앉아 아니, 걸터앉아 있다기보다 못박혀, 하나의 지구의를 앞에 놓고 그것을 그렸다가는 다시 그리는, 아무도 말릴 수 없는 집념으로 끊임없이 다시 그리는, 스스로 만족할 만큼 둥근 표면을 잘 표현할 수 있을 때까지 그리기를 되풀이하는 그의 모습을 나는 본 일이 있다. 마침내 그는 주인의 도움을 받아, 일도 하지 않게 되고 예술가의 지도를 받을 수 있게 되었다. 인내력이 재능을 대신하는 것도 한계가 있다. 그는 그 정도까지는 도달했지만, 그 이상 진보할 수는 없었던 것이다. 이 성실한 남자의 끈기와 다른 사람에게 지지 않겠다는 마음은 칭찬해도 좋다. 그는 어쨌든 근면과 끈기 있는 집념에 의해 사람들에게 존경받겠지만, 문 위의 장식 같은 것밖에 그리지 못할 것이다.

어떤 일을 좋아하는 것과 그 일에 적합하다는 것 사이에는 큰 차이가 있다. 아이는 자신의 능력을 보이지 않고 그 욕구를 보이고, 어른은 아이의 소질을 연구하지 않고 언제나 그 욕구에 의해 아이를 판단하기 때문에, 그런 아이의 참된 천부적인 자질과 기호를 확인하기 위해서는 흔히 관찰하는 이상으로 세밀한 관찰이 필요하다. 나는 누군가 분별 있는 사람이 아이를 관찰하는 기술에 관한 논고를 제공해 주기를 바란다. 이 기술을 아는 것은 대단히 중요한 일이다. 부모들도 교사들도 아직 그 기본적인 것조차 모르고 있다.

우리는 직업의 선택을 필요 이상으로 중요시하고 있는 것 같다. 에밀의 직업은 손으로 하는 일이므로, 그 선택은 에밀에게는 큰 문제가 아니다. 게다가 그의 도제 수업은 우리가 이제껏 시킨 훈련에 의해 이미 반 이상 끝나 있다. 당신들이 어떤 것을 시키고 싶어하든, 그에게는 무엇이라도 할 수 있는 준비가 되어 있다. 그는 이미 호미나 가래를 사용할 수 있다. 선반(旋盤)·망치·대패·줄을 사용할 수 있다. 모든 직업에서 필요로 하는 도구에 이미 익숙해져 있다. 단지 그 도구들을 재빨리 손쉽게 사용하는 것을 누군가에게서 배워, 같은 도구를 사용하고 있는 우수한 장인들처럼 일을 민첩하게 할 수 있게 되는 것만이 문제이다. 그리고 이 점에서, 그에게는 그들보다 나은 큰 장점이 있다. 그것은 그는 유연한 몸과 마음대로 움직여지는 수족을 가지고 있으므로 쉽게 모든 자세를 취할 수 있고, 노력하지 않아도 모든 종류의 운동을 오래 계속할 수 있다는 것이다. 게다가 그는 정확하고 잘 훈련된 감관을 가지고 있다. 그는 여러 가지 기술의 원리를 터득해 가지고 있다. 우두머리로서 일을 하려면, 그로서는 경험만 있으면 되는데, 경험은 실습을 통해 얻어진다. 우리에게는 인제 직업을 선택하는 일만 남아 있다. 그는 어떤 직업에 충분한 시간을 들여 숙련하면 좋을까? 지금 문제가 되는 것은 그것뿐이다.

남자에게는 남자에게 적합한 직업을, 그리고 젊은이에게는 그 나이에 적합한 직업을 가지게 해야 한다. 집안에 틀어박혀 앉아서 하는 일, 몸을 유약하게 하는 일은 모두 젊은이가 좋아하는 일이 아니고, 그에게 적합하지도 않다. 젊은이가 스스로 재봉사가 되고 싶다고 생각하는 일은 결코 없다. 남성의 할 일이 아닌 그러한 여성의 일을[*] 남성으로 하여금 하게 하려면 기교가 필요하다. 한손으로 바늘과 칼을 잡을 수는 없다. 만약 내게 권리가 있다면, 나는 재봉과 바느질 일은 여성들과, 여성과 같은 일을 하지 않을 수 없게 된 절름발이 남자들 외에는 허락하지 않을 것이다. 설령 환관이 필요하다고 해도, 그런 자를 고의로 만들고 있는 동양인은 정말 바보라고 생각한다. 자연이 만든 환관만으로, 태어나면서부터 그 능력을 가지지 못한 저 많은 열등한 남자만으로 왜 만족하지 못하는가.

그러한 자는, 필요하면 달리 얼마든지 있을 것이다. 무기력한 남자, 허약한 남자, 무능한 남자는 모두 자연에 의해서 조용히 틀어박혀 생활하도록 정해져 있다. 그런 남자는, 여성으로서 또는 여성처럼 살도록 태어났다. 그런 남자가 무엇인가 여성에게 적합한 직업을 가진다면 그것은 좋다. 그리고 만약 아무래도 진짜 환관이 필요하다면, 남자에게 적합하지 않은 직업을 선택함으로써 남자의 명예를 더럽히고 있는 남자를 환관의 상태로 떨어뜨리게 하라. 그들의 선택은 자연에게 큰 실수가 있음을 주장하고 있다. 이 잘못을 어떻게 해서든지 교정해야 한다.

나는 제자가 건전하지 못한 직업에 종사하는 것은 말리겠지만, 힘든 직업에 종사하는 것은 말리지 않겠다. 위험이 따르는 직업이라도 상관없다. 그런 직업은 동시에 체력과 용기를 기르게 한다. 그런 직업은 남성에게만 적합하다. 여성들은 그런 일을 하려고 하지 않는다. 그런데도 남성이 여성의 영역을 침범하는 것에 어찌 부끄러움을 느끼지 않을 수 있겠는가?

전투를 일삼는 여성이 적지 않고,
투기자의 빵을 먹는 여성도 적지 않다.

---

[*] 고대에는 재봉사라는 직업이 없었다. 남자들의 옷은 집에서 여자들에 의해 만들어졌다.

> 그럼에도 불구하고 그대들은 양털을 잣고,
>
> 일이 끝나면 그것을 바구니에 넣어 가지고 온다.[11]

이탈리아에서는 상가의 가게에서 여성의 모습을 볼 수가 없다. 따라서 프랑스나 영국의 거리에 익숙해 있는 사람으로서는, 이탈리아의 거리를 바라보는 것만큼 우울한 것을 상상할 수가 없다. 유행품을 취급하는 가게의 주인이 부인들에게 리본이나 꽃장식·머리망·샤넬 등을 팔고 있는 것을 보고, 나는 우스꽝스러움을 느꼈다. 대장간에서 풀무질을 하거나 쇠붙이를 두드리기 위해 만들어진 큰 손바닥에 놓인 섬세한 장식품을 보면 어찌 우습지 않겠는가. 나는 생각했다. '이 나라에서는 여성들이 그 보복으로 대장간이나 무구(武具)를 파는 가게를 해야겠구나' 하고. 남성이나 여성이나 자신의 성(性)에 어울리는 무기를 만들고 팔게 하라. 그것을 잘 알기 위해서는 그것을 사용할 필요가 있다.

젊은이들이여, 그대의 일에 남성의 자국을 내라. 늠름한 팔로 도끼나 톱을 사용하는 방법을 배우도록 하라. 대들보를 사각으로 깎거나, 지붕 꼭대기에 올라가 용마루를 놓고, 버팀목과 이음목으로 그것을 고정시키는 방법을 배워라. 그리고 큰소리로 누이동생을 불러, 일을 도와 달라고 말하라. 누이동생이 그대에게 레이스 뜨기를 해 달라고 말한 것에 대한 보복으로.

나는 의견을 같이하는 동시대의 사람들에게 너무 많은 말을 했다. 그것은 나도 알고 있다. 그러나 나는 때때로 논리의 힘에 끌려다니고 만다. 만약 누구든, 모두가 보고 있는 앞에서 대패 일을 하거나 가죽 앞치마를 두르고 일하는 것을 부끄럽게 여기는 사람이 있다면, 나는 그런 사람은 옳은 일을 하면서도 다른 사람들이 자기를 조롱하면 얼굴이 빨개져 버리는 세속 의견의 노예에 지나지 않는다고 생각한다. 어쨌든 아이에게 나쁜 영향을 주지 않는 일

---

11) 이 시는 로마의 풍자 시인 유베날리스의 〈풍자 시인〉 제153행.

이라면, 무엇이든 그 아이의 부모의 편견에 맡기도록 하자. 여러 직업을 모두 존경하기 위해서 그것들을 모두 해 볼 필요는 없다. 어떤 직업이든 자기보다 낮은 곳에 있다고 생각하지만 않으면 된다. 직업의 선택이 우리에게 달려 있고, 선택을 강요받지 않을 때에는, 쾌적함·기호·편의를 생각하지 않을 이유가 없다. 금속을 취급하는 일은 유익한 일이다. 모든 일 중에서 가장 유익한 일이라고도 할 수 있다. 그러나 무언가 특별한 이유가 있지 않은 한 나는 에밀을 제철공이나 자물쇠공·대장장이로 만들지는 않을 작정이다. 그가 키클로프스[12]와 같은 모습으로 대장간에 있는 것을, 나는 보고 싶지 않다. 마찬가지로 나는 그를 석수(石手)로도 만들고 싶지 않다. 제화공으로는 더더욱 만들고 싶지 않다. 어떤 직업이든 그에 종사하는 사람이 없으면 안된다. 그러나 직업을 선택하는 경우, 청결이라는 것을 고려해야 한다. 이것은 억견(臆見)으로 하는 말이 아니다. 이 점에 관해서는 감각이 우리의 생각을 정해 준다. 결론적으로 말해, 일하는 자가 정신을 사용하지 않고, 거의 기계적으로 언제나 같은 동작만 반복하고 있을 뿐인 시시한 직업을 나는 좋아하지 않는다. 방적, 방직, 돌깎는 일 등이 그것인데, 분별 있는 인간을 그러한 일에 고용해서 어떻게 하자는 말인가. 그것은 기계를 다루는 또 다른 기계일 뿐이다.

모든 직업을 잘 생각해 보면, 내가 가장 좋다고 생각하는 직업으로 나의 학생의 기호에도 맞다고 생각되는 것은 목공 일이다. 그것은 청결하고 유익하며 집 안에서 할 수 있다. 그것은 충분히 몸을 움직이게 하고, 직인(職人)의 기능과 연구를 필요로 하며, 용도에 따라서 결정되는 작품의 모양에는 우미(優美)함과 취미가 곁들여진다.

만일 당신의 제자의 천부적인 소질이 결정적으로 이론적인 학문에 적합하다면, 그런 경우에는 그의 취향에 맞는 직업을 가지게 하는 것을 나도 비난하지 않는다. 예를 들면 수학 기계, 안경, 망원경 등을 제작하는 것을 배우

---

12) 그리스 신화에 나오는 외눈박이 거인.

면 좋을 것이다.

에밀이 직업을 배울 때에는 나도 함께 배울 것이다. 우리가 함께 배우지 않으면, 그는 철저히 배우지 않을 것이라고 생각되기 때문이다. 그래서 우리는 두 사람 모두 도제 생활에 충실할 것이며, 우리는 '주인님', '도련님'으로서 대우받을 생각은 없다. 우리는 호기심의 대상으로서가 아니라 진짜 견습공으로서 취급받을 작정이다. 어째서 진심으로 견습공이 되어서는 안된단 말인가. 피터 대제는 공사장에서는 목수가 되었고, 자신의 군대 안에서는 고수(鼓手)가 되었다. 신분으로 보든 공적으로 보든, 이 군주가 당신들보다 못하다고 생각할 수 있는가? 나는 이 말을 에밀에게 하고 있는 것이 아니다. 당신들이 어떤 사람이든, 당신들에게 말하고 있는 것이다.

불행하게도 우리는 언제나 일터에서만 시간을 보낼 수는 없다. 우리는 장인(匠人) 도제(徒弟)일 뿐만 아니라 인간 도제이기도 한 것이다. 그리고 인간 수업은 장인 수업보다 훨씬 힘들고 훨씬 오랜 기간이 걸린다. 그럼 어떻게 하면 좋을까? 댄스 선생을 고용하는 것처럼 하루에 몇 시간씩 대패질을 가르쳐 줄 선생을 고용하기로 할까? 아니 그래서는 우리는 견습공이 아니라 학생이 되어 버린다. 그리고 우리의 야심은 목공 일을 배우는 것이 아니라 목수의 신분으로 우리를 올리는 것이다. 그래서 우리의 생각으로는, 매주 적어도 한 번이나 두 번 장인의 집에 가서 하루 종일 지내는 것이다. 장인과 같은 시각에 일어나고, 그보다 일찍 일을 시작하며, 그와 같은 식탁에서 식사하고, 그의 명령대로 일을 한다. 그리고 그의 가족과 함께 저녁 식사를 하는 영광을 누린 다음, 만약 원한다면, 집으로 돌아가 우리의 딱딱한 침상에서 잔다. 이런 식으로 하면, 동시에 몇 가지 직업을 배울 수 있고, 또 손끝으로 하는 일의 훈련을 받으면서, 다른 수업도 소홀히 하지 않게 될 것이다.

옳은 일을 할 때에는 진지한 태도로 하자. 허영심을 이겨내려고 하다가 오히려 허영심에 빠지지 않도록 하자. 편견을 극복했다고 의기 양양해지는 것은 편견에 굴복하는 것이 된다. 오토만 가(家)의 옛 관례에 의하면, 터키 황제도 손수 일을 하지 않으면 안되었다고 한다. 황제가 만든 것은 걸작이 되지 않을 수가 없다는 것을 누구든 알고 있다. 황제는 그 걸작들을 궁정의 고관들에게 엄숙하게 나누어 준다. 그리고 작품의 값은 그 제작자의 신분에 맞추어 지불된다. 내가 악습이라고 주장하는 것은 그 점이 아니다. 왜냐하면 오히려 그것은 좋은 일이니까. 백성으로부터 거둬들인 것을 자기에게도 바치도록 고관들을 강요하는 것에 의해, 이 군주는 그만큼 백성으로부터 직접 거둬들일 필요가 없어진 것이다. 그것은 전제 정치에 필요한 하나의 이완책(弛緩策)이 되는 것으로, 그런 것마저 없었다면 그 무서운 정부는 존속할 수 없었을 것이다.

그 관례의 진짜 나쁜 점은, 그 관례가 황제와 똑같은 정도의 가치를 지닌 천민에게 주는 관념에 있다. 마이다스 왕[13]처럼, 그는 자신의 손에 닿는 모든 것이 황금으로 변하는 것을 보지만, 그 때문에 어떤 귀가 생겨나는지를 깨닫지 못한다. 우리 에밀의 귀를 짧은 그대로 두기 위하여 그의 손을 그런 풍요한 재능으로부터 보호해 주기로 하자. 그가 만든 것을 뛰어난 장인이 만든 것과 비교해 보지 않고서는 그것에 대하여 절대로 평가하게 하지 않도록 하자. 그의 일이 일 그 자체로써 평가되어야지, 그가 한 일이라고 해서 특별히 평가되지 않도록 하자. 잘 만든 것에 대해서는 "이것은 잘 만들었다" 하고 말해 주는 것이 좋다. 그러나 그에 덧붙여서 "누가 이것을 만들었는가?" 하고 말해서는 안된다. 만족하여 의기 양양하게 "그것은 제가 만들었어요." 하고 말한다면, 냉정하게 이렇게 말해 주는 것이 좋다. "누가 만들었든 그것은 아무래도 좋다. 어쨌든 이것은 잘 만들어졌다."

훌륭한 어머니여, 사람들이 당신에게 행하려 하는 기만 행위를 특히 경계

---

13) 그리스 신화에 나오는 프리기아의 왕. 디오니소스가 손에 닿는 것은 모두 황금으로 변했으면 하는 마이다스의 소망을 이루어주어, 음식까지 황금으로 변하는 바람에 아무것도 먹을 수 없었다 함. 또 아폴로의 노여움을 사 그의 귀는 당나귀 귀가 되었다고 함.

하라. 당신의 아들이 많은 지식을 갖고 있다면, 그가 알고 있는 모든 것에 의심을 가질 일이다. 만약 불행하게도 파리에서 교육되었다면, 그리고 부유하게 키워졌다면, 그는 이미 틀렸다. 파리에 유능한 예술가가 있는 한, 당신의 아들은 그들의 재능을 모두 가지게 된다. 그러나 그들로부터 멀어지게 되면, 그는 이미 재능을 가지지 않게 된다. 파리에서는 부유한 자는 무엇이든 알고 있고, 가난한 자만이 무지하다. 이 도시에는 예술 애호가가, 특히 예술을 애호하는 여성이 많이 있어, 그런 사람들은, M. 기욤이 자기의 색채를 만들어 내고 있었던 것처럼, 그들의 작품을 만들고 있다. 나는 이 점에서 남성 가운데 세 명의 존경해야 할 예외를 알고 있는데, 예외는 그밖에도 또 있을지 모른다. 그러나 여성 가운데서는 나는 한 사람도 예외를 알지 못하며, 예외가 있는지 없는지조차 의심스럽다. 일반적으로 사람들은 예술 분야에서도 법조계에서와 같은 방법으로 명성을 획득한다. 사람들은 법학 박사가 되고 법관이 되는 것과 같은 방법으로 예술가가 되고 예술가의 판정자가 되는 것이다.

그러므로 직업을 갖는 것이 훌륭한 일임을 인정하게 되면, 당신들의 아이는 곧 그것을 배우지 않고도 직업을 갖게 될 것이다. 그들은 쥬리히의 참사관들처럼 대가(大家)로 통할 것이다. 에밀에게는 그처럼 격식뿐인 것은 전연 필요없다. 겉치레는 필요없다. 언제나 진실된 인간이 되게 하라. '그는 잘 한다' 고 사람들이 말하지 않아도 좋다. 단지 묵묵히 배우게 하라. 언제나 걸작을 만들게 하라. 그리고 결코 거장으로 갈채받지 않게 하라. 그 명칭에 의해서 직인임을 보이지 않고, 그 일에 의해서 직인임을 보이게 하라.

이제까지 내가 한 말을 이해했다면, 몸의 단련과 손의 노동이 어떻게 내가 알지 못하는 가운데 나의 학생에게 반성과 사고를 하게 하며, 사람들의 판단에 대한 무관심과 정념의 무풍 상태에서 생기게 되는 마음의 나태를 몰아내게 되는지 이해될 것이다. 그는 미개인처럼 게으른 자가 되지 않기 위해서는, 농부처럼 일하고 철학자처럼 생각해야 한다. 교육의 큰 비결은, 몸의 훈련과 정신의 훈련이 언제나 서로 피로를 풀어주는 것이 되도록 하는 것이다.

　그러나 좀더 성숙한 정신을 필요로 하는 지식을 일찍부터 주는 것은 삼가기로 하자. 에밀은 그리 오래 직업 생활을 하지 않아도, 처음에는 알아채지 못했던 신분의 차이를 스스로 느끼게 될 것이다. 내가 그에게 주었던, 그리고 그에게도 이해될 수 있는 준칙에 대하여, 이번에는 그 아이 쪽에서 나를 추궁하려 할 것이다. 모든 것을 나에게서만 받고 있는 그는, 자신이 가난한 사람들에게 가까운 위치에 있음을 알고 있는 그는, 왜 나는 그러한 상태로부터 멀리 떨어진 곳에 있는지 알고 싶어할 것이다. 필시 그는 갑자기 준엄한 질문을 내게 퍼부을 것이다. "당신은 부자다. 당신은 내게 그렇게 말했고, 나도 그것을 알고 있다. 부자도 사회에 대하여 노동해야 할 의무가 있다. 부자도 인간이니까. 그러나 당신은 대체 사회를 위해 무엇을 하고 있는가?" 이 질문에 대해, 훌륭한 교사는 무어라고 대답할까? 나는 모르겠다. 그는 어리석게도 아이에게, "나는 너를 보살펴 주고 있다"고 말할지도 모른다. 나의 경우에는, 작업장이 나를 궁지에서 구출해 줄 것이다. "그래, 에밀, 그것은 아주 좋은 질문이다. 언젠가 너의 질문에 대해서 대답할 것을 약속하마. 너 스스로 그에 대하여 만족할 만한 답을 찾을 수 있게 된 다음에 말이다. 그때까지는, 내가 지나치게 많이 가지고 있는 것을, 너와 가난한 사람들에게 나누어 주기로 하지. 그리고 일주일마다 책상을 하나씩 만들든가 걸상을 하나씩 만들어, 아무짝에도 쓸모 없는 인간이 되지 않도록 유의하겠다."

　이렇게 하여 우리는 우리 자신으로 되돌아왔다. 우리의 아이는 이미 자신의 영역으로 들어갔으므로, 아이가 아니려 하고 있다. 지금 그는, 이제까지 느끼던 것보다 훨씬 통절히, 그를 사물에 의존시키는 필연을 느끼고 있다. 먼저 그의 몸과 감관을 훈련한 다음에, 우리는 그의 정신과 판단력을 훈련했다. 그리고 결국 그의 수족의 사용 방법과 능력의 사용 방법을 결합시켰다. 그를 행동하고 사고하는 존재로 만들었다. 이제 우리는 그를 다정하고 인정 많은 존재로 만들어야 하며, 감정에 의해서 이성을 완성하는 일만이 남아 있다. 그러나 그러한 새로운 질서로 들어가기 전에, 우리가 빠져나가려 하는 상태에 눈을 돌려, 우리가 어디까지 도달했는지를 되도록 정확히 보기로 하자.

우리의 제자는 처음에 감각을 가졌을 뿐이었는데, 지금은 관념을 가지고 있다. 그는 느낄 뿐이었는데, 지금은 판단한다. 연속해서 일어나거나 동시에 일어나는 몇 가지 감각의 비교로부터, 그리고 그에 관하여 내리는 판단으로부터 일종의 혼성 감각, 또는 복합 감각이 생겨나는데, 나는 이것을 '관념'이라 부른다.

관념이 어떤 식으로 형성되는가에 의해, 인간 정신에 어떤 특성이 주어지는가가 결정된다. 현실의 모든 관계에만 의거하여 관념을 형성하는 정신은 견실한 정신이다. 표면적인 관계에 의존하는 정신은 피상적 정신이다. 여러 가지 관계를 있는 그대로 보는 정신은 바른 정신이다. 그것들을 잘못 보는 정신은 잘못된 정신이다. 현실성도 외관도 가지지 않은 가공의 관계를 만들어 내는 자는 미치광이이다. 그리고 어떤 관계도 감지하지 않는 자는 바보이다. 관념을 비교하고 그 관계를 찾아내는 능력이 많은가 적은가에 의해 사람들의 재기(才氣)가 많은지 적은지가 결정된다.

단순한 관념들은 단지 서로 비교된 감각들로 구성된다. 단순한 감각 가운데에도, 내가 단순한 관념이라 이름지은 복합 감각의 경우와 마찬가지로 판단은 있다. 감각에서는, 판단은 완전히 수동적으로, 그것은 나는 내가 느끼고 있는 것을 느낀다고 하는 것을 확인한다. 지각, 혹은 관념에서는 판단은 능동적이다. 그것은 연관짓고 비교하며, 감관에 의해 감지되지 않는 관계들을 구별한다. 이것이 양자의 차이의 전부인데, 이 차이는 크다. 자연은 결코 우리를 속이는 일이 없다. 우리를 속이는 것은 언제나 우리 자신이다.[14]

---

14) 루소의 자필 원고에 의하면, 이상 두 단락의 문장은 다음과 같이 되어 있다. "감각이 우리를 속이는 것은 불가능하다고 나는 말한다. 우리가 느끼고 있는 것을 느낀다는 것은 언제나 진실이기 때문이다. 이 점은 에피쿠로스 학파가 옳다. 감각이 우리를 잘못에 빠뜨리는 것은 다만, 그 감각들을 낳는 원인에 관하여 또는, 그 감각들의 상호 관계에 관하여, 또는 그것들이 우리에게 지각하게 하는 대상에 관하여 우리가 내리는 판단을 통해서이다. 여기서 에피

　여덟 살짜리 아이에게 아이스 치즈를 먹이는 것을 본 일이 있다. 아이는 그것이 어떤 것인지 모르고 스푼을 입으로 가져간다. 차가운 것에 깜짝 놀라 "앗, 뜨거워!" 하고 소리친다. 그는 대단히 격렬한 감각을 느낀 것이다. 그는 불의 뜨거움보다 격렬한 감각은 모르므로, 그것을 뜨겁다고 생각한 것이다. 그러나 그는 잘못 생각하고 있다. 그는 차가운 것에 충격을 느낀 것이지 뜨거운 것은 아니다. 그리고 이 두 감각은 같은 것이 아니다. 두 감각을 모두 경험한 일이 있는 사람은 그것을 혼동하지 않을 것이다. 따라서 감각이 아이를 속인 것이 아니라, 그 판단이 잘못된 것이다.

　그와 같은 일은 거울이나 광학 기계를 처음으로 보았을 때, 한겨울 또는 한여름에 깊은 지하실에 들어갔을 때, 뜨거워진 손이나 차가워진 손을 미지근한 물에 담갔을 때, 교차한 두 손가락 사이에 작은 구슬 하나를 굴렸을 때 등에도 일어난다. 그 사람이 깨달은 것, 느낀 것만을 이야기하면 그 판단은 순수하게 수동적이므로, 잘못된 것을 말하는 일은 있을 수 없다. 그러나 그 것을 느낌에 의해서 판단하는 경우에는 그 판단은 능동적이 되어, 실제로 감지하지 못한 관계들을 비교하고, 귀납(歸納)에 의해서 설정하게 된다. 그 때에는 그것은 잘못될 수도 잘못되지 않을 수도 있다. 잘못을 정정하고 막기 위해서는 경험을 필요로 한다.

　밤에 당신들의 제자로 하여금 달과 그의 사이를 지나가는 구름을 주의 깊게 살펴보게 하라. 그는 달이 반대 방향으로 움직이고, 구름은 가만히 있다고 생각할 것이다. 조급한 귀납에 의해서 그렇게 생각한다. 보통 작은 것이 큰 것보다 잘 움직이는 것을 보아 왔고, 달의 거리를 생각할 수 없는 그에게는 달보다 구름이 크게 보이기 때문이다. 물 위를 달리는 배 안에서 좀 떨어져 있는 기슭을 바라볼 때에는, 그는 반대의 잘못에 빠져, 육지가 달리는

───────────────

쿠로스 학파는 오류를 범한다. 그들은, 우리가 감각에 대하여 내리는 판단은 결코 잘못되는 일이 없다고 주장하기 때문이다. 우리는 감각을 느끼는 것이지 판단을 느끼는 것은 아니다."

것을 보고 있다고 생각한다. 자신이 움직이고 있는 것을 느끼지 못하는 그는, 배, 바다나 강, 그리고 지평선 상에 있는 것 모두를 움직이지 않는 하나의 전체로 보고, 달리고 있는 것처럼 보이는 해안은 그 일부에 지나지 않는 것으로 생각하기 때문이다.

반쯤 물에 잠겨 있는 막대기를 처음 보았을 때, 아이는 그 막대기가 꺾이어 있다고 생각한다. 그 감각은 바르다. 우리가 그 현상의 이유를 모른다 해도, 역시 감각은 바르다. 따라서 무엇을 보고 있느냐고 물으면 아이는 꺾인 막대기'라고 대답할 것이며 또, 그가 말하는 것은 옳다. 꺾인 막대기라는 감각을 그가 가지고 있는 것은 확실하니까. 그러나 판단을 그르쳐 그가, '막대기는 꺾이어 보인다'고 말할 뿐만 아니라, '실제로 꺾인 막대기다'라고 주장한다면, 그런 경우에 그는 잘못된 것이다. 왜 그렇게 되는가? 그 경우 그는, 능동적이 되어 조사에 의해서 판단하지 않고 귀납에 의해서 판단하여, 자신이 느끼지도 않은 것을 주장하기 때문이다. 즉, 하나의 감관에 의해서 내린 판단이 다른 감관에 의해서도 확인될 것임에 틀림없다고 주장하기 때문이다.

우리의 잘못은 모두 우리의 판단으로부터 생겨나므로, 아무것도 판단할 필요가 없다면, 우리는 아무것도 배울 필요가 없다는 것이 명백하며, 그렇게 되면 우리는 잘못을 범하는 일이 없을 것이다. 즉, 아는 것에 의해 행복해지기보다는 아무것도 모르는 것에 의해 행복해질 것이다. 무지한 자는 언제까지라도 모를 엄청나게 많은 사실을 식자들은 알고 있다는 것을 누가 부정할 수 있는가. 그렇다고 해서 식자들이 한층 더 진실에 가까이 있다고 말할 수 있을까? 전혀 그 반대다. 그들은 깊이 알수록 진실로부터 멀어져 가는 것이다. 왜냐하면 자신의 판단에 대한 그들의 자만심이 지식의 증가보다 더 급속히 증가하므로, 그들이 배우는 하나의 진실은 백 가지의 잘못된 판단을 동반하지 않고는 얻을 수 없기 때문이다. 유럽의 연구 단체들은 거짓말을 가르치는 공개적인 학교에 지나지 않는다는 것은 더없이 명백한 사실이다. 그리고 과학 아카데미에서는 휴론 족[15] 전체에서 볼 수 있는 것보다 더 많은 오류를 볼 수 있다는 것도 확실한 사실이다.

인간은 알면 알수록 더 많은 오류를 범하게 되기 때문에, 오류를 피하는 단 하나의 방법은 무지이다. 판단하지 않으면, 당신들은 결코 오류를 범하는 일이 없을 것이다. 그것이 자연의 가르침이며 이성의 가르침이기도 하다. 우리가 직접적인 접촉을 가지는 사물은 극소수이며, 그것들은 아주 쉽게 감지된다. 그밖의 다른 모든 것에 대해서는, 우리는 본디 깊은 무관심을 가지고 대할 뿐이다. 아무리 훌륭한 기계의 작용이라도, 아무리 사람을 놀라게 하는 전기의 마술이라도, 무식인이라면 일부러 구경하러 나가는 일은 없을 것이다. "나와 무슨 관련이 있는가?" 이것은 무지한 사람들이 흔히 하는 말인데, 현자들에게도 가장 적합한 말이다.

그러나 불행하게도 우리에게는 이 말이 통용되지 않는다. 우리는 모든 것에 의존하고 있기 때문에, 모든 것은 우리와 상관없지 않은 것이다. 그리고 우리의 호기심은 필연적으로 우리의 욕망과 함께 증가해 간다. 그렇기 때문에 우리는 지식인에게 매우 큰 호기심을 기울이면서도 무식인에게는 호기심을 나타내려 하지 않는 것이다. 무식인은 누구의 도움도 필요로 하지 않는다. 반면에 지식인에게는 모든 사람이 필요한데, 특히 자기를 칭찬해 주는 사람이 필요하다.

내가 자연을 초월해 가고 있다고 사람들은 말할 것이다. 나는 그렇게 생각지 않는다. 자연이 그 도구들을 선택하고 정돈하는 것은, 일시적 기분에 의거해서가 아니라 필요에 의거해서이다. 그런데 인간의 욕구는 그의 환경에 따라 변한다. 자연 상태 속에서 살고 있는 자연인과, 사회 속에서 살고 있는 자연인은 크게 다르다. 에밀은 사람이 살지 않는 곳으로 쫓겨날 미개인이 아니다. 도시에 살도록 정해진 미개인이다. 그는 도시에서 살아가고 도시의

---

15) 북아메리카 인디언의 한 부족.

사람들과 어울리고, 그들처럼은 아니라 하더라도 그들 속에서 살아가는 방법을 배우지 않으면 안된다.

그는 많은 새로운 관련 속에서 그것들에 의존하므로, 자기가 원하는 것과 원치 않는 것을 판단하지 않으면 안된다. 그러므로 어쨌든 정확히 판단하는 것을 그에게 가르쳐 주기로 하자.

잘 판단하는 것을 배우는 가장 좋은 방법은, 우리의 경험을 되도록 단순화하고, 될 수 있으면 경험하지 않고 때우게 하여 오류에 빠지지 않도록 하는 것이다. 그래서 각각의 감관이 느낀 결과를 서로 오랫동안 검증한 다음에, 다시 한번 각각의 감관이 느낀 결과를 다른 감관의 도움을 빌리지 않고 그 감관 자신에 의해서 검증하는 것을 배우지 않으면 안되게 된다. 그렇게 하면 각각의 감각은 우리에게 하나의 관념이 되고, 이 관념은 언제나 진실과 일치하게 될 것이다. 이런 종류의 지식을 나는 일생의 이 제3시기를 통해 획득시키려 했던 것이다.

이런 방법은 극소수의 교사밖에 가질 수 없는 인내심과 신중한 마음 가짐을 필요로 하므로, 그것 없이는 결코 제자는 추론하는 것을 배울 수 없을 것이다. 예를 들면, 제자가 꺾이어 보이는 막대기에 속으면, 그 잘못을 가르쳐 주기 위해, 당신들은 곧 그 막대기를 물에서 꺼내 보인다. 당신들은 아마 그의 잘못을 고쳐 줄 수는 있을 것이다. 그러나 당신들은 그에게 무엇을 가르치게 될까? 막대기가 실제로는 꺾인 것이 아니라는 것은 곧 그 스스로가 터득할 수 있는 것에 지나지 않는다. 제자에게 가르쳐 주지 않으면 안되는 것은 그런 것이 아니다. 어떤 진실을 가르치는 것보다는 언제나 진실을 발견하려면 어떻게 해야 하는지를 가르쳐 주는 것이 중요하다. 좀더 잘 가르치기 위해서는 그의 잘못을 그렇게 빨리 바로잡아 주어서는 안된다. 에밀과 나를 예로 삼자.

우선, 앞에서 상정한 두 문제 중 두 번째 문제에 대하여, 보통의 교육을 받은 아이라면 틀림없이 긍정적으로 대답할 것이다. "이 막대기는 확실히 꺾이어 있다."고 그 아이는 말하리라. 에밀이 내게 그 아이와 같은 대답을 할지 어떨지는 상당히 의심스럽다. 그로서는 모든 것을 알 이유도 아는 체할 이유도 없으므로, 결코 급히 판단하려 하지 않는다. 그는 증거에 입각해서만 추론하는데, 이 경우에는 그는 어떤 증거도 가지고 있지 않은 것이다. 단순히 원근(遠近)만으로 판단할 수 있는 경우에도, 겉보기에 의거한 우리의 판단이 얼마나 착각에 빠지기 쉬운지를 그는 잘 알고 있는 것이다.

게다가 그는 아무리 사소한 나의 질문에도, 처음에는 알아채지 못할지라도 언제든지 무엇인가의 이유가 있음을 경험에 의해 알고 있기 때문에, 그에 성급히 대답하는 따위의 습관을 그는 가지고 있지 않다. 반대로 그는 경계하고, 주의를 기울이며, 대답하기 전에 애써 조사해 본다. 스스로 만족할 수 있는 대답을 찾아내기 전에는, 그는 결코 내게 대답하지 않는다. 더구나 그는 여간해서 만족하지 않는다. 게다가 우리는 그도 나도, 사물에 관하여 단순히 아는 것을 자만하지 않고, 단지 오류에 빠지지 않는 것을 자랑 삼는다. 아무런 이유도 발견하지 못하는 것보다도 바르지 않은 이유로 자신을 기만하는 것이 우리에게는 훨씬 더 부끄럽게 느껴지기 때문이다. "모르겠어요." 이것이 우리 두 사람에게 딱 맞는 말로, 우리는 때로 이 말을 잘 사용한다. 그래서 우리는 이 말을 조금도 고통스럽게 느끼지 않는다. 그러나 무의식 중에 그가 멍청한 대답을 했다고 해도, 혹은 우리에게서 편리한 '모르겠어요'로 대답을 피했다고 해도, 그에 대한 나의 말은 똑같다. "그럼, 조사해 보자."

물 속에 반이 잠겨 있는 그 막대기는 수직 위치에 고정되어 있다. 그것이 겉보기대로 꺾이어 있는지 어떤지를 알기 위해서는, 그것을 물 속에서 꺼내거나 그에 손을 대보거나 하기 전에 해 놓지 않으면 안되는 일이 몇 가지 있다.

1. 먼저 우리는 막대기 주위를 한 바퀴 도는데, 이때 우리는 막대기의 꺾인 부분이 우리를 따라 도는 것을 안다. 따라서 꺾이는 상태를 변하게 하는 것은 우리의 눈이 그렇게 하는 것이지 시선이 물체를 움직이는 것은 아니다.

2. 우리는 물 밖에 있는 막대기 끝으로부터 똑바로 막대기를 본다. 그러

면 막대기는 꺾이어 있지 않고, 우리의 눈에 가까운 끝이 정확히 다른 한 끝을 숨겨 보이지 않게 한다.* 우리의 눈이 막대기를 똑바로 한 것일까?

3. 우리는 수면을 휘젓는다. 몇 개의 꺾이어 보이는 막대기가 지그재그로 물의 파동에 따라 흔들리는 것이 보인다. 우리가 이 물에 주고 있는 운동만으로, 그렇게 막대기를 꺾거나 부드럽게 하거나 녹게 할 수 있을까?

4. 물을 흘리면, 물이 줄어 감에 따라 조금씩 막대기가 똑바로 되어 가는 것을 볼 수 있다. 사실을 명백히 하고 굴절 현상을 발견하는 데에는 이것으로 충분하지 않을까? 따라서 시각이 우리를 속인다는 것은 틀린 말이다. 우리가 시각 탓으로 하고 있는 잘못을 바로잡기 위해서는 시각 외에는 필요하지 않으니까.

아이가 머리가 나빠, 그런 실험 결과를 확인할 수가 없다고 하자. 그 경우에는, 촉각을 사용하여 시각을 돕지 않으면 안된다. 막대기를 물에서 꺼내지 말고 그대로의 상태에 두고, 아이에게 한 끝에서 다른 한 끝까지 손으로 만져 보게 하는 것이 좋다. 그에게는 각도가 느껴지지 않을 것이다. 따라서 막대기는 꺽이어 있지 않은 것이다.

"그것은 단순한 판단이 아니라 빈틈없는 추론이다."라고 당신들은 말할 것이다. 바로 그것이다. 그러나 정신이 어떤 관념에든 도달하자마자 판단은 모두 추론이 된다는 것을 당신들은 모르는가? 모든 감각의 의식은 하나의 명제이며 판단이다. 따라서 어떤 감각을 다른 감각에 비교하게 되면, 그것은 추론을 행하고 있는 것이 된다. 판단하는 기술과 추론하는 기술은 하나이며, 정확히 같다.

에밀은 결코 광학(光學)을 배우지 않을 것이다. 배운다면, 나는 이 막대

● 그후 나는 좀더 정확한 실험에 의해 반대의 사실을 발견했다. 굴절은 원을 이루며 일어나고, 막대기는 물 속에 있는 한 쪽 끝이 다른 한 쪽 끝보다 굵게 보인다. 그러나 이것은 추론의 의미를 조금도 바꾸게 하지 않고, 그 때문에 결과가 바르지 않게 되는 일도 없다.

기와 관련하여 그에게 그것을 가르치고 싶다. 그는 곤충을 해부한 일이 없었을 것이다. 태양의 흑점을 세어 본 일도 없었을 것이다. 현미경이라든가 망원경이라는 것이 어떤 것인지도 모를 것이다. 당신들의 박식한 제자는 그의 무지를 비웃을 것이다. 그것도 무리는 아니다. 그러한 도구를 사용하기 전에, 나는 그에게 그것을 만들게 할 작정인데, 당신들도 충분히 살핀 바와 같이, 그런 것은 그리 빨리 되는 것이 아니니까……

이것이 이 제3부에서 나의 방법 모두를 꿰뚫는 정신이다. 아이가 작은 구슬 하나를 교차한 두 손가락 사이에서 굴려, 구슬이 두 개 있는 것처럼 생각했다면, 구슬이 하나밖에 없다는 것을 아이가 납득할 때까지는, 나는 그것을 보게 하지 않을 것이다.

나의 학생의 정신이 이제까지 이룬 진보와, 그 진보를 계속해 온 길을 확실히 보이는 데에는 이러한 설명만으로 충분할 것이라고 나는 생각한다. 그러나 당신들은 아마, 내가 너무 많은 것을 그의 눈앞에 펼쳐보인 것에 두려움을 느끼고 있을 것이다. 내가 엄청난 지식으로 그의 정신을 압박하는 것이 아닌가고 당신들은 염려하고 있다. 완전히 그 반대다. 나는 그것들을 알게 하기보다는 오히려 모르도록 그에게 가르치고 있다. 평탄함에는 틀림없지만, 길고 먼, 천천히 걷지 않으면 안되는 학문에의 길을 그에게 보이고 있는 것이다. 나는 그에게 최초의 몇 발짝을 내딛게 하여, 입구를 확인할 수 있도록 해 주지만, 멀리까지 가는 것은 결코 허용하지 않는다.

스스로 배우지 않으면 안되는 그는, 자신의 이성을 사용하며 타인의 이성에 의존하지 않는다. 세속의 의견에 사로잡히지 않기 위해서는 권위에 사로잡혀서는 안되기 때문이다. 그리고 우리의 잘못은 대개 우리 자신으로부터 생긴다기보다는 오히려 타인으로부터 생기는 일이 많다. 그와 같은 끊임없는 단련으로 하여, 노동과 피로에 의해 몸에 주어지는 건강함과 같은 정도의 강한 정신력이 생겨난다. 또 하나의 이익은 자신의 힘에 맞추어서만 진보해 가는 일이다. 정신도 육체와 마찬가지로, 가질 수 있는 것밖에 가지지 못한다. 오성이 사물을 자기 것으로 한 다음에 기억한다면, 나중에 기억으로부터 끄집어내는 것은 자기 것이다. 그러나 오성이 이해하지 못하는 동안에 많은 것을 기억한다면, 아무리 많은 것을 기억한다 해도, 나중에 기억으로부터 무엇 하나 끄집어낼 수 없게 된다.

에밀은 아주 적은 지식만 가진다. 그러나 그가 가지고 있는 지식은 확실한 그의 것이 되어 있다. 그는 무엇 하나 어중간하게 알고 있는 것이 없다. 그가 알고 있는 아니, 아주 잘 알고 있는 약간의 지식 가운데에서 무엇보다도 중요한 것은, 지금은 모르지만 언젠가는 알게 될 많은 것이 있다는 사실, 다른 사람은 알고 있지만 자신은 일생 알지 못할 것이 좀더 많이 있다는 사실, 더욱이 어떤 인간도 결코 알 수가 없는 것이 이밖에도 수없이 많다는 사실이다. 그는 그 지식에서뿐만 아니라, 그것을 획득하는 능력에서 보편적인 정신을 가지고 있다. 그것은 개방적인 총명한 정신, 모든 준비가 되어 있어서, 몽테뉴가 말한 것처럼, 교양이 있다고는 할 수 없어도 어쨌든 교양을 받아들일 수 있는 정신이다.[16] 그가 하는 모든 것에 대하여 '어떤 쓸모가 있는가?' 를, 그리고 그가 믿는 모든 것에 대하여 '왜?' 를 그가 발견할 수 있다면, 그것으로 나는 충분하다. 다시 말해 나의 목적은 그에게 학문을 주는 것이 아니라, 필요에 따라 그것을 획득하는 방법을 가르쳐 학문의 가치를 정확히 평가하게 하고, 무엇보다도 진실을 사랑하게 하는 것에 있다. 이런 방법을 취하면 별로 진보하지는 않지만, 한 발짝이라도 헛되이 발을 내딛는 일이 없고, 후퇴해야 할 일도 없다.

에밀은, 순수하게 실체적인 자연에 관한 지식만을 가진다. 그는 '역사'라고 하는 명사조차 모르고, 형이상학이라든가 윤리학이 어떤 것인지도 모른다. 사물에 대한 인간의 기본적인 관계는 알고 있지만, 인간 대 인간의 윤리적인 관계에 대해서는 아무것도 모른다. 관념을 일반화할 수도 없고 추상

---

16) 몽테뉴《수상록》제2권 제17장.

화할 수도 없다. 어떤 종류의 물체들의 공통적인 성질은 알고 있지만, 그 성질 자체에 관하여는 생각하지 않는다. 그는 기하학의 도형을 통해 추상적인 공간을 알고 있고, 대수의 기호를 통해 추상적인 양을 알고 있다. 그 도형이나 기호는 그러한 추상의 지주이며, 그의 감관은 그것들에 모든 것을 맡기고 있다. 그는 만물을 그 본성에 의해 알려고 하지 않고, 단지 그의 관심을 끄는 관계에 의해 알려고 한다. 그의 외부에 있는 것은 그에 대한 관련에 의해서만 평가한다. 그러나 그 평가는 정확하고 확실하다. 거기에는 일시적인 기분이라든가 관습 따위는 전연 개입되지 않는다. 그는 자신에게 한층 쓸모 있는 것을 한층 중요시한다. 그리고 그러한 평가 방법을 결코 버리지 않을 그는, 사람들의 의견에 전연 개의치 않는다.

에밀은 근면하고 절제하며 인내심이 강하고, 건강하며 용기가 있다. 결코 불타오르는 일이 없는 그의 상상력은, 위험을 크게 보이도록 하는 일이 없다. 그는 괴로운 일을 별로 마음에 두지 않고 태연히 견딜 수가 있다. 운명에 역행하는 것을 배우지 않았기 때문이다. 죽음이라는 것에 대해서는, 그것이 어떤 것인지 아직 잘 모른다. 그러나 필연의 법칙을 반항하지 않고 받아들이는 데에 익숙해져 있기 때문에, 죽지 않을 수 없게 된 때에는 신음소리를 내거나 몸부림치지 않고 죽어갈 것이다. 그것이 모든 사람이 두려워하는 이 순간에서 자연에게 허락받은 최대한의 것이다. 자유롭게 살며 인간적인 것에 너무 집착하지 않는 것, 그것이 죽음을 배우는 가장 좋은 방법이다.

한마디로 말하면, 에밀은 그 자신에 관계 있는 덕(德)은 모두 가지고 있다. 사회적인 덕까지 가지기 위해서는, 그러한 덕을 필요로 하는 관계를 아는 일만이 남아 있다. 그에게 부족한 것은, 단지 그의 정신이 금방이라도 받아들이려 하고 있는 지식뿐이다.

그는 남을 생각하지 않고 자신만 생각한다. 그리고 남이 자기를 생각해 주지 않아도 좋다고 생각한다. 그는 어느 누구에게서나 아무것도 구하지 않고, 어느 누구에게서나 무엇 하나 빌리지 않았다고 믿고 있다. 그는 인간의 사회에서 고독하며, 자기 혼자만을 기대한다. 그는 오류를 범하지 않는다. 범한다고 해도, 그것은 우리에게서 피하기 어려운 것뿐이다. 그는 나쁜 습관을 가지지 않는다. 가지고 있다 하더라도, 그것은 어떤 인간도 벗어날 수 없는 것뿐이다. 그는 건강한 몸과 경쾌한 손발을 가지며, 편견이 없는 바른 정신, 정념에 사로잡히지 않는 자유로운 마음을 가지고 있다. 모든 정념 가운데서 가장 기본적이고 가장 자연적인 정념인 자존심도 그의 마음에는 아직 희미하게 느껴지고 있음에 지나지 않는다. 누구의 휴식을 방해하는 일 없이, 그는 자연이 허락해준 한, 만족하고 행복하고 자유롭게 살아 온 것이다. 이렇게 성장하여 열다섯 살이 된 아이가 그때까지의 세월을 헛되이 보냈다고 당신들은 생각하겠는가?

제4부

4

청년기의 교육

4

| 청년기의 교육 |

우리의 이 지상에서의 삶은 얼마나 빨리 지나가는가? 인생의 최초의 4분의 1은, 인생의 활용법을 알지 못하는 동안에 지나가 버린다. 최후의 4분의 1은 또, 인생의 즐거움을 느낄 수 없게 되고 나서 지나간다. 처음에 우리는 어떻게 살아야 할 것인지를 모른다. 그것을 알고 난 후에는 이미 늦다. 게다가 이 최초와 최후의 아무 소용도 없는 시기 사이에 끼인 기간에서도, 그 남은 시간의 4분의 3은 수면·노동·고통·제약, 모든 종류의 괴로움으로 낭비된다. 인생은 짧다. 짧은 기간밖에 살 수 없기 때문에 짧은 것이 아니라, 그 짧은 기간 동안에도 우리는 인생을 즐기는 시간을 거의 가지지 못하기 때문이다. 죽음의 순간이 탄생의 순간으로부터 아무리 멀리 떨어져 있다 한들 소용없다. 그 사이가 충실하지 못한다면, 인생은 역시 너무나도 짧게 된다.

우리는 이를테면, 두 번 이 세상에 태어난다. 첫번째는 존재하기 위하여, 두 번째는 살기 위하여. 처음에는 인간으로 태어나고, 두 번째는 남성이나 여성으로 태어난다. 여자를 미완성의 남자라 생각하는 사람들은 확실히 잘못되어 있다. 그러나 외관적인 유사(類似)를 생각하면, 그것은 옳다. 사춘기에 이르기까지는, 남자아이도 여자아이도 외관상으로 전연 다르지 않다. 얼굴 생김새·모습·얼굴색·목소리, 하나에서 열까지 모두 똑같다. 여자아이도 아이이고, 남자아이도 아이이다. 이렇게 닮은 존재는 같은 이름으로 불리어도 아무런 지장이 없다. 그후에도 성(性)의 발달을 방해받은 남성은 일생 동안 그러한 유사성을 간직한다. 그들은 언제까지나 큰 어린아이인데, 여성 또한 그러한 유사성을 잃는 일이 없으므로, 많은 점에서 아이와 다를 바가 없을 것 같다.

그러나 남성은 일반적으로, 언제까지나 아이의 상태에 머물러 있도록 만들어져 있지 않다. 자연에 의해 정해진 시기에 그 상태로부터 벗어난다. 그리고 이 위기의 순간은, 상당히 짧다고는 하나 먼 장래에까지 영향을 미친다.

폭풍우에 앞서 미리부터 바다가 거칠게 출렁이는 것처럼, 이 과격한 변화는 솟구치기 시작한 정념의 중얼거림에 의해 예고된다. 억압된 흥분이 그 위험이 다가오고 있음을 우리에게 경고해 준다. 기질의 변화, 빈번한 흥분, 끊임없는 정신의 동요가 아이를 거의 자제할 수 없게 한다. 전에는 순순히 따르던 사람의 목소리도 아이에게는 들리지 않는다. 그것은 열병에 걸린 사자 같은 것이다. 아이는 보호자를 인정하지 않고, 간섭받는 것을 거부하게 된다.

기질의 변화를 나타내는 정신적인 징후와 함께, 얼굴 생김새에도 뚜렷한 변화가 나타난다. 용모가 갖추어져 어떤 특징을 띠기 시작한다. 뺨 아래쪽에 드문드문 난 부드러운 솜털이 점차로 농밀(濃密)해진다. 목소리가 변한다기보다 목소리를 잃어버린다. 그는 아이나 어른 그 어느쪽의 목소리도 낼 수가 없다. 눈은, 이 영혼(靈魂)의 기관은, 이제까지는 아무 말도 하지 않았지만, 어떤 언어와 의미를 가지게 된다. 불타기 시작한 정열이 눈에 생기를 주고, 생생해진 그 눈의 표정에는 아직 맑은 순진함이 느껴지지만, 거기에는 이미 옛날처럼 순수한 데가 없다. 눈이 입 이상으로 말을 할 수 있음을, 그는 이미 알고 있는 것이다. 그는 눈을 내리깔고 얼굴을 붉히는 법을 익히기 시작한다. 자기가 느끼고 있는 감정의 정체는 모르지만, 감수성이 예민해진다. 왠지 모르게 불안한 기분이 된다. 이러한 것들은 모두 조금씩 나타나, 당신들에게는 아직 충분히 여유가 있는 경우도 있다. 그러나 아이의 격렬함이 도저히 누를 수 없게 되거나, 흥분이 열광으로 변하고, 순간적으로 초조해지거나 감동하거나 하면, 까닭없이 눈물을 흘리게 되면, 그에게 위험해지기 시작한 대상에 가까이 가는 경우 가슴이 두근거리거나 눈을 빛내거나 하면, 여성의 손이 그의 손에 닿을 때 몸을 떨게 되면, 여성 곁에 있을 때 당황하거나 겁쟁이가 되면, 그때에는 오디세우스여, 오오, 현명한 오디세우스여, 조심하지 않으면 안된다. 그대가 그토록 고생하며 막아놓은 가죽 주머니가 열리는 것이다. 벌써 바람은 불기 시작하고 있다.[1] 잠깐이라도 키〔舵〕를 놓아서는 안된다. 키를 놓으면 모든 것이 엉망이 되어 버린다.

이것이 내가 말하는 제2의 탄생이다. 여기서 인간은 참으로 인생으로 들어간다. 이제부터는 인간의 어떤 정념도 그에게 생소한 것이 아니게 된다. 이제까지 우리의 배려는 아이의 놀이에 지나지 않았지만 여기서 비로소, 그것은 참으로 중요한 의미를 가지게 된다. 보통의 교육이 끝나게 되는 이 시기야말로, 정말로 우리의 교육을 시작하지 않으면 안되는 시기이다. 그러나 이 새로운 계획을 충분히 설명하기 위해, 우리의 이야기를 처음으로 거슬러 올라가 생각해 보기로 하자.

정념은 우리의 자기 보존을 위해 중요한 수단이다. 따라서 그것을 없애려 하는 것은 무익한 노력, 어리석은 노력이다. 그런 것은 자연을 제어하는 일, 신이 만든 것을 다시 만드는 일이다. 신이 스스로 인간에게 주고 있는 정념을 없애라고 명한다면, 신은 원하면서 동시에 원하지 않고 있는 것이 된다. 신은 스스로 모순된 말을 하고 있는 것이 된다. 신은 결코 이치에 맞지

---

1) 아이올리아 섬의 왕 아이올로스는, 트로이전쟁으로부터 귀환하는 도중, 해상을 표류하던 오디세우스에게, 모든 방향의 바람을 넣은 쇠가죽 주머니를 주고, 어떤 바람을 사용하면 좋은지를 가르쳐주었다. 오디세우스는 적당한 바람을 사용하여 항해를 계속했다. 그리하여 고향 이타케의 마을에서 솟아오르는 연기가 보이는 곳까지 왔는데, 거기서 그만 그는 잠들어버렸다. 그가 잠들어 있는 사이에, 부하들이 안에 보물이 들어 있는 줄 알고 주머니를 열었기 때문에, 거센 바람이 불어 오디세우스는 고향에 들어가지 못하게 되었다.(《오디세이아》 제10권)

않는 명령을 하지 않는다. 그런 것은 무엇 하나 인간의 마음속에 기록되어 있지 않다. 그리고 신은, 인간이 행하기를 원하고 있는 것을 다른 인간의 입을 빌어 말하지 않는다. 몸소 인간에게 그것을 말하고, 인간의 마음속에 그것을 기록한다.

그런데 정념이 생겨나는 것을 막으려 하는 사람이 있다면, 그도 정념을 없애려 하는 사람과 거의 같은 정도로 어리석은 사람이라고 나는 생각한다. 따라서 이제까지의 나의 계획이 그런 데에 있었다고 생각하는 사람들은, 확실히 나를 크게 오해하고 있는 것이다.

그러나 정념을 가지는 것은 자연스러운 일이라고 하여, 우리가 자신의 안에서 느끼고 다른 사람들에게서 보고 있는 정념을, 모두 자연의 것이라고 결론내리려 하는 것을 올바른 추론이라 할 수 있을까? 확실히 정념의 근원은 자연이다. 그러나 다른 데에서 오는 무수한 흐름이 그것을 크게 하고 있다. 그것은 끊임없이 수량(水量)을 증가시켜 가는 커다란 강이어서, 그 흐름에서는 근원에서 온 물은 겨우 몇 방울 찾을 수 있음에 지나지 않는다. 자연적으로 생겨나는 우리의 정념은 극히 제한되어 있다. 그것들이 우리의 자유의 수단이 되고, 우리를 보존시키게 된다. 우리를 억압하고 파멸시키는 정념은 모두 다른 데에서 온다. 자연은 그러한 정념을 우리에게 주지 않는다. 자연의 뜻을 무시하고 우리가 그것을 우리의 것으로 하고 있는 것이다.

우리의 정념의 근원, 다른 모든 정념의 시작이며 근원인 것, 인간과 함께 태어나 인간이 살아가는 한 인간을 떠나는 일이 결코 없을 단 하나의 정념, 그것은 자기애(自己愛)이다. 그것은 사람이 태어나면서 가지는 원시적인 정념으로, 다른 모든 정념에 우선한다. 다른 정념은 모두 어떤 의미에서, 그것의 형태를 바꾼 것에 지나지 않는다. 이와 같은 의미를 보면, 모든 정념은 자연의 것이라 해도 좋으리라. 그러나 그러한 형태를 바꾼 정념의 대부분은 외부적인 원인을 가지므로 , 그 원인이 없으면 결코 생기지 않는다. 그리고 그러한 형태를 바꾼 정념은, 우리에게 유익하기는커녕 오히려 해로운 것이다.

그것은 최초의 목표를 바꾸어, 그 근원에 거슬러 나아간다. 그렇게 되면 인간은 자연 밖으로 나가게 되고, 자신과 모순되게 된다.

자기애는 언제나 좋은 것으로, 언제나 자연의 질서에 부합된다. 사람은 누구나 특히 자기를 보존하지 않으면 안되므로, 무엇보다 유의하지 않으면 안되는 것, 가장 소중한 것은 당연히, 이 자기 보존에 끊임없이 마음을 쓰는 일이다. 그런데 무엇보다도 그에 관심을 가지지 않으면, 어떻게 끊임없이 마음을 쓸 수 있겠는가.

따라서 우리는 자기를 보존하기 위해 자신을 사랑하지 않으면 안된다. 어떤 것보다도 한층 자신을 사랑하지 않으면 안된다. 그리고 이러한 감정의 직접적인 결과로서, 우리는 우리 몸을 보호해 주는 것을 사랑한다. 아이들은 모두 유모에게 집착한다. 로물루스[2]는 젖을 먹여준 이리에게 집착했었음에 틀림없다. 이러한 집착은 처음에는 순수하게 기계적이다. 어떤 개인의 쾌적한 생활을 도와 주는 것은, 그 사람의 마음을 끈다. 해로운 것은 혐오를 느끼게 한다. 이런 것은 맹목적인 본능에 지나지 않는다. 이 본능을 감정으로 변화시키는 것, 집착을 사랑으로, 혐오를 증오로 변화시키는 것, 그것은 우리에게 해를 주거나 우리에게 도움이 되게 하려 하는 확실한 의도이다. 타인으로부터 주어지는 충동에 따라갈 뿐인 무감각한 존재에 대해서는, 사람은 강렬한 애착을 느끼지 못한다. 그런데 그 내적 기질로부터, 그 의지(意志)로부터 이익 또는 피해가 예상되는 사람들, 우리를 위해 또는 우리에게 거역하여 자유롭게 행동한다는 것을 우리가 알 수 있는 사람들은, 그들이 우리에게 나타내 보이는 감정과 똑같은 감정을 우리에게 일으킨다. 우리는 자기에게 도움이 되는 것을 추구하고, 자기에게 이익을 주는 사람을 사랑한다. 또 우리는 자기에게 해가 되는 것을 피하고, 자기에게 해를 주려 하는 사람을 미워한다.

아이의 최초의 감정은 자기 자신을 사랑하는 것이다. 그리고 두 번째 감

---

2) 로물루스는 전설상의 로마 왕국의 건설자. 암이리의 젖을 빨고 자랐다고 한다.

정은, 이 최초의 감정으로부터 생겨나는데, 자기 가까이 있는 사람들을 사랑하는 것이다. 현재의 나약한 상태에서는, 아이는 도움을 받고 보살핌을 받는 것에 의해서만 사람들을 알게 되기 때문이다. 처음에는, 유모와 시중드는 여자에 대한 아이의 애정은 습관적인 것에 지나지 않는다. 아이가 그녀들을 따르는 것은, 그녀들을 필요로 하기 때문인 동시에 그녀들이 곁에 있으면 기분이 좋기 때문이다. 그것은 그녀들에 대한 호의에서 온다기보다 그녀들을 알아보는 데서 오는 것이다. 그녀들이 자기에게 도움이 될 뿐만 아니라 도움이 되고 싶어하는 것을 아이가 이해하기까지는 오랜 시간이 걸린다. 그리고 그것을 이해했을 때에 비로소, 아이는 그녀들을 좋아하게 된다.

그래서 아이는 태어나면서부터 사람들에게 호의를 느끼는 성향을 가진다. 그에게 접근하는 모든 사람이 그를 도우려 하는 것을 알기 때문이며, 그것을 깨닫는 것에 의해, 자기와 같은 인간에 대하여 호감을 품는 습관을 가지기 때문이다. 그렇지만 아이가 그 관계, 필요, 능동적 또는 수동적인 의존 상태를 확대해 감에 따라 타인과의 관계라는 감정이 눈뜨고, 의무감이나 좋고 싫은 감정이 생겨난다. 그래서 아이는 명령적이 되고, 질투를 느끼게 되고, 사람을 속이거나 보복을 하거나 하게 된다. 아이를 무리하게 복종시키려 하면, 아이는 명령받는 그것이 무슨 쓸모가 있는지 모르므로, 그것을 명령하는 사람의 변덕 탓이라 생각하거나, 일부러 자기를 괴롭히려 하는 것이라고 생각하여 그에 반항한다.

만약 다른 사람이 아이가 하는 대로 따르게 되어 있는 경우, 무언가 자기 생각대로 되지 않는 일이 있으면, 아이는 곧 그것은 자기에 대한 반역이라 간주하고, 일부러 자기에게 저항하려 하는 것이라고 생각한다. 자기에게 복종하지 않았다고 아이는 의자나 책상을 두드린다. 자기애는 자신의 일만 문제 삼으므로, 자신의 진짜 욕구가 충족되면 만족한다. 그러나 이기심은 항상 자신을 남들과 비교해 보기 때문에, 만족하는 일이 결코 없고 또 만족될 수도 없다. 왜냐하면 이 감정은 다른 누구보다도 자신을 사랑하면서, 다른 사람에 대해서도 그 자신보다 자기를 사랑해 줄 것을 요구하기 때문이다. 이것은 불가능한 일이다. 이리하여 온화한 애정에 넘친 정념은 자기애로부터 생겨나고, 증오에 넘치고 초조해지기 쉬운 정념은 이기심으로부터 생겨난다.[3] 따라서 인간을 본질적으로 선량하게 하는 것은, 많은 욕망을 가지지 않는 일과 자신을 지나치게 남과 비교해 보지 않는 일이다. 또 인간을 본질적으로 사악하게 하는 것은, 많은 욕망을 가지는 일과 무턱대고 남들의 의견에 의존하는 일이다. 이 원리에 의하면, 아이와 어른의 모든 정념을 어떻게 하면 좋은 쪽으로 또는 나쁜 쪽으로 향하게 할 수 있는지 쉽게 알 수 있다. 확실히 인간은 언제나 혼자서 살 수는 없으므로, 언제나 선량하기는 어렵다. 이 어려움은 남들과의 인간 관계가 넓어짐에 따라 필연적으로 커져 가는 것이다. 그러므로 특히 이 점에서 사회 생활의 여러 가지 위험은, 새로운 욕구에 의해 생겨나는 타락으로부터 인간의 마음을 보호하기 위한 기술과 배려를 우리에게 한층 불가결한 것으로 하고 있는 것이다.

인간에게 필요한 연구는, 자신과 관련 있는 여러 가지 사물의 연구이다. 신체적 존재라는 면에서밖에 자신을 인식하지 못하는 동안은, 인간은 사물과의 관계에서 자신을 연구하지 않으면 안된다. 이것은 유년 시대에 하는 일이다. 도덕적 존재로서의 자신을 느끼기 시작하면, 인간과의 관계에서 자신을 연구하지 않으면 안된다. 이것은 우리가 지금 도달한 시점에서부터 시작하여 전생애에 걸쳐 하는 일이다.

반려를 필요로 하게 되면, 인간은 이미 고립한 존재가 아니다. 그의 마음은 이미 고독하지 않다. 인간과의 모든 관계, 그의 마음의 모든 애정은, 그 반려와의 관계가 생겨남과 동시에 생겨난다. 그의 최초의 정념은 곧 다른 정념을 발동시킨다.

---

3) '자기애(自己愛)'와 '이기심'에 대한 구별이, 보브나르그(1715~47, 프랑스의 모랄리스트)에게서도 발견된다.

본능에 기초한 방향은 아직 확실히 정해져 있지 않다. 한 성(性)이 다른 성(性)에 매혹된다. 이것이 자연의 충동이다. 선호(選好), 개인적인 애착은 지식·편견·습관으로부터 만들어진다. 우리가 사랑할 수 있게 되기 위해서는 시간과 지식이 필요하다. 사람은 판단한 후가 아니면 사랑하지 않고, 비교해 본 후가 아니면 선택하지 않는다. 그러한 판단은, 스스로 알지 못하는 사이에 행해지지만, 그래도 현실의 판단임에는 변함이 없다. 참된 연애는 사람들이 뭐라 말하든, 언제나 사람들로부터 경의를 받을 것이다. 연애의 흥분은 우리의 마음을 미혹시키기는 해도, 또 연애는 그것을 느끼고 있는 마음으로부터 꺼림칙한 성질들을 제거해 주지 않고 그것을 낳는 일조차 있다 하더라도, 연애는 언제나 뛰어난 성질이 있음을 보여 주고 있어서, 그것 없이 사람은 사랑을 느낄 수가 없다. 이 선택은 이성에 대립하는 것으로 생각되지만, 사실은 이성으로부터 생겨나는 것이다. 사랑의 신은 장님으로 되어 있는데, 그것은 그 신(神)이 우리보다 날카로운 눈을 가지고 있기 때문이다. 그리고 우리로서는 분별할 수 없는 관계를 꿰뚫어보고 있기 때문이다. 인간의 미덕에 대해서도, 아름다움에 대해서도 아무런 관념도 가지지 않은 남성에게는 어떤 여성도 모두 똑같게 보이고, 그리하여 맨 처음에 만난 여성이 가장 마음에 드는 여성이 된다. 사랑이 자연에서 생겨난다는 따위의 말은 당치도 않다. 그것은 자연의 경향을 규제하는 것, 억제하는 것이다. 자기가 사랑하는 대상을 제외하고는 일체의 다른 이성에 대해 냉담하게 만드는 것이 연애이다.

누군가를 특히 좋아하게 되면, 상대도 자기를 그렇게 생각해 주기를 원한다. 사랑은 상호적인 것이어야 한다. 사랑받으려면 사랑스러운 인간이 되어야 한다. 특별히 사랑받기 위해서는, 다른 누구보다도 한층 사랑스러운 인간이 되어야 한다. 적어도 사랑의 대상의 눈에는 그렇게 비쳐야 한다. 그래서 비로소 자신과 같은 인간에게 주목하게 된다. 그래서 비로소 자신을 그들과 비교해 보게 된다. 그로부터 경쟁심·질투심이 생겨난다. 어떤 감정이 넘쳐 흐르는 사람은 , 자신의 마음을 밝히고 싶어한다. 애인을 필요로 하는 마음에서, 이윽고 친구를 필요로 하는 마음이 생겨난다. 사랑받는 것이 얼마나 기쁜 일인지 알고 있는 사람은, 모든 사람으로부터 사랑받고 싶어하리라. 그러나 사람들이 모두 특별히 사랑받기를 원한다면, 그 소원을 이루지 못하는 사람이 틀림없이 많이 생길 것이다. 연애와 우정과 함께, 불화·적대·증오가 생겨난다. 이러한 많은 정념들이 소용돌이치는 가운데 타인의 의견에 대한 의존이 굳게 자리잡아, 어리석은 인간들은 그 권위에 묶여 자신의 존재를 오로지 타인의 사고에 맡긴다. 그런 광경을 나는 흔히 본다.

이 관념들을 확장하여 생각해 보면, 우리가 자연이라 생각하고 있는 이기심의 형태가 어디로부터 오는지 알 것이며, 어떻게 하여 자신에 대한 사랑이 절대적인 감정이 아니게 되어, 위대한 사람의 마음속에서는 오만이 되고, 천한 사람의 마음속에서는 허영이 되고, 또 모든 사람의 마음속에서 끊임없이 이웃을 희생시키면서 길러져 가는지 알 것이다. 이러한 종류의 정념은, 아이의 마음속에는 그 씨앗을 가지지 않으므로, 거기에 스스로 생겨날 리가 없다. 그것을 아이의 마음속에 넣어 주는 것은 우리뿐이며, 이러한 정념이 아이의 마음에 뿌리를 내리는 것도 완전히 우리의 잘못 때문이다. 그러나 청년의 마음이 되면, 이미 그렇지는 않다. 우리가 어떻게 하든, 우리의 의지에 상관없이 그것은 생겨난다. 그래서 이제부터는 우리의 방법을 바꾸지 않으면 안된다.

지금 여기서 문제삼고 있는, 전환기에 관한 몇 가지 중요한 고찰로부터 시작하기로 하자. 아이 시대로부터 사춘기로 바뀌는 시기는, 자연에 의해 확실히 정해져 있는 것이 아니라, 개인에게서는 체질에 의해, 국민에게서는 풍토에 의해 달라진다. 이 점에 대해서 더운 나라와 추운 나라 사이에서 확인되는 차이는 누구나 알고 있거니와, 다혈질(多血質)인 사람은 그렇지 않은 사람보다 빨리 형성된다는 것도 모두 알고 있다. 그러나 그 원인에 대해서는 잘못 생각되는 일이 있으며, 흔히 정신적인 것의 탓으로 해야 할 것을 육체적인 것의 탓으로 하는 일이 있다. 이것은 현대 철학에서 가장 자주 볼 수 있는 오류의 하나이다. 자연의 가르침은 늦게 시작하여 천천히 진행된다. 인간의 가르침은 대부분 언제나 시기에 앞서 주어진다. 자연의 경우에는 언제나 관능이 상상을 눈뜨게 하지만, 인간의 경우에는 상상이 관능을 눈뜨게 한다. 상상은 관능을 일찍부터 작용시키지만, 이것은 먼저 개인을, 이윽고는 인류 전체를 약하고 무기력하게 한다. 풍토의 영향에서 오는 차이보다 더욱 일반적으로 그리고 좀더 확실히 확인되는 것은, 무지하고 야만적인 국민 사이에서보다는 교양이 있고 개화된 국민 사이에서 사춘기와 성(性)의 능력이 한층더 빨리 나타난다는 사실이다. ● 아이는 특유의 명민함을 가지고 모든 예절을 흉내낸 덕분에 숨겨진 나쁜 풍습을 간파한다. 사람들이 아이에게 사용하도록 하는 세련된 말, 그들에게 강조되는 품위가 있어야 한다는 교훈, 그들의 눈앞에 둘러치려 하는 장막, 이것들은 모두 아이의 호기심을 자극할 뿐이다. 이 점에서 사람들이 하는 짓을 보면, 아이에게 감추려 하는 것을 그들에게 가르치고 있음에 지나지 않는다는 사실이다. 그리고 당신들이 아이에게 주는 모든 가르침 가운데서 그가 가장 잘 이용하는 것이 바로 그것이다.

● 뷔퐁(Buffon,1707~88)씨는 이렇게 말하고 있다. "도회에서는, 그리고 사람들이 즐거운 생활을 하고 있는 곳에서는, 아이들은 언제나 풍요하고 영양 있는 음식을 취하고 있으므로, 한층 더 빨리 그러한 상태에 도달한다. 시골에서는 그리고 가난한 민중 사이에서는, 아이들의 발육이 훨씬 늦다. 영양이 없고 너무나도 부족한 음식을 취하기 때문이다. 그들에게는 2년이나 3년이라는 여분의 세월이 필요하다."(《박물지》) 나는 그런 사실을 인정하지만, 설명은 인정하지 않는다. 예를 들면, 발레 주(일리아에 가까운 지방)처럼, 촌민이 미식(美食)과 대식(大食)을 하는 지방이나, 프리울 같은 이탈리아의 몇 개 산악 지방에서도, 남자·여자 모두, 사춘기의 연령이, 도회지에 사는 아이들의 경우에 비해 늦기 때문이다. 그런데 도회에서는, 허영심을 만족시키기 위해, 때로 음식을 극단적으로 줄여, 대다수의 사람들이 '벨벳 옷에 밀기울 식사'라는 식의 생활을 견디고 있는 것이다. 산악 지방의 아이들을 보고 깜짝 놀라는 것은, 어른과 같은 정도의 늠름한 사내 아이가 아직 목소리도 변하지 않고 턱에 수염도 나 있지 않거나, 완전히 여성의 몸을 갖춘 여자아이가 아직 초경(初經)도 경험하지 못했다는 사실이다. 이러한 차이가 생기는 원인은, 오직 순박한 풍습 속에서 그들의 상상력이 훨씬 오랫동안 평정하고 침착한 상태에 머물러, 혈액이 끓어오르는 것을 늦추기 때문에 체질을 좀더 조숙하게 하지 않는 것이라고 나는 생각한다.

경험에 비추어 생각해 보는 것이 좋다. 그러면 당신은 이 어리석은 방법이 얼마만큼 자연의 일을 서두르는 것이 되며, 자연의 특질을 파괴하는 것이 되는지 알 수 있을 것이다. 이것이야말로 도회지에 사는 사람들을 퇴화시키는 주요 원인의 하나이다. 청년은 일찍부터 생기를 잃고, 몸이 작고 약해 충분히 발육하지 못한 채 성장하지 않고 늙어 버린다. 봄에 열매를 맺게 한 포도나무가 가을을 기다리지 못하고 시들어 죽어 버리는 것과 같다.

거칠고 순박한 국민 사이에서 생활한 일이 없으면, 그러한 나라에서는 행복한 무지가 얼마나 오랫동안 아이의 순진함을 유지시킬 수 있는지 알 수가 없다. 그러한 나라의 남녀가 젊음과 아름다움이 한창인 때에 마음에 아무런 불안도 없이 아이 시대의 천진스러운 놀이를 계속하고, 그들의 친숙한 모습 그 자체가 더럽혀지지 않은 즐거움을 보이고 있는 것은 감동적이며 흐뭇한 광경이다. 그런 사랑스러운 젊은이들이 이윽고 결혼하게 되면, 남편도 아내도 서로 싱싱하고 순결한 육체를 상대에게 바치기 때문에 한층 더 서로 사랑스러운 존재가 된다. 건전하고 튼튼한 많은 아이들이, 어떤 일이 있어도 변함없는 결합의 보증이 되고, 두 사람이 현명하게 보낸 젊은 시대의 열매가 된다.

인간이 자신의 성(性)을 의식하는 시기가 자연의 작용과 마찬가지로 교육의 효과에 의해 달라진다면, 아이를 기르는 방법에 의해서 이 시기를 이르게 하거나 늦게 할 수 있게 될 것이다. 그리고 만약 그 진행을 이르게 하거나 늦게 하는 것에 의해 신체가 한층 튼튼하게 되거나 그렇지 않게 된다면, 그 진행을 늦추기에 노력하면 노력할수록 청년은 늠름함과 힘을 획득하게 될 것이다. 지금 나는 순수하게 육체적인 결과에 관해서 말하고 있을 뿐이지만, 이 결과는 그것에만 그치지 않는다는 것을 곧 알 것이다.

이 고찰들로부터 나는 흔히 거론되는 문제에 대한 해답을 끌어낸다. 그것은 아이의 호기심의 대상이 되어 있는 것에 대해서 일찍부터 그들에게 설명해 주는 편이 좋은가, 그렇지 않으면 품위 있는 거짓말로 그들을 속이는 편이 좋은가 하는 문제이다. 그런 것은 어느쪽도 해서는 안된다고 나는 생각한다. 첫째로, 그런 호기심은 아이에게 실마리를 주지 않으면 일어나지 않는다. 따라서 그런 실마리를 가지지 않게 해야 한다. 둘째로, 대답이 강요되지 않는 질문들은, 우리로 하여금 그런 질문을 하는 자를 속이도록 강요하지 않는다. 거짓말로 대답하는 것보다는 아이를 침묵하게 하는 것이 낫다. 아무래도 좋은 일에 대해서는 아이로 하여금 잠자코 있도록 하는 규칙에 좇게 하면, 아이는 그런 규칙에 익숙해져 별로 의외라고 생각하지 않게 될 것이다. 그리고 대답해 주려고 결심한 경우에는, 되도록 솔직하고 분명히 대답하고, 난처한 얼굴을 보인다거나 미소를 띄거나 하지 않도록 할 일이다. 아이의 호기심은 자극하기보다는 만족시켜 주는 편이 훨씬 덜 위험하다.

대답은 언제나 성실하게, 단순하게, 확실히 해야 한다. 주저하는 듯한 모습을 절대로 보여서는 안된다. 진실을 이야기해야 한다는 것은 말할 나위도 없다. 어른에게 거짓말을 하는 것이 위험하다는 것을 아이에게 가르치려면, 어른이 아이에게 거짓말을 하는 것은 더더욱 위험하다는 것을 느껴야 한다. 교사가 학생에게 한마디라도 거짓말을 했다는 것을 학생이 알게 되면, 그때까지의 교육의 효과를 완전히 잃어버리게 된다.

어떤 종류의 사항에 관해서는 전연 모르는 것이 아이에게 가장 좋을지도 모른다. 그러나 언제까지나 숨길 수 없는 것은 일찍 가르쳐 주는 것이 좋다. 절대로 호기심을 일깨우지 않도록 하든가, 그렇지 않으면 위험을 수반하지 않는 동안에 호기심을 충족시켜 주든가 해야 한다. 학생에 대한 당신들의 태도는, 이 점에서는 학생의 개인적인 환경, 그를 둘러싼 사회, 언젠가 그가 놓여지게 되리라고 예상되는 상황 등에 크게 의존하고 있다. 여기서는 무슨 일이든 우연에 맡기지 않는 것이 중요하다. 그리고 열여섯 살이 될 때까지 성(性)의 차이에 대하여 아무것도 알지 못하게 할 자신이 없는 한, 열 살이 될 때까지 그것을 가르쳐 주는 것이 좋다.

사물을 그 진짜 이름으로 부르기를 피하려 하여, 아이에게 너무나 애매한 말을 사용하거나, 아이에게 금방 알려질 텐데도 빙 돌려서 말하거나 하는 것을 나는 좋아하지 않는다. 그런 점에 대해서, 품행이 방정한 사람들은 언제나 대단히 솔직한 태도를 보이고 있다. 그러나 부덕(不德)에 의해 더럽혀진 상상력은 귀를 지나치게 민감하게 하고, 끊임없이 표현에 잔 신경을 쓰게 된다. 솔직한 표현을 사용해도 그것은 대단한 일이 아니나, 음란한 관념이야말로 멀리하지 않으면 안된다.

수치심은 인간에게 자연적인 것이지만, 아이가 태어날 때부터 가지고 있는 것은 아니다. 수치심은 악(惡)을 아는 것에 의해 비로소 생겨 나는 것인데, 아이는 악을 알지 못한다. 악을 알 리 없는 아이가 그 지식의 결과인 감정을 어떻게 가질 수 있는가. 부끄러움을 알라든가, 품행을 바르게 하라는 것을 가르치는 것은, 세상에서 부끄러운 일, 단정치 못한 일이 행해지고 있음을 가르치는 것이며, 그런 일들이 어떤 것인지 알고 싶다는 은밀한 욕망을 느끼게 하는 것이 된다. 그리고 아이는 그 일들을 알게 된다. 그리고 상상력에 닿는 최초의 불꽃은 관능을 급히 일깨운다. 얼굴을 붉히는 자는 누구나 이미 죄를 범하고 있는 것이다. 정말로 순진한 자는 아무것도 부끄러워하지 않는다.

아이는 어른과 같은 욕망을 가지지 않는다. 그렇지만 어른과 마찬가지로 감관에 불쾌를 느끼게 하는 불쾌한 욕구에 따르지 않을 수 없으므로, 이 피하기 어려운 성향만으로도 아이 역시 몸가짐을 단정히 하는 가르침을 받아야 한다. 자연의 방침에 따르라. 자연은, 은밀한 쾌락의 기관과 불유쾌한 욕구의 기관을 같은 장소에 놓음으로써, 어떤 때에는 어떤 관념에 의해서, 또 어떤 때에는 다른 관념에 의해서, 어른에게는 절제에 의해서, 아이에게는 청결함에 의해서, 다른 연령에도 똑같은 경계를 하고 있다.

아이로 하여금 순진한 마음을 계속해서 가질 수 있게 하는 좋은 방법은 한가지밖에 없다고 생각한다. 그것은 아이의 주위에 있는 모든 사람이 순진한 것을 존중하고 사랑하는 일이다. 그렇지 않으면 아이에 대해 아무리 신중한 태도를 취하려 해도 언젠가는 결점이 폭로된다. 어쩌다 보인 엷은 웃음, 눈짓, 부주의한 몸짓이, 아이에게는 말하지 않으리라고 생각하고 있던 것을 모두 이야기해 버린다. 사람들이 그것을 감추려 하고 있다는 것을 알 뿐으로, 아이는 그런 것을 충분히 안다. 품위 있는 사람들이 서로 사용하고 있는 섬세한 표현이나 말, 아이가 가지지 않아야 할 지식을 예상한 표현이나 말은, 아이가 있는 곳에서는 어울리지 않는 말이다. 그런데 아이의 단순함을 마음으로부터 존중하고 있으면, 아이에게 이야기를 걸 때에는 그들에게 적합한 단순한 말을 쉽게 찾아낼 수 있을 것이다. 천진 난만한 자에게 어울리는 말, 그들을 기쁘게 하는 소박한 말씨가 있다. 그것이 위험한 호기심으로부터 아이를 멀리하게 하는 올바른 이야기 방법이다. 무슨 일에 대해서나 솔직하게 말하면, 아직 자기에게 이야기하지 않은 무엇인가가 있는 것이 아닌가 하고 아이로 하여금 의심을 품게 하지 않을 수 있다. 거친 말에다 그에 어울리는 불쾌한 관념을 결부시키면, 상상의 불꽃은 금방 꺼져 버린다. 그런 말을 입 밖에 내거나, 그런 관념을 가지거나 하는 것을 아이에게 금지시키지 않더라도, 아이는 자신도 모르는 사이에 그런 것을 상기하는 것에 혐오감을 느끼게 된다. 이러한 소박한 자유는, 그것을 자신의 마음으로부터 끌어내어, 언제나 말해야 할 것을 말하고, 언제나 느낀 것을 그대로 말하는 사람들을 얼마나 많은 곤혹으로부터 구해 줄 것인가.

"아기는 어디에서 나오나요?"는 아이의 마음에 지극히 자연스럽게 떠오르는 성가신 질문이나, 그에 대한 대답이 성실하지 못한 대답이냐 또는 사려 깊은 대답이냐에 의해 일생 동안 그 아이의 품행과 건강이 결정되는 수도 있다. 아이를 속이지 않고 곤경에서 벗어날 수 있기 위해 어머니가 생각해 내는 가장 쉬운 방법은, 아이를 잠자코 있게 하는 것이다. 아무래도 좋은 질문에 대해서는, 일찍부터 아이를 그런 식으로 가르쳐 두었다면, 그리고 갑자기 그렇게 바뀐 태도에 무언가 비밀이 있는 것이 아닌가 하고 아이가 의심을 품지 않는다면, 그것도 훌륭한 방법이다. 그러나 어머니는 그뿐으로 끝내는 일이 별로 없다. "그것은 결혼한 사람들의 비밀이란다. 그러니까 어린애들은 그런 걸 알려고 해선 안되는 거야." 어머니는 이런 말을 아이에게 들려줄 것이다. 이것은 어머니를 궁지로부터 벗어나게 하는 데에 훌륭한 말이다. 그러나 어머니는 그러한 경멸하는 듯한 어조에 상처받은 그 아이가 결혼한 사람들의 비밀을 알 때까지는 한시도 침착할 수 없고, 더욱이 그 아이가 머지않아 그것을 알게 되리라는 사실을 알고 있지 않으면 안된다.

같은 질문에 대하여 그것과는 완전히 다른 대답을 들은 일이 있는데, 그것을 전하는 것을 용서하여 주기 바란다. 그것은 말씨도 태도도 조심스러운 부인이 한 말이므로 한층 감명이 깊었다. 그러나 그 부인은 필요한 경우에는 아이의 행복을 위해, 또 미덕을 위해 사람들의 비난이나 남의 말 잘하는 사람들의 이야기에 오르내리지나 않을까 하는 쓸데없는 염려를 무시할 수 있는 사람이었다. 얼마 전에 그 아이는 오줌과 함께 작은 결석(結石)을 배출하여, 그 때문에 요도를 상한 일이 있었다. 그러나 그 아픔은 이미 잊고 있었다. 그 아이가 갑자기 물었다. "어머니, 아기는 어디에서 나오나요?" 어머니는 주저하지 않고 말했다. "여자는 소변을 보는 것처럼 해서 아기를 낳는단다. 그것은 정말 아프지. 그 때문에 죽는 일도 있단다." 바보는 웃어도 좋다. 머리가 없는 사람들은 눈살을 찌푸려도 좋다. 그러나 현명한 사람이라면, 이 이상 분별 있고, 목적을 이룬 대답이 달리 있는지 어떤지 생각해 보는 것이 좋다.

첫째, 아이가 잘 알고 있는 자연의 욕구에 대한 관념은 그의 생각이 신비스러운 과정의 관념을 멀리하게 한다. 그와 함께 고통과 죽음의 관념이 슬픔의 베일로 그 일의 관념을 덮어 상상력을 약하게 하고 호기심을 누른다. 모든 것이 출산의 결과에 마음을 돌리게 하여, 그 원인을 생각하지 않게 한다. 이것이 바로 이 대답이 지향하는 비결이다. 이 대답에 아이가 반감을 느껴 더 이상의 설명을 요구한다면, 그의 사고들은 인간의 본성의 여러 가지 약점과 혐오스런 사물 및 고통의 이미지로 향하게 된다. 이런 식으로 이야기를 진행해 가는 경우, 욕망의 어떤 자극이 생겨날 여지가 있겠는가. 게다가 당신들도 아는 바와 같이, 진실은 조금도 왜곡되지 않았고, 학생을 가르치기 위해 그를 속일 필요도 없었다.

당신들의 아이는 책을 읽는다. 아이는, 책을 읽지 않고는 가질 수 없는 지식을 독서에 의해 얻는다. 아이가 공부하고 있을 때에는, 조용한 공부방 안에서 상상력이 불타오르고 그 불꽃은 점점 세진다. 사람들 사이에 가면, 기묘하고 영문을 알 수 없는 이야기를 듣고 자기에게 강한 인상을 주는 행위를 본다. 아이는 자신이 남자임을 충분히 교육받아 알고 있으므로, 자신의 눈앞에서 남자들이 여러 가지 행위를 하고 있는 것을 보고, 곧 어떻게 하면 자기도 잘 할 수 있을까 하고 생각하게 된다. 남의 판단을 기준으로 삼으면, 아무래도 남의 행동을 모범으로 삼게 된다. 아이의 곁에서 시중드는 하인들, 당연히 아이의 마음에 들려고 유의하는 하인들은, 아이의 품행을 좋게 하려는 따위의 생각은 하지 않고, 무조건 아이의 기분을 맞추려고만 한다. 넉살좋은 하녀는, 아무리 부끄러움을 모르는 여성이라도, 열다섯 살의 아이에게는 하지 못할 말을, 네 살의 어린이를 상대로 지껄인다. 하녀 쪽은 자기가 한 말을 곧 잊어버리지만, 아이는 잊지 않는다. 음란한 이야기는 단정치 못한 몸가짐의 근원이 된다. 나쁜 하인은 아이를 방탕아로 만든다. 그리고 아이의 비밀이 하인의 비밀을 보호해 주게 된다.

그 나이에 어울리게 키워지고 있는 아이는 고독하다. 습관에서 생기는 애착 외에는 가지지 않는다. 그는 자신의 시계를 소중히 하듯이 누아동생을 귀여워하며, 개를 귀여워하는 것과 똑같이 친구를 사랑한다. 자신의 성(性)을 전연 의식하지 않고, 인간의 한 동료라는 사실도 의식하지 않고 있다. 남자와 여자가 그에게는 똑같이 미지(未知)의 존재이다. 그들이 하는 행위나 말을 어느것 하나 자신과 결부시켜서 생각지 않는다. 그것을 보지도 않거니와 듣지도 않는다. 아니 전연 그의 주의를 기울이지 않는다. 그들의 말이나 그들의 실례(實例)는 무엇 하나 그의 흥미를 끌지 않는다. 그런 것은 모두 그에게는 관계가 없는 일인 것이다. 그것은 우리의 방법에 의해 생기는 인위적인 오류가 아니라, 자연에 대한 무지이다. 바로 그 자연이 자기의 학생을 계발하려는 배려가 눈앞에 있다. 그리고 그런 때에만 자연은 아무런 위험 없는 교훈에 의해 자기의 학생이 이익을 얻을 수 있도록 해 준다. 이것이 나의 원리이다. 그리고 세부적인 원리는 나의 주제가 아니다. 그런데도 다른 것들과 관련하여 내가 제안하는 방법은 나의 원리를 예증하는 데 도움이 될 것이다.

생겨나기 시작한 여러 가지 정념에 질서와 규율을 주려면, 그것이 발달해 가는 기간을 잡아늘여, 그것이 생겨남에 따라 정리되어 가도록 여유를 가지게 하는 것이 좋다. 그렇게 하면 그것을 조절하는 것은 인간이 아니라 자연이 된다. 당신들이 할 일은, 자연으로 하여금 그 일을 정리시키도록 하는 일뿐이다. 당신들의 학생이 혼자 있다면, 당신들에게는 아무 할 일이 없다. 그러나 그의 주위에 있는 모든 것이 그의 상상을 불타오르게 한다. 그는 전통적인 관념의 급류에 휩쓸리게 된다. 그것을 막으려면, 반대 방향으로 그를 밀어주어야 한다. 감정이 상상력을 붙들어매고, 이성이 전통의 목소리를 침묵시켜야 한다. 모든 정념의 근원은 감수성이며, 상상력이 그 흐름의 방향을 결정한다. 자신의 여러 가지 관계를 의식하는 모든 존재는, 그들의 관계가 변화한 경우에는, 그리고는 자신의 본성에 한층 어울리는 관계를 발견한 경우에나 또는 발견했다고 믿는 경우에는, 그에 영향을 받지 않을 수 없다. 모든 유한한 존재―정념을 느낀다면 설령 천사라 하더라도[4]―의 정념을 부덕(不德)으로 바꾸는 것은 상상에서 생기는 잘못이다. 자신의 본성에 어떤 관계가 가장 적당한지를 알기 위해서는 모든 존재의 본성을 알지 않으면 안되기 때문이다.

그래서 여러 가지 정념을 사용하는 것과 관련하여 인간의 모든 지혜를 요약하면 다음과 같이 된다.

첫째, 인간의 참된 관계를 인간 전체로서도 또 개인으로서도 이해하는

---

4) 루소는 원고에서 's'il y en a(천사라는 것이 있다면)'라고 쓴 것을, 나중에 's'ils en ont(천사에게도 정념이 있다면)'으로 정정한 듯하다. 단, 루소의 사후(死後), 친구들에 의해 출판된 제네바판(1782년)에는 원고 그대로 되어 있다. 루소는 천사의 존재에 상당히 구애되고 있었던 듯하다.

일. 둘째, 그 관계에 따라서 모든 마음의 움직임에 질서를 주는 일.

그러나 인간이 자유롭게 이런저런 관계에 따라 그 마음의 움직임을 조절할 수 있을까? 그의 상상력을 자유롭게 이런저런 것에 향하게 할 수 있다면, 또는 자유롭게 이런저런 습관을 상상력에 줄 수 있다면 확실히 그렇게 할 수 있다. 여기서 가장 문제가 되는 것은, 어떤 인간이 자기 자신을 위하여 무엇을 이룰 수 있느냐가 아니라, 오히려 우리가 학생을 어떤 환경에 두느냐에 의해 그를 위하여 우리가 무엇을 해 줄 수 있느냐이다. 자연의 질서 속에 머무르게 하기 위한 적당한 방법을 설명하는 일은, 어떻게 하여 학생이 그곳으로부터 이탈하게 되는지를 명백하게 보여 주는 일이 된다.

그의 감수성이 자신의 일에만 한정되어 있는 경우에는, 그의 행동에는 도덕적인 것은 전혀 없다. 감수성이 자신의 밖으로 넓어져 가게 되면, 비로소 그는 먼저 선악의 감정을, 다음에 그 관념을 가지게 되어, 그에 의해 참으로 인간이 되고 인류를 구성하는 일원이 된다. 따라서 우리는 바로 이 점에 우선 관찰의 눈을 돌려야 한다.

이런 관찰은 해내기 어려운 일이다. 그러한 관찰을 하려면, 우리의 눈앞에 있는 실례(實例)를 물리치고, 연속적인 발전이 자연의 질서에 따라 행해지는 실례를 찾아야 하기 때문이다.

자기가 일찍이 받았던 교육을 실행에 옮길 수 있는 능력을 오로지 기다리기만 하는 세속에 익숙해진 세련된 아이, 개화된 아이는, 그 능력이 습득되는 시기에 관하여 착각을 하는 일은 결코 없다. 그는 그 시기를 기다리기는커녕 조급히 서둘러, 일찍부터 피를 끓어오르게 한다. 그는 실제로 그런 욕망을 경험하기 훨씬 전부터 어떤 것이 자기의 욕망의 대상이어야 하는지를 알고 있다. 자연이 아이를 자극하는 것이 아니라, 아이가 자연을 독촉한다. 따라서 자연은 그가 어른이 되었을 때 그에게 가르쳐 줄 것을 이미 아무것도 가지고 있지 않게 된다. 그는 실제로 어른이 되기 훨씬 전부터 기분상으로는 어른이 되어 있었던 것이다.

자연의 바른 과정은 좀더 단계적으로 서서히 진행된다. 조금씩 피가 뜨거워지고, 정기(精氣)가 만들어지며, 체질이 완성되어 간다. 그 진행을 지시하는 현명한 직공(職工)은 모든 도구를 완벽하게 만들어 사용하려 한다. 최초의 성욕에 앞서 오랫동안의 불안한 마음이 있고, 오랫동안의 무지가 욕망의 대상에 관하여 잘못 생각하게 한다. 무언가 영문을 알지 못하면서 욕망을 느낀다. 피가 용솟음치고 끓어오른다. 남아 돌아가는 생명력은 밖으로 뻗치려 한다. 눈이 생생해져 다른 존재를 바라보고, 우리의 주위에 있는 사람들에게 흥미를 가지기 시작하며, 인간은 혼자서 살도록 만들어지지 않았다는 것을 느끼기 시작한다. 이리하여 인간적인 애정에 대하여 마음이 열리고, 애착을 가질 수 있게 된다.

주의 깊게 키워진 청년이 느낄 수 있는 최초의 감정은 사랑이 아니라 우정이다. 나타나기 시작한 상상력의 최초의 행위는 청년에게 자신과 똑같은 인간의 존재를 가르치는 일로서, 인류에 대한 감정이 이성에 대한 감정보다 일찍 눈뜬다. 그래서 무지의 상태로 있는 기간을 잡아늘이는 것에는 또 하나의 이익이 있게 된다. 그것은 나타나기 시작한 감수성을 이용하여, 젊은 청년의 마음에 인간애의 최초의 씨앗을 심는 일이다. 일생 동안에 이 시기야말로 그러한 배려가 참으로 결실을 얻을 수 있는 유일한 시기이므로, 그것은 더더욱 귀중한 이익이 된다.

일찍부터 타락하여 여자와의 방탕에 빠져 버린 청년은 인정이 없고 잔혹하다는 사실을, 나는 끊임없이 보아 왔다. 격한 기질이 그들로 하여금 인내심을 잃어버리게 하고, 복수심이 강하고 흉포한 인간이 되게 한다. 그들의 상상력은 오직 하나의 일에 사로잡혀 있어서, 다른 것은 일체 생각하려 하지도 않는다. 그들은 불쌍함도 가련함도 모른다. 보잘것없는 쾌락을 위해, 그들은 아버지도 어머니도 우주 전체도 희생시켜 버릴 것에 틀림없다. 그와는 반대로, 축복받은 순진함 속에서 키워진 청년은 자연의 기본적인 충동에 의해 부드럽고 애정이 넘친 정념을 가지게 된다. 그의 따뜻한 마음은 자기와 똑같은 인간의 괴로움에 감동한다. 그는 친구들과 재회했을 때 기쁨으로 몸을 떨고, 그의 팔은 따뜻한 포옹을 발견할 수 있으며, 그의 눈은 감동의 눈물을 흘릴 수 있다. 그는 사람을 불쾌하게 한 것을 수치스럽게 여기고 사람의 마음에 상처입힌 것을 후회한다. 불타오르는 뜨거운 피가 그를 격분시키고 흥분시키며 노하게 하는 일이 있어도, 한순간이 지나면 그것을 깊이 후회하는 모습에 그 마음의 선량함이 확실히 엿보인다. 자신이 준 상처를 보고 그는 눈물을 흘리며 신음한다. 상대가 흘린 피를 될 수 있다면 자기의 피로 보상하고 싶어한다. 자신의 잘못을 생각하고, 격한 흥분도 사라져 없어지며, 흥분했던 마음도 사그라져 버린다. 자신이 모욕당한 경우에도, 아무리 격한 분노를 느꼈어도 한번 상대가 용서를 빌면, 단 한마디로 분노를 누그러뜨린다. 자신의 잘못을 보상할 때와 마찬가지로, 그는 마음으로부터 타인의 잘못을 용서해 준다. 청년기는 복수심을 불태우는 시기도 증오를 느끼는 시기도 아니다. 동정·인자(仁慈)·관용의 시기이다. 그렇다. 나는 이런 것을 주장하면서도 경험의 증언을 두려워하지 않는다. 출신 성분이 나쁜 아이가 아니라면, 스무 살이 될 때까지 순결을 잃지 않았던 아이는, 그 또래에서는 가장 관대하고, 선량하고, 누구보다도 사람을 사랑하고, 사람들에게 사랑받는 인간이 되어 있는 것이다. 지금까지 당신들은 이런 말을 들어 본 적이 없다. 당신들 같은 철학자들은 학교의 퇴폐한 공기 속에서 교육되었으므로, 그러한 것을 의식하지 못하리라는 것은 당연한 것으로 생각된다.

인간을 사회적인 존재로 만든 것은 인간의 약함이다. 우리의 마음에 인간애를 느끼게 하는 것은 우리들 공통의 비참함이다. 인간이 아니었다면, 우리는 인간애 같은 것을 느낄 필요가 전혀 없는 것이다. 모든 애정은 부족함이 있다는 증거이다. 우리들 한 사람 한 사람이 다른 인간을 전연 필요로 하지 않는다면, 다른 인간과 교류하려는 따위의 생각은 아무도 하지 않을 것이다. 그러므로 우리의 덧없는 행복은 우리의 약함 그 자체에서 생겨난다. 참으로 행복한 인간은 고독한 인간이다. 신(神)만이 절대적인 행복을 누릴 수 있다. 그렇기는 하나 우리들 중 누가 절대적 행복에 대한 관념을 가지고 있겠는가. 어떤 불완전한 존재가 자기만으로 만족할 수 있다면, 도대체 그는 어떤 것을 누리게 될까? 우리가 생각하기로는 그는 고독하고 비참할 것이다. 아무것도 필요로 하지 않는 자가 어떻게 무엇인가를 사랑할 수 있는지를, 나로서는 도저히 이해할 수가 없다. 그리고 아무것도 사랑하지 않는 자가 행복할 수 있다고는 생각되지 않는 것이다.

따라서 우리가 동료인 인간에게 애착을 가지게 되는 것은, 그들의 기쁨에 대한 우리의 감정에 의해서가 아니라 괴로움에 대한 감정에 의해서이다. 그들에게서 우리는, 우리의 본성과 일치하는 것을, 그리고 우리에 대한 그들의 애정의 보증이 되는 것을 한층 더 잘 보기 때문이다. 우리에게 공통되는 욕구들은 이해(利害)에 의해 우리를 결속시키지만, 우리에게 공통되는 괴로움은 애정에 의해 우리를 결속시킨다. 행복한 사람의 모습은, 다른 사람에게 애정보다는 부러움을 느끼게 한다. 그런 사람이 자기 혼자의 행복을 획득했다는 것은 자기의 권리가 아닌 권리를 가로챘기 때문이라고, 우리는 비난하고 싶어진다. 그리고 이기심은, 그 사람이 우리를 전연 필요로 하지 않는다는 것을 우리로 하여금 느끼게 하여, 더 한층 괴롭게 한다. 그런데 자기와 똑같은 괴로움을 겪고 있는 사람을 불쌍하게 생각지 않는 사람이 있을까? 그 사람을 불행한 상태에서 구해 내기 위해서는 단지 그럴 마음만 가지면 되는 경우에도 그 사람을 구해 내고 싶다고 생각하지 않는 자가 있을까? 상상은 우리를 행복한 인간의 입장보다는 비참한 인간의 입장에 놓으려는 경향이 있다.

이 두가지 상태 중에서 후자가 전자의 상태보다 우리에게 더 한층 가깝게 느껴진다. 연민은 달콤하다. 괴로워하고 있는 사람의 입장에 자신을 두고, 자신은 그 사람처럼 괴롭지 않다는 기쁨을 느끼게 하기 때문이다. 선망의 감정은 괴롭다. 행복한 사람의 모습은, 부러워하는 사람을 그 사람의 위치에 놓기는커녕, 반대로 자신이 그런 입장에 놓여져 있지 않다는 한스러움을 느끼게 하기 때문이다. 전자는 그가 괴로워하고 있는 괴로움을 우리에게 면하게 해 준 것처럼, 그리고 후자는 그가 즐기고 있는 기쁨을 우리들에게서 빼앗고 있는 것처럼 느껴진다.

따라서 젊은이의 마음에 싹트기 시작한 감수성의 최초의 움직임에 자극을 주어 그것을 키워 가려 한다면, 또 그의 성격을 자비와 친절 쪽으로 향하게 하려면, 사람들의 행복의 거짓 모습을 그에게 보여 오만한 마음, 허영심, 선망의 씨를 싹트게 해서는 안된다. 처음부터 궁정의 화려함이나 궁전의 호화로움, 여러 가지 구경거리의 매력을 그의 눈앞에 펼쳐 보여서는 안된다. 여러 가지 회합이나 화려한 모임에 데리고 가서는 안된다. 상류 사교계의 실체를 평가할 수 있도록 해 준 다음이 아니고는 그 외면의 모습을 보여서는 안된다. 그가 인간을 알기도 전에 그에게 세상을 보여 주는 것은, 그를 도야하는 것이 아니라 타락시키는 것이 되며, 그를 가르치는 것이 아니라 그르치는 것이 된다.

인간은 태어나면서부터 국왕도, 귀족도, 궁정인도, 부자도 아니다. 모두 벌거숭이 가난한 인간으로서 태어난다. 모두 인생의 비참함·슬픔·불행·결핍 등 모든 종류의 고통을 면할 수가 없다. 더욱이 모두 죽도록 운명지어져 있다. 이것이 인간의 참 모습이며, 어떤 인간도 이 숙명을 면할 수 없는 것이다. 그러므로 우선 인간의 본성에 속하는 것으로 무엇보다도 그와 떨어질 수 없는 것, 무엇보다도 인간성을 잘 나타내고 있는 것을 연구하는 것이 좋다.

열여섯 살이 되면, 청년은 괴로움이 어떤 것인지를 안다. 자신도 괴로워한 일이 있기 때문이다. 그러나 다른 사람들도 역시 괴로워한다는 사실은 아직 잘 모른다. 괴로워하는 것을 보아도 그것을 느끼지 못하면 괴로움을 아는 것이 아니며, 내가 이미 되풀이하여 말한 것처럼, 남들의 감정을 상상하지 못하는 아이는 고통이라고 하면 자신의 고통밖에 모른다. 그러나 감각의 범위가 넓어져 상상의 불이 점화되면, 그는 비로소 자신과 같은 인간 가운데서 자신을 인식하고, 그들의 슬픔에 마음을 움직이며, 그들의 괴로움에 자신도 괴로움을 느끼게 된다. 그래서 고뇌하는 인류의 가엾은 광경이 이제까지 그가 맛본 일이 없는 감동을 처음으로 그의 마음에 불러일으키는 것도 바로 이때이다.

당신들의 제자의 경우에는 그런 시기를 확인하기가 쉽지 않은데, 그것은 누구의 탓이겠는가? 당신들은 그들에게 일찍부터 감정을 농락하는 것을 가르쳤다. 일찍부터 감정의 언어를 가르친 것이다. 따라서 그들은 언제나 똑같은 어조로 말하고, 당신들의 가르침을 당신들 자신에 대하여 역이용하여, 언제 거짓말하는 것을 그만두고 자신의 말을 실감하기 시작하는지를 구별할 수 있는 기회를 당신들에게 하나도 주지 않는다. 그러나 나의 에밀을 보라. 내가 그를 이끌어 온 시기까지는 그는 느껴본 적도 없으며, 느낌을 가장한 일도 없다. 그는 사랑한다는 것이 어떤 것인지 모르는 동안에는 누군가에게 "나는 당신을 정말로 사랑합니다."라고 말한 일이 없다. 아버지의 방, 어머니의 방, 또는 병으로 누워 있는 교사의 방에 들어갈 때에는 이런 식으로 하라고, 아무도 그에게 가르친 일이 없다. 그는 느끼지도 못하는 슬픔을 가장하는 기교를 배운 적이 없다. 누가 죽었을 때에도, 거짓 눈물을 흘린 일이 없다. 죽음이란 어떤 것인지 모르기 때문이다. 그가 심정에서 무감각하다면, 태도에서도 마찬가지로 무감각하다. 다른 어떤 아이도 그렇듯이, 자신의 일 이외의 모든 일에 무관심하므로, 누구에게도 관심을 가지지 않는다. 다른 아이들과 다른 점은, 그는 관심을 가지고 있는 것처럼 겉꾸미려 하지 않는다는 것, 즉 남들처럼 속이지 않는다는 점뿐이다.

에밀은 감각을 가진 존재에 대하여 별로 생각한 일이 없으므로, 고통이라든가 죽음이 어떤 것인지를 알기까지는 오랜 시간이 걸린다. 탄식의 소리, 슬픔의 외침 소리가 그의 마음의 밑바닥을 움직이게 하기 시작한다. 피가 흐르는 것을 보면 시선을 돌리게 된다. 숨이 넘어가려 하는 동물의 몸부림은 이제까지 느낀 일이 없는 이런 충격들이 어떻게 해서 일어나는지 알지 못하는 때부터, 무어라 말할 수 없는 고통을 그로 하여금 느끼게 한다. 만약 그가 둔감하고 야만하다면, 그는 그런 것을 느끼지 않을 것이다. 좀더 많은 지식을 가지고 있다면, 그는 그 원인을 알 것임에 틀림없다. 그는 이미 많은 관념을 비교해 보고 있기 때문에 아무것도 느끼지 않을 수는 없지만, 자기가 느끼는 것을 이해할 수 있을 정도까지는 아직 충분히 많은 관념을 비교해 보고 있지 않다.

이렇게 하여 동정심이 생겨난다. 이것은 자연의 질서에 따라 사람의 마음을 감동시키는 최초의 상대적인 감정이다. 감수성이 예민하고 깊은 동정심을 가지기 위해서는, 아이는 자기가 고민했던 것을 고민하고 있고 자기가 느꼈던 괴로움을 느끼고 있고, 자신도 느낄지 모르는 것으로서 그 관념을 가지고 있지 않으면 안되는 다른 고통을 느끼고 있는 자기와 똑같은 사람들이 있음을 알아야 한다. 실제로 우리가 우리 자신을 초월하고, 괴로워하고 있는 동물에 우리 자신을 동화시키는 일이 없으면, 다시 말해 우리의 본성을 버리고 그 존재가 되는 일이 없으면, 어떻게 우리가 불쌍함에 마음을 움직일 수 있겠는가? 그가 괴로워하고 있으리라고 짐작되는 만큼만 우리는 괴로워한다. 그리고 그 괴로움은 우리의 괴로움이 아니라 그의 괴로움인 것이다. 따라서 상상력이 작용하지 않으면, 그리고 자신을 초월할 수가 없으면, 아무도 감수성이 예민한 인간은 될 수 없다.

이제 싹트기 시작한 이 감수성에 자극을 주어 그것을 길러 가기 위해서는, 그것을 이끌어 간다기보다 그 자연의 경향에 따라가기 위해서는, 우리는 대체 무엇을 해야 하는 것일까? 청년의 마음에 넘쳐나는 힘이 작용할 수 있는 대상, 마음을 쭉쭉 뻗게 하여 다른 존재들에 미치고 이르는 곳마다 그로 하여금 자신을 초월할 수 있게 하는 대상을 그에게 나타내 보여 주어야 하지 않을까? 인간의 자아의 힘을 단단히 죄고 내부에 집중시키고 강화하는 모든 것들을 조심스레 제거해 주어야 하지 않을까? 결국 바꾸어 말하면, 친절한 마음, 인간애, 동정심, 자비심 등 스스로 사람들을 기쁘게 하는 모든 상냥하고 사람을 끄는 정념을 자극해 주고, 선망·증오·탐욕 등 사람들이 싫어하는 잔혹한 모든 정념, 이른바 감수성을 무가치한 것으로 할 뿐만 아니라 부정적인 것으로 하여, 그것을 느끼고 있는 자의 마음을 들볶는 모든 정념이 생겨 나지 않도록 해 주어야 하지 않을까?

이상에서 살펴본 고찰들은 모두, 정확·명쾌하고 곧 이해할 수 있는 두 세 가지 준칙으로 요약할 수 있다.

첫번째 준칙

인간의 마음은 자신을 자기보다 행복한 사람의 입장에 놓고 생각할 수는 없다. 자기보다 불쌍한 사람의 입장에 자신을 놓고 생각할 수 있을 뿐이다.

이 준칙에 예외가 발견된다 하더라도, 그것은 현실적인 것이기보다 표면적인 경우가 많다. 따라서 사람은, 애착을 느끼고 있는 부자나 귀족의 지위에 자신을 놓고 생각하는 일은 없다. 마음으로부터 애착을 느끼고 있는 경우에도, 그들의 행복의 일부분을 횡령하는 데에 지나지 않는다. 때로 우리는 불행한 처지에 빠진 부자를 사랑하는 일이 있다. 그러나 그가 번창하고 있는 한, 그들의 진짜 친구가 될 수 있는 사람은 표면적인 것에 속지 않는 사람을 제외하고는, 아무리 그들이 부유해도 그것을 부러워하지 않고 오히려 불쌍히 여기는 사람뿐이다.

어떤 종류의 행복, 예를 들면 전원의 목가적 생활의 행복에는, 사람은 마음을 움직인다. 저 선량한 사람들의 행복한 모습을 바라보는 매력은, 질투에 의해서 해쳐지는 일이 없다. 사람은 그들에 대해서는 마음으로부터 관심을 갖는다. 왜 그럴까? 그것은 우리가 저 평화롭고 순박한 사람들의 상태로 자신을 떨어뜨려 똑같은 행복을 즐기려고 하기만 하면 언제든 자유롭게 그렇게 할 수가 있다고 생각하기 때문이다. 그것은 그런 행복을 누리지는 않고 단지 누리고 싶다는 소망으로 만족하는 것으로 유쾌한 기분을 불러일으킬 뿐인 수단에 지나지 않는 것이다. 자신이 여축해 놓은 것들을 음미해 보는 것, 자신의 부(富)를 바라보는 것은, 당장 그것을 사용하려고 생각하지 않는 때라도 즐거운 일이다.

그래서 청년에게 인간애를 느끼게 하려면, 다른 사람들의 부러운 운명에 감탄하게 하지 말고, 그에게 인생을 슬픈 측면에서 나타내 보여주어 그의 두려움을 일깨워야 한다. 그렇게 하면 , 그는 다른 사람들의 행복을 방해하지 않고서도 자신의 행복에의 길을 개척해 갈 것이다.

두 번째 준칙

사람은 오직, 자신도 면할 수 없으리라고 생각되는 타인의 불행만을 동정한다.

'불행을 아는 사람만이 불행한 사람에게 도움의 손길을 뻗을 수 있는 것입니다.' [5]

이 시구만큼 아름답고 의미가 깊으며 마음에 와닿는 진실한 말을 나는 알지 못한다.

왜 왕들은 백성들을 동정하지 않는가? 그들 자신은 절대로 평민이 되지 않으리라고 생각하기 때문이다. 왜 부자는 가난한 사람에 대하여 그토록 냉혹한가? 그들은 가난하게 될 염려가 없기 때문이다. 왜 귀족들은 민중을 경멸하는가? 귀족들은 결코 평민이 되지 않을 것이기 때문이다. 왜 터키인은 일반적으로 우리보다 정이 깊으며 다른 사람들을 환대하는가? 그들의 철저히 전제적인 통치하에서는, 개인의 계급과 부(富)는 언제나 불안정하고 변하기 쉬워서, 비천한 신분이나 빈곤을 자기와 무관한 것이라고 생각하지 않기 때문이다.• 누구든 오늘 자기가 도와 준 사람과 같은 상태로, 내일 떨어져 버릴지

---

5) 베르길리우스의 서사시 《아에네이스》 제1권 630행. 디드가 아에네이스에게 한 말.

● 지금은 다소 바뀐 것 같다. 신분도 한층 고정되어 있는 것 같고, 인간도 좀더 냉혹해져 있다.

모르는 것이다. 이러한 생각은 동양의 여러 가지 설화(說話)에서 끊임없이 되풀이되고 있는데, 그것은 독자에게 무어라 말할 수 없는 감동을 불러일으킨다. 그것은 우리의 위장되고 메마른 교훈 속에서는 찾을 수 없는 것이다.

그러므로 불행한 사람들의 고통과 가난한 사람들의 노고를 영광된 높은 자리에서 내려다보는 따위의 일에 당신들의 학생을 익숙해지도록 해서는 안된다. 그리고 그가 그런 사람들을 자신과는 아무런 관계도 없는 존재라고 생각한다면, 그들을 불쌍히 여기도록 가르칠 수 있다고 기대해서는 안된다. 그 불행한 사람들의 운명은 그 자신의 운명이 될지도 모른다는 것, 그들의 모든 불행은 곧 그의 발 밑에도 있다는 것, 생각지도 못했던 무수한 사건들과 피할 수 없는 사건들이 순식간에 그를 그러한 불행으로 빠뜨려 버릴지도 모른다는 사실을 충분히 이해시키도록 하는 편이 더 낫다. 가문도 건강도 부(富)도 기대하지 않도록 가르치라. 당신의 제자에게 운명의 모든 변화를 보여 주라. 그 아이보다 더 높은 상태로부터 그 불행한 사람들보다 더 낮은 상태로 떨어져 버린 사람들의 헤아릴 수 없을 정도로 많은 실례(實例)를 찾아내 보여 주라. 그것이 그들 자신의 잘못에 의한 것이든 아니든, 지금은 문제가 아니다. '잘못' 이라는 말의 의미를 그는 진정 알고 있는가? 그의 지식의 질서를 혼란시키는 따위의 일을 해서는 안된다. 그의 능력에 맞는 지식의 빛에 의해서만 그를 비춰주는 것이 좋다. 한 시간 후에 자신이 살아 있을지 죽어 있을지, 밤이 되기 전에 신장염으로 괴로워하며 이를 악물게 될지 어떨지, 한 달 후에 부자가 될지 가난뱅이가 될지, 상황에 따라서는 일 년 후에는 채찍으로 맞아 가면서 알제리아의 노예선에서 노를 젓게 될는지 어떨는지⋯⋯. 이와 같은 일에는 아무리 사려깊은 인간이라도 그에게 대답해 줄 수 없다는 사실을 깨닫기 위해서, 그만큼 박식해질 필요는 없는 것이다. 특히 그런 모든 것을 교리 문답처럼 냉담한 어조로 이야기해 주어서는 안된다. 인간에게 덮쳐 오는 재앙을 눈으로 보고 직접 느끼도록 하는 것이 좋다. 모든 인간을 둘러싸고 있는 위험을 통해서 그의 상상을 자극하여 두려워 떨게 함이 좋다. 그의 주위에 있는 그러한 모든 심연(深淵)을 엿보게 하여, 그것을 그려 보이는 당신들의 이야기를 들으면서, 거기에 떨어지지나 않을까 걱정스러워 그가 당신들의 가슴에 매달려 오도록 말이다. '그러면 그는 소심한 겁쟁이가 되어 버릴 것이다'라고 당신들은 말할지도 모른다. 그것은 나중에 보도록 하자. 어쨌든 지금은 우선 그를 인간적으로 만들어야 한다. 이것이 우리에게 무엇보다도 중요한 일이다.

세 번째 준칙

타인의 불행에 대하여 느끼는 동정은, 그 불행의 크고 작음에 비례하지 않고, 우리가 그 불행으로 괴로워하고 있는 사람에 대해 베푸는 감정에 비례한다.

우리가 불행한 사람을 동정하는 것은, 그 자신이 동정받아야 할 상태에 있다고 생각하는 한에서이다. 그 고통에 관한 우리의 육체적 감각은 겉보기 이상으로 한정되어 있다. 그 고통을 잡아늘여 우리에게 느끼도록 하는 것은 기억력이다. 그것을 미래로 잡아늘여 우리를 참으로 불쌍한 인간으로 만드는 것은 상상력이다. 동료감(同僚感)이 우리를 인간과 동물에 대해 똑같이 동화시킨다 해도, 우리가 동물의 불행에 대해서는 인간의 불행에 대해서보다 냉담한 원인의 하나가 거기에 있다고 나는 생각한다. 짐마차를 끄는 말이 마구간에 있는 것을 보고 동정을 느끼는 사람은 거의 없다. 그 말이 여물을 먹으면서 아까 채찍으로 맞은 일이나, 이제부터 뼈가 부서지도록 일해야 한다는 따위의 생각을 하고 있으리라고는 생각되지 않기 때문이다. 또 양이 풀을 뜯어먹고 있는 것을 보고 그 양이 곧 죽게 될 것을 알고 있다 해도, 우리는 역시 동정을 느끼지 않는다. 양이 자신의 운명을 예지하고 있다고는 생각되지 않기 때문이다. 이러한 생각이 확장되면, 사람은 인간의 운명에 대해서도 냉담해진다. 그리고 부자는 가난한 사람을 괴롭히면서도, 그들은 우둔하니까 아무것도 느끼지 못할 것이라고 생각함으로써 스스로를 위로한다. 일반적으로 한 사람 한 사람이 자기와 같은 인간의 행복을 어느 정도로 평가하고 있는지는, 한 사람 한 사람이 그들 인간에 대하여 보이는 존경의 정도에 의해서 알 수 있다고 나는 생각한다. 경멸하고 있는 인간의 행복을 가볍게 생각하는 것은 당연하다. 따라서 정치가가 그렇게 경멸하는 어조로 민중에 대해 이야기한다 해도, 또 많은 철학자들이 인간을 지극히 사악한 존재로 생각하고 있다 해도 놀랄 일이 아니다.

인류를 구성하고 있는 것은 민중이다. 그런데 민중이 아닌 자는 극소수이므로, 그 소수를 고려할 필요는 없다. 인간은 어떤 신분에 있든 같은 인간이다. 그렇다면 가장 수가 많은 신분이야말로 가장 존경할 가치가 있다. 사려 깊은 사람에게는 사회적인 차별은 모두 무시되어 버린다. 그는 쓰레기 같은 인간 속에서도, 고귀한 사람 속에서도 같은 정념, 같은 감정을 확인한다. 그가 구별하는 것은, 단지 그들이 사용하는 언어의 차이, 다소의 부자연스런 어조뿐이다. 만약 무언가 본질적인 차이가 그들 사이에 있다면, 세속에 더 닳은 쪽이 불리하게 된다. 민중은 있는 그대로의 자신을 나타내며 붙임성이 적다. 그러나 사교계 사람들은 아무래도 자신을 감추지 않으면 안된다. 있는 그대로의 자신을 드러낸다면 혐오를 불러일으킬 것이 틀림없으니까.[6]

현대의 현자(賢者)들은 말한다. "모든 신분에는 행복과 슬픔이 같은 양으로 배합되어 있다"고. 유해한, 그리고 이치에 맞지 않는 말이다. 어떤 신분에 있는 사람이나 같은 정도로 행복하다면, 누구에 대하여 마음을 아파할 필요가 있을까. 사람은 모두 현 상태에 그대로 있게 하라. 노예는 학대받고, 병

---

6) "인류를 구성하고 있는…… 혐오를 불러일으킬 것이 틀림없으니까." 이 패러그래프에 설명된 귀족(사교계 인사들)과 민중의 대비는, 이미 17세기 모랄리스트 라 브뤼엘의 《Characters》(제9장 귀족에 관하여, 제25절)에도 있다. "가장 상반(相反)하는 두 개의 인간 신분, 즉 귀족과 민중을 생각하면……민중은 거칠고 솔직함을 천진하게 드러내고 있지만, 귀족은 예절이라는 껍질 밑에 사악하고 부패한 정기(精氣)를 감추고 있다. 민중에게는 재기 (才氣)가 없고, 귀족에게는 인정이 없다.…… 어느쪽인가를 선택해야 한다면, 나는 주저없이 민중을 선택하고 싶다."

든 사람은 고통당하고, 가난뱅이는 죽어 버리면 된다. 상태를 바꾼다고 해도 그들은 아무것도 얻지 못한다. 현대의 현자는 부자의 노고를 열거하여 그 무익한 쾌락의 덧없음을 나타내 보인다. 이 얼마나 속 들여다보이는 궤변인가! 부자의 괴로움은 그 신분으로부터 생기는 것이 아니라, 그것을 악용하는 부자 자신으로부터 생기는 것이다. 가난한 사람에 비해서조차 불행하다 해도 부자를 동정할 필요는 없다.

부자의 불행은 모두 자신이 만들어 내는 것이므로, 자신의 의지(意志) 하나로 행복해질 수 있으니까. 그러나 가난한 사람의 괴로움은 외부의 사정으로부터, 그의 위에 무겁게 덮쳐 누르는 가혹한 운명으로부터 생긴다. 피로·쇠진(衰盡)·배고픔으로부터 오는 육체적인 고통을 없애 주는 습관은 없다. 뛰어난 정신이나 지혜도, 그가 놓여진 상태로부터 생겨나는 괴로움에서 벗어나게 하는 데에는 아무런 도움이 되지 못한다. 에픽테토스가 주인이 자기의 발을 자르려 하는 것을 미리 알았다 해서 무슨 득을 얻었는가.[7] 그가 그것을 알고 있었어도 주인은 역시 그의 발을 자르지 않았는가. 에픽테토스에게는 발을 비틀리는 괴로움에 선견지명에 의한 괴로움이 더해졌을 뿐이다. 우리는 민중을 우둔하다고 생각하는데, 그와는 반대로 분별있는 사람들이라고 생각한다 해서 그들이 현재의 그들이 아닌 다른 어떤 존재가 되는가? 현재 하고 있는 일과는 다른 어떤 일을 할 수 있는가? 이 계급의 사람들을 잘 관찰해 보라. 말씨는 달라도 그들은 당신들과 같은 정도의 기지(機智)와 당신들이 가지고 있는 이상의 양식(良識)을 가지고 있음을 알리라. 그러므로 당신들이 속해 있는 인류를 존경하라. 인류는 본질적으로 민중의 집합으로 이루어져 있다는 사실, 국왕이나 철학자가 모두 인류로부터 제거된다 하더라도

---

7) 이 이야기는, 에픽테토스가 노예였을 때의 일화로서 유명하다. 잔혹한 주인이 고문용 도구로 그의 발을 비틀었을 때, 후에 스토아 철학자가 되는 이 노예는, "주인님, 이러다간 내 발이 잘리겠습니다" 하고 말했다. 그리고 실제로 발이 잘려졌을 때, "그것 봐요. 내 발이 잘리겠다고 내가 말했잖아요?" 하고 조용히 말했다 한다.

그것은 거의 알아채지 못할 정도이며, 그로 말미암아 사정이 더 나빠질 까닭이 없다는 것을 명심하라. 한마디로 말해서 당신들의 학생에게 모든 인간을 사랑할 것, 그의 사랑을 깨닫지 못하는 자들까지도 사랑할 것을 가르치라. 자신을 어떤 계급에도 두지 않으면서도 모든 계급에서 자신을 발견하게 하는 것이 좋다. 그를 앞에 놓고 사랑과 동정심을 가지고 인류에 대해서 말하라. 그러나 결코 경멸하는 어조로 말해서는 안된다. 당신도 인간이다. 동료 인간을 경멸하지 말라!

이와 같은 길을 통해서 그밖에도 이와 비슷한, 이미 개척되어 있는 길과는 완전히 반대의 길을 통하여, 우리는 젊은 청년의 마음속 깊이 들어가 거기에 자연의 최초의 충동을 자극해야 한다. 즉, 자기와 똑같은 인간에 대해 그의 마음을 활짝 열게 해야 한다. 그에 덧붙여서 그런 마음의 움직임에는 되도록 개인적인 이해(利害)를 섞지 않도록 하는 것이 필요하다고 말해 둔다. 특히 허영심·경쟁심·명예심 같은, 우리를 다른 인간과 비교시키는 따위의 감정을 일으키게 해서는 안된다. 그런 비교는 우리들 자신의 평가에 지나지 않는다고 해도, 우리들과 우열을 다투는 사람들에 대해 얼마간의 반감을 반드시 동반하게 되기 때문이다. 그렇게 되면 우리는 장님이 되거나 이성을 잃게 되며, 나쁜 사람이 되거나 바보가 되거나 하지 않고는 끝나지 않는다. 이런 것은 양쪽 다 피하기로 하자. ‘그런 위험하기 짝이 없는 정념은 , 싫든 좋든 언젠가는 생겨난다’ 고 사람들은 내게 말할 것이다. 나 역시 그것을 부정하지 않는다. 모든 일에는 그 시기와 장소가 있다. 단지 나는 그런 정념이 생겨나는 것을 조장하는 짓을 해서는 안된다고 말하는 것이다.

이것이 취해야 할 방법의 정신이다. 이 경우 예를 들거나 자세하게 파고 들어 설명하는 일은 필요없을 것이다. 여기서 인간의 성격이 거의 무한히 나뉘어 가므로, 내가 드는 어떤 예도 필시 10만 명 중 한 사람에게도 꼭 들어맞지는 않을 테니까. 유능한 교사가 학생의 마음을 면밀히 파악하는 연구자로서 그리고 그 마음을 올바로 인도하는 철학자로서의 진정한 역할을 수행하기 시작하는 것도 역시 이 시기부터이다. 청년이 아직 자신을 속이는 일을 배우지 않는 동안에는, 속임수의 의미를 알지조차 못하는 동안에는, 그에게 제시되는 여러 가지 사물로부터 그가 어떤 인상을 받는지를 그의 모습, 눈의 표정, 그 동작에 의해 알 수 있다. 그의 얼굴에는 그의 마음의 모든 충동이 씌어져 있다. 그의 표정을 주시함으로써 우리는 그의 여러 가지 충동을 감지하고, 이윽고는 그것을 이끌어 갈 수 있게 된다.

피·상처·비명·신음소리, 고통스로운 수술의 도구 및 감관에서 고통의 대상이 되는 것은 모두, 다른 어떤 것보다 한층 보편적으로 인간의 마음에 인상을 준다는 것은 일반적으로 인정되고 있다. 파괴의 관념은 좀더 복잡하므로, 고통의 대상처럼 강하게 인간의 마음을 움직이지는 않는다. 죽음의 모습 또한 그리 강하게 인간의 마음에 와 닿지 않는다. 죽어 본 경험을 가진 자는 아무도 없기 때문이다. 죽어가는 사람의 고민을 느끼려면 시체를 본 일이 없으면 안된다. 그러나 일단 죽음의 영상이 우리의 정신 속에 확실한 형태를 취하면, 우리에게서 그 이상으로 무서운 광경은 없게 된다. 그것은 죽음의 영상이 감관을 통하여 우리에게 주는 완전한 파괴라는 관념 때문이거나, 아니면 그 순간이 모든 인간에게서 피할 수 없는 것임을 알고, 아무래도 벗어날 수 없음을 알고 있는 상황에 한층 심하게 마음이 동요되는 것처럼 느껴지기 때문일 것이다.

이러한 여러 가지 인상에는 각각 형태와 정도가 있는데, 그것은 각 개인의 개성과 이전부터의 습관에 따라 각기 다르다. 그러나 인상은 보편적인 것으로, 그것에서 완전히 벗어나 있는 사람은 없다. 그밖에 훨씬 늦게야 느껴지는 그래서 그만큼 보편적이지 않은 인상이 있다. 그것은 감수성이 예민한 사람이 잘 느낀다. 그것은 정신적인 고통, 내면적인 괴로움, 고뇌, 근심, 슬픔 등으로부터 받는 인상이다. 흐느낌 소리를 듣거나 눈물을 보지 않고는 마음이 움직이지 않는 사람들도 있다. 이러한 사람들은, 고뇌로 죄인 가슴에서 새어 나오는 오랫동안의 비밀스러운 신음 소리에 탄식하는 일이 결코 없으며, 실망한 모습, 야위어 혈색이 없는 얼굴, 이미 눈물도 잃어버린 초점 잃은 눈, 그런 사람을 보고 눈물을 흘리는 일도 결코 없다. 그와 같은 사람에게는 마음의 고뇌 따위는 아무런 의미도 없다. 마음의 고뇌가 어떤 것인지를 알고 있어도, 그들의 마음은 그에 대해 아무것도 느끼지 않는다. 그런 사람들에게 서는 부드러워질 수 없는 엄격함, 완고한 마음, 잔혹한 마음 이외의 것을 기 대해서는 절대로 안된다. 그들은 청렴 결백하고 바른 인간이 될지는 모른다. 그러나 관대하고 동정심 많은 인간은 결코 될 수 없다. 그들은 바른 인간이 될지는 모른다고 나는 말했다. 그러나 그것은 인간이 동정심을 가지지 않고 서도 바른 인간이 될 수 있다고 하는 전제하에서의 이야기이다.

그러나 이러한 규칙에 의해서 젊은 사람들을 성급히 판단해서는 안된다. 올바른 규범에 따라 교육을 받고, 아직 느껴 본 일이 없는 정신적인 고통에 대 하여 아무런 관념도 가지지 않은 청년의 경우에는 더욱 그러하다. 다시 말해, 그런 청년은 자신이 알고 있는 괴로움 외에는 동정을 느낄 수가 없는 것이다. 그리고 그 표면적인 무감각은 단지 무지탓이므로, 인생에는 자신이 모르는 무수한 괴로움이 있다는 것을 알게 되면, 그 무감각은 곧 감동으로 바뀐다. 나 의 에밀에 대하여 말하면, 아이 시절에는 단순함과 훌륭한 감각을 가지고 있 었지만, 청년 시대가 되면 따스한 마음과 풍부한 감수성을 가지게 될 것을 나 는 확신한다. 바른 감정은 정확한 관념에 의거하는 일이 많기 때문이다.

그러나 왜 여기에 그를 불러들이는가. 나의 최초의 결심과 내가 학생에 게 약속한 언제나 변함없는 행복을, 내가 잊고 있다고 비난하는 독자는 한 사 람에 그치지 않을 것이다. '불행한 사람들의 고통과 죽어가는 사람들의 비참 한 광경이 이제 막 인생에 눈떴을 뿐인 청년의 마음에 뭐 그리 행복하고 기쁠 것인가! 우울한 교사는, 즐거운 교육을 그에게 베풀려 했지만, 결국 제자를 괴롭히기 위해 마음의 눈을 뜨게 한 것에 지나지 않는다.' 라고 그들은 말할 것이다. 그런 것은 아무래도 상관없다. 내가 약속한 것은 그를 행복하게 하는 것이지 행복한 것같이 보이도록 하는 것은 아니었다. 당신들은 언제나 외면적인 것에 속아 그것을 현실로 착각하는데, 그것이 내 탓이란 말인가?

초기의 교육을 마치고 완전히 반대되는 두 개의 문을 통해 세상으로 나아가는 두 청년을 생각해 보자. 한쪽은 한걸음에 올림포스의 정상에 이르러, 더없이 빛나는 사교계에서 날개를 펴고 있다. 그는 궁정으로, 고관들의 저택으로, 부자의 집으로, 아름다운 여성들이 있는 곳으로 초대받아 간다. 그가 가는 곳마다에서 그는 모든 사람들에게 대환영을 받는다고 하자. 그런 환대가 그의 이성에 미치는 효과는 문제 삼지 않겠다. 이성은 그것을 잘 소화한다 하자. 여러 가지 쾌락이 그의 앞에 날아온다. 날마다 새로운 놀이가 그를 즐겁게 한다. 정신을 못차리게 하는 쾌락에 사로잡혀 그는 모든 것에 몸을 맡겨 버린다. 당신들은 그가 무슨 일에나 주의를 기울이고, 마음이 들떠서 호기심에 불타고 있는 모습을 본다. 그의 첫 감탄의 소리가 당신들의 귀에 울려온다. 당신들은 그가 만족하고 있다고 생각한다. 그러나 그의 마음의 상태를 잘 살펴보라. 당신들은 그가 즐거워하고 있다고 믿고 있지만, 나는 그가 괴로워하고 있다고 생각한다.

눈을 떴을 때, 그는 먼저 무엇을 보게 될까? 그것은 그때까지 그가 몰랐던 무수한 표면적인 행복, 더구나 그 대부분은 극히 한순간밖에 지닐 수 없는, 그래서 그것을 빼앗겨 버린 데 대한 애석함을 느끼게 하기 위해 그의 앞에 나타났다고밖에 생각할 수 없는 행복이다. 그가 훌륭한 저택 안을 들떠서 거닐고 있을 때, 어째서 자기 아버지의 집은 이렇게 훌륭하지 않을까 하고 자문하고 있는 것을, 불안한 호기심을 품고 있는 그의 모습에서도 알 수 있다. 그가 묻는 질문은 모두, 그가 그 집 주인과 자신을 비교하고 있음을 당신들에게 보여 주고 있는 것이다. 그리고 그런 식으로 비교해 보는 것에 의해 그의 마음을 괴롭히는 모든 것이 그의 허영심을 북돋아 반항을 느끼게 한다. 자기보다 좋은 옷을 입고 있는 청년을 만나면, 인색한 부모를 마음속으로 불평하는 모습이 보인다. 다른 사람보다 자기가 더 화려하게 꾸미고 있는 경우에도, 그 다른 사람의 가문에 의해서 또는 재능에 의해서 자기의 존재가 엷어지고, 자기의 화려한 복장도 그의 수수한 복장 앞에 머리를 숙여야 한다는 것을 알고 괴로워한다. 사람들의 모임에서 그 혼자만이 빛나게 보인다면, 좀더 잘 보이도록 하기 위해 발돋움을 한다면, 모두가 같잖은 이 청년의 허세를 납작하게 해 주려고 마음속으로 생각할 뿐이다. 이윽고 약속이나 한 것처럼 모두가 그를 상대로 결속한다. 엄숙한 사람의 압도할 것 같은 시선, 신랄한 사람의 따끔한 말이 언제나 그를 향하게 된다. 그리고 그를 경멸하는 사람이 단 한 사람이라 해도, 그 사람의 경멸은 다른 사람들의 갈채를 금방 물거품으로 만들어 버린다.

그에게 모든 것을 허용하자. 그를, 아름다운 용모와 넘치는 재기(才氣)를 가진 사랑스러운 인간으로 하자. 그는 여성들에게서 구애(求愛)를 받을 것이다. 그러나 아직 여성을 사랑할 줄 모르기 때문에, 여성들의 구애를 받으면, 그 때문에 사랑의 마음을 알게 되기보다는 미치광이가 되어버릴 것이다. 그는 성공하겠지만, 그것을 누리기 위한 환희도 정념도 가지지 못할 것이다. 그의 욕망은 항상 앞서가 결코 새로운 시간을 가지지 못하므로, 그는 쾌락에 잠겨 있으면서도 견딜 수 없는 권태를 느낄 뿐이다. 자신의 쾌락을 위하여 존재하는 이성(異性)도, 그가 그것을 알기 전에 이미 그에게는 혐오감을 불러일으키는 존재로서 신물이 나게 될 것이다. 그래도 여전히 여성을 만난다고 한다면, 그것은 이미 허영심에 지나지 않는다. 그리고 진심으로 여성에게 애착을 느끼는 경우에도, 젊고 멋있고 사랑스러운 사람이 그 한 사람만은 아닐 것이며, 그의 애인들이 언제나 정숙한 미인일 수는 없을 것이다.

이런 생활에 따르기 마련인 모든 종류의 중상·배반·기만·후회에 대해서는 아무 말도 하지 않겠다. 사교계에서는 그런 것을 비일비재하게 경험할 수 있음을 누구든지 알고 있다. 나는 청춘기의 환상에 속하는 장애에 관해서만 이야기하겠다.

이제까지 가족과 친구들 품안에서 그들의 모든 배려의 유일한 대상이었던 젊은이가 갑자기 그때까지 거의 고려되지 않던 상황에 놓여졌을 때, 오랫동안 자기 세계의 중심이었던 사람이 소위 다른 세계의 바다에 빠져 있는 듯한 느낌을 가졌을 때, 그에게는 얼마나 심한 변화인가. 자신에 속하는 사람들 사이에서 생겨나 자라 온 자신은 중요한 존재라고 하는 관념을 낯선 사람들 사이에서 잃어버리기까지, 그는 얼마나 많은 모욕과 얼마나 많은 비굴한 생각을 견뎌야 할까. 아이 적에는, 모두가 그의 말을 들어 주었고, 그의 기분을 맞춰 주었다. 청년이 된 그는, 모두에게 양보하지 않으면 안된다. 그렇지 않고 조금이라도 이전과 같은 태도를 보인다면, 얼마나 가혹한 교훈이 그를 반성시키게 될까. 자신이 원하는 것은 무엇이든 쉽게 손에 넣었던 습관은, 그로 하여금 많은 것을 원하게 하면서 끊임없는 결핍감을 느끼게 한다. 그를 기쁘게 하는 것은 무엇이든 그의 마음을 유혹하고, 남이 가지고 있는 것은 무엇이든 가지고 싶어한다. 그는 모든 것을 탐내고, 모든 사람을 부러워하며, 어디에 가든 지배하고 싶어한다. 허영심이 그의 마음을 좀먹고, 제멋대로의 격렬한 욕망은 젊은 마음을 불타오르게 한다. 그와 함께 질투와 증오가 마음속에 생겨난다. 모든 탐욕스런 정념이 일시에 날개를 펼친다. 그는 떠들썩한 사교계를 날아다닌다. 매일 밤 안절부절 못하는 모습을 보이고, 자신에게도 타인에게도 불만을 품고 집으로 돌아간다. 여러 가지 헛된 계획을 그리고, 많은 공상에 괴로워하면서 그는 잠들어 간다. 그리고 그의 오만한 마음은 꿈속에서까지 환상과 같은 행복을 그린다. 이것이 당신들의 학생이다. 이번에는 나의 학생을 보기로 하자.

　나의 학생에게 깊은 인상을 주는 최초의 광경은 슬픔의 대상이라 해도, 자신을 돌아보아 느끼는 것은 기쁨의 감정이다. 얼마나 많은 불행을 자신이 피해 왔는지를 알고, 그는 이전에 생각하던 이상으로 자신이 행복하다는 것을 느낀다. 그는 동료 인간의 괴로움을 나누어 가진다. 그러나 괴로움을 나누어 가지는 것은 어디까지나 자신의 자유 의지(意志)에 따르는 것으로, 그는 거기에서 즐거움을 찾는 것이다. 그는 사람들의 불행을 동정하는 동시에 그런 불행을 모면한 자신의 행복을 느낀다. 그는 자신을 밖으로 넓혀 자신의 복지 활동을 위해 사용하고 남은 활동력을 다른 것에 쏟을 수 있는, 그런 힘의 상태에 있는 자신(自身)을 느낀다. 타인의 불행을 동정하려면, 그 불행을 확실히 알고 있지 않으면 안되지만, 그것을 우리 자신이 느껴야 하는 것은 아니다. 괴로움을 당해 본 일이 있는 사람은, 또는 괴로움을 당하게 될 것을 두려워하고 있는 사람은 괴로워하고 있는 사람을 동정한다. 그러나 지금 괴로워하고 있는 사람은 자신을 동정할 뿐이다. 그런데 사람은 모두 인생의 괴로움을 면할 수 없게 되어 있으므로, 현재 자신이 필요로 하지 않는 감수성만을 타인에게 돌린다고 하면, 동정이라는 것은 대단히 유쾌한 감정이어야한다. 그것은 우리가 축복받은 상태에 있음을 증명하는 것이니까. 반대로 냉혹한 인간은, 그의 마음의 상태가 타인의 괴로움에 돌려질 수 있는 여분의 감수성을 그에게 주지 못하므로, 언제나 불행하다고 할 수 있다.

우리는 외면적인 것으로 행복을 판단하는 일이 너무나도 많다. 우리는 행복을 가장 있을 법하지 않은 곳에서 찾아야 한다고 생각하여, 행복이 있을 수 없는 곳에서 그것을 구하고 있다. 쾌활한 기분은 행복이 없다는 증거에 지나지 않는다. 쾌활한 사람은 타인을 속이고 자신의 기분도 숨기려 하는 불행한 사람에 지나지 않는 일이 많다. 사람들이 많이 모인 곳에서 언제나 미소를 머금고 쾌활하며 명랑한 모습을 하고 있는 사람은, 대부분이 자기 집에서는 찡그린 얼굴로 소리치며, 잔소리를 많이 한다. 그리하여 하인들은, 주인이 친구들에게 베푸는 즐거움의 대가를 치러야 된다. 진짜 만족은 쾌활함도 아니고 우울함도 아니다. 사람은 그 달콤한 감정을 소중히 하여, 그것을 맛보면서 잘 생각하고, 충분히 즐기면서도 그것이 도망쳐 버릴까 두려워한다. 참으로 행복한 인간은 많이 지껄이지 않고, 잘 웃지 않는다. 그는 행복을, 말하자면 자신의 가슴에 꽉 끌어안는다. 떠들썩한 즐거움과 날뛸 듯한 기쁨 뒤에는 엄청난 실망이 숨어 있다. 한편 우울은 쾌락의 벗이다. 눈물과 연민은 더없이 유쾌한 즐거움에 동반되고, 큰 기쁨에는 환호성보다는 오히려 눈물이 따른다.

처음에는, 여러 가지로 변화 있는 오락들이 행복해지는 데에 도움이 되는 것처럼 보여도, 또 한결같이 변화 없는 생활이 따분한 것처럼 보여도, 좀 더 잘 보면 반대로 가장 유쾌한 마음의 습관은, 욕망과 혐오감에 사로잡히는 일이 적은, 절도 있는 즐거움 가운데에 있음을 알 수 있다. 불안정한 욕망은 호기심과 변덕스런 마음을 낳는다. 떠들썩한 쾌락의 허무함은 권태감을 낳는다. 좀더 유쾌한 상태를 알지 못하면, 사람은 결코 자신의 상태에 싫증내는 일이 없다. 세계의 모든 인간 가운데에서 미개인이 가장 호기심이 적고, 가장 싫증내는 일이 적은 인간이다. 그들에게는 모든 것이 똑같다. 그들은 사물을 즐기는 것이 아니라 자기 자신을 즐긴다. 그들은 아무것도 하지 않고 인생을 지내지만 결코 권태에 빠지지 않는다.

세상 사람들은 언제나 가면을 쓰고 살아간다. 그들은 자기 자신에 대해서 언제나 아무런 관련도 없는 타인으로서 살아가므로, 자기 자신일 때가 거의 없다. 그래서 부득이 자기 자신으로 돌아가지 않으면 안될 때에는 불안한 기분이 된다. 그에게는 실제의 자기 모습은 아무런 의미도 없고, 표면에 보이는 모습이 중요한 것이다.

방금 이야기한 것 같은 청년의 얼굴을 보면 평범한 사람에게 불쾌감을 주고 참을 수 없을 것 같은, 어딘지 모르게 건방지고 거드름피우며 체하는 것을 느끼지 않을 수 없다. 그러나 나의 학생의 얼굴은 만족감과 진실로 평온한 마음을 나타내 보인다. 그의 얼굴을 보면 존경과 신뢰감을 불러일으키는 표정, 그에게 접근하는 사람들에게 자신의 신뢰를 주기 위해 우호적인 관계의 발로를 기다리고 있는 것처럼 보이는, 사람의 마음을 끄는 순진한 표정을 느끼지 않을 수 없다. 인간의 용모란, 자연에 의해서 이미 특정지어진 선(線)이 단순히 확대된 것에 지나지 않는다고 생각되어지고 있다. 나는 그런 확대 외에 인간의 얼굴 모양은, 어떤 종류의 마음의 움직임의 인상이 습관적으로 되풀이되는 것에 따라 모르는 사이에 완성되어, 다소의 특징을 띠게 되는 것으로 생각하고 싶다. 그러한 마음의 움직임은 얼굴에 나타난다. 이 이상으로 확실한 것은 없다. 그리고 그것이 습관이 되면 거기에 영속적인 인상을 남기게 된다. 용모는 성격을 나타내는 것이라고 내가 생각하는 이유도 바로 이것이다. 그리고 때로는 용모로 성격을 판단할 수 있는 것으로, 그러기 위해 우리가 가지지 않은 지식을 전제로 하는 신비적인 설명이 요구될 필요는 없다고 나는 생각한다.

아이는 기쁨과 슬픔이라는, 자신이 확실히 알 수 있는 두 가지 감정밖에 가지지 않는다. 아이는 웃든가 울든가 할 뿐이다. 중간적인 감정은 아이에게는 아무런 의미도 없다. 아이는 끊임없이 그 두 감정 중 한 감정에서 다른 감정으로 옮긴다. 이 끊임없는 교대는, 그들의 감정이 아이의 얼굴에 변하지 않는 인상을 주는 것을 방해하고, 그 얼굴이 특징을 가지게 되는 것을 방해한다. 그런데 좀더 감수성이 예민하게 되어, 좀더 강하게 혹은 계속적으로 마음이 움직이는 나이가 되면, 한층 깊은 인상이 이미 쉽게 지워질 수 없는 흔적을 남기게 된다. 그리고 감정의 습관적인 상태가 용모에 결정적인 영향을 주어, 그것은 시간이 흘러감에 따라 씻어 없앨 수 없는 것이 된다. 그뿐만이 아니라 나이에 따라 사람의 용모가 변하는 것은 드문 일이 아니다. 나는 그런 예(例)를 몇 번인가 본 일이 있다. 그런데 그때마다 내가 발견한 것은, 내가 충분히 관찰하여 변화를 지켜볼 수 있었던 사람들은 습관적인 기질도 동시에 변했다는 사실이다. 충분히 확인된 이 사실만으로도 결정적이라고 생각되며, 이 문제는 교육론 안에서 제기되어도 이상하지 않으리라고 생각한다. 교육에서 중요한 것은, 마음의 여러 가지 감정들을 외적 암시에 의해 판단하는 것을 배우는 것이기 때문이다.

세상의 관습이 되어 있는 예의 범절을 흉내내는 법이나, 자신이 느끼지도 않은 감정을 위장하는 법을 배우지 않았기 때문에 나의 청년은 그만큼 사람들에게서 사랑받지 않을지 어떨지 모르지만, 그것은 여기서는 문제 삼지 않겠다. 단지 그가 한층 더 사랑이 충만한 인간이 되리라는 것만은 알고 있다. 그리고 자신만을 사랑하는 사람은, 아무리 능숙하게 자신의 감정을 위장해도, 타인에 대한 애정으로부터 새로운 행복감을 끌어내는 사람과 같은 정도로 사람들의 마음에 들리라고는, 나로서는 생각할 수 없다. 그러나 이 행복감이 어떤 것인지에 대해서는, 분별 있는 독자를 이끌어 갈 수 있을 만큼은, 그리고 내가 스스로 모순되는 말을 하고 있지 않다는 것을 증명할 수 있을 만큼은 충분히 이야기했다고 생각한다.

그래서 다시 한번 나의 방법으로 돌아가 나는 이렇게 말하련다. 비판적인 나이에 가까워지면, 청년에게 그들의 마음을 누를 수 있게 하는 것을 보여 주는 것이 좋다. 그들은 자극하는 것을 보여서는 안된다. 결코 관능을 붙타오르게 하는 일이 없는 사물로써 이제 막 나타나기 시작한 그들의 상상력을 억제하라. 그들의 행위를 억제하라. 그들을 큰 도시에서 멀리하는 것이 좋다. 거기에서는 여성들의 사치스런 옷차림과 대담한 태도가 자연의 가르침을 이르게 하거나 앞지르거나 한다. 거기서는 모든 것이 선택할 수 있는 나이가 아니면 알아서는 안될 쾌락을 청년의 눈에 펼쳐 보인다. 그들을 최초의 거처인 시골로 다시 데려가라. 그들 나이의 정념을 그렇게 빨리 발달시키지 않는, 순박한 생활을 할 수 있는 전원으로 데려가라. 만약 예술에 대한 취미가 그들을 아직 도시에 붙잡아 두려 한다면, 그들이 위험한 나태 생활에 빠지는 것을 다름 아닌 그 취미를 가지고 막아야 한다. 그들의 친구를, 직업을, 즐거움을 신중하게 선택해 주어야 한다. 감동은 주되 유혹하지 않는, 연민을 자아내는 건전한 광경만을 보여 주라. 그들의 마음을 움직이되 혼동시키지 말며, 감수성을 길러 주되 관능을 자극하지 않도록 세심한 배려를 해야 한다. 또 어떤 일에든, 무서워하지 않으면 안될 도를 넘는 위험이 얼마간 있다는 것, 지나친 정념은 돌이킬 수 없는 해(害)를 미친다는 것을 생각하지 않으면 안된다. 그렇다고 해서 당신들의 학생을 간호원이나 자선회의 수도사로 만들 필요는 없다. 고통스러운 광경, 괴로운 광경으로 끊임없이 그를 괴롭힐 필요는 없다. 당신은 그를 병원에서 병원으로, 그레이브 광장[8]에서 형무소로 데리고 다닐

---

8) 현재의 파리 시청 앞 광장. 옛날 죄인의 처형을 집행하던 곳.

필요는 없다. 인간의 비참한 광경에 의해서 그의 마음을 온화하게 하지 않으면 안되며, 냉혹하게 만들어서도 안된다. 오랫동안 똑같은 광경을 보면, 사람은 그 인상에 무감각해지게 된다. 습관은 인간의 제2의 천성이 된다. 우리에게 타인의 불행을 느끼게 하는 것은 상상력을 통해서인데, 너무 자주 보면 사람은 이미 그것을 마음속에 그릴 수도 없게 된다. 따라서 승려나 의사는 사람이 죽거나 괴로워하는 것을 자주 보는 동안에 무자비한 인간이 된다. 그러니 당신들의 학생에게 인간의 운명과 자신과 같은 동료들의 비참함을 알려 주는 것이 좋다. 그러나 너무 자주 그런 것들을 보이지 않도록 할 일이다. 단 한 가지라도 적당한 것을 선택하여 적당한 기회에 보이면 한 달 동안 그를 감동시키고 반성시키게 된다. 그가 보는 것 자체보다는 오히려 그가 본 것이 그에게 어떤 반응을 일으키는가 하는 것이 그것에 대한 그의 판단을 결정하는 것이 된다. 그리고 어떤 것으로부터 그가 받는 영속적인 인상은, 사물 자체에서 생겨난다기보다 오히려 그가 그것을 어떤 관점에서 보느냐에 의해 생겨난다. 따라서 실례(實例)나 교훈이나 이미지를 남용하지 않음으로써 당신들은 오랫동안 관능의 자극을 둔화시키고, 자연이 정한 방침에 따라 나아가면서도 자연을 지연시킬 수가 있는 것이다.

그가 지식을 획득함에 따라 그에 관련하는 관념을 잘 선택해야 한다. 우리들의 욕망이 불타오름에 따라 그것을 진정시켜 줄 광경을 선택해야 한다. 품행에서나 용감함에서 누구보다 뛰어난 어떤 퇴역 군인이 내게 해 준 이야기가 있다. 그가 아직 어렸을 때, 양식(良識)은 있지만 신앙심이 지나치게 깊은 그의 부친은, 그에게 나타나기 시작한 정욕이 여성에 대하여 그를 열중하게 하는 것을 보고, 그것을 막기 위해 할 수 있는 모든 일을 했다고 한다. 그럼에도 불구하고 아들의 행동을 막을 수 없게 되자, 그는 마지막으로 아들을 매독 환자가 수용되어 있는 병원으로 데려가기로 했다. 그리하여 아들에게는 미리 어떤 말도 하지 않고, 그 가련한 사람들이 무서운 치료를 받으면서, 그러한 상태에 이르게 한 방탕한 생활의 보상을 하고 있는 방으로 그를 들여 보냈다. 모든 감각에 동시에 심한 혐오감을 불러일으키는 참상을 보고 아들은 자기도 병에 걸려 버릴 것 같았다. 그때 아버지는 격한 어조로 아들에게 말했다. "자아, 불쌍한 방탕자여, 너를 질질 끌고 가는 비열한 욕망을 따라가 보라. 언젠가 너는, 이 방에 들어오게 되는 행복한 신분이 될 것이다. 여기서 너는 가장 수치스런 괴로움의 희생자가 되어, 이 애비로 하여금 너의 죽음을 신에게 감사하게 할 것이다."

이 몇 마디 말이, 아들의 모든 감관에 새겨진 강렬한 광경과 더불어, 평생 사라지지 않는 인상을 아들에게 주었다. 직업 때문에 청년 시대를 병영에서 지내지 않으면 안되었던 그는, 동료들의 방종한 생활을 흉내내기보다는 그들의 모든 조소를 받는 쪽을 택했다. 그는 내게 말했다. "나도 남자였으므로 그 약점들을 가지고 있었습니다. 그러나 이 나이가 될 때까지, 창녀를 보면 공포를 느끼지 않을 수 없습니다."

교사여, 당신의 제자에게 훈시는 짧게 하는 것이 좋다. 그러나 훈시를 할 장소·때·인물을 선택하는 방법을 먼저 알아 두는 것이 좋다. 그런 다음에 어떤 교훈이든 실제 예에 의해 주는 것이 좋다. 그렇게 하면 효과는 확실할 것이다.

아이 시대를 어떻게 사용하느냐는 그리 문제가 되지 않는다. 거기에 숨어드는 악(惡)에는 대책이 없지 않고, 거기에 생겨나는 선(善)은 좀더 나중에 나타날 수도 있으니까. 그러나 젊은이가 실제로 삶을 시작하는 최초의 시기에서는 그렇게 되지 않는다. 이 시기는, 그동안에 해야 할 일을 하는 데에 충분할 만큼 오래 계속되지 않는다. 더욱이 이시기는 중요한 만큼, 끊임없는 주의를 필요로 한다. 이런 연유로 하여 나는 이 기간을 잡아늘일 것을 강조하는 것이다. 훌륭한 농사법(農事法)의 가장 유익한 규칙의 하나는 무슨 일이든 되도록 늦추게 하는 것이다. 천천히 확실하게 전진시킬 일이다. 청년이 어른이 되기 위해 해야 할 일이 아무것도 남아 있지 않게 될 때까지, 어른이 되지 않도록 하는 것이다. 육체가 성장하는 동안에는, 혈액에 힘찬 활력을 주고 근육 조직에 힘을 주게 되어 있는 정기(精氣)가 만들어진다. 당신들이 그 정기를 다른 통로로 흐르게 하면, 그리고 한 인간을 완전한 개체로 하기 위해 주어지는 힘이 또 다른 개체를 만드는 데에 유용되면, 두 개체 모두 무력한 상태에 머물고 자연의 일은 완성되지 않게 된다. 정신의 작용 또한 이윽고 이 변화의 영향을 받아, 정신도 육체와 마찬가지로 약해지고 무기력해져 쇠약한 기능밖에 수행하지 못하게 된다. 굵고 튼튼한 손발이 용기나 재능을 만들어 내는 것은 아니다. 내가 아는 바로는, 정신과 육체를 잇는 기관이 잘 완성되어 있지 않으면, 정신의 힘은 육체의 힘과 어울리지 않게 된다. 그러나 그 기관이 아무리 잘 완성되어 있다 하더라도, 그 근본이 되는 힘을 무기력하고 부족한 혈액, 신체의 모든 기관에 힘과 탄력을 주는 실체가 부족한 혈액의 공급에 의존한다면, 그 기관은 역시 약하게 작용할 수밖에 없을 것이다. 일반적으로 이른 시기에 타락한 생활을 시작한 사람들보다는 방종한 생활로부터 잘 보호된 생활을 시작한 사람들에게서 더 강인한 정신력이 발견된다. 그리고 확실히 이것이야말로 바른 풍습을 가진 국민이 통상적으로 그렇지 않은 국민보다 양식에서나 용기에서 뛰어난 이유의 하나이다. 후자는 단지, 그들이 재기(才氣)라든가 명민함이라든가 세련미 등으로 부르는 하찮은 재능을 통해서만 빛난다. 그러나 훌륭한 행위, 미덕, 참으로 유익한 일에서 인간을 뛰어난 것으로 하고 모든 사람들이 그를 존경하도록 하는 지혜와 이성에 의거한 위대하고 고귀한 일은 전자에서밖에 찾아볼 수 없다.

교사들은 이 시기의 격렬함 때문에, 자기의 학생을 다루기가 힘들다고 한탄한다. 그것은 나도 안다. 그러나 교사는 자신을 탓해야 하는 것이 아닐까? 그들의 그 격렬한 정력이 관능의 채널을 통해 흐르는 것을 막지 못하게 되면, 그 흐름을 다른 곳으로 인도해 갈 수 없게 된다는 것을 그들은 모르는 것일까? 현학자의 따분하고 긴 설교가, 이미 알아 버린 쾌락의 모습을 학생의 마음으로부터 지울 수 있을까? 그를 괴롭히는 욕망을 그의 마음으로부터 쫓아 낼 수가 있을까? 그 사용방법을 알아 버린 뜨거운 피를 차갑게 할 수 있을까? 관념으로서 알고 있을 뿐인 유일한 행복을 방해하려 하는 자에 대하여, 그는 분노를 느끼지 않겠는가? 그리고 그에게 명령을 해도 이해시킬 수 없는 엄격한 규칙 가운데, 그는 무엇을 보게 될까? 자기를 괴롭히려 하는 한 인간의 변덕과 증오를 볼 뿐이지 않을까? 그가 당신에게마저 반항하고 당신마저 증오하는 것이 이상한 일일까?

원만한 태도를 취함으로써 학생들에게 인기를 얻고 표면적인 권위를 유지할 수 있다는 것을 나도 안다. 그러나 누르지 않으면 안되는 악덕을 조장하지 않고는 학생에 대하여 유지될 수 없는 권위가 도대체 무슨 소용이 있는지 나는 잘 모르겠다. 그것은 말하자면 날뛰는 말을 진정시키기 위해 마부가 말을 절벽 밑으로 뛰어내리게 하는 것과 같다.

청년의 정열은 교육에 방해가 되는 것이 아니라, 그것에 의해서 비로소 교육이 마무리되고 완성되는 것이다. 그것이야말로 청년이 힘에서 당신들에게 뒤떨어지지 않는 존재가 되었을 때, 그의 마음을 붙잡는 실마리를 당신들에게 주는 것이다. 그의 최초의 애정은 당신에게서 그의 모든 마음의 움직임을 이끄는 고삐가 된다. 그는 멋대로였었는데 지금은 복종하게 되는 것이다. 아무 것도 사랑하지 않을 때에는 그는 자기 자신과 자신의 필요에 의해 속박당할 뿐이었다. 그러나 사랑하게 되면 곧, 그는 그 애착에 속박당하게 된다. 이렇게 하여 그를 인간에 묶어 두는 최초의 고삐가 만들어진다. 증대해 가는 그의 감수성을 사랑 쪽으로 이끌어 가는 것만으로, 그가 갑자기 모든 인간을 포용하게 되리라고 생각해서는 안된다. ‘인류’라는 말이 그에게 일체의 의미를 가지게 되리라고 생각해서도 안된다. 그렇지가 않다. 그 감수성은, 처음에는 그 자신과 같은 사람들에 대해서만 작용할 것이다. 그 자신과 같은 사람들이란, 그에게 낯선 사람들이 아니라 그가 알고 있는 사람들, 습관에 의해서 자신과 친하거나 필요한 사람들, 자기와 똑같은 것을 생각하고 느낀다고 생각되는 사람들, 자기가 맛본 괴로움을 당하고 있거나 자기가 맛본 즐거움을 느끼고 있음을 알 수 있는 사람들, 한마디로 말하면 자기 자신과 너무도 똑같아서 자기가 그들보다도 자기애를 한층 더 강하게 느끼게 하는 사람들을 가리킨다. 천성을 여러 가지 방법으로 기른 후에, 그리고 자기 자신의 감정과 타인에게서 관찰되는 감정에 대하여 많이 반성한 후에 비로소, 그는 그 개인적인 관념을 인류라는 추상적인 관념으로 일반화하기에 이르고, 자신의 개인적인 애정에, 그를 자신의 동료(인류)에 동화시킬 수 있는 애정을 결부시킬 수 있게 될 것이다.

자신이 애정을 베풀 수 있게 되면 그는 타인의 애정을 느끼게 된다.[*] 그래서 그는 그 애정의 표시를 기대한다. 그에 대하여 당신들이 얼마나 새로운 지배력을 가지려 하는지 당신들은 알고 있는가? 당신들은 그가 모르는 동안에 얼마나 많은 쇠사슬을 그의 마음 주위에 둘러쳤는가! 그가 자신에 대하여 눈을 떠 당신들이 자기에게 해 준 일을 알았을 때, 또 자신을 같은 또래의 청년과 비교하고, 당신들을 다른 가정 교사와 비교할 수 있게 되었을 때, 그는 대체 무엇을 느낄 것인가! '그가 알았을 때' 라고 나는 말했는데, 당신들 스스로 그에게 그것을 말하는 것은 삼가야 한다. 만약 당신들 쪽에서 말하면, 그는 스스로 알 수가 없게 된다. 만약 당신들이, 그를 위해 베푼 배려의 보답으로 그에게 복종을 요구한다면, 그는 당신들에게 속았다고 생각할 것이다. 즉, 당신들은 무상으로 친절을 베푸는 것처럼 보이고, 그에게 빚을 지도록 하여 그가 동의한 일이 없는 계약으로 그를 속박할 작정이었던 것이라고, 그는 생각할 것이다. 당신들이 그에게 요구하는 것은 모두 그 자신을 위하는 것이라고 아무리 덧붙여 이야기한들 소용없을 것이다. 어쨌든 당신들은 요구하고 있으며, 그가 동의하지 않은 것을 베풀고도 그것을 이유로 삼아 요구하고 있는 것이다. 재수 없게 걸려든 사람이, 상대가 주겠다고 한 돈을 받고, 그 때문

● 애정은 보답받을 수 없어도 가질 수 있지만, 우정은 결코 그렇지 않다. 우정은 하나의 거래이며 계약으로, 다른 계약이나 거래와 같은 것이다. 그러나 그것은 모든 거래나 계약 중에서 가장 신성한 것이다. '친구' 라는 말에는 그 말 자체 외에 대용어(代用語)가 없다. 자기의 친구의 진정한 친구가 아닌 인간은 모두 의심할 여지 없이 사기꾼이다. 왜냐하면 사람은, 우정에 보답하든가 보답하는 것처럼 보이지 않고는 우정을 획득할 수 없기 때문이다.

에 본의 아니게 군대에 들어가게 되었다면, 그것은 올바른 일이 아니라고 당신들은 외칠 것이다. 그렇다면 학생이 동의하지도 않았는데 보살펴 주었다고 해서 그 대가를 요구하는 당신들은 더욱 정당하지 않은 것이 아닐까?

높은 이자로 은혜를 파는 일이 지금처럼 만연해 있지 않다면, 은혜를 모르는 행위도 좀더 적어졌음에 틀림없으리라. 사람은 자기에게 이익이 되는 일을 해 주는 사람을 사랑한다. 이것은 지극히 자연적인 감정이다. 인간의 마음속에 있는 것은, 망은(忘恩)이 아니라 자기 이익의 생각이다. 은혜를 입고 그것을 잊어버리는 사람은, 자기 이익의 생각으로 은혜를 베푸는 사람보다 적다. 만약, 당신들이 내게 선물을 강매하려 한다면, 나는 그것의 값을 깎자고 할 것이다. 그러나 그렇게 주는 척하면서 나중에 비싸게 팔려 한다면, 당신은 사기를 치는 것이다. 무상(無償)이기 때문에 선물에는 무한한 가치가 있는 것이다. 사람의 마음은 자신의 규칙 외에는 규칙을 인정하지 않는다. 사람의 마음은 묶어 두려 하면 떨어져 가고, 자유롭게 놓아 두면 자기의 것으로 묶어 둘 수 있다.

어부가 미끼를 뿌리면 물고기는 경계도 하지 않고 그 주위에 몰려들어 헤엄친다. 그러나 미끼 아래 숨겨진 바늘에 걸려 실이 끌어당겨지는 것을 느끼면 물고기는 도망치려 한다. 이 경우 어부는 은혜를 베풀고 있는 것일까? 물고기는 은혜를 모르는 것일까? 은인에게 잊혀진 사람이 그 은인을 잊는 일이 있을까? 반대로, 그 사람은 언제나 기쁘게 은인의 일을 이야기하고, 은인을 생각할 때마다 감동하지 않고는 견딜 수 없다. 우연히 무언가 의외의 봉사를 하는 것에 의해 그 사람이 베푼 것을 잊지 않고 있다는 증거를 보일 수 있는 기회가 생기면, 얼마나 크게 만족하면서 감사하는 마음을 나타낼 것인가. 얼마나 유쾌한 기분을 가지고 자기가 누구인가를 알릴 것인가. 얼마나 큰 감격을 가지고 그 사람에게 말할 것인가. '드디어 내 차례가 되었다' 고. 이것이야말로 진짜 자연의 목소리이다. 진짜 은혜는 결코 은혜를 모르는 자를 만들지 않는다.

이와 같이 감사하는 마음이 자연의 감정이라고 하면, 그리고 당신들의 잘못으로 그 효과를 무(無)로 하지 않는다면, 당신들의 학생은, 당신들 쪽에서 대가를 요구하는 짓을 하지 않는 한 당신들의 보살핌의 가치를 알아, 그것을 고맙게 느낄 것이 확실하다. 그리고 당신들의 보살핌은 학생의 마음속에, 어떤 일이 있어도 잃지 않을 큰 권위를 가지게 될 것이 확실하다.그와 같이 유리한 입장이 확립되기 전에 학생에게 당신들의 공적을 자랑하여 그것을 망치지 않도록 주의할 일이다. 그를 위하여 당신들이 한 일을 자만하면 그로 하여금 혐오의 감정을 가지게 할 뿐이다. 그를 어른으로서 취급하는 시기가 오기 전까지는 당신들에 대한 그의 의무 같은 것을 결코 문제 삼아서는 안된다. 오직 자기 자신에 대한 그의 의무만 문제 삼아야 한다. 그를 순종시키려면 그에게 완전한 자유를 주도록 하라. 당신들은 몸을 숨기고 그로 하여금 찾게 하는 것이 좋다. 그의 이해(利害)에 관한 것 외에는 결코 그에게 이야기하지 않음으로써 그의 마음을 감사의 고귀한 감정으로 끌어올리도록 하라. 상대가 하는 일이 그의 행복을 위해서라는 것을 그가 이해할 수 있게 될 때까지는 그에게 그것을 말하는 것을 나는 원하지 않았다. 그것을 말하면 그는 당신들이 자기에게 의존하고 있으며, 당신들은 자기 하인에 지나지 않는다고 생각했을 것임에 틀림없다. 그러나 지금 사랑한다는 것이 어떤 것인지 알기 시작한 그는, 얼마나 유쾌한 고삐가 한 인간을 그 사랑하는 자와 결부시킬 수 있는지도 알고 있다. 그리고 끊임없이 그의 일을 염려하고 있는 당신들의 열의 속에서도, 그는 이미 노예의 굴레가 아닌 친구의 애정을 보고 있다.

인간의 마음에서, 확실히 구별되는 우정의 목소리만큼 무게 있는 것은 없다. 우정이 우리에게 이야기하는 것은 오직 우리의 이익을 위해서라는 것을 알고 있기 때문이다. 친구도 잘못된 이야기를 할 수 있다고 생각하는 것은 좋지만, 친구가 우리를 속이려 한다고 생각해서는 안된다. 때로 우리는 친구의 충고를 듣지 않는 일은 있어도, 결코 그것을 무시해서는 안된다.

우리는 점점 도덕적인 질서 속으로 들어간다. 우리는 인간의 두 번째 단계를 지난 것이다. 만약 여기서 그럴 필요가 있다면, 마음의 최초의 움직임으로부터 양심의 최초의 소리가 들려온다는 것, 사랑과 미움의 감정으로부터 선악의 최초의 관념이 생겨난다는 것을 나는 증명해 보고 싶다. '정의(正義)' 와 '선(善)'은 단순히 추상적인 언어나 오성에 의해 만들어지는 윤리적인 것이 아니라 이성에 의해 비추어진 정신이 참으로 느끼는 것이라는 것, 그것은 우리의 원시적인 감정의 바른 진보의 일단계에 지나지 않는다는 것, 양심과 상관없이 이성만으로는 어떠한 자연의 법칙도 확립되지 않는다는 것, 그리고 자연의 권리도 인간 마음의 자연적인 요구*에 기초한 것이 아니면 모두 환영 (幻影)에 지나지 않는다는 것, 이런 것들을 나는 증명하고 싶다. 그러나 여기 서는 형이상학이나 윤리학의 개론을 쓸 필요도 없고, 어떤 종류의 강의를 할 필요도 없다고 나는 생각한다. 우리의 감정과 지식의 질서와 진보를, 우리 몸 의 형성과 관련시켜 나타내 보이는 것만으로 충분하다. 내가 여기서 지적하 는 데에 그치는 것은, 아마 다른 사람들이 명확히 해 줄 것이다.

　나의 에밀은, 이제까지 오직 자기 자신밖에 바라보지 않았지만, 동료 인 간에게로 눈을 돌리기 시작하면, 자신을 그들과 비교해 보게 될 것이다. 그

　● 타인에게서 해 받고 싶다고 원하는 대로 타인에게 해 주라는 교훈도 양심과 감정 외에 는 참 근거를 가지지 않는다. 내가 나인 이상 타인인 것처럼 행동하는 정확한 근거가 어디에 있는가? 특히 내가 그런 입장이 되는 일은 있을 수 없다고 도덕적으로 확신하고 있다면, 그 근 거가 어디에 있는가? 또 이 준칙을 충실히 지켜가면, 타인에게도 나에 대하여 그것을 지키게 할 수 있다고, 누가 나에게 보증할 수 있는가? 악인은 바른 사람의 성실함과 자신의 부정(不 正)으로부터 자신의 이익을 끌어낸다. 그는 자신을 제외하고 세상의 모든 사람이 바른 사람이 면 상당히 좋겠다고 평가한다. 이러한 것은, 사람들이 뭐라 말하든, 선인(善人)에게 그리 유리 한 것은 못된다. 그러나 밖으로 넘쳐나는 자신의 힘이 나를 나의 동포에 동화시켜, 내가 이른 바 자신을 그들 속에서 느낄 때, 그들이 고통받는 것을 내가 원하지 않는 것은, 자신이 고통받 지 않기 위해서이다. 내가 그들에게 관심을 가지는 것은 자기애(自己愛) 때문이며, 앞의 준칙 의 근거는 자신이 어디에 존재한다고 느끼든, 행복한 생활에의 욕망을 나로 하여금 일으키게 하는 본성 그 자체 안에 있는 것이다. 그로부터 나는, 자연의 준칙이 이성에 의해서만 기초된 다는 것은 바르지 않다고 결론을 내린다. 거기에는 좀더 견고하고 확실한 근거가 있다. 자기애 로부터 파생한 인간에 대한 사랑은, 인간의 정의(正義)의 근원이다. 모든 윤리의 요약은 복음 서 속의 준칙의 요약에 의해서 보여진다.

리고 이 비교가 그의 마음에 불러일으키는 최초의 감정은, 첫번째 자리를 차지하고 싶다는 욕구이다. 이것이야말로 자기애(自己愛)가 자존심으로 변하고, 자존심에 기초하는 모든 정념이 생겨나기 시작하는 기점(起點)일 것이다. 그러한 정념들 가운데 그의 성격 속에서 지배적이 되는 것이, 인간적이고 상냥한 정념인지 그렇지 않으면 잔혹하고 악의 있는 정념인지, 친절과 동정의 정념인지, 혹은 선망과 탐욕의 정념인지 그것을 결정하려면, 사람들 속에서 자신이 어떤 지위에 있다고 그가 느끼고 있는지, 그리고 그가 원하는 지위에 도달하기 위해 어떤 종류의 장애를 극복하지 않으면 안된다고 생각하는지를 알 필요가 있다.

자신이 원하는 지위의 획득을 위해서 어떤 장애를 극복해야 하는지를 탐구하게 하기 위해서는 먼저, 인간에게 공통되는 불행을 통해 인간의 모습을 보여 주고, 그 다음에 서로 다른 점에 의해 인간의 모습을 보여 주어야 한다. 그렇게 함으로써 자연적이고도 사회적인 불평등을 예상하고 사회 질서 전체의 체계를 이해하게 된다.

사회는 개인을 통하여, 개인은 사회를 통하여 연구되어야 한다. 정치와 윤리를 따로따로 취급하려 하는 사람들은 그 어느쪽에서든 무엇 하나 이해하지 못하게 된다. 우선 원시적인 관계에 주목하여, 어째서 인간은 그것들의 영향을 받지 않으면 안되는지, 그리고 거기에서 어떠한 정념이 생겨나는지를 본다. 반대로, 정념이 발달하는 것에 의해서 그 관계가 복잡해지고 긴밀해지는 것을 안다. 인간을 독립된 존재, 자유로운 존재가 되게 하는 것은 완력보다는 오히려 중용(中庸)을 얻은 마음이다. 적은 수의 것에밖에 욕망을 느끼지 않는 사람은, 적은 수의 사람밖에 애착을 가지지 않는다. 그런데 인간의 헛된 욕망을 언제나 육체적 욕구로 혼동하여, 그 육체적 욕구를 인간 사회의 기초로 삼는 사람들은 언제나 결과를 원인으로 잘못 아는데, 그들은 자신의 추론에 의해 자신을 혼란시킬 뿐이다.

자연 상태에서는 사실상의 평등, 현실적으로 불멸의 평등이 있다. 이 상태에서는 인간과 인간 사이의 차이가 한편을 다른 편에 종속시킬 만큼 큰 경우는 있을 수 없기 때문이다. 문명 사회의 상태에는, 권리상의 헛된 가공의 평등이 있다. 왜냐하면 이 평등을 유지하기 위해 있는 수단 그 자체가 그것을 파괴하는 역할을 하기 때문이며, 약자를 억압하기 위해 강자에게 주어지는 국가 권력이 자연에 의해서 양자 사이에 놓여진 일종의 균형을 깨뜨리고 있기 때문이다.* 이 최초의 모순으로부터, 사회 질서 속에서 확인되는 표면적인 것과 실제적인 것 사이의 일체의 모순이 생겨난다. 언제나 대중은 소수자(少數者)를 위해 희생되고, 공공의 이익은 개인의 이익을 위해 희생될 것이다. 언제나 정의라든가 종속과 같은 그럴 듯한 말이 폭력의 수단, 부정의 무기로서 사용될 것이다. 따라서 다른 계급의 사람들에게 유익하다고 스스로 주장하는 좀더 높은 계급의 사람들은, 사실은 다른 계급 사람들을 희생시켜 그들 자신의 복지를 추구한다. 정의와 이성이라는 명분하에 그런 사람들에게 바쳐지는 존경의 양도 그 점에서 판단하지 않으면 안된다. 다음에는 그들이 획득한 지위가 그 지위를 차지하고 있는 사람들의 행복에 한층 도움이 되는지 어떤지를 확인하여, 우리들 한 사람 한 사람이 자신의 운명과 관련하여 어떤 견해를 가져야 하는지를 알아야 한다. 이런 것이 지금의 우리에게 중요한 연구 과제이다. 이런 것을 철저히 연구하기 위해서는 인간의 마음을 아는 일부터 시작하지 않으면 안된다.

가면을 쓴 채의 인간을 청년에게 보여 준다면, 일부러 인간을 보여 줄 필요가 없다. 그들은 그런 인간을 언제나 필요 이상으로 보고 있으니까. 그리고 가면은 인간이 아니며, 그들이 그런 외면에 마음을 미혹시켜서도 안되니까. 인간을 그려 보이려면, 있는 그대로의 인간을 그려 보이는 것이 좋다. 그

---

* 모든 나라의 법률에서 볼 수 있는 보편적 정신은, 언제나 약자에 대항하여 강자를 돕고, 가지지 않은 자에 대항하여 가진 자를 돕는 역할을 한다. 이 불합리는 피하기 어려운 것으로 여기에는 예외가 없다.

것은 청년을 인간 혐오자로 만들기 위해서가 아니라 청년으로 하여금 사람들을 불쌍히 여기고, 그들과 같은 자가 되고 싶지 않다고 생각하도록 하기 위해서이다. 나의 생각으로는, 이것이 인간이 인류에 대하여 가질 수 있는 가장 도리에 맞는 사고방식이다.

그래서 여기서는, 지금까지 우리들이 밟아 온 길과는 반대되는 방법을 취하여, 자신의 경험을 통해서가 아니라 오히려 타인의 경험을 통해서 청년을 교육할 필요가 있다. 사람들이 그를 속이면, 그는 사람들을 미워할 것이다. 그러나 그가 사람들이 자기에게는 존경의 마음으로 대하면서 자기들끼리는 서로 속이는 것을 본다면, 그는 그들을 불쌍하다고 느낄 것이다. 피타고라스는 이런 말을 했다. "세상의 광경은 올림픽 경기의 모습과 비슷하다. 어떤 자들은 거기에 가게를 내어 돈을 벌 생각만 하고 있고, 어떤 자들은 몸을 던져 명예를 구한다. 또 어떤 자들은 경기를 관전하는 것만으로 만족하는데, 이 마지막 부류의 사람들이 가장 하찮은 일을 하는 사람들은 아니다." [9]

청년이 함께 생활하는 사람들에 대하여 호감을 가질 수 있도록, 그 동료를 선택해 줄 것을 나는 바라고 싶다. 또 세상이라는 것을 충분히 알게 하고, 거기서 행해지는 모든 것에 혐오를 느끼게 하고 싶다. 인간은 천성적으로 선량하다는 것을 알리고, 그것을 느끼도록 하며 자기 스스로 이웃 사람을 판단하게 하고 싶다. 그러나 어떤 식으로 사회가 인간을 타락시키고 나쁘게 만드는지를 그에게 보이고, 사람들의 선입견 속에서 그들의 모든 부덕의 근원을 발견하게 하여, 개인의 한 사람 한 사람은 존경하지만 군중은 경멸하게 하며, 인간은 모두 거의 같은 가면을 쓰고 있다는 것, 그러나 그중에는 얼굴을 덮고 있는 가면보다 그 이면의 진짜 얼굴이 훨씬 더 아름다운 사람도 있다는 것을 알게 하라.

솔직하게 말해서 이 방법에는 불합리한 점도 있어서 실행하기가 쉽지 않

---

9) 몽테뉴의 《수상록》 제1권 제26장

다. 지나치게 일찍부터 그를 관찰자가 되게 하면, 즉 타인의 행동을 너무 세세하게 보도록 그를 가르치면 당신들은 그를, 남들을 험담하거나 빗대어 빈정대는 인간으로 만들게 되고, 단정적인 판단을 조급히 내리는 인간으로 만들게 된다. 어쨌든 그는 부덕을 찾아내는 데에 익숙해지고, 참된 선(善)까지도 선으로 보지 못하게 될 것이다. 사람들이 불쌍한 사람들을 보는 데에 익숙해져 불쌍하다고 생각하지도 않는 것처럼. 마침내는 인간의 타락은 그에게 아무런 경고를 주지 못하고, 오히려 변명의 구실을 주게 된다. '어차피 인간은 그런 거야'라고 중얼거리며 자신도 그와 다른 사람이 되려 하지 않을 것이다.

만약 당신들이 그를 이론에 입각하여 교육하려고 생각하여, 인간의 본성과 함께 우리들의 성향을 악덕으로 향하게 하는 외부적인 원인이 어떤 식으로 적용되는지를 그에게 가르쳐 인식시키려 하면, 그를 갑자기 감각적인 대상으로부터 지적(知的)인 대상으로 이행시키는 것에 의해, 당신들은 그가 아직 이해할 수 없는 형이상학을 사용하는 것이 된다.

그렇게 되면 당신들은 이제까지 유의하여 피해 온 그 오류 속으로, 즉 어떻게 해서든지 그에게 교훈다운 교훈을 주어 그 자신의 경험과 이성의 진보 대신 교사의 경험과 권위를 그의 마음속에 자리잡게 하는 오류 속으로 다시 떨어지는 것이다.

이 두 가지 장애를 제거하기 위해, 또 인간의 마음을 이해시키기 위해, 나는 먼 곳에 있는 인간을 그에게 보여 주고 싶다. 즉, 다른 시대 혹은 다른 장소에 있는 인간을 보여 주겠다. 그리고 그는 그 장면을 볼 수는 있어도 결코 그 자신이 거기에 등장하지는 못하도록 하겠다. 여기서 역사를 가르칠 시기가 된 것이다. 역사를 통하여 그는 철학 수업을 받지 않고서도 인간의 마음을 읽게 된다. 역사를 통하여 그는 사람의 마음을 보는 것이다. 단순한 관객으로서 아무런 이해(利害)도 정념도 느끼지 않고, 공범자도 고소인도 아닌 재판관으로서 보는 것이다.

인간을 알려면 그 인간의 행동을 보아야 한다. 우리는 흔히 사람들이 이렇게 말하는 것을 듣는다. '그들은 자신의 말은 보이고 행동은 숨긴다.' 그러나 역사 속에서는 행동이 명확히 드러나 사람들을 행동에 의거하여 판단할 수 있다. 그들의 말 자체도 그들을 평가하는 데에 도움이 된다. 그들의 말과 행동을 비교하면, 그들은 실제로 어떤 사람이었으며, 어떤 사람으로 보이려 했는지를 동시에 알 수 있다. 그들이 자신을 감추려 하면 할수록, 그들은 더욱 적나라하게 드러난다.

곤란하게도 이 연구에는 여러 가지 장애와 위험이 따른다. 인간을 공정하게 판단할 수 있는 관점에 자신을 두기가 어렵다. 역사의 큰 결함의 하나는, 인간을 그 좋은 면에서가 아니라 나쁜 면에서 그리는 일이 훨씬 더 많다는 점이다. 역사에는 혁명이라든가 대소동과 같은 것이 없으면 재미가 없으므로, 온화한 정치가 행해져 태평한 가운데 인구가 증가하고 나라가 번영하는 동안에는 역사는 아무것도 말하지 않는다. 그 국민이 자신의 나라만으로는 만족할 수 없게 되어, 이웃 나라의 사건에 참견을 한다든가, 그렇지 않으면 자기 나라의 사건에 이웃 나라로부터 참견을 받든가 했을 때에, 비로소 역사는 말하기 시작한다. 역사는 어떤 나라가 이미 쇠하기 시작했을 때 그 나라를 유명하게 한다. 우리의 역사는 모두 끝나야 할 곳에서 시작하고 있다. 쇠락(衰落) 해 가고 있는 국민에 대해서는 우리는 대단히 정확한 역사를 가지고 있다. 우리에게 부족한 것은 부유해져 가고 번영해 가는 국민의 역사이다. 그러한 국민은 충분히 행복하고 안전하므로, 그에 대해서 역사는 아무 할말이 없는 것이다. 그리고 실제로 현대에서도 가장 잘 해 나가는 정부는 화제에 오르는 일이 가장 적은 정부라는 것을 우리는 알고 있다. 그래서 우리는 나쁜 일밖에 모르는 것이다. 좋은 일이 한 시기(時期)를 구획했다는 일은 거의 없다. 유명하게 되는 것은 악인뿐이다. 선량한 인간은 잊혀지든가 웃음거리가 되거나 한다. 따라서 역사는 철학과 마찬가지로 끊임없이 인류를 중상(中傷)하게 된다.

게다가 역사에 기술되어 있는 사실은, 그 사실이 일어난 대로 정확히 그려진 것이라고는 결코 말할 수가 없다. 그 사실들은 역사가의 머릿속에서 모양을 바꾸고, 그의 이해(利害) 관계에 따라 틀이 만들어지며, 그의 편견에 의해서 채색된다. 어떤 사건의 경위를 그대로 보이기 위해서, 누가 독자를 그 사건의 무대였던 장소로 정확히 데려갈 수 있겠는가? 무지(無知)나 불공평함이 모든 것을 바꾸어 버린다. 역사적인 사실을 왜곡하지 않는다 해도, 그에 관련된 상황을 확대하거나 축소함으로써 그 사실에 얼마나 다른 양상을 부여할 수 있는가. 같은 것이라도 다른 관점에서 보면 같은 것으로 보이는 일이 없으나, 지켜봐 온 사람의 눈 외에는 아무것도 변한 것이 없는 것이다. 실제로 있었던 사실을, 그것이 일어난 것과는 전혀 다른 식으로 보이면서 사실이라고 말해 주었다고 하면, 사실을 충분히 존중하고 있다고 말할 수 있는가? 나무 한 그루가 더 있었는지 없었는지, 바위가 오른쪽에 있었는지 왼쪽에 있었는지, 바람이 불어 먼지가 일었는지 어땠는지 하는 것들이 전투의 결과를 결정한 것을 아무도 모를 경우가 얼마나 많은가. 그럼에도 불구하고 역사가는, 자신이 모든 것을 보고 있었던 것처럼 확신을 가지고, 패전(敗戰) 혹은 승리의 원인을 이야기한다. 만약 이유를 알지 못한다면, 사실 그 자체에 어떤 의미가 있겠는가. 그리고 진짜 원인을 알지 못하는 사건으로부터 어떤 교훈을 끌어낼 수 있겠는가. 역사가는 어떤 원인을 지적한다. 그러나 그것은 그가 만든 것이다. 그리고 사람들이 왈가왈부하는 비판 자체도, 추측의 기술에 지나지 않으며, 몇 가지 허위 중에서 가장 진실인 듯한 것을 골라 내는 기술에 지나지 않는 것이다.

당신들은 《클레오파트라》라든가 《카산드라》, 또는 그와 같은 종류의 다른 책을 읽어 본 일이 있는가? 작자는, 잘 알려져 있는 하나의 사건을 선택하여, 그것을 자신의 구상에 맞추면서, 자신이 창작한 세부 묘사나 가공 인물 및 상상으로 그린 인물 묘사에 의해 재미있는 책으로 만들고 있다. 이런 소설과 당신들이 말하는 역사 사이에, 나는 다른 점을 거의 인정하지 않는다. 단지, 소설가는 한층 많이 자신의 상상에 의존하는 반면 역사가는 타인의 상상에 묶인다는 차이가 있을 뿐이다. 그리고 소설가는 좋든 나쁘든 어떤 도덕적인 목적을 설정하고 있는데, 역사가는 그런 것에 거의 관심을 가지지 않는다.

사람들은 내게 이렇게 말할지도 모른다. '정확한 역사는, 풍속이나 인물의 참된 묘사만큼 사람의 흥미를 끌지 않는다. 인간의 마음이 충분히 그려져 있기만 하면, 사건이 충실히 기술되어 있는지 어떤지는 그리 중요하지 않다'고. 그리고 또 덧붙여 말할 것이다. '어떻든, 2천 년 전의 사건이 우리에게 무슨 상관이 있단 말인가?'라고. 인물의 초상(肖像)이 실물대로 잘 그려져 있다면 그 주장이 옳다. 그러나 만약 대부분의 인물이 역사가의 상상 속에서밖에 그 원형을 가지고 있지 않다면, 그것은 피하려고 애써 온 바로 그 오류로 다시 빠져들어, 교사의 권위에 내맡기려 하지 않던 것을 역사가의 권위에 내맡기는 것이 아닌가. 나의 학생이 언제나 상상화만을 볼 수밖에 없다면, 나는 그 그림을 다른 누구의 손으로 그리게 하지 않고 나 자신의 손으로 그리고 싶다. 적어도 그에게는 그쪽이 훨씬 이해하기 쉬울 것이다.

청년에게서 가장 나쁜 역사가는 자신의 견해를 말하는 역사가이다. 사실을! 사실을 보여 주라! 그리고 판단은 학생으로 하여금 내리게 하라! 그렇게 함으로써 그는 인간을 아는 것을 배우게 된다. 저자의 견해에 끊임없이 이끌려 다니기만 한다면, 학생은 타인의 눈을 통해 보는 데에 지나지 않는다. 그래서 저자의 눈이 없어지면, 학생은 아무것도 볼 수 없게 된다.

근대의 역사는 밀어 두기로 하자. 거기에는 이미 특징이 없고 근대의 인간은 모두 비슷비슷할 뿐만 아니라, 근대의 역사가는 효과를 내는 데에만 전념하여, 선명한 색채의 초상을 그리는 일만 생각하고, 그럼에도 그 초상들은 때때로 아무것도 표현하고 있지 않기 때문이다.* 일반적으로 고대작가는 초상을 그려 내는 일이 적고, 그 판단에 재기(才氣)를 나타내 보이기보다는 풍부한 양식(良識)을 나타내 보였다. 그렇다 해도 고대 작가에 대해서도 신중하게 선택하지 않으면 안된다. 그리고 처음에는 가장 정확한 작가가 아닌, 가장 순수한 작가를 택해야 한다. 나는 청년의 손에, 폴리비오스[10]도 살루스티우스[11]도 건네고 싶지 않다. 타키투스의 책들은 노인이 읽는 책이다. 젊은 사람은 아직 그것을 이해하지 못한다. 인간 마음의 깊은 곳을 탐색하기 전에, 인간의 행동에서 인간의 마음의 기본적 특징들을 보는 것을 배우지 않으면 안된다. 일반적인 격언을 읽기 전에 개개의 사실을 분명하게 읽을 수 있어야 한다. 격언을 통해 이야기되는 철학은 경험을 쌓은 자에게만 적합하다. 젊은 사람에게는 무슨 일이든 총체적으로 가르쳐서는 안된다. 그들에게 가르치는 것은 모두 낱낱의 사례(事例)로써 가르쳐야 한다.

나의 생각으로는 투키디데스가 진정 모범적인 역사가이다. 그는 자신이 판단하지 않고 사실을 그대로 전한다. 게다가 우리 스스로 판단하게 하기 위해 필요한 상황을 하나도 빼지 않는다. 그는 모든 것을 독자의 눈앞에 놓아 준다. 사건과 독자 사이에 끼어들지 않고 자신은 모습을 감춘다. 독자는 읽고 있다는 기분이 들지 않고 보고 있는 듯한 기분이 든다. 단지 좀 곤란한 것

● 다빌라(Enrico Caterino Davila, 1576~1631, 이탈리아의 역사가), 귀차르디니(Guicciardini, 1483~1540, 이탈리아의 역사가), 스트라다(Strada, 1572~1649, 이탈리아의 역사가), 솔리스(Solis, 1610~86, 스페인의 역사가), 마키아벨리(Niccolo di Bernardo dei Machiavelli, 1469~1527, 이탈리아의 역사가·정치학자) 등, 그리고 때로는 드 토(Jacques-Auguste de Thou, 1533~1617, 프랑스의 역사가)도 그렇다. 베르토(René Aubert de Vertot, 1655~1735, 프랑스의 역사가)만이, 초상을 만들지 않고 그려 낼 줄 아는 유일한 사람이다.

10) Polybios:그리스의 역사가(기원전 210~128). 《역사》(기원전 264~144까지의 세계사)를 저술.

11) Gaius Sallustius Crispus : 로마 공화정 말기의 역사가. 《카틸리나 전기(戰記)》 등의 저자. 이후에 나오는 역사가에 대하여 간단히 기술하면, 타키투스(Cornelius Tacitus)는 로마 제1의 역사가로 《게르마니아》, 《연대기》 등의 저자. 제정(帝政) 로마의 암흑면을 극명하게 그리고 있다. 투키디데스(Thoukydides)는 페리쿨레스 시대의 그리스의 역사가. 《펠로폰네소스 전사(戰史)》의 저자. 헤로도토스(Herodotos)는, 그 저작이 현존(現存)하는 그리스 최고(最高)의 역사가, '역사학의 아버지'. 티투스 리비우스(Titus Livius)는 아우구스투스 시대 로마의 역사가. 그의 방대한 《로마 건국사》는 로마의 기원(起源)에서부터 기원전 9년까지의 역사. 《일만인의 퇴각》이란, 크세노폰(소크라테스의 제자)의 〈아나바시스(內陸行)〉를 말한다. 이것은 페르시아 내란에, 일만인의 그리스 병(兵)과 함께 종군한 크세노폰의 종군기.

은 그는 전쟁 이야기만 해서, 그 이야기에는 더없이 비교육적인 것, 즉 전쟁 외에는 거의 아무것도 발견되지 않는다는 점이다. 《일만인의 퇴각》과 시저의 《갈리아 전기(戰記)》에서는, 거의 비슷한 지혜의 빛과 비슷한 결점을 볼 수 있다. 헤로도토스는, 초상(肖像)을 그리지 않고 격언을 사용하지 않고 그러면서도 유창하고 솔직하게 이야기하며, 독자의 흥미를 불러일으키고, 독자를 매우 기쁘게 할 수 있는 세부 묘사를 해냈으므로, 어쩌면 가장 뛰어난 역사가가 되어야 할 사람이지만, 그 서술은 때때로 어린아이 같은 단순한 것이 되어 버려, 이것은 청년의 취미를 길러 주기보다 오히려 손상시킨다. 그러므로 헤로도토스를 읽으려면 예리한 판별력을 가지지 않으면 안된다. 티투스 리비우스에 대해서는 아무 말도 하지 않겠다. 곧 그에 대해서 이야기할 기회가 올 것이다. 그는 정치가이며 수사학자(修辭學者)로, 이 시기의 학생에게는 전연 적합하지 않은 사람이다.

일반적으로 역사라는 것은 결함투성이이다. 그것은 이름·장소·날짜에 의해서 확정할 수 있는 뚜렷한 사실만을 기록하고 있는데, 그러한 사실이 서서히 단계적으로 발생한 원인은 똑같이 정할 수는 없으므로 언제까지나 명확하지 않은 채 남아 있기 때문이다. 사람들은 흔히 혁명의 표면상의 원인을 어떤 전쟁에 이긴 일 또는 진 일에서 찾고 있는데, 실은 그 전쟁 전에 이미 혁명은 피하기 어렵게 되어 있었다는 경우도 있는 것이다. 전쟁은 도덕적 원인에 의해서 이미 결정되어 있던 사항이 단지 겉으로 드러났을 뿐인 경우가 많은데, 역사가가 그러한 원인을 꿰뚫어보는 일은 드물다.

철학적 정신은, 금세기(今世紀)의 많은 역사가들의 고찰을 이 방면으로 향하게 하였다. 그러나 그들의 노력에 의해서 한층 많은 진실이 밝혀졌는지 어떤지는 의심스럽다. 체계(體系)에 대한 집념이 그들을 사로잡고 있어서, 그들은 사물을 있는 그대로 보려 하지 않고, 자신의 체계에 일치시켜 보려고 하기 때문이다.

이러한 모든 고찰에 덧붙여서 역사는 인물보다 행동 쪽을 훨씬 더 많이 나타내 보인다는 것을 생각하는 것이 좋다. 역사는 인간을 어떤 선택된 시점에서밖에, 또 그들이 겉치레 복장을 하고 있을 때밖에 포착하지 않기 때문이다. 역사는, 남들에게 보이기 위해서 몸치장을 한 공인(公人)을 보여 줄 뿐이며, 그 사람의 뒤를 좇아, 집 안으로, 서재 안으로, 가족들 사이로, 친구들 사이로 들어가는 일은 하지 않는다. 무엇인가를 대표하고 있는 자로서 그 사람을 그리는 데에 지나지 않는다. 역사가 그리는 것은, 그 사람 자신이 아니라 오히려 그 사람이 입고 있는 옷이다.

인간의 마음을 연구하기에 즈음하여, 나는 오히려 개인의 전기(傳記)를 읽게 하고 싶다. 거기에서는 인간이 아무리 참 모습을 감추려 해도 소용없는 일로 역사가가 어디든 따라간다. 역사가는 그 인간에게 숨쉴 틈도 주지 않는다. 보고 있는 자의 예리한 눈을 피하기 위한 한구석도 주지 않는다. 그리고 그 인간이 몸을 가장 잘 숨겼다고 생각하는 때에야말로, 역사가는 그를 가장 잘 그려 내는 것이다. 몽테뉴는 말한다. "전기(傳記)를 쓰는 사람들은, 사건보다 관념에 많은 흥미를 가지고 있고, 외부에서 일어나는 일보다 내부에서 일어나는 일에 한층 흥미를 가지고 있기 때문에 나는 전기 작가를 가장 좋아한다. 따라서 모든 점에서, 플루타르크는 나의 마음에 드는 사람이다." [12]

확실히 집단으로서의 사람들이나 국민의 정신은 개별적인 인간의 성격과는 현저히 다르므로, 인간의 마음을 집단으로도 검토하지 않는다면, 인간의 마음을 지극히 불완전하게밖에 알지 못하게 될 것이다. 그러나 사람들에 관하여 판단을 내리기 위해서는 우선 개인을 연구해야 한다는 것, 그리고 각 개인의 성향을 완전히 아는 자는 국민 전체 속에 결합된 그들의 경향의 효과를 모두 예지할 수 있다는 것도 마찬가지로 틀림없는 사실이다.

여기서도 또, 고대 작가들에게 의지하지 않으면 안된다. 그것은 이미 설명한 이유 때문이기도 하지만 일상적이고 비근한, 그러면서 진실하고 특징

---

12) 몽테뉴의 《수상록》 제2권 제10장.

적인 세부 묘사는 모두 근대의 문체(文體)로부터 추방되었으므로, 인물은 공공 생활에서도 개인 생활에서와 마찬가지로 근대의 저자들에 의해서 꾸며져 있기 때문이다. 오늘날에는 예절이라는 것이 문학에서도 실생활에서와 마찬가지로 엄격하게 되어, 공중 앞에서 행동하는 것도 공중 앞에서 말하는 것도 허락되지 않는다. 그리고 우리는 언제나 분장시킨 상태로밖에 인간을 나타내 보일 수 없으므로, 책 속에서도 무대 위에서와 마찬가지로 인간을 볼 수가 없다. 아무리 국왕들의 전기를 써도, 백 번이나 다시 써도 의미가 없다. 우리는 또 하나의 수에토니우스[13]를 가질 수는 없으니까.

플루타르크는, 우리가 감히 묘사하려고 하지 않는 세부 묘사에서 뛰어나다. 그는 위대한 인물을 사소한 사실에 의해서 그려 내는 일에 타의 추종을 불허하는 매력을 가지고 있다. 그리고 일화(逸話)를 매우 교묘히 선택하여 대수롭지 않은 미소로, 한마디 말로, 몸짓으로 충분히 주인공의 특징을 나타내 보인다. 이를테면 한니발은 농담 한마디로 두려워하던 군대를 안심시켜, 적진을 향해 의기양양하게 진군시켜 이탈리아를 그의 손에 넣었던 것이다. 죽마(竹馬)에 걸터앉은 아게실라오스는, 나로 하여금 페르시아 대왕을 쳐부순 사람을 사랑하게 하고 있다. 한촌(寒村)을 지나면서 친구들과 이야기하는 시저는, 폼페이우스와 어깨를 나란히하는 자가 되고 싶을 뿐이라고 말하던 교활한 인간의 모습을 무심코 폭로한다. 알렉산더는 약을 단숨에 들이마시고, 단 한마디의 말도 하지 않는다. 그의 생애 중 가장 아름다운 순간이다. 아리스테이데스는 조개껍질 위에 자기의 이름을 써서 자기의 칭호가 정당함을 증명했다. 필로포이멘은 망토를 벗어 버리고 자기를 머물게 해 준 집의 부엌에서 장작을 팬다.[14] 이런 묘사야말로 참으로 인간을 그리는 기술이다. 사람의 특징은 그의 위대한 행위에 나타나지 않고, 기질은 그의 외모에

---

13) Suetonius Tranquillus : 로마의 전기 작가·역사가. 시저·아우구스투스에서부터 도미티아누스에 이르는 12명의 《황제 전기》의 저자.

나타나지 않는다. 참 모습이 밝혀지는 것은 사소한 일에 의해서이다. 공공연하게 행해지는 것은 너무나도 평범하거나 지나치게 꾸며져 있는데, 근대의 저자들은 너무도 거드름을 피우기 때문에 그 이상의 것을 우리에게 묘사해 보일 수가 없는 것이다.

확실히 튀렌느 자작[15]은 전세기(前世紀)의 가장 위대한 인물 중 한 사람이었다. 이 사람을 알리고 좋아하게 만드는 작은 일화 등에 의해 그 전기(傳記)를 재미있는 것으로 만들려고 했던 용감한 작가들이 있었다. 그렇지만 그를 좀더 잘 알리고 독자가 그를 좋아하게 될 수 있는 이야기를 그 사람들은 얼마나 많이 빼지 않으면 안되었던가. 나는 그 예를 한 가지만 들겠는데, 이것은 확실한 근거를 가진 사람들로부터 들은 것으로, 플루타르크라면 그 이야기를 빠뜨리지는 않았을 것이다. 그러나 라므제[16]는 설령 알고 있었다 하더라도 쓰지 않았을 것이 틀림없다.

매우 더운 여름날이었다. 튀렌느 자작은, 짧은 흰 웃옷을 입고, 테 없는 모자를 쓰고, 응접실 창가에 있었다. 거기에 하인 한 사람이 들어왔다. 그는 튀렌느의 뒷모습을 보고, 그가 자기와 친한 요리사라고 생각했다. 복장이 요리사와 비슷했기 때문이다. 하인은 살금살금 튀렌느에게 다가간다. 그리고 투박하고 거친 손으로 튀렌느의 엉덩이를 냅다 후려갈겼다. 엉덩이를 얻어맞은 튀렌느는 상을 찡그리면서 뒤돌아본다. 하인은 주인의 얼굴을 보고 덜덜 떤다. 주인 앞에 정신없이 무릎을 꿇는다. "나으리, 저는 조르쥬로 잘못 알고……." 튀렌느는 엉덩이를 문지르면서 외친다. "조르쥬였다 하더라도, 그렇게 세게 후려갈기면 안돼!"

---

14) 이상의 묘사는 모두 플루타르크의 《영웅전》에 나온다. 루소는 어려서 《영웅전》을 애독했다.

15) Henri de La Tour d' Auvergne de Turenne(1611~75) : 프랑스의 명장.

16) Ramsai(1686~1743) : 스코틀랜드인으로, 《튀렌느전(傳)》을 저술하였다. 나중에 나오는 튀렌느의 조카는, 튀렌느의 형인 브이용 공(公)의 아들.

글쎄, 가련한 작가들이여, 그대들로서는 도저히 이렇게 말할 수는 없으리라. 언제까지나 인간미도 감정도 없는 인간으로 남아 있는 것이 좋으리라. 그대들의 강철 같은 심장을 천한 예의로 단련하여 더욱더 굳게 하는 것이 좋으리라. 위엄을 유지하기 위해 당신들 자신을 경멸해야 할 인간이 되게 하는 것이 좋으리라.

그러나 그대 선량한 젊은이여, 그대는 이 일화를 읽고 그것이 나타내고 있는 순간적인 충동에서조차 보여지는 관대한 마음에 감동하지만, 이 위대한 인물도 자신의 가문이라든가 명예 따위가 문제가 되면 금방 소심한 인간이 된다는 것도 간파해야 한다. 어디에 가든 자기 조카에게 한발짝 양보하는 듯한 겉꾸민 태도를 보임으로써 그 아이가 가장 훌륭한 가문의 종손(宗孫)임을 사람들로 하여금 잘 알도록 한 것도 바로 그 튀렌느였다는 사실을 명심하라. 앞의 광경과 이 광경을 대조해 가며 비교해 보고, 자연을 사랑하고 사람들의 편견을 경멸하라. 그리고 과거의 그로서의 인간을 알라.

이렇게 배려 깊게 지도되는 독서가 청년의 순수한 정신에 미치는 효과를 이해할 수 있는 사람은 아주 적다. 우리는 아이적부터 책에 매달려 아무 생각 없이 읽는 일에 길들여져 있으므로, 읽고 있어도 그 내용이 마음에 와닿지 않는다. 역사나 전기(傳記) 속에 넘쳐 있는 여러 가지 정념이나 편견을 이미 우리 자신 속에 가지고 있으므로, 인물의 행위가 모두 우리에게는 당연한 일처럼 보이기 때문에 더욱 그렇다. 우리는 자연의 밖으로 나와버렸고, 우리 자신을 기준으로 타인을 판단한다. 그러나 나의 준칙에 따라서 교육된 청년을 생각해 보자. 나의 에밀을 마음속에 그려보자. 18년간의 끊임없는 배려는, 건전한 판단력과 건강한 마음을 그에게 지니도록 하는 것만을 목적으로 해 왔다. 막이 열리고, 처음으로 세상이라는 연극을 보게 된 에밀을 생각하기보다 오히려 무대 뒤에 자리잡고 배우들이 의상을 입고 벗는 것을 바라보며 관객의 눈을 속이는 조잡한 마술 도구인 로프나 도르래 따위를 보고 있는 에밀을 상상해 보라. 그에게는 최초의 놀람에 이어 곧 자신과 같은 인간을 부끄럽게 생각하는 마음과 그들에 대한 경멸의 감정이 솟아오를 것이다. 그런 식으로 전인류가 자기 자신에 속아, 어린애 장난 같은 놀이로 자신을 천하게 하는 것을 보고 그는 분개할 것이다. 자신의 형제가 꿈과 같은 것 때문에 서로 으르렁거리고, 인간인 것에 만족할 수 없기 때문에 맹수로 변하는 것을 보고 그는 슬퍼질 것이다.

학생에게 소질이 있고, 선생이 얼마간이라도 신중하게 선택하여 독서하게 한다면, 독서로부터 끌어낼 수 있는 고찰(考察)에의 길을 조금이라도 열어 준다면, 그러한 공부는 학생에게서 실천 철학의 강의가 된다. 그것은 학교에서 행해지는, 청년의 머리를 혼란시키는 모든 하찮은 사변적(思辨的)인 연구보다 확실히 뛰어난, 그리고 이치에 맞는 강의가 될 것이다. 퓌로스의 꿈 같은 계획을 듣고 퀴네아스는 퓌로스에게 물었다. "세계를 정복하는 것에서 현실적으로 어떤 행복을 얻을 수가 있습니까? 그만큼 마음을 괴롭히지 않고서도 그런 행복은 지금 여기서 금방이라도 즐길 수 있지 않습니까?"[17] 하고. 우리는 거기에서 단지 곧 기억에서 없어져 버릴 명문구(名文句)를 확인할 뿐이다. 그러나 에밀은 거기에서 현명한 고찰을 해낼 것이다. 그 고찰은 그가 처음으로 행한 것이 될지는 모르지만 결코 그의 뇌리에서 사라져 버리지 않을 것이다. 그 성찰(省察)의 인상을 방해하는 반대의 편견이 그의 머리에는 조금도 없기 때문이다. 그 다음에 그 무분별한 남자의 전기(傳記)를 읽고 그의 위대한 모든 계획이 결국 한 노파의 손에 의해 살해되는 결과를 초래했다는 것을 알았을 때, 그런 위대한 장군의 모든 공적 속에서, 그런 대정치가의 모든 책략 속에서, 에밀은 무엇을 확인하게 될 것인가? 명예스럽지 못한 죽음에 의해서 그의 생애와 계획을 종결시킨 저 불길한 기왓장을 찾아

---

17) 퓌로스는, 무모한 정복자의 전형으로서 문학 작품에 자주 등장하는 에페이로스의 왕(기원전 319~272). 퀴네아스의 간언을 듣지 않고 이탈리아·시실리아·그리스 침략을 기도했는데, 아르고스를 점령했을 때, 한 노파가 던진 기왓장에 의해서 죽음을 당했다. 퀴네아스는 퓌로스의 현명한 신하.

일부러 그 먼 곳까지 갔다는 사실이 아닌가.

　정복자 모두가 살해된 것은 아니라거나 찬탈자 모두가 계획에 실패한 것은 아니라고 생각하는 세속적인 편견을 가진 사람들의 눈에는, 그중 몇몇은 행운을 잡은 것처럼 보일 것이다. 그러나 겉모습에 관계없이 인간의 행복을 그 마음의 상태에 의해 판단하는 사람은, 그들의 성공에서조차 그들의 비참함을 간파할 것이다. 그들의 마음을 좀먹는 욕망과 심로(心勞)가 그들의 행운에 따라 커지고 넓어져 가는 것을 알 것이다. 숨을 몰아쉬며 전진하는 그들이 결코 목적지에 도달할 수 없다는 것을 알 것이다. 경험이 없는 여행자가 처음으로 알프스 산 속에 들어가면, 하나의 산을 넘을 때마다 이것으로 알프스를 완전히 넘게 된다고 생각하면서 정상에 선다. 그러나 그의 눈앞에는 이제까지보다 더 높은 산이 우뚝 서 있다. 그들은 이 실망하는 여행자와 같지 않을까?

　아우구스투스는 자국민(自國民)인 로마 시민을 복종시켜 경쟁자를 멸망시킨 후에 40년에 걸쳐, 일찍이 없던 최대의 제국에 군림했다. 그러나 그는 그 거대한 권력을 가지고서도, 벽에 머리를 부딪치면서 바루스[18]를 향해, 전멸한 자기의 군단을 복구해 달라고, 넓은 궁전 안이 울리도록 외치지 않을 수가 없었다. 모든 적을 정복했다 해도 그 허무한 승리가 무슨 소용이 있는가. 모든 종류의 괴로움이 끊임없이 그의 주위에 생겨나지 않았는가. 가장 친한 친구들이 그의 생명에 위해(危害)를 가하려 하지 않았는가. 신변 사람들의 수치스러운 행위나 죽음에 울어야 하지 않았는가. 이 불행한 남자는 세계를 다스리려 하다가 자신의 가정조차도 다스리지 못했다. 가정을 돌보지 못했기 때문에 어떻게 되었는가. 그는 조카가, 양자(養子)가, 사위가 한창 젊은 나이에 죽어가는 것을 보았다. 손자는 가련한 생애를 몇 시간 더 살기 위해 침대 속에 든 털을 먹어야 했다. 딸과 손녀딸은 바르지 못한 행실로 그의

---

18) Publius Quintilius Varus: 로마의 장군. 아우구스투스와 인척. A.D. 9년, 게르만인과 싸워 전군(全軍)을 잃고 자살했다.

얼굴에 먹칠을 한 끝에, 한 사람은 멀리 떨어진 작은 섬에서 가난과 굶주림으로 죽고, 또 한 사람은 감옥에서 형리의 손에 죽었다. 마지막으로 그 자신은 치욕스러운 일가(一家)의 마지막 생존자가 되어, 자기 아내 때문에, 후계자로서 한 괴물을 남기는 외에 달리 방법이 없게 되었다.[19] 그 영광과 행운에 의해서 그렇게 유명했던 세계 지배자의 운명은 이런 것이었다. 그의 영광과 행운을 찬미하는 사람들 중에, 이와 같은 희생을 치루더라도 그런 영광을 차지하고 싶다고 생각하는 사람이 단 한 사람이라도 있을까?

나는 야망을 예로 들었다. 그러나 인간의 모든 정념의 활동은, 자신을 현명하게 하고 먼저 죽은 사람들의 희생을 헛되지 않게 하기 위해 역사를 연구하려 하는 사람에게는 똑같은 교훈을 준다. 안토니우스의 생애가 아우구스투스의 생애보다 청년들에게 좀더 강력한 교훈이 되는 시기가 다가오고 있다.[20] 에밀은 그 새로운 공부를 하는 동안에 그의 눈을 놀라게 하는 많은 기괴한 모습 속에서 자신의 모습을 인식하는 일은 없을 것이다. 그러나 그는 정념이 생겨나기 전에 미리 그 환상을 피할 수 있을 것이다. 그리고 모든 시대에서 정념이 인간을 눈멀게 만든 것을 보고, 설령 자신이 정념에 빠지게 된다 해도 어떤 식으로 자신이 눈멀게 되는지를 미리 알게 될 것이다.* 그러한 교

---

19) 아우구스투스의 조카로 그 양자가 되어, 아우구스투스의 딸 율리아와 결혼한 마르케르스는 18세에 죽었다. 아우구스투스는, 율리아와 그 두 번째 남편 아그리파 사이에 태어난 가이우스·루키우스의 두 손자에 희망을 걸었으나 그들도 일찍 죽고, 막내아들 작은 아그리파는 아우구스투스의 후계자 티벨리우스에 의해 처형된다. 율리아는 품행이 방정하지 않아, 아우구스투스 시대에 이미 섬으로 유배되었는데, 티벨리우스 시대가 되어 먹을 것도 주지 않아 굶어 죽었다. 율리아의 두 딸, 어머니와 같은 이름인 율리아와 아그리피나도 섬으로 유배되어 죽게 된다.(이 아그리피나의 딸로 어머니와 같은 이름의 아그리피나는, 제5대 황제 네로의 어머니로 아들에게 살해된다.) 리비아는 아우구스투스의 세 번째 처(妻)인데 결국, 전 남편의 아들 티벨리우스를 황제로 만드는 데에 성공한다.

20) 안토니우스가 클레오파트라의 미모에 매혹되어 몸을 망친 일을 가리킨다.

● 우리의 마음속에서 정념을 격렬하게 하는 것은 언제나 편견이다. 현실에 있는 것만을 보는 사람, 알고 있는 것만을 평가하는 사람은, 무언가에 열중하게 되는 일이 거의 없다. 우리의 잘못된 정념은 우리의 모든 욕망을 강렬하게 한다.

훈은 그에게 적합하지 않다. 그것은 나도 알고 있다. 필요하게 되었을 때에는, 필시 그것은 이미 때가 늦고 불충분한 것이 되어 있을 것이다. 내가 이 연구로부터 끌어내고 싶은 것은 그런 교훈이 결코 아니라는 것을 명심해 주기 바란다. 이 연구를 시작하는 데 즈음하여, 나는 다른 목적을 가지고 있었다. 그리고 그 목적이 달성되지 못한다면 그것은 확실히 교사의 잘못이다.

자존심(이기심)이 발달하면 곧 상대적인 '자아(自我)'가 끊임없이 작용한다는 것을, 그리고 젊은이가 타인을 관찰할 때에는, 반드시 자신으로 되돌아오고 자신을 타인과 비교해 본다는 것을 명심해야 한다. 그래서 자신과 같은 어떤 인간을 검토한 후에, 그들 속에서 자신은 어떤 지위에 있으면 좋은지를 아는 일이 문제가 된다. 젊은이들이 역사를 연구하는 방법을 보고 있으면, 사람들은 그들을 자기들이 보고 있는 모든 인물로 변용시키려 노력하고 있다는 것을 알 수 있다. 즉, 어떤 때에는 키케로, 어떤 때에는 트라야누스[21]로, 또 어떤 때에는 알렉산더로 만들려 하는 것이다. 그리하여 자신을 되돌아보게 되는 경우 그들은 결국, 자기 자신 이외의 어느 누구도 아니라는 사실에 대해 유감을 느끼게 되는 것이다. 이러한 방법에도 얼마간의 장점이 있어서 나도 그것을 인정하지 않는 것은 아니다. 그러나 나의 에밀에 대해서 말하면, 그가 그러한 비교를 하여, 자신과는 다른 인물이 되고 싶다는 생각을 단 한번이라도 했다면, 그 다른 인물이 소크라테스이건 카토이건, 나의 모든 일은 실패한 것이다. 자기와 아무런 관련이 없는 인물이 되고 싶어하는 자는 이윽고 자신을 완전히 잊어버린다.

인간을 가장 잘 알고 있는 것은 철학자가 아니다. 철학자는 철학의 선입관을 통해 인간을 보고 있는 데에 지나지 않는다. 그렇게 많은 선입관을 가지고 있는 무리가 또 있는지 알지 못한다고 해도 좋을 정도이다. 미개인은

---

21) Marcus Ulpius Crinitus Trajanus(53~117): 로마 황제. 재위 98~117. 로마 제국의 판도를 최대로 하였음.

철학자가 판단하는 것보다 더 말짱한 정신으로 우리를 판단한다. 철학자는 자신의 부덕(不德)을 느끼면서도 우리의 부덕에 화를 낸다. 그리고 이런 말을 중얼거린다. '우리는 모두 악인이다.' 미개인은 우리를 보고 냉정하게 말한다. '당신들은 미치광이이다.' 미개인의 말이 옳다. 악을 위해서 악을 행하는 자는 아무도 없기 때문이다. 나의 학생은 그런 미개인이다. 단지 에밀이 미개인과 다른 점은 에밀은 좀더 깊이 생각하고, 좀더 깊이 관념을 비교하며, 우리의 잘못을 좀더 가까이에서 보기 때문에, 자신을 좀더 경계(警戒)하고, 자신이 알고 있는 일에 대해서만 판단을 내린다는 점이다.

우리로 하여금 타인의 정념에 대적하게 하는 것은 우리의 정념이다. 우리로 하여금 악인들을 미워하게 하는 것은 우리의 이해(利害) 관계이다. 그들이 우리에게 아무런 해를 끼치지 않는다면, 우리는 그들에 대하여 미움보다는 오히려 불쌍함을 느낄 것임에 틀림없다. 악인이 우리에게 끼치는 해(害)는, 그들이 자기 자신에게 끼치는 해를 우리로 하여금 잊게 한다. 그들의 마음이 그들 자신의 악덕을 어느 만큼 무겁게 벌하고 있는지 알 수 있다면, 우리는 좀더 쉽게 그들을 용서할 것이다. 우리는 죄는 느끼고 있지만 벌은 보고 있지 않은 것이다. 편익(便益)은 눈에 보이지만, 형벌은 눈에 띄지 않는 것이다. 자신의 악덕의 결과를 즐길 작정으로 있는 자도, 성공하지 못한 경우에 받는 고통 못지않게 그 악덕의 결과에 고통받는다. 목표는 달라도 불안은 똑같다. 그들이 아무리 자신의 행운을 과시하고 자신의 마음을 감추려 해도 소용없다. 그들이 무어라 말하든 그들의 행동이 그 마음을 명확히 드러낸다. 그러나 그것을 판별하기 위해서는 우리 자신은 그와 같은 마음을 가지고 있어서는 안된다.

우리는 다른 사람들과 똑같이 가지고 있는 정념에 의해 나쁜 길로 빠진다. 우리의 이익에 반작용을 하는 정념은 우리로 하여금 혐오감을 느끼게 한다. 그리고 바로 그 정념들로부터 우리의 마음에 생겨나는 모순에 의해서, 우리는 자신이 흉내내고 싶어한 것을 타인에게서 발견하고 그것을 비난한다. 자기가 그와 같은 입장에 놓여 있었다고 하면 자기도 남에게 했을지도 모르는 나쁜 짓을 남에게서 당하고 괴로워할 때의 혐오와 자기 기만은 피하기 어려운 것이다.

그러면 인간을 올바로 연구하기 위해서는 어떤 것이 필요할까? 인간을 알려고 하는 큰 욕구, 인간을 판단하는 데에서의 공평함, 인간의 모든 정념을 이해할 수 있을 정도로 예민하고 정념에 빠지지 않을 만큼 냉정한 마음이 필요하다. 인생에서 이 연구를 하기에 가장 적합한 시기가 있다면, 그것은 에밀을 위해 내가 선택한 시기이다. 그 시기가 너무 이르면 인간은 그에게 이미 너무도 생소한 존재가 되어 있을 것이며, 그 시기가 너무 늦으면 이번에는 그도 다른 인간들과 아무런 차이가 없는 것이 된다. 그가 그 효력을 감지하고 있는 인습(因襲)은 아직 그에 대해 영향력을 가지고 있지 못하다. 그가 그 결과를 느끼고 있는 정념은, 그의 마음을 어지럽히지 않는다. 그는 인간으로서 동포에 대하여 관심을 가지고 있다. 그는 공평한 인간으로서 자신의 동료를 판단한다. 만약 그가 사람들을 잘 판단한다면, 그는 분명히 그들 중 누구와도 자리를 바꾸고 싶어하지 않을 것이다. 그들이 그렇게도 경주하는 모든 노력의 목적은 그가 가지고 있지 않은 편견에 의거하고 있으므로, 그에게는 그 목적이 단지 꿈으로만 보이기 때문이다. 그에게서는 그가 원하는 것은 모두 자신의 손이 닿는 곳에 있다. 그는 스스로 만족할 줄을 알고, 편견에 사로잡히지 않으므로, 누구에게도 의존하지 않는다. 그에게는 억센 팔이 있다. 건강이 있다.* 절도가 있다. 욕망은 크지 않아 그것을 만족시킬 수단을 가지고 있다. 더없이 절대적인 자유 속에서 자라난 그가 생각할 수 있는 최대의 고통은 예속이다. 그는 저 비참한 제왕들과 그들에게 복종하는 모든 노예인 대신들을 불쌍히 여긴다. 헛된 명성에 묶인 저 가짜 현자(賢者)들

---

* 건강과 훌륭한 육체는 그의 교육에 위해서 얻어진 이익의 하나다. 아니 오히려 그의 교육에 의해서 유지된 자연의 선물이라고 말할 수 있으리라.

을 불쌍히 여긴다. 또 자신의 호사스러운 허영의 제물이 되어 있는 저 부유
한 어리석은 자들을 동정한다. 인생을 즐기고 있는 것처럼 보이기 위해 그
일생을 따분함 속에서 보내고 있는 저 허세에 들뜬 방탕자를 불쌍히 여긴다.
그는 자기에게 해를 끼치는 적조차도 불쌍히 여길 것이다. 그는 그 적의 원
한 속에 있는 불행을 틀림없이 볼 것이기 때문이다. 그는 이렇게 중얼거릴
것이다. '이 사람은 나에게 해를 입히기 위해 자신의 욕망에 굴복했으며, 그
의 이 욕구가 그의 운명을 나에게 맡겼다.'고.

이제 한 발짝만 더 나아가면 우리는 목적을 달성한다. 이기심은 유용하
기는 하나 위험한 도구이다. 그것은 때로 그것을 사용하는 자의 손을 상처입
히며, 나쁜 일을 동반하지 않고는 좋은 일을 하는 일이 별로 없다. 에밀은 인
간들 속의 자신의 위치를 생각하고 자신이 매우 행복한 상태에 놓여 있음을
알게 되면, 그는 당신들의 이성(理性)이 하는 일을 자신의 이성의 명예로 하
고, 행운의 결과를 자신의 공적으로 하고 싶은 기분이 될 것이다. 그는 중얼
거릴 것이다. '나는 현명하고 다른 사람은 모두 바보이다.' 라고. 그는 사람
들을 불쌍히 여기면서 경멸하리라. 자신을 축복하면서 스스로를 한층 더 높
이 평가하리라. 그리고 자기가 다른 사람들보다 행복하다는 것을 알므로, 자
기에게는 행복이 어울린다고 생각할 것이다. 이런 것이야말로 무엇보다 경
계하지 않으면 안될 잘못이다. 만약 그런 정신 상태에 언제까지고 머물러 있
는다면, 우리의 모든 배려에도 불구하고, 그는 아무것도 얻을 수 없으리라.
그래서 내가 어느쪽인가를 택하지 않으면 안된다면, 나는 편견에서 생겨나
는 착각보다 오만에서 생겨나는 착각 쪽을 택할 것이다.

위대한 사람들은, 자신의 우수(優秀)함에 대하여 결코 착각하지 않는다.
그들은 자신의 우수함을 보고 느끼지만 그래도 겸허한 태도를 잃지 않는다.
그들은 많은 것을 갖추고 있으면 있을수록 자신에게 무엇이 부족한지를 잘
안다. 그들은 우리보다 우위에 있음을 자랑하기보다는 오히려 자신의 빈약
함을 의식하여 부끄러워한다. 그리고 다른 사람이 가지지 않은 훌륭한 것들

을 가졌으면서도, 그들에게는 충분한 지혜가 있기 때문에 자신이 습득한 것도 아닌 천부(天賦)의 재능을 자만하는 따위의 짓은 하지 않는다. 군자는 자신의 미덕을 자랑할 수 있다. 그 미덕은 그의 것이니까. 그러나 재인(才人)은 무엇을 자랑할 수 있는가? 라신느는 프라동[22]이 되지 않기 위해 무엇을 했는가? 브왈로는 코텡[23]이 되지 않기 위해 무엇을 했는가?

그러나 우리가 관심을 가지고 있는 것은 결코 그런 수준의 인물이 아니다. 평범한 수준을 고수하기로 하자. 나는 나의 학생을 뛰어난 천재성을 가지고 있는 자라고도, 둔한 오성(悟性)을 가지고 있는 자라고도 가정하지 않았다. 나는 평범한 정신을 가진 사람들 중에서 학생을 선택하여, 인간에 대하여 교육이 무엇을 할 수 있는지를 증명하려 한 것이다. 예외라는 것이 모든 규칙을 무시해 버린다. 따라서 나의 배려의 결과로서 에밀이 다른 사람들의 방법보다 자신의 사는 방법, 보는 방법, 느끼는 방법 쪽을 선택하게 되었다면 그는 올바른 것이다. 그러나 그것을 이유로 자기가 다른 사람들보다 더 고귀하고도 훌륭한 천성을 가지고 태어났다고 믿게 되었다면, 그는 잘못된 것이다. 그는 자신을 기만하고 있는 것이다. 그의 망상을 깨우쳐주지 않으면 안된다. 아니, 그 잘못에 떨어지지 않도록 미리 막아 주어야 한다. 그렇지 않으면 나중에 때가 늦어 그 잘못을 고칠 수 없게 될 우려가 있다.

인간이 미치지만 않았다면, 그에게서 허영심만을 빼놓고는 어떤 우매함도 고쳐 줄 수가 있다. 만약 허영심을 고칠 수 있는 방법이 있다면 그것은 경험뿐이다. 허영심이 이제 막 싹텄을 뿐이라면 그것이 커지는 것을 막을 수는 있다. 그러나 청년에 대하여 그도 다른 인간과 똑같은 인간이며, 똑같은 약

---

22) Nicolas Pradon(1632~98): 프랑스의 극작가. 자신의 명성을 떨어뜨리기 위해 자신의 걸작 《페도르》와 같은 주제의 비극을 동시에 발표했다고 알려져 있다.

23) Charles Cotin(1604~82): 상당한 재인(才人)이었으나 몰리에르와 특히 브왈로에게 신랄히 비판받았다.

함에 묶여 있음을 증명하려고 하여 헛된 토론에 빠져 들어가는 짓을 해서는 안된다. 그로 하여금 그것을 느껴 알도록 해야 한다. 그렇게 하지 않으면 그는 그것을 절대로 알 수 없다. 이것도 나의 본래의 규칙에서는 예외적인 경우이다. 그것은 내가 임의로 나의 학생에게 그가 남들보다 더 현명하지 않다는 것을 그에게 증명해 보여 주는 모든 사건을 보여 주기 위해서이다. 마술사 이야기[24]가 여러 가지 방법으로 되풀이될 것이며, 나는 아첨꾼들로 하여금 그 마술사를 이용하게 할 것이다. 지각 없는 무리들이 무언가 위험스러운 모험에 그를 끌어넣으려 하면 나는 그를 위험한 지경에 처하도록 내버려 둘 것이다. 속임수 도박꾼이 노름판에서 그를 노린다면 그를 그 무리에게 넘겨 주어 그들의 놀림감이 되게 할 것이다.* 그들이 아무리 그에게 아첨을 해도, 아무리 그의 돈을 알겨 먹어도, 아무리 그가 가진 모든 것을 벗겨 먹어도 나는 상관하지 않을 것이다. 그리고 그들이 그를 완전히 알몸뚱이로 만들고, 마침내는 그를 웃음거리로 만들었을 때 나는 그가 보는 앞에서 그들로부터 받은 교훈에 대하여 그들에게 감사의 말을 할 것이다. 내가 정신차려 그를 보호해 주는 유일한 함정은, 창부(娼婦)가 장치해 놓은 함정이다. 내가 그에

---

24) p.281의 제1행부터 p.285까지를 참고할 것.

● 나의 학생은 그런 함정에 끌리는 일이 거의 없을 것이다. 그의 주위에는 많은 재미있는 일이 있고, 그는 지금까지 심심했던 일이 없으며, 돈이 어떤 소용이 있는지도 거의 알지 못하기 때문이다. 사람들이 아이를 그런 곳으로 이끌어가는 두 가지 동기(動機)는 이해(利害)와 허영심인데, 이 두 가지 동기는, 창부(娼婦)와 사기꾼이 계속해서 그들의 마음을 붙잡는 데에 도움이 된다. 아이의 마음이 보수(報酬)나 포상에 의해서 자극되는 것을 보면, 또 아이가 열 살 때 학교에서 공개적으로 칭찬받는 것을 보면, 아이가 스무 살이 되었을 때, 어떤 식으로 해서 노름판에 지갑을 희사하고 오고, 매춘굴에 건강을 내버리고 오게 되는지를 당신들은 보게 되는 것이다. 학급에서 가장 영특한 아이가, 가장 노름을 좋아하는 아이, 가장 심한 방탕자가 될지도 모른다는 것은 언제나 틀림없는 사실이다. 그런데 아이 시대에 한번도 사용되지 않았던 방법은, 청년 시대가 되어서도 결코 악용되는 일이 없다. 그러나 이 점에서 나의 변함없는 준칙은 어떤 경우이든 최악의 사태를 가정한다는 것임을 명심해 주기 바란다. 나는 먼저 악을 사전에 방지하려고 노력한다. 다음에는 악이 행해졌다고 예상하고 그에 대한 교정책을 강구한다.

게 해 주는 유일한 것은, 그로 하여금 맞부딪치게 하는 모든 위험과 그로 하여금 받게 한 모든 모욕을 나도 함께 받거나 견디거나 하는 것이다. 어떤 일이든 나는 불평하거나 비난하지 않고 잠자코 인내하기로 한다. 이런 신중한 태도를 유지하면, 그의 눈앞에서 그를 위해 내가 괴로움을 당한 모든 일이, 그 자신이 당한 괴로움 이상으로 강한 인상을 그의 마음속에 심어 줄 것이 확실하다.

나는 여기서 어리석게도 현자(賢者)의 역할을 연출하려고 하여, 자신의 학생을 비난하고 그들을 언제까지나 아이 취급하여, 그들에게 무엇을 시키든 자신을 언제나 그들보다 훌륭한 자로 보이게 하려는 교사들의 잘못된 위엄을 지적하지 않을 수 없다. 그런 식으로 청년의 용기를 꺾지 말고, 그들의 용기를 고무하기 위해 모든 것을 아낌없이 사용하도록 하라. 그들을 당신들과 동등하게 취급하고, 이미 그들이 그렇게 된 것처럼 대해 주는 것이 좋다. 만약 그들이 아직 당신들처럼 높은 곳에 이를 수 없다면 부끄러워하지 말고, 염려하지 말고 그들의 수준에까지 내려가라. 당신들의 명예는 이미 당신들 안에 있는 것이 아니라 당신들의 학생 안에 있다. 그들과 잘못을 같이 하고 그들을 고치도록 하라. 그의 부끄러움이 되는 것을 참아 주어 그것을 씻어 주도록 하라. 자신의 부하들이 도망치는 것을 보면서도 그것을 되돌릴 수가 없었기 때문에 스스로 병사들의 선두에 서서, "병사들은 도망치고 있는 게 아니다. 대장의 뒤를 따르고 있는 것이다."라고 외친 저 용감한 로마인[25]의 흉내를 내는 것이 좋으리라. 이 로마인은 그 때문에 명예를 더럽히게 되었는가? 천만의 말씀. 그렇게 자신의 명예를 희생시킴으로 해서, 그는 더욱 큰 명예를 얻었다. 의무의 힘, 덕의 아름다움은 우리의 모든 어리석은 편견에도 불구하고 우리의 존경심을 부추긴다. 에밀에 대한 나의 임무를 다하고 있는데 뺨을

---

25) 플루타르크《로마인에 관한 유명한 이야기》13, 몽테뉴《수상록》제1권 제41장에도 나온다. 이 로마인은 카툴루스 루크타티우스.

맞았다면, 그 뺨맞은 것에 대한 보복을 하기는커녕 나는 어디에 가서든 그것을 자랑할 것이다. 그리고 그것을 이유로 나를 한층 존경하지 않을 만큼 비속(卑俗)한 사람이 이 세상에 한 사람이라도 있다고는 생각하지 않는다.*

그렇다고 학생이 선생을 자기와 같은 정도의 지식밖에 가지지 않고, 자기와 똑같이 악에 빠지기 쉬운 사람으로 생각해야 한다는 것은 아니다. 그런 관념은 아무것도 볼 수 없고 아무것도 비교해 볼 수 없으며, 모든 것이 자기의 능력 안에 있다고 생각하고, 자기의 수준까지 낮출 줄 아는 사람들만 신뢰하는 아이에게는 유효하다. 그러나 에밀 또래의 청년, 그리고 그 아이만큼 분별이 있는 청년은 이미 그런 잘못을 저지를 만큼 어리석지도 않고, 또 잘못을 저질러서 좋을 일도 아니다. 그가 자기의 교사에 대하여 가져야 할 신뢰는 그것과는 다른 것이다. 그것은 이성(理性)의 권위, 뛰어난 지혜, 청년이 알 수 있는 장점으로, 자신에게서 그 효용을 느낄 수 있는 장점과 같은 것들에 의거해야 한다. 오랜 동안의 경험에 의해서, 그는 자기를 이끌어 주는 선생으로부터 사랑받고 있다는 것, 자기를 이끌어 주는 그 사람은 현명한 사람으로, 자기가 행복하기를 바라고, 행복을 자기 손에 넣어 주는 방법을 알고 있음을 확신하고 있다. 그런 것을 그는 알고 있다. 그는 자기 선생의 충고에 귀를 기울이는 편이 자기 자신의 이익을 위해 좋으리라는 것을 알아야 한다. 그런데 만약 교사가 제자와 마찬가지로 속게 된다면, 교사는 제자에 대하여 존경을 요구할 수 있는 권리도, 제자를 교훈할 권리도 잃게 된다. 학생으로 하여금 교사가 자기를 고의로 함정에 빠뜨리고, 순진한 자기를 덫에 걸리게 했다고 생각하게 해서는 안된다. 그러면 이 두 가지 어려움을 동시에 피하기 위해서는 어떻게 해야 할까? 가장 좋은 방법은, 그리고 가장 자연스러운 방법은 학생과 똑같이 솔직하고 순진하게 되는 것이다. 그가 그 속에 떨어지려

●나는 착각하고 있었다. 나는 그런 사람을 한 사람 찾았다. 그 사람은 포르메이씨이다.(35페이지의 원주 참고)

하는 위험을 경고해 주고 그것을 확실히 알도록 가르쳐 준다. 그러나 과장해서는 안된다. 흥분해서도 안된다. 현학적인 것을 늘어놓아도 안된다. 특히 당신들의 충고를 명령으로서 주어서는 안된다. 충고가 명령이 될 수밖에 없게 될 때까지는 그리고 그러한 명령적인 어조가 절대로 필요하게 될 때까지는, 그렇게 해서는 안된다. 흔히 있는 일이지만, 명령해도 고집스럽게 듣지 않는 경우에는, 아무 말도 해서는 안된다. 그가 하는 대로 내버려두라. 그의 뒤를 따라가 그의 흉내를 내라. 그것도 밝고 쾌활하게, 아무것에도 구애받지 말고 하는 것이다. 할 수 있다면 그와 똑같이 일에 몰입하여 즐기는 것이 좋다. 결과가 너무나도 심각하게 될 것 같으면 언제든지 그것을 방지할 수 있도록 준비를 갖추어 두라. 그렇게 하면 당신들의 선견지명과 호의 있는 태도를 언제나 보고 있는 청년은, 한편으로는 놀라움을 금치 못하면서 또 한편으로는 깊이 감동하게 될 것이다. 그의 잘못은 모두 필요에 따라 그를 잡아 묶는 고삐가 될 수 있다. 그런데 이 경우 교사의 가장 중요한 기술은, 어떤 때에 청년이 교사가 하는 말을 잘 들으며, 어떤 때에 집요하게 고집을 부리는지를 알 수 있도록 여러 가지 기회를 만들고, 때에 따라 적절히 충고하여, 경험으로부터 얻은 교훈으로 그를 완전히 둘러싸, 너무나 큰 위험에 빠지지 않게 하는 것이다.

　잘못에 빠지기 전에 경고하는 것이 좋다. 그러나 이미 잘못을 범하였다면 그것을 비난해서는 안된다. 그것은 그의 자존심을 흔들어 반항하게 할 뿐이다. 반항심을 불러일으키는 교훈은 아무런 효과도 없다. '그렇게 말했는데도!' 이 말보다 더 쓸모없는 말을 나는 알지 못한다. 일러둔 말을 생각나게 하는 가장 좋은 방법은, 그것을 잊어버린 체하는 것이다. 게다가 당신들의 말을 믿지 않았던 것을 부끄럽게 여기고 있는 것을 보면, 조용히 상냥한 말로 그 부끄러움을 없애 주는 것이 좋다. 당신들이 그를 위해 자신을 잊고, 철저히 그를 비난하는 대신 위로해 주는 것을 보면, 그는 틀림없이 당신들을 따라올 것이다. 그러나 난처해하고 있는 그를 비난하거나 하면 그는 당신들에게 증오를 느끼게 되어, 당신들의 충고를 그다지 중요한 것이라고 생각하지 않는다는 것을 보여 줄 작정으로, 당신들의 말에 귀를 기울이지 않게 된다.

당신들의 위로의 말도, 그가 그것을 교육이라고 생각하지 않을 때에, 그에게 더 한층 유익한 교훈이 될 수 있는 것이다. 예를 들어, '그런 잘못을 저지른 사람이 너 말고도 얼마든지 있다' 고 그에게 말해 주면, 당신들은 그에게 뜻밖의 것을 알려 주는 것이 된다. 당신들은 단지 그를 불쌍히 여기는 척함으로써 그를 교정하게 된다. 왜냐하면 다른 사람보다 자신이 뛰어나다고 믿고 있는 자에게는, 다른 사람을 예로 들어 자신이 위로받는다는 것이 대단히 굴욕적이기 때문이다.

잘못의 시기는 우화(寓話)의 시기이다. 잘못을 범한 자에게 타인의 가면(假面)을 씌워 비난함으로써 우리는 그의 마음을 상처 입히지 않고 가르칠 수 있다. 그는 그 우화가 거짓이 아니라는 것을, 그 우화를 자신에게 적용함으로써 발견하는 진실에 의해서 이해한다. 칭찬하는 말에 속아 본 일이 없는 아이는 내가 앞에서 검토한 우화를 전연 이해하지 못하지만, 아첨꾼에 속아 넘어가 본 일이 있는 아이는 까마귀가 어리석다는 것을 아주 쉽게 이해한다. 이런 식으로 하여, 그는 그 사실로부터 하나의 준칙을 끌어낸다. 그리고 금방 잊어버리게 될지도 모르는 경험은, 우화 덕분에 그의 마음에 깊게 새겨진다. 타인의 경험 또는 자신의 경험에 의해서 획득될 수 없는 도덕적인 지식은 없다. 그것이 위험한 경험인 경우에는, 스스로 그러한 경험을 하지 않고, 역사에서 그 교훈을 끌어낼 수 있다. 그 위험이 크지 않을 때에는 청년으로 하여금 그 위험을 맞게 하는 것이 좋다. 그러므로 우화에 의해서 그가 알고 있는 특수한 경우가 일반적인 준칙으로 정리된다.

그러나 나는 그러한 준칙이 상세히 기술되어야 한다거나 명확히 체계적으로 설명되어야 한다고는 생각하지 않는다. 대부분의 우화의 끝에 씌어 있는 교훈만큼 어리석고 지혜가 없는 것은 없다. 그 교훈은 우화 그 자체 속에서 독자가 잘 이해할 수 있도록 기술되어 있지 않거나, 그렇게 기술되어서는 안되기라도 하는 것처럼 생각한 때문일까? 그렇지 않다면 도대체 어째서 그런 교훈을 마지막에 덧붙여, 독자가 스스로 그것을 발견하는 재미를 빼앗는 짓을 하는 것일까? 가르치는 기술은, 제자로 하여금 기쁘게 그 가르침을 받아들이도록 만드는 데에 있다. 그런데 기쁘게 배우기 위해서는, 그의 정신이 당신들이 하는 모든 말에 대하여 너무나 수동적이거나, 당신들이 하는 말을 이해하기 위해서 그는 완전히 아무것도 하지 않고 가만히 있게 해서는 안된다. 교사의 노파심은 언제나 제자의 자존심에 얼마간의 여지를 남겨 두어야 한다. '나는 알고 있다', '나는 행동하고 있다', '나는 스스로 배우고 있다'고 제자 자신이 말할 수 있어야 한다. 이탈리아 희극의 판탈로네[26]를 지루하게 만드는 이유 가운데 하나는, 이미 지나칠 정도로 알고 있는 평범한 것을 관객에게 설명하려고 하는 것이다. 교사는 판탈로네가 되어서는 안된다. 더군다나 작가이어서는 더욱 안된다. 언제나 자기가 하는 말을 이해시켜야 하지만, 언제나 무엇이든 말해 버려서는 안된다. 모든 것을 이야기하는 것은 아주 조금밖에 이야기하지 않는 것과 같다. 결국에 가서는 아무도 그의 이야기를 듣지 않게 되기 때문이다. 배를 부풀리는 개구리의 이야기에 라 퐁텐이 첨가한 4행의 시구(詩句)는 무엇을 의미하는가?[27] 이 우화가 이해되지 않을 경우를 염려한 것일까? 이 위대한 작가는 자기가 쓴 우화 아래에다 그런 것

---

26) 이탈리아 희극의 노인역.

27) 라 퐁텐《우화집》제1권 우화 3.전문(全文)의 의미는 다음과 같다.

한 마리의 개구리가 소를 보고는
'대단한 몸이구나' 하고 생각했다.
알 정도의 크기밖에 되지 않는 개구리는
부러워서, 몸을 잡아늘이고 부풀렸다.
아주 열심히, 소처럼 크게 되려고.
개구리는 배를 한껏 부풀리면서
누이동생에게 물었다.

을 덧붙일 필요가 있었을까? 그는 그렇게 함으로써 자기의 교훈을 일반화하기는커녕 오히려 그것을 특수화한다. 다시 말해 인용된 예에만 한정시켜 독자가 다른 예에 그것을 적용하는 것을 방해하고 있다. 나는 이 비할 데 없는 작가의 우화를 청년의 손에 건네 주기 전에 명쾌하게, 그리고 재미있게 이야기해 온 것을 일부러 설명하고 있는 저 맺음말을 모두 삭제해 버리고 싶다. 설명해 주지 않았다 하여 우화의 의미를 알지 못한다면 당신들의 학생은 설명을 들어도 역시 모를 것이다.

이 우화들에 좀더 교육적인 순서를, 청년의 감정과 지식의 발달에 좀더 적절한 순서를 줄 필요가 있다고 생각한다. 이 책의 순서를 따르는 것만큼 이치에 어긋난 일을 생각할 수 있을까? 맨 처음에는 까마귀, 다음에는 매미,* 그리고 개구리, 그리고 두 필의 노새 등등. 나는 특히 이 두 필의 노새의 일을

"잘 봐. 어떠니, 이 정도? 말해 봐. 아직 멀었니?"
"응, 아직 멀었어."
"그럼, 이 정도?"
"어림도 없어."
"그래? 그럼, 이 정도면?"
"그래도 소하고는 비교가 안돼."
어리석은 개구리는
너무나 힘을 주어 배를 부풀렸기 때문에
드디어 배가 터져 버렸다.

세상에는 이 개구리와 같이 현명하지 못한 사람이 가득 있다.
마을 사람들은 모두 성주님의 집과 같은 집을 짓고 싶어한다.
작은 나라의 임금님은 모두 대사(大使)를 가지고 싶어하고,
후작은 모두 시중드는 소년을 가지고 싶어한다.

구체적으로 설명하면, 루소는 제2부에도 기술되어 있는 것처럼, 라 퐁텐의 문학적 가치를 부정하는 것이 아니라, 라 퐁텐을 그대로 아이에게 암송시키는 사람들을 비난하는 것이다.

● 여기에서도 포르메이씨의 정정(訂正)을 시인하지 않으면 안된다. 먼저 매미가 나오고, 다음에 까마귀 등등이 된다.(p.170의 원주 참고)

언제까지나 잊지 못한다. 왜냐하면 장차 돈을 취급하는 일에 종사하도록 교육받으면서, 이윽고 하게 될 일에 대하여 귀찮을 정도로 잔소리를 듣던 아이를 만난 일이 있었기 때문이다. 그는 이 우화를 읽고, 외고, 말하기를 몇 번이고 되풀이하면서도, 자신이 하게 되어 있는 직업에 대해서 조금도 반감을 가지는 일이 없었다.[28] 나는 이제까지 배운 우화를 착실히 응용하고 있는 아이를 본 적이 없을 뿐만 아니라, 착실히 응용하게 하려고 노력하고 있는 교사도 만난 적이 없다. 우화 공부의 목적은 도덕 교육이다. 그러나 어머니와 아이의 진짜 목적은, 아이가 우화를 암송하는 동안 그 자리의 모든 사람들을 아이에게 주목하게 하는 것이다. 따라서 그 아이가 커서 우화를 암송하는 일이 아니라, 거기에서 이익을 끌어내는 일이 문제가 되었을 때에는, 아이는 우화를 깨끗이 잊어버리고 마는 것이다. 다시 한번 말하면 어른만이 우화에서 교훈을 얻을 수가 있는 것이다. 따라서 지금이야말로 에밀에게 그 교육을 시작할 때이다.

　나는 모든 것을 이야기하고 싶지 않으므로, 올바른 길로부터 갈려 나가는 길을 멀리에서 나타내 보여, 그러한 길을 피하는 것을 배우도록 한다. 내가 보인 길을 따라 가도록 하면, 당신의 학생은 인간과 자기 자신에 대한 지식을 가장 싼 값으로 사게 되고, 축복받은 사람들의 운명을 부러워하거나 하지 않고 운명의 장난을 관조하게 되며, 자신이 다른 사람들보다 현명하다고 생각하지 않고 자신에게 만족할 수 있도록 학생을 이끌어 가게 될 수 있으리라고 나는 믿는다. 당신들은 또 그를 관객으로 만들기 위하여, 그를 배우로 만드는 일부터 시작했다. 그것은 마지막까지 완수되지 않으면 안된다. 관객석에서는 대상이 나타나는 대로 보여지지만, 무대에서는 그것이 있는 그대

---

28) 라 퐁텐의 《우화집》 제1권 4. 귀리를 실은 노새와 금을 실은 노새가 함께 길을 갔다. 금을 실은 노새는 의기양양했는데, 산적이 나타나서, 금을 실은 노새를 쓰러뜨리고 금을 빼앗아갔다는 이야기. '높은 지위가 좋은 것은 아니다……' 라는 교훈이 담겨 있다.

로 보여지기 때문이다. 전체를 보기 위해서는 전체를 볼 수 있는 곳에 몸을 두어야 한다. 세부(細部)를 보기 위해서는 가까이 가서 보아야 한다. 그건 그렇다 하고 청년은 어떤 자격으로서 세상의 사건에 개입하는가. 그 어둡고 비밀스러운 의식(儀式)에 참여할 어떤 권리를 그는 가지고 있는가? 그의 관심사는 그 자신의 쾌락으로 한정된다. 그의 뜻대로 할 수 있는 것은 아직 그 자신뿐이다. 그것은 그가 아무것도 뜻대로 할 수 없다는 것과 마찬가지이다. 인간의 값이 사장 싸다. 그리고 우리의 여러 가지 중요한 소유권 중에서도 개인의 권리가 언제나 가장 낮다.

　　가장 활동력이 왕성한 시기에, 청년이 단순한 사색적 공부에 구속되어 있는 것을 보면, 그리고 그 다음에 전혀 경험이 없는 상태에서 급히 세상과 일 속으로 던져지는 것을 보면, 사람들이 자연에 반(反)하는 것과 마찬가지로 이성(理性)에도 반(反)하는 일을 하고 있음을 안다. 나는 어떻게 해야 하는지를 아는 사람이 아무리 적어도 이제 놀라지 않는다. 사람들이 우리에게 그렇게 많은 쓸모 없는 것을 가르치면서도 행동의 기술은 전혀 고려하지 않는 것은 어떤 기묘한 성향(性向) 탓일까? 사람들은 우리를 사회에 잘 적응시키기 위한 것이라고 말한다. 그러나 한 사람 한 사람이 독방(獨房)에서 사색에 잠기면서, 혹은 아무 관계도 없는 사람들과 함께 공상적인 토론이라도 하면서 일생을 지내게 되어 있다고 생각하는 것 같은 교육 방법으로 우리를 교육한다. 당신들은 아이들에게 몸을 구부리는 방법이나 아무 의미도 없는 말을 가르치면서도 그들에게 살아가는 기술을 가르치고 있다고 생각한다. 나 역시 나의 에밀에게 살아가는 방법을 가르쳤다. 나는 자기 자신과 함께 사는 방법을 그에게 가르쳤다. 그리고 그외에도 빵을 얻는 방법을 가르쳤다. 그러나 그것만으로 부족하다. 세상을 살아가려면 남들과 잘 지내는 방법을 알아야 한다. 그들의 마음을 잡는 수단을 알아야 한다. 시민 사회에서 개별적인 이해(利害)의 작용과 반작용을 계산해야 한다. 그리고 사건을 바르게 예측하여 계획이 틀어지지 않도록 해야 한다. 혹은 적어도 성공하기 위하여 언제나 최선의 방법을 취하게 되지 않으면 안된다. 법률은 미성년자에게 스스로 사업을 하거나, 스스로 재산을 처분하거나 하는 일을 허락하지 않는다. 그렇지만 정해진 나이가 될 때까지 조금도 경험을 획득할 수 없으면, 그런 배려가 그들에게 무슨 소용이 있겠는가. 그렇게 시기를 늦추어 보았자 무엇 하나 얻을 수 없고, 25세가 되어도 15세 때와 마찬가지로 세상 물정을 모르는 청년일 것이다. 청년이 그 무지(無知) 때문에 눈이 보이지 않고, 또는 그 정념에 이끌려 자기 자신에게 해로운 짓을 하는 것은 물론 막아야 한다. 그렇지만 도움을 필요로 하는 불쌍한 사람들과 약자들을 위한 친절하고 사려 깊은 행위의 기회는 어떤 연령의 사람들에게나 열려 있으며, 그것은 현명한 사람의 지도하에 행해진다.

유모나 어머니들은 여러 가지로 아이의 시중을 들어주는 것을 통해 아이에게 애착을 가지게 된다. 사회적인 덕(德)의 실천은 인간의 마음의 밑바닥에 인류애를 가져 온다. 사람은 선한 일을 하는 것에 의해서 선한 인간이 된다. 이 이상의 확실한 방법을 나는 모른다. 당신들의 학생으로 하여금 그의 힘이 미치는 한의 모든 선한 행위에 전념하게 하라. 가난한 사람들의 이해(利害)가 언제나 그 자신의 이해가 되도록 하라. 단순히 금전적으로뿐만 아니라 마음으로도 그들을 돕도록 교육해야 한다. 그들을 돕고 그들을 보호하고, 그들에게 자기의 몸과 시간을 내맡기게 하라. 그로 하여금 가난한 사람들의 대리인이 되게 하라. 그는 일생을 통해 이 이상으로 고귀한 일을 수행하는 일이 없을 것이다. 이제까지 아무도 그들의 말에 귀기울여 주지 않던 그 학대받던 사람들이 정당한 재판을 받게 될 것이다. 덕의 실천으로부터 획득한 용감하고 확고한 태도로써 그가 그들을 위해 정당한 재판을 요구할 테니까. 또 그는 귀족이나 부잣집의 문을 열게 할 것이며, 필요하다면 왕좌(王座) 밑에까지 가서 불행한 사람들의 소리를 들려줄 테니까. 가난하기 때문에 모든 길을 차단당해, 혹독한 짓을 당하면서도 벌을 받지 않을까 두려워 감히 아무런 불평도 말하지 못하던 불행한 사람들의 소리를.

　　그렇다고 해서 우리가 에밀을 의협의 기사, 부정을 징계하는 자, 정의의 용사로 만들 것인가? 그가 주제넘게 국정에 참견하거나, 귀족이나 고관이나 국왕 앞에 나아가 현자(賢者)인 체하거나, 법의 옹호자로서 임하거나, 재판소의 판사나 변호사 앞에 나아가 탄원하게 될까? 결코 그렇게 하지는 못할 것이다. 익살스러운 말, 우스꽝스러운 말은 사물의 본성을 조금도 변화시키지 못한다. 그는 유익한 일, 선한 일이라면 무엇이든 할 것이다. 그 이상의 일은 아무것도 하지 않을 것이다. 그리고 그는 자기 나이에 맞지 않는 일은 무엇이든 자기에게 유익하지도 좋지도 않다는 것을 알고 있다. 그는 자기의 첫번째 의무는 자기 자신에 대한 의무라는 것을 알고 있으며, 젊은이는 자신을 경계해야 하며, 자신의 행동은 신중해야 하며, 연장자에 대해서는 경의를 표하고, 필요하지 않은 말을 삼가며, 아무래도 좋은 일에는 겸손하고, 선한 일을 할 때에는 대담하게 해야 하며, 용감하게 진실을 말해야 한다는 것을 알고 있다. 저 훌륭한 로마인들은 그런 식이었다. 그들은 공직에 오르는 것을 허락받기 전에, 죄악을 추궁하고 죄 없는 사람들을 옹호하는 일로 청년 시대를 보냈다. 그리고 정의에 봉사하고 좋은 풍속을 보호함으로써 교양을 쌓는 일 이외에는 관심을 가지지 않았다.

　　에밀은, 사람들 사이에서 벌어지는 소동이나 싸움뿐만 아니라 동물들 사이에서 일어나는 그런 것들도 좋아하지 않는다.[●] 두 마리의 개를 부추겨 서로 물어뜯게 하는 일을 그는 결코 한 적이 없다. 개로 하여금 고양이를 쫓

● "그러나 누군가가 그에게 싸움을 걸어오면 어떻게 하는가?"하고 사람들이 물으면, 나는 대답할 것이다. "그는 싸움 따위를 하는 일이 없을 것이다. 스스로 싸움을 할 만큼 싸움을 좋아하지 않을 것이다."라고. 사람들은 계속해서 말할지도 모르겠다. "아무리 그래도, 난폭한 사람이나 술 취한 사람, 또는 재미로 사람을 죽이려고 하여 무례한 행동으로 싸움의 실마리를 잡으려 하는 불량배들이 치근거리는 것을 누가 완전히 피할 수 있는가?"하고. 그것은 다른 문제이다. 시민의 명예나 생명이, 난폭한 인간이나 술취한 사람, 혹은 불량배들의 마음대로 되어서는 안된다. 그러한 사고로부터는, 기왓장이 떨어졌을 때와 마찬가지로 몸을 보호할 수가 없다. 상대

게 하는 일도 결코 한 적이 없다. 이런 평화의 정신은, 자존심이나 자부심을 자극하는 일 없이 타인을 지배하는 일이나 타인의 불행 속에서 기쁨을 찾게 하지 않았던 교육의 결과이다. 남이 괴로워하는 것을 보면, 그는 자신도 괴로워한다. 그것은 자연의 감정이다. 청년이 냉혹해지고, 감각을 가진 생물이 괴로워하는 것을 보고 기뻐하게 되는 것은, 일종의 허영심이, 자신은 영리하니까, 혹은 훌륭하니까 그런 괴로움으로부터 벗어나 있다고 생각하게 하기 때문이다.

이런 사고 방식에서 멀리 떨어져 있는 사람은, 그 결과로서 생겨나는 부덕(不德)에 떨어지는 일이 없다. 그러므로 에밀은 평화를 사랑한다. 행복의 모습이 그를 기쁘게 한다. 그리고 행복을 가져오는 일에 공헌할 수 있을 때에는, 그것은 행복을 함께 맛보는 또 하나의 수단이 된다. 나는 그가 불행한 사람들을 보았을 때, 그들에 대하여 구제해 줄 수 있는 불행에 동정하는 것만으로 만족하는, 저 헛되고 냉혹한 연민의 정밖에 품지 않으리라고는 생각하지 않는다. 그는 좀더 냉혹한 마음을 가지고 있었다면 얻을 수 없었던 지

가 뺨을 때리거나, 트집을 잡거나, 경멸하거나 하는 경우, 어떤 지혜도 그것을 막을 수 없고, 어떤 법정도 모욕당한 자를 대신해 보복해 줄 수 없는 사회적인 결과가 발생하게 된다. 따라서 법률의 무능함이 그 경우 그 사람에게 자주성을 부여한다. 그때 그는, 모욕한 자와 그 자신을 재판하는 유일한 사법관이며 재판관이다. 그는 자연법의 유일한 해석자이며 집행자이다. 그에게는 자신을 위해 재판할 의무가 있으며, 또 그만이 그것을 행할 수 있다. 그리고 그런 경우에 그가 한 복수에 대해 그를 벌하는 불합리한 정부는 이 지상에 하나도 없다. 나는, 그가 반격을 해야 한다고는 말하지 않는다. 그것은 바보 같은 짓이다. 나는, 그는 재판을 해야 하며, 재판을 할 유일한 사람이 그라고 말하는 것이다. 내가 주권자였다면 결투를 금하는 그렇게 많은 무의미한 법령 따위가 없어도, 나의 나라에서는 따귀를 갈기거나 트집을 잡거나 하는 행위는 결코 일어나지 않을 것이다. 그리고 그런 일은 재판소가 개입하는 일 없이 아주 간단한 방법에 의해서 해결될 것이다. 그것은 어찌 됐든, 에밀은 그런 경우, 자기 자신이 바르다는 것을 증명해야 한다는 것과, 명예 있는 사람들의 안전을 위해 모범을 보여야 한다는 것을 알고 있다. 아무리 강한 사람도 남에게 모욕당하는 것을 막을 수는 없지만, 그를 모욕한 것을 상대가 오랫동안 자만하는 것을 막을 수는 있다.

식을, 또는 훨씬 늦게서야 얻을 수 있던 지식을, 적극적인 자선심(慈善心)에 의해서 일찍부터 획득하게 된다. 친구 사이에 불화(不和)가 있으면 그는 그들을 화해시키려 한다. 비탄에 잠겨 있는 사람들을 보면, 그들이 괴로워하는 이유를 캐묻는다. 두 사람이 서로 미워하는 것을 보면, 그들이 반목하는 원인을 알려고 한다. 또 학대받는 자가 권력자나 부자의 박해로 괴로움을 당하고 있는 것을 보면, 그 박해를 제거해 줄 수 있는 방법을 찾는다. 그리고 이 모든 불쌍한 사람들에 대하여 관심을 기울이는 그는 그들의 고통을 종식시키는 수단에 대해서도 결코 무관심하지 않다. 따라서 그로 하여금 이러한 성향을 그의 나이에 알맞게 적용하기 위해서는 우리는 무엇을 해야 하는가. 그의 마음씀과 지식을 잘 인도해야 하며, 그것들을 증대시키기 위하여 그의 열의를 이용해야 한다.

나는 싫증내지 않고 몇 번이고 되풀이해서 말하리라. "청년에 대한 교훈은 모두 말보다 행동으로 보이라"고. 경험을 통해서 배울 수 있는 것을 하나라도 책을 통해 배우게 해서는 안된다. 아무것도 말할 것이 없는데 그들에게 말하는 연습을 시키려 한다든가, 아무에게도 그리고 아무것도 납득시킬 것이 없는데 학교의 책상 앞에서 정념의 말의 강력함과 사람을 설득하는 기술의 모든 힘을 그들에게 느끼게 하려 하는 것은 얼마나 바보 같은 계획일까. 웅변술의 모든 교훈도, 자신의 목적을 위해 말을 사용할 줄 모르는 자에게는 단순한 잡담으로밖에 생각되지 않을 것이다. 병사들에게 알프스를 넘도록 결심케 하기 위해 한니발이 어떻게 했는지를 아는 것이 학교 학생에게 무슨 상관이 있는가. 그렇게 거창한 연설을 끄집어내지 말고, 선생이 학생에게 휴가를 주고 싶어지게 하려면 어떻게 해야 하는가를 이야기해 주면, 학생은 틀림없이 당신들의 규칙에 좀더 주의를 기울일 것이다.

내가 정념이 아직 발달하지 않은 청년에게 웅변술을 가르치려 한다면, 나는 그의 정념을 발동케 하는 대상을 끊임없이 그에게 꺼내 보이고, 다른 사람들로 하여금 그의 소망을 이루어 주게 하려면 어떻게 말해야 하는지를 그와 함께 검토할 것이다. 그러나 나의 에밀은 웅변술에는 그다지 어울리는 상황에 있지는 않다. 주로 육체적인 안녕에만 유의하는 그는, 다른 사람이 그를 필요로 하는 것만큼 다른 사람을 필요로 하지는 않는다. 따라서 자신을 위해 다른 사람에게 무엇인가를 요구할 필요가 없으므로, 그가 다른 사람으로 하여금 승인하게 하려는 것도 그의 마음을 크게 움직일 정도로 절실하지는 않은 것이다. 그래서 그는 일반적으로 단순하고 거의 비유를 사용하지 않는 언어를 사용하게 된다. 말을 본래의 의미대로 사용하고 오직 상대가 알아들을 수 있도록 한다. 그는 관념을 일반화하는 것을 배우지 않았기 때문에 격언식의 표현을 하지 않는다. 또 감정에 사로잡히는 일이 별로 없기 때문에 상징적인 표현도 하지 않는다.

그러나 이것은, 그가 어떤 것에도 마음을 움직이지 않는 냉정한 인간이기 때문이 아니다. 다만 그 나이가, 습관이, 취미가 그런 것을 허락하지 않기 때문이다. 청춘기의 불타는 혈액 속에서 축적되어 증류된 생명의 정기는 젊은 마음에 열기를 전하여, 그것은 눈빛 속에 빛나고, 말 속에 느껴지고, 행동에 나타난다. 그의 말은 억양을, 그리고 때로는 격한 어조를 띤다. 그를 고무하는 고귀한 감정이 그 말에 힘과 기품을 준다. 인류에 대한 상냥한 애정을 깊이 간직하고 있기 때문에, 그의 말은 마음속의 생각과 크게 다르다. 어떻게 그럴 수가 있는 것인지는 모르지만, 그의 솔직함에는 다른 사람들의 기교적인 웅변보다 더 매혹적인 무엇인가가 있다. 아니, 그의 웅변만이 참으로 웅변이다. 그는 남들이 공감해 주기를 바라는 자신의 감정을 그대로 표현하기만 하면 되니까.

생각하면 생각할수록 분명해지는 것, 그것은 이런 식으로 자선심을 행동으로 옮기고 우리의 성공이나 실패로부터 그 원인에 관한 여러 가지 성찰(省察)을 끌어내면, 청년의 정신 속에서 자라갈 수 없는 유익한 지식은 거의 없다는 것, 그리고 학교에서 획득할 수 있는 모든 지식 외에, 그 지식을 실생활에 도움이 되도록 응용하는 좀더 중요한 학문을 습득하게 되리라는 사실이다. 자기와 같은 인간에 큰 관심을 가지고 있는 그가, 일찍부터 인간의 행동·취미·즐거움을 살펴 평가하는 방법을 배우지 않았을 리 없고, 인간의 행복에 기여할 수 있는 것, 또는 해가 되는 것에 대해서 아무에게도 관심을 가지지 않기 때문에 타인을 위해 아무 일도 하지 않는 사람들보다 일반적으로 한층 정당한 가치 평가를 할 수 있는 방법을 배우지 않았을 리 없다. 자기 자신의 문제 외에는 결코 나서지 않는 사람들은, 자신에게 열중하는 나머지 사물을 건전하게 판단할 수 없다. 그들은 무엇보다도 자신의 이익이 되는 일만을 생각하여 선악의 관념을 자신의 이해(利害)와 관련시켜 판단하므로, 그 정신은 우스꽝스러운 편견으로 가득 차 있다. 그리하여 그들은, 조금이라도 그들의 이익을 해치는 것이 있으면, 금방 전세계가 뒤엎어진 것처럼 느낀다.

자기애를 다른 사람들에게로 넓혀 보자. 그러면 그것은 우리들 한 사람 한 사람의 마음에 뿌리내리고 있는 미덕으로 바뀌게 된다. 우리가 마음을 쓰는 대상이 우리 자신과 관계가 적으면 적을수록, 자기의 개인적인 이익(利益)의 환상에서 오는 착각을 두려워할 필요가 그만큼 적어진다. 이 이익이 일반화되면 될수록 그것은 점점 공정해진다. 그리고 인류에 대한 사랑이란, 우리의 내부에 있는 정의에 대한 사랑에 지나지 않는다. 그래서 우리가, 에밀이 진리를 사랑하기를 원한다면, 진리를 알기를 원한다면, 여러 가지 문제에 임할 경우, 언제나 그의 마음을 자기 이익으로부터 멀리 떨어뜨려 놓도록 하자. 그의 배려가 타인의 행복에 기여하게 되면 될수록 그는 점점 더 선량하고 현명하게 될 것이다. 그리고 그는 좋은 일과 나쁜 일에 대하여 잘못 판단하는 일이 적어질 것이다. 그러나 편애나 부당한 편견에 의거한 맹목적인 선호는 결코 그에게 허용하지 말아야 한다. 그런데 어째서 그는 어떤 사람을 위해 다른 사람에게 해를 끼치는 일을 해야 하는가? 만인의 최대의 행복에 협력하게 되기만 하면, 누구에게 더 큰 행복이 돌아가든 그로서는 아무래도 좋은 것이다. 자기 이익을 도외시하는 만인의 복지에 대한 이 배려야말로 현자(賢者)의 첫번째 관심사인 것이다. 사람은 모두 인류의 일원이지 다른 개인의 일부는 아니니까.

동정이 변하여 약점이 되지 않도록 하기 위해서 그것을 일반화하고, 전 인류에게로 펼쳐 나아가야 한다. 그렇게 하면 정의와 일치할 때에만 사람은 동정을 가지게 된다. 모든 미덕 중에서 사람들의 공동의 행복에 가장 이바지하는 것은 정의(正義)이기 때문이다. 이성과 자기애는 우리로 하여금 우리의 이웃보다는 인류에 대하여 더 큰 사랑을 베풀도록 강요한다. 그리고 악인에 대해 연민의 정을 갖는 것은, 다른 사람들에 대하여 대단히 잔혹한 일이 된다.

또 내가 이런 식으로 나의 학생을 그 자신의 밖으로 내던지기 위해 취하는 모든 방법은 언제나 그와 직접 관계를 가지고 있다는 것을 잊어서는 안된다. 왜냐하면 그로부터 단순히 내면적인 기쁨이 생겨날 뿐만 아니라, 그를 타인에게 친절한 사람으로 만들면서, 나는 그 자신의 교육을 위해 애쓰고 있기 때문이다.

나는 우선 방법을 보였다. 그래서 이번에는, 그 결과를 보이기로 한다. 얼마나 넓은 견해가 그의 머릿속에서 조금씩 정리되어 가는가? 얼마나 숭고한 감정이 그의 마음속에서 싹트는 비소(卑小)한 정념을 질식시키는가? 우리가 계발해 준 성향에 의해서, 가능한 것의 좁은 한계 속에 위대한 정신의 원망(願望)을 집중시키는 경험에 의해서, 다른 사람들보다 뛰어난 인간이 그들을 자기의 수준까지 높일 수 없으므로, 그들의 수준으로 자신을 낮추는 것을 배우는 경험에 의해서, 얼마나 명확한 판단력이, 얼마나 정확한 이성(理性)이 그의 안에 형성되어 있는가? 정의의 참 원리, 아름다움의 참 전형(典型), 인간 사이의 모든 도덕적인 관련, 질서의 모든 관념 등이 그의 오성에 새겨져 간다. 그는 각 사물들의 올바른 위치와 그것을 그 위치로부터 벗어나게 하는 원인을 안다. 그는 선(善)이 될 수 있는 것과 그것을 방해하는 것을 안다. 인간의 정념을 느껴 본 일은 없지만, 그는 그 정념이 만들어 내는 환상과 행위의 형태를 알고 있다.

상황의 힘에 끌려 나는 앞으로 나아간다. 그렇지만 나의 생각을 독자에게 강요하거나 하지는 않는다. 오래 전부터, 독자는 내가 환상의 나라를 방황한다고 보고 있다. 나는 독자가 편견의 나라에 살고 있다고 본다. 나는 일반의 의견으로부터 멀리 떨어져 있기는 하나, 끊임없이 그것을 염두에 두고 있다. 그것을 검토하고, 그에 관해 깊이 생각한다. 그것에 따르기 위해서도 아니고, 그것을 피하기 위해서도 아니다. 이성의 저울에 달아 그 무게를 재어 보기 위해서이다. 그렇게 함으로써, 일반의 의견으로부터 멀어지지 않으면 안될 때마다 독자가 나를 따르지 않으리라는 것을, 나는 경험을 통해 알고 있다. 독자는 언제까지나 자신이 보는 것만을 가능하다고 생각하므로, 내가 그리는 청년은 환상적인 상상으로부터 생겨난 존재라고 생각할 것이다. 그것은 이 청년이, 독자가 비교해 보는 청년들과는 너무 다르기 때문이다. 다른 청년들과는 전연 다른 방식으로 키워지고, 그래서 정반대의 감정을 가지고 완전히 다른 방법으로 교육받은 그가 만약 다른 청년들과 비슷하다면, 내가 상상하는 청년보다 훨씬 낯선 존재일 것이다. 따라서 그는 다른 청년들과는 당연히 달라야 하는데도, 독자는 그것을 생각하려 하지도 않는 것이다. 그는 인간이 만든 인간이 아니라 자연이 만든 인간이다. 확실히 그는 독자의 입장에서 보면 대단히 낯선 존재임에 틀림없다.

이 책을 쓰기 시작할 때, 나는 모든 사람이 나와 똑같이 관찰할 수 없으리라는 것을 조금도 예상하지 않았다. 우리가 모두 그로부터 출발하는 한 점, 인간의 탄생이라는 한 점이 존재하기 때문이다. 그러나 나는 자연을 길러 가기 위하여, 그리고 당신들은 자연을 타락시키기 위하여, 앞으로 나아감에 따라, 우리는 점점 더 서로 멀어져 간다. 나의 학생도 6세 때에는 당신들의 학생과 별로 다르지 않았다. 그때에는 아직 당신들이 학생을 비뚤어지게 하지 않았으니까. 그러나 지금에 와서는 나의 학생과 당신들의 학생은 비슷한 데가 조금도 없다. 그리고 만약 내가 나의 학생을 위한 모든 배려를 헛되지 않게 했다면, 그가 어른이 되어 감에 따라 그는 완전히 다른 모습으로 나타나 줄 것임에 틀림없다. 양자(兩者)가 획득한 경험의 양은 비슷할 테지만,

획득된 것은 서로 조금도 비슷하지 않다. 당신들은, 당신들의 학생은 아주 작은 싹조차 가지고 있지 않은 숭고한 감정을 나의 학생에게서 발견하고 깜짝 놀랄 것이다. 그러나 또 당신들의 학생은 모두 철학자가 되고 신학자가 되어 있는데, 에밀은 아직 철학이 무엇인지조차 모르고 신에 관하여 이야기하는 것을 들은 일도 없다는 것을 생각하기 바란다.

그래서 누군가가 나에게 와서 이렇게 말했다고 하자. '당신이 생각하고 있는 그런 젊은이는 존재하지 않는다. 청년은 그런 식으로 만들어져 있지 않다. 그들은 이러이러한 정념을 가지고 있고, 이러저러한 일을 하고 있다.'고. 그것은 마치, 우리의 정원에서는 작은 배나무밖에 볼 수 없다고 해서 배나무는 큰 나무가 될 수 없다고 주장하는 것과 같다.

그런 식으로 조급히 비판하는 비평가들이여, 잘 생각해 주기를 바란다. 당신들이 말하는 것을, 나도 당신들과 마찬가지로 잘 알고 있다. 어쩌면 내가 당신들보다 좀더 오랫동안 그것에 대해 생각해 보았을 것이다. 더욱이 당신들을 속이는 일에 아무런 관심도 가지지 않은 내게는, 적어도 어떤 점에서 내가 틀렸는지 좀더 시간을 가지고 살펴보아 주도록 당신들에게 요구할 권리가 있다. 인간의 본질을 충분히 살펴보아 주기 바란다. 주어진 어떤 상황에서도 마음의 최초의 발달을 더듬어 보아, 어떤 개인이 교육의 힘에 의해 다른 사람과 어떻게 달라질 수 있는지를 보아주기 바란다. 그리고 나서 나의 교육 방법을, 내가 그 방법으로부터 얻어내고 있는 효과와 비교해 보기 바란다. 그리고 어떤 점에서 나의 추론이 잘못되어 있는지 말해 주기 바란다. 그러면 나는 대답할 말이 아무것도 없어질 것이다.

나로 하여금 다른 사람보다 한층 단정적으로 말할 수 있게 하는 것은, 그리고 그렇게 하는 것을 허락하는 것은, 체계의 정신에 사로잡히지 않고, 되도록 이론에 의하지 않고, 관찰한 것만 믿는다는 사실이다. 나는 나의 관념의 토대를 내가 상상한 것에 두지 않고 내가 직접 본 것에 둔다. 나는 나의 관찰을 도시의 성벽 안이나, 오직 한 계급의 사람들 안에 한정시키지 않았다. 내가 관찰하며 보내 온 인생 속에서 볼 수 있었던 모든 계급과 국민을 비교해 본 다음에, 나는 어떤 국민에서는 볼 수 있고 다른 국민에서는 볼 수 없는 것, 어떤 신분에서는 볼 수 있고 다른 신분에서는 볼 수 없는 것은 인위적인 것으로서 버리고, 어떤 시대, 계급, 국민에 속하는 사람이든, 모든 사람에게 공통된 것만을 이론(異論)의 여지없이 인간에 속하는 것으로 간주한 것이다.

만약 이 방법에 따라서, 아직 특별한 형태가 형성되어 있지 않은 한 청년, 가능한 한 타인의 권위와 의견에 묶이지 않는 한 청년을, 그 유년 시대부터 쭉 보아왔다면 그 청년은, 나의 학생과 당신들의 학생 중 어느쪽을 더 닮았을까? 이것이 내가 잘못되어 있는지 아닌지 알기 위해 해결하지 않으면 안되는 문제라고 생각된다.

인간은 사고(思考)를 시작하기가 쉽지는 않지만, 일단 사고하기 시작하면 그 다음은 사고하는 것을 중지하지 않는다. 사고하기 시작한 자는 항상 사고할 것이다. 그리고 한번 반성하는 것을 배운 오성(悟性)은 결코 정지하지 않을 것이다. 따라서 사람은 이렇게 생각할지도 모른다 '나는 지나치게 사고하고 있다. 혹은 너무 적게 사고하고 있다. 인간의 정신은, 천성적으로 그렇게 빨리 개발되는 것이 아니다. 그런데 나는, 인간의 정신이 가지고 있지도 않은 능력을 정신에 부여한 다음에, 그 정신이 이미 극복했어야 할 좁은 관념의 범위 안에 너무나도 오랫동안 정신을 가두고 있다' 고.

그러나 내가 자연의 인간을 만들고 싶다고 해서 그를 미개인으로 만들어, 깊은 숲 속으로 되돌려 보내려는 것은 아님을 명심하라. 그가 사회 생활의 소용돌이 속에 휩쓸려 있어도, 정념에 의해서, 또는 사람들의 편견에 의해서 질질 끌려다니지만 않으면 그것으로 된다. 자신의 눈으로 보고 자신의 마음으로 느끼게 하며. 자기 자신의 이성(理性)의 권위 외의 어떤 권위에도 지배되지 않게 하라. 그런 상태에 있으면, 그의 눈에 들어오는 무수한 것, 그가 끊임없이 느끼는 감정, 그의 현실적인 필요를 충족시키기 위한 여러 가지 수단이, 다른 상태에서는 결코 가지게 될 수 없는 많은 관념, 혹은 그렇게 빨리는 획득되지 않을 많은 관념을 그에게 주게 되는 것은 확실하다. 정신의 자연적인 진행은 빠르게 할 수는 있으나 그 방향을 거꾸로 할 수는 없다. 숲 속에 있으면 언제까지나 깨이지 않은 채로 있어야 하는 인간도, 도시에서 단순한 관찰자가 되는 것만으로도 이성적이고 분별 있는 인간이 될 것임에 틀림없다. 미치광이 같은 짓을 보면서 거기에 참가하지 않은 것만큼 사람을 현명하게 하는 데에 적당한 것은 없다. 그리고 미치광이 같은 짓에 참가하더라도, 거기에 속지 않고 그 행위를 하고 있는 사람들의 잘못을 더불어 범하지만 않으면 역시 배우는 바가 있다.

또 우리의 능력은 감각적인 사물에 한정되어 있기 때문에, 철학의 추상적인 개념이나 순수하게 지적(知的)인 관념에 대해서는 거의 아무런 실마리도 포착하지 못한다는 사실을 명심하라. 거기에 도달하기 위해서는, 우리가 단단히 묶여 있는 육체로부터 해방되든가, 혹은 대상(對象)에서 대상으로 단계를 밟아 친친히 나아가든가, 그렇지 않으면 거인의 발걸음으로 잽싸게 한 걸음에 공간을 뛰어넘지 않으면 안되는데, 이것은 아이가 할 수 있는 일이 아니며, 어른이라도 그것을 해내기 위해서는 그들을 위해 특별히 만들어진 사닥다리가 필요하다. 최초의 추상적인 관념은 그 사닥다리의 첫번째 칸이다. 그런데 어떻게 해야 사람들이 그 사닥다리를 조립할 생각이 들지 나는 정말 모르겠다.

불가해(不可解)한 존재자는 모든 것을 포용하고, 지구에 운동을 부여하고, 모든 피조물들의 체계를 형성하지만, 우리의 눈으로 볼 수도 없고 우리의 손으로 만질 수도 없다. 그 존재자는 우리의 감관에는 전연 느껴지지 않는다. 작품은 우리의 눈에 보이는데, 작자는 숨어 있다. 그가 존재함을 아는 것도 쉬운 일은 아니지만, 우리가 거기까지 더듬어 가, 그가 어떤 자인가, 어디에 있는가 하고 생각해 볼 때, 우리의 정신은 혼란되고 당황하며, 어떻게 생각해야 할지 모르게 된다.

로크는, 정신의 연구로부터 시작하여 물체의 연구로 옮겨 갈 것을 요구

한다. 그러나 그것은 미신·편견·오류로 이끄는 방법이다. 그것은 이치에
맞는 방법도 아니고, 자연의 바른 질서에 맞는 방법도 아니다. 그것은 눈을
감고 사물을 보는 것을 배우는 것과 같다. 정신에 관하여 바른 관념을 얻기
위해서도, 정신이 정말 존재하는 것인가 하고 회의하기 위해서도 오랫동안
물체를 연구하지 않으면 안된다. 이것과 반대되는 순서는 유물론을 확고히
하는 일이 될 뿐이다.

우리의 감관은 우리가 지식을 얻는 데에 사용하는 최초의 도구이므로,
물체적·감각적인 존재만이 그 관념을 직접 형성할 수 있다. 철학을 해 본 일
이 없는 자에게는, '정신'이라는 말은 아무런 의미도 가지지 않는다. 무식한
자들이나 아이에게는, 정신은 하나의 육체에 지나지 않는다. 그들은 외치고,
이야기하고, 싸우고, 소란 피우는 정신을 상상하고 있지 않을까? 그런데 팔
이나 혀를 가지고 있는 정신은, 사람의 몸과 아주 비슷하다는 것을 당신들은
인정할 것이다. 이런 이유로, 세계의 모든 민족은 육체를 가진 우상들을 만
들어 냈다. 유태인도 예외는 아니다. 우리 자신도 성령·삼위일체·신격과
같은 말을 사용하는 것에 의해서, 대다수 사람들이 신인 동형론자(神人同形
論者)가 되는 것이다. 과연 우리는, '신은 어디에나 있다'고 말하도록 배운
다. 그러나 우리는 또, '공기는 어디에나 있다. 적어도 대기권 내에서는 그렇
다'고 생각한다. 더구나 '정신'이라는 말 그 자체도 처음에는 '숨결' 또는
'바람'을 의미하고 있었음에 지나지 않는다. 한번 사람들에게 영문을 알지
못하는 말을 하도록 습관 들여 놓으면, 나중에는 그들로 하여금 하게 하고
싶은 말을 무슨 말이든 쉽게 하게 할 수 있다.

다른 물체에 대한 우리의 행동 의식은, 그 물체들이 우리에게 작용하기
시작할 때에도 우리가 그것들에 작용하기 시작할 때와 마찬가지 방법으로
작용하기 시작한다고 처음부터 우리에게 생각하도록 했음에 틀림없다. 그래
서 인간은 자기에 대한 작용이 느껴지는 모든 존재를 살아 있는 것으로 생각
하게 되었다. 그 대부분의 존재들보다 자신이 강하지 않다고 느끼고 그것들

의 힘의 한도를 몰랐던 인간은, 그 힘을 무한한 것으로 생각하여, 그 존재들을 육체를 가진 존재로 생각함과 동시에 신으로 떠받들었다. 원시 시대에는 인간은 모든 사물을 두려워한 나머지 자연 속의 어떤 것도 죽은 것으로 보는 일이 전혀 없었다. 그들에게서는, 물질의 관념이 정신의 관념보다 빨리 형성되지는 않았다. 왜냐하면 물질의 관념 그 자체도 또 하나의 추상이기 때문이다. 이렇게 하여 인간은 우주를 감각적인 신들로 가득 채웠다. 별·바람·산·강·나무·도시·집조차도, 모두가 자신의 혼(魂)을, 신(神)을, 생(生)을 가지고 있었다. 라반이 가지고 있던 작은 상(像―테러핌[29]), 인디언의 마니토 신(神), 흑인의 주물(呪物) 등은 모두 자연과 인간이 만들어 낸 최초의 신들이었다. 다신교(多神敎)가 그들의 최초의 종교이며, 우상 숭배가 그들의 최초의 예배 의식이었다. 그들이 유일신(唯一神)을 인정할 수 있게 된 것은, 그들의 관념이 점점 일반화하여 최초의 원인으로 거슬러 올라갈 수 있게 되고, 존재하는 것의 모든 체계를 유일한 관념으로 정리하여, 결국 가장 추상적인 '실체(實體)'라는 말에 어떤 의미를 부여할 수 있게 되었기 때문임에 지나지 않는다. 따라서 신을 믿고 있는 사람은 모두 필연적으로 우상 숭배자이거나, 혹은 신인 동형론자(神人同形論者)인 것이다. 그리고 일단 상상에 의해서 신(神)을 보게 되면, 오성(悟性)을 가지고 신을 생각하는 것은 지극히 어렵게 된다. 이것이 바로 로크의 순서가 이끌어 가는 오류이다.

어째서인지는 모르지만, 실체라고 하는 추상 관념에 도달했다 해도 유일한 실체를 확인하기 위해서는, 서로 배척하여 양립하기 어려운 성질을 거기에 상정(想定)하지 않으면 안된다는 것을 알게 된다. 예를 들면 사유(思惟)와 연장(延長)이 그것이다. 이 한편은 본질적으로 분할 가능한 것이고 다른 한편은 분할 가능성을 완전히 배제한다. 또 사유(思惟)―감정이라고 해도

---

29) 구약의 〈창세기〉 제31장 제19절 참고. 작은 상(像)이란, 테러핌(teraphim)이라고 하여, 고대 히브리인이 예배한 가신상(家神像).

좋지만―는 하나의 본원적인 성질로, 그것이 속하고 있는 실체와 분리될 수 없으며, 실체에 대한 사유의 관계는 실체와 연장 사이의 관계와 같다는 것을 알 수 있다. 그래서 이 두 성질 중 하나를 잃은 존재는 그 성질이 속하고 있는 실체를 잃은 것으로 추론할 수 있으며, 따라서 죽음은 실체의 분리에 지나지 않는다는 것, 또 이 두 성질이 결합되어 있는 존재는 이 두 성질이 속하고 있는 두 실체가 합성되어 있는 것이라는 결론이 내려진다.

그럼 이번에는, 두 실체의 관념과 신성(神性)의 관념 사이에, 그리고 우리 몸에 대한 우리 정신의 작용이라는 이해하기 어려운 관념과 모든 존재에 대한 신(神)의 작용이라는 관념 사이에는 아직 얼마나 큰 거리가 있는가를 생각해 주기 바란다. 창조·절멸(絶滅)·편재(遍在)·영원·전능 등의 관념 및 신의 속성의 관념, 이런 것들은 애매 모호하여 극히 적은 수의 사람밖에 이해하지 못한다. 그러나 일반 대중에게서는 전연 이해되지 않기 때문에 하등의 불명확한 점이 없다. 그렇다면 그 관념들은, 아직 감관의 기본적인 작용에 사로잡혀 있어 몸에 닿는 것밖에 느끼지 못하는 젊은 사람의 정신에, 어떻게 강력하게 그 모든 애매 모호함을 스스로 표상(表象)할까? 우리 주위의 이르는 곳마다에 무한의 심연(深淵)이 입을 벌리고 있다고 말해 본들 소용이 없다. 아이는 그런 것에 전혀 떨지 않는다. 아이의 약한 시력은 그 깊이를 잴 수가 없다. 아이에게서는 모두가 무한이다. 그들은 무엇에도 한계를 설정할 수가 없다. 대단히 긴 자를 가지고 있기 때문이 아니라 작은 오성(悟性)을 가지고 있기 때문이다. 나는 그들이 잘 알고 있는 크기의 범위 밖에 있는 것보다 오히려 그 범위 안에 있는 것에 무한을 두고 있음을 알아챈 일조차 있다. 그들은 눈보다 오히려 발에 의해서 거리가 먼 것을 판단한다. 그러므로 그들에게서 공간은, 볼 수 있는 이상으로 멀리까지 펼쳐져 있는 것이 아니라, 도달할 수 있는 이상으로 멀리 펼쳐져 있는 것이 된다. 만약 그들에게 신(神)의 힘에 관하여 이야기한다면, 그들은 신을 자기 아버지와 거의 같은 정도의 힘을 가진 존재로 생각할 것이다. 모든 일에서, 그들에게는 그들의 지식이 척도가 되므로, 다른 사람에게서 들은 것을 언제나 자신이 알고 있는 것보다 작은 것으로 판단한다. 그것이 무지(無知)하고 연약한 정신에 수반하는 당연한 판단이다. 아이아스[30]는, 아킬레우스와 승부를 겨루는 것은 무서워했지만, 제우스에게는 도전했다. 아킬레우스에 대해서는 알고 있었으나, 제우스에 대해서는 몰랐기 때문이다. 인간 중에서 자기가 가장 부자라고 생각하고 있던 스위스의 어떤 농부는, 누군가 그에게 국왕이란 어떤 사람인가에 대하여 설명하려고 하자 거만스러운 태도로, 그 국왕이란 사람은 목장에 암소를 한 백 마리쯤 가지고 있느냐고 물었다.

나의 학생의 유·소년 시대를 통하여, 내가 그에게 종교에 관해 아무것도 말해 주지 않은 것을 알고 얼마나 많은 독자가 놀랄지 나도 잘 알고 있다. 15세가 되어도 그는 자신이 영혼을 가지고 있다는 사실조차 알지 못할 것이며, 18세가 되어도 아직 그것을 배울 준비도 되어 있지 않을 것이다. 필요하지도 않은데 일찍부터 배우면, 언제까지나 그것에 관해 아무것도 모르게 될 위험에 떨어지기 때문이다.

만약, 참으로 어리석은 행위를 그림으로 그려 보일 필요가 있다고 한다면, 나는 아이에게 교리 문답을 가르치고 있는 현학자를 그려 보일 것이다. 아이를 화나게 만들고 싶으면, 나는 그 아이에게 교리 문답 때 한 말을 설명시켜 본다. 사람들은 내게 반대하여 말할 것이다. "기독교 교리의 대부분은 신비(神秘)이기 때문에, 인간의 정신으로 그것을 이해할 수 있으리라고 기대하는 것은, 아이가 어른이 될 때까지 기다리는 것만이 아니라, 그 아이가 늙어 죽을 때까지 기다리는 것이다."라고. 그에 대하여, 나는 우선 이렇게 대답한다. "인간의 마음으로는 생각할 수 없을 뿐만 아니라 믿을 수도 없는 신비가 있다. 그런 것을 아이에게 가르치는 것이 일찍부터 거짓말하는 것을 가르

---

30) Aias, 《일리아드》에 나오는 인물. 아킬레우스에 버금가는 용사. 아킬레우스의 사후(死後), 오디세우스와 싸워 패한 후 자살했다.

치는 외에 어떤 이익이 되는지 나로서는 알 수 없다.”고. 나는 또 이렇게 말하겠다. “신비라는 것이 있음을 인정하려면, 적어도 그것이 이해하기 어려운 것임을 이해하지 않으면 안된다. 그런데 아이는 그것을 이해할 수조차 없는 것이다. 모든 것이 신비로 덮여 있는 나이에는, 엄밀한 의미에서 신비라고 하는 것은 존재하지 않는다.”고.

“구원을 얻기 위해서는 신을 믿지 않으면 안된다.” 이 교리는 잘못 이해되면, 잔인한 불관용(不寬容)의 근원이 되고, 말로 만족하는 것에 길들여짐으로써 인간의 이성(理性)에 치명적인 타격을 주는 모든 헛된 가르침의 원인이 된다. 물론 영원히 구원받을 만한 자가 되기 위해서는 한순간도 헛되이 보내서는 안된다. 그러나 그 구원을 얻기 위해서 몇 가지 말을 되풀이하기만 하면 된다면, 어째서 아이들뿐만 아니라 찌르레기 새와 까치들로 천국을 가득 메워서는 안되는 것인지 나는 잘 모르겠다.

신앙의 의무는 믿음의 가능성을 전제로 한다. 믿음이 없는 철학자는 잘못되어 있다. 그것은 자신이 길러 온 이성을 잘못 사용하고 있기 때문이며, 자기가 부정하고 있는 진리를 이해하는 능력이 그에게는 있기 때문이다. 그런데 기독교를 믿고 있다고 단언하는 아이는 대체 무엇을 믿고 있는 것일까? 자기가 이해하고 있는 것을 믿는다. 그러나 그는, 사람들에게서 들은 것을 거의 이해하고 있지 못하므로, 만약 당신들이 그에게 반대의 것을 말하라고 시킨다면, 그는 기꺼이 그것을 받아들이게 된다. 아이들과 많은 어른의 신앙은 지리(地理)로 결정된다. 메카가 아닌 로마에 태어났다고 해서 좋은 응보를 받는 것일까? 어떤 자는, ‘마호메트는 신의 예언자다.’ 라는 말을 듣고, ‘마호메트는 신의 예언자다.’ 라고 말한다. 또 어떤 자는 , ‘마호메트는 사기꾼이다.’ 라는 말을 듣고, ‘마호메트는 사기꾼이다.’ 라고 말한다. 이 두 사람이, 서로 상대의 나라에 있었다고 하면, 각각 상대가 주장한 것을 자신이 주장했음에 틀림없을 것이다. 그렇게 비슷한 소질의 두 사람을 나누어 한편은 천국으로, 다른 한편은 지옥으로 보낼 수가 있을까? 신을 믿고 있다고 아이가 말할 때, 그가 믿고 있는 것은 신이 아니라, 신이라 불리는 무언가가 있다고 그에게 말한 베드로나 야곱 같은 인간인 것이다. 결국 그는 에우리피데스[31]식으로 신을 믿고 있는 것이다.

오오, 제우스님!
당신에 관해서 나는 아무것도 모릅니다.
알고 있는 것은 오직 당신의 이름뿐!●

우리(프로테스탄트)는, 이성의 시기에 도달하기 전에 죽은 아이는 결코 영원의 행복을 빼앗기는 일이 없다고 간주한다. 그러나 가톨릭교도는 세례를 받은 모든 아이들은, 신에 대해 들은 일이 없어도 똑같다고 믿고 있다. 따라서 신을 믿지 않아도 구원은 얻을 수 있는 경우가 있는데, 이를테면 혹은 아이 시대에, 혹은 미친 경우에, 결국 인간의 정신이 신을 인정하는 데에 필요한 작용을 할 수 없는 경우가 그것이다. 여기서 당신들과 나 사이에 볼 수 있는 차이는, 당신들은 아이가 7세가 되면 그런 능력을 가진다고 주장하는데, 나는 아이가 15세가 되어도 그런 능력을 인정하지 않는다는 것이다. 내가 옳으냐 그르냐 하는 것은, 신앙 개조(個條)에 달려 있는 것이 아니라, 단순한 박물학적인 관찰에 달려 있는 것이다.

같은 원리에 의하면, 신을 믿지 않고 노년에 이른 사람도, 그의 불신앙이 의지(意志)에 의한 것이 아니었다면, 신을 믿지 않았다 하여 저 세상에 가서 신 앞에 나갈 권리를 빼앗기거나 하지 않는다는 것은 분명하다. 게다가 그

---

31) Euripidēs(기원전 485~406년경) 고대 그리스 3대 비극 시인 중 한 사람. 합리주의와 인간 중심의 입장에서 신(神)들에의 전통적 신앙을 비판하고, 신화 및 전설상의 영웅의 인간적인 정열이나 여성의 외곬으로 전념하는 심리를 박진감 있는 필치로 묘사했다.
●비극 《메날리페》는 처음에 이런 식으로 시작하고 있었다. 그러나 아테네 민중의 비난으로, 에우리피데스는 이 첫머리를 바꿔야 했다.

불신앙은 반드시 의지에 의한다고 단정할 수 없음을 나는 말해 둔다. 당신들은 정신이 이상한 사람들, 병 때문에 그 정신적 능력은 잃었지만 인간으로서의 성질은 잃지 않은, 따라서 자신들을 창조한 존재로부터 은혜받을 권리는 잃지 않은 사람들에 대해서는 그것을 인정한다. 그런데 아이 때부터 모든 사회로부터 격리되어 완전히 은둔자의 생활을 해 왔기 때문에, 사람들과 사귀지 않고는 얻을 수 없는 지식을 가지지 못한 사람들에 대해서는 어째서 그런 것을 인정해 주지 않는가.[*] 그런 야생의 사람이 그 사고를 신의 인식에까지 높인다는 것은 확실히 불가능한 일이다. 인간은 의지에 의해 잘못을 범하지 않으면 벌받지 않는다는 것, 어찌할 도리가 없는 무지(無知)는 그 사람의 죄로 할 수 없다는 것을 이성(理性)은 우리에게 말하고 있다. 그래서 영원한 정의(正義)에서 보면, 필요한 지식을 가지고 있으면 틀림없이 믿을 인간은 모두 신앙인으로 간주되어, 진리에 대하여 스스로 마음을 닫고 있는 사람들 외에는 어떤 불신앙자도 벌받지 않게 된다.

진리를 이해할 수 있게 되어 있지 않은 사람들에게 진리를 설명하는 것은 그만두기로 하자. 왜냐하면 그것은 진리 대신에 오류를 깨우쳐 주는 일이 되기 때문이다. 신에 대하여 야비하고 기괴하고 모욕적인 관념이나 신에 어울리지 않는 관념을 가지기보다는, 아무런 관념도 가지지 않는 쪽이 낫다. 신을 모독하기보다 신을 인정하지 않는 쪽이 죄가 얕다. 플루타르크는 말한다. "만약, 플루타르크가 부정하고, 인색하고, 질투심 많은 인간이며, 게다가 행할 힘도 남겨 놓지 않고서 그 이상의 일을 하라고 요구하는 그런 지독한 폭군이라는 말을 들을 정도라면, 플루타르크라는 자는 세상에 없다고 생각되는 것이 낫다."고.

아이들의 정신 속에 신의 기괴한 이미지를 그려 놓는 일의 큰 해악은, 그

이미지가 생애를 통해 아이의 뇌리에 남아 있어, 어른이 되어도 이미 아이가 생각하는 신 외에는 다른 신을 생각할 수 없게 된다는 것이다. 내가 스위스에서 만난 선량하고 경건한 어떤 어머니는 이 준칙을 굳게 믿고 있었으므로, 자기 아들에게 어릴 때 종교에 대한 것을 가르치려 하지 않았다. 아이가 조잡한 가르침에 만족하여, 이성(理性)의 시기가 되어도 좀더 뛰어난 가르침을 소홀히 하게 될 것을 염려했기 때문이다. 그 아이는 신에 대한 이야기를 들을 때에는, 언제나 마음을 가라앉히고 공손한 태도를 취하고 있었다. 그리고 그 자신이 신에 대한 이야기를 하고 싶어도, 그에게는 신은 너무나도 숭고하고 위대하다는 듯이 그에게 침묵을 지키게 했던 것이다. 이러한 경계는 그의 호기심을 자극하고, 그의 자존심은, 사람들이 그렇게 주의하여 그에게 감추려 하는 신비(神秘)를 알게 될 때를 고대하고 있었다. 사람들이 그에게 신에 대하여 말해 주는 일이 적으면 적을수록, 또 그가 신에 대하여 말하는 것이 허용되지 않으면 않을수록, 그는 점점 신에게 마음을 빼앗겨 갔다. 그 아이는 가는 곳마다에서 신을 보고 있었다. 이런 식으로 무턱대고 신비를 가장(假裝)하는 것에 대해 염려스러운 것은, 소년의 상상력을 너무나도 자극하여 그의 두뇌를 해치고, 이윽고는 그를 신자(信者)가 되게 하지 않고 광신자(狂信者)가 되게 하지나 않을까 하는 것이다.

그러나 나의 에밀에 대해서는 그런 일은 조금도 염려하지 않아도 된다. 에밀은 어떤 일이든 그의 이해력을 넘는 일에 주의를 기울이는 것을 거부하여, 자신이 이해할 수 없는 것은 더없이 깊은 무관심으로써 들어넘기기 때문이다. '내가 나설 데가 아니다.' 라는 말이 습관처럼 되어 있는 일이 많으므로, 그런 문제가 있다 해도 그는 당혹해 하지 않는다. 그리고 그런 큰 문제에 대하여 불안을 느끼기 시작하는 것은, 그런 문제가 제출되는 것을 들었기 때문이 아니라 그의 지식의 자연적인 진보가 그 방면으로 그의 탐구를 향하게 하기 때문이다.

교양 있는 인간의 정신이 어떤 길을 통하여 그런 신비에 가까이 가는지를 우리는 보았다. 그리고 나는 인간의 정신은 사회의 내부에서조차 상당한 나이에 이르지 않으면 자연적으로 거기에 도달할 수 없음을 인정하려 한다. 그러나 이 사회에는 정념의 발달을 빠르게 하는 피하기 어려운 원인이 있기 때문에, 그 정념을 규제하는 지식의 발달도 똑같이 빠르게 하지 않으면, 그 때야말로 자연의 질서로부터 벗어나게 되고 자연의 균형을 깨게 된다. 정념 이 너무나 빠른 발달 속도를 늦출 수 없는 경우에는, 그에 대응하는 것을 같 은 속도로 이끌어 가서, 자연의 질서가 거꾸로 되지 않도록 하고, 동시에 진 행되어야 하는 것이 따로따로 진행되지 않도록 해야 하며, 인간이 모두 그 생애의 모든 시기에서, '그의 한 가지 능력에서는 이 정도이고, 다른 능력에 서는 저 정도이다' 라는 식이 되지 않도록 해야 한다.

　여기서 나는, 얼마나 큰 곤란이 발생하는 것을 보게 되는가. 그 곤란은, 사실 속에 있기보다는 감히 그것을 직시(直視)하지 못하는 사람들의 소심함 속에 있기 때문에 더욱 크게 느껴진다. 적어도 과감하게 우리의 문제를 언급 하기로 하자. 아이는 아버지의 종교 속에서 길러지게 마련이다. 어떤 종교 든, 그 종교만이 바르고 다른 종교는 모두 상궤(常軌)를 벗어난 것, 부조리한 것에 지나지 않는다는 것이, 언제나 아이에게 충분히 증명되고 있다. 이 점 에서 논증의 힘은, 그 논증들이 주장되고 있는 나라에 전적으로 의존하고 있 다. 콘스탄티노플의 터키인은 기독교를 대단히 불합리한 것이라고 생각하고 있지만, 파리에 가서 마호메트가 어떤 식으로 생각되어지고 있는지를 알게 하는 것이 좋으리라. 억견(臆見)이 승리하는 것은, 무엇보다도 종교 문제에 있어서이다. 그러나 모든 일에서 억견의 멍에로부터 벗어나려 하며, 일체의 권위를 인정하려 하지 않으며, 어느 나라에 가든 에밀이 스스로 배울 수 없 는 것은 일체 그에게 가르치고 싶지 않은 우리는, 어떤 종교 속에서 그를 기 른 것일까? 자연의 이 아이가 어떤 종파(宗派)에 속한다고 해야 좋을까? 대답 은 아주 쉬운 것 같다. 우리는 그를 어떤 종파에도 배속시키지 말자. 그리고 자신의 이성을 가장 잘 사용했을 때 당연히 그가 이끌려 들어가게 될 것임에 틀림없는 종파를 선택할 수 있는 상태에 그를 놓아 주기로 하자.

　　눈속임의 재로 덮여 있는

　　불 위를 나는 간다.[32]

　　그래도 걱정은 없다. 내게서는 열의와 세심한 분별이 이제까지 경계심을 대신해 왔다. 나는 이 보호자들이 만약의 경우에도 나를 버리거나 하지 않을 것을 기대한다. 독자여, 내가 진리의 옹호자에게 어울리지 않는 경계를 하고 있는 것이나 아닐까 하고 염려하지 말기 바란다. 나는 나의 좌우명[33]을 결코 잊지 않는다. 그러나 나는 나 자신의 판단을 너무도 쉽게 불신한다. 여기서 나는 당신들에게 내가 나 자신을 어떻게 생각하고 있는가를 이야기하는 대신, 나 자신의 견해보다 더 비중 있는 견해를 가진 사람의 생각을 이야기하기로 한다. 나는 이하에 기술하는 사실의 진실성을 보증한다. 그 사실들은, 내가 지금부터 옮기려고 하는 원고를 쓴 작자에게 실제로 일어난 일이다. 지금 문제가 되어 있는 사항에 대하여, 그로부터 유익한 고찰을 끌어낼 수 있는지 어떤지를 확인하는 것은 당신들의 할 일이다. 나는 타인의 관념이나 나의 의견을 준칙으로서 당신들에게 제시하는 것은 결코 아니다. 다만, 당신들에게 검토받기 위하여 그것을 제시하는 것이다.

　　30년 전의 일이다. 이탈리아의 어느 마을에서, 고향을 쫓겨난 한 청년이 가난의 구렁텅이에 떨어져 있었다. 그는 칼뱅교도로서 태어났는데, 부주의한 짓을 해서 도망자가 되었다. 낯선 땅에서 생활 수단을 얻지 못한 그는, 빵

---

32) 호라티우스의 《시가집》 제2권

33) 'Vitam impendere vero.(진리에 몸을 바친다.)' 루소는 유베날리스의 이 말을 좌우명으로 삼고 있었다.

을 얻기 위하여 종교를 바꾸었다. 그 마을에는 개종자를 위한 구호소가 있어서 그는 거기에 들어갔다. 종교 논쟁을 교환하는 것에 의해 그를 교육하면서, 사람들은 그에게, 그가 아직 품고 있지 않았던 의혹을 품게 하고, 그가 아직 몰랐던 악(惡)을 가르쳤다. 그는 그때까지 들어본 일이 없는 교리를 들었다. 또 본 일이 없는 광경을 보았다. 그 추한 행위를 보고, 그도 희생이 될 형편이었다. 그는 도망치려 했으나 곧 갇혔다. 그는 불평했다. 불평했기 때문에 벌을 받았다. 그는 압제자의 뜻대로 함께 죄를 범하려 하지 않았기 때문에 죄인 취급을 당했다. 처음으로 폭력과 부정에 맞닥뜨렸을 때, 그런 경험이 없는 젊은이가 얼마나 화가 났었겠는지는, 그런 경험을 해 본 사람은 상상할 수 있으리라. 그의 눈에는 분함의 눈물이 넘치고 가슴은 분노로 끓었다. 그는 하늘과 사람들에게 간원(懇願)하고, 모든 사람에게 사정을 호소했지만, 아무도 그의 말을 들어주지 않았다. 그를 욕보이는 혐오할 인간의 명령에 따르는 천한 하수인들이나, 거역하는 그를 비웃으며, 자기들을 본받으라고 부추기는 같은 죄악의 공범자가 있을 뿐이었다. 한 사람의 성실한 성직자가 없었다면, 그는 벌써 어떻게 되었을 것이다. 그 성직자는 볼일이 있어서 그 구호소에 왔었는데, 청년은 은밀히 그 사람과 상담하는 방법을 찾았다. 그 성직자는 가난하여, 세상 사람들의 도움을 필요로 하는 사람이었지만, 박해받고 있던 자는 그 이상으로 그 사람의 도움을 필요로 하고 있었다. 위험한 적을 만들 우려가 있었음에도 불구하고, 성직자는 주저하지 않고 청년이 도망칠 수 있도록 도와 주었다.

악으로부터 놓여나 다시 곤궁에 빠져 버린 청년은, 운명과 싸웠지만 어찌할 도리가 없었다. 한때는 운명에 이겼다고 생각한 일도 있었다. 행운의 빛이 비쳐 왔을 때 그는 고생했던 일도 자신을 보호해 준 사람의 일도 잊어버렸다. 그는 곧, 그 은혜를 모르는 행위로 인하여 벌을 받게 되었다. 모든 희망이 사라졌다. 젊음도 아무런 도움이 되지 않고, 꿈 같은 공상 때문에 모두가 다 엉망이 되고 말았다. 평탄한 길을 열어 갈 만한 재능도 수완도 없고, 중용을 지키지도 못하고 악인이 될 수도 없었던 그는, 여러 가지를 원했기 때문에 아무것에도 성공하지 못했다. 다시 전과 같은 괴로운 상태로 떨어져 빵도 없고 잘 곳도 없어져 굶어 죽게 되었을 때에야 그는 그 은인을 생각했다.

그는 또 그에게로 갔다. 그 사람은 친절하게 그를 맞아 주었다. 그의 모습을 보고 성직자는 자신이 베푼 선행을 생각했다. 그런 추억은 언제나 사람의 마음을 기쁘게 하는 것이다. 그 사람은 천성적으로 인정이 많고 동정심이 깊은 사람으로, 자신의 괴로움을 통해 타인의 괴로움을 알고 있었고, 안락한 생활에 의해서도 그 마음을 냉혹하게 한 일이 없었다. 게다가 지혜의 가르침과 교화된 미덕이 그의 천성적 너그러움을 강하게 하고 있었다. 그는 청년을 맞아들여, 묵을 곳을 찾아 거기에 청년을 소개해 주었다. 겨우 두 사람 몫밖에 없는 필수품을 청년에게 나누어 주었다. 그는 또 청년을 위로하고, 참을성 있게 역경을 견디는 어려운 기술을 가르쳐 주었다. 편견에 사로잡혀 있는 사람들이여, 당신들은 이런 모든 일들을 이탈리아의 사제에게서 기대할 수 있는가?

이 성실한 성직자는 사보이 출생의 가난한 보좌 신부로, 젊었을 때의 실패로 주교의 신임을 잃어, 고국에서는 얻을 수 없었던 생활의 길을 찾아 알프스 산을 넘어온 것이었다. 이 사람은 재기(才氣)와 교양이 있었고, 그 모습에는 사람의 마음을 끄는 데가 있었으므로, 몇 사람의 보호자가 생기게 되었고, 어느 대신(大臣)의 집에 들어가 그 아들을 교육하게 되었다. 그는 속박당하는 생활보다 차라리 가난한 생활을 좋아하였고, 높으신 분들이 있는 곳에서는 어떻게 행동하면 좋을지 알지 못했다.그는 그 대신의 집에 오랫동안 머물지는 않았지만, 그 집을 떠날 때에도 그의 평판을 떨어뜨리지는 않았다. 그리고 현명하게 살고 누구에게나 사랑받았으므로, 이윽고 주교의 특사(特赦)를 받아, 어딘가 산속에 작은 교구를 얻어, 거기에서 여생을 보낼 수 있으리라고 은근히 기대하고 있었다. 그런 것이 이 사람의 마지막 야심이었다.

자연적인 경향으로 성직자는 젊은 도망자에게 관심을 가지고, 청년을 주의 깊게 관찰하게 되었다. 불행한 운명 때문에 청년의 마음은 이미 상처입고 있다는 것, 모욕당하고 경멸당해 용기를 잃고 있다는 것, 그의 자존심은 괴로움과 원한으로 바뀌어, 사람들의 부정과 냉혹 속에서 오직 인간 본성의 악과 미덕의 환영(幻影) 같은 허무함밖에 인정하려 하지 않는다는 것, 그런 사실들을 성직자는 간파했다. 또 젊은이는, 종교는 이기심을 감추는 가면의 역할을, 신성한 의식(儀式)은 위선을 눈가림하는 도구의 역할을 수행하고 있음에 지나지 않는다고 보고 있었다. 결국 그는 공허한 논쟁의 교활함 속에서, 천국과 지옥은 말 장난의 상품이 되어 있는 것을 보고 있었다. 그는 신에 대한 본원적인 숭고한 관념도 사람들의 헛된 망상에 의해 왜곡되어 있는 것을 보고 있었다. 그리고 신을 믿기 위해서는 신으로부터 부여받은 판단력을 버리지 않으면 안된다는 것을 알고, 우리의 가소로운 몽상과 그것이 향해지는 대상에 똑같은 경멸을 품었다. 존재하는 것에 대해서 무엇 하나 알지 못하고, 만물의 생성에 대해서 아무것도 생각해 보려 하지 않고, 청년은 어리석은 무지(無知) 속에 깊이 빠져 들어가 그런 것에 대하여 자기보다 많은 것을 알고 있다고 생각하는 모든 사람들에 대하여 깊은 경멸의 생각을 품고 있었다.

종교라는 것을 일체 잊어버리면, 이윽고는 인간의 의무를 잊게 된다. 종교의 포기는, 신앙을 가지지 않은 청년의 마음속에서 이미 반 이상 진행되고 있었다. 그렇다고는 하나 청년은 천성이 나쁘지는 않았다. 다만 무신앙(無信仰)과 빈곤이, 조금씩 그의 천성을 압박하여 그를 급속히 파멸에의 길로 이끌고, 불한당의 근성과 무신론자의 도덕만을 그에게 길러 주고 있었던 것이다.

이 악(惡)은, 거의 피할 수 없는 것이었지만, 어떻게도 할 수 없을 정도로 극점(極點)에 달한 것은 아니었다. 청년은 여러 가지를 알고 있었다. 그의 교육은 소홀한 것이 아니었다. 그는 끓어오른 피가 마음을 뜨겁게 하기 시작해도 아직 마음을 미친 듯이 날뛰게 하는 관능의 노예로 하는 일이 없는 축복받은 나이였다. 그의 마음은 아직 정말로 온유하였다. 천성적인 겸손함이나 내성적인 성격이 그를 속박하고 당신들이 여러 가지로 주의 깊게 당신의 학생을 감시하는 그 기간이 그에게는 오랫동안 계속되고 있었다. 지독한 타락이나 아무런 매력도 없는 나쁜 습관의 혐오스런 모범을 보아도 그의 상상력은 불타오르기는커녕 오히려 사그라져 버렸다. 오랫동안 혐오의 정이 미덕 대신 그의 순결을 지켜주었다. 그것은 좀더 부드러운 유혹을 만나지 않고는 압도당하는 일이 없었다.

성직자는 위험과 동시에 도피의 길이 있음을 간파했다. 여러 가지 어려움이 있음에도 그는 뒷걸음질치지 않았다. 그는 즐겁게 자신의 일에 매달렸다. 그 일을 완수하여, 자신이 오욕 속에서 구해 낸 희생자를 미덕에의 길로 데려가려고 결심했다. 이 계획을 실행하는 데 그는 신중한 태도를 취했다. 아름다운 동기(動機)가, 그의 용기를 북돋우고 그의 열의에 어울리는 방법을 가르쳐 주었다. 결과가 어떻게 되든, 자기는 결코 고생을 헛되게 하지 않으리라고 확신하고 있었다. 오로지 좋은 일을 하고 싶다고 생각하고 있을 때에는, 사람은 반드시 성공하게 마련이다.

그는 우선 청년의 신뢰를 얻는 일부터 시작했다. 자기의 은혜를 비싼 값으로 강매하는 행위를 하지 않고, 귀찮게 하지 않았으며, 설교를 하지도 않았다. 언제나 청년의 능력 정도에 자신을 맞추고, 청년과 똑같은 자가 되기 위해 자신을 하찮은 인물로 보이도록 했다. 근엄한 인물이 부랑아의 친구가 되고, 미덕이 방종한 생활과 타협하여 한층 확실히 그의 신뢰를 얻어 내려 한다. 상당히 감동적인 광경이었다. 그 어리석은 자가 신부에게 와서, 여러 가지 자신의 무분별한 행위를 털어놓고 마음속을 열어보이면, 신부는 가만히 그에게 귀를 기울여줌으로써 청년으로 하여금 편안히 이야기하도록 했다. 나쁜 짓을 용서하지는 않았지만, 어떤 일에든 관심을 나타냈다. 조심성 없이 비난의 말을 퍼부어 청년의 말을 막거나, 그 마음을 죄어 대는 일은 한 번도 없었다. 자신의 말에 상대가 귀기울여 준다고 생각하는 기쁨이, 청년으로 하여금 모든 것을 고백하게 했다. 그리하여 청년은 모든 것을 고백할 작정은 아니었음에도, 자신도 모르는 사이에 모든 것을 고백하고 말았다.

청년의 생각과 성격을 충분히 연구한 끝에 신부는, 청년은 나이에 비해 무지(無知)하지는 않지만 알고 있어야 할 것을 모두 잊고 있다는 것, 그리고 운명 때문에 부득이했던 수치를 모르는 생활이 그로 하여금 선악에 대한 올바른 생각을 모두 잃게 했다는 것을 알았다. 지력(知力)의 저하가 어느 정도에 이르면, 정신은 그 생명을 잃게 된다. 그리고 먹는 일만을 생각하는 자에게는 내면의 소리가 들릴 리가 없다. 정신적인 파멸이 임박한 그 불행한 청년을 구해 주기 위해, 성직자는 먼저 청년에게 자존심과 자기 자신에 대한 존경의 염(念)에 눈뜨도록 했다. 자신의 재능을 유효하게 사용하면, 좀더 행복한 미래가 열려 온다는 것도 가르쳐주었다. 또 타인의 아름다운 행위에 대한 이야기를 통해 청년의 마음에 관대한 온정을 소생시켰다. 그런 아름다운 행위를 한 사람들을 찬미하게 하고, 자신도 그런 일을 하고 싶다는 생각을 하게 했다. 무위(無爲)한 방랑 생활을 조금씩 그만두게 하기 위해, 여러 가지 책을 선택하여 그 내용을 요약하게 했다. 그리고 그 요약이 자기에게 아주 필요한 척하여, 감사라고 하는 고귀한 감정을 청년의 마음에 길러 갔다. 그는 그 책들을 통해 청년을 간접적으로 교육했다. 자기는 아무 좋은 일도 할 수 없는 쓸모 없는 인간이라고 하는 생각을 청년이 하지 않도록 하기 위해, 또 자신의 눈에 경멸할 자로 비치게 하는 일을 하지 않게 하기 위해, 자기 자신에 대한 평가를 회복시켜 주었다.

한마디의 하찮은 말이, 이 은혜로운 사람이 제자의 교육에 대하여 생각하는 기색을 보이지 않고, 모르는 새에 제자의 마음을 낮은 곳에서 끌어올리기 위해 사용한 기교를 판단하는 실마리가 될 것이다. 성직자가 정직하다는 것은 모든 사람들이 잘 알고 있었고, 그는 사람을 분별하는 능력도 뛰어났으므로, 많은 사람이 마을의 부유한 사제의 손을 통해서가 아니고 그의 손을 통해서 헌금을 하려고 했다. 어느 날, 성직자가 가난한 사람들에게 나누어 주라고 얼마간의 돈을 청년에게 건넸을 때 그 청년은, 자기도 가난한 사람이라면서 돈을 구걸하는 비열한 흉내를 냈다. 성직자는 말했다. "아니 우리는 형제다. 너는 나의 몸이다. 그러니 나는 나 자신이 사용하기 위해 이 위탁물에 손을 댈 수는 없다." 성직자는 청년이 요구한 만큼의 돈을 자기의 주머니에서 꺼내어 청년에게 주었다. 완전히 타락하지 않은 청년들의 마음에서 이런 교훈이 잊혀지는 일은 거의 없다.

나는 3인칭으로 이야기하는 것이 싫어졌다. 그리고 그것은 전혀 필요없는 배려이다. 왜냐하면 그리운 고향 사람들이여, 그 불행한 도망자가 바로 나 자신이라는 것을 당신들은 잘 알고 있을 것이기 때문이다. 지금의 나는, 청년 시대의 방종한 생활에서 상당히 먼 곳에 있음을 믿고 있으므로 그런 것을 감히 고백할 수 있다. 그리고 나를 그곳에서 끌어내어 준 사람의 손은 내가 다소의 치욕을 참고라도, 그 은의(恩義)에 대하여 적어도 얼마간의 경의(敬意)를 바칠 만한 가치가 충분히 있는 것이다.

내가 무엇보다도 감동한 것은, 나의 존경하는 스승의 거짓 없는 미덕, 약함을 수반하지 않는 인간애, 언제나 바르고 단순한 말, 그리고 언제나 그 말과 일치한 행동이었다. 자신이 원조하고 있는 사람들이 어제 저녁 기도에 나왔는지 어쨌는지, 그들이 때때로 고해(告解)를 하고 있는지 어떤지. 정해진 날에 단식을 하고 있는지 어떤지, 육식을 금하고 있는지 어떤지에 대해 그가 신경을 쓰거나, 그밖에도 그와 비슷한 조건—그런 조건을 받아들이지 않으면, 설령 빈곤 때문에 죽게 된다고 해도 신앙심 깊은 사람들에게서 어떤 원조도 기대할 수 없는—을 사람들에게 부과하거나 하는 것을 나는 본 일이 없었다.

이런 관찰에 고무되어, 나 자신 새로운 개종자의 표면적인 열의를 그의 앞에 과시하기는커녕 조심해서 자신의 생각을 숨기려고 하지 않았는데도, 그 때문에 그가 눈살을 찌푸리는 것을 보지 못했다. 때로 나는 이렇게도 생각했다. '내가 새로 신봉하게 된 신앙에 대하여 무관심한 것을 이 사람이 간과하고 있는 것은, 내가 태어난 때부터의 신앙에 대해서도 역시 무관심한 것을 알기 때문이다. 이 사람은, 종교에 대한 나의 경멸이 하나의 종파(宗派)에서 오는 것이 아님을 알고 있다.'고. 그러나 그가 로마 교회의 교의(敎義)에 반(反)하는 교의를 시인하거나, 로마 교회의 모든 의식을 별로 중요시하지 않는 말을 하는 것을 들었을 때, 내가 그를 어떻게 생각했으면 좋았을까? 그가 별로 중요시하지 않는 것처럼 보이는 그런 의식(儀式)에 그만큼 충실하지 않은 것을 알았다고 하면, 나는 그를 가면을 쓴 프로테스탄트라고 생각했을지도 모른다. 그러나 아무도 보고 있지 않은 곳에서도 공중(公衆)의 앞에서와 똑같이 그가 성직자로서의 의무를 수행하고 있음을 알았으므로, 그런 모순되는 태도를 어떻게 생각하면 좋은지 나는 알 수 없게 되어버렸다. 그의 불행을 초래하게 된 과실(過失)—그 과실에 대하여 그는 그렇게 넌더리내지도 않았지만—을 별도로 하면 그의 생활은 모범적이었다. 또 그의 행동에는 비난할 만한 점이 조금도 없었다. 말하는 것은 올바르고 성실했다. 더없이 친밀한 상태로 그와 함께 생활했던 나는, 하루 하루가 지남에 따라 한층 더 그를 존경하게 되었다. 여러 가지 친절한 그의 행동이 완전히 나의 마음을 사로잡게 되자, 나는 호기심에 불타는 불안한 마음으로, 그가 어떤 원칙 위에 이런 기묘하고 한결같은 생활을 쌓아 올리고 있는지, 그것을 배울 시기를 기다리고 있었다.

그 시기는 그리 빨리 오지는 않았다. 제자에게 자신의 마음을 밝히기 전에 그는 제자의 마음에 뿌린 이성(理性)과 선(善)의 씨앗이 싹트도록 노력했다. 나의 마음속에서 없애기가 무엇보다도 어려웠던 것은, 오만한 인간 혐오였다. 세상의 부유한 자, 행복한 자에 대한 어떤 종류의 한(恨)이었다. 그들은 나의 희생이 있음으로 해서 부유하고 행복한 것처럼 생각되었고, 그래서 그들의 행복은 나의 행복을 가로챈 것처럼 생각되었던 것이다. 젊은 나의 어리석은 허영심은, 자신의 비굴한 생각에 반항하고, 저 노하기 쉬운 기질에의 경향을 더욱 강하게 할 뿐이었다. 나의 스승이 내게 자각시키려 한 자존심은, 나를 교만한 마음으로 이끌어, 나의 눈에 사람들을 더 한층 천한 존재로 보이게 하고, 그들에 대한 증오에 덧붙여, 경멸의 감정까지 품게 할 뿐이었다.

　그는 그런 나의 오만을 직접 비난하지 않고, 그것이 냉혹한 마음으로 바뀌는 것을 막았다. 그리고 자기 자신에 대한 존경심을 잃지 않도록 하기 위하여, 내게 자신의 이웃에 대하여 모욕적인 기분을 가지지 않도록 했다. 헛된 겉모습을 멀리하고 그것이 감추고 있는 현실의 불행을 끊임없이 보이면서, 내게 인간의 과실(過失)을 불쌍히 여기고, 그들의 불행에 마음을 움직이며, 그들을 부러워하기보다 그들에 대하여 동정심을 가질 것을 가르쳐주었다. 자신의 약함을 깊이 자각함으로써 인간 일반의 약함을 동정하던 그는, 가는 곳마다 자기 자신의 부덕과 타인의 부덕에 의해 희생된 사람들을 보았다. 가난한 자는 부유한 자에 눌리어 신음하고, 부유한 자는 편견에 눌리어 신음하는 것을 보았다 그는 이렇게 말했다. "내가 하는 말을 믿으십시오, 우리의 환상은, 우리의 불행을 덮어 감춰 주는 것이 아니라, 그것을 크게 하고 아무런 가치도 없는 것에 가치를 부여하여, 환상이 없으면 느껴지지 않는 여러 가지 거짓 결핍을 우리로 하여금 느끼게 합니다. 마음의 평화는, 마음을 어지럽히는 모든 것을 돌아보지 않는 것에 의해서 얻어질 수 있습니다. 생명을 너무나도 소중히 하는 사람은 누구보다도 생명을 가장 즐길 수 없는 사람이며, 행복을 너무나 탐욕스럽게 열망하는 사람은, 반드시 가장 비참한 사람입니다."

　"아아. 이 얼마나 어두운 세계인가!" 나는 분해서 외쳤다. "모든 것을 거부하지 않으면 안된다면, 도대체 무엇 때문에 우리는 태어난 것입니까? 그리고 행복을 생각하는 것조차 안된다면, 도대체 누가 행복해지는 것입니까?" "내가 행복한 것이다."라고, 어느 날 성직자는 내게 대답했다. "당신이? 당신이 행복하다고요? 이렇게도 불행한, 이렇게도 가난한 당신, 고국에서 추방되어 박해받는 당신이 행복하다고요? 그리고 당신은, 행복해지기 위해 무슨 일을 했단 말입니까?" 그는 말했다. "나의 제자여, 나는 기쁜 마음으로 그대에게 그것을 말할 작정이다."

그는 나의 고백을 들었으니까, 그도 자기를 고백할 생각임을 내게 알려 주었다. 그는 나를 포옹하면서 이렇게 말했다. "나는 그대의 가슴에 나의 마음이 느끼고 있는 것을 모두 털어놓겠다. 있는 그대로의 나는 아니라 해도, 적어도 내가 스스로 보는 바의 나의 모습을 보여주지. 나의 완전한 신앙 고백을 듣고 내 마음의 상태를 확실히 알면, 어째서 내가 스스로 행복하다고 생각하고 있는지를 그대도 알 것이다. 그리고 만약 그대가 나와 같은 생각을 가진다면, 행복하기 위해서는 어떻게 해야 하는가를 알게 될 것이다. 그러나 그런 고백은 짧은 시간에 할 수 있는 것이 아니다. 인간의 운명과 인생의 참 가치에 대하여 내가 생각하고 있는 것을 모두 설명하려면 긴 시간이 필요하다. 그러나 마음을 가라앉히고 그런 이야기를 할 적당한 때와 장소를 정하기로 하자." 나는 꼭 그의 이야기를 듣고 싶다는 희망을 표명했다. "그 기회는 되도록 빨리, 내일 아침이라도."

그것은 여름 날이었다. 우리는 새벽에 잠자리에서 나왔다. 그는 나를 데리고 교외로 나가, 높은 언덕 위에 올랐다. 아래쪽에, 포(Po) 강이 비옥한 토지를 적시며 가로질러 가는 것이 보였고, 그 건너에는 모든 것 위에 거대한 알프스 산맥이 솟아 있었다. 아침 햇빛이 들에 쏟아져 내려, 언덕·나무·집들의 그림자를 길게 던지게 하고 있었다. 여러 가지로 변화하는 빛의 모습이 더없이 아름다운 광경을 한층 더 풍요롭게 했다. 그것은 마치 자연이 우리 눈앞에 그 장려한 광경을 펼쳐 보여, 우리 이야기의 화제를 제공하려는 것 같았다. 우리는 말없이 그 광경을 바라보았다. 평온한 마음이 되었다. 그때 그는 내게 이렇게 말했다.

사보이인 보좌 신부의 신앙 고백

나의 제자여, 박학한 이야기나 심원한 이론을 내게 기대해서는 안 된다. 나는 위대한 철학자도 아니고 그런 사람이 되고 싶지도 않다. 그러나 때로는 나도 양식(良識)을 가지는 일이 있고, 더욱이 나는 언제나 진리를 사랑한다. 난 그대와 토론하려 하지 않고, 그대를 설득하려 하지도 않는다. 나는 단지 나의 마음속에 있는 것들을 그대로 그대에게 이야기하면 그것으로 좋은 것이다. 내가 이야기하는 동안 그대는 자신의 마음의 소리에 귀를 기울이는 것이 좋다. 그것만을 나는 그대에게 원한다. 설령 내가 잘못되어 있다 해도 그것은 선의에 의한 잘못이다. 따라서 나의 잘못은 죄가 되지 않는다. 마찬가지로 그대가 잘못되어 있다 해도 그것 역시 별로 나쁜 것은 아니다. 나의 생각이 바르면 이성은 우리에게서 공통의 것이고 , 우리는 똑같은 관심을 가지고 그에 귀를 기울이지 않으면 안된다. 어떻게 그대가 나와 똑같이 생각하지 않을 수 있겠는가?

나는 가난한 농민의 아들로 태어났다. 신분으로 말하면, 토지를 경작하게 되어 있었다. 그러나 양친은, 내가 성직자가 되어 빵을 얻는 것이 훨씬 나으리라고 생각했다. 그래서 그들은 나에게 학문을 시킬 수 있는 방법을 찾아냈다. 물론 학문이라고는 해도, 양친도 나도 무언가 좋은 것, 진실한 것, 유익한 것의 연구를 생각한 것은 아니었다. 단지, 성직(聖職)에 임명되기 위해 알지 않으면 안되는 것을 공부하게 된 것이었다. 나는 배우라는 것을 배웠고, 말하라는 것을 말했으며, 하라는 대로 맹세를 하여 성직자가 되었다. 그러나 그후 곧 나는, 인간이 아니게 되는 의무를 나 자신에게 과함으로써 실행할 수 있는 이상의 것을 약속해 버렸다는 것을 알았다.

양심이란 여러 가지 편견이 만들어 내는 것에 지나지 않는다고 우리는 듣고 있다. 그러나 나는 경험에 의해서, 그것이 인간의 모든 규정에 거역하고 고집스럽게 자연의 질서에 따른다는 것을 알았다. 우리에게 이런 저런 것을 금지해도 소용없다. 자연의 바른 질서가 우리에게 허용하고 있는 것은, 더욱이 자연이 우리에게 명하고 있는 것은,[34] 어떤 것이든 그것을 비판하는

---

34) 성직자의 독신 생활에 대한 루소의 항의를 나타내고 있는 것 같다.

후회의 감정이 언제나 약하다. 아아, 선량한 젊은이여, 자연은 아직 그대의 관능에 아무것도 이야기하지 않고 있다. 자연의 소리가 무심(無心)의 노래인 그런 행복한 상태에 되도록 오래 머무르는 것이 좋다. 자연보다 앞서 가는 것은 자연에 거스르는 이상으로 자연을 상처입히는 것임을 잊어서는 안된 다. 굴복해도 죄가 되지 않는 때를 알기 위해서는 먼저 저항하는 것을 배워 야 한다.

청년 시대부터 나는, 결혼이라는 것을 자연의 가장 기본적이고 가장 신성한 규칙으로 생각하고, 그에 경의(敬意)를 품고 있었다. 나는, 그 규칙에 따르는 권리를 스스로 던져 버렸지만, 결혼의 신성함을 더럽히는 짓은 하지 않으리라고 결심했다. 나의 교육과 독서가 어떤 것이든 나는 언제나 변함이 없는 단순한 생활을 해 왔으므로, 나의 정신은 그 자연적 본능의 순수함을 보존하고 있었기 때문이다. 세상의 지혜도 그 본능의 빛을 흐리게 하지 못했고, 게다가 나의 가난한 환경은 부덕의 궤변이 소곤거리려 하는 유혹으로부터 나를 멀리하게 했다.

다름 아닌 이 결심이 나를 파멸시키게 되었다. 타인의 결혼 생활에 대한 존경이 나의 잘못을 드러내게 하였다.[35] 그 추문(醜聞)은 속죄되지 않으면 안되게 되었다. 체포되어 직무를 정지당하고 추방된 나는, 조심스럽지 못한 행동에 의해서가 아니라 오히려 양심의 가책에 희생된 것이다. 그리고 나는 그때 면직(免職)과 함께 일어난 비난의 소리로부터, 벌을 면하기 위해서는 더

---

35) 루소는, 아누시를 떠난 후의 가티에씨에 대한 소식을 다음과 같이 써서 전한다. "이 사람은 어떤 처녀에게 아이를 낳게 하였다.……. 사제는 보통, 기혼 부인에게만 아이를 낳도록 되어 있다."(《고백록》 제13권). 결국 가티에씨는, 세상의 관습에 따르지 않았기 때문에 스캔들을 일으키게 되었고, 면직되었던 것이다. 또 루소는 위의 인용에 이어 다음과 같이 썼다. "……이 사람의 불행은 나의 마음에 깊이 새겨져, 《에밀》을 집필할 때, 나는 그 일을 생각해냈다. 그리고 게이므씨와 가티에씨를 묶어, 이 두 존경할 만한 사제를, 저 사보이의 보좌 신부의 모델로 했다. 나의 묘사가 모델이 된 두 사람의 명예를 더럽히지 않았음을 나는 기뻐하고 있다."

큰 잘못을 거듭하기만 하면 되는 그런 경우가 자주 있다는 것을 생각하지 않을 수 없었다.

사려 깊은 사람은 그런 경험들로부터 배우는 것이 많다. 바른 일, 성실한 일, 그밖에 인간의 모든 의무에 대하여 품고 있던 관념이 슬픈 사실에 의해서 뒤집어지는 것을 본 나는, 그때까지 받아들이고 있던 견해를 날마다 하나씩 잃어갔다. 내게 남겨진 것은, 그것만으로 하나의 통합된 체계[思想]를 이루어 그 자신의 힘으로 유지될 수 없게 되어 있었으므로, 나는 여러 가지 원칙의 명료함이 자신의 정신 속에서 조금씩 어두워져 가는 것을 느꼈다. 그리고 결국 어떻게 생각해야 좋을지 알 수 없게 된 나는, 지금 그대가 놓여 있는 상태와 똑같은 상태에 떨어져 버렸던 것이다. 단지 다른 점은, 나의 불신앙(不信仰)은 성숙한 시기에 늦게 열린 과실(果實)로서, 한층 많은 고통에 의해 만들어져 그것을 깨부수기가 한층 어려웠다는 것이다.

나는 데카르트가 진리 탐구를 위해 필요했던 불확실과 의혹[36]의 상태에 있었다. 그러한 상태에는 그리 오랫동안 머물러 있을 수 없다. 그것은 불안하고 고통스러운 상태다. 악에 흥미를 가지고 있거나 정신이 게으르지 않으면, 우리는 그런 곳에 머물러 있을 수가 없다. 나는 거기서 즐겨 머물러 있을 만큼 타락한 마음을 갖고 있지 않았다. 게다가 자신의 운명보다 자기 자신에 만족하고 있는 것만큼 반성하는 습관을 한층 잘 보존시키는 것은 없다.

그래서 나는 인간의 슬픈 운명에 대하여 생각했다. 그들은 키[舵]도 없이, 나침반도 없이, 온갖 인간들의 억견이라는 저 바다 위를 떠돌면서, 자신의 진로도 알지 못하고, 자신이 어디에서 와서 어디로 가는지도 모르는 미숙한 물길 안내자 외에는 안내자도 없이, 격렬한 정념의 태풍에 시달리고 있는 것이다. 나는 진리를 사랑한다. 그것을 구하고 있다.

그러나 그것을 확인할 수가 없다. 누군가에게 그것을 배우고 싶다. 그러

---

36) 데카르트의 《방법 서설》 제1부 참고.

면 나는 그것을 붙잡고 놓지 않으리라. 진리를 존중하고 그것을 열심히 구하는 마음 앞에서, 어떻게 진리가 언제까지나 숨어 있을 수 있겠는가.

그후 나는 그보다 더 큰 고통을 경험한 일이 자주 있었지만, 저 혼란과 불안의 시대처럼 끊임없이 견디기 어려운 생활을 한 적은 한번도 없었다. 그 때는 의혹에서 의혹으로 끊임없이 방황하고, 오랫동안 생각해도 나의 존재의 근원과 나의 의무의 규칙에 대하여 불확실과 애매함과 모순을 느낄 뿐이었다.

어떻게 사람이 원리 원칙으로 일관한 회의론자(懷疑論者)가 될 수 있겠는가. 나로서는 이해할 수가 없다. 그런 철학자는 실제로는 존재하지 않는 것이 아닐까? 만약 존재한다면, 인간 중에서 가장 불행한 인간이다. 아무래도 알지 않으면 안되는 일에 대하여 의혹을 품는 것은, 인간의 정신에 대해서 너무나도 괴로운 상태이다. 인간은 그에 오랫동안 견딜 수 없다. 따라서 싫든 좋든 자신의 생각을 결정하지 않으면 안된다. 그리고 인간은 아무것도 믿지 않기보다는 차라리 오류를 범하는 쪽을 좋아한다.

나의 당혹감을 더욱 크게 한 것은, 내가 모든 것을 분명히 하고, 회의를 품는 일을 일체 허용하지 않는 교회에서 자랐다는 사실과, 하나의 신앙 개조를 부정(否定)하면 그밖의 모든 것도 부정하게 된다는 것, 그리고 나는 여러 가지 불합리한 결정을 승인할 수 없었기 때문에, 그렇지 않은 것으로부터도 나의 마음이 멀어졌다는 사실이었다. '모든 것을 믿어야 한다' 고 내게 말하면서도 사람들은 나에게 아무것도 믿지 못하게 하고 있었다. 그래서 나는 어느쪽을 택해야 좋을지 모르게 되어 있었다.

나는 철학자에게 물어 보았다. 그들이 쓴 책을 읽었다. 그들의 여러 가지 의견을 조사해 보았다. 나는 그들이 모두 오만하고 단정적이며 독단적이라는 것을 알았다. 이른바 회의론이란 것을 주창하고 있는 사람도 그렇다. 그들은 모르는 것이 없고, 증명하는 것은 없으며, 서로 상대를 조소하고 있었다. 그들 모두에게 공통되는 이 마지막 특징만이 유일하게 바른 점인 것처럼 내게는 생각되었다. 공격할 때에는 허풍스럽지만, 자기의 설(說)을 옹호할 때에는 힘이 없다. 그들의 이론을 살펴보면 그들에게는 단지 파괴적인 이론이 있을 뿐이다. 그들의 목소리를 들어 보면 각기 자신을 옹호한다. 그들이 한결같이 하고 있는 일은 단지 논쟁하는 일뿐이다. 그들이 하는 말에 귀를 기울임으로써, 나는 나의 회의의 상태에서 빠져 나올 수가 없었다.

나는 이 엄청난 의견의 다양성을 낳은 첫번째 원인은 인간의 지력의 무력이며, 오만이 그 두 번째 원인임을 알았다. 우리는 이 거대한 기계를 측정하는 척도를 갖고 있지 않다. 그 여러 가지 작용을 짐작할 수 없다. 그 기본적인 원리도 궁극적인 목적도 모른다. 우리는 우리 자신을 모른다. 우리의 본성도 행동의 원리도 모른다. 인간이 단순한 존재인지 복합적인 존재인지도 잘 모른다. 어느쪽을 보아도 우리 주위에는 알 수 없는 신비가 있는 것이다. 이 신비는 감각의 영역을 넘은 곳에 있다. 우리는 그것을 이성의 빛으로 뚫을 수 있다고 믿지만, 우리가 가지고 있는 것은 상상력뿐이다. 사람은 모두 그 상상의 세계를 통해 바르다고 생각되는 길을 개척해 간다. 자신의 길이 목적지까지 데려다 줄 것인지 어떤지는 아무도 모른다. 그럼에도 불구하고 우리는 모든 것을 통찰하고, 모든 것을 알고 싶어한다. 우리가 전혀 알 수 없는 단 한 가지 일은, 우리로서 알 수 없는 것이 무엇인가를 우리가 모른다는 것이다. 우리는 우리 가운데 누구 한 사람도 실제로 존재하는 것을 볼 수 없다고 고백하기보다 그때 그때 되는 대로 생각을 정하여, 실제로 존재하지 않는 것을 믿기를 더 좋아한다. 우리로서는 한계를 알 수 없는 하나의 큰 전체(全體), 이 전체를 만든 자는 그에 대하여 우리에게 바보스러운 토론을 하게 하는데, 그 전체의 일부분에 지나지 않는 우리는 건방지게도, 이 전체의 본질이 어떤 것인지, 또 그 전체에 대하여 우리 자신은 어떤 관계에 있는지를 결정하려고 하지만, 그것은 헛수고이다.

설령 철학자들이 진리를 발견할 수 있는 상태에 있다 해도, 그들 중 누가 진리에 관심을 가지겠는가. 철학자들은 모두, 자신의 체계가 남들의 체계보다 확실한 근거 위에 성립되어 있지 않다는 것을 잘 알고 있으면서도, 그것이 자신의 체계라는 이유로 그것을 주장한다. 진실과 허위를 안다 해도, 자신이 발견한 허위를 버리고 타인이 발견한 진리를 받아들이는 자는 단 한 사람도 없다. 자신의 명성을 잃으면서까지 기꺼이 인류를 속이지 않으려 할 철학자가 어디에 있는가. 일반 사람들보다 높은 곳에 몸을 둘 수만 있으면 되지 않는가. 경쟁자의 명성을 잃게 할 수만 있으면 되지 않는가. 철학자들이 그 이상의 무엇을 구하고 있단 말인가. 중요한 것은 다른 사람들과는 다른 식으로 생각하는 일이다. 신앙인들 사이에서는 그는 무신론자가 되지만, 무신론자 사이에서는 그는 신앙인이 될 것임에 틀림없다.

이러한 고찰로부터 내가 끄집어낸 최초의 성과는 나의 탐구를 나의 이해(利害)에 직접 관계하는 것에 한할 것, 그밖의 것에 대해서는 언제나 깊은 무지(無知)의 상태에 안주할 것, 그리고 설령 의심스러운 일이 있어도 내게 알 필요가 있는 것 외에는 아무것에도 신경 쓰지 않을 것 등등이었다.

그 위에 나는, 철학자들은 나를 무익한 의혹으로부터 해방시켜 주기는커녕 나를 괴롭히던 의혹을 더욱 깊게 할 뿐으로, 그것을 하나도 해결해 주지 않는다는 것을 알았다. 그래서 나는, 나를 이끌어 줄 다른 지도자를 찾기로 하였다. 나는 생각했다. '내면의 빛에 묻기로 하자. 그것은 철학자들만큼은 나를 방황하게 하지 않을 것이다. 그렇지는 않더라도 적어도 내가 방황하는 것은 나 자신의 잘못 때문이라는 것이 된다. 그리고 나 자신의 환상을 쫓는 쪽이 철학자들의 기만에 끌려 다니는 것보다 덜 타락할 것이다.'

그래서 내가 태어난 때부터 차례차례로 나의 마음을 사로잡아 온 여러 가지 견해를 생각해 보고, 그것들 중 어느 하나도 즉시 확신이 갈 만큼 명백한 것은 없지만, 그런 견해들에는 정도의 차이가 있기는 하나 진실된 것이 있었다는 것과, 내가 그들 견해에 각각의 정도에 따라 내심 동의하거나 거부하고 있음을 알았다. 이 최초의 관찰에 의거하여, 그 여러 가지 관념들을 편견을 버리고 비교해 보는 것에 의해서, 나는 근본적이고 가장 일반적인 관념이란 동시에 가장 단순하고 가장 합리적인 관념이라는 것, 또 그 관념이 모든 사람들의 찬동을 얻기 위해서는 다만 그것이 최후에 제시되기만 하면 된다는 것을 알았다. 고금의 모든 철학자들은 힘에 관하여, 우연에 관하여, 숙명에 관하여, 필연에 관하여, 원자, 살아 있는 세계, 생명 있는 물질 등 모든 종류의 유물론에 관하여 그들의 기괴한 철학 이론을 들고 나왔는데, 그러한 모든 것 뒤에 저 고명(高名)한 클라크[37]가 나타나 세상 사람들을 가르쳐, 존재자 중의 존재자, 만물의 분배자를 마침내 알게 하였던 것을 생각해 보라. 그 새로운 학설은, 온 세계 사람들의 감탄과 찬미로써 받아들여지게 되지 않았던가. 그것은 실로 위대하고 위로에 넘치는 숭고한 학설, 정신을 향상시키고 미덕에 근거를 부여하는 데에 참으로 어울리는, 그리고 사람의 마음을 강하게 움직이는, 광명에 넘치며 지극히 단순한 학설이다. 또 그것은 많은 부조리가 발견되는 다른 어떤 학설에 비해서, 인간의 정신에서 불가해(不可解)한 것을 그만큼 포함하고 있지 않다고 생각된다. 나는 나 자신에게 이렇게 말했다. '풀기 어려운 문제는 어떤 학설에도 있기 마련이다. 인간의 정신은 매우 한정된 것이어서, 그것들을 모두 해결할 수는 없기 때문이다. 따라서 그런 반론은, 특별히 어떤 학설에 대한 반론이 아니다. 그러나 이들 학설이 기반을 두는 직접적인 증명 사이에는 어느 만큼의 차이가 있을까? 단독으로 모든 것을 증명하는 이론이야말로, 거기에 다른 것 이상으로 난점(難點)이 없는 경우에는 취해야 마땅한 것이 아닐까?

그래서 나는 진리에 대한 사랑을 유일한 철학으로서 마음에 품고, 공허하고 미묘한 이론을 면하게 해 주는 쉽고 간단한 규칙을 유일한 방법으로서

---

37) 볼테르의 《철학 서한》 제7장에 나와 있는 말을 빈 것. 클라크(1701~74)는 영국의 신학자로서, 당시 유신론(有神論)의 대표자. 《신의 존재와 속성에 관한 론(論). 자연 종교의 의무와 기독교의 진리에 대하여》라는 제목으로, 두 글이 한 책에 통합되어 프랑스어로 번역되어 나왔다.(제2판, 1756)

취했다. 나는 규칙에 의거하여, 나의 관심을 끄는 지식의 재검토에 착수했다. 그때 나는, 자신의 성실한 양심에 비추어 동의하지 않을 수 없는 지식은 모두 자명한 것으로서 승인하고, 이 지식과 필연적인 관련을 가진다고 보이는 것은 모두 진실한 것으로서 승인하기로 하며, 그밖의 지식은 모두 불확정의 상태에 두어 부정도 긍정도 하지 않고, 또 그것들이 현실상 조금도 유용하지 않은 경우에는, 그것들을 해명하기 위하여 마음을 괴롭히거나 하지 않기로 결심했다.

그런데 나는 대체 누구일까? 내게 어떤 권리가 있어서 사물을 판단하는 것일까? 또 나의 판단을 결정하는 것은 무엇일까?. 만약 그 판단이 내가 받는 인상으로부터 끌어내어지는 것이라면, 이런 탐구에 아무리 애를 써도 소용이 없다. 판단은 행해지지 않거나, 그렇지 않으면 내가 지시하는 것처럼 손을 대지 않아도 저절로 행해지게 된다. 따라서 우선 나 자신에게로 눈을 돌려, 내가 사용하려는 도구를 알고, 그 도구가 어느 정도까지 신뢰할 수 있는 것인지를 알지 않으면 안된다.

나는 존재한다. 그리고 감관을 가지며, 감관을 통해 인상(印象)을 받는다. 이것이 내가 느끼는 첫번째 진실로, 나는 그것을 승인하지 않을 수 없다. 나는 나의 존재에 대하여 어떤 특유의 지식을 가지고 있는 것일까? 그렇지 않으면 감각에 의해서 나의 존재를 느끼고 있을 뿐일까? 이것이 나의 첫번째 의문인데, 지금 단계에서 그것을 해결하는 것은 나로서는 불가능하다. 어떤 때에는 직접, 어떤 때에는 기억을 통하여 끊임없이 감각으로부터 인상을 받고 있는 내가, '나'라고 하는 의식이 그런 감정 이외의 무엇인지, 감정으로부터 독립하여 존재할 수 있는지 어떤지 어떻게 알 수 있겠는가.

나의 감정은 나의 안에서 일어난다. 그것은 나의 존재를 느끼게 한다. 그러나 감정의 원인은 나의 밖에 있다. 감정은, 내가 그 감정에 대한 어떤 이유를 가지고 있든 가지고 있지 않든 내게 영향을 주며, 나와는 상관없이 생멸(生滅)하기 때문이다. 그래서 나의 안에 있는 감정과 나의 밖에 있는 그 원인은 같은 것이 아님을 나는 확실히 알았다.

그래서 단지 내가 존재할 뿐만 아니라, 다른 존재—즉 나의 감정의 대상—도 존재한다. 그리고 설령 그 대상들이 관념에 지나지 않는다 해도, 역시 그러한 관념이 내가 아닌 것은 사실이다.

그런데 내가 나의 외부에 있다고 느끼는 것들 중 나의 감관에 호소해 오는 모든 것을 나는 물질이라고 부른다. 그리고 물질의 부분으로서, 결합하여 개별적인 존재로 성립되어 있다고 생각되는 모든 것을 나는 물체라 부른다. 따라서 관념론자와 유물론자의 모든 논쟁은 내게는 아무런 의미도 가지지 않게 된다. 즉 물체의 가상성(假象性)과 실재성(實在性)의 구별 따위는 공상에 지나지 않는다.

이제 나는 자신의 존재를 확신하는 것과 마찬가지로 우주의 존재를 확신하고 있었다. 계속해서 나는, 나의 감각 대상에 대하여 반성한다. 그리고 그 대상을 비교하는 능력이 나 자신의 안에 있음을 발견한 나는, 전에는 내가 가지고 있는 줄 몰랐던 어떤 능동적인 힘이 내게 주어져 있음을 안다.

지각(知覺)한다는 것은 느끼는 것이다. 비교한다는 것은 판단하는 것이다. 판단하는 것과 느끼는 것은 같은 것이 아니다. 대상은 감각을 통해 자연 안에 있는 것처럼, 따로따로 독립한 것으로서 나에게 나타난다. 나는 비교하는 것에 의해, 그 대상들을 이동시켜 어떤 것을 다른 것 위에 놓고, 그들의 서로 다른 점이나 비슷한 점에 대하여, 일반적으로 말하면 그들의 모든 관계에 대하여 결정을 한다. 나의 생각으로는, 능동적인 존재나 지성을 가진 존재의 사물을 구별하는 능력은, '있다' 라고 하는 말을 이해할 수 있는 능력이다. 비교하고 판단하는 지성의 힘을 단순히 감각 능력만을 가진 개체 안에서 찾으려 해도 소용없다. 그런 존재의 본성(本性) 속에서는 그 힘을 발견할 수 없다. 이 수동적인 개체는 각각의 대상을 각기 분리하여 느낄 것이다. 혹은 두 대상으로 이루어진 통일적인 대상을 느끼는 일도 있을 것이다. 그러나 그것들의 한편을 다른 한편 위에 겹치는 힘이 전혀 없으므로 그것들을 비교할 수도, 그것들을 판정할 수도 없을 것이다.

동시에 두 대상을 본다는 것은, 양자의 관계를 보는 것도 아니고, 양자의 차이를 판단하는 것도 아니다. 몇 개의 대상을 서로 떼어 각각 지각하는 것은, 그것들을 관련짓는 것이 아니다. 나는 손가락 수를 세지 않고도 동시에 나의 손 전체를 볼 수 있는 것처럼, 큰 막대기와 작은 막대기를 비교하지 않고도, 즉 한쪽이 다른 쪽보다 작다고 판단하거나 하지 않고도 동시에 그 두 막대기에 대한 관념을 가질 수가 있다.* '더 크다' 라든가 '더 작다' 라든가 하는 이 비교 관념은, '하나' 라든가 '둘' 과 같은 수량 관념과 마찬가지로 확실히 감정이 아니다. 하긴 감정을 가질 경우에만 나의 정신은 그런 관념을 낳지만.

감각 능력을 가진 존재는 여러 가지 감각들이 지닌 고유의 차이에 의해 그 감각들을 구별한다고 한다. 이것은 설명을 요한다. 감각이 다른 경우에는 감각 능력을 가진 존재는 그것들을 그 차이에 의해서 구별한다. 같은 감각인 경우에는 따로따로 느끼기 때문에 구별한다. 그렇지 않다면 동시에 일어나는 하나의 감각에서 두 개의 같은 대상을 어떻게 구별할 수 있겠는가. 그는 필연적으로 그 두 대상을 혼동하고, 같은 것으로 잘못 알 것임에 틀림없다. 공간을 표상하는 감각은 연장(延長)을 가지지 않는다고 주장하는 학설에서는 특히 그렇다.

비교해야 할 두 감각이 지각되었을 때, 그것들의 인상(印象)이 만들어지고, 각각의 대상이 느껴져서 그 두 대상이 느껴지게 되는데, 그렇다고 해서 양자의 관계가 느껴지는 것은 아니다. 이 관계에 대한 판단이 하나의 감각에

---

* 라 콩다민 씨에 의하면, 3까지밖에 셀 수 없는 민족이 있다 한다. 그러나 그 민족을 구성하고 있는 인간도 손은 가지고 있었을 터이니, 5까지 셈하는 것을 몰라도 때때로 그들의 다섯 손가락을 들여다보았을 것이다. 라 콩다민(1701~74)은 프랑스의 과학자. 남아메리카에서 지구의 모양과 크기를 결정하는 관측을 했다.

지나지 않고 대상으로부터 일방적으로 나에게 주어지는 것이라면, 나의 판단이 잘못되는 일은 결코 있을 수 없다. 내가 느끼고 있는 것을 느끼고 있다는 것은 결코 거짓말이 아니기 때문이다.

그럼 거기에 있는 두 막대기의 크기에 관하여, 특히 그것들이 평행으로 놓여져 있지 않은 경우에 내가 착각을 하는 것은 어째서일까? 예를 들면 작은 막대기가 큰 막대기의 4분의 1밖에 되지 않는데, 3분의 1이라고 말하거나 하는 것은 어째서일까? 감각인 영상(映像)이 대상인 실물(實物)과 일치하지 않는 것은 어째서일까? 그것은 결국 판단할 때에는 나는 능동적이 되기 때문이다. 그리고 비교하는 행위가 잘못되기 쉽기 때문이며, 또 크기를 판단하는 나의 오성(悟性)이, 단지 대상을 보일 뿐인 감각의 진실에 자신의 오류를 혼입(混入)하기 때문이다.

그 위에 또 잘 생각해 보면, 틀림없이 우리를 놀라게 하는 것이 있다. 그것은 만약 우리가 우리의 감관을 사용할 때 순수하게 수동적이라면, 그 감관들 사이에는 아무런 교류도 없게 된다는 것이다. 우리가 만지고 있는 물체와 보고 있는 물체가 같은 것임을 아는 일이 불가능해진다. 우리는 우리의 밖에 있는 것을 무엇 하나 느끼지 못하게 되거나, 그렇지 않으면 그 동일성(同一性)을 인지(認知)할 수 있는 수단을 전혀 가지지 않은 5개의 감각적 실체가 우리에게 존재하게 될 것이다.

나의 감각을 모아 비교하는 나의 이 정신력에 어떤 명칭을 부여해도 좋다. '주의(注意)', '성찰(省察)' '반성', 그밖에 좋을 대로 그것을 불러도 좋다. 어쨌든 그런 힘은 나의 안에 있지 사물 안에 있지 않다는 것, 사물로부터 어떤 인상을 받을 때에 나는 그것을 만들어 내는 데에 지나지 않는다 해도, 나만이 그것을 만들어 낸다는 것은 진실이다. 느끼거나 느끼지 않거나 하는 것은 나의 자유로 되지 않지만, 내가 느끼고 있는 것을 잘 검토하거나 검토하지 않거나 하는 것은 나의 자유이다.

따라서 나는 단순히 감각 능력만을 가진 수동적인 존재가 아니라 지성

(知性)을 가진 능동적인 존재이므로 철학[38]이 뭐라고 말하든, 나는 생각하는 명예를 가질 것을 감히 주장하고 싶다.

나는 다만, 진리는 사물 속에 있는 것이지 그것을 판단하는 나의 정신 속에 있지 않다는 것, 그리고 내가 사물에 대하여 내리는 판단에 자신의 것을 가지고 들어가는 일이 적으면 적을수록 한층 더 확실히 진리에 접근할 수 있다는 것을 알고 있다. 그래서 이성에보다 감정에 의존하겠다는 나의 원칙은, 이성 그 자체에 의해 확인되게 되는 것이다.

말하자면, 나 자신을 확신한 나는 나 자신의 밖에 있는 어떤 것에 눈을 돌리게 된다. 그리하여 이 광대한 우주 속에 던져져 길을 잃고 있는 자신, 헤아릴 수 없는 존재 속에 빠져, 그것들이 각각 어떤 것인지, 나에 대하여 어떤 존재인지를 전혀 모르고 있는 자신을 생각하고 나는 전율에 휩싸인다. 나는 그것들을 연구하고 관찰한다. 그런데 그것들을 비교하려 하는 나의 앞에 나타나는 최초의 대상은 바로 나 자신인 것이다.

감관에 의해 내가 확인하는 것은 모두 물질이다. 그리고 나는 물질의 모든 본질적 특성을, 나로 하여금 물질을 확인하게 하는 감각적 성질, 물질과 뗄 수 없는 감각적인 성질로부터 추론한다. 나는 물질이 어떤 때에는 운동 상태에, 어떤 때에는 정지 상태●에 있음을 본다. 그래서 정지도 운동도 물질의 본질적인 것은 아니라고 생각한다. 그러나 운동은 하나의 작용이므로, 어떤 원인의 결과이고, 정지는 그 원인이 없는 것에 지나지 않는다. 따라서 아무런 작용이 없는 경우 물질은 움직이지 않는다. 그리고 물질이 정지해 있든 운동하고 있든 상관없다는 점에서, 물질의 자연적 상태는 정지의 상태가 된다.

---

38) 데카르트 《방법 서설 (方法敍說)》 제1부 참고.

● '이 정지는 상대적인 것에 지나지 않는다'고 말해도 좋다. 그러나 우리는 운동의 크고 작음을 보고 있으므로, 두 극한의 하나, 즉 정지는 우리에게 매우 확실히 이해된다. 그래서 우리는 상대적인 것에 지나지 않는 '정지'를 절대적인 것으로 생각하기 쉽다. 그런데 물질이 정지 상태에 있는 것으로 생각되면, '운동은 물질의 본질이다' 라는 것은 옳지 않게 된다.

나는 물체 안에서 두 종류의 운동을 확인한다. 다른 데에서 전달된 운동과 자발적 혹은 의지적(意志的)인 운동이 그것이다. 전자(前者)에서는 운동을 일으키는 원인이 움직여지는 물체의 외부에 있고, 후자(後者)에서는 운동의 원인이 물체 그 자체의 내부에 있다. 그로부터 나는, 예를 들면 시계의 운동이 자발적인 운동이라는 결론을 내리지 않는다. 태엽이 아닌 다른 무엇인가가 그에 작용하지 않으면, 태엽은 본디대로 풀어지지 않을 것이고, 톱니를 움직이게 하지도 않을 것이기 때문이다. 같은 이유로 액체(液體)에도, 또 액체의 유동성을 만들어내는 불[火]에도 나는 자발성을 인정하지 않겠다.*

당신이 내게 동물의 운동이 자발적인 것인지 아닌지 물었다고 하자. 그에 대해서 나는 아무것도 모르지만, 유추(類推)하여 긍정 쪽으로 기울어지는 대답을 할 것이다. 그리고 또 당신이, "그럼 당신은 자발적인 운동이 존재한다는 것을 어떻게 알고 있습니까?" 하고 묻는다면, 나는 "그것을 느끼고 있기 때문에 알고 있는 것이다."라고 대답할 것이다. 나는 팔을 움직이고 싶으면 그것을 움직인다. 이 운동에는 나의 의지(意志) 외에는 직접적인 원인이 없다. 나의 내심에 있는 이 감정을 없애려고 아무리 이론을 늘어놓아 보아도 소용없다. 그것은 어떤 증명보다 강하다. 그런 것을 기도(企圖)하는 것은, 내가 존재하지 않는 것을 나에게 증명하려고 하는 것과 같다.

인간의 행위에도 또 지상에서 일어나는 어떤 것에도 자발성이라는 것이 전혀 없다면, 모든 운동의 최초의 원인을 상상하는 데에 사람들은 훨씬 더 당혹할 것이다. 나는 물질의 자연적 상태는 정지 상태라는 것, 그리고 물질은 그 자체로서 작용하는 힘을 전연 가지지 않았다고 굳게 믿고 있으므로, 운동하고 있는 물체를 보면 곧, '이것은 생명이 있는 물체이구나.' 하고 판단

---

* 화학자들은, 열소(熱素) 즉 불의 원소(元素)는 그것이 일부를 이루고 있는 혼합물 속에 흩어져 움직이지 않고 있지만, 외부적인 원인이 그것을 해방하고 집합시켜 운동 상태에 놓으면 불로 변화한다고 생각했다.

하거나, 그렇지 않으면 '이 운동은 다른 것에서 전달된 것이다.' 라고 판단한다. 나는, 비유기적(非有機的)인 물질이 자신의 의지에 따라 운동하거나 어떤 작용을 생기게 한다는 생각에는 아무래도 동의할 수가 없다.

그러나 눈에 보이는 이 우주는 물질이다. 그것은 흩어져 있는 죽은 물질로, 그 전체에서 통일적·유기적인 것, 생명이 주어진 한 물체의 부분이라고 하는 공통의 의식 같은 것을 전연 가지지 않는다. 확실히 부분인 우리는 전체 속에 자신을 느낄 수는 결코 없다. 그런데 이 우주는 운동을 하고 있다. 규칙 바르고 한결같고 변함없는 법칙에 지배된 운동을 하고 있어, 인간이나 동물의 자발적인 운동에서 볼 수 있는 자유는 전연 가지지 않는다. 따라서 세계는 스스로 몸을 움직이는 큰 동물과 같은 것이 아니다. 그래서 세계의 운동에는 무언가 외부적인 원인이 있게 되는데, 나로서는 그것을 확인할 수 없다. 그렇다 하더라도 내면적인 확신은 그 원인을 충분히 명백하게 해 주므로, 나는 태양의 운행을 보면 그것을 추진시키고 있는 힘을 생각하지 않을 수 없고, 지구가 돌고 있는 것을 보면 그것을 회전시키고 있는 자의 손을 느끼지 않을 수 없다.

내가 물질과의 본질적인 관계를 확인하지 않은 일반 법칙을 승인해야 한다면 나는 얼마나 진보한 것인가? 그 법칙들은 현실적인 존재, 즉 실체에 속하는 것이 아니기 때문에, 내가 알지 못하는 무언가 다른 근거를 가지게 된다. 실험과 관찰은 우리에게 운동의 법칙을 가르쳐 주었다. 이 법칙들은 결과를 결정하지만 원인은 나타내 보이지는 않는다. 그것들은 세계의 체계와 우주의 진행을 충분히 설명해 주지 않는다. 데카르트는 주사위의 도움을 빌어 하늘과 땅을 만들었다. 그러나 그는 회전 운동의 도움을 빌지 않고는 그 주사위들에 최초의 운동을 줄 수 없었고, 그의 원심력(遠心力)을 작용시킬 수도 없었다. 뉴턴은 인력의 법칙을 발견했다. 그러나 인력만으로는 우주는 이윽고 움직이지 않는 덩어리가 되어 버리니까, 이 법칙에 원심력을 추가하여, 천체로 하여금 곡선을 그리게 하지 않으면 안되었다. 데카르트에게, 어떤 물리 법칙(物理法則)이 천체의 타원형 궤도를 그리게 했는지 물어보고 싶다. 또 뉴턴에게는, 혹성(惑星)을 그 궤도의 절선(切線)상에 던져 넣은 손을 나타내 보여 달라고 하고 싶다.

운동의 최초의 원인은 물질 안에는 없다. 물질은 운동을 받아들이고 그것을 전달하지만, 운동을 일으키지는 못한다. 서로 작용하고 있는 자연의 힘, 그 힘의 작용과 반작용을 관찰하면 관찰할수록 점점 더 나는, 어떤 결과에서 다른 결과로 거슬러 올라가, 언제나 무엇인가의 의지(意志)를 운동의 최초의 원인으로 하지 않으면 안되는 것을 안다. 원인의 연속을 무한한 것으로 가정하는 것은 원인을 전연 가정하지 않는 것이기 때문이다. 한마디로 말하면, 다른 운동에 의해 일어난 것이 아닌 운동은 모두 자발적·의지적인 행위에 의하지 않으면 일어날 수 없다. 생명이 없는 물체는 작동에 의해서만 움직여지므로, 의지가 없이는 참으로 운동이라 할 수 있는 것이 존재하지 않는다. 이것이 나의 제1원리이다. 따라서 나는 무엇인가의 의지가 우주를 움직이고 자연에 생명을 부여하고 있다고 믿는다. 이것이 나의 제1교리 즉, 나의 제1의 신조이다.

어떤 식으로 의지(意志)가 물리적·물체적 운동을 만들어 내는가? 그것은 알 수 없지만, 나는 의지가 그것을 만들어 내는 것을 나의 안에서 느낀다. 나는 행동하려고 한다. 그리고 행동한다. 나의 몸을 움직이려고 한다. 그러면 나의 몸은 움직인다. 그러나 정지하고 있는 생명이 없는 물체가 스스로 움직이기 시작하거나 운동을 일으키거나 한다는 것은 불가해(不可解)한 일이며 일찍이 없었던 일이다. 의지는 그 본성에 의해서가 아니라 그 행위에 의해서 나에게 알려진다. 나는 이 의지를 운동의 원인으로서 확인한다. 그런데 물질을 '운동을 만들어 내는 것' 으로 생각하는 것은, 분명히 원인이 없는 결과를 생각하는 것이다. 그것은 아무것도 이해하지 못한 것이다.

어떤 식으로 하여 나의 의지가 나의 몸을 움직이는가를 이해하는 것은, 어떤 식으로 하여 나의 감각이 나의 정신에 인상(印象)을 주는지를 이해하는 것과 마찬가지로, 우리에게는 불가능한 일이다. 어째서 이들 두 신비 중 한 편이 다른 편보다 설명되기 쉬운 것처럼 생각되었는지조차 우리는 알 수가 없다. 나에게는, 내가 수동적인 경우에도 능동적인 경우에도, 두 실체를 연결시키는 방법은 완전히 불가해한 것처럼 생각된다. 사람은 이 불가해함에서 출발하여 두 실체를 혼동하고 있는데, 이것은 참으로 기묘한 일이다.

내가 지금 확정한 교리는 확실히 애매하다. 그러나 어쨌든 그것은 어떤 의미를 지니고 있고, 이성(理性)에 반(反)하는 것이나 경험에 어긋나는 것이 거기에는 하나도 없다. 유물론에 대해서도 마찬가지로 말할 수 있을까? 만약 운동이 물질에서 본질적인 것이라면, 운동은 물질로부터 뗄 수 없는 것이 될 것이고, 물질 안에 언제나 같은 정도로, 물질의 각 분자 안에 언제나 같은 상태로 존재할 것이며, 운동은 전달될 수 없을 것이고, 늘 수도 줄 수도 없을 것이며, 사람은 정지하고 있는 물질을 상상할 수조차 없을 것이다. 이 것은 명백한 사실이 아닐까? 운동은 물질에서 본질적인 것은 아니지만 필연적인 것이라고 나에게 말하는 사람이 있다면, 그 사람은 말로써 나를 속이려 하는 것이다. 물질의 운동이 물질 그 자체에서 생기는 것이라면, 운동은 물질에서 본질적인 것이고, 다른 원인에 의해서 생기는 것이라면, 운동의 원인이 물질에 작용하는 경우에만 그 운동은 물질에서 필연적인 것이기 때문이다. 이 양자 중 한쪽이기 때문에, 우리는 다시 최초의 곤란으로 돌아가게 되는 것이다.

일반적·추상적인 관념은 인간의 가장 큰 오류의 근원이다. 형이상학의 묘한 술어들은 단 하나의 진리도 발견해 주지 못했으며, 그것은 철학을 불합리한 것으로 가득하게 하였다. 그로부터 허풍스러운 말을 제거해 보면 사람은 그 바보스러움에 부끄러워진다. 나의 친구여, 말해 보라. 자연 전체에 퍼져 있는 맹목적인 힘 같은 것에 대하여 사람들이 그대에게 말할 때, 그것이 어떤 마른 관념을 그대의 정신에 가져오게 될까? 사람들은 '보편적인 힘', '필연적인 운동'과 같은 막연한 말로 어떤 것을 표현하려 하지만, 그것은 아

무엇도 말하지 않은 것과 같다. 운동의 관념은, 어떤 장소에서 다른 장소로
의 이동이라는 관념에 지나지 않는다. 즉, 방향이 없는 운동은 있을 수 없다.
하나의 존재가 동시에 모든 방향으로 움직일 수는 없다. 그러면 도대체 물질
은 어떤 방향으로 필연적으로 움직이는 것일까? 물질 전체가 한덩어리가 되
어 일률적인 운동을 하는 것일까? 그렇지 않으면 하나하나의 원자(原子)가
각각 고유의 운동을 하는 것일까? 전자의 생각이 옳다 하면, 우주 전체는 분
할할 수 없는 딱딱한 덩어리를 만들게 된다. 후자의 생각이 옳다면 두 원자
가 결합하는 일이 없을 테니까, 우주는 분산적(分散的)이고 점착성(粘着性)이
없는 유체(流體)를 형성할 수밖에 없게 된다. 모든 물질에 공통되는 이 운동
은, 어떤 방향으로 진행되는 것일까? 그것은 직선을 이룰까 원을 이룰까, 위
쪽으로 향할까 아래쪽으로 향할까, 오른쪽으로 향할까, 그렇지 않으면 왼쪽
으로 향할까? 물질의 각 분자(分子)가 각각 특수한 방향을 가진다면, 그 모든
방향의 원인, 그 모든 차이의 원인은 무엇일까? 물질의 원자나 분자의 하나
하나가 자기의 중심점(中心點) 위를 회전할 뿐이라면, 무엇 하나 본연의 위치
에서 떨어져 나오는 일은 없을 것이다. 또 운동이 전달되는 일도 전연 없을
것이다. 그래도 그 회전 운동은 어떤 방향이든 취하지 않으면 안된다. 물질
에 대하여 추상적으로 운동을 부여하는 것은, 아무런 의미도 없는 말을 늘어
놓는 것과 똑같다. 또 물질에 어떤 일정한 방향을 부여하는 것은, 운동을 결
정하는 원인을 가정(假定)하는 것이 된다. 내가 더 많은 예를 들면 들수록 나
로서는 설명하지 않으면 안되는 원인이 점점 더 많아지고, 더구나 그 원인들
을 지배하는 공통의 어떤 동인(動因)도 결코 발견할 수 없게 된다. 모든 원소
의 우연적인 협동 속에 무언가의 질서를 상상할 수 있기는커녕, 원소간의 투
쟁을 생각할 수조차 없다. 그리고 우주의 혼돈은 내게 그 조화(調和) 이상으
로 이해할 수 없는 것이다. 우주의 구조는 인간의 정신으로서 이해할 수 없
는 것인지도 모른다는 것을 나도 안다. 그런데 감히 그것을 설명하려 하는
사람이 있다면, 그 사람은 인간이 이해할 수 없는 것을 이야기하지 않으면

안된다.

　움직이는 물질이 어떤 의지를 나에게 나타내 보여준다면, 일정한 법칙에 따라서 움직이는 물질은 어떤 영지(英智)를 나에게 나타내 보여준다. 이것이 나의 제2의 신조이다. 행동하고 비교하고 선택하는 것은, 능동적으로 생각하는 존재자가 행하는 일이다. 따라서 그런 존재자가 정말 있는 것이다. "어디에 존재하는 것이 보이는가?"하고 그대는 물을 것이다. 회전하는 천체 안에뿐만 아니라 우리를 비추고 있는 태양 안에도 존재한다. 우리 자신의 안에뿐만 아니라 풀을 뜯는 양, 하늘을 나는 작은 새, 떨어지는 돌, 바람에 날려가는 나뭇잎 속에도 존재한다.

　세계의 목적은 나로서는 알 수 없지만, 나는 세계의 질서에 대해서 판단한다. 그 질서를 판단하기 위해서는, 세계의 부분을 비교해 보고, 그것들의 협력, 그것들의 관계를 연구하고, 그들의 통일된 운동을 확인하면 그것으로 충분하기 때문이다. 어째서 우주가 존재하는지는 나로서는 알 수 없다. 그러나 어떤 식으로 우주가 변화하고 있는지를 관찰할 수는 있다. 우주를 구성하고 있는 존재들이 서로 돕는 내밀(內密)한 대응 관계를 확인할 수는 있다. 나는 말하자면, 시계 안을 처음으로 본 사람과 같다. 그 사람은, 시계의 사용 방법도 모르고, 또 문자판을 본 일도 없지만, 그 공작품에 감동하지 않을 수 없을 것이다. 어쩌면 그 사람은 말할 것이다. "이 물건이 무엇에 소용되는지 나는 모른다. 그러나 각 부분이 다른 부분을 위해서 만들어져 있는 것임은 안다. 나는 이 공작품의 세부를 보고, 그 제작자에 대하여 감탄한다. 그리고 나는 이 톱니들이 이렇게 잘 조화하여 움직이는 것은 내가 알지 못하는 어떤 공통의 목적을 위해서라는 것을 믿어 의심하지 않는다."라고.

　개개의 목적을, 수단을, 모든 종류의 질서 정연한 관계를 비교해 보자. 그리고 내면의 감정에 귀를 기울여 보자. 건전한 정신이 어떻게 이 감정의 증언을 부정할 수 있겠는가. 편견으로 어두워지지 않은 눈을 가지고 보면, 분명히 느껴지는 우주의 질서는 지고한 영지(英智)를 우리에게 나타내 보여 준다. 모든 존재의 조화와 각 부분이 다른 부분의 보존(保存)을 위해 행하는 훌륭한 협력을 무시하기 위해서는 어느 정도의 궤변을 쌓아야 할까? 조합(組合)이라든가 우연과 같은 말을 하고 싶으면 얼마든지 하고 싶은 대로 말하라. 나를 납득시키지 못하고 침묵시켜 본들, 그것이 무슨 소용이랴. 게다가 나의 의지에 상관없이 당신들의 말을 끊임없이 부정하는 무의지적(無意志的)인 감정을 어떻게 나에게서 없앨 수 있겠는가. 유기체(有機體)가 그 변하지 않는 모양을 취하기 이전에 무수한 방법에 의해서 우연히 조합된다고 하면, 처음에 입이 없이 위(胃)가 생기거나, 머리가 없이 발이 생기거나, 팔이 없이 손이 생기거나, 그밖에 살아갈 수 있는 힘이 없기 때문에 사멸(死滅)하는 모든 종류의 불완전한 기관이 생길 것이다. 그런데 이들 꼴사나운 시작품(試作品)이 하나도 우리 눈에 보이지 않는 것은 어째서일까? 어째서 자연은 처음에는 따르지 않던 법칙을 나중에 자신에 대하여 과(課)하게 된 것일까? 어떤 일이 가능한 경우에는, 그런 일이 일어나도 나는 놀라지 않을 것이고, 여간해서 일어날 것 같지 않은 일이 무수한 결합 덕분에 일어난다고 해도 놀라지 않을 것이다. 그것은 인정하기로 하자. 그러나 누군가가 나에게 와서, 인쇄소의 활자를 마구 던져서 《아에네이드》를 만들었다[39]고 말한들, 나는 거짓말을 조사하러 가기 위해 한 발짝도 떼지 않을 것이다. '무수한 조합이라는 것을 당신은 잊고 있다.'고 사람들은 말할지도 모른다. 그러나 그 조합을 정말인 것처럼 하기 위해서는 그런 결합을 어느 만큼 많이 가정해야 할까? 단 하나의 결합밖에 확인하지 못한 나로서는, 거기에서 생긴 것은 우연의 결과가 아니라고 단언하고 싶다. 그 위에 조합이라든가 우연은 언제나 조합된

---

39) 몽테뉴 《수상록》 제2권 제11장에는, 에피쿠로스 학파를 반박하는 사람의 말로서 다음과 같은 글이 씌어 있다. "만약 원자가 우연히 그렇게 많은 모양을 만들었다."고 하면…… 어째서 사람들은 마찬가지로, 수많은 그리스 문자를 한곳에 털어 《일리아드》의 명문(名文)을 만들 수 있다고 믿지 않는 것일까?

원소와 같은 성질의 것을 만들어 낼 뿐이라는 것과, 유기체나 생명이 원자의 결합으로부터 생기는 일은 있을 수 없다는 것, 화학자가 아무리 합성물을 만들어 내도 시험관 안의 그 합성물에게 무언가 느끼고 생각하는 힘을 부여할 수는 없다는 것을 생각해 보는 것이 좋다.•

나는 뉘벤티트[40]를 읽고 놀랐다. 충격받았다고 해도 좋다. 어떻게 이 사람은, 자연을 만든 이의 지혜를 증명하는 모든 불가사의한 것에 대하여 한 권의 책을 쓰려는 마음이 들었을까? 그의 책이 이 세계만큼이나 컸다 해도, 그 주제를 다 다룰 수는 없었을 것이다. 게다가 세부적인 것에 들어가려 하면 우주 전체의 조화와의 일치라고 하는 최대의 신비가 잡히지 않는다. 생명 있는 유기체의 생성만으로도 인간의 정신은 절망에 빠질 수밖에 없는 것이다. 여러 가지 종(種)들이 서로 혼합되지 않도록 하기 위해 그것들 사이에 자연이 만든 넘을 수 없는 울타리는, 자연의 의도를 더없이 확실히 나타내 보여 주고 있다.[41] 자연은 질서를 확립하는 것만으로는 만족하지 않고, 그 질서가 무엇에 의해서도 깨지지 않도록 확실한 수단을 취한 것이다.

우주에는 어떤 점에서, 모든 존재의 공통 중심으로 간주되지 않는 것은 하나도 없다. 그 존재를 중심으로 하여 다른 모든 것이 서로 목적이 되고 수

• 인간의 부조리도 여기까지 이르면, 그 증거를 제시하지 않는 한 믿지 않는다. 아마토스 루스타누스는, 율리우스 카밀루스가 그 연금술 지식으로 제2의 프로메테우스처럼 만들었다고 하는 1인치 크기의 인간을 확실히 시험관 안에서 본 일이 있다고 말했다. 파라켈수스(르네상스 시대의 유명한 스위스 학자)는, 《사물의 본성에 대하여》 속에서, 그런 소인을 만들어 내는 방법을 가르치며, 소인족·목신(牧神)·반수신(反獸神), 그리고 님프 등은 화학에 의해서 태어났다고 주장하고 있다. 실제로 그런 사실의 가능성을 확증하기 위해서 유기 물질은 불의 열에 견디고 그 분자는 반사로(反射爐) 안에서 생명을 유지할 수 있다고 주장하는 것 외에 해야 할 일이 남아 있는지, 나로서는 잘 모르겠다.

40) Bernard Nieuwentijt(1654~1718) : 네덜란드의 수학자, 의사, 목적론자로서 당대의 사상에 큰 영향을 미쳤다. 그의 《자연의 경이에 의해 증명되는 신의 존재》(1716년)가 1725년에 프랑스어로 번역되어, 루소는 청년 시대에 이것을 읽었다.

41) 루소는 당시의 많은 사람들과 마찬가지로 종(種)의 불변성을 믿고 있었다.

단이 되는 상호 관계를 이루도록 질서 잡혀 있는 것이다. 우리의 정신은 이 무한의 관계 속에서 당혹하여 어찌할 바를 모르는데, 그 관계 중 단 하나도 전체 속에서 융합하거나 섞여 들거나 하지 않는다. 우연히 움직여지는 맹목적인 물질의 구조로부터 이 완전한 조화를 추론하려면, 얼마나 많은 부조리한 가정(假定)이 요구되겠는가? 이 큰 전체의 모든 부분 사이의 관계 속에서 명백히 나타나 있는 통일적인 의도를 부정하는 사람들은, 추상(抽象)이라든가 말의 배열(排列)이라든가 일반 원리, 상징적인 말과 같은 것으로 그들의 억지 이론을 얼버무리려 하는데, 그것은 소용없는 짓이다. 그들이 어떤 수단을 사용하든, 이렇게 변함없는 질서를 유지하고 있는 존재의 체계를, 그에 질서를 부여하고 있는 무언가의 영지(英智)를 생각하지 않고서는 결코 이해할 수 없을 것이다. 수동적인, 즉 죽은 물질이 사물을 느끼는 산 존재를 만들어 낸다는 것, 맹목적인 숙명(宿命)이 지적(知的)인 존재를 만들어 낸다는 것, 생각하지 못하는 것이 생각할 수 있는 존재를 만들어 낸다는 것, 그러한 것은 나의 능력으로는 믿을 수 없다.

따라서 나는 세계는 강하고 현명한 어떤 의지에 의해서 지배되고 있다고 믿는다. 나에게는 그것이 보인다. 아니, 보인다기보다 그것이 느껴진다. 그리고 나에게는 그것을 알 필요가 있다. 그런데 이 세계는 원래 있던 것일까, 그렇지 않으면 창조된 것일까? 만물에는 단 하나의 근원이 있는 것일까? 그렇지 않으면 둘, 셋, 또는 좀더 많은 근원이 있는 것일까? 그리고 그 근원의 본질은 무엇일까? 그런 것에 대해서 나는 아무것도 모른다. 또 몰라도 상관없다. 그런 지식이 나에게 중요한 것이 되어 감에 따라 나는 그것을 획득하기 위해 노력할 것이다. 그때까지 나는 나의 자존심을 불안하게 하는 일은 있어도 나의 행동에 영향을 줄 수는 없는, 그리고 나의 이성(理性)을 가지고서는 풀 수 없는 그런 문제에는 관계하지 않기로 한다.

내가 나의 견해를 가르치고 있는 것이 아니라 다만 그것을 설명하고 있는 것임을 언제나 잊지 말아 주기 바란다. 물질이 영원한 것이든 만들어진 것이든, 그 근원이 수동적인 것이든 능동적인 것이든, 어쨌든 분명한 것은 전체는 하나로서, 오직 하나의 영지(英智)를 나타내고 있다는 것이다. 같은 체계 안에 질서를 이루고 있지 않은 것은 또 하나의 목적, 즉 확립된 질서 속에 모두를 유지한다고 하는 목적을 위해 협력하지 않는 것은, 나에게는 하나도 발견되지 않기 때문이다. 의지(意志)하며 그 의지를 행할 수 있는 존재자, 자신의 힘으로 활동하는 존재자, 그것이 어떤 것이든 우주를 움직이고 만물에 질서를 부여하고 있는 존재자, 이 존재자를 나는 신(神)이라 부른다. 나는 이 명칭(名稱)에 영지(英智)와 힘과 의지의 관념을 통합하여 결부시키고, 그 위에 그 필연적인 결과인 선(善)의 관념을 결부시킨다. 그렇다고 해서 내가 신이라 이름한 존재자가 내게 전보다 한층 더 이해하기 쉬워지는 것은 아니다. 그 존재는, 나의 감관으로부터도 나의 오성(悟性)으로부터도 숨겨져 있다. 신(神)이라는 존재를 생각하면 할수록 나는 점점 더 당혹할 뿐이다. 나는 신이 존재한다는 것, 그것도 그 자신이 스스로 존재한다는 것을 명백히 알고 있다. 나의 존재는 그 존재에 종속해 있으며, 내가 알고 있는 모든 것도 완전히 같은 종속 상태에 있음을 나는 알고 있는 것이다. 나는 이르는 곳마다 그 조화(造化)에 의해 신을 확인한다. 나 자신 안에서 신을 느낀다. 어디를 보아도 나의 주위에는 신이 보인다. 그러나 신을 그 자체로서 생각하려 하면, 또 신이 어디에 있는지, 어떤 것인지, 그 실체가 무엇인지를 알려고 하면 신은 나에게서 떠나 버려, 나의 정신은 혼란되어 아무것도 확인할 수 없게 된다.

자신의 불완전함을 깊이 느끼고 있는 나는, 신과 나와의 관계라는 생각에 의해 신의 본성을 캐도록 강요되지 않는 한 그것에 대하여 논(論)하지 않을 것이다. 신에 대하여 논하는 일은 분수를 모르는 짓이다. 현명한 인간이라면, 그런 경우 두려움을 느끼지 않을 수 없고, 자신이 그런 것에 깊이 파고들도록 태어나지 않았다는 것을 알고 있을 것이다. 신에 대하여 가장 무례한 태도는, 신에 대하여 생각하지 않는 것이 아니라 신을 나쁘게 생각하는 것이기 때문이다.

　　신의 속성 중에서 신의 존재를 이해하는 근거가 되는 속성을 발견한 다음, 나는 나 자신에게로 눈을 돌린다. 그리고 신에 의해 지배되고 내가 검토할 수 있는 사물 속에서 나 자신이 어떤 지위를 차지하고 있는지 생각해 본다. 나는 인간이라는 종족에 속하는 것으로서, 의심할 여지없이 자신이 제1위를 차지하고 있음을 안다. 왜냐하면 나 자신의 의지와 그 의지를 실행하기 위해 사용할 수 있는 도구에 의해, 나는 어떤 것이든 나의 주위에 있는 것들이 물체적인 힘만으로 나의 뜻에 반(反)하여 내게 작용하는 것에 비해 한층 많은 힘을 가지고 나의 주위에 있는 모든 것에 작용할 수 있으며, 임의로 그것들의 작용을 받아들이거나 피하거나 할 수도 있기 때문이다. 또 지성을 가지는 것에 의해 나는 모든 것을 검토할 수 있는 유일한 존재이기 때문이다. 인간을 제외하고, 이 세상에 있는 어떤 존재가 다른 모든 것을 관찰하고, 그들의 운동이나 작용을 재거나 계산하거나 예상할 수 있는가. 그리고 말하자면, 일반적 존재의 의식을 자기의 개별적 존재 의식에 결부시킬 수 있는가. 나는 모든 것을 자신에게 결부시킬 수 있는 유일한 존재이므로, 모든 사물이 나를 위해 만들어졌다고 생각하는 것은 그리 이상한 일이 아니다.

　　따라서 인간은 그가 살고 있는 지상의 왕자(王者)[42]임이 사실이다. 인간은 모든 동물을 길들일 뿐만 아니라 그 산업(産業)에 의해 원소(元素)를 지배한다. 지상에서 인간 외에 원소를 지배할 수 있는 자가 있는가. 또한 인간은 가까이 갈 수 없는 천체조차도 관조(觀照)에 의해 자신의 것으로 한다. 이 지상에서, 불의 사용법을 알고 태양의 힘에 감탄할 수 있는 동물이 인간 외에 또 있다면 보여 주기 바란다. 아아, 나는 여러 존재와 그것들의 관계를 관찰하고 인식할 수 있는 것이다. 질서·아름다움·덕(德)이란 무엇인지를 느낄

---

　　42) 루소는 처음에, "자연의 왕자, 적어도 인간이 살고 있는 지상의 왕자……"라고 쓰고 있었으므로, 그가 지구 이외의 다른 세계에 사는 존재의 가능성을 보류(保留)하고 있었던 것처럼 보인다.

수 있는 것이다. 나는 우주를 관조하고, 그것을 지배하고 있는 자에게로까지 자신을 높일 수 있는 것이다. 나는 선(善)을 좋아하고, 선을 행할 수가 있다. 그런데도 자신을 짐승에 비교해도 좋은 것일까? 비천한 정신[43]이여, 그대를 짐승과 같은 존재로 만드는 것은, 그대의 어두운 철학이다. 아니, 아무리 그대가 자신을 낮추려 해도 소용없다. 그대의 천성은 그대의 원리를 부정하고 있다. 그대의 다정한 마음은 그대의 학설을 배반하고 있다. 그리고 그대의 능력을 악용하고 있는 것 자체가, 그대의 본의와 관계없이 그대의 뛰어난 능력을 증명하고 있는 것이다.

지지할 만한 학설을 가지지 않은 나는, 어떠한 당파의 열광에도 끌려 다니지 않고, 또 종파(宗派)의 수장(首長)이 되는 명예를 열망하지도 않고, 오직 신(神)이 나를 앉혀 준 자리에 만족하고 있는 단순하고 정직한 인간에 지나지 않지만, 신 외에 인간보다 뛰어난 것을 무엇 하나 인정하지 않는다. 따라서 만약 모든 피조물의 질서 가운데 자신의 위치를 선택해야 한다면, 인간 이상의 어떤 것을 선택할 수 있을까?

이런 생각은 나를 득의 양양하게 하기보다는 오히려 나를 감동시킨다. 이 상태는 내가 선택한 것도 아니고, 아직 존재하지 않았던 피조물의 공적에 의한 것도 아니기 때문이다. 자신이 그렇게 뛰어난 자임을 알 때, 나는 그 명예로운 지위를 차지한 것에 기쁨을 느끼지 않을 수 없고, 또 거기에 나를 놓아 준 이를 축복하지 않을 수 없다. 자기 자신으로 돌아가 생각해 보면 곧 나의 마음에는 인간을 만든 이에 대한 감사와 축복의 감정이 생기고, 이 감정으로부터 비로소 은혜로운 신(神)에 대한 존경심이 생겨난다. 나는 지극히

---

43) 이것은 엘베시우스(Helvétius, 1715~71, 프랑스의 철학자·교육사상가)에 대하여 비꼰 말이라고 생각된다. 엘베시우스는 온후한 인품의 학자로, 자선 행위를 많이 한 것으로도 알려진 인물이었으므로, 루소는 엘베시우스의 《정신론》에 설명되어 있는 유물론을 그의 인품에 반(反)하는 것으로 보았다.

높은 힘을 찬양하고 그 은혜에 감격한다. 나에게는 누군가가 이러한 신앙을 가르쳐 줄 필요가 없다. 그것은 자연으로부터 내게 주어진다. 우리를 보호해 주는 이를 존경하고 우리의 행복을 원하고 있는 이를 사랑하는 것은, 자신에 대한 사랑의 당연한 결과가 아닐까?

그러나 다음으로, 인간 속에서 내가 차지하고 있는 지위를 알려고 하여 인간의 여러 신분을 생각하고, 그 신분의 사람들을 생각할 때 내 현재의 지위는 무엇인가? 아, 이 무슨 광경이란 말인가! 내가 보았던 질서는 어디로 가버렸는가? 자연의 광경은 조화와 균형만을 내게 보여 주었는데, 인류의 광경은 혼란과 무질서를 보여 줄 뿐이다. 자연의 모든 요소 사이에는 협조가 지배하고 있다. 그런데 인간은 혼돈 속에 있다. 동물은 행복한데, 그들의 왕인 인간만이 비참한 것이다. 아아, 지혜(智慧)의 신이여, 어디에 당신의 규칙이 있는가. 오오, 신의 섭리(攝理)여, 이것이 당신이 세상을 다스리는 규칙인가. 은혜로운 존재자여, 당신의 힘은 어떻게 되었는가. 나는 지상에서 악을 보고 있다.

좋은 친구여, 그대는 믿겠는가. 이러한 어두운 고찰과 명백한 모순으로부터, 이제까지의 나의 연구에서는 얻어질 수 없었던 영혼에 대한 숭고한 관념이 나의 정신 속에 만들어지게 되었던 것이다. 인간의 본성에 대하여 사색했을 때, 나는 거기에서 명백히 다른 두 가지의 원리를 발견했다. 하나는 인간을 높이고 영원한 진리를 연구하게 하며, 정의(正義)와 도덕적인 미(美)를 사랑하게 하고, 그 관조(觀照)가 현자(賢者)의 가장 큰 기쁨이 되는 지적(知的)인 세계를 향하게 한다. 그러나 다른 하나는 인간을 그 자신의 천한 면으로 끌어내려, 관능의 지배에 굴복시키고, 관능의 노예인 정욕에 예속시켜, 전자의 원리로부터 생겨나는 감정이 인간에게 느끼도록 하는 것을 모두 정념에 의해서 방해받게 한다. 이 두 상반(相反)하는 충동에 끌려 고민하고 있는 자신을 알고, 나는 이렇게 중얼거렸다. '그렇다. 인간은 단순하지 않다. 나는 어떤 것을 원하면서 원하지 않는다. 나는 자신이 동시에 노예이기도 하며 자유인이기도 함을 느낀다. 나는 선(善)을 알고 선을 사랑한다. 그러면서도 악(惡)을 행한다. 이성에 귀를 기울일 때의 나는 능동적이지만, 정념에 끌리고 있을 때의 나는 수동적이다. 그리고 내가 굴복했을 때 무엇보다도 견디기 어려운 고통은, 나는 저항할 수도 있었는데 하고 느끼는 것이다.'

젊은이여, 나의 말을 믿는 것이 좋다. 나는 어디까지나 정직하게 말하고 있으니까, 양심이 편견의 소산(所産)이라면, 나는 확실히 잘못되어 있는 것이 되고, 도덕이라는 것은 모르는 것이 된다. 그러나 무엇보다도 자신을 사랑하는 것이 인간의 자연적인 성향이며, 그 위에 기본적인 정의감이 선천적인 것이라면, 인간을 단일(單一)한 존재로 생각하는 사람에게 이 모순을 제거해 달라고 하고 싶다. 그러면 나도 오직 하나의 실체만을 인정하게 될 것이다.

나는 이 '실체' 라는 말을, 일반적으로 말해 무언가 본원적인 성질을 갖춘 존재, 모든 특수한, 즉 2차적인 변형이 행해지지 않은 존재로 이해하고 있음을 유의하기 바란다. 따라서 우리가 알고 있는 모든 본원적인 성질들이 어떤 한 존재 안에 통합되는 것이라면, 우리는 오직 하나의 실체만을 확인하게 된다. 그러나 서로 배척하는 성질이 있다면, 그렇게 서로 배척하는 것을 생각할 수 있는 것과 같은 만큼의 여러 실체가 있게 된다. 이런 것에 대해서는 나중에 잘 생각해 보기 바란다. 나로서는 로크가 어떤 말을 했든 물질을, 연장성(延長性)이 있는 것, 분할 가능한 것으로서 확인하기만 하면, 물질에는 사고(思考)하는 힘이 없음을 확신할 수 있다. 그러므로 한 철학자가 내게 와서 '나무가 느끼고 바위가 사고한다.' 와 같은 말을 하여,[●] 그 교묘한 논리로

● '바위가 사고한다' 고 말할 정도가 아니다. 근대 철학은 반대로, '인간은 전혀 사고하지 않는다' 는 것을 발견한 것처럼 생각된다. 근대 철학은, 자연 속에서 감각 능력을 가진 존재밖에 인정하지 않게 되어 있는 것이다. 이 철학이 인간과 돌 사이에서 발견하고 있는 차이는 기껏해야, 인간은 감각을 경험하는 감각 능력을 가진 존재인 것에 반하여, 돌은 그런 경험을 하지 않는 감각 능력을 가진 존재라는 것이다. 그러나 어떠한 물질도 감각한다는 것이 진실이라면, 감각적인 단위 내지는 구체적 자아를 나는 어디에서 생각하면 좋을까? 물질의 각 분자 속에서 생각해야 할까, 그렇지 않으면 통일체 속에서 생각해야 할까? 그 단위(單位)를 액체에서도, 고체에서도, 혼합물에서도, 모든 원소에서도 똑같이 확인하면 될까? '자연 속에는 개체(個體)밖

나를 당혹시켜도, 그것은 아무 소용이 없는 짓이다. 나는 그 철학자를 부정직한 궤변가로 간주할 뿐이다. 그런 철학자는, 인간에게서 영혼을 확인하기보다는 돌멩이에서 감정을 확인하고 싶어 하는 것이다.

소리라는 것을 귀로 느껴 본 일이 없는 귀머거리가 소리의 존재를 부정한다고 하자. 나는 그의 눈앞에 하나의 현악기를 놓고, 그의 눈에 보이지 않는 또 하나의 악기로 같은 음(音)을 울린다. 귀머거리는 현(絃)의 진동을 본다. 나는 그에게, "그것을 진동시킨 것은 소리다."라고 말한다. "그럴 리가 없다."고 귀머거리는 대답한다. 그리고 그는, "현의 진동의 원인은 현 그 자체안에 있다. 이런 식으로 진동하는 것은 모든 물체에 공통하는 성질이다."라고 덧붙인다. 나는 그에게 말한다. "그럼, 다른 물체로 이런 진동을 보여 달라. 그렇지 않으면 적어도 이 현(絃) 속에 있다는 그 진동의 원인을 나타내 보여 달라."고. 귀머거리가 대답한다. "그것은 할 수 없다. 그러나 어떻게 해서 이 현이 진동하는지 모른다고 해서, 내가 그에 대해 아무런 관념도 가지고 있지 않은, 당신이 소리라고 부르는 것에 의해서 그것을 설명할 필요가

에 없다.'고 사람들은 말한다. 그러나 그 개체란 무엇인가? 이 돌은 개체인가, 그렇지 않으면 개체의 통일체인가? 돌은 단지 한 개의 감각적 존재인가, 그렇지 않으면 그 속에 모래 알갱이처럼 많은 감각하는 존재를 포함하고 있는 것일까? 기본적인 원자 하나하나가 각각 감각 능력을 가진 존재라면, 한편이 다른 편 안에서 자신을 느끼고 그 결과, 두 자아가 하나로 융합하는 저 내면적인 교감(交感)을, 나는 어떻게 생각하면 좋을까? 인력(引力)은 그 신비가 우리에게 알려져 있지 않은 자연 법칙인지도 모른다. 그러나 우리는 적어도 인력은 물량(物量)에 따라 작용하고, 연장성(延長性) 및 분할 가능성(分割可能性)과 양립하지 않는 것은 아무것도 가지지 않는다고 생각한다. 감각에 대해서도 이와 같은 것을 당신들은 생각하고 있는 것일까? 감각력의 어떤 부분에는 연장(延長)이 있다. 그러나 감각적 존재는 분할할 수 없는 하나의 것이다. 즉, 그것을 부분으로 나눌 수는 없다. 그것은 전체이거나 무(無)이다. 따라서 감각적 존재는 물체가 아니다. 유물론자들이 그것을 어떻게 이해하고 있는지 나는 잘 모르지만, 그들로 하여금 사유(思惟)를 부정(否定)하게 하는 곤란(困難)은, 마찬가지로 감정도 부정시키리라고 생각된다. 그리고 첫 발짝을 내디디면서, 어째서 두 번재 발짝을 내디뎌서는 안되는지, 나는 알 수가 없다. 그렇게 했댔자, 이 이상 그들에게 어떤 괴로움이 있을 것인가. 그리고 '나는 사고하지 않는다'고 확신하고 있는 그들이, 어떻게 '나는 느낀다'고 감히 말하는가.

어디에 있는가. 그것은 영문을 알 수 없는 사실을 더욱 영문을 알 수 없는 원인에 의해서 설명하는 것이다. 당신이 말하는 소리라는 것이 내게 느껴질 수 있도록 해 보라. 그렇지 않으면 나는 그런 것은 존재하지 않는다고 말할 수밖에 없다."

사고(思考)와 인간 정신의 본성에 대하여 생각하면 할수록, 유물론자의 생각은 이 귀머거리의 생각과 비슷하다는 것을 잘 알 수 있다. 실제로 유물론자에게는, 귀를 기울이지 않고는 배겨 낼 수 없는 내면의 소리가 들리지 않는 것이다. '기계는 사고(思考)하지 않는다. 동작도 가지지 않거니와 반작용을 낳는 형상(形象)도 가지지 않는다. 네 안에 있는 어떤 것이, 그것을 속박하고 있는 그물을 끊으려 하고 있는 것이다. 공간은 너를 재는 척도가 되지 못한다. 우주 전체도 네게는 그리 큰 것이 아니다. 너의 감정, 너의 욕구, 너의 불안, 너의 오만함조차 네가 묶여 있다고 느끼는 그 옹색한 육체와는 다른 근원을 가지고 있는 것이다.'

물질적인 존재는 결코 스스로 행동하지 못하지만, 나는 스스로 행동한다. 다른 사람들이 아무리 부정하려 해도 나는 그렇게 느끼고 있으며, 내게 소곤거리는 이 느낌은 그에 반대하는 논리보다 강하다. 내게는 몸이 있어서, 거기에 다른 물체가 작용해 온다. 나의 몸도 그 물체들에 작용한다. 이 상호적인 작용은 의심할 수 없다. 그러나 나의 의지는 나의 감관으로부터 독립해 있다. 나는 동의하거나 저항하거나 하며, 굴복하거나 극복하거나 한다. 그러나 나는, 자신이 하고 싶은 일을 하고 있을 때에도, 자신의 정념에 져서 마지못해 하고 있음에 지나지 않을 때에도, 그것을 완전히 의식하고 있다. 내게는 언제나 무언가 원하는 힘은 있지만, 그것을 실행하는 힘은 꼭 있다고는 할 수 없다. 유혹에 지는 경우, 나는 외부의 사물의 힘에 의해 움직이게 된다. 그런 약함에 대하여 자신을 책망하고 있을 때에는 자신의 의지에만 귀를 기울이고 있는 것이다. 나는 나쁜 일을 하고 있을 때에는 노예이지만, 후회하고 있을 때에는 자유로운 인간이다. 자유의 감정이 내게서 사라져 가는 것은 내가 타락할 때와, 내가 영혼이 육체의 권위에 대해 비난의 소리를 높이는 것을 침묵시킬 때뿐이다.

내가 의지를 의식하는 것은, 나 자신의 의지를 의식하고 있기 때문임에 지나지 않는다. 그리고 오성(悟性)도 나에게는 의지 이상으로 잘 알려져 있는 것이 아니다. 누군가가 내게 '어떤 원인이 당신의 의지를 결정하는가? 하고 묻는다면 나는 '어떤 원인이 당신의 판단을 결정하는가?' 하고 반문하겠다. 이 두 원인은 하나임이 분명하기 때문이다. 그리고 인간이 그 판단에서 능동적이라는 것과 인간의 오성이란 비교하거나 판단하거나 하는 힘에 지나지 않는다는 것을 잘 이해하면, 인간의 자유 또한 그와 같은 힘에 지나지 않는다는 것을, 혹은 거기에서 파생하고 있다는 것을 알 것이다. 인간은 진실과 거짓을 판단할 때에는 선이나 악 가운데 하나를 선택하게 되는데, 판단을 그르치면 선택도 그르친다. 그러면 인간의 의지를 결정하는 원인은 무엇인가? 그것은 그의 판단이다. 그럼 판단을 결정하는 원인은 무엇인가. 그것은 그의 지적(知的) 능력, 즉 판단하는 능력이다. 결정하는 요인은 인간 자신의 안에 있다. 나로서도 그 이상은 알 수가 없다.

확실히 나는, 자신의 행복을 원하지 않을 만큼 자유롭지 않으며, 자신의 불행을 원할 만큼 자유롭지도 않다. 나의 자유는 나에게 좋은 것, 또는 내가 좋다고 생각하는 것밖에 나로서는 원할 수 없다는 사실, 나에게 관계없는 것은 어떤 것도 나의 마음을 결정하게 할 수 없다고 하는 그런 사실 속에 있다. 내가 나 이외의 어떤 것도 될 수 없다고 해서 내가 나 자신의 주인이 아니란 말이가?

모든 행동의 근원은, 자유로운 존재자의 의지에 있다. 거기에서부터 더 위로 거슬러 올라갈 수는 없다. 전연 의미가 없는 것은, '자유'라는 말이 아니라 '필연'이라는 말이다. 능동적인 근원으로부터 생기는 것이 아닌 그 어떤 행위나 그 어떤 결과를 가정하는 것은, 원인이 없는 결과를 가정하는 것에 지나지 않는다. 그것은 악순환으로 떨어지게 된다. 최초의 충동이라는 것은 전혀 존재하지 않거나, 모든 최초의 충동은 그에 앞선 어떤 원인도 가지지 않거나이다. 그리고 자유가 없는 곳에 참 의지는 없다. 따라서 인간은 그 행동에서 자유이며, 자유로운 자로서, 비물질적(非物質的)인 실체에 의해서 생명을 부여받고 있다. 이것이 나의 제3의 신조[44]이다. 계속해서 일일이 열거하지 않아도, 자네는 이제까지의 세 가지 기본적인 신조로부터 그밖의 나의 신조를 모두 쉽게 끌어낼 수 있을 것이다.

인간이 능동적이며 자유롭다면, 그는 스스로 행동한다. 인간이 자유로 행한 것은 모두 신의 섭리에 의해 정해진 체계 안에 들어가지 않으므로 신의 탓으로 할 수 없다. 신은 인간이 신으로부터 부여받은 자유를 남용하여 나쁜 짓을 하는 것을 원하지 않는다. 그러나 신은 인간이 나쁜 짓을 하는 것을 방해하지 않는다. 그것은 인간 같은 무력한 존재가 저지르는 악은, 신의 눈으로 보면 무의미한 것이기 때문인지도 모르고, 혹은 그것을 방해하면, 인간의 자유를 구속하여 한층 큰 악을 초래하게 하여 인간의 본성을 더욱 미천한 것으로 만들게 되기 때문인지도 모른다. 신은, 인간이 스스로 선을 선택하고 악을 배척하도록, 인간을 자유로운 존재로 만든 것이다. 신은, 인간에게 여러 가지 능력을 부여하고, 그 능력을 바르게 사용하여 이 선택을 할 수 있도록 해 주었다. 그러나 신은 인간의 힘을 제한해 놓았으므로, 인간이 신으로부터 허락받은 자유를 아무리 남용해도, 인간은 전체 질서를 혼란시키지는 못한다. 인간이 행하는 악은 자신에게로 되돌아올 뿐, 그것이 세계의 조직을 변하게 하거나 인류가 존속하는 것을 방해하거나 하지는 않는다. '나쁜 짓을 하는 것을 말려 주지 않으니까……' 하고 신에게 불평하는 것은, 신이 인간을 뛰어난 본성을 가진 존재로 만든 것, 인간을 고귀한 존재로 하는 도덕

---

44) 이상의 세 신조를 요약하면, 첫째, 어떤 의지를 가진 존재〔신(神)〕가 물질 세계를 움직이고 있다. 둘째, 신의 영지(英智)는 세계의 운동에 일정한 질서를 부여하고 있다. 셋째, 인간에게는 행동의 자유가 있고, 따라서 인간의 정신은 물질과는 다른 본질을 가진다.

성을 인간의 행동에 부여한 것, 미덕에 대한 권리를 부여한 것, 그런 것들에 대하여 불평하는 것이다. 최고의 행복은, 자기 자신에게 만족하는 데에 있다. 우리가 지상에 놓여져 자유를 부여받고 있는 것은, 정념에 유혹당하면서도 양심에 의해 만류되는 것은, 그런 자기 만족을 즐길 수 있는 자가 되기 위해서이다. 신의 힘으로써도, 우리를 위해 더 이상 무엇을 할 수 있었겠는가. 우리의 본성을 모순되게 해 놓고서, 나쁜 일을 할 능력이 없는 자에게 좋은 일을 했다고 상(賞)을 줄 수 있었겠는가? 무슨 말인가. 인간이 사악해지지 않도록 하기 위해, 인간을 본능에만 묶어 두어 멍청이로 만들 필요가 있었다는 말인가. 그럴 리가 없다. 나의 영혼의 신이여, 당신과 마찬가지로 내가 자유롭고 선량하고 행복한 자가 될 수 있도록 나를 당신의 모습과 비슷하게 만든 것에 대하여, 나는 결코 당신을 비난하지 않을 것입니다.

우리가 비참한 자가 되고 악인이 되는 것은, 우리의 능력을 잘못 사용하기 때문이다. 우리의 슬픔이나 고민이나 괴로움은 우리 자신으로부터 생긴다. 정신적인 악은 의심할 여지 없이 우리가 만들어 낸 것이다. 그러나 육체적인 악〔病苦〕도, 우리로 하여금 그것을 고통스럽게 느끼도록 하는 우리의 부덕(不德)이 없으면, 아무런 괴로움이 되지 않을 것이다. 자연이 우리에게 여러 가지 욕구를 느끼게 한 것은, 우리의 몸을 보호하기 위해서가 아닌가. 몸의 고통은, 몸의 상태가 좋지 않다는 증거이며, 좋지 않은 상태를 경계하라고 하는 경고가 아닌가. 죽음은……. 악인들은 그들 자신의 생명과 우리의 생명을 해치고 있는 것이 아닌가. 영원히 살고 싶다고 생각하는 자가 어디에 있을까. 죽음은 당신들이 스스로 만들어 내고 있는 악을 고치는 약이다. 자연은 당신들로 하여금 언제까지나 고통받게 하지는 않을 것이다. 원시적으로 단순한 생활을 하고 있는 인간은 고통에 번민하는 일이 얼마나 적을까. 그런 인간은 마음의 병을 앓는 일도 없으며, 육체의 병도 앓지 않고 산다. 또 죽음을 예감하는 일도 없고, 두려워하는 일도 없다. 죽음을 느낄 때에는, 그의 고통들이 그로 하여금 죽음을 원하게 만든다. 따라서 그에게는 죽음은 불행이 아니다. 만약 우리가 있는 그대로의 자신에 만족한다면 우리는 자신의 운명을 한탄하는 일이 없을 것이다. 그런데 우리는, 공상적인 행복을 구(求)하여, 여러 가지 현실의 불행을 초래하고 있다. 아주 작은 고통도 견디지 못하는 자는, 많은 고통을 받을 것을 각오해야 한다. 사람들은 방탕한 생활로 몸을 손상해 놓고는 약으로 건강을 회복하려 한다. 지금 느끼고 있는 병에 앞일을 두려워하여 더욱 고통을 크게 한다. 죽음의 예상(豫想)은, 죽음을 두려운 것으로 느끼게 하고, 그것에 급히 이르게 한다. 죽음에서 벗어나고 싶다고 생각하면 할수록 죽음을 한층 가까이 느끼게 된다. 이렇게 하여 사람은, 일생 동안 자연에 거역했기 때문에 스스로 초래한 악(惡)을 자연의 탓으로 돌려 투덜대면서, 죽음에 대한 두려움 속에서 일생을 보낸다.

인간이여, 악을 초래하는 자를 찾을 필요가 없다. 악을 초래하는 자, 그것은 바로 그대 자신이다. 그대가 행하고 있는 악, 혹은 그대가 괴로움을 받고 있는 악 외의 악은 존재하지 않으며, 그들 악은 어느 것이나 그대 자신으로부터 생기는 것이다. 보편적인 악은 무질서한 상태에서만 있을 수 있는 것이지만, 나는 세상의 질서 속에서 결코 바뀌는 일이 없는 어떤 질서를 본다. 특별한 경우의 악은 그것을 경험한 사람들의 마음속에만 있는데, 이 감정은 인간이 자연으로부터 받은 것이 아니라 인간이 스스로 자신에게 준 것이다. 생각해 본 일이 없기 때문에 과거의 추억도 없으며 미래의 예상도 가지지 못한 자에게는 고통도 거의 영향을 미치지 않는다. 우리의 해로운 진보를 멈추면, 우리의 오류와 부덕(不德)을 버리면, 인간이 만든 것을 버리면, 모두가 잘될 것이다.

모두가 잘 되어 가면, 부정(不正)한 것은 아무것도 없다. 정의는 선과 따로 떼어 생각할 수 없다. 그런데 선(善)은, 어떤 무한한 힘과 자기를 의식하는 모든 존재의 본질적인 자기애(自己愛)의 필연적인 결과이다. 전능한 신은 자기의 창조물과 똑같은 모습으로 그들 속에 잠입한다. 창조해 내고 유지해 가는 일은 힘의 끊임없는 행위이다. 그 힘은, 존재하지 않는 것에 대해서는 작용하지 않는다. 신은 죽은 자의 신이 아니다. 신은 자신을 손상하는 일 없이 파괴자가 되고 사악한 자가 될 수는 없다. 전지 전능(全知全能)한 존재는 좋은 일밖에 원할 수 없다. • 따라서 더없이 전능하기 때문에 더없이 선(善)한 존재자는, 더없이 바른 자이기도 한다. 그렇지 않으면 그는 스스로 모순에 빠지게 된다. 질서를 낳는 질서에의 사랑이 '선(善)'이라 불리는 것이며, 질서를 유지해 가는 질서에의 사랑이 '정의(正義)'라 불리는 것이다.

'신은 자신의 창조물에 대하여 아무런 의무도 가지지 않는다.'고 사람들은 말한다. 나는, '신은, 모든 피조물들에게 존재를 부여하던 당시 그들에게 약속한 모든 것에 대하여 그들에게 의무를 지고 있다.'고 생각한다. 신이 그들에게 선(善)의 관념을 준 것, 그들에게 선의 필요를 느끼게 한 것은 그들에게 선을 약속한 것이다. 내가 자신 안에 깊이 침잠하면 할수록, 또 스스로 반성하면 할수록, 나의 정신에 기록되어 있는 '바르게 살라, 그러면 그대는 행복해지리라.'라는 말이 한층 명백해진다. 그렇게 말은 하나, 현실의 상태를 보면, 그것과는 아주 동떨어져 있다. 악인은 번영하고, 바른 사람은 박해받고 있다. 보라, 바르게 살면 행복해질 것이라는 기대가 무너져 버렸을 때, 얼마나 격렬한 분노가 우리의 마음에서 불타 오르는가를! 양심은, 자기를 창조해 낸 자에 반항하여 일어서고 불평을 말한다. 양심은 그 창조자를 향해 울부짖는다. '당신은 나를 속였다!'고.

'내가 너를 속였다고! 어리석은 자여, 누가 그런 말을 너에게 했는가. 너의 영혼은 파멸했는가. 너는 존재를 잃었는가. 아아, 브루투스여, 아아, 나의 아들이여, 너의 고귀한 생명이 끝나 가는 마당에 그것을 더럽혀서는 안된다.

● 고대인은 지고(至高)의 신을 Optimus Maximus〔최대의 선(善)〕라 불렀는데, 그들이 그렇게 부른 것은 참으로 지당하다. 그것을 Maximus Optimus〔최선(最善)의 힘〕라 불렀다면, 한층 정확히 말한 것이 된다. 신의 선성(善性)은 그 힘으로부터 나오니까. 신은 위대하기 때문에 선(善)한 것이다.

너의 희망과 명예를 너의 육체와 함께 필리피 들〔野〕에 버려서는 안된다.[45] 어째서 너는, 미덕이 아무런 의미가 없는 것이라고 말하는가. 너는 이제부터 너의 미덕에 대한 보답을 받을 것인데. 너는, 너 자신이 죽어 가고 있다고 생각하고 있는데, 그렇지 않다. 너는 이제부터 사는 것이다. 그리고 나는 너에게 약속한 모든 것을 해 줄 것이다.'

인내심이 부족한 사람들이 불평하는 것을 들으면, '신은, 아직 아무런 공적도 없는 그들에게 상을 주어야 한다, 그들의 미덕에 대하여 가불(假拂)을 해 주어야 한다.'고 말하는 것 같다. 아아, 먼저 선량한 인간이 되자. 그러면 행복해질 것이다. 승리하기 전에 상을 바라거나, 일을 끝내기 전에 보수(報酬)를 바라거나 해서는 안된다. "우리가 신성한 경기의 승리자에게 명예로운 관(冠)을 씌워 주는 것은, 경주로(競走路) 안에서가 아니라 경주로를 완전히 다 뛴 다음이다."[46]라고 플루타르크는 말했다.

영혼이 비물질적인 것이라면, 그것은 육체가 멸(滅)한 다음에도 살아 남게 된다. 이와 같이 육체가 멸한 다음에도 영혼이 살아 남는다면 신의 섭리(攝理)의 바름이 증명된다. 설령 영혼의 비물질성에 대하여, 이 세상에서 악인의 승리와 바른 사람의 박해밖에 달리 증거가 발견되지 않는다 해도, 그래도 나는 의심하지 않을 것이다. 그러나 우주의 조화 속에서 보여지는 엄청난 부조화는, 나로 하여금 그것을 해결하도록 노력하게 한다. 나는 생각한다. '우리에게서, 모든 것은 생명과 함께 끝나는 것이 아니라 모든 것은 죽음과 함께 질서로 복귀하는 것이다.' 라고. 그렇다고 해서, '우리가 감관을 통해 인간에 대해 알고 있는 모든 것이 사멸해 버리는 그때, 인간은 대체 어떻게

---

45) 브루투스는, 마케도니아의 필리피 들에서 옥타비아누스와 안토니우스 군과 싸워 패하고, '덕(德)이여, 그대는 말뿐이구나!' 라고 외치고 자살했다. '아아, 브루투스, 아아, 나의 아들이여' 는 브루투스에 대한 시저의 말인 '나의 아들이여, 너까지 ……!' 를 생각나게 한다.
46) 플루타르크《에피쿠로스의 교설(敎設)에 따라서는 행복하게 살 수가 없다》59.

되는가? 라는 질문에 대한 대답을 한 것은 아니다. 그러나 그 두 실체를 인정한 나에게는 이 문제도 어렵지 않게 된다. 육신의 삶을 살고 있는 동안에는 나는 감관에 의하지 않으면 아무것도 확인할 수 없으므로, 감관의 힘이 미치지 않는 것이 나에게 포착되지 않음은 지극히 당연한 일이다. 육체와 영혼의 결합이 깨어질 때 육체는 분해되고 영혼은 보존된다고 나는 생각한다. 육체의 파괴가 영혼의 파괴를 초래하는 따위의 일이 어떻게 있을 수 있겠는가. 그런 일은 없다. 육체와 영혼은 전혀 다른 성질의 것으로, 견디기 어려운 상태에서 함께 결합되어 있었던 것이다. 따라서 그 결합이 깨지면, 둘 다 그 본연의 상태로 돌아간다. 능동적으로 살아 있는 실체는, 수동적으로 죽은 실체를 움직이는 데에 사용하던 힘을 전면적으로 회복한다. 아아, 슬프게도 나는 자신의 부덕에 의해 너무나 잘 느끼고 있다. '인간은 현세에서는 절반만 살 뿐이다. 즉, 영혼의 삶은 육체의 죽음과 함께 비로소 시작된다' 는 것을.

그러나 영혼의 생활이란 무엇인가? 또, 인간의 영혼은 본질적으로 불멸의 것인가? 나의 한정된 오성은 한계가 없는 것을 전연 포착할 수가 없다. '무한' 이라 불리는 것은 모두 나에게 잡히지 않는 것이다. 내가 무엇을 부정하거나 긍정하거나 할 수 있겠는가. 내가 생각할 수 없는 것에 대해서 어떤 추론을 할 수 있겠는가. 나는, 육체가 멸한 다음에도 영혼이 살아 남는 것에 의해서 질서가 유지된다고 믿고 있다. 하지만 이것만으로 영혼이 언제까지나 살아 있게 되는지 누가 알 것인가. 나는 육체가 각 부분의 분해에 의해 멸해 가고 파괴되어 간다는 사실을 이해하고 있다. 그러나 나는 영혼에 대해서는 그와 같은 파괴 작용을 생각할 수 없다. 그리고 나는 영혼이 어떤 식으로 죽어 가는지 도저히 생각할 수 없기 때문에 그것은 죽지 않는 것이라고 추측한다. 그 추측은 나를 위로해 주며, 거기에는 아무것도 불합리한 것이 없는데, 어째서 내가 그것을 믿기를 두려워하겠는가.

나는 나의 영혼을 의식한다. 감정과 사고(思考)에 의해서 그것을 안다. 또 그 본질이 무엇인가는 알지 못해도, 그것이 존재한다는 것은 안다. 나는 나 자신이 알고 있지 않은 관념에 대하여 추론할 수는 없다. 내가 잘 알 수 있는 것은, '자아(自我)'의 동일성(同一性)은 기억에 의해서만 오래 유지된다는 것과 실제로 동일성을 잃지 않기 위해서는 자신이 지금까지 존재해 온 것을 기억하지 않으면 안된다는 것이다. 그런데 내가 죽은 다음에, 살아 있는 동안 자신이 어떤 자였는가를 생각해 내려고 하면 내가 느낀 것, 따라서 행동한 것도 동시에 생각해 내지 않으면 안된다. 또 이러한 기억이 선인(善人)에게는 기쁨이 되고 악인에게는 괴로움이 될 것을 의심하지 않는다. 이 세상에서는, 여러 가지 격렬한 정념이 내면의 감정을 흡수하여 후회하는 생각을 속인다. 미덕의 실천이 가져오는 치욕이나 불행은, 미덕의 모든 매력을 느끼는 것을 방해한다. 그러나 육체적 관능의 환상으로부터 해방되어, 지고(至高)의 존재자를 기쁜 마음으로 바라보고, 그 존재자로부터 흘러 나오는 영원한 진리를 바라보는 기쁨에 우리가 잠길 때, 질서의 아름다움이 우리의 영혼의 모든 힘에 분명히 느껴질 때, 일찍이 한 일과 하지 않으면 안되었던 일을 비교해 보는 일에 사로잡힐 때, 그때에야말로 양심의 소리는 그 힘과 권위를 회복하게 된다. 그때에야말로 자기 만족감에서 생겨나는 순수한 기쁨과 혐오할 일을 했다고 하는 쓴 회한(悔恨)이, 각자가 스스로 만들어 온 자신의 운명이 어떤 것인지를 압도적인 감정에 의해 확인하게 될 것이다. 아아, 나의 사랑스러운 친구여, 이밖에 행복이나 고뇌의 원천이 달리 또 있는지 어떤지는 나에게 묻지 말기를 바란다. 나는 그런 것은 모른다. 이 현세에서, 우리의 마음을 위로하고, 또 내세에 희망을 가지게 하기 위해서는, 내가 지금 상상하여 그린 이들로 충분하다. '선인(善人)은 보상받을 것이다.' 라고 나는 말하지 않는다. 진짜 선한 사람이 기대할 수 있는 행복으로서, 그 본성에 따라 존재하는 것 외에 무엇이 있을까. 그러나 나는, '선인은 행복해 질 것이다.' 라고 말하리라. 그들을 만든 자와 모든 정의를 행하는 자는, 그들을 느낄 수 있는 존재로 만들었지만, 그들이 괴로워하도록 만든 것은 아니다. 그들은 지상에서 그들의 자유를 악용하지 않았고, 과실(過失)에 의해 그들의 운명을 그르치지도 않았다. 그럼에도 불구하고 그들은 이 세상에서 괴로움을 당하며 살았다. 따라서 저 세상에서는 보상을 받을 것이다. 이 감정은, 인간의 공적에 의거하기보다는 오히려 신의 본질과 불가분의 것으로 생각되는 선성(善性)의 관념에 의거하고 있다. 내가 여기서 가정(假定)하고 있는 것은, 질서의 법칙은 불변하다는 것, 그리고 신은 언제까지나 변하지 않는 존재라는 것, 단지 그것뿐이다.●

'악인이 받는 괴로움은 영구적인 것인가 아닌가?' [47)와 같은 것도 묻지 말기 바란다. 그것도 나는 알 수 없고, 게다가 나는 무익한 문제를 명백히 밝히고 싶다는 헛된 호기심을 가지지 않는다. '악인은 어떻게 되는가' 하는 것이 내게 무슨 상관이 있단 말인가. 그들의 운명에 대해서는 나는 거의 관심을 가지지 않는다. 그럼에도 불구하고 그들이 한없이 괴로움을 받게 된다는 것은 믿기 어려운 일이다. 지고(至高)의 정의〔神〕가 복수를 한다면, 이 세상에 있는 동안에 복수를 할 것이다. 아아, 많은 나라의 국민들이여, 그대들의 잘못이야말로 지고(至高)의 정의가 그대들을 단죄하는 도구인 것이다. 지고의 정의는, 그대들이 스스로 행했던 악을 이용하여 그 벌받아 마땅한 죄를 벌하는 것이다. 선망(羨望)·탐욕·야심으로 좀먹은 그대들의 만족할 줄 모르는 영혼 속에서, 거짓 성공 속에서, 복수심에 불탄 정념이 그대들의 악행을 벌하는 것이다. 지옥을 찾아 저 세상까지 갈 필요가 어디 있는가. 지옥은 이미 이 세상의 악인의 마음속에 존재하는데.

우리의 육체적인 욕구가 느껴지지 않게 되면, 우리의 무문별한 욕망이 느껴지지 않게 되면, 우리의 정념이나 죄도 없어질 것이다. 순수한 정신이

● 저희를 위해서가 아니라, 주여, 오직 당신의 이름을 위해, 오직 당신 자신의 명예를 위해, 아아, 신이여, 우리를 소생시키소서.(구약 〈시편〉 115)〔루소는 17세기말에 제네바에서 나온 〈시편집(詩篇集)〉의 번역을 인용하고 있다.〕

47) 전집판(全集版)에는 '또 그들을 언제까지나 괴로운 상태에 떨어뜨리는 것이 그들을 만든 자의 선성(善性)과 일치하는지 어떤지……' 로 되어 있다.

어떤 악을 행할 수 있겠는가. 아무런 욕구도 없는데 어떻게 사악해질 수 있겠는가. 정신이 우리의 조잡한 감각을 떠나고, 정신의 행복이 다른 존재들의 관조(觀照) 속에 있다면 정신은 선(善)한 것만을 원하게 될 것이다. 그리고 사악하지 않은 자가 어떻게 영원히 비참한 자일 수 있겠는가. 이것이 내가 생각하고 싶은 것인데, 이런 것에 관하여 나는 확실한 생각을 가지고 싶다는 생각은 하지 않는다. 아아, 관대하고 은혜로운 존재자여, 당신이 어떤 것을 명령하더라도, 나는 그 앞에 무릎 꿇으리라. 당신이 악인을 영원히 벌한다면, 나는 당신의 정의에 나의 무력한 이성을 맡기리라. 그러나 그러한 불행한 사람들의 회한(悔恨)이 세월과 함께 사라져 가는 것이라면, 그들의 괴로움에 끝이 있다면, 언젠가는 모든 인간에게 똑같이 평안한 마음이 주어지게 된다면 나는 당신을 찬양하리라. 악인도 나의 형제가 아닌가. 나 또한 몇 번이나 그와 똑같은 악인이 되려 하지 않았던가. 원컨대, 그가 불행한 환경에서 해방되고, 그에 따라붙는 사악한 마음도 버리게 하라. 그들도 나와 똑같이 행복하게 하라. 그의 행복은 나에게 질투를 느끼게 하기는커녕 나의 행복을 크게 할 뿐이리라.

이렇게 하여 나는 신의 조화(造化) 속에서 신을 바라보고, 신의 속성 중에서 나에게 꼭 알 필요가 있는 속성을 통해 신을 연구하여, 결국 이 무한한 존재에 대하여 획득하고 있었던 관념, 처음에는 불완전하고 한정되어 있던 관념을 점차로 확대하기에 이르렀다. 그러나 이 관념은, 한층 고귀하고 위대한 것이 되었지만, 인간의 이성(理性)과는 한층 균형이 잡히지 않는 것이 되었다. 정신적으로 영원한 빛에 가까이 감에 따라, 나는 그 빛남에 눈이 부시고 머리가 혼란되어, 그것을 생각할 때 나를 도와 주었던 모든 지상적인 관념을 버리지 않으면 안되었다. 신은 형태를 가진 것, 감각적인 것이 아니었다. 세계를 지배하는 지고(至高)의 영지(英智)는, 세계 그 자체는 아니었다. 이 존재의 본질을 이해하려고 하여 나의 정신을 채찍질해도 아무 소용이 없다. 그 영지(英智)야말로, 살아 있는 능동적인 실체에, 생기(生氣)가 부여된 육체를 지배하는 것에 생명과 활동력을 부여하는 것이다. 이와 같이 생각하는 나는, '나의 정신은 영적(靈的)인 것이며 신은 하나의 정령(精靈)이다' 라는 말을 들을 때, 신의 본질에 대한 모독에 분개한다. 마치 신과 나의 영혼이 동일한 것이고 그 본질이 똑같은 것처럼. 그렇다면 신은 유일한 절대적인 존재, 스스로의 힘으로 느끼고 생각하고 원하는 참으로 능동적인 유일한 존재, 우리가 사상(思想)·감정·활동력·의지·자유·존재를 그로부터 얻고 있는 유일한 존재가 되지 않지 않는가. 우리가 자유로운 것은 신이 그것을 원하기 때문임에 지나지 않고, 설명할 수 없는 신의 실체가 우리의 영혼에 대한 관계는 우리의 정신이 육체에 대한 관계에 있는 것과 같다. 신이 물질·육체·영혼·세계를 만들었다 해도, 그에 대해서 나는 아무것도 모른다. 창조라는 관념은 나를 곤혹스럽게 하고, 나의 능력을 초월하므로, 나는 자신이 이해할 수 있는 한에서 그것을 믿고 있다. 그러나 나는 신이, 우주와 존재하는 모든 것을 만들고, 그 모든 것에 질서를 부여했다는 것을 안다. 의심할 여지 없이 신은 영원히 존재한다. 그러나 나의 정신이 영원이라는 관념을 이해할 수 있을까. 어째서 무의미한 말로써 나 자신을 기만할 필요가 있는가. 나로서 생각할 수 있는 것은, 신은 만물에 우선하여 존재한다는 것, 만물이 존속하는 한 존재할 것이라는 것, 그리고 모든 것이 언젠가 종말을 고하게 될지라도 신은 그후에도 존재할 것이라는 사실이다. 나로서 이해할 수 없는 어떤 존재자가 다른 여러 존재에게 그 존재성(存在性)을 부여하고 있다는 것, 그것은 단순히 난해하고 불가해(不可解)한 것에 지나지 않는다. 그러나 존재와 허무가 서로 자리를 바꾼다는 것은 명백한 모순이며, 확실한 부조리이다.

신은 총명(聰明)하다. 그러나 어떤 식으로 총명한가. 인간은 추론할 때 지성을 사용하지만, 지고의 영지는 추론할 필요가 없다. 그에게는 전제(前提)도 귀결도 없다. 명제조차도 없다. 지고의 영지는 순수하게 직관적으로, 존재하는 모든 것, 존재할 수 있는 모든 것을 똑같이 살펴 보고 있다. 지고의 영지에서는 모든 진리가 하나의 관념에 지나지 않고, 모든 장소도 한 점에 지나지 않으며, 모든 시간도 한순간에 지나지 않는다. 인간의 능력은 수단으로써 발휘되지만, 신의 힘은 그 자체에 의해서 작용한다. 신은 원하면 행할 수 있다. 그의 의지는 곧 힘이다. 신은 선(善)한 존재다. 이 이상 명백한 것은 없다. 그러나 인간의 선이란 자신과 같은 인간에 대한 사랑이지만, 신의 선이란 질서에 대한 사랑이다. 질서에 의해서 신은 존속하고 하나하나의 부분을 전체로 연결시키고 있다. 신은 바르다. 나는 그것을 확신한다. 그것은 신이 선한 존재인 것의 한 결과이다. 인간의 불의는 인간이 만들어 낸 것이지 신이 만들어 낸 것은 아니다. 도덕적인 정의는, 철학자의 눈으로 보면 신의 섭리의 반증(反證)이 되지만, 나의 눈으로 보면 섭리를 증명하는 것에 지나지 않는다. 인간의 정의(正義)는 각 사람이 받을 응분의 대가를 각 사람에게 주는 데에 있지만, 신의 정의(正義)는 그가 각 사람에게 부여한 것에 대하여 각 사람의 책임을 묻는 데에 있다.

설령, 내가 아무런 절대적인 관념도 지니지 않은 이 신의 속성들을 차례차례 인정했다고 해도, 그것은 필연적인 연역에 의한 것이며, 나의 이성의 올바른 사용에 의한 것이다. 그러나 나는, 그 속성들을 이해하지도 못하면서 긍정하니, 그것은 근본적으로 긍정이라고 할 수도 없다. 결국 나는 아무것도 긍정하고 있지 않은 것이다. '신이란 이러이러한 것이다. 나는 그것을 느끼며, 그것을 경험하고 있지 않은가.' 하고 내가 아무리 자신에게 말해 본들 소용없다. 그런다고 해서, 어째서 신이 그런 것인지를 이해하기 쉬워지지는 않는 것이다.

결국 나는, 신의 무한한 본질을 이해하려고 노력하면 할수록 한층 그 본질을 알 수 없게 된다. 그러나 신은 존재한다. 내게는 그것으로 충분하다. 신이 알 수 없게 되면 될수록 나는 신을 숭배한다. 나는 공손히 신에게 말한다. '존재자 중의 존재자여, 나는 당신이 존재하는 까닭에 존재합니다. 당신에 대하여 끊임없이 명상하는 것은, 나의 근원으로 나를 높이는 것입니다. 나의 이성을 가장 훌륭하게 사용하는 방법은, 당신 앞에 그것을 맡기는 것입니다.

거기에는, 정신적인 황홀이 있으며, 자신의 약함과 당신의 위대함에 압도당한 자신을 느끼는 것에서 생겨나는 매력이 있습니다.'

이리하여 감각적인 사물의 인상과, 나의 자연적 명지(明智)에 의해 나로 하여금 원인을 판단하게 하는 내면의 감정에 의해서, 내가 알 필요가 있었던 중요한 진리를 끌어낸 다음, 그로부터 자신의 행동을 위해 어떤 원칙들을 끄집어내야 하는지, 또 나를 지상에 창조한 자의 의도에 따라 이 세상에서 나의 사명을 완수하기 위해서는 어떤 원칙을 스스로에게 과(課)해야 하는지를 탐구하는 일이 내게는 남아 있다. 여기서도 나의 방법에 따라 나는, 그 원칙을 고상한 철학의 원리에서 끌어내지 않고, 자연이 자신의 마음 밑바닥에 지워지지 않는 글자로 기록해 놓은 것을 발견한다. 나는 자신이 하고 싶은 일에 대해서, 자신의 마음에 물어 보는 것으로 충분하다. 내가 좋다고 느끼는 것은 모두 좋은 것이다. 나쁘다고 느끼는 것은 모두 나쁜 것이다. 가장 뛰어난 결의론자(決疑論者)는 양심이다. 그리고 우리가 미묘한 추론의 도움을 비는 것은 양심을 속이려 할 때뿐이다. 모든 배려 중에서 첫째로 해야 할 배려는 자기 자신에 대한 배려이다. 그렇지만 우리가 타인을 희생시켜 자신의 행복을 구하는 것은 나쁜 짓이라고, 내면의 소리가 몇 번이나 우리에게 알려 주었던가. 우리는 자연의 충동에 따르고 있다고 생각하지만, 사실은 자연에 거스르고 있는 것이다. 자연이 우리의 관능에 이야기하는 것에는 귀를 기울이면서 우리의 마음에 이야기하는 것은 무시하고 있는 것이다. 능동적인 존재가 복종하고, 수동적인 존재가 명령하고 있는 것이다. 양심은 영혼의 소리이고, 정념은 육체의 소리이다. 때때로 이 두 소리가 서로 다투는 것은 조금도 놀랄 일이 못된다. 그런 경우 어느쪽 소리에 귀를 기울여야 하는가. 이성은 우리를 속이는 일이 너무나도 많다. 우리가 이성을 의심하는 것은 지극히 당연한 권리이다. 그러나 양심은 결코 우리를 속이는 일이 없다. 양심이야말로 인간의 참 안내자이다. 정신에 대한 양심의 관계는 육체에 대한 본능과 같은 것이다.* 양심에 따르는 자는 자연에 따르는 자이며, 그는 결코 길을 잘못 들 염려가 없다. '이것이 중요한 점이다.' —내가 은인(恩人)의 말을 가로막으려 하는 것을 보고 그는 이렇게 말했다.—' 이 점에 대해서 좀더 자세히 설명할 테니 잘 들어주기 바란다.'

우리 행동의 도덕성은 모두, 우리 자신이 그 행동에 대하여 내리는 판단 속에 있다. 선(善)이 진실로 선이라면, 그것은 우리의 행위 속에서뿐만 아니라 우리의 마음속에도 선이어야 한다. 그리고 정의(正義)에 대한 가장 큰 보상(報償)은, 자신이 그 정의를 실행하고 있다고 느끼는 것이다. 도덕적인 선이 우리의 본성에 어울리는 것이라면, 인간은 선량할 때에만 건전한 정신을

● 저 자신이 이해할 수 있는 것밖에 인정하지 않는 근대 철학은, 아무리 후천적인 지식을 가지지 않은 동물을 어떤 목적으로 인도하는 것처럼 보이는 저 본능이라고 불리는 애매모호한 능력을 인정하고 싶어하지 않는다. 우리 나라의 가장 현명한 철학자의 한 사람〔콩디야크 (Etienne Bonnot de Condillac)를 가리킨다〕의 설명에 의하면, 본능이란, 반성의 사적(私的)인 습관, 즉 반성에 의해서 획득된 습관에 지나지 않는다고 한다. 그런데 그의 이러한 본능 발달의 설명 방법을 보면, 아이들이 어른 이상으로 반성한다고 결론짓지 않을 수 없다. 이것은 정말 검토해 볼 만한 가치가 있는 기묘한 역설이다. 여기서 이 논리에는 끼어들지 않고, 나는 다음의 의문을 제기한다. 나의 개는, 먹지도 않고 두더지들을 열심히 쳐부수려 하거나, 때로는 몇 시간씩 참을성 있게 두더지를 기다린다거나, 두더지가 흙을 밀어올린 순간에 슬며시 잡아, 죽을 때까지 땅에 내리치거나 하는데, 아무도 이 개에게 이러한 사냥의 훈련을 시킨 일도 없고, 두더지가 있는 곳을 가르쳐준 일도 없다. 이러한 열성, 참을성, 교묘함에 어떤 명칭을 부여하면 좋을까? 나는 한 가지 의문을 더 제기한다. 이것은 한층 더 중요한 질문이다. 그 개를 내가 처음으로 위협했을 때, 어째서 그 개는 땅바닥에 납작 엎드려, 발을 접어 구부리고, 그렇게도 나의 마음을 움직이게 하는, 애원하는 듯한 자세를 취하는 것일까? 내가 분노를 누그러뜨리지 않고, 그런 상태에 있는 개를 때렸다고 하면, 개는 결코 그런 자세를 계속 취하려 하지 않았을 테지만. 이 무슨 일인가! 태어난 지 얼마 안되는 아주 작은 개가, 이미 도덕적인 관념을 획득하고 있었단 말인가. 관대한 마음이 어떤 것인지 알고 있었단 말인가. 어떤 후천적인 지혜에 의해서, 이런 식으로 나에게 몸을 맡기고, 나의 마음이 누그러지기를 기대했던 것일까? 어떤 개든, 같은 상황에서는 거의 같은 자세를 취한다. 나는 여기서, 누구나 살펴볼 수 있는 것 이외에는 아무것도 말하지 않았다. 그렇게 경멸하는 투로 본능을 부정하는 철학자들은 그들이 우리가 습득했다고 생각하는 여러 가지 감각과 경험의 역할만으로 이 사실을 설명할 것인가. 양식(良識) 있는 인간이 만족할 수 있도록 설명해 달라. 그것을 설명해 주면, 우리로서는 할말도 없으니, 본능에 관해서는 더이상 말하지 않으리라.

가진 인간, 인격 있는 인간일 수 있음에 틀림없다. 만약 그렇지 않고, 인간이 천성적으로 사악하다면, 사악하지 않게 되면 타락하는 것이 되고, 선량한 인간이 되는 것은 자연에 반(反)한 부덕이 된다. 만약 이리가 먹이를 물어 죽이듯이, 인간이 동료들에게 해끼치도록 만들어졌다면, 동정심 많은 인간은, 불쌍한 것을 아는 이리와 마찬가지로 타락한 동물이 되게 될 것이다. 그리고 덕행(德行)은, 우리로 하여금 양심의 가책을 느끼게 하는 것이 될 것이다.

오오, 젊은 친구여, 우리 자신의 내면을 들여다보자. 개인적인 이해(利害)는 일체 생각하지 않고, 우리의 경향(傾向)이 우리를 어디로 데려가는지 살펴보자. 타인의 괴로움과 행복 중에서, 어느쪽이 우리를 한층 기쁘게 하는가. 친절한 행위와 심술궂은 행위 중에서 어느쪽이 그것을 행한 다음에 즐거운 인상(印象)을 남게 하는가? 연극을 볼 때, 당신들은 어떤 인물에 관심을 가지는가? 악행(惡行)에 기쁨을 느끼는가? 악행을 저지른 사람이 벌받는 것을 보고 눈물을 흘리는가? '나에게 아무런 이해(利害)가 없는 일은 모두 아무래도 좋다.'고 사람들은 말한다. 그런데 전연 반대로, 따뜻한 우정이나 인간애의 표현은, 괴로워하는 우리의 마음을 위로해 준다. 게다가 우리는 즐거운 일을 하고 있을 때조차 함께 즐거워해 주는 사람이 없으면, 아주 고독하고 불쌍한 자가 된다. 인간의 마음에서 도덕성을 전연 찾을 수 없다면, 영웅적인 행동에 대한 저 열광적인 찬미(讚美), 위대한 정신을 지닌 사람들에 대한 저 몰아적(沒我的)인 사랑은 대체 어디에서 생겨난 것인가. 미덕에 대한 그러한 열광은 우리의 개인적인 이해(利害)와 어떤 관계가 있는가. 어째서 나는, 자랑스런 승리자인 시저이기보다 그의 승전보를 듣고 할복(割腹)을 한 카토이고 싶은가. 아름다운 것에 대한 그러한 사랑을 우리의 마음에서 없애 버리면, 인생의 모든 매력을 없애 버리는 것이 된다. 천한 정념으로, 그런 감미로운 감정을 좁은 마음속에 짓눌러 버린 인간, 오로지 자기 자신 안에 움츠리고 있는 동안에 자신 이외의 것에는 사랑을 느끼지 않게 되어버린 인간은, 이미 어떤 일에도 감격할 줄을 모른다. 얼어붙은 그의 마음은, 이미 환희에 떠는 일이 전혀 없다. 유쾌한 감동에 눈물을 글썽이는 일도 없다. 그는 이미 아무것도 즐길 수 없다. 이러한 불쌍한 인간은, 이미 아무것도 느끼지 못한다. 그는 살아 있다고 할 수도 없다. 그는 이미 죽어 있는 것이다.

그러나 이 지상에 아무리 많은 악인이 있다 하더라도, 자신의 이해(利害)만을 생각하여 바른 일, 좋은 일에 전연 무감각하게 되어 있는 시체 같은 정신은 드물다. 사람이 바르지 않은 일을 기뻐하는 것은, 그것이 자신의 이익이 될 때뿐이다. 그외의 경우에는 언제나, 사람은 죄 없는 자가 보호되기를 바란다. 거리에서 폭력 행위나 부정 행위를 보면 분노의 감정이 마음속에 용솟음치고, 괴로움을 당하고 있는 사람을 구해 주고 싶은 기분이 된다. 그러나 좀더 강한 의무가 우리를 잡아당긴다. 법률이 죄 없는 자를 보호하는 권리를 우리로부터 빼앗아 가는 것이다. 이에 반(反)하여, 무언가 관대한 행위와 고결한 행위가 우리의 눈을 끌었다 하자. 그 얼마나 칭찬하고 싶고 사랑하고 싶어지는가. 자기도 그렇게 하고 싶다고 생각하지 않는 사람이 있을까. 이천 년 전의 인간이 악인이었든 선인(善人)이었든, 오늘의 우리에게 확실히 별로 중요한 일은 아니다. 그렇지만 우리가 고대사(古代史)를 읽을 때, 마치 같은 일이 현대에 일어난 것 같은 흥미를 느낀다. 카탈리나[48]의 죄가 나에게 어떤 영향을 미친단 말인가. 내가 그렇게 희생될 염려가 있기라도 한단 말인가. 어째서 나는, 그가 나와 동시대 사람인 것 같은 격렬한 두려움을 느끼는가. 우리가 악인을 미워하는 것은, 그들이 우리에게 해를 끼치기 때문만은 아니다. 그들은 악인이기 때문이다. 우리는 행복해지고 싶어할 뿐만 아니라 다른 사람들의 행복도 원하고 있다. 그리고 다른 사람들의 행복이 우리의 행복을 방해하지만 않으면, 그것은 우리의 행복을 한층 더 크게 한다. 게다가 사람은 불행한 사람들을 보면 동정을 금치 못한다. 그들이 괴로워하는 것을 보면 견디기가 힘들다. 아무리 나쁜 사람이라도, 그런 성향을 완전히 잃어버

---

48) 로마의 공화정 말기에 키케로가 고발한 카탈리나 사건의 주모자.

리는 일은 없다. 때때로 이 성향은 그들을 자기 모순(自己矛盾)에 빠지게 한
다. 나그네의 옷을 빼앗는 산적도 알몸의 가난한 사람에게는 옷을 입혀 주는
일이 있다. 아무리 잔인한 살인범도 정신을 잃고 쓰러지는 사람을 부축해 주
는 일이 있는 것이다.

숨겨진 죄를 은밀히 벌하거나 때로 그것을 폭로해 버리는 회한(悔恨)의
절규가 흔히 화제(話題)가 된다. 아아, 그 집요한 소리를 들은 적이 없는 자가
우리들 중에 있을까. 사람들은 경험에 의해서 말하고 있는 것이다. 그리고
사람들은, 우리에게 그렇게 많은 고통을 주는, 그 거부하기 힘든 감정을 짓
눌러 버리고 싶은 것이다. 자연에 따르기로 하자. 그렇게 하면 우리는, 자연
이 얼마만한 친절함으로써 우리를 지배하고 있는지, 그리고 자연의 소리에
귀를 기울인 다음에는, 자신이 좋은 인간임을 스스로 확인할 수 있는 것에서
얼마나 큰 매력을 발견할 수 있는지를 잘 알게 될 것이다. 사악한 인간은 자
신을 두려워하고 자신을 피한다. 자신의 밖으로 마음을 내던지고야 겨우 쾌
활해진다. 불안한 눈으로 자신의 주위를 둘러보면서 기분 전환거리를 찾는
다. 신랄한 야유나 모욕적인 조소(嘲笑)의 대상을 찾지 못하면, 언제나 우울
할 뿐이다. 사람을 바보로 만드는 일만이 그의 유일한 즐거움이다. 그와는
반대로, 선인(善人)의 명랑함은 내면적인 것이다. 그 웃음은 심술궂은 웃음
이 아니라 기쁨의 웃음이다. 그는 그 근원을 자신 안에 가지고 있다. 그는 혼
자 있거나 많은 사람들 사이에 있거나 쾌활하다. 그는 자기에게 접근하는 사
람들에게서 자신의 만족감을 끄집어내지 않고, 자신의 만족감을 그 사람들
에게 전한다.

세계의 모든 국민에게로 눈을 돌려, 모든 역사를 바라보라. 허다한 비인
간적이고 기괴한 신앙과 놀랄 만큼 가지가지의 풍습이나 특색 속에서, 정의
(正義)와 절도(節度)에 대한 우리와 똑같은 관념이, 선악에 대한 똑같은 관념
이, 이르는 곳마다 발견될 것이다. 고대의 이교(異敎)는 혐오스러운 신들을
만들어 냈다. 그런 신들은, 이 세상 사람이었다면 극악인으로서 벌받을 것이

다. 그들이 최고 행복으로서 그려 보이고 있는 것은, 나쁜 짓을 하거나 정욕을 만족시키거나 하는 일뿐이었다. 그러나 악덕(惡德)이, 신성한 권위로 무장하고 신들의 거처로부터 내려왔지만, 아무런 소용이 없었다. 인간의 도덕적 본능이, 인간의 마음으로부터 그러한 악덕을 물리쳤다. 제우스의 방탕을 축복하면서도 사람들은, 크세노크라테스[49]의 금욕(禁慾)을 찬양했다. 순결한 루크레티아[50]는 음란한 비너스를 숭배했다. 용감한 로마인은 '공포' 의 신에게 제물을 바쳤다. 로마인은, 자기 자신의 아버지를 죽이고, 자기 자식의 손에 의해 죽어간 신[51]에게 기도를 바쳤다. 이 더없이 경멸당해 마땅한 신들이, 이 더없이 위대한 사람들에 의해 숭배되었다. 지상에서는 신들의 목소리보다 자연의 성스러운 목소리가 더 강했고, 마치 죄인과 함께 죄악을 천계(天界)로 추방하고 있었던 것처럼 보였다.

이러한 까닭에, 인간의 정신 밑바닥에는 정의와 미덕의 천성적인 원리가 존재하며, 우리 자신의 준칙이 어떻든, 우리는 이 원리에 입각하여 자신의 행동과 타인의 행동을 좋다든가 나쁘다고 판단한다. 이 원리에 나는 양심이라는 이름을 붙이고 있는 것이다.

그러나 이 말에 대하여, 이른바 현자(賢者)들의 항의의 소리가 사방팔방에서 높아지는 것이 나의 귀에 들려온다. '그것은, 아이 시대의 잘못된 생각이다, 교육으로부터 오는 편견이다!' 라고, 그들은 입을 모아 외친다. "인간

---

49) 크세노크라테스(Xenokratēs)는 그리스의 철인(哲人)으로, 플라톤의 제자. 그의 제자들이 스승을 시험하기 위해 아름다은 유녀(遊女) 라이스를 그의 잠자리에 들여보냈지만, 그는 유혹에 굴복하지 않았다.(몽테뉴《수상록》제2권 제33장)

50) 루크레티아는 기원전 6세기 로마의 정녀(貞女). 고대 로마 최후의 왕 타르퀴니우스의 왕자(王子)에게 능욕당하고, 남편에게 복수해 주기를 부탁하면서 자살했는데, 그로 인해 반란이 일어나, 왕정(王政)이 무너졌다.

51) 사투르누스(Sāturnus) 신. 그리스 신화의 크로노스. 크로노스는, 아버지 우라노스를 죽이고 자신도 또한 아들 제우스에게 죽임당했는데, 로마에서는 사투르누스를 농경의 신으로서 숭배했다.

의 정신 속에 있는 것은, 모두 경험에 의해서 얻어지는 것이며, 무슨 일에 대해서나 우리는 획득한 관념에 의거하여 판단하고 있는 것이다."[52] 그들은 이에 머물지 않는다. 그들은, 모든 국민이 명백히 보편적으로 일치하여 인정하고 있는 것을, 감히 거부하기까지 하는 것이다. 그리고 사람들이 내린 판단의 빛나는 한결같음에 반대하여, 무언가 애매한 예증(例證), 그들만이 아는 예증을, 어둠 속에서 구해 간다. 그것은 마치 자연의 모든 성향이, 한 민족(民族)의 타락에 의해 파괴되어 버렸다는 것과 같고, 괴물이 발견되자마자 정상적인 인류는 벌써 없어졌다는 것과 같다. 회의론자인 몽테뉴는, 어딘가 세계의 한 귀퉁이에서 정의의 관념에 반(反)하는 습관[53]을 파내려 애쓰고 있는데, 그것이 그에게 대체 무슨 도움이 된단 말인가. 가장 저명한 저술가들의 권위도 부정하던 그가 가장 신뢰할 수 없는 여행가들에게 권위를 부여하는 것이, 그에게 대체 무슨 도움이 된단 말인가. 우리가 모르는 국지적(局地的)인 원인에 의거한 몇 가지 불확실하고 기괴한 습관이, 다른 모든 점에서 대립(對立)해도, 오직 이 한 점에서는 일치하는, 모든 국민에 공통된 성향으로부터 이끌어 내어진 일반적인 결론을 뒤집어엎을 수 있을까? 오오, 몽테뉴여! 당신은 정직과 진실을 자랑 삼고 있다. 철학자에게도 그런 것이 가능하다면 진심으로 정직해지는 것이 좋다. 그리고 나에게 대답해 달라. 이 지상에서 성실한 것, 관대한 것, 친절한 것, 고결한 것이 죄악으로 간주되는 나라가 어디에 있는가. 군자가 경멸당하고 비열한 인간이 존경받는 나라가 어디에 있는가.

사람들은 모두 자신의 이익(利益)을 위해 공공의 이익에 협력한다고 말

---

52) 엘베티우스(Helvétius)의 《정신론》 제3편 제4장 참고.

53) "양심의 규정을 우리는 자연에서 생긴다고 말하는데, 그것은 습관에서 생긴다. 사람은 모두, 자신의 주위에서 승인되고 받아들여지고 있는 의견이나 풍습을 마음속에서 존경하고 있으므로, 그로부터 멀어지면 후회하지 않을 수 없고, 반대로 그에 충실하면 사람들한테서 칭찬을 받는다."(몽테뉴 《수상록》 제1권 제23장)

한다. 그렇다면 선인(善人)이, 자기에게 손해가 되는데도 공공의 이익을 위해 협력하는 것은 대체 무슨 까닭일까. 자신의 이익을 위해 죽어 간다는 것은 어떤 것인가. 확실히 사람은 누구나 자신에게 이익이 되는 일을 위해서만 행동한다. 그러나 고려(考慮)해야 할 도덕적인 선이라는 것이 있다면, 자기 이익이라는 것만으로는 악인들의 행위밖에 설명할 수 없을 것이다. 그 이상의 설명을 시도하려 하는 자는 없으리라는 것은 믿어도 좋다. 도덕적인 행위를 이해하는 데에 당혹하게 하는, 또 그러한 행위에 대하여 비열한 의도나 덕성(德性)이 없는 동기(動機)를 조작하지 않으면 곤경에서 벗어나지 못하는 철학, 그리고 소크라테스를 경멸하거나, 레굴루스를 중상(中傷)하거나 하지 않으면 안되는 철학은, 너무나도 혐오스러운 철학이라 아니할 수 없다. 설령, 그런 학설이 우리 사이에 싹텄다 해도 자연은, 그리고 우리의 이성은, 즉시 그에 반대하는 소리를 높여, 그 학파의 단 한 사람에게도, 그 학파의 한 사람으로서 진심으로 변명할 여지를 결코 주지 않을 것이다.

나는 여기서, 형이상학적인 논의에 끼어들고 싶은 생각은 없다. 그것은 나의 능력과 당신의 능력을 넘어서는 일이며, 게다가 그러한 논의는 결국 아무런 결과도 얻을 수 없기 때문이다. 앞에서도 이야기한 바와 같이 나는 당신과 철학을 논할 생각은 없다. 당신이 자신의 마음에 여러 가지를 묶어 밝히는 것을 도와 주려고 생각할 뿐이다. 설령 철학자들이, 나의 생각이 잘못되어 있음을 증명한다고 해도, 내가 바르다는 것을 당신이 느껴 준다면, 나는 그 이상 바라지 않는다.

그러기 위해서는 우리가 선천적으로 가지고 있는 감정과 후천적으로 획득한 감정을 당신으로 하여금 식별하게 하는 것으로 충분하다. 우리는 인식하기 전에 느끼기 때문이다. 그리고 우리는, 자신의 행복을 추구하고 불행을 피하는 기술을 배우는 것이 아니고, 그러한 의지(意志)를 자연으로부터 부여받고 있는데, 그와 마찬가지로, 선(善)에의 사랑과 악(惡)에의 증오는, 우리에게 우리 자신에의 사랑과 마찬가지로 자연적인 것이다. 양심의 섭리는 판단이 아니라 감정이다. 우리의 관념은 모두 우리의 외부에서 오는 것이지만, 그 관념들을 평가하는 감정은 우리의 내부에 존재한다. 그리고 이 감정에 의해서만 우리는, 우리가 스스로 나아가 구해야 하거나 피해야 할 사물들과의 사이에 존재하는 조화와 부조화의 관계를 알 수 있다.

우리에게는 존재한다는 것은 느끼는 것이다. 우리의 감성은, 이론(異論)의 여지 없이 우리의 지성에 선행하므로, 우리는 관념을 가지기 전에 감정을 가지는 것이다. 우리의 존재 원인이 무엇이든, 그것은 우리의 본성에 어울리는 감정을 우리에게 부여하는 것에 의해서, 우리 몸을 보호하는 수단을 부여하고 있다. 그리고 적어도 이런 감정이 선천적인 것임을 부정할 수는 없을 것이다. 이 감정은, 개인적으로는 자기애(自己愛)이며, 고통에의 두려움이고, 죽음에의 공포이며, 안락(安樂)에의 욕구이다. 그러나 이것은 의심할 수 없는 일이지만, 인간은 그 본성으로 보아 사교적이다. 혹은 어쨌든 사교적이 되도록 만들어졌다고 하면, 인류에 관계하는 다른 선천적인 감정에 의해서만 그렇게 될 수 있다. 왜냐하면 육체적인 욕구만 생각한다면, 그것은 인간을 서로 접근시키기는커녕 분명히 분산시켜 버릴 것임에 틀림없으니까. 그런데 양심은 자기 자신과 그 동포에 대한 이 두 종류의 관계에 의해서 만들어진 도덕적 체계로부터 생겨난다. 선(善)을 아는 것이 곧 선을 사랑하는 것은 아니다. 인간은 선에 대하여 선천적인 지식을 가지지 않는다. 그러나 이성(理性)이 그에게 선을 가르치자마자, 양심은 선에 대한 사랑을 그로 하여금 느끼게 한다. 이 감정이야말로 선천적인 것이다.

그러므로 친구여, 나는 이성(理性) 그 자체로부터 독립해 있는 양심이라는 직접적인 원리를, 우리 본성의 몇 가지 결과로서 설명하는 일이 불가능하다고는 생각하지 않는다. 그리고 설령 그것이 불가능하다 해도, 우리에게 꼭 그 설명이 필요하지는 않을 것이다. 전 인류가 인정하고 받아들이는 이 원리를 부정하는 사람들은, 이 원리가 존재하지 않음을 증명하지 않으면서, 그렇게 단정하는 것으로 만족하고 있기 때문이다. 그에 대(對)하여, 우리가 '이 원리는 존재한다' 고 주장할 때, 우리는 그들에 못지않는 충분한 근거와, 또 그 위에 내심(內心)의 증거, 자기 자신을 위해 증언하는 양심의 소리를 가지고 있다. 판단력의 최초의 빛이 우리의 눈을 부시게 하여, 처음에 대상을 확실히 볼 수 없다면, 우리의 시력이 회복되어 확실히 보일 때까지 기다리는 것이 좋다. 그렇게 하면 곧 그 대상은 이성의 빛에 비쳐, 처음에 자연이 우리에게 나타내 보였던 것과 같은 모습으로 보이게 될 것이다. 아니, 오히려 좀더 단순해질 것이다. 자만심을 버리자. 우리 자신 안에서 경험하는 최초의 감정만으로 만족하자. 학문이 우리를 현혹시키지 않으면, 학문은 반드시 우리를 그 최초의 감정으로 되돌아가게 하니까.

양심이여! 양심이여! 신성한 본능이여! 사멸하는 일이 없는 천상(天上)의 소리여! 무지무능(無知無能)하지만 지성을 가진 자유로운 존재의 확실한 안내자여! 선악을 잘못 심판하는 일이 없는 심판자, 인간을 신과 같은 존재로 만들어 주는 이여, 그대야말로 인간의 본성을 뛰어난 것으로 하고, 그 행동에 도덕성을 부여하고 있는 것이다. 그대가 없으면, 나는 규칙이 없는 오성(悟性), 원칙을 가지지 않은 이성(理性)에 의해, 오류에서 오류로 헤매는 슬픈 특권 외에는 짐승보다 높은 곳으로 나를 끌어올려 주는 아무것도 나의 안에서 느끼지 못할 것이다.

다행히도, 이리하여 우리는 철학이라는 저 무서운 장비(裝備)로부터 해방되었다. 우리는, 학자가 되지는 못해도 인간이 될 수는 있다. 윤리학의 연구에 일생을 낭비하지 않아도 되었으므로, 우리로서는 인간의 억견(臆見)으로 얽힌 이 광대한 미궁 속을 안내해 주는, 별로 비용이 들지 않는 아주 확실한 안내자를 찾게 된 것이다. 그러나 그런 안내자가 존재한다는 것만으로는 부족하다. 그 안내자를 인정하고, 그에 따를 수 있어야 한다. 그 안내자가 모든 사람의 마음에 이야기를 할 때, 그 말을 듣는 사람이 매우 적은 것은 도대체 어째서일까. 아아, 그것은 안내자가 자연의 언어로 이야기하기 때문이며, 모든 것이 우리로 하여금 그 자연의 언어를 잊게 하기 때문이다. 양심은 내향적 기질이다. 양심은 세상에서 떨어진 곳과 조용한 생활을 좋아한다. 사교계와 그 야단스러움은 양심을 두려워 떨게 한다. '양심은 편견에서 태어난다.' 고 말하는 사람들의 편견이야말로 양심의 가장 큰 적(敵)이다. 편견을 만나면 양심은 도망치든가 침묵해 버린다. 편견의 떠들썩한 소리는, 양심의 소리를 짓눌러 들리지 않게 한다. 광신(狂信)은 대담하게도 양심의 모습을 빌리고, 그 이름으로써 죄악을 부추긴다. 양심은 어디를 가도 아무도 상대해 주지 않으므로, 마침내 의기소침해져 우리에게 아무것도 이야기하지 않게 되고, 우리의 물음에 대답하려 하지 않게 된다. 그리고 오랫동안 양심을 무시하면, 그것을 쉽게 쫓아낼 수 없었던 것처럼, 쉽게 불러올 수도 없게 된다.

이러한 것을 연구하면서도, 나는 나 자신의 마음이 냉담하게 느껴진 것에 대하여 자신이 싫어진 일이 몇 번이었던가. 비애와 권태가 나의 최초의 사색에 그 독(毒)을 쏟아 부어, 사색을 견디기 어렵게 한 일이 몇 번이었던가. 나의 바짝 말라 버린 마음은, 진리를 사랑하는 일에 아주 약하여, 어설픈 열의밖에 보이지 않았다. 나는 중얼거렸다. '어째서 있지도 않은 것을 찾으려고 이런 괴로움을 당하는가. 도덕적인 선(善)이란 환상에 지나지 않는다. 관능의 즐거움 외에는 아무것도 좋은 일이 아니다' 라고. 아아, 한번 마음의 즐거움에 대한 흥미를 잃으면, 그것을 되찾는 일이 얼마나 어려운가. 한번도 그런 흥미를 가진 일이 없는 경우, 그것을 가지기란 또 얼마나 더욱 어려운 일인가. 만약 자신의 일생 동안에, 돌이켜보아 스스로 만족할 수 있는, 또 보람을 느끼는 일을 한번도 해본 적이 없는 불행한 인간이 있다면, 그 사람은 결코 자신을 알 수 없을 것이다. 그리고 어떤 선이 자신의 본성에 맞는지를 느낄 수 없으므로, 그는 싫든 좋든 언제까지나 악인일 수밖에 없는 영원히 불행한 인간이 될 것이다. 그러나 선행에 마음이 끌린 일이 한번도 없을 정도로 타락한 인간이 단 한 사람이라도 이 지구상에 있으리라고 당신은 생각할 수 있는가? 이 유혹은 지극히 자연스럽고 유쾌한 것이므로, 어떤 경우이든 그것을 거절하는 것은 불가능하다. 이 욕망에 의해 일단 생겨난 기쁨의 추억만으로도, 이 욕망을 끊임없이 생각나게 하는 데에 충분하다. 불행한 일이지만 거기서 만족을 찾는 것이 처음에는 어렵다. 사람들은 여러 가지 이유를 들어, 자기 마음의 움직임에 역행하려 한다. 잘못된 신중함으로, 그 마음의 움직임을 인간 자아(自我)의 한계에 제한하므로, 감히 그 한계를 뛰어넘으려면 대단한 용기와 노력이 필요하다. 선행에 대한 기쁨은 선행에 대한 보수(報酬)이다. 그리고 그 보수는, 그만한 가치 있는 일을 한 후가 아니면 얻을 수 없다. 미덕만큼 사랑스러운 것은 없지만, 그것을 그런 것으로 생각하려면 미덕을 즐겨 보지 않으면 안된다 . 미덕은 그것을 잡으려고 하면, 신화의 프로테우스[54]처럼, 처음에는 여러 가지 무서운 모습으로 나타나지만, 마지막에는 그것을 잡고 놓지 않는 사람들에게만 진짜 모습을 드러낸다.

공동의 이익을 변호하는 나의 자연 감정과, 무엇이든 자아에 입각하여 생각하는 나의 이성(理性), 이 양쪽으로부터 끊임없이 공격받고 있던 나는 만약 새로운 빛이 나의 마음을 비춰주지 않았다면, 또 나의 생각을 굳히게 해준 진리가, 나의 행동을 확실하게 하고, 나를 나 자신과 일치시켜 주지 않았다면, 악을 행하면서 선을 사랑하는, 언제나 나 자신과 모순하는 이 끊임없는 양자 택일 속에서 일생 동안 방황을 계속했을 것이다. 이성(理性)만으로 미덕을 확립하려 해도 소용없다. 이성이 어떤 견고한 근거를 미덕에 부여할 수 있겠는가. '미덕이란 질서에 대한 사랑이다' 라고 사람들은 말한다. 그러나 그 사랑이라는 것이, 쾌적한 생활을 원하는 우리의 마음을 이길 수 있을까? 쾌적한 생활을 원하는 마음보다 이 사랑 쪽을 선택한다는 확실하고도 충분한 이유를 내게 나타내 보여주기 바란다. 결국 사람들이 들고 나오는 모든 원칙은 단순한 말의 유희(遊戱)에 지나지 않는다. 왜냐하면 나 역시, '악덕이란, 다른 의미로 해석하면, 질서에 대한 사랑이다.' 라고 말하기 싫기 때문이다. 감성

---

54) 프로테우스(Proteus)는 《오디세이아》에 나오는 해신(海神). 예언과 변신술에 능하였다고 함.

과 지성이 있는 곳이면 어디에나 얼마간의 도덕적 질서가 있다. 단지, 선인(善人)은 전체의 질서 속에 자신의 질서를 포함시키지만, 악인은 전체의 질서를 자신의 질서 속에 포함시킨다는 것이 다를 뿐이다. 후자는 자신을 모든 것의 중심으로 생각한다. 전자는, 자신의 반지름을 재어 원둘레 위에 머문다.[55] 따라서 선인은, 신이라는 공통의 중심과의 관계에서, 또 피조물이라는 모든 동심원(同心圓)과의 관계에서 질서 지어져 있다. 신이라는 것이 없다면, 악인이 정당하고 선인은 어리석은 자에 지나지 않는다.

아아, 나의 아이여, 인간의 사상이 얼마나 헛된 것인지를 속속들이 알고, 정념의 쓰디쓴 맛을 핥아본 다음에, 마침내 네가 지혜에 이르는 길과, 이 세상 생활에서 괴로움의 가치와 체념하고 있던 행복의 원천을 아주 가까이에서 발견했을 때, 사람이 이제까지 자신을 짓누르던 무거운 짐을 내려놓은 것처럼 얼마나 홀가분한 기분이 되는지, 언젠가 꼭 그대에게도 그런 기분을 맛보게 하고 싶다. 사람들의 부정(不正) 때문에 나의 마음으로부터 거의 사라져버린 자연의 규칙에 의거한 모든 의무가 영원한 정의의 이름 아래 다시금 나의 마음에 새겨진다. 영원한 정의는, 그 의무를 나에게 지우고, 그것을 수행하는 나를 보고 있다. 지금의 나는, 자신 안에 선을 원하고, 선을 행하며, 자기의 의지(意志)에 나의 의지를 협력시키는 것에 의해서, 나의 자유를 바르게 사용하게 하는 것에 의해서, 나를 행복하게 해 주는 전능한 신의 작품과 도구를 느낄 뿐이다. 나는 이 존재자가 확립한 질서에 묵묵히 따르고 언젠가는 나 자신도 이 질서를 즐길 수 있으며, 거기에서 나의 큰 행복을 발견하리라는 것을 확신하고 있다. 모든 것이 선(善)인 체계 속에 자신이 질서 지어져 있다고 느끼는 것 이상으로 유쾌한 일이 어디에 있겠는가. 괴로움으로

---

55) 루소는 즐겨 기하학에서 비유(比喩)를 빌렸는데, 이구절의 의미는 명확하지 않다. 신앙을 원에 비유하여, 선인(善人)은 자신이 있는 곳에서 신에 해당하는 중심을 향한 반지름을 재고 있다는 의미일 것이다.

고통당하면서도 나는 잠자코 그것을 견딘다. '이것은 일시적인 고통으로, 나의 육체가 아닌 다른 육체로부터 생겨나는 것이다.' 라고 나는 생각한다 . 아무도 없는 곳에서 선행을 해도, 신은 그것을 보고 계시다는 것을 나는 알고 있다. 그러므로 이 세상에서의 나의 행동은 저 세상에서의 삶에 대한 저당이다. 무언가 불의에 고통받고 있을 때 나는 이렇게 중얼거린다. '모든 것을 지배하는 정의의 존재자는, 나의 이 고통에 대하여 충분히 보상해 주실 것이다.' 이 존재자는 육체적 욕구, 빈곤 등이 나로 하여금 죽음에 대한 생각을 한층 견디기 쉽게 한다. 죽음의 순간이 되었을 때, 끊지 않으면 안될 고삐가 그만큼 적어질 것이다.

　　어째서 나의 영혼은 나의 관능에 묶여져 있는가. 어째서 나의 영혼은 그것을 예속시켜 구속하고 있는 육체에 매여져 있는가. 그에 대해 나는 아무것도 모른다. 내가 신의 뜻에 참여하고 있을 리가 없다. 그렇지만 나는, 분별을 잃는 위험을 범하지 않고, 조심스러운 추측을 할 수는 있다. 나는 생각한다. '인간의 영혼이 자유롭고 순수한 것으로서 머물러 있다면, 질서가 이미 확립되어 있는 것을 보더라도, 그것을 어지럽히는 것에는 아무런 관심도 가지지 않을 것이다. 그러한 질서를 사랑하거나 지키는 데에 어떤 가치가 있겠는가. 확실히 인간은 행복할 것이다. 그러나 그 행복에는, 최고 단계의 것, 빛나는 미덕과 자신이 선인(善人)이라는 증거가 결여되어 있다. 그런 경우의 인간은, 천사(天使)와 같은 것에 지나지 않는다. 그러나 분명히, 덕 있는 인간은 천사들보다 뛰어나다. 우리의 영혼은, 실로 불가해(不可解)하고 실로 강력한 고삐에 의해 생명이 유한한 육체에 묶여 있다. 때문에 이 육체를 보존해 가려는 배려가, 영혼을 휘몰아 모든 것을 육체에 결부시켜 생각하도록 하여, 일반적인 질서에 반(反)하는 이해(利害)를 영혼으로 하여금 느끼게 한다. 그러나 그럼에도 불구하고 영혼은, 그 일반적인 질서를 알고, 그것을 사랑하는 능력을 가진다. 그리하여 그의 자유를 바르게 사용하는 것은, 공적이 되고 보상이 된다. 영혼은, 자신의 지상적인 정념과 싸워 이겨 자신의 최초의 의지를 관철하는 것에 의해 자신의 영원히 변하지 않는 행복을 가꾸는 것이다.' 라고.

　　이 세상에 있는 동안 우리가 놓여져 있는 낮은 상태에서조차 우리의 본래적인 성향들이 모두 정당하고 우리의 부덕(不德)이 모두 우리 자신으로부터 생겨나는 것이라면, 어째서 우리는 그런 부덕에 굴복당하고 있음을 불평하는가. 어째서 우리는, 우리가 만들어 낸 악과 우리가 자신을 향해 무기를 잡게 한 적(敵)을, 만물을 만든 자의 탓이라 하는가. 아아, 인간을 그릇되게 해서는 안된다. 인간은 애쓰지 않고도 언제나 선량할 수 있고, 후회하는 일 없이 언제나 행복할 수 있다. 남들의 강압에 죄를 범했다고 중얼거리는 죄인은, 악인일 뿐만 아니라 거짓말쟁이이다. 그들이 탄식하는 약함(과실, 過失)이 실은 스스로 초래한 것임을, 어째서 그들은 알지 못하는 것일까. 또 그들의 최초의 타락은 그들의 의지로부터 생겼다는 것, 끊임없이 유혹에 지고 싶기 때문에 마침내 할 수 없이 유혹에 지고, 그것에 저항할 수 없는 것으로 만들었다는 것을, 이째서 그들은 알지 못히는 것일끼? 물론 지금에 와서는, 부정(不正)한 인간, 약한 인간이 되지 않으려 해도 그들 생각대로는 안될 것이다. 그러나 일찍이 그런 인간이 되는 것도 되지 않는 것도 그들의 자유였다. 아아! 우리는, 이 세상에서 참으로 편한 마음으로 자신과 자신의 정념을 지배할 수 없을까. 지배할 수 있다. 우리의 습관이 아직 형성되기 전 우리의 정신이 확장될 때에, 모르는 것을 올바로 평가하기 위해 알지 않으면 안되는 것을 잘 배우기만 하면 된다. 사람들에게 빛나는 모습을 보이기 위해서가 아니라, 우리의 본성에 따라서 선량하고 현명한 인간이 되기 위하여, 우리의 의무를 즐거운 마음으로 실천하기 위하여, 성실히 지혜를 갈고 닦으면 되는 것이다. 그런 공부는 우리에게 지루하고 힘드는 것처럼 보인다. 그것은 우리가 이미 부덕(不德)이라는 독(毒)에 쐬고 정념의 포로가 된 다음에야 그런 공부를 하려고 생각하기 때문이다. 우리는 선악을 분별하기도 전에 판단과 가치 기준이 결정나 버린다. 그리고 모든 것을 그 잘못된 척도에 맞추어 생각하므로, 어떤 것에도 그 정당한 가치를 부여하지 않고 있다.

아직 자유롭지만 불타오르기 쉽고, 침착하지 못하며, 미지(未知)의 행복
에 굶주려 있는 마음이, 호기심에 가득 찬 불안함으로 그 행복을 구하여, 관
능에 속고 이윽고 허무한 행복의 환영(幻影)에 사로잡혀, 있지도 않은 곳에
서 행복을 발견했다고 생각하는, 그런 시기가 인생에는 있다. 나에게는, 그
런 환상이 너무나도 오래 계속되었다. 슬프게도, 그것을 알아차렸을 때에는,
때가 너무 늦었다. 나는 그 환상을 완전히 없애 버릴 수가 없었다. 그 환상의
근원인 이 죽을 운명인 육체가 있는 한, 그것은 언제까지나 계속될 것이다.
단지, 그런 환상이 지금 아무리 나를 유혹해도, 이미 나는 거기에 미혹되지
않게 되어 있는 것이 고작이다. 나는 그 정체를 알고 있다. 환상을 좇으면서
도 , 나는 나 자신을 경멸하고 있다. 나는 거기에서, 행복의 목표를 보지 못하
고 행복의 방해가 되는 것을 본다. 나는 육체의 구속으로부터 해방되어 모순
이 없고 분열(分裂)이 없는 '나' 가 되는 때를, 또 행복하기 위하여 나 자신 이
외의 것이 필요하지 않게 되는 때를 애타게 기다린다. 그러나 나는, 이미 이
세상에서도 행복하다. 나는 이 세상의 모든 불행을 거의 안중에 두지 않고,
이 세상에서의 나의 존재를 거의 아무런 구실도 하지 않는 것으로 간주하고
있는 반면, 이 세상에서 누릴 수 있는 참된 선은 모두 오로지 내게 달려 있기
때문이다.

　　나는 지금에라도 이 행복과 힘과 자유의 상태로 되도록 자신을 높이기
위해 숭고한 관조(觀照)를 행하는 일에 힘쓰고 있다. 나는 우주의 질서에 대
하여 명상한다. 공허한 체계에 의해 그것을 설명하기 위해서가 아니라 끊임
없이 그것을 찬미하기 위해, 그리고 우주 속에 자신의 모습을 드러내는 지혜
로운 창조자를 숭배하기 위해서이다. 나는 그와 교제하고 나의 모든 능력을
그 신성한 본질 속에 삼투(滲透)시킨다. 그의 은혜에 감격하고 그가 주신 것
에 대해 축복한다. 그러나 나는 그에게 아무것도 요구하지 않는다. 내가 무
엇을 요구한단 말인가. 나를 위해 만물의 흐름을 바꾸어 달라고 할 것인가.
나를 위해 기적을 행하여 달라고 할 것인가. 그의 지혜 속에 확립되고 그의

섭리에 의해 유지되고 있는 질서를 사랑하지 않으면 안되는 내가, 나를 위해 이 질서가 어지럽혀지기를 어떻게 바라겠는가. 아니, 그런 분별없는 요구를 하는 자가 있다면 벌을 받아 마땅하다. 나는 또 선(善)을 행할 힘을 주십사고 요구하지도 않는다. 그가 이미 내게 부여한 것을 왜 또 요구하겠는가. 그는 나에게 선을 사랑하게 하기 위해서 양심을, 선을 알게 하기 위해서 이성(理性)을, 선을 선택하게 하기 위해서 자유를 부여하지 않았는가. 만약 내가 악을 행한다면 변명의 여지가 없다. 스스로 그것을 원하여 행하는 것이니까. 나의 의지를 바꾸어달라고 그에게 부탁하는 것, 그것은 그가 나에게 요구할 것을 오히려 내가 그에게 요구하는 것이 된다. 그것은 신으로 하여금 나의 일을 대신하게 하고 그 보수(報酬)는 내가 받으려 하는 것과 같다. 나의 운명에 만족하지 않는 것, 그것은 인간이기를 원하지 않는 것, 현실과는 다른 나를 원하는 것이다. 무질서와 악을 원하는 것이다. 정의와 진리의 근원이신 관대하고 은혜로운 신이여! 당신을 신뢰하는 내 마음의 최고의 소원은, 당신의 뜻이 이루어지는 것이다. 당신의 의지에 나의 의지를 결부시켜, 나는 당신이 하는 일을 한다. 나는 당신의 선의(善意)에 동참한다. 나는 선의 보상(報償)인 지고(至高)의 행복을 이미 누리고 있다고 믿는다.

근거가 정당한 나의 자기 불신 속에서 내가 신에게 요구한다기보다 신의 정의에 기대하는 단 하나의 일은, 내가 잘못을 범하는 경우, 그리고 그 잘못이 내게 위험한 경우, 나의 잘못을 바로잡아 주는 일이다. 성실하기 때문에 자신은 절대로 잘못에 빠지는 일이 없으리라는 따위의 생각은, 나는 하지 않는다. 나에게 더없는 진실이라고 생각되는 견해가 모두 허위일지도 모르는 것이다. 자신의 신념에 집착하지 않는 인간이 있을 수 있는가. 또 모든 것에 대하여 같은 의견을 가지고 있는 인간이 몇 사람이나 있겠는가. 나를 속이는 환상이 나로부터 생겨난다고 해도 어쩔 수 없다. 신만이 나를 그로부터 구제할 수 있으니까. 나는 진리에 도달하기 위하여 최선을 다했다. 그러나 진리의 근원은 내가 닿지 못하는 곳에 있다. 힘이 다하여 더 이상 올라가지 못하는 것은 나의 죄가 아니다. 진리 쪽이 내게로 가까이 와 주지 않으면 안되는 것이다.

선량한 성직자는 격한 어조로 이야기했다. 그는 감동하고 있었다. 나도 마찬가지였다. 나는 신성한 오르페우스[56]가 신들을 찬양하는 태고적 찬미가를 불러, 그 신앙을 사람들에게 가르치는 것을 듣고 있는 듯한 느낌이었다. 그렇기는 하나 나는 그에게 반론을 제기하고 싶은 것이 많이 있었다. 그러나 나는 아무 말도 하지 않았다. 그것은 정확히 표현하기가 어려운 데다가 그만큼 근거가 없었기 때문이며, 또 그의 말에 설득력이 있었기 때문이다. 그가 자기의 양심에 따라 이야기를 진행해 감에 따라 나의 양심은 그가 한 말을 확인해 주기를 원했다. 나는 그에게 말했다.

당신이 지금까지 이야기하신 의견은, 당신이 믿고 있다고 말한 것에 의해서보다는 당신이 스스로 모른다고 인정한 것에 의해서 한층 더 새로운 것처럼 내게는 생각됩니다. 그것은 다소 다른 점이 있을지 모르지만, 유신론(有神論), 혹은 자연 종교(自然宗敎)라고 생각됩니다. 기독교도는 그것을 무신론(無神論), 혹은 무종교(無宗敎)와 혼동하여 생각하려 하는데, 그것은 완전히 반대의 가르침입니다. 나의 현재의 신앙 상태에서는, 당신의 가르침을 받아들이려면, 좀더 낮은 곳으로 내려가지 않고 좀더 높은 곳으로 올라가지 않으면 안되겠습니다. 그리고 당신과 똑같이 현명한 사람이 되지 않는 한, 당신이 현재 서 계시는 곳에 정확히 머물기는 어려우리라 생각합니다. 나는 적어도 당신과 같은 정도로 성실하게 되어서, 나 자신의 마음에 물어보고 싶습니다. 내면의 감정이야말로, 당신의 경우에도 그랬듯이, 나를 이끌어 주겠지요. 그러나 오랫동안 내면의 감정을 침묵시켰던 후에는, 쉽게 그것을 불러 일으킬 수 없다는 것을 당신은 가르쳐 주셨습니다. 나는 당신의 이야기를 마

---

56) 오르페우스(Orpheus)는 고대 그리스의 전설적인 시인 · 음악가. 그 명묘한 음악에 짐승들도 귀를 기울였다 함.

음속에 담아 두기로 하겠습니다. 그것을 나는 잘 숙고해 보지 않으면 안됩니다. 그리고 스스로 충분히 생각한 다음에도 당신과 마찬가지로 변하지 않는 확신을 가지게 된다면, 당신은 내 앞에 나타난 최초의 사도(使徒)가 되겠지요. 그리고 나는 죽을 때까지 당신의 가르침을 지키겠지요. 그건 그렇다 하고, 좀더 상세히 가르쳐 주십시오. 당신은 이제까지, 내가 알아야 할 것들 중에서 절반밖에 이야기해 주지 않았습니다. 계시(啓示)에 대하여, 성경에 대하여, 저 잘 알 수 없는 교리에 대하여 이야기해 주십시오. 아이 때부터 오늘날까지 나는, 아아, 교리를 이해할 수도 믿을 수도 없고, 받아들일 수도 거부할 수도 없이 방황하고 있습니다.

그는 나를 포옹하면서 말했다.

오오, 나의 아이여! 그러면 내가 생각하고 있는 것을 모두 그대에게 이야기해 주겠다. 나도 어설프게 나의 마음을 털어놓고 싶지는 않으니까. 그러나 그대가 그런 희망을 표명해 왔으니 나도 이제 그대에게 모든 것을 이야기해도 지장이 없으리라. 나는 지금까지, 그대에게 도움이 될 것 같지 않은 것, 또 스스로 마음속 깊이에서 확신하고 있지 않은 것은 하나도 그대에게 이야기하지 않았다. 지금부터 검토해야 할 것은, 이제까지보다 훨씬 더 어려운 것이다. 나는 거기에서 혼란과 신비와 애매함만을 확인할 뿐이다. 나는 거기에서 회의와 불신만을 느낄 뿐이다. 나는 온몸을 떨면서 결심한다. 나는 그대에게, 나의 굳은 신념보다는 나의 회의를 이야기하고 싶을 정도이다. 만약 그대의 생각이 좀더 안정된 상태라면, 나는 나의 생각을 그대에게 전하는 것을 주저할지도 모른다. 그러나 그대가 현재 처해 있는 상태에서는, 그대는 나와 똑같이 생각하는 것이 도움이 될 것이다.* 그리고 나의 말에는 이성(理性)의 권위만을 부여해 주기 바란다. 나는 자신이 잘못에 빠져 있는지 어떤

---

* 이것은 이 선량한 사제가 지금 이 시점에서 공중(公衆)을 향해 할 수 있는 말이라고, 나는 생각한다.

지 모른다. 사람이 토론할 때에는 때로 독단적인 어조를 취하지 않는다고 할 수 없다. 이제부터의 나의 단정은, 모두 의문을 불러일으키는 이유에 지나지 않는다는 것을 잊지 말아 주기 바란다. 진리는 그대 자신이 탐구해야 한다. 나로서는 성실히 이야기하는 것만을 약속할 수 있다.

그대는 나의 설명에서 자연 종교만을 확인했다. 그런데 그밖에 다른 종교를 필요로 하는 것도 기묘한 일이 아닌가. 어떻게 그 필요를 인정할 수 있는가. 신이 나의 정신에 부여하는 빛에 따라서 신에게 봉사하는 것이, 신이 나의 마음에 불어넣어 준 감정에 의해서 신에게 봉사하는 것이, 어째서 나의 죄인가. 현실의 어떤 교설(敎說)에서 나는, 어떤 순수한 원리를, 인간에게 유익하고 인간을 만든 창조주에게 어울리는 어떤 교리를 끌어낼 수 있을까? 그런 교설에 의하지 않고도 나는, 나의 능력을 바르게 사용하는 것에 의해 그것들을 끌어낼 수 있지 않을까? 신의 영광을 위해, 인류의 행복을 위해, 게다가 나 자신의 이익을 위해 자연법이 명하는 의무에 무엇을 추가할 수 있을까. 또 나의 종교로부터 생겨난 것이 아닌 새로운 종교에 의해서, 어떤 미덕을 그대들이 만들어 낼 것인지를 듣고 싶다. 신에 대한 가장 중대한 사상은 오직 이성으로부터만 우리에게 온다. 자연의 광경을 바라보라. 그 내면의 소리에 귀를 기울여 보라. 신은 우리의 눈에, 양심에, 이성에 모든 것을 이야기해 주지 않았는가. 그 위에 더 무엇을 인간이 우리에게 이야기해 줄 수 있는가. 그들의 계시(啓示)는, 신에게 인간적인 정념을 부여함으로써 신을 저급한 존재로 만들고 있을 뿐이다. 내가 아는 바로는 특수한 교리는, 절대적인 존재자에 대한 관념을 명백히 하기는커녕 그것을 혼란시키고 있다. 또 그것을 고귀한 것으로 하기는커녕 비천한 것으로 만들고 있다. 신을 둘러싸고 있는 이해할 수 없는 신비에 부조리한 모순을 덧붙이고 있다. 인간을 오만하게 하고, 너그럽지 못하게 하며, 잔인하게 하고 있다. 지상에 평화를 확립하는 대신, 칼과 불을 가져오고 있다. 나는 그런 일이 모두 우리에게 어떤 이익이 있는지 자문(自問)해 보는데, 어떻게 대답해야 좋은지 알 수가 없다. 나는 거기에서 인간의 죄악과 인류의 불행을 볼 뿐이다.

"신은 어떤 식으로 숭배받는 것을 원하는가. 그것을 인간에게 가르치기 위해 계시가 필요했던 것이다."라고 사람들은 내게 말한다. 그 증거로서 사람들은 인간이 만들어 낸 여러 종류의 기괴한 예배가 다양하게 존재하는 것을 지적하는데, 그 다양성, 바로 그것이 여러 가지 계시의 공상성(空想性)에서 유래하는 것임을 그들은 알아채지 못한다. 모든 민족이 신으로 하여금 이야기하게 하려고 생각한 이래, 각 민족은 각각 자기네들 식으로, 자기네들이 원하고 있는 것을 신으로 하여금 이야기하게 했다. 신이 인간의 마음에 이야기하는 것에만 사람들이 귀를 기울였다면, 지상에는 이제까지 단 하나의 종교밖에 없었을 것이다.

한결같은 형식의 신앙이 필요했던 것이다. 나도 진심으로 그것을 원한다. 그러나 그 형식을 정하기 위해 신의 모든 권능을 필요로 할 만큼 그 형식이 중요했던 것일까? 종교의 의식과 종교 그 자체를 혼동하지 말자. 신이 요구하는 예배는 마음의 예배이다. 그리고 그 예배는, 성실한 것이면 언제나 한결같다. 신이 성직자의 의복 모양이나, 성직자가 하는 말의 순서, 제단 앞에서 행하는 몸짓, 무릎꿇는 방법 등에 큰 관심을 가지고 있으리라 상상하는 것은, 터무니없는 독단적 사고에 사로잡혀 있는 것이다. 자아, 친구여! 되도록 허리를 꼿꼿이 펴고 보라. 그래도 그대는 지면(地面)에 너무 가까이 있는 것이다. 신은, 정신적으로 진실을 다한 숭배를 원한다. 그것이 모든 나라의, 모든 인간의, 모든 종교의 의무이다. 외면적인 의식(儀式)은, 질서를 유지하기 위해 한결같은 형식을 취하지 않으면 안된다면, 역시 그것은 단순한 규율상의 문제이다. 이런 것에는 계시 같은 것이 필요없다.

이런 것을 내가 처음부터 생각했던 것은 아니다. 교육에 의해 형성된 편견과 인간을 그 고유의 영역보다 높은 곳에 두려 하는 위험한 허영심에 질질 끌려, 나는 나의 약한 이해력을 위대한 존재자에게로까지 높일 수 없었으므로, 그 존재자를 나의 위치까지 끌어내리려 했다. 나는 신이 그의 본성과 나의 본성 사이에 두고 있는 무한한 거리를 좁혀 보려고 했다. 좀더 직접적인 교섭 (交涉)을, 좀더 특별한 가르침을 원했다. 그리고 신을 인간과 똑같은 존재로 만 드는 것만으로는 만족하지 않고, 동료들 가운데 특히 선택받은 자가 되기 위 하여 초자연적(超自然的)인 빛을 원했다. 나 자신에게만 허락되는 신앙을 원했 다. 나는 신이 다른 사람에게 이야기하지 않았던 것, 즉 나와 똑같이 다른 사람 도 듣지 못했음에 틀림없는 것을 신이 나에게 이야기해 주기를 원했다.

내가 도달한 이 지점을, 신앙을 가진 모든 사람들이 한층 확실한 신앙에 도달하기 위한 공통의 출발점으로 생각하고 있었으므로, 나는 자연종교의 교리 속에서 모든 종교의 기초적인 요소를 발견했음에 지나지 않았다. 나는 지상에서 볼 수 있는 갖가지 종파, 거짓이다 잘못이다 하며 서로 비난하고 있는 많은 종파를 생각했다. "어떤 것이 바른 종교인가." 하고 나는 물었다. 각각의 종파가 모두 나에게 대답했다. "그것은 우리 종교다." 모든 사람이 말했다. "나만이, 그리고 나의 종파에 속한 사람만이 올바로 생각하고 있는 것이다. 다른 사람들은 모두 잘못되어 있는 것이다." 나는 물었다. "그럼 당 신은, 당신의 종파가 바르다는 것을 어떻게 아는가?" "신이 그렇게 말씀하셨 기 때문이다." ● "신이 그렇게 말했다고 누가 당신에게 말했는가?" "그런 것

을 잘 알고 있는 나의 목사이다. 나의 목사가 그렇게 믿으라고 했다. 그래서 나는 그렇게 믿고 있는 것이다. 목사는, 그와 다르게 말을 하는 자는 거짓말을 하고 있는 것이라고 내게 보증했다. 따라서 나는 그런 자에게는 귀를 기울이지 않는다."

이 무슨 일인가! 나는 생각했다. 진리는 하나가 아닌가. 내게 진리인 것이 당신에게는 허위일 수가 있는 것일까? 바른 길을 나아가는 사람의 방법과 그른 길에서 방황하고 있는 사람의 방법이 같다면, 한편의 사람에게는 다른 편의 사람에게보다 얼마나 많은 공적이, 혹은 얼마나 많은 과실(過失)이 있는 것인가. 그들의 선택은 우연의 결과에 지나지 않는다. 그것을 그들의 책임으로 하는 것은 옳지 않다. 그것은 그들이 어떤 나라에 태어났다고 해서 상을 주고 다른 나라에 태어났다고 해서 벌을 주는 것과 같다. '신은 우리를 그런 식으로 심판한다.'고 말하는 것은 신의 정의를 모욕하는 것이다.

모든 종교가 바르고 신의 뜻에 부합하거나, 또는 신이 인간에게 명한 하나의 종교가 있어서, 인간이 그것을 인정하지 않으면 벌받게 되어 있었다면, 그것이 유일하고도 진실한 종교로서 구별되고 인정되도록 신은 거기에 확실하고 명백한 증거를 부여했을 것이다. 그 증거는 모든 시대, 모든 장소에 공통되는 것으로, 모든 인간에게 — 귀족에게도, 민중에게도, 학자에게도, 무지한 자에게도, 유럽인에게도, 인도인에게도, 아프리카인에게도, 아메리카의 토인들에게도 — 똑같이 느껴질 수 있는 것이다. 지상에 단 하나의 종교가 있어서, 그것을 믿지 않으면 영원한 형벌을 받게 된다고 하자. 그런데 세계의 어딘가에 단 한 사람이라도 정직한 사람이 그 명백한 증거에 감동하지 못한다면, 그런 종교의 신은 더없이 잔학 무도한 폭군임에 틀림없다.

그러므로 우리가 진리를 정직하게 탐구하고 있다면, 신분에 의한 권리라든가 아버지나 목사의 권위 같은 것은 일체 인정하지 말고, 어릴 때부터 그들이 우리에게 가르쳐준 모든 것을 생각해 내어, 양심과 이성의 검토에 맡겨 보자. '너의 이성을 복종시키라.'고 그들이 나에게 아무리 외쳐도 소용없다. 나를 속이는 인간도 그런 말을 할지 모른다. 나의 이성을 복종시키기 위해서는 정당한 이유가 필요하다.

우주를 살펴보는 일과 나의 능력을 바르게 사용하는 것에 의해서 내가 스스로의 힘으로 획득할 수 있는 신학(神學)은 모두가, 내가 아까 그대에게 설명한 것에 포함된다. 그 이상의 것을 알려면 이상한 수단에 의하지 않으면 안된다. 그 수단은 인간의 권위일 수 없을 것이다. 어떤 인간도 나와 다른 종족에 속할 리가 없으니, 어떤 인간이 자연적으로 알 수 있는 것은 모두 나도 알 수 있으며, 또 내가 빠지는 오류에 다른 인간도 빠질 수 있기 때문이다. 어떤 인간이 하는 말을 내가 믿는 것은, 그가 그렇게 말하기 때문이 아니고 그것을 증명하기 때문이다. 따라서 인간의 증언은, 결국 나의 이성의 증언이다. 그것은 진리를 알도록 신이 나에게 부여하고 있는 자연의 방법에 아무것도 덧붙이지 않는다.

진리의 사도(使徒)여, 당신은 내가 유일한 심판관이 아닌 그 문제에 대해 어떤 말을 나에게 할 수 있는가. '신이 몸소 말씀하셨다. 신의 계시에 귀를 기울여라.' 그런 것이라면 별문제다. '신은 말씀하셨다.!' 그건 확실히 멋진 말이다. 그러나 신은 누구에게 말했는가? '인간에게 말씀하셨다.' 그렇다면 어째서 나에게는 아무것도 들리지 않았는가? '신은 그 말을 당신에게 전하도록, 다른 사람에게 부탁하셨다.' 그렇군! 신이 말한 것을 나에게 알려 주는 것은 인간인가. 나는 신의 말을 신으로부터 직접 듣고 싶었다. 만약 그랬다면, 신으로서는 더 수고스러울 것도 없고, 나는 많은 유혹으로부터 보호되었을 것임에 틀림없었을 텐데. '신은 그의 사자(使者)의 사명을 명백히 하는 것에 의해 당신을 유혹으로부터 보호하고 계시다.' 어떻게 명백히 하는가? '기적에 의해서이다.' 그러면 그 기적은 어디에 보여지는가? '성경 속에.' 그러면 그 성경은 누가 쓴 것인가? '인간이다.' 그러면 누가 그 기적을 보았는가? '그것을 증언하고 있는 인간이다.' 이 무슨 일인가! 어디까지나 인간의 증언. 결국, 인간이 다른 인간에게 전한 것을 또다시 내게 전한 것이 아닌가. 신과

나 사이에 얼마나 많은 인간이 있는 것인가. 어쨌든, 생각해 보자. 살펴보고, 비교하고, 검토해 보자. 아아, 만약 신이 이러한 수고를 나에게서 면제시켜 주었다면, 나는 마지못해서 신을 섬기게 되었을까?

친구여, 생각해 보라, 내가 얼마나 두려운 토론에 끼어들게 되었는지를. 먼 옛날로 거슬러 올라가서, 예언과 계시와 사실과, 그리고 세계의 모든 나라에서 제시되는 신앙에 관한 모든 저작(著作)을 검토하고 고증하고 대조하기 위하여, 그에 관계 있는 시대나 장소나 저자나 당시의 상황을 확인하기 위하여, 얼마나 많은 학식이 내게 필요한 것일까? 진정한 기록과 거짓 기록을 구별하기 위하여, 반론과 회답을 비교하고 번역서와 원서를 비교하기 위하여, 증인의 공정·양식·지식을 판단하기 위하여, 삭제·첨가·변조·위조 따위를 했는지 하지 않았는지를 알기 위하여, 남아 있는 모순을 제거하기 위하여, 반대자에 대하여 주장된 사실에 대한 그 반대자의 침묵에는 어느 정도의 이의가 있는지, 그런 주장이 반대자에게 어느만큼 알려졌었는지, 그 반론은 대답해 줄 가치를 충분히 지녔다고 그들이 판단하고 있었는지 아닌지, 우리의 책이 보급되어 있는 것처럼 그들의 책도 보급되어 있었는지 아닌지, 또 우리는 그들의 책을 우리 사이에 수용하고 그들의 가장 강력한 반대론을 있는 그대로의 형태로 그 책 속에 남겨 둘 정도로 정직했는지 따위를 판단하기 위하여, 얼마나 정확한 비평안(批評眼)이 내게 필요한 것일까?

이러한 기록이 이론(異論)의 여지가 없는 것으로 인정되면, 다음에는 그 것들을 저술한 사람들의 사명의 증명으로 넘어가지 않으면 안된다. 기적 없이는 이루어질 수 없는 예언이란 어떤 것인지를 판단하기 위해서는, 우연의 법칙, 어떤 일이 일어날 수 있는 확률을 잘 알지 않으면 안된다. 원서(原書)의 국어로 씌어 있는 예언 부분과, 수사적(修辭的)인 비유에 지나지 않는 것을 구별하기 위해서는, 원어(原語)의 참뜻을 잘 알지 않으면 안된다. 영악한 인간이 어느 정도까지 순진한 사람들의 눈을 속일 수 있는가, 그리고 교양 있는 사람들까지 놀라게 할 수 있는가 하는 것을 말할 수 있기 위해서는, 어떤 사실이 자연의 질서에 부합되고 어떤 사실이 자연의 질서에 부합되지 않는지를 알지 않으면 안된다. 기적을 믿게 하기 위해서뿐만 아니라 그것을 의심하면 처벌할 수 있기 위해서는, 기적이란 어떤 종류의 것이며 어떤 진실성을 지니고 있는지를 탐구하지 않으면 안된다. 참된 기적과 거짓 기적의 증거를 비교하여 그것들을 구별하는 확실한 규칙을 발견하지 않으면 안된다. 그리고 또 어째서 신은, 그 말의 진실을 증명하는 증인으로서, 그것 자체가 아주 많은 증명을 필요로 하는 수단을 택하여, 쉽게 믿는 인간을 놀리는 것 같은 짓을 하며, 인간을 납득시키는 바른 수단을 일부러 피하는 듯한 짓을 하는지를 설명하지 않으면 안된다.

신이 스스로 권위를 떨어뜨려, 그의 높은 의지를 전하는 수단으로서 인간을 사용한다고 하자. 전 인류에 신의(神意)의 집행자인 것을 알리지도 않고, 그들에게 자신의 말에 따르도록 요구하는 것이 도리에 맞는 일이며 올바르다고 말할 수 있을까? 그의 유일한 신임장으로서 어떤 은밀한 표지─그것도 극소수의 사람들 앞에서 행해져 다른 많은 사람들은 단지 소문으로 들어 알고 있을 뿐인─만을 그에게 주는 것을 정당하다 할 수 있을까? 세계의 모든 나라들을 통해, 만약 민중이나 단순 소박한 사람들이 실제로 보았다고 말하고 있는 모든 기적을 진실이라고 간주한다면, 어떤 종파도 바른 것이 된다. 그리 되면 범상(凡常)한 현상보다도 기적이 더 많아지게 된다. 그리고 광신자가 박해받는 곳에서는 기적이 행해질 리가 없다는 것이야말로 최대의 기적이라 할 수 있을 것이다. 자연을 지배하고 있는 현명한 자의 존재를 무엇보다도 잘 나타내고 있는 것은, 자연의 변함없는 질서이다. 많은 예외가 발생한다면, 나는 어떻게 생각해야 좋을지 모르게 될 것이다. 그러나 나는 진심으로 신을 믿고 있으므로, 신에 어울린다고는 도저히 말할 수 없는 그렇게 많은 기적을 믿지 않는다.

어떤 사람이 와서 우리에게 말했다고 하자. '인간들이여, 나는 지극히 높은 자의 의지를 전한다. 나의 말을, 나를 이 세상에 보낸 이의 말로 받아들이라. 나는 태양에게 궤도를 바꾸도록 명령한다. 별들에게 서로 자리를 바꾸라고 명령한다. 산에게 평지가 되라고, 바다에게 산이 되라고, 대지에게 모습을 바꾸라고 명령한다. 그런 기적을 보고, 누가 즉시 자연의 지배자를 인정하지 않을 수 있겠는가.' 자연은 결코 사기꾼의 명령에는 따르지 않는다. 그들의 기적은 네거리에서, 사막이나 방안에서나 행해진다. 그런 곳에서만 그들은, 처음부터 무엇이든 믿으려 하는 소수의 구경꾼들을 속일 수 있는 것이다. '기적을 믿을 수 있으려면 몇 명의 목격자가 필요한가? 라고 누가 감히 내게 말할 것인가. 당신들의 교설을 증명하기 위하여 행해진 당신들의 기적이 다시 증명될 필요가 있다면, 그런 기적이 대체 무슨 도움이 되겠는가. 기적이 전연 행해지지 않았던 것과 무엇이 다르겠는가.

마지막으로, 계시된 교설을 검토하는 데에 가장 중요한 것이 남아 있다. '신은 이 세상에서 기적을 행하신다.' 고 말하는 사람들은 '악마도 때때로 그 흉내를 낸다' 고 주장하기 때문에, 더없이 명백한 기적이 행해졌다 한들, 이제까지와 비교하여 우리가 별로 진전한 것이 없는 것이다. 그리고 파라오 (이집트의 왕)의 마술사들은, 모세가 신의 특별 명령을 받아 보였던 증거와 똑같은 것을, 바로 그 모세 앞에서 해 보였다.[57] 그러니 모세가 없을 때에, 그 마술사들은 같은 자격으로 같은 권위를 주장해도 되지 않겠는가. 그러므로 기적에 의해 교설을 증명한 다음에는 교설에 의해 기적을 증명하지 않으면 안된다.* 그렇지 않으면 신의 조화를 악마의 조화라고 잘못 생각할 우려가 있다. 이 악순환에 대하여 그대는 어떻게 생각하는가.

그 교설은 신으로부터 나오는 것이라면, 신으로부터 받은 신성한 성격을 가지지 않으면 안된다. 그것은 이성이 우리의 정신에 넣어 준 신에 대한 애매한 관념을 명백히 해 줄 뿐만 아니라, 예배의 형식과 윤리를, 우리가 그에 의해서만 신의 본질을 이해하는 속성에 일치하는 원칙을 제시하는 것이

---

57) 구약 〈출애급기〉 제7~8장.

어야 한다. 따라서 그것이 부조리한 것, 아무런 근거도 없는 것을 가르칠 뿐이라면, 우리와 같은 인간에게는 혐오의 감정을, 우리 자신에게는 공포를 일으키게 할 뿐이라면, 쉽게 노하는 신, 질투 많은 신, 복수를 좋아하는 신, 불공평한 신, 인간을 미워하는 신을 그려 보일 뿐이라면, 전쟁과 투쟁의 신, 끊임없이 파괴하려 하고 위협하려 하는 신, 끊임없이 책고(責苦)에 대하여 이야기하고 죄 없는 자들까지 벌하는 것을 자랑 삼는 신을 그려 보일 뿐이라면, 나의 마음은 그런 무서운 신에게는 끌리지 않을 것이고, 나는 자연 종교를 버리고 그런 종교를 믿지는 않을 것이다. 그대도 잘 알고 있듯이, 필연적으로 어느 한쪽만을 선택하지 않으면 안되기 때문이다. '당신들의 신은 우리의 신이 아니다.' 라고, 나는 그 종파의 사람들에게 말하리라. 처음에 단 하나의 백성만을 선택하여 그밖의 인류를 추방하는 그런 신은 인간 공통의 아버지가 아니다. 자기 자신이 창조해 낸 자의 많은 수를 영원한 책고(責苦)에 빠뜨리는 그런 신은 나의 이성이 나타내 보여준 관대하고 은혜로운 신이 아니다.

● 이것은 성경의 수많은 부분에 명시되어 있다. 특히 〈신명기(申命記)〉 제13장에는, '만약 다른 나라의 신들을 알리는 어떤 예언자가, 스스로 예언을 하고 자신의 말을 기적에 의해 확증하여, 그가 예언한 일이 실현되었다고 해도, 그 예언자를 존경해서는 안된다. 뿐만 아니라 그를 죽여야 한다.' 고 기록되어 있다. 그런데 만약 이교도들이, 그들에게 낯선 신을 알리고, 예언과 기적에 의해 자기들의 사명을 증명하는 사도(使徒)들을 죽여 버렸다 하자. 그 이교도들이 바로 이쪽에 대하여 반박할 수 없는 확실한 이유로 그들에게, 그들의 잘못을 인정하게 할 수 있는 문구가 어디에서 발견된단 말인가. 이런 경우에는 어떻게 하면 좋은가. 길은 단 하나, 즉시 이성적인 생각으로 돌아가 기적을 버리는 일이다. 차라리 처음부터 기적 따위에 의지하지 않는 쪽이 좋았던 것이다. 그것이야말로 적어도 논리의 매우 미묘한 식별에 열중하지 않는 한 속일 수 없는 지극히 단순한 양식이다. 기독교의 미묘한 논리라니! 그래서야, 예수 그리스도가 순진한 사람들에게 천국을 약속한 것이 잘못이다. 그의 교의(敎義)를 이해하고, 그의 말을 믿기 위해 그렇게 많은 재지(才智)가 필요하다면, 그의 교설 중에서도 가장 아름다운 것을, 마음이 가난한 사람들을 축복하는 것으로 시작한 것은 잘못이다. 내가 따르지 않으면 안되는 것을 당신이 증명해 준다면, 모든 것은 참으로 잘 될 것이다. 그리고 그것을 나에게 증명할 때에는, 나로서 충분히 알 수 있는 것으로 증명해 주기 바란다. 그렇지 않으면, 나는 당신을 당신 스승의 참 제자로서 인정하지 않을 것이다. 그렇게 되면 당신이 이제까지 이야기한 것은 모두 당신 스승의 교설이 아니게 된다.

교리에 관해 이성이 내게 말하는 바로는, 그것은 명료하고 빛나고 그 자명함에 의해 마음에 호소하는 것이어야 한다. 자연 종교가 불완전하다는 것은, 그것이 우리에게 가르쳐주는 큰 진실 가운데에 애매한 점을 남기고 있기 때문이다. 그러한 진실을, 인간의 정신이 감득하기 쉬운 방법으로 가르치고, 인간의 이해력이 미치는 곳에 놓아 인간에게 그것들을 이해시키고 믿게 하는 것이야말로 계시가 완수해야 할 역할이다. 신앙은 오성(悟性)에 의해 확실해지고 견고해진다. 모든 종교 중에서 최상의 종교는 가장 명쾌한 종교임에 틀림없다. 나에게 신앙을 이야기해 줄 때 신비나 모순을 많이 포함시키는 자는, 그것만으로도 나에게 불신감을 품게 한다. 내가 숭배하는 신은 결코 암흑의 신이 아니다. 오성(悟性)을 사용하지 못하게 하기 위하여, 신이 나에게 오성을 부여한 것은 아니다. 나의 이성(理性)을 복종시키라고 말하는 것은, 이성을 제공한 자를 모욕하는 것이다. 진리에 봉사하는 자는, 나의 이성에 압박을 가하지 않고 이성을 이끌어 준다.

우리는 인간의 권위를 일체 없애기로 했는데, 이 권위가 없이 어떻게 어떤 인간이 부조리한 교설을 설파하여 다른 인간을 납득시킬 수가 있는 것인지, 나로서는 알 수 없다. 잠시 두 인간을 논쟁시켜, 두 파(派)가 부딪치는 경우에 언제나 들을 수 있는 거친 말로 그들이 어떤 이야기를 나누게 되는지를 살펴보기로 하자.

영감을 받은 자 이성은 당신에게, 전체는 그 부분보다 크다고 가르친다. 그러나 나는 신의 이름으로, 부분 쪽이 전체보다 크다고 당신에게 가르친다.

이성을 좇는 자 '신은 모순되어 있다' 고 감히 내게 말하는 당신은 도대체 누구인가. 그리고 나는 이성을 통해 나에게 영원한 진리를 가르쳐 주는 신과, 신의 이름으로 나에게 부조리를 가르쳐 주는 당신 중 어느쪽을 믿어야 하는가.

영감을 받은 자 나를 믿어라. 나의 가르침이 훨씬 더 실증적이다. 그리고 나는, 나를 보낸 자가 신임을 반박할 수 없도록 당신에게 증명할 것이다.

이성을 좇는 자 이 무슨 일인가! 당신은, 신이 당신으로 하여금 신과 반대되는 것을 증언하게 하기 위하여 당신을 보냈다고, 내게 증명하려 하는가. 그리고 당신은, 신이 나에게 부여한 오성을 통해 이야기한 것보다 당신의 입을 통해 나에게 이야기한 쪽이 확실하다는 것을 어떤 종류의 증거에 의해서 나에게 납득시킬 것인가.

영감을 받은 자 신이 당신에게 부여한 오성이라구! 하잘것없는 인간인 주제에 건방지게! 당신은 마치 죄로 더럽혀진 이성 때문에 방황하고 있는 최초의 불신자(不信者)와 같다.

이성을 좇는 자 신이 보냈다는 인간이여! 당신이야말로 자신의 사명을 증명하는 대신 오만한 태도로 밀고 나가는 최초의 사기꾼이 아닐까?

영감을 받은 자 뭐라고! 소위 철학자라는 자가 남을 험담하는가.

이성을 좇는 자 때로는 하지. 성자(聖者)가 그 모범을 보여 줄 때에만 말이네.

영감을 받은 자 오오, 내게는 말할 권리가 있다. 나는 신의 이름으로 말하는 것이다.

이성을 좇는 자 당신의 특권을 휘두르기 전에, 먼저 당신의 자격을 증명하라.

영감을 받은 자 나의 자격은 확실한 것이다. 대지와 하늘이 나를 위해 증언해 줄 것이다. 나의 추론을 잘 들어 보라.

이성을 좇는 자 당신의 추론? 당신은 아무것도 생각하지 않는다. 나의 이성이 나를 속이고 있다고 나에게 가르친다는 것은, 나의 이성이 당신에게 유리하도록 나 자신에게 한 말을 반박하는 것이 아닌가. 이성의 권위를 부정하려면, 이성을 사용하지 않고 상대를 납득시켜야 한다. 추론에 의해 당신이 나를 설득했다면, 죄로 인해 타락한 나의 이성 외에 어떤 것이 나로 하여금 당신의 말을 인정하게 했는지 어떻게 내가 알 것인가. 당신의 증거나 증명이 논파(論破)해야만 할 공리(公理)보다 더 명료한 어떤 증거나 증명을 당신은 사용할 수 있는가. 부분이 전체보다 크다는 논리가 믿어도 좋은 것이라면,

올바른 삼단 논법이 거짓이라는 것도 믿어야 하리라.

영감을 받은 자 엄청난 차이이다. 나의 증거는 반박의 여지가 없는 것이다. 그것은 초자연적인 것이다.

이성을 좇는 자 초자연? 그 말은 무엇을 의미하는가? 나로서는 도무지 이해할 수가 없다.

영감을 받은 자 자연의 질서를 변하게 할 수 있는 것과 예언·기적 및 모든 종류의 불가사의한 일이 초자연이다.

이성을 좇는 자 불가사의한 것? 기적? 나는 그런 것을 아직 한번도 본 일이 없다.

영감을 받은 자 다른 사람들이 당신 대신 그것을 보았다. 많은 증인……많은 국민의 증언…….

이성을 좇는 자 많은 국민의 증언이 초자연적인 것인가?

영감을 받은 자 그렇지는 않다. 그러나 만인이 인정하면, 그것은 의심할 수 없는 것이다.

이성을 좇는 자 이성의 원리 이상으로 논쟁의 여지가 없는 것은 없다. 또 인간이 증언한다 해도 부조리한 것을 인정할 수는 없다. 다시 한번 말하지만, 초자연적인 증거란 어떤 것인가? 인류 전체가 증인이 된다고 해서 초자연적인 것이라고 할 수는 없다.

영감을 받은 자 아아, 이 얼마나 고집스럽고 사리에 어두운 자인가! 은총은 당신에게 아무 말도 하지 않는다.

이성을 좇는 자 그것은 나의 죄가 아니다. 당신의 이야기로는, 은총을 요구하기 위해서는 이미 은총을 받고 있지 않으면 안되니까 말이다. 그러므로 먼저 은총을 대신하여 나에게 이야기해 주기 바란다.

영감을 받은 자 아아, 그것이야말로 내가 하고 있는 일이다. 그런데 당신은 귀를 기울이고 있지 않다. 그건 그렇다 하고 당신은 예언이라는 것을 어떻게 생각하는가?

이성을 좇는 자 앞에서 말한 것처럼 나는 기적 같은 것을 본 일이 없다. 그 이상으로 예언 같은 것도 들어 본 일이 없다. 따라서 내게 예언은 아무런 권위도 가지지 못한다.

영감을 받은 자 악마의 추종자! 어째서 예언이 당신에 대해 권위를 가지지 못하는가?

이성을 좇는 자 예언이 권위를 가지기 위해서는 세 가지 조건이 필요한데, 그 조건들이 모두 충족되는 것은 불가능하다. 그 조건이란, 예언을 내가 직접 들은 것, 예언한 사건이 일어나는 것을 직접 볼 것, 그리고 그 사건이 우연히 예언과 일치하지 않았다는 것이 증명될 것, 이 세 가지이다. 비록 그 예언이 기하학의 공리보다 정확하고 명쾌했으며, 실현되었다 해도 그것은 엄밀히 말해서 예언자에게 유리한 것을 아무것도 증명한 것이 아니다. 명쾌한 예언은, 그것이 엉터리로 행해졌다고 하여 그 실현을 불가능하게 하지는 않으니까.

당신의 모든 초자연적인 증거와 당신의 기적과 예언이 어떻게 되는지를 보기로 하자. 타인의 말을 신용하여 그런 것을 완전히 믿게 될 것이며, 나의 이성에 이야기하는 신의 권위를 인간의 권위에 따르게 될 것이다. 만약 나의 정신이 생각하고 있는 영원의 진리가 무언가에 의해 침해되는 일이 있다면, 나에게는 이미 어떤 종류의 확실성도 존재하지 않게 되고, 나는 당신이 신의 이름으로 나에게 이야기하는 것을 믿을 수 없을 뿐만 아니라, 신이 존재하는 것조차 믿지 않게 될 것이다.

나의 아이여! 이렇게 많은 어려운 문제가 있는데, 이것으로 끝나는 것이 아니다. 서로 배척하고 헐뜯는 갖가지 종류의 많은 종교들 가운데 만약 올바른 종교가 하나 있다면, 오직 그 하나만이 올바른 것이다. 그러나 그 종교를 확인하기 위해서는 하나의 종교만을 검토해서는 안된다. 모든 종교를 검토해야 한다. 그리고 어떤 문제에 대해서나, 상대의 말을 충분히 들어 보지 않고 비난해서는 안된다. 여러 가지 반대론을 그 증명과 대조해 보아야만 한다. 각각의 종교가 다른 종교에 대하여 말하고 있는 것, 대답하고 있는 것을 알 필요가 있다. 그외에 우리는 어떤 이유로 많은 사람들이 그것을 인정하지 않는지 연구해 보아야 한다. 반대파의 이유를 알기 위해서 한편의 신학자들이 하는 말을 듣는 것만으로 충분하다고 생각하는 사람은 아주 단순한 사람이라 하지 않을 수 없다. 정직을 자랑으로 여기는 신학자가 어디에 있는가. 논적(論敵)의 논리를 반박하기 위하여 먼저 그것을 약화시키려 하지 않는 신학자가 어디에 있는가. 자신의 진영(陣營) 안에 있을 때에는, 모든 사람이 당당한 존재가 된다. 그러나 동료들 사이에서는 의기 양양하게 자신의 논리에 대해 증명하는 자도, 다른 종파의 사람들 사이에서 그와 똑같은 주장을 하면, 그는 완전히 바보 취급을 당할 것이다. 만약 책을 통해서 (자신에게 유리한) 지식을 얻으려 하면, 얼마나 많은 지식을 쌓지 않으면 안될까? 얼마나 많은 나라의 국어를 공부하지 않으면 안될까, 얼마나 광범위한 독서를 하지 않으면 안될까. 그 선택에서 누가 나를 도와 줄 것인가. 한 나라에만 있어 가지고는 반대파의 가장 뛰어난 책을 여간해서 발견할 수가 없을 것이며, 모든 종파의 책은 더구나 발견할 수 없을 것이다. 설령 그런 책이 있었다 해도, 곧 반박당한다. 그 자리에 없는 자는 언제나 잘못되어 있는 것으로 간주된다. 게다가 바르지 않은 주장일지라도 확신을 가지고 주장하면, 경멸하는 듯한 어조로 소개된 바른 이유를 쉽게 말살할 수 있다. 그리고 또 많은 경우, 책만큼 사람을 오류로 이끄는 것이 없고, 그것을 쓴 사람의 생각을 충실히 전하지 못하는 것도 없다. 당신이 보쉬에[58]의 책을 통해 가톨릭 신앙에 대해 판단하려 하였다면, 우리와 더불어 생활해 본 다음에는 당신은 당치도 않은 생각을 했었다는 것을 알게 될 것이다. 그래도 아는 바와 같이, 프로테스탄트에

---

58) Bossuet, Jacques Bénigne(1627~1704), 웅변적인 설교와 저작으로 프랑스 문학 사상 유명한 17세기 프랑스의 사교(司敎). 그의 《가톨릭 교회의 교리 강설》이 당시 유럽에서 널리 읽혀지고 있었다.

게 답하기 위해 사용되는 교설과 민중에게 가르치는 교설이 다르고, 보쉬에
가 책에 쓴 교설과 일요일의 설교에서 가르쳐지는 교설이 다르다. 어떤 종교
를 충분히 판단하기 위해서는, 그 종파에 속한 사람이 쓴 책을 보고 연구해
서는 안된다. 그들 안에 들어가서 연구해야 한다. 각각의 종파에는, 각각의
전통이 있고, 의견이 있고, 습관이 있으며, 편견이 있어, 그것들이 모두 그 신
앙의 진수(眞髓)가 되어 있으므로, 그 종교를 올바로 알기 위해서는, 그런 것
들을 고려하지 않으면 안된다.

　　스스로 책을 만들지도 않고 우리의 책도 읽지 않는 위대한 민족이 얼마
나 많은가. 그들은 우리의 의견에 대하여 어떤 판단을 내릴까? 또 우리 쪽에
서는, 그들의 의견에 대하여 어떤 판단을 내릴까? 우리는 그들을 조소하고,
그들은 우리를 경멸한다. 그리고 우리 나라의 여행자들이 그들을 웃음거리
로 삼는데, 그들 역시 우리 나라를 여행하게 된다면 틀림없이 우리를 웃음거
리로 삼게 될 것이다. 진리를 찾기 위하여 그것을 알려고 오로지 노력하고
있는 양식 있는 사람, 성의 있는 사람. 진리의 벗인 성실한 사람……. 그런
사람들이 없는 나라가 어디에 있는가. 그런데 각 나라의 국민들은, 자신들의
신앙 속에서는 진리를 찾으려 하면서도 다른 나라 국민의 신앙은 불합리한
것이라고 생각한다. 그러나 그런 외국의 신앙도, 우리가 생각하는 것과 같은
터무니없는 것은 아니다. 그렇지 않다면 우리가 자신의 종교 속에서 찾고 있
는 이유는 아무것도 증명하지 못한 것이다

　　유럽에는 세 가지 중요한 종교[59]가 있다. 그 하나는, 오직 하나의 계시를
인정한다. 다른 하나는 두 가지 계시를 인정하고, 나머지 하나는 세 가지 계
시를 인정한다. 각각의 종교는 서로 다른 두 종교를 증오하고 저주한다. 그
리고 서로를 맹목적이라든가 냉혹하다든가 사리에 어둡다든다 허위라든가
하는 말로 비난한다. 공평한 사람이라면, 그 종교들의 증명을 충분히 생각하

---

59) 유태교, 기독교, 회교의 세 가지.

고, 이유를 잘 들은 다음이 아니고는 그들에 대하여 판단을 내리지 못할 것이다. 오직 하나의 계시를 인정하는 종교는, 가장 오래고 가장 확실한 것처럼 보인다. 세 가지 계시를 인정하는 종교는, 가장 새롭고 가장 이치가 통하는 것처럼 보인다. 두 가지 계시는 인정하면서 제3의 계시를 부인(否認)하는 종교는, 가장 뛰어난 종교인지도 모르지만, 확실히 제3의 것에 대하여 많은 편견을 지니며, 그 모순이 너무나도 명백하다.

그 세 가지 계시에서 신성한 것으로 간주되고 있는 책은, 그것을 따르는 국민들로서는 알 수 없는 국어로 씌어 있다.[60] 유태인은 히브리어를 알지 못한다. 기독교도는 히브리어도 그리스어도 알지 못한다. 터키인도 페르시아인도 아라비어를 알지 못한다. 그리고 현대에서는, 아라비아인 자신도 마호메트 시대의 말을 사용하고 있지 않다. 사람들이 알아듣지도 못하는 말로 언제나 이야기한다는 것은, 그들을 가르치는 방법치고는 참으로 너무나 어리석지 않을까? '그 책들은 번역되어 있지 않은가?' 라고 사람들은 말할 것이다. 훌륭한 대답이다. 하지만 그 책들이 충실히 번역되어 있다는 것을, 아니 충실한 번역이 가능한지조차 누가 보증할 수 있단 말인가. 그리고 신이 인간에게 이야기하고자 하는 것이라면, 어째서 번역자를 필요로 해야 한단 말인가.

모든 인간이 알지 않으면 안되는 것이 책 속에 갇혀 있다고는 나로서는 도저히 생각할 수 없거니와 그런 책에도, 또 그것을 이해하고 있는 사람들에게도 가까이 갈 수 없는 자가, 본의 아닌 무지(無知) 때문에 벌을 받는다는 것도 도저히 생각할 수 없다. 항상 그저 책, 책! 정말 미치광이 같은 짓이다. 유럽은 책으로 넘쳐 있다. 유럽 사람들은 책을 없어서는 안되는 것으로 생각하고, 지구의 4분의 3의 나라에서는, 책을 일찍이 본 일도 없다. 어째서 그것을 생각하지 못하는가. 모든 책이 인간의 손으로 씌어진 것이 아니었던가. 어째서 인간은 자신의 의무를 아는 데에 책을 필요로 하는 것일까. 또 그런 책이

만들어지기 전에는 사람은 그 의무를 알기 위해 어떤 방법을 가지고 있었을까. 인간은 스스로 그 의무를 알게 되거나, 그것을 알지 못해도 좋은 것이다.

우리 가톨릭은 교회의 권위를 소리 높여 부르짖는데, 만약 이 권위를 확립하기 위해, 다른 종파가 직접 그 교의를 확립하는 데에 필요로 하는 증거에 뒤떨어지지 않을 야단스러운 증거가 그들에게 필요하다면, 그렇게 소리 높여 부르짖는 것이 어떤 이익이 있겠는가. 교회는, '교회에 결정의 권리가 있다'고 단정하고 있다. 얼마나 기초가 확고한 권위인가. 그것을 한 발짝 넘어서 보라. 그대는 또다시 우리의 논의 속에 휩쓸리게 될 것이다.

유태교가 기독교에 반대하여 주장하고 있는 것을 면밀히 검토한 기독교도들을, 당신들은 많이 알고 있는가? 몇 사람이 유태교에 대하여 무언가 조사한 일이 있다 해도, 그것은 기독교도가 쓴 책 속에서 조사한 것이다. 반대자의 주장을 알 수 있는 뛰어난 방법일 테지. 그러나 어쩌면 좋단 말인가! 만약 누군가가 우리 사이에서 공공연히 유태교에 호의를 표하는 책을 감히 공개한다면, 우리는 그 저자를, 출판사를, 서점을 벌할 것임에 틀림없다.* 이러한 단속 방법은, 언제나 이쪽이 이기기 위해서는 편리하고 확실한 방법이지. 감히 입을 열 수도 없는 사람들을 논박하는 것은 쉬운 일이니까.

또 우리 중에서 유태인과 대화를 나눌 수 있는 사람도, 우리보다 더 그들을 잘 안다고는 할 수 없다. 불행한 유태인은, 자신들이 우리의 뜻대로 다루어진다는 것을 잘 알고 있다. 그들에게 가해지는 압박이 그들을 겁쟁이로 만들고 있다. 그들은 기독교의 사랑의 정신에서는, 부정한 행위라든가 잔혹한 행

---

* 누구에게나 알려져 있는 무수한 사실 속에는 다음과 같은, 주해를 필요로 하지 않는 사실이 하나 있다. 16세기에 가톨릭의 신학자들은, 유태인의 책들을 모두 무차별 불태워버리라고 명령했는데, 유명한 학자 로이힐린(1455~1522, 도이칠란트의 인문학자)은, 그 일에 관하여 질문당해, 무서운 사건을 초래, 그 때문에 목숨을 잃을 뻔하였다. 왜냐하면 단지 그가, 기독교에 반(反)하는 것은 아무것도 씌어져 있지 않은 책, 또 종교와는 관계없는 문제를 취급하고 있는 책은 보존해 두어도 상관없지 않겠느냐는 의견을 말했기 때문이다.

위가 얼마나 대수롭지 않은 것인가를 알고 있다. 우리에게서 모독자(冒瀆者)라는 말을 듣게 될 위험을 무릅쓰지 않고 대체 그들이 무슨 말을 할 수 있단 말인가. 탐욕은 우리로 하여금 열의를 일으키게 한다. 그리고 그들은 너무나 부자이기 때문에, 아무래도 나쁜 녀석들이 되게 된다. 가장 박식한 사람, 가장 총명한 사람은, 반드시 가장 주의 깊은 사람이다. 당신들은 그들 중의 어떤 가난한 사람을 돈으로 매수하여 개종시켜 놓고, 그 자신의 종파를 비방하게 할 수는 있을 것이다. 몇 사람의 비천한 헌옷 장수로 하여금 당신들에게 아부하는 말을 지껄이게 할 수는 있을 것이다. 당신들은 무지한 유태인, 비겁한 유태인에게는 이길 수 있을 것이다. 그러나 유태교의 박사들은 당신들의 어리석음을 남몰래 비웃을 것이다. 그런데 유태인들이 스스로 안전하다고 느끼는 곳에서도 당신들이 그들을 똑같이 쉽게 다룰 수 있으리라고 생각하는가? 소르본 신학부에서는, 메시아의 예언은 예수 그리스도를 가리키고 있음이 명백하다. 그러나 암스테르담의 유태교 율법학자 사이에서는, 같은 예언이 그리스도와는 아무런 관계도 없음이 똑같이 명백하다. 유태인이 아무런 위험도 느끼지 않고 이야기하거나 논의할 수 있는 자유로운 국가·학교·대학을 가지지 않고는 그들의 주장을 충분히 듣게 되리라고는 결코 생각할 수 없다. 그런 곳이 아니고는, 우리는 그들이 말하고 싶은 것을 알 수 없는 것이다.

콘스탄티노플(이스탄불)에서는, 터키인이 자신의 이론을 내세우지만, 우리는 우리의 이론을 내세울 용기를 가지지 못한다. 거기에서는 우리 쪽이 비굴해지게 된다. 우리는 유태인이 믿지도 않는 예수 그리스도에 대한 존경을 그들에게 요구하는데, 그와 똑같이 우리가 믿지도 않는, 마호메트에 대한 존경을 터키인이 우리에게 요구한다면, 터키인은 잘못되어 있는 것일까? 우리는 정당한 것일까? 어떤 공정한 원칙에 의거하여, 우리는 이 문제를 풀 수 있을까?

인류의 3분의 2는 유태교도도 아니고, 마호메트교도도 기독교도도 아니다. 그들은 모세라든가 예수 그리스도, 마호메트에 대한 이야기를 한번도 들은 일이 없다. 그런데 사람들은 그것을 부정한다. 우리의 선교사들은 모든 곳에 가 있다고 주장한다. 그렇게 주장하기는 쉽다. 그러나 선교사들이 아프리카 오지(奧地)에까지 가 있는가? 아프리카의 오지는 아직 알려져 있지도 않고, 지금까지 유럽 사람은 단 한 사람도 그곳에 가 본 일이 없는데도 일찍이 외국인의 방문을 받아 본 일이 없고, 로마 교황에 대한 이야기는커녕 라마교의 교주에 대해서조차 거의 알지 못하는 유목 민족을 찾아, 타타르의 내륙 지방까지 말을 타고 나섰는가? 선교사들이 아메리카의 끝없는 대륙에 갔는가? 거기에 살고 있는 모든 민족은, 자기들의 세계에 다른 세계의 국민이 발을 들여놓은 것을 아직 보지 못했다. 선교사들이 일본에 가 있는가? 자신들의 책동으로 하여 그들은 일본으로부터 영원히 추방되게 되었으며, 그 나라의 새로운 세계의 사람들에게는, 위선적인 열의를 가지고 찾아와 무력을 사용하지 않고 나라를 빼앗으려 한 교활한 책모가로서 알려져 있는 데에 지나지 않는다. 선교사들이 아시아 국왕들의 후궁에게 가서, 몇 천 명의 가련한 여자 노예들에게 복음을 전하고 있는가? 그곳 여성들은 대체 어떠했기에 어떤 선교사도 그녀들에게 신앙을 설교하지 못했는가? 그녀들이 집 안에 갇혀 있었다는 것이, 모두 지옥에 갈 이유가 될 수 있는가?

복음이 정말로 전세계에 전해져 있다고 하자. 그래서 우리는 어떤 이익을 얻을 수 있는가. 어떤 나라에도 최초에 선교사가 도착한 바로 전날 그 선교사의 설교를 듣지 못하고 죽은 사람이 누군가 한 사람은 틀림없이 있을 것이다. 그 죽은 누군가를 우리는 어떻게 하면 좋겠는가. 전세계에 예수 그리스도의 가르침을 한번도 들어 본 일이 없는 사람이 단 한 사람이라도 있다면, 이 반론은 그 단 한 사람에게도 인류의 4분의 1의 반대론에 뒤떨어지지 않는 강력한 것이 될 것이다.

복음의 사도(使徒)들이 먼 나라의 국민에게 그 가르침을 이야기해 들려주었다 해도, 그 말을 듣고 상대가 합리적으로 받아들일 수 있는 어떤 것, 되도록 정확한 증명을 필요로 하지 않는 어떤 것을 들려주었는가. 당신은, 2천

년 전에 세계의 저쪽 끝 어딘가 내가 알지 못하는 작은 마을에서 태어났다가 죽은 신에 대하여 내게 알려 주고, 그 신비를 믿지 않았던 자는 모두 지옥에 떨어질 것이라고 이야기한다. 참으로 기묘한 일이다. 알지 못하는 사람의 말을 들은 것만으로 그렇게 쉽게 믿을 수는 없다. 내가 알아야 한다는 사건을, 어째서 당신의 신은 나로부터 그렇게 멀리 떨어진 곳에서 일으켰는가. 지구의 저쪽 끝에서 일어난 일을 모른다는 것이 죄가 될까? 지구상의 반대쪽 다른 반구(半球)에 히브리 민족이 살며 예루살렘 마을이 있다는 것을, 내가 미루어서 알 수 있을까? 그것은 내게 달 세계에서 무슨 일이 일어나고 있는지를 알라고 말하는 것과 같다. 당신은 당신이 그것을 내게 가르쳐 주기 위해 왔다고 말한다. 그렇다면 어째서 당신은 나의 아버지에게 그것을 가르쳐 주러 오지 않았는가. 어째서 당신은 저 선량한 노인에게 아무것도 가르쳐 주지 않아, 그를 지옥에 떨어지게 했는가. 그렇게 선량하고 인정 있으며, 오로지 진리를 구하던 그가, 당신의 태만 때문에 영원히 벌받아야 한단 말인가. 정직하게 말해 보라. 그리고 나의 입장이 되어 생각해 주기를 바란다. 당신이 말하는 도저히 믿을 수 없는 일 모두를, 당신의 증언만으로 내가 믿어야만 한단 말인가. 그리고 이 모든 불의를 당신이 내게 정의의 신이라고 주장하는 신과 타협해야 한단 말인가. 이 나라에서는 들어 본 일도 없는 이상한 일이 여러 가지로 행해진 그 먼 나라를, 아무쪼록 보게 해 주기 바란다.[61] 그 예루살렘인가 하는 마을의 사람들은 어째서 신을 도둑처럼 죽였는지, 나는 그 이유를 알고 싶다. 당신은 그들이 그가 신이라는 것을 몰랐기 때문이라고 말한다. 그렇다면 당신을 통해서밖에 그 신에 대한 이야기를 들은 일이 없는 나는 어떻게 하면 좋을까. 당신은 또 말한다. '그 예루살렘 사람들은 벌을 받

---

61) 루소는 처음에 다음과 같이 썼으나, 그것을 삭제했다. '처녀가 아이를 낳고, 신들이 인간과 똑같이 나고 먹고 괴로워하고 죽어가는 그러한 멋진 나라를, 아무쪼록 보게 해 주기 바란다.'

아, 이산(離散)되고 압박당하고 정복되어, 지금에 와서는 한 사람도 그 마을에 가까이 갈 수 없다'고. 그들이 그렇게 된 것은 분명하다. 그러나 오늘날의 예루살렘 사람들은, 자기들의 선조가 행했던 신의 처형에 대하여 어떻게 말하고 있는가. 그들은 그 사실을 부정한다. 그리고 역시 그를 신으로 인정하지 않는다. 그래서야, 옛 예루살렘 사람들의 자손이나 다름없지 않은가.

이 무슨 일인가! 신이 살해된 이 마을에서는, 옛 사람들도 오늘날의 사람들도 신을 완전히 인정하지 않고 있으니! 그런데도 당신은, 2천 년이나 지난 시대에 살고 있고, 6천 마일이나 떨어진 곳에 있는 나에게, 그 신을 인정하라고 말하는 것이다. 당신이 신성한 책이라고 하는 책, 그러나 나로서는 그 의미를 전연 알 수 없는 책을 신용하기 전에, 나는 당신들의 입을 통해서가 아니라 다른 사람들의 입을 통해서, 그 책이 언제 누구에 의해 씌어졌는지, 어떻게 보존되어 왔는지, 그리고 어떻게 당신들의 손에 들어갔는지를 알아야 하지 않겠는가. 그 나라에 대해 당신이 나에게 가르치고 있는 것을 무엇이든지 당신만큼 잘 알면서 그 책을 부인(否認)하는 사람들이, 그 부인하는 이유로서 어떤 주장을 내세우는지, 그런 것을 듣지 않으면 안된다. 나는 아무래도 유럽에, 아시아에, 팔레스티나에 가서, 무엇이든지 직접 조사하지 않으면 안된다. 결국 그 모든 것을 조사할 때까지는, 나는 미치광이가 되지 않는 한 당신의 말에 귀를 기울일 수 없다. 그것은 당신도 잘 알 것이다.

이러한 주장은 나에게는 정당하다고 생각될 뿐만 아니라, 분별이 있는 인간이라면 누구든 이런 경우에는 이런 식으로 말할 것이다. 그리고 증거를 자세히 확인해 보기도 전에 무턱대고 서둘러 가르치고 세례를 받게 하는 선교사는 쫓아 버려야 한다고, 나는 말하고 싶다. 그런데 모든 계시에는, 기독교에 반대하여 제기되는 경우와 똑같은 힘, 혹은 그 이상의 힘을 가지는 반론이 제기된다. 따라서 만약 세계에 진실한 종교는 오직 하나밖에 없다고 하면, 또 그것을 믿지 않으면 누구든 반드시 지옥에 떨어진다고 하면, 사람은 모든 종교를 공부하고 탐구하고 비교하면서, 그 종교가 확립되어 있는 나라들을 돌아다니는 일로 일생을 소비하지 않으면 안되게 된다. 누구든 이 인간의 첫번째 의무를 면할 수 없고, 타인의 판단을 신뢰하여 그에 맡겨 버릴 권리도 없다. 자신의 노동만으로 생활하고 있는 직인(職人)도, 문자를 읽을 줄 모르는 농부도, 연약하고 내성적인 소녀도, 침대에서 내려오기조차 불안한 병자도, 모든 사람이 예외 없이, 공부하고 고찰하고 논의하며 세계를 돌아다니지 않으면 안된다. 한곳에 정착하는 국민은 없을 것이다. 지구 전체가 순례자의 무리로 덮이리라. 그들은 많은 비용을 들이고 긴 여행에 지치면서 지구상에서 신봉되고 있는 여러 가지 신앙을 몸소 조사하고 비교하고 검토할 것이다. 그렇게 되면 직업도, 예술도, 인간적인 학문도, 모든 사회적인 일도 필요없게 되고, 종교에 대한 연구 외에는 할 일이 있을 수 없게 된다. 그리고 누구보다도 건강한 몸을 가지고, 누구보다도 시간을 잘 이용하며, 누구보다도 이성을 잘 사용하고, 누구보다도 오래 산 사람이, 노년에 이르러서야 겨우 무엇에 의지하면 좋은지를 알게 될 것이다. 그가 죽기 전에 자신이 어떤 종교에 따라 살아야 하는지를 알면, 그것만도 대단한 일이다.

이러한 방법을 완화하여, 아주 조금이라도 인간의 권위에 힘을 부여하려 하면, 즉시 인간의 권위에 모든 것을 부여하는 게 된다. 만약 기독교도의 아이가, 깊고 공평한 검토를 하지 않고 아버지의 종교를 따르는 것이 좋다면, 터키인의 아이 역시 마찬가지로 자기 아버지의 종교를 따라서 나쁠 이유가 어디에 있는가. 이에 대하여, 양식 있는 사람들을 만족시킬 수 있는 대답을 할 수 있는지, 나는 너그럽지 못한 사람들 모두에게 물어 보고 싶다.

이와 같은 이유에 쫓겨, 어떤 사람들은, 그들의 야만한 교리를 버리기 보다는 오히려 신을 부정한 자로 몰고, 아버지의 죄를 이유로 하여 죄 없는 자를 벌하기를 즐긴다. 또 어떤 사람들은, 극복할 수 없는 무지의 상태에 있으나 도덕적으로는 훌륭하게 사는 사람들에게 친절하게도 천사를 보내어 가르치게 함으로써 곤경에서 벗어나려 한다. 이 천사라는 것이 정말 그럴 듯한 발명품이다. 그들은 그들의 발명품에게 우리를 의탁할 뿐만 아니라, 신에게도 그 발명품을 사용하도록 강요한다.

　나의 아이여, 모든 사람이 자기의 설(說)을 고집하고 자기만이 옳다고 생각할 때, 그 오만과 너그럽지 못함이 사람을 얼마나 어리석게 하는지를 보라. 나는 내가 숭배하고 있는, 또 그대에게 이야기하고 있는 이 평화의 신을 증인으로 하여, 나의 모든 연구가 성실한 것이었음을 맹세한다. 그러나 그런 연구는 성공할 수 없다는 것, 언제까지라도 성공할 수가 없다는 것을 알고, 자신이 끝없는 바다에 흘러든 것을 안 나는, 다시 내 자리로 돌아와 나의 신앙을 자신의 원시적 관념 속에 붙들어 두기로 했다. 그런 공부를 하지 않으면 지옥에 떨어진다는 따위의 말을 신이 했으리라고는, 나는 도저히 믿을 수 없었다. 그래서 나는 모든 책을 덮어 버렸다. 모든 사람의 눈앞에 펼쳐져 있는 책이 오직 한 권 있다. 그것은 '자연' 이라는 책이다. 이 위대하고 숭고한 책을 읽음으로써 비로소 우리는 그 신성한 저자〔神〕를 숭배하는 것을 배우게 된다. 누구든 그것을 읽지 않을 수 없다. 그 저자는, 모든 정신이 이해할 수 있는 말로 모든 인간에게 이야기하기 때문이다. 내가 사람이 살지 않는 섬에 태어났다 해도, 자신 외에는 어떤 인간도 만난 일이 없다 해도, 옛날에 세계의 한 귀퉁이에서 일어났던 일을 전연 알지 못한다 해도, 나의 이성을 훈련하고 길러 가면, 신이 나에게 부여한 직접적인 능력을 충분히 사용하면, 나는 신을 알고, 신을 사랑하고, 그 조화를 사랑하며, 신이 원하는 선(善)을 원하고, 신의 뜻에 맞도록 이 지상에서의 자신의 모든 의무를 완수하는 것을 스스로 배울 수 있을 것이다. 사람들의 모든 학식이 그 이상 어떤 것을 나에게 가르쳐 줄 수 있는가.

　계시에 대하여 내가 좀더 뛰어난 이론가였다면, 또는 좀더 학식이 있었다면, 어쩌면 나도 그 진리를 알고, 그것을 인정한 행복한 사람들에 대한 그 효용을 알 수 있었을 것이다. 그러나 거기에는, 나로서는 공격할 수 없는 증거가 있기도 하지만, 마찬가지로 해결할 수 없는 반론도 있다. 찬부(贊否) 어느쪽에서도 확실한 이유가 많이 있어서, 어느쪽을 택해야 좋을지 알 수 없기 때문에, 나는 그것을 인정하지도 부정하지도 않는다. 나는 다만 그것을 인정하는 의무를 부정할 뿐이다. 이 강제적인 의무는 신의 정의와 양립할 수 없는 것이며, 그에 의해 구원에의 길에 이르는 장애를 제거하기는커녕, 그것을 크게 하여 인류의 대부분에게 그것을 극복하기 어려운 것으로 할 우려가 있기 때문이다. 이런 것을 별도로 하면, 이 문제에 대해서, 나는 경건한 회의(懷疑)의 태도를 고수할 생각이다. 나는 자신은 틀릴 리가 없다는 따위의 생각을 하지 않는다. 나로서는 해결할 수 없는 것처럼 보이는 일도, 다른 사람은 해결하고 있는지도 모른다. 나는 자신을 위해 생각하는 것이지 타인을 위해 생각하는 것이 아니다. 나는 그들을 비난하지도 않고 그들의 흉내를 내지도 않는다. 그들의 판단이 나의 판단보다 뛰어날지도 모른다. 그러나 나의 판단이 그것과 일치하지 않더라도, 그것은 나의 탓이 아니다.

　나는 또, '성경의 숭고함은 나를 감탄시키고, 복음의 거룩함은 나의 마음을 감동시킨다.' 고 고백한다. 야단스러운 말을 늘어놓은 철학자들의 책을 보라. 복음서와 비교해 볼 때, 그것은 얼마나 보잘것없는 것인가. 그렇게 숭고하고, 그러면서도 그렇게 소박한 책이 인간의 손으로 씌어질 수 있단 말인가. 복음서가 전하고 있는 이야기의 주인공이 평범한 인간에 지나지 않을 수 있단 말인가. 이 책에서 느껴지는 논조(論調)와 그 열광자나 야심가의 음조는 분파적인가? 그의 행동들은 얼마나 점잖고 순수하며, 그의 가르침은 얼마나 의젓하며, 그의 말들은 얼마나 품위 있으며, 그의 설교는 얼마나 지혜로우며, 그의 대답들은 얼마나 공정한가! 자신의 정념에 대한, 무어라 말할 수 없이 큰 지배력! 약함을 보이지 않고, 허세를 부리는 일 없이 행동하고 고뇌하고 죽어갈 줄 아는 사람이 어디에 있는가. 그런 현자(賢者)가 어디에 있는가. 추악한 죄를 뒤집어쓰고서도 미덕의 모든 보상을 받기에 어울리는 정의로운 사람의 모습을 플라톤이 상상하여 그려 보였을 때,[62] 그는 다름 아닌 예수 그

---

62) 플라톤 《국가》 제2권.

리스도를 그대로 그린 것이다. 그것은 너무나도 뚜렷하여, 모든 교부(敎父)들도 그것을 느꼈다. 거기에 대해서는 의심의 여지가 없다. 소프로니스코스[63]의 아들(소크라테스)을 마리아의 아들(예수)과 비교해 보는 따위의 일은 얼마나 편견에 치우치고 얼마나 무지한 짓일까. 이 두 사람 사이에는 얼마나 큰 거리가 있는 것일까. 괴로워하지 않고 치욕도 받지 않고 죽어갔던 소크라테스는, 아무런 치욕도 당하지 않고 최후까지 그 인품을 나타내 보였다. 더구나 그 평온한 죽음이 그의 생애를 장식하지 않았다면 소크라테스는, 아무리 뛰어난 정신을 지니고 있었다 해도, 다른 궤변가들과 달랐는지 어떤지 의심받았을 것이다. 그는 윤리학을 창시했다고 한다. 그러나 그가 윤리학을 창시하기에 앞서, 다른 사람들이 그 윤리를 실천하고 있었다. 소크라테스는, 그들이 실천하고 있던 것을 말로 기술했음에 지나지 않는다. 정의란 무엇인가를 소크라테스가 말하기 전에도 아리스티데스는 정의로운 사람이었다. 소크라테스가 조국에 대한 사랑을 미덕이라고 이야기하기 전에, 레오니다스는 조국을 위해 죽어갔다. 소크라테스가 절제(節制)를 찬미하기 전에, 스파르타인은 절제하고 있었다. 그가 덕을 정의(定義)하기 전에, 그리스에는 덕망 있는 사람들이 많았다. 그러나 예수는, 스스로 가르치고 모범을 보인 저 높고 맑은 윤리를, 같은 나라의 누구에게서 배웠을까.● 실로, 더없이 격한 광신(狂信) 속에서 더없이 높은 지혜의 소리가 들려 왔던 것이다. 그리고 가장 영웅적인 소박한 덕이, 모든 국민 중에서도 가장 비천한 국민의 명예가 되었던 것이다. 친구들과 조용히 철학을 논하면서 죽어간 소크라테스의 죽음은, 더없이 바람직스럽고 온화한 죽음이다. 고통 가운데, 모든 국민으로부터 비난과 비웃음과 저주를 받으면서 숨져 간 예수의 죽음은, 우리가 생각할 수 있는 가장 무서운

---

63) 소프로니스코스는 아테네의 조각가로, 소크라테스의 아버지.

● 산상 수훈(山上垂訓 : 마태복음 제5장 제21절 이하)에서 예수가 스스로 행했던 모세의 윤리와 그의 윤리의 비교를 참고.

죽음이다. 독배(毒杯)를 받아 든 소크라테스는, 독배를 자기 앞에 바치고 눈물을 흘리는 자를 축복한다. 잔혹한 처형을 받으면서도, 예수는 증오로 불타고 있는 집행인을 위해 기도한다. 그렇다, 소크라테스의 생애와 그 죽음은 현자의 생애와 죽음이지만, 예수의 생애와 죽음은 신의 생과 죽음이다. 복음서에 씌어 있는 이야기가 제멋대로 창작된 것일까? 친구여, 창작이란 그런 것이 아니다. 게다가 아무도 의심하는 사람이 없는 소크라테스의 사적(事跡)에 비해 예수 그리스도의 사적만큼 확인되지 않은 것도 없다. 사실 이것은 어려운 문제를 해결하지 않고 저쪽으로 밀어 놓는 것이다. 몇 사람인가가 공동으로 이 책을 만들었다는 것은, 오직 한 사람이 그 주제를 제공했다는 것 이상으로 불가해한 것이다. 유태인의 작가들이, 저와 같은 격조(格調)나 윤리를 발견한 일은 일찍이 없었음에 틀림없다. 복음서에는, 그렇게도 뛰어나고 그렇게도 확실한 진리의 증거, 아무도 흉내낼 수 없는 진리의 증거가 보인다. 따라서 그것을 창작한 사람은, 거기에 이야기되고 있는 사람보다 더욱 놀라운 사람일 것이다. 그럼에도 불구하고 이 같은 복음서에는, 믿기 어려운 일, 도리에 맞지 않는 일, 어떤 사람이든 양식있는 사람으로서는 생각할 수도 인정할 수도 없는 일이 가득 씌어 있다. 이런 모든 모순 속에서 어떻게 하면 좋은가. 나의 아이여, 언제나 삼가고 신중하라. 부정할 수도 인정할 수도 없는 일에 대해서는 아무 말도 하지 말고 존중하라. 그리고 진리를 알고 있는 유일한 큰 존재자 앞에 머리를 숙이라.

이러한 회의 속에 나는 본의 아니게 머물러 있다. 그러나 내게 이 회의는 결코 괴로운 것은 아니다. 그것은 실천상의 문제들에까지 미치는 일이 아니며, 나는 자신의 모든 의무 원칙에 대해서는 충분히 결정적인 생각을 가지고 있기 때문이다. 나는 순수한 마음으로 신에게 봉사하고 있다. 내게 필요한 것 외에는 나는 아무것도 알려 하지 않는다. 교리가 행위나 도덕에 아무런 영향을 미치지 않음에도 많은 사람들이 그로 인해 자신을 괴롭히는데, 나는 그로 인해 조금도 자신의 마음을 괴롭히지 않는다. 나는 각각의 종교가 모두 유익한 제도라고 생각한다. 그것들은 각 나라에서, 공공연한 의식(儀式)에 의해서 신을 공경하는 어떤 한결같은 방식을 규정하고 있다. 그것들은 또 모두, 풍토나 통치 형태, 국민성, 혹은 때와 장소에 따라 어떤 종교를 다른 것보다 특히 바람직스러운 것으로 하는 무언가 국지적(局地的)인 원인에 그 근거를 가지고 있다. 신에게 어울리는 형식으로 신을 공경한다면, 그 종교들은 모두 훌륭한 것이라고 나는 믿는다. 신앙의 근본은 마음에 있다. 마음으로부터 신을 공경하고 있다면, 어떤 형식으로 경의(敬意)를 나타내더라도, 신은 그것을 물리치지 않는다. 교회에 대해 맹세한 형식을 따르게 되어 있는 나는, 나에게 명령된 일을 되도록 정확히 수행하고 있으며, 나의 양심은, 어떤 점에서든 의식적으로 그것을 게을리하는 것을 나에게 허용하지 않는다. 오랫동안 직무를 정지당했던 후에 나는, 당신도 알고 있는 것처럼, 멜라레드씨의 도움으로 다시 직무에 종사하게 되어, 그것을 생계수단으로 하게 되었다. 옛날에 나는 그저 적당히 미사를 올렸다. 아무리 중대한 일이라도 너무나 자주 행하면, 나중에는 그저 적당히 하게 되는 것이다. 새로운 원칙을 가지게 된 다음부터는 나는 좀더 공손한 태도로 미사를 올린다. 나의 마음은 지고(至高)의 존재자와 위엄과 그 실재와, 자신을 만들어 준 자에 관한 것을 거의 이해하지 못하는 인간 정신의 무력을 통절히 느끼고 있다. 나는 어떤 명령된 형식에 따라 민중의 기도를 신에게 바치고 있는 것이라고 생각하기 때문에, 모든 의식을 신중하게 집행한다. 주의 깊게 독송(讀誦)하고, 대수롭지 않은 말도 대수롭지 않은 의식도 결코 소홀히 하지 않도록 명심하고 있다. 봉헌(奉獻)의 시기가 가까워 오면 나는 교회와 성사(聖事)의 장엄함이 필요로 하는 모든 것을 수행하기 위하여 나의 온 능력을 집중하여 그것을 집행하도록 한다. 나는 지고(至高)의 영지(英智) 앞에 자신의 이성을 버리려 노력한다. 나는 중얼거린다. '무한의 힘을 측량하려 하는 너는 누구냐? 나는 존경하는 마음으로 성사(聖事)의 말을 외고, 그 공덕을, 내가 믿을 수 있는 한 믿는다. 그 이해하기 어려운 신비가 어떤 것이든 나는, 심판의 날에, 내가 일찍이 그것을 마음속에서 모독했다는 이유로 벌받을 염려는 없다고 생각한다.

더없이 낮은 신분에 있다 해도, 성직자의 일을 하고 있는 나는, 그 숭고한 의무를 수행하는 데에 어울리지 않는 일은 결코 행하지도 않고 말하지도 않을 것이다. 나는 사람들에게 끊임없이 덕을 이야기하고 선행을 하도록 권할 것이다. 그리고 되도록 스스로 그 모범을 보일 것이다. 사람들에게 종교를 좋아하도록 하는 것은, 나의 힘으로 할 수 있는 일이 아니다. 참으로 유익한 교리, 누구나 믿지 않으면 안되는 교리에 의해서 사람들의 신앙을 견고하게 하는 일은 나의 힘으로 할 수 있는 일이 아니다. 그러나 사람들에게 너그럽지 못한 잔혹한 교리를 설하는 일은 나는 절대로 하고 싶지 않다. 이웃을 미워하거나, 타인에게 '너희들은 지옥에 떨어진다.'고 말하는 일은 하고 싶지 않다.● 내가 좀더 남의 눈에 잘 띄는 지위에 있다면, 이러한 사양은 문제를 초래하게 될지도 모른다. 그러나 나는 지극히 낮은 신분에 있으므로 그렇게 두려워할 필요는 없다. 지금보다 더 낮은 신분으로 떨어지는 일은 있을 수 없으니까. 어쨌든 나는 신의 정의(正義)를 모독하는 일은 하지 않을 것이며, 성령을 거역하여 거짓말을 하지는 않을 것이다.

나는 오랫동안 사제의 지위를 바랐다. 지금도 그것을 바라고 있지만, 이미 희망을 가지고 있지는 않다. 좋은 친구여, 내게는 사제가 되는 일보다 좋은 일은 없다고 생각한다. 선량한 사제는 선(善)의 봉사자이다. 그것은 선량한 위정자(爲政者)가 정의의 봉사자인 것과 같다. 사제는 결코 나쁜 일을 할 수 없다. 언제나 스스로 선(善)을 행할 수는 없다 해도 선을 사람들에게 권하

● 자기 나라의 종교를 보호하고 사랑하는 의무는, 바른 도덕에 반(反)하는 교리—예를 들면 너그럽지 못한 교리—까지 포함하는 것이 아니다. 그런 교리는, 사람들을 서로 타인에 대하여 무장(武裝)시키고, 서로를 인류의 적으로 삼게 하는 무서운 교리이다. 사회적인 관용과 신학적인 관용을 구별하는 것은 정말 유치하고 무의미한 일이다. 이 두 관용은 나눌 수 없는 것으로, 한편을 인정하지 않으면 다른 편도 인정할 수 없다. 신의 적(敵)으로 간주되는 사람과는, 비록 천사라 할지라도, 함께 평화롭게 살 수 없으리라.

면 언제나 선을 행하고 있는 것이 되며, 사람들로부터 존경받는 방법을 알면 자주 선을 행할 수 있게 된다. 아아, 만약 내게 고향의 산속 어딘가 선량한 사람들이 사는 교구(敎區)의 관리가 맡겨진다면! 그러면 나는 얼마나 행복할까. 나는 교구의 사람들을 행복하게 해 주리라. 사람들을 풍족하게 해 주지는 못해도, 나는 그들과 가난을 함께할 것이다. 빈곤 그 자체보다도 견디기 어려운 치욕과 경멸을 없애 주리라. 흔히 가난을 제거해 주고 언제나 그에 견딜 수 있게 해 주는 융화와 평등을 사랑하도록 하리라. 그들에 비해 내가 결코 나은 생활을 하지 않으리라는 것, 그러면서도 만족하며 사는 것을 그들이 알면, 그들도 자신의 운명에 만족하며 살아가는 것을 배울 것이다. 사람들에게 가르칠 때에는, 나는 교회의 정신보다 오히려 복음서의 정신에 따라 가르치기로 한다. 복음서에는 단순한 교리와 숭고한 윤리가 담겨 있다. 또 거기에는 종교적인 행사에 대해서보다는 자비로운 행위에 대해서 많이 기록되어 있다. 무엇을 해야 하는가를 사람들에게 가르치기 전에, 나는 그것을 스스로 실행하도록 언제나 노력할 것이다. 그것은 내가 그들에게 이야기하는 것 모두가 나 자신이 믿고 있는 것임을 그들로 하여금 잘 알도록 하기 위해서이다. 나는 교구 안에, 또는 나의 가까이에 프로테스탄트가 있다 해도 나는, 기독교적인 사랑에 입각하여, 나의 교구민과 그들을 차별하지 않을 것이다. 나는 그들 모두가 서로 차별 없이 사랑하고, 형제처럼 생각하며, 모든 종교를 존중하여, 각각 자신의 종교를 믿으면서 평화롭게 살아가도록 만들 것이다. 누군가를 부추겨서 태어난 때부터의 종교를 버리게 하는 것은 나쁜 짓을 권하는 것이며, 따라서 권하는 사람도 나쁜 짓을 하는 것이라고 나는 생각한다. 지금보다 좀더 위대한 빛을 기다리면서, 공공 질서를 지켜 가기로 하자. 어느 나라에 있든, 그 나라의 법률을 존중하기로 하자. 법률이 명하고 있는 신앙을 혼란시키는 일은 하지 않기로 하자. 시민에게 반항을 가르치는 일은 하지 않기로 하자. 우리는 자신의 의견을 버리고 다른 의견에 좇는 것이 그들에게 좋은 일인지 어떤지 확실히 알 수 없지만, 법률에 반(反)하는 것이 나쁜 일인 것은 아주 확실히 알고 있다.

젊은 친구여, 나는 신이 나의 마음속에서 읽은 그대로, 나의 신앙 고백을 그대에게 했다. 그대가 나의 신앙 고백을 들은 최초의 사람이다. 그리고 어쩌면 그대가 최후의 사람이 될 것이다. 사람들 사이에 얼마간이라도 바른 신앙이 남아 있는 한, 사람들의 평온한 마음을 어지럽혀서는 안되며, 해결할 수 없는 어려운 문제나 사람을 불안하게 할 뿐 교훈이 되지 않는 문제를 제기하여 순박한 사람들의 신앙을 위협해서는 안된다. 그러나 일단 모든 것이 흔들리게 되면 지엽(枝葉)을 희생시켜서라도 줄기를 보존해야 한다. 양심이 동요하고 불확실해져 거의 사라져가는 그런 상태에 당신의 양심이 놓여져 있다고 생각될 때에는, 양심을 확고히 하고 눈뜨게 할 필요가 있다. 그리고 영원한 진리의 기초 위에 양심을 재건(再建)하기 위해서, 그것이 아직 의존하려고 하는 흔들리는 기둥을 완전히 제거해 버려야 한다.

그대는 아주 중요한 시기에 있다. 정신은 변하지 않는 것을 구하고, 마음은 그 형태와 성격을 받아들여, 선이든 악이든 일생 동안 변하지 않는 것이 결정되는 시기이다. 이 시기가 지나면, 본질적인 것이 견고해져, 새로운 인상은 그 흔적이 새겨지지 않게 된다. 젊은이여, 아직 굳지 않은 그대의 마음속에 진리의 증거를 받아들이라. 나에게 좀더 자신이 있었다면, 나는 그대에게 독단적이고 단정적인 어조로 말했을 것이다. 그러나 나는 인간이다. 무지하고 오류를 범하기 쉬운 인간이다. 내가 무엇을 할 수 있으랴. 나는 그대에게 내 마음을 모두 털어놓았다. 확실하다고 생각하는 것은 확실한 것이라고 그대에게 이야기했다. 의심스러운 것은 의심스러운 것이라고 이야기했다. 나의 의견은 의견으로서 이야기했다. 내가 의심하는 이유와 믿는 이유를 이야기했다. 이제부터는 그대가 판단해야 한다. 그대는 시간을 가지고 생각해 보겠다고 했다. 그런 신중한 태도는 현명하며, 나는 그대의 그런 태도를 기대한다. 먼저 그대의 양심을 분명하게 알고 싶어하는 상태에 놓아야 한다. 즉, 자기 자신에 대하여 정직하게 되어야 한다. 나의 생각 속에서 납득되는 것은 받아들이고 그밖의 것은 버려야 한다. 그대는 아직 잘못된 선택을 할 만큼 악덕에 더럽혀져 있지 않다. 그에 대하여 함께 토론을 해 보자고 그대에게 제의해 보고도 싶지만, 사람은 토론을 시작하면 쉽게 흥분하게 된다. 허영심과 고집이 그에 더해져, 선의(善意)가 없어져 버린다. 나의 친구여, 논쟁을 해서는 안된다. 논쟁을 통해서는, 자기 자신도 다른 사람도 가르칠 수가 없다. 나로 말하면, 오랜 세월을 깊이 생각해 본 끝에 겨우 자신의 생각을 결정했다. 그리고 지금은 그 생각을 지키고 있다. 나의 양심은 평온하며, 나의 마음은 만족하고 있다. 설령 내가 자신의 감정을 새로 검토해 보고 싶은 생각이 들었다 해도, 나는 그 검토에 한층 순수한 진리애(眞理愛)를 쏟지 못할 것이며, 이미 이전만큼 활발하지 않은 나의 정신은, 그만큼 진리를 인식할 수 없을 것이다. 나는 언제까지나 지금의 나로 있을 것이다. 모르는 사이에 명상에 대한 즐거움이 한가한 사람의 도락(道樂)이 되어, 자신의 의무를 이행하고자 하는 열의를 식혀 버리지나 않을까 염려스럽기 때문이다. 그리고 다시 최초의 회의(懷疑)에 빠져도, 그 회의로부터 빠져나올 힘이 없지 않을까가 염려되기 때문이다. 나의 인생은 반 이상 지나갔다. 나에게는, 이제부터의 인생을 유효하게 사용하기 위해, 그리고 덕행에 의해 나의 잘못을 씻기 위해 필요한 세월이 남아 있을 뿐이다. 설령 내가 잘못을 저지른다 해도 그것은 나의 의지에 의한 것이 아니다. 나의 마음을 속속들이 읽는 자는, 내가 즐겨 맹목적이 된 것이 아님을 잘 알고 있다. 나 자신의 지식으로는, 이 맹목적인 상태에서 벗어날 수 없는 나에게 남아 있는 단 하나의 탈출 수단, 그것은 바른 생활을 하는 것이다. 신은 돌멩이 같은 것으로부터도 아브라함의 자손을 태어나게 할 수 있을진대, 어떤 인간이든, 진리를 배울 자격이 있는 자가 되면, 그것이 가르쳐지기를 기대하여도 좋으리라.

　만약 이와 같은 고찰(考察)로 하여, 그대가 나와 똑같이 생각하게 되었다면, 그리고 만일 나의 감정이 그대의 감정이 되었다면, 그리하여 우리가 같은 신앙을 가지게 되었다면, 나는 그대에게 이렇게 충고하고 싶다. '그대의 생활을, 인제 두 번 다시 빈곤과 절망에서 오는 유혹에 내맡겨서는 안된다. 낯선 자들에 농락되어 수치를 모르는 생활을 해서는 안된다. 그리고 적선으로 얻은 수치스런 빵을 먹지 말아야 한다. 그대의 나라로 돌아가라. 그대의 조상들이 믿던 종교로 돌아가라. 그리고 진심으로 그 종교를 믿고, 두 번 다시 그것을 버리지 말라. 그것은 아주 순수하고 성스러운 종교이다. 그것은 지상에서 볼 수 있는 모든 종교 가운데 더없이 순수한 윤리를 지닌 가장 잘 이성에 맞는 종교이다. 돌아갈 때 드는 비용에 대해서는 걱정하지 않아도 된다. 어떻게든 마련될 것이다. 머리를 숙이고 돌아간다는 데에 대해서 부끄러워할 필요가 없다. 부끄러워해야 할 것은 잘못을 범하는 일이지, 그것을 속죄하는 일이 아니다. 그대는 아직, 무슨 일이든 용서받을 수 있는 나이이다. 그러나 죄를 범해도 벌을 받지 않고 그냥 지나칠 수 있는 나이는 아니다. 그대가 자신의 양심의 소리를 들을 마음이 되면, 그 소리에 여러 가지 하찮은 장애는 사라져 버릴 것이다. 그대도 알 테지만, 우리가 놓여 있는 이런 불확실한 상태에서는, 태어날 때부터의 종교가 아닌 다른 종교를 믿는 것은 용서받기 어려운 오만이며, 자기가 믿는 종교를 성실히 실천하지 않는 것은 일종의 기만 행위이다. 잘못된 길로 들어가면, 지고(至高)의 심판자의 법정에서 변명을 할 유력한 근거를 잃게 된다. 신은, 사람이 스스로 나아가 선택한 잘못보다는 오히려 거기에서 길러진 잘못을 용서해 주셔야 하지 않을까.

나의 아이여, 그대가 신이 존재하기를 언제나 원하는 상태에 그대의 영혼을 머무르게 하라. 그렇게 하면, 그대는 신의 존재에 대한 의심을 가지는 일이 결코 없을 것이다. 그리고 또, 그대가 어떤 입장을 취하게 되든, 종교의 참 의무는 인간이 만든 제도와는 상관이 없다는 것, 바른 사람의 마음이야말로 참 신전(神殿)이라는 것, 어느 나라, 어떤 종파에서든 무엇보다 신을 사랑하고, 우리의 이웃을 자신과 똑같이 사랑하는 것이 율법의 요약이라는 것, 우리를 도덕적인 의무에서 풀어 주는 종교는 존재하지 않는다는 것, 그러한 의무 외에는 참으로 중요한 것은 없다는 것, 내면적인 신앙이 그런 의무들 중 첫째라는 것, 신앙 없이는 참된 덕은 존재하지 않는다는 것, 이러한 것들을 염두에 두어야 한다.

자연을 설명한다는 구실하에 사람들의 마음에 파괴적인 교리의 씨앗을 뿌리는 사람들, 겉으로는 회의주의(懷疑主義)를 주창하면서 그 논적(論敵)들의 단호한 어조보다 백 배나 더 단정적이고 독단적인 사람들을 멀리하는 것이 좋다. 그런 사람들은, 자기들만이 총명하고 바르고 성실하다는 따위의 교만한 말을 하면서, 그 단호한 결정을 우리에게 강요하고, 그들이 공상에 사로잡혀 만들어 낸 이해하기 어려운 학설을 만물의 참 원리로서 우리에게 강요하려 한다. 그리고 사람들이 존경하는 모든 것을 뒤집어엎고 때려 부수고 짓밟아 뭉개며, 괴로워하는 자로부터 그 불행을 위로하는 마지막 위안을 빼앗고, 권력자와 부유한 자로부터 그 정념을 누르는 단 하나의 고삐를 제거한다. 그들은 사람들의 마음속에서 죄에 대한 회한(悔恨)과 미덕에 대한 희망을 뽑아 버린다. 그럼에도 불구하고 그들은, 자기들이 인류에게 은혜를 주는 자라고 자만하고 있다. '진리는 인간에게 절대로 해로운 것이 아니다.'라고 그들은 말한다. 내 생각도 그들의 생각과 같다. 그러나 내가 생각하기에는 이것이야말로 그들이 가르치는 것이 진리가 아니라는 명백한 증거이다.●

선량한 젊은이여. 정직하고 진실하라. 그러나 오만해서는 안된다. 무지(無知)를 배우도록 하라. 그러면 그대는, 그대 자신도 다른 사람도 속이는 일

● 두 당파는 엄청난 궤변으로 서로를 공격하고 있다. 그 모두를 지적하는 것은 엄청나고 무모한 일이 될 것이다. 그러한 궤변의 몇 가지만을 기록하는 일도 큰 일이다. 철학자 쪽에서 가장 흔히 발견되는 궤변의 하나는, 좋은 철학자라 생각되는 국민을 나쁜 기독교도의 국민과 대립시키는 것이다. 참된 철학자인 국민을 참된 기독교도인 국민보다 쉽게 만들 수 있으리라고 생각하는 것처럼 개인 사이에서는 참된 철학자가 참된 기독교인보다 쉽게 발견될 수 있는지 어떤지 나는 모른다. 그러나 국민을 문제로 하면, 종교를 가지지 않고 철학을 악용하는 국민을 예상하지 않으면 안된다. 그것은 우리가 보는 국민이 철학을 가지지 않고 종교를 악용하는 것과 같다는 것을 나는 잘 알고 있다. 그리고 이 사실은, 문제의 소재(所在)를 뚜렷이 바꾸게 된다고 나는 생각한다.

이 없을 것이다. 설령 그대가 재능을 닦아, 사람들에게 이야기할 수 있는 지위에 오른다 해도, 언제나 그대의 양심에 좇아 이야기하고, 사람들이 갈채(喝采)하는지 어떤지에 마음을 어지럽혀서는 안된다. 학식을 잘못 사용하면, 불신앙(不信仰)을 낳는다. 학자는 일반인의 생각을 경멸한다. 각각 독자적인 생각을 가지려고 한다. 맹목적인 신앙심은 광신(狂信)을 이끌어 내지만, 오

베일(Pierre Bayle, 1647~1706, 프랑스의 철학자)은, 광신(狂信)이 무신론보다 한층 해롭다는 것을 훌륭하게 증명했다. 거기에는 이론(異論)이 없다. 그러나 그가 설명하려 하지 않았던 것으로 역시 진실인 것이 있다. 광신은, 피비린내나는 잔혹한 것이긴 하나 크고 강력한 정열로, 인간의 마음을 높이고 죽음을 무시하게 하여, 인간에게 굉장한 힘을 부여한다. 그러므로 거기에서 더없이 숭고한 덕을 끌어내기 위해서는, 그것을 좀더 잘 이끌어 가기만 하면 된다. 그러나 무종교(無宗敎)는, 그리고 일반적으로 말해 논리를 좋아하는 철학적 정신은, 삶에 집착하게 되고, 정신을 약하게 하고 천하게 하며, 모든 정념을 천한 개인적 이해(利害) 및 천한 인간의 '자아'에 집중하게 하여, 모든 사회의 참 기초를 소리도 내지 않고 파 무너뜨린다. 개인적인 이해(利害)에 공통적인 어떤 것은 지극히 미미한 것으로, 그런 이해에 대립한 어떤 것을 흔들 수 있을 만한 것이 아니기 때문이다.

무신론이 인간으로 하여금 피를 흘리게 하지 않는 것은, 평화에 대한 사랑에 기인한 것이기보다는 선(善)에 대한 무관심에 기인한 것이다. 결국, 모든 것이 어떻게 되든, 자칭 현자(賢者)라는 사람들은, 서재에 안온히 있을 수 있기만 하면, 조금도 신경 쓸 일이 아닌 것이다. 그의 원칙은, 인간을 죽이지는 않지만, 인간의 수를 늘게 하는 풍속을 파괴하거나, 인간을 동류(同類)로부터 떼어 놓거나, 인간의 모든 애정을 국민에 대해서나 미덕에 대해서나 혐오스럽고 은밀한 이기주의로 환원하거나 함으로써 인간이 태어나는 것을 방해한다. 철학자의 무관심은, 전제 정치하에서의 국가의 평온과 비슷하다. 그것은 죽음의 고요함이다. 그것은 전쟁 그 자체보다 파괴적이다.

이러한 까닭에 광신(狂信)은, 그 직접적인 결과에서는, 오늘날 철학정신이라 불리는 것보다 한층 혐오스러운 것이라 해도, 그 귀결하는 바는 그만큼 혐오스러운 것이라 할 수는 없다. 그리고 또, 책 안에서 훌륭한 금언(金言)을 늘어놓기는 쉽다. 그러나 문제는, 그 금언이 그것의 가르침과 일치하는지 어떤지, 가르침으로부터 필연적으로 나오는 것인지 아닌지를 아는 일인데, 그것은 지금까지도 분명하지 않다. 그 위에 유유히 왕좌(王座)에 머물러 있는 철학이, 자만·이해(利害)·야심·인간의 하잘것없는 정념 등을 충분히 누를 수 있는지 어떤지, 또 철학이, 펜으로써 우리에게 격찬하고 있는 참으로 유쾌한 인간애를 실천하는지 어떤지, 그것을 아는 일이 남아 있다.

이론적으로 말하면, 철학은 종교가 행할 수 있는 이상의 훌륭한 선(善)을 행할 수 없는 반면, 종교는 철학이 행할 수 없는 선(善)을 많이 행하고 있다.

만한 철학은 반종교(反宗敎)를 이끌어 낸다. 이러한 양 극단을 피하라. 당신은 진리에의 길에, 또는 당신의 솔직한 마음의 진리라고 생각되는 길에 언제나 머물러 있는 것이 좋다. 허영심이나 나약함 때문에 그곳으로부터 멀어지는 일이 있어선 안된다. 철학자들 앞에서 대담하게 신을 인정하고, 너그럽지 못한 사람들에게 대담하게 인간애를 설교해 보라. 필시 그대의 편이 되는 자

실천적인 면에서 말하면 문제는 다르다. 그러나 그래도 검토해 보지 않으면 안된다. 어떤 종교를 믿고 있어도, 모든 점에서 그 교리를 따르고 있는 인간은 한 사람도 없다. 그것은 사실이다. 대부분의 인간은 거의 종교를 믿지 않고 있으며, 또 믿는다 해도, 믿고 있는 종교에 전연 따르지 않고 있다. 이것 역시 사실이다. 그러나 어쨌든, 어떤 사람들은 어떤 종교를 믿고, 부분적으로 그에 따르고 있다. 그리고 종교적인 동기(動機)가, 때로 그들의 나쁜 짓을 그만두게 하고, 그들로부터 덕행을 끌어낸다. 그리하여 그런 동기(動機)를 가지지 않았더라면 있을 수 없었던 칭찬할 만한 행동을 끌어낸다. 이것은 의심할 수 없는 일이다.

어떤 수도사(修道士)가, 맡아 둔 돈을 맡아 두지 않았다고 말했다 하자. 그러면 어떻게 되는가. 그것을 그에게 맡긴 사람이 바보라고 하는 수밖에 별 도리가 없지 않은가. 파스칼이 그런 식으로 맡지 않았다 고집했다고 하면, 그것은 파스칼이 위선자였던 것을 증명하는 일이 되는 것밖에 아무것도 아니다. 그러나 수도사가……! 그렇다면, 종교를 파는 사람들이 종교를 믿는 사람들이란 말인가. 다른 계급에서 행해지고 있는 죄악이 성직자 계급 사이에서 행해지고 있다고 하여, 그것이 종교가 아무 쓸모없는 것임을 증명하지는 않는다. 오직 아주 적은 수의 사람만이 종교를 믿고 있다는 것을 증명한다.

우리가 보고 있는 근대의 정부가 옛날보다 강한 권위를 가지고 있는 것과 옛날만큼 빈번히 혁명에 위협당하고 있지 않은 것은, 의심할 여지 없이 기독교 덕분이다. 기독교는, 정부를 옛날보다 덜 잔인한 것으로 만들었다. 이 사실은, 오늘날의 정부를 고대의 정부와 비교해 보면 증명된다. 광신은 멀어지고, 기독교의 풍습은 한층 온화해졌다. 이 변화는 학문이 가져온 결과가 아니다. 문화가 번영하던 곳에서는 어디든, 그 때문에 인간애가 한층 존중되었던 일은 없었기 때문이다. 아테네 사람, 이집트 사람, 로마의 황제, 중국인의 잔혹함이 그것을 증명하고 있다. 얼마나 많은 자애로운 행위가 복음으로부터 나왔던 것일까? 가톨릭 신자의 나라에서는, 고해가 얼마나 많은 명예를 회복시켰고 손해에 대한 보상을 하게 했는가. 우리 나라에서는, 성체 배령(聖體 拜領)의 때가 가까워 오면, 얼마나 많은 적선이 베풀어지는가. 히브리 사람의 오십년 절(五十年節)은, 찬탈자들의 탐욕을 얼마나 완화시켰던가. 얼마나 많은 빈곤을 예방했던가. 우애(友愛)의 법률(50년절에 의해서, 그 해에는 노예를 해방하고 토지를 반환하는 것으로 정해져 있었다.)이 모든 국민을 결합시키고 있었던 히브리 사람의 나라에서는 한 사람의 거지도 찾아볼 수 없었다. 종교 단체가 무수히 있었던 터키에서도 거지는 찾아볼 수 없었다. 터키 사람은, 종교의 원칙에 의해서 손님을 환대하고, 그들 신앙의 적(敵)까지 손님으로서 후대하는 것이다.

는 한 사람도 없으리라. 그러나 그대는 그대 자신 속에, 사람들의 증언 따위를 필요로 하지 않는 증언을 가지게 된다. 사람들이 사랑하든 미워하든, 그대가 쓴 것을 읽든 무시하든 그것은 아무래도 좋다. 진실을 말하고 좋은 일을 하라. 인간에게서 소중한 일은, 이 지상에서 자신의 의무를 완수하는 일이다. 그리고 사람은 자신을 잊고 있을 때야말로 자신을 위해 일하고 있는

샤르댕은, "마호메트교도는, 만인의 부활 후에 계속되는 심판이 끝난 다음에 모든 사람의 육신은 풀 세르보라 불리는 다리를 건너가게 된다고 말한다. 그것은 영원한 불 위에 설치된 다리로, 그들의 말에 의하면, 세 번째 심판, 즉, 최후의 심판이 여기서 행해진다. 여기에서 선인(善人)과 악인이 구별되는 것이다.……"라고 했다.

샤르댕은 계속해서 말한다. "페르시아 사람들은, 이 다리를 대단히 소중히 여기고 있다. 누군가가 욕을 당하고, 어떤 방법으로도 언제까지나 그 오욕을 씻을 수 없을 때, 그 사람의 마지막 위안은 이렇게 말하는 것이었다. '좋아, 살아 있는 신(神)에 맹세코, 너는 최후의 날에 나에게 두 배의 보상을 하게 될 것이다. 그때까지 내가 만족할 수 있도록 해 주지 않으면, 너는 풀 세르보를 건너지 못할 것이다. 나는 너의 옷자락을 잡고 늘어질 것이며, 너의 다리를 꽉 잡고 놓지 않을 것이다.' 그 무서운 다리를 건널 때, 그런 식으로, '저 놈 잡아라!' 하고 외치는 사람이 있지나 않을까 염려하여, 자기에 대해 불평을 하고 있는 사람에게 용서해 달라고 부탁하고 있는 많은 지체 높은 사람들을, 모든 종류의 직업에 종사하는 사람 가운데 나는 본 일이 있다. 그런 일은, 나 자신에게도 백 번이나 일어났던 것이다. 내가 원하던 것과는 다른 일을 나에게 강요한 신분 높은 사람들이 얼마 후, 나의 불쾌한 기분이 사라질 때쯤, 내게 와서 말하는 것이었다. '부탁하오, 할랄 베콩 양트키스라, 그 사건은 내가 합법적이고 바른 것으로 해 주오.' 하고. 그 위에 어떤 사람들은, 내가 그 사람들을 기쁘게 용서했다는 것을 밝히듯이, 나에게 선물을 하거나 했다. 이유는, 자기가 괴롭힌 사람들에게 그 보상을 하지 않으면, 풀 세르보 다리를 건너지 못한다는 것을 믿고 있기 때문임에 지나지 않는다."

많은 부정(不正)을 보상해 주고 있는 이 다리의 관념도 부정을 방지하지는 못한다고 생각되는가. 학대받은 사람들이 죽은 다음에 학대한 사람들에게 복수하게 된다는 풀 세르보도, 그와 비슷한 어떤 것도, 사실은 존재하지 않는다는 것을 납득시켜, 페르시아 사람들로 하여금 이러한 관념을 가지지 않게 한다면, 그것은 폭군들을 멋대로 설치게 하여 불행한 사람들을 위로하려 하는 배려를 없애게 될 것이 명백하지 않은가. 따라서 그러한 교설이 해롭지 않다는 것은 거짓말이다. 그러므로 그것은 진리가 아니다.

철학자여, 그대의 도덕의 원칙은 아주 훌륭하다. 그러나 부탁하노니 그 제재 규정(制裁規定)을 나타내 보여 주기 바란다. 농담은 잠시 그만두고, 무엇으로 풀 세르보를 대신할 것인지, 확실히 말해 달라.

것이다. 나의 아이여, 자기 이익의 추구가 우리를 오류로 이끈다. 정당한 희망만이 우리의 유일하고 믿음직한 안내자이다.

나는 위의 글을, 종교 문제에 대하여 따라야 할 정신적 규칙으로서가 아니라 내가 확립하려고 노력한 방법에서 멀어지지 않도록 하기 위해 학생과 함께 이런 식으로 생각해 볼 수 있다는 실례(實例)로서 옮겨 썼다. 인간의 권위를 무시하고, 태어난 나라의 편견을 일체 인정하지 않는 한 이성의 빛만으로는, 자연의 교육에서, 우리 자신을 자연 종교 이상의 곳으로 이끌어 갈 수 없다. 그래서 나는, 에밀과 함께 그곳에 머물러 있는 것이다. 만약 그가 자연과는 다른 종교를 가지려 한다면, 이 점에서 나는 이미 그의 안내자가 될 권리를 가지지 못한다. 그것을 선택하는 것은 그가 혼자서 해야 할 일이다. 우리는 자연과 보조를 맞추어 일하고 있다. 그리고 자연이 육체적인 인간을 만들고 있을 때, 우리는 윤리적인 인간을 만들려 노력한다. 그러나 이들의 진행 속도는 같지 않다. 몸은 이미 건장하고 튼튼하게 되어 있어도, 정신은 아직 힘이 없고 약하다. 그리고 인간의 기술로 어떤 일을 할 수 있다 해도, 육체는 언제나 이성(理性)에 앞선다. 되도록 인간을 언제나 단일(單一)한 것으로 하기 위하여, 우리는 이제까지 이성을 억누르고 육체를 촉진하는 일에 모든 배려를 다해 왔다. 그의 개성을 신장시켜 주는 일에 의해서 우리는, 나타나기 시작한 그의 감성을 억제해 왔다. 이성을 키우는 것에 의해서 감성을 규제해 왔다. 지적(知的)인 대상은 감각적인 대상의 영향을 약화시켰다. 사물의 근원으로 거슬러 올라감에 의해서, 우리는 그를 관능의 지배로부터 벗어나게 했다. 그를 자연의 연구로부터 그 창조자의 탐구로 끌어올리는 것은 쉬운 일이었다.

여기까지 도달하면, 우리는 우리의 학생에 대하여 얼마나 새로운 영향력을 행사하게 된 것일까? 그의 마음에 이야기할 얼마나 많은 새로운 방법을 가지게 된 것일까? 여기서 비로소 그는 선해지기 위한, 은밀히 바른 일을 하기 위한, 목숨을 희생해서라도 자신의 의무를 완수하기 위한, 마음속에 덕을 가지기 위한 참된 동기에 관심을 가지게 된다. 그것은 모든 사람이 언제나 자기애(自己愛)를 그에 우선시키는 질서에 대한 사랑을 위해서뿐만 아니라 자신을 만든 창조주에 대한 사랑·자기애 그 자체와 융화하는 사랑을 위해서이기도 하며, 평온한 양심과 저 지극히 높은 존재자의 관조(觀照)가 그에게 약속하고 있는 행복, 이 세상을 훌륭하게 지낸 다음에 저 세상에서 주어지는 영원한 행복을 즐기기 위해서이기도 하다. 그런 것이 없으면 나는 사람들 사이에서 부정과 위선과 거짓만을 보게 된다. 경쟁 세계에서는 필연적으로 모든 것을 누르고 지배하게 되는 사적(私的)인 이해(利害)가 모든 사람들에게 미덕의 가면을 쓰고 악덕을 이야기하는 것을 가르치게 된다. 다른 인간은 모두 그 행복을 희생하여 나의 행복에 이바지해야 한다. 모든 것은 나 한 사람의 이익을 위해서 존재해야 한다. 내가 한때의 고통이나 굶주림에서 벗어나기 위해서는, 필요하다면 전인류가 고통과 결핍 속에 죽어도 상관없다. 이것이 논리적으로 생각하는 불신자(不信者)의 모든 내면의 소리이다. 그렇다. 나는 일생 동안 계속해서 말할 것이다. "마음속으로 '신은 존재하지 않는다.' 고 중얼거리면서 신의 이름을 입에 담는 사람은 틀림없이 거짓말쟁이가 아니면 미친 놈이다."라고.

독자여, 내가 어떤 노력을 한들 당신과 나는, 나의 에밀을 결코 같은 눈으로 보지는 않을 것이란 사실을 나는 잘 알고 있다. 당신은 언제나, 당신 주위에 있는 청년들과 똑같은 인물로 그의 모습을 떠올리고 있다. 즉, 당신은 언제나 경솔하고 야단스럽고 충동적인, 그리고 즐거운 놀이를 찾아 여기저기 방황하여 결코 침착하게 무언가 할 수 없는 청년을 상상하고 있다. 내가 생명력으로 끓어오르는 시기의 혈기 왕성하고 생기에 넘치는 청년, 흥분하기 쉽고 과격한 청년을, 명상가·철학자·신학자로 만드는 것을 보고, 당신은 웃을 것이다. 당신은 말할 것이다. '이 몽상가는 언제나 자신의 환상을 좇고 있다. 자기 식의 학생을 우리에게 보이면서 그를 교육해 보이고 있을 뿐만 아니라 그를 만들어 내 보이고 있다. 그는 자기의 머리 속에서 학생을 끌어 내고 있다. 그리고 언제나 자연에 따른다고 하면서 시시각각 자연에서 멀어져 간다’ 고. 나는 어떤가 하면, 나의 학생을 당신들의 학생과 비교할 때, 양자(兩者)가 공통적으로 가지고 있는 것 같은 것을 거의 발견하지 못한다. 완전히 다른 식으로 길러졌기 때문에, 나의 학생이 어떤 점에서 당신들의 학생과 비슷하다면, 그것은 기적이라 하지 않을 수 없다. 나의 학생은, 당신들의 학생이 청년 시대에나 가지게 되는 완전한 자유 속에서 아이 시대를 지냈다. 그러나 청년 시대가 되면 이번에는, 당신들의 학생이 아이 때 복종했던 규칙을 지키게 된다. 그런데 그 규칙은 당신들의 학생에게는 귀찮은 것이 된다. 그들은 그런 규칙에 혐오감을 느낀다. 오랜 동안에 걸친 교사의 압제를 거기에서 볼 뿐으로, 그들은 모든 종류의 멍에를 흔들어 떨쳐버렸을 때에 비로소 아이의 상태에서 벗어났다고 생각한다.[*] 그래서 오랜 동안의 구속 상태에 대한 보상을 한다. 쇠사슬에서 풀려난 죄수가 손발을 뻗거나 움직이거나 구부리거나 하듯이. 그러나 에밀은 반대로 어른이 되는 것을 자랑으로 생각하며, 싹트기 시작한 어떤 이성(理性)의 멍에에 복종하는 것을 명예롭게 생각한다. 이미 성숙한 그의 몸은, 이전처럼 운동을 필요로 하지 않게 되어 스스로 조종하게 된다. 그러나 반쯤 발달한 그의 정신은 멀리, 높이 날아 오르기를 원한다. 이와 같이 이성의 시기는, 당신들의 학생에게 방종의 시기에 지나지 않지만, 나의 에밀에게는 이성을 작용시키는 시기가 된다.

당신들의 학생과 나의 학생 중 어느쪽이 이 점에서 한층 자연의 질서에 맞는지 알고 싶다면, 자연의 질서로부터 얼마간 멀리 있는 아이들간의 차이를 생각해 보는 것이 좋다. 가령 농촌의 청년들을 관찰해 보라. 그들이 당신

---

[*] 아이 상태에서 이제 막 벗어났다고 생각하는 사람만큼 아이를 경멸의 눈으로 보는 사람은 없다. 그것은 마치, 신분의 차가 그리 크지 않아서, 모든 사람이 하급(下級)의 사람과 혼동될 것을 끊임없이 염려하는 나라만큼 신분 제도가 진지하게 지켜지는 나라는 없는 것과 같다.

들의 청년처럼 훈련되지 않았는지 어떤지. 드 보씨는 말했다. "미개인은, 아이 때에는 언제나 활동적이고, 끊임없이 여러 가지 놀이를 하여 몸을 움직인다. 그러나 청년기가 되면, 곧 침착해지고 생각이 깊어진다. 그들은 진지하게 하는 놀이, 결국 승부 이외의 놀이는 거의 하지 않게 된다." 에밀은 농촌의 청년이나 젊은 미개인과 마찬가지로 완전한 자유 속에서 키워졌으므로, 그들과 똑같이 자라 가면서 점점 침착해지게 될 것이다. 단지 다른 것은 오로지 놀거나 먹거나 하기 위해서만 활동하는 것이 아니라, 에밀은 일 속에서도 놀이 속에서도 사고하는 것을 배워 왔다는 것이다. 따라서 그런 과정을 통해 이 시기에 도달한 그는, 내가 이제부터 안내하는 길에 대하여 완전히 준비가 되어 있다. 내가 보여 주는 고찰(考察)의 재료는 그의 호기심을 북돋운다. 그것들은 본디 아름다운 것이고, 그에게는 전혀 새로운 것이며, 게다가 그는 그것들을 이해할 수 있는 상태에 있는 것이다. 반대로 당신들의 재미없는 수업, 지루한 교설(敎說), 언제까지나 계속되는 교리 문답에 싫증나 있던 당신들의 학생은, 그들에게서 우울한 것이었던 정신들의 노력, 끊임없이 강요되어 짓눌리던 교훈, 이제 와서는 그들의 즐거움에 대한 적(敵)이 되어 버린 그들 자신의 창조주에 대한 사색을 거부하지 않을 수 없을 것이다. 그런 것 모두에, 그들은 단지 혐오와 반감과 권태를 느낄 뿐이다. 속박이 그들로 하여금 그러한 것들을 싫어하도록 만드는 것이다. 그렇다면 그들이 무언가를 마음대로 할 수 있게 되었을 때, 그때에도 그들을 속박할 수 있는 수단이 있을까? 그들을 기쁘게 하기 위해서는 새로운 것이 필요하다. 아이였을 때에 필요로 했던 것은, 이미 그들에게는 아무런 소용이 없어진 것이다. 나의 학생도 마찬가지이다. 그가 어른이 된다면, 나는 어른에게 이야기하는 것처럼 그에게 이야기할 것이다. 그리고 새로운 것만을 그에게 이야기할 것이다. 나의 에밀이 그러한 사항을 자신의 취향에 맞는다고 생각하는 것은, 그러한 사항이 당신들의 학생을 지루하게 하기 때문임에 지나지 않는다.

이렇게 하여 나는, 이성(理性)의 발달을 돕고 자연의 진행을 늦추는 것에 의해 그에게 이중으로 시간을 벌게 해 준다. 그런데 나는, 실제로 자연의 진행을 늦춘 것일까? 그렇지 않다. 나는 다만 상상력이 그 진행을 빠르게 하는 것을 막았을 뿐이다. 나는 다른 종류의 수업을 통해 그가 다른 곳에서 받을 수 있는 조숙한 수업과 균형을 유지하도록 한 것이다. 현대 교육의 분류(奔流)가 그를 밀어낼 때, 나는 다른 교육 방법으로 그를 반대 방향으로 끌어당긴다. 이것은 그를 그 장소에서 떼어 놓는 것이 아니라, 그를 그곳에 머물러 있게 하는 것이다.

마침내 자연의 참 시기가 찾아온다. 그것은 당연한 일이다. 인간이 죽지 않으면 안되는 존재인 이상, 인류가 존속되고 세상의 질서가 유지되기 위해서는 인간은 아이를 낳지 않으면 안된다. 내가 이미 이야기한 증거에 의해서 위기의 시기를 예감할 수 있게 된다면, 그때에는 즉시 그에 대한 당신들의 이제까지와 같은 태도를 영구히 버려야 할 것이다. 그는 아직 당신의 제자이긴 하지만, 이미 당신의 제자라 할 수 없다. 그는 당신의 친구이며, 한 개인이다. 이제부터는 그를 그와 같이 취급해야만 한다.

이 무슨 일인가. 나의 권위가 가장 필요한 때에, 어째서 그것을 버려야 한다는 말인가. 청년 자신이 어떻게 해야 좋을지 전혀 모르는 때에, 엉뚱한 오류에 빠져 버릴 수 있는 때에, 그를 방임해야 한다는 말인가. 그를 대신하여 나의 권리를 행사하는 것이 가장 필요한 때에, 그것을 버려야 한단 말인가. 당신들의 권리를? 누가 당신들에게 그것을 버리라고 했는가. 그러한 권리는 이제야 비로소 그에 의하여 의식되기 시작했을 뿐이다. 이제까지는, 힘이나 기교를 사용하지 않으면, 당신들은 무엇 하나 그에게 시킬 수가 없다. 권위라든가 의무의 규정 따위는 그가 알지 못하는 것이었다. 그래서 그를 당신들에게 복종시키기 위해서는, 그를 속박하든가 속여야 했다. 그러나 잘 아시는 바와 같이, 당신은 얼마나 많은 새로운 사슬을 그의 마음에 휘감아버린 것일까? 이성, 우정, 애정, 감사하는 마음 등의 여러 가지 감정이, 놓칠 수 없는 목소리로 그에게 이야기되고 있다. 그는 아직 악덕에 의해서, 그 소리들에 대하여 귀가 틀어막혀 버리지는 않는다. 그는 아직 자연적인 정념에 대해서만 마음을 움직이고 있다. 모든 정념 가운데에서 가장 기본적인 것인 자기애가 그를 당신들에게 맡기고 있다. 습관 역시 그를 당신들에게 맡기고 있다. 일시적인 흥분이 당신들로부터 그를 빼앗아 간다 하더라도, 후회하는 감정이 즉시 그를 당신 곁으로 데려다 줄 것이다. 그를 당신들에게 묶어 놓고 있는 감정만이 언제나 변하지 않는다. 다른 모든 감정은 덧없는 것이며 표면에 드러나지 않는다. 그를 타락시키지 않으면, 그는 언제까지나 솔직하고 순수할 것이다. 그러나 일단 반항하기 시작한 때에는, 그는 이미 악(惡)으로 전락하고 있는 것이다.

나타나기 시작한 그의 욕망에 대하여 정면으로 부닥쳐 어리석게도, 그가 느끼기 시작한 새로운 욕구를 죄악시하는 일이 있다면, 당신들은 그로 하여금 당신들의 말에 오랫동안 귀를 기울이게 할 수 없을 것이다. 그건 그렇다 치고, 나의 방법을 버린다면, 나는 인제 그 결과에 대해서 아무런 책임도 질 수 없다. 당신들은 자연의 사도(使徒)임을 언제나 명심하라. 결코 자연의 적이 되어서는 안된다.

그러면 어떤 태도로 그에게 임하면 좋을까. 그의 성향(性向)에 호응할 것인가 그렇지 않으면 대항할 것인가, 그의 방탕에 대하여 폭군이 될 것인가 그렇지 않으면 그의 기분을 맞출 것인가와 같은 양자 택일을 생각하게 되는데, 그것은 어느쪽이나 매우 위험한 결과를 초래하게 되므로, 선택에 주저하지 않을 수 없게 된다.

이와 같은 곤란을 해결하기 위해 우선 생각할 수 있는 방법은, 그를 일찍 결혼시키는 것이다. 이 방법은 의심할 여지 없이 확실하며, 그리고 가장 자연적인 방법이다. 그렇기는 하나, 그것이 가장 좋은 방법이며 가장 유익한 방법인지는 의심스럽다. 이유는 나중에 이야기하겠지만 우선은, 청년은 적령기에 결혼시켜야 한다는 데에 나 역시 동의한다. 그런데 그 적령기라는 것이 너무도 일찍 그들을 찾아온다. 우리가 그들을 너무 조숙하게 만들었기 때문이다. 그들이 성숙할 때까지 결혼의 시기를 연장시켜야 한다.

　그들의 소원을 들어주고, 그들이 이끄는 대로 따르는 것으로 충분하다면 이야기는 간단하다. 그러나 자연의 권리와 우리의 사회적인 규정 사이에는 실로 많은 모순이 존재한다. 따라서 그들로 하여금 그것들을 조화시키도록 하기 위해, 끊임없이 속이고 얼버무리는 헛수고를 하지 않으면 안된다. 결국 인간이 사회 속에서 완전히 인공적인 존재가 되지 않도록 하려면 많은 기교를 짜내어 사용해야 한다.

　앞에서 나중에 이야기하겠다고 한 이유에 대해서인데, 내가 생각하는바로는, 내가 나타내 보인 수단이나 그와 비슷한 다른 수단에 의한다면, 적어도 20세까지는 그러한 욕망을 알지 못하고, 순수한 관능을 그대로 지니고 있게 할 수 있다. 그 증거로, 게르만인들 사이에서는, 20세 이전에 동정(童貞)을 잃는 것이 가장 수치스런 행위로 간주되었었다. 게르만인들의 체질이 강건하고 아이를 많이 낳는 이유로서, 작가들이 그 민족이 청년 시대에 순결했었음을 드는 것도 당연한 일이다.

　이러한 시기는 훨씬 더 오랫동안 연장시킬 수 있는 것으로, 2·3세기 전까지만 해도, 프랑스에서조차 그것이 지극히 보통이었다. 유명한 예로, 몽테뉴의 아버지는 강건한 체격의 소유자로, 신중하고 정직한 사람이었는데, 그는 오랫동안 이탈리아 전쟁에 종군했다가, 33세 때에 동정을 간직한 채 결혼했다고 한다. 그가 60세가 지난 후에도 얼마나 건강하고 쾌활했었는지는, 그의 아들이 쓴 책에 의해 알 수 있다. 만약 이 의견에 반대하는 의견이 있다면, 그것은 확실히 인류 전체의 경험에 근거한 것이 아니라 우리의 윤리와 편견에 근거한 것이다.

　따라서 나는 당대(當代)의 청년들에 대해서는 문제 삼지 않기로 한다. 그런 청년들을 예로 드는 것은, 그들과 같은 방법으로 교육되지 않은 자에게는 아무런 증명이 되지 않기 때문이다. 나는, 자연에서는 사람이 올되거나 늦될 수 없는 고정적인 시기 같은 것은 없다고 생각한다. 그러므로 나의 배려에 의해, 에밀이 20세가 될 때까지 의연히 그의 소박하고 순진한 상태에 머물러 있다고 가정해도, 자연의 법칙에서 벗어나지 않는다고 나는 믿는다. 그리고 이 행복한 시기가 이윽고 끝을 고한다는 것도 나는 알고 있다. 끊임없이 증대해 가고 있는 위험에 둘러싸여 있는 그는, 내가 어떤 방법을 쓰든, 기회가 주어지면 곧 나의 손으로부터 벗어나려 하고 있고, 또 그러한 기회는 머지않아 찾아올 것이다. 그는 관능의 맹목적인 자극에 따르게 되리라. 그는 몸을 망치게 될 것이 거의 확실하다. 인간의 윤리라는 것을 너무나도 잘 알고 있는 나로서는 그 최초의 기회가 그의 그후의 생활에 미칠 극복하기 어려운 영향을 생각하지 않을 수 없다. 내가 감정을 숨기고 아무것도 모르는 체하고 있으면, 그는 나의 약점을 이용할 것이다. 그가 나를 속일 수 있다고 생각하면 그는 나를 경멸할 것이며, 그리하여 결국 나는 그를 파멸로 이끄는 공범자의 역할을 하게 될 것이다. 그를 되돌리려 해도, 이미 때는 늦는다. 나의 말은 그의 귀에 들어가지 않게 된다. 그에게 나라는 인간은 귀찮고 증오스러우며 잠시도 함께 있고 싶지 않은 인간이 된다. 그가 나를 떠나게 될 날도 그리 멀지 않을 것이다. 따라서 내가 취해야 할 이치에 맞는 방침은 하나밖에 없다. 그것은 그의 행동에 대해서는 그 자신에게 책임을 지게 하는 것이다. 그를 보호하는 일에서는 단지 뜻하지 않은 과오를 범하지 않도록만 해 주는 것으로 그치며, 그를 둘러싸고 있는 위험을 그에게 뚜렷이 나타내 보여 준다. 이제까지는 그의 무지(無知)를 이용하여 그를 제어해 왔지만, 이제부터는 밝은 지혜에 의해서 그를 제어하지 않으면 안된다.

　이러한 새로운 가르침은 중대한 것이므로, 이야기를 출발점으로 거슬러 올라가 명백히 하는 것이 좋겠다. 지금이야말로 그에게 내 계획의 전말을 보여줄 때이다. 이제껏 그의 시간과 나의 시간이 어떻게 사용되었는가를 보여줄 때가 된 것이다. 그는 어떤 존재이며 나는 어떤 존재인지, 나는 어떤 일을 해 왔으며 그는 어떤 일을 해 왔는지, 우리는 서로에게서 무엇을 받고 있는지, 그의 모든 도덕적인 관계, 그가 약속한 모든 것, 남들이 그에게 약속했던 모든 것, 능력의 진보 도정에서 그는 어디까지 도달했는지, 이제부터 어떤 길을 가야 하는지, 거기에서 만나게 되는 어려움, 그 어려움을 극복하는 방법, 어떤 점에서 나는 아직 그를 도울 수 있으며, 어떤 점에서 이제부터는 그가 자신의 힘에 의지할 수 있는지, 한마디로, 그는 지금 중대한 시기에 있다는 것, 새로운 위험에 둘러싸여 있다는 것, 그리고 나타나기 시작한 욕망의 소리에 귀를 기울이기 전에 주의 깊게 자기 자신을 경계하는 마음이 되어야만 하는 분명한 이유 등을 확실히 그에게 말해 줄 때인 것이다.

어른을 인도해 가려면, 아이를 인도해 가기 위해 해 왔던 모든 일과 반대의 일을 해야 한다고 생각하면 된다. 이제까지 그에게서 주의 깊게 숨겨 왔던 저 위험한 비밀을 그에게 가르치는 것을 주저해서는 안된다. 어쨌든 그는 그것을 알지 않으면 안되므로, 그것을 타인으로부터 또는 스스로 알기보다는 당신들에게서 배우도록 해야 한다. 이제부터는, 좋든 싫든간에 그 위험한 비밀들과 싸우지 않으면 안되게 되었으므로, 불의의 습격을 당하지 않도록 그는 적을 알지 않으면 안된다.

그러한 비밀에 대해 어떻게 알게 되었는지는 알 수 없지만, 어쨌든 잘 알고 있는 듯한 청년들은, 그것의 해독을 입지 않은 예(例)가 결코 없다. 그러한 조심성 없는 교육은 훌륭한 목적을 가질 수 없고, 무엇보다도 먼저 그러한 교육을 받는 자의 상상을 더럽히게 되고, 그들을 그러한 교육을 하는 자의 악덕에 물들게 한다. 그뿐만이 아니다. 하인들은 그런 식으로 하여 아이의 환심을 사서 신용을 얻고, 아이로 하여금 선생을 음침하고 귀찮은 사람으로 생각하도록 만든다. 그리고 그들이 은밀히 즐겨 화제에 올리는 이야기의 하나는, 선생에 대한 험담이다. 학생이 그런 지경에까지 이르렀다면, 선생은 그 교육을 포기해도 좋다. 이미 선생은 아무런 쓸모도 없게 된 것이니까.

그런데 아이는 어째서 비밀을 털어놓을 수 있는 특별한 이야기 상대를 선택하게 되는 것일까? 그것은 그를 지도하는 사람들의 압제 때문이다. 아이가 자기를 지도하는 사람들로부터 도망쳐 숨을 필요성을 느끼지 않는다면,

무엇 때문에 도망쳐 숨을 것인가. 그들에 대하여 불평할 것이 없다면, 무엇 때문에 불평을 하겠는가. 그들은 당연히, 누구보다도 친밀한 아이의 이야기 상대이다. 아이가 신바람이 나서 자신이 생각하고 있는 것을 그들에게 이야기하는 모습을 보면, 아이가 그들에게 그 이야기를 하기 전까지는, 그 이야기의 반쯤밖에 생각하지 못했던 것 같다. 당신으로부터 설교를 듣거나 야단 맞을 염려가 없다면, 아이는 언제나 당신들에게 무슨 이야기이든 할 것이고, 아이가 당신들에게 무슨 일이든지 이야기한다는 것을 사람들이 확실히 안다면, 아이가 당신들에게 이야기해서 안되는 것을 아이에게 말하는 사람은 결코 없을 것이다.

나의 방법에 무엇보다도 자신을 가지게 하는 것은, 그 방법을 가능한 한 정확히 더듬어 가는 경우, 나의 학생의 생활에는, 그에 관하여 무엇인가 불유쾌한 이미지를 주는 사태는 하나도 보이지 않는다는 것이다. 뜨거운 피가 그를 끌고 가는 때조차, 그리고 그를 강제로 끌고 가려 하는 자에게 반항하여 몸부림치고 나의 손에서 벗어나려 하는 때조차, 그 분노와 흥분 속에서 나는 어렸을 때의 그의 순진함을 발견한다. 육체와 마찬가지로 깨끗한 그의 마음은, 악덕(惡德)을 모르는 이상으로 위장을 할 줄 모른다. 잔소리나 경멸에 의해서 겁쟁이가 되지 않았기 때문이다. 혐오스러운 공포에 의해서 자신을 위장하는 것을 결코 익히지 않았기 때문이다. 그는 천진하기 때문에, 태도에 거리낌이 없다. 소박하기 때문에 스스럼이 없다. 사람을 속이는 일이 무슨 쓸모가 있는지 아직 모른다. 그의 마음의 모든 움직임은 입이나 눈을 통하여 그대로 표현된다. 그리고 그가 느끼는 감정은 그 자신도 아직 의식하기 전에 내가 먼저 알고 있는 일도 종종 있다.

이런 식으로 그가 스스로 나에게 가슴을 열고 자신이 느끼고 있는 것을 기꺼이 나에게 이야기하는 동안은, 나는 아무것도 염려할 일이 없다. 아직 위험이 가까이 다가오지 않은 것이니까. 그러나 그가 좀더 겁쟁이가 되고 소극적이 되었다면, 또 이야기를 할 때 부끄러움과 당혹하는 모습을 보이기 시작했다면, 그런 본능과 더불어 이미 악(惡)의 관념이 거기에 밀접한 관계를 가지게 된 것이다. 이제 일각도 지체할 수 없다. 서둘러 그를 교육하지 않으면, 곧 그는 나의 의지와는 상관없이 그 모든 것을 알아 버리고 말 것이다.

독자 중에는, 나의 생각에는 찬동하면서도, 되어 가는 대로 그때 그때 청년의 이야기 상대가 되어 주는 정도로 일이 끝난다고 생각하는 사람이 한 사람뿐이 아닐 것이다. 아아, 그런 식으로 인간의 마음을 이끌어 가도 된다고 생각하는가. 이야기할 기회를 잘 선택해 이야기하지 않으면, 이야기하는 것이 아무런 의미가 없다. 씨를 뿌리기 전에 땅을 갈아야 한다. 덕(德)의 씨는 여간해서 싹트지 않는다. 거기에 뿌리가 나도록 하려면, 오랜 준비 기간이 필요하다.

설교가 더없이 무익한 것이 되어 버리는 한 가지 이유는, 구별하거나 선택하지 않고 누구에게나 일률적으로 설교하기 때문이다. 성질이 각기 다르고, 정신·기질·연령·성·신분·의견이 전혀 다른 많은 청중에게 똑같은 설교가 과연 적합하리라고 생각하는가. 모든 사람을 대상으로 한 이야기를 자신에게 딱 들어맞는다고 생각하는 사람은 아마 두 사람도 없을 것이다. 또 우리의 모든 감정은 수시로 변하므로 같은 이야기가 같은 인상을 줄 수 있는 때는 각 사람의 생애에 두 번도 없을 것이다. 불타오르는 관능이 오성(悟性)과 의지를 교란하고 있을 때 엄숙한 지혜의 교훈에 귀를 기울일 수 있는지 어떤지 생각해 보라. 그러므로 청년이 이성의 나이에 도달했다 해도 당신이 먼저 준비가 된 다음이 아니고는 결코 그들에게 논리로써 설명해서는 안된다. 이야기를 해도 아무런 소용이 없는 것은 대부분의 경우, 제자의 과오 때문이 아니라 오히려 선생의 과실 때문이다. 현학자(衒學者)나 교사는 거의 같은 이야기를 한다. 그러나 그같은 이야기를, 현학자는 기회있을 때마다 늘어놓는 반면, 교사는 효과가 확실하다고 생각될 때에만 한다.

몽유병자는 잠자면서 이곳저곳을 헤맨다. 그러다가 위험한 벼랑 끝에 서기도 하는데, 그때 잠에서 깨면, 벼랑 밑으로 떨어지게 되는 것이다. 그와

똑같이, 나의 에밀도 무지(無知)의 잠속에서 알 수 없는 위험 쪽으로 뛰쳐나
간다. 내가 갑자기 그의 잠을 깨워 놓는다면 그는 끝장이다. 우선 그를 위험
한 벼랑으로부터 멀리 떼어 놓아야 한다. 그런 다음 그를 잠에서 깨워, 먼 곳
에서 그 위험을 보여 주어야 한다.

　독서·고독·한가함, 집에만 틀어박혀 있는 유약한 생활, 여성이나 젊은
이들과의 교제……, 이런 것들은 젊은이에게 위험한 것들이며, 그것은 끊임
없이 그를 위험한 곳으로 데려간다. 나는 그러한 것과는 다른 감각적인 것에
의해서 그의 관능을 반전(反轉)시킨다. 나는 그의 정기(精氣)의 흐름을 전환
시키는 것에 의해서, 그것이 취하려던 흐름의 방향을 바꾸어 주는 것이다.
그를 방황으로 이끄는 상상력의 활동을 내가 억제하는 것은 고된 훈련과 힘
든 일에 의해서이다. 팔이 활발히 일하고 있는 동안에는 상상력은 잠을 잔
다. 몸이 지독히 피로하면 마음은 쉽게 불타오르지 않는다. 금방 할 수 있고,
가장 손쉬운 예방법은 위험한 곳으로부터 그를 멀리 떼어 놓는 것이다. 나는
먼저 그를 도시로부터 끌고 나간다. 그리하여 그를 유혹할 우려가 있는 것들
로부터 멀리 떼어 놓는다. 그러나 그것만으로는 부족하다. 그에게 붙어다니
는 상상으로부터 도망치기 위해서는, 얼마나 광막한 곳, 얼마나 사람이 없는
곳으로 가야 한단 말인가. 위험한 것을 피하는 것만으로는 안된다. 그것에
대한 생각마저도 피해야 한다. 모든 것으로부터 그를 떼어 놓을 수 있는 방
법이 없다면, 그 자신으로부터 그를 전환시킬 수 없다면, 원래 있던 곳에 그
를 놓아 두었어야 좋았던 것이다.

　에밀은 하나의 직업을 알고 있다. 그러나 그 직업도 우리에게 의지가 되
지는 않는다. 그는 밭일을 좋아하며, 그것에 대해 잘 알고 있다. 그러나 밭일
만 가지고는 충분하지 않다. 그가 잘 알고 있는 일은 그를 기계적이게 한다.
그런 일을 하고 있는 때에는 아무 일도 하고 있지 않은 것과 같다. 그는 일을
하면서도 일과는 전혀 상관없는 것을 생각하고 있다. 머리와 팔이 따로따로
일하고 있는 것이다. 그에게는 새로운 일이 필요하다. 그의 흥미를 자아내

고, 그를 기쁘게 하며, 그의 마음을 집중시킬 수 있는 새로운 일, 몸을 단련시킬 수 있고, 정열을 느낄 수 있으며, 그리하여 그가 몰두하여 할 수 있는 일이 필요하다.

그런데 그러한 조건을 모두 갖추었다고 생각되는 일이 하나 있다. 그것은 수렵이다. 수렵이, 죄를 느끼지 않는 즐거움이 될 때가 있다면, 인간에게 어울릴 때가 있다면, 지금이야말로 수렵의 도움을 받지 않으면 안되리라. 에밀은 그것에 익숙해지기 위해 필요한 모든 것을 갖추고 있다. 그는 건강하고, 재주가 있으며, 인내심이 강하고 피로를 모른다. 그는 틀림없이 이 운동에 취미를 가지게 될 것이다. 그리고 그의 나이 또래에 볼 수 있는 모든 열의를 쏟게 될 것이다. 수렵에 의해, 어쨌든 얼마 동안은, 유약한 생활에서 생겨나는 위험한 경향에 흐르지 않게 될 것이다. 수렵은, 몸과 똑같이 마음도 완강하게 만든다. 그것은 피를 보는 일에 익숙하게 하고, 잔혹한 일에 익숙하게 한다. 다이애나는[64] 연애의 적으로 대표되는데, 이 비유는 지극히 옳다. 사랑의 번뇌는, 편안하고 한가로운 가운데에서만 생겨난다. 심한 운동은 부드러운 감정을 질식시킨다.

숲속에서든 들판에서든 사랑을 하는 사람과 사냥을 하는 사람의 마음의 움직임은 정반대의 것이므로, 같은 대상을 보아도 두 사람은 전연 다른 인상을 받는다. 싱그러운 녹색의 그늘, 울창한 숲 같은 연인들의 감미로운 비밀 장소도, 사냥하는 사람에게는 사냥감이 풀을 먹는 장소, 숨는 장소, 사냥감을 노리는 장소에 지나지 않는다. 사랑하는 사람이 뿔피리 소리, 꾀꼬리 소리, 새들의 지저귀는 소리만을 듣고 있는 곳에서, 사냥하는 사람은, 뿔피리 소리와 개 짖는 소리가 들리지 않았나 하고 생각한다. 사랑하는 사람은 숲의 요정이나 물의 요정 같은 것만을 떠올리고, 사냥하는 사람은 말에 걸터앉아 사냥개를 데리고 가는 사람이나 개떼와 말만을 떠올린다. 이러한 두 종류의

---

64) 여신 다이애나는 수렵을 좋아했으며, 다른 여신들과는 달리 영원히 처녀였다.

사람과 함께 산야(山野)를 돌아다녀 보라. 대지는 그들에게 똑같은 광경을 보여 주지 않는다는 것, 그리고 그들이 구하는 즐거움이 각각 다른 것과 같이 머리에 떠올리는 것도 다르다는 것을, 그들의 대화가 다른 것에서 금방 알 수 있을 것이다.

어떻게 이 두 취미가 연결되고, 마침내는 그 어느쪽에도 시간을 할애할 수 있게 되는지, 그것은 나도 알고 있다. 그러나 청년의 정열은 그런 식으로 나누어지지 않는다. 청년이 좋아하는 한 가지 일만을 시켜보라. 다른 일은 무슨 일이든 곧 잊어버릴 것이다. 갖가지 욕망은 갖가지 지식에서 생겨난다. 그리고 사람이 최초로 알게 된 즐거움은, 그 사람으로 하여금 오랫동안 그것만을 추구하게 한다. 나는 에밀의 청년 시대가 야수를 죽이는 일만으로 끝나는 것을 원하지 않으며, 그러한 피투성이 놀이를 모든 점에서 정당화할 생각도 없다. 다만, 그것이 더욱 위험한 정열을 누르는 데에 도움이 되어, 그 위험한 정열에 관해 내가 이야기할 때, 그가 침착하게 귀를 기울여 주게 되면, 그것으로 족하다.

인생에는 결코 잊혀질 수 없는 순간들이 있다. 에밀에게서는, 내가 지금 이야기하고 있는 교육의 시기가 바로 그 시기이다. 이 시기는, 그후의 그의 생애에 큰 영향을 미치게 된다. 따라서 지워져 없어지지 않도록, 이 시기의 교육을 그의 기억에 깊이 새겨 놓도록 하자. 우리 시대의 잘못된 점의 하나는, 마치 인간이 정신만으로 이루어져 있기나 한 것처럼, 냉철한 이성(理性)에 지나칠 정도로 집착한다는 것이다. 상상에 호소하고, 표현에 의한 언어를 경시하는 것에 의해서, 사람은 더없이 강력한 언어를 잃어버리고 말았다. 말이 주는 인상은 언제나 약하다. 그리고 사람은 귀를 통해서보다는 눈을 통하는 쪽이 훨씬 더 잘 심정에 호소할 수 있다. 무엇이든지 이성의 작용에 맡기려 하여, 우리는 교훈을 말만의 것으로 만들고 말았다. 무엇 하나 행동으로 나타내 보이지 않게 되었다. 이성만으로는 아무런 효과도 없다. 이성은, 때로 사람을 멈추게 할 수는 있지만, 사람을 격려하여 위대한 일을 이루게 하지는 못한다. 언제나 이성만을 들추어 내는 것은 소인(小人)의 광증이다. 강한 영혼에는 좀더 다른 언어가 있다. 사람을 설득하여 행동으로 옮기게 하는 것이 바로 그러한 언어인 것이다,

내가 관찰하는 바로는 근대에 이르러서는, 힘이나 이해(利害)에 의해서만 사람들은 서로를 움직일 수 있게 되었지만, 그에 반하여 옛날 사람들은 납득시키는 것에 의해서, 영혼을 움직이는 것에 의해서 훨씬 더 많은 영향력을 발휘했다. 옛날 사람들은 상징적 언어를 무시하지 않았기 때문이다. 모든 약속은 엄숙히 체결되는 것에 의해서 한층 깨뜨리기 어려운 것으로 되어 있었다. 권력이 확립되지 않았던 옛날에는 신(神)들이 인류의 사법관이었기 때문이다. 신들의 입회하에 협정을 맺고, 동맹을 맺고 약속을 맹세했던 것이다. 대지의 표면이 그러한 약속 사항을 기록하여 보존하는 책이었다. 그와 같은 기록에 의해 약속은 신성화되었다. 미개인들에게서 존경의 대상이었던 바위나 나무, 석총(石塚)은 언제나 만인 앞에 펼쳐져 있는 그 책의 페이지였다. 서약의 우물, 살아 있는 자와 선지자의 우물, 망브레의 늙은 떡갈나무, 증인의 돌무덤[65]과 같은 것들이 계약의 신성함을 나타내는, 거칠기는 하나 존엄한 기념물이었다. 모독적인 손으로 감히 그러한 기념물을 해치는 자는 한 사람도 없었으리라. 그리고 사람들의 믿음은, 오늘날 법률의 헛된 엄숙함에 의해서 보증되고 있는 것보다 한층 확실히, 이 말 못하는 증인들의 보증에 의해서 더 확고했으리라.

정치에서는, 국왕의 권력을 나타내는 장엄한 치장이 백성을 위압했었다. 왕위의 위엄을 상징하는 왕좌, 왕의 홀(笏), 비단 의대(衣帶), 왕관 등은 백성들에게는 신성한 것이었다. 그런 것들은 백성으로 하여금, 그런 것들로 몸을 장식한 사람들을 존경해야 할 사람으로 생각하도록 만들었다. 병사가 없어도, 위협하지 않아도, 그 인간이 말을 하면 사람들은 그 말에 따랐다. 오늘날

---

65) 구약성경 〈창세기〉 제21장, 26장, 18장, 31장 참고.

에는 이런 상징물들을 폐기하겠다고 하나,• 그런 것을 버리고 돌아보지 않으면 어떻게 될까. 국왕의 위엄이 모든 사람의 마음속에서 사라져, 국왕은 군대의 힘만으로 백성을 그의 말에 복종시켜야 할 것이고, 신하는 오직 벌에 대한 두려움으로 왕을 존경하게 될 것이다. 국왕은 왕관을 머리에 쓰려 하지 않게 되고, 고관(高官)도 그 지위를 나타내는 장식을 하려 하지 않게 되리라. 그러나 대신 그들은, 그들의 명령을 실행시키기 위해 십만의 상비병(常備兵)이 없으면 안될 것이다. 이것이 그들에게는 한층 훌륭하게 생각될지도 모르나, 그것이 결국 그들의 이익이 되지 않는다는 것은 쉽게 알 수 있다.

고대인이 웅변에 의해서 이룬 것은 정말 놀랍다. 그러나 그 웅변은 단지 훌륭한 말을 능숙하게 늘어놓았던 것이 아니었다. 그것은 웅변가가 가장 적게 말했을 때에 반드시 가장 큰 성과를 거두었다. 가장 생생하게 말해진 것은 말로 표현된 것이 아니라 상징에 의해 표현된 것이었다. 그것은 발설되지 않았다. 눈앞에 나타내 보여졌다. 눈앞에 보여지는 것은 상상력을 동요시키고 호기심을 북돋아, '그는 무엇을 말하려 하는 것일까' 하는 기대 속에 정신을 포로로 만든다. 때때로 그것만으로 모든 것을 말한 것이 된다. 양귀비 대가리를 잘라 보인 트라쉬불루스와 타르퀴니우스, 자기 총신(寵臣)의 입에 봉인(封印)을 찍은 알렉산더, 제논 앞을 걸은 디오게네스……, 이런 사람들

• 로마의 성직자는 그런 것을 대단히 교묘하게 보존했다. 그리고 그것을 배워 몇 개 공화국, 특히 베네치아 공화국도 그것을 보존했다. 따라서 베네치아 정부는 국가가 몰락했음에도 불구하고 옛날과 같은 위엄을 유지하여, 지금도 완전히 민중의 애정과 존경을 받고 있다. 권력도 권위도 갖지 않았지만 그 호화로운 치장에 의해서 신성한 존재로 간주되는 사람은 총독모(總督帽)를 쓰고 부인의 머리 장식을 하고 있는 관(冠)을 쓴 교황을 별도로 하면, 아마도 이 세상에 없을 것이다. 저 부센토리우스 의식(부센토리우스란 돛대도 돛도 없는 크고 화려한 배의 이름으로, 해마다 그리스도 승천 축제일에 베네치아의 총독이 그 배를 타고 베네치아와 아드리아해를 결혼시켰다. 이 의식은 1797년, 베네치아가 오스트리아의 세력하에 들어갔을 때 폐지되었다)은 어리석은 자를 크게 웃도록 만들지만, 베네치아의 하층민으로 하여금 그들의 모든 피를 흘려도 이 압제적인 정부를 유지시키고 싶은 마음이 되게 할 것임에 틀림없다.

은 연설을 오래 한 경우보다 한층 잘 이야기한 것이 아닐까. 어떤 긴 이야기가 이와 같은 생각을 이처럼 잘 표현할 수 있을까. 군대를 이끌고 스키타이에 침입한 다리우스는 스키타이 왕으로부터 한 마리의 새, 한 마리의 개구리, 한 마리의 쥐, 그리고 다섯 개의 화살을 받는다.[66] 사자(使者)는 왕의 선물을 전하고는 아무 말 없이 돌아간다. 현대의 일이라면 그 사자는 미쳤다고 생각되었을 것이다. 그 무서운 충고는 이해되었고, 다리우스는 되도록 서둘러 자기 나라로 돌아가려 했다. 그러한 상징 대신 편지를 건넸다고 생각해 보라. 그 편지가 위협적이면 위협적일수록 상대를 떨게 할 수 없을 것이다. 그것은 허세에 지나지 않게 되고, 다리우스는 코웃음을 쳤으리라.

로마인들은 상징적인 언어에 대해 얼마나 신경을 썼는가! 나이에 따라 신분에 따라 다른 갖가지 의복, 성인 남자의 긴 의복, 병사의 짧은 망토, 신분 있는 청년이 입는 자줏빛 테를 두른 하얀색 옷, 귀족의 아이가 머리에 장식하는 금구슬, 원로원 의원의 옷, 고관이 앉는 의자, 의장병(儀仗兵), 간속(桿束), 도끼, 금관, 풀관〔草冠〕, 나뭇잎관, 승리를 축하하는 환호 소리, 개선식……. 로마인의 모든 것이 장식이요 상징이요 의식이었다. 그리고 그런 모든 것들이 시민의 마음에 깊은 인상을 주고 있었다. 국민이 이 장소에 모이느냐 다른 장소에 모이느냐 하는 것, 카피토리움 신전을 보느냐 보지 않느냐 하는 것, 원로원 쪽을 향하느냐 향하지 않느냐 하는 것, 또 회의를 이 날 할 것이냐 저 날 할 것이냐를 정하는 것 등은 국가에서 중요한 것이었다. 피고인은 특수복을 입게 되어 있었고, 입후보한 사람도 의복을 바꾸게 되어 있었다. 전사들은 공훈담을 말하지 않고 자기들이 입은 상처를 보였다. 시저가 죽었을 때, 현대 변론가의 한 사람이라면 민중의 마음을 움직이려고 변론술

---

66) 헤로도토스에 의한 이 선물의 해석은 다음과 같다. "새가 되어 하늘을 날지 않는다면, 쥐가 되어 땅 속에 숨지 않는다면, 개구리가 되어 연못 속에 뛰어들지 않는다면, 당신들은 우리들에게서 달아날 수 없다. 이 화살에 의해서 멸망하게 될 것이다."(스키타이 사람은 흑해 북방에 살던 민족)

의 모든 상투어를 늘어놓았을 것이다. 그리하여 시저의 상처, 피, 시체의 비참한 묘사를 시도하였으리라. 그러나 안토니우스는 웅변가였음에도 불구하고 그런 것은 아무것도 말하지 않았다. 그는 다만 시체를 운반해 오게 하였다. 이 얼마나 멋진 웅변인가!

그런데 이와 같은 여담은 다른 많은 이야기와 마찬가지로 나도 모르는 새에 주제로부터 나를 멀리 떼어 놓는다. 나는 너무 자주 탈선하는 것 같다. 인제 주제로 돌아가 보자.

젊은이와는 냉철하게 이론 다툼을 하지 말라. 당신의 이론을 알게 하고 싶다면, 당신의 이성을 육신의 옷으로 덮어씌우는 것이 좋다. 정신으로 하여금 마음의 언어로 말하게 하라. 그러면 상대를 이해시킬 수 있을 것이다. 되풀이하여 말하지만, 차가운 이론은 우리의 의견을 결정시킬는지는 모르지만, 우리의 행동을 결정시키는 일은 없다. 그것은 우리로 하여금 믿게 하지만, 우리를 행동하게 하지는 않는다. 또 그것은 우리에게 어떻게 생각해야 하는지는 가르쳐 주지만, 무엇을 해야 하는지는 가르쳐 주지 않는다. 이러한 것이 모든 어른에게 진실이라면, 아직 감관(感官)에 둘러싸여 있어서, 상상하는 한도에서밖에 사고(思考)할 수 없는 청년에게는 더욱 그렇다.

따라서 나는 이미 이야기한 것에 대한 준비를 한 다음에도 갑자기 에밀의 방에 가서, 그에게 가르치고 싶은 것에 대하여 장광설을 늘어놓을 생각은 없다. 나는 먼저, 그의 상상력을 일깨워 놓을 것이다. 내가 그에게 심어 주고 싶은 인상에 가장 적합한 때와 장소와 대상을 선택한다. 그리고 자연 전체를 우리가 나눈 이야기의 증인으로 초대한다. 자연을 만든 영원한 존재자에게 내 이야기의 진실성을 보증하도록 한다. 영원한 존재자를 나와 에밀의 심판자로 한다. 우리가 있는 장소, 우리를 둘러싸고 있는 바위, 숲, 산 등을 그와 나의 약속의 기념물로 지정한다. 나는 그로 하여금 느끼게 하고 싶은 감격과 열의를 나의 눈, 말, 몸짓 등에 나타낸다. 나는 이야기하고, 그는 귀를 기울일 것이다. 나의 감정에 의해 그의 감정도 움직일 것이다. 자신의 신성한 의무에 대해서 깊이 느끼고 있는 나는 그의 의무에 대하여 그가 존경할 만한 것으로 느끼게 할 것이다. 나는 상징과 비유에 의해서 이성의 목소리에 생명을 줄 것이다. 쌀쌀한 훈시를 하거나 길고 산만한 이야기를 하지 않고 풍부한 감정에 넘친 이야기를 하리라. 나의 이성은 근엄하고 진지하겠지만, 나의 마음은 한없이 따스하고 포근하게 말할 것이다. 그때에야말로 나는, 그를 위해 해 온 일을 모두 그에게 보여 주고 나서는 그가 나의 가르침에 얼마나 따랐는가를 보여 줄 작정이다. 그는 나의 자상한 애정 속에서 나의 모든 배려의 이유를 볼 것이다. 갑자기 바뀌는 나의 어조는 그에게 얼마나 큰 놀라움과 동요를 줄 것인가. 언제나 그의 이해(利害)에 관하여 이야기하는 것에 의해 그의 영혼을 편협하게 만들지 않고, 이제부터는 나의 이해(利害)에 관해서만 이야기할 것이다. 나는 오히려 그렇게 이야기함으로써 한층 더 깊이 그의 마음을 움직이게 될 것이다. 우정, 관대함, 감사하는 마음 같은 모든 감정으로, 나는 그의 젊은 마음을 불타오르게 할 것이다. 그러한 감정은 모두 내가 생겨나도록 한 것이며, 그것을 키워 가는 것은 실로 유쾌한 일이다. 나는 감동의 눈물을 흘리면서 그를 나의 가슴에 부둥켜안을 것이다. 그리고 이렇게 말하리라. "너는 나의 재산, 나의 아들, 나의 작품이다. 나의 행복은 너의 행복에 달려 있다. 네가 나의 희망을 저버린다면 너는 나에게서 20년 동안의 인생을 빼앗는 것이고, 나의 노년의 불행을 초래하여 죽을 때까지 불행하게 하는 것이다."라고. 이런 식으로 해서 청년으로 하여금 귀를 기울이도록 할 수 있으며, 그에게 들려 주는 이야기를 그 마음속 깊이 새기도록 할 수 있는 것이다.

이제까지 나는 어려운 상황에서는 교사가 제자를 어떤 식으로 가르쳐야 하는지에 대하여 실례(實例)를 나타내 보여 왔다. 이번 경우에도 그렇게 하려고 생각했지만 몇 번이나 시도해 본 다음에 나는 그것을 단념하기로 했다. 프랑스어는 너무나도 재주부림이 심해, 어떤 종류의 주제에서는 그것을 처음으로 가르칠 때의 소박함을 책 속에 도저히 표현할 수 없다는 것을 알았기 때문이다.

프랑스어는 가장 고상한 언어라고 일컬어진다. 나는 반대로, 가장 음란한 언어라고 믿고 있다. 언어의 고결함은 천박한 표현을 주의하여 피하는 것이 아니라, 그러한 표현을 가지지 않는 데에 있다고 생각하기 때문이다. 실제로 그러한 표현을 피하기 위해서는 그것을 신경 쓰지 않으면 안되는 것이다. 그리고 프랑스어만큼 모든 의미에서 순수하게 말하기가 어려운 언어는 없다. 저자는 음란한 표현을 멀리 피하려 해도 언제나 민감하게 그것을 감득하는 독자는 모든 표현에 이맛살을 찌푸리며 분개한다. 더러워진 귀를 통해 들어오는 말이 어찌 그 더러움에 물들지 않을 수 있겠는가. 이에 반하여, 순박한 풍습을 가진 국민은 모든 사물에 대하여 정확한 표현을 가지고 있다. 그리고 그들의 말은 언제나 품위가 있다. 그것은 언제나 품위 있게 사용되기 때문이다. 성경의 말만큼 조심스러운 말은 없는데, 그것은 성경의 모든 표현이 소박하기 때문이다. 똑같은 말을 천박한 것으로 만들려면, 그것을 프랑스어로 번역하기만 하면 된다. 내가 에밀에게 말하지 않으면 안되는 것은 무슨 말이든 그의 귀에 품위 있고 순수하게 들릴 것이다. 그러나 독자가 그것을 읽어서 그렇게 느낄 수 있도록 쓰려면 에밀과 똑같이 깨끗한 마음을 가지고 있지 않으면 안될 것이다.

말의 진정한 순결과 나쁜 습관에 의한 거짓 섬세함에 관한 고찰은, 이러한 주제에 의해서 우리가 도입하는 도덕상의 대화 속에서 유익한 지위를 점유한다고 생각한다. 그는 품위 있는 말씨를 배우면서 예절에 맞는 말씨도 배워야 하는데, 어째서 이 두 종류의 말씨가 완전히 다른지를, 아무래도 그는 알 필요가 있기 때문이다. 그것은 어찌 되었든 내가 주장하고 싶은 것은 이러한 것이다. 아직 그런 교훈을 줄 때가 아닌데도 쓸데없는 교훈을 청년에게 주어 청년을 싫증나게 만듦으로써, 중요한 시기에 그것을 쓸모없게 하지 않도록 주의해야 한다는 것이다. 즉 청년이 그와 같은 교훈을 이해할 수 있게 되는 시기를 기다리면서, 그 교훈을 준비한다. 그 시기가 오면 자연의 법칙을 있는 그대로 그에게 설명해 준다. 그 법칙을 위반하는 경우에 위반자들이 받는 육체적·정신적인 고통을 통해서 그 법칙이 내리는 제재를 그에게 가르쳐 준다. 저 이해하기 어려운 생식(生殖)의 신비에 관하여 이야기하면서, 자연을 만든 자가 그 행위에 부여한 매력의 관념에, 그 행위를 감미로운 것으로 만드는 배타적인 애착의 관념과, 그 행위를 둘러싸고 있는, 그리고 그 목적을 완수하는 것에 의해 그 매력을 배가시키는 정결의 의무에 관한 관념을 결부시켜 준다. 결혼이라는 것을 단지 가장 감미로운 인간의 교제로서 그에게 그려 보일 뿐만 아니라, 모든 계약 가운데에서 가장 파기하기 어려운 것, 가장 신성한 것으로서 그려 보여 준다. 그렇게 함으로써 결혼을 모든 인간이 신성한 결합으로서 존경하는 이유를, 그리고 그 순결을 감히 더럽히는 자는 증오와 저주를 받게 되는 이유를 강력한 말로 이야기해 준다. 방탕의 무서움과 그 어리석은 잔혹 행위와 최초의 방탕이 이윽고는 점점 더 심한 방탕을 초래하고, 마침내는 방탕에 빠진 자를 파멸로 이끌어 가는 눈에 보이지 않는 내리막길을, 그의 마음을 두려움에 떨게 하는 있는 그대로의 모습으로 그려 보여 준다. 그렇다! 건강, 힘, 용기, 미덕, 사랑……, 그리고 인간의 모든 진정한 행복이 얼마나 이 순결에 의거하고 있는지를 확실히 가르쳐 주어야 한다. 그렇게 함으로써, 그 순결이 얼마나 귀중한 것인지를 알게 하고, 그것을 지키기 위한 우리의 가르침에 그의 정신이 순종하도록 하는 것이다. 순결을 간직하고 있는 한 사람은 순결을 존중한다. 그러나 순결을 잃은 다음에는 그것을 경멸하게 된다.

악(惡)으로의 경향은 우리의 능력 밖의 것이며, 악에 익숙해지기 전에는 그것을 극복할 수 없다는 것은 결코 진실이 아니다. 아우렐리우스 빅토르는 "사랑에 미친 몇몇 남자는 자신의 목숨을 버리면서까지 기꺼이 클레오파트라와 하룻밤을 지내고 싶어했다."고 말했는데, 정열에 취했을 때에는 그와 같은 자살 행위도 불가능하지는 않다. 그러나 어떤 방법으로도 자신의 관능을 억제할 수 없을 정도로 연정에 불타 있는 남자가 있다고 하자. 그 남자가 처형대를 보게 되고, 15분 후에는 거기에서 고통받으면서 비명의 죽음을 당하게 될 것을 확실히 알게 되었다고 하자. 이 남자는 그 순간에 유혹에 지지 않게 될 뿐만 아니라, 유혹에 저항하는 일을 조금도 고통스럽지 않게 느낄 것임에 틀림없다. 유혹에 동반되는 무서운 이미지가 곧 그것을 잊도록 해 줄 것임에 틀림없다. 그리고 언제나 상대가 되어 주지 않으면 유혹도 그에게 다가갈 마음이 없어질 것이다. 우리가 약한 것은 우리의 의지가 미온적이기 때문이다. 따라서 강하게 원하는 일을 할 때에는, 사람은 언제나 강하다. '강한 의지에는 어려움이 없다.' 아아, 만약 생을 사랑하는 것과 마찬가지로 부덕(不德)을 미워한다면, 우리는 아무리 맛있는 음식이라도 거기에 무서운 독이 들어 있다면 손을 대지 않듯이, 아무리 유쾌한 일이라도 죄를 범하는 일은 쉽게 그만둘 것이다.

이 점에 관하여 청년에게 주어지는 교훈이 모두 성공하지 못하는 것은 그 교훈들이 그의 나이에 적합치 않은 것이기 때문임을 어째서 모를까. 그리고 도리라는 것은, 그것을 호감이 가는 형태로 표현하는 것이 어떤 나이에서나 소중한 것임을 어째서 모를까. 필요한 때에는 그에게 엄숙하게 이야기해 주는 것이 좋다. 그러나 당신들이 그에게 들려주는 이야기에는 그로 하여금 귀를 기울이지 않고는 배길 수 없게 하는 매력이 있어야 한다. 청년의 욕구를 냉담하게 억누르면 안된다. 그의 상상력을 질식시켜서는 안된다. 상상이 괴물을 만들어 내지 않도록 인도해 주어야 한다. 사랑에 관하여, 여성에 관하여, 쾌락에 관하여 그에게 이야기해 주는 것이 좋다. 당신과 그와의 대화 속에서 그가 그의 젊은 마음을 기쁘게 할 수 있는 매력을 발견할 수 있게 하라. 그가 모든 것을 털어놓을 수 있는 상대로 당신을 선택하도록 모든 힘을 다하라. 그러한 이야기 상대가 됨으로써 당신들은 참으로 그의 선생이 될 수 있는 것이다. 그렇게 되면, 당신들은 당신들의 이야기가 그를 지루하게 만들지나 않을까 염려할 필요가 없다. 그는 당신들이 이야기하고 싶어하는 것보다 더욱 많은 것을 당신으로 하여금 이야기하도록 할 것이다.

이상의 준칙에 의거하여 모든 필요한 준비를 끝내, 세월이 흐름에 따라

나의 에밀이 도달한 상황에 적합한 이야기를 그에게 해 줄 수 있게 되어 있다면, 내가 그를 이끌어 가고 싶은 곳으로 그는 스스로 올 것이다. 그리하여 기꺼이 나의 보호에 자기를 맡기고, 자신을 둘러싸고 있는 위험에 깜작 놀라리라. 그리고 그 나이에 볼 수 있는 가장 열의 있는 목소리로 나에게 이렇게 말할 것이다. "아아, 나의 벗, 나의 보호자, 나의 선생이시여, 당신의 권위를 그대로 지켜 주십시오. 당신은 그것을 버리려 하고 있는데, 지금에야말로 그것은 당신에게 있어야 합니다. 그것이 내게 가장 필요합니다. 이제까지 당신은 내가 약하기 때문에 그것을 가지고 있었지만, 이제부터는 나의 희망에 의해서 그것을 당신이 가지게 되고, 그것은 나에게서 가장 신성한 것이 되는 것입니다. 나를 둘러싸고 있는 모든 적(敵)으로부터, 그리고 무엇보다도 나 자신 속에 가지고 있는 적, 나를 배반하는 적으로부터 나를 보호해 주십시오. 당신이 만든 것을 지켜서, 그것이 언제까지나 당신에게 어울리는 것이 되게 해 주십시오. 나는 당신의 규칙에 따르고 싶습니다. 언제까지나 그러고 싶습니다. 그것은 변함없는 나의 의지입니다. 만약 내가 당신에게 등돌리는 일을 한다면, 그것은 나의 의지에 반(反)하는 일일 것입니다. 부디 나를 난폭하게 다루는 나의 정념으로부터 나를 보호해 주십시오. 그렇게 하여 나를 자유롭게 해주십시오. 내가 정념의 노예가 되지 않도록 해 주십시오. 그리고 관능에 따라서가 아니라 이성에 따라서 나 자신의 지배자가 되도록 나를 강제하여 주십시오."

당신들의 학생을 여기까지 이끌어 왔다 하더라도(그가 따라오지 않았다면, 당신들이 잘못한 것이다), 그의 말을 너무 쉽게 진실로 받아들여서는 안된다. 당신들에게 지배당하는 것이 너무나도 고통스러워지면, 그는 당신들이 자기를 속였다고 비난하고, 자기에게는 당신들의 지배에서 벗어날 수 있는 권리가 있다고 생각하게 될 우려가 있기 때문이다. 그러한 때야말로, 자제하는 태도, 엄숙한 태도가 어울리는 때이다. 그리고 당신들의 그러한 태도를 그는 처음으로 보게 되므로, 당신들의 그런 태도는 더욱 그의 존경심을 불러일으킬 것이다.

　그러므로 당신들은 이렇게 말하는 것이 좋다. '젊은이여, 그대는 지키기 힘드는 일을 가볍게 약속하고 있다. 그런 것을 약속할 수 있으려면 그대는 그이 의도에 대하여 잘 알고 있지 않으면 안된다. 그대는 모른다. 그대 같은 청년들이, 매력적인 쾌락의 그늘에 가려진 악의 심연으로, 관능에 의해 얼마나 심하게 끌려 가는지를. 그대는 혐오스러운 영혼을 가지고 있지는 않다. 나는 그것을 잘 알고 있다. 그대는 약속을 깨지 않을 것이다. 그렇지만 그대는 약속한 것을 얼마나 후회할 것인가. 그대를 위협하고 있는 불행을 피하기 위해, 그대를 사랑하는 자가 그대의 마음을 갈갈이 찢지 않으면 안되게 되었을 때, 그대는 그를 얼마나 원망할 것인가. 시레누스의 노래에 감동된 오디세우스가 밧줄을 풀라고 뱃사람들에게 외친 것처럼,[67] 쾌락의 매혹에 마음이 미혹된 그대는, 그대를 얽어매고 있는 고삐를 끊으려 할 것이다. 그대는 불평을 말해 나를 곤란하게 할 것이다. 내가 더없이 친절하게 그대를 염려하고 있을 때, 그대는 나를 폭군이라고 비난할 것이다. 내가 그대의 행복에 대해서만 생각하고 있을 때, 나는 그대의 미움을 받게 될 것이다. 아아, 나의 에밀! 그대에게서 내가 미운 인간이 된다는 고통에는 나는 도저히 견딜 수가 없다. 설령 그대가 행복해진다 해도, 그래서는 그 행복의 대가는 너무나 비싼 것이 된다. 선량한 젊은이여, 그대가 나에게 복종하는 의무를 지는 것에 의해서, 그대는 내게 나 자신을 잊고 모든 것을 그대에게 바쳐 그대를 인도하도록 강요하는 것이다. 내게 그대의 탄식이나 불평에 귀를 기울이지 않도록 하여 그대의 욕구와 나의 욕구에 끊임없이 거스르는 일을 강요하는 것이다. 그대는 모르는가. 그대는 자신의 멍에보다 더욱 고통스러운 멍에를 내게

---

　67) 사이렌 섬을 통과할 때 오디세우스는 부하들에게는 밀랍으로 귀를 막도록 하고, 자신은 매혹적인 시레누스 요정의 노래를 듣기 위해 귀를 막지 않고 돛대에 튼튼한 밧줄로 묶도록 했다. 시레누스의 노래를 듣자, 그는 부하들에게 포승을 풀어 달라고 외쳤지만 부하들은 그의 말을 잘못 알아듣고는 그를 더욱더 꽁꽁 묶었다.

강요하는 것이다. 두 사람 다 그런 속박의 의무를 지기 전에 우리의 능력을 생각해 보는 것이 좋겠다. 시간을 가지고 생각해 보자. 내게도 생각할 시간을 주었으면 좋겠다. 그리고 가장 더디게 약속하는 자가 언제나 가장 잘 약속을 지킨다는 것을 알아 두는 것이 좋겠다."

당신들 역시 알아 두는 것이 좋으리라. 당신들이 쉽게 약속하지 않으면 않을수록 그 약속을 한층 쉽게 이행시킬 수 있다는 것을. 청년이, 자신은 지금 중대한 것을 약속하는 것이며, 그리고 교사인 당신은 더욱 중대한 것을 약속하는 것이라는 사실을 깊이 느껴야 한다. 그것이 중요하다. 그때가 와서, 그가 이른바 계약에 서명한 때에는 이번에는 태도를 바꾸어, 당신들이 예고했던 엄격한 태도와는 전혀 다른 부드러운 태도로 그를 대하는 것이 좋다. 그에게 이렇게 말하는 것이 좋으리라. "젊은 벗이여, 그대는 경험이 부족하다. 그러나 나는, 그대에게 이성(理性)은 부족하지 않도록 해 왔다. 그대는 어떤 경우에도, 나의 행동의 동기를 알 수 있다. 그것을 알기 위해서는, 단지 그대가 냉정해지기만 하면 된다. 언제나 우선 나에게 복종하도록 하라. 그리고 나서 나의 명령에 대하여 해명을 요구하는 것은 괜찮다. 그대가 나의 말에 귀를 기울일 자세가 되어 있기만 하면, 나는 언제든 그에 대하여 설명할 용의가 있고, 그대를 우리 두 사람의 심판관으로 삼는 일을 결코 두려워하지 않을 것이다. 그대는 내게 순종하겠노라고 약속했다. 나는 그대를 가장 행복한 인간으로 만들기 위해서만 그대의 순종을 이용할 것을 약속한다. 나의 약속을 보증해 주는 것으로서는 내가 그대와 더불어 해 온 생활이 있다. 생각해 보라. 그대와 같은 나이의 청년으로, 그대처럼 즐거운 생활을 해 온 자가 있는가. 만약 그런 자가 있다면, 나는 그대에게 더 이상 아무런 약속도 하지 않겠다."

나의 권위가 확립된 후에, 내가 첫번째로 유의해야 할 일은, 그 권위를 사용할 필요가 없도록 하는 일이다. 나는 어떤 일이든지 하여, 내게 대한 그의 신뢰를 더욱 깊게 하고, 그의 마음을 털어놓는 상대, 그의 즐거움의 중재인으로서의 나의 지위를 더욱 군혀 갈 것이다. 그의 나이 때에 볼 수 있는 성향에 거스르지 않고, 나는 그러한 성향을 고려하여 그것을 지배할 것이다. 나는 그의 관점에서 모든 사물을 볼 것이며, 그를 안내해 갈 것이다. 현재의 행복을 대가로 하여 먼 장래의 행복을 찾아 주지는 않을 것이다. 나는 그가 단 한번만 행복한 것을 원하지 않는다. 될 수 있으면 영원히 행복하도록 해 주고 싶다.

청년을 현명하게 인도하여 관능의 함정으로부터 그를 보호해 주고 싶어 하는 사람들은, 청년으로 하여금 연애를 혐오해야 하는 것으로 생각하게 하려 한다. 또 그들은 사랑은 노인이나 하는 것인 줄로 알고 있는지, 젊었을 때에 그런 일을 생각하는 것은 죄악이라고 말하고 싶어한다. 마음이 부정하는 그러한 모든 기만적인 교훈은 결코 사람을 납득시키지 못한다. 한층 확실한 본능에 인도되고 있는 청년은, 그와 같은 음울한 준칙에 동의하는 것처럼 보이면서, 마음속으로는 그것을 비웃고, 그 공허함을 증명할 기회를 꾸준히 기다린다. 그런 일은 모두 자연에 역행하는 일이다. 그와는 반대의 길을 진행하면, 우리는 더욱 확실히 같은 목표에 도달할 것이다. 그가 그 부드러운 감정을 열망하고 있는 것을 확인했을 때, 나는 그의 마음에 그 감정을 고취시켜 주는 것을 두려워하지 않는다. 나는 그것을 인생의 최고의 기쁨으로서 그려 보여 줄 것이다. 사실이 그러하니까. 그것을 그려 보여 줄 때, 나는 그가 그것에 몰두하기를 원한다. 마음과 마음의 결합이 관능의 기쁨 위에 어떤 매력을 더하는지를 느끼게 해 줌으로써, 나는 그로 하여금 방탕한 행동에 혐오감을 가지도록 할 것이다. 그리고 그로 하여금 사랑을 하게 하면서 그를 선량한 인간으로 만들 것이다.

청년의 마음에 나타나기 시작한 욕망 속에서 이성의 가르침에 대한 방해물만을 본다는 것은 얼마나 옹졸한 마음일까. 내가 보기에는 이런 장애물들은 청년을 그러한 교훈에 대하여 순종하도록 만드는 올바른 수단인 것이다. 정념은 정념을 통해서만 지배할 수 있다. 정념의 압제와 싸우기 위해서는 정념의 합리적인 힘에 의하지 않으면 안된다. 그리고 자연을 규제하려면, 그것을 규제하기에 적합한 수단을 언제나 자연으로부터 끌어내지 않으면 안된다.

에밀은 언제까지나 혼자 있도록 만들어지지는 않았다. 그는 사회의 일원으로서 그 의무를 완수해야 한다. 사람들과 함께 살도록 태어난 그는 사람들을 알아야 한다. 그는 인간 일반을 알고 있다. 이제 개개의 인간을 아는 일이 그에게는 남아 있다. 그는 세상이 어떻게 되어 가고 있는지를 알고 있다. 인제 그 개개의 사람들이 어떤 식으로 살고 있는지를 보는 일이 그에게는 남아 있다. 그는 이미 넓은 무대 뒤에서 행해지는 일들을 알고 있는데, 지금이야말로 그 큰 무대의 앞면을 그에게 보여 줄 때이다. 이제 그는 멍청한 젊은이처럼 어리석은 탄성을 올리며 그것을 바라보지 않고 정확한 정신의 감식력(鑑識力)을 가지고 바라볼 것이다. 물론 그의 정념이 그를 그릇되게 하는 일도 있을 것이다. 정념에 자신을 맡기고 있는 자를 정념이 그르치지 않았던 일이 있는가. 그러나 적어도 그는 타인의 정념에 속는 일은 없을 것이다. 타인을 볼 때에는 현자(賢者)의 눈으로써 보아, 타인이 나타내 보이는 표본에 끌리는 일도, 타인의 편견에 미혹되는 일도 없을 것이다.

학문을 연구하기에 적합한 시기가 있는 것과 마찬가지로, 세상의 관습을 충분히 이해하기에 적합한 시기가 있다. 너무나 젊을 때에 그러한 관습을 배우는 자는, 일생 동안 그에 따르면서도, 선택하는 일도 없고 반성하는 일도 없다. 또 관습을 잘 따르면서도 자기가 하고 있는 일을 충분히 알지 못한다. 그러나 그것을 적절한 시기에 배우고, 게다가 그 이유를 아는 자는, 좀더 풍부한 통찰력을 가지고, 좀더 적절하고 우아한 방법으로 그에 따르게 된다. 정말로 아무것도 모르는 12세의 아이를 내게 맡겨 보라. 15세 때, 나는 그 아이를 당신들이 아주 어렸을 때부터 가르쳐 온 아이와 똑같은 정도로 박식하게 만들어 돌려 보낼 것이다. 다른 점은, 당신들의 학생이 지닌 지식은 마음속에 있을 뿐이지만, 나의 학생이 지닌 지식은 실제로 활용된다는 것이다. 마찬가지로 20세의 청년을 세상(사교계)에 내놓아 보라. 잘 인도한다면, 일 년 후에는, 아이 때부터 사교계에서 자란 청년보다 한층 호감이 가고 한층 예절 바른 청년이 될 것이다. 전자(前者)는, 세상의 관습이 되어 있는 나이, 신분, 성(性)에 따른 모든 예의 범절의 이유를 이해할 수 있는 능력이 있으므로, 그것을 일반적인 원칙으로 환원하여, 뜻밖의 경우에 부닥쳐도 그것을 응용하여 바른 예절에 어긋남이 없지만, 후자(後者)는, 그 정해진 관례만이 규칙의 전부가 되어 있으므로 그것을 벗어난 경우에 부닥치면 곧 당황하기 때문이다.

프랑스의 젊은 아가씨들은 모두 결혼할 때까지 수도원에서 교육을 받는다. 결혼한 다음, 그녀들에게서 완전히 새로운 예의 범절을 익히는 데에 그녀들이 힘들어하는 것을 보았는가. 파리의 여성이 어색하고 당혹한 모습을 하고 있다거나, 아이 때부터 사교계에 데리고 다니지 않았기 때문에 사교계의 습관을 알지 못한다든가 하여 비난당하는 일이 있는가. 그러한 편견은 사교계 사람들 자신으로부터 생겨나는 것이다. 그들은 그런 하찮은 지식보다 중요한 것은 아무것도 알지 못하므로, 그 지식을 얻기 위해서는 될 수 있는 한 빨리 시작하는 편이 좋다고 잘못 생각하는 것이다.

확실히 너무 늦게까지 기다려서는 안된다. 청년 시대를 온통 화려한 사교계에서 멀리 떨어져 있던 사람은, 그후 일생 동안 그런 곳에 나가면 당혹하여 어색한 모습을 보이고, 언제나 그 장소에 어울리지 않는 이야기를 하며, 답답하고 서투른 태도를 보인다. 아무리 계속해서 사교계에 얼굴을 내민다 해도, 그런 어색한 태도는 고치지 못하게 된다. 그것을 고치려고 노력하면 할수록 더욱 어색하게 될 뿐이다. 모든 종류의 교육에는 적당한 시기가 있으므로, 그 시기를 포착하지 않으면 안된다. 특히 지금 기술하고 있는 이 시기에는 위험이 많이 있다. 그러나 나는 나의 학생을 위험으로부터 보호해 주기 위한 대책도 없이 나의 학생을 위험에 드러내는 짓은 하지 않는다.

나의 방법이, 어떤 한 가지 목적을 달성하는 일에 완전히 성공한다면, 그리고 한 가지 어려움을 피하는 것에 의해서 다른 좋지 못한 일을 막게 된다면, 그것은 뛰어난 방법이며 나는 바른 것이다. 이 경우 나의 방법이 시사하는 대책 가운데에 그러한 것이 확인되리라고 나는 믿는다. 만약 내가 나의 제자를 엄격하고 냉담한 태도로 대한다면, 나는 그의 신뢰를 상실할 것이며, 이 윽고 그는 나를 떠나가 버리고 말게 될 것이다. 또 내가 그의 마음에 들기 위해 무슨 일이든 곧 받아들이거나 눈감아 주거나 한다면, 그가 나의 보호를 받을 필요가 어디에 있겠는가. 내가 그의 방종한 생활을 허락한다면, 그것은 나의 양심을 희생하여 그의 양심을 구하는 것이다. 오직 사교계를 가르칠 작정으로 그를 사교계에 내보낸다면, 그는 내가 가르치고 싶은 것보다 많은 것을 알 것이다. 만약 내가 최후까지 그를 사교계로부터 멀리 떼어 놓는다면, 그는 나에게서 무엇을 배우게 될까. 아마도 모든 것을 배우게 되리라. 교양 있는 인간에게 절대적으로 필요한 기술, 즉 인간들 속에서 생활하는 기술을 빼놓고 말이다. 그런 것을 배려하여 너무나도 먼 앞의 효용을 생각한다면, 그것은 아무런 효용도 없는 헛수고이다. 그는 오직 현재만을 문제 삼고 있으니까. 만약 내가 그에게 오락을 주는 것으로 만족한다면, 나는 그에게 사치의 습관을 가져다 줄 수 있을 뿐이며, 그는 아무것도 배우는 것이 없을 것이다.

에밀과 내게는 이런 걱정은 없으리라. 나의 계획에는 모든 대책이 강구되어 있다. 나는 청년에게 이렇게 말하리라. "그대의 마음은 반려(伴侶)를 구하고 있다. 자아, 그대에게 어울리는 반려자를 찾으러 가자. 필시 우리는 그녀를 쉽게 발견할 수는 없을 것이다. 참으로 가치 있는 것은 언제나 드문 법이니까. 그러나 초조해 할 것도 없고, 실망할 것도 없다. 그런 여자는 틀림없이 있고, 언젠가 우리는 그 여자를 발견하게 될 것이다. 적어도 그에 가장 가까운 사람을 발견하게 될 것이다." 이러한 즐거운 계획을 가지고, 나는 그를 사교계로 인도한다. 이 이상 무슨 말을 할 필요가 있겠는가.

내가 그에게 미래의 그의 애인의 모습을 그려 보임으로써 그로 하여금 나의 이야기에 진지하게 귀를 기울이도록 할 수 있을까. 그가 사랑해야 할 뛰어난 성질을 그로 하여금 유쾌한 것, 귀중한 것으로 생각하도록 할 수 있을까. 그의 모든 감정이 그에게 유익한 것은 구하고 해로운 것은 피하도록 할 수 있을까. 그것은 여러분의 상상에 맡기겠다. 아직 자기 상대가 누구인지는 알 수 없지만, 내가 그려 보인 그 상대에게 그가 처음부터 사랑을 느끼게 되지 않는다면, 나는 더없이 서투른 인간임에 틀림없다. 내가 그려 보여 준 대상이 상상된 것이어도 상관없다. 그를 유혹할지도 모르는 사람들에 대해 혐오감을 가지도록 해 주면 된다. 그것이 그로 하여금 눈에 보이는 실제의 인물보다 환영(幻影) 쪽을 더 좋게 느끼도록 계속적으로 비교의 대상을 제공하면 되는 것이다. 그리고 참 사랑이라고 말들 하는데 그것은 대체 어떤 것인가. 그것은 환상, 허상, 착각에 지나는 것이 아닐까. 사람은 자신이 만들어 내는 이미지를 그에 딱 맞는 대상보다 훨씬 더 사랑한다. 사랑하는 사람을 정확히 있는 그대로 본다면, 지상에서 사랑 따위는 없어질 것이다. 더 이상 사랑을 느끼지 않게 되면, 사랑하던 사람은 전과 똑같은 사람인데도 이미 같은 사람으로는 보이지 않는 것이다. 환상의 베일이 벗겨지면 사랑은 사라져 없어진다. 그러나 상상의 대상을 제공하는 경우, 내가 비교의 대상을 마음대로 선택할 수 있고, 현실의 대상에 관하여 품게 되는 환상을 쉽게 막아 줄 수 있다.

그렇다고 해서 현실적으로 있을 수 없는 완벽한 모델을 그려 청년을 속이고 싶지는 않다. 그러나 나는 그녀의 결점들이 그에게 어울리도록, 그의 마음에 들도록, 그 자신의 결점을 고치게 하는 데에 도움이 되도록 그의 연인의 결점을 선택하려 한다. 나는 또 그에게 거짓말을 하여, 그에게 그려 보이는 대상이 실재하는 것처럼 거짓 긍정하고 싶지 않다. 그러나 만약 내가 그려 보여 준 대상이 그의 마음에 든다면, 그는 이윽고 그 실물(實物)을 원하게 될 것이다. '욕망'에서 '신념'으로의 전이(轉移)는 쉽다. 그것은 다소 능숙한 묘사의 문제로서, 그것은 좀더 쉽게 알아볼 수 있는 모습하에서는 이 상상의 대상에 보다 큰 현실성을 부여한다. 나는 그 대상에 이름을 붙여 주고 싶다. 나는 웃으면서 이렇게 말하리라. "그대의 미래의 애인 이름을 소피[68]라 부르기로 하자. 소피는 길조(吉兆)의 이름이다. 또 가령 그것이 그대가 선택

---

68) 소피를 번역한다면 '智慧'라고 할 수 있을 것이다.

하는 여자의 이름이 아니라 하더라도, 그 여자는 적어도 이 이름을 가지기에 부끄럽지 않은 사람일 것이다. 우리는 당분간은 이 이름으로 그녀를 명예롭게 할 수 있으리라." 이와 같이 구체적인 이야기를 한 다음에, 그 존재를 긍정도 부정도 하지 않고, 무언가 구실을 만들어 이야기를 피하면, 그의 회의는 확신으로 변해 갈 것이다. 그는 자기에게 주어지게 되어 있는 자기의 아내감에 대해서, 지금은 사람들이 비밀로 하고 있지만, 시기가 되면 그녀를 만나게 되리라고 생각하게 된다. 그가 일단 이 결론에 도달했다면, 그리고 그에게 보여 주어야만 할 그녀의 특징이 잘 선택되기만 하였다면, 그 다음에는 아무것도 어려운 일이 없다. 그를 세상에 내보내도, 위험한 일은 거의 일어나지 않을 것이다. 다만, 그의 관능으로부터는 그를 보호해 주어야 한다. 그렇게 하면 그의 마음은 안전하다.

그러나 내가 그의 마음에 쏙 들게 고안한 그 모델을 그가 인격화하든 안 하든 그 모델은 — 잘 만들어지면 — 제 자신을 닮은 것은 무엇에든 그의 마음이 끌리게 할 것이며, 마치 소피가 실존 인물인 것처럼 그녀를 닮지 않은 모든 것은 혐오하게 할 것이다. 이것은 그를 둘러싸고 있는 위험으로부터 그의 마음을 지키기 위해서, 그의 관능을 그의 상상력으로 억누르기 위해서 특히, 많은 수업료를 지불하게 하여 젊은이를 겉만 화려하게 꾸며 놓고는 젊은이의 진지한 면을 완전히 없애 버릴 뿐인 저 남성을 길들이는 일에 능숙한 부인들로부터 그를 떼어놓기 위해서 얼마나 쓸모 있는 일인가. 소피는 매우 조심스럽다. 그러한 여성들이 말을 걸어 오는 것을, 그녀는 어떤 눈으로 쳐다보게 될까. 소피는 정말 순진하다. 어떻게 그녀가 그런 여성들의 모습을 좋아할 수 있겠는가. 그들은 에밀이 생각하고 있는 것과 너무나도 다르다. 따라서 그가 그들을 관찰하는 것은 그에게 결코 위험하지 않다.

아이의 교육에 종사하는 사람들은, 모두 같은 편견과 같은 준칙에 따르고 있다. 그들의 관찰은 올바르지 않고, 그들의 반성은 훨씬 더 올바르지 않기 때문이다. 청년이 잘못을 저지르는 것은, 기질의 탓도 아니고 관능의 탓도 아니다. 그것은 세상의 여론 탓이다. 여기서 기숙 학교에서 교육받는 소녀나 수도원에서 교육받는 소녀를 문제 삼는다 해도, 나는 그러한 것이 그들에 대해서조차 사실임을 증명해 보일 것이다. 그들이 서로 상대로부터 최초로 받는 교훈, 결실을 맺는 유일한 교훈은 악덕(惡德)의 교훈이기 때문이다. 그리고 그들을 타락시키는 것은 자연이 아니라 타인이 보이는 본보기이다. 아무튼 학교와 수도원의 기숙생들은 나쁜 풍습에 물드는 것을 어떻게도 할 수가 없다. 대책이 없으니까 말이다. 나는 가정 교육에 대해서만 이야기하는 것이다. 시골에 있는 아버지의 집에서 사려 깊게 교육받은 청년을 생각해 보자. 그 청년이 파리에 왔을 때, 혹은 사교계에 나왔을 때를 살펴보라. 당신들은, 이 청년이 진실되고 확실한 생각을 가지고 있으며, 그의 이성(理性)과 마찬가지로 건강한 의지(意志)도 가지고 있음을 알게 될 것이다. 당신들은 그가 악덕을 경멸하고 방탕을 혐오하는 것을 알게 될 것이다. 창부(娼婦)라는 말을 듣기만 해도 순진한 마음에서 생겨나는 두려움이 그의 눈에 나타나는 것을 보게 될 것이다. 설령 그러한 불쌍한 여자들의 효용과 필요성을 의식했다 해도, 어떤 청년도 그녀들이 사는 음울한 곳에 혼자 발을 들여놓을 수 없으리라고 나는 단언한다.

그로부터 6개월 후, 다시 한번 그 청년을 살펴보라. 당신들은 이미 그가 바로 그 청년이라고는 생각하지 않을 것이다. 외설스러운 이야기, 속된 처세술, 단정치 못한 풍채는 그를 다른 인간으로 생각하게 할 것이다. ― 이전의 자신의 순진함에 대한 농담, 그것을 생각나게 했을 때의 부끄러운 듯한 모습이 그가 그 청년임을, 그리고 그가 얼굴을 붉히고 있다는 것을 보여 주지 않는다면. 아아, 그 짧은 기간에 그는 얼마나 크게 변했는가. 그와 같은 크고 급격한 변화가 어디에서 온 것일까. 몸이 발육한 때문인가. 아버지의 집에 있었다면 그 정도로 몸이 발육하지 않았을 거라고 말할 수 있는가. 어쨌든 확실한 것은, 그가 아버지의 집에 있었다면, 그런 태도와 말씨를 가지게 되지는 않았을 것이라는 점이다. 처음으로 관능의 즐거움을 맛보았기 때문일까. 전혀 그 반대이다. 그러한 것에 처음으로 몸을 맡기게 되면, 불안하여 안정감을 잃고 밝은 곳, 시끄러운 곳을 피하게 된다. 처음으로 맛보는 육체의 기쁨은 신비스러운 것으로, 부끄러움이 그에 풍정을 더하여 그것을 감싼다. 첫번째 여자는 남자를 대담하게 만들지 않고 소심하게 만든다. 전혀 새로운 상황에 완전히 마음을 빼앗기고 있는 청년은 은밀하게 그것을 맛보려 하고, 그것을 잃지 않을까 끊임없이 염려한다. 그러므로 그가 들떠서 떠들고 있다면, 그는 정욕에도 연정에도 사로잡혀 있지 않은 것이다. 그가 아무리 자랑스럽게 떠들고 있다 하더라도, 그는 아직 욕정을 안 일이 없는 것이다.

이전과는 다른 사고 방식이 그러한 차이를 만들어 내고 있을 뿐이다. 그의 마음은 아직 본디 그대로인데, 그의 관점이 바뀐 것이다. 그의 감정은 그렇게 빨리 변하지 않겠지만, 언젠가는 그의 관점에 굴복할 것이다. 그리고 그렇게 되었을 때에 비로소, 그는 정말로 타락하게 된다. 사교계에 나오면, 그는 거기에서 최초의 교육과는 완전히 반대되는 제2의 교육을 받게 된다. 그로 인해, 그때까지 존경하던 것을 경멸하고, 경멸하던 것을 존경하게 된다. 그는 부모와 선생의 가르침을 현학자의 잠꼬대로 간주하고, 그들이 이야기해 준 의무를 어른이 되면 경멸해야 하는 아이의 윤리로 간주하는 것을 배우게 된다. 그는 행동을 바꾸지 않으면 자신의 명예에 흠이 간다고 생각한다. 그는 욕망도 느끼지 않는데 여성에게 접근하거나 거짓 부끄러움으로 순진하게 말하게 된다. 나쁜 행동에 대한 감식력도 없으면서 좋은 행동을 비웃고, 방탕에 빠질 줄도 모르면서 방탕을 자만한다. 나는 스위스의 친위대에 근무하던 한 젊은 사관(士官)의 고백을 결코 잊을 수가 없다. 그는 동료들의 소란스러운 쾌락에 싫증나 있으면서도 그들에게 비웃음당하는 것을 두려워하여 그들과 합세하는 것을 거부하지 못했다고 한다. 그는 내게 이렇게 말했다. "나는 그런 일에 익숙해져 가고 있는 것이다. 마치 코담배를 피우는 것에 익숙해져 가고 있는 것처럼. 취미는 습관에서 얻어지는 것이다. 언제까지나 아이로 있을 수는 없지 않은가."

그러므로 세상에 물들기 시작한 청년은 관능보다도 허영심으로부터 보호해 주지 않으면 안된다. 청년은 자신의 판단력보다 타인의 판단력에 의지하는 일이 많으며, 자기애(自己愛)가 타인애(他人愛)보다도 많은 방탕자를 만들어 낸다.

그렇다면 그의 윤리, 감정, 원칙을 공격해 오는 모든 것에 대하여 나의 학생 이상으로 잘 무장되어 있는 청년이 이 지상에 한 사람이라도 있을까. 나의 학생 이상으로 도도한 흐름을 잘 거슬러 갈 수 있는 청년이 있을까. 어떤 유혹에 대하여 그가 무장되지 않은 것이 있는가. 욕망이 그를 이성(異性) 쪽으로 끌어당겨 간다고 해도, 그는 거기에서 자신이 찾고 있는 것을 발견할 수 없을 것이고, 이미 다른 것에 사로잡혀 있는 그의 마음이 그를 멈추게 할 것이다. 관능이 그를 흔들고 단단히 붙잡는다 해도, 그는 어디에서도 자신을 만족시켜 주는 그 아무것도 찾을 수 없을 것이다. 간통과 방탕에 대한 그의 두려움은 창녀들로부터도 결혼한 여성들로부터도 그를 멀리 떼어 놓을 것이다. 청년의 방종한 생활이 시작되는 것은 꼭 이 두 종류의 여성들 탓이다. 처녀도 교태를 지으면서 유혹할지 모르지만, 그러나 그녀들은 뻔뻔스러운 행동은 하지 않는다. 정숙한 아가씨라고 생각되면 결혼해 줄지도 모르는 청년의 목에 매달리는 짓은 하지 않을 것이다. 그리고 그녀들에게는 누군가 보호자가 있으리라. 에밀 쪽도 완전히 혼자 남겨지지는 않는다. 두 사람에게는 적어도 최초의 욕망에 반드시 따르는 두려움과 부끄러움이라는 보호자가 있게 된다. 그들은 갑자기 불미스런 행위로 들어가는 일은 없을 것이다. 또 점차로 친밀해져 간다 해도 그 사이에는 방해물이 없을 리가 없다. 이와는 다른 방법으로 행동하려면, 그는 미리 그들로부터 그에 대하여 배우지 않으면 안된다. 자신의 자제력을 비웃는 것, 그들의 흉내를 내어 뻔뻔스러운 인간이 되는 것을 배우지 않으면 안된다. 그런데 에밀처럼 남의 흉내를 내지 않는 인간이 이 세상 어디에 있을까. 편견을 조금도 가지지 않고 타인의 편견에 개의치 않는 사람만큼 남의 조소하는 태도에 휘둘리지 않는 자가 있을까. 조소하는 자들에 대하여 그를 무장시키는 일로 나는 20년 세월을 지내온 것이다. 그들은 짧은 기간으로는 결코 에밀을 놀림감으로 만들 수 없을 것이다. 그에게는 남을 조종하는 것은 바보들의 행위에 지나지 않으며, 세상의 편견에 신경 쓰지 않는 것 이상으로 그는 남들의 조롱에 무관심하기 때문이다. 그를 움직이려면, 조롱 따위가 아닌 논리가 필요하다. 따라서 그가 그런 태도를 계속 지니는 한, 실없는 젊은이들에게 나의 에밀을 빼앗길 염려는 없다. 내게는 양심과 진리가 편을 들어 준다. 물론 거기에는 아무래도 편견이 있을지 모른다. 그렇다고 해도 20년간의 관계가 아무런 도움이 되지 않을 리가 없다. 내가 무익한 교훈으로 그를 지루하게 만들었다고 그에게 믿게 할 수 있는 사람은 아무도 없다. 솔직하고 감동하기 쉬운 마음속에서는 충실하고 믿음직한 친구의 소리는 20명의 유혹자들의 시끄러운 소리를 충분히 지울 수 있다. 그런 경우 단지 문제는 그들이 그를 속이고 있다는 것, 그를 어른 취급하는 체하면서 실제로는 아이 취급을 하고 있다는 것을 그에게 가르쳐 주는 일이다. 그러므로 나는 언제나 소박한 태도를 취하면서도, 진지하고 명쾌하게 이치가 통하는 말을 하여, 나야말로 그를 어른으로서 취급하고 있음을 그로 하여금 잘 알게 해 줄 것이다. 나는 그에게 이렇게 말할 생각이다. "그대도 잘 알고 있다시피 그대의 행복, 그것은 바로 나의 행복이다. 따라서 그것은 나에게 이렇게 말을 하게 한다. '나는 그밖에 다른 것을 생각할 수 없다.' 라고. 그런데 저 청년들은 어째서 그대를 설복하려 하는가. 그대를 유혹하려고 하기 때문이다. 그들이 가진 동기는 다만, 자기들보다 그대가 뛰어난 것을 알고, 마음속으로 그것을 분해 하고 있는 것이다. 그들은 그대를 자기들과 같은 낮은 수준으로 끌어내리려고 생각한다. 그리하여 자기들의 손으로 그대를 끌고 가기 위해, 그대가 다른 인간에게 지도받는 것을 비난하는 것이다. 그대가 그들의 유혹에 져서 지도자를 바꾸는 것에 의해 그대는 무언가 얻는 것이 있으리라고 생각하는가? 그들의 지혜가 그렇게 뛰어났는가? 또 그들의 순간의 애정이 나의 애정보다 강한가? 그들의 조소를 얼마간이라도 심각하게 생각하기 위해서는 그들의 권위가 무게 있게 생각되어야 한다. 그러나 그들의 준칙을 우리의 준칙보다 높은 곳에 놓을 수 있는, 그런 어떤 경험을 그들이 가지고 있는가. 그들은 단지 다른 경솔한 무리의 흉내를 내고 있을 뿐이다. 그리고 이번에는 그대로 하여금 자기들의 흉내를 내게 하고 싶은 것이다. 그들은 자기 아버지들이 지닌 편견에서 도망치려다가 동료의 편견에 묶인 것이다. 그렇게 한 것이 그들에게 어떤 이익을 가져다 주는지 나는 모른다. 그러나 그들이 그로 인해 두 가지 큰 이익을 확실히 잃는다는 것은 잘 안다. 그것은 친절하고 성실하게 충고해 주는 아버지의 애정으로부터 받는 이익과, 자신이 아는 것을 판단하게 하는 경험으로부터 받는 이익이다. 아버지에게는 아이였던 시절이 있지만, 아이에게는 아버지였던 시절이 없으니까.

그런데 그들이 적어도 자신들의 바보스러운 가르침에 대해서만큼은 진지하다고 그대는 생각하는가. 사랑하는 에밀이여, 결코 그렇지 않다. 그들은 그대를 속이기 위해 스스로를 속이고 있는 것이다. 그들은 자기 자신과 일치하지 않는다. 그들의 마음은 끊임없이 자신을 부인하고, 그들의 말은 때때로 자신과 어긋난다. 그들 가운데에는 진실하고 정직한 것은 무엇이든 우롱하려 하는 자가 있는데, 그런 자도 자기 아내가 자기와 같은 생각을 가지고 있다면 절망할 것이다. 그중에는 미래의 아내의 품행에 대해서까지 그와 같은 태도를 취하는 자도 있다. 또 정말로 혐오스러운 일은 이미 취한 아내의 품행에까지 그와 같은 태도를 취하는 자도 있다는 것이다. 그러나 좀더 밀고 나아가, 그의 어머니에 대한 이야기를 그들에게 해 보라. 그리고 그들을, 불의(不義)의 자식, 몸가짐이 좋지 않은 여자의 자식으로, 그들의 성(姓)은 어떤 가족의 성(姓)을 빌어 따른 것이며, 본래의 상속인에게서 그 상속 재산을 빼앗은 것으로 간주해 보라. 그래도 과연 그들의 기분이 좋을 수 있는지. 그들을 사생아 취급해 보라. 그들이 정말 아무렇지도 않은지. 그들 중 누가, 자기가 타인의 딸에게 씌우고 있는 똑같은 오명을 타인이 자기의 딸에게 씌우는 것을 바랄 것인가. 그들이 그대에게 강요하고 있는 모든 원칙을 그대가 그들에게 적용한다면, 그들은 틀림없이 그대의 생명까지 빼앗으려 할 것이다. 이러한 사실로, 결국 그들은 스스로 언행의 불일치를 폭로하고 있으며, 그들은 모두 자신의 말을 믿지 않는다는 것을 알 수 있다. 에밀이여, 이것이 이치(理致)이다. 그들에게도 이치가 있다면, 그것을 잘 생각해 보는 것이 좋으리라. 그리고 그들의 것과 우리의 것을 비교해 보라. 만약 내가 그들과 똑같이 경멸하고 조롱하고자 하는 마음이 된다면 그들에게도 아마 나와 같은 정도로, 혹은 나이상으로 조롱거리가 될 수 있는 틈이 있다는 것을 알게 될 것이다. 그러나 나는 진지한 검토를 두려워하지 않는다. 비웃는 자의 승리는 오래 계속되지 않는다. 진실은 남고, 그들의 바보스러운 웃음은 사라질 것이다.

어찌하여 20세의 에밀이 순종할 수 있을까. 당신들은 상상도 할 수 없을 것이다. 우리는 얼마나 다른 사고 방식을 가지고 있는 것일까. 나는 어째서 그가 10세 때 내게 순종할 수 있었는지를 모르겠다. 그 연령의 그에 대하여 나는 어떤 지배력을 가지고 있었던가. 그 지배력을 가지기 위하여 내게는 15년 간의 배려가 필요했던 것이다. 그때에는 나는 그를 교육하고 있지 않았다. 교육받을 준비를 그에게 시키고 있었던 것이다. 지금의 그는 충분히 교육받았기 때문에 순종하는 것이다. 우정의 목소리를 분별할 줄 알며, 도리에 따를 줄 안다. 과연 나는, 겉보기에는 그를 독립시키고 있지만, 그는 지금만큼 내게 묶여 있었던 적이 일찍이 없었던 것이다. 그가 스스로 원해서 묶여 있기 때문이다. 그의 의지의 지배자가 될 수 없었던 동안에는 나는 단지 그의 몸의 지배자에 지나지 않았다. 나는 한 발짝도 그의 곁에서 떠나지 않았었다. 그러나 지금은 때때로 그를 혼자 있게 한다. 나는 언제나 그를 지배하고 있기 때문이다. 그의 곁을 떠날 때 나는 그를 포옹하고, 완전히 안심한다는 태도로 그에게 이렇게 말한다. "에밀, 나는 그대를 나의 친구에게 맡기고 간다. 그대를 그의 성실한 마음에 맡기고 가는 것이다. 그가 그대를 책임져 줄 것이다."

이제까지 결코 악(惡)의 변화를 받은 일이 없는 건전한 애정을 손상시키는 일은, 또 이성(理性)의 최초의 빛에서 직접 인도된 원칙을 없애는 일은 잠간 동안에 될 수 있는 것이 아니다. 설령 내가 없는 동안에 무언가 변화가 일어난다 해도, 나는 그렇게 오랫동안 그로부터 멀리 떨어져 있지는 않을 것이며, 그는 나로부터 완전히 숨을 수 없을 것이므로 나쁜 일이 일어나기 전에 나는 위험을 알아차릴 것이고, 따라서 그 대책을 생각하는 시기를 잃지 않을 것이다. 사람은 일시에 타락하는 일은 없으며, 남의 눈을 속이는 일도 금방 익힐 수 있는 것이 아니다. 그런데 그런 기술을 익히는 데 도무지 소질이 없는 인간이 있다면 그는 바로 에밀이다. 그는 이제까지 단 한번도 그런 기술을 사용할 기회를 가져 본 일이 없기 때문이다.

나는 이러한 조치와 그밖의 비슷한 조치에 의해, 그는 이제까지 천박한 광경이나 비속한 교훈으로부터 보호되고 있다고 믿는다. 따라서 그가 파리에서 가장 호감이 가지 않는 사람들 가운데 있다 해도, 그것이 오히려 혼자 방 안이나 정원에 틀어박혀 그 나이 때에 느끼는 모든 불안으로 번뇌하는 것을 보는 것보다는 낫다고 생각한다. 우리가 어떤 조치를 해도, 청년을 습격해 오는 모든 적 가운데 가장 위험한 적, 그리고 피할 수 없는 단 한 사람의 적, 그것은 그 자신이다. 그러나 이 적은 우리 자신이 만들어 주는 적인 것이다. 내가 여러 차례 말한 것처럼 관능을 눈뜨게 하는 것은 언제나 상상력이기 때문이다. 관능의 욕구는 정확히 말하면 육체의 욕구가 아니다. 그것을 욕구라고 말하는 것은 결코 옳지 않다. 음란한 대상이 우리의 눈에 띄지 않았다면, 더러운 관념이 우리의 정신 속에 들어오지 않았다면, 이 사이비 욕구를 우리는 결코 느끼지 않았을 것이다. 그리고 우리는 유혹을 느끼지도 않고, 따라서 유혹을 극복하려고 노력할 필요도 없이 순결을 유지했을 것이다. 무엇인지 잘 알 수 없는 소리 없는 동요를 어떤 상황, 어떤 광경이 청년의 핏속에 불러일으키는데, 청년은 처음으로 느낀 그 불안, 쉽게 진정시킬 수 없는 그 불안, 진정시켜도 곧 다시 생겨나는 그 불안의 원인을 스스로 알아낼 수가 없다. 나로서는 이 중대한 위기와 그 가깝고도 먼 원인에 대하여 깊이 생각하면 할수록 사람이 없는 곳에서 책도 가지지 않고 아무런 지식도 주어지지 않은 채 여성을 만나는 일도 없이 자란 남자는 몇 살이 되어도 순결을 잃지 않으리라고 생각할 수밖에 없다.

그러나 여기서는 그러한 미개인은 문제 삼지 않는다. 똑같은 인간 사이에서, 그리고 사회를 위해 한 인간을 교육하는 경우에는 언제까지나 그런 유익한 무지(無知)의 상태 속에서 그를 키우는 것은 불가능하기 때문이다. 아니 정확히 말하면, 그것은 적절한 일이 아니기 때문이다. 그리고 지식 중에서도 가장 나쁜 것은 어중간하게 아는 것이다. 우리가 관찰한 사물에 대한 기억, 우리가 획득한 관념은 우리가 숨은 집까지 뒤쫓아와서 우리의 의지에 반(反)하여, 그 대상들 자체보다 더 유혹적인 심상으로 그 집을 채운다. 그리하여 그 심상이 고독을 느껴본 적이 없는 사람들에게 유익한 것과 같은 정도로, 이번에는 고독이라는 것을 그러한 관념을 가지는 사람들에게는 치명적인 것으로 만든다.

그러므로 청년은 주의해서 보호해 주지 않으면 안된다. 그는 모든 다른 적들로부터는 자신을 보호할 수 있을지 모른다. 그러나 그를 그 자신으로부터 보호해 주는 것은 당신들의 일이다. 낮이나 밤이나 혼자 있게 해서는 안된다. 적어도 밤에는 그와 한 방에서 자는 것이 좋다. 졸려서 견딜 수 없게 될 때까지는 잠자리에 눕지 말라. 그리고 눈을 뜨면 곧 잠자리에서 일어나라. 이미 그러한 일을 달게 여기지 않게 되었다면, 곧 본능을 경계할 일이다. 그가 오로지 본능에만 의존하고 있는 동안은 본능은 좋다. 그러나 인간이 만들어 낸 제도와 연루되면 그것은 신용할 것이 못된다. 본능은 잃어서도 안되지만 규제하지 않아도 안되는 것이다. 그리고 그 일은 본능을 죽이는 것 이상으로 어려운 일이다. 본능이 당신들의 학생에게 관능을 속이는 방법을 가르치고 관능을 만족시킬 수 있는 다른 방법을 가르친다면 대단히 위험하게 된다. 일단 그가 그런 위험한 습관을 알았다면 그것으로 끝장이다. 그후 그는 언제까지나 허약한 몸과 마음을 가지게 될 것이다. 그는 청년이 속박당하는 일 가운데 가장 유해한 습관, 그런 가련한 습관을 묘지에까지 가져갈 것이다. 분명히 그보다는 이 편이 좋다……. 불타오르는 격렬한 욕정에 견디기 어렵게 되었다면, 아아, 나의 소중한 에밀이여, 나는 그대를 가엾게 생각한다. 그러나 나는 순간도 주저하지 않을 것이다. 나는 자연의 목적이 방해받는 것을 잠자코 보고 있을 수가 없다. 한 사람의 폭군이 아무래도 그대를 굴복시키게 되어 있다면, 나는 차라리 나의 손으로 그대를 그 속박으로부터 해방시킬 수 있는 다른 폭군을 선택하여 그대를 그 폭군에게 넘겨 주련다. 그대를 그대 자신에게서 떼어 내기보다는 여성들에게서 떼어 내는 쪽이 내게는 훨씬 쉬울 테니까.

육체는 20세까지는 성장하며, 모든 물질을 필요로 한다. 그때까지는 금욕(禁慾)은 자연의 질서에 따르는 것으로, 그것을 지키지 않으면 대부분의 경우 체질이 손상되게 된다. 20세가 지난 뒤에는 금욕은 윤리적인 의무가 된다. 그것은 자기 자신을 지배하고, 언제나 자신의 욕망을 지배하는 것을 배우기 위해서 중요한 의무이다. 그러나 도덕적인 의무에는 여러 가지 변화가 있으며, 예외가 있고 규칙이 있다. 인간의 약점으로 해서 양자 택일이 피하기 어려울 때에는 두 악(惡) 중에서 작은 악(惡) 쪽을 취하기로 하자. 나쁜 버릇을 가지기보다 한때 잘못을 범하는 쪽이 나은 경우에는 말이다.

내가 여기서 이야기하고 있는 것은 나의 학생의 일이 아니라 당신들의 학생의 일임을 명심해 주기 바란다. 당신들이 허용해 준 그의 여러 가지 정념들이 당신들의 주인으로 군림하는 것이다. 차라리 깨끗이 갑옷을 벗고, 정념의 승리를 인정하는 쪽이 좋다. 그리고 있는 그대로 그것을 그에게 가르쳐 주는 것이다. 그러면 그는 그것을 자랑스럽게 생각하지 않고 오히려 부끄럽게 생각할 것이다. 그가 그렇게 생각한다면, 당신들은 그를 그릇된 길에서 인도해 가는 권리를 가지게 되어, 적어도 그를 전락(轉落)시키지는 않으리라. 설령 나쁜 일이라 해도 제자가 무언가 할 때에는 선생은 그것을 알고 있으며 용서하고 있지 않으면 안된다. 선생이 학생에게 속아 아무것도 모르는 동안에 잘못이 일어나는 것보다는 선생이 허락하여 학생이 잘못을 범하는 쪽이 훨씬 낫다. 어떤 종류의 일에는 눈을 감아 주는 편이 낫다고 생각하는 사람은, 이윽고는 일체의 것에 대하여 눈을 감아 주게 된다. 한번이라도 제멋대로 하는 것을 그대로 지나치면 그는 또다시 그런 일을 할 것이며, 그것이 반복되는 동안에 모든 질서가 붕괴되고 모든 법칙이 무시되는 결과를 초래하게 될 것이다.

앞에서도 비난한 일이지만, 소심한 인간으로부터 결코 사라지지 않는 또 하나의 잘못은, 끊임없이 선생의 위엄을 보여 자신을 완벽한 인간으로서 제자의 마음에 심어 놓으려 하는 것이다. 이런 방법은 그릇된 방법이다. 그들은 권위를 굳히려 하면 그것을 오히려 무너뜨린다는 것, 학생으로 하여금 자신의 말에 귀를 기울이게 하기 위해서는 상대의 위치에 자신을 놓아야 한다는 것, 그리고 인간의 마음에 호소하기 위해서는 인간이 되지 않으면 안된다는 것을 어째서 모르는 것일까. 이러한 완벽한 인간들은 모두 상대의 마음을 감동시킬 수도 없거니와 납득시키지도 못한다. '자신이 느끼고 있지 않는 정념과 투쟁하는 것은 무척 쉬운 일이지.' 하고 상대는 언제나 마음속으로 중얼거릴 것이다. 당신들의 학생의 약점을 고쳐 주고 싶으면, 당신들의 약점을 그에게 보여 주는 것이 좋다. 그가 마음속에서 느끼고 있는 갈등과 같은 갈등이 당신들의 마음속에도 있음을 그에게 보여주는 것이다. 자신의 마음을 털어놓는 것을 당신들이 먼저 실행해 보여 주는 것이다. 그는 곧 자신의 마음을 털어놓게 되리라. 그리고 다른 학생들처럼 다음과 같은 말이 그의 입에서 나오지 않도록 하라. "저 노인들은 자기들이 이미 늙어 버린 것이 억울해서 젊은이를 노인 취급하려 하고 있다. 자신들의 욕망이 모두 사라져 버렸으므로 우리의 욕망을 죄악시하고 있다."

몽테뉴는 어느때, 랑제이의 영주에게 도이칠란트와의 담판에서 국왕을 위해 몇 번이나 술에 취한 일이 있느냐고 물어 보았다고 한다. 나는 어딘가에서 청년의 교육을 맡고 있는 사람에게 물어 보고 싶다. "학생을 위해 몇 번이나 나쁜 곳에 발을 들여놓았느냐."고. 몇 번이라니! 내가 잘못 물었다. 한

번 가 보아, 그 방탕자가 또 한번 그곳에 가고 싶다는 생각을 버리지 못했다면, 그곳에서 후회하는 마음과 수치심을 가지고 돌아오지 않았다면, 그가 당신들의 가슴에 얼굴을 묻고 뜨거운 눈물을 쏟지 않았다면, 그와는 곧 관계를 끊어라. 그는 틀림없이 괴물이다. 그렇지 않으면 당신들은 진짜 자존심이 없는 바보이다. 당신들은 그를 위해 아무런 쓸모도 없을 것이다. 그러나 불행하기도 하고 위험하기도 한 그런 극단적인 편법은 우리의 교육이 전혀 필요로 하지 않는 것이므로, 그 이야기는 그만두기로 하자. 태생이 좋은 청년을 세상의 혐오스러운 풍습에 내놓기 전에, 우리는 얼마만한 대책을 세워야 하는가. 그것은 매우 힘드는 일이지만, 반드시 필요한 일이다. 이러한 점에서의 태만이 모든 청년을 못쓰게 만드는 것이다. 인간이 타락하여 오늘날 볼 수 있는 모습으로 되어 가는 것도 젊을 때의 방탕한 생활 때문이다. 나쁜 짓을 하고 있을 때에조차 비열하고 기백이 없는 그들, 그들에게는 소심한 정신밖에 찾아볼 수가 없다. 녹초가 된 그들의 육체는 일찍부터 부패하기 때문이다. 거기에는 움직이기 위해 필요한 생명력조차 거의 남아 있지 않다. 그들의 교묘한 사고는 본바탕이 없는 정신을 나타낸다. 그들은 위대하고 고귀한 감정은 아무것도 느끼지 못한다. 그들에게는 솔직한 점도 없고 용감한 점도 없다. 모든 점에서 비천하고 천박한 악인이므로 그들은 허세, 교활, 거짓말로 똘똘 뭉쳐져 있다. 그들에게는 극악무도한 악인이 될 만한 용기도 없다. 청년 시대의 방탕은 이와 같은 경멸할 인간을 만들어 낸다. 따라서 그러한 인간들 가운데 욕망을 누르고 절제하는 것을 터득한 사람이 있다면, 또 그들 사이에서도 그들에게 물들지 않고 자신의 마음과 행동과 품위를 더럽히지 않는 사람이 있다면, 30세가 되었을 때 그는 모든 벌레 같은 무리들을 밟아 뭉개고 그들의 지배자가 될 수 있을 것이다. 그가 그 벌레 같은 무리들의 지배자가 되는 것은 그가 자기 자신의 지배자가 되기 위해 한 노력에 비하면 정말 아무것도 아니다.

가문이나 재산이 에밀을 위해 아주 작은 일밖에 해 주지 않는다 해도 그가 그러한 무리들의 지배자가 되려고 한다면, 그는 얼마든지 될 수 있으리라. 그러나 그는 너무나도 사람들에게 환멸을 느끼고 있으므로, 그들을 복종시킬 마음이 들지 않을 것이다. 여기서 사람들 사이에 있는 에밀의 모습을 살펴보기로 하자. 사교계에서 높은 지위를 차지하기 위해서가 아니라 세상을 알고 거기에서 자신에게 어울리는 반려자를 찾기 위해 사교계에 나온 그의 모습을 바라보기로 하자.

그가 어떤 신분의 가문에 태어났다 해도, 그가 어떤 수준의 사람들 틈으로 들어갔다 해도 그의 사교계 데뷔는 너무나 수수하여 사람들의 눈을 끌지 못할 것이다. 그가 사교계에서 빛을 발하는 그런 불행한 인간이 아니기를 나는 바란다. 그는 첫눈에 좋은 인상을 주는 그런 인물이 아니다. 그런 장점을 그는 가지고 있지도 않고 갖고 싶다고 생각하지도 않는다. 그는 남들의 판단에 가치를 인정하지 않기 때문에 그들의 편견을 그다지 중요시하지 않으며, 남들이 자기를 높이 평가해 주든 끝내 자기를 알아 주지 않든 상관하지 않는다. 사람들 앞에 나서는 그의 태도는 지나치게 조심스럽지도 않고 거만하지도 않다. 자연스럽고 진지하다. 그는 스스러움이라든가 자신의 감정을 속이는 일을 모른다. 그리고 사람들이 모여 있는 곳에 있을 때에도 아무도 없는 곳에 혼자서 있을 때와 똑같다. 그렇다면 그가 거칠고 건방지고 사람을 사람으로 여기지 않는다는 말인가. 그와 정반대이다. 혼자 있을 때에도 다른 사람들의 존재를 무시하지 않는데, 그들과 함께 있을 때에 그가 어째서 그들을 무시한단 말인가. 그는 자기 자신보다 다른 사람들을 좋아하는 것 같은 태도는 보이지 않는다. 그것은 그가 그들을 자기보다 진심으로 더 좋아하지 않기 때문이다. 그러나 그는 그들에게 냉담한 태도를 보이는 일도 없다. 그런 태도를 취할 마음이 전연 없기 때문이다. 그는 예의의 공식을 모르지만 그에게는 마음에 깃들인 인간애라는 것이 있다. 그는 어떤 사람이든 괴로워하는 것을 보기를 좋아하지 않는다. 그래서 그는 체면 때문에 남에게 자리를 양보하지는 않지만, 그 사람이 모두의 관심 밖으로 밀려나고, 그로 인해 그 사람이 괴로워한다는 것을 알았을 때에는 친절한 마음으로 기꺼이 자기 자리를 그에게 양보할 것이다. 이 청년은 타인이 어쩔 수 없이 일어나는 것을 보기보다는 자신의 의지로 자신이 일어나는 쪽이 훨씬 즐거운 것이다.

일반적으로 에밀은 세상 사람들을 높이 평가하지는 않지만 그들에게 경멸의 태도를 보이지도 않을 것이다. 그들을 불쌍하게 생각하고, 그들에게 동정을 느끼기 때문이다. 어떤 것이 참된 행복인지에 대한 분별력을 그들에게 줄 수 없기 때문에, 그는 그들이 만족하고 있는 상상의 행복이나마 알도록 그들을 그냥 놓아 준다. 그러한 행복을 그들로부터 빼앗는 것이 아무런 쓸모도 없고, 그들을 전보다 한층 더 불행하게 하지나 않을까 우려되기 때문이다. 따라서 그는 다른 사람들과 논쟁하거나 다른 사람에게 거스르거나 하지 않는다. 상대의 기분에 들 만한 말을 하거나 아첨의 말을 하지 않는다. 자신의 견해를 피력하기는 해도 남의 견해에 반대하지는 않는다. 그는 무엇보다도 자유를 애호하고 있으며, 솔직히 말하는 것은 자유의 가장 아름다운 권리의 하나이기 때문이다.

그는 말이 적다. 남들의 관심을 끄는 것 따위는 별로 원하지 않기 때문이다. 같은 이유에서, 그는 필요한 말만을 입 밖에 낸다. 말할 필요가 없다면, 누가 그로 하여금 이야기하게 할 수 있을까. 장난으로라도 다변(多辯)이 되기에는 에밀은 지나치게 아는 것이 많다. 다변(多辯)이라는 것은 내가 곧 이야기할 작정인 재기(才氣)에 대한 자만심으로부터, 혹은 타인도 자기와 같은 정도로 그것을 중요시하고 있다고 믿어 하찮은 것에 가치를 주는 것으로부터 필연적으로 생기는 것이다. 모든 사물에 그 참 가치를 줄 수 있을 만큼 그 사물들을 잘 알고 있는 사람은 결코 쓸데없는 수다를 떨지 않는다. 상대가 그에 대하여 보이는 관심과 그의 이야기에 대하여 가지는 흥미를 정확히 판단할 수 있기 때문이다. 일반적으로 아는 것이 적은 사람은 말이 많고, 아는 것이 많은 사람은 말이 적다. 무지(無知)한 인간은 자신이 알고 있는 것을 무엇이든 중요하다고 생각하여 누구에게나 그것을 이야기하는 것은 분명한 일이다. 그러나 올바른 교육을 받은 사람은 자신이 배운 것을 쉽게 공개하지 않는다. 그에게는 이야기해야 할 것이 지나치게 많다. 따라서 그는, 자신이 이야기할 수 있는 것 외에도 이야기해야 할 것이 아직 많다는 것을 안다. 그래서 그는 침묵하는 것이다.

타인의 방법과 부딪치지 않고, 에밀은 오히려 기꺼이 그에 동조한다. 그러나 이것은 관습을 잘 알고 있는 것처럼 보이기 위해서도 아니고, 세련된 인간인 것 같은 모습을 보이기 위해서도 아니다. 그와는 반대로 타인과 다른 인간으로 생각되는 것을 우려하기 때문이다. 또 사람들의 눈에 두드러지는 것을 피하기 위해서이다. 그리고 사람들이 그에게 관심을 가지지 않을 때만큼 그가 마음 편할 때는 없다.

사교계에 나가도 에밀은 사교계의 격식을 전연 모른다. 그렇다고 해서 그는 소심해지지도 않고 겁쟁이가 되지도 않는다. 사람을 피하는 일이 있기는 하나, 그것은 곤란한 일이 있기 때문이 아니라 잘 보기 위해서는 남들의 눈에 띄지 않는 곳에 있을 필요가 있기 때문이다. 그는 남이 자기를 어떻게 생각할까 하여 불안감을 느끼는 일이 거의 없고, 웃음거리가 되지 않을까 염려하는 일도 결코 없다. 따라서 언제나 침착하고 냉정하므로 부끄러움으로 가슴이 두근거리는 일이 없다. 사람이 보고 있든 보고 있지 않든 자신의 할 일에는 언제나 최선을 다한다. 그리고 언제나 침착히 타인을 관찰하며, 세상의 여론의 노예가 되어 있는 사람들은 가질 수 없는 여유 있는 태도로 타인의 방법을 이해한다. 세상의 관습을 그다지 중요하게 생각지 않기 때문에 그는 훨씬 더 빨리 그것을 몸에 익힌다 해도 좋으리라.

그런데 그의 침착한 태도에 대해 잘못 생각해서는 안된다. 그것을 당신들의 붙임성 있는 청년의 태도와 비교해서는 안된다. 그의 태도는 건실하지만 오만하지는 않다. 그의 태도는 자유롭지만 건방지지는 않다. 건방진 태도는 노예에게서만 볼 수 있는 것으로 독자적 정신에는 거드름을 피우는 면이 전연 없다. 고귀한 영혼을 지니고 있는 인간이 그것을 태도로 나타내는 것을 나는 일찍이 본 적이 없다. 그러한 거드름은 그런 것으로밖에 위엄을 보일 수 없는 혐오스럽고 하찮은 인간에게 훨씬 어울리는 것이다. 어떤 책에서 읽은 것인데 한 외국인이 어느때 저 유명한 마르셀 앞에 나타나자, 마르셀이 그 사람에게 어느 나라 사람이냐고 물었다. "나는 영국 사람입니다." 하고 그 외국인은 대답했다. "당신이 영국 사람!" 하고 그 무용가가 말했다. "당신이 저 시민이 국정에 참여하며 주권의 일부를 이루고 있는 섬나라 사람이라니! 아니, 그럴 리가 없어요. 당신의 아래를 향한 얼굴, 겁먹은 표정, 자신 없는 걸음걸이, 그런 것들을 볼 때, 나는 당신을 저 도이칠란트 선거후(選擧侯)라는 직함을 가진 노예로밖에 생각할 수 없습니다."

이 말이 인간의 성격과 외모 사이의 바른 관계에 대한 뛰어난 지식을 나타내 보이는 것인지 어떤지 나는 모른다. 나는 뛰어난 무용 선생이라는 명예를 가지지 않았지만, 나라면 전혀 그 반대로 생각했을 것이다. 나라면 이렇게 말했으리라. "이 영국인은 궁정 사람은 아니다. 궁정 사람이 고개를 숙인다거나 자신 없는 걸음걸이로 걷는다는 말을 나는 일찍이 들어본 적이 없다. 무용 선생 앞에서 겁을 먹는 사람은 하원(下院)에서는 필시 겁을 먹지 않을 것이다." 확실히 그 마르셀 씨는 자기 나라 사람(프랑스인)을 모두 로마인으로 착각하고 있음에 틀림없다.

사랑하는 사람은 사랑받고 싶어한다. 에밀은 사람들을 사랑한다. 따라서 그는 사람들의 마음에 들고 싶어한다. 여성들에게는 더욱 그러하다. 그의 나이, 그의 품행, 그의 의도 모두가 일치하여 그러한 욕구를 증대시킨다. '그의 품행' 이라고 했는데, 그것은 아주 중요한 관계가 있기 때문이다. 품행이 바른 사람이 참으로 여성을 존경하는 사람이다. 그들은 여성 존중에 대한 조롱기 섞인 은어(隱語)를 사용하거나 하지 않으며, 그들의 열의는 진지하고 다정한데, 그것은 마음으로부터 우러나는 것이기 때문이다. 나는 젊은 여성들 곁에 있는 10만의 방탕자들 가운데에서 품행이 바르며 자제력이 있는 남자를 식별할 수 있다. 이제 막 눈뜬 청춘의 열정에도 불구하고 그에 저항하는 풍부한 이성(理性)을 갖추고 있는 에밀은 어떻게 보일까, 그것을 생각해 보고 싶다. 여성들 곁에 있게 되면, 그도 때로는 부끄러워하거나 당황하는 일이 있을 것이기 때문이다. 그러나 그의 부끄러움이 결코 그녀들의 기분을 상하게 하지는 않으리라. 그것은 확실하다. 그리고 아무리 바람기가 없는 여자들이라도 그러한 당황을 즐기고 그것을 부추기는 요령을 터득하고 있는 경우가 많다. 또 그의 정중한 태도는 상대의 입장에 따라 상당히 달라질 것이다. 그는 기혼 여성들에 대해서는 한층 더 조심스럽고 공손한 태도를 취할 것이며, 미혼 여성들에 대해서는 좀더 발랄하고 친절한 태도를 취할 것이다. 그는 자신의 목표를 잊는 일 없이 자기에게 그것을 환기시켜 주는 사람에게 는 언제나 가장 큰 관심을 보인다.

자연의 질서에 의거한 모든 사항들에 대하여, 그 위에 또 훌륭한 사회의 규칙에 의거한 모든 사항들에 대해서까지 부족함이 없도록 에밀 이상으로 유의하고 있는 사람은 한 사람도 없을 것이다. 그러나 자연의 질서가 사회의 규칙보다 언제나 우선할 것이다. 따라서 그는 자신과 같은 나이의 고관(高官)보다는 자기보다 나이가 위인 평민 쪽을 한층 더 존경할 것이다. 대체로 자기가 끼어 있는 사람들 중에서 가장 젊은 사람의 한 사람인 그는 틀림없이 태도가 가장 조심스러운 사람의 한 사람일 것이다. 그러한 태도는 겸손한 사람으로 평가받고 싶은 허영심에서가 아니라, 이성에 바탕을 둔 자연스러운 감정에서 나온 태도이다. 그곳에 있는 사람들을 웃기기 위해 분별 있는 사람들보다 큰소리로 말하거나 어른의 말을 가로막거나 하는 건방진 청년의 무례한 처세술을 그는 모른다. 일찍이 루이 15세가 "나의 앞 시대와 지금 시대 중에서 어느 시대가 좋다고 생각하는가?" 하고 어느 노(老) 귀족에게 물었을 때, 그 귀족은 "폐하, 저는 젊었을 때에는 노인들을 존경하며 살았습니다만, 늙은 후에는 젊은 사람을 존경하며 살아야만 합니다." 하고 대답했는데, 그 대답에 에밀은 결코 그 논리의 타당성을 부여하지 않을 것이다.

친절하고 감동하기 쉬운 마음을 가지고 있지만 무슨 일이든 세상의 일반적인 통념으로 평가하지 않는 그는, 타인의 마음에 들고 싶다고는 생각해도 타인으로부터 존경받고 싶다고는 생각하지 않을 것이다. 그 당연한 결과로서 그는 세련되기보다는 정애(情愛)가 깊은 인간이 될 것이다. 그에게서는 꾸민 듯한 부자연스러운 태도를 조금도 발견하지 못하리라. 그는 백 마디의 칭찬보다 한마디의 친절한 말에 훨씬 더 감동할 것이다. 똑같은 이유에서 그는 자신의 태도나 옷차림을 소홀히 하지 않을 것이다. 다소는 복장에 신경을 쓰는 일이 있을지 모른다. 그러나 그것은 취미가 고상한 사람으로 보이기 위해서가 아니라 자기의 의관을 남들이 좋게 느끼도록 하기 위해서이다. 그는 금빛 테두리의 액자[69]에 의지하지 않을 것이며, 부(富)의 표지로 그의 몸차림을 추잡스럽게 하는 일은 결코 없을 것이다.

이러한 것은 모두 내가 교훈을 늘어놓을 필요도 없는 것이다. 그것은 그의 어렸을 때의 교육의 결과에 지나지 않는 일임을 누구나 알고 있다. 우리는 세상의 관습이라는 것을 무언가 소중한 비법(秘法)이기라도 한 것처럼 생각하고 있다. 그러한 관습을 익힐 나이가 되어도 저절로는 익힐 수 없는 것이기라도 한 것처럼 말이다. 또 그 기본적인 법칙은 성실한 마음속에서는 구하지 못하는 것이기라도 한 것처럼 말이다. 진정한 예의는 사람들에게 호의를 보이는 것이다. 그리고 호의라는 것은 그것을 가지고 있을 때에는 쉽게 나타나는 법이다. 그러므로 호의를 가지지 않은 자들은 외적으로나마 자기가 호의를 가진 것처럼 보이도록 하는 기술에 의지하지 않을 수 없는 것이다.

억지로 꾸민 예의 범절이 초래하는 가장 불행한 결과는 그것이 모방하고 있는 미덕을 우리로 하여금 불필요한 것으로 생각하게 하는 것이다. 교육에 의해서 인간애(人間愛)와 동정심을 부여받을 수 있다면 우리는 예의를 저절로 지니게 되거나, 그렇지 않으면 적어도 그것이 부족하지 않게 될 것이다.

---

69) 금빛 테두리의 액자 이야기는 제2부에 나온다.

우아한 태도에 의해서 보여지는 특질이 우리에게 없다 해도 우리는 성실한 인간이며 시민임을 나타내는 특질을 갖게 된다. 우리는 거짓에 의지할 필요는 없을 것이다.

다른 사람의 마음에 들기 위해서라면, 기교를 사용하지 않고 친절히 대하면 그것으로 좋은 것이다. 남들의 비위를 맞추기 위해 거짓말을 하지 말고 타인의 약점에 관대하면 그것으로 좋은 것이다.

우리가 그러한 태도를 취하면, 상대가 오만해지거나 타락하거나 하는 일이 없을 것이다. 오로지 그에 감사하고, 그에 의해 한층 더 좋은 인간이 될 것이다.[70]

만일 뒤클로(Duclos)씨가 위의 글에서 주장하는 것과 같은 예절을 만들어 내기에 알맞는 교육이 있다면, 그것은 내가 앞에서 설명한 교육이라고 나는 생각한다.

그러나 에밀은 다른 사람들과는 다른 교육을 받았기 때문에 다른 사람들과 똑같은 사람이 되지 않을 것이라는 것과, 하늘이 그를 그런 운명으로부터 지켜 주리라는 것은 나도 인정한다. 그러나 그가 다른 사람들과 다른 사람이 된다 하더라도 그는 귀찮은 존재나 어리석은 존재가 되지는 않을 것이다. 다른 사람들과의 차이는 현저한 것이기는 하지만 불쾌한 것은 아닐 것이다. 에밀은 불쾌하지 않은 이방인이 될 것이다. 처음에는 사람들은 에밀의 특성들을 보고는 "그도 차츰 배우겠지."라고 말하며 그를 용서해 줄 것이다. 그러나 얼마가 지나도 그에게서 아무런 변화도 보이지 않게 되면, 사람들은 이번에는 "그는 원래 그런 놈이야."라고 말하며 용서해 줄 것이다.

그는 매력 있는 사람으로서 환영받지는 못하겠지만 모든 사람들은 그 이유도 모르는 채 그를 좋아할 것이다. 아무도 그의 지성을 칭찬해 주지는 않겠

---

70) M. Duclos의 《현대 풍속론》에 기술된 말임.

지만 누구나가 그를 지성인들 사이의 심판자로 삼기에 주저하지 않을 것이다. 그의 지성은 맑고 한정되어 있을 것이며, 그의 정신은 정밀할 것이며, 그의 판단은 건전할 것이다. 그는 결코 새로운 관념을 쫓아 다니지 않기 때문에 자신의 기지(機智)를 뽐내지 않을 것이다. 나는 그에게 인류에게 진정으로 유익한 모든 건전한 관념들은 이미 옛부터 알려진 것이며, 그 관념들은 모든 시대를 통해 사회의 참된 결속을 형성해 왔다는 것, 그리고 야망 있는 사람들에게 남겨진 일은 인류에게 유해하고 치명적인 관념들에 의해 그들 자신을 다른 사람들로부터 구별짓는 것뿐이라는 것을 확신시켜 주었다. 사람들의 칭찬을 얻는 이 방법은 그의 마음을 거의 움직이지 못한다. 그는 인생에서 자신의 행복을 어떻게 찾아야 하는지를 알고 있으며, 자기가 다른 사람들의 행복에 어떻게 기여할 수 있는지를 알고 있기 때문이다. 그의 지식의 범위는 유익한 것에 한정되어 있다. 그가 가는 길은 좁지만 분명하게 정해져 있다. 그는 그 길에서 조금도 벗어나려 하지 않으면서도 군중들 속에 섞여 버린다. 왜냐하면 그는 자신을 다른 사람들로부터 구분지으려 하지 않으며, 또 자기의 길을 잃기를 원치도 않기 때문이다. 에밀은 상식(常識)을 지닌 인간이므로 그 이상의 인간이 되려는 욕망을 갖고 있지 않다. 설사 당신이 그에게 그런 말을 해 줌으로써 그를 모욕하고자 해도 그것은 헛수고일 것이다. 왜냐하면 그는 그것을 항상 명예로운 호칭으로 생각할 것이기 때문이다.

다른 사람들을 즐겁게 해 주고자 하는 소망으로 인해, 그는 다른 사람들의 견해에 완전히 무관심한 태도를 취하지는 않는다. 그러나 그는 유행이나 관습의 법칙 이외에는 어떤 법칙에도 따르지 않는 독단적인 평가에 대해서는 괴로워하지 않고, 오직 직접적으로 자기 자신에 관련된 견해들에 대해서만 관심을 기울일 뿐이다. 그는 자기가 해야 할 모든 일들을 훌륭하게 수행하고 싶다는 긍지와, 다른 사람들보다 더 훌륭하게 수행하고 싶다는 긍지를 가질 것이다. 그는 경주에서는 가장 빨리 달리는 사람, 씨름에서는 가장 힘센 사람, 일에서는 가장 현명한 사람, 기술을 필요로 하는 놀이에서는 가장 능숙한 사람이 되기를 원할 것이다. 그러나 그는 다른 사람들보다 재치가 더 많다든가, 말을 더 잘 한다든가, 학식이 더 많다든가 하는 따위의 그 자체만으로는 유익함이 없고 다른 사람들의 견해에 의해 지지되어야 하는 장점들은 구하려 하지 않을 것이며, 더구나 다른 사람들보다 가문이 좋다든가, 더 부유하다든가, 더 명성이 있다든가, 더 평판이 좋다든가, 훌륭한 외모로 더 좋은 인상을 준다든가 하는 따위의, 인간 그 자체와는 아무런 관계도 없는 장점들은 더 더욱 구하려 하지 않을 것이다.

그는 자신과 똑같은 인간이라는 이유로 사람들을 사랑하기 때문에, 특히 자기 자신과 가장 흡사한 사람을 더 사랑할 것이다. 왜냐하면 그는 자기가 선량한 인간임을 느낄 것이기 때문이다. 그리고 그는 그 유사성(類似性)을 도덕적인 면에서의 취향의 유사함에 의해 판단할 것이므로, 선량한 성품에 속하는 모든 점에서 사람들로부터 인정을 받게 되면 기뻐할 것이다. 그는 자기 자신에게 "나는 인정을 받아 기쁘다."라고 노골적으로 말하지 않고, "내가 옳은 일을 했다고 사람들이 말하기 때문에 나는 기쁘다. 나를 존경하는 사람들이 존경할 만한 사람들이기 때문에 나는 기쁘다. 그들이 현명한 판단자이기만 하다면, 그들의 존경을 받는 것은 훌륭한 일이다."라고 말할 것이다.

그는 과거에 역사 속에서 사람들의 정념을 통해 인간을 연구했던 것처럼, 사회 속에서 그들의 행위를 통해 인간을 연구하기 때문에 인간의 마음을 기쁘게 하거나 불쾌하게 하는 것이 무엇인지를 때때로 생각하게 될 것이다. 그리하여 그는 지금 취향의 원리에 대한 철학을 열심히 연구하고 있으며, 그것은 현재의 그의 연구를 위해서는 가장 적절한 주제이다.

취향의 정의를 깊이 탐구하면 할수록 우리는 점점 더 미혹에 빠지게 된다. 취향이란 무엇이 대부분의 사람들을 기쁘게 하고 불쾌하고 하고 있는가 하는 것을 판단하는 능력에 지나지 않는다. 이것을 잊고서는 당신은 취향이란 무엇인지를 말할 수 없을 것이다. 그렇다고 해서 대부분의 사람들이 좋은 취향을 가지고 있다고는 할 수 없다. 왜냐하면 대부분의 사람들이 개개의 사물에 대해서는 현명하게 판단하지만, 모든 사물에 대해 대다수의 판단을 따르는 사람은 극소수이며, 좋은 취향은 가장 일반적인 취향의 일치 속에 있지만, 좋은 취향을 가지고 있는 사람은 극소수이기 때문이다. 그것은 미(美)가 가장 일반적인 용모의 종합 속에 존재하지만 미인은 드물게밖에 존재하지 않는 것과 마찬가지이다.

여기서 우리는 쓸모 있기 때문에 좋아하는 것과, 우리에게 해롭기 때문에 싫어하는 것을 문제로 삼고 있는 것이 아님을 주의해야 한다. 취향은 우리의 필요에 관계되는 것들이 아니라, 우리의 이해(利害)에 아무런 관련도 없는 것, 혹은 기껏해야 우리의 즐거움에 영향을 미치는 것들과 관계가 있을 뿐이다. 그런 것들을 판단하기 위해서는 취향은 필요치 않으며 욕망만으로도 충분한 것이다. 취향의 단순한 결정을 그토록 어렵게 만들고 그토록 변덕스러운 것으로 만드는 것은 바로 욕망이다. 왜냐하면 취향을 결정짓는 본능을 제외하면 취향을 결정짓는 아무런 동기도 없기 때문이다. 또한 우리는 도덕적인 면에서의 좋은 취향의 법칙과 물질적인 면에서의 좋은 취향의 법칙을 구별하지 않으면 안된다. 물질적인 면에서는 취향의 법칙은 도저히 설명할 수 없는 것이다. 그러나 모방을 포함하고 있는 모든 것 속에는 도덕적 요소가 들어 있다는 것을 주의하지 않으면 안된다.* 아름다움이 물질적인 것으로 보이지만 실제로는 물질적인 것이 아님은 그 때문이다. 나는 취향은 여러 면에서 우리가 살고 있는 나라의 풍습, 정치 형태, 제도 등에 의해 좌우되는 국지적(局地的)인 법칙을 갖고 있다는 것을 덧붙이고 싶다. 또한 취향은 나이, 성(性), 성격에 의해 좌우되는 다른 법칙들을 갖고 있는데, 이런 의미에서는 우리는 취향에 대해 논쟁할 필요가 없는 것이다.

취향은 선천적인 것이기는 하지만 모든 사람들이 똑같은 정도의 취향을 갖고 있는 것은 아니며, 모든 사람에게 취향이 똑같은 정도로 발달하지도 않

●이것은 나의 논문집에 들어 있는 《언어의 기원에 대하여》 속에 설명되어 있다.

는다. 모든 사람에게서 취향은 여러 가지 원인에 의해 변화하기 쉬운 것이다. 우리가 가질 수 있는 취향은 우리의 선천적인 감수성에 의해 좌우되며, 그 육성(育成)과 형태는 우리가 살아온 사회에 의해 좌우된다. 첫째, 우리는 여러 종류의 사회에 살면서 각기 다른 사회들을 서로 비교해 보지 않으면 안 된다. 둘째, 즐거움과 무위(無爲)를 위한 사회가 있어야 한다. 왜냐하면 업무적 관계 속에서는 즐거움이 아니라 이해(利害)가 우리의 법칙이기 때문이다. 마지막으로 모든 사람들이 동등한 사회, 대중의 견해의 횡포가 없는 사회, 허영보다는 즐거움이 지배하는 사회가 있어야 한다. 그렇지 않은 사회에서는 유행이 취향을 질식시키며, 우리는 우리에게 즐거움을 주는 것보다는 우리를 사람들의 눈에 띄게 해 주는 것을 추구하기 때문이다.

후자의 경우에는 '좋은 취향이란 대다수의 취향이다.' 라는 말은 이미 사실이 아니다. 그 이유는 무엇일까? 그것은 목적이 서로 다르기 때문이다. 그렇게 되면 대중은 자기 자신의 견해는 전혀 갖고 있지 않고, 오직 그것에 대해 더 잘 알고 있다고 생각되는 사람들의 판단에 따를 뿐이다. 즉, 대중은 실제로 좋은 것에 대해서가 아니라 더 잘 알고 있다고 생각되는 사람들이 좋다고 인정한 것을 좋은 것으로 인정하는 것이다. 항상 모든 사람들로 하여금 자기 자신의 견해를 갖게 하라. 그러면 정말로 가장 좋은 것이 항상 가장 많은 사람들의 찬성을 얻을 것이다.

인간의 작품 속에서 발견되는 모든 아름다움은 모방된 아름다움이다. 아름다움의 참된 원형(原型)은 모두 자연 속에서 발견된다. 우리가 자연이라는 스승으로부터 멀어지면 멀어질수록 우리의 그림은 그만큼 나빠진다. 우리가 자연으로부터 멀어지게 되면, 우리는 우리들 자신이 좋아하는 것 속에서 우리의 본보기를 찾아내며, 따라서 변덕과 권위에 의해 좌우되는 공상적인 아름다움은 우리의 지도자들의 마음에 드는 것일 뿐이다.

우리의 지도자들이란 예술가들, 부유한 자들, 그리고 신분이 높은 자들이다. 그런데 그들 자신은 이기심과 자존심에 의해 인도된다. 그들 중 어떤 자들은 자기의 부(富)를 과시하기 위해, 또 어떤 자들은 이익을 얻기 위해 자기의 예술, 돈, 신분을 사용할 새로운 방법을 열심히 찾는다. 그리하여 사치는 지배력을 얻게 되고, 우리는 희귀하고 값비싼 것을 좋아하게 되는 것이다. 이러한 아름다움은 자연에 대한 순종에 있는 것이 아니라 자연에 대한 불복종에 있는 것이다. 사치와 나쁜 취향이 불가분의 관계에 있는 것은 바로 이 때문이다. 돈을 낭비하는 것이 취향인 사회, 그런 사회는 나쁜 사회이다.

좋은 취향이든 나쁜 취향이든 취향이 형성되는 것은 특히 남녀의 교제에서이다. 왜냐하면 취향의 육성(育成)은 사회의 이런 형태의 필연적인 결과이기 때문이다. 그러나 즐거움이 쉽게 얻어지고 즐거움에 대한 욕망이 약해진 때에는 취향은 퇴화하게 된다. 이것이 좋은 취향이 좋은 품행을 의미하는 가장 큰 이유 중의 하나라고 나는 생각한다.

육체적인 것과 감각에 관계되는 모든 것에서 여성의 견해를 고찰해 보라. 그리고 도덕적인 것과 분별력에 관계되는 모든 것에서 남성의 견해를 고찰해 보라. 여성은 본분을 지키고 있을 때에는 그들이 이해할 수 있는 것만을 굳게 지킬 것이며, 따라서 그들의 판단은 올바를 것이다. 그러나 그들이 문학 비평가가 된 경우에는, 그리하여 서적들을 비평하거나 혼신의 노력을 기울여 책을 쓰기 시작한 경우에는 그들은 완전히 미혹에 빠지게 된다. 여류 문학가에게서 충고를 구하는 저작자들은 항상 그릇된 충고를 받게 될 것이다. 자기의 의상에 대해 여성과 상의하는 멋부리기 좋아하는 남자들은 항상 우스꽝스러운 복장을 하게 마련인 것이다. 잠시 후, 나는 여성의 참된 재능과 그 재능을 육성하는 방법, 그리고 여성의 결정에 주의를 기울이지 않으면 안되는 일들에 관해 이야기할 기회를 갖게 될 것이다.

이상이 에밀의 현재의 탐구에서 그에게 중요한 이 문제를 그와 논의할 때, 내가 원칙으로서 제시해야 할 기본적인 고찰이다. 그것은 에밀에게뿐만 아니라 누구에게나 중요한 문제인 것이다. 사람들이 어떤 것을 유쾌하게 생각하고 어떤 것을 불쾌하게 생각하는지를 아는 것은 그들의 도움을 필요로 하는 사람에게만 필요한 것이 아니라, 그들을 도와주고자 하는 사람에게는 더욱더 필요한 것이다. 왜냐하면 만일 당신이 사람들에게 봉사하고자 한다면 당신은 그들을 기쁘게 해 주지 않으면 안되기 때문이다. 그러므로 글을 쓰는 기술은 그것이 사람들에게 진실을 들려 주기 위해 사용되는 경우에는 결코 소홀히 할 수 없는 연구의 대상인 것이다.

나의 제자의 취향을 육성하기 위해서는 정신 문명이 아직 일어나지 않은 나라와, 정신 문명이 이미 타락한 나라를 택하지 않으면 안될 경우에는 나는 역(逆) 방향으로 진로를 택할 것이다. 즉, 나는 후자의 나라로부터 시작하여 전자의 나라로 갈 것이다. 그 이유는 취향은 지나친 섬세함—지나친 섬세함은 대부분의 사람들이 깨닫지 못하는 것들에 대해 민감하게 만든다—으로 인해 부패하기 때문이다. 지나친 섬세함은 우리를 논쟁을 좋아하는 정신으로 인도한다. 왜냐하면 사물에 대한 우리의 안식이 예민하면 예민할수록 우리에게서는 사물이 그만큼 더 많아지기 때문이다. 이러한 예민함은 우리의 섬세함을 증가시키며 우리의 감각의 균일성을 감소시킨다. 그러므로 사람의 수만큼이나 많은 취향이 존재하게 되는 것이다. 철학과 지식은 우리의 선택에 대해 논쟁하는 동안에 넓혀진다. 이와 같이 우리는 생각하는 법을 배우는 것이다. 매우 예민한 관찰을 할 수 있는 것은 여러 종류의 사회에 익숙한 사람들뿐이다. 왜냐하면 그런 관찰은 우리에게는 결코 일어나지 않으며, 여러 종류의 사회에 익숙하지 않은 사람들은 보다 눈에 잘 띄는 특성들을 생각하는 데에 그들의 주의력을 써버리기 때문이다. 지구상에는 파리만큼 대중의 취향이 속악(俗惡)한 곳은 없을 것이다. 그러나 좋은 취향이 육성되는 곳도 이 도시이며, 유럽에서 높이 평가되고 있는 서적들을 쓴 저작자들 중 파리에서 공부하지 않은 사람은 거의 없을 것이다. 그들의 책을 읽는 것만으로 충분하다고 생각하는 사람들은 잘못 생각하고 있는 것이다. 왜냐하면 그들이 쓴 책들에서 배울 수 있는 것보다 그들의 대화에서 더 많은 것을 배울 수 있기 때문이다. 즉, 우리가 가장 많은 것을 배우는 것은 저작자들로부터

가 아닌 것이다. 사고(思考)하는 정신을 발달시켜 주고, 시야를 가능한 한 넓혀 주는 것은 바로 사교계의 정신이다. 만일 당신에게 천재성의 기미가 있다면, 파리로 가서 일 년 동안 지내 보라. 그러면 당신은 곧 완전히 당신이 될 수 있는 사람이 될 것이다. 그러나 만일 그렇게 하지 않는다면, 당신은 결코 쓸모 있는 사람이 되지 못할 것이다.

인간은 나쁜 취향이 최고의 지배력을 행사하고 있는 곳에서도 사고하는 법을 배울 수 있다. 그러나 우리는 나쁜 취향을 가진 그 사람들과 똑같이 생각해서는 안되며, 또 그런 사람들과 오랫동안 함께 지내면 그들과 똑같이 생각하게 되기 쉽다. 우리는 판단의 기계 장치를 완전케 하기 위해서는 그들의 노력을 이용해야 하지만, 그 기계 장치를 그들과 똑같이 사용하지 않도록 주의해야 한다. 나는 에밀의 판단력을 완전하게 해주는 데 그의 판단력을 변질시키지 않도록 주의해야 할 것이다. 그리하여 그가 인간의 여러 가지 취향들을 이해하고 비교할 수 있을 만큼 통찰력을 얻게 되면, 나는 그를 인도하여 자신의 취향을 보다 단순한 대상에 정착시키도록 해야 할 것이다.

뿐만 아니라, 나는 그의 취향이 순수함과 건전함을 잃지 않도록 주의할 것이다. 방탕의 소란 속에서도 나는 그와 유익한 대화를 나눌 기회를 가져야 할 것이다. 그리고 우리의 대화는 항상 그가 기쁨을 얻을 수 있는 것들에 대한 이야기로서, 나는 우리의 대화가 즐거우면서도 교훈적인 것이 되도록 주의를 기울여야 할 것이다. 이제 유쾌한 책들을 읽어야 할 때이다. 이제 그에게 언어를 분석하는 것과 수사법(修辭法) 및 어법(語法)의 모든 아름다움을 이해하는 것을 가르쳐 주어야 할 때이다. 어학을 배우는 것은 중요한 일이 아니다. 어학은 사람들이 생각하는 것처럼 그렇게 유익한 것은 아니다. 그러나 어학 공부는 우리를 일반 문법 공부로 이끈다. 프랑스어에 정통하고자 한다면, 우리는 라틴어를 배우지 않으면 안된다. 화술(話術)의 법칙을 이해하기 위해서는, 우리는 이 두 가지 언어를 연구하고 비교하지 않으면 안되는 것이다.

또한 마음에 직접 호소하는 취향의 어떤 단순성이 있는데, 이것은 고대의 작품들 속에서만 발견된다. 웅변, 시(詩), 그리고 모든 종류의 문학에서, 에밀은 역사 속에서 발견한 것과 마찬가지로, 고대의 저작자들은 사실로 가득 차 있으며 판단에 냉정하다는 것을 발견할 것이다. 이와는 반대로 오늘날의 저작자들은 사실은 조금밖에 말하지 않고 쓸데없는 말은 많이 한다. 그들의 판단을 우리의 불변의 법칙으로 받아들이는 것은 우리들 자신의 판단을 형성하는 길이 아니다. 고대인과 현대인의 취향의 이러한 차이는 모든 고대의 유적에서, 심지어 고대인들의 무덤에서조차 찾아볼 수 있다. 현대인들의 묘비는 찬사로 가득 차 있는 데 반해, 고대인들의 묘비에는 사실들이 기록되어 있는 것이다.

나그네여, 발을 멈추어라. 그대의 발 밑에는 영웅이 있다.[71]

이와 같은 묘비명(墓碑銘)을 고대풍의 묘비에서 발견했다 하더라도 나는 즉시 그것이 현대의 것이라고 생각했을 것이다. 왜냐하면 현대에는 영웅만큼 흔한 것이 없기 때문이다. 그러나 고대에는 영웅은 드물었다. 고대인들은, '이 사람은 영웅이었다.' 라고 기록하는 대신, 그 사람을 영웅으로 만든 그의 행적을 기록했을 것이다. 이 영웅의 묘비명과 저 나약한 사르다나팔루스(Sardanapalus)[72]의 다음과 같은 묘비명을 비교해 보라.

나는 하루 만에 타르수스(Tarsus)와 앙키알레스(Anchiales)를 세웠도다. 그러나 지금은 나는 죽어 있노라.

---

71) 30년 전쟁 때 노르드링겐에서 전사한 바바리아(Bavaria)의 프란츠 드 메르시이 장군의 묘비명.

72) 아시리아의 전설상의 왕으로 쾌락에 탐닉한 유약한 왕이었다 한다. 그의 묘비에는 "나그네여, 먹고 마시고 즐기라. 그 이외에는 모든 것이 무가치한 것이다."라고 씌어 있으며, 그 앞에 위의 글이 적혀 있다고 한다. 그는 국내의 반란으로 인해 죽었다고 한다.

당신은 어느쪽의 묘비명이 더 많은 것을 이야기해 주고 있다고 생각하는가? 오늘날의 뽐내는 듯한 묘비명은 소인들을 한껏 치켜올리는 데 알맞을 뿐이다. 그러나 고대인들의 묘비명은 그들을 있는 그대로 나타내 보여 주었으며, 그 묘비명들이 실제로 그 사람들의 인물됨이었던 것이다. 크세노폰(Xenophon)[73]은, 일만 명이 후퇴할 때 그들의 배신으로 인해 살해된 몇몇 전사(戰士)들에게 명예를 바치며 "그들은 전쟁에서나 우정에서나 아무런 오점(汚點)도 남기지 않고 죽어 갔다."[74]고 말했다. 그가 말한 것은 그것뿐이었다. 그러나 이 짧고 간단한 애가(哀歌)를 읊은 이의 마음이 얼마나 풍부한가를 생각해 보라. 이 애가의 아름다움을 느끼지 못하는 사람은 얼마나 불쌍한 사람인가!

테르모필레(Thermopylae)의 어떤 묘비에는 다음과 같은 글이 새겨져 있다.

> 나그네여, 스파르타로 가서 말하라. '스파르타의 법에 복종하기 위해 우리는 여기서 죽었노라.' 고.[75]

이 묘비는 비명(碑銘) 아카데미에서 만든 것이 아님은 너무도 확실하다.

내가 알고 있는 한, 언어의 가치를 거의 인정하지 않는 나의 제자는 무엇보다도 먼저 이러한 차이에 주의를 기울일 것이며, 이러한 차이는 독서에서의 그의 선택에 영향을 미칠 것이다. 그는 데모스테네스(Demosthenes)의 힘찬 웅변에 매료되어, '이 사람은 웅변가이다.' 라고 말할 것이다. 그러나 키케로(Cicero)를 읽으면, 그는 '이 사람은 변호사이다' 라고 말할 것이다.

---

73) 고대 희랍 아테네의 철학자이며 군인이며 작가.

74) 크세노폰의 전쟁 수기 《아나바시스(Anabasis)》 제2권.

75) 헤로도토스(Herodotos) 제7권 228.

일반적으로, 에밀은 현대인들의 책보다 고대인들의 책에 더 많은 흥미를 느낄 것이다. 그것은 그들이 최초의 사람들이며, 따라서 그들은 좀더 자연에 가깝고 그들의 재능은 현대인들보다 탁월하기 때문이다. 라 모트(La Motte)와 테라송(Terrasson)[76] 신부가 무슨 말을 한다 하더라도, 인간의 이성(理性)에는 참된 진보란 없다. 왜냐하면 우리는 한쪽 방면에서 얻은 것을 다른 쪽 방면에서 잃기 때문이며, 또 모든 정신은 동일한 지점에서 출발하며, 다른 사람들이 생각했던 것들을 배우는 데에 소비된 시간은 우리들 자신이 스스로 사고하는 법을 배워야 할 시간을 잃어버린 시간이므로, 우리는 보다 많은 지식을 얻을 수 있지만 정신에서는 빈약해지기 때문이다. 우리의 정신은, 우리의 팔과 마찬가지로, 모든 일에 대해 도구를 사용하는 데 익숙해 있으며, 스스로의 힘으로는 아무것도 하려 하지 않는다. 퐁트넬(Fontenelle)은, "고대인들과 현대인들에 대해 논쟁하는 것[77]은 옛날의 나무들이 오늘날의 나무들보다 키가 더 컸었는가 어떤가에 대해 논쟁하는 것과 마찬가지이다."라고 말하곤 했다. 만일 농경 방법이 바뀌었다면, 그렇게 말하는 것도 잘못은 아닐 것이다.

나는, 에밀을 순수 문학의 근원으로 인도한 후, 잡지·번역물·사전 등 현대 편집자들의 저수조(貯水槽)로 흘러드는 수로(水路)를 그에게 보여 줄 것이다. 그러면 그는 그것들을 힐끗 쳐다본 다음 그것들을 영원히 떠날 것이다. 그를 즐겁게 해 주기 위해, 나는 그에게 여러 아카데미의 수다를 들려줄 것이다. 나는, 그 아카데미의 각 구성원들은 사회의 일원인 것보다 혼자인 것이 더 바람직하다는 사실에 그의 주의를 집중시킬 것이다. 그러면 그는 이 훌륭한 단체의 효용에 대해 자기 나름대로의 결론을 끌어낼 것이다.

나는 그를 데리고 극장에 갈 것이다. 그것은 도덕을 공부하기 위해서가

---

76) 라 모트와 테라송은 모두 문예 평론가. 그들은 고대(그리스, 로마) 작가들과 현대 작가들 중 어느쪽이 더 우수한가 하는 《신구 우열론(新舊優劣論)》에서 현대 작가들이 더 우수하다는 주장을 했다. 그러나 루소는 이와 반대되는 입장을 취했다.

77) 17세기 말부터 18세기 초에 걸쳐 프랑스의 논단에서는 이러한 논쟁이 크게 행해졌다.

아니라 취향을 공부하기 위해서이다. 왜냐하면 극장에서, 생각할 수 있는 사람들에게 특히 잘 나타나는 것은 취향이기 때문이다. 나는 그에게 "교훈과 도덕은 덮어 두어라. 이곳은 그런 것들을 공부하기 위한 곳이 아니다."라고 말해 줄 것이다. 연극은 진리를 위해 만들어진 것이 아니며, 연극의 목적은 사람들의 비위를 맞추고 사람들을 즐겁게 해 주는 것이다. 극장보다 인간의 마음을 즐겁고 재미있게 해 주는 기술을 완전히 배울 수 있는 곳은 없다. 연극에 대한 연구는 곧 시(詩)에 대한 연구이다. 연극과 시는 동일한 목적을 갖고 있기 때문이다. 만일 그가 조금이라도 시에 대한 취향을 갖고 있다면, 그는 얼마나 열심히 시의 언어인 그리스어·라틴어·이탈리아어를 공부할 것인가! 그런 공부는 그에게 무한한 즐거움을 줄 것이며, 동시에 매우 가치 있는 일이 될 것이다. 그런 공부는, 그의 마음을 감동시키는 모든 종류의 아름다움에서 엄청난 매력을 느끼는 연령과 상태에 있는 그에게 기쁨이 될 것이다. 한편으로는 《아에네이드(Aeneid)》[78] 제4권, 혹은 티불루스(Tibullus),[79] 혹은 플라톤의《향연》을 읽고 있는 에밀을 상상해 보고, 다른 한편으로는 그런 책들을 읽고 있는 대학의 불량 청년을 상상해 보라. 그들 사이에는 얼마나 큰 차이가 있는가! 대학의 불량 청년에게는 아무런 감동도 주지 못하는 것들에 대해서도 에밀의 마음은 얼마나 크게 감동하는가! 오, 선량한 젊은이여, 멈추라, 독서를 잠시 중지하라. 너는 너무도 깊이 감동하고 있다. 나는 네가 사랑의 말에서 기쁨을 발견하기를 바랄 뿐, 사랑의 말로 인해 네가 넋을 잃는 것은 원치 않는다. 현명한 사람이 되라, 그리고 동시에 선량한 사람이 되라. 만일 네가 이 양자(兩者) 중 어느 한쪽에만 속하는 인간이라면, 너는 아무런 가치도 없는 인간이다. 그가 그리스어, 라틴어 등의 사어(死語)나 문

---

78) 로마 시인 베르길리우스(Vergilius)의 장편 서사시. 트로이 함락 후 트로이의 영웅 Aeneas의 유랑 생활을 그리고 있다.

79) 로마 시인으로 비가(悲歌)를 썼음.

학·시(詩)에서 명성을 얻든 얻지 못하든, 나는 관계치 않는다. 설사 그가 그런 것들에 대해 아무것도 모른다 하더라도, 그의 가치는 조금도 떨어지지 않을 것이며, 그의 교육은 그런 것들과는 아무런 상관도 없는 것이다.

그에게 온갖 종류의 아름다움을 느끼고 사랑하도록 가르치는 나의 주된 목적은, 그의 애정과 취향을 아름다움에 정착시키고, 그의 자연적인 욕망이 타락하는 것을 방지하고, 장차 그가 가까운 곳에서 발견되는 행복의 수단을 부(富)에서 찾지 않게 하기 위해서이다. 나는 다른 곳에서 "취향이란 사소한 일에서 전문가가 되는 기술에 지나지 않는다."라고 말한 적이 있는데, 그것은 참으로 옳은 말이다. 그러나 인생의 아름다움은 이러한 사소한 일들의 연속에 의해 좌우되는 것이므로, 그런 노력은 결코 사소한 것이 아니다. 그런 것들을 통해, 우리는 우리의 손이 닿을 수 있는 범위 내에 있는 선(善)한 것들, 그것들이 우리에 대해 가질 수 있는 모든 진실성으로 우리의 인생을 채우는 방법을 배운다. 나는 마음의 좋은 성향에 바탕을 둔 도덕적 선(善)을 이야기하고 있는 것이 아니라 대중적 견해의 편견을 떠난 육체에 바탕을 둔 것, 실제적인 쾌락에 바탕을 둔 것을 이야기하고 있을 뿐이다.

나의 생각을 좀더 분명하게 설명하기 위해, 그의 순수하고 건전한 마음을 다른 사람들에 대한 척도로 삼을 수 없는 에밀을 잠시 떠나, 나의 기억 속에서 독자들에게 좀더 적합하고 독자들의 습관에 좀더 일치하는 하나의 예(例)를 찾는 것을 허락해 주기 바란다.

인간의 본성을 변화시키는 것처럼 보이는, 그것들을 택하는 사람들을 보다 좋게 혹은 보다 나쁘게 개조시키는 것처럼 보이는 거짓된 감정이 있다. 겁쟁이도 나바르(Navarre)의 연대(聯隊)[80]에 들어가면 용감한 자가 된다. '단체 정신'은 군대에서만 얻어질 수 있는 것이 아니며, 또 단체 정신의 효과는 항상 좋은 쪽으로만 나타나는 것은 아니다.

---

80) 프랑스 혁명 전에 있었던 군대 중 가장 오랜 전통을 갖고 있던 보병 연대.

나는, 만일 내가 불행하게도 어떤 나라에서 내가 생각하고 있는 어떤 직위를 맡게 된다면, 틀림없이 당장에 독재자, 착취자, 국민을 파괴하는 자, 왕을 해치는 자, 인류의 공공연한 적, 정의의 적, 모든 종류의 미덕의 적이 될 것이라고 생각하며 공포에 사로잡히곤 했다.

마찬가지로 만일 내가 부자라면, 나는 부자가 되기 위해 필요한 짓은 무엇이든 했을 것임에 틀림없다. 그러므로 나는 무례하고 저열한 인간일 것이며, 오직 나 자신에 대해서만 민감하고 다감(多感)할 뿐 다른 사람들에 대해서는 가혹하고 무자비한 인간일 것이며, 하류층의 사람들의 고통을 냉소적인 눈으로 바라보는 방관자일 것임에 틀림없다. 왜냐하면 사람들로 하여금 내가 과거에 가난한 사람이었다는 사실을 잊게 하기 위해 나는 가난한 사람들을 '하류층'이라고 부를 것임에 틀림없기 때문이다. 마지막으로 나는 나의 재산을 나 자신의 쾌락을 위한 수단으로 삼게 될 것이며, 나는 나 자신의 쾌락에 완전히 사로잡히게 될 것이다. 여기까지는 나는 다른 사람들과 똑같은 인간일 것이다.

그러나 다음과 같은 한 가지 점에서는, 나는 다른 사람들과 매우 다를 것이다. 나는 오만하고 허영심 많은 인간이 되기보다는 관능적이고 쾌락을 좇는 인간이 될 것이며, 과시적인 사치보다는 안락한 생활의 사치에 몰두할 것이다. 심지어 나는 나의 부(富)를 과시하는 것을 수치스럽게 생각하기조차 할 것이다. 만일 내가 나의 부(富)를 과시함으로써 나를 시기하는 자들을 압도하게 되면, 나는 항상 그들이 '저것 좀 보게. 저놈은 우리가 자기를 나쁜 놈으로 생각하지 않을까 크게 두려워하고 있네.'라고 말하고 있다고 생각하게 될 것이다.

이 세상에 있는 엄청나게 많은 좋은 것들 중에서, 나는 내가 가장 좋아하는 것, 나에게 가장 알맞는 것을 추구할 것이다. 그러기 위해서는, 나는 무엇보다도 나의 재산으로 여가와 자유를 살 것이며, 만일 돈으로 살 수 있다면 거기에 건강도 추가하고 싶다. 그러나 건강은 오직 절제에 의해서만 얻을 수 있으며, 또 건강 없이는 참된 즐거움은 있을 수 없으므로, 나는 관능적 욕망을 절제할 것이다.

또한 나는 가능한 한 자연을 가까이하며 자연으로부터 부여받은 정신을 즐길 것이다. 왜냐하면 나의 즐거움 속에 자연이 차지하는 몫이 많으면 많을수록, 나는 그 속에서 참된 즐거움을 그만큼 많이 발견하게 될 것임을 확신하기 때문이다. 모방의 전형을 선택하는 데 나는 항상 자연을 나의 전형으로 택할 것이며, 욕망에서는 자연적인 것을 먼저 택할 것이며, 취향에서는 항상 자연과 상의할 것이며, 음식에서는 가장 자연적인 것, 식탁에 놓여질 때까지 사람의 손을 가장 적게 거친 것을 택할 것이다. 나는 거짓으로 가득찬 기만적인 것들을 경계할 것이며, 즐거움을 찾아 나설 것이다. 나는 거칠고 어리석은 나의 탐식으로 인해 요리사들을 부자로 만들어 주지는 않을 것이다. 어떤 요리사도 내게 독물(毒物)을 생선이라고 속여 비싼 값을 지불하게 하지는 못할 것이며, 나의 식탁에는 번지르르하게 보이는 악취나는 것들이나 먼 곳에서 온 썩은 고기들이 놓이지 못할 것이다. 나는 나의 감수성을 만족시키기 위해서는 어떤 고통도 감수할 것이다. 왜냐하면 그 고통에는 그 나름대로의 즐거움이 있으며, 그 즐거움은 우리가 생각하는 것보다 더 큰 즐거움이기 때문이다. 이 세계의 끝에 있는 어떤 음식을 맛보기를 원할 경우에는, 나는 그 음식을 가져오게 하기보다는 아피키우스(Apicius)[81]처럼 직접 그 음식을 찾아갈 것이다. 왜냐하면 아무리 맛있는 음식이라도, 거기에는 그 음식과 함께 가져올 수 없는 맛과, 어떤 요리사도 낼 수 없는 향기, 그 음식이 만들어진 나라의 공기가 결여되어 있기 때문이다.

같은 이유로, 나는 자기가 살고 있는 곳에서 잘 지내지 못하고 항상 계절을 무시하고, 나라와 계절을 혼동하는 사람들, 여름에는 겨울을 찾아다니고

---

81) 아우구스투스 시대의 로마의 미식가(美食家). 이집트에 자기의 메뚜기보다 큰 메뚜기가 있다는 소문을 듣고 그곳을 찾아갔다고 전해짐.

겨울에는 여름을 찾아다니는 사람들, 추워지면 이탈리아로 가고 더워지면 북쪽으로 가는 사람들을 본받지 않을 것이다. 그들은 자기들이 계절의 혹독함을 피하고 있다고 생각하지만, 계절의 혹독함에 준비되어 있지 않은 나라에서는 계절의 혹독함을 만나게 된다는 것을 생각하지 못하는 것이다. 나는 한 장소에 머물러 있거나, 혹은 그들과는 정반대의 방법을 택할 것이다. 즉, 나는 나에게 주어진 나라 특유의 것들을 발견하기 위해 어떤 한 계절로부터 끌어낼 수 있는 모든 즐거움을 맛볼 것이다. 나는 여러 가지 즐거움과 각기 다르기는 하지만 모두 자연에 일치하는 여러 가지 습관들을 가질 것이다. 나는 나폴리에서 여름을 보내고 페테르부르크(Petersburg)에서 겨울을 보낼 것이다. 그리고 때로는 타렌툼(Tarentum)의 시원한 동굴 속에 누워 부드러운 미풍을 들이마실 것이며, 때로는 얼음 궁전의 광채를 즐기며, 숨이 차고 지칠 정도로 춤의 즐거움을 즐길 것이다.

식탁을 마련하고 나의 집을 장식하는 데서도, 나는 지극히 간단한 장식물로 사계(四季)의 변화를 모방할 것이며, 다음에 올 계절을 앞질러 생각하지 않고 각 계절로부터 각 계절의 모든 즐거움을 끌어낼 것이다. 자연의 질서를 어지럽히는 것은, 즉 자연이 탐탁해하지 않는 선물―자연이 저주를 퍼부으며 할 수 없이 생산해 낸 선물, 영양도 없고 맛도 없는 선물, 육체에 영양을 공급해 주지도 못하고 혀도 자극하지 못하는 선물―을 자연으로부터 빼앗는 것은 힘만 드는 일일 뿐 좋은 취향이 아니다. 억지로 익힌 작물보다 맛이 없는 것은 없다. 파리의 어떤 부자는, 많은 비용을 들여 난로와 온실을 이용하여 일년 내내 맛없는 과일과 채소를 자기의 식탁 위에 올려 놓는 데 성공했다. 대지가 꽁꽁 얼어붙어 있을 때 버찌를 먹는다든가, 한겨울에 누렇게 익은 멜론을 먹는다 하더라도, 나의 입이 수분이나 신선함을 원치 않는다면 내가 거기서 무슨 즐거움을 발견할 수 있겠는가? 찌는 듯한 삼복 더위에 딱딱한 밤을 먹는 것이 즐거움일 수 있겠는가? 자연이 우리에게 제공해 주는 까치밤나무의 열매나 딸기, 신선한 야채보다 난로와 온실을 이용하여 억지로 익힌 것들을 더 좋아하겠는가? 억지로 가꾼 식물들과 색깔도 향기도 없는 꽃들로 뒤덮힌 1월의 벽난로는 장식된 겨울이라기보다는 오히려 아름다움을 빼앗긴 봄이다. 그것은 우리가 우리들 자신에게서, 숲속에서 첫 제비꽃을 발견하거나 제일 먼저 돋아난 새싹을 발견하고는 기쁨에 넘쳐, '인간들이여, 그대들은 버림받지 않았다. 자연은 여전히 살아 있다.'라고 외치는 즐거움을 빼앗는 것이다.

훌륭한 봉사를 받기 위해, 나는 몇 명의 하인만을 둘 것이다. 이에 관해서는 앞에서도 언급한 바 있지만, 다시 한번 말할 가치가 있다. 장인(匠人)은 자기가 데리고 있는 단 한 명의 하인으로부터, 공작(公爵))이 자기를 둘러싼 열 명의 신사로부터 받는 봉사보다 더 참된 봉사를 받는다. 컵을 내 곁에 둔 채 식탁에 앉아 있는 경우에는, 나는 마시고 싶으면 언제나 마실 것을 마실 수 있다. 그러나 화려한 성찬(盛饌)을 할 경우에는, 나는 20명이나 되는 사람들이 '포도주 좀 주세요.'라는 주문을 한 후에야 비로소 목을 축일 수 있다. 다른 사람들의 손을 빌어 하는 모든 일은 훌륭하게 행해지지 않는다는 것은 당신도 잘 알고 있을 것이다. 나는 하인을 시켜 물건을 사 오게 하지 않고 나 자신이 직접 물건을 사러 갈 것이다. 나는 나의 하인들이 상인들과 흥정하지 않도록 하기 위해, 그리고 더 좋은 물건을 더 싼 값으로 사기 위해 나 자신이 직접 상점으로 갈 것이다. 나는 상쾌한 운동을 위해, 그리고 외부에서 일어나고 있는 일들을 보기 위해 나 자신이 직접 갈 것이다. 그것은 즐거운 일이며, 때로는 무언가를 배울 수 있는 일이기도 하다. 또한 나는 산책을 위해 나 자신이 직접 갈 것이다. 산책을 한다는 것은 항상 훌륭한 일이기 때문이다. 집에만 가만히 있는 생활은 권태의 근원이다. 외출을 많이 하면, 우리는 조금도 권태로워지지 않는다. 문지기와 하인은 좋은 중개인이 아니므로 나는 나 자신과 이 세계 사이에 그들을 두고 싶지 않다. 그리고 나는, 마치 사람들이 내게 말을 걸어 오는 것을 두려워하기라도 하는 것처럼 마차를 타고 달리며 여행하지는 않을 것이다. 우리의 다리〔脚〕 말〔馬〕은 언제나 준비가 되어 있다. 만일 우리의 다리 말이 지쳐 있거나 병들어 있으면, 누구보다도 먼저 그 다리 말의 소유자인 우리들 자신이 그것을 안다. 그러므로 우리는 우리의 마부가 술을 마시며 떠들어대는 동안에도 집안에 틀어박혀 있게 될 것을 두려워할 필요가 없을 것이며, 길에서 온갖 장애물들을 만나는 경우에도 장애물에 굴복하거나 초조해 하지 않아도 될 것이며, 어쩔 수 없이 한 장소에 더 머물러 있게 되는 일도 없을 것이다. 끝으로, 우리가 우리 자신에게 봉사하는 것만큼 우리에게 잘 봉사할 수 있는 사람은 아무도 없으므로 설사 우리가 알렉산더(Alexander)만큼 권력을 갖고 있고 크로이소스(Kroisos)[82] 만큼 부자라 할지라도, 우리는 우리 자신이 할 수 없는 일 이외에는 다른 사람들의 어떤 봉사도 받아들여서는 안된다.

나는 궁전에서 살기를 원치 않는다. 왜냐하면 궁전에서 산다 하더라도, 나는 하나의 방밖에 차지하지 못할 것이기 때문이다. 공동으로 사용하는 방은 어느 누구의 방도 아니며, 나의 하인들의 방은 모두 나의 이웃 사람들의 방과 마찬가지로 내게 낯선 방이다. 동양인들은, 쾌락을 좋아하면서도 소박한 방에서 간소한 가구들을 놓고 살고 있다. 그들은 인생을 하나의 여행으로 생각하며 그들의 집을 여관으로 생각한다. 그들의 이러한 관념은 영원히 살기를 계획하는 부유한 우리의 관심을 거의 끌지 못한다. 그러나 나는 그와 똑같은 결과를 가져오는 다른 이유를 발견할 수 있다.

만일 내가 나 자신을 그런 화려한 궁정 속의 한 장소에 정착시킨다면, 나는 나 자신을 다른 모든 장소로부터 추방하는 것이며, 나 자신을 나의 궁전 속에 감금시키는 것으로 내게는 생각될 것이다. 세계는 누구에게나 매우 아름다운 하나의 궁전이다. 부유한 자는 쾌락을 원할 경우에는 무엇이든지 마음대로 즐길 수 있지 않은가? '즐겁게 살 수 있는 곳, 그곳이 나의 왕국!', 이것이 부유한 자의 모토이다. 돈이 그를 인도하는 곳, 그곳이 그의 집이며, 필립스[83]가 금화를 실은 당나귀 한 마리가 들어갈 수 있는 곳이면 어느 곳이든

---

82) 기원전 6세기경의 리디아(Lydia)의 마지막 왕. 부(富)로 유명함.

자기의 것으로 생각했던 것처럼, 그의 돈궤짝이 들어갈 수 있는 곳이라면 어느 곳이든지 그곳이 그의 왕국인 것이다. 그런데 어찌하여 우리는 결코 그곳을 떠나지 않을 것처럼 우리들 자신을 성벽 안에 가두어야 한단 말인가? 만일 전염병이나 전쟁 혹은 반란이 나를 한 장소에서 내쫓는다면, 나는 그곳을 떠나 다른 곳으로 갈 것이다. 그리고 나는 그곳에서 나의 호텔을 발견할 것이다. 세계가 나의 뜻대로인데 내가 나 자신을 위해 저택을 지을 필요가 어디 있는가? 당장에 발견할 수 있는 즐거움을 먼 곳에서 찾을 필요가 어디 있는가? 자기 자신과 항상 화목하지 못하다면 즐거운 삶을 자기 것으로 만들 수는 없는 것이다. 그러므로 엠페도클레스(Empedocles)[84]는, 아그리겐툼(Agrigentum)[85] 사람들이 마치 살 수 있는 날이 하루밖에 없기라도 한 듯이 쾌락을 탐하고 마치 영원히 살기라도 할 것처럼 집을 짓는 데 대해 그들을 비난했다.

또한 나에게는 그곳에서 나와 함께 살 사람들이 몇 사람밖에 없으며, 그곳을 채울 가구들은 더욱 조금밖에 없는데 그렇게 큰 집이 내게 무슨 소용이 있는가? 나의 가재 도구도 나의 취향만큼이나 간소할 것이다. 나는 화랑(畵廊)도 서재도 가지지 않을 것이며, 더구나 내가 독서를 좋아하고 그림에 대한 안목을 갖고 있다면 더욱 그러할 것이다. 그럴 경우 그런 종류의 수집은 결코 완벽할 수 없다는 것과, 원하는 것의 결핍은 전혀 아무것도 가지고 있지 않은 것보다 더 큰 괴로움을 야기시킨다는 것을 나는 알고 있기 때문이다. 이런 점에서 풍부함은 빈곤의 근원이다. 모든 수집가들은 그것을 경험을 통해 잘 알고 있다. 만일 당신이 전문가라면 수집 따위는 하지 말라. 만일 당신이 당신의 진열실을 이용할 줄 아는 사람이라면 당신은 다른 사람들에게 보여 줄 진열실 따위는 가지지 않을 것이기 때문이다.

---

83) 마케도니아 왕 필립스 2세. 재정(財政), 군대를 재건하여 그리스의 패권(覇權)을 장악했음.

84) 기원전 495?~435?. 고대 그리스의 철학자.

85) Sicily 섬 남부의 도시.

　　도박은 부유한 사람들을 위한 놀이가 아니다. 도박은 아무 할 일도 없는 사람들의 심심풀이이다.[86] 나는 나의 즐거움을 즐기기에 매우 바쁠 것이므로 내게는 그런 일로 낭비할 시간이 없을 것이다. 나는 가난하고 고독한 사람이므로 기껏해야 때때로 장기를 두는 일 이외의 놀이는 하지 않을 것이다. 만일 내가 부자라면, 나는 더욱더 도박을 하지 않을 것이며, 한다 하더라도 매우 작은 도박을 하는 데 그칠 것이다. 그것은 나 자신이 실망을 느끼지 않기 위해서이며, 또 다른 사람들이 실망하는 모습을 보지 않기 위해서이다. 부유한 사람들은 도박을 할 아무런 이유도 없다. 그러므로 성품이 사악하지 않은 한 도박에 대한 애호는 도박에 대한 열정으로 타락하지는 않을 것이다. 부유한 사람들은 항상 자기의 이익보다는 자기의 손실에 대해 더 예민하며, 규모가 크지 않은 도박에서는 일반적으로 벌어들인 돈은 결국 모두 잃게 되므로, 그는 항상 벌어들이는 것보다 많은 것을 잃게 된다. 그러므로 만일 우리가 올바른 이성에 따른다면 우리는 승산이 없는 도박에 그토록 빠지는 일은 없을 것이다. 행운이 자기를 편들고 있다고 믿을 만큼 허영심에 빠져 있는 사람은 보다 재미있는 방법으로 행운의 호의를 찾을 수 있을 것이다. 행운의 호의는 규모가 큰 도박에서와 마찬가지로 규모가 작은 도박에서도 분명하게 나타나기 때문이다. 도박에 대한 취향은 탐욕과 권태로 인해 생겨나는 것으로, 텅 빈 마음과 텅 빈 머리에만 뿌리를 내리는 것이다. 그러므로 나는 도박에 대한 취향의 도움을 필요로 하지 않을 정도로 충분한 감정과 지식을 가지지 않으면 안될 것이다. 사상가가 도박사인 경우는 극히 드물다. 도박은 사고(思考)의 습관을 저해하고, 사고의 습관을 어리석은 일로 향하게 하기 때문이다. 그러므로 학문에 대한 취향이 가져다 주는 좋은 결과 중의 하나는—유일하게 좋은 결과인지도 모른다.—학문에 대한 취향은 이 저속한 열정을 어느 정도 약화시킨다는 것이다. 사람들은 도박에 몰두하기보다

---

86) 17, 8세기 프랑스에서는 도박이 성행했다.

는 도박의 효용을 애써 찾아내기를 더 좋아하기 때문이다. 나는 도박을 좋아하는 사람들에게 도박에 대한 반론을 제기할 것이며, 그들이 돈을 딸 때보다 돈을 잃을 때 그들을 비웃어주는 데서 더 큰 즐거움을 느낄 것이다.

나는 사생활(私生活)에서도 나의 사교 생활에서와 똑같을 것이다. 나는 나의 재산이 내게 안락함을 가져다 주기를 원하며, 결코 사람들로 하여금 부(富)의 차이를 느끼게 하기를 원하지 않는다. 화려한 옷차림은 여러 면에서 불편하다. 다른 사람들 사이에서 가능한 한 자유로울 수 있기 위해 나는 어떤 계층의 사람들 사이에서도 눈에 두드러지게 보이지 않도록 옷차림을 할 것이며, 어떤 경우에도 사람들의 주의를 끌지 않도록 옷차림을 할 것이다. 그렇게 가장하거나 나 자신이 그렇게 변하는 일 없이 술집에서는 대중들과 어울리고, 팔레 르와이얄(Palais Royal)[87]에서는 귀족들과 어울릴 수 있도록. 그러면 나는 어느 때보다도 나 자신의 지배자가 될 것이며, 모든 계층의 사람들의 즐거움을 자유롭게 즐길 수 있을 것이다. 소매에 수(繡)놓은 옷을 입은 사람에게는 문을 열어 주지 않고, 레이스 장식을 단 옷을 입은 손님만을 맞아들이는 여성들이 있다고 하는데, 나는 그런 곳에서는 지내지 않을 것이다. 그러나 만일 그들이 젊고 아름다운 여성이라면 나는 때로는 하루 저녁만이라도 그들의 집에서 지내기 위해 레이스 장식을 단 옷을 입을지도 모른다.

상호간의 애정, 취향의 유사성, 성격의 적합성―나의 친구들과 나를 결합시키는 것은 오직 이것들뿐이다. 그들 사이에서는 나는 부유한 자가 아니라 하나의 인간이 될 것이다. 그러므로 그들과의 교제의 아름다움이 이기심에 의해 손상되는 일은 결코 없을 것이다. 만일 나의 부(富)가 내게서 인간성을 송두리째 빼앗아 가지 않았다면 나는 나의 선행과 봉사를 널리 베풀 것이다. 그러나 나는 알랑거리는 자들이 아니라 동료들이, 추종자들이 아니라 친구들이 나의 주위에 있기를 원할 것이다. 나는 나의 친구들이 나를 그들의

---

87) 17세기에 세워진 건물로, 상류층의 사교장이었음.

보호자가 아니라 그들의 주인으로 생각하기를 원할 것이다. 독립과 평등은 나의 친구들에 대한 나의 관계를 선의적(善意的)이고도 진실한 상태로 지속시킬 것이다. 그렇게 되면 우리 사이에 의무와 이기심이 끼어들 여지가 없을 것이며, 따라서 우리는 즐거움과 우정의 법칙만을 알게 될 것이다.

친구와 애인은 돈으로 살 수 없는 것이다. 돈으로 여성을 손에 넣을 수는 있다. 그러나 그런 방법은 우리를 사랑으로 인도하지 못한다. 사랑은 팔고 살 수 있는 것이 아니다. 오히려 돈은 사랑을 파괴한다. 만일 어떤 남자가 돈을 지불한다면, 그가 아무리 사랑스런 남자라 하더라도 그는 돈을 지불했다는 사실 하나 때문에 더 이상 사랑을 받지 못하게 될 것이다. 그는 곧 어떤 다른 사람을 위해 지불할 것이며, 아니 오히려 어떤 다른 사람이 그의 돈을 받게 될 것이다. 이기심과 방탕으로 인해 생겨난 이 이중 관계 속에서 그 여성은 사랑도 명예도 참된 즐거움도 없이 탐욕스럽고 부정하고 불행하다. 그녀는 자기에게 돈을 주는 남자를 바보로 취급하듯이 자기의 돈을 받는 비열한 남자에 의해 똑같은 취급을 받는다. 그녀는 어느쪽에 대해서도 사랑을 갖고 있지 않은 것이다. 그것이 사랑을 팔고 사는 행위가 아니라면 우리가 사랑하는 사람에게 너그러운 것은 즐거운 일일 것이다. 나는 사랑을 더럽힘이 없이 우리가 사랑하는 여성에 대한 이 욕망을 만족시킬 수 있는 방법을 한 가지밖에 알지 못한다. 그것은 우리의 모든 것을 그녀에게 주고 그녀의 돈으로 살아가는 일이다. 다만 그렇게 하는 것이 어리석은 짓이 되지 않을 그런 여자가 있는지 어떤지가 문제인 것이다.

"나는 라이스(Lais)를 소유했다. 그러나 그녀는 나를 소유하고 있지 않다."라고 말한 사람[88]은 참으로 어리석은 말을 한 것이다. 상호적(相互的)이 아닌 소유는 무가치한 것이다. 왜냐하면 그것은 기껏해야 성(性)을 소유하는

---

88) 기원전 4세기의 고대 그리스의 철학자 아리스티포스(Aristippos)의 말. 라이스는 고대 그리스의 유명한 유녀(遊女).

것일 뿐 인간을 소유하는 것이 아니기 때문이다. 사랑에 정신적인 것이 아무 것도 없다면, 그 이외의 것들에 대해 그토록 야단법석을 떨 이유가 어디 있 는가? 쉽게 발견할 수 있는 것은 아무것도 없다. 이런 점에서 볼 때, 노새를 끄는 사람은 백만장자 못지않게 행복에 가까이 있는 것이다.

아아, 만일 우리가 이와 같이 악덕의 부당함을 마음에 그릴 수 있다면, 우리가 원했던 것을 얻었을 때 그것이 실제로는 우리가 생각했던 것과는 다 르다는 것을 우리는 얼마나 자주 발견하게 될 것인가! 순진 무구한 사람들을 타락시키고, 우리가 보호해 주어야 할 젊은이들을 희생시키고, 한 발짝 들어 서기만 하면 죽을 때까지 빠져나올 수 없는 불행의 심연으로 끌고 가는 이 잔혹한 탐욕은 어디서 오는 것일까? 그것은 야수성, 허영, 어리석음, 그릇된 생각으로부터 오는 것이다. 이 쾌락이야말로 비자연적(非自然的)인 것이다. 즉, 그것은 대중의 견해에 기반을 두고 있으며, 그것도 가장 저열한 대중의 견해에 기반을 두고 있는 것이다. 왜냐하면 그것은 자기 자신에 대한 경멸에 기인하기 때문이다. 자신이 가장 저열한 인간임을 아는 사람은 자기가 다른 사람들과 비교되는 것을 두려워한다. 따라서 그는 미움을 덜 받기 위해 어떤 여자의 첫 애인이 되고자 한다. 그런 공상적인 쾌락을 추구하는 데 가장 탐 욕스런 자들이 매력적인 젊은이이며 훌륭한 젊은이였던 예가 있는지를 생각 해 보라. 그런 예는 결코 없다. 훌륭한 용모와 뛰어난 가치, 훌륭한 감정을 갖추고 있는 젊은이는 자기의 애인이 사랑의 경험을 가지고 있다고 해도 그 다지 두려워하지 않는다. 그런 젊은이는 자기의 애인에게 자신있게 "그대는 쾌락을 알고 있습니다. 그러나 그것은 내게는 상관없습니다. 나의 가슴은 그 대가 알고 있지 못한 즐거움을 그대에게 줄 것입니다." 라고 말한다.

그러나 방탕으로 닳고 닳은 늙은 호색한(好色漢) ― 매력도 없고, 사려 분 별도 없고, 오직 자기 자신만을 생각하고, 명예라고는 조금도 없고, 자기가 사랑할 만한 남자에 대해 잘 알고 있는 여성의 눈에 들지도 못하고, 또 그런 자격도 없는 ― 은 순진한 여성의 경험 없음을 이용함으로써, 그리고 최초로 그녀의 감정을 자극함으로써 그 모든 것을 순진한 처녀로 보충하려 한다. 그의 궁극적 희망은 신기함으로 상대방의 마음에 드는 일이다. 이것이 이 욕망의 은밀한 동기임은 의심할 나위도 없다. 그러나 그는 잘못을 저지르고 있는 것이다. 그가 주는 혐오감은 그가 불러일으키고자 하는 욕망과 마찬가지로 자연적인 것이다. 그는 또한 그의 어리석은 의도에서도 잘못을 저지르고 있는 것이다. 바로 그 자연은 자기의 권리를 주장하려 하는 것이다. 그러므로 자기 자신을 파는 여자는 모두 이미 처녀가 아닌 것이다. 그녀는 자기가 선택한 남자에게 자기 자신을 바쳤으며, 따라서 그녀는 그 남자가 두려워하는 비교를 하고 있는 것이다. 그가 구입한 쾌락은 상상적인 것이며, 그가 받는 미움은 줄어들지 않는 것이다.

나의 경우 부(富)가 아무리 나를 변화시킨다 하더라도, 나는 한 가지 점에서만은 결코 변하지 않을 것이다. 설사 내가 윤리도 미덕도 갖고 있지 않다 히더리도 내게는 취향도 전혀 없고, 시러 분별도 전혀 없고, 섬세함도 전혀 없지는 않을 것이다. 그러므로 이것이 내가 헛된 꿈을 쫓아 나의 재산을 소비하지 않도록 나를 보호해 줄 것이며, 어린 계집에게 배반당하고 조롱당하면서 나의 돈과 힘을 낭비하지 않도록 나를 보호해 줄 것이다. 만일 내가 젊은이라면 나는 청춘의 즐거움을 추구할 것이다. 그러나 내가 청춘의 즐거움을 만끽하기를 원한다 하더라도, 나는 부자를 가장하여 그것을 추구하지는 않을 것이다. 만일 내가 현재의 나의 나이라면 문제는 달라질 것이다. 그렇다면 나는 즐거움을 나의 나이에 어울리는 즐거움으로 제한할 것이다. 즉, 나는 내가 즐길 수 있는 취향들을 택할 것이며, 고통을 야기시킬 뿐인 취향들은 억제할 것이다. 나는 나의 반백의 수염을 젊은 여자들의 냉소적인 희롱거리로 만들지는 않을 것이다. 나는 나의 구역질나는 애무로 그들을 구역질나게 한다든가, 나 자신을 희생시켜 그들에게 가장 우스꽝스러운 이야깃거리를 제공한다든가, 자기들이 참고 견딘 것에 대해 복수하기 위해 늙은 원숭이의 저열한 쾌락에 대해 그들이 이야기하는 것을 상상한다든가 하는 것을 도저히 견딜 수 없다. 그러나 만일 억제되지 않은 습관으로 인해 나의 예전의 욕망이 되살아 난다면, 나는 그 욕망을 만족시킬지도 모른다. 그러나 그 경우, 나는 수치심 으로 인해 얼굴을 붉히며 만족시킬 것이다. 나는 정념과 필요를 구별하여 적 당한 여성을 선택하여 그녀에게 집착할 것이다. 나는 나의 나약함의 포로가 되지는 않을 것이며, 특히 나는 그것을 아는 오직 한 사람만을 가질 것이다. 그런 즐거움이 없어져도 인생에는 다른 즐거움이 있다. 우리에게서 도망치 는 것들을 헛되이 뒤쫓음으로써 우리는 우리에게 남아 있는 것들까지 잃게 된다. 우리는 우리의 취향이 나이에 따라 바뀌도록 해야 한다. 계절을 거슬러 서는 안되듯이, 우리는 나이를 거슬러서는 안된다. 우리는 자연에 대항해서 는 안되며 항상 우리 자신이어야 한다. 그런 헛된 노력은 우리의 힘을 소모시 키며, 우리로 하여금 인생을 올바르게 사용하지 못하게 한다.

하류층의 사람들은 권태로워하는 일이 거의 없다. 그들의 생활은 매우 활동적이다. 그들의 즐거움은 별로 다양하지 않으면서도 가끔씩밖에 찾아오 지 않는다. 거의 매일 계속되는 힘든 노동은 그들에게 드물게밖에 찾아오지 않는 그들의 휴일을 즐겁게 보내도록 가르친다. 오랜 동안의 힘든 노동 후에 찾아오는 짧은 휴식 기간은 그들의 즐거움을 더욱 크게 해 준다. 부유한 자들 의 가장 큰 재앙은 권태이다. 많은 돈을 들여 얻은 여러 가지 즐거움 속에 묻 혀 있으면서도, 그리고 그들을 즐겁게 해주려고 애쓰는 많은 사람들에 둘러 싸여 있으면서도 그들은 권태에 사로잡히고 권태에 의해 죽임을 당한다. 그 들의 생활은 권태로부터 도망치면서 그리고 권태의 포로가 되어 보내지는 것이다. 그들은 권태라는 견디기 어려운 무거운 짐에 짓눌려 있는 것이다. 특 히 여성은 일이나 놀이에 몰두할 줄 모르기 때문에 우울증이라는 이름 아래 권태감에 시달리고 있다. 그들에게서는 그것은 무서운 병으로, 그들에게서 그들의 이성(理性)과 심지어 그들의 생명까지 빼앗아간다. 나는 파리의 아름 다운 여성의 운명보다 더 끔찍스러운 운명을 알지 못한다. 그러나 그보다 더 끔찍스러운 것은 파리의 아름다운 여성에게 몰두하는 멋쟁이 남자의 운명이다. 그런 자는 그녀와 마찬가지로 빈둥거리는 자가 되고 나약해지며, 따라서 이중으로 그의 인품을 잃게 되며, 자기의 성공에 대해 우쭐하고, 자기의 성공을 위해 인간이 참고 견딘 가장 길고 침울한 날들을 참고 견딘다.

사치와 훌륭한 외관으로부터 생겨나는 예절, 유행, 습관은 생활의 흐름을 가장 비참한 균일성 속으로 제한한다. 우리가 다른 사람들에게 과시하고자 하는 즐거움은 공허한 즐거움이다. 왜냐하면 그것은 우리들 자신에게 즐거움이 되지 못하며, 또한 다른 사람들에게도 즐거움이 되지 못하기 때문이다.[*] 웃음거리―대중의 견해는 무엇보다도 웃음거리를 두려워한다―는 항상 견해를 괴롭히고 벌한다. 우리를 웃음거리로 만드는 것은 오직 형식뿐이다. 만일 우리가 우리의 입장과 즐거움을 변화시킬 수 있다면 오늘의 인상들은 어제의 인상들을 지워 없앨 수 있을 것이며, 따라서 우리의 마음속에서 그것들은 결코 존재하지 않았던 것처럼 될 것이다. 그러나 우리는 모든 순간 속에 그리고 모든 것 속에 우리들 자신을 던짐으로써 스스로 즐긴다. 나의 변함없는 유일한 원칙은 다음과 같은 것이 될 것이다. 즉, 나는 어디에 있든 다른 것에는 주의를 기울이지 않을 것이다. 나는 매일매일을 그대로 받아들일 것이며, 그 전날 혹은 그 다음날과 아무런 관계도 없는 것으로 받아들일 것이다. 나는 대중과 함께 있을 때에는 대중의 한 사람이 될 것이며, 시골에서는 시골 사람이 될 것이다. 그러면 설사 내가 농사 일에 대해 이야기한다 하더라도, 농부들은 나를 비웃지 않을 것이다. 나는 시골에 가서 도시를 세우지는 않을 것이며, 나의 작은 오두막집 문 앞에 튈러리(Tuileries) 궁(宮)을 만들지는 않을 것이다. 나는 그늘진 상쾌한 산허리에 녹색 덧문이 달린 하얀

● 자신이 매우 즐거운 것처럼 보이기를 원했던 사교계의 두 여인은 아침 다섯 시 전에는 절대로 잠자리에 들지 않기로 결심했다. 그들의 하인들은 엄동설한에도 추위에 떨며 그들을 기다리며 길거리에서 밤을 보냈다. 어느날 밤, 아니 어느날 아침, 하인 하나가 시간이 가는 줄도 모르고 재미있는 시간을 보내고 있는 두 여인이 있는 방으로 들어갔다. 그러자 그는 두 여인이 각기 자기의 안락의자에서 잠들어 있는 것을 발견했다.

작은 오두막집을 지을 것이다. 그리고 초가 지붕이 어느 계절에도 가장 좋기는 하지만, 나는 초가 지붕이나 우중충한 슬레이트 지붕이 아니라 기와 지붕을 만들 것이다. 왜냐하면 기와 지붕은 초가 지붕보다 밝고 산뜻하기 때문이며, 또한 내가 살던 곳의 모든 집들은 항상 기와 지붕으로 되어 있었기 때문에, 기와 지붕은 나의 행복했던 어린 시절을 상기시켜 줄 것이기 때문이다. 나는 앞마당에 양계장을 만들 것이며, 내가 좋아하는 우유를 얻기 위해 외양간을 짓고 암소를 기를 것이다. 정원은 채소밭으로 만들 것이며, 집 주위는 과수원─이 과수원에 대해서는 나중에 설명하겠다.[89]─으로 만들 것이다. 나는 그 과수원을 산책하는 사람들로 하여금 마음대로 그 과일을 따먹게 할 것이며, 나의 정원사로 하여금 과일을 헤아리거나 거두어들이게 하지 않을 것이다. 나는 사람들의 손이 닿지 않을 만큼 높은 담을 만들지는 않을 것이다. 그러나 이런 작은 사치는 많은 돈을 필요로 하지 않을 것이다. 왜냐하면 나는 돈은 거의 없고 식량은 풍부한 외진 곳, 풍요와 빈곤이 함께 있는 곳에 나의 안식처를 정할 것이기 때문이다.

그곳에서 나는 많은 사람들을 나의 주위로 불러모으기보다는 내가 선택한 사람들, 즉 쾌락이 무엇인지를 알고 그것을 즐길 줄 아는 친구들과 안락의자를 떠나 야외 놀이를 즐길 줄 아는 여성들, 카드 대신에 낚싯대나 새덫, 갈퀴 혹은 포도 바구니를 잡을 수 있는 여성들을 불러모을 것이다. 그곳에서는 도시의 모든 겉치레는 잊혀질 것이며, 우리는 시골 사람이 될 것이다. 그리하여 우리는 온갖 놀이에 몰두하여 내일의 일에 대해 거의 걱정하지 않게 될 것이다. 운동과 활동적인 생활은 우리의 소화 작용을 증진시키고 우리의 식욕을 왕성하게 해 줄 것이다. 우리의 모든 식사는 향연이 될 것이며, 맛있는 음식보다는 풍부한 음식이 우리를 즐겁게 해 줄 것이다. 유쾌한 기분, 농사 일, 즐거운 놀이보다 더 훌륭한 음식은 이 세상에 없다. 따라서 이른 새벽

---

[89] 제5부에 나오는 소피의 집의 정원.

부터 육체 노동을 하는 사람들에게는 훌륭한 음식이라도 매우 우스꽝스러운 것으로 보인다. 우리의 식사는 순서나 우아함에 관계없이 행해질 것이다. 즉, 우리는 정원이나 배 위, 나무 밑 등 어느곳이든 우리의 식당으로 삼을 것이다. 때로는 집에서 멀리 떨어진 시냇가의 제방과 싱그러운 풀밭, 버드나무와 개암나무 숲 사이도 우리의 식당이 될 것이다. 손님들의 긴 행렬은 웃으며 노래하며 향연에 사용될 음식을 운반할 것이다. 풀밭은 우리의 의자 및 식탁이 될 것이며, 시냇가의 제방은 우리의 찬장이 될 것이며, 나무에 매달려 있는 과일은 우리의 디저트가 될 것이다. 음식은 아무런 순서도 없이 제공될 것이며, 식욕은 아무런 격식도 필요로 하지 않을 것이다. 우리는 각기 자기가 좋아하는 음식을 자유롭게 먹으며, 다른 모든 사람들이 그렇게 하는 것을 즐겁게 바라볼 것이다. 이와 같은 친절하고 온화한 친밀감으로부터 추잡함이나 가식이나 속박이 없는 우스꽝스러운 다툼이 일어나는 일도 있겠지만, 그것은 정중한 예절보다 백 배나 유쾌한 것이며, 우리의 우정을 보다 견고하게 해 줄 것이다. 그곳에는 우리의 이야기를 엿듣는 귀찮은 자들도 없고, 우리들 몰래 우리의 행동을 비판하는 자들도 없으며, 우리가 음식을 집어먹는 것을 탐욕스러운 눈으로 세어 보는 자들도 없으며, 우리로 하여금 포도주를 기다리게 해 놓고는 재미있어 하는 자들도 없으며, 우리가 너무 오랫동안 식사를 한다고 불평하는 자들도 없을 것이다. 우리는 모두 우리들 자신의 하인이며 우리들 자신의 주인이 될 것이다. 시간은 우리도 알지 못하는 사이에 흘러갈 것이며, 우리의 식사 시간은 햇볕이 뜨거운 동안의 휴식 시간이 될 것이다. 만일 어떤 농부가 일을 마치고 농기구를 어깨에 둘러메고 우리의 곁을 지나간다면, 나는 친절한 말과 한두 잔의 포도주로 그의 마음을 기쁘게 해 줄 것이다. 나의 친절한 말과 한두 잔의 포도주는 그가 자기의 가난을 보다 즐거운 마음으로 견딜 수 있도록 해 줄 것이다. 그러면 나도 또한 나의 내부에서 나의 가슴이 감동하는 기쁨을 느끼게 될 것이다. 그리고 나는 나 자신에게 "나도 또한 인간이다."라고 말할 것이다.

만일 그 지방의 주민들이 어떤 시골풍의 축제를 위해 모두 모인다면, 나는 나의 친구들과 함께 제일 먼저 그곳에 도착할 것이다. 만일 도시의 혼례보다 축복받은 혼례가 나의 집 근처에서 행해진다면, 사람들이 행복해 하는 모습을 보기를 내가 얼마나 좋아하는지 모두가 잘 알고 있으므로, 그들은 틀림없이 나를 초대할 것이다. 나는 그들 자신만큼이나 소박한 선물을 이 선량한 사람들에게 가지고 갈 것이며, 그 선물은 축제의 즐거움을 더욱 크게 할 것이다. 그 대신, 나는 값을 매길 수 없을 만큼 귀중한 선물, 나와 같은 사람들에게는 거의 알려지지 않은 선물, 즉 자유와 참된 즐거움이라는 선물을 얻게 될 것이다. 나는 그들의 긴 식탁 한쪽 끝에 앉아 유쾌하게 식사를 할 것이다. 나는 시골풍의 노래를 그들과 함께 부르고, 오페라 하우스의 무도회에서보다 헛간에서 더 즐겁게 춤을 출 것이다.

"이제까지는 모든 것이 훌륭하다. 그러나 사냥하는 것은 어떤가? 시골에서는 누구나 어떤 오락거리를 가져야 하니까."라고 당신은 말할 것이다. 그렇다, 나는 오직 농지(農地)만을 원했다. 그것은 나의 잘못이었다. 나는 내가 부자라고 가정하고 있다. 따라서 나는 나의 즐거움을 간직하게 될 것이며, 마음대로 살생(殺生)하게 될 것이다. 그것은 전혀 다른 문제이다. 내게는 넓은 토지와 삼림, 관리인들, 소작료, 영주(領主)의 권리, 그리고 무엇보다도 향(香)과 성수(聖水)가 있어야 할 것이다.

좋다. 그러나 나의 토지 주위에는 자기의 권리를 지키려고 몹시 경계하고, 다른 사람들의 권리를 빼앗으려고 애쓰는 이웃들이 있을 것이다. 우리의 관리인들 사이에 다툼이 일어나는 일도 있을 것이며, 어쩌면 주인들 사이에도 다툼이 일어나는 일이 있을지도 모른다. 여기서 다툼이란 언쟁·논쟁·악감정 혹은 소송을 의미하는 것이다. 이것은 그 자체만으로도 유쾌한 일이 아니다. 나의 소작인들은 나의 산토끼들이 그들의 옥수수밭을 망가뜨리고 나의 산돼지들이 그들의 콩밭을 망가뜨리는 것을 보고 기뻐하지 않을 것이다. 그들의 밭을 망가뜨리는 그 적들을 감히 죽일 수 없으므로, 그들은 각기 그들의 밭에서 그 적들을 내쫓으려고 노력할 것이다. 하루 종일 밭일을 한 그들은 밤에도 그 적들을 감시하기 위해 깨어 있지 않으면 안될 것이다. 그들은 밭을 지킬 개들을 기를 것이며, 북·나팔·방울을 사용할 것이다. 그들이 피우는 소란은 나의 잠을 방해할 것이다. 나는 이 가난한 사람들의 불행을 생각하지 않을 수 없으며, 그들의 불행에 대해 나 자신을 책망하지 않을 수 없을 것이다. 만일 내가 군주의 명예를 가지고 있다면, 그런 것들은 나에게 거의 영향을 주지 못할 것이다. 그러나 나는 이제 막 부자가 된 자수 성가(自手成家)한 사람이므로, 내심으로는 여전히 서민일 것이다.

그뿐만이 아니다. 풍부한 사냥감은 밀렵자(密獵者)들을 유혹할 것이다. 그러면 나는 곧 그 밀렵자들을 처벌해야 할 것이며, 따라서 나는 감옥·간수·보초·갤리(galley) 선(船)[90]을 필요로 할 것이다. 내게는 이런 것들은 모두 잔혹한 것들로 생각된다. 그 불쌍한 사람들의 아내들은 나의 집 문 앞에 몰려들어 울부짖을 것이며, 그녀들의 울음소리는 나의 마음을 혼란시킬 것이다. 나는 그녀들을 쫓아 버리든가 혹은 거칠게 다루어야 할 것이다. 또한 밀렵자가 아닌 가난한 사람들, 즉 나의 사냥감으로 인해 농작물을 망쳐 버린 사람들도 나를 찾아와 불평을 할 것이다. 어떤 사람들은 나의 사냥감을 죽였기 때문에 죽임을 당할 것이며, 나머지 사람들은 나의 사냥감을 죽이지 않았기 때문에 벌을 받게 될 것이다. 이 얼마나 불행한 선택인가! 어느쪽을 둘러보아도 나는 불행만을 발견하고 신음소리만을 듣게 될 것이다. 그렇게 되면 발 밑에서 뛰어다닐 정도로 길들은 자고(鷓鴣)와 토끼 떼를 자유롭게 사냥하는 즐거움은 크게 줄어들 것이다.

만일 당신이 아무런 고통 없이 즐거움을 누리기를 원한다면, 그 즐거움을 독점해서는 안된다. 모든 사람들로 하여금 그 즐거움을 자유롭게 누리게 하면 할수록, 당신 자신의 즐거움은 그만큼 순수해질 것이다. 그러므로 나는

---

90) 옛날 노예나 죄수들에게 노를 젓게 한 배.

방금 앞에서 말한 것과 같은 일은 하지 않을 것이다. 그렇다고 해서 나의 취향을 바꾼다는 말은 아니다. 다만 내게 가장 적은 고통을 준다고 생각되는 취향을 따른 것이다. 나는 누구나 자유롭게 사냥할 수 있는 지방에 나의 거처를 정할 것이다. 그러면 그곳에서 나는 아무런 방해도 받지 않고 사냥을 즐길 수 있을 것이다. 물론 그곳에는 사냥감이 적어질 것이다. 그러나 그렇게 되면 사냥감을 찾아내는 좀더 훌륭한 기술이 생겨날 것이며, 따라서 사냥감을 잡는 즐거움은 더욱 커질 것이다. 나는 나의 아버지가 자고(鷓鴣)가 날아오르는 것을 최초로 보았을 때 뛸 듯이 기뻐하시던 모습과, 하루 종일 찾아다녔던 산토끼를 발견했을 때 미칠 듯이 기뻐하시던 모습을 기억하고 있다. 그렇다, 나의 아버지는 총과 탄약과 사냥 망태를 가지고 개를 데리고 혼자서 사냥하러 가셨으며, 저녁 때 몇 마리의 산토끼가 들어 있는 사냥 망태를 가지고 피로에 지치고 가시덤불에 마구 찢긴 채 돌아오셨다. 그러나 나의 아버지는, 좋은 말을 타고 탄알이 장전(裝塡)된 20자루의 총을 가지고 차례대로 총을 쏘며 눈앞에 보이는 모든 짐승을 마구 죽일 뿐, 아무런 기술도 없고 아무런 명예도 없으며, 거의 운동도 하지 않는 일반 사냥꾼들보다 자신의 그 날의 사냥에 더 만족하셨다. 그럼에도 불구하고 즐거움은 감소하지 않고 난관은 없어지는 것이다. 왜냐하면 거기에는 금렵 지역(禁獵地域)도 없고 처벌을 받을 밀렵자도 없으며, 고통을 받을 가련한 사람들도 없기 때문이다. 여기에 나의 선택의 확고한 기반이 있는 것이다. 당신은 어느 정도의 불쾌감을 느끼지 않고 다른 사람들을 괴롭힐 수는 없으며, 조만간 사람들의 저주는 당신이 사냥해 온 짐승의 고기맛을 망쳐 버리고 말 것이다.

다시 한번 말하지만, 독점은 즐거움을 파괴한다. 참된 즐거움은 대중과 함께 나누는 즐거움이다. 우리가 혼자서 즐거움을 독점하려 할 때 우리는 즐거움을 잃는다. 만일 내가 나의 정원 주위에 벽을 쌓아 나의 정원을 음침한 감옥으로 만들어 버린다면, 나는 많은 돈을 들여 나 자신에게서 산책의 즐거움을 빼앗는 셈이 될 뿐이다. 왜냐하면 나는 산책의 즐거움을 얻기 위해서는 먼 곳까지 가지 않으면 안되기 때문이다. 재산이라는 악마는 그 손이 닿는 것은 무엇이든지 망쳐 버린다. 부유한 자는 어디에서나 주인이 되기를 원한다. 그러므로 그는 그가 있는 곳에서는 결코 행복하지 않다. 왜냐하면 그는 항상 자기 자신으로부터 도망치지 않으면 안되기 때문이다. 이제부터 나는 나 자신의 부(富) 속에서보다 다른 사람들의 부(富) 속에서 더 부유해질 것이며, 나의 마음을 빼앗는 나의 이웃의 모든 것을 손에 넣을 것이다. 그러므로 나보다 더 철저한 정복자는 없다. 나는 심지어 군주의 권리조차도 빼앗을 것이다. 나는 나의 마음에 드는 모든 개방된 곳을 손에 넣을 것이며, 그 땅들에게 '이것은 나의 정원', '이것은 나의 동산' 이라는 이름을 붙일 것이다. 그리고 나서 나는 그곳을 마음껏 산책할 것이다. 나는 나의 소유권을 유지하기 위해 종종 그곳에 갈 것이다. 나는 그 땅의 용도로서 산책을 선택할 것이다. 그러므로 당신은 내가 손에 넣은 그 땅의 명의상의 소유자가, 그 땅이 그에게 제공하는 돈으로부터 내가 그의 땅으로부터 얻는 것보다 더 가치 있는 것을 얻는다고 나를 설득시키지는 못할 것이다. 그들이 아무리 울타리나 도랑을 만들어 나를 방해한다 하더라도 나는 나의 정원을 등에 짊어지고 다른 곳으로 가지고 갈 것이다. 그 근처에는 적당한 장소가 얼마든지 있을 테니까. 나는 내가 너무 오래 머물러 있어 미움을 받게 될 때까지 나의 이웃들의 토지를 나의 것으로 만들 것이다.

이것은 우리의 여가 시간을 즐겁게 보내기 위한 일을 선택하는 데 훌륭한 취향이란 어떤 것인지를 나타내 보이고자 한 것이다. 이것이 바로 즐거움의 정신이며, 그 이외의 것들은 모두 착각, 환상, 어리석은 허영심에 지나지 않는 것이다. 이 규칙에 복종하지 않는 자는, 그가 아무리 부자라고 하더라도 그의 돈을 저열한 일에 낭비하며, 결코 산다는 것이 무엇인지를 알지 못한다.

분명 당신은, "그런 즐거움은 누구나 손에 넣을 수 있는 것이다. 그러므로 우리는 그런 즐거움을 누리기 위해서는 부자일 필요는 없지 않은가?"라고 말할 것이다. 그것이 바로 내가 말하고자 했던 점이다. 우리가 즐거움을 원하기만 하면 즐거움은 우리의 것이다. 모든 것을 획득하기 어렵게 만들고, 우리에게서 즐거움을 쫓아내는 것은 사회적 편견뿐이다. 행복해지는 것은 우리가 생각하는 것보다 백 배나 더 쉽다. 참으로 즐거움을 원하는 사람, 참으로 취향 있는 사람은 부(富)를 필요로 하지 않는다. 그런 사람이 원하는 것은, 자신이 자유로워지고 자기 자신의 주인이 되는 것뿐이다. 우리에게는 건강과 매일매일의 빵이 있다. 그러므로 만일 우리가 우리의 편견을 제거하기만 한다면, 우리는 매우 부유하다. 이것이 호라티우스(Horatius)의 〈황금 중용(黃金 中庸: aurea mediocritas)〉[91]이다. 돈궤짝을 가지고 있는 그대들이여, 그대들의 부(富)의 다른 용도를 찾도록 하라. 왜냐하면 그대들의 부(富)는 그대들에게 즐거움을 제공해 주지 못하기 때문이다. 에밀은 그것을 나만큼 잘 알고 있다. 그러나 그의 마음은 나보다 더 순수하고 건전하다. 그러므로 그는 그것을 나보다 더 강하게 느낄 것이며, 이제까지 그가 사회에서 보아 온 모든 것은 그의 이러한 견해를 더욱 굳게 해 줄 것이다.

우리가 이렇게 시간을 보내는 동안에도, 우리는 끊임없이 소피를 찾고 있는 것이다. 그러나 우리는 아직 그녀를 찾지 못했다. 그녀가 그토록 쉽게 발견되는 것은 바람직한 일이 아니다. 그래서 나는 이제까지 우리가 그녀를 발견할 수 없는 곳에서 그녀를 찾아 온 것이다.

이제 때가 되었다. 이제 우리는 진지하게 그녀를 찾지 않으면 안된다. 에밀이 다른 여자를 소피로 잘못 생각하고, 자기의 잘못을 뒤늦게 깨닫게 되는 일이 없도록. 안녕, 파리여, 소음과 매연과 더러움으로 이름난 파리여, 여성은 더 이상 명예를 존중하지 않고 남성은 더 이상 미덕을 존중하지 않는 파리여. 우리는 사랑과 행복과 순결을 찾고 있다. 그러므로 우리는 파리에서 멀리 갈수록 좋을 것이다.

---

91) 호라티우스(기원전 65~8, 로마의 서정시인)는 《오드집(Odes)》 제2권 10의 5에서, 중용(中庸)의 상태는 평화의 보증이며, 무엇보다도 바람직한 것이라고 말하고 있다.

제5부

5

결혼

5

| 결혼 |

우리는 청춘 시대의 마지막 장면에 도달했다. 이제 점점 막을 내릴 시간이 다가오고 있는 것이다.

성인이 된 남자가 혼자 지낸다는 것은 좋지 않다. 에밀은 이제 어른이므로, 우리는 그에게 훌륭한 배우자를 구해 주어야 한다. 그의 배우자는 소피이다. 소피는 어디에서 살고 있을까. 어디에 가면 그녀를 찾을 수 있을까. 그녀를 찾기 위해서는 우선 그녀가 어떤 사람인지를 알아야 한다. 그러면 그녀가 살고 있는 곳을 좀더 잘 알 수 있을 것이다. 그녀를 찾았다 해도, 그것으로 우리의 임무가 끝나는 것은 아니다. 로크는 말했다. "우리의 귀공자는 지금 결혼하려 한다. 그러므로 우리는, 그를 그의 애인 곁에 남겨 두고 떠나야 한다." 이 말로 그는 자기 저서를 끝맺고 있다. 나는 물론 '귀공자'를 교육하는 영광을 얻지는 못했으므로, 로크를 본받지는 않으리라.

소피 — 여성에 대해서

에밀이 남자인 것처럼, 소피는 여자이어야 한다. 즉, 육체적·도덕적 질서 속에서 자기의 역할을 수행해 내는 데 필요한 여성으로서의 모든 특성을 소유하지 않으면 안된다. 그러니 여성과 남성의 같은 점과 다른 점을 조사하는 일부터 시작하자.

성(性)에 관계없는 모든 점에서는, 여자는 남자와 같다. 즉, 같은 기관, 같은 욕구, 같은 기능을 가지고 있다. 그 기계(육체)는 구조에서 똑같다. 그 부품도 작용도 똑같다. 게다가 생김새도 비슷하다. 그리고 어떤 관련하에 생각해 보아도, 양자(兩者) 사이에는 다소의 차이가 있을 뿐이다.

그러나 성(性)에 관계 있는 모든 점에서는, 여자와 남자는 다르다. 즉, 서로가 한쪽은 다른 쪽을 보충하여 완전하게 한다. 양자를 비교하는 일의 어려움은 양자의 구조에서 볼 수 있는, 성(性)에 속하는 것과 그렇지 않은 것을 결정하기 어려운 데에서 유래한다. 비교 해부학에 의하면, 아니 단순한 관찰에 의해서도, 양자 사이에는 성에 관계가 없는 것처럼 보이는 일반적인 차이점들이 발견된다. 그것은 실은 성에 관계가 있는 것인데, 그 관계를 우리는 확인할 수가 없다. 그 관계가 어디까지 확대되는지 우리는 모른다. 우리가 확실히 알고 있는 단 한 가지 사실은, 양자가 같은 점은 모두가 한 종(種)에 속한다는 것, 다른 점은 모두 성(性)의 특징과 관계된다는 것이다. 이 두 가지 관점에서, 우리는 양자 사이에 실제로 많은 유사(類似)와 차이를 발견한다. 이와 같이 두 존재를 매우 다르게 조립하면서 그것들을 매우 비슷한 것으로 만들어 낼 수 있는 것은, 자연의 가장 큰 경이의 하나이리라.

그러한 유사와 상위(相違)는, 당연히 도덕적인 것에 영향을 준다. 이것은 명백한 사실로 경험과 일치하고 있으며, 남녀의 우열이라든가 평등이라든가 하는 것에 대한 논쟁의 공허함을 증명하고 있다. 각 성(性)은 자연이 정해 준 각자의 사명에 따라 목적을 향해 가는데, 그렇게 볼 때 양자 중 이성(異性)을 좀더 닮은 쪽이 더 완전하지 않다고 말할 수 있을 것이다. 공통점으로써 생각하면 남자와 여자는 평등하다. 다른 점으로써 생각하면, 남자와 여자는 비교할 수 없는 것이다. 완전한 여성과 완전한 남성은 용모와 마찬가지로 정신도 비슷할 수가 없다. 완전성에는 정도의 차이라는 것이 있을 수 없다.

성의 결합에서는 어느쪽이나 공동의 목적에 협력하고 있지만, 협력하는 뜻 방법은 같지 않다. 그 방법의 차이로부터, 양성(兩性)의 도덕적인 관계에서 최초의 확실한 차이가 발생한다. 남성은 능동적이며 강해야 하고, 반면에 여성은 수동적이며 약해야 한다. 필연적으로 한쪽은 힘과 의지를 가져야 한다. 다른 쪽은 그렇게 완강히 저항하지 않으면 그것으로 좋다.

이 원칙이 인정된다면 여성은, 특히 남성을 기쁘게 하기 위해서 창조된 것이 된다. 남성 역시 여성의 마음엔 들어야 하지만, 이것은 그 역(逆)의 경우만큼 절실한 것은 아니다. 남성의 가치는 그 힘에 있다. 남성은 강하다는 것만으로 충분히 여성의 마음에 들 수 있다. 이것이 사랑의 법칙이 아니라는 것은 나도 인정한다. 그러나 이것은 자연의 법칙으로, 사랑 그 자체보다 더 오래된 것이다.

여성이 남성의 마음에 들기 위해, 또한 남성에게 복종하기 위해 창조되었다면, 여성은 남성을 분노케 하는 일이 없어야 한다. 또 남성의 기분을 좋게 하려고 노력하지 않으면 안된다. 여성의 힘은 그 매력에 있다. 그 매력에 의해서 비로소 여성은 남성에게 작용하여 그 힘을 불러일으킨다. 그리하여 그것을 사용하게 한다. 남성의 힘을 불러일으키는 가장 확실한 기교는, 저항하는 것에 의해서 힘의 필요를 느끼게 하는 것이다. 그렇게 되면, 욕망에 자존심이 합쳐져 한쪽은 다른 쪽이 획득하게 해 준 승리에 우쭐하게 된다. 그러한 것으로부터 공격과 방어가, 남성의 대담함과 여성의 소심함이, 그리고 강한 자를 정복하도록 자연이 약한 자에게 부여한 무기, 즉 수줍음과 부끄러움이 생겨나게 된다.

'자연은 남녀 어느쪽에나 똑같이 상대에게 구애(求愛)하라고 명하고 있다. 따라서 먼저 욕망을 품은 쪽이 먼저 확실한 의사 표시를 해야 한다' 고, 대체 누가 생각할 수 있겠는가. 그것은 얼마나 기묘하고 타락한 사고 방식일까. 그러한 기도(企圖)는 남녀에서 매우 다른 결과를 초래하는데, 남녀가 똑같이 대담한 것이 당연한 일일까. 공동 생활에 각기 맡은 일에 큰 차이가 있는데, 한쪽은 수줍음에 지배받지 않고 다른 한쪽은 본성의 지배를 받는다면, 결국 남녀 모두가 파멸해 버리리라는 것, 그리하여 인류는 그 종족을 계속 보존하기 위해 자연으로부터 부여받은 바로 그 수단에 의해 멸망해 버리리라는 것을 누구나 알 수 있을 것이다. 여성은 쉽게 남성의 관능을 흔들어 놓을 수 있고, 남성의 마음 밑바닥에서 거의 꺼져 가는 욕정의 불씨를 북돋울 수도 있으므로, 만약 철학이 그러한 관습을 도입한 불행한 땅이 이 지상의 어딘가에 있다면, 특히 남자보다 여자가 많이 태어나는 열대의 나라에서는, 남성은 여성에게 들볶여 결국 그 희생이 되고, 모두 죽음으로 끌려가는 경우를 만나도 결코 도망쳐 나올 수 없게 될 것이다.

동물의 암컷에서는 그러한 부끄러움이 발견되지 않는데, 그러면 어떤 결과가 될까? 동물의 암컷도, 인간의 여성과 마찬가지로, 그러한 부끄러움이 제동(制動)이 되고 있는 한없는 욕망을 가지고 있을까? 그렇지 않다. 동물의 암컷의 경우, 욕망은 필요에 의해 생겨나는 것에 지나지 않는다. 필요가 충족되면 욕망이 사라져, 암컷은 더 이상 수컷을 밀어내는 시늉을 하지 않는다.* 진짜로 밀어내는 것이다. 동물의 암컷은 아우구스투스의 딸이 하던 일과는 전혀 반대의 일을 한다.[1] 배에 짐이 가득 차면 더 이상 승객을 받아들이지 않는 것과 같다. 아직 배가 비어 있을 때에도, 기꺼이 받아들이는 기간은 짧다. 그 시기는 곧 지나가 버린다. 본능이 암컷을 자극하고, 본능이 암컷을 억제한다. 인간의 암컷에게서 부끄러움을 없애 버린다면, 그러한 소극적인

● 이미 지적한 바와 같이, 보이기 위한 거절이나 도발(挑發)을 위한 거절은, 거의 모든 여성에게 공통하는 것, 동물 사이에서조차 볼 수 있는 것으로, 상대에게 기꺼이 몸을 맡기려고 할 때에조차 보인다. 그것을 부정하는 사람은, 여성의 수법을 관찰한 일이 전연 없음에 틀림없다.

1) 아우구스투스 황제의 딸 유리아에 대해서는 제4부에서도 언급되었다. 불행한 결혼을 한 유리아는 일찍 과부가 되었다. 과부가 된 그녀는 음란한 생활 끝에 유형(流刑)을 받았는데, 그 유배지에서 굶어죽었다.

본능을 대신하는 것이 무엇이겠는가.

지고(至高)의 존재자는 모든 점에서 인류에게 명예를 부여하려 했다. 남자에게는 끝없는 열정을 부여하면서, 동시에 그것을 규제하는 법칙을 주어 남자가 자유롭도록, 그리과 자신을 지배할 수 있도록 했다. 남자를 방자한 정념에 맡기면서도, 그 정념에 이성(理性)을 결합시켜 그것을 억제하도록 했다. 또한 여성을 무한한 욕망에 맡기면서도 그 욕망에 부끄러움을 결합시켜, 그것을 억제시키고 있다. 신은 또, 인간이 그 능력을 바르게 사용할 때에는 실제적인 보상을 그에게 주고 있다. 즉, 그 능력을 올바로 사용함으로써 얻는 쾌감이 그것으로, 이런 것은 모두 동물의 본능보다 훨씬 고귀한 것으로 생각된다.

그러한 이유로 여성은, 남성과 같은 욕망을 느끼든 느끼지 않든, 또 남성의 욕망을 만족시켜 주고 싶다고 생각하든 안하든, 항상 남성을 밀어내고 거절하는데, 언제나 같은 정도의 힘으로 그렇게 하는 것은 아니며, 따라서 언제나 같은 결과로 끝나는 것도 아니다. 공격하는 쪽이 승리를 얻기 위해서는, 공격당하는 쪽이 그것을 허용하거나 지시하지 않으면 안된다. 여자는 남자의 공격 행위를 자극하기 위해 얼마나 교묘한 방법을 사용하는가. 모든 행위 가운데에서 더없이 자유로운, 그리고 더없이 기분 좋은 그 행위는, 진짜 폭력은 허용하지 않는다. 자연과 이성은 똑같이 그것에 반대한다. 자연은 약한 쪽에게도, 그녀가 저항하기를 원하면 저항할 수 있는 충분한 힘을 부여하고 있으며, 이성적(理性的)으로도, 진짜 폭력은 그 자체만으로도 모든 행위 가운데에서 가장 난폭한 행위일 뿐만 아니라, 그 목적에 완전히 반(反)하는 것이다. 그런 행동을 하면, 남성은 자기의 반려자에게 선전 포고를 하는 것이 되고, 그녀로 하여금 공격해 오는 자의 생명을 희생시켜서라도 자신의 몸과 자유를 보호할 권리를 가지게 하기 때문이며, 또 여성만이 자신의 처해진 상황의 판정자가 될 수 있으므로, 모든 남자가 아버지의 권리를 빼앗긴다면 아이에게는 아버지라는 것이 없어지게 되기 때문이다.

그래서 남녀의 성(性)의 구조의 차이로부터 세 번째 결론이 내려진다. 그것은 강자는 겉보기에는 지배자이지만 실제로는 약자에 의존하게 된다는 사실인데, 이것은 여성 숭배라고 하는 분별없는 관습에 의한 것도 아니며, 보호자로서의 여성의 오만한 관용에 의한 것도 아니다. 변함없는 자연의 법칙에 의한 것이다. 자연은, 여성에게는 쉽게 남성의 욕망을 자극할 수 있는 능력을 주고, 남성에게는 쉽게 욕망을 만족시킬 수 있는 능력을 주지 않음으로써 남성을 여성의 기분에 의존하게 했기 때문이다. 그리하여 남성이 여성의 마음에 들도록, 상대가 자기를 강자로 인정해 주도록 노력하지 않을 수 없게 한다. 그래서 승리를 얻은 경우, 남성에게 무엇보다도 기분 좋게 느껴지는 것은, 약자가 힘에 진 것인지 그렇지 않으면 자의(自意)에 의해서 복종한 것인지 잘 알 수 없는 일이다. 따라서 여성이 늘 사용하는 교묘한 방법은, 자신과 상대 사이에 그러한 의문을 언제나 남겨 두는 것이다. 이 점에서는, 여성의 정신은 완전히 그 육체적 구조에 상응하고 있다. 자신의 약함을 부끄러워하기는커녕 여성은 그것을 자랑 삼는다. 여성의 부드러운 근육에는 저항력이 없다. 여성은 아주 가벼운 짐조차 들어올리지 못하는 시늉을 한다. 여자가 힘센 체질을 타고난다면 그녀는 그것을 부끄러워할 것이다. 어째서 그럴까? 그것은 세련되게 보이기 위해서일 뿐만 아니라 좀더 교묘한 마음을 가지고 있기 때문이다. 여성은 필요에 따라 약한 자가 될 구실과 권리를 미리 준비하고 있다.

우리의 부덕(不德)에 의해 획득된 지식의 진보는, 이 점에 관한 우리의 옛 견해를 완전히 바꾸어 버렸다. 다시 말해, 폭력적 성행위가 거의 없어지고부터는 남성들이 폭력을 행사했다는 소문은 좀체로 듣지 못하게 되었고, 또 들었다 해도 좀체로 믿어지지 않게 되었다.* 그러나 멀리 고대 그리스나

---

* 연령과 체력에 상당한 차이가 있으므로, 실제로 폭력적인 성(性)행위가 행해지는 경우도 있을지 모른다. 그러나 여기에서는, 자연의 질서에 따라 남녀의 상대적인 상태를 논하고 있으므로, 나는 상태를 구성하는 일반적인 관계에서 양자(兩者)를 고찰한다.

유대에서는 그것은 매우 흔한 일이었다. 그런 견해는, 소박한 자연 상태에 의지하고 있었으며, 방종한 경험만이 그것을 뿌리뽑을 수 있었기 때문이다. 오늘날에는 난폭한 행위에 대한 이야기를 거의 들을 수 없게 되었지만, 이것은 확실히, 남성들이 한층 더 절도를 지키게 되었기 때문이 아니라, 그들이 그만큼 쉽게 믿을 수 없게 되었기 때문이며, 또 옛날이라면 순진한 민중을 믿게 만들 수 있었을지도 모르는 억울함도 오늘날에는 사람을 놀림감으로 하는 무리들의 비웃음을 초래할 뿐의 일이 되기 때문이다. 호소하지 않는 편이 훨씬 낫다. 〈신명기(申命記)〉에 이런 율법이 있다. 일이 마을 안에서 일어난 경우에는, 당한 여자도 범한 남자도 함께 처벌된다. 그러나 일이 들에서, 즉 마을에서 떨어진 곳에서 일어난 경우에는, 남자 쪽만 벌을 받는다. '여자가 아무리 구원을 청해도, 아무도 그것을 듣지 못했기 때문이다.' 라고 그 율법은 이야기하고 있다. 이 호의적인 해석은, 사람의 통행이 없는 곳에서는 습격당하는 일이 있어도 여자는 그에 대해 놀랄 필요가 없다는 것을 여성에게 가르치는 것이다.

이러한 관점의 변화가 우리의 도덕에 미쳐 온 영향은 현저했다. 여성에게 정중한 현대의 예법이 그 소산(所産)이다. 남성들은, 자신의 쾌락이 자신들이 생각하던 이상으로 여성의 의지에 달려 있음을 알고, 여성의 기분을 맞추는 것에 주의를 기울였으며, 여성은 남성의 그러한 태도에 대해 충분한 보답을 한다는 식이 된 것이다.

육체적인 것이 모르는 사이에 우리를 정신적인 것으로 어떻게 인도해 가고, 또 남녀의 어설픈 결합으로부터 어떻게 더없이 감미로운 사랑의 법칙이 생겨나는가를 보라. 여성의 지배권은, 남성이 그것을 원했기 때문이 아니라, 자연이 원해서 여성에게 부여한 것이다. 그것은 여성이 그것을 드러내 보인 때보다 훨씬 전부터 이미 여성의 것이었다. 테스피오스 왕의 딸 50명을 범했노라고 호언하던 헤라클레스도 옴팔레 곁에서 실을 잣지 않으면 안되었고,[2] 장사인 삼손도 데릴라만큼은 강하지 못했다.[3] 그러한 힘이 여성에게는 있다. 그리고 설령 여성이 그 힘을 악용한다 하더라도, 여성으로부터 그것을 빼앗을 수는 없다. 여성이 그 힘을 잃는 수도 있다면, 여성은 이미 오랜 옛날에 그것을 잃었을 것임에 틀림없다.

성(性)의 결과에 대해서 말하면, 두 성(性) 사이에는 전연 비슷한 점이 없다. 남성은 행위의 순간에서만 남성이지만, 여성은 일생을 통하여, 또는 적어도 청춘 시대를 통하여 여성인 것이다. 모든 것이 여성으로 하여금 끊임없이 성(性)을 자각시킨다. 그리고 그 역할을 충분히 수행하기 위해서는, 그에 알맞는 몸의 구조가 필요하다. 임신 중에는 몸을 잘 돌보지 않으면 안된다. 출산 때에는 안정이 필요하다. 아기를 보육(保育)하기 위해서는, 침착하게 집에 들어앉아 있는 생활이 필요하다. 아이를 기르기 위해서는 인내와 친절이, 그리고 어떤 일에도 좌절하지 않는 열의와 애정이 필요하다. 여성은 아이와 그 아버지를 연결시키는 역할을 한다. 그녀만이 아버지에게 아이에 대한 사랑을 느끼게 하며, 그 아이를 내 아이라고 부를 수 있는 확신을 부여한다. 가족 전체의 화합을 유지해 가기 위해서는 얼마나 많은 애정어린 손길이 여성에게 필요한가. 더구나 그러한 것 모두가 미덕(美德)이라는 관념으로부터 행해져서는 안되며, 애정에서 우러나는 행위여야 한다. 그것이 없으면 인류는 곧 소멸해 버릴 것임에 틀림없다.

남녀의 상호적인 의무의 엄격함은 같지 않다. 결코 같을 수가 없다. 이점에 대해서 남성이 불공평한 차별을 하고 있다고 여성이 불평한다면, 여성이 잘못된 것이다. 이 차별은 인간이 만들어 낸 것이 아니다. 적어도 그것은

---

2) 그리스 신화에 나오는 영웅 헤라클레스는, 키타이론에서 사자 사냥을 하던 때에 테스피오스 왕의 딸 50명과 몸을 섞었다고 한다. 또 헤라클레스는, 일시 리디아의 여왕 옴팔레의 노예가 되어 실을 잣고 있었다고 한다.

3) 구약 성경 〈사사기(士師記)〉 제13~16장, 삼손은 이스라엘의 사사(士師). 괴력(怪力)을 가지고 블레셋인들과 싸웠는데, 사랑하는 여자 데릴라 때문에 힘의 근원인 머리털을 잘리어, 적에게 사로잡혔다.

편견이 만들어 낸 것이 아니라, 이성(理性)이 만들어 낸 것이다. 두 성(性) 가운데, 자연으로부터 아이라는 위탁물을 위탁받고 있는 쪽은 다른 쪽에 대하여 그 책임을 지지 않으면 안된다. 물론 서약을 깨뜨리는 일은 어느쪽에도 허용되지 않으며, 여성의 엄격한 의무에 대해 단 하나의 보상도 아내에게 하려 하지 않는 불성실한 남편은, 모두 올바르지 않은 잔혹한 남자이다. 그러나 부정한 아내는 그 이상으로 나쁘다. 그런 여자는 가족을 헤어지게 하고, 자연의 유대를 모두 끊어버린다. 남편의 아이가 아닌 아이를 남편에게 주어 모두를 속임으로써 부정한 행위 위에 불신 행위를 거듭하는 것이다. 이러한 죄악은 모든 불화, 모든 범죄의 근원이 되는 것이 아닐까? 세상에서 두려워해야 할 상태가 있다면, 자신의 아내를 믿지 못하고, 더없이 부드러운 마음의 움직임에도 몸을 맡길 수 없는 가련한 남편, 자기의 아이를 안고 있으면서도 타인의 아이 ― 자기의 친자식의 재산을 빼앗는 자 ― 를 안고 있는 것이나 아닐까 하는 의혹을 품고 있는 불행한 아버지의 상태가 그것이다. 그렇게 된다면 가정이 어떻게 되겠는가. 죄 많은 아내 때문에, 서로 적대하면서 서로 사랑하는 체하지 않으면 안되는, 은밀한 적의 집단이 되어버리는 것이 아닐까?

따라서 아내는 실제로 정숙할 뿐만 아니라, 남편이나 근처 사람들로부터, 아니 모든 사람들로부터 정숙한 여자라는 인정을 받을 필요가 있다. 겸손하고 자상하며 삼가는 태도를 가져야 한다. 그리고 자신의 양심에 대해서뿐만 아니라 타인들로부터도 자신의 미덕을 보증받을 필요가 있다. 요컨대 아버지는 아이를 사랑해야 한다면, 아버지는 아이의 어머니를 존중할 수도 있어야 한다. 이와 같은 이유로 겉치레까지도 여성의 의무에 들어가서, 여성에게는 명예라든가 평판 같은 것도 정절과 마찬가지로 없어서는 안되는 것으로 되어 있다. 이러한 원칙에서 양성(兩性)의 도덕적인 차별에 동반하여, 의무와 몸가짐에 대한 하나의 새로운 동기(動機)가 생겨난다. 그것은 특히 여성에게 몸가짐·태도·언행에 대하여 되도록 세심히 주의할 것을 명한다.

‘남녀는 평등하다.’, ‘그 의무도 같다.’는 따위를 주장하는 것은 공리 공론(空理空論)일 뿐으로, 지금 내가 이야기한 것에 대하여 대답이 될 수 없는 한 그것은 전연 의미가 없는 말이다.

이렇게도 명백한 근거가 있는 일반 법칙에 대한 반론으로서 몇 가지 예외를 제시하는 것은, 결코 견실한 논법이 되지 못한다. 여성들은 말할지도 모른다. ‘여성은 반드시 아이를 낳는 것은 아니다.’라고. 그렇다! 그러나 여성에게 고유한 사명은 아이를 낳는 일이다. 물론 세계의 많은 대도시에서는, 여성들의 방종한 생활 탓으로 여성들이 거의 아이를 낳지 않는다. 그렇다고 해서 당신들은, ‘여성의 역할은 아이를 낳지 않는 것이다.’라고 주장할 수 있는가? 도시에서 멀리 떨어진 시골에서는, 여성들은 좀더 순박하고 정결한 생활을 하고 있다. 시골 여성들이 도시에서 사는 귀부인들의 불임 행위에 대한 보충을 해 주지 않는다면, 당신들의 도시는 어떻게 되어버릴까? 네다섯 명밖에 아이를 낳지 않는 여자는 다산(多産)으로 간주되지 않는 지방이 얼마나 많은가.* 요컨대 이런 여성 저런 여성이 아이를 낳지 않는다 한들, 그것이 어떻다는 말인가. 그 때문에 ‘여성의 역할은 어머니가 되는 것이 아니다.’라고 말할 수 있는가? 그리고 자연과 도덕의 일반적인 법칙이 이런 사태를 초래하는 것이 아닐까?

임신기에서 다음 임신기까지의 기간이 아무리 길다고 해도, 여성이 위험을 동반하지 않고서 그렇게 급격히 생활 방법을 바꿀 수 있을까? 오늘은 아기에게 젖을 주고, 내일은 전장(戰場)에 나갈 수 있을까? 그 체질이나 기호를 카멜레온이 색을 바꾸듯이 바꿀 수 있을까? 갑자기 가정의 일을 내던지고, 집 밖으로 나가 힘겨운 일과 노동을 해내고, 전장(戰場)의 노고와 위험에

---

* 그러지 않으면, 인류는 필연적으로 멸망한다. 인류가 유지되어 가기 위해서는, 여성 한 사람이 네 명 정도의 아이를 낳지 않으면 안된다. 태어나는 아이의 절반은, 자라서 자기의 아이를 낳게 되기 전에 죽어 버리기 때문이다. 도시가 그만한 인구를 공급해 줄는지 어떤지 생각해 보는 것이 좋으리라.

견딜 수 있을까? 어느때에는 겁쟁이가 되고,˙ 어느때에는 용감하게 되며, 어느때에는 허약하게 되고, 어느때에는 건강하게 될 수 있을까? 청년도, 파리에서 자란 청년은 군무(軍務)에 견디기 어려운데, 햇볕에 얼굴을 태운 일도 없고 행군(行軍)에 참가해 본 일조차 없는 여성이 나약한 생활을 하다가 군무(軍務)에 견딜 수 있을까? 남성이라도 이 힘드는 직업을 그만둘 나이가 되어서, 여성이 그에 종사할 수 있을까?

어떤 나라에서는, 여성들이 전혀 또는 거의 아무런 어려움 없이 아이를 낳고, 시중다운 시중을 드는 일도 없이 아이를 기르고 있다. 확실히 그렇다. 그러나 그런 나라에서는, 남자들은 어떤 계절에도 반신(半身)은 알몸으로 걸고, 맹수를 때려 쓰러뜨리며, 카누를 배낭 메듯 쉽게 짊어지고 7,8백리나 먼 곳으로 사냥을 나가, 집 밖의 노천(露天)에서 잠자며, 믿을 수 없을 정도로 힘드는 일을 견디고, 아무것도 먹지 않고 며칠씩 지내기도 한다. 여자가 튼튼해지면, 남자는 더욱 튼튼해진다. 남자가 유약해지면, 여자는 더욱 유약해진다. 이 양자의 한계는 같은 정도로 변화하므로, 그 차이는 전과 마찬가지이다.

플라톤은 《국가론(國家論)》 속에서, 여자에게도 남자와 똑같은 훈련을 시키고 있다. 그것은 당연한 일이라고 생각한다. 그의 정부 체제에서는 가정을 배제해 버렸으므로, 여자들을 어떻게 했으면 좋을지 알 수 없게 된 플라톤은, 여자를 남자로 만들지 않으면 안되었던 것이다. 이 뛰어난 천재는 모든 것을 생각하였고, 모든 것에 대비했다. 그는 아무도 제시할 것을 생각지 못했을 이의(異議)에 대해서까지도 대비하고 있었다. 그런데 정작 제시된 이의에 대한 그의 대답은 잘못되어 있었다. 그가 말한 아내의 공유(共有)에 대해서는, 나는 아무 말도 하지 않겠다. 많은 사람들이 되풀이하고 있는 이 비난은, 그런 사람들이 플라톤을 전연 읽지 않았다는 사실을 증명하고 있다. 나는 어떤 곳에서나 남녀에게 같은 직무, 같은 일을 시켜, 도저히 참을 수 없

●여성의 겁은 임신 기간 중 겪는 이중의 위험을 막는 자연의 본능이다.

는 폐해를 발생시키고야마는 사회적 혼란에 대해서 이야기하는 것이다. 더 없이 부드러운 자연의 감정에 대한 파괴 행위에 대해서 말하는 것이다. 인위적인 감정은 자연의 감정에 의해서만 유지되는데도, 거기에서는 자연의 감정이 인위적인 감정을 위해 희생되고 있다. 자연의 기반 없이도 인습의 여러 유대 관계가 굳게 지켜질 수 있다는 말인가? 가까운 사람들에 대해서 가지는 사랑을 떠나서 국가에 대한 헌신이 이루어질 수 있다는 것인가? 작은 조국ㅡ그것은 가정인데ㅡ에 대한 애착 없이도 큰 조국에 대한 애국심이 생겨날 수 있단 말인가? 좋은 아들, 좋은 남편, 좋은 아버지가 좋은 시민이 되는 것이 아니란 말인가?

남자와 여자는 기질에서도 체질에서도 똑같이 만들어지지 않았고, 똑같이 만들어져서도 안된다는 것이 증명되었다면, 남자와 여자는 당연히 다른 교육을 받아야 한다. 남녀는 자연의 지시에 따라서 협력하여 행동하지 않으면 안되지만, 같은 일을 해서는 안된다. 즉, 일의 목표는 같지만 일 그 자체는 달라야 한다. 따라서 일을 진행시키는 방식도 다르다. 우리는 이제까지 자연의 남성을 만들어 내려고 노력해 왔다. 우리의 이 일을 미완성으로 끝내지 않기 위해서, 이번에는 자연의 남성에게 어울리는 여성은 어떤 식으로 키워져야 하는지를 보기로 하자.

바르게 인도되기를 원한다면 자연의 지시에 따라야 한다. 성(性)의 특징들은 모두 자연에 의해 결정된 것으로서 존중되어야 한다. 당신들은 늘 말한다. "여성에게는 우리 남성에게는 없는 이러이러한 결점이 있다."고. 당신들은 자신의 허영된 마음에 속고 있는 것이다. 그런 것은 당신들에게는 결점이 되겠지만 여성에게는 장점이 된다. 여성에게 당신들이 말하는 그 결점이 없다면 모든 일은 더 악화될 것이다. 그러니 그 결점이 사악으로 변질되지 않도록 하라. 그리고 그것을 파괴하지 않도록 조심하라.

여성 쪽에서도, "남성은 여성을 하찮은 것, 교태를 흩뿌리는 존재로 기르고 있다. 언제나 우리를 실없는 일에 몰두하게 하여, 한층 쉽게 주인의 지위에 머무르려 한다."고 끊임없이 푸념하고 있다. 여성은 우리가 비난하고 있는 결점을 우리의 탓으로 돌리고 있다. 이 얼마나 어리석은 짓인가. 대체 언제부터 남자가 여자들의 교육에 깊이 관여했단 말인가. 어머니가 마음대로 딸을 기르는 것을 누가 방해했는가. "딸들이 다닐 학교가 없다는 것은 정말 불행한 일이에요." 당치도 않은 소리다. 남자아이가 다닐 학교마저 없었다면 얼마나 다행한 일이었을까. 그렇다면 그들은 좀더 건전하고 도리에 맞는 교육을 받을 수 있을 것이다. 당신들의 딸들은 쓸데없는 일에 시간을 낭비하도록 강요받는 일이 있는가. 인생의 절반을 당신들을 본받아 몸차림에 낭비하는 따위의 일을 본의 아니게 해야 하는 일이 있는가. 당신들의 생각대로 그녀들을 가르치는 일을 대체 누가 방해한단 말인가. 우리가 그녀들이 당신들로부터 배운 재주에 매혹된다면, 그녀들이 아름답게 단장한 모습을 보고 좋아한다면, 그녀들로 하여금 한가한 때에 우리에게 그녀들이 남자를 정복하는 무기를 보여 주게 한다면, 그렇게 하는 것도 우리 남성의 죄란 말인가? 그렇다면 그녀들을 남자처럼 교육하라. 여자가 남자와 비슷해지면 비슷해질수록 남자를 지배할 수 없게 될 것이다. 그리고 그때에야말로 남자들은 진짜 지배자로 군림하리라.

양성(兩性)에 공통되는 모든 능력도 똑같은 정도로 분배되어 있지 않다. 그러나 전체로서 보면 공평하게 분배되어 있다. 여자는 여자로서 있을 때 그 가치가 더한 것이며, 여자가 남자에 가까워지면 그 가치는 떨어진다. 여자는 자신의 권리를 올바로 활용하는 한 언제나 유리한 입장에 있다. 그러나 남자의 권리를 빼앗으려 하는 한 반드시 남자의 아래에 머무르게 된다. 이 일반적인 진리에 대해서는 몇 가지 예외에 의해서밖에 반론할 수가 없다. 그것이 여성의 편을 드는 신사(?)들의 정해진 논법이다.

여성으로 하여금 남성의 장점이 되는 것을 배우도록 하여 여성 고유의 장점을 소홀히 하게 하는 것은 분명히 여성을 불리하게 하는 일이다. 약삭빠른 여성들은 충분히 그것을 간파하고 있으므로 그런 일에 속지 않는다. 그러한 여성은 남성의 특권을 손에 넣으려 하면서도 자신의 것을 버리려 하지 않는다. 그러나 그 두 가지 장점을 양립하여 활용할 수 없으므로 어느쪽도 완전히 손에 넣을 수가 없다. 따라서 여성은 자신의 지위보다도 낮은 곳에 머무르며, 더구나 남성의 지위에 머물 수는 없게 된다. 그리하여 자신의 가치만 절반으로 감소시키게 된다. 사려깊은 어머니여, 나의 말을 믿어 주기 바란다. 당신의 딸을 훌륭한 남성으로 만들려 하지 말라. 그것은 자연을 부인하는 행위이다. 당신의 딸을 훌륭한 여성으로 만들라. 그러면 그녀는 자신을 위해서도, 우리 남성에 대해서도 훨씬 가치 있는 사람이 될 것이 확실하다.

이것은, '여성은 어떤 일에 대해서도 무지(無知)하도록, 오직 가사(家事)의 임무만을 수행하도록 길러져야 한다.' 는 의미는 아니다. 여성이 남편의 하녀나 협력자에 그쳐서야 되겠는가? 남편이 아내의 가장 큰 매력과 동반자 의식을 무용(無用)한 것으로 만들려 하겠는가? 아내를 하녀로 계속 잡아 두기 위해, 아내가 무언가를 느끼거나 알거나 하는 것을 일체 방해하려 하겠는가? 아내를 완전한 자동 인형으로 만들려 하겠는가? 아니, 그렇지 않다. 자연은 그런 것을 명하지 않았다. 자연은 여성에게 그렇게도 기분 좋은, 그렇게도 섬세한 기지(機智)를 주지 않았는가? 오히려 자연은 여성이 사고하고, 판단하고, 사랑하고, 자신들의 몸은 물론 정신까지도 갈고 닦기를 바라고 있다. 자연은 여성으로 하여금 그들의 부족한 힘을 보완하고 남성의 힘을 올바로 인도하게 하기 위해, 이와 같은 무기들을 여성들에게 부여했다. 여성은 많은 것을 배우지 않으면 안된다. 단, 여성에게 합당한 지식만을 배워야 한다.

여성의 특별한 사명을 생각해 보아도, 여성의 성향을 관찰해 보아도, 그 의무를 고려해 보아도, 모든 것이 한결같이 여성에게는 여성에게 어울리는 교육 형태가 필요함을 제시해 준다. 여자와 남자는 서로 상대를 위해 태어났지만 그들의 상호 의존도는 같지 않다. 즉, 남자는 그 욕망에 의해 여자에게 의존하고 있으며, 여자는 그 욕망과 필요에 의해서 남자에게 의존하고 있다. 남자는 여자 없이는 살아갈 수 있을지 모른다. 그러나 여자가 남자 없이 살아가기란 매우 어려운 일이다. 여자는 남자의 도움 없이는, 남자의 선의(善意) 없이는, 남자의 존경심 없이는 삶의 목적을 달성할 수 없다. 다시 말해, 여자는 남자의 감정에 의존하며, 남자가 평가하는 그녀의 미덕의 가치에 의존하며, 남자가 그녀의 미덕과 미덕에 대해 갖는 생각에 의존한다. 자연은 여성으로 하여금 자기 자신과 자식들을 위해 모든 것을 남편의 처분에 내맡기게 했다.

여자는 가치를 지니는 것만으로는 부족하다. 그 가치를 인정받지 않으면 안된다. 아름다운 것만으로는 부족하다. 그 아름다움을 찬양받지 않으면 안된다. 미덕을 갖추기만 해서는 안된다. 그 미덕에 대해 존경받지 않으면 안된다. 여자의 명예는, 품행에만 달려 있는 것이 아니라 그에 대한 평가에 의해 결정되는 것이므로 남들로부터 천박하다는 평가를 받는다. 여자가 훌륭한 여자로 간주되는 일은 거의 없다. 남자는 자신만을 염두에 두기 때문에, 올바로 처신하는 경우 공중(公衆)의 판단을 무시할 수 있다. 그러나 여자는 올바로 처신하는 것만으로는 그 임무의 반밖에 수행하지 못한 것이며, 타인이 자기를 어떻게 생각하는가 하는 것도 실제로 그녀가 어떤 사람인가 하는 것에 못지않게 중요하다. 그러므로 이 점에서 여자의 교육법은 남자의 교육법과는 다르지 않으면 안된다. '사람들이 어떻게 생각할 것인가.' 하는 것은, 남성에게서는 미덕을 장사지내는 묘지가 되지만, 여성에게서는 여왕의 자리가 된다.

아이들의 건강한 체질은 무엇보다도 어머니의 건강에 의해 좌우되므로, 남자의 초기의 교육 또한 여자의 손에 달려 있는 셈이다. 다시 말해 남성의 윤리·정념·기호·즐거움·행복까지도 여성(어머니)의 교육에 의해 좌우된다. 그러므로 여성의 교육은 모두 남성에 관련시켜 생각하지 않으면 안된다. 남성을 즐겁게 해 주는 것, 쓸모 있고 남성에게서 사랑받고 존경받는 것, 남자가 어릴 때에는 기르고(어머니로서), 성인이 되면 보살펴 주고, 조언하고, 위로하고, 생활을 즐겁고 유쾌한 것으로 해 주는 것(아내로서), 이러한 것이 모든 시대에서 여성의 의무이며 아이 적부터 여성에게 가르치지 않으면 안 되는 일들이다. 이 원칙으로부터 멀리 벗어나면 벗어날수록 우리는 목표로부터 멀어지게 되고, 여성에게 주는 교훈은 여성 자신의 행복에도 우리 남성의 행복에도 전혀 도움이 되지 않게 된다.

여성이라면 누구나 남성의 마음에 들고 싶어하며 또 당연히 그래야겠지만, 뛰어난 남성, 정말로 호감이 가는 남성의 마음에 들고 싶어하는 것과, 여성의 흉내를 내어 남성의 명예와 여성의 명예를 동시에 더럽히는 멋쟁이 마네킹 같은 남자의 마음에 들고 싶어하는 것 사이에는 대단한 차이가 있다. 자연도 이성(理性)도 여성으로 하여금 여성 같은 남자를 사랑하게 할 수 없으며, 여성도 여자 같은 남성의 방법을 흉내냄으로써 남성에게 사랑받을 수는 없으리라.

따라서 여자가 자신의 성의 특징인 정숙한 태도를 버리고 그런 경박한 남자의 태도를 흉내낸다면, 그런 여성은 자기 본분에 따르지 않는 것일 뿐만 아니라 오히려 그것을 포기하는 것이 된다. 그것은 손에 넣고자 하는 권리를 자신에게서 빼앗는 셈이 된다. 여성들은 이렇게 말한다. "이런 식으로라도 하지 않으면, 남성들은 우리를 좋아하지 않겠지요." 그런 여성들은 뭔가 잘못 생각하고 있는 것이다. 바보만이 바보를 좋아하는 법이다. 그런 남자를 매혹시키고 싶어하는 여자는 자기 자신의 어리석음을 드러내 보일 뿐이다. 그렇게 어리석은 남자가 이 세상에 없다면, 그 여자는 서둘러 그런 남자를 만들어 낼 것임에 틀림없다. 남자가 어리석게 되는 것은 그들 자신의 책임이라가보다는 여자들의 책임이다. 참된 남성을 사랑하고 그런 남성의 마음에 들고 싶어하는 여성은 그 목적에 어울리는 방법을 사용한다. 여자는 그 본연의 직분으로 해서 교태를 보인다. 그러나 여자의 교태는 목표에 따라 그 형태와 대상을 바꾼다. 이들 목표를 자연의 목표에 맞추어 규제하기로 하자. 그렇게 하면 여성은 자기에게 어울리는 교육을 받게 된다.

태어난 지 얼마 안되는 여자아이도 몸을 단장하기를 좋아한다. 그 애는 예쁘다는 것만으로는 만족하지 않고 다른 사람들로부터 예쁜 아이라고 찬양받기를 원한다. 우리는 그들의 사소한 행위에서도 그러한 생각이 그들의 머릿속을 채우고 있다는 것을 알 수 있다. 여자아이가 사람들의 말을 이해할 수 있게 되면 우리는 곧 "사람들이 너에 대해 어떻게 생각하겠니?"라고 말해 줌으로써 여자아이를 지도할 수 있다. 그러나 만일 남자아이에게도 이 방법을 적용하려 한다면 그것은 매우 어리석은 짓이며, 여자아이에게서 얻은 효과와 같은 효과를 얻지는 못할 것이다. 사내아이들은 자유분방함과 무언가 재미있는 놀이감만 있으면 다른 사람들이 어떻게 생각할까에 대해서는 거의 신경을 쓰지 않는다. 남자아이를 이 법칙의 지배하로 이끄는 것은 세월이 하는 일이다.

여자아이들에 대한 이 초기 교육은 그것이 어떤 식으로 행해지든 그 자체만으로도 훌륭한 일이다. 육체의 탄생이 정신의 생성보다 앞서 행해지듯이 육체적 훈련은 정신의 수양보다 선행되지 않으면 안된다. 이것은 남녀 모두에게 공통된 사실이다. 그러나 남자아이의 육체적 훈련의 목적과 여자아이의 육체적 훈련의 목적은 서로 다르다. 남자아이들의 경우에는 육체적 훈련의 목적은 체력을 증가시키는 것이지만, 여자아이들의 경우에는 그 목적은 아름다움을 증가시키는 것이다. 그것은 이런 특질들이 남녀에게 특유한 것이어야 하기 때문이 아니라, 그들의 상대적인 가치가 서로 달라야 하기 때문이다. 여자는 어떤 일이든 우아하게 해낼 수 있을 정도의 힘을 갖고 있어야하며, 남자는 어떤 일이든 쉽게 해낼 수 있을 정도의 재능을 갖추어야 한다.

여자의 지나친 연약함은 남자를 나약한 인물로 이끈다. 그렇다고 해서 여자가 남자만큼 건장해야 한다는 것은 아니지만, 그들이 자식들을 위해 건강하지 않으면 안된다. 이 점에서는, 여자아이는 수녀원이나 기숙사에 들어가 있는 편이 집에 머물러 있는 것보다 바람직하다. 왜냐하면 수녀원이나 기숙사에 있는 여자아이는 훌륭한 음식은 먹지 못하지만 야외나 정원에서 뛰놀며 여러 가지 게임을 즐길 수 있는 기회가 많지만, 집안에만 쳐박혀 있는 여자아이는 항상 어머니의 감시하에 있으며 숨막히는 방에서 생활하게 되기 때문이다. 이런 여자 아이는 일어서는 일도, 걷는 일도, 말하는 일도, 숨을 쉬는 일도 자유롭게 하지 못하며, 마음껏 뛰놀고 외치고 해야 할 나이임에도 불구하고 그렇게 쾌활해질 수 있는 기회가 없으며, 지나친 보살핌과 그릇된 엄격함 속에 놓여 있고, 합당한 것이라곤 하나도 없다. 그리하여 여자아이의 육체와 정신은 모두 파괴되는 것이다.

스파르타에서는 소녀들은 소년들과 똑같이 병정놀이를 했다. 그러나 그것은 전쟁터에 나가기 위해서가 아니라 장래의 전쟁의 고통에 견딜 수 있는 아들을 낳기 위해서였다. 그렇다고 내가 그것을 찬양하려는 것은 아니다. 국가에 병사를 제공하기 위해서는, 어머니가 총을 메거나 프러시아식 훈련을 받을 필요는 없다. 그러나 신체 단련의 측면에서는 그리스인들이 매우 현명했다고 나는 생각한다. 소녀들은 소년들과 함께가 아니라 그들끼리만 별도의 그룹을 지어 자주 대중 앞에 모습을 나타내곤 했다. 축제가 있거나 제물을 바치거나 의식을 행할 때에는 거의 언제나 그 지방 유지들의 딸들이 머리에 꽃을 장식하고 바구니와 꽃병·제물 등을 손에 들고 노래를 부르며 그리스인들의 거친 감정에 매혹적인 광경을 펼쳐 보여 주었던 것이다. 이 관습이 그리스 남성들에게 어떤 영향을 주었든, 그것은 건전한 훈련에 의해 그리스 여성들에게 건강한 체질을 주는 즐겁고 뛰어난 방법이었으며, 또한 나쁜 풍습에 물들지 않고 타인을 즐겁게 해 주고자 하는 끊임없는 욕구에 의해 여성의 취미를 연마하고 기르는 뛰어난 방법이었다.

그리스 여자들은 일단 결혼하면 대중 앞에 모습을 나타내는 일이 없었다. 그들은 집안에 들어앉아 가사(家事)와 가족들의 시중에만 매달렸다. 이것이야말로 자연과 이성(理性)이 여성에게 명한 삶의 방법인 것이다. 이러한 어머니들에게서 이 세상에서 가장 건강하고 가장 강하고 가장 체격이 좋은 남자들이 태어났던 것이다. 그리고 악평을 듣는 몇몇 섬들을 제외하고는 이 세계의 모든 여성들 중에서 고대 그리스 여성만큼 현명하고 매력적이고 아름답고 덕망 있는 여성들은 없었으며, 심지어 로마 여성들조차도 그들에 이르지는 못했다.

잘 알려져 있는 바와 같이, 몸에 꼭 달라붙지 않는 그들의 풍성한 옷은, 그리스의 남자와 여자들에게, 그들의 조상(彫像)에서 볼 수 있는 것과 같은 훌륭한 균형을 부여했다. 그 원형은 너무도 일그러져 있어 이미 우리들 사이에서는 볼 수 없음에도 불구하고 그것들은 오늘날까지도 예술의 표본이 되고 있다. 마치 압착기처럼 우리의 손발을 죄고 있는 수많은 고딕풍의 속박물(장식품)들을 그리스인들은 몸에 붙이지 않았으며, 오늘날 여성들의 몸매를 드러내는, 아니 일그러뜨리는 고래뼈를 넣은 코르셋 따위를 그리스 여성들은 알지조차 못했다. 코르셋은 영국에서는 믿을 수 없을 만큼 남용되고 있는데 이러한 남용은 조만간 인간을 퇴화시킬 것으로 내게는 생각되며, 이러한 코르셋으로 매력을 증가시키려 하는 것은 가장 나쁜 취미라고 생각한다. 마치 말벌처럼 몸이 둘로 나누어진 여자의 모습을 보는 것은 결코 즐거운 일이 아니기 때문이다. 그런 모습은 눈에 거슬릴 뿐만 아니라 상상하기조차 싫기 때문이다. 허리가 날씬한 것에도 다른 모든 것과 마찬가지로 균형과 적절함의 한계가 있으며, 그 한계를 벗어나게 되면 날씬한 허리는 오히려 결함이 되는 것이다. 이 결함은 나체 상태에서 더욱 두드러지게 나타날 것이다. 그러한 옷차림을 했다고 해서 아름다워질 수 있겠는가?

나는 여자들이 왜 그토록 고집스럽게 몸을 죄려고 하는지 그 이유를 따지고 싶은 생각은 없다. 20세의 여성의 경우 볼품없는 몸매, 굵은 허리 등은 확실히 매우 흉한 모습이다. 그러나 30세의 여성의 경우에는 그런 것은 그다지 눈에 거슬리지 않는다. 우리는 항상 우리의 나이에 따라 자연이 우리를 만드는 대로 될 수밖에 없으며, 따라서 남성의 눈을 속일 수 없다. 어떤 연령에서든 그러한 결함들은 40세가 되어 소녀 티를 내려는 어리석음보다는 불쾌감을 덜 불러일으킨다.

자연을 속박하고 억누르는 것은 모두 나쁜 취미에 속한다. 그것은 정신을 장식하는 것에서와 마찬가지로 몸을 장식하는 것에서도 사실이다. 생명·건강·상식·안락함이 무엇보다도 선행되어야 한다. 왜냐하면 불안함 속에는 우아함이 깃들 수 없으며, 무기력한 것은 결코 세련된 것이 아니며, 건강이 나쁜 상태 속에는 매력이 있을 수 없기 때문이다. 즉, 고통스러워하는 모습은 동정심을 불러일으키지만, 즐거움과 기쁨은 건강의 싱싱함을 요구하는 것이다.

남자아이들과 여자아이들은 여러 가지 놀이를 함께 하는데 그것은 당연한 일이다. 그리고 그들은 어른이 된 후에도 함께 놀이를 하는 것이 아닐까? 또한 그들은 각기 그들 자신의 고유한 취미를 갖고 있다. 남자아이들은 활동적이고 소란한 것, 즉 북, 팽이, 장난감 마차 등을 좋아하며, 여자아이들은 눈을 즐겁게 하는 것, 장식으로 사용될 수 있는 것, 즉 거울, 보석, 아름다운 장식품, 그리고 특히 인형을 더 좋아한다. 인형은 여자아이들 특유의 장난감이다. 이것은 여자아이들이 평생 해야 할 일에 대한 여자아이들의 본능적 성향을 나타내는 것이다. 타인의 마음에 드는 기술의 물리적인 기초는 몸치장에 있으며, 그 기술의 이 물리적 측면은 어린아이가 배울 수 있는 유일한 것이다.

여기 하루 종일 인형을 가지고 바쁘게 놀고 있는 어린 소녀 하나가 있다. 그녀는 인형에게 끊임없이 옷을 입혔다가는 다른 옷으로 바꿔 입힌다. 그녀는 옷이 인형에게 잘 어울리건 어울리지 않건 끊임없이 인형의 새로운 몸치장을 계속한다. 손가락 놀림도 서툴고 심미안도 미숙하지만, 그녀의 열성은 흐트러짐이 없다. 이 끝없는 놀이를 하고 있는 동안 시간은 재빨리 지나간다. 그러나 그녀는 시간의 흐름을 전혀 의식하지 못하며 식사하는 것조차 잊고 있다. 그녀는 먹는 것보다 몸치장하는 것에 더 열심인 것이다. 당신들은, "그러나 그 아이는 인형에게 옷을 입히고 있는 것이지 자신의 몸치장을 하고 있는 것은 아니지 않는가?"라고 말할 것이다. 분명 그렇다. 그 아이에게는 자기 자신은 보이지 않고 인형만이 보인다. 즉, 그 아이는 자기 자신을 위해

서는 아무것도 할 수 없는 것이다. 그 아이는 아직 교육받은 일도 없으며 재
능도 체력도 없다. 그녀 자신은 아직 아무것도 아니기 때문에 그녀는 자기의
인형에 몰두하고 있으며, 그녀의 모든 교태를 자기의 인형에 쏟는 것이다.
그러나 이런 일은 언제까지나 계속되지는 않을 것이다. 왜냐하면 이윽고 그
녀 자신이 그녀의 인형이 될 때가 올 것이기 때문이다.

　여기서 우리는, 이 여자아이에게 아주 일찌감치 그리고 매우 분명하게
나타난 성향을 볼 수 있다. 당신들은 그 성향을 따르고 그 성향을 연마해 주
기만 하면 되는 것이다. 그 어린 소녀가 가장 분명하게 요구하는 것은, 그녀
의 인형에게 옷을 입히고 나비 리본을 달아 주고 목도리를 해 주고 허리띠를
매어 주고 레이스를 달아 주는 것이다. 그녀는 이러한 모든 일을 하는 데 다
른 사람들의 도움에 의존하고 있다. 그러나 만일 그녀 자신이 그것을 할 수
있게 되면 그것은 더 큰 즐거움이 될 것이다. 여기에 그 어린 소녀의 최초의
교육의 동기가 있는 것이다. 그 최초의 교육이란 그 아이에게 일을 규정해
주는 것이 아니라 그의 기호에 내맡겨 두는 것이다. 어린 소녀들은 읽고 쓰
는 것을 배우는 것은 싫어하지만 바느질하는 법을 배우는 것은 좋아한다. 그
들은 자신을 어른이라고 생각하고는 상상 속에서 자기의 지식을 자신의 치
장을 위해 사용하고 있는 것이다.

　일단 그러한 길이 열리기만 하면 그 길을 따라가는 것은 쉬운 일이다.
즉, 재봉하고 수를 놓고 레이스를 만드는 일은 저절로 할 수 있게 된다. 그러
나 색무늬 수단(繡緞)을 만드는 일은 대체로 그렇지 않으며 가구를 만드는
일도 그 아이의 취미와는 거리가 멀다. 그것은 사람과는 아무런 관계도 없으
며 인습적인 취미에 의해 좌우되는 것이다. 색무늬 수단은 성인 여성이 좋아
하는 것이며 어린 소녀들은 좋아하지 않는다.

　이 자발적인 과정은 옷에 대한 취미와 인접하게 관련되어 있는 그림 그
리기에까지 쉽게 발전해 간다. 그러나 나는 그들에게 풍경화를 배우게 하고
싶지는 않으며 인물화는 더욱 그러하다. 나뭇잎, 과일, 꽃, 옷의 주름, 그리고

복장의 액세서리를 위한 우아한 마름질, 자기 기호의 형태를 찾지 못했을 경우 그녀로 하여금 스스로 자신의 수를 도안할 수 있게 하는 것, 그것으로 충분하다. 일반적으로 말해서, 만일 인간의 공부를 유용한 것에만 국한시키는 것이 바람직하다면, 그것은 여성에게는 더욱 필요하다. 왜냐하면 여성의 생활은 비록 남성의 생활보다 힘이 덜 드는 것이기는 하지만, 가족들을 세심하게 보살펴야 하고 여러 가지 잡다한 일이 많으므로, 여성이 그 의무들을 소홀히 하고 무언가 한 가지 재능에 전념하는 것은 허용되지 않기 때문이다.

비난하기 좋아하는 사람이 뭐라 말을 하든 양식(良識)은 남녀 모두에게 있다. 여자아이는 일반적으로 남자아이보다 순종적이며, 후에 설명하겠지만 보다 많은 권위에 복종하지 않으면 안된다. 그러나 이것은 그녀들이 까닭도 알 수 없는 일을 강요받아야 하는 이유는 되지 못한다. 어머니의 기술은 그 아이들이 명령받은 모든 일의 유익함을 그 아이들에게 가르쳐 주는 데 있으며 그것은 쉬운 일이다. 왜냐하면 여자아이의 지능은 남자아이의 지능보다 조숙하기 때문이다. 이 원칙은 남자아이와 여자아이 모두로부터 가치 있는 결과를 초래하지 못하는 공부, 아무런 매력조차 증가시키지 못하는 공부뿐만 아니라 설사 가치가 있다 하더라도 그 가치가 그 나이 때에는 쓸모가 없고 후년에나 쓸모가 있는 공부까지도 추방시킨다. 나는 여자아이에게는 물론이고 남자아이에게도, 그들이 독서의 유익함을 알 수 있을 때까지는 독서를 가르치는 것을 반대한다. 왜냐하면 일반적으로 우리는 독서의 유익을 아이들에게 설득하는 데 그 아이들의 생각보다는 우리 자신의 생각을 중요시하기 때문이다. 어린 소녀가 읽고 쓰는 법을 배워야 할 이유가 무엇인가? 어린 소녀가 살림이라도 꾸려가야 한단 말인가? 여자아이들의 대부분은 이 치명적인 지식을 악용한다. 그리고 여자아이들은 호기심이 지나치게 강하기 때문에 강요하지 않아도 그것을 배우게 된다. 여자아이가 무엇보다도 먼저 배워야 할 것은 산수이다. 왜냐하면 산수만큼 유익한 것은 없으며, 또한 계산하는 것만큼 많은 연습을 필요로 하고 틀리기 쉬운 것은 없기 때문이다.

산수 공부를 하지 않는 경우 간식으로 버찌를 주지 않으면 여자아이는 곧 계산하는 법을 배우게 될 것이다.

나는 읽기보다 쓰기를 먼저 배운 여자아이를 알고 있다. 그 아이는 바늘로 쓰기 시작했다. 처음에는 그 아이는 0이라는 글자만을 쓰곤 했다. 그 여자아이는 언제나 여러 종류의 크고 작은 0을 그렸으며, 큰 0 속에 작은 0을 그리기도 했다. 그러나 그 아이는 항상 반대로 썼다. 어느 날 그 유익한 일을 하고 있던 도중 불행하게도 그 아이는 거울에 비친 자기의 모습을 보았다. 그 아이는 거울에 비친 자기의 모습이 아름답지 않다고 생각하고는 미네르바(Minerva)[4]처럼 펜을 내던지고는 그후 0을 쓰려 하지 않았다. 그 여자아이의 남동생은 글씨쓰기를 좋아하지 않았다. 그러나 그가 싫어한 것은 글씨쓰기가 아니라 꼼짝 않고 있어야 하는 속박이었다. 그 여자아이는 다음과 같은 방법으로 글씨쓰기를 계속하게 되었다. 그 여자아이는 성미가 까다롭고 자존심이 강했으므로 언니들이 자기의 옷을 입는 것을 싫어했다. 그리하여 처음에는 그 아이의 옷들에 표지를 해 주었지만 얼마 후부터는 더 이상 표지를 해 주지 않았다. 그러자 그녀는 스스로 자기의 옷들에 표지를 하는 법을 배우지 않으면 안되었다. 그 다음의 이야기는 계속할 필요가 없을 것이다.

당신의 어린 딸에게 명령하는 경우에는 반드시 그 일을 해야 하는 이유를 설명해 주라. 그리고 어린 소녀를 항상 바쁘게 만들라. 왜냐하면 게으름과 불복종은 매우 위험한 결점이며, 일단 그런 버릇이 생기게 되면 고치기가 매우 어려운 결점이기 때문이다. 여자아이들은 세심해야 하며 부지런해야 한다. 그러나 그것만으로는 충분치 않다. 여자아이들은 일찍부터 속박에 익숙해지지 않으면 안된다. 만일 그것이 불행이라면 여성에게는 타고난 불행이므로 그들이 이 불행으로부터 도망치려 한다면 필연적으로 더 큰 불행을 당하게 된다. 여성은 전 생애 동안 엄격함과 심한 속박·예절 속에서 살아야

---

4) 로마 신화에서의 학문·기예(技藝)의 여신.

한다. 그러므로 여자아이들은 무엇보다도 먼저 속박을 참고 견디도록 훈련되어야 하며, 그렇게 되면 그들은 속박을 고통으로 느끼지 않게 되며, 멋대로 행동하지 않고 다른 사람들의 뜻에 복종할 수 있게 된다. 만일 그들이 항상 일하기를 열망하면 때때로 강제로라도 그들이 아무 일도 하지 않도록 해야 한다. 그들의 무분별하고 부주의한 어린이와 같은 결점들은 방탕·경박·변덕 등으로 발전하기 쉽다. 그것을 방지하기 위해서는 무엇보다도 자제하는 것을 그들에게 가르쳐야 한다. 오늘날의 무분별한 상태하에서는 훌륭한 여성의 생활은 자기 자신과의 끊임없는 싸움이다. 왜냐하면 남성을 불행하게 만든 여성이 그 불행 중 자기의 몫을 참고 견디어야 하는 것은 당연하기 때문이다.

　　당신의 어린 딸들이 그들의 일에 싫증을 내고 그들의 놀이에 홀려 버리는 일이 없도록 하라. 오늘날의 일반적인 교육 방법하에서는 때때로 그런 일이 일어나며, 페늘롱(Fénelon)이 말한 것처럼, 거기에서는 한쪽(일)은 지긋지긋하기만 하고 다른 한쪽(놀이)은 재미있기만 하게 된다.[5] 만일 앞에서 말한 규칙들이 수반된다면 이 위험들 중 첫번째 위험은, 그 여자아이가 자기 주위의 사람들을 싫어하지 않는 한 피할 수 있을 것이다. 자기의 어머니나 자기의 친구들을 좋아하는 어린 소녀는 하루 종일 싫증을 내지 않고 그들의 곁에서 일할 것이며, 재잘거리며 이야기하는 것만으로도 자유를 잃은 것을 보상할 것이다. 그러나 만일 그 아이의 어머니나 친구들이 그 아이의 마음에 들지 않는다면, 그들의 눈앞에서 하는 일들도 또한 모두 싫어질 것이다. 자기의 어머니와 함께 있는 것을 싫어하는 아이들이 장래 훌륭한 성인이 된다는 것은 매우 어려운 일이다. 어린아이들의 참된 감정을 알기 위해서는 그 아이들의 말만을 믿지 말고 그들을 잘 관찰해야 한다. 왜냐하면 어린아이들

---

5) Fénelon(1651~1715)은 프랑스의 성직자·문학가·사상가이며, 이 말은《여성 교육론》(1687) 제5장에 들어 있음.

은 알랑거리고 속이기 잘하며 자신의 생각을 감추는 법을 쉽게 배우기 때문이다. 그 아이들에게 어머니를 사랑하라고 명령해서도 안된다. 애정은 의무로부터 생겨나는 것도 아니고, 강요한다고 생겨나는 것도 아니기 때문이다. 계속적인 접촉, 끊임없는 관심만이 그 아이로 하여금 어머니를 사랑하게 할 것이다. 자기의 어린 딸에 대한 어머니의 속박도 잘 행해지기만 하면, 어머니에 대한 그 아이의 애정을 감소시키기는커녕 오히려 증가시킨다. 왜냐하면 여성은 복종하도록 만들어져 있으며, 여자아이들 자신도 자기들이 복종하도록 만들어졌다는 것을 느끼고 있기 때문이다.

여자아이들은 거의 자유를 갖고 있지 못하며, 또 그래야 한다는 바로 그 이유 때문에 그들이 갖고 있는 얼마 안되는 자유에 완전히 탐닉하기 쉽다. 그리하여 그들은 무슨 일에서든 극단으로 달리며 놀이에도 남자아이들보다 훨씬 더 열중한다. 이것이 내가 앞에서 말한 두 번째 어려움이다. 이 열정은 항상 저지되어 있지 않으면 안된다. 왜냐하면 그것은 여성들 사이에서 흔히 발견되는 몇몇 악덕의 원인이기 때문이다. 예컨대 여성으로 하여금 오늘은 이것에 열중하게 하고 내일은 이미 그것은 거들떠보지도 않게 하는 저 변덕도 여성들 사이에서 볼 수 있는 악덕 중의 하나이다. 이 변덕스러움은 극단과 마찬가지로 위험한 것이며, 이 두 가지는 모두 동일한 원인에서 생겨난다. 여자아이들에게서 즐거움, 웃음, 떠들어대는 것, 떠들썩한 장난을 빼앗아서는 안된다. 그러나 그들이 어떤 놀이에 싫증을 느껴 다른 놀이로 옮아가게 해서는 안된다. 그들을 한순간도 속박에서 벗어나게 해서는 안된다. 그들의 놀이를 도중에 중단하고 다른 일을 하게 해도 아무런 불평도 하지 않도록 훈련시켜 그런 습관을 붙여 주어야 한다.

이 습관적인 속박에 의해 일생을 통해 여성에게 필요한 온순함이 길러진다. 왜냐하면 여성은 항상 남성이나 남성의 판단에 복종해야 하며, 남성의 견해를 꺾고 자기 자신의 견해를 주장하는 일이 허용되어 있지 않기 때문이다. 여성에게 가장 필요한 것은 온유함이다. 여성은 불완전하기 짝이 없는 남성이라는 존재, 때때로 악덕으로 가득 차 있고 항상 결점투성이인 남성이라는 존재에 복종하도록 만들어졌으므로 일찍부터 부정(不正)에 복종하는 것을 배워야 하며, 남편의 부당한 잘못도 아무런 불평 없이 참고 견디는 것을 배워야 한다. 여성은 남성을 위해서가 아니라 자기 자신을 위해 온유하지 않으면 안된다. 여성의 불평과 완고함은 항상 자신의 고통과 남편의 악행을 증가시킬 뿐이다. 남편은 여성이 그러한 무기로는 자기에게 대항할 수 없다는 것을 알고 있다. 하늘이 여성을 매력적이고 설득력 있는 존재로 만든 것은 그들이 혹독해지도록 하기 위해서가 아니며, 그들을 온유한 존재로 만든 것은 그들이 지배력을 추구할 수 있도록 하기 위해서가 아니며, 그들에게 부드러운 목소리를 준 것은 그들로 하여금 거친 말을 하게 하기 위해서가 아니며, 그들에게 아름다운 얼굴을 준 것은 분노로 얼굴을 찡그리게 하기 위해서가 아니다. 여성은 화를 내면 자기 자신을 잃어버린다. 때로는 여성은 불평해야 할 정당한 이유를 갖고 있는 경우도 있다. 그러나 어떤 경우라도 여성이 불평하는 것은 잘못이다. 남성과 여성은 각기 자기의 성(性)에 어울리는 태도를 취하지 않으면 안된다. 지나치게 온유한 남편은 아내를 건방진 여자로 만들기 쉽다. 그러나 남편은 그가 완전한 괴물이 아닌 한 결국 아내의 온유함에 굴복하게 되어 승리는 아내의 것이 된다.

딸들은 항상 순종적이어야 한다. 그러나 어머니들은 항상 엄격해서는 안된다. 어린 딸을 순종적으로 만들기 위해 당신의 딸을 불행하게 만들어서는 안되며, 어린 딸을 겸손하게 만들기 위해 그녀에게 무섭게 해서는 안된다. 오히려 그녀의 불복종에 대한 벌을 피하기 위해서가 아니라 복종의 필연성을 면하기 위해 때때로 그녀가 약간의 기교를 부리는 것을 허락해 주어도 괜찮을 것이다. 그녀의 종속 상태를 그녀의 불쾌로 만들 필요는 없다. 그녀가 자기가 종속되어 있다는 것을 알면 그것으로 충분한 것이다. 교활함은 자연이 여성에게 준 선물이다. 그러므로 우리의 모든 자연적인 성향은 올바른 것이라고 생각하고 있는 나는 여성의 그러한 재능도 다른 재능들과 마찬가지로 계발되어야 한다고 생각한다. 다만 필요한 것은 그 재능이 남용되지 않도록 경계하는 것이다.

이러한 고찰의 진실성에 대해서는 나는 모든 성실한 관찰자의 검토에 맡기고자 한다. 이 점에 관해서는 나는 성인 여성을 살펴보는 것에는 찬성할 수 없다. 왜냐하면 오늘날의 속박적인 제도는 그들에게 그들의 기지(機智)를 날카롭게 하도록 강요할 수도 있기 때문이다. 오히려 소녀들을 살펴보는 것이 좋으리라. 소녀들을 그들과 같은 나이의 소년들과 비교해 보라. 그러면 당신은 분명 소년들이 소녀들보다 우둔하고 어리석고 바보처럼 보인다는 것을 알게 될 것이다. 만일 그렇지 않다면 내가 크게 잘못을 저지르고 있는 것이다. 여기서 아이들의 소박함의 한 예를 들어 보기로 하겠다.

일반적으로 아이들은 식탁에서 무엇인가 먹고 싶은 것을 요구하지 못하도록 금지되어 있다. 왜냐하면 어른들은 무익한 계율로 아이들을 억누르는 것보다 아이들의 교육에 더 좋은 방법은 없다고 생각하고 있기 때문이다. 어른들은 아이들이 원하는 것을 즉시 주거나 즉시 거절하지 않고,* 가엾은 아이들이 기대로 인해 고통을 받게 한다. 우리는 이러한 규칙을 지키도록 강요받고 있던 어떤 소년이 식탁에서 무시되고 있을 때 사용한 교묘한 방법을 알고 있다. 나는 그 소년이 직접적으로는 소금을, 간접적으로는 고기를 달라고 말했다고 해서 사람들이 그를 꾸짖을 것이라고는 생각지 않는다. 그 소년이 무시되고 있었던 것은 매우 잔인한 일이었으며, 설사 그가 솔직하게 "나는 배가 고파요."라고 말함으로써 그 규칙을 깨뜨렸다 하더라도, 그것이 벌을 받을 일이라고는 나는 생각지 않는다. 그러나 여섯 살의 소녀가 이렇게 한 것을 나는 보았다. 그 아이는 훨씬 더 곤란한 상황에 놓여 있었다. 왜냐하면

● 집요하게 조르면 무언가 얻는 것이 있기 때문에 아이들은 집요하게 조르는 것이다. 그런데 최초의 반응을 절대로 취소하지 않으면, 아이가 같은 것을 반복하여 조르는 일은 결코 없을 것이다.

그 아이는 직접적으로든 간접적으로든 무언가를 요구하는 것은 엄격하게 금지되어 있었을 뿐만 아니라, 한 가지 요리를 제외하고는 다른 요리들은 모두 맛보았기 때문이었다. 그녀는 규칙을 지키지 않으면 용서받기 어려웠다. 그러나 그 요리를 그녀에게 주는 사람은 아무도 없었다. 그녀는 그것이 먹고 싶어 견딜 수가 없었다. 그래서 그녀는 명령을 지키지 않았다고 야단을 맞지 않으면서 사람들에게 자기의 욕구를 인식시키기 위해 모든 접시들을 하나하나 가리키면서 큰소리로, "나 이것은 먹었어. 이것도 먹었어." 하고 말했다. 그리고는 자기가 먹지 못한 요리에 대해서는 모두가 알 수 있도록 아무 말도 하지 않고 그냥 지나쳤다. 그때 누군가가 그것을 알아채고는 "이것은 먹었니?" 하고 그녀에게 물었다. 그 소녀는 부드러운 목소리로 "아니오."라고 대답하고는 눈을 감았다. 이상의 예들은 어린 소년과 소녀의 교묘함의 전형적인 예이다.

현존하는 것은 선(善)이며 모든 일반적인 법칙은 악(惡)일 리가 없다. 여성들이 부여받은 이 특별한 재능은 힘의 부족에 대한 정당한 보상이다. 왜냐하면 만일 여성에게 그런 재능이 없다면 여성은 남성의 반려자가 아니라 노예가 되어 버릴 것이기 때문이다. 여성은 그런 뛰어난 재능에 의해 비로소 남성과 동등한 지위를 유지하고, 남성에게 복종하면서도 남성을 지배하는 것이다. 남성의 결점, 여성의 나약함과 겁 많음 등 모든 것이 여성에게는 불리하다. 여성에게 유리한 것은 여성이 갖고 있는 아름다움과 교활함뿐이다. 그러므로 여성이 그들의 아름다움과 교활함을 가꾸는 것은 지극히 당연한 일이다. 그러나 아름다움은 불변의 것이 아니다. 아름다움은 여러 가지 사고에 의해 사라질 수도 있으며, 나이를 먹음에 따라 사라져 가기도 하며, 또 습관이 아름다움의 효력을 파괴하기도 하기 때문이다. 그러므로 여성의 참된 재산은 기지(機智) — 사교계에서는 높이 평가되고 있으나 행복한 삶을 위해서는 아무런 쓸모도 없는 저 어리석은 기지가 아니라 여성의 입장에 적합한 기지, 즉 남성의 입장으로부터 이익을 끌어내고 남성 자신의 힘을 이용하여 남성을 조종하는 기술―뿐이다. 여성의 이러한 기지는 말할 필요도 없이 우리 남성에게도 매우 유익한 것이다. 여성의 기지는 남녀의 교제에 얼마나 큰 매력을 제공하며, 성미가 까다로운 아이들을 얼마나 잘 누그러뜨려 주며, 난폭한 장면을 얼마나 잘 진정시키는가? 만일 여성의 기지가 없다면 가정에서는 싸움이 그치지 않을 것이다. 그러나 여성의 기지가 있음으로 해서 가정은 행복한 장소이다. 이 능력이 교활하고 악의에 찬 사람들에 의해 악용되고 있음을 나는 알고 있다. 그러나 사악한 사람들에 의해 악용되지 않는 것은 아무것도 없지 않은가? 사악한 자들이 때때로 행복의 수단을 악용하여 우리를 해친다고 해서 우리가 그 행복의 수단을 파괴해 버릴 수는 없는 것이다.

몸치장은 사람들의 눈을 끌 수는 있다. 그러나 사람들의 마음을 끄는 것은 인간 그 자신이다. 우리의 몸치장은 우리들 자신이 아니다. 지나친 몸치장은 때때로 불쾌감을 불러일으키며, 가장 눈에 띄지 않는 몸치장이 사람들의 눈을 가장 잘 끄는 경우가 있다. 이 점에서 여자아이들의 교육은 완전히 잘못되어 있다. 사람들은 여자아이들에게 상(賞)으로 장식품들을 약속하며, 그 아이들은 사람들에게서 정교한 몸치장에서 즐거움을 느끼도록 교육을 받는다. 여자아이가 매우 아름다운 옷을 입고 있으면 사람들은 "저 아이 좀 봐. 어쩜 저렇게 예쁠까!"라고 말한다. 오히려 사람들은 여자아이들에게 몸치장은 결점을 감추기 위한 것일 뿐이며, 아름다움의 참된 승리는 스스로 빛나는 것이라는 것을 가르쳐 주어야 한다. 유행을 좋아하는 것은 훌륭한 취미와는 정반대되는 것이다. 왜냐하면 얼굴은 유행과 더불어 변하는 것이 아니며, 인간 그 자체는 변하는 것이 아니므로, 한때 그것에 잘 어울리는 것은 항상 잘 어울릴 것이기 때문이다.

젊은 소녀가 작은 공작처럼 화려하게 몸치장을 하고 있는 모습을 보면, 나는 그토록 변장된 그녀의 모습에 대해 불안해 할 것이며, 사람들이 그녀에 대해 어떻게 생각할까 하고 불안해 할 것이다. 그리고 나는 이렇게 말할 것이다. "저 아이는 지나친 몸치장을 했군. 딱한 일이야! 좀더 간소한 몸치장을 할 수도 있었을 텐데. 저토록 몸치장을 하지 않아도 저 아이는 매우 아름답지 않은가?"라고. 어쩌면 그녀 자신은 우리에게 장식품을 없앤 자신을 보아줄 것을 요구할지도 모른다. 그 경우 그녀의 아름다움은 당연히 받아야 할 칭찬을 받게 될 것이다. 나는 그녀가 간소한 옷차림을 하고 있을 때가 아니면 결코 그녀를 칭찬하지 않을 것이다. 만일 그녀가 훌륭한 옷은 몸의 아름다움을 보충하는 것에 지나지 않는 것으로 생각한다면, 그리고 그녀가 몸치장의 도움을 필요로 한다는 것에 대한 무언의 고백으로 생각한다면, 그녀는 자기의 몸치장을 자랑스러워하지 않을 것이며 오히려 부끄러워할 것이다. 그리고 만일 그녀가 평상시보다 아름답게 몸치장을 하고 있을 때 어떤 사람으로부터 "정말 예쁘구나!"라는 말을 듣게 되면 그녀는 수치로 인해 얼굴을 붉힐 것이다.

물론 장식품을 필요로 하는 사람들도 있다. 그러나 그들에게도 값비싼 장식품이 필요한 것은 아니다. 사치스런 옷차림은 개인의 어리석음이라기보다는 부류(class)의 어리석음이다. 그것은 인습적인 것에 지나지 않는다. 순수한 교태는 때때로 존중되는 일이 있지만 호사스런 교태는 결코 그렇지 않다. 주노(Juno)는 비너스(Venus)[6]보다 훌륭한 옷을 입고 있었다. 아펠레스(Apelles)는 보석으로 잔뜩 치장된 헬레네(Helen)[7]의 모습을 그리고 있던 서툰 화가에게 "자네는 그녀를 아름답게 그릴 수 없기 때문에 그녀를 화려한 모습으로 그리고 있는 것일세."라고 말했다. 나는 또한 가장 화려한 옷은 가장 못난 여자들의 상징임을 알았다. 왜냐하면 그보다 더 큰 어리석음은 없기 때문이다. 만일 어떤 젊은 소녀가 훌륭한 취미와 유행을 경멸한다면 그녀에게 아무런 다이아몬드도 장식도 레이스도 달리지 않은 리본이나 모슬린, 한

---

6) 주노(헤라)는 최고의 신인 쥬피터(제우스)의 비(妃). 비너스(아프로디테)는 사랑의 여신.

7) 알렉산드리아의 클레멘스(헬레니즘 시대의 학자. 150~211년경)의 저작 《교육자(敎育者)》 제2권 12에 의한다. 헬레네는 트로이 전쟁의 구실이 된 미인.

다발의 꽃을 주어 보라. 그러면 그녀는 뒤샤프트(La Duchapt)[8] 가게의 아름다운 옷들보다 백 배나 더 훌륭한 옷을 만들어 입을 것이다.

좋은 것은 항상 좋은 것이다. 그리고 당신이 항상 최선의 상태로 보여야 하듯이, 옷치장에 대해 잘 아는 여성들은 좋은 스타일을 선택하며 그 스타일을 지킨다. 그리고 그들은 항상 그들의 스타일을 바꾸지 않으므로, 어느 한 가지 스타일을 지키지 못하는 여자들보다 옷에 대해 적게 관심을 가진다. 옷에 대한 참된 욕망은 화려한 몸치장을 요구하지 않는다. 젊은 소녀들은 많은 시간을 소비하는 일이 거의 없으며, 바느질과 공부로 하루를 보낸다. 그러나 그들은 연지를 바르지 않았음에도 불구하고 대체로 나이가 든 여자들에 뒤떨어지지 않을 만큼 훌륭한 옷차림을 하고 있으며, 때로는 그들보다 더 훌륭한 심미안을 나타내기도 한다. 지나친 몸치장의 참된 원인은 사람들의 일반적인 견해와는 반대로, 허영에 있지 않고 할 일이 없음에 있다. 몸치장에 하루에 6시간이나 소비하는 여성은 몸치장에 30분밖에 소비하지 않는 여성보다 자기가 더 훌륭한 몸치장을 한 것이 아니라는 것을 잘 알고 있다. 그럼에도 불구하고 그녀는 그토록 많은 따분한 시간을 몸치장에 소비해 버린다. 그것은 모든 것에 따분해 있기 보다는 몸치장을 하며 자신을 즐기는 편이 더 낫기 때문이다. 몸치장을 하지 않는다면 그녀는 점심때부터 저녁때까지의 지루한 시간을 어떻게 보내겠는가? 적어도 그녀는 자기 주위에 수많은 여자들을 모아 놓고 그들의 질투심을 불러일으킬 수 있으며, 그것은 일종의 즐거움인 것이다. 뿐만 아니라 그녀는 다른 시간에는 결코 만날 수 없는 남편과의 은밀한 대화도 피할 수 있다. 그리고 장사치, 골동품 상인, 훌륭한 신사들이 찾아오며, 3류 시인들이 그들의 노래와 시를 갖고 찾아온다. 몸치장이 아니라면 어떻게 그들을 모아 들일 수 있겠는가? 그로부터 생겨나는 유일한 이

---

8) 뒤샤프트는, 18세기에 유명했던 파리의 모드(mode)점(店). 이 가게에 대한 것은 《고백록(告白錄)》 제6권에도 보인다.

익은 성장(盛裝)을 함으로써 자기 자신을 과시할 수 있는 기회가 보다 많이 주어진다는 것이다. 그러나 그것은 그녀가 생각하는 것만큼 이익이 되는 것은 아니다. 당신의 딸들을 여성으로서 교육시키라. 즉, 그들에게 여성의 일을 가르치고 그들이 매우 겸손해지도록 가르치라. 그리고 그들에게 가정과 가족을 돌보는 방법을 가르치라. 그러면 사치스런 몸치장은 사라질 것이며 그들은 보다 세련된 몸치장을 하게 될 것이다.

성장기에 있는 소녀들은 그들이 그들 자신의 매력을 갖고 있지 않는 한 그러한 모든 외부적인 몸치장만으로는 충분치 않다는 것을 곧 알게 된다. 그들은 그들 자신을 아름답게 꾸밀 줄 모르며 너무 어려 교태도 부리지 못한다. 그러나 그들은 우아한 행위와 유쾌한 목소리, 침착한 태도, 경쾌한 걸음걸이, 그들이 얻을 수 있는 모든 이익의 선택 등은 몸에 익힐 수 있다. 목소리는 폭이 넓어지고 뚜렷해지고 낭랑해지며, 팔은 통통해지며, 태도는 확고해진다. 그리고 그들은 어떤 옷을 입든 다른 사람들의 시선을 끄는 것은 쉬운 일이라는 것을 알게 된다. 그렇게 되면 이미 바느질과 손재주만으로는 충분치 않고 새로운 재능이 계발되며 그 효용을 느끼게 된다.

엄격한 교사들은 우리가 어린 소녀들에게 노래나 춤 등 모든 즐거운 놀이를 가르치지 않기를 원한다는 것을 나는 알고 있다. 그러나 나는 그것은 어처구니없는 일이라고 생각한다. 그렇다면 누가 그런 것을 배워야 한단 말인가? 소녀들인가? 성인 남성들인가? 아니면 성인 여성들인가? 그들은, "어느쪽도 아니다. 비속(卑俗)한 노래는 모두 죄이며, 춤은 악마의 발명품이다. 소녀는 오직 일과 기도만을 즐거움으로 삼아야 한다."라고 말한다. 그것은 10세의 아이에게 얼마나 기이한 즐거움인가! 나는 어린 시절을 신(神)에게 기도하며 보내도록 강요받아 온 어린 성녀(聖女)들은 그들의 청춘기를 다른 방법으로 보내지나 않을까, 그리하여 결혼한 후 그들은 잃어버린 시간을 되찾으려고 노력하지 않을까 걱정이 된다. 우리는 어린 소녀를 여성이라고만 생각해서는 안되며, 그녀의 나이도 생각해야 한다. 즉, 어린 소녀는 할머니

와 같은 생활을 해서는 안되며, 생기 넘치고, 쾌활하고, 마음껏 놀고, 노래부
르고 춤추며, 그 나이에 어울리는 모든 천진난만한 즐거움을 맛보지 않으면
안된다고 나는 생각한다. 왜냐하면 잃어버린 시간을 되찾으려고 노력하게
될 시기는 곧 올 것이며, 그때에는 그녀는 보다 진지해지고 성실해 질 것이
틀림없기 때문이다.

그러나 이러한 변화는 도대체 정말로 필요한 것일까? 그것 역시 우리들
자신의 편견의 결과에 불과한 것이 아닐까? 선량한 여성들을 엄격한 의무의
노예로 만듦으로써 우리는 결혼 생활로부터 남성을 위한 모든 매력을 빼앗
아 버렸다. 여성들이, 가정이 우울한 침묵 속에 싸여 있는 것을 보고는 다른
곳으로 도망친다 해도, 혹은 그토록 불유쾌한 곳으로 들어가려 하지 않는다
해도 그것은 놀라운 일은 아니다. 기독교는 모든 의무를 지나치게 강조함으
로써 우리의 의무를 실행 불가능한 것, 쓸모없는 것으로 만들었으며, 노래와
춤 그리고 모든 즐거움을 금지함으로써 여성을 가정에서 뾰루퉁하고 잔소리
가 많고 견딜 수 없게 만들고 있다. 결혼 생활에 그토록 엄격한 의무들을 부
과하는 종교는 없으며, 결혼의 신성한 약속이 그토록 자주 더럽혀지는 것을
허용하고 있는 종교도 없다. 그러한 고통들은 아내들이 상냥하고 온화해지
는 것을 방해하는 것으로 간주되어 왔으며, 따라서 남편들은 아내들에게 무
관심해졌다. 그렇게 되어서는 안된다. 그것은 나도 인정한다. 그러나 그렇게
될 것이다. 왜냐하면 남편들은 남성일 뿐이기 때문이다. 나는 영국의 젊은
여성들이, 마치 알바니아의 젊은 여성들이 동방의 후궁(後宮)이 되기 위해
자기의 재능을 열심히 갈고 닦는 것과 마찬가지로, 언젠가는 가지게 될 자기
의 남편을 기쁘게 해 줄 재능들을 갈고 닦기를 원한다. 당신은 말할 것이다.
"남편들은 그러한 재능을 거의 좋아하지 않는다."고. 그렇다. 그 재능이 남
편을 위해서 사용되지 않고, 가정을 불명예스럽게 하는 젊은 방탕한 자들을
끌어들이는 데 사용되는 경우에는. 그러나 그러한 재능을 지니고 있으며 그
재능을 자기의 남편을 즐겁게 하는 데 바치는 유덕하고 매혹적인 부인을 생

각해 보라. 그녀는 남편의 행복을 더욱 증대시키지 않겠는가? 남편이 하루의 일에 지쳐 일터에서 나올 때, 그녀는 남편이 휴식을 취하기 위해 다른 곳으로 가는 것을 막을 수 있지 않겠는가? 각자가 전체의 즐거움을 위해 노력하는 단합된 행복한 가정을 우리는 누구나 본 적이 있지 않은가? 그렇게 형성된 신뢰와 친근함, 그리고 그러한 순수함과 즐거움은 가정 밖의 소란스러운 즐거움을 보상하고도 남지 않겠는가?

타인을 기쁘게 하는 재능은 너무도 규칙적이고 형식적인 것이 되어 버렸다. 그리하여 젊은이들은 그러한 재능을 즐겁고 유쾌한 것으로 생각하지 않고 매우 따분한 것으로 생각하게 되었다. 나이 많은 노래 선생이나 춤 선생이, 무엇을 보아도 웃어대는 젊은이들에게 그의 하찮은 기술을 가르칠 때, 교리 문답을 가르칠 때보다 더 현학적이고 근엄한 태도를 취하는 것보다 더 우스꽝스러운 일은 없을 것이다. 노래를 부르는 경우를 생각해 보라. 노래하는 기술은 악보를 읽는 것에 의해 좌우되는가? 음표를 몰라도 목소리를 정확하고 부드럽게 내어 훌륭하게 노래할 수 있을 뿐만 아니라 심지어 반주까지도 할 수 있지 않은가? 같은 종류의 노래가 모든 목소리에 똑같이 적합한 것일까? 모든 사람에게 똑같은 방법이 적합할 수 있을까? 똑같은 태도, 똑같은 걸음걸이, 똑같은 동작, 똑같은 몸짓, 똑같은 춤이 발랄하고 검은 눈을 가진 소녀에게도 어울리고, 동시에 우수에 잠긴 눈을 가진 키가 큰 미녀에게도 어울린다고는 나는 결코 생각하지 않는다. 그러므로 만일 어떤 선생이 모든 학생들에게 똑같은 교육을 시킨다면, 나는 "그는 틀에 박혀 있을 뿐 자기의 예술에 대해서는 아무것도 모른다."라고 말할 것이다.

소녀들에게는 남자 선생이 필요한가, 아니면 여자 선생이 필요한가? 나는 그 질문에 대답할 수 없다. 왜냐하면 나는 소녀들이 어느쪽도 필요로 하지 않기를 바라기 때문이다. 나는 그들이 마음속으로부터 배우고 싶어하는 것을 자발적으로 배우기를 원한다. 나는 요란한 몸치장을 하고 거리를 어슬렁거리는 무리들이 사라지기를 원한다. 나는 젊은이들이 그런 무리들과 교제함으로써 그들의 가르침으로부터 유익함보다는 해악을 더 많이 받게 되지 않을까 걱정이 된다. 왜냐하면, 그들의 은어·말투·태도는 젊은이들을 그들이 그토록 중요하게 생각하는 경박함에 물들게 하며, 그렇게 되면 젊은이들은 그들에게서 그런 것을 배워 그런 것에 몰두하기 쉽기 때문이다.

즐거움만이 목적인 경우에는, 모든 사람과 모든 사물이 ─ 아버지·어머니·형제·누나·친구·하녀, 그녀의 거울, 그리고 특히 그녀 자신의 취미가 ─ 그녀의 선생일 수 있다. 그녀에게 가르쳐 주겠다고 말하지 말고 그녀로 하여금 가르쳐 달라고 청하게 하라. 이러한 교육에서는 무엇보다도 성공하고자 하는 욕망이 제1보라는 것을 기억하라. 틀에 박힌 형식적인 교육이 요구되는 경우, 나는 남자 선생을 택할 것이냐 여자 선생을 택할 것이냐 하는 것은 당신에게 맡겨 두기로 하겠다. 왜냐하면 남자 춤 선생이, 제자인 소녀의 희고 부드러운 손을 잡고, 스커트를 걷어 올리게 하고, 눈을 치뜨게 하고, 그녀의 양팔을 벌리게 하고, 두근거리는 그녀의 가슴을 내밀게 하는 것이 좋은지 어떤지 나는 알 수 없기 때문이다. 그러나 나는 세상의 그 어느것도 나를 그러한 교사가 되게 할 수 없다는 것은 알고 있다.

취미는 부분적으로는 노력에 의해, 그리고 부분적으로는 재능에 의해 형성된다. 그리고 정신은 자기도 모르는 사이에 취미에 의해 모든 종류의 아름다움에 대한 관념에 눈을 뜨게 되고, 마침내 아름다움과 매우 밀접하게 관련되어 있는 도덕적 관념에 눈을 뜨게 된다. 아마도 이것은 여자아이들이 남자아이들보다 일찍 예절과 정숙함에 대한 관념에 눈을 뜨는 이유 중의 하나일 것이다. 왜냐하면 이 조숙한 감정이 여자 가정 교사들의 가르침에 기인한 것이라고 생각하는 것은, 그들의 교육 방법과 인간 정신의 자연적인 발달 과정에 대해 거의 알지 못한다는 것을 나타내는 것이기 때문이다. 말하는 기술은 다른 사람을 기쁘게 해 주는 여러 기술 중에서 첫번째 위치를 차지하며, 오직 말하는 기술만이 습관에 의해 둔감해진 사람들에게 새로운 매력을 줄 수 있다. 육체에게 생명을 제공할 뿐만 아니라 젊음을 소생시키는 것은 정신이다. 감정과 관념의 흐름은 표정에 생기와 변화를 제공하며, 정신이 야기시키는 대화는, 주의력을 불러일으키고 지속시키며, 주의력을 지속적으로 한 가지 대상에 집중시킨다. 이것이 어린 소녀들이 그토록 일찍 귀엽게 재잘대는 법을 배우는 이유이며, 또한 그들을 이해하지 못할 때조차도 남성들이 그들에게 즐겨 귀를 기울이는 이유라고 나는 생각한다. 즉, 그들은 소녀들의 지성과 감성이 눈뜨는 때를 살피고 있는 것이다.

여성은 민활한 혀를 갖고 있다. 그들은 남성보다 더 일찍, 더 쉽게, 더 유쾌하게 말한다. 또한 그들은 지나치게 수다스럽다는 말을 듣기도 한다. 그것은 사실일지는 모르지만, 나는 그들의 수다스러움을 그들의 명예로 간주하고 싶다. 그들의 눈과 입은 똑같이 바쁜데, 그것은 똑같은 이유에 기인한다. 남성은 자기가 알고 있는 것을 말하지만, 여성은 타인을 기쁘게 하는 것을 말한다. 즉, 남성은 지식을 필요로 하고, 여성은 취미를 필요로 하는 것이다. 남성이 말하는 목적은 유용성이며, 여성이 말하는 목적은 타인에게 즐거움을 주는 것이다. 그들의 이야기에는 진실성 이외에는 공통된 것은 아무것도 없다.

그러므로 당신은, 남자아이의 수다의 경우와는 달리, 여자아이의 수다에 대해서는 "그것이 무슨 쓸모가 있느냐?"라는 가혹한 질문을 함으로써 여자아이의 수다를 가로막아서는 안되며, 대답하기 어려운 "너의 말은 타인에게 어떤 영향을 주는가?"라는 질문을 함으로써 여자아이의 수다를 가로막아야 한다. 선과 악을 알지 못하며 판단 능력이 없는 어린 나이에는, 소녀들은 다른 사람을 기쁘게 하는 것 이외에는 아무 말도 하지 않는 것을 규칙으로 삼아야 한다. 그런데 이 규칙의 실행은 한층 더 어려운데 그 이유는, 이 규칙이 항상 '절대로 거짓말을 해서는 안된다.'라는 우리의 제1원칙에 종속되어야 하기 때문이다.

그밖에도 여러 가지 어려운 점이 있지만, 그것들은 다음 단계에 속하는 것들이다. 왜냐하면, 현재로서는 어린 소녀들에게는 거칠지 않게 진실을 이야기하는 것으로 충분하기 때문이다. 그런데 그들은 거친 것들을 천성적으로 싫어하므로, 교육에 의해 그들로 하여금 거친 말을 피하게 하는 것은 쉬운 일이다. 사교에서의 남성의 예의는 남에게 도움을 주는 것이며, 여성의 예의는 다른 사람을 보다 즐겁게 하는 것임을 나는 알고 있다. 이 차이는 인위적인 것이 아니라 자연적인 것이다. 남성은 다른 사람에게 봉사하려고 하며, 여성은 다른 사람을 즐겁게 해 주려고 한다. 그러므로 우리가 여성의 성격에 대해 어떻게 생각하든, 여성의 예의에는 우리 남성의 예의보다 거짓이 적다. 왜냐하면 여성은 타고난 본능에 따라 행동할 뿐이지만, 남성이 자신의 이익보다 남의 이익을 먼저 생각하는 척할 때, 나는 거짓과 위선을 간파하기 때문이다. 그러므로 여성이 예의바르게 되는 것은 쉬운 일이며, 소녀들에게 예의를 가르치는 것도 또한 쉬운 일이다. 최초의 교육은 자연으로부터 받으며, 재능은 자연의 교육을 보충하고 예의가 취해야 할 인습적인 형태를 결정할 뿐이다. 여성에 대한 여성의 예의의 경우에는 사정이 달라진다. 이 경우에는, 그들의 태도는 매우 부자연스러워지고 냉담해지며, 그들은 서로 혐오를 느끼면서도 그 사실을 쉽게 감추며, 심지어 거짓말을 하고 있을 때조차 그들은 진지해 보인다. 왜냐하면 그들은 그 거짓을 숨기는 데 거의 고통을 느끼지 않기 때문이다. 그러나 소녀들은 때로는 진지하게 서로에게 애정을 느끼기도 한다. 그 나이 때에는 쾌활함이 좋은 성품을 대신하고 있으며, 자기 자신에게 너무도 만족하고 있기 때문에 다른 모든 사람들에게도 만족하는 것이다. 뿐만 아니라 그들은 남자들이 보는 앞에서는 서로 더욱 다정하게 입맞추며 더욱 우아하게 포옹한다. 왜냐하면 그들은 남성들에게 부러움을 불러일으킬 수 있는 호의의 광경을 보여 줌으로써 아무런 위험도 없이 남성의 질투심을 불러일으킬 수 있다고 자부하기 때문이다.

만일 소년들에게 부적당한 질문을 하는 것이 허용되어서는 안된다면, 소녀들에게는 그러한 질문을 하는 것이 더욱더 허용되어서는 안될 것이다. 게다가 소녀들의 호기심이 만족되거나 혹은 서툰 방법으로 회피되면 그것은 훨씬 더 심각한 문제가 된다. 왜냐하면 그들은 자기들에게 감추어진 비밀을 추측할 수 있는 예리한 능력과, 그 비밀들을 알아내는 뛰어난 재능을 갖고 있기 때문이다. 그러나 그들에게 질문하는 것을 허용하지 않는 대신 그들에게 자주 질문을 하여 그들로 하여금 말하게 하는 것이 좋을 것이다. 그들로 하여금 자유롭게 말하게 하고, 그들로 하여금 서슴없이 대답하게 하고, 아무런 위험도 없이 그것이 행해질 수 있는 한 마음과 혀를 자유롭게 해 주라. 그러한 대화는 항상 즐거움을 동반하며, 재치 있게 조절하고 진행한다면 그러한 대화는 그 나이 때에는 일종의 유쾌한 놀이이며, 그런 어린 아이들의 마음에는 최초의, 그리고 필시 일생 동안 받게 될 도덕 교육 중에서도 가장 유익한 교육이 될 것이다. 왜냐하면 그러한 대화는 그들에게 남성이 존중하는 것은 어떤 특성이며, 또 훌륭한 여성의 참된 영예와 행복은 무엇인가를 가르쳐 주기 때문이다.

만일 남자아이들이 종교에 대한 올바른 관념을 형성할 수 없다면, 여자아이들은 종교에 대한 올바른 관념을 더욱더 형성할 수 없다. 그러므로 나는 남자아이들보다 여자아이들에게 더 일찍 종교에 대해 이야기해 주고 싶다. 왜냐하면 만일 우리가 여자아이들이 그런 심오한 문제에 대해 진지한 논의를 할 수 있게 될 때까지 기다려야 한다면, 우리는 그들에게 종교에 대해 한마디도 말해 줄 수 없게 될지도 모르기 때문이다. 여성의 이성(理性)은 현실적인 이성이다. 그러므로 여성은 주어져 있는 어떤 목적에는 쉽게 도달하지만, 스스로 목적 그 자체를 발견하지는 못한다. 남녀의 사교적 관계는 경탄할 만한 것이다. 이 교제는 여성이 그 눈이고 남성이 팔인 하나의 도덕적 인간(가정)을 만들어 내며, 남성과 여성은 서로에게 의존해 있다. 그리하여 남성은 여성에게 무엇을 보아야 하는지를 가르쳐 주며, 여성은 남성에게 무엇을 해야 하는지를 가르쳐 준다. 만일 여성이 원리를 발견할 수 있고, 남성이 세세한 일에까지 세심한 신경을 쓸 수 있다면, 남녀는 각기 독립되어 있어 끊임없는 불화 속에서 살게 될 것이며, 따라서 사회는 존속할 수 없게 될 것이다. 그러나 남녀는 서로 조화를 이루며 공동의 목적을 위해 기여한다. 즉, 남녀는 서로 상대방의 지시에 따르고 서로 명령하고 서로 복종한다.

여성의 행위가 대중의 견해에 의해 지배되듯이, 여성의 종교는 권위에 의해 지배된다. 딸은 어머니의 종교를 따라야 하고, 아내는 남편의 종교를 따라야 하는 것이다. 그 종교가 거짓 종교일 경우에도, 어머니와 딸을 자연의 법칙에 복종하도록 인도하는 순종적인 마음은, 신 앞에 잘못을 범한 죄를 씻어 줄 것이다. 여성은 그들 스스로 판단할 수 없으므로 아버지와 남편의 결정을 교회의 결정으로 받아들여야 한다.

여성은 스스로 그들의 신앙의 법칙을 끌어낼 수 없으며, 또한 이성(理性)에 의해 신앙의 한계를 규정지을 수도 없다. 그들은 자신들이 온갖 외적인 영향에 의해 이리저리 끌려 다니는 것을 용인하기 때문에 항상 진리를 넘어서거나 진리에 미치지 못한다. 여성은 모든 일에서 극단적이기 때문에 완전히 무신앙인이 되거나 아니면 매우 경건한 신앙인이 된다. 그들은 미덕과 신앙심을 결합시킬 수 없는 것이다. 이 악의 책임은 전적으로 여성의 선천적인 극단적 성격에만 있는 것이 아니라, 여성에 대한 우리 남성의 그릇된 지배에도 일부 책임이 있다. 도덕성의 상실은 종교를 경멸의 대상으로 만들며, 가책의 두려움은 종교를 독재자로 만든다. 여성이 항상 지나치게 많은 신앙을 갖거나 아니면 지나치게 적은 신앙을 갖는 것은 바로 그 때문이다.

여성의 종교가 권위에 의해 지배되므로, 여성에게 신앙을 가져야 하는 이유를 설명해 주는 것보다는 무엇을 믿어야 하는가를 자세히 설명해 주는 것이 더 중요하다. 왜냐하면 애매한 관념에 기반을 둔 믿음은 광신(狂信)의 중요한 원인이며, 터무니없는 것에 대한 강요된 신앙은 그들을 광기(狂氣)나 무신앙으로 인도하기 때문이다. 우리의 교리 문답이 광신자를 만들어 내기보다는 무신앙자를 만들어 내는지 어떤지 나는 잘 모른다. 그러나 우리의 교리 문답이 광신자나 아니면 무신앙자를 만들어 내고 있다는 것을 나는 분명히 알고 있다.

　어린 소녀들에게 종교를 가르칠 때에는 첫째, 종교를 침울한 것, 싫은 것으로 만들어서는 안되며, 종교를 숙제나 의무로 만들어서도 안되며, 그들에게 무언가를, 심지어 기도문조차도 암기하게 해서는 안된다. 다만 그들 앞에서 규칙적으로 당신 자신의 기도를 하는 것만으로 만족하라. 그러나 그들에게 당신과 함께 기도할 것을 강요하지 말라. 그리스도 자신이 우리에게 가르쳤듯이 그들로 하여금 기도를 짧게 하도록 하라. 그들로 하여금 항상 경건한 마음과 경외심으로 기도하게 하라. 지고(至高)의 존재에게 우리의 기도에 귀 기울여 주실 것을 청할 때에는 우리는 적어도 우리가 신에게 말하려 하는 것에 주의를 기울여야 함을 명심하라.

　소녀가 일찍부터 자기의 종교를 배우는 것은 그다지 중요한 일은 아니다. 그러나 그녀가 자기의 종교를 완전히 배우는 것은 중요한 일이며, 그녀가 자기의 종교를 사랑하는 법을 배우는 것은 더욱 중요한 일이다. 만일 당신이 종교를 그녀에게 무거운 짐으로 만든다면, 만일 당신이 항상 신의 노여움에 대해 말한다면, 만일 당신이 종교의 이름으로 그녀에게 온갖 불쾌한 의무들―당신이 행하는 것을 그녀가 본 적이 없는―을 부과한다면, 그녀는 종교에 대해 어떻게 생각할 것인가? 그녀는 교리 문답을 배우고, 신에게 기도하는 것을 어린 소녀의 의무로 생각하고, 그런 의무로부터 벗어나기 위해 당신처럼 빨리 어른이 되기를 갈망할 것이다. 모범! 모범! 당신이 모범을 보이지 않으면 당신은 아이들에게 아무것도 가르칠 수 없을 것이다.

　소녀에게 신앙의 조항을 설명할 때에는 문답에 의해 가르치지 말고 직접 가르치는 방법을 택하라. 아이들은 전해 들어 배운 것이 아니라 그들 자신이 생각하고 있는 것만을 대답해야 한다. 교리 문답에서의 모든 대답은 잘못 되어 있다. 거기에서는 학생이 오히려 선생을 가르치고 있는 것이다. 교리 문답에서 아이들의 입에서 나온 대답들은 거짓말이다. 왜냐하면 그들은 자기가 이해하고 있지도 않은 것을 설명하고 있으며, 자기가 믿고 있지도 않은 것을 긍정하고 있기 때문이다. 지성 있는 어른들 중에서조차 교리 문답에서 거짓말을 하지 않는 자가 있는가? 있다면 내게 보여 달라. 우리의 교리 문답에서 첫번째 질문은, "누가 당신을 창조했으며, 누가 당신을 이 세상에 보냈는가?"라는 것이다. 이 질문에 대해 소녀들은 그것은 자기의 어머니라고 생각하고 있으면서도 조금도 주저하지 않고 "신입니다."라고 대답한다. 그녀는 자기가 반쯤 이해하고 있을 뿐인 질문을 받았으며, 자기가 전혀 이해하고 있지 못한 대답을 해야 한다는 것만을 알 뿐이다.

나는 어린 아이들의 정신 발달 과정을 잘 알고 있는 사람이 아이들을 위한 교리 문답서를 쓰기를 바란다. 그러면 그 책은 모든 저작품 중에서 가장 유익한 책이 될 것이며, 그 저자에게 커다란 명예를 줄 것이라고 나는 생각한다. 적어도 그것이 훌륭한 책이라면 그것은 현재 우리의 교리 문답서와는 완전히 다른 것이라는 것은 확실하다.

그런 교리 문답은 아이들이 대답을 배우지 않고 자기 스스로 대답할 수 있는 것이어야 하며, 때로는 아이들이 질문을 하는 일도 있어야 할 것이다. 내 말의 의미를 잘 설명하기 위해서는 실례(實例)가 필요하다. 그러나 나는 나의 능력이 그런 실례를 제시하기에는 너무도 미약하다는 것을 느낀다. 나는 내가 뜻하는 바의 윤곽이라도 기술해 보고자 한다. 나는 우리의 교리 문답의 첫번째 질문에 도달하기 위해서는 대체로 다음과 같은 방식에 따라 시작해야 한다고 생각한다.

유모 너는 너의 어머니가 소녀였던 때를 기억하느냐?

아이 아니요, 유모.

유모 왜 기억하지 못하지? 너는 기억력이 그토록 좋은데 말야.

아이 그때에는 나는 아직 태어나지 않았으니까요.

유모 그럼 너는 훨씬 전부터 살아 있었던 것이 아니군!

아이 네, 그래요.

유모 너는 앞으로 영원히 살 수 있니?

아이 네.

유모 너는 젊었느냐? 늙었느냐?

아이 나는 젊어요.

유모 너의 할머니는 늙으셨느냐? 젊으셨느냐?

아이 할머니는 늙으셨어요.

유모 할머니는 젊으셨던 적이 있느냐?

아이 그럼요.

유모 그런데 할머니는 어째서 지금 젊지 않으시지?

아이 나이를 잡수셨기 때문이에요.

유모 그럼 너도 역시 늙을까?

아이 모르겠어요.

유모 네가 작년에 입던 옷들은 어디 있지?

아이 그 옷들은 뜯어졌어요.

유모 왜 뜯어졌지?

아이 내게는 너무 작아졌기 때문이지요.

유모 그 옷들이 왜 작아졌지?

아이 내가 커졌기 때문이에요.

유모 너는 더 커질까?

아이 그럼요.

유모 소녀가 크면 무엇이 되지?

아이 어른이 되지요.

유모 그럼 어른은 무엇이 되지?

아이 어머니가 되지요.

유모 그럼 어머니는 무엇이 되지?

아이 할머니가 되지요.

유모 그럼 너도 할머니가 될까?

아이 내가 어머니가 된 후에는 할머니가 되겠지요.

유모 그럼 늙은 사람들은 무엇이 되지?

아이 모르겠어요.

유모 너의 할아버지는 어떻게 되셨지?

아이 돌아가셨어요.●

유모 왜 돌아가셨지?

아이 너무 늙으셨기 때문이지요.

유모 그럼 늙은 사람들은 어떻게 되지?

아이 죽어요.

유모 그럼 네가 늙은 후에는……?

아이 오, 유모! 난 죽고 싶지 않아요!

유모 애야, 죽기를 원하는 사람은 아무도 없단다. 그러나 모두가 죽는단다.

아이 그럼 어머니도 죽나요?

유모 그렇단다. 모든 사람이 마찬가지야. 여자도 남자도 모두 노인이 되고, 노
　　 인이 되면 결국 죽게 되지.

아이 그럼 아주 아주 천천히 늙으려면 나는 어떻게 해야 하나요.

유모 어릴 적에 착한 아이가 되어야 해.

아이 유모, 난 항상 착한 아이가 될 거에요.

유모 암, 그래야지. 하지만…, 너는 영원히 살 수 있으리라고 생각하니?

●소녀가 이렇게 말하는 것은, 사람들이 그렇게 말하는 것을 들은 일이 있기 때문이다. 그러나 그녀가 죽음에 대하여 얼마간이라도 정확한 관념을 가지고 있는지 어떤지 확인해 볼 필요가 있다. 죽음의 관념은, 사람들이 생각하고 있는 만큼 단순하지도 않고, 아이에게 이해되는 것도 아니다. 《아베르의 소시편(小詩篇)》—당시 인기가 있던 스위스의 목가 시인 게스나 (1730~88)의 작품 — 에 죽음의 관념을 어떤 식으로 아이에게 부여하는 것이 좋은가 하는 예 (例)가 하나 보인다. 이 매력 있는 작품에서는 감미로운 소박함이 느껴지는데, 아이와 이야기 하기 위해서는 되도록 그러한 소박함을 몸에 지녀야 한다.(페늘롱은 《여성 교육론》 제7장에 서, 아이에게 종교 지식을 부여하기 위해서, 죽음에서부터 문답을 시작하고 있다.)

아이 나이를 많이 많이 먹으면…….

유모 그러면 어떻게 되지?

아이 나이를 많이 많이 먹게 되면 죽게 된단 말이지요?

유모 너는 언젠가는 죽게 된단다.

아이 어머나! 그렇겠군요.

유모 너보다 먼저 누가 살았지?

아이 나의 아버지와 어머니가 살았지요.

유모 그 분들보다 먼저는 누가 살았지?

아이 아버지 어머니의 아버지 어머니가 살았지요.

유모 네 다음에는 누가 살게 되지?

아이 나의 자식들이 살게 되지요.

유모 너의 자식들 다음에는 누가 살게 될까?

아이 나의 자식들의 자식들이 살게 되지요.

구체적인 실례(實例)에 의해 이와 같은 방법으로 더듬어 가면, 당신은 다른 모든 것과 마찬가지로 인류의 시작과 끝을 발견할 것이다. 즉, 아버지와 어머니를 갖지 않았던 아버지와 어머니 및 자기의 자식들을 가지지 않게 될 아이들을.●

이러한 긴 질문 과정을 거친 후에야 비로소 우리는 교리 문답의 첫번째 질문을 할 준비를 갖추게 되는 것이다. 즉, 그런 다음에야 우리는 비로소 질문을 할 수 있고, 아이들은 그 질문을 이해할 수 있게 되는 것이다. 그러나 첫번째 질문과 신의 본질에 대한 정의(定義)와 관련되어 있는 두 번째 질문 사이에는 커다란 간격이 있다. 이 간격 사이에는 언제 다리가 놓여질까? '신은

● 영원의 관념을 인간의 세대에 적용하려 해 봐도, 정신의 승인을 얻을 수는 없다. 아무리 수(數)의 계기(繼起)를 현실적으로 생각해 봐도, 이 관념과는 양립하지 않는다.

영(靈)이다.’, ‘그렇다면 영(靈)이란 무엇일까? 어른들도 이해하기 어려운 형이상학에 대한 이러한 어려운 질문을 아이들에게 던져야 하겠는가? 이러한 질문은 어린 소녀로서는 대답할 수 없는 질문이다. 만일 어린 소녀가 우리에게 그런 질문을 한다면 그것은 당연한 일이다. 내가 그런 질문을 받는다면 나는 그녀에게, “너는 내게 신이란 무엇이냐고 묻고 있지만, 그것은 대답하기 어려운 질문이다. 왜냐하면 우리는 신의 말을 들을 수도 없고 신을 볼수도 만질 수도 없으며, 다만 신이 행하는 일에 의해 신을 알 수 있을 뿐이기 때문이다. 신이란 무엇인가를 알기 위해서는, 너는 신이 행한 것을 알 때까지 기다리지 않으면 안된다.”라고만 대답할 것이다.

　　설사 우리의 교리가 모두 진리라 할지라도 그 교리들은 모두가 똑같이 중요한 것은 아니다. 우리가 도처에서 교리들을 인식한다 하더라도 그것은 신의 영광에는 거의 아무런 차이도 없다. 그러나 인간이 신의 율법에 의해 자기에게 부과된 자기의 이웃과 자기 자신에 대한 자기의 의무들을 알고 행하는 것은 인간 사회와 인간 사회의 각 구성원에게 중요한 일이다. 이것이야말로 우리가 항상 서로에게 가르쳐 주어야 하는 것이며, 아버지와 어머니들이 특히 자식들에게 가르쳐 주어야 하는 것이다. 한 처녀가 자기를 창조한 창조주의 어머니가 되었다든가, 그 처녀가 신을 혹은 그의 속으로 신이 들어온 인간을 낳았다든가, 성부(聖父)와 성자(聖子)는 동일하다든가 혹은 비슷할 뿐이라든가, 성령은 이 동일한 두 존재로부터 생겨났다든가 혹은 두 존재로부터 동시에 생겨났다든가 하는 문제들은 매우 중요한 것처럼 보이지만, 이 문제들은 인간에게는 어느날 부활절을 행해야 하는가, 기도와 금식(禁食)은 꼭 해야 하는가, 교회에서는 라틴어를 사용해야 하는가 아니면 프랑스어를 사용해야 하는가, 벽들을 조각품으로 장식해야 할 것인가, 미사를 올려야 할 것인가, 아내를 가지지 않을 것인가를 결정하는 것과 마찬가지로 중요한 일이 아니라고 나는 생각한다. 그런 문제들에 대해서는 각기 자기 나름대로 생각하게 하라. 그런 문제는 자기 자신에게만 문제가 되는 것이다. 나는 그런 것에는 아무런 관심도 없다.

　나 자신 및 나와 같은 인간이 관심을 갖는 것은, 인간의 운명을 지배하는 자가 존재한다는 사실, 우리는 모두 그의 자식이라는 사실, 그는 우리 모두에게 올바르고, 서로 사랑하고, 친절하고 자비롭고, 모든 사람에게―심지어 우리들 자신의 적과 그의 적에게조차도―우리의 약속을 지킬 것을 명령하고 있다는 사실을 아는 일이다. 우리는 이 세상의 표면적인 행복은 무의미하다는 사실과, 이 세상의 삶 이후에는 다른 삶이 있으며, 그곳에서는 지고(至高)의 존재자가 착한 사람에게는 상을 주고 악한 사람에게는 벌을 내린다는 것을 알아야 한다. 이러한 교리야말로 아이들에게 가르쳐 주어야 할 교리이며, 모든 사람들에게 그 진실성을 설득시켜야 할 교리이다. 이 교리에 대항하는 자는 실로 커다란 죄를 범하는 것이다. 왜냐하면 그런 자는 평화를 어지럽히는 자이며 사회의 적이기 때문이다. 이 교리를 뛰어넘어 우리를 자기의 개인적인 견해의 노예로 만들려 하는 자는, 방법은 다르지만 결국 이 교리에 대항하는 자들과 같은 결과를 초래한다. 왜냐하면 그는 자기 방식의 질서를 확립하기 위해 평화를 어지럽히기 때문이다. 그는 오만 불손하게도 자기 자신을 신의 중재자로 만들어 신의 이름으로 인류에게 복종과 존경을 요구하며, 심지어 그는 스스로 신의 자리에 앉는 일조차 서슴지 않는다. 그런 자는 그의 편협함에 대해서는 벌을 받지 않을지 모르지만, 신을 모독한 죄에 대한 벌을 받게 될 것이다.

　그러므로 우리에게 아무런 관념도 없는 단순한 말에 지나지 않는 신비적인 모든 교리에는 주의를 기울이지 말라. 그 헛된 연구에 몰두하는 사람들에게 종종 미덕 대신 다른 것을 주며, 그들을 선량한 사람으로 만들지 않고 오히려 미치광이로 만드는 그 모든 기이한 가르침에는 주의를 기울이지 말라. 당신의 아이들을 항상 도덕과 관련되어 있는 교리의 좁은 범위 내에 있게 하라. 당신의 아이들로 하여금, 배울 필요가 있는 유익한 가르침은 오직 우리에게 올바르게 행동할 것을 가르치는 것뿐임을 알게 하라.

당신의 딸들을 신학자나 궤변가로 만들지 말라. 다만 그들에게 인간의 선(善)에 도움이 되는 천상적(天上的)인 것들만을 가르치라. 자신이 항상 신 앞에 있다는 것을 느끼도록 그들을 훈련시켜라. 그리고 신이 그들의 모든 생각과 행위, 그들의 덕성과 그들의 방종을 들여다보고 있음을 느끼도록 훈련시켜라. 그들에게 선(善)을 행하는 데 허식적으로 행하지 말고, 선을 사랑하기 때문에 행하도록 가르치고, 아무런 불평 없이 악(惡)을 견디도록 가르치라. 왜냐하면 신은 그들에게 그에 대한 보답을 하실 것이기 때문이다. 한마디로 말해 후일 신 앞에 나아갔을 때, 자기의 온 생애를 돌이켜보아 만족스럽게 온 생애를 살았다고 자부할 수 있도록 그들을 가르치라. 이것이야말로 참된 종교이며, 이것만이 미망(迷妄) · 불신앙(不信仰) · 광신(狂信)에 빠지지 않게 하는 유일한 길이다. 보다 더 숭고한 종교를 가르치고자 하는 자들로 하여금 그렇게 하게 하라. 그러나 이것이 내가 알고 있는 유일한 종교이다.

또한 이성(理性)이 눈을 뜰 때까지는, 즉 성장하는 감정이 양심에게 이야기하게 될 때까지는, 젊은이들에게 좋은 것과 나쁜 것은 주위 사람들이 그렇게 결정한 것이라는 것에 주의하도록 하라. 즉, 그들이 행하도록 명령받은 것은 좋은 것이며, 해서는 안된다고 금지된 것은 나쁜 것이다. 그들이 알아야 할 것은 이것뿐이다. 그러므로 그들과 함께 있고 그들에 대해 권위를 갖도록 선택되는 사람들은 올바른 사람들이어야 한다는 사실은 소녀들을 위해 대단히 중요한 일이며, 소년들의 경우보다 훨씬 중요한 일이다. 그러나 이윽고 그들 스스로가 사물을 판단하기 시작하는 때가 오게 되는데, 이때가 바로 그들에 대한 당신의 교육 방법을 바꿔야 할 때이다.

이에 대해서는 이미 나는 지나치게 많이 이야기해 왔다. 만일 우리가 그들에게 인습적인 편견의 규칙만을 준다면, 우리는 여성 교육을 어떤 상태로 끌어내리게 될 것인가? 우리를 지배하는 여성, 우리가 타락시키지 않는 한 우리에게 명예를 주는 여성을 그토록 낮은 곳까지 끌어내려서는 안된다. 전인류에게는 대중의 견해보다 우선하는 법칙이 있다. 그 이외의 모든 법칙들은 이 법칙의 확고한 지배에 복종하지 않으면 안되는 것이다. 그 법칙은 대중의 견해를 심판하며, 사람들의 평가는 이 법칙과 일치할 때 비로소 우리에 대해 권위를 갖게 된다.

그 법칙이란 곧 우리의 개인적인 양심이다. 나는 이제까지 말해 온 것을 되풀이할 생각은 없다.[9] 다만, 이 두 법칙(개인적인 양심과 대중의 견해)이 조화를 이루지 못하는 한, 여성 교육은 항상 불완전한 상태에 머물러 있게 될 것이라는 사실을 지적해 두고 싶을 뿐이다. 대중의 견해를 무시하는 감정은 그것이 올바른 감정이라 하더라도, 그들에게 올바른 행위에 사회적 찬양의 매력을 더해 주는 아름다운 영혼을 주지 못하며, 또한 올바른 감정이 없는 대중의 견해는 그들을 미덕 대신에 외면을 꾸미는 거짓되고 사악한 여성으로 만들 뿐이다.

그러므로 이 두 종류의 안내자 사이에서 판단을 내릴 수 있는 능력, 양심을 매혹시키지 않고 편견의 오류를 바로잡을 수 있는 능력을 기르는 것이 중요하다. 그 능력이란 곧 이성(理性)이다. 그러나 이 말에 대해 수많은 의문이 생겨날 것이다. 여성이 확고한 이성을 가질 수 있을까? 여성이 그런 능력을 기를 필요가 있을까? 여성이 그런 능력을 훌륭하게 기를 수 있을까? 이성을 기르는 것이 과연 여성에게 부과된 직분에 도움이 되는 일일까? 이성이 여성의 소박함과 양립할 수 있을까?

이러한 문제들을 생각하고 이 문제들에 대답하는 방법의 차이에 따라 사람들은 서로 상반되는 양 극단에 빠지게 된다. 어떤 사람들은 여성을 하녀들과 함께 집안에서 바느질과 실 감는 일만을 시켜야 한다고 주장한다. 그리하여 그들은 여성을 우두머리 하녀에 지나지 않는 존재로 만들어 버린다. 그리고 또 다른 사람들은 여성의 권리를 보장해 주는 것에 만족하지 않고 여성의 권리를 남성의 권리보다 위에 있게 한다. 왜냐하면 여성 고유의 모든 특

---

9) 제4부의 '사보이 보좌 신부의 신앙 고백' 참고.

질에서 여성을 남성보다 우월한 존재로 만든다는 것은, 그리고 그 이외의 다른 모든 점에서도 여성을 남성과 동등하게 만든다는 것은, 자연이 여성의 남편에게 부여한 우월성을 여성에게로 옮기는 것밖에 되지 않기 때문이다.

남성에게 남성의 의무를 인식시켜 주는 이성(理性)은 그다지 복잡하지 않다. 그리고 여성에게 여성의 의무를 인식시켜 주는 이성은 더욱 간단하다. 남편에 대한 복종과 충실, 자식들에 대한 친절과 보살핌은 여성의 입장에서 생겨나는 너무도 자연스럽고도 당연한 결과이므로, 여성은 자기의 안내자인 내부의 목소리에 동의하기를 거절할 수 없을 뿐만 아니라 여성의 자연적인 성향으로 인해 자기의 의무를 인식하지 않을 수 없는 것이다.

나는 여성을 여성의 일에만 제한시켜 그 이외의 다른 모든 것에 대해서는 깊은 무지 상태에 빠지게 하는 자들을 비난하려는 것은 아니다. 그러나 그렇게 되기 위해서는 도덕의 기준이 매우 단순하고 매우 건전하거나, 혹은 생활이 세상으로부터 멀리 떨어져 있지 않으면 안된다. 대도시와 부도덕한 사람들 사이에서는 그러한 여성은 너무도 쉽게 타락할 것이다. 왜냐하면 그녀의 덕성(德性)은 너무도 자주 자비심에 부딪치게 될 것이기 때문이다. 오늘날과 같은 철학의 시대에는 덕성은 유혹을 물리칠 수 있어야 한다. 즉, 여성은 자기가 듣게 될지도 모르는 말과 그 말에 대해 어떻게 생각해야 할지를 미리 알고 있어야 하는 것이다.

뿐만 아니라 여성은 남성의 판단에 복종하면서도 남성의 존경을 받아야 한다. 그중에서도 특히 남편의 존경을 받아야 한다. 여성은 남편으로 하여금 자기 자신을 사랑하게 해야 할 뿐만 아니라 자기의 품행을 인정하게 해야 한다. 여성은, 남편이 자기를 아내로 선택한 판단이 옳았음을 세상 사람들 앞에 증명해야 하고, 아내에게 주어진 명예를 통해 자신은 남편의 명예가 되어야 한다. 그러나 만일 여성이 우리의 사회 제도와 관습, 예의 범절에 대해 전혀 알지 못한다면, 만일 여성이 남성의 판단의 근원과 그 판단을 좌우하는 열정에 대해 아무것도 알지 못한다면, 어떻게 위의 과제에 착수할 수 있겠는가? 여성은 자기 자신의 양심에 따름과 동시에 대중의 견해에도 따라야 하기 때문에 이 두 가지 법칙을 이해하고 조화시키는 것을 배워야 하며, 이 두 가지 법칙이 서로 상반될 경우에는 자기 자신의 양심을 선택하는 것을 배워야 한다. 여성은 자기를 판정하는 자들의 판정자가 되어, 어떤 경우에 그들에게 복종해야 하며, 또 어떤 경우에 복종할 것을 거부해야 할 것인지를 결정해야 한다. 여성은 그들의 편견을 받아들이거나 거부하기 전에 그 편견을 저울질 해야 한다. 여성은 그 편견의 근원까지 그것을 추적하고 그것이 어떻게 될 것인지를 예측하고, 그것을 자신에게 유리하게 만드는 것을 배워야 한다. 여 성은 타인의 비난을 피하는 것이 자기의 의무에 반(反)하지 않는 한, 비난의 구실을 제공하지 않도록 주의해야 한다. 이러한 일들은, 정신과 이성(理性) 을 가꾸지 않고는 제대로 행할 수 없는 것이다.

　나는 항상 나의 첫번째 원칙으로 되돌아간다. 그러면 나의 첫번째 원칙 은 나의 모든 난관의 해결책을 제공해 준다. 나는 현상태를 연구하고 그 원 인을 탐구한다. 그리하여 나는 결국 현상태는 선(善)한 것임을 발견한다. 나 는 부부가 모두 훌륭한 집을 방문한다. 그들은 모두 훌륭한 교육을 받았으며 정중하며, 기지(機智)를 갖추고 있는 멋있는 분들로서, 그들을 찾아오는 손 님들을 따뜻하게 대해 주고, 손님들이 만족스런 마음으로 돌아갈 수 있도록 하고자 하는 욕망에 가득차 있다. 남편은 모든 사람에게 친절하기 위해 어떤 수고도 아끼지 않는다. 그는 이리저리 다니면서 모든 사람들을 보살피며 온 갖 애를 쓴다. 그는 손님을 접대하는 일에 열중한다. 아내는 그녀의 자리에 머물러 있다. 몇몇 사람이 그녀의 주위에 모여 있어, 다른 사람들을 그녀의 눈으로부터 숨기고 있는 것처럼 보인다. 그러나 그녀는 집안에서 행해지고 있는 모든 것을 보고 있으며, 그녀와 한마디의 대화도 나누지 않고 돌아가는 사람은 아무도 없다. 그녀는 모든 사람들이 흥미를 느낄 수 있는 대화를 하 나도 빠뜨리지 않는다. 그녀는 어떤 사람에게도 불쾌한 이야기는 하지 않으 며, 가장 신분이 낮은 사람에 대해서도 가장 신분이 높은 사람과 똑같이 대접한다. 식사가 준비되어, 그들은 모두 식탁으로 간다. 남편은 손님들 중 서로 잘 통하는 사람들끼리 앉기 원한다는 것을 잘 알고 있으므로, 일찍이 안면이 없는 손님들에 대해서도 아내는 결코 실수를 하지 않는다. 그녀는 이미 손님들의 표정과 태도에서 그들이 원하는 바를 알았으므로, 손님들은 모두 자기가 앉고 싶은 자리에 앉게 된다. 한 사람도 빠짐없이 식사 대접을 받게 되는 것은 말할 나위도 없다. 집주인은 한 사람도 빠뜨리지 않도록 세심한 주의를 기울이며, 부인은 손님이 좋아하는 음식을 알아채고는 그 음식을 손님에게 제공한다. 부인은 열 사람과 이야기하는 동안에도 식탁의 반대쪽 끝까지 살핀다. 그녀는 배가 고프지 않기 때문에 먹지 않는 사람과 수줍거나 소심해서 음식을 제대로 먹지 못하는 사람을 분간한다. 식탁을 떠날 때에는 모든 손님들은 그녀가 자기만을 생각해 주었다고 생각한다. 손님들은 그녀가 식사할 틈이 없어 아무것도 먹지 못했을 것이라고 생각한다. 그러나 실제로는 그녀는 어느 누구보다도 많이 먹은 것이다.

모든 손님들이 돌아가면, 남편과 아내는 그날의 일에 대해 이야기를 나눈다. 남편은 손님들이 자기에게 해 준 말과 함께 대화를 나눈 사람들의 말과 행위를 아내에게 이야기한다. 그런 일에 대해서는 아내는 정확히 알고 있지는 못하지만, 방의 저쪽 끝에서 사람들이 속삭인 이야기까지도 알고 있다. 그녀는 어떤 사람이 어떤 생각을 하고 있었으며, 그의 이러저러한 말과 행동이 무엇을 의미하는지를 알고 있다. 그녀는 손님들의 표정의 변화 하나하나를 즉시 해석하며, 그녀의 해석이 틀리는 일은 거의 없다.

그런 세계의 여성을 그런 뛰어난 안주인으로 만드는 그러한 기지(機智)는, 마음이 들뜬 여자를 수많은 구혼자들을 즐겁게 해 주는 기술에서 뛰어나게 만든다. 남자의 마음을 끌기 위한 교태는 예의 범절의 경우보다 훨씬 세심한 감식력(鑑識力)을 필요로 한다. 왜냐하면 예절바른 여성은 누구에게나 친절히 대하므로 항상 매우 훌륭하게 행동하지만, 마음이 들떠 있는 여성은 그런 틀에 박힌 어색한 행동을 하면 곧 남성에 대한 자신의 지배력을 잃게 되기 때문이다. 만일 그녀가 그녀의 모든 애인들에게 친절하게 대해 주려고 한다면, 그녀는 그들 모두를 구역질나게 만들 것이다. 사교계에서는 모든 사람에 대해 취해진 예의바른 태도는 모든 사람들을 즐겁게 해 준다. 즉, 모든 사람들이 똑같이 훌륭한 대접을 받기만 하면, 사적으로 좋아하느냐 좋아하지 않느냐 하는 것은 문제가 되지 않는다. 그러나 사랑에서는 다른 사람들과 똑같이 받는 호의는 일종의 모욕이다. 감정이 예민한 남자는 다른 사람들과 똑같이 호의를 받는 것보다는 차라리 자기 혼자만 푸대접받는 편이 낫다고 생각할 것이며, 다른 모든 사람들과 똑같이 취급되는 것은 그에게는 최악의 일일 것이다. 그러므로 몇 명의 애인을 거느리기를 원하는 여성은 그들 하나하나에게 자기가 그를 가장 사랑하고 있다는 것을 설득시키지 않으면 안될 뿐만 아니라 다른 모든 사람들—자기가 그녀의 진정한 애인이라고 확신하고 있는—이 보는 앞에서 그것을 보여 주어야 한다.

만일 난처한 입장에 처해 있는 남자를 보고 싶다면, 한 남자를 그가 은밀한 관계를 맺고 있는 두 여자 사이에 놓고, 그가 얼마나 바보스럽게 보이는가를 보라. 그러나 이와 반대의 똑같은 상태 속에, 즉 두 남자 사이에 한 여자를 놓아 보라. 그 결과는 놀라울 것이다. 아마도 당신은 그녀가 그 두 남자를 교묘하게 속이는 솜씨와, 그들로 하여금 서로 상대방을 비웃게 하는 술책에 놀랄 것이다. 만일 그 여자가 두 남자에게 똑같은 신뢰를 보여 주고 똑같이 친절한 태도를 취한다면, 어떻게 그들이 단 한순간이라도 속아넘어갈 수 있겠는가? 만일 그녀가 그 두 남자를 똑같이 대한다면, 그녀는 그들이 그녀에 대해 똑같은 권리를 갖고 있음을 나타내는 것이 아닌가? 오, 그녀는 너무도 영리하기 때문에 그런 태도를 취하는 일이 결코 없다. 그녀는 결코 그 두 남자를 똑같이 대하지 않고 그들 사이에 현저한 차이를 두고 대한다. 그러나 그녀는 너무도 교묘하게 두 남자를 차별 대우하기 때문에, 그녀의 아첨을 받은 남자는 그것을 애정의 표시로 생각하며, 나쁜 대우를 받은 남자는 그것을 경멸의 표시로 생각한다. 그러므로 그녀는 오직 자기 자신에 대해서만 생각하고 있음에도 불구하고 그들은 각기 그녀가 자기에 대해 생각하고 있다고 믿는 것이다.

다른 사람들의 마음에 들고자 하는 일반적인 욕망은 이와 흡사한 방법을 연상시킨다. 즉, 여성의 변덕은 교묘하게 행해지지 않으면 사람들의 혐오감을 불러일으키지만, 교묘하게 행해지면 그녀의 노예들은 그녀의 변덕에 의해 더욱더 노예가 되는 것이다.

여성은 온갖 기교의 그물을 사용하여 새로운 연인을 사로잡으려 한다. 그러나 언제나 어떤 남성에게도 똑같은 얼굴을 보이는 일이 없으며, 상황에 따라 태도와 모습을 바꾼다.   Tasso, Jerus. Del.

그 기교의 비결은 무엇일까? 그것은 남성의 마음속에서 일어나고 있는 것을 여성에게 알려 줌으로써, 그 여성으로 하여금 모든 은밀한 충동을 촉진시키거나 저지할 수 있게 하는 세밀하고 끊임없는 관찰의 결과가 아닐까? 이 기교는 배워 익힐 수 있는 것일까? 아니다. 그것은 여성이 태어날 때부터 갖고 있는 것이다. 모든 여성은 이 기교를 갖고 있으며, 남성은 그 기교를 결코 여성만큼 갖고 있지 않다. 그것은 여성의 특질의 하나이다. 냉정, 통찰력, 세밀한 관찰력, 그것은 여성의 지혜이며, 그것을 이용하는 기술은 여성의 중요한 재능이다.

이것은 있는 그대로의 사실이다. 그리고 우리는 어째서 그러한가를 살펴보았다. 사람들은 "여성은 거짓투성이이다."라고 말한다. 그들은 거짓투성이가 되는 것이다. 그들이 태어날 때 부여받은 것은 표리부동(表裏不同)함이 아니라 재능이다. 여성의 그러한 성향에서 볼 때 거짓말을 할 때조차 그들은 거짓이 아닌 것이다. 진실을 말하는 것은 그들의 입이 아님에도 불구하고, 어찌하여 당신은 그들의 말에 귀를 기울이는가? 그들의 눈, 안색, 숨결, 머뭇거리는 태도, 미약한 저항에 주의를 기울이라. 그것들이야말로 당신으

로 하여금 여성의 진실을 알게 하도록 하기 위해 자연이 여성에게 준 언어이
다. 여성의 입술은 항상 "아니오."라고 말하며, 또 그것은 당연한 일이다. 그
러나 그 억양은 항상 동일하지 않으며, 억양은 거짓말을 하지 못한다. 여성
은 남성과 똑같은 욕구를 가지고 있지만, 남성처럼 그 욕구를 노골적으로 나
타낼 수 있는 권리는 갖고 있지 않다. 만일 여성이 여성으로서 도저히 입에
담을 수 없는 말 이외에는 자기의 정당한 욕망을 표현할 수 있는 언어를 가
지고 있지 않다면, 여성의 운명은 너무도 가혹한 것이 될 것이다. 여성의 수
줍음이 여성을 불행하게 만들어서야 되겠는가? 여성에게는 노골적으로 표
현하지 않고도 자신의 심정을 전달할 수 있는 방법이 필요하지 않을까? 자기
가 전달하고 싶은 것을 자기의 연인에게 숨기기 위해서는 얼마나 교묘한 기
술이 필요한가! 자기가 그를 사랑하고 있다는 사실을 드러내지 않고도 그의
마음을 움직이는 법을 배우는 것은 여성에게 얼마나 중요한 일인가? 갈라테
아(Galatea)의 이야기 — 그녀가 목동에게 사과를 주고 도망치는 어설픔 — 는
얼마나 아름다운 이야기인가![10] 그 이상 무엇이 더 필요하겠는가? 그녀가 버
드나무 사이로 뒤쫓아오는 목동에게, "나는 당신이 나를 따라오게 하기 위해
도망치고 있을 뿐입니다."라고 말해야 하겠는가? 만일 그녀가 그렇게 말했
다면 그것은 거짓말일 것이다. 그렇게 함으로써 그녀는 더 이상 그를 매혹시
킬 수 없을 것이기 때문이다. 여성이 수줍으면 수줍을수록 그녀는 심지어 그
녀의 남편에게 대해서조차 그만큼 더 기교를 필요로 한다. 그렇다. 한계를
넘지 않는 교태는 수줍음인 동시에 진실한 마음이며, 그것으로부터 올바른
행위의 법칙이 생겨난다고 나는 주장하고 싶다.

　　나의 반대자들 중의 한 사람은, '미덕은 하나이다. 당신은 미덕을 분류
하여, 어떤 미덕은 취하고 어떤 미덕은 거절할 수는 없다.' 라는 매우 올바른

---

10) '갈라테아는 내게 사과를 던지고는 초원으로 달려갔다…….' (베르길리우스의 《시선
목가(詩選牧歌)》 제3, 64 참고)

주장을 했다. 만일 당신이 미덕을 사랑한다면 당신은 미덕을 완전히 사랑하는 것이며, 받아들여서는 안되는 감정에 대해서는 가능한 한 당신의 마음을 닫으며 항상 입을 닫는다. 도덕적 진실이란 있는 그대로의 것을 가리키는 것이 아니라 선(善)한 것을 가리키는 것이다. 악(惡)한 것은 행해서도 안되며, 이미 행한 경우에는 행한 그대로 털어놓아서도 안된다. 특히 그 고백이 털어놓지 않았더라면 야기되지 않았을 결과를 야기시키는 경우에는 더욱 그러하다. 내가 도둑질하고 싶은 유혹에 빠졌을 경우, 그 사실을 누군가에게 고백함으로써 그 사람을 나의 공범자가 되도록 유혹했다면, 내가 빠져 있는 유혹을 고백하는 것은 그 유혹에 굴복하는 셈이 되는 것이다. 당신은 어찌하여 수줍음이 여성을 거짓투성이로 만든다고 말하는가? 수줍음을 잃은 여성이 다른 여성들보다 더 진실하단 말인가? 그렇지 않다. 그런 여성은 다른 여성들보다 천 배나 더 기만적이다. 그토록 타락하는 것은 불의(不義)와 거짓으로부터 지배력을 얻고 있는 거부되지 않은 수많은 악덕들 때문이다.*

그러나 수치심을 잃지 않은 여성, 자기의 잘못을 자랑으로 여기지 않는 여성, 자기를 고무시키는 사람들에게조차 자기의 욕망을 숨길 수 있는 여성, 마지못해 자기의 감정을 털어놓는 여성, 이러한 여성들이야말로 가장 참되고 가장 성실하며, 정절(貞節)을 신뢰할 수 있는 여성이다.

이상의 언급에 대해 잘 알려진 예외로서 그 이름을 들 수 있는 사람들 가

---

* 어떤 점에 대해서 공공연히 자신의 태도를 표명하는 여성들은, 그 솔직함에 의해서 자신을 훌륭하게 보이도록 하려는 것으로, 그런 솔직성을 제외하면 자신들에게는 아무것도 존경받을 만한 것이 없다고 단언하고 있다는 것을 나는 알고 있다. 그러나 그런 것을 그녀들은 바보 같은 남자에게만 납득시킬 수 있다는 것도 나는 알고 있다. 여성에게서 가장 강한 브레이크가 되는 것 — 수치심 — 을 잃었다면, 그녀들을 눌러 멈추게 할 수 있는 그 무엇이 남아 있단 말인가. 그리고 여성만의 명예감을 버렸다면, 그녀들은 어떤 명예를 존중하게 되는가. 일단 자신들의 정념을 멋대로 풀어 놓은 후에는, 그녀들은 이미 거기에 저항할 아무런 힘도 없어진다. "여성이 수치심을 버렸을 때, 그녀는 이미 무엇 하나 거절할 수 없다." (타키투스《편년사(編年史)》제4권, 제3장) 이렇게 말한 저자 이상으로 남녀의 마음을 잘 알고 있던 자가 있을까?

운데 내가 알고 있는 유일한 예는 랑클로(Mlle. de L'Enclos)[11]뿐이다. 그녀는 비범한 인물로 간주되었다. 그녀는 여성의 미덕을 경멸하고 남성의 미덕을 실천했다고 한다. 그녀는 솔직함·올바름으로 찬양을 받고 있다. 그녀는 신뢰할 수 있는 인물이었으며 성실한 친구였다. 그녀는 자신의 명예를 완벽하게 하기 위해 남성이 되었다고 한다. 훌륭한 일이다. 그러나 그녀가 아무리 높은 명성을 얻고 있다 하더라도, 나는 그런 남성과 같은 여성을 나의 연인으로는 물론 친구로도 삼고 싶지 않다.

이것은 우리가 생각하는 것만큼 그렇게 엉뚱한 일은 아니다. 나는 여성의 수줍음과 거짓됨을 조롱하는 현대 철학의 경향을 알고 있으며, 또한 나는 이 철학의 가장 확실한 결과는 현대 여성들로부터 그들에게 남아 있는 약간의 명예마저 빼앗아 버릴 것이라는 것도 알고 있다.

이와 같은 근거로, 우리는 어떤 종류의 교육이 여성의 정신에 적합한지, 또 어렸을 때부터 여성의 주의를 어떤 대상을 향하게 해야 하는지를 결정할 수 있다고 나는 생각한다.

이미 앞에서 이야기했듯이 여성의 의무는 알기는 쉽지만 실천하기는 쉽지 않다. 여성은 무엇보다도 먼저 그들의 의무로부터 생겨나는 이익들을 생각함으로써 그들의 의무를 사랑하는 것을 배워야 한다. 이것이야말로 의무를 쉽게 실천할 수 있게 하는 유일한 방법이다. 모든 연령과 처해 있는 상태에 따라 그 나름대로의 의무가 있다. 만일 우리가 우리의 의무를 사랑한다면 우리는 우리의 의무를 쉽게 알게 된다. 여성으로서의 당신의 상태를 명예롭게 생각하라. 그러면 당신이 어떤 신분으로 태어났든 당신은 훌륭한 여성이 될 것이다. 가장 중요한 것은, 자연이 당신을 만든 그대로의 인간이 되는 것이다. 왜냐하면 여성들은 너무도 쉽게 남성들이 원하는 바의 인간으로 되기

---

11) 랑클로(1620~1705)는, 그 재기(才氣)와 미모에 의해서 유명했던 여성. 그녀의 집에는 당시의 문학가나 사교계 사람들이 모여들었다고 한다.

때문이다.

추상적·이론적 진리에 대한 탐구, 학문의 원리와 공리(公理)에 대한 탐구, 관념을 일반화하는 모든 것에 대한 탐구는 여성의 분야가 아니다. 여성이 배워야 할 것은 모두가 실용적인 것뿐이다. 남성이 발견한 원리를 적용하는 것이 여성이 해야 할 일이며, 그러한 원리들을 발견할 수 있도록 자기가 관찰한 소견을 남성에게 말해 주는 것이 여성의 역할이다. 여성의 직접적인 의무와 관계없는 것에 대한 여성의 모든 사고(思考)는 남성에 대한 연구나 취미 형성을 유일한 목적으로 하는 즐거운 지식의 습득에 기울여져야 한다. 여성은 천재성을 필요로 하는 일은 할 능력이 없으며, 또한 여성은 정밀 과학에서 성공할 수 있을 정도의 정확성과 주의력을 갖고 있지 않기 때문이다. 자연 과학에서의 생물과 자연 법칙 사이의 관계를 판단하는 것은 보다 활동적이고, 보다 진취적이고, 보다 많은 것을 보고, 보다 힘이 세고, 그 힘을 사용하는 데보다 익숙해 있는 남성이 할 일이다. 여성은 약하고 관찰할 수 있는 범위가 제한되어 있으므로, 자기의 약함을 보충하기 위해 멋대로 그 힘을 이해하고 판단한다. 여기서 그 힘이란 남성의 열정이다.

여성의 기교는 우리 남성의 기교보다 더 강력하다. 즉, 여성은 남성의 마음을 움직일 수 있는 지렛대를 갖고 있는 것이다. 여성은 남성이, 여성이 외부의 도움 없이는 할 수 없는 것과 여성이 필요하다고 생각하는 것과 유쾌하다고 생각하는 것을 욕구하도록 만들 줄 알아야 한다. 따라서 여성은 남성의 마음에 대한 철저한 지식을 갖고 있어야 하며, 일반적인 남성의 마음에 대한 추상적인 지식이 아니라, 법률에 의해서든 관습에 의해서든 자기에 대해 권위를 갖고 있는 자기 주위의 남성들의 마음에 대한 철저한 지식을 갖고 있어야 한다. 여성은 남성의 말과 행동·표정·몸짓에서 남성의 감정을 통찰하는 것을 배워야 한다. 여성은 자신의 말과 행동·표정·몸짓을 통해 자기가 원하는 감정을 남성으로 하여금 갖게 할 수 있어야 한다. ─그런 의도를 갖고 있음을 밖으로 드러내지 않고.

남성은 여성보다 인간의 마음의 철학을 더 잘 안다. 그러나 여성은 남성보다 남성의 마음을 더 정확하게 읽을 수 있다. 즉, 여성은 경험적 윤리를 발견해 내야 하며, 남성은 그것을 체계적으로 요약해야 하는 것이다. 여성에게는 남성보다 많은 기지(機智)가 있으며, 남성에게는 여성보다 많은 재능이 있다. 그러므로 여성은 관찰을 통하여 깨닫고, 남성은 추론(推論)을 통하여 깨닫는다. 남성과 여성은, 각기 상대의 도움을 받지 않는 상태에서 자기 나름대로 얻을 수 있는 가장 명석한 인식과 가장 심오한 지식을, 즉 자신과 다른 사물에 대해 인간이 얻을 수 있는 가장 확실한 지식을 제공한다. 이런 점에서 예술은 자연이 우리에게 준 도구를 끊임없이 완성시켜 가는 것이다.

사교계는 여성의 책이다. 만일 여성이 사교계를 올바로 읽지 못한다면, 그것은 그녀 자신의 잘못이거나 그녀가 정념에 의해 눈이 멀었기 때문이다. 그러나 한 가정의 순수한 어머니는 결코 사교계의 여성이 될 수 없다. 그런 여성은 수녀원의 수녀와 마찬가지로 세상을 멀리 한 은둔자이다. 그러므로 곧 결혼하게 될 딸을 갖고 있는 사람은 그 딸에게, 곧 수녀원에 들어가게 된 여성을 위해 마땅히 해 주어야 하는 것과 똑같은 것을 해주어야 한다. 즉, 그들이 알지 못하는 쾌락의 기만적인 영상(映像)이 그들의 마음속에 기어들어와 그들의 은거 생활의 행복을 어지럽히지 않도록, 그들이 쾌락을 포기하기 전에 그들에게 그들이 버리려는 쾌락을 보여 주어야 하는 것이다. 프랑스에서는 소녀들은 수도원에 갇혀 살며, 아내들은 사교계를 활보한다. 고대인(古代人)들은 그 반대였다. 즉 고대에는 소녀들은 이미 말한 바와 같이, 여러 가지 놀이와 축제를 즐겼으며, 결혼한 여성들은 은거 생활을 했다. 이것은 보다 온당한 관습이었으며, 도덕에 더욱 유익한 것이었다. 소녀에게는 어느 정도의 교태가 허용되었으며 그들은 즐거움에 몰두할 수 있었다. 아내는 집에서 다른 의무들이 있었으며, 따라서 더 이상 남편을 기다릴 필요가 없었다. 그러나 오늘날의 여성들은 그 변화를 감사하지 않으며 불행하게도 설쳐대는 것은 그들 쪽이다. 어머니들이여, 당신의 딸들로 하여금 당신의 친구가 되게 하라. 딸들에게 올바른 양식(良識)과 정직한 마음을 주라. 그리고 순수한 눈이 볼 수 있는 것은 아무것도, 무도회·회합·유희·연극조차도 그들에게 숨기지 말라. 잘못된 눈으로 보면 분별없는 젊은이들에게는 유혹이 되는 모든 것들도 건전한 마음을 지닌 사람에게는 아무런 위험도 되지 않는 것이다. 그들은 이 야단스런 쾌락들에 대해 많이 알면 알수록 그만큼 빨리 그런 쾌락들을 포기해 버릴 것이다.

나의 견해에 반대하는 사람들은 크게 외칠 것이다. "그런 대단한 쾌락을 보고 그것을 거부할 소녀가 어디 있는가? 그런 세계를 얼핏 보기만 해도 그들은 금방 미혹해 버릴 것이다. 그런 세계를 기꺼이 포기하는 소녀는 하나도 없다."라고. 그럴지도 모른다. 그러나 그들에게 이 기만적인 광경을 보여 주기 전에, 당신은 그것을 보아도 마음이 동요되지 않도록 딸들을 충분히 준비시켰는가? 당신은 그들이 보아 왔던 것이 어떤 것인가를 그들에게 솔직하게 말해 주었는가? 당신은 그들에게 그것을 있는 그대로 보여 주었는가? 당신은 공허한 환상에 대항할 수 있도록 그들을 무장시켰는가? 당신은 그들의 젊은 마음속에, 그런 소란 속에서는 결코 얻을 수 없는 참된 즐거움에 대한 취미를 심어 주었는가? 당신은 그들을 미혹으로 이끄는 그릇된 취미로부터 보호하기 위해 어떤 방책을 세웠으며, 어떤 준비를 했는가? 당신은 그들의 마음을 편견의 횡포로부터 보호하기 위한 아무런 조치도 취하지 않았을 뿐만 아니라 오히려 그 편견을 조장해 왔다. 즉, 당신은 그들에게 그들이 얻을 수 있는 모든 어리석은 즐거움을 욕구하도록 가르쳐 왔다. 당신 자신이 그렇게 함으로써 당신은 그들을 그렇게 하도록 가르친 것이다. 사교계로 들어오는 젊은 여성에게는 자기의 어머니 이외에는 안내자가 없으며, 대부분의 경우 그 어머니는 딸들과 마찬가지로 어리석어, 딸들에게 자기가 보는 방법과 똑같은 방법으로밖에 사물을 보게 하지 못한다. 어머니의 본보기는 이성(理性)보다 더 큰 힘을 갖고 있다. 그러므로 어머니의 본보기는 딸들의 눈에는 올바른 것으로 보이며, 어머니의 권위는 딸에게는 반박의 여지가 없는 구실이 된다. 설사 내가 어머니들에게 자기의 딸을 사교계 속으로 데리고 가기를 요구한다 하더라도, 그것은 어머니가 딸에게 사교계를 있는 그대로 보여 줄 것이라는 가정하에서이다.

악(惡)은 더욱 일찍부터 시작된다. 수도원은 교태를 가르치는 학교이며, 그것도 내가 앞에서 기술한 올바른 교태가 아니라, 여성의 온갖 비행(非行)의 근원이자 소녀들을 우스꽝스럽기 짝이 없는 어린 마담으로 만들어 버리는 교태를 가르치는 학교이다. 수도원을 나와 스마트한 사교계에 들어가게 되면, 그들은 자기들이 당연히 있어야 할 장소에 놓여진 것으로 생각한다. 그들은 그러한 생활을 위해 교육받아 왔기 때문이다. 그들이 그런 생활을 좋아하는 것은 너무도 당연한 일이다. 내가 여기서 말하려고 하는 것은 관찰에 기반을 둔 것이 아니라 편견에 기반을 둔 것일지도 모른다. 그러나 내가 알고 있는 바로는, 가톨릭 국가들 사이에서보다는 프로테스탄트 국가들 사이에서 가족들의 훌륭한 애정과 훌륭한 아내, 상냥한 어머니들을 볼 수 있다. 만일 그것이 사실이라면, 그 차이는 부분적으로는 수도원의 교육에 기인한 것이라고 생각하지 않을 수 없다.

평화스런 가정 생활의 아름다움은 즐겨지는 데 있음을 알아야 한다. 그러므로 평화스런 가정 생활의 즐거움은 어린 시절부터 맛보지 않으면 안된다. 우리가 자신의 가정을 사랑하는 것을 배울 수 있는 것은 우리의 아버지의 가정에서 지낼 때뿐이며, 자기의 어머니로부터 교육을 받지 못한 여성은 자기 자식들을 교육시키기를 좋아하지 않는다. 불행하게도 오늘날의 대도시에서는 이미 가정 교육이 사라졌다. 사회는 너무도 일반적이고 혼란하여 은거할 장소가 없으며, 심지어 가정에서조차 우리는 공적(公的)인 생활을 하게 되었다. 우리는 대중 속에서 살고 있으며, 우리에게는 가정이 없어져 버렸다. 그리하여 우리는 우리의 가족들을 거의 알지 못하며, 가족들을 마치 낯선 사람처럼 바라본다. 가정 생활의 소박함은 가정 생활의 아름다움이었던 달콤한 애정과 함께 사라져 버렸다. 그리하여 우리는 어머니의 젖을 빨아 먹으면서 동시에 현대의 쾌락과, 현대를 지배하는 처세법에 대한 취미를 빨아들이고 있는 것이다.

소녀들은, 남성들이 그들의 외모에 기만당해 결혼하게 되도록 예의바른 태도를 위장하도록 강요당하고 있다. 그러나 잠시 이 젊은 여성들을 살펴보라. 그들은 겉으로는 수줍음을 가장하고 있지만, 그들을 사로잡고 있는 열정을 좀체로 숨기지 못한다. 그들의 열정적인 눈에서 우리는 그들의 어머니를 모방하고자 하는 그들의 욕망을 읽을 수 있다. 그들이 원하는 것은 남편이 아니라 결혼한 여성의 방종이다. 남편 없이도 살아 갈 수 있는 수단이 얼마든지 있는데 남편이 무슨 필요가 있겠는가. 남편은 그것을 감추기 위해 필요한 것이다. 얼굴에는 정숙함이 있으나 마음속은 악덕으로 가득 차 있다. 이 위장된 정숙함이 그 증거의 하나이다. 그들은 가능한 한 빨리 정숙함에서 벗어나기 위해 정숙함을 위장하는 것이다. 파리와 런던의 여성들이여, 나를 용서하라! 어디에서나 기적은 있을 수 있다. 그러나 나는 기적 따위는 알지 못한다. 만일 당신들 중에 가슴속으로부터 진실로 순결한 사람이 단 하나라도 있다면 나는 우리의 교육에 대해 아무것도 알지 못하는 셈이 될 것이다.

이러한 모든 교육 방법들은, 젊은 여성들을 큰 세계의 쾌락에 대한 취미와 그 취미로 인해 생겨나는 열정으로 인도한다. 오늘날의 대도시에서 타락은 태어남과 동시에 시작되며, 소도시에서 타락은 이성(理性)이 눈뜸과 동시에 시작된다. 시골에서 성장한 젊은 여성들은, 곧 그들의 소박한 생활의 행복을 경멸하는 것을 배우고는, 서둘러 파리로 올라와 도시의 타락한 생활에 빠진다. 재능이라는 미명(美名) 아래 감춰진 악덕이 그들이 파리로 오는 유일한 목적이다. 그들은 파리 여성들의 고상한 방종과는 너무도 동떨어져 있는 자신을 발견하고는 부끄러움을 느껴, 서둘러 '파리 여성'이라는 이름에 어울리는 언행을 하게 된다. 그 악(惡)에 대한 책임은 어디에 있는가? 그 악이 시작된 곳에 있는가, 아니면 그 악이 완성된 곳에 있는가?

나는 분별력 있는 어머니에게는, 딸을 파리로 데리고 와 그 딸에게 매우 해로운 그러한 광경들을 보여 주는 짓은 하지 말라고 권하고 싶다. 그러나 설사 그런 짓을 했다 하더라도 그 딸이 그릇된 교육을 받지 않았다면, 그러한 광경도 그 딸에게는 별로 위험하지 않을 것이다. 훌륭한 취미와 훌륭한 분별력과 올바른 것에 대한 사랑을 가지고 있는 사람에게, 그러한 광경들은, 그러한 광경의 유혹에 자신을 맡겨 버린 사람들이 느끼는 것보다 훨씬 매력적이 아닌 것이다. 파리에서는 당신은 일생 동안 치욕 속에서 지내기 위해 파리로 올라와 반 년 동안 서둘러 파리의 풍조와 유행을 익히고 있는 분별력 없는 시골의 젊은 여성들을 볼 수 있을 것이다. 그러나 이러한 어리석은 혼란함에 혐오를 느끼고는 다른 사람들이 추구하는 운명과 자기의 운명을 비교해 본 뒤 자기의 운명에 만족하여 다시 시골로 돌아가는 젊은 여성들에게 주의를 기울이는 사람은 아무도 없다. 젊은 여성들이, 자기의 소원대로 자기를 파리에서 살게 해 주기 위해 자기를 파리로 데리고 온 착한 남편에게, 파리로 올 때보다 더 기쁜 마음으로 고향으로 내려갈 준비를 하면서, "우리의 오두막으로 돌아갑시다. 그곳에서의 생활이 파리의 저택에서의 생활보다 더 행복해요."라고 말하는 것을 나는 수없이 보았다. 우리는 우상(偶像) 앞에 무릎을 꿇지 않고는 그 어리석은 우상 숭배를 경멸하는 사람들이 수없이 많이 있다는 것을 알지 못한다. 크게 평판이 나는 것은 어리석은 여성들뿐이다. 현명한 여성은 사람들의 이목을 끌지 않는다.

만일 보편적인 편견에도 불구하고, 소녀들에 대한 그릇된 교육에도 불구하고, 수많은 여성들이 유혹을 물리칠 수 있는 판단력을 가지고 있다면, 그리고 만일 그 판단력이 올바른 교육에 의해 육성되었다면, 혹은 그릇된 교육에 의해 나빠지지 않았다면 그들의 판단력은 어떻게 되었을까? 왜냐하면 자연적인 감정을 유지하고 회복하는 것은 우리가 해야 할 중요한 과제이기 때문이다. 그러기 위해서는 당신의 딸들에게 장황한 설교를 한다든지 엄격한 도덕을 강요해서는 안된다. 그러한 교육은 당신의 딸들로 하여금 자기를 가르치는 사람과 그 학습을 싫어하게 만들 뿐이다. 소녀와 대화할 때, 당신은 그 아이로 하여금 자기의 의무를 두려워하게 한다든지, 자연에 의해 그 아이에게 지워진 짐을 더욱 무겁게 만들어서는 안된다. 그 아이의 의무에 대해 설명해 줄 때에는 간단하고 명랑하게 이야기하라. 그녀로 하여금 자기의 의무를 행하는 것이 끔찍스러운 일이라고 생각하게 해서는 안된다. 화난 얼굴을 하거나 거드름을 피워서도 안된다. 가슴속으로부터 나온 말이라야만 마음에 전해진다. 도덕에 관한 교리 문답도 종교의 교리 문답과 마찬가지로 간단 명료해야 하며 딱딱해서는 안된다. 여성의 의무들이야말로 그들의 기쁨의 근원이며 그들의 권리의 기반임을 그들에게 알려 주라. 사랑함으로써 사랑받고, 상냥한 성품에 의해 행복을 얻고, 자기의 참된 가치에 의해 권위를 얻고, 자신을 존중함으로써 명예를 얻는 일이 그토록 어려운 일일까? 이러한 것들은 얼마나 아름다운 여성의 권리이며, 얼마나 존경할 만한 권리인가! 여성이 그들의 참된 가치를 보여 줄 수 있다면, 그것은 남성의 마음에 얼마나 소중한 것이 되겠는가! 이 권리들은 결코 노년(老年)의 특권이 아니다. 여성의 권위는 여성의 미덕과 함께 시작된다. 여성의 매력이 나타나기 시작하면, 여성은 온화한 성품과 품위로써 남성을 지배하기 시작한다. 자기는 말을 거의 하지 않고 다른 사람의 말에 귀를 기울이는 16세의 사랑스럽고 정숙한 젊은 여성과 함께 있을 때, 태도는 겸손하고 말은 정직하며, 자신의 아름다움으로 해서 자기가 여성이며 젊다는 사실을 잊는 일이 없으며, 수줍음으로 사람들을 매혹시키고, 다른 사람들을 존경함으로써 자신도 존경받는 그런 아가씨와 함께 있을 때, 자기의 자존심을 낮추고 자기의 태도에 신중하지 않을 정도로 냉혹하고 야만적인 남성이 있을까?

이 징표들은 외면적인 것이기는 하지만 무의미한 것은 아니다. 이 징표들은 단순히 관능적 매력에 기초를 두고 있는 것이 아니라, 여성은 태어나면서부터 남성의 가치를 판정하는 판정자라고 하는 우리 모두가 느끼고 있는 확신으로부터 생겨나는 것이다. 여성으로부터 경멸당하고 싶어하는 남성이 어디 있겠는가? 여성으로부터 더 이상 사랑받기를 원치 않는 남성조차도 여성으로부터 경멸당하고 싶어하지는 않을 것이다. 당신들은 내가, 여성들에게 그토록 가혹한 진실을 말하고 있는 내가 여성들의 편견에 무관심할 수 있으리라고 생각하는가? 독자들이여, 나는 당신들의 찬양보다도 여성들의 찬양을 받기를 더 원한다. 왜냐하면 당신들은 때때로 여성들보다 더 여성적이기 때문이다. 나는 여성들의 품행은 경멸하고 있지만, 그들의 공명 정대함에는 경의를 표하고 싶다. 만일 내가 그들로 하여금 나를 존경하게 할 수만 있다면 나는 그들이 나를 미워한다 하더라도 개의치 않는다.

우리가 여성들의 영향력을 불러일으킬 수만 있다면, 우리는 여성들의 영향력을 통해 얼마나 위대한 일들을 이루어 낼 수 있을까! 여성들이 그들의 지배권을 잃고 남성들로 하여금 그들의 판정을 존중하게 하지 못하게 된 시대는 얼마나 불행한 시대인가! 그것은 퇴폐의 마지막 단계인 것이다. 훌륭했던 모든 민족은 여성을 존중했다. 스파르타·게르만·로마 민족을 보라. 만일 이 지상에 영광과 미덕의 왕좌가 있었다면 그것은 바로 로마이다. 로마의 여성들은, 위대한 장군들의 업적에 명예를 주었으며, 조국의 선조였던 사람들의 죽음에 대해 대중(大衆) 앞에서 눈물을 흘렸다. 로마에서는 여성들이 주는 명예와 여성의 눈물은 모두 국가의 가장 엄숙한 판정으로 신성시되었다. 그곳에서 모든 큰 변혁은 여성들로부터 비롯되었다. 로마는 한 여성으로 인해 자유를 얻게 되었으며, 한 여성으로 인해 평민들이 집정관 자리에 오를 수 있게 되었으며, 한 여성으로 인해 10인 위원회의 전제 정치가 전복되었다. 그리고 로마가 코리올라누스(Coriolanus)에 의해 공략당했을 때 로마를 구한 것도 여성들이었다.[12]

용감함을 뽐내는 프랑스 남성들이여, 당신들이 로마 여성들의 이 행진

---

12) 여기에 든 네 가지 예(例)는 다음과 같다.

기원전 6세기, 정녀(貞女) 루크레티아의 자살은, 타르퀴니우스가(家)를 왕위에서 추방한 혁명의 실마리가 되었다.

을 보았다면, 당신들은 뭐라고 말했을 것인가! 당신들은 큰소리로 비웃어대
며 그 행렬을 뒤따라 갔을 것이 아닌가! 당신들과 나는 사물을 이토록 다른
눈으로 보고 있다. 어쩌면 당신들과 나 양쪽 모두 옳은지도 모른다. 프랑스
의 아름다운 여성들로 이루어진 행렬이 있다면, 그 행렬은 참으로 꼴불견의
행렬일 것이다. 그러나 만일 로마의 여성들로 이루어진 행렬을 본다면, 당신
들은 그 행렬을 볼사이인(Volscians)들의 눈으로 바라볼 것이며, 당신들의 마
음은 코리올라누스의 마음이 될 것이다.

　　나는 계속해서 이렇게 주장하고 싶다. '미덕은 자연이 준 다른 권리들에
게 유익한 것과 마찬가지로 사랑에게도 유익하며, 뿐만 아니라 미덕은 아내
나 어머니의 권위를 더해 주는 것과 마찬가지로 연인의 권위를 더해 준다.'
고. 열정이 없는 진정한 사랑은 있을 수 없으며, 현실적인 것이든 가공적인
것이든 상상 속에 항상 존재하는 완벽한 대상이 없는 열정은 있을 수 없다.
이 완벽함에 아무런 의미도 느끼지 못하고, 여인이란 성적 쾌락을 의미할 뿐
이라고 생각하는 연인들이 어떻게 가슴을 불태울 수 있겠는가? 그런 사람들
의 가슴은 결코 불태워지지 않으며, 연인들의 광희(狂喜)와 사랑의 아름다움
을 야기시키는 저 고귀한 황홀경 속에 빠질 수 없다. 사랑은 환영(幻影)에 지
나지 않는다는 데는 나도 동의한다. 그러나 사랑의 본질은, 사랑이 불러일으
키는 감정 속에 존재하며, 사랑이 불러일으키는 진정한 아름다움에 대한 사

　　기원전 4세기의 호민관 리키니우스 스토로는, 평민의 사회적 조건의 개선책으로, 집정관
의 한 사람을 평민 가운데에서 뽑도록 했는데, 그것은 역사가 티토스 리비우스에 의하면, 리키
니우스가 아내의 생각을 받아들인 결과였다고 한다.
　　기원전 5세기, 열 사람의 성문법 위원 가운데 한 사람인 아피키우스 크라우디우스는, 평
민의 딸 빌기니아에 대한 사련(邪戀)을 이루려 했는데, 빌기니아의 아버지는 딸을 죽이고 민중
에 호소하여 십대관을 추방했다. 크라우디우스는 감옥에서 자살했다.
　　반쯤 전설적인 인물 코리올라누스는, 로마에서 추방되어 볼사이족(族)이 있는 곳으로 도
망쳤다가 그 군대를 이끌고 로마로 쳐들어왔는데, 로마에 있던 어머니와 아내의 탄원으로 고
국 정복을 단념했다. 셰익스피어의 비극, 베토벤의 서곡(序曲)에 의해 유명하다.

랑 속에 존재한다. 그런 진정한 아름다움은, 우리가 사랑하는 대상 속에서는 발견되지 않으며 우리의 환상이 만들어 낸 것이다. 그러나 그것은 아무런 문제도 되지 않는다. 그럼에도 불구하고 우리는 상상이 만들어 낸 그 완벽한 것을 위해 우리의 모든 저열한 감정들을 희생시키지 않는가? 그럼에도 불구하고 우리가 사랑하는 사람이 갖고 있다고 생각되는 미덕을 우리들 자신의 가슴에 불어넣으며, 인간 본성의 저열함으로부터 벗어나지 않는가? 자기의 연인을 위해 목숨을 버리려 하지 않는 남성이 어디 있겠는가? 기꺼이 목숨을 바치고자 하는 남성에게 저열하고 관능적인 열정이 있겠는가? 우리는 옛날의 기사(騎士)들을 비웃는데, 그것은 그들은 사랑의 의미를 알고 있었지만 우리는 방탕밖에 알지 못하기 때문이다. 연애에 대한 이러한 가르침이 우스꽝스러운 것으로 보이기 시작한 것은 이성(理性)에 의한 것이라기보다는 오히려 부도덕함에 기인한 것이었다.

전 시대를 통해 자연적인 관계들은 변하지 않으며, 자연적인 관계들로부터 생겨나는 좋고 나쁜 결과들도 또한 변하지 않는다. 이성(理性)을 가장하여 행세하는 온갖 편견들은 외관만을 바꿀 수 있을 뿐이다. 자기를 지배한다는 것은, 설사 그것이 기이한 견해에 바탕을 둔 것이라 하더라도, 위대하고 훌륭한 것이다. 그리고 명예의 참된 동기는 여성으로서의 자기의 의무 속에서 인생의 행복을 찾을 수 있는 모든 여성의 마음을 끌 것이다. 정숙은 고귀한 영혼을 지닌 여성에게는 가장 아름다운 미덕임에 틀림없다. 그러한 여성은, 자기의 발 밑에 무릎을 꿇고 있는 세계의 모든 삶들을 내려다보며, 따라서 자기 자신과 세계의 모든 사람들을 정복한 것이다. 그녀는 자기의 영혼을 모든 사람들이 경의를 표하는 왕좌에 앉힌 것이다. 그녀의 자기 자신과의 일시적인 투쟁은 영원한 영광으로 보상받는다. 그녀는 만인의 사랑과 부러움을 받게 되며, 세계의 모든 남성과 여성들의 존경을 받게 되는 것이다. 잃는 것은 일시적인 것이지만, 그로 인해 얻는 것은 영원한 것이다. 아름다움과 결합된 미덕에 대한 긍지는 고귀한 영혼에게는 얼마나 큰 즐거움인가! 그런 여성을 소설의 주인공으로 삼아 보라. 그러면 그녀는 라이스(Lais)[13]나 클레오파트라 (Cleopatra)와 같은 여성들보다 더 우아한 즐거움을 즐길 것이다. 뿐만 아니라 그녀의 아름다움이 사라진 후에도 그녀의 명예와 기쁨은 그대로 남게 될 것이며, 따라서 오직 그런 여성만이 과거를 즐길 수 있는 것이다.

의무들이 힘들고 중요한 것일수록 그 의무들이 기반을 두고 있는 이유들은 그만큼 더 강력하고 분명한 것이어야 한다. 젊은 여성들에게 아무리 들려주어도 그들의 귀에는 전혀 들어가지 않는, 매우 중대한 문제들에 대한 어떤 종류의 경건한 이야기가 있다. 그 이야기는 그들의 생각과는 너무도 어울리지 않고 또 그들은 속으로는 그런 이야기를 중요하게 생각하지 않으므로, 그들은 자신의 성향에 쉽게 굴복해 버린다. 왜냐하면 그들은 그에 저항해야 할 이유를 그 사실 자체에서 끌어 낼 수 없기 때문이다. 물론 훌륭하고 경건하게 키워진 아가씨는 유혹을 물리칠 수 있는 강력한 무기를 갖고 있다. 그러나 마음이, 아니 오히려 귀가 신앙심이라는 잠꼬대 같은 말로 가득 차 있는 소녀는 틀림없이 자기를 공격해 오는 교묘한 첫번째 유혹자의 희생물이 될 것이다. 젊고 아름다운 여성은 결코 자기의 육체를 경멸하지 않으며, 자기의 아름다움이 남성들로 하여금 죄를 짓게 하는 자신의 죄를 진실로 뉘우치는 일이 없다. 또한 그녀는 자기가 욕망의 대상임을 신(神) 앞에서 진실로 한탄하는 일도 없으며, 가장 부드러운 감정은 악마의 창조물이라는 것을 결코 믿지 않는다. 그런 여성에게는, 그녀 자신을 위해 보다 적절한 다른 이유를 설명해 주라. 왜냐하면 신앙심에 대한 잠꼬대 같은 소리는 그녀의 마음을 움직일 수 없을 것이기 때문이다. 대부분의 사람들이 그렇게 하고 있듯이 그녀로 하여금 자기의 육체와 아름다움을 죄로 더럽혀진 것으로 경멸하게 하고 나서는, 바로 그 육체를 예수 그리스도의 성전(聖殿)으로서 존중하게 하는, 서로 상반되는 관념을 주입시키지 말라. 그것은 더욱 나쁜 일이다. 지나

---

13) 고대 그리스의 유녀(遊女). 제4부에서도 나왔음.

치게 숭고한 관념과 지나치게 비천한 관념은 똑같이 효과적이 아니며, 그것들은 모두 진실이 아니다. 그녀에게는 여성에게 어울리고 그녀의 나이에 어울리는 이유가 필요하다. 의무에 대한 고찰은, 그 고찰이 우리의 의무 수행을 위한 동기와 결합되어 있지 않는 한 아무런 효과도 없다.

> 금지되어 있다고 해서 잘못을 범하지 않는 여성은 그 자체로써 잘못을 범하고 있는 것이다.[14]
>
> Ovid, Amor. I.

오비디우스가 그런 혹독한 판단을 내렸다고는 생각되지 않을 것이다.

만일 젊은 여성들로 하여금 올바른 품행을 사랑하게 하고 싶다면, 그들에게 '올바른 사람이 되라'고 말하지 말고, 그들로 하여금 올바른 사람이 되는 것에 흥미를 느끼게 하도록 하라. 그들로 하여금 올바름의 가치를 느끼게 하라. 그러면 그들은 올바름을 사랑하게 될 것이다. 먼 미래 속에서의 이 효과를 보여 주지 말고, 지금 현재의 관계 속에서 그들의 연인들의 성격 속에서 보여 주라. 그들에게 훌륭한 남성, 가치 있는 남성을 설명해 주라. 그리고 그러한 남성을 만났을 때 그가 그러한 남성임을 식별하고 그들 자신을 위해 그 남성을 사랑하는 것을 가르쳐 주라. 그리고 그런 남성만이 그들을 친구로서 아내로서 연인으로서 행복하게 해 줄 수 있다는 것을 그들에게 확신시켜 주라. 그들로 하여금 이성(理性)을 통해 미덕에 이르게 하라. 그들로 하여금 여성의 권위와 그로부터 생겨나는 모든 우월함은 올바른 품행과 덕성에만 의존하고 있는 것이 아니라 남성의 품행과 덕성에도 의존하고 있다는 것을 느끼게 하라. 그들로 하여금 그들은 비천하고 저열한 사람들에 대해서는 거의 지배력을 갖고 있지 않지만, 그들의 연인인 남성은 미덕을 존중하는 한 자기의 애인에게 봉사할 수 있다는 것을 느끼게 하라. 그렇게 한 후 그들에

---

14) 오비디우스의 《연가(戀歌)》 제3권의 4.

게 현대의 풍습을 묘사해 준다면, 당신은 그들로 하여금 현대의 풍습에 대해 심한 혐오감을 느끼게 할 수 있을 것이다. 그리고 나서 그들에게 상류 사교계의 남성들을 보여 준다면 그들은 그 남성들을 경멸하게 될 것이다. 즉, 당신은 그들로 하여금, 그런 남성들의 처세법을 혐오하게 하고, 그런 남성들의 생각을 싫어하게 하고, 그런 남성들의 공허한 언행을 경멸하게 할 수 있으며, 그들의 가슴에 보다 위대하고 강한 영혼들을 지배하고자 하는 보다 고귀한 야망, 즉 남성을 지배하고자 하는 스파르타 여성들의 야망을 불러일으킬 수 있을 것이다. 교태에 의해서밖에 자기의 연인을 매혹시킬 수 없고 호의에 의해서밖에 자기의 연인을 잡아 둘 수 없는, 대담하고 부끄러움을 모르고 술책에 능한 여성은, 사소하고 평범한 일에서는 자기의 연인을 노예처럼 복종시킬 수 있지만, 중대한 일에서는 자기의 연인에 대해 아무런 영향력도 갖지 못한다. 그러나 덕이 있고 현명하고 매력적인 여성, 다시 말해 사랑과 존경심을 겸비한 여성은 한마디의 명령으로 자기의 연인을 이 세상의 끝으로도 보낼 수 있고, 전쟁터로도 영광의 길로도 보낼 수 있으며, 심지어 죽음으로도 보낼 수 있다.●이런 지배력은 참으로 훌륭한 권위로서, 손에 넣을 만한 가치가 있는 것이다.

　이상이 소피가 교육받아 온 정신이다. 그녀는 엄격한 교육을 받아 왔다

●브란톰(Brantome)은 이렇게 말했다. 프랑소와 1세(1515~47, 프랑스의 왕) 때, 어떤 젊은 여성에게 수다스러운 연인이 있었다. 그녀는 그 연인에게 철저한, 그리고 무기한의 침묵을 명령했다. 그 남성은 2년 동안 그야말로 충실히 그 명령을 지켰으므로 다른 사람들은 그가 병이 나서 말을 못하게 된 것이라고 생각하고 있었다. 어느 날, 사람들이 많이 모인 곳에서, 쭉 비밀스러운 사랑을 유지해 왔기 때문에 그 남자의 애인임이 알려지지 않았던 그 여성은, 자기가 그 자리에서 그의 병을 고쳐 보이겠다고 말했다. 그녀는 그에게 단 한마디, "이야기하십시오."라고 했다. 그는 그녀의 말대로 했다. 이와 같은 사랑에는 위대하고 비장한 무엇인가가 들어 있지 않은가. 피타고라스의 철학이 어떤 어마어마한 말을 한들, 그 이상의 어떤 일을 할 수 있겠는가. 신(神) 같은 자가 단 한마디로 인간에게 발성 기관을 부여하는 모습이 상상되지 않는가. 자기 애인에게서 단 하루라도 그와 같은 침묵을 기대할 수 있는 여성이 오늘날 어디에 있겠는가.─설령 그녀가 그에게 줄 수 있는 최대한의 대가(代價)로 그에게 보답한다 하더라도.

기보다는 사려 깊은 교육을 받아 왔으며, 그녀의 취향은 방해를 받아 왔다기보다는 오히려 길러져 왔다. 이제 내가 에밀에게 제시해 온 서술과, 에밀 자신이 자기를 행복하게 해 줄 수 있을 것으로 상상하고 있는 아내의 모습에 따라 소피의 인품에 대해 간단하게 말해 보기로 하자.

다시 반복하지만, 나는 결코 비범한 인물들을 다루고 있는 것이 아니다. 에밀은 결코 비범한 인물이 아니며, 소피도 마찬가지이다. 에밀은 한 사람의 남성이며, 소피는 한 사람의 여성이다. 이것이 그들이 자랑할 수 있는 전부이다. 오늘날 만연되어 있는 성(性)의 혼란 속에서 자기가 남성 혹은 여성에 속해 있다는 것은 기적에 가까운 일이다.

소피는 훌륭한 집안에서 태어났으며, 훌륭한 성품을 지니고 있다. 그녀는 마음이 매우 온화하며, 마음의 온화함은 때때로 그녀를 상상에 빠지게 한다. 그녀의 정신은 정밀하다기보다는 예민하며, 그녀의 성격은 명랑하지만 변덕스럽기도 하며, 그녀의 인품은 결코 보통에서 벗어나지 않지만 사람들에게 즐거움을 주며, 그녀의 표정은 그녀의 영혼을 그대로 드러낸다. 당신은 그녀를 무관심하게 만날 수 있을지 모르지만 그녀를 떠날 때에는 반드시 감동하지 않을 수 없을 것이다. 물론 그녀가 지니고 있지 못한 훌륭한 특성을 지닌 여성들도 있으며, 그녀가 지니고 있는 훌륭한 특성을 그녀보다 더 많이 지닌 여성들도 있다. 그러나 그녀만큼 그런 훌륭한 특성들이 잘 조화되어 훌륭한 성품을 이루고 있는 여성은 없다. 그녀는 자기의 결점들까지도 최대로 이용할 줄 알며, 만일 그녀가 보다 완벽한 여성이었다면 그녀는 지금만큼 사람들에게 즐거움을 주지 못할 것이다.

소피는 결코 아름답지 않다. 그러나 그녀 앞에서는 남성들은 그녀보다 더 아름다운 여성들을 잊게 되며, 그녀보다 더 아름다운 여성들은 자기 자신에 대해 불만을 느끼게 된다. 처음 보면 그녀는 예쁘게 보이지 않는다. 그러나 보면 볼수록 그녀는 점점 더 예쁘게 보인다. 즉, 다른 사람들은 점점 잃지만 그녀는 점점 얻으며, 또 자기가 얻은 것을 그녀는 잃지 않는 것이다. 그녀의 눈과 입은 그다지 아름답지 않으며, 그녀의 용모는 그다지 훌륭하지 않다. 그러나 그녀보다 더 우아한 용모, 더 아름다운 얼굴색, 더 흰 손, 더 아름다운 발, 더 매혹적인 모습, 더 인상적인 표정을 가질 수 있는 여성은 아무도 없을 것이다. 그녀는 사람들을 현혹시키지 않지만 사람들의 관심을 불러일으킨다. 그녀는 우리를 매혹시킨다. 그러나 우리는 그 이유를 알지 못한다.

소피는 옷을 좋아한다. 그녀는 옷을 입는 법을 잘 알고 있다. 그녀의 어머니에게는 소피 이외에 다른 하녀가 없다. 소피는 심미안(審美眼)이 있어 옷을 잘 입는다. 그러나 그녀는 사치스러운 옷은 싫어한다. 그녀의 옷은 항상 간소하지만 우아하다. 그녀는 화려한 옷은 좋아하지 않으며 자기에게 잘 어울리는 옷을 좋아한다. 그녀는 유행하는 색이 어떤 색인지 모른다. 그러나 그녀는 자기에게 어울리는 색에 대해서는 너무나도 잘 알고 있다. 그녀만큼 옷을 간소하게 입는 젊은 여성은 없다. 그럼에도 불구하고 그녀만큼 자기의 의상에 정성을 기울이는 여성은 없다. 그녀는 복장의 어느 부분도 아무렇게나 선택하는 일이 없다. 그러면서도 그녀의 옷차림에는 일부러 꾸민 듯한 흔적이 없다. 그녀의 옷차림은 겉으로 보기에는 매우 검소하지만 실제로는 매우 맵시있다. 그녀는 자신의 매력을 드러내지 않는다. 오히려 그녀는 자신의 매력을 감춘다. 그러나 그녀는 자기의 매력을 감춤으로써 자기의 매력을 증대시킨다. 만일 당신이 그녀를 본다면, 당신은 '착하고 검소한 아가씨군.' 하고 말할 것이다. 그러나 만일 당신이 그녀와 함께 있게 되면, 당신의 시선과 생각은 그녀에게서 떠날 수 없을 것이다. 어떤 사람은 '이 매우 간소한 옷차림은 상상에 의해 조금씩 조금씩 벗겨질 수 있도록 하기 위해 치장되어 있다.' 라고 말할지도 모른다.

소피는 태어날 때부터 천부적인 재능들을 받았다. 그녀는 그 사실을 잘 알고 있으며 그 재능들을 소홀히 하지 않는다. 그러나 그녀에게는 그것들을 기를 수 있는 기회가 없었으므로, 그녀는 자기의 예쁜 목소리를 아름답고 올바르게 노래하는 데에, 또 귀여운 발을 경쾌하고 편하고 우아하게 걷는 데에 사용함으로써 항상 우아한 예의를 갖출 수 있는 것에 만족하고 있다. 그녀에게는 아버지 이외에는 노래 선생이 없었고, 어머니 이외에는 춤 선생이 없었다. 이웃에 사는 오르가니스트가 그녀에게 피아노 연주하는 법을 몇 번 가르쳐 준 일이 있지만, 그녀는 연습을 통해 스스로 피아노 치는 법을 익혔다. 처음에는 그녀는 검은 건반 위에서 손이 잘 움직이게 되기만을 원했으나, 이윽고 그녀는 피아노의 부드럽고 맑은 소리가 자기의 목소리를 더욱 감미롭게 만든다는 것을 알았다. 그리하여 그녀는 차츰차츰 하모니의 아름다움을 알게 되었으며, 마침내 음조(音調)의 아름다움을 즐기기 시작했으며 음악 그 자체를 사랑하게 되었다. 그러나 그녀는 음악에 대한 재능을 가졌다기보다는 취미를 갖고 있는 것이다. 왜냐하면 그녀는 악보로부터 단 한 멜로디도 읽을 줄 모르기 때문이다.

바느질은 소피가 가장 좋아하는 일이다. 그녀는 재단이나 바느질 등과 같은 여성의 일을 가장 주의깊게 배웠다. 바늘을 사용하는 일치고 그녀가 할 수 없는 일은 하나도 없다. 그리고 그녀는 어떤 바느질에서건 즐거움을 느낀다. 그러나 그중에서도 그녀가 가장 좋아하는 것은 레이스 뜨기이다. 왜냐하면 그보다 더 편안한 자세와 아름다운 손놀림과 손가락의 재치를 요하는 것은 없기 때문이다. 또한 그녀는 모든 세부적인 가사(家事)까지도 배웠다. 그녀는 음식 만드는 일과 청소하는 일도 잘 알고 있다. 즉, 그녀는 식료품 가격과 식료품 선택에 대해서도 잘 알고 있다. 그녀는 계산을 정확하게 할 수 있으며, 어머니의 알뜰한 살림꾼이기도 하다. 언젠가는 그녀는 한 가정의 어머니가 될 것이다. 그녀는 아버지의 집을 관리함으로써 자기 자신의 집을 관리하는 법을 배우고 있다. 그녀는 어느 하인의 일도 할 수 있으며, 또 항상 기꺼이 그런 일을 한다. 우리는 자신이 할 수 있는 일이 아니면 다른 사람에게 그 일을 명령할 수 없다. 그녀의 어머니는 자신이 그런 일을 할 수 있기 때문에 그녀에게 그런 일을 시키는 것이다. 소피는 그것에까지는 생각이 미치지 않는다. 그녀의 첫번째 의무는 훌륭한 딸이 되는 것이며, 그것이야말로 현재 그녀가 생각하고 있는 전부이다. 그녀가 염두에 두고 있는 유일한 일은 어머니를 도와 어머니의 걱정을 다소라도 덜어 드리는 일이다. 그러나 그녀는 그 모든 일을 똑같이 좋아하지는 않는다. 예를 들어 그녀는 맛있는 음식을 좋아하면서도 요리하는 일은 좋아하지 않는다. 요리법의 세세한 일은 그녀의 마음을 상하게 하며, 그녀에게는 그 일들이 청결한 일이 아니기 때문이다. 그녀는 청결함에 대해서는 극히 예민하며, 이러한 예민함은 그녀의 결점 중의 하나이다. 그녀는 요리를 하다가 옷소매를 더럽히기보다는 차라리 저녁에 먹을 요리를 모두 불에 타도록 내버려 두기 때문이다. 똑같은 이유로, 그녀는 야채밭 돌보기를 싫어한다. 흙이 불결하고 퇴비 더미를 보기만 해도 불결한 냄새가 나는 것처럼 생각되기 때문이다.

그녀의 이 결점은 그녀의 어머니의 가르침에서 온 것이다. 그녀의 어머니에 의하면 청결은, 여성의 여러 의무들 중에서도 가장 필수적 의무의 하나로서, 자연으로부터 부여받은 가장 중요한 특별한 의무이다. 불결한 여성보다 더 혐오스러운 것은 없으며, 불결한 아내에게 혐오감을 느끼는 남편은 비난받지 않는다는 것이다. 어머니는 소피가 어렸을 때부터 청결의 의무를 지킬 것을 강력하게 명령했다. 어머니는 그녀에게 육체·의복·방·일·화장에 대해 그런 절대적인 청결함을 요구했다. 그리하여 그녀에게는 청결함을 지키는 것이 몸에 배인 습관이 되어 버렸으며, 이제 그녀는 자기 시간의 절반 이상을 청결에 소비하게 되었다. 따라서 그녀는 어떤 일을 할 때, 어떻게 하면 그 일을 잘 해낼 수 있을까 하는 데에 더 많은 신경을 쓴다.

그렇다고 해서 그런 일이 그녀를 단순한 감상이나 나약함에 빠뜨리지는 않는다. 왜냐하면 거기에는 사치스러울 정도의 지나친 세련됨은 전혀 없기 때문이다. 그녀는 깨끗한 물이 아니면 사용하지 않으며, 꽃 향기 이외의 향기는 알지 못한다. 그리고 그녀의 남편은 그녀의 숨결보다 더 향기로운 것을 발견하지 못할 것이다. 요컨대 그녀가 외면적인 것에 기울이는 관심은 그녀로 하여금 시간과 노력을 보다 더 중요한 일에 바쳐야 한다는 사실을 잊게 하지는 않는다. 그녀는 영혼을 더럽힐 정도의 지나친 육체적 청결을 알지 못한다. 아니, 그런 지나친 청결을 경멸한다. 소피는 단지 청결한 여성에 불과한 여성은 아니다. 그녀는 순결한 여성이다.

나는 소피가 맛있는 것들을 좋아한다고 말한 바 있다. 그녀는 태어날 때부터 그러했다. 그러나 그녀는 습관에 의해 그것을 절제하게 되었으며, 이제는 덕성에 의해 절제하고 있다. 남자아이들은 맛있는 것에 대한 그들의 탐욕을 통해 지배될 수 있지만, 여자아이들은 그렇지 않다. 맛있는 것에 대한 이러한 경향은 여성에게는 나쁜 결과를 초래할 수도 있으며, 그것을 내버려 두는 것은 너무도 위험한 일이다. 소피는 어렸을 때 어머니의 주방에 보내지기만 하면 항상 무엇이든 손에 들고 나왔다. 설탕을 입힌 아몬드와 사탕의 유혹을 뿌리칠 수 없었기 때문이었다. 그녀의 어머니는 그녀를 붙잡아 그것들을 빼앗고는 그녀에게 벌을 준 다음 저녁도 주지 않고 밖으로 내쫓았다. 마침내 어머니는 그녀에게 사탕은 이(齒)를 해치며 지나치게 많이 먹으면 뚱뚱해진다는 것을 설득시킬 수 있었다. 소피는 나쁜 버릇을 고쳤다. 그녀는 성장함에 따라 이 열등한 욕망을 버리고 다른 취향을 갖게 되었다. 남성에게나 여성에게나, 지각이 눈뜨게 되면 탐욕은 더 이상 지배적인 감정이 되지 못하기 때문이다. 이제 소피는 여성적 기호를 갖게 되었다. 즉, 그녀는 우유와 달콤한 것을 좋아하며, 과자와 파이를 좋아한다. 그러나 고기는 별로 좋아하지 않는다. 그녀는 포도주나 독주(毒酒)를 먹어본 적이 없다. 그녀는 많이 먹지 않는다. 여성은 남성처럼 힘든 일을 하지 않으므로 많은 회복을 필요로 하지 않기 때문이다. 그녀는 맛있는 것을 좋아하며 또 그 맛을 즐길 줄 안다. 그러나 그녀는 맛 없는 것도 견딜 수 있으며 맛있는 것이 없어도 견딜 수 있다.

소피의 정신은 빛나지는 않지만 유쾌하며, 심오하지는 않지만 철저하다. 그녀의 정신은 사람들의 주의를 끌지 않는 종류의 것이다. 왜냐하면 그녀는 다른 사람보다 더 현명하게 보이지도 않고 더 어리석게 보이지도 않기 때문이다. 사람들은 그녀와 대화할 때에는 늘 그녀의 말이 매혹적임을 발견한다. 그녀의 말은 교양 있는 여성의 현대적 관념에 비추어 보면 그다지 장식적인 것이 아님에도 불구하고 말이다. 그녀의 정신은, 독서에 의해서뿐만 아니라 부모와의 대화에 의해서, 자신의 사고에 의해서, 그리고 그녀가 살아온 작은 세계 속에서 그녀 자신의 관찰에 의해서 형성된 것이기 때문이다. 소피는 천성적으로 쾌활하다. 그녀는 어릴 적에는 매우 까불거렸다. 그러나 그녀의 어머니는, 그녀가 어떤 갑작스런 변화로 인해 자의식(自意識)이 강한 여성으로 변하지 않도록 하기 위해, 조금씩 그녀의 경박한 태도를 고쳐 주었다. 그리하여 그녀는 어릴 적에 이미 얌전하고 진중해졌다. 이제 그녀는 이미 어린아이가 아니다. 이제 그녀는, 그 이유도 모르면서 그런 태도를 익히는 다른 소녀들보다 그런 태도를 유지하는 것이 훨씬 쉽다는 것을 알고 있다. 그녀가 때때로 그녀의 옛날 태도로 돌아가 어린 아이의 쾌활함에 빠졌다가는 갑자기 입을 다물고 눈을 내리깔고 얼굴을 붉히며 자기 자신을 억제하는 것을 보는 것은 재미있는 일이다. 그녀가 이 두 가지 경향을 띄는 것은 당연한 일이다.

소피는 너무도 감수성이 예민하므로 항상 명랑함을 유지할 수는 없다. 그러나 그녀는 매우 예의바르므로 그것이 다른 사람에게 불쾌감이 되게 하지는 않는다. 괴로움을 당하는 것은 그녀 자신 하나뿐이다. 만일 당신이 그녀의 마음을 상하게 하는 어떤 말을 한다면 그녀는 뽀루퉁하지는 않지만 속상해 할 것이다. 그리하여 그녀는 그곳에서 도망쳐 울음을 터뜨릴 것이다. 그러나 그녀가 울고 있는 도중 그녀의 아버지나 어머니로부터 한마디라도 듣게 되면, 그녀는 곧 남몰래 눈물을 씻고 울음을 삼키고는 다시 웃고 장난치고 할 것이다.

그러나 그녀에게는 변덕스러운 일면이 있다. 그녀의 감정은 지나치게 격앙되면 반항으로 바뀌며, 그렇게 되면 그녀는 자기 자신을 잃는다. 그러나 그녀에게 자기 자신으로 돌아갈 수 있도록 시간을 주어 보라. 당신으로 하여금 자기의 잘못을 잊게 하는 그녀의 태도는 거의 미덕이라고까지 할 수 있을 정도이다. 만일 당신이 그녀에게 벌을 주면, 그녀는 예의바른 태도로 당신에게 순종할 것이다. 따라서 당신은 그녀가 받는 벌보다는 자기의 잘못을 더 부끄럽게 생각한다는 것을 알게 될 것이다. 설사 당신이 그녀의 잘못에 대해 아무런 말도 하지 않는다 하더라도, 그녀는 반드시 자기의 잘못을 너무도 솔직하고 기꺼이 보상하므로, 당신은 그녀에게 화를 낼 수가 없을 것이다. 그녀는 가장 신분이 낮은 하인에게조차 머리가 땅에 닿도록 허리를 굽히며 용서를 빌면서도 자기가 그렇게 하는 것에 대해 조금도 개의치 않는다. 그리하여 일단 그녀가 용서를 받게 되면, 당신은 그녀의 기쁨과 상냥한 태도를 통해 그녀의 마음이 무거운 짐으로부터 해방되었음을 알 수 있을 것이다. 한마디로 말해, 그녀는 다른 사람들의 잘못에 대해서는 참을성 있게 견디며, 자기 자신의 잘못에 대해서는 기꺼이 보상한다. 이런 상냥함이 타락하지 않은 여성의 천성이다. 여성은 남성에게 복종하도록 태어났으며, 심지어 남성의 부정(不正)에 대해서조차 참고 견디도록 태어났다. 아마도 당신은 사내아이들을 그렇게 교육시킬 수는 없을 것이다. 왜냐하면 사내아이들의 감정은 부정(不正)에 반항하기 때문이다. 자연은 그들이 부정을 참고 견딜 수 있도록 만들지 않은 것이다.

펠레우스의 고집스런 아들의 혐오에 찬 분노[15]　　　　　　　　Horace

소피는 몇 개의 교리와 몇 개의 계율만을 갖고 있는 합리적이고도 단순한 종교를 갖고 있다. 그녀는 올바르지 않은 행실은 알지 못하므로 자기의 모든 생활을 신(神)을 섬기고 선(善)을 행하는 데 바친다. 그녀는 종교에 대

---

15) 호라티우스의 《오드집(Ode集)》 제1권의 6. '펠레우스의 아들'은 아킬레우스를 말한다. '혐오에 찬 분노'는 《일리아드》의 첫머리에서 읽을 수 있다. 아가멤논의 부정(不正)에 대한 아킬레우스의 분노가, 그리스 군(軍)에 큰 재해를 초래하게 됨을 암시하고 있다.

한 부모의 모든 가르침 속에서 경건한 마음으로 복종하도록 교육을 받았다. 그녀의 부모는 "애야, 경건한 복종은 너로서는 이해하기 어려울 것이다. 네가 어른이 되면 너의 남편이 네게 가르쳐 줄 것이다."라고 말하곤 했다. 그녀의 부모는 신앙에 대해 장황하게 설교하지 않고 스스로 본보기를 보여 줌으로써 그녀를 교육시켰으며, 부모가 보여 준 본보기는 그녀의 마음에 깊이 새겨졌다.

소피는 미덕을 사랑한다. 그것은 그녀의 지배적 감정이 되어 있다. 그녀가 미덕을 사랑하는 것은, 미덕보다 더 아름다운 것은 없으며, 미덕은 여성의 명예이며, 덕이 있는 여성은 거의 천사처럼 보이기 때문이다. 그녀는 미덕을 참된 행복에 이르는 유일한 길로 생각하며 사랑한다. 왜냐하면 그녀는 나쁜 여성의 생활 속에서는 비참·과실·불행·치욕·불명예밖에 발견할 수 없기 때문이다. 또한 미덕은 존경하는 아버지와 상냥하고 훌륭한 어머니에게 소중한 것이기 때문에, 그녀는 그것을 사랑한다. 그녀의 부모는 그들 자신의 미덕에 의해 행복해지는 것만으로는 만족하지 않는다. 그들은 또한 그녀의 미덕으로 인해 행복해지기를 원한다. 그녀는 부모님을 행복하게 해 드리고자 하는 소망 속에서 자신의 가장 큰 행복을 발견한다. 이러한 모든 감정들이 그녀의 마음을 뒤흔드는 열정을 불러일으키고, 싹터 나오는 모든 감정들을 이 고귀한 열정에 종속시킨다. 소피는 죽는 날까지 순결하고 선량할 것이다. 왜냐하면 그녀는 마음속 깊은 곳에서 그것을 맹세했으며, 더구나 그녀는 자기의 맹세를 지키기가 얼마나 어려운가를 안 후에 그것을 맹세했기 때문이다. 즉, 그녀가 관능의 노예였더라면 틀림없이 자신의 맹세를 취소했을 그러한 때에, 그녀는 그것을 맹세한 것이다.

소피는 사람들에게 즐거움을 주기보다는 사람들의 주의를 끌려 하고, 기쁨보다는 쾌락을 추구하고, 냉혹하고 허영심 많고 매력적인 프랑스 여성이 되는 행운을 얻지는 못했다. 그녀는 사랑에 대한 불타는 욕망으로 괴로워한다. 즉, 사랑에 대한 욕망은 축제 도중에도 그녀의 마음을 혼란시키고 괴롭히는 것이다. 그녀는 이전의 쾌활함과 즐거운 게임에 대한 흥미를 잃었다. 그리하여 그녀는 고독의 고통을 두려워하기는커녕 오히려 그것을 갈망하고 있다. 그녀의 생각은 그녀를 위해 고독을 달콤한 것으로 만들어 줄 수 있는 남성에게로 달음질친다. 그녀는 낯선 사람들을 귀찮게 생각한다. 그녀는 자기를 찬미하는 한 떼의 사람들이 아니라 한 사람의 애인을 원한다. 그녀는 인기 있는 사람이 되기보다는, 혹은 하루나 이틀 동안 지속되다가 곧 조소로 바뀌어 버리는 사회의 박수 갈채를 받기보다는 한 사람의 선량한 남성에게 기쁨을 주기를 원한다.

여성의 판단력은 남성의 판단력보다 일찍 발달한다. 여성은 어린 시절부터 방어적인 상태에서 성장하며, 지키기 어려운 보물이 맡겨져 있으므로 일찍부터 선과 악에 대해 잘 알고 있다. 소피는 그녀의 기질로 인해 조숙하며, 그녀의 판단력은 그녀와 같은 또래의 대부분의 소녀들의 판단력보다 잘 형성되어 있다. 그것은 조금도 이상한 일이 아니다. 왜냐하면 성숙은 항상 똑같은 나이에 이루어지는 것은 아니기 때문이다.

소피는 이미 여성과 남성의 의무와 권리에 대해 배웠다. 그녀는 남성의 결점과 여성의 악덕을 알고 있다. 또한 그녀는 남성의 장점과 여성의 미덕도 알고 있으며, 그것들을 마음속에 새기고 있다. 그녀는 덕있는 여성에 대해 누구보다도 높은 관념을 갖고 있다. 그러나 그녀는 덕 있는 남성, 훌륭한 남성에 대해 많이 생각한다. 그녀는 자기가 그러한 남성을 위해 태어났다는 것, 자기는 그러한 남성을 맞이할 자격이 있다는 것, 그리고 자기는 그 남성이 자기를 행복하게 해 주는 것만큼 그 남성을 행복하게 해 줄 수 있다는 것을 알고 있다. 그녀는 자기는 그런 남성을 보기만 하면 곧 그를 분간해 낼 수 있다고 확신하고 있다. 그러므로 문제는 그 남성을 발견하는 일이다.

남성이 여성의 가치에 대한 판정자이듯이, 여성은 태어나면서부터 남성의 가치에 대한 판정자이다. 이 권리는 남녀의 상호적인 권리이며, 남녀 모두 그것을 인정하고 있다. 소피는 이 권리를 알고 있으며 이 권리를 행사하고 있다. 그러나 그녀는 자신의 젊음, 경험 부족, 위치에 어울리는 겸손함으로 이 권리를 행사한다. 그녀는 자기가 알고 있는 것에 대해서만 판단을 내리며, 그것이 어떤 유익한 교훈을 나타내 보여 주는 데 도움이 되는 경우에만 판단을 내린다. 그녀는 그 자리에 있지 않은 사람들에 대해 이야기할 때에는 매우 신중하게 하며, 특히 그들이 여성일 경우에는 더욱 그러하다. 그녀는 여성은 여성에 대해 이야기하게 되면 악의에 차게 되고 빈정대게 되며, 남성들에 대해 이야기할 경우에만 공정하다고 생각한다. 그러므로 소피는 남성에 대해서만 이야기하며, 여성에 대해서는 자기가 알고 있는 좋은 점 이외에는 결코 말하지 않는다. 그것만이 여성에게 공정한 일이라고 생각하기 때문이다. 그러므로 어떤 여성의 좋은 점을 알지 못하는 경우에는, 그녀는 그 여성에 대해 아무런 말도 하지 않는다. 그것으로 충분한 것이다.

소피는 사회에 대해 거의 아는 바가 없다. 그러나 그녀는 예의바르고 친절하며, 그녀의 모든 행위는 매우 우아하다. 그녀에게는 훌륭한 성품이 여러 가지 기교보다 더 도움이 되는 것이다. 그녀는 고유의 어떤 예의를 갖고 있으며, 그것은 형식에 구애되지 않고 유행과 함께 변하지 않으며, 관습에 얽매이지 않은 예의로써 사람들을 기쁘게 해 주고자 하는 여성적 욕망으로부터 생겨나는 예의이다. 그녀는 의례적인 인사치레는 할 줄 모르며 꾸며서 아첨할 줄도 모른다. 그녀는, '큰 은혜를 입었습니다.', '크나큰 영광입니다.', '참으로 죄송합니다.' 등의 말은 하지 않으며, 말을 꾸미려고는 더욱더 하지 않는다. 그녀는 타인의 친절이나 호의에 대해 간단한 예의나 '고맙습니다.'라는 말만으로 감사의 뜻을 표한다. 진정한 호의를 받게 되면, 그녀는 자기의 마음으로 하여금 말하게 한다. 마음은 결코 공허한 인사치레를 할 줄 모른다. 그녀는 프랑스의 관습이 자기를 형식의 노예로 만드는 것을 결코 허락하지 않는다. 예컨대 한 방에서 다른 방으로 옮겨갈 때, 그녀는 오히려 자기가 부축해 드려야 할 점잖은 노인의 팔을 붙잡는 따위의 짓은 하지 않는다. 향수를 뿌린 어떤 멋쟁이가 그녀에게 이런 공연한 호의를 보이면 그녀는 계단 위에 남겨둔 채 '나는 절름발이가 아니에요.'라고 말하고는 방 안으로 뛰어 들어간다. 그녀는 키가 크지 않음에도 불구하고 결코 굽이 높은 신을 신지 않는다. 왜냐하면 그녀의 발은 그런 것을 필요로 하지 않을 정도로 귀엽기 때문이다.

그녀는 여성들에게뿐만 아니라 결혼한 남성들, 그리고 자기보다 나이가 많은 사람들에 대해서도 말을 삼가며 존경에 찬 태도를 취한다. 그녀는 불가피한 경우가 아니고는 결코 그들보다 윗자리에 앉지 않으며, 설사 강요에 의해 윗자리에 앉게 되었다 하더라도 가능한 한 빨리 그들보다 낮은 자리로 돌아온다. 왜냐하면 그녀는 연장자의 권리가 성(性)에 따르는 권리보다 우선한다는 것을 알고 있기 때문이다. 그녀는 나이 많은 사람들이 젊은 사람들보다 더 큰 지혜를 갖고 있으며, 지혜야말로 가장 존경받아야 한다고 생각하고 있기 때문이다.

그러나 자기와 같은 또래의 젊은 남자들에 대해서는 그렇지 않다. 그들의 존경을 받기 위해서는 다른 태도가 필요한 것이다. 그녀는 자기에게 어울리는 겸손한 태도를 유지하면서도 다른 태도를 취하는 방법을 알고 있다. 만일 그들이 수줍고 겸손한 사람들이라면, 그녀는 기꺼이 젊은이와 붙임성 있는 친밀한 태도를 취한다. 그들과의 순수한 대화는 즐겁고 유익하기 때문이다. 그들과의 대화가 진지해지면 그들은 유익한 말들을 주고받지만, 그들과의 대화가 지각없고 따분한 내용이 되면 그녀는 그 대화를 중지한다. 왜냐하면 그녀는 추근거리는 남자들의 실없는 말을 여성에 대한 모욕으로 생각하여 철저하게 경멸하기 때문이다. 그녀는 자기가 찾는 남성은 그런 실없는 말을 하지 않는다는 것을 확신하고 있으며, 자기의 마음속에 새겨진 남성의 성격 중에서 자기에게 불쾌감을 주는 것은 다른 남자들에 대해서도 결코 용인하지 않는다. 여성의 권리에 대한 그녀의 높은 견해, 자신의 감정의 순수함에 대한 그녀의 긍지, 그녀의 자존심의 바탕을 이루고 있는 저 활발한 미덕은 그녀로 하여금 그녀를 즐겁게 해 주기 위한 달콤한 말에 대해 분노를 느끼게 한다. 그런 말을 듣게 되면, 그녀는 공공연하게 화를 내지는 않지만 풍자로 상대를 당황케 하거나 아니면 놀라울 정도로 쌀쌀한 태도를 취한다. 설사 페뷔스(Phoebus)[16]가 자기의 아름다움을 과시하며 여러 가지 재치있는 말로 그녀의 기지(機智)와 그녀의 아름다움과 그녀의 우아함을 칭찬한다 하더라도, 그녀는 그의 마음을 상하게 할 위험을 무릅쓰고 정중하게, "죄송합니다만 그런 것은 선생님보다 제가 더 잘 알고 있습니다. 그보다 더 재미있는 이야기를 할 수 없다면, 이제 우리의 대화를 끝내는 것이 좋겠군요."라고 말할 수 있다. 매우 정중하게 이렇게 말하자마자 그녀는 그에게서 떠날 것이다. 그런 냉정한 여성에게 계속해서 떠들어대는 것이 쉬운 일인지 아닌지는 여자를 호리는 남자들에게 물어 보라.

그러나 당신의 칭찬이 진심에서 우러난 것이며, 또 당신이 실제로 당신 자신이 말하는 것과 똑같이 믿고 있다고 생각되는 경우에는, 그녀도 그 칭찬을 좋아하지 않는 것은 아니다. 만일 당신이 그녀로 하여금 당신을 믿게 하고 싶다면 당신이 그녀의 훌륭한 점을 올바르게 인식하고 있음을 보여 주어야 한다. 그녀의 긍지 있는 정신은, 올바른 평가에 바탕을 둔 경의(敬意)는 기뻐하지만 공허한 아첨은 받아들이기를 거절한다. 왜냐하면 소피는 결코 무희(舞姬)의 잔재주를 부리도록 태어난 여성이 아니기 때문이다.

그토록 성숙한 판단력과 20세 여성의 정신을 지니고 있는 15세의 소피는 이미 부모로부터 어린아이 취급을 받지 않는다. 또 그녀의 부모는 그녀에게서 청춘의 최초의 고뇌 징후를 발견하게 되면 곧 그 대책을 강구할 것이다. 그들은 그녀에게 현명하고 상냥한 이야기를 해 줄 것이다. 현명하고 상냥한 이야기란 그녀의 나이와 성격에 어울리는 이야기이다. 만일 그녀의 성격이 내가 상상하는 바와 같다면, 그녀의 아버지는 그녀에게 다음과 같은 이

---

16) 페뷔스(Phoebus)는 본디 그리스어로, '영문 모를 문구(文句)나 말'이라는 뜻인데, 여기에서는 태양신 아폴로의 별명. 그리고 재능이 있는 체하는 미청년.

야기를 해 줄 것임에 틀림없다.

"소피야, 너는 이제 성숙한 처녀가 되었구나. 너는 곧 어른이 될 것이다. 엄마 아빠는 네가 행복해지기를 원한다. 그것은 너뿐만 아니라 우리 자신을 위해서이다. 왜냐하면 우리의 행복은 너의 행복에 달려 있기 때문이다. 훌륭한 여성은 훌륭한 남성의 행복 속에서 자신의 행복을 발견한단다. 그러므로 우리는 너의 결혼에 대해 생각해야 한다. 그것도 일찍부터 생각하지 않으면 안된다. 왜냐하면 결혼은 우리의 온 생애를 결정하므로 결혼에 대해 아무리 많이 생각해도 결코 지나치다고 할 수 없기 때문이다.

좋은 남편을 선택하는 것과 좋은 아내를 선택하는 것만큼 어려운 일은 없다. 소피야, 너는 그런 보기 드문 아내가 될 것이다. 너는 우리의 삶의 영광이며 우리의 노년의 행복이 될 것이다. 그러나 네가 아무리 훌륭하다 하더라도 지상에는 너보다 훌륭한 남성들이 있다. 너와 결혼하는 것을 영광으로 생각하지 않을 남자는 한 사람도 없을 것이며, 자기 자신보다 너를 훨씬 더 존중하는 남자들이 수없이 많을 것이다. 우리는 그들 중에서 너에게 적합한 한 남자를 찾아내어 그를 안 다음, 너를 그에게 소개시켜 주지 않으면 안된다.

결혼에서 얻을 수 있는 최대의 행복은 많은 점에서 두 사람 사이의 일치에 의해 좌우된다. 그러나 그 모든 점에서 일치하기를 기대하는 것은 어리석은 일이다. 우리는 먼저 가장 중요한 문제들을 생각해야 한다. 다른 점들까지 일치한다면 매우 다행한 일이지만, 그렇지 않다 하더라도 괜찮다는 것을 생각하지 않으면 안된다. 이 세상에는 완전한 행복이란 없다. 그러나 적어도 우리는 최악의 불행은 피할 수 있다. 왜냐하면 그런 불행은 우리 자신에게 책임이 있기 때문이다.

일치에는 자연적인 일치와 관례적인 일치, 인습적인 일치가 있다. 나중의 두 일치에 대해서는 부모가 결정해야 하며, 첫번째의 일치에 대해서는 본인 자신이 결정해야 한다. 부모에 의해 맺어지는 결혼은 오직 관례적·인습적 일치에 의해 결정된다. 즉, 그것은 두 사람의 결합이 아니라 두 사람의 신분과 두 사람의 특성의 결합인 것이다. 그러나 그런 것들은 변할 수도 있는 것이며, 변하지 않는 것은 그 사람 자신이다. 그들 자신은 항상 그대로인 것이다. 그러므로 어떤 운명 속에서도 결혼을 행복한 것으로 만들거나 혹은 불행한 것으로 만드는 것은 인간적 관계이다.

너의 어머니는 신분이 높은 집안의 출신이었으며, 나는 부유했다. 그 사실만으로 우리의 부모는 우리를 결혼시켰다. 나는 돈을 잃었으며, 너의 어머니는 신분을 잃었다. 너의 어머니의 가족들로부터 잊혀진 상태에서 신분이 높은 집안에서 태어난 것이 너의 어머니에게 무슨 소용이 있었겠느냐? 재앙 속에서도 우리의 마음은 그 재앙보다 더 강하게 결합되었다. 즉, 우리의 취향의 일치가 우리로 하여금 이 은신처를 택하게 했다. 우리는 가난하지만 행복하게 살고 있다. 또 우리는 각기 서로에게 가장 소중한 존재이다. 소피는 우리 두 사람의 공동의 보물이다. 우리는 이 보물을 주시고 우리에게서 그밖의 모든 것을 빼앗아 가신 하늘에 감사하고 있다. 애야, 보아라, 하늘의 인습적인 동기들은 이미 존재하지 않는다. 우리는 결혼할 당시에는 조금도 중요시하지 않았던 자연적인 일치로 인해 지금 행복한 것이다.

남편과 아내는 각기 상대를 선택해야 한다. 서로가 서로를 좋아하는 것이 두 사람 사이의 최초의 결속이어야 한다. 그들은 그들 자신의 눈과 가슴의 안내에 따라야 한다. 그리하여 그들이 결혼하게 되면 그들의 첫번째 의무는 서로 사랑하는 일이다. 그런데 사랑과 미움은 우리들 자신에 의해 좌우되는 것이 아니므로, 이 의무는 또 하나의 의무, 즉 그들은 결혼하기 전부터 서로 사랑해야 한다는 의무를 수반한다. 그것은 자연의 법칙으로 어떤 힘도 그것을 폐기할 수 없다. 수많은 법률적인 제한으로 그것을 속박해 온 사람들은 결혼의 행복이나 시민의 윤리성보다는 표면적인 질서를 더 중요시해 왔다. 사랑하는 소피야, 너도 알고 있는 바와 같이, 우리는 네게 엄격한 윤리를 설교하고 있는 것이 아니라 너를 자유롭게 하여 너로 하여금 너 자신의 주인이 되게 하고, 너의 남편 선택을 너 자신에게 맡기고자 하는 것이다.

　우리는 이제까지 왜 너에게 완전한 자유를 주는가를 설명했다. 이제 그 자유를 현명하게 사용해야 하는 이유에 대해 설명해 주어야겠구나. 애야, 너는 선량하고 분별력이 있으며 올바르고 경건하다. 너는 훌륭한 여성의 소양을 지니고 있으며 아름다움이 없지도 않다. 그러나 너는 가난하다. 너는 가장 높이 평가되어야 할 재산을 가지고 있지만 일반적으로 가장 높이 평가되고 있는 재산은 가지고 있지 않다. 너의 힘이 미치지 못하는 것은 추구하지 말아라. 너의 야망이 너의 생각이나 우리의 생각에 의해서가 아니라 사람들의 견해에 의해 지배되게 하라. 만일 너의 야망이 올바르고 훌륭한 것이라면, 나는 너의 희망에 한계를 두지 않겠다. 그러나 너의 야망으로 하여금 너의 재산을 넘어서게 해서는 안된다. 그것은 매우 하찮은 것임을 명심하라. 설사 너에게 어울리는 남성이 이 불균형을 장애로 생각하지 않는다 하더라도 너는 그가 생각하지 않는 것을 생각해야 한다. 너는 어머니를 본받아, 너를 맞아들이는 것을 영광으로 생각하는 집안의 사람이 되어야 한다. 너는 우리가 부유했음을 알지 못한다. 너는 우리가 가난할 때 태어났기 때문이다. 너는 우리의 가난한 생활을 즐겁게 만들어 주고 있으며 아무런 고통 없이 그 생활을 우리와 함께 하고 있다. 소피야, 내 말을 믿어라. 재산을 추구하지 마라. 우리는 우리에게서 재산을 빼앗아 간 데 대해 하늘에게 진실로 감사한다. 왜냐하면 우리는 재산을 잃은 후에야 비로소 행복이 무엇인지를 알았기 때문이다.

　너는 너무도 상냥하므로 사람들로부터 사랑을 받을 것이다. 그러므로 너는 짐이 될 만큼 가난한 것은 아니다. 너는 사람들로부터 청혼을 받게 될 것이며, 너에게 어울리지 않는 남성들로부터 청혼을 받게 될지도 모른다. 만일 그들이 있는 그대로 자기 자신을 나타낸다면 너는 그들의 참된 가치로써 그들을 평가할 수 있을 것이다. 왜냐하면 그들의 모든 외관은 오랫동안 너를 속일 수 없을 것이기 때문이다. 그러나 네가 훌륭한 판단력을 갖고 있으며,

사람들의 가치에 대해 잘 알고 있다 하더라도, 너는 경험이 부족하므로 사람들이 자기의 참된 모습을 얼마나 잘 감출 수 있는지 알지 못한다. 교활한 자는 너를 유혹하기 위해 너의 취향을 연구하고, 자기가 가지고 있지도 않은 미덕들을 가지고 있는 체 가장할지도 모른다. 소피야, 그렇게 되면 너는 네가 무엇을 하고 있는지 알기도 전에 파멸해 버리고 말 것이며, 네가 한탄할 때에야 비로소 너의 잘못을 깨닫게 될 것이다. 가장 위험한 함정, 즉 이성(理性)이 피할 수 없는 유일한 함정은 관능의 함정이다. 만일 불행하게도 네가 관능의 올가미에 걸리게 되면, 너는 환상적인 것과 공상적인 것밖에 보지 못할 것이다. 왜냐하면 너의 두 눈은 흘려 있으며, 너의 판단력은 흐려지고, 너의 의지는 타락하여 너의 잘못조차 네게는 소중한 것으로 생각될 것이기 때문이다. 설사 네가 너의 잘못을 깨달을 수 있다 하더라도 너는 너의 잘못으로부터 빠져나오려 하지 않을 것이다. 애야, 나는 너를 너의 이성(理性)에 맡긴다. 다시 말해 너를 너의 마음의 환상에 맡기는 것이 아니다. 너의 마음이 손상되지 않는 동안은 너 자신에 대한 판단자가 되라. 그러나 사랑에 빠지게 되면 너 자신을 어머니의 보살핌에 맡겨라.

나는 네게 한 가지 약속을 제의하고 싶다. 즉, 너에 대한 우리의 존경을 나타냄과 동시에 우리들 사이에 자연의 질서를 회복시켜 주는 약속을 할 것을 제의하고 싶다. 부모가 자기의 딸의 남편을 선택한 후 형식적으로 딸과 상의하는 것, 그것이 일반적인 관례이다. 그러나 우리는 그와는 정반대로 해야 할 것이다. 즉, 네가 너의 남편을 선택한 후 우리와 상의하는 것이다. 소피야, 너의 권리를 행사하라. 자유롭고 현명하게 너의 권리를 행사하라. 네게 어울리는 남편은 너의 부모인 우리들에 의해서가 아니라 너 자신에 의해 선택되어야 한다. 그러나 그가 정말로 너에게 적합한 상대인지 어떤지, 그리고 네가 그것을 알지 못한 채 자신의 소망만을 따르고 있는지 어떤지는 우리가 판단해야 할 것이다. 우리는 출생, 재산, 신분, 인습적인 견해 등은 조금도 중요시하지 않을 것이다. 인간됨과 성품이 네게 어울리는 좋은 남성을 선택하라. 그 이외의 점들에서는 그가 어떤 사람이든 우리는 그를 사위로 맞이할 것이다. 가령 그가 육체적으로 건강하고 성품이 선량하고 가족을 사랑하는 사람이라면, 그것으로 그는 부유한 것이며, 만일 그의 신분이 그의 덕성으로 인해 고귀해졌다면 그의 신분은 훌륭한 것이다. 설사 모든 사람이 우리를 비난한다 하더라도 우리는 개의치 않을 것이다. 왜냐하면 우리는 다른 사람들의 찬성을 구하고 있는 것이 아니라 너의 행복을 추구하고 있는 것이기 때문이다."

나는 이러한 말이 그들의 방식대로 키워진 독자의 딸들에게 어떤 영향을 주게 되는지 모른다. 그러나 소피는 그에 대해 말로 대답할 수 없을 것이다. 왜냐하면 그녀는 부끄러움과 감동으로 인해 자기 자신을 쉽게 표현하기 어려울 것이기 때문이다. 그러나 나는, 그녀가 부모에게서 들은 이 이야기는 평생 동안 그녀의 마음속에 새겨져 있을 것이라는 것과, 만일 우리가 인간의 어떤 결심을 신뢰할 수 있다면 우리는 부모의 존경을 받을 만한 딸이 되고자 하는 그녀의 결심을 믿을 수 있을 것이라는 것을 확신한다.

최악의 경우로, 그녀가 자기에게 어울리는 남성을 찾는 일이 오랫동안 지연되는 것을 참기 어려울 정도로 불 같은 성품을 지녔다고 가정해 보자. 그렇다 하더라도 나는 그녀의 판단력·지식·취향·섬세함, 그리고 무엇보다도 그녀가 어릴 적부터 그 속에서 성장해 온 고상한 감정들이 관능의 격렬함을 억제할 것이며, 그녀에게 그것을 완전히 극복할 수 있는 힘은 주지 못할지 모르지만 그에 대해 오랫동안 저항할 수 있는 힘을 줄 것이라고 확신한다. 그녀는 무가치한 남성과 결혼하여 잘못 결합된 결혼의 불행에 자신을 맡김으로써 부모에게 슬픔을 주기보다는 차라리 독신의 고통 속에서 살다가 죽을 것이다. 그녀는 이탈리아 여성들처럼 열정적이고 영국 여성들처럼 감상적이지만, 연인을 찾으면서도 자기에게 어울리는 남성은 쉽게 발견하지 않는 스페인 여성의 긍지를 지닌 채 자기의 마음과 관능을 억제한다.

올바른 것에 대한 사랑이 정신에 얼마나 큰 활력을 주는지, 덕성(德性)에 대한 참된 사랑으로 인해 얼마나 큰 내적 힘이 생겨나는지는 누구나가 이해할 수 있는 것은 아니다. 모든 위대함은 공상적인 것일 뿐이라고 생각하는 사람들도 있으며, 저열하고 타락한 이성(理性)으로 인해 덕성에 대한 광기(狂氣)조차 인간의 욕정에 얼마나 큰 힘을 미치는지를 깨닫지 못하는 사람들도 있는 것이다. 그런 사람들에게는 실례(實例)를 들어 가르쳐 줄 수밖에 없다. 만일 그들이 그 실례들의 존재마저도 부정하려 한다면 그들에게는 참으로 불행한 일이다. 설사 내가 그들에게 '소피는 결코 가공의 인물이 아니다. 내가 만들어 낸 것은 소피라는 그녀의 이름뿐이며, 그녀에 대한 교육, 그녀의 품행, 성품, 용모는 실제로 존재했었다. 그리고 아직도 어떤 훌륭한 집안 사람들은 그녀의 죽음을 슬퍼하고 있다.' 라고 말한다 하더라도, 물론 그들은 나의 말을 믿으려 하지 않을 것이다. 그러나 내가 소피와 아주 닮은 어떤 아가씨의 이야기를 하고 있는 것이라 해도 상관없으며, 소피의 이야기를 하고 있는 것이라 해도 놀랄 일은 아니다. 즉, 그것이 실제로 있었던 이야기라는 것을 믿든 믿지 않든 내게는 마찬가지이다. 당신들이 원한다면 나의 이야기를 꾸며낸 이야기라고 생각해도 좋다. 어쨌든 나는 지금까지 나의 방법을 설명한 것이며, 계속해서 나의 목적을 향해 나아갈 것이다.

내가 소피에게 부여한 기질과 똑같은 기질을 지닌 이 젊은 여성은 다른 모든 점들에서도 너무나 소피를 닮았으므로 그녀에게 소피라는 이름을 붙여 주어도 상관없을 것이다. 따라서 소피라는 이름을 계속해서 사용하기로 하자. 그녀의 부모는 위의 이야기를 소피에게 해 준 후, 그들이 살고 있는 마을에서는 그녀에게 적합한 남편이 나타나기 어려울 것이라고 생각하고는, 그녀를 겨울 동안 도시에 살고 있는 숙모에게 보내기로 결심했다. 그리하여 그들은 숙모에게 소피를 보내는 목적을 은밀하게 알려 주었다. 왜냐하면 소피의 마음은 자기 자신을 지배할 수 있다는 고상한 긍지로 가득 차 있으므로, 아무리 그녀가 결혼하기를 원한다 하더라도, 그녀는 남편감을 찾아다니느니 차라리 처녀로 살다가 죽으려 할 것이기 때문이다.

소피의 부모의 의도에 부응하여, 숙모는 소피를 자기의 친구들에게 소개해 주기도 하고, 소피를 사적(私的)인 모임이나 공적(公的)인 모임에 데리고 가기도 하고, 사교계를 보여 주기도 하고, 아니 오히려 그녀를 사교계에 보내 주기도 했다. 왜냐하면 소피는 사교계의 소란스러움에 거의 관심을 기울이지 않았기 때문이었다. 그러나 그녀가 훌륭한 외모를 갖춘 품행이 기품 있어 보이는 젊은 남성들을 피하지 않은 것은 사실이었다. 그녀의 수줍음은 그녀의 매력을 더해 주었으며, 그것은 교태와 매우 흡사한 것이었다. 그러나 그들과 한두 번 대화를 나눈 후 그녀는 그들을 멀리했다. 그녀는 곧 그들의 경의(敬意)를 받아들이는 듯한 그녀의 태도를 보다 겸손하고 보다 쌀쌀한 정중한 태도로 바꾸었다. 그녀는 항상 자기의 품행에 주의를 기울이고 있었으므로, 그들에게 자기를 위해 극히 작은 봉사라도 할 기회를 주지 않았다. 그녀는 그들 중 어느 누구도 받아들이지 않기로 결심한 것이다.

감수성이 예민한 사람은, 아무런 감정도 갖고 있지 않은 사람들과, 즐거운 삶이 행복한 삶이라고 생각하는 사람들의 공허하고 무익하고 소란스러운 쾌락 속에서 결코 즐거움을 느끼지 못한다. 소피는 자기가 찾던 것을 찾지 못했다. 그녀는 그런 곳에서는 결코 그것을 찾을 수 없을 것이라는 것을 확실히 느꼈다. 그리하여 그녀는 도시에 싫증을 느꼈다. 그녀는 마음속으로부터 부모님을 사랑했으므로, 부모님이 자기 곁에 계시지 않은 것을 보상할 수 있는 것은 아무것도 없으며, 아무것도 그녀로 하여금 부모님을 잊게 할 수 없었다. 그리하여 그녀는 돌아가기로 예정되어 있던 날보다 훨씬 빨리 부모님에게 되돌아왔다.

그녀가 집에서의 자기의 의무를 다시 수행하기 시작하자마자, 그녀의 부모는 그녀의 품행은 변함이 없지만 그녀의 기질은 변했다는 것을 알았다. 그녀는 멍해 있기도 하고, 초조해 하기도 하고, 슬퍼하기도 하고, 몽상에 잠겨 있기도 하고, 남몰래 울기도 했다. 그들은 처음에는 그녀가 사랑에 빠져 있으며 그것을 부끄러워하고 있기 때문이라고 생각했다. 그래서 그들은 그녀에게 물어 보았다. 그러나 그녀는 그것을 부정했다. 그녀는 자기의 마음을 감동시킬 수 있는 남성을 한 사람도 보지 못했다고 말했다. 소피는 거짓말을 한 적이 없었다.

그러나 그녀의 우울증은 점점 심해졌으며, 그녀의 건강도 나빠지기 시작했다. 그녀의 어머니는 불안해 했으며, 그녀의 변화의 이유를 알아 내기로 결심했다. 어머니는 그녀를 곁으로 불러, 어머니만이 할 수 있는 마음에 스며드는 말과 마음을 녹이는 애정으로, "얘야, 이 엄마는 너를 가슴속에 품고 있었으며, 항상 너를 나의 애정 속에 품고 있단다. 너의 비밀을 이 엄마의 가슴에 이야기해 주렴. 엄마에게 이야기할 수 없는 비밀이 어디 있겠니? 엄마와 아빠 외에 누가 너의 괴로움을 안타깝게 생각하며, 누가 그 괴로움을 함께 나누며, 누가 그 괴로움을 기꺼이 없애 주겠니? 얘야, 나로 하여금 너의 괴로움을 함께 나누도록 하지 않으면 나는 네가 괴로워하는 모습으로 인해 죽을지도 모른단다. 그래도 좋겠니?"라고 말했다.

어린 그녀는, 어머니에게 자기의 슬픔을 감추기는커녕 어머니가 자기의 친구이며 위안자가 되어 주는 것 이상 바랄 것이 없었다. 그러나 그녀는 부끄러움으로 인해 말할 수가 없었다. 그녀의 수줍음은 자기의 부끄러운 상태, 즉 아무리 노력해도 자기의 관능을 어지럽히는 감정을 표현할 수 있는 말을 발견할 수 없었기 때문이었다. 마침내 그녀의 수치심은 어머니에게 자기의 고통의 단서를 제공했으며, 어머니는 그녀로부터 부끄러운 고백을 들을 수 있었다. 어머니는 그녀를 꾸짖기는커녕 그녀를 위로해 주고, 동정해 주고, 그녀를 위해 눈물을 흘렸다. 어머니는 매우 현명했으므로 덕성(德性)으로 인한 고통을 죄악시하지 않았다. 그러나 치료가 그토록 쉬운데도, 괴로워할 필요가 없는 고통을 왜 참고 견디었는가? 그녀는 왜 그들이 자기에게 허락해 준 자유를 활용하지 않았는가? 그녀는 왜 남편감을 선택하지 않았는가? 그녀는 자기가 그 문제에서 완전히 자유롭다는 것을 알지 못했는가? 그녀가 선택한 사람은 훌륭한 사람이 틀림없을 것이므로, 그녀가 어떤 사람을 선택하든 부모는 그녀의 선택에 동의할 것이라는 것을 그녀는 알지 못했는가. 그들은 그녀를 도시로 보냈지만 그녀는 그곳에 머무르려 하지 않았다. 많은 남성들이 구혼을 했지만 그녀는 아무도 선택하지 않았다. 그녀는 무엇을 기다렸던 것일까? 그녀는 무엇을 원했던 것일까? 이해할 수 없는 일이 아닌가?

대답은 간단했다. 만일 그것이 청춘기의 파트너 선택이 문제였다면, 그녀의 선택은 곧 이루어졌을 것이다. 그러나 일생의 주인이 될 사람을 선택하는 일은 그렇게 쉬운 일이 아니며, 더구나 두 사람은 헤어질 수 없으므로, 사람들은 때로는 오랫동안 기다려야 하며, 또 때로는 자기가 함께 살아갈 수 있는 남성을 발견하기 위해 청춘을 보내기도 해야 하는 것이다. 소피의 경우가 그러했던 것이다. 그녀는 연인을 원했으며, 그 연인은 그녀의 남편이 될 사람이 아니면 안되었다. 그러나 그녀가 원하는 그런 남성은 연인으로서도 남편으로서도 찾아내기 어려웠다. 저 당당한 청년들은 연령에서만 그녀와 대등할 뿐 그 이외의 모든 점에서는 그녀에게 부족했다. 그들의 공허한 기지(機智), 허영심, 허식적인 말, 자제되지 않은 행동, 천박한 모방 등 모든 것이 그녀의 혐오감을 불러일으켰다. 그녀는 남성을 찾았으나 원숭이들밖에 발견하지 못했다. 그녀는 영혼을 찾았으나 영혼은 하나도 발견할 수 없었다.

그녀는 어머니에게 말했다. "저는 불행한 여자예요! 저는 사랑을 하지 않을 수 없어요. 그러나 누구에게도 만족을 느낄 수가 없어요. 저의 가슴은 저의 관능에 호소하는 모든 남성들을 거절합니다. 그들은 모두 저의 열정을 불러일으켰다가는 곧 혐오감을 불러일으킵니다. 존경이 동반되지 않는 사랑은 오랫동안 지속될 수 없기 때문입니다. 그런 남성은 엄마의 딸 소피가 찾는 남성이 아닙니다. 제가 찾는 훌륭한 남성상(男性像)은 저의 가슴속에 너무도 깊이 새겨져 있습니다. 저는 그런 남성 이외의 남성은 아무도 사랑할 수 없습니다. 저는 그런 남성 이외의 남성은 아무도 행복하게 해 줄 수 없으며, 그런 남성이 아니라면 저는 행복해질 수 없습니다. 저는 제가 사랑하지도 않는 남성, 저 자신뿐만 아니라 그 사람까지도 불행하게 만들어 버릴 남성과 함께 살므로써 절망에 빠지기보다는 차라리 끊임없이 괴로워하며, 불행하지만 자유로운 여자로서 죽겠습니다. 저는 살아서 고통을 받기보다는 차라리 죽음을 택하겠습니다."

그녀의 이러한 뜻밖의 생각에 놀란 어머니는 거기에는 어떤 비밀이 있을 것이라고 생각했다. 소피는 위장하는 여성도 아니며 어리석은 여성도 아니었다. 함께 살아야 하는 사람들에게 자기 자신을 적용시키고 복종을 미덕으로 삼도록 어린 시절부터 배워 온 사람에게 그런 극단적인 생각이 어떻게 생길 수 있겠는가? 그녀가 그토록 마음이 끌리는 훌륭한 남성상, 그녀의 대화 속에 그토록 자주 나타났던 남성상은, 그녀의 어머니로 하여금 소피의 변화에는 자기가 아직도 모르고 있는, 소피가 아직 자기에게 이야기하지 않은 다른 이유가 있는 것이 아닌가 하고 생각하게 했다. 아무도 모르는 슬픔에 짓눌려 있는 이 불행한 소녀는 다른 사람에게 자기의 슬픔을 털어놓고 싶어 했다. 그녀의 어머니는 딸에게 이야기하라고 재촉했다. 그녀는 망설이더니 마침내 굴복했다. 그녀는 아무런 말도 없이 방을 나가더니 곧 손에 책 한 권을 들고 돌아왔다. 그녀는 그 책을 책상 위에 내던지며, "어머니의 불행한 딸을 가여워해 주세요. 저의 슬픔을 치료해 줄 수 있는 것은 아무것도 없습니다. 저의 눈물은 마를 날이 없습니다. 어머니는 그 원인을 알기를 원하셨습니다. 이것이 그 원인입니다."라고 말했다. 그녀의 어머니는 그 책을 집어들고는 펼쳐 보았다. 그 책은 《텔레마크의 모험(The Adventures of Telemachus)》[17]이었다. 처음에 어머니는 이 수수께끼를 전혀 이해할 수 없었다. 그러나 여러 가지 질문을 하고 그에 대한 불명확한 대답을 듣고 난 후,

---

17) 《텔레마크의 모험》(1699년)은, 페늘롱이 루이 14세의 손자 브루고뉴 공작을 위해 쓴 교육 소설. 오디세우스의 아들 텔레마코스(텔레마크)가, 오디세우스의 친구 멘토르의 모습을 빈 여신 아테나(미네르바)에게 인도되어, 아버지의 행방을 찾아 여러 나라를 순력하는 이야기이다. 《에밀》에 가장 영향을 준 작품의 하나.

그녀의 어머니는 자기의 딸이 에우카리스(Eucharis)[18]의 연적(戀敵)임을 발견하고는 매우 놀랐다.

소피는 텔레마크를 사랑하고 있었으며, 그것도 무엇으로도 진정시킬 수 없는 정열로 그를 사랑하고 있었던 것이다. 그녀의 아버지와 어머니는, 그녀가 흘려 있음을 알고는 웃어댔다. 그리고 그녀와 이성적(理性的)으로 이야기함으로써 그녀를 치료해 주려고 노력했다. 그러나 그것은 그들의 실수였다. 왜냐하면 이성(理性)은 그들만을 편들어 준 것이 아니었기 때문이다. 즉, 소피도 자신의 이성(理性)을 갖고 있었으며, 그 이성을 사용할 줄 알았던 것이다. 소피는 그들의 주장을 그들에게 되돌림으로써, 그 시대의 남성들에게 어울리도록 자기를 교육시키지 않은 것은 그들 자신의 잘못이라고 주장함으로써 여러 번 그들을 침묵케 했다. 그녀는, 자기가 남편의 사고방식에 따르든가 아니면 남편이 자기의 사고방식에 따르든가 해야 하는데, 자기가 부모로부터 받은 교육 방법으로 인해 전자(前者)는 자기에게는 불가능하게 되었으며, 후자(後者)야말로 자기가 원하는 것이라고 주장했다. 그녀는 "저와 똑같은 견해를 갖고 있는 남성이든가 아니면 저의 견해를 기꺼이 따를 수 있는 남성을 주십시오. 그러면 저는 그 사람과 결혼하겠습니다. 그때까지는 저를 꾸짖지 마십시오. 저를 가엾게 여겨 주십시오. 저는 불행한 여자일 뿐 미친 여자는 아닙니다. 마음은 의지에 의해 지배되는 것이 아닙니다. 아버지께서도 그렇게 말씀하시지 않으셨습니까? 설사 제가 실제로 존재하지 않는 사람을 사랑한다 하더라도 그것이 저의 잘못입니까? 저는 환상을 그리고 있는 것이 아닙니다. 저는 왕자님을 원하는 것도 아니며, 텔레마크를 찾고 있는 것도 아닙니다. 텔레마크는 가공의 인물일 뿐이라는 것은 저도 알고 있습니다. 텔레마크와 같은 남성을 찾고 있는 것입니다. 그런 남성은 반드시 있을 것입

---

18) 에우카리스는, 텔레마크가 처음으로 도착한 칼립소 여신의 섬에서 여신의 시중을 드는 님프. 텔레마크와 사랑에 빠진다.

니다. 저와 같은 사람도 있기 때문입니다. 나는 나의 마음이 그 남성의 마음과 같음을 느끼고 있습니다. 그토록 인류를 부당하게 취급해서는 안됩니다. 훌륭하고 유덕한 남성은 환영(幻影)에 지나지 않는다고 생각해서는 안됩니다. 그런 남성은 존재합니다. 그는 살아 있습니다. 아마도 그는 저를 찾고 있을 것입니다. 그는 자기를 사랑할 수 있는 영혼을 찾고 있을 것입니다. 그는 누구일까요? 그는 어디 있을까요? 저는 모릅니다. 그는 제가 이제까지 만난 사람들 중에는 없습니다. 물론 저는 앞으로도 그를 만나지 못할지도 모릅니다. 오! 어머니, 어찌하여 어머니는 저로 하여금 미덕을 그토록 사랑하게 하셨습니까? 제가 그 어떤 것도 미덕 이상으로는 사랑하지 못한다면, 그것은 저의 책임이라기보다는 어머니의 책임입니다."라고 주장했다.

이 이야기를 끝까지 계속해야 하겠는가? 그후 오랫동안 계속된 다툼을 이야기해야 하겠는가? 엄격한 어머니가 화를 낸 모습을 설명해야 하겠는가? 자기가 전에 한 약속을 잊고 화를 내며 가장 덕 있는 딸을 미친 사람으로 취급하는 아버지의 모습을 설명해야 하겠는가? 자기의 환영(幻影)에 집착한 나머지 서서히 죽음을 향해 다가가, 결혼식장으로 데려가야 할 때 묘지로 데려가야 하는 불행한 여성의 모습을 그려야 하겠는가? 나는 그런 우울한 광경은 생각하지 않겠다. 나는 그렇게까지 이야기하지 않고도 사람들의 마음을 움직이기에 충분한 실례(實例)를 들어, 우리 시대의 관습으로부터 생겨나는 여러 가지 편견에도 불구하고 선(善)과 아름다움에 대한 열정은 남성에게서나 여성에게서나 똑같다는 것, 자연의 지시하에서는 남성에게서 얻어질 수 있는 것은 모두 여성에게서도 얻어질 수 있다는 것을 증명할 수 있다고 생각한다.

여기서 당신들은 나의 말을 가로막고, "우리에게 우리의 무절제한 욕망들을 억누르기 위해서는 그런 고통을 당해야 한다고 가르치고 있는 것이 자연인가?"라고 물을 것이다. 그러면 나는 이렇게 대답할 것이다. "아니다. 이 무절제한 욕망들을 우리에게 준 것은 자연이 아니다."라고. 내가 수없이 설명해 왔듯이, 자연으로부터 나온 것이 아닌 것은 모두 자연에 반(反)하는 것이다.

에밀에게 그의 소피를 주기로 하자. 이 사랑스러운 아가씨를 소생시키고, 그녀에게 덜 활발한 상상력과 보다 행복한 운명을 주기로 하자. 나는 평범한 여성을 그리려고 했다. 그러나 나는 그녀에게 위대한 영혼을 부여함으로써 그녀의 이성(理性)을 혼란시켜 버렸다. 나는 나의 길을 잃어버렸다. 우리의 발걸음을 되돌리기로 하자. 소피는 훌륭한 성품과 평범한 정신을 갖고 있을 뿐이다. 다른 여성들보다 뛰어난 그녀의 모든 것은 교육의 결과인 것이다.

나는 일어날 수 있는 모든 것을 이 책 속에 기술해 놓은 다음 내가 기술한 모든 것들 중에서 자기가 할 수 있는 것에 대한 선택은 각자에게 맡기려고 생각했다. 나는 처음부터 에밀을 위해 배우자 한 사람을 교육시키려 했으며, 그들 두 사람이 서로에게 잘 어울리도록 두 사람을 함께 교육시키려 했다. 그러나 잘 생각해 보니, 시기상조인 이 모든 준비는 바람직하지 않은 것이었다. 왜냐하면 그들의 결합이 자연에 일치하는 것인지 어떤지, 그들이 각기 상대방에게 정말로 적합한지 어떤지 알기도 전에 그들을 결혼시키려 하는 것은 어처구니없는 일이라는 것을 알았기 때문이다. 우리는 미개 상태에서 적합한 것과 문명화된 생활에서 적합한 것을 혼동해서는 안된다. 미개 상태에서는 모든 여성은 모든 남성에게 어울릴 것이다. 왜냐하면 남성과 여성은 모두 그들의 원시적이고도 획일적인 상태에 머물러 있기 때문이다. 그러나 문명화된 생활에서는, 각 사람의 성격은 사회 제도에 의해 발달하고, 각 사람의 정신은 교육에 의해서뿐만 아니라 천성과 교육의 상호 협력—그 협력이 잘 조절되어 있건 그다지 잘 조절되어 있지 않건—에 의해 고유한 형태를 취한다. 그러므로 우리는 그들이 모든 점에서 상대방에게 적합한지 어떤지를 알 수 있도록 그들을 서로에게 소개함으로써 짝지어 줄 수 있을 뿐이며, 그들로 하여금 가장 훌륭한 어울림을 선택하게 할 수 있을 뿐이다.

어려운 점은, 사회 생활은 사람들의 성격을 발달시킴과 동시에 신분을 구분짓는다는 것이다. 그런데 이 두 가지는 서로 일치하지 않으며, 사회적 신분의 구별이 크면 클수록 자기와 일치하는 성격을 발견하기 어렵다. 그리하여 우리는 어울리지 않는 결혼을 하게 되고, 그로 인한 모든 악(惡)들이 생겨나는 것이다. 따라서 동등으로부터 멀어지면 멀어질수록 우리의 자연적인 감정도 그만큼 변질되며, 고귀한 사람과 비천한 사람 사이의 간격이 크면 클수록 결혼을 통한 결합은 그만큼 약해지며, 부유한 사람과 가난한 사람 사이의 격차가 크면 클수록 남편과 아버지는 그만큼 적어진다는 것을 알 수 있다. 그렇게 되면 주인도 노예도 이미 가정에 속해 있지 않다. 그들은 어떤 계급에 속해 있을 뿐이다.

만일 당신이 이러한 폐단을 없애고 행복한 결혼을 원한다면, 당신은 당신의 편견과 인간이 만든 제도들을 버리고 자연과 상의해야 할 것이다. 어떤 주어진 조건하에서만 서로 어울리는 두 사람, 그 조건이 바뀌면 서로 어울리지 않는 두 사람을 결합시켜서는 안되며, 어떤 상황하에서도, 어느 나라 안에서도, 그들이 어떤 계급에 속하게 된다 하더라도 서로 어울리는 두사람을 결합시켜야 한다. 일반적으로 고려되는 사항들이 결혼에서 중요하지 않다는 말은 아니다. 나는 결혼에서 자연적인 관계가 미치는 영향이 그보다 훨씬 중대하고, 인생에서의 우리의 운명은 오직 자연적인 관계에 의해 결정된다는 것과, 취향·기질·감정·성격 등이 자기의 아들과 일치하는 아가씨가 있다면, 설사 자기의 아들이 왕자이고 그 아가씨가 훌륭하지 못한 집안의 딸이거나 혹은 사형 집행인의 딸이라 하더라도, 현명한 아버지라면 조금도 주저하지 말고 자기의 아들을 그 아가씨와 결혼시켜야 한다는 것을 말하고 있는 것이다. 그들이 그렇게 결합하는 경우 모든 가능한 불행이 그들을 덮칠지도 모른다. 그러나 그들은 함께 눈물을 흘리면서도, 세상의 모든 부(富)를 소유하고는 있지만 마음이 서로 분열되어 불화한 부부들보다 더 참된 행복을 누릴 것이다.

그래서 나는 에밀을 위해 어릴 때부터 아내를 정해 놓는 것을 포기하고,

그가 자신에게 어울리는 여성을 알게 될 때까지 기다렸다. 그것을 결정하는 것은 내가 아니라 자연이다. 내가 해야 할 일은 자연이 선택한 것을 발견하는 것이다. 다시 말하지만 에밀의 아버지가 할 일이 아니라 내가 할 일인 것이다. 왜냐하면 그의 어버지는 자기의 아들을 내게 맡겼을 때 자기의 지위를 내게 넘겨 주었기 때문이다. 그는 자기의 권리를 내게 넘겨 주었다. 에밀의 진짜 아버지는 나이며, 에밀을 성인으로 키운 것은 나인 것이다. 만일 내가 그의 선택에 따라 그를 나의 뜻대로 결혼 시킬 수 없다면, 나는 그를 교육시키기를 거절했을 것이다. 한 인간을 행복할 수 있게 만드는 데 대한 보상은, 그에게 행복을 준다는 기쁨 이외에는 없다.

그러나 에밀의 배우자를 찾는 일에서, 나는 기다리기만 하고 에밀에게만 찾게 했다고 책망하지 말라. 에밀로 하여금 배우자를 찾게 한 것은, 그가 자기에게 어울리는 여성의 가치를 깨달을 수 있도록 여성에 대해 알려 주기 위해서일 뿐이다. 나는 이미 오래 전에 소피를 발견했다. 에밀도 이미 그녀를 만난 적이 있을지도 모른다. 그러나 그는 적당한 시기가 올 때까지는 그녀를 알아보지 못할 것이다.

신분의 일치는 결혼에서 필수적인 것은 아니지만, 그 일치가 그밖의 다른 여러 가치의 일치에 더해진다면, 그것들의 가치는 더욱 증대된다. 신분의 일치는, 다른 일치들과는 저울질할 수 없을 만큼 가벼운 것이지만, 그밖의 모든 것들이 동등할 경우에는 저울을 기울게 하기 때문이다.

왕이 아닌 한, 한 남성은 모든 신분의 사람들 가운데서 아내를 찾을 수는 없다. 설사 그가 편견을 갖고 있지 않다 하더라도, 그는 다른 사람들에게서 편견을 발견할 것이기 때문이다. 즉, 어떤 여성이 그에게 어울린다 하더라도 그는 자기의 뜻대로 그 여성을 아내로 얻을 수는 없는 것이다. 그러므로 현명한 아버지라면 며느리감을 선택할 때 매우 신중해야 한다. 그는 자기의 아들을 자기의 집안보다 지위가 높은 집안의 딸과 결혼시키기를 원해서는 안 된다. 왜냐하면 그것은 그의 능력밖의 일이기 때문이다. 설사 그렇게 할 수 있다 하더라도 그것을 원해서는 안된다. 왜냐하면 지위 따위는 젊은이에게 는, 적어도 나의 학생에게는 아무런 차이도 없기 때문이다. 그러나 만일 그 의 지위가 올라간다면, 그는 평생 동안 시달리게 될 온갖 심한 악(惡)에 부딪 치게 될 것이다. 그는 지위·돈과 같은 서로 다른 것들 사이의 균형을 서로 보충하려 해서는 안된다. 왜냐하면 그런 것들은 각기 상대에게 가치를 더해 주기는커녕 오히려 상대로 인해 가치를 잃게 되기 때문이다. 뿐만 아니라 우 리는 양자(兩者)의 공통 평가에 대해 동의할 수 없으며, 또 각자가 자기의 환 경에 대해 느끼는 우월감은 때때로 두 집안 사이의 불화와 부부 사이의 불화 를 불러일으키기도 하는 것이다.

한 남성이 자기보다 높은 신분의 여자와 결혼하느냐 아니면 자기보다 낮은 신분의 여자와 결혼하느냐 하는 것은 결혼의 적합성에서는 커다란 차 이가 있다. 전자(前者)의 경우는 이성(理性)에 완전히 어긋나며, 후자(後者)의 경우는 그보다 훨씬 이성(理性)에 부합한다. 가족은 오직 가장(家長)을 통해 서만 사회와 관계가 맺어지므로, 가족 전체의 신분은 그 가장의 신분에 의해 결정된다. 남성이 자기보다 낮은 신분의 여자와 결혼하는 경우, 그는 자기의 신분을 낮추지 않고 자기의 아내의 신분을 높이며, 반대로 자기보다 높은 신 분의 여성과 결혼하는 경우, 그 남성은 자신의 신분을 높이진 않고 자기의 아내의 신분을 낮춘다. 그러므로 전자(前者)의 경우에는 악(惡)은 없고 선 (善)만이 있으며, 후자(後者)의 경우에는 선(善)은 없고 악(惡)만이 있다. 더욱 이 자연의 법칙은 여성에게 남성을 따르도록 명령하고 있다. 따라서 남성이 자기보다 낮은 신분의 집안에서 아내를 맞이하는 경우에는, 자연의 법칙과 사회의 법칙이 일치하며 모든 것이 잘 되어 간다. 그러나 자기보다 높은 신 분의 여성과 결혼하는 경우에는, 그 남성은 자기의 권리를 감소시키거나 은 혜를 모르는 자가 되거나 둘 중의 하나를 선택하지 않으면 안된다. 왜냐하면 그는 뻔뻔스러운 자가 되거나 아니면 경멸스러운 자가 될 수밖에 없기 때문 이다. 그렇게 되면 아내는 권위를 주장하며 자기의 주인을 지배하는 폭군이 되며, 주인은 노예가 되어 우스꽝스럽고 비참하기 짝이 없는 존재가 되어 버린다. 아시아의 왕들과의 결혼 관계에 의해 명예와 고통을 동시에 받는 총신(寵臣)들이 바로 그런 자들이다. 그들은 자기의 아내와 함께 자고자 할 때에는, 침대의 발치로 들어가지 않으면 안되는 것이다.

많은 독자들은, 여성은 태어날 때부터 남성을 지배하는 재능을 부여받았다는 나의 말을 기억해 내고는, '당신은 모순된 말을 하고 있소.' 라고 나를 비난할지도 모른다. 그러나 그렇게 생각하는 독자가 있다면 그것은 잘못된 생각이다. 지배할 권리를 주장하는 것과 지배하는 자를 조종하는 것 사이에는 엄청난 차이가 있다. 여성의 지배는 온유하고 기교있고 상냥한 지배이다. 즉, 여성의 애무는 명령이며, 여성의 눈물은 위협인 것이다. 나라를 다스리는 대신(大臣)처럼 여성은 자기가 원하는 것을 남편으로 하여금 명령하게 함으로써 가정을 다스려야 한다. 이런 의미에서 가장 훌륭하게 다스려지는 가정이란 아내가 최대한의 힘을 갖고 있는 가정이다. 그러나 아내가 가장(家長)인 남편의 말을 무시하거나 남편의 권리를 빼앗아 남편을 명령하려 하는 경우에는, 그러한 질서의 전도(轉倒)는 불행과 치욕과 불명예만을 야기시킬 뿐이다.

이제 자기와 같은 신분의 여성을 아내로 맞이해야 하는가 아니면 자기보다 낮은 신분의 여성을 아내로 맞이해야 하는가 하는 선택의 문제가 남는다. 나는 후자(後者)의 경우에도 또한 어떤 제한을 두어야 한다고 생각한다. 왜냐하면 훌륭한 남성을 행복하게 해 줄 수 있는 여성은 가장 낮은 신분의 사람들 사이에서는 발견되기 어렵기 때문이다. 그것은 신분이 낮은 사람들이 신분이 높은 사람들보다 사악하기 때문이 아니라, 신분이 낮은 사람들은 선(善)과 미(美)에 대한 관념을 거의 갖고 있지 않으며, 다른 신분의 사람들의 부정(不正)이 이 신분의 사람들로 하여금 그들의 악덕조차 올바른 것으로 생각하게 하기 때문이다.

인간은 본래 거의 생각을 하지 않는다. 인간은 여러 가지 기술을 습득하듯이 생각하는 법도 배워 익힌다. 그러나 생각하는 법을 배우는 것은 여러 가지 기술을 배워 익히는 것보다 훨씬 어렵다. 나는 남성에게서도 여성에게서도, 실제로 구분되어야 할 신분은 두 가지밖에 없다고 생각한다. 생각하는 사람들의 부류와 생각하지 않는 부류가 그것이다. 그런데 이 차이는 거의 교육에 의한 차이이다. 생각하는 남성은 생각하지 않는 여성과 결혼해서는 안 된다. 왜냐하면 만일 그런 남성이 자기의 생각을 함께 나눌 수 없는 여성을 아내로 맞이한다면 그는 사회 생활의 가장 큰 기쁨을 잃게 되기 때문이다. 오로지 생존을 위해 일에만 자기의 전 생활을 소비하는 사람들은 자기 일과 자기 자신의 이익 이외에는 아무것도 생각하지 않으며, 그들의 정신은 그들의 두 팔에 속해 있는 것처럼 보인다. 이러한 무지(無知)는 반드시 그들의 정직함이나 그들의 품행에 해가 되는 것은 아니다. 오히려 때로는 도움이 되기도 하는 것이다. 우리는 때때로 우리의 여러 가지 의무들에 대해 생각하는 것으로 만족해하며, 마침내는 억지의 변명을 늘어놓는다. 양심은 가장 현명한 철학자이다. 우리는 정직한 인간이 되기 위해 키케로(Cicero)의 《의무에 대하여》라는 책을 읽을 필요는 없다. 이 세상에서 가장 덕성 있는 여성은 덕성에 대해 조금도 알지 못하는 여자인지도 모른다. 그러나 교양 있는 정신만이 교제를 유쾌한 것으로 만든다는 것은 사실이다. 자기 자신 속에 갇혀 있어야 하고 자기 자신을 누구에게도 이해시킬 수 없게 되는 것은, 자기의 가정을 좋아하는 한 가정의 가장(家長)에게는 슬픈 일이다.

더구나 만일 어떤 여성이 생각하는 데 전혀 습관되어 있지 않다면, 그녀가 어떻게 자기의 자식들을 교육시킬 수 있겠는가? 자기의 자식들에게 필요한 것이 무엇인지를 어떻게 알 수 있겠는가? 자기의 자식들로 하여금 어떻게 자기 자신도 모르는 미덕과, 자기 자신조차도 아무런 관념도 갖고 있지 못한 훌륭함을 지향하게 할 수 있겠는가? 그런 여성은 자식들의 비위를 맞추거나 아이들을 위협할 줄밖에 모르며, 따라서 자식들을 오만하고 무례한 아이나 겁쟁이로밖에 만들 수 없을 것이다. 즉, 그런 여성은 자식들을 원숭이나 말쌩꾸러기 불량아로 만들 뿐 결코 총명하고 훌륭한 아이로 만들지는 못할 것이다.

　그러므로 교육을 받은 남성이 아무런 교육도 받지 못한 여성이나 혹은 어떤 교육도 받을 수 없는 부류의 여성을 아내로 맞는 것은 바람직하지 않다. 그러나 나는 천 번이라도, 나의 가정을 하나의 문학 서클로 만들어 스스로 회장 자리에 앉는 학식과 재능이 있는 아가씨보다는 소박하게 자란 가정적인 아가씨를 택하겠다. 아내의 재능은, 그녀의 남편과 자식들 그리고 그녀의 친구들과 하인들 및 그밖의 모든 여성적인 의무를 경멸하며, 항상 랑클로(L' Enclos) 양(孃)처럼 자기 자신을 남성으로 만들려고 한다. 그런 여성은, 우리가 우리에게는 적합하지 않은 상태로 되기 위해 우리들 자신의 상태로부터 도망치려 할 때 으레 그러하듯이, 자기의 집 밖에서도 항상 웃음거리가 되고 비난의 표적이 되는 것이다. 높은 재능을 지닌 그러한 여성들은 오직 바보들로부터만 존경을 받을 뿐이다. 우리는 항상 어떤 예술가나 친구가 일을 할 때 펜이나 붓을 잡는지 알 수 있다. 즉, 우리는 어떤 사려깊은 문인(文人)이 그런 여성들의 명령을 은밀히 받아쓰는지 알고 있다. 그런 속임수는 훌륭한 여성에게는 어울리지 않는다. 설사 그녀들이 참으로 재능을 갖고 있다 하더라도, 그들의 우쭐해하는 모습은 그들의 재능의 가치를 떨어뜨린다. 여성의 명예는 알려지지 않는 데에 있다. 즉, 여성의 영예는 남편의 존경을 받는 데 있으며, 여성의 기쁨은 가정의 행복 속에 있는 것이다. 독자들이여, 정직하게 대답해 보라. 당신들이 아내의 방에 들어갔을 때, 어느쪽이 더 당신들로 하여금 아내에 대해 존경심을 품게 하는지를. 아내가 여성의 일, 가정의 일, 자식들의 옷들에 둘러싸여 바쁘게 일하고 있는 모습을 볼 때인가, 아니면 아내가 온갖 팜플렛과 시(詩)가 적힌 색종이에 둘러싸인 화장대에서 시(詩)를 쓰고 있는 모습을 볼 때인가? 만일 이 세계에 현명한 남성들만이 존재한다면, 그런 여성은 평생 처녀로 살다가 죽게 될 것이다.

갈라(Galla)여, 내가 왜 당신을 아내로 맞이하지 않느냐고? 당신이 너무 영리하기 때문이다.[19]

용모는 이상의 것들이 고려된 후에 고려되어야 한다. 용모는 우리의 눈에 띄는 첫번째 것이지만, 고려되어야 할 마지막 것이다. 그러나 용모는 아무래도 상관없는 것으로 간주되어서는 안된다. 결혼에서 굉장한 미인을 찾기보다는 오히려 피해야 한다고 나는 생각한다. 아름다움은 소유하게 되면 곧 사라져 버린다. 미인을 소유하게 되면, 우리는 6주일 후에는 그 아름다움에 대해 더 이상 생각하지 않게 될 뿐만 아니라, 미인에게는 그 아름다움이 존재하는 한 끊임없이 위험이 따른다. 아름다운 여성이 천사가 아닌 한, 그런 여성을 아내로 가진 남성은 남성들 중에서 가장 불행한 남성이다. 설사 그녀가 천사와 같은 여성이라 하더라도 그녀의 남편은 여전히 적의를 품은 수많은 사람들에게 둘러싸여 있으며, 또 그녀는 남편이 그들에게 둘러싸여 있지 않게 할 수는 없는 것이다. 만일 혐오감을 불러일으킬 정도의 지독한 추녀만 아니라면, 나는 굉장한 미인보다는 굉장한 추녀를 택하겠다. 왜냐하면 머지않아 남편은 아내가 아름답건 추하건 관심을 두지 않게 될 뿐만 아니라 미인 쪽이 불리하고 추녀 쪽이 유리하기 때문이다. 그러나 혐오감을 불러일으킬 정도의 추녀인 경우에는 가장 큰 불행이다. 왜냐하면 혐오감은 사라져 버리기는커녕 점점 더 커져 마침내 증오심으로 바뀌기 때문이다. 그러한 결합은 지옥과 마찬가지이다. 그런 결혼을 할 바엔 차라리 죽는 편이 낫다.

모든 일에서 평범함을 원하라. 아름다움에서도 마찬가지이다. 우리는 쾌활하고 매력적인 용모, 사랑의 감정을 불러일으키기보다는 호감을 불러일으키는 용모의 여성을 선택해야 한다. 왜냐하면 그런 용모는 남편에게 아무런 위험도 주지 않으며, 남편과 아내 모두에게 유익하기 때문이다. 매력은 아름

---

19) 로마의 풍자 시인. Marcus Valerius Martialis의 《단시집(短詩集)》 제11권의 19.

다움처럼 그렇게 쉽게 시들어 버리는 것이 아니다. 매력은 생명을 갖고 있는 것이며, 끊임없이 새로워지는 것이다. 선량한 여성의 매력은, 결혼한 지 30년이 지난 후에도, 결혼했던 날과 마찬가지로 남편의 마음을 기쁘게 해 준다.

이상이 나로 하여금 소피를 선택하게 한 고찰이다. 에밀과 마찬가지로 자연에 의해 길러진 그녀는, 어떤 여성보다도 에밀에게 잘 어울린다. 그녀는 그의 진정한 반려자가 될 것이다. 그녀는 태생에서나 성품에서나 그와 동등하며, 재산에서는 그보다 못하다. 그녀는 처음 볼 때는 사람들에게 그다지 큰 인상을 주지 않지만, 날이 갈수록 신선한 매력을 풍긴다. 그녀의 가장 중요한 매력은 서서히 조금씩 효력을 나타낼 뿐이며, 오직 그녀와의 치밀한 교제 속에서만 발견된다. 그녀의 남편은 누구보다도 그 사실을 잘 느낄 것이다. 그녀의 교육은 화려한 것은 아니지만 소홀히 행해진 것도 아니다. 그녀에게는 깊은 학문은 없지만 취향이 있으며, 기예(技藝)는 없지만 재능이 있으며, 지식은 없지만 판단력이 있다. 그녀의 정신은, 씨뿌리는 사람을 기다리는 잘 경작된 땅이다. 그녀는 우연히 손에 넣게 된 《바렘(Barrême)》[20]과 《텔레마크(Telemachus)》 이외에는 어떤 책도 읽은 일이 없다. 그러나 텔레마크에 그토록 열중할 수 있었던 아가씨가 감정이 없는 마음과 분별력이 없는 정신을 가질 수 있겠는가? 얼마나 매력 있는 무지(無知)인가! 그녀를 가르치게 될 남성은 얼마나 행복한가! 그녀는 남편의 선생이 아니라 남편의 제자가 될 것이다. 그녀는 결코 남편의 취향을 지배하려 하지 않고 남편의 취향을 따를 것이다. 그녀는 그에게는 학식 있는 여성보다 더 적합할 것이며, 그는 그녀에게 모든 것을 가르쳐 주는 데서 즐거움을 느낄 것이다. 이제 그들이 서로 만날 때가 되었다. 그들을 서로 만나게 하기로 하자.

우리가 파리를 떠날 때, 우리는 슬픔과 깊은 생각에 잠겨 있었다. 이 혼란한 도시는 우리가 안주할 곳이 못된다. 에밀은 경멸에 가득 찬 시선으로

---

20) 프랑소와 바렘(Fraçois Barrême, 1640~1703)은 프랑스의 수학자.

저 대도시를 바라보며 노(怒)한 목소리로 이렇게 말한다. "우리는 얼마나 많은 시간을 헛되이 보냈는가! 선생님, 저의 마음이 찾고 있는 아내는 저런 곳엔 없습니다. 선생님은 그것을 알고 계셨습니다. 선생님은 제가 낭비한 시간에 대해서는 아무렇지도 않게 생각하시며, 저의 고통에는 아무런 관심도 기울이지 않으십니다." 나는 그를 응시하며 단호한 목소리로 "에밀, 진정으로 한 말이냐?"라고 말한다. 그러자 곧 그는 두 팔로 나의 목을 얼싸안고는, 아무 말도 없이 다시 나를 끌어안는다. 그것은 자신이 잘못했음을 알고 있을 때, 그가 하는 대답이다.

지금 우리는 정처 없이 떠도는 기사(騎士)처럼 시골에서 시골로 돌아다니고 있다. 그러나 우리가 파리를 떠난 것은 기사들처럼 모험을 찾기 위해서가 아니라 모험을 피하기 위해서이다. 우리는 때로는 빠른 걸음으로 때로는 천천히, 마치 방랑의 기사처럼 시골에서 시골로 돌아다닌다. 나의 행위를 보고, 독자 여러분은 그 진의를 알게 되었을 것이다. 독자들 중에는, 우리가 창문이 꽉 닫힌 역마차 속에 앉아 졸면서, 아무것도 바라보지 않고 아무것도 주의깊게 살피지 않고, 출발과 도착 사이의 시간 동안 아무것도 하지 않고, 시간을 절약할 셈으로 우리의 여행 속도를 빨리함으로써 오히려 시간을 헛되이 낭비하고 있다고 생각할 만큼 세상의 관습의 노예가 되어 있는 사람은 한 사람도 없다고 나는 생각한다.

사람들은 '인생은 짧다.'고 말한다. 그러나 나는 사람들이 최선을 다해 인생을 짧게 만들고 있음을 알고 있다. 그들은 그들의 시간을 사용하는 방법을 알지 못하므로 시간의 빠름을 탄식한다. 그러나 나는 그들에게는 시간의 흐름이 너무 늦다는 것을 알고 있다. 그들은 오직 그들이 추구하는 목적에만 주의를 기울이고 있기 때문에 그들 자신과 목적 사이의 간격을 원망스런 눈으로 바라본다.

어떤 사람은 '내일이 빨리 왔으면……' 하고 생각하고, 어떤 사람은 '한 달이 빨리 지나갔으면……' 하고 생각하며, 또 어떤 사람은 '십년이 빨리 지나갔으면……' 하고 바란다. 오늘을 살려고 하는 사람과 현재에 만족하는 사람은 아무도 없으며, 모두가 시간이 너무도 천천히 지나간다고 불평하고 있는 것이다. 그들이 시간이 너무도 빨리 지나간다고 불평한다면, 그들은 거짓말을 하고 있는 것이다. 그들은 시간을 빨리 흘러가게 할 수 있는 어떤 능력이 있다면, 그 능력을 기꺼이 살 것이다. 그들은 그들의 전 생애를 제거하기 위해서는 기꺼이 그들의 재산을 소비할 것이다. 만일 그들에게 권태로운 시간과 그들이 기다리는 순간까지의 시간을 마음대로 없앨 수 있는 능력이 있었다면 자기의 일생을 불과 몇 시간으로 단축시켜 버리지 않을 사람은 한 사람도 없을 것이다. 어떤 사람은 파리에서 베르사이유로, 베르사이유에서 파리로, 도시에서 시골로, 시골에서 도시로, 이 지역에서 저 지역으로 바쁘게 다니며 자기의 일생을 소비한다. 그러나 만일 그가 시간을 소비하는 그런 방법을 발견하지 못했다면, 그는 자기의 시간을 어떻게 보내야 할지 알지 못할 것이며, 일부러 자기의 일을 버리고 다른 일을 찾을 것이다. 그는 자기가 헛되이 낭비하고 있는 시간을 벌고 있다고 생각하는 것이다. 그렇게라도 하지 않으면 시간을 어떻게 해야 할지 모르는 것이다. 혹은 그는 돌아다니기 위해 분주히 돌아다니고 역마차로 돌아오기 위해 역마차 여행을 한다. 인간은 언제나 자연을 중상하기를 그칠 것인가? 인생은 당신들에게는 결코 짧은 것이 아닌데도 불구하고 당신들은 어찌하여 인생이 짧다고 불평하는가? 만일 당신들 중에 자신의 욕망을 자제할 수 있고, 시간이 흘러가는 것을 원하지 않는 사람이 있다면, 그는 결코 인생이 너무 짧다고 생각하지 않을 것이다. 그런 사람에게는 삶과 삶의 기쁨은 하나이며 동일한 것이다. 그런 사람은 젊어서 죽게 된다 하더라도, 자신의 생애에 만족하며 죽을 것이다.

설사 이것이 나의 여행 방법의 유일한 장점이라 하더라도, 그것만으로도 나의 방법이 다른 방법들보다 훌륭할 것이다. 나는 에밀을 욕구하는 사람, 기다리는 사람으로 키워 오지 않고 즐기는 사람으로 키워 왔다. 그러므로 그의 욕망이 미래를 향해 있을 경우에도, 그 욕망에 대한 그의 열정은 시간이 지루하게 느껴질 정도로 크지는 않다. 그는 기다림의 기쁨뿐만 아니라 자기가 원하는 목표에 접근해 가는 기쁨도 즐길 것이다. 그리고 그의 열정은 그만큼 자제되어 있기 때문에, 그는 미래보다도 현재 속에서 더 많이 살 수 있는 것이다.

그러므로 우리는 급사(急使)처럼이 아니라 탐구인처럼 여행한다. 우리는 시작과 끝뿐만이 아니라 그 사이도 생각한다. 여행 그 자체가 우리에게는 하나의 즐거움인 것이다. 우리는 갇힌 듯이 우울하게 밀폐된 우리 속에 앉아 여행하고 있는 것이 아니다. 우리는 여성들처럼 안락하게 가만히 앉아 여행하는 것이 아니다. 우리는 신선한 대기도 우리 주위의 경치도 마음껏 즐긴다. 에밀은 결코 역마차를 타려 하지 않으며, 매우 급한 때가 아니고는 말도 타려 하지 않는다. 그러나 에밀에게 서두를 일이 무엇이 있겠는가?—인생의 즐거움 이외에, 그리고 한 가지 덧붙인다면, 할 수 있을 때에 선(善)을 행하고자 하는 욕망 이외에. 하지만 그것도 인생의 즐거움의 하나가 아닌가?

나는 말을 타고 여행하는 것보다 더 즐거운 여행은 한 가지밖에 없다고 생각한다. 그것은 걸어서 여행하는 것이다. 우리의 형편이 좋을 때 출발하고, 쉬고 싶을 때 쉬며, 많이 걷고 싶을 때 많이 걷고, 조금 걷고 싶을 때 조금 걷는다. 우리는 우리가 여행하는 지방을 구경하며, 왼쪽으로든 오른쪽으로든 마음대로 발길을 돌린다. 그리하여 우리는 우리의 흥미를 끄는 모든 것을 음미하며, 경치가 훌륭한 곳에서는 발길을 멈추고 감탄한다. 강이 보이면 나는 그 강가를 천천히 거닐며, 무성한 나무가 있으면 나는 그 그늘을 찾는다. 그리고 동굴이 있으면 나는 그 속으로 들어가며, 채석장이 있으면 나는 그곳의 지질을 조사해 본다. 마음에 드는 곳이 있으면 나는 그곳에서 발걸음을 멈추며, 그곳에 싫증이 나면 곧 그곳을 떠나 여행을 계속한다. 나는 말이나 마부에 구애되지 않는다. 정상적인 길이 아니라도 상관없으며, 좋은 길이 아니라도 상관없다. 나는 사람이 갈 수 있는 곳이면 어디든지 간다. 나는 사람이 볼 수 있는 것이면 무엇이든지 본다. 그리고 나는 모든 사람들로부터 완전히 독립되어 있으므로, 인간이 즐길 수 있는 모든 자유를 즐긴다. 궂은 날씨로 인해 여행을 할 수 없게 되어 권태로워지면 나는 말을 탄다. 그리고 나는 피곤해지는 일이 있더라도, 에밀은 거의 피로를 모른다. 그는 튼튼하다. 그가 어찌 피곤함을 느낄 수 있겠는가? 그는 서두를 필요가 없다. 에밀은 한 곳에 머물게 된다 하더라도, 어찌 권태를 느낄 수 있겠는가? 그는 항상 즐거움을 발견한다. 그는 손으로 하는 일을 택하여 그곳에서 일하며, 두 손이 일하는 동안 두 다리를 쉰다.

걸어서 여행하는 것은 탈레스(Thales)·플라톤(Platon)·피타고라스(Pythagoras)처럼 여행하는 것이다. 철학자가 어찌 다른 여행 방법을 택할 수 있겠는가? 철학자가 어찌 자기의 눈과 발 앞에 있는 재보(財寶)를 자세히 살피지 않을 수 있겠는가? 농업에 흥미를 갖고 있는 사람 중에서, 자기가 경유하는 지방의 특산물과 그 재배법을 알고 싶어하지 않는 사람이 있겠는가? 박물학(博物學)에 흥미를 갖고 있는 사람들 중에서, 토양을 조사해 보지도 않고 어떤 토지를 지나친다든지, 바위를 떼어내 보지도 않고 그 바위를 지나친다든지, 식물을 찾아 보지도 않고 언덕을 지나친다든지, 화석(化石)을 찾아 보지도 않고 돌무덤을 지나치고자 하는 사람이 있겠는가?

규방(閨房) 철학자들은 진열실 속에서 박물학을 연구한다. 그들은 하찮은 표본들을 갖고 있다. 그들은 그 표본들의 이름은 알고 있지만 그것들의 본질에 대해서는 아무것도 알지 못한다. 에밀의 박물관은 왕들의 박물관보다 더 풍부하다. 에밀의 박물관은 온 세계이다. 그곳에서는 모든 것이 제자리에 있으며, 그 박물관을 관리하는 박물학자는 모든 사물을 가장 질서정연하게 배치해 놓고 있다. 도방통(Daubenton)[21]조차도 그보다 더 훌륭하게 배치해 놓을 수는 없을 것이다.

이런 즐거운 여행 방법에서, 우리는 건강 증진과 상쾌한 기분은 물론 그 밖에도 수많은 즐거움을 맛본다. 나는 훌륭한 마차를 타고 여행하는 사람들

---

21) 루이 도방통(1716~1800)은 프랑스의 박물학자로, 뷔퐁의 《박물지(博物誌)》의 협력자.

은 항상 깊은 생각에 잠긴 채 우울하고 불만스럽고 괴로운 표정을 하고 있음을 보아 왔다. 그러나 걸어서 여행하는 사람들은 항상 즐겁고, 마음이 가볍고, 모든 것에서 기쁨을 느낀다. 우리가 밤을 지낼 곳에 가까워질 때, 우리의 마음은 얼마나 즐거워지는가! 거친 음식도 우리에게는 얼마나 맛있는가! 우리는 테이블에서 휴식을 즐기면서 얼마나 한가로운가! 딱딱한 침대에서도 우리는 얼마나 편안하게 잠을 자는가! 만일 어떤 장소에 도착하는 것만이 목적이라면, 역마차를 타고 가는 것도 좋을 것이다. 그러나 진정으로 여행하기를 원한다면, 걸어서 가지 않으면 안된다.

만일 내가 말한 방법으로 육백 리를 여행했는데도 소피가 잊혀지지 않고 우리의 머리속에 남아 있다면, 내가 수완 없는 사람이거나 아니면 에밀에게 호기심이 결여되어 있는 것이다. 왜냐하면 그토록 많은 것들에 대한 기초적인 지식을 갖고 있는 그에게 자기의 지식을 넓히고자 하는 마음이 생기지 않는다고는 상상하기 어렵기 때문이다. 우리로 하여금 호기심을 갖게 하는 것은 바로 지식이다. 그런데 에밀은 보다 더 많이 알기를 원하기에 충분할 정도로 지식을 갖고 있다.

우리의 호기심의 한 대상은 우리의 호기심을 다른 대상에 이르게 한다. 그리하여 우리는 앞으로 앞으로 전진해 나아간다. 나는 우리의 최초의 여행의 목적지로서 멀리 떨어진 곳을 선택했다. 그 이유는 쉽게 알 수 있을 것이다. 우리는 파리를 떠나 먼 곳으로 에밀의 아내를 찾으러 가지 않으면 안되기 때문이다.

며칠 후, 우리는 길이 전혀 없는 산과 계곡 속으로 어느때보다 깊이 들어갔다. 우리는 길을 완전히 잃었다. 그러나 그것은 아무런 문제도 되지 않는다. 우리가 목적지에 도달할 수만 있다면, 어느쪽으로 가건 마찬가지이다. 그러나 배가 고플 때에는 어디에라도 도착해야 한다. 다행히도 우리는 농부 한 사람을 만났다. 그는 우리를 자기의 오두막집으로 데리고 갔다. 우리는 그가 마련해 준 초라한 음식을 왕성한 식욕으로 먹었다. 그는 우리가 매우 굶주려 있으며 지쳐 있다는 것을 알고는 이렇게 말했다. "만일 신(神)께서 당신들을 언덕 저쪽으로 인도하셨더라면, 당신들은 좀더 좋은 대접을 받았을 것입니다. 그곳은 선량하고 친절한 사람들이 살고 있는 평화로운 곳입니다. 그들은 나보다 더 친절하지는 않지만, 나보다 더 부자입니다. 그들은 전에는 지금보다 훨씬 더 부유했답니다. 그러나 지금도 그들은 가난하지는 않습니다. 그 부근 사람들은 모두 그들의 재산의 덕을 보고 있습니다."

이 선량한 사람들에 대한 말을 듣자, 에밀의 마음은 그들에게 끌렸다. 에밀은 나를 바라보며 이렇게 말했다. "선생님, 그들이 사는 집에 가보기로 하지요. 주위의 사람들에게 축복인 그들에게 말입니다. 그들을 만나면 매우 기쁠 것입니다. 그들도 우리를 만나면 매우 기뻐할 것입니다. 그들은 틀림없이 우리를 환영해 줄 거에요. 그들과 우리는 서로 마음에 들 거에요."

집주인은 우리에게 그 집으로 가는 길을 알려 주었다. 우리는 그 집을 향해 출발했다. 그러나 우리는 숲속에서 길을 잃었다. 우리는 도중에 심한 폭풍우를 만나 우리의 행진은 지연되었다. 마침내 우리는 올바른 길을 찾아 저녁에 그 집에 도착했다. 그 집은 그 작은 마을의 오두막집들 중에서도 집다운 유일한 집이었다. 그 집은 평범하기는 했지만 위엄이 있었다. 우리는 문으로 다가가 유숙을 청했다. 우리는 그 집주인에게 안내되었다. 집주인은 우리에게 정중하게 여러 가지 질문을 했다. 우리는 집주인에게 우리가 길을 잃게 된 경위를 말해 주었다. 그러나 우리의 여행의 목적은 이야기해 주지 않았다. 집주인은 과거에 부유한 생활을 했던 사람이므로, 상대의 태도를 보고 그 사람의 신분을 판단할 줄 알았다. 상류 사회에서 살아 온 사람은 그런 일에서 잘못 판단하는 일이 거의 없는 것이다. 그리하여 우리는 집주인으로부터 유숙 허락을 받았다.

우리에게 제공된 방은 매우 작지만 깨끗하고 안락한 방이었다. 방에 불이 밝혀졌다. 우리는 그 방에서 이부자리·잠옷 등 필요한 모든 것들을 발견했다. 에밀이 놀라며 말했다. "도대체 어찌된 일이지요? 마치 우리를 기다리기라도 한 것 같으니 말입니다. 그 농부의 말 그대로군요. 낯선 사람들에게도 이토록 친절하고 자상하고 세심한 배려를 하다니요! 마치 내가 호머 시대에 살고 있는 듯한 생각이 드는군요.” 내가 말했다. “네가 그렇게 생각하는 것을 보니 기쁘구나. 그러나 그렇게 놀랄 필요는 없다. 낯선 사람들이 거의 오지 않는 곳에서는 낯선 사람들은 환영받는 법이니까. 호의를 베풀 일이 거의 없는 것보다 사람을 호의적으로 만드는 것은 없다. 즉, 손님이 빈번하게 오는 곳에서는 환대란 없는 법이야. 호머 시대에는 여행하는 사람들이 극히 드물었다. 그러므로 그 시대에는 여행자들은 어느곳에서나 환영을 받았다. 틀림없이 우리는 금년들어 이곳을 지나가는 유일한 여행자일 것이다.” 그러자 에밀이 말했다. “그런 것은 상관없습니다. 손님이 없을 때에는 어떻게 해야 하는지를 알고 손님이 있으면 환대하는 것, 그 자체가 훌륭한 일입니다.”

우리는 몸을 말리고 옷을 갈아입은 후 집주인에게 갔다. 집주인은 우리를 자기의 아내에게 소개했다. 그의 아내는 우리를 정중하고도 친절하게 맞아 주었다. 그녀의 시선이 에밀에게 머물렀다. 그녀의 입장에 있는 안주인이라면, 에밀과 같은 젊은 남성을 집 안으로 맞아들일 때에는 반드시 불안감이나 아니면 적어도 호기심을 느끼게 마련이다.

우리를 위해 서둘러 저녁 식사가 준비되었다. 식당에 들어가니, 다섯 사람의 자리가 준비되어 있었다. 우리 네 사람은 자리에 앉았다. 자리 하나가 빈 채로 남아 있었다. 그러자 곧 젊은 처녀 하나가 들어와 매우 정중하게 인사를 하고는 아무 말 없이 조심스럽게 빈 자리에 앉았다. 에밀은 식사하기에 바빴으며, 자기에게 던져진 질문에 대한 대답을 생각하기에 바빴다. 그는 그녀에게 가볍게 머리를 숙여 인사하고는 대화와 식사를 계속했다. 그는 자신이 여행의 목적지로부터 아직 멀리 떨어져 있다고 믿고 있으므로, 자기의 여행의 주된 목적은 염두에도 두지 않았다. 화제는 우리가 길을 잃은 이야기로 돌려졌다. 집주인이 에밀에게 말했다. “당신은 품행이 훌륭하고 쾌활하고 점잖은 청년처럼 보이는군요. 비에 젖고 지친 당신의 스승과 당신의 모습은,

칼립소(Calypso) 섬의 텔레마크(Telemachus)와 멘토르(Mentor)를 연상시켰습니다." 에밀이 말했다. "정말로 우리는 칼립소의 환대를 발견했습니다." 그의 멘토르가 덧붙였다. "그리고 우리는 에우카리스(Eucharis)의 매력도 발견했습니다." 에밀은 《오디세이(Odyssey)》는 알고 있었으나 《텔레마크》는 읽은 일이 없었다. 그러므로 그는 에우카리스에 대해 아무것도 알지 못했다. 나는 그 젊은 처녀가 눈썹까지 새빨개진 채, 시선을 접시에 떨어뜨리고는 거의 숨조차 쉬지 못하는 것을 보았다. 딸이 당황하고 있음을 알아챈 그녀의 어머니는 남편에게 화제를 바꾸라고 눈짓을 했다. 그러자 그는 화제를 바꾸어 자기의 고독한 생활에 대해 이야기하기 시작했다. 그러다가 그는 자기도 모르는 사이에 자기가 그런 생활을 하게 된 사정, 즉 자기의 불행과 아내의 충실함, 그들의 결혼 생활에서 발견한 위안, 은거지에서 조용하고 평화로운 생활 등에 대해 이야기하기 시작했다. 그러나 그 젊은 처녀에 대한 이야기는 한마디도 하지 않았다. 그의 이야기는 매우 흥미롭고 유쾌하고 감동적이었다. 에밀은 그의 이야기에 너무도 흥미를 느끼고 감동되어, 식사하는 것을 멈추고 귀를 기울였다. 마침내 이 가장 훌륭한 남성이 가장 훌륭한 여성인 아내의 애정에 대해 즐겁게 이야기하자, 젊은 여행자는 감격하여 자기도 모르는 사이에 한쪽 손을 뻗어 남편의 손을 잡고, 다른쪽 손을 뻗어 아내의 손을 잡은 다음 그 손을 미친 듯이 키스를 하며 감동의 눈물을 흘렸다. 모두가 젊은이의 그 순수한 열정에 매료되었다. 그러나 그의 인정미 있는 마음의 증거에 누구보다 깊이 감동한 딸은 필로크테투스(Philoctetus)[22]의 불행에 눈물

---

22) 필로크테투스는 트로이 원정에 참가한 그리스의 한 장군이었는데, 트로이를 향해 가는 도중 뱀에 물려, 그 독 때문에 몸에서 심한 냄새를 풍겼으므로, 그리스인들은 오디세우스의 의견을 받아들여, 그를 램노스 섬에 내버려두고 갔다. 그런데 10년 후, 트로이를 함락시키려면 필로크테투스가 가지고 있는 헤라클레스의 활과 화살이 필요하다는 것을 알고, 그리스군은 필로크테투스를 맞아들여 트로이 정복에 협력하게 한다. 그를 주인공으로 한 소포클레스의 비극이 오늘날까지 전해지고 있다.

흘리는 텔레마크를 연상했다. 그녀는 그의 모습을 좀더 잘 살펴보기 위해 수줍게 그를 쳐다보았다. 그의 모습에는, 그녀가 상상하던 텔레마크의 모습과 어긋나는 것은 아무것도 없었다.

그의 침착한 태도에는 오만하지 않은 자유로움이 있었으며, 그의 품행은 활기에 넘쳐 있으면서도 경솔하지 않았다. 그의 다정 다감함은 그의 시선을 더욱 부드럽게 하고 그의 표정을 더욱 사랑스럽게 했다. 젊은 처녀는, 그가 눈물 흘리는 것을 보자 눈물을 글썽거렸다. 눈물을 흘릴 훌륭한 구실이 있음에도 불구하고, 그녀는 은밀한 부끄러움으로 인해 눈물을 억제했다. 그녀는 자기의 가족을 위해 눈물 흘리는 것이 잘못이기라도 한 듯이, 눈물이 자기의 눈가에 맺히자 자기 자신을 꾸짖었다.

그녀가 앉아 식사할 때부터 줄곧 유심히 살펴보던 그녀의 어머니는, 그녀가 슬퍼하는 모습을 보고는 그녀의 고통을 제거해 주기 위해 그녀에게 어떤 심부름을 시켰다. 딸은 곧 되돌아왔다. 그러나 그녀는 아직 평온을 되찾지 못했으므로 그녀의 고통은 모든 사람의 눈에 분명히 드러났다. 그녀의 어머니는 온화한 어조로, "소피야, 진정해라. 이제 너의 부모의 불행에 대해 눈물을 흘리지 말아라. 너는 우리의 가장 큰 위안이다. 그런데 네가 우리들보다 더 슬퍼해서야 되겠니?"라고 말했다.

소피라는 이름을 듣고 에밀이 깜짝 놀라는 모습을 당신들은 상상할 수 있을 것이다. 그 사랑스러운 이름을 듣자, 그는 주의력을 집중했다. 그는 눈을 크게 뜨고 그런 사랑스런 이름을 가진 사람을 진지하게 바라보았다. '소피! 그대가 나의 마음이 찾고 있던 바로 그 소피란 말인가! 내가 사랑하고 있는 사람이 바로 그대란 말인가!' 그는 그녀를 유심히 바라보았다. 그는 일종의 불안감과 의혹감을 가지고 그녀를 바라보았다. 그녀의 얼굴은 자기가 그려 오던 모습과는 전혀 달랐다. 그는 자기가 그리고 있던 모습보다 그녀의 모습이 더 마음에 드는지 어떤지 알 수 없었다. 그는 그녀의 모습 하나하나, 그녀의 움직임 하나하나, 그녀의 몸짓 하나하나를 자세히 살펴보았다. 그 모든 것에 대해 백 가지의 해석이 엇갈렸다. 만일 그녀가 말을 하기만 한다면, 그는 자기의 생애의 절반을 주어도 좋다고 생각했다. 그는 걱정스럽고 불안한 눈으로 나를 바라보았다. 그의 눈은 수많은 의혹과 비난으로 가득 차 있었다. 그의 하나하나의 눈길은 '늦기 전에 나를 인도해 주십시오. 나의 마음이 굴복해 버리고 속아넘어가 버리게 되면, 나는 돌이킬 수 없을 것입니다.'라고 말하는 듯했다.

에밀보다 자기의 감정을 숨기지 못하는 사람은 아무도 없다. 일찍이 경험하지 못한 큰 혼란 속에서, 그가 어떻게 자기의 감정을 숨길 수 있겠는가? 더구나 자기를 지켜보고 있는 네 사람의 눈 앞에서, 그중에서도 그에게 가장 무관심한 것처럼 보이는 그녀야말로 실은 그에게 온통 주의를 집중하고 있는 것이다. 그의 불안함은 소피의 예리한 눈을 피할 수 없다. 에밀의 눈은 그녀에게 '나의 불안의 원인은 그대입니다.' 라고 말하고 있는 것이다. 그녀는 그의 불안이 아직은 사랑이 아니라는 것을 알고 있다. 그러나 그것이 무슨 문제인가? 그는 그녀를 생각하고 있다. 그것으로 충분한 것이다. 그러나 만일 그가 아무런 고통도 느끼지 않고 그녀를 생각한다면, 그녀는 매우 불행할 것이다.

어머니들은, 그들의 딸들과 마찬가지로 사물을 이해하는 눈을 가지고 있을 뿐만 아니라 풍부한 경험도 가지고 있는 법이다. 소피의 어머니는 우리의 계획이 성공한 것을 보고 미소를 지었다. 그녀는 이 두 젊은 남녀의 마음을 읽고 있는 것이다. 그녀는 지금이야말로 이 새로운 텔레마크의 마음을 사로잡을 때라는 것을 알고 있다. 그리하여 그녀는 자기의 딸에게 말을 걸었다. 그녀의 딸은 천성적인 상냥함으로 인해 수줍은 목소리로 대답했다. 그녀의 수줍은 목소리는 더욱 좋은 영향을 주었다. 에밀은 처음 그녀의 목소리를 듣자마자 압도당하고 말았다. 소피, 바로 소피인 것이다. 그것은 의심할 나위도 없는 사실이다. 설사 그녀가 소피가 아니라 하더라도, 그것을 부정하기에는 이미 너무 늦었다.

이 매혹적인 여자의 매력은 마치 격류처럼 그의 가슴속으로 세차게 흘러들었다. 그리하여 그는 자기를 취하게 하는 독주(毒酒)를 마시기 시작한 것이다. 그는 아무 말도 하지 않고 아무런 질문에도 주의를 기울이지 않았다. 그는 오직 소피만을 바라보고, 소피의 말에만 귀를 기울였다. 그녀가 말을 하면 그는 입을 열고, 그녀가 시선을 아래로 떨어뜨리면, 그도 시선을 아래로 떨어뜨리며, 그녀가 한숨을 쉬는 것을 보면 그도 또한 한숨을 쉬었다. 마치 소피의 영혼이 그의 영혼을 움직이고 있는 듯했다. 잠깐 사이에 그의 영혼은 얼마나 많이 변했는가! 이제 떨고 있는 것은 소피가 아니라 에밀이다. 그에게서 자유·순진함·솔직함이 사라져 버렸다. 그는 혼란되고 당황하고 두려워졌다. 그는 우리가 그를 바라보고 있음을 알게 되는 것이 두려워 감히 주위 사람들을 쳐다보지 못했다. 그는 우리가 그의 은밀한 마음을 간파하고 있지나 않을까 하여, 은밀히 소피를 마음껏 볼 수 있도록 자신이 모든 사람들의 눈에 띄지 않게 되기를 열망할 것이다. 그러나 소피는 에밀이 두려워하는 모습을 보고는 자신을 되찾았다. 그녀는 자기의 승리를 알고는 그 승리를 기뻐하는 것이다.

> 그녀는 마음속으로는 기뻐하면서도 그런 내색을 밖으로 나타내지 않는다.[23]
>
> Tasso, Jerus. Del.

그녀의 표정은 변함이 없었다. 그러나 그녀는 수줍은 모습으로 시선을 아래로 떨어뜨리고 있지만, 그녀의 섬세한 마음은 기쁨으로 떨고 있으며, 그녀에게 '텔레마크를 찾았다.' 라고 말하고 있다.

만일 내가 그들 두 사람의 사랑에 대한 평범하고 소박한 이야기를 한다면, 당신들은 나를 경박하다고 비난할 것이다. 그러나 그것은 당신들의 잘못이다. 사람들은 남성과 여성 사이의 최초의 관계가 두 사람의 미래의 삶에

---

23) 타소의 《구원된 예루살렘》 제4권 33.

어떤 영향을 주게 되는지 충분한 주의를 기울이지 않는다. 사람들은 사랑의 인상이나, 혹은 사랑을 대신하는 연애 감정의 인상만큼이나 강렬한 최초의 인상은 죽을 때까지 계속 영향을 준다는 것을 알지 못한다. 교육에 대한 여러 저작들은 아이들의 공상적인 의무에 관해 수다와 불필요한 이야기들로 가득차 있을 뿐, 아이들의 교육에서 가장 중요하고 가장 다루기 힘든 부분, 즉 어린아이에서 어른으로 옮겨가는 다리[橋]인 위험한 국면에 대한 이야기는 한마디도 없다. 만일 나의 이 저작 중의 어느 부분이 참으로 유익하다면, 그것은 내가 다른 저작자들에 의해 무시되었던 매우 중요한 그 부분에 대해 길게 취급했기 때문이며, 또한 나는 그것을 시도하는 데 그릇된 섬세함이나 표현의 어려움으로 인해 용기를 잃지 않았기 때문일 것이다. 인간의 본성을 그린 이야기는 매우 아름답다. 설사 그것이 이 책 속에서만 발견될 뿐 다른 책들 속에서는 발견되지 않는다 하더라도, 그것이 나의 책임이란 말인가? 나는 인류의 역사를 쓰고자 하는 것이다. 만일 나의 이 책이 공상적인 이야기라면, 그 잘못은 인류를 타락시키고 있는 자들에게 있는 것이다.

이것은 또 하나의 이유에 의해 뒷받침되고 있다. 우리는 어릴 적부터 두려움·탐욕·부러움·거만 등 학교 선생들의 공통된 도구인 정념들의 포로가 된 청년을 다루고 있는 것이 아니다. 우리는 처음으로 사랑을 느끼고 있을 뿐만 아니라 어떤 종류의 정념도 경험한 일이 없는 청년을 다루고 있는 것이다. 이 정념이야말로 그가 평생토록 느끼게 될 유일하고도 강한 정념이며, 이 정념에 의해 그의 성격의 최종적인 형태가 정해진다. 그의 사고방식·감정·취향은 영속적인 정념에 의해 결정되며, 그것들은 너무도 확고하여 더 이상 변화되지 않을 것이다.

당신들은 에밀과 내가 그런 저녁 후의 온 밤을 잠을 자면서 보내지는 않으리라는 것을 쉽게 이해할 것이다. 뭐라고! 당신들은 내게, "현명한 남성이라면 단지 이름이 같다는 이유만으로 그 여성에게 그토록 이끌릴 수 있겠는가? 세상에 소피라는 이름을 가진 여성이 그녀 한 사람밖에 없단 말인가? 소피라는 이름을 가진 여성들은 모두 마음도 같다는 말인가? 에밀이 만나는 모든 소피가 그의 소피란 말인가? 거의 아는 바도 없고, 거의 몇 마디의 말도 주고받은 일이 없는 여성과의 사랑에 빠지다니, 그는 미친 사람이 아닌가?'라는 말을 할 텐가! 기다려라, 젊은이여. 조사해 보라, 관찰해 보라. 그대는 아직 그대가 있는 집의 주인들이 어떤 사람들인지조차 모른다. 그런데도 그대의 말을 들으면, 사람들은 그 집을 그대 자신의 집이라고 생각할 것이다.

지금은 에밀을 교육시킬 때가 아니다. 게다가 나의 말은 에밀의 주의를 끌지 못할 것이다. 나의 말은, 오히려 자기의 공상에 대한 정당한 이유를 발견하고자 하는 에밀의 욕망을 자극하여 에밀로 하여금 소피에 대해 보다 깊은 관심을 갖게 할 뿐이다. 예기치 않은 이름의 일치와 우연한 만남 ─ 적어도 에밀은 그렇게 생각하고 있다 ─ 과 나의 훈계는 그의 마음의 불을 더욱 격렬하게 할 뿐이다. 그는 이미 소피를 훌륭한 여성이라고 너무도 굳게 믿고 있으므로, 자기가 나로 하여금 소피를 좋아하게 할 수 있다고 확신하고 있는 것이다.

다음날 아침, 나는 에밀이 자기의 낡은 여행복으로나마 자기가 할 수 있는 한 가장 훌륭하게 몸치장을 할 것이라고 생각했다. 나의 생각은 틀리지 않았다. 그러나 나는 에밀이 우리에게 제공된 깨끗한 속옷을 입으려고 애쓰는 모습을 보자 기뻤다. 나는 그의 생각을 간파했다. 그는 자기에게 제공된 속옷을 깨끗이 빨아 그들에게 되돌려 주거나 혹은 새로운 것으로 바꾸어 줌으로써 그 집에 다시 올 수 있는 기회를 확보하고자 하는 것이었다.

나는 소피도 보다 훌륭하게 몸치장을 하리라고 생각했다. 그러나 나의 생각은 옳지 않았다. 그런 일반적인 교태는 오직 상대방의 마음에 들고자 하는 사람들에게나 어울리는 일이다. 참된 사랑의 교태는 보다 고상한 것이다. 왜냐하면 참된 사랑의 교태는 그와는 전혀 다른 것을 목표로 삼기 때문이다. 소피는 엊저녁보다 훨씬 간소하게 가능한 한 간소하게 몸치장을 하고 있었다. 그러나 그녀의 옷차림은 평상시와 마찬가지로 더할 나위 없이 깨끗했다.

그녀의 교태의 유일한 표시는 수줍음이다. 그녀는 공들인 몸치장은 사랑의 표시라는 것은 알지만 무관심한 몸치장도 사랑의 또 다른 표시라는 것은 알지 못한다. 왜냐하면 무관심한 몸치장은, 자기의 몸치장에 의해서뿐만 아니라 자기 자신에 의해서도 상대방의 호감을 받고 싶다는 욕망을 나타내는 것이기 때문이다. 만일 상대 여성이 자기에 대해 생각하고 있다는 것을 그 남성이 알고 있기만 하다면, 그 남성이 그 여성의 옷차림 따위에 신경을 쓸 이유가 어디 있는가? 소피는 이미 자기의 힘이 에밀을 지배하고 있다고 확신하고 있으며, 따라서 그녀는 에밀의 눈을 즐겁게 해 주는 것만으로는 만족하지 않는다. 에밀은 그녀의 매력들을 알아채야 할 뿐만 아니라 예측해야 한다. 그는 이미 그녀의 그밖의 매력을 추측할 수 있을 만큼 충분히 그녀를 보아 오지 않았는가?

어젯밤 에밀과 내가 이야기를 나누는 동안 소피와 그녀의 어머니는 서로 아무런 이야기도 나누지 않았을 리가 없다. 딸은 자기의 속마음을 어머니에게 털어놓고, 어머니는 딸에게 가르침을 주었을 것이다. 다음날 아침에는 모두가 충분히 준비된 상태에서 만났다. 젊은 두 사람이 처음 만난 지 12시간밖에 지나지 않았으며, 또 그들 두 사람은 한마디도 이야기를 나눈 적이 없지만, 그들이 이미 서로를 이해하고 있다는 것은 분명했다. 그들은 형식적으로 어색하고 수줍게 인사를 주고받았다. 그들은 아무 말도 나누지 않았다. 그들은 눈을 내리깔고는 서로를 피하는 것처럼 보이지만, 그것은 그들이 서로를 이해하고 있음을 나타내는 증거인 것이다. 그들 두 사람은 그에 대해 아무런 말도 나누지 않았지만, 다른 사람들에게 숨길 필요성이 있음을 이미 느끼고 있다. 우리는 그곳을 떠날 때 그들에게, 그들로부터 빌려 입은 옷을 되돌려 주기 위해 다시 그들을 찾아와도 좋겠느냐고 물었다. 에밀은 소피의 아버지와 어머니에게 말하고 있지만, 그의 시선은 소피의 대답을 원하고 있었다. 그의 시선은 그의 말보다도 더 간절하게 호소하고 있었다. 소피는 한마디 말도 하지 않고 아무런 표정도 짓지 않았다. 그녀는 마치 귀머거리이며 장님인 듯했다. 다만 얼굴을 붉힐 뿐이었다. 그러나 그녀의 빨개진 얼굴은 그녀의 부모의 대답보다도 훨씬 더 분명한 대답인 것이다. 우리는 다시 찾아와도 좋다는 허락은 받았지만, 좀더 머물러 있으라는 권유는 받지 못했다. 그것은 참으로 적절한 일이다. 왜냐하면 밤늦은 여행자들에게는 쉴 곳이 제공되지만, 사랑을 하고 있는 남자는 자기가 사랑하는 여자의 집에 머무르지는 않기 때문이다.

우리가 그 사랑스런 집을 떠나자마자, 에밀은 그 부근에서 머무를 생각을 하고 있었다. 그에게는 가장 가까운 농가도 너무나 먼 곳으로 생각되었기 때문이었다. 그는 그 집 곁에 있는 도랑에서 잠을 자려고 했다. "어리석은 젊은이여!" 나는 동정어린 목소리로 말했다. "그대는 이미 정념으로 인해 장님이 되었는가? 그대는 이미 예절과 이성을 존중하지 않게 되었는가? 가련한 젊은이여, 그대는 자신을 그녀의 애인이라고 부르면서도 그대가 사랑하는 여성을 욕되게 하려 하는가? 마을 사람들이 그녀의 집에 머물렀던 젊은 남성이 그녀의 집 근처 도랑에서 잠을 잤다는 것을 안다면, 그들은 그녀에 대해 무어라고 말하겠는가? 그대는 자신이 그녀를 사랑하고 있다고 말한다! 그러면서도 그대는 그녀의 평판을 나쁘게 하려 하는가! 그렇게 하는 것이 그대에게 베푼 그녀의 부모의 환대에 대한 그대의 보답인가? 그대는 언젠가는 그대를 가장 행복한 남성으로 만들어 줄 그 여성을 불명예스럽게 만들려 하는가?" "다른 사람들의 공허한 말과 부당한 의심에 대해 신경쓸 필요가 어디 있습니까?" 그는 격렬한 어조로 말했다. "선생님은 제게 그런 것에는 개의치 말라고 가르쳐 주시지 않았습니까? 제가 소피를 얼마나 존경하는지, 제가 그녀에게 얼마나 경의를 표하고 싶은지 저보다 더 잘 아는 사람이 어디 있겠습니까? 저의 애착(愛着)은 그녀의 수치의 원인이 되지 않을 뿐만 아니라, 오히려 그녀의 명예가 될 것이며, 또 그녀에게도 바람직한 것일 것입니다. 만일 저의 마음과 행위가 그녀가 마땅히 받아야 할 경의를 그녀에게 끊임없이 바친다면, 제가 그녀에게 무슨 해를 입힐 수 있겠습니까?" "사랑하는 에밀", 나는 그를 꼭 껴안으며 말했다. "그대는 오직 그대 자신만을 생각하고 있다. 그녀에 대해서도 생각하도록 하라. 남성에게 명예가 되는 것이 여성에게도 명예가 된다고 생각해서는 안된다. 남성의 명예나 여성의 명예는 각기 다른 것에 기반을 두고 있다. 남성의 명예의 기반과 여성의 명예의 기반은 모두 확고하고 정당한 것이다. 왜냐하면 그것들은 모두 자연에 의해 주어진 것이며, 그대로 하여금 사람들이 그대에 대해 하는 말을 비난하게 하는 바로 그 덕성(德性)이 그대로 하여금, 그대가 사랑하는 그녀에 대해 사람들이 하는 말을 존중하게도 하기 때문이다. 그대의 명예는 그대 자신의 보존에 있으며, 그녀의 명예는 다른 사람들에 의해 좌우된다. 그것을 무시하는 것은 그대 자신의 명예를 손상시키는 것이며, 그대가 그녀가 마땅히 받아야 할 존경을 그녀에게 바치지 않는다면, 그대는 마땅히 해야 할 일을 하지 않는 것이다."

그리고는 나는 그러한 차이의 이유를 설명해 주면서, 그것에 전혀 주의를 기울이지 않는 것이 얼마나 그릇된 일인가를 그에게 깨우쳐 주었다. "그대가 정말로 소피의 남편이 될 것이라고 누가 말할 수 있겠는가? 그대는 그녀가 자기에 대해 어떻게 생각하고 있는지 알지 못한다. 즉, 그녀의 마음이나 혹은 그녀의 부모의 마음은 이미 다른 남성을 정해 놓고 있는지도 모른다. 그대는 그녀에 대해 아무것도 알지 못하며, 어쩌면 그대와 그녀 사이에는 행복한 결혼 생활을 만들어 주는 일치점이 전혀 없을지도 모른다. 아주 작은 추문이라 하더라도 여성에게는 씻을 수 없는 오점(汚點)이 되며, 설사 그녀가 그 추문의 주인공인 남자와 결혼한다 하더라도 그 오점은 사라지지 않는다는 것을 그대는 알지 못하는가? 지각 있는 남성이라면 자기가 사랑하는 여성을 파멸시키려고 하겠는가? 명예를 존중하는 남성이라면, 자기의 눈에 들었던 한 불행한 여성으로 하여금 평생토록 탄식하게 하겠는가?"

항상 극단으로 치닫는 그 청년은 나의 이야기를 듣고는 그 결과에 놀라, 이번에는 소피의 집으로부터 아무리 멀리 떨어진다 해도 지나치지 않다고 생각했다. 그리하여 그는 그곳을 떠나 멀리 가려고 발걸음을 재촉했다. 그는 우리의 이야기를 들은 사람이 있지나 않나 하고 주위를 둘러보았다. 그는 자기가 사랑하는 여성의 명예를 위해서라면 자신의 행복 따위는 천 번이라도 기꺼이 희생시키고자 하며, 그녀에게 조금이라도 슬픔을 주게 된다면 차라리 두 번 다시 그녀를 만나지 않겠다고 생각한다. 이것은 그가 어릴 적부터 그로 하여금 사랑할 수 있게 하기 위해 내가 이제까지 기울여 온 노력의 최초의 성과인 것이다.

그러므로 우리는 그곳에서 멀리 떨어진 곳―그러나 지나치게 멀리 떨어지지 않은 곳―에서 머물 곳을 찾지 않으면 안되었다. 우리는 사람들에게 물어보며 머물 곳을 찾지 않으면 안되었다. 우리는 사람들에게 물어보며 머물 곳을 찾았다. 그리하여 우리는 2리그(6마일) 남짓 떨어진 곳에 도시가 있다는 것을 알았다. 우리는 보다 가까운 마을에서 머물 곳을 찾지 않고 그 도시에서 찾기로 했다. 가까운 마을에 머무르면 주위 사람들의 의심을 불러일으킬지도 모르기 때문이었다. 그리하여 처음으로 사랑을 느낀 젊은이는 사랑과 희망과 기쁨에 넘쳐, 그리고 무엇보다도 올바른 감정에 넘쳐 그 도시로 갔다. 이런 방법으로 나는 불타오르는 그의 정열을 명예롭고 훌륭한 쪽으로 인도했다. 그러자 그의 마음은 자기도 모르는 사이에 그쪽으로 향했다.

이제 내가 해야 할 일은 거의 끝나 가고 있다. 이미 끝이 보인다. 이제 커다란 난관은 모두 극복되었으며, 남아 있는 일 중에서 가장 어려운 일은, 일을 마무리하려고 지나치게 서두름으로써 나의 일을 망쳐 버리지 않도록 하는 일이다. 인생의 불확실함 속에서 미래를 위해 현재를 희생시키려는 그릇된 생각은 버리기로 하자. 그것은 장차 오지도 않을 것을 위해 현재의 것을 희생시키는 셈이 되는 경우가 많기 때문이다. 우리가 그토록 보살펴 주었음에도 불구하고 그가 행복의 의미도 모른 채 죽는 일이 없도록, 어느 시기에서나 그를 행복하게 해 주기로 하자. 인생을 즐길 수 있는 시기가 있다면, 그것은 말할 나위도 없이 청년기의 말기이다. 이 시기에는 육체적 능력과 정신적 능력은 최고에 달하며, 이 시기는 인생의 한가운데 있기 때문에 인생의 짧음을 느끼게 하는 양극(兩極)으로부터 가장 멀리 떨어져 있는 시기이다. 설사 청년기의 무분별로 해서 잘못을 저지른다 하더라도, 그것은 즐거움에 대한 욕망으로부터 온 것이 아니라 즐거움이 발견될 수 없는 곳에서 즐거움을 구하기 때문이며, 미래의 불행에 대비하느라고 현재를 즐길 줄 모르기 때문이다.

나의 에밀을 보라. 그는 20세가 넘은 젊은이로서, 정신적으로나 육체적으로나 훌륭하게 성장했으며, 튼튼하고 건강하고 활동적이며, 세련되었으며, 건장하며, 이성(理性)·감성(感性)·친절함·인간애가 충만하고, 덕성과 좋은 취향을 갖추고 있으며, 아름다운 것을 사랑하고 선(善)을 행하며, 격렬한 감정의 지배로부터 벗어났으며, 세론(世論)의 횡포로부터 풀려났으며, 지혜의 법칙을 지키며, 우정의 목소리에 따르고 사람들을 기쁘게 하는 유익한 많은 재능을 가졌으며, 부(富)에는 거의 관심이 없으며, 스스로 생계를 벌 수 있으며, 어떤 일이 닥치더라도 궁핍을 두려워하지 않는다. 타오르는 열정에 사로잡혀 있는 그를 보라. 그의 가슴은 첫사랑의 빛을 향해 열려졌으며, 첫사랑의 즐거운 환상은 그에게 새로운 기쁨과 즐거움의 세계를 온통 펼쳐 보여 주었다. 그는 사랑스런 여성을, 육체적으로보다 성격적으로 훨씬 더 사랑스런 여성을 사랑하고 있다. 그는 자기가 마땅히 받아야 할 보답을 희망하고 기대하고 있다.

그들의 최초의 이끌림은 서로에 대한 애정과 존경심 속에서 생겨났다. 그러므로 그들의 애정은 영원히 계속될 것이며, 그는 아무런 두려움도 후회도 자책(自責)도 없이, 그리고 모든 행복에 반드시 따르는 불안감 이외에는 어떤 불안감도 없이, 확신과 이성(理性)을 가지고 더할 수 없이 즐거운 황홀 속에 자신을 맡기고 있다. 그 이외에 필요한 것이 무엇인가? 현재의 즐거움에 더해질 수 있는 것이 무엇인가? 존재할 수 있는 모든 행복은 이미 소유하고 있다. 여기에 무언가를 더하게 되면 현재의 행복이 손상될 뿐이다. 그는 인간이 행복해질 수 있는 한 최고로 행복하다. 그런데도 여기서 내가 그토록 행복한 시기를 간단히 끝내버려야 하겠는가? 그토록 순수한 즐거움을 방해해서야 되겠는가? 그가 누리고 있는 행복은 나의 인생의 대가이다. 그러니 내가 그에게 더 큰 행복을 주려 한들 그것이 어찌 보탬이 될 수 있겠는가? 설사 그의 행복에 왕관을 씌워준다 하더라도, 그것은 그의 행복의 최고의 즐거움을 파괴하는 것이 될 것이다. 그런 최고의 즐거움은, 손에 넣었을 때보다 기대하고 있을 때 백 배나 더 큰 것이다. 오, 훌륭한 에밀! 사랑하라, 그리고 사랑을 받으라! 즐거움을 그대의 것으로 만들기 전에 그대의 즐거움을 연장하라. 사랑과 순결 속에서 즐거워하라. 그대의 천국을 기다리면서 지상(地上)에서 그대의 낙원을 발견하라. 나는 그대 인생의 이 행복한 시기를 간단히 끝내 버리지는 않겠다. 나는 이 행복한 시기의 매력을 가능한 한 길게 늘이겠다. 아! 이 행복한 시기는 끝나게 될 것이다. 그것도 머지않아 끝나게 될 것이다. 그러나 나는 이 행복한 시기를 그대의 기억 속에 오랫동안 남아 있게 할 것이다. 그대는 이 행복한 시기의 기쁨을 결코 후회하지 않을 것이다.

에밀은 우리가 되돌려 주어야 할 것을 갖고 있음을 잊지 않았다. 그것들이 준비되자마자 우리는 말을 타고 급히 떠났다. 에밀이 그곳에 빨리 도착하기를 열망했기 때문이었다. 마음이 열정에 불타기 시작하면 시간의 흐름이 느리게 느껴지는 것이다. 만일 내가 시간을 헛되이 보내지 않았다면, 그는 그의 생애를 이런 식으로 보내지는 않을 것이다.

불행하게도 길은 복잡하고 험했다. 우리는 길을 잃었다. 그는 나보다 먼저 우리가 길을 잃었음을 알았다. 그러나 그는 초조해하거나 불평하지 않고 길을 찾는 데 온 노력을 기울였다. 그는 한동안 헤맨 후 어느쪽으로 가야 할지를 알아냈다. 그러는 동안에는 그는 냉정한 태도를 잃지 않았다. 당신들은 그가 냉정한 태도를 잃지 않은 것을 대단치 않게 생각할 것이다. 그러나 나는 그가 얼마나 열정적인가를 알기 때문에, 그것은 내게는 대단한 일로 생각되었다. 나는 내가 그의 어린 시절부터 불가피한 충격에 견딜 수 있게 하기 위해 그에게 기울여 온 배려와 결과를 거기에서 본 것이다.

마침내 우리는 그곳에 도착했다. 우리에 대한 그들의 태도는 지난번보다 더 솔직했고 더 친절했다. 우리는 이미 구면(舊面)인 것이다. 에밀과 소피는 부끄러운 듯이 고개를 숙여 인사를 나누고는 아무 말도 하지 않았다. 우리가 있는 자리에서 그들이 무슨 말을 할 수 있겠는가? 그들이 하고 싶은 말을 하기 위해서는 우리가 그들과 함께 있어서는 안되는 것이다. 우리는 정원을 거닐었다. 잘 가꾸어진 정원에는 꽃나무 대신 온갖 종류의 키 크고 아름다운 과일 나무들로 가득 차 있었으며, 과일 나무들 사이로는 맑은 물이 흐르고 있었으며, 그 주위에는 꽃들로 가득 차 있었다. "참으로 아름다운 곳입니다!" 에밀은 호메로스를 생각하며 그리고 아직도 그 감격에 넘쳐 외쳤다. "나 자신이 알키누스(Alcinous)의 정원에 서 있는 기분이군요." 소피는 알키누스가 누구인지 알고 싶어했다. 그녀의 어머니가 알키누스가 누구냐고 물었다. 그래서 나는 그들에게 가르쳐 주었다. "알키누스는 코르키라(Corcyra) 섬의 왕이었습니다. 호메로스는 그의 정원을 묘사했는데, 비평가들은 그 정원이 너무 단순하고 너무 간소하다고 생각했습니다.● 알키누스에게는 아름

● "궁전을 나오면, 4에이커의 넓은 정원을 볼 수 있다. 주위를 완전히 울타리로 둘러싼 정원에는 하나 가득 꽃을 달고 있는 큰 나무, 배·석류, 그밖의 온갖 종류의 과일을 달고 있는 큰 나무, 달콤한 무화과 열매를 맺는 무화과나무, 녹색의 올리브나무가 심어져 있다. 일년 내내 그 아름다운 나무들이 열매를 달고 있지 않은 때가 없다. 겨울이나 여름이나 서풍(西風)의 감미로운 숨결이 어떤 나무에게는 열매를 맺게 하고, 다른 나무의 열매는 익게 한다. 배나 사과는 배나무나 사과나무의 가지에서, 석류는 석류나무에서, 포도송이는 포도나무 덩굴 위에서, 익어 가기도 하고, 말라 가기도 한다. 무진장한 포도밭은 끊임없이 새로운 포도송이를 만들어낸다. 한편에서는 평평한 땅 위에서 태양 열에 의해 잼이 된다. 다른 편에서는 수확이 한창이다. 포도나무에는 아직 꽃의 상태인 것, 익지 않아 파란 것, 채 검게 되지 않은 것 등이 남아 있다. 정원의 한쪽 끝에는 구석구석 손질된 두 형태의 채소밭이 있어서 일년 내내 푸르다. 그것은 두 샘〔泉〕에 의해 장식되어 있는데, 그 하나의 샘물은 정원 안 구석구석으로 흘러들고, 또 하나의 샘물은 궁전 안을 통과하여 시중의 높은 건물로 끌어올려져 시민들의 음료수가 되고 있다."

이것이 《오디세이아》 제7권에 나오는 알키누스 왕의 정원이다. 이 정원에는 저 노몽상가 (老夢想家) 호메로스나 당시의 왕들에게는 부끄럽게도, 격자(格子) 울타리도, 조각도, 폭포도, 잔디밭의 구희장(球戲場)도 없다.

다운 딸이 하나 있었는데, 그녀는 아버지가 어떤 낯선 사람 하나를 숙객으로 맞이하기 전날 밤 자기에게 곧 남편이 생기게 될 것이라는 꿈을 꾸었습니다.” 소피는 당황하여 얼굴을 붉히고는 고개를 떨구었다. 그리고는 입술을 깨물었다. 그녀는 몹시 당황했다. 딸이 당황해하는 모습을 재미있어하던 그녀의 아버지는 “그 공주는 손수 빨래를 하러 강가에 가곤 했단다.”라고 덧붙었다. 그리고는 그는 딸에게 “그 공주가 악취를 풍기는 더러운 옷들에 손을 대려 하지 않았으리라고 너는 생각하느냐?”라고 말했다. 그러자 소피는 그 말의 의미를 이해하고는 자기의 천성인 수줍음도 잊고 열심히 자신을 옹호했다. 그녀의 아버지는, 그녀는 모든 자질구레한 빨래들을 한다는 것과, 그녀에게 지시만 하면 그녀는 보다 많은 빨래를 기꺼이 한다는 것을 잘 알고 있었다. 그녀는 열심히 자신을 옹호하면서, 불안한 마음으로 살짝 나를 훔쳐보았다. 그 모습을 보고 나는 웃음을 참을 수 없었다. 나는 그녀로 하여금 열심히 자신을 옹호하게 한 그녀의 소박한 마음의 두려움을 알고 있었기 때문이었다. 그녀의 아버지는 짓궂게도 계속해서 “너는 왜 너 자신의 행위에 대해 말했지? 너와 알키누스의 딸과 어떤 공통점이라도 있느냐?”라고 말하면서 그녀를 놀려댔다. 그녀는 부끄러움에 몸을 떨었다. 그녀는 거의 숨도 쉬지 못했으며 우리를 쳐다보지도 못했다. 매력적인 소녀! 이제 자신을 숨기려 해도 아무 소용 없다. 그대는 그대 자신도 모르게 이미 그대의 참된 감정을 드러내고 만 것이다.

이 작은 사건은 곧 잊혀졌다. 아니 잊혀진 듯했다. 소피에게는 다행스럽게도, 에밀만은 그것을 알지 못했다. 우리는 계속해서 거닐었다. 두 젊은 남녀는 처음에는 우리 가까이에서 거닐었지만, 우리의 걸음이 너무 느렸기 때문에 그들은 우리의 발걸음에 보조를 맞추기가 어려웠다. 그리하여 그들은 우리 앞에 조금 떨어져서 걷고 있었다. 그들은 나란히 걸어가며 대화를 주고받기 시작했다. 소피는 조용히 귀를 기울이고 있었으며, 에밀은 무언가 이야기하면서 열심히 몸짓을 하고 있었다. 그들은 재미있게 대화를 주고받는 듯했다. 한 시간쯤 후, 우리는 집쪽으로 발길을 돌렸다. 우리는 그들을 불렀다. 그들은 천천히 발길을 돌렸다. 우리는 그들이 즐거운 시간을 보내고 있음을 알 수 있었다. 그들의 대화가 우리의 귀에 들릴 만한 곳에 이르자, 그들은 대화를 갑자기 중지하고는 빠른 걸음으로 우리에게 다가왔다. 에밀의 표정은 밝고 애정에 넘쳐 있었으며, 두 눈은 기쁨으로 빛나고 있었다. 그러나 그는 불안한 시선으로 소피의 어머니를 바라보며 그녀가 그것을 어떻게 생각하는지 살폈다. 소피는 에밀보다 훨씬 더 불안해했다. 우리에게 가까워지자 그녀는 자신이 젊은 남성과 단둘이서 있었음을 깨닫고는 몹시 당황해했다. 그녀는 이제까지 수많은 젊은 남성들과 만났지만, 당황한 일이 없었으며 그에 대해 비난받은 일도 없었다. 그녀는 숨을 할딱이며 어머니에게 달려갔다. 그리고는 마치 아까부터 어머니와 함께 있었던 것처럼 무언가 중요하지 않은 몇 마디의 이야기를 어머니에게 했다.

이 사랑스런 젊은 남녀의 행복한 표정으로부터 우리는 그들의 대화가 그들의 마음의 짐을 가볍게 해 주었다는 것을 알았다. 그들은 교제하는 데 이제까지의 신중함을 잃은 것은 아니지만, 그들의 신중함에는 전과 같은 당황의 빛은 보이지 않았다. 그것은 에밀의 존경심과 소피의 겸손함, 그리고 그들 두 사람의 선량함으로부터 생겨난 신중함인 것이다. 이제 에밀은 그녀에게 말을 걸기도 하고, 소피는 그에게 대답하기도 한다. 그러나 그녀는 그에게 대답하기 전에 항상 어머니를 쳐다본다. 그녀의 변화 중에서 가장 두드러진 변화는 나에 대한 그녀의 태도이다. 그녀는 내게 대단한 경의를 표하며, 관심을 갖고 나를 살피며, 나를 기쁘게 해 주려고 노력한다. 나는 내가 그녀로부터 존경을 받고 있다는 것과, 그녀가 자기에 대한 나의 평가를 중요시하고 있다는 것을 알았다. 에밀이 그녀에게 나에 대해 이야기해 주었다는 것을 나는 알고 있다. 당신들은 그들이 나를 자기들의 편으로 끌어들이기 위해 음모를 꾸민 것이라고 말할지도 모른다. 그러나 그렇지 않다. 소피 자신이 그렇게 쉽게 설복되지 않기 때문이다. 아마도 에밀은 나에 대한 그녀의 영향력을 필요로 하는 이상으로 그녀에 대한 나의 영향력을 필요로 할 것이다. 얼마나 매력적인 한 쌍인가! 나의 젊은 친구가 나에 대한 애정으로 자기 애인과의 최초의 대화에서 나에 관해 그토록 훌륭하게 이야기해 준 것을 생각하니, 나는 지금까지의 나의 모든 노고가 보상을 받은 것 같아 매우 기쁘다. 나에 대한 그의 애정은 나의 모든 고뇌에 대한 충분한 보상인 것이다.

우리의 방문은 거듭되었으며, 두 젊은이 사이의 대화도 빈번해졌다. 에밀은 사랑에 취해 있었으며, 자기의 행복은 이미 자기의 손 안에 있다고 생각했다. 그러나 그는 아직 소피로부터 정식으로 확답을 얻지는 못했다. 소피는 그의 말에 귀를 기울일 뿐 아무런 대답도 하지 않는 것이다. 에밀은 그녀가 얼마나 조심스러운 여성인지 알고 있으므로 그녀의 신중함에 놀라지 않았다. 그는 그녀가 자기를 좋아한다는 것을 확실히 느끼고 있으며, 또한 그녀의 결혼을 결정하는 것은 그녀의 부모라는 것을 알고 있다. 그는 소피가 부모의 허락을 기다리고 있는 것이라고 생각했다. 그리하여 그는 그녀의 부모에게 허락을 촉구해도 좋겠느냐고 그녀에게 물었다. 그녀는 반대하지 않았다. 에밀은 내게 그 이야기를 했으며, 나는 그를 대신하여 그가 있는 앞에서 그 이야기를 그녀의 부모에게 말했다. 그러자 그녀의 아버지는 "소피는 자기 자신의 주인이며, 에밀의 행복은 소피 자신에게 달려 있습니다."라고 말했다. 에밀은 이 말을 듣고는 소스라치게 놀랐다. 그는 그녀의 행위를 어떻게 생각해야 할지 몰라 당황하기 시작했다. 그는 자신감을 잃었다. 그는 불안해졌다. 그는 자기가 기대했던 것만큼 일이 진행되어 있지 않다는 것을 알았다. 그리하여 그는 이제 가장 부드럽고 가장 감동적인 말로 그녀에게 자기의 사랑을 호소해야 한다고 생각했다.

에밀은 문제가 되는 것이 무엇인가를 추측해 낼 수 있는 류(類)의 사람이 아니다. 그러므로 만일 아무도 그에게 그것을 말해 주지 않는다면 그는 평생토록 그것을 알아내지 못할 것이며, 또한 소피는 너무도 자존심이 강하여 그에게 그것을 말해 주지 않을 것이다. 그녀가 장애물로 생각하고 있는 것은 다른 여성들이 이점(利點)으로 생각하고 있는 그런 것이었다. 그녀는 부모님의 가르침을 잊지 않고 있다. 그녀는 가난하고 에밀은 부유하다. 아니, 적어도 그녀는 그렇게 생각하고 있다. 그는 그녀의 존경을 받지 않으면 안된다. 그러므로 그의 가치는 이 불일치를 제거할 수 있을 만큼 훌륭하지 않으면 안되는 것이다. 그러나 이런 장애물을 그가 어떻게 알아낼 수 있겠는가? 에밀은 자기가 부유하다는 것조차 알지 못한다. 그가 부(富)에 관심을 기울인 적이 있었던가? 다행스럽게도 그는 부(富)를 필요로 하지 않으며, 부의 도움 없이도 선(善)을 행할 수 있다. 그가 행하는 선은 그의 지갑에서 나오는 것이 아니라, 그의 마음으로부터 나오는 것이다. 그는 불행한 사람들에게 자기의 시간과 배려와 애정, 그리고 자기 자신을 베푼다. 그리고 자신이 행한 선행(善行)을 평가할 때, 그는 자기가 가난한 사람들을 위해 사용한 돈은 계산에 넣지 않는다.

그는 그의 불명예의 이유를 알지 못하기 때문에 그것이 자기 자신의 탓이라고 생각한다. 왜냐하면 자기가 열애(熱愛)하고 있는 사람을 변덕쟁이라고 비난할 사람은 아무도 없을 것이기 때문이다. 굴욕의 수치는 실연(失戀)의 고통을 더욱 증대시킨다. 그는 더 이상 즐거운 확신이나 자기 자신의 가치를 지닌 채 소피에게 접근할 수가 없다. 그는 그녀의 앞에서는 부끄러움과 두려움을 느끼는 것이다. 그는 이제 그녀의 애정을 얻기를 바라는 것이 아니라 그녀의 동정을 얻기를 바란다. 그는 때때로 인내심을 잃고 그녀에게 화를 낼 듯했다. 소피는 그가 화가 나 있다는 것을 아는 것 같았다. 그녀는 그를 바라보았다. 그녀의 시선은 그를 무력하게 하고 그로 하여금 두려움을 느끼게 하기에 충분했다. 그는 전보다 더 온순해졌다.

이 완강한 저항과 견딜 수 없는 침묵에 불안해진 그는 자기의 마음을 그의 친구에게 털어놓았다. 그는 슬픔으로 가득 찬 자기의 마음의 고통을 친구와 함께 나누었다. 그는 친구에게 도움과 충고를 간청한다. "이 얼마나 기이하고 이해할 수 없는 일입니까! 그녀는 내게 관심을 갖고 있습니다. 그것은 분명합니다. 그녀는 나를 피하기는커녕 나를 만나면 즐거워합니다. 내가 그녀에게 가면 그녀의 얼굴에는 즐거운 빛이 나타나고 내가 그녀와 헤어질 때에는 그녀의 얼굴에는 아쉬운 빛이 떠오릅니다. 그녀는 나의 호의를 친절하게 받아들입니다. 나의 친절은 그녀에게 즐거움을 주는 것 같습니다. 그녀는 내게 충고를 해 주기도 하고 심지어 명령을 하기도 합니다. 그러면서도 그녀는 나의 청(講)과 나의 소원을 거절합니다. 내가 용기를 내어 결혼에 대한 이야기를 꺼내면, 그녀는 내게 침묵을 지키라고 명령합니다. 그녀가 그런 명령을 내린 후 내가 한마디라도 하면, 그녀는 즉시 내 곁을 떠나버립니다. 도대체 그녀는 왜 내가 그녀의 사람이 되기를 원하면서도 자신은 나의 사람이 되기를 거부하는 것일까요? 그녀는 선생님을 존경하고 사랑합니다. 그러므로 그녀는 선생님의 말씀에 기꺼이 귀를 기울일 것입니다. 그녀에게 이야기해 주십시오. 그녀로 하여금 대답하게 해주십시오. 선생님의 친구를 도와 주십시오. 선생님의 친구를 위해 선생님이 이제까지 해오신 모든 일에 끝손질을 해주십시오! 선생님의 친구가 선생님의 보살핌의 희생물이 되지 않도록 해주십시오! 선생님이 저의 행복을 지켜주시지 않는다면, 선생님의 가르침은 저의 불행의 원인이 될 것입니다."

나는 소피와 이야기를 했다. 그녀로 하여금 비밀을 내게 털어놓게 하는 데에는 아무런 어려움도 없었다. 그녀의 비밀은 이미 내가 알고 있는 것이었다. 그녀로부터 그 비밀을 에밀에게 이야기해 주어도 좋다는 허락을 얻어내는 것은 쉬운 일이 아니었다. 마침내 그녀는 허락을 했다. 그리하여 나는, 문제가 되는 것이 무엇인가를 에밀에게 말해 주었다. 그는 그 말을 듣고 놀라움을 금치 못했다. 그는 그런 미묘함을 이해할 수가 없었다. 그는 재산의 많고 적음이 사람들의 성격이나 가치에 어떻게 영향을 줄 수 있는지 이해할 수가 없었다. 내가 재산의 많고 적음이 사람들의 편견에 미치는 영향에 대해 그에게 자세히 설명해 주자, 그는 큰소리로 웃어대기 시작했다. 그리고는 그는 기쁨을 못이겨, 그의 토지와 재산 소유 권리 증서들을 찢어버리고 자기의 돈을 버림으로써, 소피와 똑같이 가난해지는 명예를 얻고 소피의 남편으로서 자격이 있는 사람이 된 다음, 다시 돌아올 생각으로 당장 뛰어나가려고 했다.

"무슨 짓을 하려는 거야?" 나는 그를 가로막았다. 그의 성급한 태도에 이번에는 내가 큰소리로 웃었다. "그런 미숙한 생각을 하다니, 그대의 머리는 조금도 성숙할 줄을 모르는군. 그래 가지고는 평생토록 철학을 공부한다 해도 결코 올바르게 생각하는 법을 배우지 못할 것이 아닌가? 그대는 무분별한 계획이 사태를 더욱 악화시킬 뿐이며 소피를 더욱 완강하게 만들 뿐이라는 것을 알지 못하는가? 그녀보다 다소 부유하다는 것은 작은 우월이지만, 그녀를 위해 모든 것을 버리는 것은 매우 큰 우월이다. 그녀의 긍지는 그 작은 짐도 견디지 못하는데, 그보다 훨씬 더 무거운 짐을 그녀가 어떻게 견딜 수 있겠는가? 만일 그녀의 남편이 그녀에게 '나는 당신을 부자로 만들어 주었소' 라고 말한다면 그녀는 견딜 수 없을 것이다. 그런데 '당신 때문에 나는 가난해졌소.' 라는 비난을 그녀가 어떻게 견딜 수 있겠는가? 가련한 젊은이여, 그대가 그런 생각을 가졌다는 것을 그녀가 눈치채지 못하게 하라! 오히려 그녀를 위해 검약하라. 그렇지 않으면 그녀는 교묘한 술책으로 자기를 손에 넣으려 한다고 그대를 비난할지도 모르며, 그대가 부주의로 인해 실제로 낭비하고 있는 것을 나를 위해서인 것처럼 가장함으로써 자기를 손에 넣으려 한다고 그대를 비난할지도 모른다.

그대는 정말로 그녀가 부(富)를 기피한다고 생각하는가? 그대는 정말로 그녀가 결혼을 승낙하지 않는 것이 부 그 자체 때문이라고 생각하는가? 아닐세, 에밀, 그녀의 생각의 기반을 이루고 있는 보다 중대하고 본질적인 것이 있네. 그것은 부로 말미암아 부의 소유자에게 일어나는 영향일세. 그녀는 행운의 선물인 부를 소유하고 있는 사람은 그 부를 가장 소중하게 생각한다는 것을 알고 있네. 부유한 사람들은 항상 인간의 가치보다도 부를 중요시한다. 봉사가 돈에 비추어 평가될 때에는 돈이 항상 봉사를 능가한다. 그러므로 주인을 위해 봉사하면서 일생을 보내는 사람들은 그들이 얻는 빵에 대한 채무자로 간주되는 것이다. 에밀, 그대가 그녀의 걱정을 없애주기 위해서는 어떻게 해야 하겠는가? 그녀로 하여금 그대를 보다 잘 알게 하라. 그것은 하루에 이루어질 수 있는 일이 아니다. 그대의 가슴속의 보물들을 그녀에게 보여주라. 그렇게 함으로써 불행하게도 그대에게 주어진 부를 보상하도록 하라. 시간과 그대의 불변함이 그녀의 저항을 무너뜨릴 것이다. 그녀로 하여금 그대의 위대하고 고귀한 감정으로 인해 그대의 부를 잊게 하라. 그녀를 사랑하고 그녀를 위해 정성을 다하라. 그리고 그녀의 훌륭하신 양친을 위해 정성을 다하라. 그대의 그러한 친절이 일시적인 열정의 결과가 아니라 그대의 마음속에 새겨진 확고한 원칙의 결과임을 그녀에게 확신시켜 주라. 운명의 학대를 받은 훌륭한 사람들에게 그에 상당하는 존경을 바치라. 그것이 운명의 학대를 받은 훌륭한 사람들과, 운명의 총애를 받은 훌륭한 사람들을 조화시키는 유일한 방법이다."

나의 이 말이 청년을 얼마나 기쁘게 해 주었는지는 쉽게 상상할 수 있을 것이다. 나의 이야기는 그로 하여금 자신과 희망을 되찾게 했으며, 그의 선량한 마음은 소피를 기쁘게 해 주기 위해―설사 소피가 없었다 하더라도 혹은 그가 소피를 사랑하고 있지 않다 하더라도 했을―무언가를 해야 한다는 것에 대해 매우 기뻐했다. 그의 성격을 조금이라도 알고 있는 사람이라면, 그가 그런 상황하에서 어떻게 행동할 것인지를 알 수 있을 것이다.

그리하여 나는 이들 두 젊은이가 마음을 털어놓을 친구가 되었으며, 그들의 사랑의 중개인(仲介人)이 되었다. 교사에게는 이 얼마나 멋진 역할인가! 이 역할은 나 자신의 눈에도 일찍이 나를 그토록 고귀한 자로 보이게 한 적이 없으며, 나로 하여금 그토록 나 자신에게 만족하게 한 적이 없을 만큼 훌륭한 것이었다. 뿐만 아니라 이 의무에는 즐거움이 있었다. 나는 그 집에서도 항상 환영을 받았다. 나의 임무는 두 연인이 어떻게 처신하는가를 살피는 것이었다. 에밀은 나의 기분을 상하게 하지나 않을까 하여 그 어느때보다 더 유순했다. 귀여운 소피도 여러 가지 친절로 나를 사로잡으려 한다. 그러나 나는 속지 않고 내가 당연히 받아야 할 것만을 받아들인다. 그렇게 함으로써 그녀는 에밀에 대한 그녀의 엄격함을 보상하고 있는 것이다. 그녀는 에밀에게 친절을 베풀기보다는 차라리 죽어 버리려 하겠지만, 에밀로 인하여 내게 수많은 친절을 베푸는 것이다. 그리고 에밀은 내가 결코 그의 일을 방해하지 않을 것이라는 것을 알고 있으므로, 내가 그녀와 그토록 친하게 지내는 것을 기뻐한다. 우리가 함께 산책할 때 그녀가 그의 팔을 거절해도, 그는 그녀가 나의 팔을 잡았다는 사실로 자기 자신을 위로한다. 그가 내 곁을 떠날 때에도 그는 내 손을 움켜잡고는 "선생님, 저를 위해 이야기해 주십시오"라고 말할 뿐 아무런 불평도 없이 내 곁을 떠난다. 그리고는 그의 시선은 주의깊게 우리를 좇는다. 그는 우리의 표정에서 우리의 감정을 읽으려고 노력하며, 우리의 몸짓에서 우리의 대화의 내용을 짐작하려고 노력하는 것이다. 그는 우리가 나누는 모든 대화가 자기에 관한 것임을 알고 있기 때문이다. 사랑스런 소피여, 텔레마크(Telemachus)가 엿듣고 있지 않는 곳에서 멘토르(Mentor)와 이야기할 수 있을 때에는 그대는 얼마나 솔직하고 편안하게 이야기하는가! 그대는 얼마나 자유롭게 그리고 즐거운 마음으로 멘토르로 하여금 그대의 부드럽고 상냥한 마음속에 스쳐가는 것을 읽게 하는가! 그대는 얼마나 즐거운 마음으로 그(멘토르)로 하여금 그대가 그(멘토르)의 학생을 얼마나 존경하는지를 알게 하는가. 그대는 얼마나 교묘하게 그리고 호소하듯이 그로 하여금 그대의 부드러운 감정을 알아채게 하는가! 에밀이 견디다 못해 그대를 방해하게 되면, 그대는 화난 체하며 그를 쫓아 버린다. 그대가 그의 평판에 대해 언급하고 있을 때, 혹은 내가 그에 관해 말하는 것을 듣고 있을 때, 또는 그대가 나의 이야기 속에서 그를 사랑할 어떤 새로운 이유를 발견하고 있을 때 그가 다가와 그대를 방해하게 되면, 그대는 얼마나 속상해하며, 그의 지각 없음을 비난하는가.

공공연한 소피의 애인으로서 묵인받게 된 에밀은 애인으로서의 자기의 위치를 최대한으로 이용했다. 그는 이야기도 하고 주장도 하고 간청도 하고 명령도 했다. 소피가 그의 말을 들어주기만 하면, 그는 심한 말을 듣거나 푸대접을 받아도 상관하지 않았다. 약간의 어려움은 있었지만, 마침내 소피는 약혼자로서의 그의 권위를 인정하게 되었으며, 그가 해야 할 일을 결정하고, 부탁하는 대신 명령하고, 감사하는 대신 당연한 것으로 받아들이고, 그의 방문 횟수와 시간을 조정하고, 어느 날 까지는 그가 와서는 안되며 어떤 시각이 지나면 돌아가야 한다는 것을 결정하게 되었다. 이것은 장난으로 행해진 것이 아니라 진지하게 행해졌다. 그녀로 하여금 이 권리들을 받아들이게 하는 것은 어려운 일이었지만, 그녀는 이 권리들을 너무도 엄격하게 행사했으므로, 에밀은 자기가 그녀에게 그런 권리들을 준 것을 때때로 후회하곤 했다. 그러나 그녀가 무엇을 명령하건 그는 무조건 그녀의 명령에 복종했다. 뿐만 아니라 그녀로부터 '이제 돌아가라.'는 명령을 받았을 때에는, 때때로 그의 두 눈은 기쁨으로 가득 찼으며, 나를 바라보는 그의 시선은 마치 '선생님, 보십시오. 그녀는 저를 소유하고 있습니다.'라고 말하는 듯했다. 그러나 소피는 에밀 몰래 매우 자랑스러운 태도로 에밀을 자세히 관찰하며, 자기의 노예가 자랑스러워하는 모습을 보고는 혼자서 미소짓고 있는 것이다.

오, 내게 저들의 행복을 그릴 수 있는 알바니(Albani)[24]나 라파엘로[25]의 붓이 있다면! 내게 사랑과 순결의 즐거움을 묘사할 수 있는 밀턴(Milton)[26]의 펜이 있다면! 아니다. 그런 공허한 기교(技巧)들로 하여금 자연의 신성한 진실 앞에서 자취를 감추게 하라. 그대들의 상상력으로 하여금 부드럽고 순수한 마음속에서, 부모와 교사가 보는 앞에서 그들 자신을 행복에 찬 환상에 맡겨버린 두 젊은 연인의 환희를 자유롭게 그려내게 하라. 그들은 열정에 취

---

24) Albani(1578~1660), 이탈리아의 화가.
25) Raffaello(1483~1520), 이탈리아의 화가.
26) John Milton(1608~74), 영국의 시인. 《실낙원》의 저자.

해 최후의 목표를 향해 한걸음씩 나아가고 있다. 그들은 꽃들과 화환(花環)으로, 죽음이 그들을 갈라놓을 때까지 자기들을 묶어 놓을 끈을 짜고 있는 것이다. 이러한 일련의 상상으로 인해 나는 넋을 잃는다. 나는 너무도 행복하여 그 상상들을 질서정연하게 정리할 수가 없다. 심장을 가지고 있는 사람이라면 누구나 그 매력적인 장면을 마음속에 그릴 수 있을 것이며, 아버지·어머니·딸·교사·제자의 각기 다른 경험과 사랑과 미덕이 영원히 행복으로 이끌어 가게 될 더할 나위 없이 매혹적인 한 쌍의 결합에서 그들 각자에 의해 행해진 역할을 인식할 수 있을 것이다. 소피를 즐겁게 해 주기를 몹시 열망하게 된 에밀은 비로소 자기가 습득해 온 여러 가지 재능의 가치를 느끼기 시작한다. 소피는 노래하기를 좋아한다. 그래서 그는 그녀와 함께 노래를 할 뿐만 아니라 그녀에게 음악을 가르쳐 준다. 그녀는 활발하고 경쾌하며 깡충깡충 뛰기를 좋아한다. 그래서 그는 그녀와 함께 춤을 춘다. 그리고 그는 그녀의 미숙한 스텝과 동작을 고쳐 준다. 환희로 가득 찬 이러한 학습은 몹시 즐거운 것이었으며, 사랑의 두려움을 제거시켰다. 사랑하는 남성은 자기의 애인을 가르치는 즐거움을 즐길 수 있다. 즉, 그에게는 그녀의 교사가 될 권리가 있는 것이다.

소피의 집에는 완전히 고장나 버린 낡은 소형 피아노 하나가 있다. 에밀은 그 피아노를 수리한 후 조율했다. 그는 목수만큼 훌륭하게 악기를 수리하고 제작할 수 있다. 그는 항상 자기가 할 수 있는 것은 무엇이든지 배우는 것을 원칙으로 삼고 있다. 소피의 집은 그림처럼 아름다운 곳에 위치해 있다. 에밀은 그 집을 그림으로 몇 장 그렸는데, 그중 몇 장은 소피도 함께 그렸다. 그녀는 그 그림들을 아버지의 서재에 걸어 놓았다. 액자에는 금색이 칠해지지 않았으며, 또 금색을 칠할 필요도 없다. 에밀이 그림을 그리는 것을 볼 때면, 그녀도 그림을 그리면서 자기의 그림 솜씨를 키워 갔다. 그녀는 자기의 모든 재능을 키워 갔으며, 그녀의 우아함은 그녀가 하는 모든 것에 매력을 더해 주었다. 그녀의 부모는, 부(富)에 가치를 부여해 주었던 그 예술품들에 의해 둘러싸여 있을 때면, 부유했던 지난 날들을 회상하곤 한다. 이제 그 집은 사랑으로 장식되어 있다. 옛날에는 노고와 돈의 덕택으로 얻을 수 있었던 바로 그 즐거움이 이제는 사랑에 의해 아무런 노고도 돈도 들이지 않고 그들 사이에 펼쳐져 있는 것이다.

우상을 숭배하는 자가 자기가 숭배하는 대상의 성전에 자기가 가장 사랑하는 것을 바치듯이, 사랑하는 남성은 자기의 애인이 아무리 완벽하게 보인다 하더라도 만족하지 않고 자기의 애인을 더 장식해 주려고 끊임없이 노력한다. 그녀는 그를 즐겁게 해 주기 위해서는 그런 장식을 필요로 하지 않는다. 주는 즐거움을 필요로 하는 것은 그이다. 그에게는 그것은 그녀에게 바치는 새로운 존경이며, 그녀를 바라보는 기쁨 속에서 느끼는 새로운 즐거움인 것이다. 그에게는 모든 아름다운 것들은 최고의 아름다움을 위해 보조적인 역할을 할 때에만 자기의 올바른 역할을 하는 것으로 생각되는 것이다. 소피가 그것을 배우기를 원하는지 어떤지, 그것이 소피에게 적합한지 어떤지를 그녀에게 물어 보지도 않고 에밀이 자기가 알고 있는 모든 것을 소피에게 그토록 열심히 가르쳐 주려고 하는 것을 보면 감동적이기도 하고 재미있기도 하다. 그는 소년같은 열성으로 모든 종류의 것들에 대해 그녀에게 이야기해 주고 설명해 준다. 그는 자기가 이야기해 주기만 하면 그녀는 이해할 것이라고 생각하며, 그녀와 함께 철학을 논하기를 기대하고 있다. 그는 자기가 그녀 앞에 드러내 보일 수 없는 지식은 모두 쓸모없는 것으로 생각한다. 그는 자기가 그녀보다 더 많이 알고 있는 것을 매우 겸연쩍게 생각하고 있다.

그리하여 그는 그녀에게 철학·물리·수학·역사 등 모든 것들을 가르쳐 준다. 소피는 기꺼이 그의 열성에 호응하며 열심히 배운다. 그가 그녀 앞에 무릎을 꿇고 그녀에게 이런 것들을 가르쳐 주어도 좋다는 허락을 받았을 때, 그는 얼마나 기뻐했는가! 그는 천국이 열리는 듯한 기분이었다. 그러나 이러한 상태는, 교사에게보다 학생에게 더 괴로운 상태이며, 바람직한 학습 상태라고 할 수 없다. 학생의 눈을 좇는 교사의 시선을 피하기 위해 학생은 시선을 어디에다 두어야 할지 알지 못하며, 그들의 시선이 자주 마주칠수록 학습에는 그만큼 나쁘기 때문이다.

여성에게는 사고(思考)하는 기술이 없는 것은 아니지만, 여성은 논리학이나 형이상학에서는 표면만을 스칠 뿐이다. 소피는 무엇이든 쉽게 이해하지만 곧 잊어버린다. 그녀는 윤리와 취미 분야에서 가장 큰 발전을 했으며, 물리 분야에서는 일반적인 법칙과 이 세계의 질서에 대한 약간의 희미한 관념밖에 얻지 못했다. 그들이 함께 산책하는 동안 자연의 놀라운 장관들을 바라보면서, 때때로 그들의 순수하고 천진난만한 마음은 자연을 만드신 신(神)에게까지 고양되기도 한다. 그들은 신의 존재를 두려워하지 않으며, 신 앞에서 자신들의 마음을 털어놓는다.

이 무슨 짓인가! 두 젊은 연인이 그들의 시간을 종교에 대한 대화로 소비하다니! 그들에게는 교리 문답보다 더 재미있는 것이 없단 말인가! 고귀한 것의 품위를 떨어뜨리려 하는 데에 무슨 이익이라도 있단 말인가? 그렇다. 분명 그들은 황홀한 환상에 젖어 교리 문답을 하고 있는 것이다. 그들은 상대방의 눈에는 서로 완전한 인간으로 보인다. 그들은 서로 사랑하며, 미덕의 가치를 높여 주는 모든 것들에 대해 진지하게 이야기한다. 미덕에 바치는 그들의 희생은 미덕을 그들에게 더욱 소중한 것으로 만든다. 그들은 극기(克己)의 투쟁으로 인해 하늘에서 내리는 이슬보다 더 맑은 눈물을 흘린다. 이 달콤한 눈물이야말로 인생의 환희인 것이다. 그들은 일찍이 인간의 영혼이 경험해 본 적이 없는 달콤한 흥분에 취해 있다. 자신의 단념조차 그들의 행복을 더해 주며, 그들의 희생은 그들의 자존심을 증대시킨다. 영혼은 지니지 않고 육체만을 지닌 관능적 인간들은 언젠가는 그대들의 기쁨을 알게 될 것이며, 그렇게 되면 그들은 자기들이 그러한 기쁨을 거부했던 행복한 날들을 후회하며 회상할 것이다.

이와 같이 서로 잘 일치하고 있음에도 불구하고, 그들 사이에는 때때로 의견 충돌이나 심지어 말다툼이 일어나기도 한다. 여성에게는 여성의 변덕스러움이 있고, 사랑에 빠져 있는 남성에게는 격렬한 기질이 있기 때문이다. 그러나 이러한 일시적인 풍파는 곧 가라앉을 뿐만 아니라 두 사람의 결합을 더욱 강하게 해 준다. 에밀은 경험을 통해 그런 일시적인 풍파들에 대해서는 지나친 걱정을 하지 않아도 된다는 것을 알고 있으므로, 말다툼으로 인해 잃은 것보다 많은 것을 항상 화해를 통해 얻는다. 첫번째 의견 충돌의 결과는 그로 하여금 모든 의견 충돌의 경우에도 그와 똑같은 결과가 생긴다고 생각하게 했다. 그러나 그것은 그의 착각이었다. 왜냐하면 설사 그가 두드러진 어떤 이익을 얻지 못한다 하더라도, 그는 항상 자기의 애정에 대한 소피의 진정한 관심이 더욱 견고해졌음을 발견하는 이익을 얻을 수 있기 때문이다. 당신은 "그것이 그에게 무슨 이익이란 말인가?"라고 물을 것이다. 그러면 나는 당신에게 기꺼이 말해 주리라. 그것은 매우 중요한 하나의 원칙을 세우고 매우 유해한 원칙을 반박할 수 있는 기회를 나에게 제공해 줄 것이기 때문에 나는 더욱 기꺼이 당신에게 말해 주리라.

에밀은 사랑에 빠져 있다. 그러나 그는 무례한 짓은 하지 않는다. 자존심이 강한 소피가 에밀의 무례한 행동을 받아들이지 않을 것이라는 것은 당신도 잘 알 것이다. 그러나 다른 모든 것들과 마찬가지로 미덕에도 한계가 있다. 그러므로 그녀는 그녀의 관대함 때문이 아니라 오히려 그녀의 엄격함 때문에 비난을 받아야 할 것이다. 심지어 그녀의 아버지조차도 때때로 그녀의 강한 자존심이 오만함으로 변하지 않을까 걱정하곤 하는 것이다. 단둘이 있을 때에도 에밀은 감히 아주 작은 사랑의 표시조차 요구하지 못하며, 심지어 그런 것을 원하는 내색조차 하지 못한다. 그들이 산책할 때 그녀가 그의 팔을 잡아 주는 경우에도, 그것은 그녀가 그에게 베풀어 주는 호의일 뿐 자기의 팔을 요구할 수 있는 그의 권리를 인정해 주는 것이 아니다. 그러므로 기껏해야 에밀은 용기를 내어 그녀의 손을 자기의 가슴 위에 올려놓을 뿐이다. 그러나 오랜 동안의 자제(自制) 끝에, 그는 용기를 내어 몰래 그녀의 드레스 가장자리에 키스를 했다. 그리고 그후 그는 몇 차례 그렇게 그녀의 옷에 키스를 했으며, 그때마다 그는 그녀가 그것을 모르는 척한다는 것을 알았다. 어느날 그는 보다 공공연하게 그런 특권을 얻으려고 했다. 그러자 그녀는 크게 화를 내야 한다고 생각했다. 그가 계속해서 고집하자 그녀는 화를 내면서 그에게 날카롭게 쏘아붙였다. 에밀은 묵묵히 참고 있으려 하지 않았다. 그리하여 그들은 그날 온종일 부루퉁해 있었으며, 몹시 기분이 상한 채 헤어졌다.

소피는 마음이 괴로웠다. 그녀의 어머니는 그녀에게는 모든 일에 대해 마음을 털어놓고 이야기할 수 있는 사람이다. 그러니 그녀가 어떻게 이 사건을 어머니에게 털어놓지 않을 수 있겠는가? 이 사건은 그들의 최초의 다툼이었으므로 한 시간 동안의 그 불화는 매우 심각한 문제였다. 그녀는 자기가 저지른 잘못을 후회했다. 어머니는 그녀에게 그 잘못에 대해 사과할 것을 허락하셨으며, 아버지는 그 잘못에 대해 사과하라고 명령하셨다.

다음날, 에밀은 불안한 마음으로 다른 날보다 약간 일찍 찾아왔다. 소피는 어머니의 화장실(化粧室)에 있었으며, 그곳에는 소피의 아버지도 계셨다. 에밀은 정중한 태도로, 그러나 우울한 표정으로 그 방으로 들어갔다. 그녀의 부모가 그와 인사를 마치자, 소피는 곧 그에게 손을 내밀며 상냥한 목소리로 "안녕하세요?" 하고 말했다. 그 귀여운 손은 분명 키스를 받기 위해 내밀어진 것이었다. 그러나 그는 그녀의 손을 잡았을 뿐 키스는 하지 않았다. 소피는 큰 무안을 느끼며 가능한 한 자연스럽게 손을 거두어들였다. 여성의 변덕에 익숙하지 못하고, 또 그 변덕이 얼마만큼 행해질 수 있는지 알지 못하는 에밀은 그렇게 쉽게 그것을 잊을 수 없었으며, 그렇게 빨리 다시 화해할 수 없었다. 그녀가 당황하는 모습을 보고 있던 그녀의 아버지는 놀려대며 그녀를 완전히 난처하게 만들었다. 당황과 부끄러움에 사로잡힌 불쌍한 소피는 어찌할 바를 몰라 울어 버리고 싶었다. 자신을 억제하면 할수록 그녀는 더욱 속이 상했다. 눈물을 보이지 않으려고 최선을 다했지만, 마침내 그녀의 눈에서는 눈물 한 방울이 흘러내렸다. 에밀은 그녀의 눈물 방울을 보자 그녀에게 달려가 무릎을 꿇은 다음 그녀의 손을 잡고는 온 애정을 다해 그 손에 키스를 퍼부었다. "자네는 소피에게 지나치게 친절하군." 그녀의 아버지가 큰소리로 웃으며 말했다. "만일 내가 자네라면, 나는 그녀의 어리석은 행위에 대해 혹독하게 대하겠네. 나를 모욕한 그 입을 벌하겠네." 이 말을 듣고 대담해진 에밀은 애원하는 듯한 시선으로 그녀의 어머니를 쳐다보았다. 그녀의 어머니가 허락하고 있다고 생각한 그는 떨면서 소피의 얼굴을 향해 다가갔다. 그러자 그녀는 얼굴을 돌렸다. 그녀는 입술을 빼앗기지 않으려고 새빨개진 뺨을 에밀에게 돌렸다. 그러나 대담해진 에밀은 그녀의 뺨에 키스하는 것으로는 만족하지 않았다. 그녀는 심하게 저항하지 않았다. 얼마나 달콤한 키스인가! 이 키스가 그녀의 어머니가 보는 앞에서 행해진 것이 아니었더라면……! 소피여, 엄격함 속에서도 조심하라. 그대가 거절하더라도 이제 그는 그대의 드레스에 키스하려 할 것이다.

이러한 멋진 처벌이 끝난 후, 소피의 아버지는 일을 하기 위해 밖으로 나갔다. 그러자 그녀의 어머니는 어떤 구실을 만들어 그녀를 밖으로 내보냈다. 그리고 나서 그녀의 어머니는 매우 진지한 태도로 에밀에게 말했다. "나는 당신처럼 훌륭한 집안에서 태어나 훌륭한 교육을 받은, 다정다감하고 훌륭한 성품을 지닌 젊은이는 우리 가족이 우정으로써 베풀고 있는 신뢰에 대해 결코 불명예로써 보답하지는 않으리라고 생각합니다. 나는 정숙한 체하는 여자도 아니고 지나치게 엄격한 여자도 아닙니다. 나는 젊은이의 어리석음에 대해 어떻게 사과해야 하는지 알고 있습니다. 조금 전 내가 내 눈 앞에서 허락해 준 것이 그에 대한 충분한 증거입니다. 당신 자신이 해야 할 일에 대해 당신의 선생님과 상의하세요. 당신의 선생님은 당신에게 아버지와 어머니 앞에서 허락을 받아 한 장난스러운 키스와 부모가 없는 곳에서 부모의 신뢰를 배반하고 취한 자유, 즉 부모의 앞에서라면 전혀 죄가 되지 않는 사랑의 표시라는 함정을 만드는 자유 사이에 얼마나 큰 차이가 있는지를 가르쳐 주실 것입니다. 당신의 선생님은 당신에게 나의 딸의 잘못은 오직 그녀가 처음부터 무엇을 허락해서는 안되었는지를 알지 못했다는 것뿐이라는 것을 가르쳐 주실 것입니다. 즉, 당신의 선생님은 당신에게 사랑의 표시로 받아들여진 모든 호의는 진정한 사랑의 표시라는 사실과, 다른 사람들이 있는 곳에서라면 그녀가 허락할지도 모를 자유를 젊은 처녀의 천진난만함을 이용하여 몰래 빼앗는 것은 지체 있는 남성에게는 어울리지 않는 일이라는 것을 가르쳐 주실 것입니다. 인간은 다른 사람들이 있는 곳에서는 어떤 행위가 예의에 맞는 것인지 알지만, 사람들이 없는 곳에서는 어떤 행동이 예의에 맞는지를 알지 못하기 때문입니다."

그녀의 현명한 어머니는, 이런 당연한 책망—이 책망은 나의 학생을 겨냥한 것이라기보다는 나를 겨냥한 것이다—을 마친 다음 우리에게서 떠났다. 나는 에밀이 자기 앞에서 딸의 입술에 키스한 것은 문제시하지 않으면서도 아무도 없는 곳에서 에밀이 딸의 드레스에 키스하지나 않을까 걱정하는 그녀의 어머니의 보기 드문 사려깊음에 놀랐다. 예의의 과시를 위해 참된 순결을 끊임없이 희생시키는 세상의 금언의 어리석음을 생각하고는, 나는 어찌하여 마음이 부정(不淨)할수록 말씨가 세련되며, 부도덕한 인간일수록 예의 범절을 엄격하게 지키는가를 알게 되었다.

좀더 일찍 에밀에게 가르쳐 주었어야 했던 이 의무들을 에밀의 마음속에 심어 주려고 노력하는 동안 내게는 새로운 생각이 떠올랐다. —소피에게는 더할 수 없는 명예가 될 생각이. 그러나 나는 그녀의 애인에게 그것을 이야기하지 않도록 조심하지 않으면 안된다. 그것은 비난받아 온 그녀의 자존심은 분명 자기 자신으로부터 자기를 보호하기 위한 매우 현명한 예방 조치라는 것이다. 불행하게도, 그녀는 자기 자신의 기질이 불타오르기 쉽다는 것을 알고는 극히 작은 불꽃조차도 두려워하며 최선을 다해 불꽃을 멀리하고 있는 것이다. 그녀의 엄격함은 그녀의 강한 자존심에 기인한 것이 아니라 겸손함에 기인한 것이다. 그녀는 자기 자신을 지배하지 못하게 되지나 않을까 하는 두려움 때문에 에밀을 지배하려고 하는 것이다. 즉, 그녀는 자기 자신에 대한 지배를 에밀에 대한 지배로 바꾼 것이다. 만일 그녀가 자기 자신에 대한 보다 큰 확신을 갖고 있다면, 그녀는 훨씬 더 부드러울 것이다. 그 점을 제외한다면 소피만큼 친절하고 상냥한 아가씨가 어디 있겠는가? 그녀보다 더 큰 인내심으로 모욕을 참을 수 있는 아가씨가 있겠는가? 그녀만큼 다른 사람의 기분을 상하게 하지나 않을까 걱정하는 아가씨가 있겠는가? 미덕에 관한 일에서가 아니라면, 그녀만큼 겸손한 아가씨가 어디 있겠는가? 더구나 그녀는 자신의 미덕을 자랑스럽게 생각하지 않고 자신의 덕을 잃지 않기 위해 긍지를 지니고 있을 뿐이다. 그러므로 만일 그녀가 아무런 위험도 없이 자신의 마음의 지시에 따를 수만 있다면 그녀는 자기의 애인에게 매우 친절할 것이다. 그러나 그녀의 현명한 어머니는 이 모든 것을 그녀의 아버지에게 조차 이야기하지 않았다. 남자가 모든 것을 다 알아야 할 필요는 없기 때문이다.

소피는 자신의 승리에 대해 조금도 우쭐해하지 않았으며, 다른 모든 사람들에 대해 보다 친절하고 상냥해졌다. 이러한 변화를 야기시킨 한 사람에 대해서만 제외하고 그녀의 고상한 마음은 더 이상 독립감(獨立感)으로 부풀지는 않았다. 그녀는 자신의 자유를 대가로 지불하고 얻은 승리를 겸허한 마음으로 기뻐했다. '사랑하는 사람' 이라는 말을 들으면 얼굴이 빨개지기 시작한 이후, 그녀의 언행(言行)은 더욱 조심스러워졌다. 그러나 그녀의 당황하는 표정 밑에는 만족감이 엿보였으며, 부끄러움은 이미 고통이 아니었다. 이러한 변화는 특히 그녀가 만나는 젊은 청년들에 대한 그녀의 태도에서 가장 뚜렷하게 나타난다. 이제 그녀는 그들을 두려워하지 않게 되었으며, 그녀의 극도의 신중함도 사라진 것이다. 이제 그녀는 한 남성을 선택했으므로 아무런 관심도 없는 사람들에게도 조금도 망설이지 않고 너그럽게 대한다. 이제 그들에게 아무런 관심도 없으므로, 그녀는 그들에 대해 전보다 덜 까다로우며, 자기와 아무런 관계도 없는 사람들을 항상 사랑스러운 사람들이라고 생각한다.

　진정한 사랑에도 교태가 나타날 수 있다면, 나는 그녀의 애인 앞에서의 젊은 남자들에 대한 그녀의 태도 속에도 교태의 흔적이 보인다고 생각한다. 어떤 사람은 그녀는 수줍음과 애정의 혼합에 의해 에밀의 열정을 불러일으키는 것에 만족하지 않고 에밀을 다소 불안하게 함으로써 그의 열정을 불러일으키려는 것이라고 말할지도 모르며, 또 어떤 사람은 그녀는 자유로움─그녀가 에밀에게는 보여 주지 않는 자유로움─의 매력에 의해 에밀을 괴롭히기 위해 의도적으로 젊은 남자 손님들을 기쁘게 해 주는 것이라고 말할지도 모른다. 그러나 소피는 에밀을 괴롭히기에는 너무도 사려깊고 너무도 상냥하고 너무도 영리하다. 그녀의 사랑과 존경은, 그런 교묘함을 밀쳐 내고 그런 위험스런 무기의 사용을 제한한다. 그녀는 그를 불안하게 만들기도 하지만, 그를 안심시켜 줄 필요가 있을 때에는 그를 안심시켜 주기도 하는 것이다. 그러므로 그녀는 때때로 그를 불안하게 만들기는 하지만 결코 그에게 고통을 주는 일은 없다. 그녀가 에밀로 하여금 불안감을 느끼게 하는 것은 용서해 주어도 좋을 것이다. 왜냐하면 그것은 혹시 자기가 에밀을 완전히 소유하고 있지 못한 것이 아닐까 하는 두려움에 기인한 것이기 때문이다.

　그러나 그녀의 이 사소한 행위가 에밀에게 어떤 영향을 주게 될 것인가? 에밀은 질투하게 될 것인가 아닌가? 우리는 그것을 알아보지 않으면 안된다. 왜냐하면 주제(主題)에서 벗어난 이런 이야기들도 나의 책의 목적의 일부에 포함되는 것이므로, 이런 이야기들은 나를 나의 주제(主題)로부터 멀리 떼어놓지는 않을 것이기 때문이다.

　나는 이미 일반적인 일에서 질투의 감정이 어떻게 해서 인간의 마음에 생겨나게 되는지 설명한 바 있다. 그러나 사랑의 경우에는 그와는 다르다. 사랑에서의 질투의 감정은 자연과 밀접한 관계를 갖고 있다. 미친 듯이 질투하는 많은 맹수들의 예(例)가 그것을 증명해 주고 있다. 수탉들이 피투성이가 되도록 싸우고 황소들이 죽도록 싸우는 것은, 인간이 그들에게 그렇게 하라고 가르쳤기 때문일까?

우리의 즐거움을 방해하는 모든 것들을 싫어하는 감정이 자연적인 감정이라는 것은 아무도 부인할 수 없을 것이다. 우리의 즐거움에 도움이 되는 것을 독점하고자 하는 욕망도 어느 한계까지는 마찬가지이다. 그러나 이 욕망이 격정으로 변하여 광기(狂氣)나 질투심이라는 고통스러운 공상으로까지 변한다면 문제가 달라진다. 그러한 격정은 자연적인 것일 수도 자연적인 것이 아닐 수도 있는 것이다. 그러므로 우리는 이들 서로 다른 경우를 구별하지 않으면 안된다.

나는 나의 저서 《불평등론(不平等論)》에서[27] 동물 세계에서의 그 예(例)를 분석한 바 있는데, 다시 생각해 보아도 나는 그 분석이 매우 견실한 것이라고 독자들에게 말할 수 있다. 다만 나는 그 책에서 행해진 분석에 다음과 같은 점을 덧붙이고 싶다. 즉, '자연으로부터 생겨나는 질투심은 주로 성적(性的) 능력에 의해 좌우되며, 성적 능력이 무한할 경우에는 질투심은 절정에 달한다.' 왜냐하면 그 경우에는 수컷은 자기의 욕구에 의해 자신의 권리를 측정하므로 다른 수컷들을 반갑지 않은 경쟁자로밖에 볼 수 없기 때문이다. 그런 종류의 동물의 경우에는 암컷은 항상 자기에게 제일 먼저 찾아온 수컷에게 복종하므로, 암컷은 오직 정복의 권리에 의해서만 수컷의 것이 된다. 그러므로 수컷들은 끊임없이 투쟁하게 되는 것이다.

그러나 일부 일처제(一夫一妻制)의 동물의 경우에, 교제는 일종의 도덕적 결합인 결혼을 야기시키며, 암컷은 자기가 선택한 수컷에게만 속할 뿐 다른 수컷들은 받아들이지 않는다. 그리하여 수컷은 암컷으로부터 정절의 맹세로서 애정을 받고 있으므로, 다른 수컷들을 만나도 거의 불안을 느끼지 않고 그들과 함께 평화롭게 살아갈 수 있는 것이다. 이런 종족의 경우에는, 수컷도 암컷과 함께 자식들을 보살핀다. 자연의 저 놀라운 법칙들 중의 하나에

---

27) 《인간 불평등 기원론(人間不平等起源論)》 제1부.

의해, 암컷은 남편이 자식들에게 베푸는 사랑에 대해 남편에게 보답하는 것처럼 생각된다.

이제 인류를 그 원시적 소박함에서 생각해 보라. 남성의 제한된 능력과 남성의 욕망의 지나치지 않음을 생각할 때, 자연은 남성으로 하여금 한 여성으로 만족하도록 했다는 것을 우리는 쉽게 알 수 있다. 이것은 이 세상의―적어도 우리 나라에서는―남녀의 수가 같다는 사실에 의해 입증된다. 수컷 한 마리가 암컷 몇 마리씩을 거느리는 동물의 경우에는 암컷과 수컷의 수는 결코 인간의 경우만큼 동등하지 않다. 인간의 경우, 남성은 비둘기처럼 알을 품지도 않고 어린 자식에게 먹일 젖도 갖고 있지 않지만,―이 점에서는 그는 분명 네 발 달린 동물에 속한다.―그의 어린 자식들은 오랜 기간 동안 허약하고 능력도 없으므로, 어머니와 어린 자식들은 아버지의 애정과 그 애정의 결과인 보호 없이는 살아가기가 어려운 것이다.

이러한 고찰들을 종합해 볼 때, 인간의 남성에게는 어떤 종류의 동물들의 수컷들에게서 볼 수 있는 광적인 질투가 나타나지 않는다는 것이 분명해진다. 일부 다처제(一夫多妻制)가 행해지고 있는 남부 지역의 예외적인 경우조차 이 원칙을 확증해 줄 뿐이다. 왜냐하면 남편의 포악한 경계심은 남편의 아내가 한 사람이 아니라는 사실 때문에 생겨나며, 자기 자신의 나약함에 대한 인식을 남편으로 하여금 자연의 법칙을 멀리하게 하기 때문이다.

인간 사이에서는, 이러한 점에서는 이 자연의 법칙이 깨어지는 일이 적지만, 다른 점에서는 이 자연의 법칙이 깨어지는 일이 보다 많으며, 그것은 훨씬 더 혐오스러운 것이다. 왜냐하면 그 경우 질투심의 동기는 인간 본능의 열정에 있기보다는 사회적인 열정에 있기 때문이다. 비정상적인 관계에 빠져 있는 남성의 경우, 자기의 연적(戀敵)에 대한 증오는 자기가 사랑하는 여성에 대한 그의 사랑보다 훨씬 강하다. 만일 그가 어떤 연적을 두려워한다면, 그것은 내가 이미 그 근원을 밝힌 바 있는 자기애(自己愛)의 결과이며, 따라서 그는 애정으로 인해서가 아니라 허영심으로 인해 괴로움을 당하는 것이다. 뿐만 아니라 우리의 그릇된 교육 제도는 여성을 매우 기만적*으로 만들었으며, 여성의 욕망을 지나치게 자극해 왔기 때문에, 그들이 아무리 명백한 애정을 나타낸다 하더라도 우리는 그것을 믿을 수 없으며, 그들은 연적에 대한 우리의 불안감을 제거해 줄 어떤 애정도 더 이상 우리에게 보여 줄 수 없다.

진정한 사랑의 경우에는 사정은 다르다. 앞에서 언급한 나의 저서 속에서 나는, 이 감정은 우리가 생각하는 것처럼 그렇게 자연적인 감정이 아니라는 것과, 남성에게 자기의 아내에 대한 사랑의 굴레를 씌우는 감미로운 습관과, 그가 더 이상 참 모습을 보지 못하는 대상의 환상적인 매력에 의해 현혹된 억제되지 않은 열정 사이에는 커다란 차이가 있다는 것을 밝혔다. 배타(排他)와 편애(偏愛)로 가득 찬 이 열정은 오직 이 점에서만 허영심과 구분된다. 허영심은 항상 불공평한 것이지만, 요구하는 것만큼 주는 사랑은 공정으로 가득 찬 감정이다. 뿐만 아니라 요구하는 것이 많으면 많을수록 그만큼 그 사랑은 잘 믿게 된다. 즉, 사랑을 불러 일으킨 바로 그 환상이 사랑을 더욱 잘 믿게 만드는 것이다. 사랑은 믿을 수 없는 것임에 반해 존경은 믿을 수 있는 것이다. 존경심이 없이는 사랑은 결코 참된 마음속에 존재할 수 없다. 왜냐하면 인간은 누구나 다른 사람 속에서 자기가 존중하는 특성을 사랑하기 때문이다.

이런 것들을 분명히 이해했다면, 우리는 에밀이 경험하게 될 질투가 어떤 종류의 것인지 확실히 알 수 있을 것이다. 인간의 마음속에는 이 열정의 극히 작은 싹만이 있으므로, 그것이 취하는 형태는 오직 교육에 의해서만 좌우된다. 에밀은 사랑과 질투로 가득 차 있지만 화를 내거나 우울한 표정을

---

* 여기서 내가 말하는 '기만적'이라는 것은, 자신이 느끼고 있지도 않은 감정을 가장하는 것이다. 사교계의 부인들은 모두 자신들이 다정다감하다고 하는 것을 자랑하는 일로 일생을 지내는데, 그녀들은 자기 자신 이외에는 아무것도 사랑하지 않는다.

짓거나 의심하지 않을 것이다. 오히려 그는 섬세해지고 민감해지고 겁쟁이가 될 것이다. 그는 분노를 느끼기보다는 오히려 불안해할 것이며, 자기의 연적(戀敵)을 위협하기보다는 자기의 애인의 사랑을 구하려 할 것이다. 그는 자기의 연적을 증오해야 할 적으로서가 아니라 가능한 한 자기의 길로부터 제거되어야 할 장애물로 생각할 것이다. 설사 그가 그의 연적을 미워한다 하더라도, 그것은 그가 소피의 애정을 얻기 위해 그의 연적과 싸우고 있기 때문이 아니라 실제로 소피의 애정을 잃을 위험성이 있다고 느끼고 있기 때문이다. 그는 연적에게 화를 내거나 하는 따위의 부당하고 어리석은 짓은 하지 않을 것이다. 그는 사랑은 장점에 의해 좌우되고, 명예는 성공에 의해 좌우된다는 것을 알고 있다. 그러므로 그는 훌륭한 사람이 되기 위해 두 배 노력할 것이며, 분명 그는 성공할 것이다. 관대한 소피는 에밀을 불안하게 만들기는 했지만, 그의 불안함을 진정시키고 그에 대해 보상할 수 있을 것이다. 그리하여 그를 시험하기 위해 묵인되었을 뿐이었던 연적(戀敵)들은 곧 버려지게 된다.

그런데 도대체 나는 어디로 가고 있는가? 오, 에밀! 그대는 지금 어떻게 되었는가? 그래도 그대가 나의 제자라고 할 수 있겠는가? 그대는 얼마나 전락해 버렸는가! 그토록 엄격하게 교육되었고, 어떤 어려움도 두려워하지 않았으며, 극히 힘든 일에 육체를 바치고 지혜의 법칙에 영혼을 바쳤던 그 청년은 어디로 갔는가? 편견과 열정에 지배되지 않고, 진실을 사랑하고, 오직 이성(理性)의 지배를 받을 뿐, 이성으로부터 나온 것이 아닌 모든 것에는 주의를 기울이지 않던 그 청년은 어디로 갔는가? 그는 지금 안일함과 한가함 속에서 생활하면서 자신이 여성들에 의해 지배되도록 자기 자신을 방치해 두고 있다. 여성들을 즐겁게 해 주는 것이 그의 일과가 되었으며, 여성들의 소망을 들어 주는 것이 그의 보람이 되었다. 한 젊은 아가씨가 그의 운명의 조정자가 되었으며, 그는 그녀 앞에서 굽실거리며 그녀의 비위를 맞춘다. 성실한 에밀이 한 아이의 장난감이 되어 버린 것이다.

이것이 인생의 변천이다. 즉, 각 시기는 그 시기의 원동력에 의해 지배되지만, 인간은 항상 변함이 없는 것이다. 10대에는 마음이 과자에 끌리고, 20대에는 애인에게, 30대에는 쾌락에, 40대에는 야망에, 50대에는 재물에 이끌린다. 그러면 지혜만을 추구하는 것은 언제인가? 자신의 의지에 역행해서라도 지혜를 추구하는 자는 행복하도다! 목표에 이를 수만 있다면 안내자가 누구이든 무슨 문제인가? 영웅과 현자들조차 이러한 인간의 나약함에 희생되었으며, 서툰 손가락으로 물레질을 했던 사람[28]도 그렇다고 해서 위대하지 않은 것은 아니다.

당신이 일생을 통해 훌륭한 교육의 효과를 연장시키기를 원한다면, 어린 시절에 습득시킨 좋은 습관을 청년기에도 유지하게 하라. 그리고 당신의 제자가 훌륭한 상태에 도달했다면, 당신은 그가 그런 상태에 머물러 있도록 노력해야 한다. 그것이 당신이 해야 할 마지막 일이다. 교사가 청년과 함께 머물러 있는 것이 무엇보다도 중요한 것은 바로 그 때문이다. 물론 청년은 교사가 없어도 사랑하는 법을 알게 될 것이다. 교사들, 특히 아버지들의 커다란 잘못은, '삶의 한 가지 방법은 삶의 다른 방법들을 배제한다. 그러므로 어린 아이가 성장하면 즉시 그가 어릴 때 당신이 행하던 모든 교육은 중단해야 한다.' 라고 생각하는 것이다. 만일 그것이 사실이라면 우리는 왜 어린 시절에 그토록 노력하는가? 우리가 어린 시절을 훌륭하게 보내든 나쁘게 보내든 그것은 어린 시절이 끝남과 동시에 사라져 버릴 것이 아닌가? 다른 사고방식을 가짐으로써 필연적으로 삶의 다른 방법을 취하게 될 것이 아닌가?

기억이라는 물줄기는 오직 커다란 질병에 의해서만 방해를 받으며, 행위라는 물줄기는 오직 커다란 열정에 의해서만 방해를 받는다. 우리의 취향과 성향은 변할 수도 있지만, 그 변화는—설사 그것이 매우 갑작스런 변화라 하더라도—우리의 습관에 의해 돌연한 변화가 되지 못한다. 솜씨 있는

---

28) 헤라클레스를 말한다.

예술가가 교묘하게 색들을 배합하여 색의 변화를 알아볼 수 없게 하고, 어떤 색을 그림 전체에 칠함으로써 갑작스런 색의 단절이 없게 하듯이 우리의 취향의 변화도 그러해야 한다. 마음의 균형이 잡히지 않은 사람들은 그들의 애정·취미·감정 등을 항상 변화시키며, 그들에게 변화하지 않는 유일한 것은 변화의 습관뿐이다. 그러나 마음이 확고한 사람은 항상 그의 옛날의 습관으로 되돌아가므로, 노년이 되어서도 어린 시절의 취향과 즐거움을 간직한다.

인생의 어떤 단계에서 다른 단계로 옮겨가고 있는 당신의 청년으로 하여금 지나가 버린 것들을 경멸하지 않게 하고, 그가 새로운 습관을 얻었다 하더라도 그로 하여금 옛날의 습관들을 버리지 않게 하고, 그로 하여금 새로운 습관과 옛날 습관 속에서 항상 올바른 것을 사랑하도록 노력하라. 그래야만 당신의 노고의 결실이 맺어지며, 그가 삶을 마칠 때까지 당신은 안심할 수 있다. 왜냐하면 가장 두려운 변화는 당신이 지금 바라보고 있는 시기, 즉 청년기에 일어나는 변화이기 때문이다. 인간은 항상 아쉬운 마음으로 이 시기를 되돌아보므로, 어린 시절부터 이 시기까지 지녀 온 취향은 쉽게 파괴되지 않는다. 그러나 일단 그 취향이 방해를 받게 되면, 그 취향은 다시는 회복되지 않는다.

당신이 당신의 어린 아이들과 청년들에게 주입시켰다고 생각하는 대부분의 습관들은 결코 진정한 습관이 아니다. 그 습관들은 강제적으로 얻어진 것들로, 마지못해 그 습관들에 따르고 있는 그들은 기회만 있으면 그 습관들을 내던질 것이기 때문이다. 그것은 당신이 아무리 오랫동안 감옥 속에 갇혀 있다 하더라도 당신은 결코 감옥 생활을 좋아하는 취향을 갖게 되지 않는 것과 같다. 혐오감은 습관에 의해 감소하지 않고 오히려 증가하기 때문이다. 에밀에게는 그런 일은 일어나지 않는다. 그는 어린아이였을 때 자기가 할 수 있는 모든 일을 기꺼이 즐거운 마음으로 했으며, 어른이 되어서도 그러할 것이다. 그러므로 습관의 힘은 자유의 기쁨을 더욱 증가시켜 주고 있는 것이다. 활동적인 생활, 육체적인 노동, 운동, 활동은 그에게는 필요 불가결한 것이 되었으므로, 그는 그런 것들을 중단하면 고통을 느끼지 않을 수 없다. 갑자기 그로 하여금 아무 일도 하지 않는 정적(靜的)인 생활을 하게 하는 것은, 쇠사슬로 묶어 감옥에 가두는 것과 마찬가지로, 그를 속박과 압박 속에 가두는 것이 될 것이다. 그렇게 되면 물론 그는 육체적으로나 정신적으로나 고통을 받을 것이다. 그는 숨막히는 방에서 숨도 거의 쉬지 못할 것이며, 따라서 그는 외부의 신선한 공기와 활동과 일을 원할 것이다. 소피의 곁에 있을 때조차 그는 산야(山野)에 시선을 던지지 않을 수 없으며, 그녀와 함께 산야로 돌아다니고 싶어할 것이다. 가만히 있지 않으면 안될 경우에는 그는 가만히 있지만, 그의 마음은 불안하고 안절부절한다. 그때에는 그는 자신과 싸우고 있는 것처럼 보인다. 그는 포로이기 때문에 그대로 머물러 있는 것이다. "그렇다면 당신은 그를 견디기 어려운 상태에 빠뜨려 놓고 있으며, 그에게 굴레를 씌워 놓고 있는 것이 아닌가?"라고 당신은 말할 것이다. 그렇다. 나는 그를 인간의 굴레에 복종시키고 있는 것이다.

에밀은 소피를 사랑한다. 그러나 그를 맨처음 매혹시켰던 그녀의 매력은 무엇이었던가? 그것은 그녀의 사려깊음과 미덕, 그리고 순수하고 참된 것에 대한 사랑이었다. 소피가 지니고 있는 그런 사랑을 그가 사랑한다고 해서, 그 자신은 그런 사랑을 느끼지 않게 될 것인가? 그녀는 자기 자신에 어떤 가격을 매겼는가? 그녀는 그녀의 연인의 모든 자연적인 감정들―참으로 선(善)한 것에 대한 존중심, 검소함, 소박함, 사욕(私慾)이 없음, 허영과 부(富)에 대한 경멸 등―을 요구했다. 이러한 미덕들은 사랑이 그에게 요구하기 전부터 에밀이 지니고 있던 것들이다. 그는 정말로 변한 것일까? 그는 본래의 자기 자신이 되어야 할 이유를 전보다 훨씬 더 많이 가지고 있다. 현재의 그와 과거의 그 사이의 다른 점은 그것뿐이다. 이 책을 주의깊게 읽은 독자라면 그가 처해 있는 모든 상황은 우연에 의한 것이라고는 생각하지 않을 것이다. 도시에는 매력적인 아가씨들이 많이 있었다. 그런데도 에밀이 두메산골에서 자기의 마음에 드는 아가씨를 발견한 것이 우연일까? 그들의 만남이 우연한 일일까? 그들이 각기 상대방에게 그토록 잘 어울리는 것이 우연한 일일까? 그들이 한곳에서 살 수 없는 것이 우연한 일일까? 에밀이 그녀로부터 그토록 멀리 떨어진 곳에 숙소를 정하게 된 것이 우연한 일일까? 에밀이 그녀를 가끔씩밖에 만나지 못하는 것과, 그녀를 만나는 즐거움을 얻기 위해서는 그토록 큰 노고를 치르지 않으면 안되는 것이 우연한 일일까? "에밀은 나약해지고 있다."라고 당신은 말할지도 모른다. 그러나 그렇지 않다. 그는 점점 강해지고 있다. 소피를 위해 견디지 않으면 안되는 노고를 견디기 위해서는 그는 매우 강해지지 않으면 안되기 때문이다.

그는 그녀로부터 2리그(약 6마일) 이상 떨어진 곳에 살고 있다. 그들이 그렇게 멀리 떨어져 살고 있는 것은 사랑의 굴대를 더욱 튼튼하게 한다. 그들이 서로 이웃집에 살고 있거나, 혹은 에밀이 안락한 마차를 타고 그녀를 만나러 갈 수 있다면, 그는 파리의 청년들처럼 가벼운 마음으로 사랑하게 될 것이다. 만일 레안드로스(Leandros)와 헤로(Hero) 사이에 바다가 없었다면, 과연 레안드로스가 헤로를 위해 죽음을 무릅쓸 만큼 용감할 수 있었겠는가?[29] 그에 대해서는 나는 더 이상 말할 필요가 없을 것이다. 내가 의미하는 바를 이해할 수 있는 독자라면 내가 말하지 않은 부분에서도 나의 원칙을 알아낼 수 있을 것이기 때문이다.

소피를 만나러 갈 때, 처음에는 우리는 그곳에 빨리 도착하기 위해 말을 타고 갔다. 우리가 그녀를 다섯 번째 방문할 때까지 우리는 이 편리한 방법을 사용했다. 그들은 우리를 마중나왔다. 우리는 그 집으로부터 반 리그(약 1.5마일) 이상 떨어진 저 앞의 길 위에서 사람들을 발견했다. 에밀은 그들을

---

29) 헤로는 헬레스폰트 해협에 면한 트라키아의 도시 세스토스에 있는 여신 아프로디테 신전의 무녀. 그녀의 애인 레안드로스는 건너편의 소아시아의 도시 아뷰도스에 살고 있었다. 레안드로스는 언제나 해협을 헤엄쳐 헤로를 만나러 갔는데, 어느날 밤, 레안드로스를 인도해주는 헤로의 등불이 태풍 때문에 꺼져, 레안드로스는 익사하고 헤로는 애인의 뒤를 좇아 자살한다. (그리스 신화)

유심히 바라보았다. 그가 그들에게 가까워질수록 그의 가슴은 두근거렸다. 그는 그것이 소피라는 것을 알고는 말에서 펄쩍 뛰어내린 다음 그 사랑스런 사람들에게 달려갔다. 에밀은 훌륭한 말[馬]을 좋아한다. 그의 말은 기운찬 말이다. 그의 말은 자유로워졌음을 느끼고는 벌판을 가로질러 질풍처럼 달리기 시작했다. 나는 그 말을 뒤쫓았다. 나는 겨우 그 말을 붙잡아 에밀에게로 끌고 왔다. 불행하게도 소피는 말을 무서워했다. 그래서 나는 그녀에게 가까이 다가갈 수가 없었다. 에밀은 그 사이에 일어났던 일을 전연 알지 못했다. 그러자 소피가 그에게 "당신은 당신의 선생님께 많은 폐를 끼치고 있어요"라고 귓속말로 말해 주었다. 에밀은 몹시 부끄러워 하며 내게 다가왔다. 그는 두 마리 말의 고삐를 잡고는 우리의 뒤를 따라오기 시작했다. 이번에는 난처한 것은 에밀이었다. 그는 우리의 말들을 소피에게서 멀리 떼어놓기 위해 말을 타고 달렸다. 그리하여 그는 소피를 뒤에 남겨두고 가지 않을 수 없게 되었으므로, 말을 타고 가는 것을 편리한 여행 방법으로 생각하지 않게 되었다. 그는 말들을 처리한 다음 숨을 헐떡이며 돌아와 도중에서 우리와 만났다.

다음 번에는 에밀은 말을 타고 가려 하지 않았다. 나는 그에게 "그럴 필요가 어디 있는가? 말들을 보살펴 줄 하인 하나만 데리고 가면 되지 않는가?"라고 말했다. 그러자 그는 "그렇게 되면 그분들께 큰 폐를 끼쳐드리게 되지 않을까요? 선생님께서도 아시는 바와 같이 그분들은 하인과 말에게도 음식을 제공하려 할 테니까요."라고 대답했다. 내가 말했다. "그것은 사실이다. 그들은 가난하면서도 손님들을 환대하지. 부유한 사람들은 인색하고 오만하여 자기의 친구들만을 환대하지만, 가난한 사람들은 그들의 친구의 말들까지 환대하지." "걸어가기로 해요. 선생님께서는 항상 선생님의 아이의 고생스런 즐거움을 기꺼이 함께 나누시지 않으셨습니까?" 그는 이렇게 말했다. 그러자 나는 즉시 이렇게 대답했다. "기꺼이 너와 함께 걸어가겠다. 사랑은 그렇게 엄청난 꼴을 요구하지 않는 것 같군."

집이 가까워지자, 우리는 지난 번보다 집에서 훨씬 멀리 떨어진 곳에서 어머니와 딸을 만났다. 우리는 걸음을 매우 빨리하여 왔던 것이다. 에밀은 땀에 흠뻑 젖어 있었다. 그의 애인이 손수건으로 그의 얼굴을 닦아 주었다. 이제부터는 말〔馬〕이 아무리 많이 있다 하더라도 우리는 말을 타려 하지 않을 것이다.

그러나 하루 저녁도 함께 지낼 수 없다는 것은 매우 괴로운 일이다. 한여름이 지나고 낮이 짧아지고 있다. 그들은 어두워졌는데도 우리가 돌아가지 않는 것을 결코 용서하지 않았다. 그러므로 이른 새벽에 출발하지 않고는 우리는 그곳에 도착하자마자 돌아오지 않으면 안되었다. 그때마다 소피의 어머니는 섭섭해하고 미안해했다. 그리하여 그녀는 우리를 자기의 집에 머물게 할 수는 없지만 가끔 그 마을에 머무르면 어떻겠느냐고 제안했다. 에밀은 이 제안에 손뼉을 치며 몹시 기뻐했다. 어머니가 그런 제안을 한 날, 소피는 자기도 모르게 다른 때보다 훨씬 더 많은 키스를 어머니에게 해 주었다.

우리 사이의 우정과 친밀함은 점점 더 깊어 갔다. 소피나 그녀의 어머니가 정해 준 날에는 나는 대체로 나의 젊은 친구와 함께 갔지만 때로는 그를 혼자 보내기도 했다. 영혼은 신뢰라는 햇빛을 받아야만 무성해지며, 이제 한 남성은 어린 아이로 취급되어서는 안되는 것이다. 만일 나의 제자가 나의 존경을 받을 만한 가치가 없는 인간이라면, 이제까지 나는 무엇을 이루었단 말인가? 때로는 나는 그를 데리고 가지 않고 나 혼자 가기도 한다. 그럴 때면 그는 섭섭해하기는 하지만 불평을 하지는 않는다. 불평해야 아무런 소용도 없기 때문이다. 뿐만 아니라 그는 내가 자기에게 해가 되는 일은 하지 않으리라는 것을 잘 알고 있다. 그러나 우리가 함께 갈 때이건 따로따로 갈 때이건, 우리는 날씨 따위에는 구애되지 않는다는 것을 당신은 잘 알 것이다. 오히려 그들의 동정심을 불러일으킬 정도의 상태로 그곳에 도착할 경우에는 우리는 너무도 자랑스러워진다. 그러나 불행하게도 소피는 우리에게서 이 명예를 빼앗아 버렸다. 그녀는 우리에게 날씨가 나쁠 때에는 오지 말라고 명령했던 것이다. 이것이 내가 그녀를 위해 은밀히 세운 규칙을 그녀가 위반한 유일한 일이다.

어느날, 에밀은 혼자서 그 집에 갔다. 나는 그가 다음날에야 돌아오리라고 생각했다. 그러나 그는 그날 밤에 돌아왔다. "사랑하는 에밀, 너의 옛친구에게 일찍 돌아왔구나." 나는 그를 껴안으며 말했다. 그러자 그는 나의 포옹에는 응답도 하지 않고 약간 화가 난 태도로 말했다. "제가 저 자신의 뜻으로 이렇게 일찍 돌아왔다고는 생각하지 마십시오. 그녀가 빨리 돌아가라고 해서 일찍 돌아온 것입니다. 그러니까 제가 돌아온 것은 선생님을 위해서가 아니라 그녀를 위해서입니다." 그의 솔직함에 감동되어 나는 다시 그를 포옹하며 이렇게 말했다. "진실한 영혼이여, 충실한 친구여, 내가 알고 있는 것을 숨기지 말라. 네가 돌아온 것은 그녀를 위해서이지만, 네가 그렇게 말하는 것은 나를 위해서이다. 즉, 네가 돌아온 것은 그녀로 인한 것이지만, 너의 솔직함은 나로 인한 것이다. 위대한 영혼의 그런 고귀한 솔직함을 영원히 잃지 말라. 다른 사람들이야 자기네 마음대로 생각하게 내버려두라. 그러나 우리의 친구들로 하여금 우리를 본래의 우리보다 더 좋게 생각하게 하는 것은 죄악이다."

나는 그의 고백 속에는 나에 대한 배려보다는 소피에 대한 사랑이 더 많이 들어 있다고 생각함으로써, 또 그가 돌아온 것은 소피에게 명예를 준 것이 아니라 자기 자신으로부터 명예를 빼앗은 것이라고 그에게 말해 줌으로써, 그로 하여금 그의 고백의 가치를 낮게 평가하게 하고 싶지는 않았다. 그러나 그는 자기도 모르게 자기의 참된 감정이 어떤 것인가를 내게 드러내 보여 준 것이다. 왜냐하면 만일 그가 자기 애인을 생각하며 천천히 편안한 마음으로 돌아왔다면 그는 그녀의 애인에 지나지 않지만, 그가 약간 화가 나서 급히 돌아왔다면 그는 그의 멘토르(Mentor)의 친구이기 때문이다.

그러므로 당신은 에밀이 소피와 함께 매일매일을 보낸다거나 그가 원할 때마다 그녀를 만난다거나 하지는 않는다는 것을 알 수 있을 것이다. 그에게는 일주일에 한두 번의 방문밖에 허용되지 않았으며, 그 방문도 대부분 오후

동안뿐으로, 다음날까지 연장되는 일은 드물다. 그는 실제로 그녀와 함께 보내는 시간보다 훨씬 많은 시간을, 그녀를 만날 것을 기다리거나 그녀와 만났던 일들을 기뻐하며 보낸다. 그가 그녀를 만나러 갈 때조차 그녀와 함께 있는 시간보다 더 많은 시간이 오고 가는 데에 소비된다. 참되고 순수하고 감미로운 그의 즐거움은, 실제적인 것이라기보다는 상상적인 것이기는 하지만, 그의 사랑을 불타오르게 할 뿐 그를 나약하게 만들지는 않는다.

소피를 만나지 않는 날에는, 그는 집 안에 우두커니 앉아 있지 않는다. 그런 날에는 그는 본래의 에밀로 돌아간다. 그런 날에는 대체로 그는 산과 들을 돌아다니며 박물학 공부를 한다. 그는 그곳의 땅과 농산물 및 그 경작법을 관찰하고 공부한다. 그는 그곳에서 자기가 본 경작법과 자기가 알고 있는 경작법을 비교하며, 그것들 사이에 차이가 있는 이유를 발견해 내려고 노력한다. 그곳의 경작법보다 다른 경작법이 낫다고 생각되면, 그는 그곳의 농부들에게 그 경작법을 소개해 주며, 보다 좋은 농기구를 그들에게 권할 때에는 그는 자신이 도면을 그려 그것을 만들게 한다. 그리고 석회갱(石灰坑)을 발견하면, 그들에게는 생소한 석회 사용법을 가르쳐 준다. 그는 때때로 그들의 일손을 도와 주기도 한다. 그러면 그들은 그가 자기들보다 더 손쉬운 방법으로 농기구를 다루는 것을 보고 깜짝 놀란다. 그가 일군 이랑은 그들이 일군 이랑보다 더 깊고 반듯했다. 그는 씨앗을 뿌리는 데도 그들보다 노련했으며, 다시 흙을 덮는 데서도 그들보다 능숙했다. 그들은 그를 말로만 지껄여대는 사람이라고 비웃지 않는다. 그는 자기가 말하는 것만큼 실제로도 잘 알고 있다는 것을 그들은 알고 있기 때문이다. 한마디로 말해 그는 모든 사람들에게 유익한 모든 일에 온갖 열성과 정성을 바친다. 뿐만 아니라 그는 농부들의 집을 방문하여 그들의 상태, 가족, 아이들의 수, 그들이 소유하고 있는 재산, 그들의 생산물과 그 판로, 그들의 자산 및 부채 등을 조사한다. 그는 그들에게 돈은 거의 주지 않는다. 돈은 대체로 그릇된 곳에 잘못 사용된다는 것을 그는 알고 있기 때문이다. 그들에게 돈을 줄 때에는, 그는 자기가

준 돈의 용도를 그들에게 지정해 주므로, 그가 준 돈은 그들 사이에 아무런
혼란도 일으키지 않고 그들을 위해 유익하게 사용된다. 그는 노동을 함으로
써 그들을 도와 주기도 하고, 그들에게 그들 자신의 이익이 되는 일을 시킨
다음 그들이 한 일에 대해 보수를 주기도 한다. 어떤 사람에게는 망가진 지
붕을 수리하거나 다시 만들게 하고, 어떤 사람에게는 돈이 없어 경작하지 못
하는 땅을 경작하게 하고, 또 어떤 사람에게는 그 사람이 당한 손실을 보충
해 주기 위해 암소나 말, 혹은 다른 종류의 가축을 그에게 주기도 한다. 이웃
사람들 사이에 소송 문제가 생기면, 그는 그들을 설득시키고 화해시킨다. 어
떤 사람이 병이 들면, 그는 다른 사람을 시켜 그를 보살펴 주게 하며 자신도
그를 보살펴 준다.* 어떤 사람이 부유하고 힘 있는 이웃 사람에 의해 괴롭힘
을 당하면, 그는 그를 보호해 주고 그를 위해 나선다. 젊은 남녀가 서로 좋아
하면 그는 그들이 결혼할 수 있도록 도와 주며, 선량한 부인이 사랑하는 자
식을 잃었을 때에는 그는 그 부인을 방문하여 위로해 준 다음 잠시 동안 그
녀 곁에 앉아 있는다. 그는 가난한 사람들을 멸시하지 않으며, 불행한 사람
들 곁을 서둘러 떠나려고 하지 않는다. 때때로 그는 자기가 도와 주고 있는
몇몇 농부들과 함께 식사를 하며, 자기의 도움을 필요로 하지 않는 사람들의
식사 초대도 기꺼이 받아들인다. 그는 어떤 사람들에게는 은인이며 모든 사
람에게는 친구이면서도, 그들과 동등한 사람으로 행동한다. 결국 그는 항상
그의 돈으로 선행을 베푸는 것 못지않게 자신의 개인적인 노력을 통해서도
선행을 베푸는 것이다.

●병든 농부를 간호해 준다는 것은, 알약을 먹인다거나, 가루약을 먹인다거나, 외과 의사
를 불러다 준다거나 하는 일만이 아니다. 병이 들었을 때 가난한 사람들에게 필요한 것은 그런
것이 아니다. 필요한 것은 좀더 영양 있는 많은 음식물이다. 당신들 신사는 열이 나면 음식을
먹지 않는 것이 좋다. 그러나 당신들의 농부가 열이 나면, 고기와 포도주를 주는 것이 좋다. 그
들의 병은 거의 모두 빈곤과 피로에서 오는 것이다. 그들에게 가장 좋은 탕약은 당신들의 지하
음식물 저장실에 있다. 그들의 유일한 약제사는 정육점 주인일 것이다.

때로는 그의 발걸음은 저 행복한 마을 쪽으로 향해지기도 한다. 어쩌면 그것은 그가 소피 몰래 소피를 보기를 원하고, 그녀에게 들키지 않고 그녀가 산책하는 모습을 보기를 원하기 때문인지도 모른다. 그러나 에밀은 모든 일을 하는 데 항상 솔직하게 행동한다. 그는 속일 줄을 모를 뿐만 아니라 속이려고 하지도 않는다. 그에게는 양심에 기반을 둔 긍지가 내포된 고상함이 있기 때문이다. 그는 한계를 엄격히 지키며 소피로부터 자기가 얻고자 하는 것을 우연히 얻을 수 있을 만큼 가까이 가는 일은 결코 없다. 오히려 그는 소피의 발자취를 찾으며, 그녀가 자기를 위해 겪었던 고통과, 그녀가 자기를 기쁘게 해 주기 위해 얼마나 먼 거리를 걸었던가 하는 것을 느끼며, 그 이웃집들을 돌아다니기를 좋아한다.

그녀를 찾아가기 전날에는, 그는 근처의 어떤 농가에 가서 다음날을 위해 조촐한 음식을 부탁한다. 우리는 아무런 특별한 목적도 없이 그 농가 쪽을 향해 산책한다. 우리는 우연을 가장하여 그 농가에 들어간다. 그곳에는 과일·케이크·크림이 우리를 기다리고 있다. 소피는 단것을 좋아하므로 이 배려를 눈치채지 못할 리가 없다. 그녀는 우리가 준비한 것에 대해 고마움을 표한다. 내가 '우리'라고 말하는 것은, 나는 그녀로부터 고맙다는 인사를 받을 일을 한 일이 없는데도 불구하고 항상 그녀로부터 그런 인사를 받기 때문이다. 그것은 보다 거리낌없이 고마움을 나타내는 아가씨의 은근한 방법이다. 그녀의 아버지와 나는 케이크와 포도주를 먹는다. 에밀은 여자들을 살피며, 소피가 그녀의 스푼을 넣었던 크림 접시에 자기도 스푼을 넣으려고 끊임없이 노리고 있다.

케이크는 나로 하여금 과거에 에밀이 잘 했던 달리기에 대해 생각하게 했다. 모두가 그 이야기를 듣기를 원했으므로 나는 그 이야기를 했다. 모두가 크게 웃어댔다. 그들은 에밀에게 예전처럼 잘 달릴 수 있느냐고 물었다. 그러자 그는 "예전보다 더 잘 달릴 수 있습니다. 제가 잘 달리는 법을 잊었다면 저는 매우 서운할 것입니다."라고 대답했다. 그들 중 한 사람은 그가 달리는 것이 보고 싶어 견딜 수가 없었다. 그러나 그녀는 감히 그런 말을 하지는 않았다. 그때 누군가가 달리기를 제안했다. 그는 그 제안을 받아들였다. 그리하여 우리는 이웃 청년 두세 명을 불러왔다. 상품이 걸리고 옛날처럼 과자가 결승점에 놓여졌다. 모두가 뛸 준비가 되어 있다. 소피의 아버지가 출발 신호로 손뼉을 쳤다. 재빠른 에밀은 번개처럼 달려 다른 사람들이 겨우 출발했을까말까 할 즈음에 이미 결승점에 도착했다. 그는 소피의 손으로부터 상품을 받아들었다. 그러나 이니아스(Aeneas) 못지않게 관대한 그는, 달리기에서 패한 모든 사람들에게 그 상품을 나누어 주었다.

에밀이 자기의 승리를 기뻐하고 있을 때, 소피가 감히 승자인 에밀에게 도전했다. 그녀는 자기도 에밀만큼 빨리 달릴 수 있다고 주장했다. 그는 그녀의 도전을 받아들였다. 그녀가 달릴 준비를 하고 있을 때, 즉 그녀가 자기의 스커트를 걷어 올리고 있을 때—그녀는 경주에서 에밀에게 이기는 것보다는 자기의 아름다운 다리를 에밀에게 보여 주기를 원하므로, 그녀가 자기의 옷자락이 충분히 걷어 올려졌는지 어떤지를 보고 있을 때—에밀은 그녀의 어머니에게 무언가 귓속말로 속삭였다. 그러자 그녀의 어머니는 미소를 지으며 고개를 끄덕였다. 그는 자기의 경쟁자인 소피 옆에 섰다. 출발 신호가 떨어지자마자 그녀는 마치 한 마리의 새처럼 달려 나아갔다.

여성은 원래 달리기에는 적합하지 않은 존재이다. 그들은 도망치더라도 으레 붙잡히기 마련이다. 여성이 잘 못하는 것은 달리기만은 아니지만, 그들이 가장 우스꽝스럽게 보이는 것은 달리기를 할 때이다. 왜냐하면 그들의 양 팔꿈치는 옆구리에 바싹 달라붙고, 그들이 신고 있는 굽이 높은 구두는 그들을 뛰어오르게 하지는 않고 달려 나아가려고 하는 베짱이처럼 보이게 하기 때문이다.

에밀은 소피가 다른 여성들보다 더 잘 달릴 수 있다고는 생각하지 않으므로, 자기의 자리에서 꼼짝도 하지 않고 깔보는 듯한 미소를 지으며 그녀가 달려 나아가는 모습을 바라보았다. 그러나 소피는 발이 빠르며 굽이 낮은 구두를 신고 있다. 그녀는 자기의 발을 보다 작게 보이게 할 필요가 없었기 때문이었다. 그녀는 매우 빨리 달리고 있으므로 그에게는 저만큼 앞에서 달리고 있는 아탈란타(Atalanta)[30]를 따라잡을 시간이 거의 없었다. 그래서 그는 먹이를 향해 돌진하는 독수리처럼 달려 나아갔다. 그는 그녀를 추격하여 그녀의 뒤를 바싹 달라붙었다. 마침내 그는 숨을 헐떡거리며 달리고 있는 그녀를 두 팔로 안아 올리고는 왼쪽 팔로 그녀를 부드럽게 감쌌다. 그는 그녀를 새털처럼 가볍게 들어올려 가슴에 꼭 껴안았다. 그는 그렇게 계속해서 달려 그녀를 결승점에 먼저 닿게 하고는 "소피가 이겼다!"라고 외쳤다. 그리고는 그는 그녀 앞에 한쪽 무릎을 꿇고 자기가 졌음을 인정했다.

이런 일들 이외에도 우리가 익힌 일이 있다. 적어도 일주일에 하루는 그리고 날씨가 너무도 나빠 벌판으로 돌아다닐 수 없는 날에는, 에밀과 나는 한 장인(匠人) 밑에 가서 일을 한다. 우리는 건성으로 일하는 것이 아니라 정말 일꾼들처럼 열심히 일한다. 언젠가 소피의 아버지가 우리에게 와서 우리가 일하고 있는 모습을 보았다. 그는 아내와 딸에게 자기가 본 놀라운 사실을 말했다. "가서 작업장에서 일하고 있는 젊은이를 보시오. 그러면 그가 가난한 사람들의 상태를 멸시하는지 아닌지 알게 될 것이오."라고 그는 말했다. 이 말을 듣고 소피가 얼마나 기뻐했는지 당신은 상상할 수 있을 것이다! 어머니와 딸은 논의한 끝에 에밀의 작업장으로 찾아가 그를 놀라게 해 주기로 결심했다. 그들은 나에게 언제 찾아가는 것이 좋겠느냐고 물었다. 그리고 그들은 바로 그 날 작은 마차를 타고 우리가 머물고 있는 도시로 왔다.

그녀는 도착하자마자 작업장으로 들어가 작업장 저쪽 귀퉁이에서 소매가 짧은 셔츠를 입고 머리가 마구 헝클어진 채 열심히 일하고 있는 청년을

---

30) 아탈란타는 다리가 길고 빠른, 아름다운 여자 사냥꾼. 아버지가 결혼을 권하자, 자기와 경주하여 이긴 남자의 아내가 되겠노라고 한다. 단, 경주하여 진 남자는 모두 죽인다는 약속을 한다. 메이라니온(히포메네스라고도 한다)은, 사랑의 여신 아프로디테에게서 받은 황금사과를 차례차례 던져, 아탈란타가 그것을 줍는 동안에 승리를 획득한다.(그리스 신화)

발견했다. 그는 너무도 열심히 일을 하고 있었기 때문에 그녀를 보지 못했다. 소피는 어머니에게 에밀을 보라고 눈짓을 했다. 에밀은 한손에는 끌을 들고 다른 한손에는 망치를 든 채 나무에 구멍을 뚫고 있었다. 그리고 나서 그는 톱으로 나무 조각 하나를 잘라낸 다음 그것을 대패질하기 위해 바이스(vise)에 고정시켰다. 소피는 이 광경을 보고 웃을 수가 없었다. 그 광경은 그녀를 크게 감동시켰으며 그녀의 존경심을 자아냈기 때문이었다. 여성이여, 그대의 주인을 존경하라. 그는 그대를 위해 일하고 있는 것이며, 그대에게 먹을 빵을 주는 것도 그이다. 그것이 남성인 것이다.

그들이 정신없이 에밀을 바라보고 있을 때 나는 그들을 발견하고는 에밀의 옷소매를 잡아끌었다. 그는 돌아서서 그들을 발견하고는 연장을 내려놓은 다음 환성을 지르며 급히 그들에게 다가갔다. 기쁨이 진정되자 그는 그들을 자리에 앉게 한 다음 다시 작업을 하기 시작했다. 그러나 소피는 가만히 앉아 있을 수가 없었다. 그리하여 그녀는 자리에서 일어나 작업장을 이리저리 돌아다니며 연장들을 살펴보기도 하고 대패질한 널빤지를 만져 보기도 하고 대팻밥을 줍기도 하고 우리의 손을 살펴보기도 했다. 그녀는 이 일이 매우 깨끗하기 때문에 자기도 이 일을 좋아한다고 말했다. 그 쾌활한 아가씨는 에밀을 흉내내려고 했다. 그녀는 섬세하고 흰 손으로 나무 토막을 대패질했다. 그러나 대패는 미끄러지고 나무토막에는 아무런 흔적도 남기지 않았다. 내게는 사랑의 신이 우리의 머리 위에서 날갯짓하며 우리를 내려다보고 있는 것처럼 생각되었다. 사랑의 신이 '헤라클레스는 복수를 당했다' [31]라고 환성을 지르는 것이 들리는 듯했다.

소피의 어머니가 주인에게 물었다. "선생님께서는 이 두 사람에게 하루

---

31) 헤라클레스는 그리스 신화의 영웅으로, 제우스의 사생아. 그는 테스피오스 왕의 50명의 딸을 범했다. 루디아의 여왕 옹팔레는 헤라클레스에게 굴복할 것을 강요한 후 결혼했다고 한다.

에 얼마씩 보수를 주십니까?" 그러자 주인이 대답했다. "각각 하루에 10수 (sou) 씩을 주고 식사를 제공합니다. 그러나 만일 원한다면 저 젊은이는 훨씬 더 많은 보수를 받을 수도 있을 것입니다. 왜냐하면 그는 이 도시에서 가장 훌륭한 일꾼이기 때문입니다." "하루에 10수와 식사라구요?" 그녀는 부드러운 시선으로 우리를 바라보았다. "그렇습니다, 부인." 주인이 대답했다. 그녀는 이 말을 듣고는 급히 에밀에게 달려가 그에게 키스한 다음 눈물을 흘리며 에밀을 가슴에 꼭 껴안았다. 그녀는 더 이상 말하지 못하고 "젊은이, 참 장하십니다! 정말 장해요!" 하고 반복할 뿐이었다.

그들은 우리의 일을 방해함이 없이 우리와 잠시 대화를 나누었다. 이윽고 어머니가 딸에게 말했다. "이제 가야겠다. 너무 늦었다. 아버지를 기다리게 해서는 안된다." 그리고 나서 그녀는 에밀에게 다가가 장난기 섞인 태도로 그의 볼을 가볍게 치며 말했다. "나의 훌륭하신 일꾼이여, 우리와 함께 가시지 않겠습니까?" 그러자 에밀이 슬픈 듯이 말했다. "저는 일하는 중입니다. 주인님에게 물어 보십시오." 어머니가 주인에게 에밀을 데리고 가도 좋겠느냐고 물었다. 그러자 주인은 안된다고 대답했다. "모레까지는 끝내야 할 급한 일이 있습니다. 그러니까 시간이 별로 없습니다. 저는 저 두 사람을 믿고 일하려고 찾아온 일꾼들을 되돌려 보냈습니다. 저 사람들이 떠나면 저는 저 두 사람을 대신할 만한 사람들을 데려올 수가 없습니다. 그렇게 되면 저는 약속한 시간까지 그 일을 끝낼 수 없게 될 것입니다." 주인은 이렇게 말했다. 어머니는 침묵을 지킨 채 에밀이 뭐라고 말하는지 기다리고 있었다. 에밀은 아무 말 없이 고개를 떨구고 있었다. 약간 놀란 어머니는 에밀에게 말했다. "당신은 아무런 말도 할 수가 없나요?" 에밀은 부드럽게 그녀의 딸을 바라보며 "아시다시피 저는 이곳에 있지 않으면 안됩니다." 그러자 어머니와 딸은 우리를 떠났다. 에밀은 그들을 문앞까지 배웅하고는 그들이 보이지 않을 때까지 그들의 뒷모습을 바라보았다. 그리고는 아무 말 없이 돌아와 다시 일을 하기 시작했다.

집으로 돌아오는 도중 에밀의 행동에 약간 화가 난 어머니는 에밀의 이상한 태도에 대해 딸에게 이야기했다. "이상한 일이야. 그곳에 머물러 있지 않고도 주인과의 일을 해결하는 것은 그다지 어려운 일이 아닐 텐데 말이다. 그 청년은 그럴 필요가 없을 경우에도 기꺼이 돈을 사용할 정도로 관대하면서도 왜 정작 써야 할 때에는 돈을 조금도 사용하지 않으려 하는지 이해할 수가 없구나." "오, 어머니." 소피가 대답했다. "저는 에밀이 돈을 사용하여 계약을 깨뜨린다거나 자기가 한 약속을 지키지 않는다거나 혹은 다른 사람들로 하여금 그의 약속을 깨뜨리게 할 정도로 돈에 의존하고 있다고는 생각하지 않아요. 그가 자기 자신이 없음으로 인해 생겨나는 손해 따위는 주인에게 어렵지 않게 보상해 줄 수 있다는 것은 저도 잘 알아요. 그러나 그렇게 되면 그의 영혼은 부(富)의 노예가 되고, 그는 의무보다 부를 중요시하는 데 익숙해질 것이며, 따라서 돈을 지불하기만 하면 어떤 의무로부터도 벗어날 수 있다고 생각하게 될 거에요. 그것은 에밀의 사고방식이 아니에요. 그리고 저는 그가 저 때문에 그의 사고방식을 바꾸기를 원치 않아요. 어머니는 그가 그곳에 남아 있는 데 대해 아무런 고통도 느끼지 않으리라고 생각하세요? 그렇다면 어머니는 잘못 생각하시는 거에요. 그가 그곳에 남아 있는 것은 저를 위해서에요. 저는 그의 눈을 보고 그것을 알았습니다."

그렇다고 해서 소피는 사랑의 참된 증거에 대해 관대한 것이 아니다. 오히려 그녀는 엄격하고 까다롭다. 그녀는 어설픈 사랑을 받느니 차라리 전혀 사랑을 받지 않으려 할 것이다. 그녀에게는 자기의 자부심의 가치를 알고, 자신을 존경하고, 다른 사람들에게 자기 자신과 같은 명예를 요구할 수 있을 만큼 고귀한 자존심이 있다. 그녀는 그녀 자신의 모든 가치를 인정해 주지 않는 영혼을 경멸할 것이며, 그녀의 미덕 때문이 아니라 그녀의 아름다움 때문에 그녀를 사랑하는 영혼을 경멸할 것이며, 의무를 다른 어떤 것보다 더 중요한 것으로 생각하지 않는 영혼을 경멸할 것이다. 그녀는 오로지 그녀의 의지만을 따르는 애인을 원치 않는다. 그녀는 자기로 인해 자신의 의지를 굽히지 않왔던 남성을 지배하고 싶은 것이다. 그것은 오디세우스(Odysseus)의 부하들을 돼지로 변화시켰던 키르케(Circé)[32]가 자기의 힘이 미치지 못했던 오디세우스에게 그녀 자신을 맡긴 것과 같은 것이다.

그러나 이 신성 불가침의 권리를 제외하고는, 소피는 자기 자신의 모든 권리들을 지키려고 몹시 애썼다. 그녀는 에밀이 얼마나 세심하게 그녀의 권리들을 존중하고 있는지, 에밀이 그녀의 의지를 따르려고 얼마나 애쓰는지, 에밀이 얼마나 현명하게 그녀가 원하는 것을 간파해 내는지, 그리고 에밀이 얼마나 정확하게 약속한 시간에 도착하는지 등을 주의 깊게 살핀다. 그녀는 그가 약속한 시간보다 늦게 오는 것도 일찍 오는 것도 원치 않는다. 그녀는 그가 정확한 시간에 오기를 원한다. 약속 시간보다 일찍 오는 것은 그녀보다 자기 자신을 더 생각하는 것이며, 약속 시간보다 늦게 오는 것은 그녀를 무시하는 것이기 때문이다. 소피를 무시하는 일은 두 번 다시 일어날 수 없다. 그녀의 근거 없는 의심이 모든 것을 망쳐버릴 뻔한 일이 있었다. 그러나 소피는 참으로 올바르며, 자기의 잘못을 어떻게 보상해야 하는지를 알았다.

어느 날 저녁, 그들은 우리를 기다리고 있었다. 에밀이 그들의 초대를 받았던 것이다. 그들은 우리를 마중나왔었다. 그러나 우리는 가지 않았다. 무슨 일이라도 일어난 것일까? 무슨 사고라도 당한 것일까? 아무런 연락도 없다니! 그날 밤 그들은 우리가 도착하기를 기다리며 보냈다. 소피는 우리가 죽었을지도 모른다고 생각했다. 그녀는 슬픔과 고뇌에 잠겼다. 그녀는 밤새도록 울었다. 그날 밤, 소피는 우리에게 무슨일이 일어났는지 알아보고 다음 날 아침에 돌아오라고 사자(使者) 한 사람을 보내왔다. 우리는 그 사자와 함께 우리의 사자 한 사람을 보내어, 우리가 사과한다는 것과 우리는 아무 일

---

32) 《오디세이아》 제10권. 키르케는 아이아이 섬에 사는 여자 마법사로, 자기의 섬에 표류해 온 오디세우스의 부하들을 모두 동물로 바꾸어 버렸다. 오디세우스마저 동물로 만들려 했으나 그녀의 능력이 미치지 못하자, 그에게 자신의 몸을 맡겨 두 자식을 낳았다.

없이 잘 있다는 것을 직접 전하게 했다. 그러자 상황이 바뀌었다. 소피의 눈에는 눈물이 말랐다. 설사 그녀가 아직까지 울고 있다 해도 그것은 분노 때문이다. 우리가 살아 있다는 것을 아는 것만으로는 그녀의 자존심 강한 영혼에게는 조그만 위안밖에 되지 않았다. 에밀은 살아 있으며, 그럼에도 불구하고 그는 그녀를 기다리게 했던 것이다.

우리가 그곳에 도착하자, 그녀는 그녀의 방으로 달아나려 했다. 그녀의 부모는 그녀가 그대로 머물러 있기를 바랐다. 그리하여 그녀는 할 수 없이 그대로 머물러 있게 되었다. 그러나 그녀는 곧 그녀가 취할 방향을 결정하고는 대부분의 사람들이 속아넘어갈 만큼 침착하고 만족스런 표정을 지었다. 그녀의 어버지는 우리를 맞이하며 "당신들은 친구들을 걱정시켰습니다. 여기에는 당신들을 쉽게 용서해 주지 않을 사람이 있습니다."라고 말했다. 그러자 소피가 가능한 한 상냥한 미소를 지으며 말했다. "아버지, 그게 누구지요?" 아버지는, "그것은 너와는 관계없는 일이다. 그건 네가 아니니까."라고 대답했다. 소피는 아무 말 없이 고개를 떨구고 자기가 하던 일을 계속했다. 그녀의 어머니는 우리를 차갑고 형식적인 태도로 맞이했다. 에밀은 너무도 당황하여 감히 소피에게 말을 걸 수가 없었다. 그러자 그녀가 먼저 "안녕하세요?", "어서 앉으세요." 하며 전혀 아무렇지도 않은 듯한 태도를 보이자, 그것이 분노의 감정으로부터 나온 말임을 전혀 알지 못하는 불쌍한 청년은 그녀의 냉담한 태도에 속아 은근히 기분이 상했다.

그가 속아넘어가지 않게 하기 위해 나는 때때로 그렇게 했던 것처럼, 소피의 손을 잡아 나의 입술에 대려 했다. 그러자 그녀는 "선생님"하며 급히 손을 뿌리쳤다. 이때 그녀는 자기도 모르는 사이에 이런 이상한 태도를 보임으로써 곧 자기의 속마음을 에밀에게 드러내고 말았다.

자기의 속마음이 드러났음을 안 소피는 자제력을 잃게 되었다. 그녀의 냉담함은 비난으로 가득 찬 경멸로 바뀌었다. 그녀는 마치 자기의 분노가 지나치게 노골적으로 드러나지나 않을까 두려워하고 있는 듯이, 에밀의 모든 말에 대해 짧게 천천히 그리고 머뭇거리며 대답했다. 두려움으로 인해 초죽음이 된 에밀은 슬픔에 가득 찬 눈으로 그녀를 응시했다. 그는 그녀의 눈에서 그녀의 참된 감정을 읽기 위해 그녀로 하여금 자기를 바라보게 하려고 노력했다. 그의 대담한 태도에 더욱 화가 난 소피는 더 이상 그런 희망을 갖지 못하게 할 만큼 무서운 시선을 그에게 던졌다. 에밀은 떨리고 당황하여 감히 다시 그녀를 바라볼 수도 그녀에게 말을 걸 수도 없었다. 그것은 에밀 자신에게는 매우 다행스런 일이었다. 왜냐하면 설사 그에게 잘못이 없었다 하더라도 그가 그녀의 분노를 참고 견딜 수 있었다면, 그녀는 결코 그를 용서하려 하지 않았을 것이기 때문이다.

나는 이제야말로 내가 나서야 할 차례이며 사정을 설명해야 할 때라는 것을 알고는, 다시 소피에게 다가갔다. 나는 그녀의 손을 잡았다. 이번에는 그녀는 손을 뿌리치지 않았다. 그녀는 기력이 없었다. 내가 부드럽게 말했다. "사랑하는 소피, 우리는 불운의 희생물입니다. 그러나 당신은 공정하고 이성적인 아가씨입니다. 그러므로 당신은 우리의 말을 듣지도 않고서 우리를 판단하지는 않을 것입니다. 우리의 말을 들어보십시오." 그녀는 아무런 말도 없었다. 나는 계속해서 말했다.

"우리는 어제 네 시에 출발했습니다. 우리는 일곱 시까지 이곳에 도착해 달라는 말을 전해 들었기 때문이지요. 우리는 이곳에 도착하기 전에 약간 쉴 수 있도록 항상 시간적 여유를 갖고 출발하곤 하지요. 우리가 절반 이상 왔을 때 우리는 신음소리를 들었습니다. 그 소리는 조금 떨어진 언덕의 작은 골짜기에서 들려왔습니다. 우리는 급히 그곳으로 달려갔습니다. 우리는 그곳에서 술에 취한 불쌍한 농부 한 사람을 발견했습니다. 그 사람은 집으로 가는 도중 말에서 떨어져 다리가 심하게 부러졌습니다. 우리는 소리를 지르며 도움을 청했습니다. 그러나 아무런 대답도 없었습니다. 우리는 그 농부를 그의 말에 태우려고 노력했으나 허사였습니다. 조금만 움직여도 그는 심한 통증을 느꼈기 때문이지요. 그래서 우리는 그의 말을 숲속 한적한 곳에 매어

놓기로 했습니다. 그리고는 우리는 우리의 팔을 교차시켜 의자를 만들어 그
를 거기에 앉힌 다음 가능한 한 조심스레 운반하기 시작했습니다. 우리는 그
가 가르쳐 주는 대로 따라가 그를 그의 집에 데려다 주었습니다. 그의 집까
지는 매우 멀었기 때문에 우리는 가끔씩 쉬지 않으면 안되었습니다. 그의 집
에 도착했을 때는 우리는 완전히 지쳐 있었습니다. 그런데 이게 웬일입니까?
그 집은 우리가 이미 알고 있던 집이었으며, 우리가 그토록 애써 데리고 온
그 불쌍한 농부는, 우리가 처음 이곳에 왔을 때 우리를 매우 친절하게 맞아
주었던 바로 그 사람이었습니다. 우리가 서로를 알아보고는 우리는 모두 깜
짝 놀랐습니다.

그 농부에게는 아이가 둘뿐이었습니다. 그의 아내는 또 하나의 아이를
낳을 때가 임박해 있었습니다. 그녀는 남편이 심하게 다쳐 들려 오는 것을
보고는 놀란 나머지 몹시 괴로워하더니 얼마 후 아이를 낳았습니다. 아무런
도움도 받을 수 없는 외딴 오두막에서의 그런 상황에서 어떻게 해야 하겠습
니까? 에밀은 숲속에 매어 놓고 왔던 말을 향해 달려가 그 말을 타고 의사를
데리러 가능한 한 빠른 속력으로 도시로 달려갔습니다. 그는 의사를 그 말에
태워 보낸 다음 간호원을 찾았으나 간호원을 그렇게 빨리 구할 수는 없었습
니다. 그리하여 그는 당신에게 사자(使者) 한 사람을 보낸 다음 하인 한 사람
과 함께 걸어서 돌아왔습니다. 그동안 나는 다리가 부러진 남편과 진통을 하
고 있는 아내를 돌보면서 쩔쩔매고 있었습니다. 그러나 나는 그 두 사람을
위해 필요하다고 생각되는 것 중 집에서 내가 할 수 있는 모든 것을 준비해
놓았습니다.

그 나머지 이야기들은 하지 않겠습니다. 그것들은 중요한 이야기가 아니
니까요. 우리는 새벽 두 시가 되어서야 비로소 쉴 수 있었습니다. 우리가 숙
소로 돌아온 것은 아직 새벽이 안되었을 무렵이었습니다. 그래서 우리는 지
난밤 우리에게 알려 주기 위해 당신이 잠을 깰 때까지 기다렸던 것입니다."

내가 이야기를 마치자, 에밀은 어느 누구도 말을 꺼내기 전에 소피에게

다가가 내가 기대했던 것보다 더 단호한 태도로 목소리를 높여, "소피, 그대도 잘 아는 바와 같이 나의 운명은 그대의 손 안에 있습니다. 그대는 나를 슬프게 만들어 죽게 할 수도 있습니다. 그러나 나로 하여금 인간애의 권리를 버리게 하려고 하지는 마십시오. 인간애의 권리는 내게는 그대 자신의 권리보다 훨씬 더 신성하기 때문입니다. 그러므로 나는 그대를 위해 인간애의 권리를 포기하는 짓은 결코 하지 않을 것입니다."라고 말했다.

소피는 대답 대신에 자리에서 일어나 팔로 그의 목을 껴안고는 그의 뺨에 키스를 했다. 그리고는 그녀는 더할 수 없이 상냥한 태도로 자기의 손을 에밀에게 내밀며 말했다. "에밀, 이 손을 잡으세요. 이 손은 당신의 것입니다. 당신이 원하신다면 당신을 저의 남편, 저의 주인으로 맞이하겠습니다. 저는 그러한 명예에 어울리는 사람이 되도록 노력하겠습니다."

그녀가 그에게 키스하자, 흐뭇해진 그녀의 아버지는 손뼉을 치며 "한번 더, 한번 더." 하고 소리쳤다. 그러자 소피는 즉시 에밀의 다른쪽 뺨에 두 번 키스를 했다. 그러나 그녀는 방금 자기가 한 행동을 두려워하며 급히 어머니의 품속으로 달려가 새빨개진 얼굴을 어머니의 가슴에 파묻었다.

나는 우리의 행복감을 설명하지 않겠다. 모두가 우리와 똑같이 느낄 것이기 때문이다. 점심 식사를 마친 후 소피는 그 불쌍한 환자들을 방문하기에 그곳은 너무 먼 곳인지 아닌지를 물었다. 그녀는 그곳을 방문하기를 원했으며 그것은 자비로운 일이었다. 그곳에 도착하자 우리는 그들 두 사람이 침대에 누워 있는 것을 발견했다. 두 번째 침대는 에밀이 보내 준 것이었다. 그곳에는 그들을 돌보아 주는 사람들이 있었는데, 그들도 역시 에밀이 주선해 준 사람들이었다. 그럼에도 불구하고 모든 것이 어수선하게 흐트러져 있어, 두 환자는 그들의 몸의 상태로 인해 겪는 고통만큼이나 고통을 겪고 있었다. 소피는 그 선량한 농부의 아내의 앞치마 하나를 빌려 입고는 그녀를 보다 편안하게 눕혀 준 다음 농부도 그렇게 해 주었다. 소피의 친절하고 부드러운 손은 무엇이 그들을 불편하게 하고 있는가를 알아내 그들을 덜 불편한 상태로 만들었다. 그들은 그녀가 곁에 있다는 것만으로도 훨씬 편안함을 느끼는 듯했다. 그녀는 그들에게 불편함을 주고 있는 것이 무엇인가를 잘 알고 있는 듯했다. 이 까다로운 아가씨는 더러운 것이나 악취를 풍기는 것에도 얼굴을 돌리지 않았으며, 환자들에게 고통을 줌이 없이 그것들을 환자들로부터 제거해 주었다. 항상 그토록 정숙해 보였고 때때로 그토록 거만해 보였던 그녀, 그녀의 작은 손으로 남자의 침대를 만져 본 일조차 없음에 틀림없는 그녀는, 아무런 거리낌도 없이 상처입은 남자의 몸을 일으키고는 그 환자의 침대 시트를 갈아 준 다음, 그를 보다 편안한 상태로 누워 있을 수 있도록 눕혀 주었다. 자비로움에 대한 열정은 정숙함보다 더 가치 있는 것이다. 그녀는 모든 일을 매우 부드럽게 능숙한 솜씨로 했기 때문에 환자는 그녀의 손이 자기에게 닿았는지조차 거의 알지도 못한 채 자기가 편안해졌음을 느꼈다. 그 농부와 아내는 자기들을 보살펴 주고 동정해 주고 위로해 준 친절한 아가씨를 입을 모아 축복했다. "이 아가씨는 하늘이 우리에게 보내 주신 천사입니다. 이 아가씨는 얼굴에서나 태도에서나 친절함과 선량함에서나 천사임에 틀림없습니다." 에밀은 이 모든 일에 너무도 감동하여 아무 말 없이 그녀를 바라보았다. 오, 남성이여, 그대의 반려자를 사랑하라. 신(神)은 그대의 괴로움을 제거해 주시기 위해, 그대가 고통을 당하고 있을 때 그대를 위로해 주시기 위해 그대의 반려자를 그대에게 주셨다. 그것이 여성인 것이다.

새로 태어난 아기는 세례를 받았다. 에밀과 소피가 그 아기의 대부모(代父母, Godparents)였다. 샘물가에서 그 아기를 안고 있는 동안, 그들은 그들 자신의 아기가 세례를 받게 될 날이 어서 오기를 마음속으로 열망했다. 그들은 자신이 결혼할 날을 애타게 기다렸다. 그들은 그날이 멀지 않다고 생각했다. 이제 소피의 모든 꺼림칙함은 사라졌다. 그러나 나의 꺼림칙함은 여전히 남아 있다. 그들은 그들이 기대하고 있던 정도의 상태에 이른 것이 아니다. 누구에게나 그 나름의 적당한 때가 있는 법이다.

그들이 이틀 동안 서로 만나지 않았던 어느 날 아침, 나는 한 통의 편지를 들고 에밀의 방으로 들어갔다. 나는 그의 얼굴을 빤히 쳐다보며 물었다. "만일 어떤 사람이 소피가 죽었다고 말해 준다면 너는 어떻게 하겠는가?" 그러자 그는 비명을 지르며 벌떡 일어났다. 그리고는 아무 말도 없이 절망적인 눈으로 나를 바라보았다. "어서 대답해봐." 나는 여전히 냉담한 태도로 말했다. 나의 냉담한 태도에 화가 난 그는 분노로 이글거리는 눈으로 나를 바라보며 다가왔다. 그리고는 우뚝 서서 거의 위협적인 태도로 "어떻게 하겠느냐구요? 모릅니다. 그러나 저는 그런 소식을 전해 준 사람을 다시는 보지 않을 것이라는 것만은 압니다"라고 말했다. 나는 미소를 지으며 말했다. "안심하게. 그녀는 살아 있으며 아무 탈 없이 잘 있네. 그녀의 가족들은 오늘 저녁 우리가 오기를 기다리고 있네. 우리 잠시 산책하며 여러 가지에 대해 이야기하기로 하세."

그는 열정에 사로잡혀 있기 때문에 더 이상 예전처럼 순수하게 이성적(理性的)인 대화에 몰두할 수 없을 것이다. 그의 주의력이 나의 가르침에 기울어지기만 한다면, 그의 바로 그 열정은 우리에게 도움이 될 것이다. 내가 앞에서 끔찍스런 이야기를 한 것은 바로 그 때문이다. 나는 이제 그가 나의 말에 귀를 기울일 것이라고 확신한다.

"사랑하는 에밀, 우리는 행복해지지 않으면 안돼. 그것은 감각 있는 모든 존재들의 목표이니까. 그것은 우리가 자연으로부터 배운 최초의 욕망이며 결코 우리에게서 떠나지 않는 유일한 욕망이다. 그러나 행복은 어디 있는가? 그것은 아무도 모른다. 모든 사람이 행복을 찾지만 행복을 발견하는 사람은 아무도 없다. 우리는 행복을 찾으며 일생을 보내지만 행복을 손에 넣기 전에 죽고 만다. 나의 젊은 친구여, 내가 갓 태어난 너를 팔에 안고 너의 인생의 행복을 위해 나의 인생을 바칠 것을 신(神)을 증인으로 하여 맹세했을 때, 나는 내가 해야 할 일이 무엇인지 알고 있었던가? 아니다. 나는 다만 너를 행복하게 해 주는 데에 나의 행복이 있다는 것을 알았을 뿐이다. 너를 위해 이 유익한 연구를 함으로써 나는 이 연구를 우리 모두를 위한 것으로 삼았다.

우리가 무엇을 해야 할지 알지 못하는 한, 아무것도 하지 않는 것이 현명하다. 모든 원칙 중에서 인간에게 이보다 더 필요한 원칙은 없으며 또 이보다 더 지키기 어려운 원칙도 없다. 행복이 어디 있는지도 모르면서 행복을 찾는다면, 아마도 우리는 행복으로부터 점점 더 멀어질 것이며, 우리가 가는 길 위에 있는 모든 위험들과 마주치게 될 것이다. 그러나 모든 사람이 아무것도 하지 않고 가만히 있을 수 있는 것은 아니다. 우리들 자신의 안녕에 대한 우리의 열정은 우리를 매우 불안하게 만든다. 그리하여 우리는 아무것도 하지 않고 가만히 앉아 있으려 하기보다는 차라리 행복을 찾으며 우리들 자신을 기만하려 한다. 그러므로 일단 행복을 발견할 수 있었던 장소를 떠나면, 우리는 다시는 그곳으로 되돌아올 수 없는 것이다.

이와 같이 무지(無知)하면서도 나는 그런 잘못을 저지르지 않으려고 노력했다. 내가 너를 맡았을 때, 나는 무익한 발걸음은 하지 않을 것이며, 또 너로 하여금 그런 발걸음은 하지 않도록 하겠다고 결심했다. 자연이 내게 행복의 길을 가르쳐 주기를 기대하며, 나는 끊임없이 자연의 길을 걸어왔다. 그런데 보라! 자연의 길들은 모두 똑같다. 그것을 알지 못한 채 나는 행복의 길을 걸어온 것이다.

나의 증인이 되어 다오. 나의 심판자가 되어 다오. 나는 너의 판정을 거부하지 않겠다. 너의 어린 시절은 그 이후의 시절을 위해 희생된 것이 아니다. 너는 자연이 네게 준 모든 선물을 즐겨 왔다. 자연이 네게 부과한 여러 가지 불행들 중, 내가 그 불행들로부터 너를 보호해 줄 수 있었던 불행들 중에서, 너는 다른 불행들을 견딜 수 있도록 너를 단련시켜 주는 불행들만을 경험해 왔다. 네가 어떤 불행을 겪었다 하더라도 그것은 보다 큰 불행을 피하기 위해서였다. 너는 증오도 굴종도 알지 못했다. 너는 자유롭고 행복했으며 올바르고 친절했다. 고통과 악덕은 불가분의 관계에 있으므로, 불행해질 때까지는 어느 누구도 결코 악해지지 않는다. 너의 어린 시절의 추억이 노년에 이르기까지 계속되기를! 너의 친절한 마음은 어린 시절을 회상할 때마다 반드시 그 시절을 교육시킨 손에 감사하게 될 것이라는 것을 나는 의심치 않는다.

네가 이성(理性)의 나이에 이른 후에는 나는 너를 사람들의 편견으로부터 보호해 주었으며, 너의 마음이 눈을 뜬 후에는 나는 너를 정념의 지배로부터 보호해 주었다. 만일 내가 이런 내적 평온을 너의 인생이 끝날 때까지 유지시킬 수 있었다면, 나의 작품은 안전했을 것이며, 따라서 너는 인간이 얻을 수 있는 최고의 행복에 머물 수 있었을 것이다. 그러나 사랑하는 에밀, 나는 너를 스틱스(Styx)의 강물[33]에 담갔지만 그것은 허사였다. 즉, 나는 너를 어느 부분도 침해받지 않는 인간으로 만들 수가 없었던 것이다. 이제 네가 아직 정복하는 법을 배우지 못한 새로운 적이 나타났으며, 나는 그 적으로부터 너를 보호해 줄 수 없기 때문이다. 그 적이란 너 자신이다. 자연과 행운은 이제까지 너를 자유롭게 해 주었다. 너는 빈곤에 견딜 수 있었으며, 육체적 고통에도 견딜 수 있었다. 그러나 마음의 고통은 네게는 아직 알려지지 않은 것이었다. 그러므로 너는 인간적 존재로서의 너의 상태 이외에는 어느것에도 속박되지 않았었다. 그러나 이제는 너는 너 스스로가 만든 모든 굴레에 속박되어 있다. 즉, 너는 욕망을 배움으로 인해 너의 욕망의 노예가 된 것이다. 너의 내부에 아무런 변화도 일으키지 않고, 아무런 모욕감도 주지 않고, 네게 아무런 해도 주지 않고 얼마나 많은 고뇌가 너의 영혼을 상처입힐 것이며, 얼마나 많은 고통이 너를 괴롭힐 것인가? 너는 수없이 많은 죽음을 죽으면서도 여전히 살아 있을 것이다! 하나의 거짓말, 하나의 잘못, 하나의 의심도 너를 절망에 빠뜨릴 수가 있는 것이다.

너는 연극을 통해, 고뇌의 심연에 빠져 여자들처럼 탄식하고 아이들처럼 울며 무대를 진동시킴으로써 관중들의 박수갈채를 받는 주인공들을 보아 왔다. 그러한 탄식·절규·신음 소리가, 확고하고 영웅적 행위만이 기대되는 사람의 입에서 나오는 것을 보고 네가 얼마나 충격을 받았는가를 상기해 보

---

33) 여신 테티스(Thétis)는 아들 아킬레스를 이 강물에 담가 불사신이 되게 했음.

라. 너는 분개하여 "저것이 어찌하여 우리가 따라야 할 본보기란 말인가? 저것이 어찌하여 우리가 흉내내야 할 본보기란 말인가? 저들은, 인간의 나약함이 미덕의 거짓 모습 뒤에 소중히 간직되지 않으면 인간은 너무도 보잘것없고 불행하고 나약한 존재가 되지 않을까 하고 두려워하고 있는 것이 아닌가?"라고 말했다. 젊은 친구여, 이제부터는 그대는 연극의 그런 주인공들에 대해 보다 관대해져야 한다. 이제는 너 자신이 그들처럼 연극의 주인공이 되었기 때문이다.

너는 고통을 어떻게 견디어야 하며 어떻게 죽어야 하는가를 알고 있다. 너는 육체가 병이 들었을 때 필연적인 무거운 멍에를 짊어질 줄도 알고 있다. 그러나 너는 아직 마음의 욕망에 어떤 법칙을 주는 것을 배우지 못했다. 인생의 난관들은 결핍에서가 아니라 애착에서 생겨나는 것이다. 우리의 욕망은 한이 없고 우리의 힘은 미약하기 짝이 없다. 인간은 소망으로 인해 많은 것들에 예속되어 있지만, 본질적으로는 아무것에도, 심지어 자신의 생명에조차도 예속되어 있는 것이 아니다. 집착이 강하면 강할수록 그의 고통은 그만큼 커진다. 지상의 모든 것들은 사라지게 마련이다. 그러므로 우리가 사랑하는 모든 것들도 조만간 우리에게서 사라질 것이다. 그럼에도 불구하고 우리는 마치 그것들이 영원히 존속되기라도 하는 것처럼 행동한다. 소피가 죽은 것은 아닐까 하는 의혹만으로도 너는 얼마나 두려워했는가? 너는 그녀가 영원히 살 것이라고 생각하는가? 그녀와 같은 나이의 젊은이들도 죽어가지 않는가? 그녀도 죽지 않으면 안되며, 어쩌면 너보다 먼저 죽을지도 모른다. 지금 이 순간 그녀가 살아 있는지 어떤지 누가 알겠는가? 자연은 너로 하여금 오직 한 번만 죽게 했다. 그러나 너는 스스로 제2의 죽음을 마련해 놓았다.

억제되지 않은 정념의 노예여, 너는 얼마나 가련한 상태에 빠지게 될 것인가! 너는 항상 결핍·상실·불안 상태에 있게 될 것이며, 심지어 네게 남겨진 것들조차 즐기지 못하게 될 것이다. 너는 잃게 되지나 않을까 하는 두려움 때문에 아무것도 소유하지 못하게 될 것이다. 또 너는 끊임없이 너의 정넘을 따르고자 하기 때문에 결코 너의 정념을 만족시키지 못할 것이다. 너는 항상 너의 눈앞에서 사라져 가는 것들을 잡으려 할 것이다. 그리하여 너는 가련하고도 사악한 인간이 될 것이다. 억제되지 않은 정념만을 따르는 그대가 어찌 그렇게 되지 않을 수 있겠는가? 너의 의지에 반대되는 상실을 견디지 못한다면, 어떻게 너 자신을 기꺼이 버릴 수 있겠는가? 어떻게 의미를 위해 욕망을 희생시킬 수 있으며, 너의 마음을 물리치고 너의 이성(理性)에 귀를 기울일 수 있겠는가? 애인의 죽음을 알려 주는 사람을 다시는 보지 않겠다는 네가, 네게서 그녀의 생명을 빼앗아 갈 사람, 즉 '네게 그녀는 죽은 사람이다. 미덕이 너와 그녀 사이를 갈라놓은 것이다.' 라고 말하는 사람을 어떻게 마주볼 수 있겠는가? 만일 네가 어떤 일이 있어도 그녀와 함께 살아야만 한다면, 소피가 결혼을 했건 안했건, 네가 자유롭건 자유롭지 않건, 그녀가 너를 사랑하건 미워하건, 그녀의 부모가 찬성하건 반대하건, 그런 것은 문제가 되지 않는다. 그것은 너의 의지이며, 따라서 너는 어떤 대가를 치르더라도 그녀를 소유해야 한다. 그렇다면 내게 말해 다오. 자기 마음의 욕망 이외에는 아무런 법칙도 갖고 있지 않은 자, 자기 자신의 정념을 억제할 줄 모르는 자가 마음으로 꺼려하는 죄악은 어떤 것인가를.

　나의 아들아, 용기 없이는 행복을 얻을 수 없고, 자신과의 투쟁 없이는 미덕을 얻을 수 없다. '미덕' 이라는 말은 '힘' 을 암시하는 말에서 생겨 났으며, '힘' 은 모든 '미덕' 의 기반이다. 미덕은 성품이 약하면서도 의지가 강한 자의 유산이다. 미덕은 올바른 사람의 모든 장점인 것이다. 우리는 신(神)을 선(善)한 존재라고 부르지만 덕 있는 존재라고 부르지는 않는다. 그것은 신은 아무런 노력 없이도 선을 행하기 때문이다. 나는 그토록 자주 더럽혀지는 이 말 '미덕' 의 의미를 설명해 주기 위해 네가 나의 말을 이해할 수 있게 될 때까지 기다렸다. 미덕을 아주 쉽게 실천할 수 있는 동안에는 미덕이 어떤 것인가를 알 필요가 거의 없다. 그러나 정념이 눈을 뜸과 함께 그 필요성도 생겨나는 것이며, 이제 네게 그때가 온 것이다.

　내가 너를 자연의 더할 수 없는 소박함 속에서 길러 오는 동안, 나는 네게 유쾌하지 않은 의무들에 대해 설교해 주는 대신 그런 의무들을 유쾌하지 않은 것으로 만드는 여러 가지 악덕들로부터 너를 보호해 왔다. 나는 네게 거짓말을 나쁜 것이라고 가르쳐 주기보다는 너의 눈에 필요한 것으로 보이도록 가르쳐 왔다. 나는 네게, 다른 사람들에게 그들의 권리를 주라고 가르치기보다는 너 자신의 권리에 관심을 가지라고 가르쳐왔다. 나는 너를 덕 있는 사람으로 만들기보다는 선량한 사람으로 만들었다. 그러나 선량한 사람은 그가 선량함 속에서 즐거움을 발견하는 동안에만 선량할 뿐이다. 선량함은 인간의 정념의 충격을 받게 되면 산산이 부서져 버리기 때문이다. 그러므로 선량한 사람은 자기 자신에 대해 선량할 뿐이다.

　덕 있는 사람이란 어떤 사람인가? 그것은 자신의 감정을 극복할 수 있는 사람이다. 자신의 감정을 극복할 수 있는 사람은 자신의 이성(理性)과 양심을 따르기 때문이다. 그런 사람은 자기의 의무를 다하며, 자기 자신의 주인이므로 어떤 것도 그를 올바른 길에서 벗어나게 할 수 없다. 이제까지 너는 자유의 유사품, 즉 자기 자신의 명령을 받아들여 본 적이 없는 노예처럼 남의 의지에 의해 좌우되는 자유를 가졌을 뿐이다. 그러나 이제야말로 네가 참된 자유를 가져야 할 때이다. 너 자신의 주인이 되는 법을 배우라. 나의 에밀이여, 너의 마음을 지배하라. 그러면 너는 덕 있는 사람이 될 것이다.

　이것이 네가 해야 할 또 하나의 수업이다. 이 수업은 이제까지의 수업보다 훨씬 더 힘들다. 왜냐하면 자연은, 자연이 우리에게 부여한 여러 가지 불행들로부터 우리를 구제해 주거나 혹은 그 불행들에 복종할 것을 가르쳐 주기 때문이다. 그러나 자연은 우리들 자신이 부여한 불행들에 대해서는 우리에게 아무것도 가르쳐 주지 않는다. 자연은 우리를 자신에게 맡긴다. 그리하여 자연은 우리가 자신의 정념의 희생물이 되고, 우리의 헛된 불행에 굴복하고, 수치스러워해야 할 우리의 눈물에 대해 우리들 자신이 자랑스럽게 생각하는 것을 내버려 둔다.

이것은 너의 최초의 정념이다. 아마도 이것은 너에게 어울리는 유일한 정념일 것이다. 만일 네가 이 정념을 인간답게 지배할 수 있다면 이 정념은 너의 마지막 정념이 될 것이다. 그렇게 되면 너는 그밖의 모든 정념들을 지배하게 될 것이며, 미덕에 대한 정념 이외의 어떤 정념에도 복종하지 않게 될 것이기 때문이다.

이 정념 속에는 죄가 되는 것은 아무것도 없다. 나는 이 정념이, 그것을 경험하고 있는 두 사람의 영혼만큼이나 순결하다는 것을 알고 있다. 이 정념은 존경심으로부터 생겨나 순결함에 의해 길러진 것이다. 행복한 연인들이여! 그대들에게 미덕의 아름다움은 사랑의 아름다움을 더해 줄 뿐이며, 그대들을 기다리고 있는 축복받은 결합은 그대들의 선량함에 대한 보답이라기보다는 그대들의 애정에 대한 보답이다. 그러나 말해 보라, 진실한 남성이여, 이 정념은 순수하긴 하지만 여전히 너를 지배하고 있지 않은가? 너는 여전히 이 정념의 노예가 아닌가? 내일이라도 이 정념이 순결함을 잃게 된다면, 너는 그 순간 이 정념을 억눌러 버리지 않겠는가? 지금이야말로 너의 힘을 시험할 때이다. 위험에 처한 때에는 너의 힘을 시험해 볼 시간이 없는 것이다. 이런 위험한 시험은 위험이 아직 멀리 있을 때 해야 한다. 우리는 적과 얼굴을 맞대고 있을 때 우리의 무기를 사용하는 법을 연습하지 않는다. 그런 연습은 전쟁이 일어나기 전에 한다. 그리하여 우리는 완전히 준비를 갖춘 다음 전쟁터로 나간다.

정념을 정당한 정념과 부당한 정념으로 구별하여, 정당한 정념에는 따르고 부당한 정념은 거부하는 것은 잘못이다. 만일 우리가 정념들을 지배한다면 모든 정념들은 똑같이 선(善)한 것이며, 반대로 우리가 정념들에 굴복한다면 모든 정념들은 똑같이 악(惡)한 것이다. 자연은 우리의 관계를 우리의 힘의 한계를 넘어선 곳까지 확대시키는 것을 금하고 있으며, 이성(理性)은 우리가 얻을 수 없는 것을 원하는 것을 금하고 있으며, 양심은 우리가 유혹당하는 것이 아니라 유혹에 굴복하는 것을 금하고 있다. 정념을 느끼느냐 느끼지 않느냐 하는 것은 우리의 마음대로 할 수 있는 것이 아니지만, 자신을 지배하는 일은 우리의 힘으로 할 수 있는 일이다. 우리의 지배하에 있는 모든 감정들은 정당한 것이다. 반면에, 우리를 지배하는 모든 감정들은 정당한 것이 아니다. 설사 어떤 사람이 자기 이웃의 아내를 사랑한다 하더라도 그가 이 불행한 정념을 의무의 법칙의 지배하에 두고 있다면, 그는 죄가 없는 것이다. 그러나 만일 그가 자기 자신의 아내를 너무도 사랑하는 나머지 그 사랑을 위해 모든 것을 희생시킨다면 그는 죄가 있는 것이다.

내가 너에게 장황한 도덕적 교훈을 주리라고 기대하지는 말라. 내가 네게 줄 교훈은 하나뿐이며, 거기에는 다른 모든 교훈들이 포함되어 있다. 인간이 되라. 너의 마음이 너의 인격의 한계를 벗어나지 못하게 하라. 너의 인격의 한계를 연구하여 알도록 하라. 그 한계가 아무리 좁다 하더라도 우리는 그 한계를 지키는 한 불행해지지 않는다. 우리가 불행해지는 것은 우리가 그 한계를 벗어나기를 원할 때뿐이다. 우리가 우리의 인간됨을 잊고 스스로 공상적인 세계를 만들어 낼 때 우리는 불행해지는 것이며, 우리는 항상 그 상상적인 세계로부터 우리들 자신으로 되돌아오게 마련인 것이다. 그 상실이 우리에게 영향을 주는 것은 우리가 그 소유를 우리의 권리라고 주장하는 것들뿐이다. 만일 우리가 원하는 어떤 것을 손에 넣을 수 없다는 것이 확실하다면 우리의 마음은 그것으로부터 돌아설 것이다. 왜냐하면 희망이 없는 소망은 우리를 괴롭히지 않기 때문이다. 거지는 왕이 되고 싶다는 욕망에 의해 괴로움을 당하지는 않으며, 왕은 자기 자신을 인간 이상의 존재로 생각할 때에만 신(神)이 되기를 원한다.

오만한 마음으로부터 생겨나는 여러 가지 환상들은 우리의 가장 큰 불행의 근원이다. 그러나 현자(賢者)는 인간의 비참함에 대한 깊은 묵상으로 인해 항상 겸손하다. 현자는 항상 참된 자기 자신에 머물러 있으며, 결코 자기 자신에서 벗어나려 하지 않는다. 그러므로 현자는 자기가 얻을 수 없는 것을 손에 넣기 위해 자기의 힘을 낭비하는 일이 없다. 그의 모든 힘은 그가 소유하고 있는 것을 올바로 사용하기 위해 기울여진다. 그러므로 현자는 우리보다 적은 것을 욕구하므로, 우리보다 그만큼 부유하고 힘이 있는 것이다. 죽음과 변화에 종속되어 있는 인간인 내가 모든 것이 변화하고 사라져 가는 이 지상에 나 자신을 잡아맬 영원한 속박의 쇠사슬을 만들어야 하겠는가! 오, 에밀! 나의 아들이여! 내가 너를 잃는다면, 내게 무엇이 남겠는가? 그러나 나는 너를 잃는 것을 배우지 않으면 안된다. 언제 내가 너를 빼앗길지 누가 알겠는가?

만일 네가 현명하고 행복하게 살기를 원한다면, 너의 마음을 영원한 아름다움에만 고정시켜라. 너의 현재의 상태를 너의 욕망의 한계로 삼으라. 너의 의무들이 너의 소망보다 선행하게 하라. 필연의 법칙을 도덕의 영역까지 확대시키고, 네가 빼앗길 수도 있는 것들을 잃는 것을 배우라. 미덕이 요구할 경우 모든 것을 버리는 것과, 인생의 모든 우연한 일에 초연할 수 있는 것과, 너의 마음이 갈기갈기 찢어지기 전에 그런 것들로부터 너의 마음을 분리시키는 것, 네가 비참해지지 않기 위해 역경 속에서도 용기를 잃지 않는 것, 그리고 결코 죄를 범하지 않기 위해 의무를 충실히 수행하는 것을 배우라. 그러면 너는 어떤 운명 속에서도 행복해질 것이며 어떤 정념 속에서도 선량해질 것이다. 너는 가장 깨지기 쉬운 것들을 가지고 있을 때조차도 결코 파괴될 수 없는 즐거움을 발견할 것이다. 또 그것들이 너를 소유하는 것이 아니라 네가 그것들을 소유하게 되며, 따라서 모든 것을 잃는 인간은 오직 자기가 버릴 줄 아는 것만을 즐길 뿐이라는 것을 깨닫게 될 것이다. 너는 분명 가공의 즐거움인 환상을 즐기지 않을 것이며, 또한 환상으로부터 생겨나는 결과인 고통도 분명 느끼지 않을 것이다. 너는 이 교환에 의해 크게 이익을 얻을 것이다. 왜냐하면 고통은 자주 느끼고 실제적인 것이며, 즐거움은 드물게 느끼고 공허한 것이기 때문이다. 수많은 기만적인 생각들을 극복한 너는 인생에 지나친 가치를 부여하는 그릇된 생각들도 또한 극복하게 될 것이다. 너는 인생을 평온하게 보내게 될 것이며, 아무런 두려움도 없이 인생을 떠나게 될 것이다. 즉, 너는 다른 것들에 집착하지 않듯이 인생에도 집착하지 않게 될 것이다. 공포에 사로잡혀 있는 다른 사람들은 자기들의 삶은 그들이 죽는 순간 끝나게 된다고 믿고 있지만, 인생의 공허함을 알고 있는 너는 죽음과 동시에 참된 삶으로 들어가는 것이라고 생각할 것이다. 죽음은 악인에게는 삶의 끝이지만, 올바른 사람에게는 삶의 시작인 것이다."

에밀은 다소 불안한 표정으로 주의 깊게 나의 말에 귀를 기울였다. 그는 나의 이런 놀라운 서론으로부터 어떤 음울한 결론이 나오는 것은 아닐까 하고 두려워했다. 그는 내가 그에게 영혼의 힘을 훈련시키는 것이 얼마나 필요한 것인가를 설명해 주는 것은 내가 그에게 이런 엄격한 훈련을 시키려고 하기 때문이라는 것을 알아낸 것이다. 그리하여 그는, 마치 외과 의사를 보고 부들부들 떠는 상처입은 환자처럼, 자기에게 고통을 주는 손, 그러나 치명적인 상처를 치료해 줄 구원의 손을 이미 느끼고 있었다.

불안하고 초조해진 그는 내가 무슨 말을 하려는지 알고 머뭇거리며 내게 몇 가지 질문을 했다. 그는 눈도 들지 못한 채 떨면서 말했다. "저는 어떻게 해야 합니까?" "어떻게 해야 하느냐고? 너는 소피 곁을 떠나야 해." 나는 단호하게 대답했다. "무슨 말씀이십니까?" 그는 화가 나서 외쳤다. "소피를 떠나라구요! 그녀를 속이라구요! 배신자, 악한, 거짓말쟁이가 되라구요!" "뭐라구!" 나는 그의 말을 가로막으며 말을 계속했다. "너는 내가 너를 그런 불명예스러운 명칭에 어울리는 사람이 되도록 가르칠 것이라고 생각하는가?" "아닙니다." 그는 똑같은 어조로 말했다. "선생님도 그리고 어느 누구도 그렇게 가르치시지는 않는다고 생각합니다. 저는 선생님이 저를 만들어 주신 상태를 유지할 수 있습니다. 그러나 저는 그런 불명예스러운 명칭으로 불리고 싶지는 않습니다."

나는 그가 그렇게 화를 내리라고 예상하고 있었다. 나는 침착하게 그의 분노가 가라앉기를 기다렸다. 그에게 자제를 설교하면서 나 자신이 자제하지 못한다면, 자제에 대한 나의 설교가 무슨 소용이 있겠는가! 에밀은 나를 너무도 잘 알고 있으므로 내가 그에게 어떤 그릇된 행동도 요구할 리가 없다는 것을 믿고 있으며, '소피를 떠난다' 는 말에 그가 부여하는 의미에는 소피를 떠나는 것이 나쁜 짓이라는 것을 알고 있다. 그리하여 그는 설명을 기다렸다. 나는 다시 이야기하기 시작했다.

"사랑하는 에밀, 어떤 사람이든 지난 3개월 동안 네가 행복했던 것보다 더 행복할 수 있다고 너는 생각하는가? 만일 그렇게 생각한다면 너 자신으로 하여금 그릇된 생각을 깨닫게 하라. 인생의 즐거움을 맛보기도 전에 너는 이미 인생의 행복의 깊이를 알아챘다. 이미 네가 경험한 것보다 더 큰 행복은 없기 때문이다. 관능의 즐거움은 곧 사라지고 만다. 왜냐하면 관능의 즐거움은 항상 습관에 의해 파괴되기 때문이다. 너는 앞으로 맛보게 될 즐거움보다 더 큰 즐거움을 희망을 통해 맛보았다. 우리가 갈망하는 것을 아름답게 보이게 하는 상상은 그것을 손에 넣게 되면 사라져 버린다. 자립 자존(自立自存)하는 유일한 존재를 제외하고는 존재하지 않는 것 외에는 아름다운 것이라곤 없다. 만일 너의 그런 상태가 영원히 계속될 수 있다면, 너는 완전한 행복을 발견한 것이다. 그러나 인간과 관련된 모든 것은 인간과 함께 쇠퇴해 간다. 즉, 인생에서는 모든 것이 유한하며 모든 것이 일시적이다. 설사 우리를 행복하게 만들어 주는 여러 가지 여건이 영원히 계속될 수 있다 하더라도 습관은 우리에게서 그런 행복의 모든 맛을 빼앗아가 버린다. 설사 외적인 환경이 변하지 않는다 하더라도 우리의 마음은 변한다. 그러므로 행복이 우리를 버리거나 아니면 우리가 행복을 버리거나 하게 되는 것이다.

네가 연애에 열중해 있는 동안 시간은 끊임없이 흘러갔다. 여름이 가고 겨울이 가까워지고 있다. 설사 우리가 그들의 집에 갈 수 있다 하더라도, 추운 겨울에는 그들은 우리의 방문을 허락하지 않을지도 모른다. 우리의 생활 방법의 변화를 원하든 원치 않든, 우리의 생활 방법은 변화되지 않으면 안된다. 우리의 현재의 생활 방법은 계속될 수 없기 때문이다. 나는 너의 진지한 눈에서, 네가 그것을 크게 문제로 생각하고 있지 않다는 것을 알 수 있다. 소피의 고백과 너 자신의 소망은, 눈[雪]을 피할 수 있는 간단한 방법, 추운 겨울에 그런 먼 길을 가지 않아도 되는 간단한 방법을 제안할 것이다. 물론 그 방법에는 그 나름대로 이점이 있다. 그러나 봄이 오면 눈이 녹을 것이며, 결혼 생활은 그대로 남아 있을 것이다. 그러므로 너는 모든 계절을 계산에 넣어야 한다.

너는 소피와 결혼하기를 원한다. 그러나 네가 그녀와 교제한 기간은 불과 4개월뿐이다! 네가 그녀와 결혼하기를 원하는 것은 그녀가 너의 아내로서 적합하기 때문이 아니라 그녀가 너의 마음에 들기 때문이다. 그러나 사랑이 과연 적합 여부에 대해 잘못 판단하는 일이 결코 없는가? 사랑으로 시작한 사람들이 과연 증오로 헤어지는 일이 결코 없는가? 그녀가 덕이 있다는 것은 나도 알고 있다. 그러나 그것만으로 충분할까? 적합하다는 것이 과연 훌륭함만의 문제일까? 내가 의심스럽게 생각하는 것은 그녀의 미덕이 아니라 그녀의 성격이다. 여성이 자기의 참된 성격을 하루아침에 다 드러내 보여 주겠는가? 그녀의 참된 성격을 완전히 알기 위해서는 얼마나 자주, 얼마나 다양한 상황하에서 그녀를 보았어야 했는지 너는 아는가? 4개월 동안의 교제가 너의 남은 일생을 충분히 보증해 줄 수 있겠는가? 앞으로 2개월 동안 그녀를 만나지 않으면 너는 그녀를 잊게 될지도 모른다. 네가 그녀를 떠나자마자 다른 남자가 그녀의 마음속에 있는 너의 영상을 지워 버릴지도 모른다. 그리하여 네가 돌아오게 되면, 너는 이제까지 그토록 상냥했던 그녀가 완전히 냉담해져 있음을 발견하게 될지도 모른다. 인간의 감정은 원리대로 되는 것이 아니다. 그러므로 그녀가 매우 유덕(有德)하다 하더라도, 그녀가 너를 사랑하지 않게 될 수도 있는 것이다. 나는 그녀가 충실하고 변함이 없을 것이라고 생각하고 싶다. 그러나 실제로 시험해 보지 않고 어떻게 그녀를 보증할 수 있으며 어떻게 너를 보증할 수 있겠는가? 너는 그 시험을, 너무 늦어 그 시험이 필요치 않게 될 때까지 연기하려 하는가? 너는 너의 참된 자아와 그녀의 참된 자아를 알기 위해 이미 헤어질 수 없게 될 때까지 기다리려 하는가?

소피는 18세도 채 안되었으며, 너는 겨우 22세이다. 그 나이는 사랑할 나이이지 결혼할 나이는 아니다. 한 가정의 아버지 어머니가 되기에는 얼마나 어린 나이인가! 아이들을 잘 기를 수 있기 위해서는 너는 적어도 너희들 자신이 아이의 상태를 벗어날 때까지 기다리지 않으면 안된다. 많은 여성들이 지나치게 일찍 어머니가 됨으로써 자신의 체질을 약화시켰고 건강을 해쳤으며 생명을 단축시켰음을 너는 알지 못하는가? 어머니 자신이 어린 아이와 다름없기 때문에 그들의 많은 아이들이 항상 허약하고 병약하다는 것을 너는 알지 못하는가? 어머니와 아이가 함께 성장해 가는 경우에는, 즉 어머니가 아기를 잉태했을 경우에는 그들 모두의 성장을 위해 필요한 힘이 둘로 나누어지며, 따라서 어느쪽도 성장을 위해 필요한 만큼의 영양을 얻지 못하게 된다. 그런데 어떻게 두 사람 모두 건강할 수 있겠는가? 내가 너를 잘못 알고 있지 않다면, 너는 아내와 자식의 생명과 건강을 희생시켜 자신의 성급한 마음을 만족시키기보다는 좀더 기다렸다가 건강한 아내와 건강한 자식을 가지는 쪽을 택할 것이다.

이제 너 자신에 대해 이야기해 보기로 하자. 너는 남편이 되기를 원하며 아버지가 되기를 원한다. 너는 여러 가지 의무들에 대해 진지하게 생각해 본 일이 있는가? 너는 한 가정의 가장이 됨으로써 국가의 한 시민이 될 것이다. 국가의 시민이란 무엇인가? 너는 그것에 대해 무엇을 알고 있는가? 너는 한 인간으로서의 너의 의무를 배워 왔다. 그러나 너는 한 시민으로서의 너의 의무에 대해 무엇을 알고 있는가? 너는 정부·법률·국가라는 말의 의미를 알고 있는가? 너는 네가 인생을 위해 얼마만큼의 대가를 지불해야 하는지, 그리고 무엇을 위해 기꺼이 죽지 않으면 안되는지 알고 있는가? 너는 네가 모든 것을 알고 있다고 생각한다. 그러나 네가 정말로 알고 있는 것은 아무것도 없다. 사회의 일원이 되기에 앞서, 너는 사회 질서 속에서 너의 올바른 위치가 어떤 것인지 이해하고 알지 않으면 안된다.

에밀, 너는 소피를 떠나지 않으면 안된다. 나는 네게 그녀를 버리라고 말하고 있는 것이 아니다. 만일 네가 그런 행동을 할 수 있다면, 그녀는 너와 결혼하지 않는 편이 훨씬 행복할 것이다. 그러므로 너는 그녀에게 어울리는 남자가 되어 돌아오기 위해 그녀를 떠나야 한다. '이미 나는 그녀에게 어울린다.'라는 쓸데없는 생각은 하지 말라. 네게는 해야 할 일이 얼마나 많이 남아 있는가! 가서 그 명예로운 의무를 완수하라. 가서 그녀와 헤어져 있는 것을 견디는 법을 배우라. 가서 성실함이라는 상(賞)을 획득하라. 그런 다음 돌아오면, 너는 진정으로 어떤 명예를 받을 자격이 있으며, 호의로서가 아니라 보답으로서 그녀의 손을 요구할 수 있을 것이다."

자기 자신과의 싸움에 익숙지 못하며, 어떤 것을 원하면서 동시에 다른 것을 욕구하는 데 익숙하지 못한 그 청년은 물러서려 하지 않았다. 그는 나에게 저항하며 이렇게 반박했다. "저를 기다리고 있는 행복을 저는 거절하고 싶지 않습니다. 만일 제가 저에게 내밀어진 손을 잡기를 주저한다면, 그것은 제가 그 손을 경멸하는 것이 아닙니까? 도대체 제가 알아야 할 것들을 배우기 위해 그녀를 떠나야 할 필요가 어디 있습니까? 설사 그녀를 떠날 필요가 있다 하더라도 그녀와 결혼한 후, 저의 아내인 그녀에게 다시 돌아오겠다는 맹세를 하고 떠나서는 안될 이유가 어디 있습니까? 그녀와 결혼하게 해 주십시오. 그러면 저는 기꺼이 선생님을 따르겠습니다." "그녀를 떠나기 위해 결혼하겠다고! 사랑하는 에밀, 얼마나 모순된 말인가! 사랑하는 여성을 떠날 수 있다는 것은 대단한 일이다. 그러나 남편은 꼭 그렇게 하지 않으면 안되는 경우가 아니고는 아내를 떠나서는 절대로 안된다. 너의 불안을 없애기 위해서는, 결혼을 연기하는 것은 너의 자발적인 의지가 아니라는 것을 나타내지 않으면 안된다. 즉, 너는 그녀에게 네가 그녀를 떠나는 것은 너 자신의 의지가 아니라 어쩔 수 없기 때문이라고 말할 수 있어야 한다. 좋다, 좋을 대로 하라. 너는 이성(理性)의 명령을 따르려 하지 않고 있다. 그러므로 너는 다른 스승을 따르지 않으면 안될 것이다. 너는 너의 약속을 잊지 않았을 것이다. 에밀,

너는 소피를 떠나야만 한다. 나는 네가 그렇게 하기를 바란다."

잠시 동안 그는 고개를 푹 숙인 채 조용히 깊은 생각에 잠겼다. 그러더니 밝은 얼굴로 나를 바라보며 말했다. "언제 출발합니까?" 내가 대답했다. "일주일 후에 출발할 것이다. 우리가 떠나는 것에 대해 소피로 하여금 마음의 준비를 하게 해야 한다. 여성은 우리보다 약하기 때문에 우리는 그들을 위해 깊은 배려를 베풀어야 한다. 그리고 이 헤어짐은 너에게는 의무이지만 그녀에게는 의무가 아니다. 그러므로 그녀가 이 헤어짐을 용감하게 견디어내지 못한다 하더라도 그것은 어쩌면 당연한 일일지도 모른다."

그들이 헤어질 때까지 매일매일 그들의 사랑의 이야기를 계속하고 싶은 생각이 간절하다. 그러나 나는 이미 독자들의 관대함을 너무도 많이 이용해 왔다. 그러므로 그들의 헤어짐을 결말짓기 위해 이야기를 간략하기로 하자. 에밀은 소피와 헤어지는 순간 그녀의 발밑에서도 그의 친구와의 대화에서 보여 준 것처럼 그렇게 용감한 태도를 보일 수 있을까? 나는 그렇게 하리라고 생각한다. 왜냐하면 그의 신념은 그의 사랑의 진실성에 뿌리박고 있기 때문이다. 만일 그녀를 떠나는 것이 그에게 그다지 괴로움을 주지 않는다면, 그는 그녀 앞에서 더욱더 당황할 것이다. 그렇게 되면 그는 자기 자신을 비난받아야 할 자라고 느끼면서 그녀와 헤어질 것이며, 그것은 명예 있는 사람으로서는 하기 어려운 일이기 때문이다. 그러나 헤어짐의 고통이 크면 클수록 그로 하여금 그것을 매우 고통스럽게 느끼게 하는 사람 눈에는 그의 명예는 그만큼 더 크게 보이는 것이다. 그는 자기가 그녀를 떠나게 된 이유를 그녀가 오해하지나 않을까 하고 걱정하지 않는다. 그가 그녀를 바라볼 때마다 마치 그의 시선은 "오, 소피, 나의 마음을 이해해 주십시오. 그리고 저에 대한 애정을 변치 말아 주십시오. 그대의 애인은 덕이 없는 사람이 아닙니다"라고 말하는 듯했다.

소피는 평상시의 긍지와 품위를 잃지 않은 채 뜻밖의 충격을 견디려고 노력했다. 그녀는 아무렇지도 않은 것처럼 보이려고 애썼다. 그러나 그녀는 에밀과는 달리 싸움의 승리에는 어울리지 않았으므로, 그런 힘든 일을 감당해 내기에는 그녀의 힘은 부족했다. 그리하여 마침내 그녀는 자신을 억제하지 못해 눈물을 흘리며 한숨을 지었다. 자기가 잊혀져 버리지나 않을까 하는 두려움이 헤어짐의 고통을 더욱 깊게 했다. 그녀는 애인에게 눈물을 보이지 않았으며, 애인에게는 자기가 두려워하는 모습을 보이지 않았다. 그녀는 애인 앞에서 한숨을 짓기보다는 차라리 죽는 쪽을 택할 것이다. 그녀가 한숨을 짓고 눈물을 보인 것은 나에게였다. 그녀는 나를 마음을 털어놓을 수 있는 상대로 생각하고 있는 것이다. 여성이란 매우 영리하여 그들의 교묘함을 숨길 줄 안다. 그녀의 마음이 초조해지면 초조해질수록, 그녀는 나의 비위를 맞추려고 그만큼 더 노력한다. 자신의 운명이 나의 손에 달렸음을 그녀는 느끼고 있는 것이다.

나는 다음과 같이 그녀를 위로해 주고 안심시켜 주었다. "나는, 당신의 애인, 아니 당신의 남편에 대해 책임을 질 것입니다. 만일 그가 당신에 대해 충실한 것처럼 당신이 그에 대해 충실한 마음을 계속해서 지닌다면, 나는 2년 후에는 당신들을 결혼시킬 것을 약속합니다." 그녀는 나를 매우 존경하고 있었으므로 내가 자기를 속이려 하는 것이 아니라는 것을 그녀는 완전히 믿었다. 나는 소피에 대한 에밀의 보증인이며 에밀에 대한 소피의 보증인이다. 그들의 마음, 그들의 미덕, 나의 정직함, 그들의 부모의 신뢰, 그 모든 것이 결합하여 그들을 안심시켜 주었다. 그러나 이성(理性)이 인간의 나약함을 물리치는 데 무슨 도움이 되겠는가? 그들은 마치 다시는 만나지 못할 사람들처럼 작별하는 것이다.

그때 소피는 에우카리스(Eucharis)의 한(恨)을 생각해 내고는, 자기 자신이 에우카리스의 처지에 처해 있다고 생각했다.[34] 에밀이 떠나 있는 동안 소

---

34) 《텔레마크》 제6권의 끝부분으로, 멘토르는 에우카리스에게 미련을 가지고 있는 텔레마크를 바다에 밀어넣어 칼립소 섬에서 떠나게 한다.

피로 하여금 그 환상적인 사랑을 재연하게 해서는 안된다. 그래서 어느 날 나는 그녀에게 말했다. "소피, 에밀과 책을 바꿔 보도록 해요. 에밀이 텔레마크 (Telemachus)와 같은 사람이 될 수 있도록 그에게 당신의 《텔레마크 (Telemachus)》를 주어요. 그리고 그에게 당신이 즐겨 읽는 그의 《스펙테이터 (Spectator)》를 달라고 해요. 그리하여 그 책을 읽으며 훌륭한 아내의 여러 가지 의무들을 배우도록 해요. 2년 후에는 당신 자신이 그런 의무들을 맡게 될 것이라는 사실을 잊지 말아요." 그 교환은 두 사람 모두에게 기쁨과 신뢰감을 주었다. 마침내 슬픔의 날이 와, 그들은 헤어지지 않으면 안되었다.

소피의 존경스런 아버지—나는 모든 일을 그와 의논했다—는 나와 애정어린 작별 인사를 나누고는 나를 한쪽으로 데리고 갔다. 그리고는 엄숙하고도 약간 단호한 어조로, "나는 모든 일을 당신의 뜻에 따랐습니다. 나는 명예를 존중하는 사람과 함께 그 일을 행하고 있다는 것을 알았기 때문입니다. 꼭 한 가지만 말씀드리겠습니다. 당신의 제자가 저의 딸의 입술에 결혼 약속을 했다는 것을 잊지 마십시오."라고 말했다.

두 연인의 행동에는 얼마나 큰 차이가 있는가! 에밀은 감정이 격하고 흥분하여 거의 제정신을 잃고 큰소리로 울며 아버지·어머니·딸의 손에 마구 눈물을 쏟았다. 그는 흐느끼며 그 집 사람들 하나하나를 모두 껴안으며, 다른 때라면 우스꽝스럽게 보일 똑같은 행동을 반복했다. 그러나 소피는 얼굴이 창백해진 채 슬픔에 잠겨 우울한 태도로 눈을 내리깔고는 아무런 말도 없이 눈물도 흘리지 않고 가만히 서 있었다. 그녀는 아무도 바라보지 않았으며, 에밀조차도 바라보지 않았다. 에밀이 그녀의 손을 잡아도, 두 팔로 그녀를 끌어안아도, 그녀는 반응이 없었다. 그녀는 그의 눈물에도, 그의 애무에도, 그리고 그의 어떤 행동에도 아무런 반응도 나타내지 않고 꼼짝도 하지 않고 서 있었다. 그녀에게서는 에밀은 이미 가 버린 것이다. 에밀의 장황한 탄식이나 소란스런 비탄보다 얼마나 더 감동적인 광경인가! 에밀은 소피의 그런 모습을 보자 가슴이 찢어지는 듯했다. 나는 억지로 그를 데리고 그곳을 떠났다. 만일 그를 조금이라도 더 그곳에 머물게 한다면, 그는 떠나려 하지 않을지도 모르기 때문이었다. 그가 이 감동적인 광경을 가슴에 품고 떠나게 된 것을 나는 다행으로 생각한다. 왜냐하면 만일 그가 유혹을 받아 소피에 대한 의무를 잊어버리게 된다면, 그리하여 내가 그가 헤어질 때 본 그녀의 마지막 모습을 상기시켜 주어도 그의 마음을 그녀에게로 되돌릴 수 없다면, 그의 마음은 완전히 타락해 버린 것임에 틀림없을 것이기 때문이다.

여행에 대하여

'여행을 하는 것이 청년에게 유익한가?' 사람들은 자주 이런 질문을 하며, 또 자주 뜨겁게 논쟁한다. 이 질문을 다른 말로, '여행을 한 적이 있는 편이 인간에게 유익한가?' 라고 표현한다면 아마도 사람들의 견해에는 그다지 심한 차이는 없을 것이다.

서적의 악용은 건전한 배움의 죽음이다. 사람들은 자기들이 읽은 것을 아는 것으로 생각하며, 그것을 배우려고 노력하지 않는다. 따라서 지나친 독서는 아는 체하는 무식한 사람을 만들 뿐이다. 현대만큼 독서를 많이 한 시대는 없었으며, 현대만큼 배움이 적은 시대도 또한 없었다. 유럽의 모든 나라 중에서 프랑스만큼 많은 역사책과 여행기가 발행되는 나라는 없으며, 또 프랑스 국민만큼 다른 민족들의 정신과 풍습을 알지 못하는 국민도 없다. 수많은 책들이 우리로 하여금 세계에 대한 서적을 소홀히 하게 한다. 설사 우리가 세계에 대한 서적을 읽는다 하더라도, 우리는 각기 우리들 자신의 페이지만을 읽을 뿐이다. 설사 내가 '어찌 우리가 페르시아인이 될 수 있겠는가?' 라는 문구를 몰랐다 하더라도, 나는 그런 말을 듣는 순간 그 말이 국민적 편견이 가장 널리 퍼져 있는 나라의 국민으로부터, 그중에서도 국민적 편견을 가장 크게 증대시키는 여성으로부터 나왔다는 것을 알 수 있다.

파리 사람들은 스스로 인간에 대해 알고 있다고 생각하지만, 그들은 프랑스인만을 알고 있을 뿐이다. 그들의 도시는 항상 외국인들로 가득차 있지만, 그들은 모든 외국인들을 이 세계에는 그 동류(同類)가 없는 기이한 존재로 생각한다. 그 대도시의 중류층들과 가까이 지내 본 적이 없다면, 또 그들 사이에서 살아 본 적이 없다면, 당신은 인간이 그토록 어리석을 수 있다는 것을 믿을 수 없을 것이다. 그중에서도 가장 기이한 일은, 그들은 경이로움을 주는 민족들에 대한 서적을 열 번이나 읽었다는 사실이다.

우리들 자신의 편견과 저작자들의 편견 속에서 진실을 발견한다는 것은 매우 어려운 일이다. 이제까지 나는 많은 여행기를 읽었지만, 나로 하여금 같은 민족에 대해 같은 생각을 갖게 하는 두 여행기를 발견한 적이 없다. 얼마 안되는 나 자신의 관찰과 내가 읽은 것들을 비교해 보고는, 나는 다시는 여행기를 읽지 않기로 결심했으며, 여행기로부터 무언가를 배우려고 노력하면서 시간을 허비해 온 것을 후회했다. 배워야 할 것들은 독서를 통해서가 아니라 직접 관찰함으로써 배워야 한다는 사실에 대해 나는 확신을 갖게 되었기 때문이다. 모든 여행자들이 정직하여 자기가 직접 본 것과 확인한 것들만을 기록했을 경우에도, 그리고 그들의 색안경으로 인해 사실이 왜곡되지 않았을 경우에도 그것은 마찬가지이다. 하물며 우리가 여행자의 거짓말과 불성실 속에서 사실을 찾아내야 한다면 어떻게 되겠는가?

서적들의 허풍적인 내용들은 그것들을 이용하는 데 만족하는 사람들에게 맡겨 두기로 하자. 레이몽 륄(Raymond Lulle)[35]의 기술과 마찬가지로 그것들은 사람들로 하여금 알지도 못하는 것들에 관해 떠들어대게 할 수 있을 뿐이다. 그것들은 15세의 플라톤들로 하여금 클럽에서 철학을 논하게 할 수

---

35) 레이몽 륄(Raymond Lulle, 1235~1315)은 스페인 출신의 학자. 파리 대학 및 몽페리에의 대학에서 가르쳤다. 삼각형이나 원을 사용하여 개념을 조합, 진리를 이끌어 내는 이론적 방법을 고안했다.

있을 뿐이며, 사람들에게 폴 루카스(Paul Lucas)나 타베르니에(Tavernier)[36]의 말에 따라 이집트와 인도의 풍습을 가르쳐 줄 수 있을 뿐이다.

한 민족밖에 보지 못한 사람이 인간을 알지 못하는 것은 이론(異論)의 여지가 없다고 나는 주장한다. 그런 사람은 그들 사이에서 살았던 민족만을 알고 있을 뿐이다. 그러므로 여행에 대한 앞의 질문을 또 다른 말로 표현할 수 있다. 그것은 '훌륭한 교육을 받은 사람이 자기 나라 사람들만을 아는 것으로 충분한가? 아니면 인류를 총체적으로 알아야 하는가? 라는 표현이다. 여기에는 아무런 논쟁의 여지도 의문의 여지도 없다. 어려운 문제의 해결이 표현하는 방법에 따라 얼마나 크게 좌우되는가!

그러나 인류를 연구하기 위해 온 세계를 여행할 필요가 있겠는가? 유럽인들을 연구하기 위해 일본으로 갈 필요가 있겠는가? 인류를 알기 위해 인간 개개인을 모두 알 필요가 있겠는가? 그렇지 않다. 매우 비슷한 사람들도 있기 때문에 그들 하나하나를 연구할 필요는 없다. 만일 당신이 10명의 프랑스인을 보았다면, 당신은 프랑스인 모두를 본 것이다. 영국인이나 그밖의 다른 민족들에 대해서도 꼭 그렇게 말할 수는 없겠지만, 모든 민족은 그 나름대로의 특성을 갖고 있으며, 그 특성은 그 민족에 속하는 한 사람에 대해서가 아니라 여러 사람에 대한 연구로부터 귀납법(歸納法)에 의해 이끌어 낼 수 있다는 것은 분명하다. 10명의 프랑스인을 비교해 본 사람이 프랑스인을 아는 것과 마찬가지로 10개의 민족을 비교해 본 사람은 인간을 알고 있다.

지식을 얻기 위해서는 온 나라를 돌아다니는 것만으로는 충분치 않다.

---

36) 폴 루카스(Paul Lucas, 1664~1737)는 루앙 태생의 프랑스의 여행가. 이집트 · 시리아 · 페르시아 · 아르메니아 등을 여행하고 그 견문기를 썼다. 타베르니에(Tavernier, 1605~89)는 파리 태생의 프랑스의 여행가. 터키 · 페르시아 · 인도를 여행하고 그 여행기를 썼다.

관찰하기 위해서는, 관찰력과 그 관찰력을 우리가 알고자 하는 대상으로 집
중하는 능력이 필요하다. 책을 통해서보다 더 적은 것을 배우는 여행자가 많
이 있다. 그들은 사고할 줄을 모르기 때문이다. 독서할 때에는 그들의 마음
은 적어도 저작자의 안내를 받게 되지만, 여행할 때에는 그들은 스스로 볼
줄을 모르는 것이다. 또 어떤 사람들은 배우고자 하는 욕망이 없기 때문에
아무것도 배우지 못한다. 그들의 목적은 배우는 것과는 완전히 다른 어떤 것
이므로, 그들에게는 배우고자 하는 욕망이 결코 일어나지 않는 것이다. 프랑
스인들은 어느 민족보다도 여행을 많이 한다. 그러나 그들은 그들 자신의 풍
습에 사로잡혀 있으므로, 그들의 풍습 이외의 모든 것들에 대해서는 어리둥
절한다. 세계의 구석구석까지 프랑스인들이 살고 있다. 세계의 어느 나라에
서도 당신은 프랑스에서보다 여행한 적이 있는 사람들이 더 많은 곳은 발견
하지 못할 것이다. 그럼에도 불구하고 유럽의 모든 민족들 중에서도 가장 많
은 것을 본 프랑스인들만큼 아는 것이 적은 민족은 없는 것이다. 영국인들도
여행을 많이 한다. 그러나 그들은 다른 방법으로 여행을 한다. 이 두 민족은
모든 점에서 정반대이다. 영국의 귀족들은 여행을 하지만 프랑스의 귀족들
은 여행을 하지 않는다. 프랑스의 대중들은 여행을 하지만 영국의 대중들은
여행을 하지 않는다. 이 차이는 영국인들에게는 명예가 된다고 나는 생각한
다. 프랑스인들은 거의 언제나 그들 자신의 이익을 위해 여행한다.[37] 그러나
영국인들은 통상(通商)을 위해 상품을 잔뜩 가지고 가는 경우가 아니고는 외
국 여행 중에 자신의 이익을 추구하지 않는다. 그들이 여행하는 것은 돈을
벌기 위해서가 아니라 돈을 쓰기 위해서인 것이다. 그들은 매우 자존심이 강
하여 외국인들에게 굽실거리지 않는다. 그러므로 영국인들은 돈을 벌려는
프랑스인들보다 외국에서 더 많은 것을 배울 수 있는 것이다. 영국인들도 그

---

37) 루카스는 보석 장사를 하기 위해 여행했으며, 타베르니에는 옷감이나 보석을 가지고
돌아와, 그것을 팔아 큰 돈을 벌었다고 한다.

들의 국민적 편견을 가지고 있다. 그러나 그들의 편견은 무지(無知)의 결과로서의 편견이라기보다는 오히려 감정의 결과로서의 편견이다. 프랑스인들의 편견은 허영심으로부터 생겨난 편견이지만, 영국인들의 편견은 자존심으로부터 생겨난 편견인 것이다.

가장 문명화되지 않은 민족이 항상 가장 선량한 민족인 것처럼, 가장 적게 여행하는 사람들이 가장 훌륭한 여행자이다. 그들은 하찮은 연구에 우리만큼 진보해 있지 않으며, 공허한 호기심의 대상에 우리만큼 관심을 기울이지 않는다. 그들은 참으로 유익한 것들에만 주의를 기울이는 것이다. 나는 스페인 사람들 이외에는 이런 식으로 여행하는 사람들을 알지 못한다. 여행할 때, 프랑스인들은 그 나라의 모든 예술가들을 찾아다니고, 영국인들은 고대의 예술품들을, 그리고 독일인들은 수첩을 들고 모든 학자들을 찾아다니지만, 스페인 사람들은 묵묵히 그 나라의 통치 형태, 풍습, 치안 상태 등을 연구한다. 그러므로 위의 4개국 사람들 중 그 나라에서 자기가 본 모든 것들로부터 자기의 나라에 유익한 어떤 것을 고국으로 가지고 가는 것도 스페인 사람들뿐이다.

고대인들은 여행도 거의 하지 않고, 독서도 거의 하지 않았으며, 저작도 거의 하지 않았다. 그러나 오늘날까지 남아 있는 고대의 서적들 속에서, 고대인들은 우리가 동시대인(同時代人)들을 관찰하는 것보다 더 철저하게 서로를 관찰했음을 우리는 알 수 있다. 그가 묘사하고 있는 나라로 우리를 데려가는 유일한 시인인 호머(Homer) 시대로 거슬러 올라가지 않더라도, 우리는 자기의 역사책 속에 여러 가지 풍습을 그려 놓은—비평을 통해서가 아니라 이야기 형식으로 그것을 그려 놓고 있기는 하지만—헤로도토스[38]의 위업을 부정할 수는 없다. 더구나 그는, 자기의 역사책을 초상화와 인물로 가득 채우는 오늘날의 모든 역사가들보다 더 훌륭하게 그것을 그려놓고 있는 것

---

38) 헤로도토스는 이집트, 바빌론, 흑해 북안(北岸) 등을 두루 여행한 대여행가였다.

이다. 타키투스(Tacitus)[39]는 오늘날의 독일인들을 묘사한 어떤 저작자보다 더 훌륭하게 자기 시대의 독일인들을 묘사했다. 고대사(古代史)에 자신을 바쳤던 그 당시의 사람들이 오늘날의 어떤 민족이 이웃 민족들을 알고 있는 것보다 그리스인·카르타고인(Carthaginians)·로마인·갈리아인(Gaul)·페르시아인들에 대해 더 잘 알고 있었다는 것은 의심의 여지도 없다.

각 민족들의 고유의 특성은 나날이 변화해 가며, 따라서 각 민족들의 고유의 특성을 파악하기가 점점 어려워지고 있다는 사실도 또한 인정해야 한다. 인종이 섞이고 민족이 혼합됨에 따라, 첫눈에 드러났던 각 민족들 사이의 과거의 차이점은 점점 사라지고 있다. 과거에는 각 민족은 다른 민족들과 거의 교류를 하지 않았다. 과거에는 각 민족은 다른 민족들로부터 고립해 있었으며, 민족들 사이에는 교류도 여행도 상호간의 이해 관계도 정치적·사회적 교섭도 거의 없었다. 그리고 왕권의 복잡한 기구도 외교도 거의 없었으며, 외국에 상주하는 대사도 없었다. 먼 항해도 거의 행해지지 않았으며, 외국과의 무역도 거의 없었다. 약간의 무역이 있기는 했지만, 그것은 군주들이 외국인들을 고용하여 행한 것이거나 아니면 다른 사람들에게 영향을 주지 못하는 보잘것없는 사람들이 행한 것이었다. 오늘날의 유럽과 아시아의 관계는 과거의 갈리아와 스페인의 관계보다 백 배나 더 복잡하다. 과거에는 유럽만으로도 오늘날의 전 세계보다 접근하기가 어려웠던 것이다.

뿐만 아니라 고대의 민족들은 대체로 자신들을 자기 나라의 원주민으로 생각했다. 그들은 자기 나라에서 아주 오래 전부터 살아 왔으므로, 그들의 선조들이 그곳에 정착했던 아득한 옛날의 모든 기록들은 없어졌으며, 또 그들은 그곳에서 너무도 오랫동안 살아 왔기 때문에 그곳은 그들에게 지워지지 않는 인상을 새겨 주었던 것이다. 그러나 현대 유럽에서는 로마인들의 정

---

39) 타키투스는 게르만인이 있는 땅에서 가까운 지방의 지사(知事)를 지내고 《게르마니아》를 썼다.

복에 이은 야만족들의 침입으로 인해 극도의 혼란이 야기되었다. 오늘날의 프랑스인들은 이미 옛날처럼 큰 체구나 흰 피부를 갖고 있지 않으며, 그리스인들은 이미 조각가의 모델이 될 수 있을 만큼 아름답지는 않다. 로마인들의 얼굴도 그들의 특성이 변한 것만큼이나 변해 버렸으며, 달단(Tartary) 지방으로부터 비롯된 페르시아인들은 서카시아인들(Circassian)[40]의 피가 섞여 날로 그들 본래의 추한 모습을 잃어가고 있다. 유럽인들은 이미 갈리아인·게르만인·이베리아인(Iberians)·알로브로그인(Allobroges)[41]이 아니다. 그들은 얼굴이 변한 모습을 보면 모두 스키타이족(Scythians)이며, 행위에서는 더욱 그러하다.

그러므로 고대에서의 토지와 기후의 영향으로 인한 인종(人種)의 특성은 오늘날에서보다 기질·모습·풍습·성격 등의 면에서 민족들 사이에 더 큰 차이를 만들었다. 오늘날 유럽의 변덕스러움은 자연적 원인들이 작용할 시간을 주지 않는다. 그리하여 숲은 벌목되고 습지는 물이 말라 버리며, 토지는 옛날처럼 제대로 경작되지는 않지만 더 일률적으로 경작된다. 따라서 자연의 모습에서조차 더 이상 국가와 국가 사이의 뚜렷한 차이를 찾아볼 수 없게 되었다.

이런 사실들을 생각한다면, 우리는 이미 우리가 볼 수 없는 독자적인 독특한 모습으로 각 나라 사람들을 묘사한 데 대해 헤로도토스와 크테시아스(Ctesias)·플리니우스(Plinius)[42]를 성급히 비웃을 수는 없을 것이다. 얼굴의 그러한 유형을 알기 위해서는 우리는 각 나라 사람들을 보지 않으면 안된다. 만일 그들이 옛날과 똑같이 그대로 남아 있다면, 그들에게는 아무런 변화도

---

40) 서카시아는 코카서스 북방(北方)의 옛 명칭.

41) 알로브로그인은, 시저의 시대에 프랑스의 도피네 및 사보아 지방에서 살던 민족.

42) 크테시아스는 기원전 4세기 후반의 그리스의 역사가. 페르시아군에 사로잡혀 아루타크세루크세스 왕의 시의(侍醫)가 되었다가, 귀국해서 《페르시아사(史)》, 《인도사(史)》를 썼다. 플리니우스(Plinius, 23~79년)는 로마의 박물학자. 방대한 《박물지(博物誌)》의 저자.

일어나지 않았을 것이기 때문이다. 만일 우리가 이제까지 존재했던 모든 사람들을 볼 수 있다면, 우리는 오늘날 민족과 민족 사이에서 볼 수 있는 것보다 훨씬 더 큰 변화를 시대와 시대 사이에서 발견할 수 있을 것이다.

또한 관찰은 어려워질수록 더욱 소홀히 그리고 더욱 불완전하게 행해진다. 이것이 인류의 박물학(博物學)에서의 우리의 연구가 별로 성공하지 못한 또 하나의 이유이다. 여행에 의해 얻어지는 지식은 그 여행의 목적에 의해 좌우된다. 만일 여행의 목적이 철학 체계를 세우는 데 있다면, 여행자는 자기가 보고자 하는 것만을 볼 것이며, 여행의 목적이 돈벌이에 있다면, 여행자는 돈벌이에 온 주의를 빼앗길 것이다. 교역과 기술은 민족들을 뒤섞고 혼합하지만 동시에 민족들이 서로 상대를 연구하는 것을 방해하기도 한다. 만일 그들이 이웃 민족들로부터 이익을 얻는 방법을 안다면, 그들이 더 이상 무엇을 알 필요가 있겠는가?

가장 안락하게 살 수 있는 장소를 선택하기 위해서는, 우리가 살 수 있는 모든 장소를 아는 것은 유익한 일이다. 만일 모든 사람이 각기 자급 자족에 의해 살아간다면, 인간이 알 필요가 있는 것은 어느 정도의 땅이라야 자기에게 먹고 살 수 있는 식량을 제공해 줄 수 있는가 하는 것뿐이다. 아무도 필요로 하지 않고 아무도 부러워하지 않는 미개인은 자기 자신의 땅 이외의 다른 땅은 알지도 못하고 알려고 하지도 않는다. 설사 그가 자기의 생계를 위해 더 많은 땅을 필요로 한다 하더라도 그는 사람들이 살고 있는 장소는 피한다. 즉, 그럴 경우 그는 야생 동물들을 공격하여 그것들을 먹고 살아가는 것이다. 그러나 문화 생활을 하지 않을 수 없게 된 우리에게는, 우리의 동료 인간들을 잡아먹지 않고서는 살 수 없게 된 우리에게는, 잡아먹힐 수 있는 인간이 가장 많이 있는 곳으로 자주 가는 것이 이익이 된다. 모든 사람이 로마·파리·런던으로 모여드는 것은 바로 그 때문이다. 인간의 살과 피의 값이 가장 싼 곳은 언제나 대도시이다. 그러므로 우리는 대도시의 사람들밖에 알지 못하며, 대도시의 사람들은 모두 비슷비슷한 것이다.

'학자들은 지식을 얻기 위해 여행을 한다.' 고 사람들은 말한다. 그러나 그렇지 않다. 그들도 다른 사람들과 마찬가지로 이득을 얻기 위해 여행한다. 플라톤과 피타고라스와 같은 철학자들은 이미 찾아볼 수 없으며, 설사 그런 사람들이 발견된다 하더라도, 그것은 우리에게 아주 멀리 떨어진 곳에서이다. 우리의 학자들은 왕의 명령에 따라 여행할 뿐이다. 즉, 그들은 보내지는 것이다. 그들은 여행 비용을 지급받고 이것저것 조사하는 데 대해 보수를 받는다. 그들의 여행의 목적은 분명 어떤 도덕적 문제에 대한 연구가 아니다. 그들의 모든 시간은 그들의 그러한 여행 목적에 소비된다. 그들은 너무도 정직하여 그들의 보수를 공짜로 받아먹지는 않는 것이다. 설사 어떤 나라에든 자신의 비용으로 여행하고 있는 사람들이 있다 하더라도, 그것은 인간을 연구하기 위해서가 아니라 사람들에게 가르치기 위해서이다. 그들이 욕구하는 것은 지식이 아니라 겉치레인 것이다. 그런데 그들의 여행이 어떻게 그들에게 편견의 멍에를 벗어 던지도록 가르칠 수 있겠는가? 그들을 여행하게 하는 것은 편견인 것이다.

다른 나라의 국토를 보기 위해 여행하는 것과 다른 나라의 국민들을 보기 위해 여행하는 것은 완전히 다른 것이다. 전자(前者)는 항상 호기심 많은 사람들의 여행 목적이며, 후자(後者)는 그들에게서는 부수적인 것에 지나지 않는다. 만일 당신이 철학자로서 여행하기를 원한다면 당신은 이와는 정반대이어야 한다. 어린 아이는 인간을 연구할 나이가 되기 전에 먼저 사물들을 관찰한다. 그러나 어른은 자기의 동료 인간들을 연구하는 것으로부터 시작하지 않으면 안된다. 왜냐하면 시간이 허락한다면 그는 그후 사물들을 연구할 수 있을 것이기 때문이다.

그러므로 우리가 그릇된 방법으로 여행을 한다고 해서 여행을 무익한 것이라고 결론을 내리는 것은 불합리한 일이다. 그러나 여행의 유익함이 인정된다 하더라도, 여행이 우리 모두에게 유익하다는 것을 의미하는 것일까? 결코 그렇지 않다. 오히려 진실로 여행에 적합한 사람은 극히 적다. 즉, 여행은 오직 그릇된 말을 들어도 미혹되지 않고 악덕의 실례(實例)를 보아도 현혹되지 않을 만큼 내적으로 강한 사람들에게만 유익한 것일 수 있는 것이다. 여행은 인간 천성의 진행을 촉진시키며, 인간을 선인(善人) 혹은 악인(惡人)으로 굳혀 버린다. 세계를 여행하고 돌아오는 사람은 평생토록 변하지 않게 될 인간이 되어 돌아온다. 그러나 선량한 인간이 되어 돌아오는 사람보다는 악한 인간이 되어 돌아오는 사람이 많다. 그것은 악(惡)의 성향을 지니고 여행을 떠나는 사람들이 더 많기 때문이다. 그릇된 교육을 받고 잘못 키워진 젊은이들은, 여행하는 동안에 그들이 체류했던 여러 나라 국민들의 모든 악덕을 취하고 그 악덕과 관련된 미덕은 하나도 취하지 않는다. 그러나 훌륭한 성품을 갖고 태어났으며 그 훌륭한 성품이 잘 길러진 젊은이들, 지식을 넓히고자 하는 참된 욕망을 지니고서 여행을 하는 젊은이들은, 모두 여행을 떠날 때보다 더 선량하고 더 현명한 인간이 되어 돌아온다. 에밀은 그런 자세로 여행할 것이다. 좀더 훌륭한 시대에 태어났어야 할 저 청년, 선량함으로 유럽인들의 찬사를 받았던 저 청년, 꽃다운 나이에 나라를 위해 죽어간 저 청년도[43] 그런 자세로 여행했다. 그는 살 가치가 있는 사람이었다. 그의 미덕에 의해서만 기품을 지녔던 그의 무덤은, 한 외국인이 꽃으로 그의 무덤을 장식하기 전까지는 아무런 명예도 받지 못했다.

이성(理性)에 의해 행해지는 모든 것은 규칙을 갖고 있지 않으면 안된다. 그러므로 교육의 일부인 여행도 규칙을 갖고 있지 않으면 안된다. 여행을 위한 여행은 방황이며 방랑이다. 지식을 얻기 위해 여행하는 것도 또한 모호하다. 왜냐하면 어떤 분명한 목표가 없는 배움은 무가치한 것이기 때문이다. 나는 청년에게 배움에 대한 개인적인 어떤 흥미를 주어 그로 하여금 지식을 찾게 하고 싶다. 그러면 바르게 선택된 그 흥미는 그 교육의 성질도 또한 결정

---

43) 이것은 제2부의 끝 ― p.262의 제24행 이하 ― 에서 이야기되고 있는 소년, 지조르 백작을 말한다. 그뒤에 '한 사람의 외국인'이라 한 것은 루소 자신을 말하는 것이다.

할 것이다. 이것은 내가 이제까지 행하여 온 방법의 계속일 뿐이다.

그런데 그가 다른 생물들에 대한 그의 육체적 관계 속에서, 그리고 다른 사람들과의 윤리적 관계 속에서 자기 자신을 고찰한 후, 그에게 남는 것은 동료 시민들에 대한 그의 사회적 관계를 고찰하는 일이다. 그러기 위해서는, 그는 우선 정부라는 것의 본질을 연구하고, 그 다음에 정부의 여러 가지 상이한 형태들을 연구한 다음, 마지막으로 자기가 태어난 나라의 특수한 정부를 연구하여 그 정부 밑에서 사는 것이 자기에게 적합한지 어떤지를 알지 않으면 안된다. 왜냐하면 모든 사람은 성인이 되어 자기 자신의 지배자가 되면, 어떤 것에 의해서도 폐기될 수 없는 하나의 권리에 의해, 자기를 그 사회의 일원으로 만들고 있는 그 계약을 자유롭게 파기하고, 그 계약이 효력을 발휘하고 있는 그 나라를 떠날 수 있기 때문이다. 분별력을 갖게 된 후, 그가 그의 조상들로부터 물려받은 그 맹세를 묵묵히 인정하고 있는 것으로 생각되는 것은, 단지 그가 그 나라에 머물러 있기 때문이다. 그에게는 그의 아버지의 토지에 대한 모든 권리를 버릴 권리가 있듯이 그의 나라를 버릴 권리가 있다. 더구나 출생지라는 것은 자연이 자기에게 준 선물이므로, 자기의 출생지를 버린다는 것은 자기 자신의 일부를 버리는 것이다. 엄격하게 말하면 모든 사람은, 자발적으로 자기 나라의 법률에 복종함으로써 그 법률의 보호를 받을 권리를 획득하지 않는 한 자기 자신을 내걸고 자기가 태어난 나라에 머물러 살고 있는 것이다.

그러므로 나는 에밀에게 이렇게 말해 줄 것이다. "너는 이제까지 나의 인도를 받으며 살아 왔다. 네게는 너 자신을 지배할 능력이 없었기 때문이다. 그러나 이제 너는, 법률이 네게 너의 재산에 대한 지배권을 주고 너를 너의 가족의 주인이 되게 하는 나이에 가까워지고 있다. 머지않아 너는 사회 속에서 혼자임을 발견하게 될 것이며, 모든 것에, 심지어 너의 세습 재산에조차 의존하게 될 것이다. 너는 결혼을 하려고 하고 있다. 그것은 칭찬할 만한 생각이며, 결혼은 인간의 의무 중의 하나이기도 하다. 그러나 결혼하기 전에 너는, 네가 어떤 종류의 인간이 되기를 원하며 너의 인생을 어떻게 보내기를 원하는가, 그리고 너의 가족과 너 자신의 생계를 벌기 위해 너는 어떤 조치를 취할 것인가 하는 것을 알지 않으면 안된다. 왜냐하면 우리는 생계를 버는 일을 우리의 주된 일로 삼아서는 안되지만, 그것은 반드시 고려되어야 하는 일이기 때문이다. 너는 네가 경멸하는 사람들에게 의존하기를 원하는가? 너는 사회적 관계─너를 항상 다른 사람들의 선택에 의존하게 만들고, 네가 악한 자들로부터 도망친다 하더라도 너 자신이 악한 자가 되도록 강요하는─에 의해 부(富)를 이루고 너의 지위를 확고하게 만들기를 원하는가?'라고.

그리고 나서 나는, 상업에서 혹은 관직에서, 혹은 금융업에서 그의 돈을 사용할 수 있는 모든 가능한 방법을 그에게 설명해 줄 것이다. 그리고 나는 그 모든 방법들에는 반드시 여러 가지 위험이 들어 있으며, 그 위험들은 모두 그를 불안정한 예속 상태에 빠뜨리고, 다른 사람들의 실례(實例)와 편견에 따라 그의 품행과 감정·행동을 취할 것을 그에게 강요한다는 것을 가르쳐 줄 것이다. 그리하여 나는 그에게 이렇게 말할 것이다.

"너의 시간과 돈을 사용하는 또 한 가지 방법이 있다. 그것은 매우 높은 임금으로 고용되어 너에게 아무런 해도 입힌 적이 없는 사람들을 죽이는 일이다. 이 직업은 사람들 사이에서 커다란 영예를 받고 있으며, 사람들은 그런 일밖에는 적합하지 않은 그런 자들을 지나치게 높이 평가한다. 뿐만 아니라 이 직업은 너를 다른 방법들로부터 해방시켜 주기는커녕 오히려 다른 방법들을 더욱더 필요로 하게 만든다. 왜냐하면 이 직업을 택한 사람들을 파멸시키는 것도 이 직업에서는 영예가 되기 때문이다. 물론 그들 모두가 파멸하는 것은 아니다. 심지어 다른 직업에서와 마찬가지로 이 직업에서도 부(富)를 이루는 일이 많아지는 일조차 있다. 그러나 내가 네게 그런 사람들이 부를 이루기 위해 어떻게 했는가를 말해 준다면, 너는 그들의 실례(實例)를 따르려고 하지 않을 것이다.

뿐만 아니라 너는 이 직업에서조차 여성에 관한 경우가 아닌 한 용기와 용맹도 이미 중요한 것이 아니라는 것을 알아야 한다. 오히려 네가 굽실거리고 저열하고 타락한 자일수록 너는 더욱 큰 존경을 받게 된다. 가령 네가 직무를 성실하게 수행하려 한다면 너는 경멸과 증오를 받게 될 것이며, 필시 그 일에서 쫓겨나게 될 것이다. 설사 쫓겨나지는 않는다 하더라도 적어도 너는 편애(偏愛)의 희생물이 되어 너의 동료들에 의해 밀려나게 될 것이다. 왜냐하면 그들이 몸치장에 정성을 들이고 있는 동안 너는 참호(塹壕) 속에서 너의 의무를 수행하고 있었기 때문이다."라고.

우리는 이런 일들이 에밀의 취향에 맞으리라고는 거의 상상할 수 없다. 그는 이렇게 외칠 것이다. "도대체 제가 저의 어린 시절의 놀이를 잊어버리기라도 했단 말입니까? 저의 팔을 잃기라도 했단 말입니까? 저의 힘이 사라지가라도 했단 말입니까? 제가 일할 수 없게 되기라도 했단 말입니까? 선생님께서 말씀하신 모든 훌륭한 직업들과, 다른 사람들의 모든 어리석은 편견들이 저와 무슨 상관이 있단 말입니까? 저는 친절하고 올바른 인간이 되는 것 이외의 만족은 알지 못합니다. 매일 일함으로써 건강과 좋은 식욕을 유지하며, 제가 사랑하는 그녀와 함께 독립적인 생활을 하는 것 이외의 행복을 저는 알지 못합니다. 선생님께서 말씀하신 그 모든 번거로운 일들은 저의 관심을 끌지 못합니다. 제가 원하는 재산은 어느 조용한 외딴 곳에 있는 작은 농지(農地)뿐입니다. 저는 그 농지로부터 많은 수확을 거둘 수 있도록 모든 노력을 기울일 것입니다. 그리하여 저는 아무런 걱정 없이 살아갈 것입니다. 제게 저의 농지와 소피를 주십시오. 그것만으로 저는 부자일 것입니다." "그렇다, 사랑하는 친구여. 현자(賢者)가 필요로 하는 것은 아내와 자신의 농지뿐이다. 그러나 이 두 가지 보물은 네가 생각하는 것처럼 그렇게 흔한 것이 아니다. 그 두 가지 보물 중 너는 이미 가장 희귀한 보물 한 가지는 발견했다. 그러므로 다른 한 가지 보물에 대해 이야기하기로 하자.

사랑하는 에밀! 너는 너 자신의 농지를 어디서 발견하려 하는가? 지구상의 얼마나 외진 곳이라야 너는 '이제 나는 나 자신과 나의 소유인 이 농지의 주인이 되었다.' 라고 말할 수 있겠는가? 우리는 인간이 어느곳에서라야 부자가 될 수 있는지 안다. 그러나 어느곳에서라야 재산이 없이도 지낼 수 있는지 누가 알겠는가? 다른 사람들을 학대하지 않고, 또 자신도 다른 사람들로부터 학대받지 않고 자유롭게 독립해서 살 수 있는 곳이 어디인지 누가 알겠는가? 너는 네가 항상 정직한 인간으로 살 수 있는 곳이 쉽게 발견되리라고 생각하는가? 불의(不義) 없이, 소송 사건 없이, 그리고 다른 사람들에게 의존하지 않고 살아갈 수 있는 확실하고 정당한 방법이 있다면, 그것은 자신의 손으로 경작하면서 힘써 일하며 살아가는 것이다. 그러나 '내가 경작하고 있는 땅은 나의 것이다.' 라고 말할 수 있는 나라가 어디 있겠는가? 그런 행복한 장소를 선택하기에 앞서 너는 네가 원하는 평화를 발견할 수 있다는 것을 명심하라. 너의 고국에서 올바르지 못한 정부, 박해하는 종교, 사악한 풍습이 너를 혼란시키지 않도록 조심하라. 너의 노동의 열매를 삼켜버리는 과중한 세금과 너의 재산을 소모시켜 버리는 끝없는 소송 사건으로부터 너 자신을 보호하라. 관리들·재판관들·성직자들·세력 있는 이웃들, 그리고 온갖 종류의 악한들의 비위를 맞추지 않고도 올바르게 살아갈 수 있도록 하라. 네가 그들을 무시하면, 그들은 즉시 너를 괴롭힐 것이다. 특히 부유하고 지위가 높은 자들로부터 괴롭힘을 당하지 않도록 조심하라. 어디에서든 그들의 영토는 나봇(Naboth)의 포도밭[44]과 인접해 있을지도 모른다는 것을 명심하라. 불행하게도 지위가 높은 어떤 사람이 너의 오두막 가까운 곳에 집을 사거나 짓게 되면, 그는 어떤 구실을 만들어서라도 자기의 땅을 반듯한 모양으로 만들기 위해 너의 땅을 잠식해 들어갈 방법을 생각해 내든가, 아니면

---

44) 구약 〈열왕기〉 상의 제21장. 나봇은 그의 포도밭을 이스라엘 왕 아합에게 양도할 것을 거절했기 때문에, 무고한 죄를 입어 민중의 돌에 맞아죽었다. 후에 아합과 그의 아내 이제벨은 비참한 최후를 맞는다.

길을 넓히기 위해 너의 농지(農地)를 빼앗을지도 모른다는 것을 명심하라. 만일 네가 그런 부당한 일들을 물리칠 수 있을 만큼 큰 세력을 갖고 있다면, 너는 너의 재산을 그대로 갖고 있어도 좋을 것이다. 왜냐하면 그 경우 재산을 지키는 것은 그다지 어려운 일이 아니기 때문이다. 부(富)와 세력은 서로 의존하므로 어느 한쪽이 없이는 다른 한쪽도 유지할 수 없는 것이다.

사랑하는 에밀, 나는 너보다 많은 경험을 했다. 그러므로 나는 너의 계획을 실행하는 과정에서의 여러 가지 난관들을 잘 알고 있다. 그러나 그것은 참으로 훌륭하고 고귀한 계획이다. 너의 계획은 너를 참으로 행복하게 해 줄 것이다. 함께 그 계획을 실행에 옮기도록 노력하자. 나는 너에게 한 가지 제안을 하고 싶다. 그것은 소피에게 돌아갈 때까지 2년 동안 내가 말한 모든 위험들로부터 벗어나 너의 가족과 행복하게 살 수 있는 유럽의 어느곳을 찾는 일에 몰두하기로 하자는 것이다. 만일 우리가 성공한다면, 너는 사람들이 그토록 찾으려 노력했으나 발견하지 못했던 참된 행복을 발견한 셈이 될 것이며, 따라서 너는 그런 곳을 찾는 데에 시간을 소비한 것을 후회하지 않게 될 것이다. 설사 우리가 실패한다 하더라도, 너는 그릇된 생각을 버리게 될 것이며, 따라서 너는 피할 수 없는 불행에 대해 너 자신을 위로하고 필연의 법칙에 복종하게 될 것이다."

내가 제안한 이 탐구가 우리를 어디로 인도해 갈 것인지를 나의 모든 독자들이 알게 될지 어떨지 나는 알지 못한다. 그러나 에밀이, 이런 목적으로 시작되고 계속된 여행으로부터 통치·공중도덕, 그리고 온갖 정치 철학의 문제들에 대해 완전한 지식을 얻지 못한 채 돌아온다면, 그것은 에밀에게는 지성이, 나에게는 판단력이 크게 결여되어 있기 때문이라는 것을 나는 잘 알고 있다.

정치학은 현재 미지의 상태이며, 어쩌면 앞으로도 미지의 상태로 남아 있을지도 모른다. 이 분야에서 우리의 스승인 그로티우스(Grotius)[45]는 어린 아이에 불과하며, 그것도 정직하지 못한 아이에 불과하다. 그로티우스에게 엄청난 찬사를 보내고 홉스(Hobbes)[46]에게 비난을 퍼붓는 것을 듣게 되면,

나는 그들을 읽거나 이해한 사람들이 얼마나 지각이 없는 사람들인지를 알수 있다. 사실 그들의 원리는 완전히 똑같은 것으로, 그들은 표현을 달리 하고 있을 뿐이다. 그들의 방법도 또한 다르다. 즉, 홉스는 궤변에 의존하고 있으며, 그로티우스는 시인들에 의존하고 있는 것이다. 그 이외의 모든 것에서 그들 두 사람은 서로 일치하고 있다. 현대에서는, 이 광대하고도 쓸모없는 학문을 만들어 낼 수 있었던 사람은 저 유명한 몽테스키외(Montesquieu) 한 사람뿐이었다. 그러나 그는 행정법의 원리에는 관심을 기울이지 않았다. 그는 기존 통치의 실정법(實定法)을 다루는 것으로 만족했던 것이다. 그런데 이 두 가지 연구만큼 서로 다른 것은 없는 것이다.

그러나 현재의 통치의 문제들을 현명하게 판단하고자 하는 사람은 그 두 가지를 겸하지 않으면 안된다. 현재의 것을 올바로 판단하기 위해서는 마땅히 존재해야 하는 것을 알지 않으면 안되기 때문이다. 이 중요한 문제를 해결하는 데 가장 어려운 일은, 개인으로 하여금 '그것이 나와 어떤 관계가 있는가?', '내가 할 수 있는 것이 무엇인가? 라는 두 가지 질문을 검토하고 대답하게 하는 일이다. 에밀은 이미 이 두 가지 질문에 대답할 수 있는 상태에 있다.

두 번째 어려움은 어린 시절의 편견―우리가 성장해 온 여러 가지 원칙―으로부터 생겨난다. 특히 그것은, 진리에 대해 거의 관심을 기울이지 않으면서도 항상 진리에 대해 떠들어대고 있는 저작자들의 부당함으로부터 생겨난다. 그들이 관심을 기울이는 것은 오직 그들 자신의 이익뿐이며, 그들은 그것에 대해서는 한마디도 하지 않는 것이다. 교수직도, 연금(年金)도, 아카데

---

45) 휴고 그로티우스(Hugo Grotius. 1583~1645)는 네덜란드의 법학자 · 정치가. 그의 《전쟁과 평화의 법(法)》(1625)은 국가적 · 종교적 대립을 초월하는 자연법의 존재를 주장한 책으로, 나중에 국제법에 큰 영향을 미쳤다.

46) 토마스 홉스(Thomas Hobbes, 1588~1679))는 영국의 철학자 · 법학자. 경험론적 입장에 서서 대륙의 자연 과학을 도입하여 유물론에 접근했다. 《법학 요론(法學要論)》을 내어 국가 계약설을 지지하고, 반혁명에 기울어졌다.

미 회원직도 국민이 주는 것이 아니다. 그런데 어찌하여 국민의 권리가 그런 자들에 의해 정해져야 하는가? 내가 에밀에게 가르쳐 온 교육으로 인해 이 어려움도 또한 에밀의 길로부터 제거되었다. 그는 정부라는 것이 어떤 것인지 거의 알지 못한다. 그에게 필요한 것은 최선의 정부를 찾아내는 일이다. 그는 글을 쓰기를 원치 않는다. 설사 그가 글을 쓴다 하더라도, 그것은 권력 있는 자들의 비위를 맞추기 위해서가 아니라 인류의 권리를 확립하기 위해서이다.

세 번째 어려움은, 실제적인 어려움이라기보다는 그렇게 보이는 어려움이며, 또 내가 해결하고 싶지도 제기하고 싶지도 않은 어려움이다. 내가 그것을 두려워하지 않는 것으로 충분하다. 이런 종류의 연구에서는 뛰어난 재능보다는 정의에 대한 순수한 사랑과 진리에 대한 진정한 존경심이 더 필요하다는 것을 나는 확신하기 때문이다. 만일 통치에 관한 문제들이 공정하게 논해질 수 있다면, 지금이야말로 두 번 다시 없는 절호의 기회인 것이다.

관찰을 시작하기 전에, 우리는 진행을 위한 기준을 설정해 놓아야 한다. 즉, 우리는 우리의 측정치를 비추어 볼 척도를 설정해 놓지 않으면 안되는 것이다. 우리의 행정법의 원칙이 우리의 척도이며, 우리가 실제로 측정하는 것은 각 나라의 민법(民法)이다.

우리의 기본 관념은 여러 가지 사물의 본성으로부터 직접 취한 간단하고 단순한 것이다. 그것들은 우리들 사이에서 논의된 문제들의 형태를 취할 것이며, 우리가 우리의 문제들에 대해 만족스런 해결책을 발견한 후에야 비로소 원리로 공식화될 것이다.

예컨대 우리는 자연의 상태로부터 시작해야 할 것이다. 즉, 우리는 인간이 노예로서 태어나는가 아니면 자유인으로서 태어나는가, 공동체의 일원으로서 태어나는가 아니면 독립인으로 태어나는가, 인간의 공동 생활이 자유 의지의 결과인가 아니면 강제력의 결과인가를 알아야 할 것이다. 인간에게 통일된 행동을 하도록 강요하는 강제력은 과연 영원한 법률―다른 어떤 힘이 이 최초의 힘을 능가하게 되었을 때조차도 그것에 의해 이 최초의 힘이 구속력을 갖게 되는—이 될 수 있을까? 가령 최초의 정복자였다면 니므롯 (Nimrod) 왕[47]의 힘이 나타난 이후로는, 그 최초의 힘을 전복시킨 다른 모든 힘은 부정(不正)한 힘, 찬탈의 힘이 되었으며, 따라서 니므롯 왕의 자손들이나 그들의 후계자들 이외에는 어느 누구도 합법적인 왕이 없었던 것처럼, 혹은 이 최초의 힘이 사라지게 되면, 그 뒤를 이은 힘도 우리를 지배하는 어떤 권리를 갖게 되어 최초의 힘이 가졌던 강제력을 파괴하며, 따라서 우리는 압제하에 있는 동안만 어쩔 수 없이 복종하게 되고, 저항할 힘이 생기게 되면 우리는 곧 복종하지 않게 되는 것인가? 그러한 권리는 힘과 별로 다를 바 없다. 즉, 그것은 단순한 말 장난에 지나지 않는 것이다.

우리는, ‘모든 질병은 신(神)으로부터 오는 것이므로, 의사를 부르는 것은 죄악이다.’ 라고 말할 수 있는지 어떤지를 검토해 보아야 할 것이다.

또한 우리는 강도를 만났을 경우, 지갑을 감출 수 있을 때, 우리의 지갑을 감추지 말고 그 강도에게 주어야 하는지 어떤지도 검토해 보아야 할 것이다. 왜냐하면 강도가 갖고 있는 권총도 또한 일종의 권력이기 때문이다. 이 경우에 권력이라는 말은 정당한 권력, 즉 그 존재의 근거인 법률에 따르는 권력과는 다른 것을 의미하는가?

힘이 곧 정의라는 이러한 이론을 부정하고 자연의 권리, 즉 어버이의 권위를 사회의 기초라고 생각해 보라. 그러면 우리는 이 권위의 범위를 검토해 보아야 할 것이다. 즉, 우리는 본질적으로 그 기초가 되는 것은 무엇인가? 거기에는 아이에게 유익한 것, 아이의 연약함에 도움이 되는 것, 아버지가 자식에 대해 느끼는 자연적인 사랑 이외의 기반이 있는가? 아이가 육체적·정신적으로 성장하여 연약함을 벗어나게 되면, 그는 자기 보존을 위해 무엇이

---

47) 구약 〈창세기〉 제10장의 제6절~12절에 나온다. 니므롯 왕은 노아의 아들 함의 자손으로 구시의 아들이다. 성경에 의하면, 그는 세상의 권력자가 된 최초의 사람이자 바빌론의 창설자로 간주된다.

필요한가에 대한 유일한 판정자가 될 것이 아닌가? 그리하여 그는 자기 자신의 주인이 되어 모든 사람으로부터, 심지어 그의 아버지에게서조차 독립하지 않겠는가? 왜냐하면 아버지가 자식을 사랑하는 것 이상으로 아들이 자기 자신을 사랑하는 것이 훨씬 더 확실하기 때문이다.

아버지가 죽게 되면, 아이들은 맏형이나 혹은 아버지의 자연적인 애정을 갖고 있지 않은 어떤 사람에게 복종해야만 하는가? 자손 대대로 모든 가족이 복종해야 할 한 사람의 가장(家長)이 있어야 하는가? 만일 그렇다면 권력이 어떻게 분할될 수 있으며, 전 세계에 인류를 지배하는 우두머리가 한 사람이 아니라 몇 사람씩 있을 수 있는가?

민족들이 각기 스스로의 선택에 의해 형성되었다고 가정해 보라. 그러면 우리는 권리와 사실을 구별해야 할 것이다. 형제들, 삼촌, 혹은 다른 친척들에게 복종하는 것은 강요에 의한 것이 아니라 그들이 스스로 선택한 것이다. 그러므로 우리는 이런 사회가 자신의 의지에 의한 자발적인 결합인지 아닌지 검토하지 않으면 안될 것이다.

다음에, 노예 제도에 대해 생각해 보자. 우리는 한 인간이 자기 자신에 대한 자기의 권리를 아무런 조건 없이 조금도 남김 없이 완전히 다른 사람에게 넘겨 줄 수 있는지 어떤지 검토해 보아야 할 것이다. 즉, 인간이 자기의 인격, 자기의 생명, 자기의 이성(理性), 자기의 자아(自我), 자기의 행위 속에 있는 모든 도덕성을 포기할 수 있겠는가? 한마디로 말해, 인간에게 자기 보존의 책임을 직접적으로 지우고 있는 자연에 거역하여, 또 무엇을 해야 하며 무엇을 해서는 안되는지를 인간에게 가르쳐 주는 이성(理性)과 양심에 거역하여, 인간이 자기의 죽음이 찾아오기 전에 생존하기를 중단할 수 있겠는가?

만일 노예 제도에 어떤 유보 조항(留保條項)이나 제한이 있다면, 우리는 이 제도가 진정한 계약이 될 수 있는지 어떤지 검토해 보아야 할 것이다. 진정한 계약에는, 계약자 쌍방은 모두 지배권을 갖고 있지 않으므로 계약 조건에 대해 각기 자기 나름대로 판단하며, 따라서 그 계약이 자기에게 해를 주게 되는 경우에는 쌍방은 즉시 그 계약을 자유롭게 파기할 수 있는 것이다.

　이렇듯 한 사람의 노예조차도 자기 자신을 송두리째 자기의 주인에게 양도할 수 없는데, 하물며 국민 전체가 자신을 송두리째 우두머리에게 양도할 수 있겠는가? 한 사람의 노예조차도 자기의 주인이 자기와의 계약을 이행하고 있는지 어떤지에 대한 심판자가 될 수 있는데 어찌 국민 전체가 우두머리가 계약을 이행하고 있는지 어떤지에 대한 심판자가 될 수 없겠는가?

　그리하여 우리는 출발점으로 되돌아오게 되었다. 그러므로 이 집합적인 국민이라는 말의 의미를 생각할 때, 우리는 하나의 국민을 형성하기 위해서는 우리가 가정하고 있는 계약에 우선하는 어떤 계약—무언의 계약일지라도—이 필요한지 어떤지 검토하지 않으면 안될 것이다.

　국민이 왕을 선출하기 전부터 국민은 국민이었다. 국민을 국민으로 만든 것은 사회 계약이 아니고 무엇이겠는가? 그러므로 사회 계약은 모든 공공 사회의 기반이며, 따라서 우리가 사회 계약에 의해 형성된 사회의 본질을 찾아야 할 곳은 바로 사회 계약의 본질 속에서인 것이다.

　이 사회 계약의 의미를 고찰해 보면, 그것은 분명 ‘개인으로서의 우리는 각기 자기의 재산, 자기의 인격, 자기의 생명을 일반 의지라는 최고의 지위에 내맡기고 있으며, 전체로서의 우리는 각 구성원을 전체의 분할할 수 없는 일부분으로 받아들인다.’ 라는 식으로 표현될 수 있을 것이다.

　이렇게 생각할 때, 우리가 필요로 하는 용어를 정의하기 위해서 우리는 ‘이 결합 행위는 계약 당사자인 각 개인의 개별적 인격 대신에 집회에서의 투표수만큼이나 많은 구성원으로 이루어져 있는 하나의 정신적·집합적 조직체를 만들어 낸다.’ 는 것에 주의하지 않으면 안될 것이다. 이 공공적 인격은 보통 ‘정치체(政治體 : corps politique)’ 라고 불리며, 그것이 수동적인 경우에는 그 구성원들에 의해 ‘국가(État)’ 라고 불리며, 그것이 능동적인 경우에는 ‘주권자(souverain)’ 라고 불리며, 동류(同類)와 비교될 경우에는 ‘힘(puissance)’ 이라고 불린다. 그리고 그 구성원들 자신은, 집단적으로는 ‘국민(peuple)'이라고 불리며, 개별적으로는 '도시(cité)'의 구성원 혹은 주권에 참여하는 자로서 '시민(citoyens)'이라고 불리며, 바로 그 주권에 복종하는 자로서 '피지배자(被支配者 : sujets)'라고 불린다.

또한 우리는, 이 결합 계약에는 공공과 개인과의 상호적인 서약이 포함되어 있다는 것, 즉 각 개인은 이중적 입장에서 — 다른 사람들에 대해서는 주권자의 한 구성원으로서, 주권자에 대해서는 국가의 한 구성원으로서 — 자기 자신과 계약을 맺고 있다는 것에 주의하지 않으면 안된다.

또한 우리는 어느 누구도 자기에게 한 약속에 속박되지 않으므로, 공공의 결의는 모든 피지배자를 주권자에게 속박시킬 수 있지만, 피지배자 각자가 갖고 있는 이중적 관계 때문에 국가를 국가 그 자체에 속박시킬 수는 없다는 것을 주의해야 할 것이다. 여기서 우리는 사회 계약 이외에는 어떤 기본적인 법도 없으며, 또 있을 수도 없다는 것을 알 수 있다. 이것은 정치체(政治體)가 어떤 점에서는 다른 정치체와 약속을 맺을 수 없다는 것을 의미하는 것은 아니다. 왜냐하면 외국과의 관계에서는 그것은 하나의 단순한 존재, 하나의 개체가 되기 때문이다.

이와같이 두 계약 당사자, 즉 각 개인과 공공은 그들의 분쟁을 심판해 줄 공동의 심판자를 갖고 있지 않다. 따라서 우리는 그들 쌍방은 각기 마음대로 그 계약을 파기할 수 있는지, 즉 그 계약이 자기에게 해롭다고 생각되면 즉시 일방적으로 그 계약을 파기할 수 있는지 어떤지 고찰해야 할 것이다.

이 문제를 해명하기 위해서는, 우리는 다음과 같은 것을 주시해야 할 것이다. 즉, 사회 계약에 따르면 주권은 오직 공통적·일반적 의지를 통해서만 행사할 수 있으므로, 그 행위도 또한 공통적·일반적 목표 이외에는 가질 수 없다. 따라서 개인은, 모든 사람이 주권자에 의해 침해당하지 않는 한, 주권자에 의해 침해당할 수 없다. 그것은 있을 수 없는 일이다. 왜냐하면 그것은 자기 자신을 해치고자 하는 것이 될 것이기 때문이다. 그러므로 사회 계약은 공공의 힘 이외에는 어떤 보증도 필요로 하지 않는 것이다. 왜냐하면 사회 계약은 오직 각 개인에 의해서만 깨뜨려질 수 있기 때문이다. 그러나 그 경우 그들은 그들의 약속으로부터 벗어나게 되는 것이 아니라 그 약속을 파기한 데 대해 벌을 받게 되는 것이다.

이 모든 문제들을 올바르게 결정하기 위해서는, 우리는 사회 계약의 본질은 사적(私的)인 것이며 독특한 것이라는 것을 항상 기억해야 한다. 사회계약에서, 국가는 자기 자신, 즉 주권자로서의 국민 전체와 계약을 맺으며, 피지배자로서의 각 개인과 계약을 맺을 뿐이다. 이 조건은 정치 기구의 구조와 작용에서는 필수적인 것이며, 오직 이 조건만이 약속을 정당하고 합리적이고 확고한 것으로 만들어 주는 것이다. 만일 이 조건이 없다면, 그 약속은 불합리하고 독재적인 것이 될 것이며 엄청난 비난을 받게 될 것이다.

각 개인은 오직 주권자에게만 복종하며, 주권은 일반 의지에 지나지 않는 것이다. 그러므로 우리는, 각 개인이 주권에 복종하는 것은 자기 자신에게 복종하는 것일 뿐이며, 우리는 자연 상태 속에서보다 사회 계약하에 있을 때 훨씬 더 자유롭다는 것을 알아야 할 것이다.

인간과 관련하여 자연적 자유와 사회적 자유를 비교해 보았으므로, 이제 우리는 재산과 관련하여 자연적 자유와 사회적 자유를, 즉 소유권과 통치권, 개인의 토지 소유권과 주권자의 영토 통치권을 비교해 보기로 하자. 만일 통치권이 소유권에 기초를 두고 있다면, 소유권보다 더 존중되어야 할 권리는 없다. 소유권은 개인적 권리이므로, 통치권에 대해서는 신성 불가침(神聖不可侵)한 권리인 것이다. 그러나 소유권이 모든 시민에게 공통된 권리로 간주되는 경우에는, 그것은 일반 의지에 종속되며, 따라서 일반 의지는 그것을 파기할 수 있다. 그러므로 통치권은 한 사람의 재산이나 여러 사람의 재산에 손을 댈 권리를 갖고 있지 않지만, 리쿠르구스(Lycurgus)[48] 시대에 스파르타(Sparta)에서 행해졌던 것처럼 모든 사람들의 재산을 정당하게 몰수할

---

48) 리쿠르구스는 스파르타의 전설적인 입법자(立法者).

수 있다. 그러나 부채(負債) 제도를 폐지한 솔론(Solon)의 행위는 부당한 행위였다.

피지배자들에 대한 구속력을 갖고 있는 것은 일반 의지 이외에는 없으므로, 이 일반 의지는 어떻게 나타나며, 우리는 어떻게 그것이 일반 의지라는 것을 알 수 있는지, 그리고 법이란 무엇이며, 법의 참된 성격은 어떤 것인지에 대해 연구해 보기로 하자. 이것은 새로운 주제이므로 우리는 법이라는 용어도 또한 정의하지 않으면 안된다.

국가가 그 구성원의 한 사람 혹은 몇 사람만을 중히 여기면, 그 국가는 곧 분열된다. 전체와 그 일부와의 사이에 그들을 두 개의 동떨어진 존재로 만드는 어떤 관계가 형성되어, 그 일부분과 그 일부를 제외한 전체는 별개의 존재가 되기 때문이다. 그러나 일부분을 제외한 전체는 전체가 아니다. 따라서 그런 관계가 존재하는 한 전체는 존재할 수 없으며, 동등하지 않은 두 개의 부분이 존재할 뿐이다.

반대로, 국민 전체가 국민 전체를 위한 법을 만드는 경우에는 국민은 국민 전체만을 고려할 뿐이다. 그러므로 설사 어떤 관계가 형성된다 하더라도, 그것은 한 가지 관점에서 본 사회 전체와 다른 관점에서 본 사회 전체 사이의 관계이므로, 전체의 분열은 일어나지 않는다. 이 경우, 법령의 대상은 일반적인 것이며, 그 법령을 만드는 의지도 또한 일반 의지인 것이다. 그러므로 법이라는 이름으로 불릴 수 있는 다른 종류의 법령이 있는지 없는지 알아보기로 하자.

만일 주권자가 법을 통해서밖에 말할 수 없다면, 그리고 법이 국가의 모든 구성원들에게 관계되는 일반적인 목적밖에 가질 수 없다면, 주권자는 개별적인 경우에 관한 아무런 법도 만들 수 있는 힘을 가지지 못하게 된다. 그러나 국가의 유지를 위해서는 개별적인 경우도 또한 다루어지지 않으면 안되는 것이다. 그러므로 그것이 어떻게 행해질 수 있는지 알아 보기로 하자.

주권자의 법령은 일반 의지의 법령, 즉 법률일 뿐이다. 그 법률을 실행하기 위해서는 단호한 법령, 즉 힘 혹은 정부의 법령이 필요하다. 그런데 주권자의 법령과는 반대로, 정부의 법령은 개별적인 목적만을 가질 수 있을 뿐이다. 따라서 주권자가 우두머리는 선거에 의해 선출되어야 한다고 규정하는 법령은 법률이지만, 그 법률에 따라 우두머리를 선출하는 법령은 정부의 법령에 지나지 않는다.

이것이 집합된 국민, 즉 주권자로서의 국민이 만든 법률의 사법관 혹은 집행자로서의 국민을 생각할 수 있는 세 번째 관계인 것이다.

이제 국민이 스스로 주권을 포기하고 주권을 한 사람 또는 몇 사람에게 줄 수 있는지 어떤지를 조사해 보기로 하자. 선거 법령은 법률이 아니며, 또 이 법령에서는 국민은 주권자가 아니므로, 우리는 국민이 자기들이 갖고 있지도 않은 권리를 양도할 수 있다고는 생각할 수 없는 것이다.

주권의 본질은 일반 의지 속에 존재한다. 그러므로 우리는 어떤 개별적 의지가 항상 일반 의지와 일치한다고 확신할 수는 없다. 오히려 우리는 개별적 의지는 흔히 일반 의지와 반대된다고 생각하지 않으면 안된다. 왜냐하면 개별적 관심은 항상 특권 쪽으로 향하지만, 공공적 관심은 항상 평등 쪽으로 향하기 때문이다. 설사 이 두 가지의 일치가 가능하다 하더라도, 그것이 필연적인 일치 혹은 파괴될 수 없는 일치가 아닌 한, 거기에는 결코 주권은 존재할 수 없는 것이다.

우리는, 국민의 우두머리들이—그들이 어떤 명목으로 선출되었든—사회 계약을 위반함이 없이 국민으로부터 법률을 실행하도록 위임받은 국민의 공복(公僕) 이상의 존재가 될 수 있는지 어떤지, 또 그 우두머리들은 자신의 행정에 책임을 지고 있는지 어떤지, 국민으로 하여금 법을 지키게 하는 것이 그들의 임무인 그들 자신이 그 법에 복종하고 있는지 어떤지를 조사해야 할 것이다.

국민이 주권을 양도할 수는 없다 하더라도, 주권을 잠시 동안 다른 사람들에게 위임할 수는 있는 것일까? 국민은 통치자를 가질 수는 없다 하더라도 자기의 대표자들은 가질 수 있을까? 이것은 중요한 문제이며 검토할 만한 가치가 있는 문제이다. 만일 국민이 통치자도 대표자도 가질 수 없다면, 우리는 국민이 어떻게 자신의 법률을 만들 수 있는지, 많은 법률이 있어야 하는 것인지, 그 법률들은 때때로 변경되어야 하는지, 또 큰 나라의 국민이 그들 자신의 입법자가 되는 것이 쉬운 일인지를 검토해야 할 것이다.

로마 국민은 큰 나라의 국민이 아니었던가?

큰 나라들이 존재한다는 것은 좋은 일인가?

이상의 고찰로부터, 국가의 피지배자들과 주권자 사이에 중간적 집단이 있다는 것을 우리는 알 수 있다. 한 사람 혹은 몇 사람으로 구성되어 있는 이 중간적 집단은, 국가의 행정과 법률의 실행과 사회적·정치적 자유의 유지를 위임받고 있다.

이 중간적 집단의 구성원들은 '위정자(magistrats)' 또는 '왕(rois)', 즉 지배자라고 불린다. 그 구성원에 관해 생각할 때에는, 이 집단은 '통치자'라고 불리며, 그 활동에 관해 생각할 때에는 '정부'라고 불린다.

만일 자기 자신에 대한 그 집단 전체의 작용을 생각한다면, 즉 전체에 대한 전체의 관계 및 국가에 대한 주권자의 관계를 생각한다면, 우리는 이 관계를 정부를 중간 항(項)으로 하는 연비례(連比例)의 두 외항(外項)의 관계에 비유할 수 있다. 위정자(爲政者)는 주권자로부터 명령을 받아 그것을 국민에게 전한다. 그런데 완전히 균형을 이루고 있는 경우에는, 중간 항인 위정자〔정부〕의 제곱은 그 연비례의 한쪽 외항인 피지배자인 시민들과 다른 한쪽 외항인 주권자를 곱한 크기와 같다. 이 세 항(項) 중 어느 하나만 변해도 이 연비례의 균형은 즉시 깨어져 버리는 것이다. 만일 주권자가 통치하려 하거나, 통치자가 법을 만들려 하거나, 피지배자가 법률에 복종하기를 거부한다면 질서는 사라지고 대신 무질서가 생겨나며, 국가가 붕괴되어 전제 정치나 무정부 상태로 전락해 버릴 것이다.

이 나라가 1만 명의 시민으로 구성되어 있다고 가정해 보자. 주권자는 집합적으로 하나의 집단으로만 생각될 수 있을 뿐이지만, 피지배자로서의 각 개인은 개인적 존재이며 독립된 존재이다. 그러므로 주권자 대(對) 피지배자의 관계는 1만 대(對) 1의 관계이다. 즉, 국가의 각 구성원은 전체에 종속되어 있기는 하지만, 자신의 몫으로 주권의 1만분의 1밖에 갖고 있지 않다. 국가가 10만 명으로 구성되어 있는 경우에는, 피지배자들의 위치는 변하지 않고 각 구성원들도 여전히 법의 완전한 지배를 받지만, 그들 각자의 투표권은 10만분의 1로 줄어들며, 따라서 법률 제정에 대한 그들 각자의 영향력도 10분의 1로 감소한다. 이와같이 피지배자는 항상 하나이지만, 주권자는 국민 수의 증가에 비례하여 증가한다. 따라서 국가가 크면 클수록, 자유는 그만큼 적어지는 것이다.

개인적인 소망과 일반 의지와의 사이의 불균형이 크면 클수록, 즉 관습과 법률 사이의 불균형이 크면 클수록, 억압하는 힘은 그만큼 커지지 않으면 안된다. 한편, 국가가 커지면 공권(公權)을 위임받고 있는 사람들에게 그 권력을 남용할 수 있는 더 많은 유혹과 수단이 주어지므로, 정부는 그들을 지배하기 위해서는 더 큰 힘을 가져야 하며, 정부를 억제하기 위해서는 주권자에게도 보다 큰 힘이 있지 않으면 안된다.

이러한 이중(二重)의 관계로부터 주권자와 통치자와 국민 사이의 연비례(連比例)는 임의적인 관념에서가 아니라 국가의 본질로부터 생겨나는 결과인 것이다. 뿐만 아니라 두 외항(外項) 중의 하나인 국민은 변하지 않으므로, 복비(複比)가 증가하거나 감소하면 반드시 단비(單比)도 증가하거나 감소한다. 중항(中項)이 변하지 않는 한 그런 일은 일어날 수 없다. 이로부터 우리는, 정부의 형태는 유일하고도 절대적인 것이 아니며, 크기가 다른 국가들이 있는 것만큼이나 많은 상이한 정부의 형태가 있을 수 있다는 결론을 내릴 수 있다.

만일 국민의 수가 많으면 많을수록 관습과 법률 사이의 비율이 그만큼 낮아진다면, 정당하고 명백한 유추(類推)에 의해 우리는 또한 위정자(爲政者)

의 수가 많으면 많을수록 정부는 그만큼 약해진다고 말할 수 있을 것이다.

이 원리를 보다 명백히 하기 위해, 우리는 위정자 한 사람 한 사람의 인품 속에서 본질적으로 다른 세 가지 의지를 구별할 것이다. 첫번째 것은 그가 개인적으로 가지고 있는 그 사람 자신의 의지로서, 이것은 오직 그 사람 자신의 이익만을 목표로 한다. 두 번째 것은 위정자들의 공통 의지로서, 이것은 오직 통치자의 이익에만 관계한다. 단체의 의지라고도 할 수 있는 이 의지는, 정부에서는 일반적인 의지이지만, 정부가 그 일부인 국가에서는 개별적 의지이다. 세 번째 것은 국민의 의지, 즉 주권자의 의지로서, 이것은 전체인 국가에서나 전체의 일부인 정부에서나 똑같이 일반적인 의지이다. 완벽한 입법(立法) 속에서는 개별적·개인적 의지는 거의 없어질 것이며, 정부의 의지인 단체 의지는 당연히 종속적인 것이 될 것이다. 따라서 총체적·통치적 의지는 다른 모든 의지들에 대한 지배권을 갖고 있다. 그러나 자연의 질서 속에서는, 이들 상이한 의지들은 집중화(集中化)되면 될수록 그만큼 더 적극적이 된다. 일반 의지가 항상 가장 약하며, 단체 의지는 두 번째로 약하며, 개인적 의지가 모든 것에 우선한다. 그러므로 모든 위정자는 각기 먼저 그 사람 자신이며, 그 다음으로 위정자이며, 그리고 그 다음으로 한 사람의 시민이다. 이 순서는 사회 질서가 요구하는 순서와는 정반대인 것이다.

이런 원칙을 세워 놓은 다음, 정부가 단 한 사람의 손아귀에 들어 있는 경우를 생각해 보기로 하자. 그 경우 개인적 의지와 단체 의지는 완전히 하나이며, 따라서 이 의지는 그것이 가질 수 있는 가장 큰 힘을 가지게 된다. 힘의 행사는 힘의 크기에 따라 좌우된다. 그런데 정부의 그러한 절대적인 힘은 언제나 국민의 절대적인 힘이므로 결코 변하지 않는다. 따라서 단 한 사람이 통치하는 정부는 가장 적극적인 형태의 정부이다.

이와는 반대로, 만일 우리가 정부를 최고의 힘—주권—과 결합시키고, 통치자를 주권자로 생각하고, 시민들을 위정자로 생각한다면, 단체 의지는 일반 의지 속에서 완전히 힘을 잃어, 일반 의지 이상의 활동력을 가지지 않게 될 것이며, 개별 의지에게 최고의 활력을 부여해 줄 것이다. 그러므로 정부는 절대적인 힘을 갖고 있으면서도 최소의 적극성밖에 가지지 않게 될 것이다.

이러한 원칙들에는 논쟁의 여지가 없으며, 다른 고찰들은 이 원칙들을 더욱 확실하게 해 줄 뿐이다. 예를 들면 우리는 시민들이 하나의 단체인 것보다 위정자들이 훨씬 더 적극적인 단체라는 것과, 따라서 개별적 의지는 항상 보다 많은 가치를 가지고 있다는 것을 알고 있다. 왜냐하면 모든 위정자들은 항상 각기 정부의 어떤 특별한 직무를 맡고 있지만, 시민 각자는 주권에 속하는 어떤 특별한 직무도 맡고 있지 않기 때문이다. 뿐만 아니라 국가가 커지면 커질수록 국가의 실제적인 힘은, 영토의 증가에 비례하여 증가하지는 않지만, 그만큼 커진다. 그러나 국가의 크기는 변함이 없고 위정자들의 수만 쓸데없이 늘어나는 경우에는 정부는 보다 큰 실제적인 힘을 얻지 못한다. 왜냐하면 정부는 국가의 힘을 위탁받고 있는 것이며, 우리는 그 국가의 크기에 변함이 없다고 가정하고 있기 때문이다. 그러므로 위정자의 수가 많아지면 정부의 힘은 증가하지 않고 정부의 활동력은 감소한다.

위정자 수의 증가에 비례하여 정부의 힘이 약해진다는 것과, 국민의 수가 많으면 많을수록 정부의 지배력이 증가해야 한다는 것을 알았으므로, 우리는 정부에 대한 위정자의 비(比)는 주권자에 대한 피지배자의 비(比)와 반대가 되지 않으면 안된다는 것을, 즉 국가가 커지면 커질수록 정부는 작아져야 하며, 국민의 수가 증가함에 따라 장관의 수가 줄어들어야 한다는 것을 추론할 수 있을 것이다.

이러한 통치 형태의 다양함을 보다 명확히 하고, 각각의 통치 형태에 각기 다른 명칭을 붙여 주기 위해 우리는 먼저 주권자는 통치권을 국민 전체 또는 국민의 대다수에게 위임할 수도 있다는 것에 유의해야 한다. 이 경우 개인으로서의 시민보다 위정자로서의 시민이 많게 된다. 이러한 통치 형태는 '민주 정치(démocratie)' 라고 불린다.

둘째, 주권자는 통치를 소수 사람들의 손에 맡길 수도 있다. 이 경우 위정자보다는 단순한 시민이 더 많게 된다. 이러한 통치 형태는 '귀족 정치(aristocratie)' 라고 불린다.

마지막으로, 주권자는 모든 통치권을 한 사람의 손에 집중시킬 수도 있다. 이것은 통치의 세 번째 형태이며, 가장 일반적인 형태로서 '군주 정치(monarchie)' 혹은 '왕정(王政)' 이라고 불린다.

이러한 모든 통치 형태들에는, 적어도 앞의 두 가지 형태에는, 정도의 차이가 있을 수 있으며, 그것도 상당히 넓은 폭의 정도의 차이가 있을 수 있다는 것에 유의해야 한다. 왜냐하면 민주 정치는 국민 전체를 포용할 수도 있고 국민의 절반밖에 포용하지 않을 수도 있으며, 귀족 정치 역시 국민의 절반을 포용할 수도 있고 극소수의 국민만을 포용할 수도 있기 때문이다. 심지어 왕정(王政)조차도 아버지와 아들 사이에, 두 형제 사이에, 혹은 어떤 다른 형태로 분할될 수 있는 것이다. 스파르타에는 항상 두 사람의 왕이 있었고, 로마 제국에는 동시에 황제가 여덟 명 있던 일도 있었다. 그러나 이 경우에도 제국이 분할되어 있었다고는 말할 수 없는 것이다. 각각의 통치 형태에는 다른 통치 형태들과 조화되지 않는 한 가지 점이 있으며, 세 가지 통치 형태에는 각기 그 나라의 국민의 수만큼이나 많은 통치 형태가 있을 수 있는 것이다.

뿐만 아니라 각각의 통치 형태는 어떤 면에서는 여러 부분으로 세분될 수 있으며, 그 부분들은 각기 위의 세 가지 방법 중의 어느 한 가지 방법으로 관리된다. 조합의 이 세 가지 형태로부터 많은 혼합 형태가 생겨날 수 있다. 왜냐하면 각각의 형태에는 모든 단순 형태가 곱해질 수 있기 때문이다.

'가장 훌륭한 통치 형태는 어떤 것인가' 에 대해서는 어느 시대에나 많이 논의되었지만, 사람들은 어느 통치 형태이든 어떤 경우에는 가장 훌륭한 것이 될 수 있으며, 또 어떤 경우에는 가장 나쁜 것이 될 수 있다는 것을 고려하지 못했다. 만일 여러 국가에서 위정자의 수가 국민의 수에 반비례하지 않으면 안된다면, 우리는 일반적으로 민주 정치는 작은 나라에 적합하며, 귀족

정치는 중간 크기의 나라에, 그리고 군주 정치는 큰 나라에 적합하다고 추론할 수 있다.

이런 연구는 우리에게 국민의 의무와 권리가 무엇인지를 발견할 수 있는 실마리를 제공해 준다. 즉, 국민의 의무와 권리는 서로 분리될 수 있는지 없는지, 조국이란 무엇이며 국가는 무엇으로 이루어져 있는지, 그리고 우리들 각자는 국가를 가지고 있는지 아닌지를 어떻게 확인할 수 있는지를 이러한 연구를 통해 알게 된다.

이런 식으로 온갖 종류의 사회를 고찰한 다음, 우리는 그 사회들을 비교하여 그들의 상호 관계 — 크고 작음과 강하고 약함, 서로에 대해 공격적이고 경멸적이며 파괴적인 끊임없는 작용과 반작용 속에서, 인간이 최초의 자유를 유지했던 때보다 많은 삶의 비참과 생명의 손실을 야기시키는 그들 사이의 여러 가지 관계 — 를 관찰해야 할 것이다. 또한 우리는 사회 제도 속에서 지나치게 많은 자유가 누려지고 있는지 아니면 지나치게 적은 자유가 누려지고 있는지, 모든 사회는 자연 본래의 독립을 유지하고 있는 반면에 법률과 인간에게 종속되어 있는 각 개인은 어느쪽으로부터도 이익을 얻는 것이 아니라 두 가지 상태의 악에 노출되어 있는 것이 아닌지, 그리고 이 세상에는 그런 사회들이 많이 있는 것보다는 차라리 아무런 공공 사회도 없는 편이 더 낫지 않은지 어떤지를 살펴보아야 할 것이다. 이런 혼합 상태야말로 두 상태의 성격을 모두 지니면서도 어느쪽에도 속하지 않는 것이 아닐까? 이런 부분적이고 불완전한 결합이야말로 인류의 최대의 재앙인 압제와 전쟁을 불러일으키는 것이 아닌가?

마지막으로 우리는, 각 국가로 하여금 국내의 일에서는 자주권(自主權)

을 가지게 하고, 모든 부당한 외부의 침략에 대해서는 대항하게 하는 동맹과 연합에 의해 이러한 난점들을 제거할 수 있는 방법을 조사해 보기로 하자. 우리는 훌륭한 연방 사회를 건설할 수 있는 방법과 그 연방 사회를 지속시킬 수 있는 방법, 그리고 주권을 손상시키지 않고 얼마만큼 그 연방의 권리를 확장할 수 있는지를 조사해 보자.

아베 드 생 피에르(Abbé de Saint-Pierre)는, 유럽의 영원한 평화를 유지하기 위해 유럽의 모든 국가들의 연합을 제안한 일이 있다. 그런 연합이 실현 가능하겠는가? 그런 연합이 설립된다 하더라도 과연 그것이 지속될 수 있겠는가? 이러한 연구는 우리를 정치법상에 남아 있는 난점들을 해결해 줄지도 모르는 국제법의 모든 문제들로 이끈다.

마지막으로 우리는 전쟁법에 대한 참된 원칙을 수립해야 할 것이며, 어찌하여 그로티우스(Grotius)와 그밖의 사람들이 그릇된 원칙밖에 세우지 못했는가를 연구해야 할 것이다.

분별 있는 청년인 나의 학생이 '우리는 마치 인간으로가 아니라 목재로 우리의 체계를 세우고 있는 것 같군요. 모든 것을 그토록 정확하게 제 위치에 배치하고 있으니 말입니다.' 라고 말하며 나의 말을 가로막는다 하더라도 나는 놀라지 않을 것이다. 그것은 사실이다. 그러나 법률은 인간의 정념에 굴복하지 않는다는 것과, 따라서 우리는 무엇보다도 먼저 정치법의 참된 원칙들을 세우지 않으면 안된다는 것을 잊지 말라. 이제 우리의 초석(礎石)은 놓여졌다. 인간이 그 기초 위에 무엇을 세웠는가를 보라. 그러면 당신은 놀라운 광경을 보게 될 것이다!

그래서 나는 그에게 《텔레마크》를 읽히고 여행을 계속시킨다. 우리는 저 축복받은 도시 살렌툼(Salentium)과, 많은 불행으로 인해 현인이 된 선량한 이도메네우스(Idomeneus)[49]를 찾고 있다. 도중에 우리는 프로테실라스(Protésilas)와 같은 사람은 많이 발견하지만 필로클레스(Philoclès)와 같은 사람은 한 사람도 발견하지 못하며, 다우니아인들(Daunians)의 왕인 아드라스테스(Adrastes)[50]도 발견되지 않는다. 그러나 우리의 여행에 관해서는 우리의 독자들의 상상에 맡기기로 하자. 그렇지 않으면 독자들로 하여금 《텔레마크》를 손에 들고 똑같은 여행을 하게 해야 한다. 그리고 저자 자신조차도 피하거나, 혹은 자신도 모르게 언급하고 있는 슬픈 현실에 대해서는 독자들에게 암시하지 않기로 하자.

더구나 에밀은 왕이 아니며, 나 또한 신이 아니다. 그러므로 우리는 선(善)을 행하는 데 텔레마크와 멘토르(Mentor)를 흉내낼 수 없다고 해서 괴로워하지 않는다. 우리보다 자신의 위치를 지킬 줄 아는 사람은 아무도 없으며, 우리보다 자신의 위치에서 벗어나기를 원하지 않는 사람은 아무도 없다. 우리는 모든 사람에게는 똑같은 의무가 부여되어 있다는 것과, 진심으로 정의를 사랑하고 온 힘을 다해 정의를 행하는 사람은 누구나 그 의무를 완수하고 있는 것이라는 것을 알고 있다. 우리는 텔레마크와 멘토르가 가공의 인물이라는 것을 알고 있다. 에밀은 빈둥거리며 여행을 하고 있는 것이 아니다. 그는 그가 왕이었다면 행할 수 없는 선(善)을 행한다. 만일 우리가 왕이라면 우리는 그토록 선행을 할 수 없을 것이다. 만일 우리가 왕이며 선행을 베푸는 자라면, 우리가 행하고 있다고 생각되는 한 가지의 선(善)에 대해 많은 실제적인 악(惡)을 저지르게 될 것이다. 만일 우리가 왕이며 현인이라면, 우리가 자신과 다른 사람들을 위해 행하고 싶은 첫번째 선행은, 우리의 왕위를 버리고 우리의 현재의 상태로 돌아오는 일이 될 것이다.

나는 어째서 여행이 모든 사람들에게 그토록 유익함을 주지 못하는가를 앞에서 이야기했다. 젊은이에게 여행을 더욱 무익한 것으로 만드는 것은 그

---

49) 페늘롱의 《텔레마크》에 나오는 인명(人名)과 지명(地名). 이도메네우스는 크레타 섬의 미노스 왕의 손자로, 선량한 군주의 전형. 그가 살렌툼에 건설하려 하는 도시 국가는 페늘롱의 유토피아 사상을 나타내고 있다.

50) 프로테실라스는 간신(奸臣)의 전형. 필로클레스는 현신(賢臣). 아드라스테스는 이도메네우스와는 정반대인, 침략적이며 악한 군주.

들을 여행시키는 '방법'이다. 교사들은 학생의 교육보다는 자신의 도락에 더 큰 관심을 갖고 있으므로, 그들을 도시에서 도시로, 궁전에서 궁전으로 데리고 다닌다. 그리고 교사들이 학자나 저술가일 경우에는, 그들은 젊은이들로 하여금 도서관에서 시간을 보내게 하거나, 혹은 골동품상을 찾아다니며 혹은 고대의 비명(碑銘)을 베끼면서 고적(古蹟)을 찾아다니며 그들의 시간을 보내게 한다. 어느 나라에 가든, 그들은 마치 다른 나라에 살고 있기라도 한 것처럼 다른 시대의 일로 바쁘다. 그러므로 엄청난 비용을 들여 하찮은 일과 권태에 사로잡힌 채 유럽 전역을 여행한 후, 그들에게 중요한 것은 아무것도 보지 못하고 그들에게 유익한 것은 아무것도 배우지 못한 채 돌아온다.

각국의 수도는 모두 비슷하다. 그곳에는 모든 민족이 섞여 있으며 모든 생활 방식이 섞여 있다. 그러므로 그곳은 민족을 연구하기에 적당한 곳이 아니다. 내게는 파리와 런던은 똑같은 도시로 보인다. 파리와 런던의 시민들은 각기 서로 다른 몇 가지 편견들을 가지고 있지만, 그들은 같은 양의 편견을 가지고 있으며, 그들의 행위의 준칙은 모두 같다. 우리는 궁정에 모여드는 사람들이 어떤 부류의 사람들인지 알고 있다. 우리는 인구의 밀집과 부(富)의 불평등이 어떤 생활 방법을 만들어 내는지를 알고 있다. 어떤 사람이 나에게 인구 20만의 도시라고 말하면, 나는 곧 그 도시 사람들의 생활을 안다. 내가 그들의 생활에 대해 알지 못하는 것들은 일부러 그곳까지 가서 배워야 할 만큼 가치 있는 것들이 아니다.

어떤 국민의 특징과 특성을 연구하기 위해서는, 당신은 활동이 적고 상업도 성하지 않은 곳, 외국인들도 거의 찾아오지 않고 주민들의 이동이 없고 부(富)와 신분의 변화가 적은 벽촌으로 가지 않으면 안된다. 수도(首都)는 지나가는 길에 얼핏 보라. 그리고 그 나라를 연구하기 위해서는 수도로부터 멀리 떨어진 곳으로 가라. 참된 프랑스인은 파리에는 없다. 참된 프랑스인은 투렌느(Touraine)에 있는 것이다. 런던에 있는 영국인들보다는 머샤(Mercia)[51]에 있는 영국인들이 참된 영국인이며, 마드리드(Madrid)에 있는 스페인 사람들보다는 갈리시아(Galicia)에 있는 스페인 사람들이 참된 스페인 사람들인 것이다. 그 나라 국민의 참된 특징과 있는 그대로의 모습은 그런 벽지(僻地)에서나 찾아볼 수 있다. 통치의 좋은 결과나 나쁜 결과가 가장 잘 나타나는 것도 그런 벽지에서이며, 그것은 반지름이 긴 곳일수록 호(弧)를 더 정확하게 측정할 수 있는 것과 마찬가지이다.

풍속과 통치 사이의 필연적인 관계는 《법의 정신(De l' Esprit des Lois)》 이라는 책 속에 잘 설명되어 있으므로, 그 관계를 연구하기 위해서는 그 책을 참고하는 것이 가장 좋을 것이다. 그러나 일반적으로 말해, 좋은 통치인지 나쁜 통치인지를 판단할 수 있는 간단하고 쉬운 두 가지 기준이 있다. 그 하나는 인구이다. 인구가 감소하는 나라는 모두 멸망하고 있는 나라이며, 가장 빠른 속도로 인구가 증가하는 나라는, 설사 세계에서 가장 가난한 나라라 할지라도 틀림없이 가장 잘 통치되고 있는 나라이다.●

그러나 인구의 증가는 통치와 풍속의 자연적인 결과이어야 한다. 왜냐하면 만일 인구의 증가가 식민지화(植民地化)나 그밖의 다른 일시적이고 우연한 원인에 기인한 것이라면, 그것은 치료를 필요로 하는 것으로, 질병에 걸려 있음을 증명하는 것이기 때문이다. 아우구스투스(Augustus)가 독신 생활을 금지하는 법률을 만들었을 때, 그 법률은 로마 제국이 이미 멸망하기 시작했음을 나타내는 것이었다. 시민들은 법률에 의해 결혼을 강요받아서는 안되며, 훌륭한 통치에 의해 결혼하도록 유도되어야 하는 것이다. 당신은 강압에 의해 생겨난 결과를 고찰해서는 안된다. 왜냐하면 본질에 반(反)하는 법률은 거의 아무런 효과도 가지지 못하기 때문이다. 당신은 공공 윤리의 영향으로 행해진 것들과, 통치의 자연적인 경향에 의해 행해진 것들을 연구해야 한다. 왜

---

51) 투렌느는 파리 서남의 르와르강 유역의 아름다운 전원을 포함한 지방. 머샤는 앵글로 색슨 7왕국의 하나였던 영국의 중부 지방. 갈리시아는 스페인의 서북부 지방.

● 나는, 이 규칙의 예외는 단 하나밖에 알지 못한다. 그것은 중국이다.〔이 주(註)는 자필 원고에 있었으며, 1801년판에 처음으로 인쇄되었다.〕

냐하면 그런 것들만이 항구적인 효과를 가지기 때문이다. 모든 질병의 공통의 근원으로 거슬러 올라가 그 질병들이 한꺼번에 모두 치유될 수 있는지 없는지를 알려 하지 않고 항상 각각의 질병에 대한 약간의 치료법만을 찾는 것, 그것이 훌륭한 생 피에르(Saint-Pierre) 신부의 정책이었다. 당신은 환자의 몸에 생긴 모든 종기를 하나하나 따로 치료해서는 안된다. 당신은 그 종기들을 생겨나게 하는 온 몸의 피를 깨끗하게 만들어야 하는 것이다. 영국에는 농사 짓는 사람들에게 주는 여러 가지 상(賞)이 있다고 한다. 그것만으로도 영국의 농업은 그다지 번창하지 못하리라는 것에 대한 충분한 증거가 되는 것이다.

정부와 법률의 좋고 나쁨을 알 수 있는 두 번째 징후도 역시 인구에서 찾아볼 수 있다. 그러나 그것은 인구의 수(數)에서가 아니라 인구의 분포에서 찾아볼 수 있는 것이다. 국토의 크기와 인구의 수가 똑같은 두 나라도 국력에서는 크게 다를 수 있다. 그 경우, 국토 전역에 걸쳐 보다 균등하게 인구가 분포되어 있는 나라 쪽이 그렇지 않은 나라보다 국력이 더 강하다. 즉, 대도시가 적은 나라, 따라서 외적(外的)으로 그다지 두드러지지 않은 나라 쪽이 반드시 그렇지 않은 나라를 쳐부수게 마련이다. 국가를 피폐시키고 국가를 약하게 만드는 것은 대도시들이다. 대도시들이 만들어 내는 부(富)는 실속이 없는 부로서, 거기에는 돈은 많고 효용은 없는 것이다. 프랑스의 왕에게는 파리 시(市)는 하나의 주(州)만큼의 가치가 있다고 한다. 그러나 나는 파리 시는 프랑스 왕으로 하여금 몇 개의 주(州)보다 많은 것을 희생하게 한다고 생각한다. 나는 파리 시는 여러 분야에서 지방에 의해 부양되고 있으며, 지방 총수입의 대부분이 파리에 퍼부어져 국민에게도 국왕에게도 돌아가는 일 없이 그곳에 머물러 있다고 생각한다. 이해 타산에 빠른 사람들이 지배하고 있는 이 시대에 파리 시가 없어지면 프랑스는 훨씬 더 강대해질 것이라는 사실을 아는 사람이 하나도 없다는 것은 상상조차 할 수 없는 일이다. 이러한 잘못된 인구 분포는 국가를 위해 유익하지 않을 뿐만 아니라 인구의 감소보다도 더 큰 파멸을 초래하는 일인 것이다. 왜냐하면 인구의 감소는 생산을 영(零)으로 만들 뿐이지만, 터무니없는 소비의 증가는 마이너스 결과를 초래하기 때문이다. 영국인과 프랑스인이 그들의 수도(首都)가 큰 것을 그토록 자랑으로 여기며 런던이 인구가 많은가 파리가 인구가 많은가에 대해 논쟁하는 것을 들을 때, 나에게는 그들이 어느쪽이 더 그릇된 통치를 받고 있는 것을 명예로 생각하는가에 대해 논쟁하는 것으로 보인다.

어떤 나라의 국민을 연구할 때, 그 나라의 대도시들로부터 멀리 떨어진 곳에서 연구하라. 그렇게 해야만 당신은 참으로 그 나라 국민을 알 수 있을 것이다. 어떤 정부가 그 국민들에게 준 영향과 행정의 각 단계에서 만들어 내는 효과를 근거로 하여 그 정부의 본질을 연구하지 않고 그 정부의 외면적인 형태—행정 조직과 관리들의 뜻을 알 수 없는 용어들로 장식된—를 보는 것은 무의미한 일이다. 형식과 실질의 차이는 행정의 각 단계에 나누어져 있으므로, 그 모든 단계들을 총괄하여 생각하지 않으면 그 차이를 알 수 없다. 어떤 나라에서는 당신은 하급 관리들의 행동을 보고 그 장관의 정신을 느낄 수 있으며, 또 어떤 나라에서는 그 나라 국민이 참으로 자유로운지 어떤지를 알기 위해서는 국회 의원들이 어떤 식으로 선출되는가를 보지 않으면 안된다. 어떤 나라에서든 대도시들밖에 본 일이 없는 사람은 그 나라의 통치 상태가 어떤지 알 수 없다. 왜냐하면 도시에 대한 통치 정신과 지방에 대한 통치 정신은 결코 같지 않기 때문이다. 그런데 국가를 이루는 것은 지방이며, 국민을 이루는 것은 지방 사람들인 것이다.

이와 같이 여러 국민을, 그 나라의 벽지(僻地)에서, 그리고 그들의 본래의 정신을 가진 소박한 사람들 속에서 연구해 보면, 나의 생각의 올바름을 충분히 나타내 주고 인간의 마음에 크게 위안이 되는 일반적인 사실을 알게 될 것이다. 그 사실이란, 만일 당신이 이런 식으로 그들을 관찰한다면 모든 나라의 국민은 더욱더 관찰할 만한 가치가 있는 것처럼 보인다는 것, 그들의 성품이 자연에 가까우면 가까울수록 그들의 성격은 보다 많은 선량함에 의해 지배된다는 것, 그리고 도시에 갇히고 문화에 의해 변질됨으로써 비로소 그들은 타락하고, 유해하다기보다는 저열한 그들의 어떤 결점들이 유쾌하긴 하지만 유해한 악덕으로 바뀐다는 것이다.

이러한 고찰로부터, 내가 제안하는 여행 방법에는 또 하나의 이점이 있다는 것을 우리는 알 수 있다. 그것은 그런 여행 방법을 취하게 되면 몹시 타락해 있는 대도시에 오래 머물지 않게 되므로, 젊은이들이 악덕에 감염될 위험이 적다는 것, 그리고 좀더 소박하고 좀더 적은 사람들과의 교제에서, 그들은 좀더 정확한 판단과 건전한 취향 및 좀더 훌륭한 품행을 유지할 수 있다는 것이다. 뿐만 아니라 이 악덕에의 감염은 에밀에 대해서는 거의 걱정하지 않아도 된다. 왜냐하면 그는 악덕의 감염으로부터 자신을 보호할 수 있는 모든 방편을 가지고 있기 때문이다. 악덕의 감염을 방지하기 위해 내가 취한 모든 예방책 중에서도, 나는 그가 가슴속에 품고 있는 사랑을 높이 평가한다.

우리는 참된 사랑이 젊은이들의 마음에 얼마만한 영향을 미치는지 알지 못한다. 왜냐하면 우리는 그들만큼 그것을 알지 못하며, 따라서 젊은이들을 지도하는 사람들은 그들을 참된 사랑으로부터 돌아서게 하기 때문이다. 그러나 젊은이는 사랑에 빠지지 않으면 나쁜 길로 빠지게 마련이다. 우리는 겉치레에 속기 쉽다. 당신은 사랑 없이도 매우 순결하게 살아간다는 말을 듣는 젊은이들도 많다고 주장할 것이다. 그러나 참된 사람들 중에 자기의 청년 시대를 그렇게 보냈다고 진정으로 말할 수 있는 어른이 있다면 내게 말해 보라. 우리의 모든 미덕에서, 우리의 모든 의무에서, 사람들은 겉치레에 만족한다. 그러나 나는 실질을 원한다. 그러므로 만일 내가 제안한 방법 이외에 실질을 구할 수 있는 다른 방법이 있다면, 내가 크게 잘못을 저지르고 있는 것이다.

에밀을 데리고 여행을 떠나기 전에 그를 사랑에 빠지게 한 생각은 나 자신이 생각해 낸 것이 아니다. 나는 다음과 같은 이야기로부터 그렇게 하도록 암시받았던 것이다.

베니스에 있을 때, 나는 한 영국 청년의 가정 교사를 방문했다. 때가 겨울이었으므로, 우리는 난로 주위에 빙 둘러앉아 있었다. 그 가정 교사는 몇

통의 편지를 받았다. 그는 그 편지들을 훑어보고 나서는 그것들을 자기의 학생에게 큰소리로 읽어 주었다. 그 편지들은 영어로 씌어 있었으므로 나는 한마디도 이해할 수 없었다. 그러나 그가 편지를 읽는 동안, 나는 그 청년이 아무도 알지 못하도록 가만가만히 자기가 입고 있던 옷의 아름다운 소매 주름 장식들을 뜯어 하나하나 불 속에 던져 넣는 것을 보았다. 그의 그런 행동에 놀라 나는 청년의 얼굴을 쳐다보았다. 나는 그의 얼굴에 어떤 감동의 빛이 나타나 있다고 생각했다. 그러나 감정의 외적인 표정은 모든 사람의 경우 매우 비슷하긴 하지만, 거기에는 곧잘 착각을 유발시키는 국민적 차이가 있다. 각 나라의 국민은 서로 다른 구두(口頭) 언어를 갖고 있듯이, 서로 다른 표정(表情) 언어를 갖고 있는 것이다. 나는 그 가정 교사가 편지를 다 읽기를 기다린 다음, 그 가정 교사에게 그의 제자의 맨살이 드러난 손목—그 청년은 자기의 손목을 애써 감추려고 했다—을 가리키며 "저것이 무엇을 의미하는 것인지 가르쳐 주시겠습니까?"라고 말했다.

그 교사는 그동안 일어난 일을 알아채고는 큰소리로 웃어대기 시작했다. 그는 만족스러운 태도로 자기의 제자를 껴안았다. 그리고 나서 그는 제자의 승락을 얻은 다음 나에게 이렇게 설명을 해 주었다.

"방금 존이 떼어 버린 소매 장식들은 이 도시에 사는 어떤 부인이 얼마 전에 만들어 그에게 선물한 것입니다. 그런데 그의 고향에는 존과 결혼을 약속한 아가씨가 있습니다. 존은 그녀를 매우 사랑하고 있으며, 그녀는 매우 훌륭한 아가씨입니다. 이 편지는 그녀의 어머니에게서 온 것입니다. 존으로 하여금 그런 행동을 하게 한 부분을 번역해 읽어 드리겠습니다."

루시는 존의 소매 장식을 뜨는 일에 전념하고 있습니다. 어제 베티롤드햄 양이 찾아와 오후를 함께 보냈습니다. 그녀는 굳이 루시의 일을 도와 주겠다는 것이었습니다. 나는 오늘 아침 루시가 매우 일찍 일어났다는 것을 알았습니다. 나는 그 애가 무엇을 하고 있는지 알고 싶었습니다. 나는 그 애가 베티 양이 어제 만든 부분을 모두 풀어 버리고 있는 것을 보았습니다. 그 애는 존에게 줄 선물에 자기 자신 이외에 다른 사람이 뜬 부분이 단 한 올이라도 있는 것을 원치 않았기 때문입니다.

존이 다른 소매 장식을 가지러 자리를 떠나자, 나는 그 가정 교사에게 말했다. "당신의 제자는 매우 선량한 성품을 지니고 있군요. 더구나 루시의 어머니에게서 온 편지는 꾸며 낸 것이 아닙니까? 그 편지는 당신의 제자로 하여금 그에게 소매 장식을 만들어 선물한 그 부인을 멀리하게 하기 위해 당신이 꾸며 낸 책략이 아닙니까?" 그러자 그가 말했다. "아닙니다. 그것은 사실입니다. 나는 그런 일을 꾸며 낼 만큼 교활한 사람이 아닙니다. 이제까지 나는 조금도 꾸밈 없는 솔직함과 열의로 그를 지도해 왔습니다. 그래서 신(神)은 항상 나의 노력을 축복해 주셨습니다."

그 청년에 관한 이 일은 나의 마음을 크게 감동시켰다. 그런 일이 나와 같은 몽상가로 하여금 무엇인가를 생각하게 만든 것은 너무도 당연한 일이었다.

그러나 이제 끝을 맺어야 할 때가 되었다. 존을 루시에게, 에밀을 소피에게 데리고 가기로 하자. 그는 전과 마찬가지로 친절한 마음과 전보다 더 총명한 정신을 지닌 채 그녀에게 돌아가는 것이다. 또한 그는 여러 나라 정부(政府)의 악덕을 통해 여러 나라 정부를 알고, 여러 나라 국민의 미덕을 통해 여러 나라 국민을 알게 되었다는 보다 큰 성과를 거두고 고국으로 돌아가는 것이다. 또 나는 모든 나라에서 그가 고대인들이 했던 것과 같은 친절한 접대에 의해 몇몇 사람들과 친분을 맺도록 꾀해 왔는데, 편지를 주고받음으로써 그 친분을 유지하는 것도 좋을 것이다. 다른 나라 사람들과 편지를 주고받는 것은 유익하고 즐거운 일일 뿐만 아니라, 우리의 애국적 편견―우리가 평생토록 거기서 벗어날 수 없고, 조만간 우리가 그 노예가 될 애국적 편견―의 지배로부터 벗어날 수 있는 훌륭한 방법이기도 하다. 이러한 편견에 덜 사로잡히기 위해서는 우리가 존경하는 분별 있는 사람들과 친밀하게 의견을 주고받는 것보다 더 좋은 것은 없다. 왜냐하면 그들은 우리가 갖고 있는 것과 같은 편견을 갖고 있지 않고 또 그들의 편견으로 우리의 편견에 대항하므로, 우리는 한 가지 편견에 대해 반대의 편견을 대립시킬 수 있고, 따라서 어느쪽의 편견으로부터도 벗어날 수 있기 때문이다. 우리 나라에 와 있는 외국인들과 교제하는 것과 자기 나라에 있는 외국인들과 교제하는 것과는 결코 같지 않다. 전자(前者)의 경우, 그들이 우리 나라에서 우리와 함께 지내는 동안에는 그들은 우리 나라에 대해 어느 정도 정중한 태도를 취하며, 따라서 그들은 우리 나라에 대한 자기들의 참된 생각을 숨기거나 혹은 우리 나라에 대해 좀더 호의적으로 생각하게 된다. 그러나 그들이 고국으로 돌아가게 되면, 그들의 그러한 태도는 사라지는데, 그때에야 비로소 그들은 우리에 대해 공정해지는 것이다. 내가 외국인에게 의견을 묻는 경우, 나는 그 외국인이 우리 나라에 와 본 일이 있는 사람이라면 매우 기뻐할 것이다. 그러나 그가 다시 고국으로 돌아가기 전까지는, 나는 우리 나라에 대한 그의 견해를 그에게 묻지 않을 것이다.

우리가 유럽의 몇몇 큰 나라와 여러 작은 나라를 여행하며, 그들의 주된 언어 두세 가지를 배우고, 그 나라들의 자연·정치·예술·인간 등 참으로 흥미 있는 것들을 보면서 거의 2년을 보냈을 때, 몹시 초조해진 에밀이 우리가 약속한 기한이 거의 다 되었음을 내게 상기시켜 주었다. 그래서 나는 그에게 이렇게 말했다. "나의 친구여, 너는 우리의 여행의 중요한 목적을 기억하고 있을 것이다. 너는 많은 것을 보고 관찰했다. 너의 관찰의 최종 결과가 무엇인가? 너는 어떤 결심을 하게 되었는가?" 만일 나의 방법이 잘못된 것이 아니라면 그는 이런 식으로 대답할 것이다.

"어떤 결심을 하게 되었냐구요? 저는 선생님께서 저를 길러 주신 바의 인간이 되기로 결심했습니다. 저는 자연과 법률이 제게 부과한 속박 이외에는 어떤 속박도 제 자신의 자유 의지로 제 자신에게 부과하지 않을 것입니다. 인간의 제도 속에서 인간의 일을 살펴보면 살펴볼수록 저는, 인간이 속박에서 벗어나려고 노력함으로써 오히려 노예가 된다는 것과, 그들은 그들이 갖고 있는 그 자유의 지속을 보장하려고 쓸데없이 노력함으로써 그 자유마저 낭비해 버리고 만다는 것을 더욱 분명하게 알게 됩니다. 그들은 사물의 흐름에 밀려 떠내려가지 않기 위해 모든 종류의 것에 자신을 묶어 둡니다. 그리하여 앞으로 나아가려고 하는 순간, 그들은 온갖 것들이 자기들을 뒤로 잡아당기는 것을 발견하고는 놀라는 것입니다. 자신을 자유롭게 하기 위해서는, 우리는 아무것도 할 필요가 없으며 끊임없이 자유를 욕구하는 것만으로 충분하다고 생각합니다. 선생님, 선생님께서는 제게 필연에 복종하도록 가르침으로써 저를 자유롭게 해 주셨습니다. 언제 필연이 찾아오더라도 저는 아무런 구속감도 느끼지 않고 그 필연을 따를 것입니다. 저는 저 자신을 아무것에도 묶어 놓지 않을 것입니다. 우리가 여행하는 동안, 저는 제가 완전히 제 자신이 될 수 있는 곳이 이 지구상 어디인가를 찾아 보았습니다. 그러나 인간이 사람들의 감정에 좌우됨이 없이 사람들과 섞여 살 수 있는 곳이 어디 있겠습니까? 보다 깊이 생각해 본 후, 저의 욕구가 모순된 것임을 알았습니다. 왜냐하면 제가 아무것에도 묶이지 않는다 하더라도, 적어도 제가 정착할 장소에 묶이게 될 것이기 때문입니다. 즉, 마치 나무의 정령(精靈)들이 그들의 나무에 매여 있듯이, 저의 생활은 제가 정착할 장소에 매여 있게 될 것입니다. 저는 자유와 지배라는 말은 양립할 수 없다는 것을 알았습니다. 왜냐하면 저는 오직 제 자신의 주인이 되기를 중지함으로써만 조그만 오두막집의 주인이 될 수 있기 때문입니다.

내가 원하는 것, 그것은 적당한 넓이의 한 조각의 땅이다.[52]

---

52) 호라티우스의 《풍자시(諷刺詩)》 제2권. 이 구절은 《고백록》 제6권의 머리말에도 인용되어, 루소가 바랑 부인과 샤르메트에서 함께 살던 시대의 목가적(牧歌的)인 분위기를 암시하고 있다.

저는 저의 재산이 우리의 탐구의 근원이었음을 기억하고 있습니다. 선생님께서는 제가 저의 부(富)와 저의 자유를 모두 유지할 수는 없다고 매우 강력하게 주장하셨습니다. 그러나 선생님께서는 제가 자유로우면서 동시에 궁핍하지 않기를 바라셨습니다. 선생님께서는 양립할 수 없는 두 가지를 원하신 것입니다. 왜냐하면 저는 오직 자연에 대한 의존으로 돌아감으로써만 인간에 대한 의존으로부터 벗어날 수가 있기 때문입니다. 그렇다면 저는 저의 부모님께서 제게 남겨 주신 재산을 어떻게 해야 할까요? 우선, 저는 그 재산에 의존하지 않을 것입니다. 저는 그 재산에 저를 묶어 놓고 있는 모든 끈들을 풀어 버릴 것입니다. 그러면 설사 사람들이 저의 재산을 빼앗아 간다 하더라도, 저는 그 재산들과 함께 끌려가지는 않을 테니까요. 저는 그 재산을 지키려고 애쓰지는 않을 것입니다. 오히려 저는 제 자신의 위치를 확고하게 지킬 것입니다. 부유하건 가난하건 저는 자유로울 것입니다. 저는 이러이러한 나라나 저러저러한 곳에서만 자유로운 것이 아니라 이 세상 어느곳에서도 자유로울 것입니다. 제게는 모든 편견의 쇠사슬은 끊어졌습니다. 저는 필연의 쇠사슬밖에 알지 못합니다. 저는 어릴 적부터 필연의 쇠사슬을 참고 견디는 것을 배워 왔으며, 죽을 때까지 필연의 쇠사슬을 참고 견딜 것입니다. 왜냐하면 저는 인간이기 때문입니다. 자유로운 인간인 제가 어째서 그 쇠사슬을 견디지 못하겠습니까? 설사 제가 노예라 하더라도, 저는 필연의 쇠사슬을 견디어 내지 않으면 안될 것이며, 뿐만 아니라 노예의 쇠사슬까지도 견디어 내야만 할 것입니다.

이 세상에서 저의 장소가 무슨 문제이겠습니까? 제가 어디에 있든 그것이 무슨 문제이겠습니까? 사람들이 사는 곳이라면 어디에서든지 저는 형제들 사이에 있는 것이며, 사람들이 살지 않는 곳이라면 어디에서든지 저는 제 자신의 집에 있는 것입니다. 제가 자유롭고 부자인 한, 저는 살아가기 위해 필요한 재산만을 소유할 것입니다. 그러나 만일 저의 부(富)가 저를 부의 노예로 만든다면, 저는 기꺼이 저의 부를 버릴 것입니다. 제게는 일할 수 있는 두 팔이 있으며, 따라서 저는 생계를 벌 수 있을 것입니다. 저의 팔이 일을 할 수 없게 된 경우, 다른 사람들이 저를 부양해 주면 저는 살아갈 수 있을 것이며, 다른 사람들이 저를 버리면 저는 죽게 될 것입니다. 제가 다른 사람들로부터 버림을 받지 않는다 하더라도, 저는 죽게 될 것입니다. 왜냐하면 죽음은 가난의 죄과가 아니라 자연의 법칙이기 때문입니다. 언제 죽음이 찾아온다 하더라도 저는 기꺼이 받아들일 것입니다. 삶을 위해 준비하고 있는 저에게 죽음이 갑자기 덮쳐오는 일은 결코 없을 것입니다. 제가 살아 왔다는 사실에 대해서는 죽음조차도 어떻게 할 수 없을 것입니다.

아버지! 이제까지 말씀드린 것이 제가 결심한 바입니다. 저의 정념만 아니라면, 저는 인간이면서도 신(神)처럼 자유로울 것입니다. 왜냐하면 저는 현재만을 욕구하며 결코 운명에 대항하지 않을 것이기 때문입니다. 그러나 저를 속박하는 쇠사슬이 꼭 하나 있습니다. 그 쇠사슬은 저를 영원히 속박할 것이며, 저는 그 쇠사슬을 자랑으로 여길 것입니다. 그러니 어서 소피를 제게 주십시오. 그러면 저는 자유로워질 것입니다."

"사랑하는 에밀, 네가 어른처럼 말하는 것과 너의 가슴속에 훌륭한 감정이 있는 것을 보니, 나는 참으로 기쁘다. 너의 나이를 생각할 때, 그러한 지나친 무욕(無慾)은 못마땅한 것이 아니다. 그러나 네가 자식들을 갖게 되면, 그런 지나친 무욕은 약해질 것이며, 그렇게 되면 너는 훌륭한 아버지로서의 인간, 현명한 인간으로서의 인간이 될 것이다. 나는 우리가 여행을 떠나기 전에 이미 우리의 여행의 결과를 알고 있었다. 즉 너는, 우리의 여러 가지 사회 제도를 보고 그 제도들에 대해 부당한 신뢰감을 갖지 않으리라는 것을 나는 알고 있었던 것이다. 법률의 힘 아래서 자유를 추구하는 것은 헛된 일이다. 법률! 어디에 법률이 있는가! 어디에서 법률이 존중되고 있는가! 가는 곳마다 너는 법이라는 이름 아래 사리 사욕과 인간의 정념이 모든 것을 지배하는 것을 보아 왔다. 그러나 자연과 질서의 법칙이라는 영원한 법이 존재한다. 이 법은 현명한 사람에게서는 실정법(實定法) 역할을 한다. 이 법은 양심과 이성(理性)에 의해 그들의 마음속 깊은 곳에 새겨져 있는 것이다. 이 법이야 말로 현명한 사람이 자유로워지기 위해 따르지 않으면 안되는 법인 것이다. 왜냐하면 악을 행하는 자만이 노예이며, 그런 자는 언제나 자기의 의지에 반(反)하여 악을 행하기 때문이다. 어떤 형태의 통치 속에서도 자유는 찾을 수 없다. 자유는 자유로운 인간의 마음속에 있다. 자유로운 인간은 어느 곳에서 나 자유로우며, 악한 인간은 항상 자신의 내부에 노예성을 지니고 있다. 그러므로 악한 인간은 제네바에서도 노예이며, 현명한 인간은 파리에서도 자유롭다.

내가 너에게 시민의 의무에 대해 말하면, 분명 너는 '나의 조국이 어디입니까?' 라고 물을 것이다. 그리고 너는 나를 굴복시켰다고 생각할 것이다. 그러나 사랑하는 에밀, 그렇다면 너는 잘못을 저지르고 있는 것이다. 왜냐하면 자기의 조국을 갖고 있지 않은 사람이라 할지라도 적어도 자기가 살고 있는 나라는 갖고 있기 때문이다. 그러므로 그가 그 밑에서 평화롭게 살아온 정부와 소위 법률이 있게 마련이다. 만일 그가 사욕(私慾)―법률―에 의해 일반 의지로부터 보호되어 왔다면, 만일 그가 공적인 폭력에 의해 사적인 폭력으로부터 보호되어 왔다면, 만일 그가 보아온 악(惡)이 그에게 선(善)을 사랑하도록 가르쳤다면, 만일 우리의 제도 그 자체가 그로 하여금 그 제도 자체의 부정(不正)을 알게 하고 그것을 증오하게 했다면, 사회 계약이 지켜진 일이 없다 하더라도 그것이 무슨 문제인가? 오, 에밀, 자기가 살고 있는 나라의 은혜를 조금도 입지 않은 사람이 어디 있겠는가? 그 나라가 어떤 나라이든 그는 인간에게 가장 소중한 것, 즉 그의 행동의 도덕성과 미덕에 대한 사랑을 그 나라의 덕택으로 얻은 것이다. 그가 깊은 산 속에서 태어났더라면, 그는 더 행복하고 더 자유롭게 살았을지도 모른다. 그러나 그는 아무런 어려움 없이 자기의 경향을 따를 수 있으므로, 그의 선량함에는 아무런 훌륭함도 없을 것이며, 오늘날의 그처럼 자기의 감정을 누르고 덕 있는 사람이 되지는 못했을 것이다. 질서를 보는 것만으로도 그는 질서를 알고 사랑하게 된다.

공익(公益)은 다른 사람들에게는 하나의 구실에 지나지 않지만, 그에게는 참된 동기이다. 그는 공익을 위해 자기 자신과 싸우고 자기 자신을 이기고 자기 자신의 이익을 희생시키는 것을 배운다. 그가 법률로부터 아무것도 얻지 못한다는 것은 사실이 아니다. 왜냐하면 법률은 사악한 자들 사이에 있을 때조차도 공정할 수 있는 용기를 그에게 주기 때문이다. 법률이 그를 자유롭게 해 주지 않는다는 것도 사실이 아니다. 왜냐하면 법률은 그에게 자신을 지배하도록 가르치기 때문이다.

그러므로 '내가 어디에 있든 그것이 무슨 문제인가?' 라고 말하지 말라. 너는 너의 의무를 가장 훌륭하게 완수할 수 있는 곳에 있는 것이 중요하다. 너의 의무들 중의 하나는 네가 태어난 땅을 사랑하는 것이다. 너의 고향 사람들은 네가 어릴 적에 너를 보호해 주었다. 그러므로 너는 어른이 되어서는 그들을 사랑해야 한다. 너는 그들 사이에서 살아야 하며, 혹은 적어도 네가 최선을 다해 그들을 도울 수 있는 곳, 그들이 너를 필요로 할 경우 그들이 너를 찾을 수 있는 곳에 살아야 한다. 때로는 자기의 조국에서 사는 것보다 외국에서 사는 것이 자기의 조국 사람들에게 더 도움이 되는 경우도 있다. 그러한 경우, 그는 오직 자기 자신의 열의에만 귀를 기울여야 하며, 아무런 불평도 없이 자기의 이향(異鄕) 생활을 견디어야 한다. 왜냐하면 그 이향 생활은 그의 의무 중의 하나이기 때문이다. 그러나 사랑하는 에밀, 너는 사람들에게 진실을 말해야 하는 고통스런 임무를 떠맡고 있지는 않으므로, 너는 너의 고국 사람들과 즐겁게 교제하고 우정을 나누며 그들 사이에서 살아야 한다. 너는 그들에게 은혜를 베풀어야 하며, 그들의 모범이 되어야 한다. 너의 본보기는 우리의 어떤 책보다 그들에게 유익할 것이며, 너의 선행(善行)은 우리의 어떤 공허한 설교보다 그들의 마음을 움직일 것이다.

그렇다고 해서, 나는 너에게 도시에서 살기를 권하는 것은 아니다. 오히려 선량한 사람이 다른 사람들에게 보여 주어야 할 본보기의 하나는 가장 평화롭고 가장 자연적이며 마음이 타락하지 않은 사람에게 가장 매력적인 생활인 인간의 원초적 생활, 즉 가장(家長) 중심의 전원 생활이다. 나의 젊은 친구여, 사람들이 살지 않는 곳으로 평화를 찾아 갈 필요가 없는 나라는 얼마나 행복한 나라인가! 그러나 그런 나라가 어디 있는가! 선량한 사람은 도시에서는 자기의 성향을 만족시키기가 어렵다. 도시에서는, 그는 자기의 열의를 쏟으려 해도 협잡꾼과 불한당 이외에는 발견할 수 없는 것이다. 행운을 찾아 도시로 몰려드는 게으른 자들을 도시가 환영하는 것은 지방을 황폐하게 만드는 것일 뿐이다. 그러나 실제로는 도시를 희생시켜 지방의 인구를 증가시켜야 하는 것이다. 화려한 사교계를 떠나는 사람은 모두 그 자체만으로도 유익한 일을 하는 것이다. 왜냐하면 화려한 사교계의 모든 악덕은 많은 사람들이 그 사교계에 모이기 때문에 생겨나기 때문이다. 그들이 황폐해진 곳에 생명과 농경(農耕), 그리고 그들의 최초의 상태에 대한 사랑을 다시 불러일으킬 수 있다면, 그들은 더욱 유익한 일을 하는 것이다. 나는 에밀과 소피가 세상과 떨어져 소박한 생활을 하면서 주위 사람들에게 많은 은혜를 베풀 것이며, 전원에 큰 활기를 불어넣어 줄 것이며, 축복받지 못한 마을 사람들의 열의를 크게 소생시킬 것이라고 생각하고 싶다. 환상 속에서 나는 전원의 인구가 증가하고 논밭이 경작되며, 대지는 신선한 아름다움으로 뒤덮인 모습을 본다. 많은 농부들과 풍부한 곡식이 들판의 노동을 축제로 변화시킨다. 나는 그들이 부활시킨 시골풍의 놀이 한가운데에 그 젊은 부부가 있음을 본다. 그리고 나는 그 젊은 부부를 둘러싸고 그들을 축복하는 소리와 환희의 외침을 듣는다. 황금 시대는 꾸며낸 이야기에 지나지 않는다고들 말한다. 감정과 취향이 타락한 사람들에게는 항상 그러할 것이다. 사람들은 진실로 황금 시대를 잃었음을 애석해 하는 것이 아니다. 왜냐하면 그들은 황금 시대를 재현하기 위해 아무것도 하지 않기 때문이다. 황금 시대를 재현하기 위해 필요한 것은 무엇일까? 그것을 위해 필요한 것은 오직 한 가지인데, 그것이 불가능한 것이다. 그것은 우리가 황금시대를 사랑하는 일이기 때문이다.

황금 시대는 이미 소피의 집 주위에서 재현되고 있는 것처럼 보인다. 너희 두 사람은 그녀의 훌륭한 부모가 시작한 일을 완성하기만 하면 되는 것이다. 그러나 사랑하는 에밀, 너는 그런 즐거운 생활에 빠져, 어려운 의무가 네게 부과되었을 경우 그 의무를 싫어해서는 안된다. 로마인들은 때로는 쟁기를 놓고 집정관이 되었음을 기억하라. 통치자나 국가가 네게 조국에 대한 봉사를 요청할 경우, 모든 것을 버리고 네게 주어진 지위에서 한 사람의 시민으로서의 명예로운 의무를 완수하라. 네게 주어진 의무가 몹시 힘드는 것임을 알았을 경우, 그 의무로부터 벗어날 수 있는 확실하고도 훌륭한 방법이 한 가지 있다. 그것은 너의 의무를 매우 성실하게 수행하여 그 의무가 네게 오랫동안 남아 있지 않도록 하는 것이다. 그러나 그런 곤경이 네게 닥치지나 않을까 걱정할 필요는 없다. 우리 시대의 사람들이 있는 동안에는, 국가를 위해 봉사해 달라고 너를 부르는 일은 없을 것이기 때문이다."

어찌하여 나는, 에밀이 소피에게 돌아갔을 때의 일과 그들의 사랑의 종말, 아니 그들의 부부애(夫婦愛)의 시작을 묘사해선 안되는 것일까! 생명이 있는 한 계속될 존경과 아름다움이 사라져도 시들지 않을 미덕, 그리고 그들의 교우(交友)에 아름다움을 주고 그들의 초기의 사랑의 기쁨을 노년에 이르기까지 지속시키는 성격의 일치에 바탕을 두고 있는 그들의 사랑을! 그러나 그런 세부적인 것들은 모두 즐거운 이야기이기는 하겠지만 유익한 이야기는 되지 못할 것이다. 이제까지 내가 이야기한 세부적인 것들은 유익하다고 생각되는 것에 한정했다. 그런데 나의 일이 거의 끝나가는 지금 이 원칙을 포기해야 하겠는가? 안된다. 이제 나의 펜이 지쳐 버린 것 같구나. 나는 오랜 시일이 걸리는 일에는 의지가 약하므로 만일 이 일이 거의 끝나가고 있지 않다면, 나는 이 일을 포기하게 될 것이다. 그러므로 이 일을 미완성인 채로 남겨 놓지 않기 위해 나는 이제 이 일을 끝내야겠다.

마침내 나는 에밀의 인생에서, 그리고 나 자신의 인생에서 가장 행복한 날이 다가오고 있음을 본다. 나는 나의 노고의 대가인 영광을 보며, 나의 노고의 성과를 즐기기 시작한다. 고결한 한 쌍은 죽음이 그들을 갈라놓을 때까지 결합되는 것이다. 그들의 입술은 결코 공허하지 않은 맹세를 하고, 그들의 가슴은 그 맹세를 더욱 확고하게 한다. 그들은 부부가 된 것이다. 교회로부터 돌아올 때, 그들은 사람들이 인도하는 대로 따른다. 그들은 자기들이 어디에 있는지, 어디로 가고 있는지, 자기들 주위에서 무슨 일이 일어나고 있는지 알지 못하는 것이다. 그들의 귀에는 아무것도 들리지 않는다. 그들은 되는 대로 대답한다. 그들의 눈은 혼란하며, 그들의 눈에는 아무것도 보이지 않는다. 오, 황홀함이여! 오, 인간의 약함이여! 인간은 행복감에 압도당해 버린다. 인간은 행복감을 견딜 수 있을 만큼 강하지 못한 것이다.

결혼하는 날, 신혼 부부에게 어떻게 말을 해야 할지 아는 사람은 극히 적다. 어떤 사람들은 엄숙한 태도로 점잔을 빼고, 또 어떤 사람들은 그 자리에는 적합하지 않은 경박한 말들을 한다. 허식적인 예의로 그들을 귀찮게 하거나 거친 농담으로 그들을 불쾌하게 하기보다는 그들의 마음을 혼란시키지 않음으로써 황홀함조차 없지 않은 마음의 동요에 그들 자신을 맡길 수 있도록 해 주는 편이 더 좋을 것이다. 왜냐하면 그런 날 그런 장소가 아니라면 틀림없이 그들을 기쁘게 할 농담도 그런 날에는 그들을 귀찮게 하고 불쾌하게 할 것이기 때문이다.

나는 우리의 두 젊은이가 즐거운 권태에 싸인 채 다른 사람들의 말에 조금도 주의를 기울이지 않고 있음을 본다. 그들이 생애의 모든 날들을 즐겁게 보내기를 갈망하는 내가, 그들로 하여금 이 귀중한 날을 헛되이 보내도록 하겠는가? 아니다, 나는 그들이 이 날의 즐거움을 음미하고 즐기기를 원한다. 나는 어리석은 무리들로부터 그들을 구출하여, 그들을 조용한 곳으로 데리고 간다. 나는 그들에게 그들 자신에 대해 이야기해 줌으로써 그들을 자신에게로 돌아가게 한다. 나는 그들의 귀에뿐만 아니라 그들의 마음에도 이야기하고 싶다. 나는 그들이 오늘 생각할 수 있는 주제는 하나밖에 없다는 것을 알고 있다.

"나의 아이들이여," 나는 그들의 손을 잡고 말한다. "내가 너희들에게 오늘의 행복을 가져다 준 순수하고 격렬한 사랑의 감정이 생겨난 것을 본 것은 3년 전의 일이었다. 그 감정은 끊임없이 자라 왔으며, 너희들의 눈은 그 감정이 절정에 달했음을 내게 말해 주었다. 이제 그 감정은 약해져 갈 것이다." 독자들은, 에밀이 흥분하고 분노하고 맹세하는 모습과, 소피가 경멸적인 태도로 나의 손을 뿌리치는 모습을, 그리고 그들의 눈이 마지막 순간까지 서로 사랑할 것을 맹세하는 모습을 상상할 수 있을 것이다. 나는 그들이 하는 대로 내버려 둔다. 그리고는 나는 이야기를 계속한다.

"나는, 만일 연애의 행복이 결혼 생활에서도 지속될 수 있다면 우리는 지상(地上)에서 낙원을 발견할 수 있을 것이라는 생각을 하곤 했다. 그런데 그런 일은 이제까지 없었다. 그러나 그런 일이 완전히 불가능한 일이 아니라면, 너희들이야말로 이제까지 너희들이 본 적이 없는 본보기를, 거의 모든 부부가 따를 수 없는 본보기를 보일 수 있는 사람들이다. 나의 아이들이여, 내가 생각하고 있는 그렇게 할 수 있는 방법, 그렇게 할 수 있는 유일한 방법을 들어 보지 않겠는가?'

그들은 서로 얼굴을 쳐다보며 나의 소박함에 미소를 짓는다. 에밀은 자기는 소피가 더 훌륭한 방법을 알고 있다고 생각하며, 자기에게는 그것으로 충분하다고 말하며 무뚝뚝한 태도로 나의 제안에 감사한다. 소피도 그의 말에 동의한다. 그녀의 표정은 자신만만하다. 그녀의 우쭐한 표정 속에서 나는 호기심의 흔적을 발견한다. 나는 에밀을 살펴본다. 그의 열정적인 두 눈은 아내의 아름다움에 고정되어 있다. 그는 그 이외에는 어떤 것에 대해서도 호기심이 없다. 그는 나의 말에 거의 주의를 기울이지 않는다. 이번에는 내가 미소를 짓는다. 그리고는 나는 혼자말로 이렇게 중얼거린다. '너는 곧 주의를 나에게 기울이게 될 것이다.'

두 사람의 이와 같은 은밀한 마음의 움직임 사이의 거의 알아볼 수 없을 정도의 차이는 남성과 여성 사이의 진정한 차이의 특성을 잘 나타내 준다. 남성과 여성의 그러한 차이의 특성은, 남성은 일반적으로 여성보다 마음이 변하기 쉬우며, 따라서 남성은 여성보다 빨리 사랑의 성취에 싫증을 느낀다는 것이다. 여성은 남성의 마음이 변하리라는 것을 예견하고 불안해한다.[*] 이것이 여성을 더욱 질투심 많게 만드는 요인이다. 남성의 정열이 식어가기 시작하면 여성은 남성에게 남성이 과거에 자기를 즐겁게 해 주기 위해 자기에게 베풀곤 했던 친절을 베풀게 된다. 그리고는 여성은 눈물을 흘린다. 이번에는 여성이 저자세를 취하는 것이다. 그러나 여성은 거의 성공하지 못한다. 애정과 친절한 행위가 사람의 마음을 사로잡는 일은 극히 드물며, 떠나 버린 마음을 되돌아오게 하는 일은 거의 없기 때문이다. 나는 결혼 생활에서 사랑이 식어가는 것을 막는 나의 방법에 대한 이야기로 돌아간다. "그것은 간단하고 쉬운 일이다." 나는 이야기를 계속한다. "부부가 된 후에도 연인으로 남아 있으면 되는 것이다." "그렇군요." 에밀은 나의 비결을 듣고는 큰 소리로 웃으며 말했다. "우리에게는 그것은 어려운 일이 아닙니다." "너는 그것이 네가 생각하는 것보다 어렵다는 것을 알게 될 것이다. 나의 설명을 들어 보아라.

끈은 지나치게 세게 잡아당기면 끊어져 버린다. 이런 일은 결혼의 결합이 지나치게 큰 힘을 받는 경우에도 일어난다. 결혼을 통한 결합에 의해 남편과 아내에게 부과된 충실성은 모든 권리 중에서 가장 신성한 것이다. 그러나 결혼을 통한 결합은 양쪽 모두에게 상대에 대한 지나치게 큰 지배력을 부여한다. 구속과 사랑은 양립할 수 없으며, 관능적 쾌락은 강요한다고 해서 얻어질 수 있는 것이 아니다. 소피, 부끄러워 하지 마라. 도망치려 하지 마

---

[*] 프랑스에서는 아내 쪽에서 먼저 헤어지기를 요구한다. 이것은 당연한 일이다. 별로 욕정을 느끼지 않으면서 오직 비위만을 맞춰 주기를 바라는 아내는 남편이 비위를 맞춰 주지 않게 되면, 남편의 몸에는 별로 관심이 없는 까닭이다. 다른 나라에서는 반대로 남편 쪽이 먼저 헤어지기를 요구한다. 이것 또한 당연하다. 충실한 아내이지만 조심성이 없이 그 욕망에 의해서 남편을 괴롭혀 아내가 싫어지게 되기 때문이다. 이 일반적인 사실에는 많은 예외가 확인된다. 그렇다 하더라도 나는 지금은 이것이 일반적인 진실이라고 믿는다.

라. 나는 결코 너의 정숙함을 욕되게 하려는 것이 아니다. 앞으로의 너희들의 운명이 걸린 문제인 것이다. 그토록 중대한 문제이므로, 다른 곳에서라면 허락하지 않을 이야기일지라도 너의 남편과 아버지 사이에서는 허락해 주기 바란다.

소유보다는 지배가 사람을 싫증나게 한다. 따라서 남성의 애정은 대체로 아내보다는 애인에 대해 더 오랫동안 지속된다. 어떻게 가장 부드러운 애무를 의무로 만들고, 가장 달콤한 사랑의 맹세를 권리로 만들 수 있겠는가? 권리를 부여하는 것은 서로의 욕망이며, 자연은 그 이외의 권리는 인정하지 않는다. 법률은 이 권리를 제한할 수는 있지만 이 권리를 확대시킬 수는 없다. 관능적 쾌락은 그 자체로서 매우 달콤한 것이다. 그 쾌락은 그 자체가 가지고 있는 매력으로부터 얻을 수 없는 힘을 비참한 구속에 의해 얻어야만 하는 것일까? 아니다. 나의 아이들이여, 결혼에 의해 두 사람의 마음은 묶여도 육체는 상대에게 예속되는 것이 아니다. 너희들은 서로에게 충실해야 하지만 맹종해야 하는 것은 아니다. 너희들은 각기 상대가 아닌 다른 사람에게 자신을 맡겨서는 안되지만, 그렇다고 해서 자기 자신의 의지와는 관계없이 상대에게 속해 있는 것은 아니다.

사랑하는 에밀, 만일 네가 진정으로 항상 너의 아내의 연인이기를 원한다면, 그리고 너의 아내가 항상 너의 연인이며 동시에 그녀 자신이기를 원한다면, 행복한 그러나 정중한 연인이 되라. 모든 것을 사랑으로부터 얻고, 의무로부터는 아무것도 얻지 말라. 아무리 사소한 애정이라도 너의 권리로서 받아들이지 말고 은혜로서 받아들이라. 여성의 수치심은 형식적인 고백을 피하고 정복되기를 원한다는 것을 나는 알고 있다. 그러나 세심함과 참된 사랑을 갖고 있는 연인이라면 상대의 진정한 뜻을 잘못 이해할 리가 있겠는가? 그녀가 입으로는 거절하지만 마음과 눈이 허락하는 경우, 그가 그것을 모를 리가 있겠는가? 두 사람은 각기 항상 자신의 육체와 애무의 주인이 되어 오직 자신의 의지에 의해서만 그것들을 상대에게 주는 권리를 가져야 한다. 결혼 생활에서조차 이러한 쾌락은 서로가 욕망을 느낄 때에만 정당하다는 것을 잊지 말라. 나의 아이들이여, 이 규칙이 너희들을 갈라놓지 않을까 걱정하지 말라. 오히려 이 규칙은, 너희들로 하여금 더욱더 상대를 기쁘게 해주게 하고, 권태를 방지해 줄 것이다. 서로 상대에게 충실하라. 그러면 자연과 사랑은 너희들을 더욱 가깝게 만들어 줄 것이다."

에밀은 나의 이야기를 듣고는 화를 내며 내게 대항한다. 소피는 부끄러워하며 부채로 얼굴을 가린 채 아무 말도 없다. 아무 말도 하지 않고 있지만, 아마도 그녀는 극도로 화가 나 있을 것이다. 그러나 나는 아랑곳하지 않고 사정 없이 이야기를 계속하여 에밀로 하여금 자기의 세심함의 결여에 대해 부끄러움을 느끼게 하고, 소피를 대신하여 그녀가 그 조약을 받아들일 것이라는 것을 보증해 준다. 나는 소피가 입을 열도록 유도한다. 당신도 짐작하듯이, 그녀는 감히 나의 말에 반대하지 못한다. 에밀은 불안한 시선으로 젊은 아내의 눈을 살핀다. 그는 몹시 당황하면서도 육감적인 불안으로 가득찬 그녀의 두 눈을 보고는 그녀에 대한 신뢰감을 느끼고 안심한다. 그는 기쁨에 넘쳐 그녀의 발밑으로 급히 달려가 자기에게 내민 그녀의 손에 마구 키스를 하고는, 이미 약속한 충실성 이외에는 그녀에 대한 모든 권리를 포기하겠다고 맹세한다.

"사랑하는 아내여," 그가 말한다. "이미 나의 인생과 운명의 지배자가 되었듯이 나의 기쁨의 지배자가 되어 주오. 그대의 잔혹함이 나의 생명을 요구한다 하더라도, 나는 나의 가장 소중한 권리를 그대에게 바칠 것입니다. 나는 그대의 맹종으로부터 나오는 것은 아무것도 원치 않습니다. 모든 것을 그대의 가슴으로부터 받고 싶습니다."

사랑하는 에밀, 안심하라. 소피는 매우 관대하므로, 너를 너의 관대함의 희생물이 되게 하지는 않을 것이다.

그날 밤 그들과 헤어질 때, 나는 가장 엄숙한 목소리로 말한다. "너희들은 모두 자유롭다는 것을, 그리고 거기에는 부부의 의무는 문제가 되지 않는다는 것을 명심하라. 거짓된 존경은 쓸모없는 것이다. 에밀, 나와 함께 가지 않겠는가? 소피는 그것을 허락할 것이다." 에밀은 화가 나서 나를 때릴 듯한 기세다. "소피, 어떤가? 내가 에밀을 데리고 가도 되겠는가?" 그 귀여운 거짓말쟁이는 "네." 하고 대답한다. 그것은 진실보다도 더 훌륭한 사랑스럽고 유쾌한 거짓말인 것이다!

다음날……. 사람들은 이미 그 행복의 영상을 기뻐하지 않는다. 그들의 취향은 그들의 마음만큼이나 부패에 의해 타락해 버린 것이다. 사람들은 이미 감동적인 것을 느끼지 못하며 참으로 아름다운 것도 알지 못한다. 당신들은 관능적 환희의 영상으로서 환락 속에 빠져 있는 행복한 연인들밖에 상상하지 못한다. 그러므로 당신들의 영상은 매우 불완전한 것이다. 당신들은 그것의 외설적인 부분밖에 알지 못하며, 따라서 거기에는 쾌락의 가장 달콤한 매력은 없다. 당신들 중에, 행복한 결혼을 한 젊은 부부의 결혼식 다음날 아침의 표정을 본 적이 있는 사람이 있는가? 우리는 그들의 순수한, 그러나 노곤한 표정에서, 그들이 전날밤 즐긴 행복의 흥분과 순진함에서 생겨나는 행복한 안도감, 그리고 앞으로 그들이 남은 일생을 함께 보낼 것이라는 기쁨에 찬 확신을 읽을 수 있다. 그것이야말로 인간의 마음이 볼 수 있는 가장 매혹적인 광경이며 행복의 진정한 영상인 것이다. 당신들은 이제까지 그런 광경을 백 번이나 보아 왔으면서도 거기에는 조금도 주의를 기울이지 않았다. 당신들의 마음은 너무도 견고하고 당신들은 그것을 사랑할 수 없는 것이다. 평화롭고 행복한 소피는 그녀의 따뜻한 어머니의 품속에서 그날을 보낸다. 그것은 남편의 품속에서 밤을 보낸 후의 참으로 포근한 휴식처이다.

다음날, 나는 작은 변화를 알아챈다. 에밀이 약간 화난 표정을 지으려 한다. 그러나 그의 그러한 꾸밈 속에서 따뜻한 마음과 매우 순종적인 마음을 보았으므로, 나는 그다지 걱정할 것은 없다고 생각한다. 소피는 어제보다 더 명랑하다. 그녀의 두 눈은 매우 빛나고, 그녀는 매우 만족스러워 보인다. 그녀는 에밀에게 매혹적으로 보인다. 그녀는 그를 약간 놀리기까지 하여 그를 더욱 화나게 한다.

이러한 변화는 거의 알아볼 수 없는 정도의 것이지만, 나는 그런 변화를 알아챈다. 나는 걱정이 되어 은밀하게 에밀에게 물어 본다. 그리하여 나는 그가 어젯밤 소피에게 간청했지만, 그는 소피와 잠자리를 함께하지 못했다는 것을 알았다. 그 오만한 여자는 벌써 자기의 권리를 주장한 것이다. 그 일에 관해 그들로 하여금 이야기하게 해 보자. 에밀은 심하게 불평한다. 소피는 큰소리로 웃는다. 그러나 마침내 에밀이 정말로 화를 내고 있음을 보고는, 그녀는 부드러움과 사랑으로 가득찬 눈으로 그를 바라본 다음, 나의 손을 꼭 잡은 채, 그의 마음을 찌르는 어조로 "아무것도 모르는 바보!"라고만 말할 뿐이다. 에밀은 순진하여 그 말을 이해하지 못한다. 그러나 나는 이해하고 있다. 그래서 나는 에밀을 다른 곳으로 보낸 다음 이번에는 소피에게 은밀하게 말한다.

"나는 그 변덕의 이유를 알고 있다. 아무도 너만큼 섬세할 수 없을 것이나, 그 섬세함을 너만큼 잘못 사용하는 사람도 없을 것이다. 사랑하는 소피, 걱정하지 마라. 나는 너에게 한 남성을 주었다. 그러므로 그를 남성으로 대하기를 두려워하지 마라. 너는 그의 청춘의 최초의 열매를 받았다. 그는 그의 남자다움을 함부로 사용한 적이 없으며, 그의 남자다움은 너를 위해 지속될 것이다.

사랑하는 나의 아이여, 나는 우리의 그저께의 대화에서 내가 왜 그런 말을 했는지 너에게 설명해 주어야겠구나. 아마도 너는 그때 내가 한 말을 너희들의 쾌락을 지속시키기 위해 너희들의 쾌락을 억제하는 방법으로만 이해했을 것이다. 오, 소피, 거기에는 보다 중요한 다른 목적이 있었다. 에밀은 너의 남편이 됨으로써 너의 주인이 되었다. 그러므로 복종해야 하는 것은 너이다. 이것은 자연의 의지인 것이다. 그러나 아내가 소피와 같은 여성인 경우에는, 남편이 아내에 의해 인도되는 것도 좋을 것이다. 그것도 또한 자연의 법칙이다. 내가 너를 그의 쾌락의 지배자로 만든 것은 그가 남성으로서 너의 육체에 대하여 가지는 것과 똑같은 권위를 네가 그의 마음에 대하여 가질 수 있도록 하기 위해서이다. 그것은 네게는 어려운 일일 것이다. 그러나 네가 너 자신을 지배할 수 있다면, 너는 그를 지배할 수 있을 것이다. 어젯밤에 일어났던 일은, 이 어려운 기술도 너의 용기로 할 수 없는 것은 아니라는 것을 내게 보여 주었다. 만일 네가 너의 육체를 올바르게 허락할 줄 안다면, 너는 사랑에 의해 그를 오랫동안 지배할 수 있게 될 것이다. 만일 네가 너의 남편을 항상 너의 지배하에 두기를 원한다면, 그와 약간의 거리를 유지하라. 그러나 너의 엄격함은 변덕의 결과가 아니라 정숙함의 결과이어야 한다. 그로 하여금 네가 변덕스러운 여자가 아니라 정숙한 여자임을 알게 하라. 그의 사랑을 억제하는 데 그가 너의 사랑을 의심하지 않도록 조심하라. 너를 허락함으로써 그로 하여금 너를 더욱 사랑하게 하고, 그를 거절함으로써 그로 하여금 너를 더욱 존경하게 하라. 그로 하여금 아내의 차가운 태도에 불만을 품지 않고 아내의 정숙함을 존경하게 하라.

그러면 나의 아이여, 그는 너를 신뢰하고 너의 의견에 귀를 기울일 것이며, 자기 일에 대해서도 너의 의견을 물을 것이며, 너와 의논하지 않고는 아무것도 결정하지 않을 것이다. 그러면 그가 길을 잃고 방황할 때, 너는 그를 다시 지혜의 길로 인도할 수 있을 것이며, 부드럽게 설득함으로써 그를 되돌아오게 할 수 있을 것이다. 또한 그에게 도움이 되기 위해서는 너는 자신을 사랑스럽게 가꿀 수도 있을 것이며, 미덕 대신에 교태를, 이성(理性) 대신에 사랑을 사용할 수도 있을 것이다.

그러나 너의 그런 기술이 항상 너의 목적에 도움이 될 것이라고 생각해서는 안된다. 아무리 주의를 기울인다 하더라도 쾌락은 향유함으로써 파괴되며, 특히 사랑의 경우에는 더욱 그러하다. 그러나 사랑이 오랫동안 계속된 후에는, 친절한 습관이 사랑을 대신하며, 신뢰의 아름다움이 열정의 기쁨을 대신한다. 자식들은 사랑 그 자체만큼이나 강한 끈이며, 때로는 사랑보다 더 강한 끈으로 어머니와 아버지를 연결한다. 네가 에밀의 연인이 아닐 경우에는, 너는 그의 친구이며 아내가 될 것이다. 즉 너는 그의 아이들의 어머니가 될 것이다. 그렇게 되면 너는 너의 처음의 신중함을 버리고, 너희들 사이에 더할 나위 없이 친밀한 관계를 이루지 않으면 안된다. 더 이상 침대를 따로 사용해서도 안되고, 더 이상 몸을 거절해서도 안되며, 더 이상 변덕을 부려서도 안되는 것이다. 너는, 그가 너 없이는 살아갈 수 없을 정도로 완전히 그의 반쪽이 되어야 한다. 그리하여 그가 너의 곁을 떠나지 않으면 안되는 경우에는, 그로 하여금 자기 자신으로부터 떠난다고 느끼게 하라. 너는 너의 아버지의 집을 가정 생활의 매력으로 넘치게 했다. 그와 마찬가지로 너 자신의 집을 가정 생활의 매력으로 넘치게 하라. 집에서 행복한 남편은 모두 자기의 아내를 사랑한다. 너의 남편이 집에서 행복하면 너는 행복한 아내가 된다는 것을 잊지 말라.

지금은 너의 연인에게 지나치게 엄격하지 말라. 보다 친절하게 그를 대하라. 너의 지나친 염려는 그의 마음을 상하게 할 것이다. 그의 건강을 염려한 나머지 그의 행복을 망치는 일이 없도록 하라. 그리고 너 자신의 행복을 즐겨라. 너는 싫어지게 되기를 기다려서도 안되며, 욕망을 물리쳐서도 안된다. 거절을 위한 거절을 해서는 안되며, 오직 너의 애정의 가치를 더하기 위해서만 거절해야 한다.”

그리고는 나는 그녀를 에밀에게 데리고 간 다음 그녀의 젊은 남편에게 말한다. “인간은 자신이 스스로 걸머진 멍에를 견디어 내지 않으면 안된다. 그 멍에를 가볍게 하는 것을 너의 당연한 응보(應報)로 생각하라. 특히 미덕을 위해 모든 노력을 기울여라. 부루퉁한 얼굴이 너를 온화한 사람으로 만들어 줄 것이라고는 생각하지 말라.” 그들 사이에는 곧 평화가 이루어진다. 그들은 모두 그 조건을 추측할 수 있다. 평화 조약은 한번의 키스로써 조인(調印)된다. 그런 다음 나는 제자에게 말한다. “사랑하는 에밀, 인간에게는 평생토록 안내자요 조언자인 사람이 필요하다. 나는 지금까지 그 의무를 완수하기 위해 최선을 다해 왔다. 이제 오랫동안 계속된 나의 의무가 끝나고, 다른 사람이 그 의무를 맡을 것이다. 이제 나는 네가 나에게 주었던 권위를 포기한다. 이제부터는 소피가 너의 보호자이다."

차츰차츰 처음의 흥분이 가라앉고, 그들은 새로운 경지의 기쁨을 평화롭게 즐길 수 있다. 행복한 연인들이여, 훌륭한 부부여! 그들의 미덕을 찬양하기 위해서는, 그들의 행복을 그리기 위해서는 그들의 삶의 과정을 모두 이야기해야 할 것이다. 내가 그들에게서 나의 일생의 작업의 극치를 보았을 때, 나의 가슴은 얼마나 환희로 뛰었던가! 나는 얼마나 나의 온 마음으로 신(神)을 축복하면서 그들의 손을 꼭 잡았던가! 나는 서로 꼭 잡고 있는 그들의 손에 얼마나 많이 키스를 했던가! 그들의 환희의 눈물은 얼마나 나의 손을 적셨는가! 그들은 나의 환희에 감동되어 나의 기쁨을 함께 나눈다. 그들의 훌륭하신 부모님은 그들의 아이들의 젊음 속에서 새로워진 자신들의 젊음을 발견한다. 그들은 아이들의 젊음 속에서 옛날처럼 새로운 삶을 시작한다. 아니, 그들은 처음으로 인생의 참된 가치를 깨닫는다. 그들은 젊었을 때 이토록 즐거운 운명을 즐기지 못하게 방해했던 그들의 예전의 부(富)를 원망한다. 만일 지상에 행복이라는 것이 있다면, 우리는 우리의 가정에서 그것을 찾아야 한다.

그후 몇 개월이 지난 어느 날 아침, 에밀은 나의 방으로 들어와 나를 포옹하며 말한다. "선생님, 당신의 아들을 축하해 주십시오. 머지않아 저는 아버지가 되는 영광을 얻게 될 것입니다. 우리의 책임이 얼마나 중대해지겠습니까! 우리에게 선생님이 얼마나 필요하겠습니까! 그러나 저는 결코 선생님이 저를 길러 주신 것처럼 저의 아들을 길러 주시기를 바라지는 않을 것입니다. 설사 제가 저를 위해 선택되었던 분처럼 훌륭한 분을 저의 자식을 위해 선택할 수 있다 하더라도, 그토록 유쾌하고 신성한 의무가 결코 제 자신이 아닌 다른 사람에 의해 행해지게 하지는 않을 것입니다! 그러나 선생님께서는 계속해서 젊은 교사들의 스승이 되어 주십시오. 그리하여 우리들에게 충고해 주시고 저희들을 지도해 주십시오. 저희들은 기꺼이 선생님을 따르겠습니다. 제가 살아 있는 한, 제게는 선생님이 필요합니다. 성인으로서의 의무를 맡게 되는 지금 저에게는 그 어느때보다도 선생님이 필요합니다. 선생님은 선생님 자신의 의무를 완수하셨습니다. 이제 선생님께서 스스로 획득하신 여가를 즐기시면서 제가 선생님의 본보기를 따를 수 있도록 저를 지도해 주십시오."

□ 1712년

- 6월 28일, 탄생. 부친은 이자크 루소(Isaac Rousseau, 1672~1747). 모친은 쉬잔느 베르나르(Suzanne Bernard, 1673~1712).
- 7월 4일, 신교도(新敎徒)로서의 세례를 받음.
- 7월 7일, 어머니 쉬잔느 사망. 숙모인 쉬잔느 루소의 손에서 자라게 됨.

□ 1719년(7세)

- 이 무렵부터 플루타르크의 《영웅전》에 열중.

□ 1722년(10세)

- 10월 11일, 아버지 이자크, 퇴직 군인과 싸움을 하고(10월 9일) 리용으로 도망.
- 10월 21일, 백부(伯父) 베르나르에게 맡겨져 몇 개월간 그곳에서 지내다가, 사촌 동생 아브람 베르나르와 함께 보세(제네바 近郊)의 신교(新敎) 목사인 랑베르시에씨에게 맡겨짐.

□ 1724년(12세)

- 제네바로 돌아와, 숙부 가브리엘 베르나르의 집에서 거주하게 됨.

□ 1725년(13세)

- 제네바시(市)의 등기관(登記官) 마스롱 밑에서 몇 주일 동안 견습생으로 일한 다음, 4월 26일, 시계 조각사 아벨 뒤 코만의 집에 도제로 들어감(5년 계약).

□ 1726년(14세)

- 혹사당하고 학대받아, 성격이 비뚤어지고 악습에 물들고, 잡서(雜書)를 마구 읽는 한편, 고독벽(孤獨癖)·공상벽(空想癖)을 가지게 됨.

- 3월 5일, 아버지 이자크, 리용에서 재혼.

□ 1728년(16세)

- 3월 14일, 친구들과 교외에 놀러 나갔다가, 제네바시의 폐문(閉門) 시간에 늦는 바람에 도망치기로 결심, 다음 날 제네바를 떠남.

- 3월 21일, 콤비뇽의 폼베르 사제(司祭)의 소개로 안느시(Annecy)의 바랑 부인과 처음 만남.

- 4월 12일, 바랑 부인의 배려로, 이탈리아의 토리노 구호원에 들어감.

- 4월 21일, 가톨릭교로 개종.

- 4월 23일, 세례를 받음.

- 6월, 수도원(修道院)을 나와 일을 찾아 토리노 곳곳을 전전(轉轉)하면서 상가(商家)의 점원이나 대가(大家)의 하인 등을 함. 그중 3개월간 일한 베르셀리스 부인 집에서의 '리본 사건'의 경험은, 후에 《고백록》 집필 동기의 하나가 됨. 다음에 구봉 백작가(伯爵家)에서 일하다가, 백작의 아들 구봉 사제(司祭)의 비서가 됨.

□ 1729년(17세)

- 6월(?), 구봉 백작가에서 해고되어, 도제(徒弟) 시대 때의 동료 바클과 함께 토리노를 떠나 바랑 부인의 집으로 돌아감.

- 여름부터 가을까지 안느시의 신학교(神學校)에서 배우고, 다음에 안느시

교회의 성가대 학교에서 성가대장(聖歌隊長) 르 메트르에게 음악을 배움.

☐ 1730년(18세)

- 4월, 르 메트르와 함께 리용에 갔다가 간질 발작을 일으킨 르 메트르를 버리고 안느시로 돌아옴(바랑 부인은 파리에 가서 없었음).
- 7월, 방랑의 길을 떠남. 리용에서 아버지를 만나고, 플리브루·로잔느를 거쳐 누샤테르에 도착. 로잔느에서는 파리의 음악 교사로 통하고, 누샤테르에서는 음악을 가르침.

☐ 1731년(19세)

- 4월, 그리스 교회의 대주교라 자칭하는 사기꾼의 비서 겸 통역이 되어 누샤테르를 출발, 소룰루까지 옴.
- 5월, 바랑 부인이 파리에 있다는 말을 듣고 파리로 출발.
- 6월~7월, 파리에 머무름.
- 8월, 바랑 부인이 파리를 떠났다는 말을 듣고 사보아로 향함.
- 9월, 리용에 몇 주일 머무른 후, 샹베리의 바랑 부인에게로 가서 함께 샹베리에서 삶.
- 10월, 사보아 왕국의 지적 조사소(地籍調査所)에서 일함.

☐ 1732년(20세)

- 6월, 지적 조사소(地籍調査所)를 그만두고, 음악 교사로서 음악을 가르치는 한편 음악 공부를 함.

☐ 1733년(21세)

- 10월, 바랑 부인의 애인이 됨(끌로드 아네 부인과의 삼각 관계).

□ 1734년(22세)

- 3월, 끌로드 아네 사망.

□ 1735년(23세)

- 건강이 나빠짐.

□ 1736년(24세)

- 여름이 끝나갈 무렵부터 가을까지(이 시기는 루소 연구가들 사이에서도 문제가 되며, 1735년으로 추정되기도 한다), 바랑 부인과 단둘이 샤르메트에서 머무름(루소가 가장 행복했던 시절로 추억하는 첫번째의 샤르메트 생활). 이곳에서 자신의 교육을 계획하여 철학·수학·라틴어 등을 공부함.

□ 1737년(25세)

- 6월 27일, 화학 실험 도중 폭발 사고가 일어나 눈을 다침.
- 7월 말, 은밀히 어머니와 형의 유산을 상속받기 위해 제네바로 감. 그때 제네바의 내란을 목격, 무질서·폭력에 대한 혐오를 절감함.
- 9월 11일, 요양을 위해 샹베리를 떠나 몽페리에로 향함. 도중에, 라르나쥐 부인과의 관능적인 연애를 경험.
- 9월 22일, 몽페리에에 도착.

□ 1738년(26세)

- 2월~3월, 샹베리로 돌아감(루소가 없는 동안, 빈첸리드가 바랑 부인의 애인이 되어 있었다). 두 번째의 샤르메트 생활.

□ 1739년(27세)

• 샤르메트에서 혼자 지내면서 독서와 공부에 힘씀. 이 무렵, 루소의 첫 작품인 《바랑 부인의 과수원(Le Verger de Madame la baronne de Warens)》이 런던에서 출판됨.

□ 1740년(28세)

• 4월, 샤르메트를 떠나 리용에 가서, 마브리가(家)의 두 자녀의 가정교사가 됨. 이 무렵 《생 마리의 교육안》을 씀.

□ 1741년(29세)

• 5월, 가정 교사 일을 그만둠.

• 연말부터 다음해 연초까지 리용과 샹베리 사이를 왔다갔다함.

□ 1742년(30세)

• 1월(?), 샤르메트에서 병듦.

• 7월, 바랑 부인의 곁을 완전히 떠나, 리용을 거쳐 파리로 이주함.

• 8월 22일, 과학 아카데미에서 《악보의 새로운 기호에 관한 제안》을 낭독했지만 성공하지 못함.

□ 1743년(31세)

• 1월, 《근대 음악론》 출판.

• 봄, 뒤팽 부인의 소개로 그 사위 프랑퀴이에와 알게 됨. 이 무렵, 오페라 〈사랑을 하는 시신(詩神)〉을 작곡하기 시작.

• 7월, 프랑스 대사 몽테규의 비서로서 베네치아로 출발. 베네치아에서, 후

에 《사회 계약론》의 바탕이 된 '정치 제도론'의 구상을 얻음.

□ 1744년(32세)

- 8월, 몽테규와 심히 다투고, 비서직을 사임.

- 10월, 파리로 돌아옴.

□ 1745년(33세)

- 3월, 오를레앙 태생인 당시 23세의 하숙집 하녀 테레즈 르바사르(Thérèse Levasseur)와 관계를 맺음.

- 7월, 오페라 〈사랑을 하는 시신(詩神)〉을 완성하여, 9월, 리슐리웨 공작 앞에서 상연.

- 볼테르와 라모 합작의 오페라, 〈나바르의 왕녀〉를 개작(改作)해 줄 것을 요청받아, 〈라미르(로미로왕)의 향연〉을 완성. 이것을 기회로 볼테르와 편지를 교환하게 됨.

□ 1746년(34세)

- 뒤팡 부인의 비서, 뒤이어 그 사위인 프랑퀴이에의 비서가 됨.

- 겨울, 첫아이 탄생. 낳자마자 양육원에 보냄. 이후 다섯째 아이까지 모두 양육원에 보내, 평생 고뇌의 원인을 만듦.

□ 1747년(35세)

- 5월 9일, 아버지 이자크 루소 사망.

- 남아 있던 어머니의 유산을 상속받음.

□ 1748년(36세)

• 에피네 부인을 알게 됨.

• 두 번째 아이를 양육원에 보냄.

☐ 1749년(37세)

• 1월~3월, 달랑베르(D'Alembert)의 의뢰로, 《백과 전서》의 음악 부문을
집필.

• 10월, 디죵의 아카데미 현상 문제를 보고 깊이 감동, 현상에 응모할 결심
을 함.

☐ 1750년(38세)

• 7월 9일, 《학문 예술론》으로 디죵의 아카데미상(賞)을 수상하여 일약 문
명(文名)을 날림.

• 이 해 말, 제네바에서 《학문 예술론》을 출판.

☐ 1751년(39세)

• 《학문 예술론》의 반론(反論)에 대해 《그림에게 보내는 편지》로써 응답함.

• 자연(自然) 사상에 충실해지기 위해 자기 개혁을 계획, 프랑퀴이에의 비
서를 그만두고, 생활을 위한 직업으로서 악보 베끼는 일을 선택.

• 봄, 세 번째 아이 탄생. 역시 양육원에 보냄.

☐ 1752년(40세)

• 10월 18일, 《마을의 점쟁이(Le Devin du village)》가 퐁텐블로 궁전에서
상연되어 대성공을 거둠.

• 12월 18일, 코메디 프랑세즈좌(座)에서 젊었을 때의 작품인 《나르시스

(Narcisse ou l'Amant de lui-même)》가 상연됨.

□ 1753년(41세)

- 《프랑스 음악에 대한 편지》와 《오케스트라의 동료에게 보내는 어떤 작곡자의 편지》를 출판.

- 11월, 디죵의 아카데미 현상 논문에 응모하기 위해 《인간 불평등 기원론》을 쓰기 시작.

□ 1754년(42세)

- 4월, 《인간 불평등 기원론》을 완성.

- 6월, 테레즈와 함께 제네바로 가는 도중 바랑 부인을 만남.

- 여름, 신교(新敎)로 다시 개종.

- 8월 1일, 제네바 시민권 획득.

- 10월, 파리로 돌아와, 낙선된 《인간 불평등 기원론》의 원고를 네덜란드의 출판업자 마르크 미셸 레이에게 건넴.

□ 1755년(43세)

- 4월, 《인간 불평등 기원론》 출판.

- 9월, 디드로 등의 《백과 전서(百科全書)》 제5권에 〈정치 경제론〉을 기고(寄稿).

□ 1756년(44세)

- 4월 9일, 에피네 부인이 있는 에르미타쥬에 정착.

- 5월, 생 피에르 신부의 《영구 평화론》, 《다원 의회론(多元議會論)》의 발췌

(拔萃) 완성.

- 8월 18일,《섭리(攝理)에 관한 편지》를 볼테르에게 보냄.

- 여름부터 가을에 걸쳐《新엘로이즈》의 인물과 그 내용을 구상.

□ 1757년(45세)

- 1월 말, 우드토(Houdetot) 부인이 에르미타쥬를 처음으로 방문.

- 봄부터 여름, 우드토 부인을 열렬히 사랑함.

- 3월, 디드로의 희곡《사생사(私生兒)》의 한 구절에 대해 그와 논쟁, 나중에 화해.

- 11월, 12월, 그림으로부터 절교장을 받음.

- 연말, 에르타미쥬를 떠나 몽모랑시의 몽 루이로 옮김.

□ 1758년(46세)

- 8월,《달랑베르에게 보내는 편지(Lettre à d' Alembert sur les spectacles)》를 발표.

- 디드로와 완전한 절교 상태에 들어감.

- 《新엘로이즈》의 완성을 레이에게 알림.

- 《에밀》 집필.

□ 1759년(47세)

- 5월 6일, 뤽상브르 공작과 친해져, 그의 초대로 공작의 성(城) 관내의 프티 샤토로 옮김. 거기서《에밀》제5부를 완성.

- 몽 루이의 구거(舊居)로 다시 이주.

□ 1760년(48세)

• 《에밀》·《사회 계약론》 집필.

□ 1761년(49세)

• 1월 28일, 《新엘로이즈》 출판.

• 여름, 《에밀》 완성.

• 6월 12일, 죽을 날이 가까워졌다고 믿고, 테레즈를 뤽상브르 부인에게 부탁. 부인은 양육원에 보내진 다섯 아이의 행방을 찾아보았지만, 불명(不明).

• 10월, 《에밀》 인쇄 시작.

• 11월, 《에밀》의 교정이 늦어지자, 원고가 예수회에 도난당한 것이나 아닌가 괴로워하던 끝에 정신 착란(錯亂) 상태에 빠짐.

• 《사회 계약론》 원고 완성.

□ 1762년(50세)

• 1월, 《마르제르브에게 보내는 네 통의 편지(Quatre Lettres à M. le président de Malesherbes)》를 씀.(自傳的 작품으로서 중요)

• 4월 초, 《사회 계약론(Du Contrat social; ou, Principes du droit politique)》을 출판.

• 5월 27일, 암묵(暗默)의 승인하에 네덜란드와 파리에서 《에밀(Émile, ou de l' Education)》이 발매(發賣)됨.

• 6월 3일, 《에밀》 압수당함.

- 6월 7일, 《에밀》이 소르본느 신학부(神學部)에 고발됨.
- 6월 9일, 고등 법원에서 유죄 논고(論告)를 받음. 체포령이 내려짐. 이날 오후에 도망침.
- 6월 10일, 《에밀》이 파리에서 분서(焚書)됨.
- 6월 14일, 이베르돈으로 도망침.
- 6월 19일, 제네바에서 《에밀》과 《사회 계약론》이 불태워지고, 체포령이 내려짐.
- 7월 10일, 베르누 정부의 명령으로 이베르돈에서 추방되어, 프러시아 왕의 영지인 바르 드 트라벨의 모티에에 도착, 귀족 조지 키드의 비호를 받음.
- 루소, 프러시아의 왕 프리드리히 2세에게, 영내(領內)에서 살 수 있게 해 달라고 청원함.
- 7월 29일, 바랑 부인, 샹베리에서 사망.
- 8월 26일, 프리드리히 2세가 루소의 영내(領內) 거주를 허가함.
- 8월 28일, 파리 대주교 크리스토프 보몽이 《에밀》을 단죄하는 교서(敎書)를 발표.

□ 1763년(51세)

- 《에밀》을 변호하기 위해 《크리스토프 보몽에게 보내는 편지》를 발표.
- 5월 12일, 제네바 시민권을 포기.
- 경시청장 트롱샹, 루소를 반박하는 《들에서 쓴 편지》를 발표.

□ 1764년(52세)

- 이 무렵부터 식물 채집에 대한 취미가 생김.

- 코르시카의 지사(志士) 브타포코에게서 《코르시카 헌법 초안》을 써 달라는 부탁을 받음.

- 10월, 트롱샹의 《들에서 쓴 편지》에 대한 응답으로, 《산에서 쓴 편지(Lettres écrites de la montagne)》를 발표.

- 12월, 볼테르, 루소를 비방하는 익명(匿名)의 소책자 《시민의 의견》을 내놓아, 루소가 아이를 버린 일을 세상에 알림.

- 연말부터 다음 해 초에 걸쳐 《고백록》을 위한 최초의 서언(序言)을 씀.

□ 1765년(53세)

- 3월, 《산에서 쓴 편지》가 파리에서 불태워짐.

- 봄, 몽모랑 목사와 논쟁.

- 9월, 모티에에서 마을 사람들의 습격을 받고, 생 피에르 섬으로 옮김.

- 10월 16일, 베르누 시회(市會)로부터 퇴거 명령을 받음.

- 10월 22일, 영국의 철학자 흄에게서 영국으로 가자는 권유를 받음.

- 10월 말, 베를린을 향해 출발.

- 11월, 스트라스부르에 도착.

- 12월, 영국행을 결심하고, 흄이 있는 파리로 감.

□ 1766년(54세)

- 1월 4일, 흄과 함께 영국으로 출발.

- 2월 13일, 나중에 온 테레즈와 합침.
- 3월 19일, 우톤으로 옮겨, 그 곳에서 《고백록》을 계속 씀.
- 6월~7월, 흄과 사이가 나빠짐.

□ 1767년(55세)

- 5월, 자신에 대한 음모가 영국에까지 미쳤다는 망상(妄想)에 사로잡혀, 《고백록》의 첫 몇 권을 뒤 페르로 보내달라고 친구에게 부탁하고는 테레즈와 함께 우톤을 떠남.
- 6월, 귀국하여 미라보의 무동의 성관(城館)에 정착했다가, 토리의 콘티공(公)의 성관(城館)으로 옮김. 이 무렵 이름을 장 조제프 루느로 바꾸고, 테레즈는 동생으로 꾸밈.
- 11월, 《음악 사전》 발매.
- 두통·심장병으로 시달림.

□ 1768년(56세)

- 6월 14일, 피해 망상에 시달리다가 혼자 토리에서 도주.
- 8월 13일, 리용·그루노블·샹베리를 거쳐, 브루고앙에 도착.
- 8월 26일, 테레즈도 뒤쫓아옴.
- 8월 30일, 증인을 세우고, 테레즈와 정식으로 결혼.

□ 1769년(57세)

- 1월, 가까운 몽깽의 농장으로 옮겨 다시 《고백록》을 쓰기 시작.

□ 1770년(58세)

- 4월 10일, 몽깽을 떠남.
- 6월 24일, 파리 도착. 손님을 피하고, 다시 악보 베끼는 일과 식물 채집을 시작.
- 12월,《고백록》제2부를 완성.

□ 1771년(59세)

- 2월, 스웨덴의 황태자 앞에서《고백록》낭독.
- 5월, 에그몬트 백작 부인의 저택에서《고백록》제2부의 낭독회를 열었으나, 에피네 부인의 책동으로 경찰 당국이 간섭, 이후 낭독을 중지하게 됨.
- 7월, 베르나르당 드 생 피에르와의 교유(交遊)가 시작됨.
- 가을,《폴란드 통치론》을 쓰기 시작.

□ 1772년(60세)

- 4월,《폴란드 통치론》을 완성하고,《대화―루소, 장 자크를 심판한다 (Dialogues de Rousseau juge de Jean-Jacques)》를 쓰기 시작.

□ 1773년(61세)

- 악보 베끼는 일과 식물 채집을 하면서《대화》를 쓰는 일에 고심.

□ 1775년(63세)

- 연말, 피해 망상에 시달리면서도《대화》를 완성.

□ 1776년(64세)

- 《대화》의 원고 처리로 고민.
- 가을,《고독한 산책자의 몽상》을 쓰기 시작.

□ 1777년(65세)

- 생활고에다 테레즈까지 병듦.

- 《고독한 산책자의 몽상》 제3장부터 제7장까지 씀.

- 8월 22일, 악보 베끼는 일을 그만둠.

□ 1778년(66세)

- 4월 12일, 《고독한 산책자의 몽상》 제8장부터 제10장까지를 다 썼지만 미완성으로 끝남.

- 5월 2일, 《대화》와 《고백록》의 사고(寫稿)를 포함한 여러 가지 원고를 옛 친구 폴 무르토에게 맡기기 위해 그 아들인 피에르 무르토에게 건넴.

- 7월 2일 오전 11시, 루소 영면(永眠).

〈역자소개〉

• 민 희 식 •

1934년   서울에서 태어남
1957년   서울대학교 불문학과 졸업, 同 대학원 불어불문학과 수료
1964년   프랑스 스트라스부르 대학교 문학박사 학위 취득
          연구논문 "플로베르의 성격과 작품연구"
1965년   외무부 외교연구원 불어강사
1966년   서울대학교, 연세대학교, 이화여자대학교 강사, 성균관대학교 부교수
1972년   이화여자 대학교 외국어 교육과 부교수, 교수
1980년   계명대학교 외국어 대학 프랑스과 교수
1981년   한양대학교 불문과 교수
1984년   PEN 번역 문학상 받음
1985년   프랑스 대통령으로부터 문화공로훈장 받음
1999년   PEN 번역 2차 수상

저서 : 프랑스 문학사, 사르트로 연구 외 다수
역서 : 현대 불문학사, 보봐리부인, 좁은문, 초대받은 여자 외 다수
불역 : 한국시집, 춘향전, 별주부전, 토지, 김춘수 시집 외 다수

미래를 위한 과거로의 산책

세상을
움직이는 책